Texte und Materialien zur Zeitgeschichte

Redaktion: Werner Röder und Christoph Weisz

Band 7

Widerstand als „Hochverrat“ 1933–1945

Die Verfahren gegen deutsche Reichsangehörige
vor dem Reichsgericht, dem Volksgerichtshof
und dem Reichskriegsgericht

Erschließungsband zur Mikrofiche-Edition

Im Auftrag des Instituts für Zeitgeschichte
bearbeitet von
Jürgen Zarusky und Hartmut Mehringer

unter Mitwirkung von
Birgit Rätsch, Katrin Steinack, Sybille Steinbacher,
Irene Stuiber, Andreas Toppe, Heike Zahn

K·G·Saur München 1998

Die Deutsche Bibliothek – CIP-Einheitsaufnahme

Widerstand als „Hochverrat" 1933–1945 : die Verfahren gegen deutsche Reichsangehörige vor dem Reichsgericht, dem Volksgerichtshof und dem Reichskriegsgericht / hrsg. vom Institut für Zeitgeschichte, München. – Microfiche-Ed. – München : Saur
Erschließungsband zur Mikrofiche-Edition / im Auftr. des Instituts für Zeitgeschichte bearb. von Jürgen Zarusky und Hartmut Mehringer unter Mitw. von Birgit Rätsch ... – 1998
(Texte und Materialien zur Zeitgeschichte; Bd. 7)
ISBN 3-598-33676-4

Gedruckt auf säurefreiem Papier / Printed on acid-free paper

Printed in the Federal Republic of Germany

Datenübernahme und Satzproduktion: Microcomposition München
Druck / Printed by Strauss Offsetdruck, Mörlenbach
Binden / Bound by Buchbinderei Schaumann, Darmstadt
ISBN 3-598-33676-4

Vorwort

Die Mikrofiche-Edition *Widerstand als „Hochverrat" 1933-1945* ist die umfassendste Quellensammlung zum politischen Widerstand von Reichsangehörigen gegen die NS-Herrschaft. Auf rund 70.000 Blatt Gerichtsakten werden die Widerstandsaktivitäten und die justitielle Verfolgung von mehr als 6.000 Männern und Frauen dokumentiert, die wegen Hochverratsdelikten vor den zentralen Gerichten des Dritten Reichs standen. Der größte Teil des Materials entfällt dabei auf den Volksgerichtshof, das Flaggschiff der politischen Justiz des NS-Staates.

Bei der Erarbeitung der Edition, deren erste Anfänge bis in die späten 1980er Jahre zurückreichen, wurde die Öffnung der Archive in den Ländern des ehemaligen Warschauer Pakts genutzt. Neben den einschlägigen Beständen der in der alten Bundesrepublik und in Österreich befindlichen Archive wurden auch jene aus der ehemaligen DDR und darüberhinaus aus Archiven in Prag und Moskau herangezogen.

Die Edition erfaßt die Gerichtsverfahren gegen den deutschen sowie den österreichischen Widerstand. Obwohl alle wichtigen österreichischen Widerstandsgruppen für die Selbständigkeit ihres Landes eintraten, hatte die nationalsozialistische Herrschaft in Österreich doch nicht den Charakter eines Okkupationsregimes. Deutsche und österreichische Oppositionelle kämpften also unter ähnlichen Bedingungen gegen das NS-Regime und wurden von diesem in rechtlicher Hinsicht als Reichsangehörige gleich behandelt. Dies und die sich daraus ergebenden Vergleichsmöglichkeiten zwischen den spezifischen Formen politischen Widerstands im „Altreich" und in Österreich gaben die Veranlassung, auch die Hochverratsverfahren gegen Österreicher vor dem Volksgerichtshof und dem Reichskriegsgericht in die Edition einzubeziehen.

Der juristische Tatbestand des Hochverrats bzw. der Vorbereitung zum Hochverrat in seiner spezifischen Ausprägung durch Gesetzgebung und Rechtsprechung des Dritten Reichs bildet das zentrale Kriterium bei der Auswahl der Quellen. Der für die Zwecke der nationalsozialistischen Diktatur umgeformte Tatbestand deckt sich in erstaunlichem Maße mit modernen Definitionen von politischem, auf den Umsturz des NS-Staates abzielendem Widerstand. Keineswegs soll mit diesem Ansatz allerdings einer neuerlichen Verengung des inzwischen in der Forschung allgemein akzeptierten, weit gefaßten und differenzierten Widerstandsbegriffs, der neben der Systemopposition auch die unterschiedlichsten Formen von Selbstbehauptung und Resistenz einbezieht, das Wort geredet werden. Es geht vielmehr um die Dokumentation einer spezifischen, bedeutsamen und äußerst opferreichen Form von Widerstand.

Mit dem Bezug auf die zeitgenössische justitielle Definition von Systemopposition wird die Wechselbeziehung zwischen Widerstand und Regime zum Ausgangspunkt gemacht. Dies bedeutet weder eine Anerkennung der Legitimität der politisch gelenkten und angepaßten NS-Justiz, noch den Verzicht auf eine kritische Bewertung der unterschiedlichen Richtungen des Widerstandes. Letztere ist von der Forschung, aber auch von der politisch-historisch interessierten Öffentlichkeit, für die die Geschichte des Widerstands seit Kriegsende eine wichtige Orientierungs- und Legitimationsfunktion erfüllt, sogar ausdrücklich gefordert. Voraussetzung hierfür ist allerdings eine unvoreingenommene Kenntnisnahme der historischen Bedingungen sowie der Vielfalt von Aktionsformen und politischen Zielen des Widerstands.

Mit der Publikation dieses zentralen und umfangreichen Quellenbestandes in Form dieser Mikrofiche-Edition verbindet das Institut für Zeitgeschichte die Hoffnung, im In- und Ausland zur Verbreiterung der Kenntnisse über die Geschichte des Widerstands beizutragen und neue Anstöße für die Widerstandsforschung zu geben.

Das Institut für Zeitgeschichte dankt der Volkswagen-Stiftung sowie der Fritz Thyssen Stiftung für die zeitweilige Unterstützung dieses Vorhabens, ohne die die Realisierung nicht möglich gewesen wäre. Dank gilt auch den wissenschaftlichen Bearbeitern, allen voran Jürgen Zarusky und für die erste Arbeitsphase Hartmut Mehringer, die mit großer Sorgfalt und Engagement das Projekt vorangebracht haben.

Im Januar 1998

Horst Möller
Direktor des
Instituts für Zeitgeschichte

Danksagung

Die Realisierung eines so umfangreichen und langwierigen Projektes wie der Mikrofiche-Edition *Widerstand als „Hochverrat" 1933-1945* ist nicht denkbar ohne vielfältige Hilfe und Unterstützung, dies umso mehr, als die einschlägigen Akten auf eine Vielzahl von Archiven verstreut waren. Insbesondere war die Arbeit an der Edition entscheidend von der Öffnung wichtiger, lange Zeit unzugänglicher Archive nach dem Umbruch in den ehemaligen Ostblockstaaten geprägt. Den Bearbeitern eröffnete sich damit der Zugang zu wichtigen Quellenbeständen, was aber zugleich auch neue Erschließungs- und Bearbeitungsprobleme mit sich brachte. In den „neuen" wie in den „alten" Archiven mußten Tausende von Aktenbänden ausgehoben und nach Überprüfung und Markierung der relevanten Aktenteile kopiert oder direkt zur Mikrofichierung transportiert und schließlich reponiert werden. Dies erforderte Kooperation von den Archivleitungen über die Sachbearbeiter und Magaziner bis hin zum Verlag und zu den Mitarbeitern der Verfilmungs-Unternehmen. Ihnen allen sowie den vielen Kollegen, die unser Vorhaben mit Rat und Hilfe unterstützt haben, gilt unser Dank. Bei weitem nicht alle können, einige jedoch müssen namentlich genannt werden.

Von erstrangiger Bedeutung war die Unterstützung des Projekts durch das Bundesarchiv und seine Mitarbeiter. Insbesondere Herr Dr. Klaus Oldenhage gewährte von Anfang an Rat und Hilfe. Frau Dr. Sigrun Mühl-Benninghaus klärte die Bearbeiter über die einschlägige Aktenüberlieferung in den ehemaligen DDR-Archiven auf und leistete großzügige Hilfe bei der Verfilmung eines erheblichen Teils der Akten. Herr Dr. Matthias Wagner gewährte als Leiter des Zwischenarchivs Dahlwitz-Hoppegarten des Bundesarchivs den Bearbeitern jede nur mögliche Erleichterung.

Die Erschließung der Akten aus den Archiven der ehemaligen DDR nach dem Kriterium des Hochverrats stellte ein erhebliches Problem dar, da entsprechende Findmittel nicht vorlagen. Ohne die Großzügigkeit von Prof. Dr. Klaus Marxen (ehemals Universität Münster, jetzt Humboldt-Universität Berlin), der die im Rahmen seines Projekts zum Volksgerichtshof erhobenen entsprechenden Datensätze zur Verfügung stellte, wäre das Editionsvorhaben an dieser Hürde gescheitert. Konkrete Hilfestellung beim Umgang mit den Daten gewährten seine Mitarbeiter Frau Gudrun Menze und Herr Dr. Edmund Lauf.

Die Akten im ehemaligen Berlin Document Center wurden bearbeitet, als dieses noch unter amerikanischer Verwaltung stand. Herr David G. Marwell ermöglichte als stellvertretender Direktor unbürokratisches Arbeiten. Frau Geertje Andresen führte im Auftrag des IfZ die Kopierarbeiten mit großer Sorgfalt und Umsicht aus.

Die Staatsanwaltschaft bei dem Landgericht Berlin gewährte Zugang zu der im Rahmen ihrer Ermittlungen gegen ehemalige Staatsanwälte und Richter am Volksgerichtshof angelegten Urteilssammlung. Die Herren Staatsanwälte Zuppke und Jahntz zeigten sich bei der Auswertung sehr hilfsbereit.

Unsere österreichischen Kollegen vom Dokumentationsarchiv des Österreichischen Widerstands, vor allem dessen Leiter, Dr. Wolfgang Neugebauer, und Dr. Siegwald Ganglmair, sowie auch Univ.-Prof. Dr. Anton Staudinger vom Institut für Zeitgeschichte der Universität Wien, stellten uns in höchst kooperativer Weise Kopien der in ihren Archiven aufbewahrten VGH-Verfahren zur Verfügung.

Herr Dr. Paul Warmbrunn vom Landesarchiv Speyer half bei der Beschaffung von Akten aus dem dortigen Bestand Gestapo-Stelle Neustadt an der Weinstraße.

Dr. Norbert Haase übernahm die Kopierung von Akten des Reichskriegsgerichts im Militärhistorischen Archiv in Prag, dessen Leitung eine völlig reibungslose Arbeit ermöglichte.

Die Bibliothek des Bundesgerichtshofs half unbürokratisch bei der Bearbeitung der Reichsgerichtsurteile.

Das unbekannteste archivische Neuland, das bei der Arbeit an der Edition betreten wurde, war sicherlich das Zentrum für die Aufbewahrung historisch-dokumentarischer Sammlungen in Moskau. Die Bearbeiter stießen hier auf freundliche Mitarbeiter und eine sehr kooperative Leitung. Herr Viktor Bondarev und Herr Direktor Mansur M. Muhamedschanov zeigten großes Entgegenkommen. Dr. Sergej Slutsch von der Russischen Akademie der Wissenschaften war uns bei Übermittlungsproblemen zwischen München und Moskau behilflich.

Bei der Bearbeitung der im Institut für Zeitgeschichte befindlichen Volksgerichtshofsbestände konnten wir auf die verläßliche Hilfsbereitschaft unserer Kollegen vom Archiv bauen. Dessen Leiter, Herr Dr. Werner Röder, der seitens der Institutsleitung für das Projekt zuständig war, hat überdies durch Rat und Hilfe entscheidend zu dessen Gelingen beigetragen.

Für die Überlassung von Aktenstücken aus eigenen Sammlungen danken wir Herrn Norbert Aas, Herrn Dr. Ullrich Amlung, Frau Angela Bottin, Herrn Dr. Hans Coppi, Herrn Dr. Ludwig Eiber und Herrn Prof. Dr. Roland Reichwein.

Für beständige, gute Kooperation und Unterstützung danken wir der Gedenkstätte Deutscher Widerstand, insbesondere Herrn Prof. Dr. Peter Steinbach und Herrn Dr. Johannes Tuchel.

Herr Rechtsanwalt Rüdiger von Voss begleitete als Vorsitzender der „Forschungsgemeinschaft 20. Juli 1944" das Projekt von Anfang an mit Rat und Hilfe und gab Gelegenheit, erste Projektergebnisse auf der Tagung der Forschungsgemeinschaft im Herbst 1992 vorzutragen.

Wichtige Hinweise erhielten wir von Herrn Leitenden Archivdirektor a.D. Dr. Heinz Boberach, von Herrn Dr. Otto Gritschneder, der Weißen Rose Stiftung und Herrn Dr. Günther Wieland.

Hilfe bei der Einrichtung der Hard- und Software der Projekt-EDV leistete Henning Nordholz.

Petra Mörtl und Veronika Stroh halfen bei den umfänglichen Korrekturarbeiten.

Last not least danken wir dem K.G. Saur Verlag und seinen Mitarbeitern Manfred Link, Irmgard Schäfer und Romy Barthel für verständnisvolle und engagierte Betreuung unserer aufwendigen und nicht immer ganz einfach kalkulierbaren Publikation.

Jürgen Zarusky Hartmut Mehringer

Inhaltsverzeichnis

Einleitung

Von Jürgen Zarusky

1. Quellen zur Widerstandsgeschichte

Die Quellenlage für die Geschichtsschreibung des Widerstands ist naturgemäß schwierig: Jedes im Widerstand produzierte Schriftstück konnte für die Verfolgerbehörden zum Beweis werden und für die Mitglieder von Widerstandsgruppen schicksalshafte Bedeutung erhalten[1]. So trug die Auffindung von Teilen des Archivs der linkssozialistischen Organisation Neu Beginnen erheblich zu deren Zerschlagung bei[2]; am Anfang der „Kette von bösen Zufällen", die der Gestapo 1936/37 einen größeren Einbruch in das konspirative Netz des Internationalen Sozialistischen Kampfbunds ermöglichte, stand ein verlorengegangenes Paket illegaler Schriften[3]; und für die Verfolgung der Verschwörer des 20. Juli spielten die von Hans von Dohnanyi gesammelten sogenannten „Zossener Akten" eine wichtige Rolle. Dohnanyi hatte, nachdem er verhaftet worden war, vergeblich auf die Vernichtung des Materials gedrängt, da „jeder der Zettel ein Todesurteil" sei[4]. Im kommunistischen Widerstand war schon früh die Parole „Nieder mit den Notizen!" ausgegeben worden. „Die Notierung der Namen von Treffs, Wohnungen oder dergleichen ist schon halber Verrat", stellte eine im Exil erschienene KPD-Schrift 1935 fest[5]. Das aus den verschiedenen Widerstandsgruppen überlieferte Schriftgut gibt daher nur selten Aufschluß über deren Organisation, Arbeitsweise und Zusammensetzung, es überwiegen vielmehr Texte politisch-konzeptionellen und propagandistischen Charakters. Zur Rekonstruktion der Ereignisgeschichte des Widerstands bleibt die Forschung neben den – allerdings in viel geringerem Umfang und in höchst unterschiedlicher Qualität vorliegenden – Erinnerungsberichten auf die Verfolgerakten angewiesen. Einen Einwand gegen die Dominanz der Verfolgerakten in der Widerstandsforschung hat unlängst Klaus-Michael Mallmann formuliert. Diese habe dazu geführt, daß die sozialhistorische Dimension des Widerstands übersehen werde: „Salopp formuliert lenkte die Frage, wer wem wann welches Flugblatt in die Tasche steckte, den Blick, bestimmte die Polizeiperspektive des Hochverrats auch die der Wissenschaft."[6] Dem ist entgegenzuhalten, daß sich die Fragen, die der Historiker an die Quellen stellt, keineswegs mit den Intentionen decken müssen, die der Entstehung der Dokumente zugrunde lagen. So wird gerade die Erforschung der sozialhistorischen

1 Allgemein zur Quellenproblematik siehe das Kapitel Forschungsstand, Quellen und Literatur bei Hartmut Mehringer: Widerstand und Emigration. Das NS-Regime und seine Gegner. München 1997.

2 Jan Foitzik: Zwischen den Fronten. Zur Politik, Organisation und Funktion linker politischer Kleinorganisationen im Widerstand 1933 bis 1939/40. Bonn 1986, S. 82 f.

3 Fritz Eberhard: Erfahrungsbericht, in: Sabine Lemke-Müller (Hrsg.): Ethik des Widerstands. Der Kampf des Internationalen Sozialistischen Kampfbundes (ISK) gegen den Nationalsozialismus. Bonn 1996, S. 68-79, hier: S. 75 f. (Erstmals erschienen in Christoph Kleßmann, Falk Pingel (Hrsg.): Gegner des Nationalsozialismus. Wissenschaftler und Widerstandskämpfer auf der Suche nach historischer Wirklichkeit. Frankfurt a.M. u.a. 1980, S. 195-206.)

4 Elisabeth Chowaniec: Der „Fall Dohnanyi" 1943-1945. Widerstand, Militärjustiz, SS-Willkür. München 1991, S. 120-128, Zitat S. 122.

5 Unser Kampf. 200 Beispiele aus dem antifaschistischen Kampf in Deutschland. Hrsg. von Josef Altrichter. Prag o.J. [1935], S. 149.

6 Klaus-Michael Mallmann: Kommunistischer Widerstand 1933-1945.Anmerkungen zu Forschungsstand und Forschungsdefiziten, in Peter Steinbach, Johannes Tuchel (Hrsg.): Widerstand gegen den Nationalsozialismus. Bonn 1994, S. 113-125, hier: S. 117.

Dimension des Widerstands ohne die Verfolgerakten nicht auskommen, da sie in der Regel wesentliche Informationen über den familiären Hintergrund sowie den beruflichen und politischen Werdegang der Verfolgten enthalten, die anderweitig nicht so ohne weiteres zu ermitteln sind[7].

Nach wie vor bilden also von der Verfolgerseite erzeugte Quellen, d.h. in erster Linie Gestapo- und Justizakten, die wichtigste Grundlage für die meisten Werke der Widerstandshistoriographie. Diese Akten liegen in großem Umfang vor. Trotz ihrer Bedeutung wurden solche Quellen zum deutschen Widerstand bislang nur in geringem Maße durch Publikationen zugänglich gemacht. Die bisher vorliegenden Bände des groß angelegten, regional und nach Gruppen gegliederten Quellenwerks des Dokumentationsarchivs des Österreichischen Widerstands geben hingegen viele Auszüge aus Gestapo-Berichten sowie Anklageschriften und Urteilen der NS-Justiz wieder[8]. Bereits 1946 wurde in Zürich eine Sammlung von Gestapoberichten veröffentlicht, die eine eindeutig oppositionelle Haltung insbesondere der katholischen Kirche belegen sollte[9]. Bernhard Vollmer versuchte 1957 mit seiner Edition von Berichten der Stapostelle und des Regierungspräsidenten von Aachen, die Existenz einer „Volksopposition im Polizeistaat" zu belegen[10]. Der Titel seines Buches ist ein indirekter Hinweis darauf, daß sich zum damaligen Zeitpunkt die Wahrnehmung des Widerstands fast ausschließlich auf den von Angehörigen der Eliten getragenen Widerstand des 20. Juli konzentrierte. Zu diesem sind Quellen in relativ großem Umfang vorhanden. Was die Verfolgerseite betrifft, so ist insbesondere auf die Kaltenbrunner-Berichte zu verweisen[11], ferner auf die allerdings fragmentarischen Transkripte von Tonband-Mitschnitten der Prozesse gegen den 20. Juli vor dem Volksgerichtshof[12]. Die Akten dieser Prozesse sind jedoch nur in spärlichen Resten überliefert. Es gibt Hinweise, daß die entsprechenden Handakten des Oberreichsanwalts nicht im Krieg zerstört wurden, sondern noch nach 1945 existierten. Sie konnten bislang aber nicht aufgefunden werden[13]. Eine Auswahl von Akten der Gestapo und der NS-Justiz enthält die – mehrfach aufgelegte – frühe Gesamtdarstellung des deutschen Widerstands von Günter Weisenborn in ihrem Anhang[14]. Die Quellen dienen hier – ebenso wie in zahlreichen, nicht im einzelnen aufzulistenden lokal-, regional- und gruppenbezogenen Dokumentationen, Ausstellungskatalogen und Studien – allerdings mehr der Illustration als systematischen Editionszwecken.

---

7 Klaus Bästlein: Zum Erkenntniswert von Justizakten aus der NS-Zeit. Erfahrungen in der konkreten Forschung, in: Jürgen Weber (Bearb): Datenschutz und Forschungsfreiheit. Die Archivgesetzgebung des Bundes auf dem Prüfstand. München 1986, S. 85-102. Robert Hoffmann: Strafprozeßakten als sozialgeschichtliche Quelle, in: Erika Weinzierl, Karl R. Stadler (Hrsg.): Justiz und Zeitgeschichte. Wien o.J. [1977], S. 248-268.

8 Widerstand und Verfolgung in Wien 1934-1945. 3 Bde. Wien 1975. Widerstand und Verfolgung im Burgenland. Wien 1979. Widerstand und Verfolgung in Oberösterreich 1934-1945. 2 Bde. Wien 1982. Widerstand und Verfolgung in Tirol 1934-1945. 2 Bde. Wien 1984. Widerstand und Verfolgung in Niederösterreich 1934-1945. 3 Bde. Wien 1987. Widerstand und Verfolgung in Salzburg. 2 Bde. Wien 1991. Die Dokumentation bezieht die Verfolgung oppositioneller Strömungen im Ständestaat mit ein.

9 John S. Steward: Sieg des Glaubens. Authentische Gestapoberichte über den kirchlichen Widerstand in Deutschland. Zürich 1946.

10 Bernhard Vollmer: Volksopposition im Polizeistaat. Gestapo- und Regierungsberichte 1934-1936. Stuttgart 1957.

11 Hans-Adolf Jacobsen (Hrsg.): „Spiegelbild einer Verschwörung". Die Opposition gegen Hitler und der Staatsstreich vom 20. Juli 1944 in der SD-Berichterstattung. Geheime Dokumente aus dem ehemaligen Reichssicherheitshauptamt. 2 Bde., 2., überarb. u. erw. Aufl., Stuttgart 1984.

12 Volksgerichtshof-Prozesse zum 20. Juli 1944. Transkripte von Tonbandfunden. Hrsg. vom Lautarchiv des Deutschen Rundfunks. Frankfurt a.M. 1961 (als Ms. vervielfältigt).

13 Heinz Boberach: Die Quellenlage zur Erforschung des deutschen Widerstandes gegen den Nationalsozialismus in Deutschland, in: Stand und Problematik der Erforschung des Widerstandes gegen den Nationalsozialismus. Hrsg. vom Forschungsinstitut der Friedrich-Ebert-Stiftung [Hektographie]. Bonn 1965, S. 84-112, hier: S. 107 f.

14 Günter Weisenborn: Der lautlose Aufstand. Bericht über die Widerstandsbewegung des deutschen Volkes 1933-1945. Frankfurt ^{4}1974 (zuerst 1953).

In der DDR herrschten offenkundig erhebliche Vorbehalte gegenüber der Veröffentlichung von Verfolgerakten zur Dokumentation des Widerstands. Das repräsentative Werk von Walter A. Schmidt „Damit Deutschland lebe" beispielsweise basiert nur auf Berichten aus dem Widerstand, Erinnerungen und Auszügen aus der Exilpresse[15]. 1989/90 erschien eine von Margot Pikarski und Elke Warning besorgte dreibändige Ausgabe von Gestapo-Berichten über den kommunistischen Widerstand. Die Skepsis, die die Herausgeberinnen ihren Quellen gegenüber an den Tag legten, speiste sich nicht nur aus historisch-quellenkritischen Motiven, sondern auch aus politischen Beweggründen. In ihrer Einleitung heißt es, die Lageberichte könnten „nur dann eine Quelle für die Forschungen zur Geschichte der antifaschistischen Widerstandsbewegung sein, wenn sie auf der Grundlage der marxistisch-leninistischen Geschichtsauffassung und unter Heranziehung von Dokumenten, illegalen Presseorganen der KPD und Flugblättern, von Erinnerungen, Erlebnisberichten usw. ausgewertet" würden[16].

Die vorliegende Mikrofiche-Edition ist die umfangreichste Quellensammlung zur Geschichte der inneren Systemopposition gegen den NS-Staat. Entsprechend dem ursprünglichen Projektansatz der „Bestandsaufnahme und Sammlung wichtiger Quellen zur Geschichte des deutschen Widerstandes gegen die NS-Herrschaft"[17] geht die Edition nicht von einer gruppen- oder regionalspezifischen Fragestellung aus. Der Hauptansatzpunkt ist hier vielmehr eine Definition des politischen, auf den Umsturz des Systems gerichteten Widerstandes, wie sie von seiten des Regimes selbst, und zwar in Form der strafgesetzlichen Bestimmungen über den Hochverrat, gegeben wurde. Die in der Edition dokumentierten Verfahren betreffen daher gleichermaßen Kommunisten und Verschwörer des 20. Juli, Mitglieder linkssozialistischer Kleinorganisationen und Gruppen des Jugendwiderstandes ohne politische Traditionsbindung, nationalrevolutionäre Anhänger von Otto Straßers „Schwarzer Front" und Ernst Niekischs Gruppe um die Zeitschrift „Widerstand", Legitimisten und Monarchisten aus Bayern und Österreich, Sozialdemokraten und Gewerkschafter sowie christlich motivierte Gegner des NS-Regimes. Die Rechtsprechung in Hochverratssachen bildet den Widerstand in seiner ganzen Vielfalt und Widersprüchlichkeit ab.

Die Mikrofiche-Edition erfaßt die Verfahren gegen Deutsche und Österreicher, da sie als Reichsangehörige in rechtlicher Hinsicht gleich behandelt wurden und der deutsche und der österreichische Widerstand unter ähnlichen Bedingungen operierten, wobei die meisten österreichischen Gruppen das Ziel des Sturzes der NS-Diktatur mit dem der Wiederherstellung der staatlichen Selbständigkeit Österreichs verbanden. Ein wichtiger Grund für die Aufnahme der Verfahren gegen Österreicher in die Edition war, vergleichende Untersuchungen zwischen den Formen, Gruppen und Milieus des Widerstands in Österreich und im „Altreich" zu ermöglichen. Die Nationalitätenzuordnung orientiert sich nicht an der formellen Staatsbürgerschaft, sondern an dem Zusammenhang der Widerstandsaktivität. Deshalb werden etwa eingedeutschte ehemalige Bürger der Republik Polen, die sich in polnischen Widerstandsorganisationen betätigten, nicht berücksichtigt. Ebenso wurden die Fälle des rheinischen Separatismus nicht in die Edition aufgenommen, da es hierbei nicht so sehr um die Änderung der politischen Verhältnisse im Reich als vielmehr um den Anschluß bestimmter Gebiete an Frankreich ging, es sich also um reinen Gebiets- und nicht um Verfassungshochverrat handelte.

15 Walter A. Schmidt: Damit Deutschland lebe. Ein Quellenwerk über den deutschen antifaschistischen Widerstandskampf 1933-1945. Berlin ²1959.

16 Gestapo-Berichte über den antifaschistischen Widerstandskampf der KPD 1933-1945. Ausgewählt eingeleitet und bearbeitet von Margot Pikarski und Elke Warning. 3 Bde. Berlin 1989/90. Zitat Bd. 1, S. 7. Eingehendere Ausführungen zur Quellenkritik fehlen.

17 So die Bezeichnung des von der Stiftung Volkswagenwerk geförderten Projekts.

Die Mikrofiche-Edition erfaßt nur die Verfahren vor den zentralen zuständigen Gerichten des Dritten Reiches. Die neben Reichsgericht, Volksgerichtshof und Reichskriegsgericht ebenfalls zum Teil in erheblichem Umfang mit Hochverratsverfahren befaßten ausgewählten Oberlandesgerichte konnten nicht berücksichtigt werden. Der Umfang und die komplexe Überlieferungslage der einschlägigen Materialien ließen dies nicht zu. Diese Einschränkung findet ihre Berechtigung jedoch zugleich darin, daß an die Oberlandesgerichte nur Fälle von „minderer Bedeutung" abgegeben werden sollten[18].

Entsprechend der Orientierung am Hochverratstatbestand präsentiert die Edition ausschließlich Justizakten. Es wurde versucht, nach Möglichkeit zu jedem Verfahren Anklage- und Urteilsschriften wiederzugeben, da sie trotz gewisser Überschneidungen doch jeweils spezifische Informationen enthalten. In der Mehrzahl der Fälle ist dies auch gelungen[19]. Die Edition dokumentiert insgesamt 1891 Verfahren gegen 6030 Angeklagte.

2. Widerstand als „Hochverrat"

2.1. Zum Widerstandsbegriff

Mit dem Einzug sozial- und alltagsgeschichtlicher Ansätze in die Zeitgeschichtsforschung geht die Wahrnehmung eines breiteren Spektrums abweichender Verhaltensweisen unter dem NS-Regime einher. Dies erforderte eine begriffliche Differenzierung, um die sich vor allem in den späten 70er und 80er Jahren eine lebhafte Diskussion entspann. Insbesondere ging es um die Unterscheidung von Haltungen, die aus unterschiedlichen Motiven zum Konflikt mit dem Regime führten, ohne dieses grundsätzlich in Frage zu stellen („Resistenz", „Dissens", „loyale Widerwilligkeit"), und politisch intendiertem Widerstand gegen die NS-Herrschaft als solche[20]. Ausschließlich auf letzteren bezieht sich die vorliegende Edition.

Am Rande der Begiffsdiskussion tauchte wiederholt die Forderung nach einem „relational angelegten" Widerstandsbegriff auf, der, so Peter Hüttenberger, „das jeweils verschiedene realhistorische Verständnis zwischen den Widerstand-Leistenden und dem Gegenstand ihres Handelns, d. h. in bezug auf die jeweils konkreten Ausformungen, Exponenten, Zumutungen des Regimes etc., an dem sich Widerstandsverhalten entzündete, zum Ausgangspunkt nimmt"[21]. Ähnlich äußerte sich Heinz Boberach bei der Berliner Widerstandskonferenz 1984, als er forderte,

---

18 Siehe dazu Abschnitt 3.4.

19 In einigen Fällen werden auch die Vollstreckungsakten von Todesurteilen dokumentiert, die allerdings nicht systematisch gesammelt wurden.

20 Klaus-Jürgen Müller, Hans Mommsen: Zur Historiographie des Widerstandes, in: Klaus-Jürgen Müller: Der deutsche Widerstand 1933-1945. Paderborn 1986, S. 13-21, hier: S. 17-19. Die wichtigsten Beiträge der Diskussion sind: Martin Broszat: Resistenz und Widerstand. Eine Zwischenbilanz des Forschungsprojekts, in: ders., Elke Fröhlich, Anton Grossmann (Hrsg.): Bayern in der NS-Zeit. Herrschaft und Gesellschaft im Konflikt. Bd. IV. München u.a. 1981, S. 691-709; Richard Löwenthal: Widerstand im totalen Staat, in: ders., Patrick von zur Mühlen (Hrsg.): Widerstand und Verweigerung in Deutschland 1933-1945. Berlin u.a. 1982, S. 11-14. Detlev Peukert: Volksgenossen und Gemeinschaftsfremde. Anpassung, Ausmerze und Aufbegehren unter dem Nationalsozialismus. Köln 1982, S. 94-99; Klaus Gotto, Hans Günther Hockerts, Konrad Repgen: Nationalsozialistische Herausforderung und kirchliche Antwort. Eine Bilanz, in: Karl-Dietrich Bracher, Manfred Funke, Hans-Adolf Jacobsen (Hrsg.): Nationalsozialistische Diktatur 1933-1945. Bonn 1983, S. 655-668, v.a. S. 655-657. Kritisch zum Resistenz-Begriff und mit Betonung der Differenz zur politischen Opposition: Ernst Köhler: Die langsame Verspießerung der Zeitgeschichte. Martin Broszat und der Widerstand, in: Freibeuter 1988, H. 36, S. 53-73; Klaus-Michael Mallmann, Gerhard Paul: Resistenz oder loyale Widerwilligkeit? Anmerkungen zu einem umstrittenen Begriff, in: Zeitschrift für Geschichtswissenschaft 41 (1993), S. 99-116.

21 Peter Hüttenberger: Heimtückefälle vor dem Sondergericht München, in: Bayern in der NS-Zeit, Bd. IV. S. 435-526, hier S. 520.

Widerstand auch aus der Perspektive der Träger des NS-Staates zu definieren[22]. Diese Perspektive spiegelt sich in der Gesetzgebung des Dritten Reiches gegen die verschiedenen Formen politisch abweichenden Verhaltens wider. Dabei stößt man auf eine erstaunliche Präzision, die auf den Einfluß hochqualifizierter Juristen zurückzuführen ist, denen es zwar an Rechtsstaatsbewußtsein, nicht jedoch an juristischer Begriffsschärfe fehlte, soweit die rein instrumentelle Ebene betroffen war. Mit dem politischen Widerstand korrespondiert der Straftatbestand des Hochverrats. Wie im weiteren zu zeigen ist, wurden die entsprechenden Bestimmungen des Strafgesetzbuches bereits in der Frühphase des NS-Regimes, in der Periode der Machtergreifung bis zum Sommer 1934[23] so umgeformt, daß jede sich grundsätzlich gegen die Diktatur richtende Opposition dadurch erfaßt werden konnte. Daneben paßte sich die einschlägige Rechtsprechung des Reichsgerichts selbständig an die Erwartungen der Diktatur an. Der Hochverratstatbestand wurde so zum zentralen Instrument der justitiellen Bekämpfung des politischen Widerstands, die in den entsprechenden Gerichtsverfahren im einzelnen dokumentiert ist[24].

2.2. Die Gesetzgebung 1933/34

In der Weimarer Republik blieb der Hochverratstatbestand im Strafgesetzbuch völlig unverändert. Daraus ergab sich der Anachronismus, daß – wohlgemerkt in der Republik – Mord oder Mordversuch an Kaiser und Landesfürsten von allen Hochverratsvergehen mit der höchsten, der Todesstrafe bedroht waren[25]. Neben den Anschlägen auf Fürsten und den verschiedenen Formen des Gebietshochverrats[26] führte die alte Version des Strafgesetzbuches das Unternehmen der gewaltsamen Veränderung der Verfassung des Deutschen Reichs oder eines Bundesstaates als Verwirklichung des Hochverratstatbestandes auf[27]. Der Begriff des „Unternehmens“ wurde definiert als „jede Handlung [...], durch welche das Vorhaben unmittelbar zur Ausführung gebracht werden soll“[28]. § 83 stellte die Verabredung zu einem hochverräterischen Unternehmen unter Strafe, und § 84 erweiterte die Anwendung dieser Bestimmung auf Personen, die sich mit ausländischen Regierungen zum Zwecke des Hochverrats einließen, anvertraute Staatsmacht hierzu mißbrauchten oder Mannschaften in hochverräterischer Absicht anwarben oder in Waffen einübten. § 85 behandelte die öffentliche Aufforderung zum Hochverrat, und § 86 schließlich stellte auch jede andere

22 Jürgen Schmädeke, Peter Steinbach (Hrsg.): Der Widerstand gegen den Nationalsozialismus. Die deutsche Gesellschaft und der Widerstand gegen Hitler. München u.a. 1985, S. 1122 (Diskussionsbeitrag).

23 „Machtergreifung im konkreten Fall der nationalsozialistischen Eroberung und Gleichschaltung des Staates bedeutet einen anderthalbjährigen Prozeß, dessen Endpunkt im Augenblick der schlüssigen Unterstellung des militärischen Machtfaktors und der Selbsterhöhung Hitlers zum Nachfolger Hindenburgs erreicht ist.“ Karl Dietrich Bracher: Stufen totalitärer Gleichschaltung. Die Befestigung der nationalsozialistischen Herrschaft 1933/34, in: Wolfgang Michalka (Hrsg.): Die nationalsozialistische Machtergreifung. Paderborn 1984, S. 13-28, hier: S. 18. Die „Verratsnovelle“ vom April 1934 und die Konstituierung des Volksgerichtshofs am 14. Juli 1934 stellen auf dem rechtlichen Sektor Marksteine der Konsolidierung der Diktatur dar.

24 Jürgen Zarusky: Widerstand als Hochverrat. Zur politischen Justiz im „Dritten Reich“, in: Gerhard Ringshausen, Rüdiger von Voss (Hrsg.): Widerstand und Verteidigung des Rechts. Bonn 1997, S. 189-210.

25 Das Strafgesetzbuch für das Deutsche Reich nebst Einführungsgesetz, herausgegeben und erläutert von Reinhard Frank. 18., neu bearbeitete Auflage, Tübingen 1931, S. 251 ff. (§§ 80-86, hier § 80). Bezüglich des Schutzes der Fürsten bemerkt Frank lapidar: „Die Stelle ist unpraktisch geworden.“ Ebenda S. 251. Vgl. hierzu auch Christoph Gusy: Weimar – die wehrlose Republik? Verfassungsschutzrecht und Verfassungsschutz in der Weimarer Republik. Tübingen 1991, S. 107 f. Zum Verfassungsschutz in der Weimarer Republik neben Gusy: Ingo J. Hueck: Der Staatsgerichtshof zum Schutze der Republik. Tübingen 1996.

26 Vollständige oder teilweise Einverleibung des Bundesgebiets in einen anderen Staat, Losreißung eines Teils des Bundesgebiets, Vollständige oder teilweise Einverleibung des Gebiets eines Bundesstaats in einen anderen oder Losreißung eines Teilgebiets von einem Bundesstaat; vgl. Frank, StGB § 81 Nr. 3 und 4.

27 Ebenda Ziffer 2.

28 Ebenda § 82.

Vorbereitungshandlung unter Strafe[29]. Die Verfasser dieser Bestimmungen hatten offenkundig die Schreckbilder der französischen Revolution von 1789 und der mitteleuropäischen Revolutionen von 1848 vor Augen gehabt. Im Deutschland des Jahres 1933 bestand eine ganz andere Situation. In den Bestimmungen werden öffentliche Auftritte vor Menschenmengen, die Anwerbung von Mannschaften oder öffentlicher Anschlag erwähnt – Handlungen, die einen Spielraum voraussetzten, den die „nationale Regierung" ihren Gegnern keinesfalls einzuräumen bereit war. Mit dem Amtsantritt Adolf Hitlers als Reichskanzler setzte daher auch eine hektische Serie von Novellierungen der Bestimmungen über Hoch- und Landesverrat ein[30], von denen hier nur die auf den Hochverrat bezogenen betrachtet werden.

Bereits am 4. Februar 1933 erging, um „die Arbeit des Wiederaufbaus gegen Störungen durch staatsfeindliche Kräfte zu sichern", die *Verordung des Reichspräsidenten zum Schutze des deutschen Volkes*[31], die die Versammlungsfreiheit einschränkte und eine Fülle von Handhaben zum Verbot von Druckschriften bot. Mit § 21 wurde eine Anzeigepflicht für mutmaßlich hochverräterische Schriften eingeführt. Die Verordnung vom 4. Februar bewegte sich noch stark in den Bahnen autoritärer Staatsschutzmaßnahmen aus der Zeit der Präsidialkabinette[32]. Weitaus einschneidender war die infolge des Reichstagsbrandes erlassene *Verordnung des Reichspräsidenten zum Schutz von Volk und Staat vom 28. Februar 1933*[33], die Ernst Fraenkel als die „Verfassungsurkunde des Dritten Reichs" bezeichnet hat[34]. Die Verordnung setzte nicht nur wesentliche verfassungsmäßige Freiheits- und Schutzrechte, darunter die Freiheit der Person, „bis auf weiteres außer Kraft" und schuf damit die juristische Basis für Schutzhaft und Konzentrationslager, sondern führte auch für jene Hochverratsdelikte, die bis dahin mit lebenslanger Freiheitsstrafe bedroht gewesen waren, die Todesstrafe ein. Vom selben Tag datiert die allerdings erst am 1. März veröffentlichte, jedoch schon am 27.2 – also noch vor dem Reichstagsbrand – im Kabinett beratene[35] *Verordnung des Reichspräsidenten gegen Verrat am Deutschen Volke und hochverräterische Umtriebe vom 28. Februar 1933*[36]. Die Verordnung brachte insbesondere weitere Strafverschärfungen für Landesverrat und Hochverrat. Für sogenannten Zersetzungshochverrat, der darauf abzielte, Polizei und Reichswehr durch politische Demoralisierung und andere Einwirkungen von der Erfüllung ihrer Staatsschutzaufgaben abzuhalten, wurde die Möglichkeit der Verhängung von Festungshaft abgeschafft. Selbst bei Vorliegen mildernder Umstände waren künftig nur Zuchthaus und Gefängnisstrafen zulässig. Solche Zersetzungsdelikte waren ein typisches Produkt der von einer revolutionären Naherwartung geleiteten Strategie der KPD. § 6 der Verordnung stellte Herstellung, Verbreitung und Aufbewahrung von Schriften unter Strafe, die bei sorgsamer Prüfung als hochverräterisch zu erkennen waren. Durch das hiermit in den Hochverratstatbestand eingeführte Fahrlässigkeitsdelikt wurde die Schwelle zur Vollendung des Verbrechens erheblich gesenkt und ein Schlag gegen die Infrastruktur sogenannter „staatsfeindlicher" Gruppen ausgeführt, denn auch

29 A.a.O.

30 Friedrich-Christian Schroeder: Der Schutz von Staat und Verfassung im Strafrecht. Eine systematische Darstellung, entwickelt aus Rechtsgeschichte und Rechtsvergleichung. München 1970, S. 150-159; Walter Wagner: Der Volksgerichtshof im nationalsozialistischen Staat. Stuttgart 1974, S. 52-55; Lothar Gruchmann: Justiz im Dritten Reich 1933-1940. Anpassung und Unterwerfung in der Ära Gürtner. München 1988, S. 823 f. und 844-847; Gerhard Werle: Justiz-Strafrecht und polizeiliche Verbrechensbekämpfung im Dritten Reich. Berlin u.a. 1989, S. 65 ff. und 112 ff.

31 RGBl. I, S. 35. Begründung zitiert nach Werle, Justiz-Strafrecht, S. 64.

32 Schroeder, Staatsschutz, S. 150 f.

33 RGBl. I, S. 83.

34 Ernst Fraenkel: Der Doppelstaat. Frankfurt a.M. u.a. 1974, S. 26.

35 Akten der Reichskanzlei [im folgenden: AdR]. Die Regierung Hitler. Teil I: 1933/34, bearb. von Karl-Heinz Minuth, Boppard am Rhein 1983, S. 122-124.

36 RGBl I, S. 85.

Drucker oder Kolporteure, die hochverräterische Schriften produzierten oder vertrieben, ohne deren Inhalt zu kennen – etwa weil sie nur rein kommerzielles Interesse damit verbanden – wurden durch diese Strafbestimmung zur Verantwortung gezogen[37]. § 9 stellte die Durchführung der bis dahin obligatorischen Voruntersuchung in Hoch- und Landesverratssachen in das Ermessen des Oberreichsanwalts bzw. des Reichsgerichts. Durch die *Verordnung des Reichspräsidenten zur Beschleunigung des Verfahrens in Hochverrats- und Landesverratssachen vom 18. März 1933*[38] wurde schließlich auch der Eröffnungsbeschluß für das Hauptverfahren abgeschafft[39].

Mit dem Verbot der SPD am 22. Juni 1933 und der Selbstauflösung der bürgerlichen Parteien bis Anfang Juli war der nationalsozialistische Einparteienstaat Wirklichkeit geworden. Auf der Reichsstatthalterkonferenz vom 6. Juli 1933 erklärte Hitler, dieser Zustand müsse nunmehr auch gesetzlich verankert werden. Der Versuch der Neubildung von Parteien solle wie Hochverrat behandelt werden[40]. Reichsinnenminister Frick reagierte auf das Stichwort prompt mit einem Gesetzentwurf, der aus einer einzigen Bestimmung bestand: „Wer es unternimmt, politische Parteien neu zu bilden oder den organisatorischen Zusammenhalt einer aufgelösten politischen Partei aufrecht zu erhalten, wird als Hoch- und Landesverräter bestraft."[41] Reichsjustizminister Gürtner kritisierte in der Kabinettssitzung vom 14. Juli, daß das Gesetz keine Strafandrohung enthalte und erklärte, daß die Bestimmungen über Hoch- und Landesverrat nicht so ohne weiteres anwendbar seien. Das Kabinett erteilte auf Fricks Vorschlag ihm und Gürtner die Vollmacht, einen vorab gebilligten Kompromiß zu formulieren, der als *Gesetz gegen die Neubildung von Parteien* noch am selben Tag verabschiedet wurde. Die Regelung umfaßte zwei Paragraphen. Der erste postulierte, daß in Deutschland als einzige Partei die NSDAP bestehe; der zweite bedrohte die Aufrechterhaltung des organisatorischen Zusammenhalts oder die Neugründung einer anderen Partei mit Zuchthaus bis zu drei Jahren, „sofern nicht die Tat nach anderen Vorschriften mit einer anderen Strafe bedroht ist"[42]. Als solche kamen natürlich in erster Linie die Bestimmungen über den Hochverrat in Betracht, die dann auch in der Praxis fast immer den Vorrang vor dem Parteiengesetz hatten. Das Parteienneubildungsgesetz wurde „zur bloßen Auffangvorschrift für Fälle fehlenden hochverräterischen Vorsatzes"[43]. Auf diese Weise wurde letztlich exakt dem „Führerwillen" entsprochen.

Völlig in die Illegalität gedrängt, gingen die linken Organisationen, aber auch die „Schwarze Front" des nationalsozialistischen Dissidenten Otto Straßer dazu über, ihre Propaganda von Stützpunkten im Ausland aus zu betreiben. Die Reichsregierung reagierte auf diese Entwicklung mit Bestimmungen, die im *Gesetz zur Gewährleistung des Rechtsfriedens vom 13. Oktober 1933*[44] enthalten waren. In der Begründung des Reichsjustizministeriums hieß es dazu: „Der Herstellung solcher Schriften im Inland wird durch die Wachsamkeit der Sicherheitsbehörden wirksam begegnet. Die staatsfeindlichen Elemente sind daher immer mehr dazu übergegangen, das Material für ihre Wühlarbeit im Ausland herzustellen und von dort aus ins Inland hinein zu verbreiten. Diesen Versuchen muß durch Strafdrohungen mit erhöhter Abschreckungskraft begegnet werden."[45] Das Gesetz drohte für im Ausland begangene Hochverratsdelikte, insbesondere die Herstellung, Bereithaltung und Verbreitung hochverräterischer Schriften und deren Einfuhr nach Deutschland

37 Vgl. die Erläuterung der Intention bei Hans Pfundtner, Reinhard Neubert: Das neue Deutsche Reichsrecht. Ergänzbare Sammlung des geltenden Rechts seit dem Ermächtigungsgesetz mit Erläuterungen. Berlin 1933-1944, II c6, S. 30 f.

38 RGBl. I, S. 13.

39 Detailliert hierzu Gruchmann, Justiz, S. 1051 f.

40 AdR Reg. Hitler I, S. 629 f.

41 Ebenda S. 661, Fn. 11.

42 RGBl. I, S. 479.

43 Werle, Justiz-Strafrecht, S. 84.

44 RGBl. I, S. 723.

45 AdR Kab. Hitler I, S. 883 f., Fn. 19.

härteste Sanktionen bis hin zur Todesstrafe an. Daneben sah es einen verstärkten strafrechtlichen Schutz des Lebens von Mitgliedern der NS-Bewegung und Angehörigen der staatlichen Strafverfolgungsorgane vor[46].

Damit war die gesetzgeberische Modifikation des Hochverratstatbestandes im Grunde abgeschlossen. Die einschlägigen Bestimmungen waren infolge der unsystematischen Novellierungspraxis jedoch auf eine unübersichtliche Vielzahl von Regelungen verstreut. Es entstand daher das Bedürfnis, die strafrechtlichen Regelungen über Hoch- und Landesverrat noch vor der angestrebten großen Strafrechtsreform – die im übrigen 1939 ergebnislos steckenblieb[47] – in einen geordneten Zusammenhang zu bringen. Ergebnis war das *Gesetz zur Änderung von Vorschriften des Strafrechts und des Strafverfahrens vom 24.4.1934*[48], mit dem zugleich auch der Volksgerichtshof eingeführt wurde. Das Gesetz übernahm durchweg die im Jahre 1933 eingeführten Strafverschärfungen, die Festungshaft entfiel nunmehr vollständig[49]. Im Gegensatz zur alten Fassung war nicht mehr allein die unmittelbare Ausführung, sondern auch bereits der Versuch hinreichend, um ein Unternehmen des Hochverrats zu begründen[50]. Die Definition von Hochverrat als Verfassungs- oder Gebietsveränderung „mit Gewalt oder durch Drohung mit Gewalt" beseitigte Meinungsunterschiede über die Auslegung des herkömmlichen Kriteriums „gewaltsam". Obwohl die Rechtsprechung die Androhung von Gewalt für hinreichend erachtet hatte, hatte es doch im Schrifttum Stimmen gegeben, die dies bestritten und die Ausübung von Gewalt zur Verwirklichung des Straftatbestands für erforderlich gehalten hatten[51]. Durch den neuen § 81 wurde jegliche Ausübung von Zwang auf den Reichspräsidenten, den Reichskanzler oder andere Regierungsmitglieder bei der Ausübung ihrer Ämter als Hochverrat definiert. § 82 faßte im wesentlichen die Bestimmungen über Verabredung und Konspiration zum Hochverrat der alten Fassung zusammen – allerdings mit erheblich erhöhter Strafandrohung bis hin zur Todesstrafe. Der neue § 84 nannte die Sanktionen für minder schwere Fälle und in § 85 wurde der in der Verratsverordnung vom 28. Februar 1933 eingeführte Tatbestand der fahrlässigen Herstellung, Verbreitung oder Bereithaltung hochverräterischer Druckschriften mit Gefängnis nicht unter einem Monat bewehrt. § 86 führte die Nebenstrafen auf, darunter die neu eingeführte Möglichkeit der Vermögenseinziehung.

Das Kernstück der Verratsnovelle bildete in bezug auf den Hochverrat jedoch der § 83. Dieser faßte die öffentliche Aufforderung und Anreizung sowie die sonstigen Vorbereitungshandlungen zusammen. In der alten Version waren sie getrennt und mit sehr unterschiedlichen Strafmaßen bewehrt: Für die öffentliche Aufforderung und Anreizung zum Hochverrat war eine Höchststrafe von zehn Jahren Freiheitsentzug vorgesehen gewesen, für die sonstigen Vorbereitungshandlungen drei Jahre. Jetzt galt eine einheitliche Strafandrohung von zehn Jahren. Unter bestimmten Voraussetzungen konnten sogar lebenslange Freiheitsstrafen und Todesurteile verhängt werden. In der amtlichen Begründung der Novelle hieß es dazu: „Damit ist für alle, auch entfernteren Vorbereitungshandlungen ein erheblich höherer Strafrahmen als bisher vorgesehen. Gerade die im Gesetz nicht ausdrücklich aufgeführten Vorbereitungshandlungen umfassen, wie die letzten Jahre gezeigt haben, die große Masse der dem Umsturz dienenden Betätigungen. Sie stehen in ihrer Gefährlichkeit der Aufforderung zum Hochverrat nicht nach."[52] Die Feststellung, entfernte Vorbereitungshandlungen seien genauso gefährlich wie Aufforderung zum Hochverrat, machte

46 Vgl. auch Werle, Justiz-Strafrecht, S. 84 f.
47 Vgl. dazu Gruchmann, Justiz, S. 753-822.
48 RGBl. I, S. 341. Siehe Anhang.
49 Wagner, Volksgerichtshof, S. 56.
50 Vgl. § 82 alter und § 87 neuer Fassung.
51 § 80; Frank, Strafgesetzbuch, S. 252; Pfundtner/Neubert, Reichsrecht, II c6, S. 25.
52 Deutsche Justiz 1934, S. 595.

die Unterscheidung zwischen beiden eigentlich hinfällig. Die in der Begründung zum Ausdruck kommende Haltung entsprach dem Selbstverständnis einer Diktatur, die im Grunde jede sie in Frage stellende Meinungsäußerung bereits als Angriff auf ihren Bestand wertete. Die in dem neuen § 83 spezifizierten und mit erhöhten Strafen bis hin zur Todesstrafe bedrohten Sachverhalte waren denn auch im wesentlichen mit dem Verhaltensrepertoire der politischen Opposition gegen das NS-Regime deckungsgleich. Im einzelnen wurden folgende Punkte aufgezählt:

1. die Aufrechterhaltung oder Herstellung eines organisatorischen Zusammenhalts zur Vorbereitung des Hochverrats;
2. die Zersetzung von Reichswehr und Polizei;
3. die Beeinflussung der Massen durch Schriften, Schallplatten, Bildmaterial und Funk- oder Radiosendungen;
4. das Unternehmen der Einfuhr von hochverräterischen Schriften, Schallplatten oder Bildmaterial.

Im Gegensatz zum *Gesetz über die Gewährleistung des Rechtsfriedens vom 13. Oktober 1933* war nunmehr von der Herstellung und Bereithaltung hochverräterischen Materials im Ausland nicht mehr die Rede, möglicherweise weil das von anderen Staaten als Verletzung ihrer Souveränitätsrechte hätte verstanden werden können. Da jedoch bereits das Unternehmen, also nach § 87 auch schon der Versuch, unter Strafe gestellt war, blieb die Intention des Gesetzes vom 13. Oktober 1933 durchaus erhalten. Auch der offiziöse Kommentar von Pfundtner/Neubert ließ hieran keinen Zweifel[53].

Damit war das justitielle Instrumentarium für die Verfolgung der Systemopposition geschaffen. Abgesehen von der Erweiterung des Strafrahmens für die auch nach altem Recht schon strafbare Nichtanzeige hochverräterischer Vorhaben – infolge der Änderung des § 139 StGB durch das *Gesetz zur Änderung des Strafgesetzbuches vom 2. Juli 1936*, das im Extremfall auch die Todesstrafe ermöglichte – kam es in der Folgezeit zu keinen weiteren Änderungen des Hochverratstatbestandes[54].

Die Begriffsbestimmung des Hochverrats war in inhaltlicher wie in geographischer Hinsicht so weit ausgedehnt worden, daß jegliche politische Opposition gegen die NS-Diktatur damit erfaßt werden konnte. Zugleich wurden die Strafandrohungen drastisch verschärft. Die Stellung des Angeklagten wurde durch den Wegfall wesentlicher Verfahrensschritte und schließlich durch substantielle Einschränkungen der Verteidigung im Zuge der Etablierung des Volksgerichtshofs erheblich verschlechtert.

2.3. Die Rechtsprechung des Reichsgerichts 1933/34

Parallel zur Gesetzgebung, aber durchaus eigenständig, paßte auch das bis zur Errichtung des Volksgerichtshofs im Juli 1934 erstinstanzlich zuständige Reichsgericht in seiner Rechtsprechung den Hochverratsbegriff an die Erwartungen und Erfordernisse der Diktatur an. Trotz der vielen Abänderungen der Strafbestimmungen zeichnete sich die Rechtsprechung 1933/34 durch ein hohes Maß an Kontinuität aus. Dies zeigte sich unter anderem darin, daß neben Prozessen gegen Kommunisten und Angehörige anderer linker Parteien, die zum Sturz der Regierung Hitler aufgerufen hatten, ein beträchtlicher Teil der in dieser Zeit vor dem Reichsgericht verhandelten Hochverratssachen kommunistische Aktivitäten betraf, die noch vor 1933 stattgefunden hatten. Während also die nationalsozialistische Diktatur sich etablierte, wurden Anhänger der KPD wegen Delikten verurteilt, die auf den Umsturz der parlamentarischen Demokratie von Weimar

53 Pfundtner/Neubert, Reichsrecht, II c6, S. 30.

54 Wagner, Volksgerichtshof, S. 57 f.

gerichtet gewesen waren. Daß die Richter des Reichsgerichts darin keinen unauflöslichen Widerspruch erblickten, kann nicht, oder jedenfalls nicht allein, mit vordergründigem politischen Opportunismus erklärt werden. Der Systembruch wurde vielmehr durch einen abstrakten Staats- und Verfassungsbegriff überbrückt, der bereits eine längere Tradition besaß[55]. Schon vor 1918 war für das Reichsgericht in seiner Rechtsprechung zum Hochverrat nicht ein formaler Verfassungsbegriff verbindlich gewesen, der sich ausschließlich auf die Verfassungsurkunde und alle darin enthaltenen Bestimmungen bezog. Unter „Verfassung" wurden vielmehr die bestehende Gesellschaftsordnung und die sie tragenden Institutionen verstanden[56]. Diesen materiellen Verfassungsbegriff vertrat auch Reinhard Frank in seinem einflußreichen Strafrechtskommentar: „Unter den Begriff der Verfassung fallen alle fundamentalen Staatseinrichtungen oder [...] die Grundlagen des politischen Lebens, auch wenn sie in den Verfassungsgesetzen nicht genannt sind. Zur Verfassung gehören hiernach auch das Wahlrecht zum Reichstag und zu den Landtagen, deren Zusammensetzung und staatsrechtliche Stellung, desgl. die Wehrverfassung [...]. Andererseits gehören Preßfreiheit, freie Religionsausübung, allgemeine Schulpflicht nicht zur Verfassung, obwohl sie in der RV genannt sind."[57] Dieses Verfassungsverständnis entsprach der verbreiteten Forderung nach Generalklauseln und Freiheit des richterlichen Ermessens, mit dem die Kluft zwischen tatsächlicher und rechtlicher Wirklichkeit überbrückt werden sollte, und zwar nicht nur im politischen Strafrecht. Gerade hier aber war die Ausschöpfung des Ermessensspielraumes entscheidend durch die politische Einstellung des Richters geprägt. Die weit überwiegende Mehrheit der Richterschaft pflegte ein konservativ-autoritäres Staatsverständnis, das eine einseitige, die Rechte schonende und die Linke mit großer Härte verfolgende Rechtsprechung zur Folge hatte[58]. Unzufriedenheit und harsche Kritik der NS-Führung an Verlauf und Ausgang des Reichstagsbrandprozesses[59] dürfen nicht den Blick auf die Tatsache verstellen, daß es dem Reichsgericht in seiner alltäglichen Rechtsprechung nicht schwerfiel, sich an die Bedürfnisse und Erwartungen der neuen Machthaber anzupassen. Das Reichsgericht wirkte an der Schaffung der Grundlagen der politischen Justiz des NS-Staates mit[60]. Einige Beispiele mögen dies veranschaulichen.

Arthur Vogt, Mitglied der Berliner Bezirksleitung der KPD, wurde zusammen mit vier weiteren KPD-Angehörigen wegen kommunistischer Aktivitäten in den ersten Wochen nach dem 30. Januar 1933 angeklagt. Vogt machte geltend, damals sei die KPD nicht verboten gewesen, also könne auch eine politische Betätigung für die KPD nicht widerrechtlich gewesen sein. Das Urteil des fünften Strafsenats des Reichsgerichts wies dieses Argument zurück. Den Angeklagten sei klar gewesen, „daß für die kommunistische Partei die Möglichkeit irgendeiner legalen Betätigung in Zukunft nicht mehr gegeben war, daß jede Kundgebung eines organisierten Machtstrebens ihrerseits auf den unerbittlichen Widerstand der nationalen Regierung und der hinter ihr stehenden großen Mehrheit des Volkes stoßen und die schärfsten Gegenmaßnahmen auslösen würde". Daraus leitete der 5. Strafsenat des RG die Gewaltbereitschaft der Angeklagten ab. Sie hätten „nach den ersten Maßnahmen der neuen Regierung zur Niederschlagung des Marxismus" die Lage

---

55 Zu den geistes- und rechtsgeschichtlichen Hintergründen siehe Okko Behrends: Von der Freirechtsschule zum konkreten Ordnungsdenken, in Ralf Dreier, Wolfgang Sellert (Hrsg.): Recht und Justiz im „Dritten Reich". Frankfurt a.M. 1989, S. 34-79.

56 Hueck, Staatsgerichtshof, S. 138.

57 Frank, Strafgesetzbuch, S. 252.

58 Dieter Kolbe: Reichsgerichtspräsident Dr. Erwin Bumke. Studien zum Niedergang des Reichsgerichts und der deutschen Rechtspflege. Karlsruhe 1975, S. 69 f.; Ralph Angermund: Deutsche Richterschaft 1919-1945. Krisenerfahrung, Illusion, politische Rechtsprechung. Frankfurt a.M. 1990, S. 31-40; Gusy, Weimar, S. 354-363.

59 Wagner, Volksgerichtshof, S. 17.

60 Zarusky, Widerstand, S. 200-208; Friedrich Karl Kaul: Geschichte des Reichsgerichts. Band IV: 1933-1945. Glashütten im Taunus 1971, S. 81-113. Kaul behandelt vor allem den Reichstagsbrandprozeß und berücksichtigt im übrigen nur die Rechtsprechung des vierten Strafsenats.

durchaus richtig eingeschätzt[61]. Indem das Reichsgericht den durch Unterdrückungsmaßnahmen zum Ausdruck gekommenen politischen Willen der Regierung Hitler für ausreichend erklärte, um die Illegalität der KPD zu begründen, und damit den Hinweis der Angeklagten auf die fehlende gesetzliche Grundlage zurückwies, stellte es sich auf den Boden der nationalsozialistischen Diktatur.

In dem Urteil vom 19. Januar 1934 gegen den Berliner Kommunisten Kurt Schulze trat die politisch einseitige und vom Gesetz losgelöste Handhabung des Hochverratstatbestandes durch das Reichsgericht noch unverhüllter zutage. Schulze wurde zu einem Jahr und neun Monaten Gefängnis verurteilt, weil er im März 1933 versucht hatte, einen Bekannten als Spitzel in den Stahlhelm, eine der großen rechtsradikalen paramilitärischen Organisationen, einzuschleusen. Zur Begründung des Hochverratsvorwurfs reichte dem Reichsgericht der Hinweis, damit habe der Angeklagte die Umsturzbestrebungen der KPD gefördert. Im Urteil heißt es weiter: „Bei der Bemessung der Strafe fiel erschwerend ins Gewicht, daß die Tätigkeit des Angeklagten in einer Zeit, da die Stellung der nationalen Regierung sich kaum erst gefestigt hatte, sich gegen einen sie stützenden Verband richtete, und daß solche Bestrebungen, wenn sie Erfolg gehabt hätten, dem Reiche empfindlichen Schaden hätten zufügen können.“[62]. Die Richter rückten damit den Stahlhelm gleichsam in den Rang einer Verfassungsinstitution.

Nicht nur die KPD und kommunistische Splittergruppen wie die Kommunistische Arbeiterpartei[63] und die Kommunistische Partei/Opposition[64] gerieten ins Visier des Reichsgerichts; in dem Verfahren gegen den jungen Stettiner Leihbüchereibesitzer Fritz Lamm und Genossen wurde auch die Sozialistische Arbeiterpartei als hochverräterisch qualifiziert. Sie erstrebe eine Diktatur des Proletariats und versuche „durch ständige Verbreitung von Greuelnachrichten die Staatsautorität zu untergraben“, hieß es in der Anklageschrift, deren Einschätzung sich das Gericht zueigen machte. Die SAP war Ende 1931 als Linksabspaltung der SPD entstanden und bald unter den Einfluß rechtsoppositioneller Kommunisten geraten. Als hochverräterisch war sie erstmals in einem Urteil des Oberlandesgerichts Stuttgart vom Juli 1933 eingestuft worden, auf das sich der Oberreichsanwalt hier berufen hatte[65].

In dem Prozeß gegen den Händler und Steinschleifer Johann Kirschneck aus Hof wurde dann auch die SPD als hochverräterische Organisation eingestuft. Der Sozialdemokrat Kirschneck hatte, von einem Besuch in der Tschechoslowakei heimkehrend, wo er die Emigration seines zu diesem Zeitpunkt im KZ Dachau einsitzenden Bruders vorbereiten wollte, illegale sozialdemokratische Schriften eingeschmuggelt. Im Gegensatz zur KPD und zur SAP sowie zu den übrigen linksoppositionellen Parteien und Splittergruppen war die SPD stets entschieden hinter der Weimarer Verfassung gestanden, ja sie war die Verfassungspartei schlechthin. Das RG konnte in diesem Fall also nicht ohne weiteres an seine frühere Rechtsprechung anknüpfen. Allerdings hatte die Exil-SPD schon seit Mitte 1933 erklärt, daß die Politik der Sozialdemokratie unter den Bedingungen der Diktatur nur eine revolutionäre sein könne[66]. Daraus leitete das RG den hochverräterischen Charakter der SPD ab. Die SPD stelle sich mit ihrem Bekenntnis zu revolutionären Methoden „in eine Einheitsfront mit denjenigen Parteien, welche seit jeher auf den gewaltsamen Umsturz zur Errichtung einer Diktatur des Proletariats hinarbeiten“. Kirschneck wurde am 11.

61 XV H 3/34 gegen Vogt u.a., MF 0657 f.

62 XII H 54/33 gegen Kurt Schulze, MF 0606.

63 XV H 58/33 gegen Ziegenhagen und Gen., MF 0607.

64 XV H 52/33 gegen Erich Neumann und Gen., MF 0606.

65 XII H 53/33 gegen Lamm und Gen., MF 0619 f.

66 Revolution gegen Hitler! Die historische Aufgabe der deutschen Sozialdemokratie. Karlsbad o.J. [1933]; Erich Matthias (Hrsg.): Mit dem Gesicht nach Deutschland. Eine Dokumentation über die sozialdemokratische Emigration. Aus dem Nachlaß von Friedrich Stampfer, ergänzt durch andere Überlieferungen. Düsseldorf 1968, S. 85 f.

Januar 1934 zu vier Jahren Gefängnis verurteilt[67]. Das Urteil beruhte auf einer Fiktion, denn tatsächlich gab es weder eine Einheitsfront noch strebten die Sozialdemokraten eine Diktatur des Proletariats an[68]. Dennoch wurde es zum Präzedenzfall für weitere Verurteilungen von Angehörigen des sozialdemokratischen Widerstands[69]. Unter Hinweis auf das Kirschneck-Verfahren teilte der Oberreichsanwalt auch den Oberlandesgerichten mit, daß die Betätigung für die SPD als Hochverrat zu behandeln sei[70].

Ein besonders eindrucksvolles Beispiel für den Mißbrauch der Rechtsprechung in Hochverratssachen zur Rechtfertigung der NS-Diktatur und zur gleichzeitigen Abkehr von der Weimarer Republik liefert der Prozeß gegen den kommunistischen Reichstagsabgeordneten Christian Heuck, der am 27. Juni 1933 wegen Vorbereitung zum Hochverrat zu einem Jahr und neun Monaten Gefängnis verurteilt wurde[71]. Heuck war vom Oberreichsanwalt unter anderem vorgeworfen worden, er habe zu einem politischen Streik aufgerufen, um einen kommunistischen Umsturz herbeizuführen. Heuck konterte, wohl kaum wahrheitsgemäß, aber durchaus geschickt, mit dem Argument, er habe nur bezwecken wollen, daß der Reichspräsident Hitler als Reichskanzler entlasse und eine andere Regierung berufe, die wieder demokratische Verhältnisse herstelle. Das Gericht nahm ihm diese Behauptung nicht ab, ließ sich aber dennoch auf eine Erörterung ein: „Aber selbst wenn es so wäre, würde sich der Angeklagte auch damit der Vorbereitung des Hochverrats schuldig gemacht haben. Denn er hat in der Hauptverhandlung ausdrücklich hervorgehoben, daß er die Wiederherstellung der verfassungsmäßigen demokratischen Regierung nur deshalb angestrebt habe, weil unter ihr für die Umsturzziele der KPD. ein viel günstigerer Boden sei als unter dem Faschismus; er habe gehofft, daß die KPD. unter der verfassungsmäßigen Demokratie ihre Ziele werde verwirklichen können. Hiernach hat sich der Angeklagte der Vorbereitung des Hochverrats nach §§ 81 Ziff. 2, 86 StGB schuldig gemacht. Nach der ständigen Rechtsprechung des Reichsgerichts wird der Tatbestand dieser Gesetzesvorschrift auch schon durch ganz entfernte Vorbereitungshandlungen erfüllt, wenn diese dazu dienen, ein bestimmtes hochverräterisches Unternehmen (hier den von der KPD. geplanten Umsturz) zu fördern".[72]

Daß hiermit das Bestreben, die verfassungsmäßige Demokratie wiederherzustellen, als hochverräterische Handlung eingestuft wird, ist nur als Konsequenz eines abstrakten, letztlich willkürlichen Verfassungsbegriffs erklärlich, der in Verbindung mit einem antiliberalen Willensstrafrecht verwendet wurde, das bereits den verbrecherischen Willen und nicht mehr die tatsächlich erfolgte Tat zum Ausgangspunkt machte[73].

Zusammenfassend ist über die Rechtsprechung des Reichsgerichts in Hochverratssachen 1933/34 festzustellen, daß sie weder dem Buchstaben noch dem Geiste nach die Verfassung der Weimarer Republik schützte, sondern von einem abstrakten, konservativ-autoritär geprägten

---

67 XII H 60/33 gegen Kirschneck, MF 0620.

68 Francis L. Carsten: Widerstand gegen Hitler. Die deutschen Arbeiter und die Nazis. Frankfurt a. M. u.a. 1996, S. 28 f.

69 Vgl. XII H 14/34 gg. Wilhelm Krüger u.a., MF 0611; XII H 15/34 gg. Max Krzikalla, MF 0622.

70 Hans-Eckhard Niermann: Politische Strafjustiz im Nationalsozialismus. Exemplarische Bedingungen und Radikalisierung im Dritten Reich 1933-1945. Aachen 1996, S. 173.

71 Heuck hatte seine Strafe im Gefängnis von Neumünster zu verbüßen. Dort wurden er und der Kommunist Rudolf Timm in der Nacht vom 23./24. Februar 1934 ermordet. Die Tat wurde als Selbstmord getarnt. Der Haupttäter, der damalige kommissarische Leiter der Schutzpolizei Neumünster, wurde 1947 vom Landgericht Kiel zum Tode verurteilt. Martin Schumacher: M.d.R. Die Reichstagsabgeordneten der Weimarer Republik in der Zeit des Nationalsozialismus. Politische Verfolgung, Emigration und Ausbürgerung 1933-1945. Eine biographische Dokumentation. Dritte, erheblich erweiterte und überarbeitete Auflage. Düsseldorf 1994, S. 195-198.

72 XII H 23/33 gegen Christian Heuck, MF 0619.

73 Vgl. die Definition bei Gruchmann, Justiz, S. 722.

Verfassungsbegriff ausging, als dessen Substanz ab 1933 letztlich nichts anderes mehr auszumachen ist als der politische Wille der Regierung Adolf Hitler. Manfred Messerschmidts Feststellung, viele Juristen hätten „über eine adaptable Rechtstheorie, die elastisch genug war, immer neue Forderungen des Führerstaats zu amalgamieren“ verfügt, trifft auch auf die Richter des Reichsgerichts zu[74]. Parallel zur gesetzgeberischen Novellierung trug die Rechtsprechung des Reichsgerichts mit ihrer Uminterpretation des Verfassungsbegriffs und der Inkriminierung nicht nur der KPD, sondern auch der SAP und sogar der SPD als hochverräterisch, wesentlich dazu bei, den Hochverratstatbestand zum zentralen justitiellen Instrument der Widerstandsbekämpfung auszugestalten. Abgesehen von den relativ geringen Strafzumessungen – etwa zu zwei Dritteln wurden Freiheitsstrafen zwischen einem und zwei Jahren verhängt – hatte das Reichsgericht die Intentionen der Reichsregierung bereits weitgehend selbständig umgesetzt. Der Volksgerichtshof konnte an seine Jurisdiktion anknüpfen[75].

Die Worte eines zeitgenössischen Juristen beschreiben den spätestens 1934 erreichten Zustand in wünschenswerter Klarheit: „Wer den Nationalsozialismus als Grundsatzentscheidung der heutigen politischen Rechtswelt gewaltsam aufheben will, der will die Verfassung ändern und ist nach § 80 II strafbar [...] Umgekehrt steht ein für allemal fest, daß das heutige Recht jeden Angriff und jedes Unterwühlen des Staates als einen Angriff und eine Unterwühlung auch des Nationalsozialismus betrachtet.“[76]

2.4. Hochverrat und benachbarte Tatbestände

Die Strafgesetze des Dritten Reichs enthielten viele politische Delikte. Für die Schlüssigkeit des Ansatzes „Widerstand als ‚Hochverrat‘“ ist von entscheidender Bedeutung, wie genau diese Regelungen die unterschiedlichen Formen politisch abweichenden Verhaltens voneinander abgrenzten und inwiefern die Rechtsprechung solche Unterscheidungen aufnahm. Ohne Anspruch auf eine erschöpfende Behandlung dieser Frage können doch einige allgemeine Aussagen hierzu getroffen werden.

Hochverrat und Landesverrat

Die Unterscheidung zwischen Hoch- und Landesverrat wurde durch das Allgemeine Preußische Landrecht von 1791/94 in die Strafgesetzgebung eingeführt[77]. Grundsätzlich differenziert sie zwischen Angriffen auf die innere und die äußere Sicherheit des Staates. Diese Distinktion trifft jedoch auf eine beträchtliche Grauzone von Zweifelsfällen und hat eine lange Diskussion über die maßgeblichen Unterscheidungskriterien ausgelöst[78]. In der nationalsozialistischen Gesetzgebung zum Landesverrat sind in dieser Hinsicht zwei Tatbestände besonders zu berücksichtigen: der „Volksverrat durch Lügenhetze“ (§ 90 f StGB) und die „Begünstigung des Feindes“ (§ 91 b) in ihrer Auslegung durch die Rechtsprechung. Der Volksverrat war ein reines Meinungsdelikt.

74 Manfred Messerschmidt: Zur Rechtsprechung des Reichskriegsgerichts, in: ders.: Was damals Recht war... NS-Militär- und Strafjustiz im Vernichtungskrieg. Hrsg. von Wolfram Wette. Essen 1996, S. 15-45, hier: S. 26. Zur Umdeutung des Verfassungsbegriffs siehe auch Werle, Justiz-Strafrecht, S. 127-131. Die lange Zeit dominierende, auf Gustav Radbruch zurückgehende Meinung, die Justiz sei aufgrund eines positivistischen Gesetzesverständnisses unausweichlich in die NS-Diktatur verstrickt worden, trifft hier also keineswegs zu. Das Gegenteil ist der Fall. Die Positivismus-These vertritt pronociert Hermann Weinkauff: Die deutsche Justiz und der Nationalsozialismus. Ein Überblick. Stuttgart 1968, S. 182 f. Heftige Kritik am „Positivismusmärchen“ und seiner Entlastungsfunktion übt Ingo Müller: Furchtbare Juristen. Die unbewältigte Vergangenheit unserer Justiz. München 1987, S. 221-226.

75 Wagner, Volksgerichtshof, S. 80.

76 Johannes Martin Ritter: Bemerkungen zum Wandel des politischen Deliktes und der Strafgesetze zum Schutze von Volk, Bewegung und Staat in Recht und Rechtspolitik, in: Juristische Wochenschrift 63. Jg. (1934), S. 2213-2225, hier: S. 2225.

77 Schroeder, Schutz, S. 39.

78 Ebenda, S. 91-94.

Mit dieser Bestimmung wurde die Verfolgung von Heimtücke auf das Ausland ausgedehnt[79]. Die Abgrenzung zum Hochverrat ergibt sich daher aus derjenigen zum Delikt der Heimtücke (siehe dazu den Abschnitt „Hochverrat und Zersetzungsdelikte"). Der Tatbestand der Feindbegünstigung wurde vom Volksgerichtshof extensiv ausgelegt. Er sah darin, wie Walter Wagner feststellte, ähnlich wie in der Hochverratsbestimmung des § 83, eine Globalmöglichkeit, „mit der auch gegen die illegale Opposition, gegen regimefeindliche Äußerungen und Propaganda, ja Gesinnung, gegen unerwünschte Utopisten, gegen Arbeitsbummler und Wehrdienstverweigerer vorgegangen werden konnte, obwohl die Handlungsweise der Angeklagten teils nach Spezialbestimmungen, teils gar nicht strafbar war"[80]. Allerdings bestand diese Möglichkeit im wesentlichen erst während des Krieges. Einschränkend ist zudem anzumerken, daß die Anwendung des § 91 b auf die politische Opposition in der Regel mit der Anklage wegen Hochverrats einherging. So wurde seit Beginn des Krieges mit der Sowjetunion kommunistischer Hochverrat grundsätzlich zugleich als Feindbegünstigung eingestuft[81], aber beispielsweise auch den Geschwistern Scholl und Christoph Probst wurde dieses Delikt neben Hochverrat und Wehrkraftzersetzung zur Last gelegt[82]. „Herkömmlicher" Landesverrat konnte durchaus auch Bestandteil einer Widerstandsstrategie sein. Bekannte Beispiele hierfür sind Oberst Oster und andere, die Angriffstermine der Westoffensive ins Ausland gelangen ließen[83] oder die Rote Kapelle[84]. In den Verfahren gegen die Rote Kapelle vor dem Reichskriegsgericht wurde, wie in einer Vielzahl anderer Fälle, der Landesverratsvorwurf mit dem des Hochverrats kombiniert. Die Landesverratsdelikte, insbesondere die Feindbegünstigung, bildeten also bei der justitiellen Verfolgung des Widerstands kein Substitut, sondern eine Ergänzung zum Vorwurf des Hochverrats.

Hochverrat und Zersetzungsdelikte (Heimtücke, Volksverrat, Wehrkraftzersetzung)
Die *Verordnung des Reichspräsidenten zur Abwehr heimtückischer Angriffe gegen die Regierung der nationalen Erhebung vom 21. März 1933*[85], die später zum *Gesetz gegen heimtückische Angriffe auf Staat und Partei und zum Schutz der Parteiuniformen*[86] umgestaltet wurde, bedrohte die vorsätzliche Aufstellung oder Verbreitung unwahrer oder gröblich entstellter Tatsachenbehauptungen, die geeignet waren, „das Wohl des Reichs oder das Ansehen der Reichsregierung oder einer Landesregierung oder der hinter diesen Regierungen stehenden Parteien oder Verbände schwer zu schädigen", mit Gefängnis bis zu zwei Jahren. Zuständig für die Verfolgung waren die in jedem Oberlandesgerichtsbezirk eingerichteten Sondergerichte. Der Heimtücke-Tatbestand sollte das politische Informations- und Meinungsmonopol der neuen Machthaber festigen und richtete sich nicht so sehr gegen organisierte politische Bestrebungen der Opposition als vielmehr gegen die offene Artikulation des politischen Unwillens des „Mannes auf der Straße". Peter Hüttenberger hat in seiner Untersuchung der einschlägigen Verfahren vor dem Münchner Sondergericht diese Kategorie von Meinungsbekundungen als „Heimtückediskurs" bezeichnet. Dieser sei nicht als Widerstand zu klassifizieren, sondern habe vielmehr eine diffuse sprachliche Herausforderung für die NS-Herrschaft gebildet, da er „eine Art Gegenbild gegen die Scheinwelt der

79 Pfundtner/Neubert, Reichsrecht, II c 6, S. 44.
80 Wagner, Volksgerichtshof, S. 262.
81 Ebenda, S. 117.
82 1H 47/43 gg. Hans Scholl u.a., MF 0177 und 0481.
83 Gerd R. Ueberschär: Ansätze und Hindernisse einer Militäropposition gegen Hitler in den ersten beiden Kriegsjahren (1939-1941), in: Aufstand des Gewissens: Militärischer Widerstand gegen Hitler und das NS-Regime 1933-1945. Berlin u.a. ^{4}1994, S. 365-394, hier: S. 378 f.
84 Jürgen Danyel: Die Rote Kapelle innerhalb der deutschen Widerstandsbewegung, in: Hans Coppi, Jürgen Danyel, Johannes Tuchel (Hrsg.): Die Rote Kapelle im Widerstand gegen den Nationalsozialismus. Berlin 1994, S. 12-38, hier: S. 30-32.
85 RGBl. I, S. 135.
86 Vom 20. Dezember 1934. RGBl. I, S. 1269.

nationalsozialistischen Selbstdarstellung“ formuliert habe[87]. Zu ähnlichen Ergebnissen hinsichtlich des Verhältnisses von Widerstand und Heimtücke kommen auch neuere Studien über andere Sondergerichte[88]. Wie bereits erwähnt, stellte der „Volksverrat durch Lügenhetze“ des § 90 f StGB inhaltlich nichts anderes dar als eine Ausdehnung des Straftatbestands der Heimtücke auf Auslandstaten. Heimtücke und Volksverrat erfaßten reine Meinungsdelikte, die unterhalb der Schwelle zum als Hochverrat klassifizierten bewußten politischen Widerstand lagen.

In § 5 der *Kriegssonderstrafrechtsverordnung vom 17. August 1938*[89], die mit Kriegsbeginn in Kraft trat, wurde der Tatbestand der Wehrkraftzersetzung eingeführt. Diese enthielt neben Bestimmungen gegen Aufforderung und Anreizung zur Verweigerung der Dienstpflicht, über Verleitung zu Ungehorsam, Widersetzung oder Tätlichkeiten gegen einen Vorgesetzten sowie gegen Selbstverstümmelung eine Generalklausel, die sich gegen jede öffentliche Zersetzung des Willens des deutschen oder eines verbündeten Volkes „zur wehrhaften Selbstbehauptung“ richtete. Für die Aburteilung waren zunächst das Reichskriegsgericht und die Sondergerichte zuständig gewesen, am 29. Januar 1943 ging diese Kompetenz an den Volksgerichtshof und diejenigen Oberlandesgerichte über, die auch für Hochverrat zuständig waren[90]. Das Reichskriegsgericht hatte den Begriff der „Öffentlichkeit“ in seiner Jurisdiktion exzessiv interpretiert, so daß auch Äußerungen in einem kleinen, geschlossenen Personenkreis erfaßt werden konnten[91]. „Den größten Teil der wegen Wehrkraftzersetzung verfolgten Beschuldigten machten nicht erklärte Gegner des Regimes und böswillige Gerüchtemacher, sondern die sogenannten Defätisten aus, Menschen also, die die Kriegslage und den Kriegsausgang pessimistisch beurteilten und der nationalsozialistischen Propaganda skeptisch gegenüberstanden“, stellt Walter Wagner fest[92]. Der Tatbestand der Wehrkraftzersetzung trat im Krieg häufig an die Stelle desjenigen der Heimtücke. Da erstere aber mit dem Tode bestraft werden konnte, während letztere aufgrund des Heimtückegesetzes maximal eine fünfjährige Gefängnisstrafe nach sich zog, kam es in durchaus ähnlich gelagerten Fällen zu höchst unterschiedlichen Urteilen, je nachdem welches Gericht urteilte und welcher Tatbestand zugrundegelegt wurde. Dieser Sachverhalt erweckte sogar die Aufmerksamkeit des Sicherheitsdienstes der SS, der am 2. Dezember 1943 einen längeren Bericht zu dieser Problematik vorlegte. Abhilfe erhoffte sich der SD von einer weiteren politischen Gleichschaltung der Richterschaft. Daß die bewußte Unschärfe der Deliktsformulierungen zu Überschneidungen und Unklarheiten führen mußte, problematisierte er nicht[93]. Auch die Generalstaatsanwälte und Oberlandesgerichtspräsidenten, die sich auf einer Tagung in Weimar am 3. und 4. Februar 1944 um eine Klärung dieser Frage bemühten, kamen zu keiner befriedigenden Lösung. Es blieb, auch in einer folgenden Rundverfügung des Reichsjustizministers vom 19. Februar 1944, bei „insgesamt doch nur phrasenhaften Ausführungen“, die die Zweifel nicht ausräumen konnten[94]. Die Abgrenzung

87 Hüttenberger, Heimtückefälle, S. 491, vgl. auch S. 518-526.

88 Wolf-Dieter Mechler: Kriegsalltag an der „Heimatfront“. Das Sondergericht Hannover 1939-1945. Hannover 1997, S. 89 f.; Christiane Oehler: Die Rechtsprechung des Sondergerichts Mannheim 1933-1945. Berlin 1997, S. 288 f.; Michael P. Hensle: Die Todesurteile des Sondergerichts Freiburg 1940-1945. München 1996, S. 181, plädiert für die Anwendung des Widerstandsbegriffs auf die Handlungen der Verurteilten, schränkt jedoch ein: „Dieses Handeln ist [...] nicht dem bewußten politischen Widerstand zuzurechnen.“ Zum „Heimtückediskurs“ vgl. ferner Mallmann/Paul, Resistenz.

89 RGBl. I, S. 1455.

90 Wagner, Volksgerichtshof, S. 277.

91 Ebenda, S. 277 f.

92 Ebenda, S. 82.

93 Heinz Boberach (Hrsg.): Meldungen aus dem Reich 1938-1945. Die geheimen Lageberichte des Sicherheitsdienstes der SS. Bd. 15. Herrsching 1984, S. 6096-6101; vgl. zu den Abgrenzungsproblemen auch Oehler, Sondergericht Mannheim, S. 226 f.

94 Wagner, Volksgerichtshof, S. 283 f.

zwischen Wehrkraftzersetzung und Hochverrat hingegen war sehr viel klarer. Sie ergab sich in Zweifelsfällen aus der rechtlichen Würdigung der inneren Tatseite. Bei „ehemaligen Marxisten" wurden defaitistische Äußerungen regelmäßig als hochverräterische Mundpropaganda gewertet[95], die nach einer bereits 1936 ergangenen Verfügung immer dann vorliegen sollte, „wenn der Täter mit dem Vorsatz gehandelt hat, einen anderen zu einer hochverräterischen Einstellung [!] zu veranlassen"[96]. Daneben machte der Oberreichsanwalt beim Volksgerichtshof, Ernst Lautz in seinem Lagebericht vom 8. Oktober 1943 unter den „Absichtstätern" bei Zersetzungsdelikten auch Katholiken und Bibelforscher sowie „in geringerer Zahl politisch und wirtschaftlich reaktionär orientierte Elemente, aber auch frühere Pazifisten" aus. Die aus eher persönlichen Gründen straffällig gewordenen „Zersetzer" klassifizierte Lautz hingegen als „politisches Treibholz"[97].

Hochverrat und Rundfunkverbrechen

Die *Verordnung über außerordentliche Rundfunkmaßnahmen vom 1. September 1939*[98] stellte mit Kriegsbeginn das absichtliche Abhören ausländischer Rundfunksender unter Strafe. Die vorsätzliche Weiterverbreitung von Nachrichten ausländischer Sender, die geeignet waren, „die Widerstandskraft des deutschen Volkes zu gefährden", konnte sogar mit dem Tode bestraft werden. Schon vor dem Krieg war das Abhören des Senders Moskau durch Anhänger der KPD als Hochverrat geahndet worden. Nicht nur bei der Umsetzung des Gehörten als kommunistische Mundpropaganda, sondern selbst schon dann, wenn der Hörer durch die Sendungen sich in seiner kommunistischen Gesinnung festigen, seine Kenntnis der Umsturztaktik der KPD erweitern und damit die revolutionäre Stoßkraft stärken wollte, wurde auf Hochverrat erkannt[99]. Die Rundfunkverordnung verfolgte allerdings – ähnlich wie die Bestimmungen über Heimtücke – den weiter gefaßten Zweck, eine Erosion der Massenloyalität zum NS-Regime zu verhindern. Der Gegner, so hieß es in der Präambel, arbeite auch mit Mitteln, „die das Volk seelisch beeinflussen und zermürben sollen". Tatsächlich war das Hören von Rundfunksendern der Kriegsfeinde ein „alltägliches Verbrechen"[100], ohne daß daraus allerdings ein nachweisbarer breiterer Widerstand erwachsen wäre[101]

In einem Merkblatt des Reichsjustizministeriums über die Behandlung von Hoch- und Landesverratssachen aus dem Jahr 1940 wurde denn auch zwischen einfachen „Rundfunkverbrechern" und „Hochverrätern" differenziert. „In Fällen, in denen Abhören staatsfeindlicher Sender festgestellt ist, muß regelmäßig geprüft werden, ob neben einem Verbrechen gegen die VO. über außerordentliche Rundfunkmaßnahmen vom 1. September 1939 [...] Vorbereitung zum Hochverrat vorliegt."[102] Ähnlich wie bei der strafrechtlichen Einordnung des Abhörens des Senders

95 Lagebericht des Oberreichsanwalts beim Volksgerichtshof vom 8.10.1943, IfZ-Archiv MA 430/4.

96 Rundschreiben des Reichsjustizministeriums an die Generalstaatsanwälte, nachrichtlich an den Oberreichsanwalt vom 31.3.1936, betr.: Mundpropaganda. BA 30.01 RJM, Nr. 9803/52, Bl. 41 f. Der Oberreichsanwalt hatte an der Erstellung der Richtlinien mitgewirkt.

97 A.a.O.

98 RGBl. I, S. 1683.

99 Wagner, Volksgerichtshof, S. 95 f. Die Vorbereitung eines Hochverrats durch Festigung der eigenen Gesinnung nennt Schroeder zu Recht „die groteskeste Karikatur eines Staatsschutzrechtes"; Schröder, Schutz, S. 162.

100 Elke Hilscher: Das alltägliche Verbrechen. Rundfunkvergehen im Widerspruch zum totalitären Machtanspruch, in: Ortstermin Hamm: Zur Justiz im Dritten Reich. Hamm 1991, S. 51-55. Bei einer amerikanischen Umfrage in drei hessischen Städten gab mehr als die Hälfte der Befragten an, ausländische Sender gehört zu haben; Reinhard Mann: Protest und Kontrolle im Dritten Reich. Frankfurt a.M. 1987, S. 262 f.

101 Vgl. aber auch die Fälle zweier Widerstandsgruppen von Jugendlichen, die entscheidend durch das Abhören von Auslandssendern zu ihrer oppositionellen Tätigkeit motiviert wurden: Jürgen Zarusky: „... nur eine Wachstumskrankheit"? Jugendwiderstand in Hamburg und München, in: Dachauer Hefte 7 (1991): Solidarität und Widerstand, S. 210-229.

102 Über die Behandlung von Hoch- und Landesverratssachen, BA 30.01 RJM, Nr. 9803/52, Bl. 131-135.

Moskau[103], war für den Nachweis des Hochverrats bei Verstößen gegen die Rundfunkverordnung und auch bei Mundpropaganda der damit verbundene Vorsatz des Täters von vorrangiger Bedeutung[104]. Der Prüfung der inneren Tatseite kam daher in der Rechtsprechung eine zentrale Bedeutung zu. Schlüters Befund, der VGH habe nicht selten das angeklagte Verhalten unter eine mildere Norm subsumiert als das in der Anklageschrift geschehen sei[105], wird durch die in der Edition dokumentierten Verfahren vielfach bestätigt. Häufig sah der VGH im Gegensatz zum Oberreichsanwalt die Tatbestandsmerkmale und hier insbesondere den Vorsatz des Hochverrats nicht als gegeben an.

Ihren Wert für die Geschichtsschreibung des Widerstands beziehen die Akten der Hochverratsprozesse nicht zuletzt aus der mit einer hohen Trennschärfe vorgenommenen Untersuchung und Klassifizierung der Motive der Angeklagten. Eine gewisse Ausnahme stellen hier allerdings die von Roland Freisler verfaßten Urteile dar. In seinem Bestreben, einen „künstlerischen“ und „volkstümlichen“ Urteilsstil einzuführen[106], und offenkundig hingerissen von seiner eigenen Vernichtungsrhetorik, ließ Freisler es in seinen Urteilen an juristischer Präzision erheblich mangeln. Er ging sogar soweit, ein Urteil auszusprechen, in dem nicht einmal die angewendeten gesetzlichen Bestimmungen erwähnt wurden[107].

2.5. Hochverrat und Unrechtsstaat

Ein relationaler Widerstandsbegriff muß, wie bereits Peter Hüttenberger festgestellt hat, „keineswegs wertneutral ausfallen“[108], dennoch birgt er, gerade wenn er die zeitgenössische Gesetzgebung und Rechtsprechung als Ansatzpunkt wählt, die Gefahr in sich, das Geschehen nur noch als abstrakt-legalistische Auseinandersetzung zu sehen, bei der die formaljuristisch und vordergründig korrekt erscheinende Vorgehensweise[109] auch noch den Eindruck einer gewissen Legitimität hervorrufen könnte. Dagegen ist an die zutreffende Feststellung des hessischen Generalstaatsanwalts Fritz Bauer zu erinnern: „[...] ein Unrechtsstaat wie das Dritte Reich ist überhaupt nicht hochverratsfähig“[110]. Bauer wies neben dem Unrechtscharakter der NS-Herrschaft darauf hin, daß der Hochverrat eine legale Verfassung voraussetzt, und erläuterte, daß das Dritte Reich

103 Rundschreiben des Reichsjustizministeriums vom 31.3.1936, Bl. 41 f.

104 Vgl. Behandlung von Hoch- und Landesverratssachen, Bl. 134 f.

105 Holger Schlüter: Die Urteilspraxis des nationalsozialistischen Volksgerichtshofs. Berlin 1995, S. 231 f.

106 Schlüter, Urteilspraxis, S. 94 und 99-101. Die Diskrepanz der Freislerschen zur sonstigen Rechtsprechung des VGH betont auch der ehemalige Oberreichsanwalt. IfZ-Archiv, ZS 617, Interrogation Ernst Lautz, S. 28.

107 1H 309/42 gegen Max Prinz zu Hohenlohe-Langenburg, MF 0587 f. Dazu kritisch Justizminister Thieracks Schreiben an den Leiter der Parteikanzlei vom 19.1.1943, abgedruckt in: Im Namen des Deutschen Volkes. Justiz und Nationalsozialismus. Katalog zur Ausstellung des Bundesministers der Justiz. Köln 1989, S. 210.

108 Hüttenberger, Heimtückefälle, S. 520.

109 Schlüter, Urteilspraxis, S. 231 f.

110 Plädoyer Bauer, IfZ-Archiv, Gb 10.03, S. X. Die Äußerung entstammt Bauers Plädoyer in dem Prozeß gegen Otto Ernst Remer. In dem 1952 durchgeführten Verfahren ging es um ehrabschneidende Äußerungen, die Remer als Redner der rechtsextremen Sozialistischen Reichspartei über die Angehörigen des 20. Juli gemacht hatte. Remer war im Sommer 1944 Major und Kommandierender des Berliner Wachbataillons. Uneingeweiht in die Verschwörung erhielt er den Befehl, das Regierungsviertel zu zernieren. Um nähere Informationen zu erhalten, suchte er Propagandaminister Goebbels auf, wurde von diesem telephonisch mit Hitler verbunden, der das Bombenattentat überlebt hatte, und beteiligte sich daraufhin an der Niederschlagung des Umsturzversuches. Nach dem Krieg betätigte sich Remer bis ins hohe Alter als rechtsextremer Aktivist und wurde in diesem Zusammenhang mehrfach verurteilt. Zum Remer-Prozeß siehe Herbert Kraus (Hrsg.): Die im Braunschweiger Remerprozeß erstatteten moraltheologischen und historischen Gutachten nebst Urteil. Hamburg 1953; Rudolf Wassermann: Zur Auseinandersetzung um den 20. Juli 1944. Der Remerprozeß als Meilenstein der Nachkriegsgeschichte, in: ders.: Recht, Gewalt, Widerstand: Vorträge und Aufsätze. Berlin 1985, S. 36-64; Norbert Frei: Vergangenheitspolitik. Die Anfänge der Bundesrepublik und die NS-Vergangenheit. München 1996, S. 347-351.

„eine staatsrechtlich usurpierte, nie legalisierte“ Macht war[111]. Die Weimarer Verfassung war formal niemals aufgehoben, durch das Ermächtigungsgesetz allerdings aus den Angeln gehoben worden. Regelungen verfassungsrechtlichen Charakters waren verstreut in verschiedene Teile der Gesetzgebung eingeflossen[112]. Zu nennen wäre vor allem die Aufhebung vieler Grundrechte durch die Reichstagsbrandverordnung und die Etablierung des Einparteienstaats durch das Gesetz gegen die Neubildung von Parteien, bezeichnenderweise ein Nebengesetz des Strafgesetzbuches. Eine eigene Verfassung brachte der Nationalsozialismus jedoch niemals zustande, obwohl Hitler in einer Reichstagsrede am 30. Januar 1937 von der künftigen Aufgabe der Ausarbeitung einer solchen gesprochen hatte[113]. Die Idee einer Verfassung für den NS-Staat war indes paradox, denn, wie Ernst Fraenkel bereits 1940 klarsichtig dargelegt hatte: „Im politischen Sektor des Dritten Reichs gibt es weder ein objektives noch ein subjektives Recht, keine Rechtsgarantien, keine allgemein gültigen Verfahrensvorschriften und Zuständigkeitsbestimmungen – kurzum, kein auch die Betroffenen verpflichtendes und berechtigendes Verwaltungsrecht. In diesem Sektor fehlen die Normen und herrschen die Maßnahmen. Daher der Ausdruck ‚Maßnahmenstaat‘.“[114] Die souveräne Diktatur, deren Inhaber Adolf Hitler war, war mit den Bindungen und Beschränkungen der politischen Macht durch eine Verfassung unvereinbar. Fraenkel setzt bei seiner Analyse des rechtlichen und politischen Systems des NS-Staates den Begriff „Verfassung“ konsequenterweise in Anführungszeichen[115]. In diesem Sinne wird der Begriff „Hochverrat“ in der vorliegenden Edition verstanden und verwendet.

3. Der institutionelle Rahmen

3.1. Das Reichsgericht

Das Reichsgericht wurde als Oberstes Gericht des 1871 gegründeten deutschen Reiches für Zivil- und Strafsachen geschaffen. Um seine Unabhängigkeit von der Regierung und die Einheit des neuen Bundesstaats zu dokumentieren, wurde es in Leipzig angesiedelt[116]. Vorrangig war das Reichsgericht oberste Revisionsinstanz, es war jedoch erstinstanzlich zugleich in Hoch- und Landesverratssachen zuständig. Die Senate des RG waren zunächst mit sieben, ab 1924 mit fünf Richtern besetzt. Richter am Reichsgericht mußten über die Befähigung zum Richteramt verfügen und das 35. Lebensjahr vollendet haben. Anklageinstanz war die Reichsanwaltschaft und Leitung des Oberreichsanwalts[117]. In den letzten Jahren der Weimarer Republik stieg die Zahl der Hoch- und Landesverratsverfahren stark an[118]; unmittelbar nach der Machtübernahme nahm die Zahl der gegen Mitglieder der KPD gerichteten Anzeigen so zu, daß der Oberreichsanwalt sich am 9. März zu einem Notruf an das Reichsjustizministerium veranlaßt sah, weil „sich ein ordnungsgemäßer Geschäftsgang nicht mehr gewährleisten läßt“[119]. Das Justizministerium reagierte ohne Verzögerung, indem es bereits am 11. März einen Kabinettsentwurf vorlegte, der wenige Tage später als *Verordnung des Reichspräsidenten zur Beschleunigung des Verfahrens in Hochverrats- und*

111 Ebenda, S. VII-IX.

112 Vgl. Werle, Justiz-Strafrecht, S. 128.

113 Gruchmann, Justiz, S. 799 und S. 1129.

114 Fraenkel, Doppelstaat, S. 26.

115 Ebenda, S. 29.

116 Karola Reckling: Die Ansiedlung des Reichsgerichts und seine Gründung in Leipzig am 1. Oktober 1879, in: Das Reichsgericht. Hrsg. vom Stadtgeschichtlichen Museum Leipzig. Leipzig 1995, S. 24-36.

117 E. Zimmer: Reichsgericht, in: Adalbert Erler, Ekkehard Kaufmann (Hrsg.): Handwörterbuch zur deutschen Rechtsgeschichte, Bd. 4. Berlin 1990, Sp. 575-580.

118 Erwin Bumke: Vom Reichsgericht, in: Juristische Wochenschrift 61 (1932), S. 1185-1188, hier: S. 1186 f.

119 Oberreichsanwalt an Reichsjustizministerium, 9.3.33, BA 30.01 RJM, Nr. 6142, Bl. 135 f.

Landesverratssachen vom 18. März 1933[120] in Kraft trat[121]. Die Verordnung gab dem Oberreichsanwalt die Möglichkeit, erstmals auch Hochverratssachen an die Oberlandesgerichte bzw. die Landesstaatsanwaltschaften abzugeben. Auch durch die Veränderung der Zahl der Senate wurde den aktuellen Bedürfnissen Rechung getragen. So waren ab September 1932 zwei Senate, der vierte und der fünfte mit den erstinstanzlichen Verfahren befaßt[122]. In den Jahren 1933/34 bis zur Abgabe der Kompetenz für Hoch- und Landesverrat an den Volksgerichtshof urteilte das Reichsgericht in insgesamt 201 erstinstanzlichen Verfahren[123]. In der vorliegenden Mikrofiche-Edition werden 80 Hochverratsprozesse des Reichsgerichts dokumentiert, die sich auf Vorgänge nach dem 30. Januar 1933 beziehen. In diesen Verfahren waren insgesamt 314 Personen angeklagt.

Der spektakulärste Hochverratsprozeß vor dem Reichsgericht war zweifelsohne der Reichstagsbrandprozeß gegen den Holländer Marinus van der Lubbe, den Leiter des westeuropäischen Büros der Komintern, Georgij Dimitroff, dessen ebenfalls aus Bulgarien stammende Freunde Blagoj Popoff und Vasil Taneff sowie den deutschen kommunistischen Reichstagsabgeordneten Ernst Torgler. Am 23. Dezember 1933 wurde van der Lubbe zum Tode verurteilt, die anderen Angeklagten mangels Beweisen freigesprochen. Die Todesstrafe gegen den jungen Holländer konnte nur verhängt werden, weil das *Gesetz über Verhängung und Vollzug der Todesstrafe vom 29. März 1933*[124] die rückwirkende Strafverschärfung für Brandstiftung ermöglichte[125]. Das Reichsgericht war nicht nur hier den Erwartungen der neuen Machthaber entgegengekommen, es hatte auch deren These übernommen, der Reichstagsbrand sei, von dunklen Hintermännern inszeniert, als Fanal für einen kommunistischen Aufstand gedacht gewesen. Der Freispruch der drei bulgarischen Kommunisten und Torglers, vor allem aber die Art der Prozeßführung und ihre Dauer hatten heftige Kritik seitens der Nationalsozialisten hervorgerufen[126].

Diese Kritik gab den Ausschlag für die Errichtung des Volksgerichtshofes. Am 18. Januar 1934 schrieb Reichsinnenminister Wilhelm Frick an Justizminister Gürtner: „Der Verlauf des Strafverfahrens gegen van der Lubbe u. Gen. hat bewiesen, daß das ordentliche Verfahren vor dem Reichsgericht für die Aburteilung derartiger Schwerverbrechen nicht geeignet ist, die eine rasche und abschreckend wirkende Sühne verlangen. Es war zweifelsohne ein schwerer Fehler, es so lange hinzuziehen. Mit der erstrebten Gründlichkeit ist in der Wirkung auf die Öffentlichkeit, namentlich des Auslandes genau das Gegenteil erreicht worden[127]. Um in etwaigen künftigen Fällen den gleichen Fehler zu vermeiden, erscheint es mir dringend erforderlich, daß zur Aburteilung von derartigen Schwerverbrechen für die nach den geltenden Vorschriften das Reichsgericht zuständig ist, ein Sondergericht eingesetzt wird. Dieses Sondergericht müßte durch Hinzuziehung von Vertretern der NSDAP. und der SA. die unbedingte Gewähr für ein schnelles und den Interessen des Staates Rechnung tragendes Verfahren und Urteil bieten. [...] Im Einvernehmen mit dem Herrn Reichskanzler bitte ich Sie, möglichst bald den Entwurf eines Gesetzes über die

120 RGBl. I, S. 131.

121 Reichsminister der Justiz an Staatssekretär der Reichskanzlei, 11.3.1933, BA 30.01 RJM, Nr. 6142, Bl. 143; Entwurf der Verordnung ebenda Bl. 144 f.

122 BA 30.02 Reichsgericht, Nr. 83 Geschäftsverteilungspläne, Bl. 445-448; Kaul, Reichsgericht S. 33-35.

123 Vgl. die Übersichten in den einschlägigen Bänden des 4. und 5. Senats der Sammlung sämtlicher Erkenntnisse des Reichsgerichts, Bibliothek des Bundesgerichtshofs, Karlsruhe. Die bei Kaul, Reichsgericht, S. 82, angegebene Zahl von 91 Verfahren ist unzutreffend.

124 RGBl. I, S. 151.

125 Volker Epping: Die „Lex van der Lubbe". Zugleich auch ein Beitrag zur Bedeutung des Grundsatzes „nullum crimen, nulla poena sine lege", in: Der Staat 34 (1995), S. 243-267.

126 Wagner, Volksgerichtshof, S. 17; Gruchmann, Justiz, S. 958 f.

127 Frick bezieht sich hier auf die maßgeblich von Willi Münzenberg organisierte Gegenpropaganda mit der Veröffentlichung eines „Braunbuchs" und der Inszenierung eines Gegenprozesses in London. Siehe dazu: Babette Gross: Willi Münzenberg. Eine politische Biographie. Stuttgart 1967, S. 257-268.

Bildung eines solchen Sondergerichts dem Kabinett vorzulegen und mich an der Aufstellung des Entwurfs zu beteiligen."[128] Aus dem Reichsjustizministerium kam allerdings keine Antwort. Zweimal, am 17. März und am 25. April, mahnte das Innenministerium diese an[129]. Erst am 30. April erfolgte sie. Sie verwies darauf, daß, wie schon in der Anmahnung vom 25. April angedeutet, das Anliegen des Innenministeriums mit der vom Reichskabinett beschlossenen Einrichtung des Volksgerichtshofs inzwischen verwirklicht worden war. Eine schriftliche Antwort auf das Schreiben vom Januar sei nicht erfolgt, weil es als Anregung zu den gesetzgeberischen Arbeiten zur neuen Fassung der Bestimmungen über Hoch- und Landesverrat „einschließlich des Verfahrens" betrachtet worden und auch Gegenstand einer Chefbesprechung gewesen sei[130]. Hinter dieser bürokratischen Mitteilung verbirgt sich eine politische Niederlage von Justizminister Gürtner. Dieser war offensichtlich nicht gewillt gewesen, den nationalsozialistischen Innenminister an Arbeiten zur Gerichtsverfassung zu beteiligen. Darüber hinaus scheint er überhaupt der Idee eines Sondergerichts für Hoch- und Landesverrat nicht sehr geneigt gewesen zu sein. Obwohl Hitler selbst ihn am 7. Februar 1934 zum Vortrag lud, um eben diese Frage zu behandeln[131], fand sich in dem von Gürtner vorgelegten Gesetzentwurf zur Vereinheitlichung der Bestimmungen über Hoch- und Landesverrat vom 14. März 1934 kein Hinweis auf die Einrichtung eines Sondergerichts, vielmehr wurde an der Zuständigkeit des Reichsgerichts bzw. der Oberlandesgerichte in Fällen minderer Bedeutung festgehalten[132]. Als der Entwurf am 23. März im Reichskabinett diskutiert wurde, erklärten Hitler, Göring und vor allem Frick nachdrücklich, daß das Verfahren, in dem diese Tatbestände abgeurteilt würden, wichtiger sei als die materiellen Bestimmungen über Hoch- und Landesverrat. Eine schnelle Aburteilung, wenn möglich innerhalb von 24 Stunden, sei erforderlich[133]. In einer Besprechung im kleineren Kreis im Anschluß an die Kabinettsitzung wurde schließlich Übereinstimmung darüber erzielt, daß Hoch- und Landesverrat künftig von einem besonderen Volksgerichtshof abgeurteilt werden sollten. Dieser solle aus zwei rechtskundigen Richtern und drei für einen längeren Zeitraum zu wählenden Laienrichtern bestehen. Der Reichsjustizminister wurde beauftragt, einen entsprechenden Entwurf zu erarbeiten, der nach einigen Beratungen schließlich am 24. April vom Reichskanzler als Gesetz ausgefertigt wurde[134].

3.2. Der Volksgerichtshof

Das im Artikel III des *Gesetzes zur Änderung von Vorschriften des Strafrechts und des Strafverfahrens vom 24.4.1934*[135] enthaltene Statut des Volksgerichtshofs sah entsprechend der am 23. März erzielten Einigung vor, daß das neue Gericht in der Hauptverhandlung mit fünf Mitgliedern entscheiden sollte. Zwei von ihnen mußten über die Befähigung zum Richteramt verfügen,

---

128 BA 30.01 RJM Nr. 5745, Bl. 12. Dieses Schreiben widerlegt die Zweifel, die Klaus Marxen an dem Zusammenhang zwischen dem Ausgang des Reichstagsbrandprozesses und der Errichtung des Volksgerichtshofes geäußert hat. Seine Beobachtung, daß zwischen beiden Ereignissen eine für die Dynamik gerade der frühen NS-Herrschaft unverhältnismäßig lange Zeitspanne vergangen ist, ist zwar zutreffend, erklärt sich aber aus dem dilatorischen Vorgehen des Reichsjustizministeriums; Klaus Marxen: Das Volk und sein Gerichtshof. Eine Studie zum nationalsozialistischen Volksgerichtshof. Frankfurt a.M. 1994, S. 79 f. Auch Gruchmanns Feststellung, der Reichstagsbrandprozeß habe die Schaffung des Volksgerichtshofsprozeß weder initiiert noch beschleunigt, erweist sich im Lichte dieser Quelle als nicht zutreffend; Gruchmann, Justiz S. 956-959.

129 Ebenda, Bl. 13 f.

130 Ebenda, Bl. 15.

131 Günther Wieland: Das war der Volksgerichtshof. Ermittlungen, Fakten, Dokumente. Berlin 1989, S. 18-20.

132 AdR Reg. Hitler I, S. 1217, Fn. 9. Die auszugsweise Wiedergabe der Begründung des Entwurfs (ohne Verfahrensvorschriften) ebenda S. 1176-1182.

133 Ebenda S. 1216 f.

134 Ebenda S. 1221.

135 RGBl. I, S. 341. Siehe Anhang.

während es sich bei den übrigen um Laienrichter handelte, die „über besondere Erfahrungen tatsächlicher Art auf dem Gebiete der Abwehr staatsfeindlicher Angriffe verfügen" sollten[136]. Die Richter wurden vom Reichskanzler auf die Dauer von fünf Jahren ernannt. Die Mitglieder des Reichsgerichts waren dagegen vom Reichspräsidenten auf Vorschlag des Reichsrats berufen worden[137]. Die Laienrichter am VGH waren fast ausschließlich höhere Funktionäre von NS-Organisationen, insbesondere SS und SA, Wehrmachtsoffiziere und zum Teil auch Beamte, darunter auch Angehörige der Polizei. Durch den direkten Einfluß Hitlers und das Laienelement war der Volksgerichtshof stärker an Regierung und NSDAP angebunden als das Reichsgericht, dessen Organisationsgrundsätze auf die Sicherung der richterlichen Unabhängigkeit abgestimmt waren. Im April 1936 wurde der VGH etatisiert und in den Rang eines ordentlichen Gerichts erhoben, das mit dem Reichsgericht auf einer Ebene stand. Dies drückte auch die Verleihung der roten Robe an die Richter des VGH aus. Bis zur Etatisierung hatte der Oberreichsanwalt in Leipzig als Anklagebehörde fungiert. Allerdings war am Sitz des Volksgerichtshofs in Berlin eine Außenstelle eingerichtet worden, die 1936 mit der Bezeichnung „Reichsanwalt beim Volksgerichtshof" verselbständigt wurde. 1937 wurde der Amtstitel in „Oberreichsanwalt beim Volksgerichtshof" geändert[138].

Neben Hoch- und Landesverrat war der Volksgerichtshof auch für Delikte zuständig, die in Tateinheit mit den Staatsverbrechen begangen worden waren. Die sachliche Zuständigkeit wurde im Lauf der Jahre durch einige weitere Delikte erweitert, so vor allem um die schwere Wehrmittelbeschädigung 1935 und Anfang 1943 die Zuständigkeit für Wehrkraftzersetzung[139]. Der Jurisdiktion des VGH wurden auch die seit 1938 angegliederten und annektierten Gebiet unterstellt[140]. Darüberhinaus war die Zuständigkeit für Auslandsstraftaten, die mit der Novellierung der Bestimmungen über Hoch- und Landesverrat eingeführt worden war, im Grunde unbeschränkt. Sie erfaßte Deutsche ebenso wie Ausländer[141]. Praktische Konsequenzen hatte dies vor allem im Krieg, als ein Großteil Europas der nationalsozialistischen Herrschaft unterworfen war.

Nach neuesten Erhebungen hat der Volksgerichtshof insgesamt 7.022 Urteile gesprochen. Die Zahl der Abgeurteilten beläuft sich auf 15.519. Über 5.279 Personen wurde die Todesstrafe verhängt, 9.174 erhielten Freiheitsstrafen und 1.276 wurden freigesprochen[142]. In der vorliegenden Mikrofiche-Edition werden 1.743 Hochverratsprozesse gegen 5.549 Angeklagte aus dem deutschen und österreichischen Widerstand dokumentiert.

Bei der personellen Besetzung des VGH dominierte – jedenfalls unter den Berufsjuristen – zunächst keineswegs der Typus des „politischen Soldaten", als welchen sich der spätere VGH-Präsident Roland Freisler verstand. Die vom Reichsjustizministerium vorgeschlagenen Richter zeichneten sich nicht einmal durch ein besonders enges Verhältnis zur NSDAP aus[143]. Auch

136 Amtliche Begründung, S. 597.

137 Wagner, Volksgerichtshof S. 19; eine Liste der VGH-Mitglieder bei Hannsjoachim W. Koch: Volksgerichtshof. Politische Justiz im Dritten Reich. München 1988, S. 523-535.

138 Wagner, Volksgerichtshof S. 20-28.

139 Detailliert zur sachlichen Zuständigkeit Wagner, Volksgerichtshof, S. 59-66.

140 Zur räumlichen Zuständigkeit ebenda, S. 66-73.

141 Ebenda, S. 73 f.

142 Schlüter, Urteilspraxis, S. 37 f. Wegen geringer Unschärfen bei den Zahlen für die Anfangs- und Endjahre der Tätigkeit des VGH kommt es zu kleineren Abweichungen bei den Angaben.

143 Gruchmann, Justiz, S. 961-965. Mit „Ihr politischer Soldat" unterzeichnete Freisler das Antrittsschreiben, das er als neu ernannter VGH-Präsident an Hitler richtete. Ein Faksimile des Briefes bei Bernhard Jahntz, Volker Kähne: Der Volksgerichtshof. Darstellung der Ermittlungen der Staatsanwaltschaft bei dem Landgericht Berlin gegen ehemalige Richter und Staatsanwälte am Volksgerichtshof. Herausgegeben von der Senatsverwaltung für Justiz. Berlin ³1992, S. 53 f. sowie bei Helmut Ortner: Der Hinrichter. Roland Freisler – Mörder im Dienste Hitlers. Wien 1993, S. 140 f.

die Rechtsprechung des neuen Gerichts knüpfte relativ bruchlos an die des Reichsgerichts an[144]. Von dem an der Universität Berlin lehrenden österreichischen Strafrechtler Wenzeslaus Graf Gleispach soll die Anregung gekommen sein, angesichts internationaler Vorbehalte gegen die Einführung einer politischen Ausnahmejustiz in Deutschland, die Tätigkeit des VGH mit wenig spektakulären Fällen zu beginnen[145]. Sukzessive verschärfte sich die Jurisdiktion des VGH. Sein Ruf als Bluttribunal geht jedoch vor allem auf das Wirken Roland Freislers als VHG-Präsident zurück. Neuere Forschungen haben indes gezeigt, daß schon einige Monate vor Freislers Amtsantritt am 20. August 1942 ein Radikalisierungsschub stattgefunden hat. Bereits ab April 1942 ist ein steiler Anstieg der Todesstrafenquote zu verzeichnen, die vermutlich auf die Justizschelte Hitlers im Reichstag am 26. April zurückzuführen ist. Diese Tendenz wurde durch die verschärfte Verfolgung des tschechischen Widerstands nach dem tödlichen Attentat auf Reinhard Heydrich in Prag am 27. Mai verstärkt[146] und dann von Freisler stets gefördert. Es ist daher sicherlich auch weiterhin angemessen, von einer „Ära Freisler“ des Volksgerichtshofs zu sprechen, zumal von 1942 bis zum Kriegsende 95 Prozent aller Todesurteile des VGH gefällt wurden[147].

Die Staatsanwaltschaft bei dem Landgericht Berlin kam im Zuge ihrer Ermittlungen gegen ehemalige VGH-Richter und -Staatsanwälte zu dem Schluß, der VGH sei generell, in jedem Falle aber seit Freislers Amtsantritt nur ein „Scheingericht“ gewesen[148]. Auch der deutsche Bundestag sprach am 25. Januar 1985 in einer einstimmigen Entschließung dem Volksgerichtshof die Gerichtsqualität ab und stufte ihn als ein „Terrorinstrument zur Durchsetzung der nationalsozialistischen Willkürherrschaft“ ein[149]. Schlüter beantwortet die Frage, ob der Volksgerichtshof ein Terrorinstrument gewesen sei, ebenfalls mit einem eindeutigen Ja, verweist aber zugleich auf die Züge juristischer Normalität in der Tätigkeit dieser Institution. Sehr zu Recht stellt er fest: „Gerade die Tatsache, daß der Terror mit tausenden von Todesurteilen von einer Institution verbreitet wurde, die viele Züge einer normalen Gerichtstätigkeit aufweist, gibt Anlaß zur Besorgnis.“[150]

3.3. Das Reichskriegsgericht

Die Weimarer Verfassung hatte in Artikel 106 die Militärgerichtsbarkeit in Friedenszeiten aufgehoben. Die Regierung Hitler revidierte diese Entscheidung mit dem *Gesetz über die Wiedereinführung der Militärgerichtsbarkeit vom 12. Mai 1933*[151]. Ab 1.1.1934 nahmen die Kriegsgerichte und Oberkriegsgerichte ihre Tätigkeit auf[152]. Mit dem *Gesetz über die Wiedereinrichtung eines Obersten Gerichtshofs der Wehrmacht vom 26. Juni 1936*[153] und der entsprechenden

144 Die fundierstete Darstellung der Rechtsprechung des VGH bietet nach wie vor Wagner, Volksgerichtshof, S. 79-844. Schlüter, Urteilspraxis, hat eine ausführliche statistische Untersuchung auf breiter Materialgrundlage vorgenommen. Die verwendeten statistischen Bezugsgrößen sind allerdings teilweise problematisch; vgl. dazu meine Rezension in der Zeitschrift für Geschichtswissenschaft 44 (1996), S. 859 f.

145 Eduard Rabofsky, Gerhard Oberkofler: Verborgene Wurzeln der NS-Justiz. Strafrechtliche Rüstung für zwei Weltkriege. Wien 1985, S. 29.

146 Marxen, Volk, S. 88 f.; Schlüter, Urteilspraxis, S. 199-205.

147 Schlüter, Urteilspraxis, S. 39.

148 Bernhard Jahntz, Volker Kähne: Der Volksgerichtshof. Darstellung der Ermittlungen der Staatsanwaltschaft bei dem Landgericht Berlin gegen ehemalige Richter und Staatsanwälte am Volksgerichtshof. Berlin [3]1992, S. 45-47.

149 Jahntz/Kähne, Volksgerichtshof, S. 48a; Schlüter, Urteilspraxis, S. 27.

150 Schlüter, Urteilspraxis, S. 230-232, Zitat S. 232.

151 RGBl. I, S. 264.

152 Detlev Garbe: Im Namen des Volkes?! Die rechtlichen Grundlagen der Militärjustiz im NS-Staat und ihre „Bewältigung“ nach 1945, in: Fietje Ausländer (Hrsg.): Verräter oder Vorbilder? Deserteure und ungehorsame Soldaten im Nationalsozialismus. Bremen 1990, S. 90-129, hier: S. 95.

153 RGBl. I, S. 517.

Ausführungsverordnung vom 5. September 1936[154] wurde das Reichskriegsgericht als Spitze der Militärjustiz etabliert. Es hatte seinen Sitz in Berlin, wurde allerdings im August 1943 infolge der alliierten Bombenangriffe nach Torgau verlagert[155]. Das Gericht unterstand einem Präsidenten, der den militärischen Rang eines Generals oder Admirals innehaben mußte. Er leitete die Geschäfte des Gerichts, nahm an der Rechtsprechung aber nicht unmittelbar teil. Jedoch erhielten die Urteile erst mit seiner Bestätigung Rechtsgültigkeit[156]. Das Präsidentenamt hatte von 1936 bis Kriegsbeginn General der Artillerie Heitz, von September 1939 bis November 1944 Admiral Max Bastian und nach ihm General der Infanterie von Scheele ausgeübt[157]. Die Senate des RKG waren in den hier interessierenden erst- und letztinstanzlichen Verfahren mit einem Senatspräsidenten, einem Reichskriegsgerichtsrat und drei Offizieren besetzt. Der Senatspräsident und der Reichskriegsgerichtsrat mußten über die Befähigung zum Richteramt verfügen und das 35. Lebensjahr vollendet haben. Sie wurden auf Vorschlag des Reichskriegsministers vom „Führer und Reichskanzler" auf Lebenszeit ernannt. Die Offiziere mußten mindestens im Rang der Stabsoffiziere stehen und wurden nach demselben Modus ernannt wie die Juristen, allerdings nur für zwei Jahre. Anklagebehörde war die Reichskriegsanwaltschaft, die von einem Oberreichskriegsanwalt geleitet wurde. Auch hier erfolgte die Ernennung durch Hitler auf Lebenszeit.

In erster und letzter Instanz war das RKG unter anderem für Hoch- und Landesverrat zuständig. Analog zum Verfahren vor dem VGH bedurfte die Wahl eines Verteidigers der Genehmigung des Gerichtspräsidenten. Die Zuständigkeit der Militärgerichtsbarkeit erstreckte sich auch auf Straftaten, die vor Beginn des militärischen Dienstverhältnisses begangen worden waren, sowie auf aus dem Militärdienst entlassene Personen, wenn deren Taten vor der Entlassung stattgefunden hatten[158]. Die Kriegsstrafverfahrensordnung, die mit Kriegsbeginn in Kraft trat, erweiterte die Zuständigkeit des Reichskriegsgerichts in Hoch- und Landesverratssachen auch auf Zivilpersonen, sofern der Präsident des Reichskriegsgerichts geltend machte, daß besondere militärische Belange die Aburteilung durch das Reichskriegsgericht erforderten[159]. Der Oberreichsanwalt beim VGH und der Präsident des RKG stimmten sich in dieser Frage eng ab. Vorrangiges Interesse des RKG scheint dabei gewesen zu sein, die Wehrmachtsgerichtsbarkeit nicht mit Verfahren zu belasten, die für sie nicht von einem spezifischen Interesse waren[160]. Generell wurde, um eine Gleichförmigkeit der Rechtsprechung zu erzielen, der Austausch von Urteilen zwischen dem VGH und dem RKG vereinbart. Darüberhinaus wurden Beisitzer des RKG zugleich zu ehrenamtlichen Richtern des VGH ernannt[161].

154 *Verordnung zur Änderung der Militärstrafgerichtsordnung und des Einführungsgesetzes zu ihr vom 5. September 1936*, RGBl. I, S. 718.

155 Norbert Haase: Das Reichskriegsgericht und der Widerstand gegen die nationalsozialistische Herrschaft. Berlin 1993, S. 11.

156 Messerschmidt, Reichskriegsgericht, S. 16-18. Dort auch die Ausnahmen, für die sich Hitler die Ausübung der Gerichtsherrschaft vorbehalten hatte.

157 Haase, Reichskriegsgericht, S. 42; Otto Peter Schweling: Die deutsche Militärjustiz in der Zeit des Nationalsozialismus, bearbeitet, eingeleitet und herausgegeben von Erich Schwinge. Marburg ²1978, S. 167.

158 Vgl. § 2, Abs. 1 der *Verordnung über das militärische Strafverfahren im Krieg und bei besonderem Einsatz (Kriegsstrafverfahrensordnung – KStVO) vom 17. August 1938*, RGBl. 1939 I, S. 1457, und den darin eingefügten § 2a gemäß der *Vierten Verordnung zur Durchführung und Ergänzung der KStVO vom 1. November 1939*, RGBl. 1939 I, S. 2132.

159 KStVO § 2, Abs. 4e.

160 Vgl. Walter Rehdans: Das Reichskriegsgericht im Kriege, in: Zeitschrift der Akademie für Deutsches Recht. 1941, S. 58-60, als Faksimilie in Haase, Reichskriegsgericht, S. 33-35, hier: S. 58 f. [33 f.].

161 Wagner, Volksgerichtshof, S. 64 f.

Die sehr fragmentarische Überlieferung der Akten des RKG[162] erlaubt keine genaue Übersicht über seine Spruchpraxis in Hochverratssachen. Man ist auf die Interpretation einiger Indizien angewiesen. Das RKG verhängte zwischen dem 26. August 1939 und dem 7. Februar 1945 insgesamt 96 Todesurteile wegen Hochverrat. Bei der Zahl der Todesurteile ist zu berücksichtigen, daß sie sowohl Urteile gegen Reichsdeutsche als auch gegen Ausländer erfaßt. Letztere machten rund 44 Prozent aller zum Tode Verurteilten aus, eine entsprechende Spezifizierung für die Hochverratsverurteilungen ist anhand der vorliegenden Daten nicht möglich. Über die in Hochverratsverfahren ausgesprochenen Freiheitsstrafen liegen ebenfalls keine Angaben vor. In einem Bericht von Admiral Bastian an das Oberkommando der Wehrmacht ist von 21 Verurteilungen wegen Hochverrat in den ersten acht Kriegsmonaten die Rede. Von insgesamt 2.913 eingegangenen Strafsachen seien 1.533 an andere Gericht abgegeben worden[163]. Insgesamt deutet vieles darauf hin, daß die Rechtsprechung in Hochverratssachen auch weiterhin in erster Linie die Domäne des VGH blieb, dem auch die Aburteilung der Verschwörer des 20. Juli übertragen wurde, weil er offenbar größeres Vertrauen bei Hitler genoß als das RKG[164]. Im Reichsjustizministerium hoffte man, bei dieser Gelegenheit die generelle Übertragung politischer Strafsachen von der Wehrmachts- auf die Ziviljustiz erwirken zu können[165]. Mit der Prozeßserie von 1942/43 gegen Angehörige der von der Gestapo als „Rote Kapelle" bezeichneten Widerstandsorganisation um Harro Schulze-Boysen und Arvid Harnack hatte allerdings auch das Reichskriegsgericht eine prominente Rolle in der justitiellen Widerstandsbekämpfung gespielt[166]. In der Mikrofiche-Edition werden insgesamt 60 Verfahren des Reichskriegsgerichts gegen 168 Angeklagte dokumentiert.

3.4. Die Rolle der Oberlandesgerichte

Wie bereits erwähnt, konnten beim Reichsgericht bzw. beim Volksgerichtshof eingegangene Hoch- und Landesverratssachen an bestimmte Oberlandesgerichte bzw. die entsprechenden Generalstaatsanwälte abgegeben werden[167]. Jeweils ein ausgewähltes OLG war in den erstinstanzlichen Verfahren für mehrere Oberlandesgerichtsbezirke zuständig[168]. Das quantitative und qualitative Verhältnis der Rechtsprechung dieser Gerichte zu derjenigen des RG bzw. des VGH läßt sich schwer bestimmen, da nur zu sehr wenigen von ihnen entsprechende Studien vorliegen[169]. Die zur Zuständigkeit des Volksgerichtshofs gehörigen Tatbestände wurden ab 1934 nicht mehr in der offiziellen Kriminalstatistik berücksichtigt, so daß auch ein gesicherter zahlenmäßiger Überblick nicht zu gewinnen ist. Durch die Addition von Bruchstücken lassen sich immerhin grobe Konturen nachzeichnen. 1933 waren 1.698 Personen rechtskräftig wegen Hochverrat verurteilt worden[170].

162 Norbert Haase: Aus der Praxis des Reichskriegsgerichts. Neue Dokumente zur Militärgerichtsbarkeit im Zweiten Weltkrieg, in: Vierteljahrshefte für Zeitgeschichte 39 (1991), S. 379-411, hier: S. 383 f. und S. 389.

163 Ebenda, S. 391.

164 Wagner, Volksgerichtshof, S. 661 f. Daß Hitler gegen die Wehrmachtsjustiz mißtrauisch gewesen sei, behauptete nach dem Krieg auch der ehemalige RKG-Präsident Bastian, der allerdings das RKG generell in einem sehr milden Licht erscheinen läßt; IfZ-Archiv, Zeugenschrifttum, ZS 1483.

165 Vgl. den bei Wagner, Volksgerichtshof, S. 901, wiedergegebenen Schriftwechsel zwischen Partei-Kanzlei und Reichsjustizministerium.

166 Norbert Haase: Der Fall „Rote Kapelle" vor dem Reichskriegsgericht, in: Coppi, Danyel, Tuchel (Hrsg.), Rote Kapelle, S. 160-179.

167 Wagner, Volksgerichtshof, S. 59-63.

168 Vgl. die Übersicht ebenda, S. 62 f., Fn. 61 (hier fehlt allerdings das OLG Karlsruhe).

169 Klaus Marxen: Strafrechtliche Maßnahmejustiz zu Beginn des Dritten Reichs. Das Beispiel der Generalstaatsanwaltschaft und der Strafsenate beim Oberlandesgericht Hamm, in: Zeitschrift für Neuere Rechtsgeschichte 15 (1993), S. 54-65; ebenfalls zum OLG Hamm: Niermann, Politische Strafjustiz. Andreas Toppe: Provinzialjustizverwaltung, Richter und Urteilspraxis im Dritten Reich. Zur Geschichte des Oberlandesgerichts München. (Unveröffentlichte Magisterarbeit) Augsburg 1995. Christoph Schiller: Das Oberlandesgericht Karlsruhe im Dritten Reich. Berlin 1997.

170 Kriminalstatistik für das Jahr 1933. Berlin 1936. = Statistik des Deutschen Reichs, Band 478, S. 20.

Der Löwenanteil dieser Verurteilungen entfiel auf die Oberlandesgerichte. Nach einer Statistik des Reichsjustizministerium wurden vom 18. März 1933 bis zum Jahresende 1.931 Personen in 807 Hochverratsprozessen von Oberlandesgerichten verurteilt[171]. Für den hohen Anteil der Oberlandesgerichte an den Hochverratssachen gibt es weitere Belege. Wagner verweist darauf, daß von 1939 bis 1944 die Zahl der Strafsenate am Kammergericht von zwei auf sieben stieg. Der Generalstaatsanwalt dieses Gerichts berichtete, daß ihm 1943/44 über 700 Hoch- und Landesverratsverfahren zugingen[172]. Eine vollständige Übersicht liegt für das OLG Karlsruhe vor. Demnach wurden von 1933 bis einschließlich Januar 1937, als das Gericht diese Kompetenz an das OLG Stuttgart abgeben mußte, 193 Urteile in Hoch- und Landesverratsprozessen mit insgesamt 635 Angeklagten geführt[173]. Toppe hat für das Bayerische Oberste Landesgericht bzw. das OLG München die Zahl von 828 Hochverratsverfahren in den Jahren 1933 bis 1939 ermittelt[174]. Im selben Zeitraum hatte das OLG Hamm allerdings fast die dreifache Zahl von politischen Prozessen zu bewältigen, nämlich 2.333. Bis 1945 wuchs die Zahl auf 2.794 an. Den größten Anteil dürften auch hier die Hochverratsprozesse ausgemacht haben[175]. Charakteristisch für die politischen Prozesse in Hamm sind die Massenverfahren der Dreißigerjahre gegen die illegalen Organisationen der Arbeiterbewegung im Raum Rhein/Ruhr mit nicht selten 50 bis 100 Angeklagten. Dabei machten Angehörige von SAP und SPD allerdings höchstens fünf Prozent aus, der Rest entfiel auf die Kommunisten. Allein in den Jahren 1933 bis 1936 wurden schon weit über 10.000 Personen verurteilt, bis einschließlich 1941 waren es über 12.000[176]. Die zahlenmäßige Dimension der Rechtsprechung des OLG Hamm in Hochverratssachen kommt der des Volksgerichtshofs nahe, allerdings verläuft die Entwicklung genau umgekehrt: während die Zahl der Verfahren beim Volksgerichtshof in den Kriegsjahren extrem anstieg[177], ging sie in Hamm nach der weitgehenden Zerschlagung des Widerstands der Arbeiterbewegung in den Dreißigerjahren zurück.

Auch der qualitative Anteil der Oberlandesgerichte an der Rechtsprechung in Hochverratsverfahren kann nur durch eine allgemeine Einschätzung bestimmt werden. Generell waren die Oberlandesgerichte den zentralen Gerichten nachgeordnet, das heißt, daß sie sich an deren Rechtsprechung orientierten[178] und in der Regel nur weniger bedeutsame Verfahren zugewiesen bekamen. Letzteres war in der *Verordnung des Reichspräsidenten zur Beschleunigung des Verfahrens in Hochverrats- und Landesverratssachen vom 18. März 1933* ausdrücklich vorgesehen gewesen[179]. Auch im Statut des Volksgerichtshofs war die Möglichkeit der Verfahrensabgabe an Oberlandesgerichte enthalten[180]. Allerdings fehlte hier der ausdrückliche Hinweis auf Verfahren geringerer

171 BA RJM 30.01, Nr. 6142/1, Bl.293. Die Differenz zu den Angaben der Reichskriminalstatistik ist möglicherweise darauf zurückzuführen, daß die Zählung des Justizministeriums auch noch nicht rechtskräftig gewordene Urteile einbezog. Deren Gesamtzahl beziffert die offizielle Statistik mit 2.000; vgl. Statistisches Reichsamt (Hrsg.): Statistisches Jahrbuch für das Deutsche Reich 54. Jahrgang (1935), S. 530. Da die Zahl der vom Reichsgericht Abgeurteilten jedoch 69 mit Sicherheit überstieg, bleibt eine nicht aufzulösende Differenz. Dennoch veranschaulichen die Daten die jeweiligen Größenordnungen.

172 Wagner, Volksgerichtshof, S. 62 f., Fn. 61. Die Verteilung auf die beiden Delikte ist leider nicht bekannt.

173 Lagebericht des Generalstaatsanwalts Karlsruhe vom 8. März 1937, IfZ-Archiv, MA 430/9, Bl. 131 f. Schiller, OLG Karlsruhe, S. 423.

174 Toppe, Provinzialjustizverwaltung, S. 97. Dem standen 181 Landesverratsprozesse gegenüber; ebenda.

175 Niermann, Politische Strafjustiz, S. 169.

176 Ebenda, S. 167.

177 Vgl. die Tabelle bei Schlüter, Urteilspraxis, S. 38.

178 Zur Orientierungsfunktion von Reichsgericht und Volksgerichtshof siehe die Belege bei Niermann, Politische Strafjustiz, S. 170 f., S. 173 und S. 198 ff.

179 RGBl. I, S. 131, Artikel 1.

180 *Gesetz zur Änderung von Vorschriften des Strafrechts und des Strafverfahrens vom 24.4.1934*, RGBl. I, S. 341, Artikel III, § 4; siehe Anhang.

Bedeutung. Doch die Einschränkung der Abgabemöglichkeit auf Fälle von Verabredung und Vorbereitung zum Hochverrat sowie die Bemerkung in der amtlichen Begründung, es sei „ähnlich der bisherigen Regelung" die Möglichkeit der Abgabe vorgesehen, zeigen, daß an der grundlegenden Intention festgehalten wurde[181]. Kurt Behling, der in einer Vielzahl von politischen Prozessen vor dem Volksgerichtshof als Verteidiger aufgetreten ist, bekundete, er habe häufig durch Beibringen von Entlastungsmaterial im Vorverfahren die Einstufung als „minderschwerer Fall" und die Abgabe an das Kammergericht in Berlin oder ein anderes zuständiges Oberlandesgericht erreichen können. Diese Gerichte hätten milder geurteilt und jedenfalls gegen die von ihm vertretenen Angeklagten keine Todesurteile verhängt[182]. Nicht in jedem Falle allerdings stand die Jurisdiktion der Oberlandesgerichte in Hochverratssachen zu der der zentralen Gerichte in einem nachgeordneten Verhältnis. So hatte das OLG Stuttgart im Juni 1933 bei der Inkriminierung der SAP den Vorreiter gemacht[183], und als sich vor den Schranken des OLG Hamm neben dem Fußvolk des kommunistischen Massenwiderstands auch Dagobert Lubinski wiederfand, eine der Führungsfiguren der rechtskommunistischen KPO, orientierte sich das Gericht in seinem Urteil ausdrücklich an einem Richterspruch des VGH gegen den Inlandsleiter der KPO, Hans Löwendahl[184]. Die Hochverratsverfahren der zentralen Gerichte erfassen sicherlich den größten Teil der Widerstandselite, jedoch gibt es Unschärfen bei der Abgrenzung: Vor den höchsten Gerichten wurden immer wieder relativ unbedeutende Fälle behandelt, während wichtige Prozesse zuweilen auch vor Oberlandesgerichten stattfanden.

3.5. Die Rolle der Polizeijustiz

Der Umriß des Personenkreises, der vor den zentralen Gerichten des Dritten Reichs wegen Hochverrats belangt wurde, wurde nicht nur durch die Verfahrensabgabe an Oberlandesgerichte beeinflußt, sondern zunächst ganz entscheidend von der politischen Polizei. Da die Gestapo mit dem Instrument der Schutzhaft die richterliche Haftkontrolle überspielen konnte, oblag es letztlich ihr, ob sie einen Fall der zuständigen Staatsanwaltschaft zur Kenntnis gab oder nicht. Die Abgabe politischer Strafsachen war zwischen Justiz und Polizei während der ganzen Dauer der nationalsozialistischen Herrschaft ein strittiges Thema[185]. Da die Justiz sich hierbei in einer defensiven Position befand, war sie darauf angewiesen, sich das Entgegenkommen der Polizei durch Zugeständnisse zu erwerben. Dazu gehörte die regelmäßige Information über die Aufnahme politischer Verfahren und die Entlassungstermine politischer Straftäter – die von der Gestapo dann zumeist in Konzentrationslager verbracht wurden – ebenso wie die Verschärfung der Urteilspraxis. Vollständig durchsetzen konnte die Justiz, wie Lothar Gruchmann feststellt, ihren Ermittlungs- und Strafanspruch allerdings nicht: „Sie konnte nie erreichen, daß die Gestapo alle ermittelten Straftaten an sie abgab, und nie verhindern, daß Beschuldigte statt in gerichtliche Untersuchungshaft in Schutzhaft genommen wurden."[186] Zu weitgehend erscheint allerdings Klaus-Michael Mallmanns These „Die Anklage vor Gericht blieb demnach fast die Ausnahme,

---

181 Deutsche Justiz 1934, S. 595-598, hier: S. 598. Die Abgabe oblag vor der Anklageerhebung dem Oberreichsanwalt. Adressat war der zuständige Generalstaatsanwalt. Nach Anklageerhebung konnte der Volksgerichtshof auf Antrag des Oberreichsanwalts ein Verfahren an das zuständige Oberlandesgericht verweisen. Wagner, Volksgerichtshof, S. 59 f.

182 Erklärung unter Eid von Kurt Behling, IfZ Archiv NG-1007; auch abgedruckt bei Hans von Godin: Strafjustiz in rechtloser Zeit. Mein Ringen um Menschenleben 1943-45. Berlin 1990, S. 142-154, hier: S. 143 f.

183 Siehe oben S. 21.

184 Siehe den Urteilsauszug bei Annette Leo: Briefe zwischen Kommen und Gehen. Berlin 1991, S. 171-174; vgl. 2H 48/37 gg. Hans Löwendahl, MF 0448.

185 Diemut Majer: Justiz und Polizei im „Dritten Reich", in: Dreier, Sellert (Hrsg.), Recht und Justiz, S. 136-150.

186 Gruchmann, Justiz, S. 598 f.

zur Regel wurde mehr und mehr die Überstellung in die Konzentrations- und Arbeitslager"[187]. Grundsätzlich setzte die Zuständigkeit der Polizeijustiz ein, wenn kein Straftatbestand nachgewiesen werden konnte, die Gestapo aber das Vorliegen staatsfeindlicher Bestrebungen bejahte, die sie präventiv zu bekämpfen hatte[188]. Die entscheidende Frage war daher, inwieweit es der Gestapo gelang, gerichtsverwertbares Beweismaterial zu sammeln[189].

Empirisch erhobene Daten über das Verhältnis von Gestapo und Justiz bei der Verfolgung politischer Opposition liegen nicht vor[190]. Vieles spricht jedoch dafür, daß Hochverratsfälle weitgehend den Gerichten überantwortet wurden. So wurde bei der Ausdehnung der Strafvorschriften über Hoch- und Landesverrat auf das eingegliederte Österreich bestimmt, daß Sicherheitsbehörden, Staatsanwälte und Strafgerichte in solchen Fällen unverzüglich den Oberreichsanwalt beim Volksgerichtshof in Kenntnis zu setzen hatten[191]. Oberreichsanwalt Parey verwies in Verhandlungen mit der Wiener Gestapoführung auf die im Altreich übliche Praxis, entsprechende Anzeigesachen den örtlichen Staatsanwaltschaften zuzuleiten[192]. Für den Bereich des OLG Hamm konstatiert Niermann eine reibungslose Zusammenarbeit von Polizei und Staatsanwaltschaft. „Je nach Dauer der polizeilichen Ermittlung saßen Verdächtige 1933/34 mitunter eine Woche in Schutzhaft, bis die Vernehmungen soweit fortgeschritten waren, daß der zuständige Oberstaatsanwalt von den polizeilichen Ermittlungen unterrichtet, den Fall prüfte und die Beschuldigten dem Haftrichter vorführen ließ."[193] Es scheint, daß die Schutzhaft gegen politische Oppositionelle nicht dazu genützt wurde, diese generell dem Zugriff der Justiz zu entziehen, als vielmehr dazu, der Polizei mehr Zeit für ihre Ermittlungen zu geben. Dies entsprach der von der Polizeiseite verfolgten Absicht, die Funktionen der Staatsanwaltschaft vollständig zu übernehmen. Eine entsprechende Anregung hatte Heydrich Anfang 1939 an Hitler gerichtet[194], aber schon drei Jahre zuvor hatte etwa die Stapostelle Potsdam versucht, die Aktenführung in den politischen Verfahren zu usurpieren[195]. Um den Beweis zu führen, daß sie in der Lage war, die Kompetenzen der Staatsanwaltschaft zu übernehmen, mußte die Gestapo mit gründlichen Ermittlungsergebnissen aufwarten. Dementsprechend hatte Heydrich in seiner Intervention bei Hitler darauf hingewiesen, daß die polizeilichen Schlußberichte häufig wörtlich in die Anklageschriften aufgenommen würden[196]. Ganz auf dieser Linie lagen beispielsweise der umfangreiche Schlußbericht und eine ergänzende Stellungnahme des Vorsitzenden der Sonderkommission der Münchner Gestapo zum monarchistischen Harnier-Kreis, Regierungsrat Weintz. Neben der ausführlichen Darstellung der Aktivitäten der Gruppe enthielten der vom 19. August 1939 datierende Bericht und vor allem die ergänzende Stellungnahme vom 30. April 1940 eine eingehende strafrechtliche Würdigung, mit der Weintz die skeptischen Ermittlungsrichter des Volksgerichtshofs von der Verwirklichung des

187 Klaus-Michael Mallmann, Gerhard Paul: Herrschaft und Alltag. Ein Industrierevier im Dritten Reich. Bonn 1991, S. 249.

188 Werle, Justiz-Strafrecht, S. 569.

189 So auch Mallmann, Herrschaft, S. 246 f.

190 Vgl. aber zur Behandlung von Heimtückefällen in der Pfalz Eginhard Scharf: Justiz und Politische Polizei, in: Justiz im Dritten Reich. Justizverwaltung, Rechtsprechung und Strafvollzug auf dem Gebiet des heutigen Landes Rheinland-Pfalz. Hrsg. vom Ministerium der Justiz, Rheinland-Pfalz. Frankfurt a.M. u.a. 1995, S. 623-756, hier: S. 692-712.

191 *Verordnung über die Einführung der Vorschriften über Hoch- und Landesverrat im Lande Österreich vom 20. 6. 1938*, RGBl. I, S. 640.

192 Gruchmann, Justiz, S. 597.

193 Niermann, Politische Strafjustiz, S. 175 f.

194 Gruchmann, Justiz, S. 597 f.

195 Wagner, Volksgerichtshof, S. 44, Fn. 144.

196 A.a.O.

Hochverratstatbestandes überzeugen wollte. Weintz' Ausführungen fanden schließlich ausführlichen Niederschlag in der Anklageschrift gegen die Hauptbeschuldigten der Harnier-Gruppe[197]. Gegen die Annahme, die Gestapo hätte dem Volksgerichtshof wichtige Hochverratsverfahren vorenthalten, spricht schließlich auch ein Schreiben seines Präsidenten Georg Thierack vom 14. August 1940 an den Justizminister, in dem er erklärte, es sei falsch, jedem kleinen Mitläufer die Ehre eines Verfahrens vor dem Volksgerichts zuzugestehen. Solche Leute sollten besser zeitweilig in ein Konzentrationslager eingewiesen werden. Thierack nahm damit eine Beschwerde seines Stellvertreters auf, der sich im Juli darüber beklagt hatte, daß sein Senat mit einer Bagatellsache befaßt gewesen war; das entspreche nicht dem Ansehen, der Würde und der Aufgabe des Volksgerichtshofs[198]. Auch Eginhard Scharfs Untersuchung der Behandlung von Heimtückefällen in der Pfalz durch Polizei und Justiz gibt Anhaltspunkte dafür, daß die Gestapo, wenngleich sie aus der institutionellen Bindung entlassen war, die Kompetenz der Justiz durchaus berücksichtigte. So hat Scharf festgestellt, daß die Nichtweitergabe von Vorgängen an die Justiz fast immer mit der Erwartung einer Verfahrenseinstellung durch die Staatsanwaltschaft begründet wurde[199]. Dagegen habe die pfälzische Gestapo in den schwereren Fällen von Heimtücke, die häufig einen politischen Hintergrund hatten, nicht an der Justiz vorbei operiert, sondern zunächst versucht, eine gerichtliche Bestrafung des Beschuldigten zu erwirken, bevor sie zu staatspolizeilichen Maßnahmen gegriffen habe[200].

Nicht eine Konkurrenz um ihrer selbst willen bestimmte das Verhältnis der Gestapo zur Justiz, vielmehr stellte die politische Polizei die Instanz dar, die dem Grundsatz „nullum crimen sine poena" zur Durchsetzung verhelfen sollte, der im nationalsozialistischen Rechtsdenken an die Stelle des als „liberalistisch" diffamierten Grundsatzes „nullum crimen, nulla poena sine lege" trat[201]. Die Justiz war dazu aufgrund ihrer Normgebundenheit bei aller Bereitwilligkeit nur begrenzt in der Lage. Die Polizeijustiz erfaßte daher in der Regel „Delikte" unterhalb der Schwelle strafrechtlich normierter Sachverhalte. In Fällen, in denen der Verdacht des Hochverrats bestand, kann man indessen von einer Einschaltung der Strafjustiz ausgehen.

Inwieweit aber war die Gestapo überhaupt in der Lage, den politischen Untergrund zu erfassen? Vor allem der kanadische Historiker Robert Gellately und das Autorenteam Gerhard Paul und Klaus-Michael Mallmann haben in letzter Zeit die angebliche Omnipräsenz und Allmacht der Gestapo als Mythos kritisiert[202]. Diese Kritik führt die relativ geringe personelle Stärke der Gestapo und die verbreitete Denunziationsbereitschaft der deutschen Bevölkerung[203] als zentrale Argumente an, ohne allerdings eingehender nach Tatbeständen zu differenzieren. Das Bild einer Gestapo, die die ganze deutsche Gesellschaft mit ihren Spitzeln infiltriert hat, wie es vor allem

197 Christina M. Förster: Der Harnier-Kreis. Widerstand gegen den Nationalsozialismus in Bayern. Paderborn 1996, S. 457-467, 478-488 und S. 531 f.

198 Wagner, Volksgerichtshof, S. 47.

199 Scharf, Justiz, S. 699.

200 Ebenda, S. 706.

201 Michael Fürst: Reformen im politischen Strafrecht in der Zeit des Dritten Reichs unter besonderer Berücksichtigung der Sondergerichte für politische Strafsachen und deren Arbeit. Diss. jur. Augsburg 1990, S. 18. Den „gerechten Grundsatz" „nullum crimen sine poena" pries auch Carl Schmitt als Errungenschaft des „deutschen Rechtsstaats Adolf Hitlers"; Carl Schmitt: Der Rechtsstaat, in: ders.: Staat, Großraum, Nomos. Arbeiten aus den Jahren 1916 – 1969. Hrsg., mit einem Vorwort und mit Anmerkungen versehen von Günter Maschke. Berlin 1995, S. 108-120, hier: S. 115 f.

202 Robert Gellately: Allwissend und gegenwärtig? Entstehung, Funktion und Wandel des Gestapo-Mythos, in: Gerhard Paul, Klaus-Michael Mallmann (Hrsg.): Die Gestapo – Mythos und Realität. Darmstadt 1995, S. 47-70; Gerhard Paul, Klaus-Michael Mallmann: Auf dem Weg zu einer Sozialgeschichte des Terrors. Eine Zwischenbilanz, in: Ebenda, S. 3-18.

203 Vgl. dazu auch Gisela Diewald-Kerkmann: Politische Denunziation im NS-Regime oder Die kleine Macht der „Volksgenossen". Bonn 1995.

bei der linken Opposition gesehen wurde[204], ist zwar in der Tat im Hinblick auf die vermutete Zahl der Mitarbeiter der Polizei korrekturbedürftig, aber Mallmanns eigene Befunde über die Tätigkeit von V-Leuten der Gestapo zeigen doch, daß es ihr gelang, in einem erheblichen Maße jedenfalls die größeren organisierten Gruppen der Opposition zu infiltrieren und nicht selten sogar für längere Zeit zu observieren[205]. Verfahren gegen den deutschen Widerstand vor dem Volksgerichtshof wurden dementsprechend zu rund 80 Prozent aufgrund amtlicher Anzeigen eingeleitet. Private Denunziationen spielten in diesem Bereich eine relativ geringe Rolle[206].

Alles in allem ist daher festzustellen, daß der politisch oppositionelle Untergrund im Dritten Reich einem massiven Verfolgungsdruck unterlag, der sich auch in entsprechenden Gerichtsverfahren niederschlug. Die Mikrofiche-Edition erfaßt daher einen erheblichen Teil der führenden und engagiertesten Aktivisten des deutschen und österreichischen Widerstandes.

Eine systematische Verzerrung dieses Samples ist abschließend zu nennen. Seit dem 1. Juli 1943 war Juden der Anspruch auf ein gerichtliches Verfahren vollständig aberkannt worden. Die *Dreizehnte Verordnung zum Reichsbürgergesetz*[207] legte in ihrem ersten Artikel fest: „Strafbare Handlungen von Juden werden durch die Polizei geahndet." Waren gegen eine Reihe von Mitgliedern der jüdisch-kommunistischen Widerstandsgruppe um Herbert Baum 1942/43 noch Prozesse vor dem Volksgerichtshof durchgeführt worden, so zeigte sich die „völlige Rechtlosstellung der Juden" (Werle) unter anderem darin, daß nach der Zerschlagung der „Gemeinschaft für Frieden und Aufbau", die politische Opposition und Hilfe für die verfolgten Juden verband, nur noch die „arischen" Gruppenmitglieder vor dem Volksgerichtshof angeklagt, während die jüdischen in Konzentrations- und Arbeitserziehungslager eingewiesen wurden[208]. Angesichts der Lebensbedingungen für Juden in Deutschland Mitte 1943 dürfte es allerdings nur wenige gegeben haben, die neben dem schieren Kampf ums Überleben auch zu politischem Widerstand in der Lage waren.

4. Zur Quellenkritik

Bei der quellenkritischen Würdigung der hier vorgelegten Dokumente ist in erster Linie zu berücksichtigen, daß es sich um „Texte der Repression" handelt[209]. Sie sind das Produkt einer Auseinandersetzung zwischen Ungleichen, bei der es für die Angeklagten nicht selten sogar um Leben und Tod ging. Diese Auseinandersetzung begann aber nicht erst im Gerichtssaal, sondern bereits mit den Ermittlungen der Gestapo. Auf deren Ergebnissen basieren die Anklageschriften

204 Mallmann/Paul, Sozialgeschichte, S. 3.

205 Klaus-Michael Mallmann: Die V-Leute der Gestapo. Umrisse einer kollektiven Biographie, in: Paul/Mallmann, Gestapo, S. 268-287. „Überall dort, wo die Gestapo Gegnerschaft und potentielle Gefahr vermutete, wo sie auf Zuträgerschaft von innen angewiesen war, gelang es ihr auch in mehr oder minder großem Maße, sich interne Nachrichtenquellen zu erschließen." (S. 278). Exemplarisch die Durchdringung des kommunistischen Untergrunds in Südbayern durch „Theo" alias Max Troll, der auch zu den Informanten über die monarchistische Harnier-Gruppe zählte; vgl. Hartmut Mehringer: Die KPD in Bayern 1919-1945. Vorgeschichte, Verfolgung und Widerstand, in: Martin Broszat, Hartmut Mehringer (Hrsg.): Bayern in der NS-Zeit, Bd. V: Die Parteien KPD, SPD, BVP in Verfolgung und Widerstand, S. 1-286, hier: S. 148-159.

206 Klaus Marxen: Das Volk und sein Gerichtshof. Eine Studie zum nationalsozialistischen Volksgerichtshof. Frankfurt a.M. 1994, S. 69.

207 RGBl. I, S. 372. Vgl. dazu Werle, Justiz-Strafrecht, S. 449-451.

208 Barbara Schieb-Samizadeh: Die Gemeinschaft für Frieden und Aufbau. Eine wenig bekannte Widerstandsgruppe, in: Dachauer Hefte 7, S. 174-190, hier S. 187 f. Vgl. die Verfahren 2H 337/42, MF 0470 f., 2H 314/42, MF 0493 f. und 2H 99/43, MF 0689 gegen Mitglieder der Baum-Gruppe, und 2H 91/45 und 2H 30/45, beide MF 0691, gegen Mitglieder der Gemeinschaft für Frieden und Aufbau.

209 So die Formulierung von Bernd-A. Rusinek: Gesellschaft in der Katastrophe. Terror, Illegalität, Widerstand – Köln 1944/45. Essen 1989, S. 50.

und Urteile in hohem Maße[210]. Ihr Quellenwert hängt daher entscheidend vom Realitätsgehalt der Gestapo-Ermittlungen ab. Ein sehr negatives Urteil hierüber fällte in seiner Kritik an der Erstausgabe der sogenannten „Kaltenbrunner-Berichte" Hans Rothfels: „Die Gestapo gab weiter und deutete aus, was ihr ins Bild paßte [...]"[211]. Als Hans-Adolf Jacobsen 1984 eine Neuausgabe dieser Edition besorgte, erklärte er indessen, die Berichte des Chefs des Reichssicherheitshauptamtes an Hitler und Bormann über die Ermittlungen gegen die Verschwörer des 20. Juli pauschaul als „Zerrspiegel" zu bezeichnen, gehe zu weit. Natürlich habe vieles von dem, was Hitler mitgeteilt wurde, den Tatsachen entsprochen. „Immerhin haben zahlreiche Historiker, die über den deutschen Widerstand gearbeitet haben, die K.B. nach kritischer Sondierung als wichtige Quelle betrachtet [...]"[212].

Gegen den Quellenwert der Ermittlungsakten der Gestapo wird vielfach eingewendet, sie seien unzuverlässig, weil sie unter Anwendung von Gewalt entstanden seien[213]. Dagegen hat Bernd-A. Rusinek zutreffend eingewendet, daß zwar für einen Juristen die Verwendung erzwungener Geständnisse nicht statthaft sei, die Tatsache der Gewaltanwendung an sich aber kein Urteil darüber erlaube, ob eine Aussage falsch oder zutreffend ist. Ausschlaggebend sei, ob die Gestapo ein tatsächliches Ermittlungsinteresse hatte. Anhand einiger Beispiele zeigt Rusinek, daß ein solches in der Tat bestand. Die Polizeibeamten begnügten sich nicht mit Verhören unter Druck, sondern wandten auch andere Methoden wie Ortsbegehung, Gegenüberstellung und Parallelvernehmung zum gleichen Delikt an[214]. In der Justiz herrschte ein verbreitetes Unbehagen an der sogenannten „verschärften Vernehmung", auch dann noch, als sie „rechtlich" geregelt worden war[215]. Die Hochverratssenate der Gerichte verhielten sich, zumindest in den ersten Jahren des Dritten Reichs, offenkundig erzwungenen Aussagen gegenüber relativ kritisch. Geständnissen, die auf körperlicher Mißhandlung beruhten, wurde häufig – auch vom Volksgerichtshof – kein Wert beigemessen, was zu milden Strafen und sogar Freisprüchen führen konnte. Oberreichsanwalt Lautz sprach sich im März 1938 klar für die Abschaffung der „verschärften Vernehmung" aus[216]. Bekanntlich drang er damit nicht durch. Die Folter wurde weiterhin gegen Angehörige des Widerstands angewendet, so etwa in den Verhören der Verschwörer vom 20. Juli 1944[217]. Eine begrenzte hemmende Wirkung mag die Reserve der Justiz gegen diese Methode indessen vielleicht doch ausgeübt haben.

Verdächtigte bzw. Angeklagte versuchten häufig Zusammenhänge zu verschleiern, nicht entdeckte Tatbeteiligte zu schützen, den eigenen Tatbeitrag zu minimieren, in manchen Fällen aber auch zur Entlastung anderer Beteiligter die eigene Rolle stärker zu betonen, als es der Wirklichkeit entsprach. Es ist ein beredter Ausdruck der Tragik des deutschen Widerstandes gegen die NS-Herrschaft, daß Berichte über das Gelingen solcher Täuschungsmanöver, die zu geringeren als den erwarteten Strafen führten, nicht selten im Ton von Siegesmeldungen vorgetragen

---

210 Sehr gut nachvollziehbar macht das die Dokumentation bei Karl-Heinz Schnibbe: Jugendliche gegen Hitler. Die Helmuth Hübener Gruppe in Hamburg 1941/42. Dokumentiert von Blair Holmes und Alan Keele. Berg am See 1991, S. 95-247, in der die vollständigen Verfahrensakten wiedergegeben werden.

211 Hans Rothfels: Zerrspiegel des 20. Juli, in: Vierteljahrshefte für Zeitgeschichte 10 (1962), S. 62-67, hier: S. 66.

212 Jacobsen, „Spiegelbild", S. XII f.

213 So etwa Matthias von Hellfeld: Edelweißpiraten. Jugendrebellion gegen das 3. Reich. Das Beispiel Köln-Ehrenfeld. Köln 1981, S. 60.

214 Rusinek, Gesellschaft, S. 58-60. Zur Quellenkritik von Vernehmungsakten vgl. auch Bernd-A. Rusinek: Vernehmungsakten, in: Ders. (Hrsg.): Einführung in die Interpretation historischer Quellen. Schwerpunkt: Neuzeit. Paderborn u.a. 1992, S. 111-131.

215 Gruchmann, Justiz, S. 703-719.

216 Gruchmann, Justiz, S. 706; Auszug aus dem Lagebericht des Oberreichsanwalts beim VGH vom 26.3.1938, BA, NJ 2865.

217 Peter Hoffmann: Widerstand, Staatsstreich, Attentat. Der Kampf der Opposition gegen Hitler. Dritte, neu überarbeitete und erweiterte Auflage, München 1979, S. 641-644.

werden[218]. Solche Erfolge, die sehr genaue Absprachen unter den Mitgliedern einer Gruppe voraussetzten, waren indes selten. Die Überprüfung der Akten anhand von Zeitzeugeninterviews und Erinnerungen bestätigt im allgemeinen den hohen Perfektionsgrad der Nachforschungstechnik der Gestapo[219].

Die Mikrofiche-Edition beschränkt sich auf Anklage- und Urteilsschriften und gibt nicht die vollständigen Verfahrensakten wieder, die in manchen Fällen viele Bände umfassen und je nach Umfang und Vollständigkeit auch Vernehmungsprotokolle, beschlagnahmtes Material, Korrespondenz von Angehörigen, Gnadenappelle, Photos, manchmal auch einzelne Exemplare der berüchtigten roten Hinrichtungsplakate, in seltenen Einzelfällen auch persönliche Aufzeichnungen und daneben so banale Unterlagen wie Abrechnungen über Fahrkosten von Ermittlungsbeamten etc. enthalten können. Anklagen und Urteile sind komprimierte Resultate der Ermittlungen und der Hauptverhandlungen. Sie dokumentieren allerdings nicht deren Verlauf. Die Anklageschriften sind häufig etwas umfangreicher als die Urteile. Sie enthalten am Ende eine Auflistung der Beweismittel, zu denen auch Zeugenaussagen zählen. In den Informationen zur Sache gehen die Urteile zumeist kaum über das hinaus, was aus der Anklageschrift zu erfahren ist. Dies wirft ein Schlaglicht auf den Stellenwert der Hauptverhandlung in der politischen Justiz des NS-Staates[220].

Der Informationsgehalt der Akten hängt unter anderem vom Zeitpunkt ihrer jeweiligen Entstehung ab. In den Kriegsjahren sank ihr Umfang im Durchschnitt stark ab. Dies war durch die inflationär anschwellende Zahl der Verfahren bedingt, wobei allerdings häufiger Einzelangeklagte abgeurteilt wurden.

In den Anklageschriften und Urteilen finden sich Angaben von verschieden hohem Zuverlässigkeitsgrad. Man kann mehrere Schichten dieser Quellen unterscheiden. Zunächst beurkunden diese Akten amtliche Handlungen der Justiz, nämlich die Anklageerhebung und die Verurteilung mit den zugehörigen Angaben über die beteiligten Justizbeamten, Ort, Datum, strafrechtliche Vorwürfe, Strafmaß etc. In dieser Hinsicht stellen die Akten Primärquellen dar, deren Informationen nicht in Frage stehen. Die Information über die verhängten Strafen ist allerdings keine gesicherte biographische Auskunft. Eine kurzfristige Gefängnisstrafe konnte nicht selten durch anschließende Einweisung in ein KZ in eine langjährige, harte Gefangenschaft münden. Sogar bei Freisprüchen bestand diese Möglichkeit. Andererseits konnten Todesurteile auf dem Gnadenweg in Zeitstrafen umgewandelt werden. Manche Verurteilte starben in der Haft, jüdische Widerstandskämpfer wurden ab 1942 aus den Zuchthäusern in Vernichtungslager verbracht, „arische" hingegen konnten aus der Gefangenschaft in Bewährungseinheiten von Wehrmacht oder SS eingezogen werden. Einige von ihnen desertierten, andere fielen, wieder andere erlebten das Kriegsende in Uniform und mußten vielleicht auch noch die Kriegsgefangenschaft durchstehen.

---

218 Vgl. beispielsweise den Brief des ISK-Aktivisten Kurt Regeler an Hellmut von Rauschenplat alias Fritz Eberhard vom 17.2.1947. IfZ-Archiv, Nachlaß Eberhard, ED 117, Bd. 123; ferner: Curt Bär: Bericht über illegale Arbeit und Haft im Dritten Reich (1979), in: Sabine Lemke-Müller: Ethik des Widerstands. Der Kampf des Internationalen Sozialistischen Kampfbundes (ISK) gegen den Nationalsozialismus. Bonn 1996, S. 285-325, hier: S. 306 f.; Walter Markov: Zwiesprache mit dem Jahrhundert. Köln 1990, S. 66-69 (Markov leitete eine kommunistische Zelle in Bonn). Emil Carlebach: Diskussionsbeitrag, in: Kleßmann/Pingel, Gegner, S. 60 f.

219 Kurt Klotzbach: Gegen den Nationalsozialismus. Widerstand und Verfolgung in Dortmund 1930-1945. Eine historisch-politische Studie. Hannover 1969, S. 14. Hans-Josef Steinberg: Widerstand und Verfolgung in Essen 1933-1945. Hannover 1969, S. 21 f.

220 Behling in Godin, Strafjustiz, S. 147: „Weiterhin ist zu rügen, daß der Volksgerichtshof fast stets dem Belastungsmaterial, das ihm vom Oberreichsanwalt vorgelegt wurde, bedingungenlos folgte."

Von sehr hoher Zuverlässigkeit sind die Angaben zur Person der Angeklagten[221], insbesondere natürlich die Personenstandsangaben im engeren Sinn und die Einträge ins Vorstrafenregister, die ja ebenfalls amtlichen Charakter haben. Aber auch die Angaben über den beruflichen und sonstigen Werdegang sind zumeist unproblematisch, mit einer Ausnahme: Darlegungen über das politische Engagement von Angeklagten vor 1933 beruhen nicht selten auf deren eigenen Angaben und müssen daher mit quellenkritischer Skepsis betrachtet werden. Da die Mitgliedschaft und Aktivität in einer linken Organisation in der Regel gegen den Angeklagten verwendet wurde, bestand hier ein Interesse „tiefzustapeln", wo immer sich die Möglichkeit bot.

In vielen Akten aus Verfahren, in denen es um Aktivitäten im Rahmen gefestigter illegaler Organisationen ging, werden diese kurz allgemein dargestellt. Diese Ausführungen beruhen auf gerichtsbekannten Erkenntnissen, die aus früheren Gerichtsverfahren aber auch aus eigenen, zumeist im Exil erschienenen Verlautbarungen der inkriminierten Parteien und Gruppen gewonnen wurden. Die allermeisten dieser Schilderungen sind heute durch wissenschaftliche Darstellungen der verschiedenen Widerstandsorganisationen überholt.

Die Schicht unmittelbarer Interaktion zwischen den Angeklagten und den Verfolgerbehörden bildet die Darstellung der „hochverräterischen" Handlungen der Angeklagten. Sie ist häufig sehr detailliert. Der Aussagewert der Anklageschriften und Urteile ist insofern sehr hoch, zugleich stützen sich diese Abschnitte stark auf Angaben aus Verhören, für die die oben angeführten quellenkritischen Vorbehalte gelten.

In einem nicht unerheblichen Teil der Akten tritt eine weitere Informationsschicht zutage: Die primären Äußerungen des Widerstands in Gestalt von Auszügen aus Schriften aller Art, von Kassibern über Flugblätter bis hin zu programmatischen Dokumenten. Insoweit eine primäre Überlieferung solchen Schriftguts vorliegt, hat sie für die wissenschaftliche Arbeit natürlich Vorrang. Vielfach ist dies allerdings nicht der Fall und man bleibt auf die vollständige oder ausschnitthafte Wiedergabe in den Gerichtsakten angewiesen. Hierbei ist stets zu beachten, daß die Auswahl der Zitate durch das Interesse geleitet wurde, die Erfüllung des Hochverratstatbestandes nachzuweisen.

Dieser Vorbehalt gilt im übrigen generell für die Nutzung der Akten, die unter einem Verfolgerblickwinkel entstanden sind. Nicht so sehr geifernder Haß – ein Spezifikum Roland Freislers – spielt dabei eine Rolle, sondern eine schematische, feindbildorientierte Betrachtungsweise, die insbesondere die Motivationslage der Gegner des NS-Regimes nicht wirklich nachvollziehen konnte. Es ist wichtig, sich dessen bewußt zu bleiben, um so mehr, als die Akten sich als relativ zuverlässig erweisen und ihre Sprache überwiegend nüchtern-juristisch erscheint.

5. Zur Überlieferung der Quellen

Die „Sammlung sämtlicher Erkenntnisse des Reichsgerichts", eine vollständige Urteilssammlung, von der die erstinstanzlichen Strafsachen nur einen kleinen Teil ausmachen, befand sich bis 1990 in der Bibliothek des Obersten Gerichts der DDR und wurde dann in die Bibliothek des Bundesgerichtshofs in Karlsruhe eingegliedert. Auch die sonstigen erhalten gebliebenen Akten des Reichsgerichts befanden sich fast ausschließlich in der DDR, im Zentralen Staatsarchiv in Potsdam[222], dessen Bestände inzwischen an das Bundesarchiv Berlin-Lichterfelde übergegangen

---

221 Die Gestapo bediente sich zur Ermittlung der Angaben zur Person detaillierter Formblätter; Reinhard Mann: Was wissen wir vom Widerstand? – Datenqualität, Dunkelfeld und Forschungsartefakte, in: Kleßmann/Pingel, Gegner, S. 35-54, hier: S. 40; Rusinek, Vernehmungsprotokolle, S. 115 f.

222 Inventar archivalischer Quellen des NS-Staates. Die Überlieferung von Behörden und Einrichtungen des Reichs, der Länder und der NSDAP. Teil 1: Reichszentralbehörden, regionale Behörden und wissenschaftliche Hochschulen für die zehn westdeutschen Länder sowie Berlin. Im Auftrag des Instituts für Zeitgeschichte bearbeitet von Heinz Boberach. München u.a. 1991, S. 198 f.

sind. In dem Reichsgerichtsbestand befand sich ein großer Teil der Anklageschriften, zu den Hochverratsverfahren, die Vorgänge aus der Zeit nach dem 30. Januar 1933 betrafen.

Sehr viel komplexer ist die Überlieferungsgeschichte der Akten des Volksgerichtshofs, die nicht in allen Aspekten geklärt ist[223]. Aus dem Gebäude des Volksgerichtshofs, dem ehemaligen Wilhelmsgymnasium in der Bellevuestraße 15, das am 3. Februar 1945 durch einen Bombenangriff zerstört worden war[224], wurden nach dem Krieg in mehreren Aktionen Aktenbestände geborgen, zuletzt noch 1960, als bei Aufräumungsarbeiten der Tresor des Kammergerichtsrats Rehse, eines Besitzers in Freislers Senat, aufgefunden wurde. In den ersten Jahren nach Kriegsende wurden die geborgenen Akten auf verschiedene Institutionen der amerikanischen, sowjetischen und französischen Besatzungsmacht sowie deutscher Stellen in Berlin verteilt. Die Sammlung Rehse kam nach Koblenz ins Bundesarchiv. Die im Besitz der Sowjetunion befindlichen Akten wurden teils nach Moskau verbracht, zum überwiegenden Teil jedoch Einrichtungen der DDR überlassen. Als das Institut für Zeitgeschichte 1988 mit der systematischen Sammlung der Gerichtsverfahren gegen den deutschen und österreichischen Widerstand begann, war ein Zugriff auf die in der DDR befindlichen Akten zunächst nur teilweise und indirekt möglich. Die Staatsanwaltschaft bei dem Landgericht Berlin, die im Zuge ihrer Ermittlungen gegen Richter und Staatsanwälte am Volksgerichtshof im Rahmen der Amtshilfe auch VGH-Akten aus DDR-Beständen erhalten hatte, ermöglichte die Kopierung dieser Akten. Bemühungen um eine direkte Kooperation mit den Archiven der DDR erledigten sich durch den Untergang der SED-Herrschaft und den Beitritt der DDR zur Bundesrepublik. Damit wurden die Bestände der DDR-Archive zugänglich. Während heute alle großen einschlägigen Bestände in Deutschland beim Bundesarchiv in Berlin-Lichterfelde zusammengeführt sind, waren sie noch während der Sammelphase des Projekts auf verschiedene Standorte verteilt. 1992 wurde bekannt, daß sich auch im damals zugänglich gewordenen Sonderarchiv in Moskau VGH-Akten befanden, die ebenfalls in die Sammlung einbezogen wurden.

Eine Rekonstruktion der Überlieferung des Volksgerichtshofs wurde im Rahmen des Projekts nicht angestrebt. Aus Gründen der Zugangänglichkeit und der Projektökonomie wurden auch Kopienbestände herangezogen. Diese sind überlieferungstechnisch insofern unproblematisch, als es „Originale" der Anklageschriften und Urteile des Volkgsgerichtshofs im eigentlichen Sinne nicht gibt. Da diese Akten zur Erfüllung der umfangreichen Berichtspflichten an verschiedenste Stellen versandt wurden, in erster Linie an das Reichsjustizministerium und die Gestapo, wurden sie auf Metallmatritzen geschrieben und hektographiert. „Originalakten" wären daher allenfalls die Matritzen, von denen eine ganze Reihe erhalten geblieben ist. Aufgrund der Mehrfachüberlieferung der Akten wird in der Edition auch kein Einzelnachweis über die Archivstandorte geführt.

Die Anklageschriften und Urteile des Volksgerichtshofs stammen aus den einschlägigen Beständen folgender Archive: Bundesarchiv Koblenz (Akten vor 1945 inzwischen beim Bundesarchiv Berlin), Berlin Document Center (inzwischen in das Bundesarchiv Berlin eingegliedert), Bundesarchiv Abteilungen Potsdam (mittlerweile Bundesarchiv Berlin) und die zugehörigen Außenstellen Freienwalder Straße (Bestände nach Dahlwitz-Hoppegarten verlagert) bzw. Dahlwitz-Hoppegarten, Stiftung Archiv der Parteien und Massenorganisationen der DDR im Bundesarchiv, Berlin, Institut für Zeitgeschichte, München, Staatsanwaltschaft bei dem Landgericht

223 Die gründlichste Darstellung hierzu findet sich in dem unveröffentlichen Forschungsbericht des Forschungsprojekts „Volksgerichtshof" der Westfälischen Wilhelms-Universität Münster (Prof. Dr. Klaus Marxen, jetzt Humboldt-Universität Berlin): Der Volksgerichtshof: rechtshistorische Einordnung und rechtliche Bewertung. Bericht über die erst Projektspahse Oktober 1989 bis September 1991, S. 9-22. Vgl. ferner Boberach, Quellenlage S. 107 ff.; Boberach, Inventar 1, S. 226 ff.

224 Wieland, Volksgerichtshof, S. 33 ff. und S. 94.

Berlin, Gedenkstätte Deutscher Widerstand, Berlin, Hauptstaatsarchiv Düsseldorf, Hauptstaatsarchiv Speyer, Dokumentationsarchiv des Österreichischen Widerstands, Wien, Institut für Zeitgeschichte der Universität Wien, Centr Chranenija istoriko-dokumental'nych kollekcij, Moskau. Verschiedene Einzelakten stammen aus Privatsammlungen.

Die Akten des Reichskriegsgerichts galten lange Zeit als vernichtet. Erst nach dem Umbruch von 1989/90 wurde ein Restbestand im Militärhistorischen Archiv in Prag entdeckt. Ende der 80er Jahre wurde von Stellen der DDR Teile dieses Bestandes verfilmt[225]. Aus der Verfilmung, die sich im ehemaligen NS-Aktenarchiv des Ministeriums für Staatssicherheit befand, sowie aus den Prager Beständen stammen die hier publizierten RKG-Akten. Dazu kommen einige Einzelstücke aus Privatsammlungen.

225 Haase, Aus der Praxis, S. 384 f.

Reichsgesetzblatt

Teil I

Jahrgang 1934

Herausgegeben vom

Reichsministerium des Innern

Berlin 1934 · Reichsverlagsamt

Reichsgesetzblatt

Teil I

1934 | Ausgegeben zu Berlin, den 30. April 1934 | Nr. 47

Inhalt

Gesetz zur Änderung von Vorschriften des Strafrechts und des Strafverfahrens.
Vom 24. April 1934.

Die Reichsregierung hat das folgende Gesetz beschlossen, das hiermit verkündet wird:

Artikel I

Im Zweiten Teil des Strafgesetzbuchs wird der erste Abschnitt (§§ 80 bis 93) durch folgende Vorschriften ersetzt:

1. Abschnitt

Hochverrat

§ 80

Wer es unternimmt, mit Gewalt oder durch Drohung mit Gewalt das Reichsgebiet ganz oder teilweise einem fremden Staat einzuverleiben oder ein zum Reiche gehöriges Gebiet vom Reiche loszureißen, wird mit dem Tode bestraft.

Ebenso wird bestraft, wer es unternimmt, mit Gewalt oder durch Drohung mit Gewalt die Verfassung des Reichs zu ändern.

§ 81

Wer es unternimmt, den Reichspräsidenten oder den Reichskanzler oder ein anderes Mitglied der Reichsregierung seiner verfassungsmäßigen Gewalt zu berauben oder mit Gewalt oder durch Drohung mit Gewalt oder mit einem Verbrechen oder Vergehen zu nötigen oder zu hindern, seine verfassungsmäßigen Befugnisse überhaupt oder in einem bestimmten Sinne auszuüben, wird mit dem Tode oder mit lebenslangem Zuchthaus oder mit Zuchthaus nicht unter fünf Jahren bestraft.

§ 82

Wer ein hochverräterisches Unternehmen (§§ 80, 81) mit einem anderen verabredet, wird mit dem Tode oder mit lebenslangem Zuchthaus oder mit Zuchthaus nicht unter fünf Jahren bestraft.

Ebenso wird bestraft, wer zur Vorbereitung eines hochverräterischen Unternehmens zu einer ausländischen Regierung in Beziehungen tritt oder die ihm anvertraute öffentliche Macht mißbraucht oder Mannschaften anwirbt oder in den Waffen einübt. Tritt der Täter durch eine schriftliche Erklärung zu einer ausländischen Regierung in Beziehungen, so ist die Tat vollendet, wenn er die Erklärung abgesandt hat.

Nach der Vorschrift des Abs. 1 wird nicht bestraft, wer freiwillig seine Tätigkeit aufgibt und das hochverräterische Unternehmen verhindert; auch eine Bestrafung nach § 83 tritt nicht ein.

§ 83

Wer öffentlich zu einem hochverräterischen Unternehmen auffordert oder anreizt, wird mit Zuchthaus bis zu zehn Jahren bestraft.

Ebenso wird bestraft, wer ein hochverräterisches Unternehmen in anderer Weise vorbereitet.

Auf Todesstrafe oder auf lebenslanges Zuchthaus oder auf Zuchthaus nicht unter zwei Jahren ist zu erkennen, wenn die Tat

1. darauf gerichtet war, zur Vorbereitung des Hochverrats einen organisatorischen Zusammenhalt herzustellen oder aufrechtzuerhalten, oder
2. darauf gerichtet war, die Reichswehr oder die Polizei zur Erfüllung ihrer Pflicht untauglich zu machen, das Deutsche Reich gegen Angriffe auf seinen äußeren oder inneren Bestand zu schützen, oder
3. auf Beeinflussung der Massen durch Herstellung oder Verbreitung von Schriften, Schallplatten oder bildlichen Darstellungen oder durch Ver-

wendung von Einrichtungen der Funkentelegraphie oder Funkentelephonie gerichtet war oder

4. im Auslande oder dadurch begangen worden ist, daß der Täter es unternommen hat, Schriften, Schallplatten oder bildliche Darstellungen zum Zwecke der Verbreitung im Inland aus dem Ausland einzuführen.

§ 84

In minder schweren Fällen kann im Falle des § 80 auf lebenslanges Zuchthaus oder auf Zuchthaus nicht unter fünf Jahren, in den Fällen der §§ 81 und 82 auf Zuchthaus nicht unter zwei Jahren, im Falle des § 83 auf Gefängnis nicht unter einem Jahre erkannt werden.

§ 85

Wer eine Druckschrift, deren Inhalt den äußeren Tatbestand des Hochverrats (§§ 80 bis 83) begründet, herstellt, verbreitet oder zum Zwecke der Verbreitung vorrätig hält, obwohl er bei sorgfältiger Prüfung der Schrift den hochverräterischen Inhalt hätte erkennen können, wird, soweit nicht in anderen Vorschriften eine schwerere Strafe angedroht ist, mit Gefängnis nicht unter einem Monat bestraft.

§ 86

Wegen der in diesem Abschnitt mit Strafe bedrohten Handlungen kann erkannt werden

neben den Strafen aus §§ 80 bis 84
auf Geldstrafe von unbegrenzter Höhe, gegenüber den Urhebern und Rädelsführern des Unternehmens auch auf Einziehung des Vermögens;

neben der Strafe aus § 85
auf Geldstrafe;

neben der Gefängnisstrafe
auf die Unfähigkeit zur Bekleidung öffentlicher Ämter auf die Dauer von einem bis zu fünf Jahren und auf den Verlust der aus öffentlichen Wahlen hervorgegangenen Rechte;

neben jeder Freiheitsstrafe
auf die Zulässigkeit von Polizeiaufsicht.

§ 86 a

Gegenstände, die zur Begehung einer in diesem Abschnitt mit Strafe bedrohten Handlung gebraucht oder bestimmt sind, können eingezogen oder unbrauchbar gemacht werden, auch wenn sie weder dem Täter noch einem Teilnehmer gehören.

Kann keine bestimmte Person verfolgt oder verurteilt werden, so kann auf die Einziehung oder Unbrauchbarmachung selbständig erkannt werden.

§ 87

Unternehmen im Sinne des Strafgesetzbuchs ist die Vollendung und der Versuch.

1a. Abschnitt

Landesverrat

§ 88

Staatsgeheimnisse im Sinne der Vorschriften dieses Abschnitts sind Schriften, Zeichnungen, andere Gegenstände, Tatsachen oder Nachrichten darüber, deren Geheimhaltung vor einer ausländischen Regierung für das Wohl des Reichs, insbesondere im Interesse der Landesverteidigung, erforderlich ist.

Verrat im Sinne der Vorschriften dieses Abschnitts begeht, wer mit dem Vorsatz, das Wohl des Reichs zu gefährden, das Staatsgeheimnis an einen anderen gelangen läßt, insbesondere an eine ausländische Regierung oder an jemand, der für eine ausländische Regierung tätig ist, oder öffentlich mitteilt.

§ 89

Wer es unternimmt, ein Staatsgeheimnis zu verraten, wird mit dem Tode bestraft.

Ist der Täter ein Ausländer, so kann auf lebenslanges Zuchthaus erkannt werden.

Konnte die Tat keine Gefahr für das Wohl des Reichs herbeiführen, so kann auf lebenslanges Zuchthaus oder auf Zuchthaus nicht unter fünf Jahren erkannt werden.

§ 90

Wer es unternimmt, sich ein Staatsgeheimnis zu verschaffen, um es zu verraten, wird mit dem Tode oder mit lebenslangem Zuchthaus bestraft.

Auf zeitige Zuchthausstrafe kann erkannt werden, wenn die Tat keine Gefahr für das Wohl des Reichs herbeiführen konnte.

§ 90 a

Wer durch Fälschung oder Verfälschung Schriften, Zeichnungen oder andere Gegenstände, die im Falle der Echtheit Staatsgeheimnisse wären, herstellt, um sie zu verraten, wird mit Zuchthaus bestraft.

Ebenso wird bestraft, wer Gegenstände, Tatsachen oder Nachrichten darüber, von denen er weiß, daß sie falsch, verfälscht oder unwahr sind und die im Falle der Echtheit oder Wahrheit Staatsgeheimnisse wären, verrät, ohne sie als falsch zu bezeichnen.

Mit Zuchthaus bis zu fünf Jahren wird bestraft, wer Gegenstände, von denen er weiß, daß sie falsch oder verfälscht sind und die im Falle ihrer Echtheit Staatsgeheimnisse wären, sich verschafft, um sie zu verraten, ohne sie als falsch zu bezeichnen.

Falschen, verfälschten oder unwahren Gegenständen, Tatsachen oder Nachrichten (Abs. 2, 3) stehen Staatsgeheimnisse gleich, die der Täter irrtümlich für falsch, verfälscht oder unwahr hält.

In besonders schweren Fällen ist die Strafe in den Fällen der Abs. 1 und 2 lebenslanges Zuchthaus oder Zuchthaus nicht unter fünf Jahren, in den Fällen des Abs. 3 Zuchthaus nicht unter fünf Jahren.

§ 90b

Wer frühere Staatsgeheimnisse, die den ausländischen Regierungen, vor denen sie geheimzuhalten waren, bereits bekannt geworden oder bereits öffentlich mitgeteilt worden sind, öffentlich mitteilt oder erörtert und dadurch das Wohl des Reichs gefährdet, wird mit Gefängnis nicht unter drei Monaten bestraft.

Dasselbe gilt für Gegenstände, Tatsachen oder Nachrichten der im § 90a Abs. 2, 4 bezeichneten Art, die bereits den ausländischen Regierungen bekannt geworden oder öffentlich mitgeteilt worden sind.

Die Tat wird nur auf Antrag der Reichsregierung verfolgt. Die Zurücknahme des Antrags ist zulässig.

§ 90c

Wer zu einer ausländischen Regierung oder zu einer Person, die für eine ausländische Regierung tätig ist, in Beziehungen tritt oder mit ihr Beziehungen unterhält, welche die Mitteilung von Staatsgeheimnissen oder von Gegenständen, Tatsachen oder Nachrichten der im § 90a Abs. 2, 4 bezeichneten Art zum Gegenstande haben, wird mit Gefängnis bestraft.

Ebenso wird bestraft, wer für eine ausländische Regierung tätig ist und zu einem anderen in Beziehungen der im Abs. 1 bezeichneten Art tritt oder solche Beziehungen mit einem anderen unterhält.

§ 82 Abs. 2 Satz 2 findet Anwendung.

§ 90d

Wer es unternimmt, ein Staatsgeheimnis an einen anderen gelangen zu lassen, und dadurch fahrlässig das Wohl des Reichs gefährdet, wird mit Gefängnis bestraft.

Ebenso wird bestraft, wer es unternimmt, sich ein Staatsgeheimnis zu verschaffen, und dadurch fahrlässig das Wohl des Reichs gefährdet.

§ 90e

Wer fahrlässig ein Staatsgeheimnis, das ihm kraft seines Amtes oder seiner dienstlichen Stellung oder eines von amtlicher Seite erteilten Auftrags zugänglich war, an einen anderen gelangen läßt und dadurch das Wohl des Reichs gefährdet, wird mit Gefängnis bis zu drei Jahren bestraft.

Die Tat wird nur auf Antrag der Reichsregierung verfolgt. Die Zurücknahme des Antrags ist zulässig.

§ 90f

Wer öffentlich oder als Deutscher im Ausland durch eine unwahre oder gröblich entstellte Behauptung tatsächlicher Art eine schwere Gefahr für das Ansehen des deutschen Volkes herbeiführt, wird mit Zuchthaus bestraft.

§ 90g

Ein Beauftragter des Reichs, der ein Staatsgeschäft mit einer ausländischen Regierung vorsätzlich zum Nachteil des Reichs führt, wird mit dem Tode bestraft.

Wenn die Tat nur einen unbedeutenden Nachteil für das Reich herbeigeführt hat, schwerere Folgen auch nicht herbeiführen konnte, kann auf Zuchthaus erkannt werden.

§ 90h

Wer es unternimmt, ein Beweismittel über ein Rechtsverhältnis zwischen dem Reich und einem ausländischen Staate zu fälschen, verfälschen, vernichten, beschädigen, beseitigen oder unterdrücken, und dadurch das Wohl des Reichs gefährdet, wird mit Zuchthaus bestraft.

In besonders schweren Fällen ist auf Zuchthaus nicht unter fünf Jahren oder auf lebenslanges Zuchthaus zu erkennen.

§ 90i

Ein Deutscher, der von einer ausländischen Regierung oder von jemand, der für eine ausländische Regierung tätig ist, für eine Handlung, die das Wohl des Reichs gefährdet, ein Entgelt fordert, sich versprechen läßt oder annimmt, wird, soweit nicht nach anderen Vorschriften eine schwerere Strafe verwirkt ist, mit Zuchthaus bis zu zehn Jahren bestraft.

Wird das Entgelt durch eine schriftliche Erklärung gefordert oder angenommen, so ist die Tat vollendet, wenn der Täter die Erklärung abgesandt hat.

Die Tat wird nur auf Antrag der Reichsregierung verfolgt. Die Zurücknahme des Antrags ist zulässig.

§ 91

Wer mit dem Vorsatz, einen Krieg oder Zwangsmaßregeln gegen das Reich oder andere schwere Nachteile für das Reich herbeizuführen, zu einer ausländischen Regierung oder zu jemand, der für eine ausländische Regierung tätig ist, in Beziehungen tritt, wird mit dem Tode bestraft.

Wer mit dem Vorsatz, schwere Nachteile für einen Reichsangehörigen herbeizuführen, in Beziehungen der im Abs. 1 bezeichneten Art tritt, wird mit lebenslangem Zuchthaus oder mit Zuchthaus nicht unter fünf Jahren bestraft.

§ 82 Abs. 2 Satz 2 findet Anwendung.

§ 91a

Ein Deutscher, der während eines Krieges gegen das Reich in der feindlichen Kriegsmacht dient oder gegen das Reich oder dessen Bundesgenossen die Waffen trägt, wird mit dem Tode oder mit lebenslangem Zuchthaus oder mit Zuchthaus nicht unter fünf Jahren bestraft.

§ 91b

Wer im Inland oder als Deutscher im Ausland es unternimmt, während eines Krieges gegen das Reich oder in Beziehung auf einen drohenden Krieg der feindlichen Macht Vorschub zu leisten oder der Kriegsmacht des Reichs oder seiner Bundesgenossen einen Nachteil zuzufügen, wird mit dem Tode oder mit lebenslangem Zuchthaus bestraft.

Wenn die Tat nur einen unbedeutenden Nachteil für das Reich und seine Bundesgenossen und nur einen unbedeutenden Vorteil für die feindliche Macht herbeigeführt hat, schwerere Folgen auch nicht herbeiführen konnte, so kann auf Zuchthaus nicht unter zwei Jahren erkannt werden.

§ 92

Wer ein Verbrechen des Landesverrats nach den §§ 89 bis 90a, 90f bis 91b mit einem anderen verabredet, wird mit Zuchthaus bestraft.

Ebenso wird bestraft, wer zu einem der im Abs. 1 bezeichneten Verbrechen auffordert, sich erbietet oder eine solche Aufforderung oder ein solches Erbieten annimmt. Erklärt der Täter die Aufforderung, das Erbieten oder die Annahme schriftlich, so ist die Tat vollendet, wenn er die Erklärung abgesandt hat.

Nach den Vorschriften der Abs. 1, 2 wird nicht bestraft, wer freiwillig seine Tätigkeit aufgibt und bei Beteiligung mehrerer das Verbrechen verhindert.

§ 92a

Wer während eines Krieges gegen das Reich oder bei drohender Kriegsgefahr einen Vertrag mit einer Behörde über Bedürfnisse der Kriegsmacht des Reichs oder seiner Bundesgenossen nicht oder in einer Weise erfüllt, die geeignet ist, den Zweck der Leistung zu vereiteln oder zu gefährden, wird mit Gefängnis nicht unter einem Jahre bestraft. Dasselbe gilt in Zeiten gemeiner Not für einen Vertrag mit einer Behörde über Lieferung oder Beförderung von Lebensmitteln oder anderen zur Behebung der gemeinen Not erforderlichen Gegenständen.

Ebenso werden unterverpflichtete Unternehmer, Vermittler und Bevollmächtigte des Leistungspflichtigen bestraft, die durch Verletzung ihrer Vertragspflicht die Erfüllung oder die gehörige Erfüllung vereiteln oder gefährden.

Wer die Tat fahrlässig begeht, wird mit Gefängnis bis zu zwei Jahren bestraft.

§ 92b

Wer einem von der Reichsregierung zur Sicherung der Landesverteidigung erlassenen Gebot oder Verbot zuwiderhandelt, wird mit Geldstrafe bestraft.

Wird die Zuwiderhandlung während eines Krieges gegen das Reich oder bei drohender Kriegsgefahr begangen, so ist die Strafe Gefängnis.

§ 92c

Dem Krieg im Sinne der §§ 91 bis 92b wird jede gegen das Reich gerichtete Unternehmung fremder Streitkräfte gleichgeachtet.

§ 92d

Wer vorsätzlich über amtliche Ermittlungen oder Verfahren wegen eines in diesem Abschnitt bezeichneten Verbrechens oder Vergehens ohne Erlaubnis der zuständigen Behörde Mitteilungen in die Öffentlichkeit bringt, wird mit Gefängnis bestraft.

§ 92e

Wer vorsätzlich in einer Festung, einem Reichskriegshafen oder einer anderen militärischen Anlage, auf einem Schiff der Reichsmarine oder innerhalb der deutschen Hoheitsgewässer gegenüber einer Behörde, einem Beamten oder einem Soldaten über seinen Namen, seinen Stand, seinen Beruf, sein Gewerbe, seinen Wohnort oder seine Staatsangehörigkeit eine unrichtige Angabe macht oder die Angabe verweigert, wird mit Geldstrafe bestraft.

Ist nach den Umständen anzunehmen, daß der Aufenthalt an dem Orte oder die unrichtige Angabe oder die Verweigerung der Angabe mit Zwecken des Verrats oder der Ausspähung zusammenhängt, so ist die Strafe Gefängnis bis zu einem Jahre.

Einer Festung, einem Reichskriegshafen oder einer anderen militärischen Anlage stehen gleich amtlich bekanntgemachte Sicherungsbereiche sowie gewerbliche Anlagen, in denen Gegenstände für den Bedarf der inländischen Wehrmacht hergestellt, ausgebessert oder aufbewahrt werden.

Die Tat ist nur strafbar, wenn die Behörde, der Beamte oder der Soldat befugt war, die im Abs. 1 bezeichneten Angaben zu verlangen.

§ 92f

Wer ohne Erlaubnis der zuständigen militärischen Behörde innerhalb eines amtlich bekanntgemachten Sicherungsbereichs oder von einem Gebäude, in dem Waffen oder andere Bedürfnisse der Wehrmacht gelagert werden, oder von einer anderen militärischen Anlage Aufnahmen macht oder in Verkehr bringt, wird mit Geldstrafe bestraft.

§ 93

Wegen der in diesem Abschnitt mit Strafe bedrohten Handlungen kann erkannt werden

neben der wegen eines Verbrechens erkannten Strafe

auf Geldstrafe von unbegrenzter Höhe oder auf Einziehung des Vermögens;

neben der wegen eines Vergehens erkannten Freiheitsstrafe

auf Geldstrafe;

neben der Gefängnisstrafe

auf die Unfähigkeit zur Bekleidung öffentlicher Ämter auf die Dauer von einem bis zu fünf Jahren und auf den Verlust der aus öffentlichen Wahlen hervorgegangenen Rechte;

neben jeder Freiheitsstrafe

auf Zulässigkeit von Polizeiaufsicht.

Neben der Zuchthausstrafe ist die Sicherungsverwahrung anzuordnen, wenn die öffentliche Sicherheit es erfordert.

§ 93a

Gegenstände, die zur Begehung einer in diesem Abschnitt mit Strafe bedrohten Handlung gebraucht oder bestimmt sind, können eingezogen oder unbrauchbar gemacht werden, auch wenn sie weder dem Täter noch einem Teilnehmer gehören. Dasselbe gilt von den im Falle des § 92f hergestellten Aufnahmen.

Hat der Täter für die Begehung eines in diesem Abschnitt bezeichneten Verbrechens oder Vergehens ein Entgelt empfangen, so ist das empfangene Entgelt oder ein seinem Wert entsprechender Geldbetrag einzuziehen.

Kann keine bestimmte Person verfolgt oder verurteilt werden, so kann auf die Einziehung oder Unbrauchbarmachung selbständig erkannt werden.

Artikel II

Das Strafgesetzbuch wird ferner geändert wie folgt:

1. Im § 4 werden
   a) im Abs. 2 Nr. 1 die Worte „oder einen Bundesstaat“ gestrichen und die Worte „als Beamter des Deutschen Reichs oder eines Bundesstaats“ durch die Worte „als Träger eines deutschen Amtes“ ersetzt;
   b) im Abs. 2 der Nr. 2 folgende Fassung gegeben:
      2. ein Deutscher oder ein Ausländer, der im Ausland eine landesverräterische Handlung gegen das Deutsche Reich oder einen Angriff gegen den Reichspräsidenten (§ 94 Abs. 1, 2) begangen hat;
   c) als dritter Absatz folgende Vorschrift hinzugefügt:
      Soll ein Ausländer wegen einer im Ausland begangenen Tat verfolgt werden, so darf die Anklage nur mit Zustimmung des Reichsministers der Justiz erhoben werden.
2. Im § 16 wird der Abs. 3 durch folgende Vorschrift ersetzt:
   § 15 Abs. 2 findet Anwendung.
3. Der § 102 erhält folgende Fassung:
   Wer gegen einen ausländischen Staat eine der in den §§ 80 bis 84 bezeichneten hochverräterischen Handlungen begeht, wird mit Gefängnis oder mit Festungshaft bestraft, sofern in dem anderen Staat dem Deutschen Reich die Gegenseitigkeit verbürgt ist.
   Die Tat wird nur auf Antrag der ausländischen Regierung verfolgt. Die Zurücknahme des Antrags ist zulässig.
4. Der § 329 wird gestrichen.

Artikel III

Volksgerichtshof

§ 1

(1) Zur Aburteilung von Hochverrats- und Landesverratssachen wird der Volksgerichtshof gebildet.

(2) Der Volksgerichtshof entscheidet in der Hauptverhandlung in der Besetzung von fünf Mitgliedern, außerhalb der Hauptverhandlung in der Besetzung von drei Mitgliedern, einschließlich des Vorsitzenden. Der Vorsitzende und ein weiteres Mitglied müssen die Befähigung zum Richteramt haben. Es können mehrere Senate gebildet werden.

(3) Anklagebehörde ist der Oberreichsanwalt.

§ 2

Die Mitglieder des Volksgerichtshofs und ihre Stellvertreter ernennt der Reichskanzler auf Vorschlag des Reichsministers der Justiz für die Dauer von fünf Jahren.

§ 3

(1) Der Volksgerichtshof ist zuständig für die Untersuchung und Entscheidung in erster und letzter Instanz in den Fällen des Hochverrats nach §§ 80 bis 84, des Landesverrats nach §§ 89 bis 92, des Angriffs gegen den Reichspräsidenten nach § 94 Abs. 1 des Strafgesetzbuchs und der Verbrechen nach § 5 Abs. 2 Nr. 1 der Verordnung des Reichspräsidenten zum Schutze von Volk und Staat vom 28. Februar 1933 (Reichsgesetzbl. I S. 83). In

diesen Sachen trifft der Volksgerichtshof auch die im § 73 Abs. 1 des Gerichtsverfassungsgesetzes bezeichneten Entscheidungen.

(2) Der Volksgerichtshof ist auch dann zuständig, wenn ein zu seiner Zuständigkeit gehörendes Verbrechen oder Vergehen zugleich den Tatbestand einer anderen strafbaren Handlung erfüllt.

(3) Steht mit einem Verbrechen oder Vergehen, das zur Zuständigkeit des Volksgerichtshofs gehört, eine andere strafbare Handlung in tatsächlichem Zusammenhang, so kann das Verfahren wegen der anderen strafbaren Handlung gegen Täter und Teilnehmer im Wege der Verbindung bei dem Volksgerichtshof anhängig gemacht werden.

§ 4

(1) Der Oberreichsanwalt kann in Strafsachen wegen der in den §§ 82 und 83 des Strafgesetzbuchs bezeichneten Verbrechen der Vorbereitung zum Hochverrat und wegen der in den §§ 90b bis 90e des Strafgesetzbuchs bezeichneten landesverräterischen Vergehen die Strafverfolgung an die Staatsanwaltschaft bei dem Oberlandesgericht abgeben. Der Oberreichsanwalt kann die Abgabe bis zur Eröffnung der Untersuchung zurücknehmen.

(2) Der Volksgerichtshof kann in den im Abs. 1 bezeichneten Sachen die Verhandlung und Entscheidung dem Oberlandesgericht überweisen, wenn der Oberreichsanwalt es bei der Einreichung der Anklageschrift beantragt.

(3) § 120 des Gerichtsverfassungsgesetzes findet entsprechende Anwendung.

§ 5

(1) Auf das Verfahren finden, soweit nicht etwas anderes bestimmt ist, die Vorschriften des Gerichtsverfassungsgesetzes und der Strafprozeßordnung über das Verfahren vor dem Reichsgericht in erster Instanz Anwendung.

(2) Gegen die Entscheidungen des Volksgerichtshofs ist kein Rechtsmittel zulässig.

Artikel IV

In den Strafsachen wegen der im Artikel III § 3 Abs. 1 bezeichneten strafbaren Handlungen gelten die folgenden besonderen Vorschriften:

§ 1

(1) Die im vorbereitenden Verfahren dem Amtsrichter obliegenden Geschäfte können, solange die Zuständigkeit des Volksgerichtshofs begründet ist, auch durch einen oder mehrere besondere Ermittlungsrichter des Volksgerichtshofs vorgenommen werden. Die Bestellung sowie die Verteilung der Geschäfte unter mehrere Ermittlungsrichter erfolgt durch den Reichsminister der Justiz auf die Dauer eines Geschäftsjahres. Zum Ermittlungsrichter kann jedes Mitglied eines deutschen Gerichts und jeder Amtsrichter bestellt werden.

(2) Über die Beschwerde gegen eine Verfügung des Ermittlungsrichters entscheidet der Volksgerichtshof.

§ 2

Ist eine Druckschrift nach § 23 des Gesetzes über die Presse vom 7. Mai 1874 (Reichsgesetzbl. S. 65) oder nach § 8 der Verordnung zum Schutze des Deutschen Volkes vom 4. Februar 1933 (Reichsgesetzbl. I S. 35) beschlagnahmt worden, weil der Inhalt der Schrift den Tatbestand einer zur Zuständigkeit des Volksgerichtshofs gehörenden strafbaren Handlung begründet, so gelten, wenn ein Ermittlungsrichter des Volksgerichtshofs bestellt ist, folgende Vorschriften:

1. Über die Bestätigung oder Aufhebung der vorläufigen Beschlagnahme hat an Stelle des Amtsrichters der Ermittlungsrichter des Volksgerichtshofs zu entscheiden.
2. Die Entscheidung muß unverzüglich herbeigeführt werden. Die Behörde, die eine Beschlagnahme ohne Anordnung des Oberreichsanwalts verfügt hat, muß die Absendung der Verhandlungen an den Oberreichsanwalt spätestens binnen zwölf Stunden bewirken. Der Oberreichsanwalt hat den Antrag auf gerichtliche Bestätigung, wenn er die Beschlagnahme selbst angeordnet hat, binnen vierundzwanzig Stunden nach der Anordnung der Beschlagnahme, andernfalls binnen vierundzwanzig Stunden nach dem Empfang der Verhandlungen an den Ermittlungsrichter abzusenden, sofern er nicht die Wiederaufhebung der Beschlagnahme mittels einer sofort vollstreckbaren Verfügung anordnet. Der Ermittlungsrichter hat die Entscheidung binnen vierundzwanzig Stunden nach Empfang des Antrags zu erlassen.
3. An die Stelle der im § 24 Abs. 4 des Gesetzes über die Presse bestimmten Frist tritt eine Frist von sieben Tagen.
4. Gegen den Beschluß des Ermittlungsrichters, der die vorläufige Beschlagnahme aufhebt, steht dem Oberreichsanwalt die sofortige Beschwerde zu. Die Beschwerde hat aufschiebende Wirkung.
5. Die Vorschrift des § 26 des Gesetzes über die Presse findet keine Anwendung.

§ 3

Die Wahl des Verteidigers bedarf der Genehmigung durch den Vorsitzenden des Gerichts. Die Genehmigung kann zurückgezogen werden; wird sie in der Hauptverhandlung zurückgezogen, so ist § 145 der Strafprozeßordnung entsprechend anzuwenden.

§ 4

(1) Die Voruntersuchung entfällt, wenn sie nach dem Ermessen der Anklagebehörde für die Vorbereitung der Hauptverhandlung nicht erforderlich ist.

(2) Das Gericht kann nach der Einreichung der Anklageschrift von Amts wegen oder auf Antrag des Angeschuldigten die nachträgliche Eröffnung einer Voruntersuchung beschließen, wenn ihm dies zur besseren Aufklärung des Sachverhalts oder für die Vorbereitung der Verteidigung des Angeschuldigten geboten erscheint.

§ 5

(1) Es bedarf keines Beschlusses über die Eröffnung des Hauptverfahrens. An die Stelle des Antrags der Staatsanwaltschaft auf Eröffnung des Hauptverfahrens tritt der Antrag auf Anordnung der Hauptverhandlung.

(2) Nach Ablauf der gemäß § 201 der Strafprozeßordnung bestimmten Frist ordnet der Vorsitzende, wenn er die gesetzlichen Voraussetzungen für gegeben erachtet, die Hauptverhandlung an. Er beschließt zugleich über die Anordnung oder Fortdauer der Untersuchungshaft. Trägt der Vorsitzende Bedenken gegen die Anordnung der Hauptverhandlung, erscheint ihm insbesondere die nachträgliche Eröffnung einer Voruntersuchung geboten oder hat der Angeschuldigte die nachträgliche Eröffnung einer Voruntersuchung beantragt, so ist eine Entscheidung des Gerichts herbeizuführen.

(3) Einer Entscheidung des Gerichts bedarf es, wenn der Oberreichsanwalt die Überweisung an das Oberlandesgericht beantragt. Der Volksgerichtshof ordnet in diesem Falle zugleich mit der Überweisung die Hauptverhandlung vor dem Oberlandesgericht an.

(4) Die in der Strafprozeßordnung an die Eröffnung des Hauptverfahrens geknüpften Wirkungen treten mit der Einreichung der Anklageschrift ein. Die Wirkungen, die nach der Strafprozeßordnung an die Verlesung des Eröffnungsbeschlusses geknüpft sind, treten mit dem Beginn der Vernehmung des Angeklagten zur Sache ein.

(5) Für die Eröffnung des Hauptverfahrens vor einem Gericht niederer Ordnung behält es bei den Vorschriften der Strafprozeßordnung über den Eröffnungsbeschluß sein Bewenden.

§ 6

Die Vorschriften des zweiten Abschnittes des Jugendgerichtsgesetzes finden keine Anwendung.

Artikel V

Die Strafprozeßordnung wird geändert wie folgt:

1. Der § 115a erhält folgende Fassung:

   Solange der Beschuldigte sich in Untersuchungshaft befindet, ist jederzeit von Amts wegen darauf zu achten, ob die Fortdauer der Haft zulässig und notwendig ist.

2. Die §§ 114d, 115 Satz 2, §§ 115b, 115c, 115d, 124 Abs. 4 werden gestrichen.

3. Der § 433 wird durch folgende Vorschrift ersetzt:

   Das Vermögen eines Beschuldigten, gegen den wegen eines Verbrechens des Hochverrats oder des Landesverrats die öffentliche Klage erhoben oder Haftbefehl erlassen worden ist, kann in Beschlag genommen werden. Die Beschlagnahme umfaßt auch das Vermögen, das dem Beschuldigten später zufällt. Sie wirkt, bis das Verfahren rechtskräftig beendet ist.

   Die Beschlagnahme und ihre Aufhebung erfolgen durch Beschluß des Gerichts. Bei Gefahr im Verzuge kann die Staatsanwaltschaft die Beschlagnahme vorläufig anordnen; die vorläufige Anordnung tritt außer Kraft, wenn sie nicht binnen drei Tagen vom Gericht bestätigt ist.

   Auf die Beschlagnahme finden die Bestimmungen der §§ 291 bis 293 entsprechende Anwendung.

Artikel VI

Im § 5 Abs. 1 der Verordnung des Reichspräsidenten zum Schutze von Volk und Staat vom 28. Februar 1933 (Reichsgesetzbl. I S. 83) sind die Worte „81 (Hochverrat),“ zu streichen.

Artikel VII

Im § 1 Abs. 1 des Gesetzes zur Gewährleistung des Rechtsfriedens vom 13. Oktober 1933 (Reichsgesetzbl. I S. 723) werden

a) in der Nr. 1 hinter dem Worte „Sicherheitspolizei“ die Worte eingefügt: „oder des Vollzugs von Strafen oder Maßregeln der Sicherung und Besserung“;

b) die Nrn. 3 und 4 gestrichen.

Artikel VIII

Mit dem Inkrafttreten dieses Gesetzes treten folgende Vorschriften außer Kraft:

1. das Gesetz gegen den Verrat militärischer Geheimnisse vom 3. Juni 1914 (Reichsgesetzbl. S. 195),

2. § 1 des Siebenten Teils der Dritten Verordnung des Reichspräsidenten zur Sicherung von

Wirtschaft und Finanzen und zur Bekämpfung politischer Ausschreitungen vom 6. Oktober 1931 (Reichsgesetzbl. I S. 537, 566),

3. Artikel 4 von Kapitel I des Ersten Teils der Verordnung des Reichspräsidenten über Maßnahmen auf dem Gebiet der Rechtspflege und Verwaltung vom 14. Juni 1932 (Reichsgesetzbl. I S. 285, 286),

4. die Verordnung des Reichspräsidenten gegen Verrat am deutschen Volke und hochverräterische Umtriebe vom 28. Februar 1933 (Reichsgesetzbl. I S. 85),

5. die Verordnung des Reichspräsidenten zur Beschleunigung des Verfahrens in Hochverrats- und Landesverratssachen vom 18. März 1933 (Reichsgesetzbl. I S. 131).

Artikel IX

Soweit in Gesetzen oder anderen Bestimmungen auf Vorschriften verwiesen wird, die durch dieses Gesetz außer Kraft gesetzt sind, treten an deren Stelle die entsprechenden Vorschriften dieses Gesetzes.

Soweit Gesetze oder andere Bestimmungen das Reichsgericht in seiner Eigenschaft als Gericht erster Instanz (§ 134 des Gerichtsverfassungsgesetzes) betreffen, tritt an seine Stelle der Volksgerichtshof.

Artikel X

Der Reichsminister der Justiz erläßt die zur Durchführung und Ergänzung dieses Gesetzes erforderlichen Rechts- und Verwaltungsvorschriften. Er kann das Verfahren vor dem Volksgerichtshof abweichend von den Vorschriften dieses Gesetzes regeln.

Artikel XI

Das Gesetz tritt mit dem zweiten Tag nach der Verkündung in Kraft.

Artikel XII

Der Reichsminister der Justiz bestimmt den Zeitpunkt, zu dem der Volksgerichtshof zusammentritt. Bis zu diesem Zeitpunkt übt das Reichsgericht die Befugnisse des Volksgerichtshofs aus.

Mit dem Zusammentritt des Volksgerichtshofs gehen auf ihn die bei dem Reichsgericht anhängigen Sachen in der Lage über, in der sie sich befinden; eine begonnene Hauptverhandlung ist vor dem Reichsgericht zu Ende zu führen.

Über einen Antrag auf Wiederaufnahme eines durch Urteil des Reichsgerichts in erster Instanz geschlossenen Verfahrens entscheidet der Volksgerichtshof.

Artikel XIII

Verbüßt jemand nach dem Inkrafttreten dieses Gesetzes auf Grund eines vor diesem Zeitpunkt ergangenen Urteils eine Freiheitsstrafe und wäre die Anordnung der Sicherungsverwahrung zulässig gewesen, wenn die Vorschrift des § 93 des Strafgesetzbuchs in der Fassung des Artikels I dieses Gesetzes schon bei der Aburteilung gegolten hätte, so kann das Gericht auf Antrag der Staatsanwaltschaft die Sicherungsverwahrung nachträglich anordnen, wenn die öffentliche Sicherheit es erfordert.

Zuständig für die Entscheidung ist das Gericht, das auf die Strafe erkannt hat; an die Stelle des Reichsgerichts tritt der Volksgerichtshof.

Die Staatsanwaltschaft kann die nachträgliche Anordnung der Sicherungsverwahrung beantragen, solange die Strafe nicht verbüßt, bedingt ausgesetzt, verjährt oder erlassen ist.

Auf das Verfahren findet § 429b Abs. 1, 2 der Strafprozeßordnung entsprechende Anwendung.

Artikel XIV

§ 16 Abs. 3 des Strafgesetzbuchs in der Fassung des Artikels II Ziffer 2 findet auch auf Personen Anwendung, die vor dem Inkrafttreten dieses Gesetzes verurteilt worden sind.

Berlin, den 24. April 1934.

Der Reichskanzler
Adolf Hitler

Der Reichsminister der Justiz
zugleich für den Reichsminister des Innern
Dr. Gürtner

Der Reichswehrminister
von Blomberg

Hinweise zur Benutzung der Mikrofiche-Edition

Aus technischen und organisatorischen Gründen sind die Akten in ungeordneter Reihenfolge verfilmt. Etwa in einem Fünftel der Fälle befinden sich Anklage- und Urteilsschrift zudem auf verschiedenen, nicht aufeinanderfolgenden Mikrofiches. Eine systematische Nutzung der Edition ist daher nur mittels des Registerwerks möglich.

Verweiseinheiten: Mikrofichenummern und Aktenzeichen

Jeder Registereintrag verweist auf einen oder zwei Mikrofiches und auf in der Regel zwei Aktenzeichen des entsprechenden Verfahrens.

Beispiel: **Forka, Rudolf**
- Fiche: 0112/0271
  Az 1: 16J 675/37
  Az 2: 2H 52/37

Die genannte Person wird also in dem Verfahren 16J 675/37 – 2H 52/37 erwähnt. Die Akten dieses Verfahrens befinden sich auf den Mikrofiches 0112 und 0271. Der Anfang einer Akte wird auf dem Fiche durch ein Blatt mit einem Balkenkreuz gekennzeichnet. Anklageschrift und Urteil werden als ein zusammengehöriger Komplex behandelt. In der Regel trägt eine Anklageschrift nur ein staatsanwaltschaftliches Aktenzeichen, ein Urteil darüberhinaus auch ein Gerichtsaktenzeichen. Die Aktenzeichen weisen zwei Hauptbestandteile auf: Eine Abkürzung, die auf die Geschäftsstelle der Staatsanwaltschaft bzw. den Senat des Gerichts hinweist, und eine chronologische Komponente, die sich aus laufender Eingangsnummer und Jahr zusammensetzt.

Beispiel: 6H 147/43 = sechster Senat des Volksgerichtshofs, Verfahren Nr. 147 aus 1943.

Bei verbundenen Verfahren werden häufig die Aktenzeichen aller Ausgangsverfahren angeführt. Sie sind im Register durch Komma getrennt. Zu beachten ist, daß bei manchen sehr langen Aktenzeichen des Reichsgerichts und des Reichskriegsgerichts ein Zeilenüberlauf entstehen kann.

Die einzelnen Register

Das *Namenregister* umfaßt die Namen der Angeklagten sowie der sonstigen Tatbeteiligten und Zeugen. Tritt eine Person in einem Verfahren als Angeklagter auf, wird dies durch (A) kenntlich gemacht. Der Begriff „Tatbeteiligte" ist weit gefaßt. Er schließt alle Personen ein, die die Angeklagten im Rahmen ihrer Widerstandstätigkeit kontaktierten. Bei den Zeugen handelt es sich nicht selten um anderweitig abgeurteilte Tatbeteiligte, es kommen aber auch Unbeteiligte, Spitzel und Denunzianten sowie Polizeibeamte in Betracht. Die Namen werden in der Regel in der Schreibweise der Akten wiedergegeben. Nur in den Fällen, wo sich dies aus den Registereinträgen selbst zweifelsfrei und ohne weiteres ergab, wurden Berichtigungen, Vereinheitlichungen oder Ergänzungen vorgenommen. In der Mehrzahl der Fälle konnten insbesondere fehlende Vornamen nicht rekonstruiert oder in den Akten auftretende fehlerhafte Schreibweisen nicht korrigiert werden. Da Namensschreibungen in den Akten relativ häufig Fehler aufweisen, sollte der Benutzer bei der Suche nach bestimmten Personen auch ähnliche Schreibweisen berücksichtigen (zum Beispiel: Wolf – Wolff, Kröger – Krüger etc.). Soweit bei Namensnennungen ohne Angabe des Vornamens ersichtlich war, daß Frauen gemeint sind, wurde dies als Hinweis ins Namensregister mit aufgenommen (zum Beispiel: Ackermann (Frau)). Die Namen von Richtern, Staatsanwälten und Verteidigern wurden entsprechend dem widerstandsgeschichtlichen Ansatz nicht erfaßt.

Das *Decknamenregister* umfaßt Decknamen, soweit sie in den Akten entschlüsselt sind. Die zugehörige Konkordanz listet die Klarnamen mit den zugehörigen Decknamen auf.

Das *Gruppenregister* verweist auf die in den Verfahrensakten behandelten Widerstandsgruppen. Für viele Organisationen gibt es selbstgewählte, eingeführte Gruppenbezeichnungen und entsprechende Abkürzungen (zum Beispiel: ISK, KPD), in manchen Fällen haben sich Gruppenbezeichnungen eingebürgert (zum Beispiel: 20. Juli), in einigen Fällen sind solche Bezeichnungen erst durch die jüngere Widerstandshistoriographie eingeführt worden (zum Beispiel: Hübener-Gruppe). Probleme bei der Zuordnung der Bezeichnung bestehen vor allem bei Gruppen, die nicht über eine gefestigte Organisationsstruktur verfügen. Da hier häufig eine Vernetzung vorliegt, die durch eine zu enge Begriffswahl aus dem Blick geraten könnte, wurde jeweils den weiteren Begriffen der Vorzug gegeben. So werden etwa unter dem „20. Juli" auch alle Bestrebungen rubriziert, die sich im weiteren Umfeld der Verschwörung bewegten, und die verschiedenen Widerstandsgruppen, die sich aus dem Milieu der Bündischen Jugend rekrutierten, unter eben diesem Sammelbegriff. In einigen wenigen Fällen bezeichnen die Registereinträge nicht Widerstandsgruppen im engeren Sinne, sondern Institutionen, in deren Rahmen sich die Angeklagten betätigten (zum Beispiel: Der Deutsche in Polen (Zeitung), NKWD). Eigenständige Widerstandsaktivitäten außerhalb gefestigter Gruppen wurden unter der Rubrik „Nicht organisierter Widerstand" zusammengefaßt.

Das *Ortsregister* führt die in den Verfahrensakten genannten Aktionsorte auf.

Die Liste der *Fundorte für Widerstandsschrifttum* ist nach Widerstandsgruppen geordnet und verweist auf die Verfahren. Aufgrund der Heterogenität dieser Schriften – das Spektrum reicht vom Kassiber und Zirkular über Flugblätter und Artikeln aus der Exilpresse bis hin zu Broschüren und Büchern – ist eine detailliertere bibliographische Erfassung unpraktikabel.

Die *Konkordanz der Anklage- und Urteilsaktenzeichen* ermöglicht die Suche nach Verfahren, von denen nur ein Aktenzeichen bekannt ist. Die Sortierung ist chronologisch, d.h. die Aktenzeichen müssen quasi von links nach rechts gelesen werden: Jahr/laufende Nummer/Senat bzw. Geschäftsstelle.

Die in der Mikrofiche-Edition dokumentierten *Verfahren des Reichsgerichts und des Reichskriegsgerichts* werden am Ende des Registers noch einmal separat aufgelistet, um einen spezifischen Zugriff zu ermöglichen.

Wiedergabe und Verwendung der Akten

Manche der hier publizierten Akten sind schwer lesbar. Dies liegt am Überlieferungszustand der Vorlagen. Die Anklage- und Urteilsschriften wurden in der Regel auf Metallmatritzen geschrieben und hektographiert. Oft sind die erhaltenen Abzüge schwach. Insbesondere in der letzten Phase des Zweiten Weltkrieges nahm auch die Qualität des verwendeten Papiers stark ab. Die Akten, die aus der sogenannten „Sammlung Rehse" im Bundesarchiv stammen, wurden 1960 in einem Stahlschrank auf dem Gelände des zerbombten Volksgerichtshofsgeländes in der Berliner Bellevue-Straße gefunden. Sie wurden infolge des Bombardements oder beim Aufschweißen des Stahlschranks durch Hitzeeinwirkung beschädigt.

Aus datenschutz- und archivrechtlichen Gründen mußten in einigen Akten Personennamen geschwärzt werden.

Die vorliegende Edition dient dem wissenschaftlichen Gebrauch von Forschung und Lehre. Bei ihrer Nutzung sind die schutzwürdigen Belange der erwähnten Personen in angemessener Weise zu berücksichtigen.

Abkürzungen

AAUD	Allgemeine Arbeiter-Union Deutschlands
ADGB	Allgemeiner Deutscher Gewerkschaftsbund
ADV	Antinazistische Deutsche Volksfront
Afa(-Bund)	Arbeitsgemeinschaft freier Angestelltenverbände
AFÖ	Antifaschistische Freiheitsbewegung Österreichs
AKO	Aktivistische Kampforganisation
ALÖS	Auslandsbüro österreichischer Sozialdemokraten
AM-Apparat	Antimilitatistischer Apparat (Militärapparat der KPD)
BA	Bundesarchiv
BDM	Bund deutscher Mädel
BSW	Bratskoje Sotrudnitschestwo Woennoplennych (Brüderliche Zusammenarbeit der Kriegsgefangenen)
BVP	Bayerische Volkspartei
CPN	Communistische partij van Nederland (Kommunistische Partei der Niederlande)
CSR	Tschechoslowakische Republik
DAF	Deutsche Arbeitsfront
DDP	Deutsche Demokratische Partei
DFP	Deutsche Freiheitspartei
d.j.1.11	Deutsche Jungenschaft vom 1.11.1929
DNVP	Deutschnationale Volkspartei
DSAP	Deutsche Sozialdemokratische Arbeiterpartei (in der Tschechoslowakischen Republik)
DVP	Deutsche Volkspartei
EdED	Einheitsverband der Eisenbahner Deutschlands
EKKI	Exekutivkomitee der Kommunistischen Internationale
EVBD	Einheitsverband der Bergarbeiter Deutschlands
EVSH	Einheitsverband der Seeleute, Hafenarbeiter und Binnenschiffer
FAUD	Freie Arbeiter-Union Deutschlands (Anarcho-Syndikalisten)
FIMR	Fédération International - Main Rouge
Gestapa	Geheimes Staatspolizeiamt
Gestapo	Geheime Staatspolizei
GÖFB	Großösterreichische Freiheitsbewegung
GStA	Generalstaatsanwalt(schaft)
HJ	Hitlerjugend
IAH	Internationale Arbeiterhilfe
IAK	Internationales Antifaschistisches Komitee
IBP	Internationaler Bund der Privatangestellten
IBV	Internationale Bibelforscher-Vereinigung
IfZ	Institut für Zeitgeschichte
IGB	Internationaler Gewerkschaftsbund
IJB	Internationaler Jugendbund
IKD	Internationale Kommunisten Deutschlands
IÖKF	Illegale Österreichische Kaisertreue Front
ISH	International Seamen and Harbour Workers

ISK	Internationaler Sozialistischer Kampfbund
ITF	Internationale Transportarbeiterföderation
KAPD	Kommunistische Arbeiterpartei Deutschlands
KG	Kammergericht
KGF	Kampfbund gegen den Faschismus
KJMVD	Katholischer Jungmännerverband Deutschlands
KJVD	Kommunistischer Jugendverband Deutschlands
KJVÖ	Kommunistischer Jugendverband Österreichs
KP	Kommunistische Partei
KP(D)O	Kommunistische Partei Deutschlands (Opposition)
KPC	Kommunistische Partei der Tschechoslowakei
KPD	Kommunistische Partei Deutschlands
KPF	Kommunistische Partei Frankreichs
KPÖ	Kommunistische Partei Österreichs
KPS	Kommunistische Partei des Sudetenlandes
KSStVO	Kriegssonderstrafrechtsverordnung
LO	Linke Opposition der KPD (Bolschewiki-Leninisten)
MF	Mikrofiche
NB	Gruppe Neu Beginnen
NKFD	Nationalkomitee "Freies Deutschland"
NKWD	Narodnyj Komissariat Wnutrennych Del (Volkskommissariat für Innere Angelegenheiten)
NL	Niederlande
NSBO	Nationalsozialistische Betriebszellenorganisation
NSDAP	Nationalsozialistische Deutsche Arbeiterpartei
NSKK	Nationalsozialistisches Kraftfahrkorps
NSV	Nationalsozialistische Volkswohlfahrt
ÖFB	Österreichische Freiheitsbewegung
ÖFF	Österreichische Freiheitsfront
OKW	Oberkommando der Wehrmacht
OLG	Oberlandesgericht
ORA	Oberreichsanwalt
P.	Pater
POUM	Partido Obrero de Unificación Marxista
RAD	Reichsarbeitsdienst
RAJ	Revolutionäre Arbeiterjugend
RFB	Roter Frontkämpferbund
RFVO	Rundfunkverordnung
RG	Reichsgericht
RGBl.	Reichsgesetzblatt
RGO	Revolutionäre Gewerkschaftsopposition
RH	Rote Hilfe
RKG	Reichskriegsgericht
RLB	Reichsluftschutzbund
RSD	Arbeitskreis Revolutionärer Sozialisten Deutschlands
RSÖ	Revolutionäre Sozialisten Österreichs
RV	Reichsverfassung
SA	Sturmabteilung
SAH	Sozialistische Arbeiterhilfe

SAI	Sozialistische Arbeiter-Internationale
SAJ	Sozialistische Arbeiterjugend
SAP	Sozialistische Arbeiterpartei Deutschlands
Schw.	Schwester
SD	Sicherheitsdienst
SDAP	Social-Democratische Arbeiderspartij (Sozialdemokratische Partei der Niederlande)
SDAP	Sozialdemokratische Arbeiterpartei (Österreichs)
SJV	Sozialistischer Jugendverband (SAP)
SOPADE	SPD-Parteivorstand im Exil
SPD	Sozialdemokratische Partei Deutschlands
SPÖ	Sozialdemokratische Partei Österreichs
SS	Schutzstaffel
SSP	Saarländische Sozialistische Partei
StGB	Strafgesetzbuch
USG	Unabhängige Sozialistische Gewerkschaften (ISK)
USPD	Unabhängige Sozialdemokratische Partei Deutschlands
VGH	Volksgerichtshof
ZK	Zentralkomitee
ZVHRC	Zentralverband der Hotel-, Restaurant- und Caféangestellten

Namenregister

Adam
- Fiche: *0064*
  Az 1: 8J 360/34
  Az 2: 1H 31/36
- Fiche: *0068*
  Az 1: 8J 434/35g
  Az 2: 2H 41/36
- Fiche: *0103 f.*
  Az 1: 17J 416/36
  Az 2: 2H 32/37
- Fiche: *0250 f.*
  Az 1: 8J 364/35
  Az 2: 2H 15/36
- Fiche: *0628 f.*
  Az 1: 10J 2/43g
  Az 2: 1H 89/43
- Fiche: *0630*
  Az 1: 9J 657/35
  Az 2: 1H 58/36
- Fiche: *0682*
  Az 1: 9J 184/39
  Az 2: 1H 22/39

Adam, Erich
- Fiche: *0576*
  Az 1: 7J 302/43
  Az 2: 5H 104/43

Adam, Erich (A)
- Fiche: *0697*
  Az 1: StPL (RKA) II 540/42
  Az 2: StPL (HLS) IV 18/43

Adam, Ernst
- Fiche: *0448*
  Az 1: 17J 225/37
  Az 2: 2H 48/37

Adam, Hans
- Fiche: *0274 f.*
  Az 1: 8J 226/38g
  Az 2: 1H 17/38

Adam, Harry
- Fiche: *0009 f.*
  Az 1: 14J 8/34
  Az 2: 2H 12/34

Adam, Hedwig
- Fiche: *0064*
  Az 1: 17J 160/36
  Az 2: 2H 31/36

Adam, Herbert
- Fiche: *0025 ff./0253*
  Az 1: 8J 427/34, 8J 6/35
  Az 2: 1H 9/35
- Fiche: *0492*
  Az 1: 10J 66/40
  Az 2: 2H 114/40
- Fiche: *0566 f.*
  Az 1: 10J 70/40
  Az 2: 2H 127/40

Adam, Josef (A)
- Fiche: *0555 f.*
  Az 1: 9J 202/36
  Az 2: 2H 14/37

Adam, Kurt
- Fiche: *0553 f.*
  Az 1: 10J 137/42
  Az 2: 2H 242/42
- Fiche: *0559*
  Az 1: 10J 16/42g
  Az 2: 1H 247/42
- Fiche: *0684*
  Az 1: 10J 80/42
  Az 2: 2H 317/42

Adam, Margaretha (A)
- Fiche: *0584 f.*
  Az 1: 8J 97/37
  Az 2: 2H 38/37

Adam, Otto (A)
- Fiche: *0180/0443*
  Az 1: 5J 136/43
  Az 2: 6H 158/43

Adam, Paul
- Fiche: *0144*
  Az 1: 5J 199/39
  Az 2: 1H 26/39

Adam, Wilhelm
- Fiche: *0534*
  Az 1: 10J 144/41
  Az 2: 2H 156/41
- Fiche: *0553 f.*
  Az 1: 10J 137/42
  Az 2: 2H 242/42
- Fiche: *0628*
  Az 1: 9J 50/42g
  Az 2: 2H 60/42
- Fiche: *0635 f.*
  Az 1: 10J 123/41
  Az 2: 2H 115/41
- Fiche: *0684*
  Az 1: 10J 80/42
  Az 2: 2H 317/42

Adam, Willi
- Fiche: *0672*
  Az 1: 10J 201/41
  Az 2: 2H 59/42

Adamec, Karl
- Fiche: *0336*
  Az 1: 7J 543/41
  Az 2: 2H 4/42

Adameit, Karl
- Fiche: *0470*
  Az 1: 9J 25/42g
  Az 2: 2H 153/42

Adameit, Karl (A)
- Fiche: *0051*
  Az 1: 5J 41/35
  Az 2: 2H 6/36

Adel, Charlotte (A)
- Fiche: *0013 f.*
  Az 1: 8J 1713/33
  Az 2: 2H 20/34

Adel, Lilli (A)
- Fiche: *0013 f.*
  Az 1: 8J 1713/33
  Az 2: 2H 20/34

Adelmann
- Fiche: *0365*
  Az 1: 7J 599/42
  Az 2: 6H 45/43

Adelsberger, Thomas
- Fiche: *0716 f.*
  Az 1: 6J 9/45
  Az 2: 6H 42/45

Ademetz
- Fiche: *0637 f.*
  Az 1: 8J 167/40
  Az 2: 2H 89/40

Adenstedt
- Fiche: *0084/0261*
  Az 1: 17J 513/36
  Az 2: 2H 1/37

Adermann
- Fiche: *0615 ff.*
  Az 1: 15J 86/33
  Az 2: XII H 42/33

Adler
- Fiche: *0094 f./0551*
  Az 1: 9J 600/36
  Az 2: 1H 21/37
- Fiche: *0578/0703*
  Az 1: 11J 143/35
  Az 2: 3L 29/36

Adler, Erna
- Fiche: *0052 f.*
  Az 1: 17J 5/36
  Az 2: 1H 10/36

Adler, Ernst (A)
- Fiche: *0680/0698*
  Az 1: 8J 137/44g
  Az 2: 1H 5/45

Adler, Friedrich
- Fiche: *0141/0475 f.*
  Az 1: 5J 449/38
  Az 2: 1H 15/39
- Fiche: *0145/0638 f.*
  Az 1: 9J 138/39g
  Az 2: 2H 27/39
- Fiche: *0456 f.*
  Az 1: 9J 15/41
  Az 2: 2H 117/41
- Fiche: *0549*
  Az 1: 5J 642/38
  Az 2: 1H 13/39
- Fiche: *0622 f.*
  Az 1: 10J 453/38
  Az 2: 1H 25/39

Adler, Kurt (A)
- Fiche: *0657*
  Az 1: 15J 16/32
  Az 2: XV H 2/34

Adler, Paul
- Fiche: *0011 f.*
  Az 1: 17J 545/33
  Az 2: 1H 15/34

Adlhoch
- Fiche: *0292/0678*
  Az 1: 6J 45/41g
  Az 2: 2H 15/42

Adloff
- Fiche: *0286 f.*
  Az 1: 8J 384/38g
  Az 2: 1H 32/39

Adolf
- Fiche: *0107 f.*
  Az 1: 8J 232/36g
  Az 2: 2H 39/37

Adolf (Frau)
- Fiche: *0127 f.*
  Az 1: 15J 942/37
  Az 2: 2H 34/38

Adolf, Alfred (A)
- Fiche: *0163 f./0290*
  Az 1: 6J 77/39g
  Az 2: 2H 70/40

Adolf, Rudolf
- Fiche: *0127 f.*
  Az 1: 15J 942/37
  Az 2: 2H 34/38
- Fiche: *0163 f./0290*
  Az 1: 6J 77/39g
  Az 2: 2H 70/40
- Fiche: *0673*
  Az 1: 9J 36/39g
  Az 2: 2H 14/39

Adolfon, Alfred
- Fiche: *0094/0264 f.*
  Az 1: 17J 439/36
  Az 2: 2H 21/37

Adolphs, Karl (A)
- Fiche: *0245 f.*
  Az 1: 8J 7/36g
  Az 2: 2H 4/36

Adomat
- Fiche: *0200/0569*
  Az 1: 8J 178/44
  Az 2: 1H 218/44

Adorf, Josef
- Fiche: *0010/0217 f.*
  Az 1: 17J 331/33
  Az 2: 2H 13/34
- Fiche: *0388*
  Az 1: 17J 331/33
  Az 2: 2H 28/35

Aechter
- Fiche: *0481 f./0557 f.*
  Az 1: 8J 214/37
  Az 2: 1H 31/38
- Fiche: *0485 f.*
  Az 1: 8J 386/38, 8J 214/37
  Az 2: 1H 33/38, 1H 31/38

Aechtner, Rudolf
- Fiche: *0056*
  Az 1: 14J 286/35
  Az 2: 1H 16/36

Aehling, Rudolf
- Fiche: *0463/0465*
  Az 1: 15J 39/36
  Az 2: 2H 35/36

Ängstel, Anton
- Fiche: *0242 f.*
  Az 1: 8J 3/36g
  Az 2: 2H 1/36
- Fiche: *0640*
  Az 1: 16J 328/35
  Az 2: 1H 11/37

Alex, Ernst (A)
- Fiche: *0598 ff.*
  Az 1: 9J 479/35
  Az 2: 2H 14/36

Alexa
- Fiche: *0398/0399*
  Az 1: 6J 127/40g
  Az 2: 3L 99/40

Alexander, Marius
- Fiche: *0560*
  Az 1: 10J 382/43
  Az 2: 1H 189/43

Alexander, Rudolf
- Fiche: *0357*
  Az 1: 7J 499/42
  Az 2: 5H 186/42
- Fiche: *0705*
  Az 1: StPL (RKA) III 320/42
  Az 2: StPL (HLS) III 21/43

Alexander, Rudolf (A)
- Fiche: *0344*
  Az 1: 7J 475/42
  Az 2: 1H 308/42

Alfken, Hans
- Fiche: *0622 f.*
  Az 1: 10J 453/38
  Az 2: 1H 25/39

Alfons, Ludwig
- Fiche: *0323*
  Az 1: 6J 28/41g
  Az 2: 2H 129/41

Alfons, Ludwig (A)
- Fiche: *0322/0521 f.*
  Az 1: 6J 145/40
  Az 2: 2H 32/41

Alge, Josef
- Fiche: *0409*
  Az 1: 8J 376/40g, 8J 393/40g
  Az 2: 5H 111/43, 5H 141/43
- Fiche: *0409 f.*
  Az 1: 8J 376/40
  Az 2: 5H 13/44

Alker, Paul
- Fiche: *0578/0722*
  Az 1: 9J 96/44
  Az 2: 2H 118/44

Alker, Paul (A)
- Fiche: *0193*
  Az 1: 9J 129/44
  Az 2: 2H 139/44

Allacher, Susanna
- Fiche: *0179/0381*
  Az 1: 7J 378/43, 7J 458/43
  Az 2: 5H 130/43, 5H 133/43

Allenstein
- Fiche: *0528 f.*
  Az 1: 1J 105/42
  Az 2: 1L 8/42

Allerberger
- Fiche: *0455/0497 f.*
  Az 1: 8J 472/40
  Az 2: 6H 205/43

Allers (Frau)
- Fiche: *0466 f.*
  Az 1: 15J 513/37
  Az 2: 2H 55/37

Alles, Franz
- Fiche: *0172*
  Az 1: 6J 76/41
  Az 2: 2H 64/42

Allina, Ernst
- Fiche: *0319 f.*
  Az 1: 6J 124/40g
  Az 2: 2H 10/41

Allina, Heinrich
- Fiche: *0562 f.*
  Az 1: 10J 204/40
  Az 2: 2H 17/41

Allram, sen.
- Fiche: *0355*
  Az 1: 7J 464/42
  Az 2: 5H 198/42

Allram, Ludwig
- Fiche: *0355*
  Az 1: 7J 464/42
  Az 2: 5H 198/42
- Fiche: *0355 f.*
  Az 1: 7J 526/42
  Az 2: 5H 194/42
- Fiche: *0356*
  Az 1: 7J 525/42
  Az 2: 5H 192/42

Allram, Ludwig (A)
- Fiche: *0371*
  Az 1: 7J 524/42
  Az 2: 5H 9/43

Allram, Maria
- Fiche: *0355*
  Az 1: 7J 464/42
  Az 2: 5H 198/42

Almada, van
- Fiche: *0615 ff.*
  Az 1: 15J 86/33
  Az 2: XII H 42/33

Almstadt, Bernhard
- Fiche: *0205*
  Az 1: 8J 203/44
  Az 2: 1H 250/44
- Fiche: *0670 f.*
  Az 1: 14J 78/34
  Az 2: 1H 45/35

Almstadt, Bernhard (A)
- Fiche: *0015/0385*
  Az 1: 17J 717/33
  Az 2: 2H 23/34
- Fiche: *0200*
  Az 1: 8J 177/44g
  Az 2: 1H 219/44

Alphen, von (Frau)
- Fiche: *0069*
  Az 1: 8J 12/36g
  Az 2: 1H 42/36

Alsch
- Fiche: *0400*
  Az 1: 7J 186/42
  Az 2: 5H 117/42

Alsdnik
- Fiche: *0417/0522*
  Az 1: 6(7)J 378/42
  Az 2: 6H 38/44

Alt
- Fiche: *0245 f.*
  Az 1: 8J 7/36g
  Az 2: 2H 4/36

Alt, Lina
- Fiche: *0117 f./0542*
  Az 1: 8J 20/36g
  Az 2: 2H 11/38

Altberg, Hilda (A)
- Fiche: *0361*
  Az 1: 7J 452/42
  Az 2: 5H 169/42

Altenberg, Fritz
- Fiche: *0027*
  Az 1: 17J 145/35
  Az 2: 2H 10/35

Altenburg, Alfred (A)
- Fiche: *0041 f./0238*
  Az 1: 8J 206/35
  Az 2: 2H 49/35

Altenburger
- Fiche: *0417/0522*
  Az 1: 6(7)J 378/42
  Az 2: 6H 38/44

Altenhof, Paul
- Fiche: *0291/0719*
  Az 1: 9J 237/40
  Az 2: 2H 17/42

Altenkirch, Ernst (A)
- Fiche: *0036/0231*
  Az 1: 17J 81/35
  Az 2: 2H 31/35

Alter
- Fiche: *0523*
  Az 1: 15J 201/35
  Az 2: 1H 2/36

Altermann, Johannes
- Fiche: *0089*
  Az 1: 16J 781/36
  Az 2: 1H 9/37
- Fiche: *0169/0521*
  Az 1: 6J 109/41g
  Az 2: 2H 11/42

Althaber
- Fiche: *0615 ff.*
  Az 1: 15J 86/33
  Az 2: XII H 42/33

Althoff, Erwin
- Fiche: *0562*
  Az 1: 10(9)J 836/43
  Az 2: 2H 101/44

Altmann
- Fiche: *0592 f.*
  Az 1: 15J 454/35
  Az 2: 1H 40/36
- Fiche: *0686 f.*
  Az 1: 8J 257/41
  Az 2: 2H 19/42

Altmann, Richard
- Fiche: *0460 f.*
  Az 1: 17J 109/37, 9J 142/37
  Az 2: 2H 44,47/37

Altwein
- Fiche: *0111 f./0270 f.*
  Az 1: 17J 152/37
  Az 2: 2H 51/37

Altwein, Fritz
- Fiche: *0063 f.*
  Az 1: 8J 165/35
  Az 2: 2H 30/36

Alvensleben
- Fiche: *0062 f.*
  Az 1: 8J 17/36
  Az 2: 1H 29/36

Alvensleben, Werner von (A)
- Fiche: *0441*
  Az 1: 0J 39/44g Rs
  Az 2: 1L 517/44

Aly
- Fiche: *0240*
  Az 1: 8J 305/35
  Az 2: 1H 67/35

Amadei, Amadeus
- Fiche: *0338*
  Az 1: 7J 272/42
  Az 2: 2H 206/42
- Fiche: *0358*
  Az 1: 7J 275/42
  Az 2: 5H 139/42

Amann (Frau)
- Fiche: *0164 f.*
  Az 1: 10J 120/40
  Az 2: 2H 100/40

Amann, Otto
- Fiche: *0337*
  Az 1: 7J 343/42
  Az 2: 2H 217/42

Amberg, Rudi
- Fiche: *0184/0707 f.*
  Az 1: 9J 777/43g
  Az 2: 5H 40/44

Amberger, Franz
- Fiche: *0337*
  Az 1: 7J 321/42
  Az 2: 2H 221/42
- Fiche: *0697*
  Az 1: StPL (RKA) II 283/43
  Az 2: StPL (HLS) III 63/43

Amberger, Franz (A)
- Fiche: *0337*
  Az 1: 7J 322/42
  Az 2: 2H 241/42

Amberger, Jakob (A)
- Fiche: *0337*
  Az 1: 7J 322/42
  Az 2: 2H 241/42

Ambros, Helene (A)
- Fiche: *0379*
  Az 1: 7J 419/43
  Az 2: 6H 172/43

Arzt, Robert
- Fiche: *0153*
  Az 1: 9J 327/39g
  Az 2: 1H 53/39

Asbach
- Fiche: *0165 f.*
  Az 1: 9J 297/40
  Az 2: 2H 70/41

Asbach, Karl (A)
- Fiche: *0511*
  Az 1: 9J 328/39
  Az 2: 2H 57/39

Asbach, Wilhelm
- Fiche: *0082/0260 f.*
  Az 1: 9J 907/35
  Az 2: 1H 67/36

Aschenberger, Franz
- Fiche: *0294*
  Az 1: 7J 434/42
  Az 2: 1H 291/42
- Fiche: *0352/0521*
  Az 1: 7J 429/42
  Az 2: 6H 14/42
- Fiche: *0370*
  Az 1: 7J 555/42
  Az 2: 6H 13/43

Aschenberger, Franz (A)
- Fiche: *0340*
  Az 1: 7J 187/42
  Az 2: 2H 198/42

Aschenbrenner, Anna
- Fiche: *0329/0376*
  Az 1: 7J 287/43
  Az 2: 5H 68/43
- Fiche: *0371*
  Az 1: 7J 301/43
  Az 2: 5H 97/43

Aschenbrenner, Anna (A)
- Fiche: *0576*
  Az 1: 7J 302/43
  Az 2: 5H 104/43

Aschentrup, Karl
- Fiche: *0210*
  Az 1: 8J 127/44
  Az 2: 2H 127/44
- Fiche: *0562*
  Az 1: 10(9)J 836/43
  Az 2: 2H 101/44

Ascher
- Fiche: *0387 f.*
  Az 1: 16J 489/33
  Az 2: 3L 19/35

Ascher, Emmerich
- Fiche: *0322/0521 f.*
  Az 1: 6J 145/40
  Az 2: 2H 32/41
- Fiche: *0323*
  Az 1: 6J 28/41g
  Az 2: 2H 129/41
- Fiche: *0328*
  Az 1: 7J 208/42
  Az 2: 5H 145/42
- Fiche: *0328/0335*
  Az 1: 7J 606/41
  Az 2: 2H 54/42
- Fiche: *0328/0340 f.*
  Az 1: 7J 137/42
  Az 2: 2H 191/42
- Fiche: *0329/0339*
  Az 1: 7J 283/42,
  7J 288/42
  Az 2: 5H 146/42
- Fiche: *0359*
  Az 1: 7J 209/42
  Az 2: 5H 148/42

Ascher, Emmerich (A)
- Fiche: *0320 f./0388*
  Az 1: 6J 144/40g
  Az 2: 2H 14/41

Ascher, Ernst
- Fiche: *0303 f.*
  Az 1: 17J 43/37
  Az 2: 1H 7/38

Aschinger
- Fiche: *0086 f.*
  Az 1: 17J 73/36
  Az 2: 2H 5/37

Aschmann
- Fiche: *0315*
  Az 1: 8J 419/35g
  Az 2: 1H 18/36

Asendorf, Friedrich
- Fiche: *0120 f./0133*
  Az 1: 17J 400/37
  Az 2: 2H 71/38

Ashberg
- Fiche: *0529*
  Az 1: 9J 124/41
  Az 2: 2H 34/42

Askani, Georg
- Fiche: *0004 f.*
  Az 1: 13J 98/33
  Az 2: 1H 7/34

Ass, Johann
- Fiche: *0014 f.*
  Az 1: 15J 828/33
  Az 2: 1H 23/34

Assinger, Adolf
- Fiche: *0353*
  Az 1: 7J 392/42
  Az 2: 6H 10/42

Aßmacher (Frau)
- Fiche: *0578*
  Az 1: 9J 451/43
  Az 2: 2H 115/43

Aßmann
- Fiche: *0013*
  Az 1: 13J 279/33
  Az 2: 2H 19/34
- Fiche: *0176/0295*
  Az 1: 6J 27/42g
  Az 2: 1H 18/43
- Fiche: *0193*
  Az 1: 11J 127/44
  Az 2: 2H 135/44

Aßmann, Bernhard
- Fiche: *0315*
  Az 1: 8J 419/35g
  Az 2: 1H 18/36

Assmann, Karl
- Fiche: *0292/0491*
  Az 1: 9J 354/40
  Az 2: 2H 126/41

Assmussen
- Fiche: *0243/0471 f.*
  Az 1: 15J 578/36
  Az 2: 1H 2/37

Atholl, Herzogin von
- Fiche: *0489 ff.*
  Az 1: 8J 402/38
  Az 2: 2H 41/39
- Fiche: *0561 f.*
  Az 1: 8J 261/41g
  Az 2: 1H 237/42

Attenkirch
- Fiche: *0054*
  Az 1: 17J 83/35
  Az 2: 1H 12/36

Attlee
- Fiche: *0562 f.*
  Az 1: 10J 204/40
  Az 2: 2H 17/41

Attlee, C.A.
- Fiche: *0529*
  Az 1: 9J 124/41
  Az 2: 2H 34/42

Aubert
- Fiche: *0639*
  Az 1: 10J 87/41
  Az 2: 2H 192/42

Auchter, Anna (A)
- Fiche: *0561*
  Az 1: 9J 35/39g
  Az 2: 2H 2/40

Auchter, Erwin (A)
- Fiche: *0561*
  Az 1: 9J 35/39g
  Az 2: 2H 2/40

Aue, Erich (A)
- Fiche: *0532*
  Az 1: 9J 229/44
  Az 2: 1H 313/44

Auel, Peter
- Fiche: *0049/0450*
  Az 1: 9J 151/35
  Az 2: 1H 3/36

Auer
- Fiche: *0340*
  Az 1: 7J 340/42
  Az 2: 2H 197/42
- Fiche: *0515 f.*
  Az 1: 8J 44/39
  Az 2: 1H 24/39
- Fiche: *0579*
  Az 1: 7J 441/43
  Az 2: 6H 169/43
- Fiche: *0682 f.*
  Az 1: 8J 393/38
  Az 2: 2H 92/38

Auer (Frau)
- Fiche: *0453*
  Az 1: 9J 269/43
  Az 2: 2H 85/43

Auer, Alexander (A)
- Fiche: *0409*
  Az 1: 8J 376/40g,
  8J 393/40g
  Az 2: 5H 111/43,
  5H 141/43
- Fiche: *0646*
  Az 1: 8J 393/40g

Auer, Alois
- Fiche: *0345*
  Az 1: 7J 405/42
  Az 2: 2H 266/42
- Fiche: *0370*
  Az 1: 7J 555/42
  Az 2: 6H 13/43

Auer, Alois (A)
- Fiche: *0365*
  Az 1: 7J 607/42
  Az 2: 6H 57/43

Auer, Anton (A)
- Fiche: *0352/0369*
  Az 1: 7J 507/42
  Az 2: 6H 13/42

Auer, Erhard
- Fiche: *0396/0704 f.*
  Az 1: 14J 522/37g
  Az 2: 1L 2/40

Auer, Erich (A)
- Fiche: *0423*
  Az 1: 12J 99/40

Auer, Franz
- Fiche: *0340*
  Az 1: 7J 187/42
  Az 2: 2H 198/42

Auer, Georg
- Fiche: *0296*
  Az 1: 7J 53/43
  Az 2: 6H 56/43
- Fiche: *0370*
  Az 1: 7J 555/42
  Az 2: 6H 13/43

Auer, Hans
- Fiche: *0295*
  Az 1: 7J 276/42
  Az 2: 2H 272/42

Auer, Heinrich
- Fiche: *0175*
  Az 1: 7J 338/42
  Az 2: 2H 199/42
- Fiche: *0345*
  Az 1: 7J 405/42
  Az 2: 2H 266/42
- Fiche: *0355*
  Az 1: 7J 527/42
  Az 2: 5H 197/42
- Fiche: *0356*
  Az 1: 7J 525/42
  Az 2: 5H 192/42
- Fiche: *0371*
  Az 1: 7J 524/42
  Az 2: 5H 9/43

Auer, Heinrich (A)
- Fiche: *0355*
  Az 1: 7J 464/42
  Az 2: 5H 198/42
- Fiche: *0370*
  Az 1: 7J 555/42
  Az 2: 6H 13/43

Bänsch, Martha (A)
- Fiche: *0209/0740*
  Az 1: 9J 245/44
  Az 2: 1H 358/44
- Fiche: *0680 f.*
  Az 1: 9J 245/44
  Az 2: 1H 358/44

Baensch, Theodor (A)
- Fiche: *0531*
  Az 1: 10J 81/42
  Az 2: 2H 188/42

Bänsch, Willi
- Fiche: *0190*
  Az 1: 9J 231/44
  Az 2: 5H 119/44
- Fiche: *0207*
  Az 1: 8J 188/44g
  Az 2: 1H 285/44

Bänsch, Willi (A)
- Fiche: *0209/0740*
  Az 1: 9J 245/44
  Az 2: 1H 358/44
- Fiche: *0680 f.*
  Az 1: 9J 245/44
  Az 2: 1H 358/44
- Fiche: *0731*
  Az 1: 17J 499/35

Bär
- Fiche: *0065*
  Az 1: 16J 349/35
  Az 2: 2H 32/36
- Fiche: *0081/0471*
  Az 1: 15J 544/36
  Az 2: 2H 64/36
- Fiche: *0277 f.*
  Az 1: 14J 651/37g
  Az 2: 2H 55/38

Bär, Erich
- Fiche: *0139/0474 f.*
  Az 1: 6J 141/38g
  Az 2: 1H 10/39

Bär, Kurt
- Fiche: *0450/0623 f.*
  Az 1: 17J 451/37
  Az 2: 2H 59/38

Bär, Kurt (A)
- Fiche: *0466 f.*
  Az 1: 15J 513/37
  Az 2: 2H 55/37

Bär, Max
- Fiche: *0299*
  Az 1: 7J 427/43
  Az 2: 6H 187/43

Bär, Max (A)
- Fiche: *0378*
  Az 1: 7J 379/43
  Az 2: 6H 186/43

Bärmlich, Erich (A)
- Fiche: *0391 f.*
  Az 1: 5J 6/36g
  Az 2: 3L 21/37

Baersch
- Fiche: *0014/0218 f.*
  Az 1: 17J 689/33
  Az 2: 1H 21/34

Bärtschi, Ernst
- Fiche: *0477 f.*
  Az 1: 8J 251/38
  Az 2: 2H 65/38

Bärtschi, Ernst (A)
- Fiche: *0278 f.*
  Az 1: 8J 252/38
  Az 2: 2H 68/38

Bästlein, Bernhard
- Fiche: *0182/0461*
  Az 1: 11(10)J 1037/43g
  Az 2: 2H 22/44
- Fiche: *0186/0466*
  Az 1: 11(10)J 1039/43
  Az 2: 2H 54/44
- Fiche: *0190*
  Az 1: 9J 231/44
  Az 2: 5H 119/44
- Fiche: *0190 f.*
  Az 1: 9J 232/44
  Az 2: 5H 126/44
- Fiche: *0198*
  Az 1: 8J 167/44g
  Az 2: 1H 209/44
- Fiche: *0198 f./0208*
  Az 1: 8J 169/44
  Az 2: 1H 210/44
- Fiche: *0199*
  Az 1: 8J 176/44g
  Az 2: 1H 213/44
- Fiche: *0199*
  Az 1: 8J 174/44g
  Az 2: 1H 211/44
- Fiche: *0199*
  Az 1: 8J 175/44g
  Az 2: 1H 212/44
- Fiche: *0199 f.*
  Az 1: 9J 214/44
  Az 2: 2H 215/44
- Fiche: *0200*
  Az 1: 8J 177/44g
  Az 2: 1H 219/44
- Fiche: *0200*
  Az 1: 8J 172/44g
  Az 2: 1H 216/44
- Fiche: *0201*
  Az 1: 8J 171/44g
  Az 2: 1H 224/44
- Fiche: *0201 f.*
  Az 1: 8J 182/44g
  Az 2: 1H 232/44
- Fiche: *0203*
  Az 1: 8J 170/44g
  Az 2: 1H 244/44
- Fiche: *0204*
  Az 1: 8J 201/44g
  Az 2: 1H 246/44
- Fiche: *0204*
  Az 1: 8J 198/44g
  Az 2: 1H 247/44
- Fiche: *0205*
  Az 1: 8J 203/44
  Az 2: 1H 250/44
- Fiche: *0205*
  Az 1: 8J 262/44
  Az 2: 2H 259/44
- Fiche: *0206*
  Az 1: 8J 189/44g
  Az 2: 1H 265/44
- Fiche: *0206/0405*
  Az 1: 10J 410/43g
  Az 2: 1H 209/43
- Fiche: *0207*
  Az 1: 8J 188/44g
  Az 2: 1H 285/44
- Fiche: *0207/0532*
  Az 1: 8J 206/44g
  Az 2: 1H 274/44
- Fiche: *0207/0689*
  Az 1: 8J 200/44g
  Az 2: 1H 286/44
- Fiche: *0208*
  Az 1: 8J 229/44g
  Az 2: 1H 299/44
- Fiche: *0208*
  Az 1: 8J 208/44g
  Az 2: 1H 301/44
- Fiche: *0209*
  Az 1: 8J 241/44
- Fiche: *0209*
  Az 1: 9J 250/44
  Az 2: 1H 364/44
- Fiche: *0209/0574*
  Az 1: 9J 258/44
  Az 2: 1H 362/44
- Fiche: *0209/0625*
  Az 1: 9J 234/44
  Az 2: 1H 372/44
- Fiche: *0388*
  Az 1: 17J 331/33
  Az 2: 2H 28/35
- Fiche: *0429/0741*
  Az 1: 9J 213/44
  Az 2: 5H 118/44
- Fiche: *0433/0569*
  Az 1: 8J 183/44g
  Az 2: 1H 221/44
- Fiche: *0434/0201*
  Az 1: 8J 181/44g
  Az 2: 1H 227/44
- Fiche: *0435*
  Az 1: 8J 190/44g
  Az 2: 1H 245/44
- Fiche: *0436*
  Az 1: 8J 202/44
  Az 2: 1H 273/44
- Fiche: *0443*
  Az 1: 8J 230/44g
  Az 2: 1H 309/44
- Fiche: *0465*
  Az 1: 11(10)J 1036/43g
- Fiche: *0516/0627*
  Az 1: 10J 143/43
  Az 2: 2H 114/43
- Fiche: *0545*
  Az 1: 9J 878/33
  Az 2: 2H 16/34
- Fiche: *0572*
  Az 1: 9J 39/45
  Az 2: 2H 65/45

Bästlein, Bernhard (A)
- Fiche: *0010/0217 f.*
  Az 1: 17J 331/33
  Az 2: 2H 13/34
- Fiche: *0182/0464 f.*
  Az 1: 11(10)J 423/43g
  Az 2: 2H 17/44
- Fiche: *0197/0466*
  Az 1: 8J 157/44
  Az 2: 1H 208/44

Bätz, Richard
- Fiche: *0544*
  Az 1: 9J 757/37
  Az 2: 1H 21/38

Bätzgen, Louis
- Fiche: *0043 f.*
  Az 1: 9J 702/35
  Az 2: 2H 53/35
- Fiche: *0196/0625*
  Az 1: 9J 187/44
  Az 2: 2H 204/44

Bätzler
- Fiche: *0043 f.*
  Az 1: 9J 702/35
  Az 2: 2H 53/35
- Fiche: *0196/0625*
  Az 1: 9J 187/44
  Az 2: 2H 204/44

Bäusch
- Fiche: *0208*
  Az 1: 8J 229/44g
  Az 2: 1H 299/44

Bäuschlein, Josef
- Fiche: *0564 f.*
  Az 1: 9J 137/34
  Az 2: 1H 25/35

Baginski, Heinrich
- Fiche: *0528*
  Az 1: 8J 108/44
  Az 2: 2H 136/44

Bahde, Willi
- Fiche: *0112*
  Az 1: 17J 391/36
  Az 2: 2H 56/37
- Fiche: *0543*
  Az 1: 15J 385/34
  Az 2: 1H 47/36
- Fiche: *0671 f.*
  Az 1: 15J 385/34
  Az 2: 1H 11/36

Bahlke, Harry
- Fiche: *0589 f.*
  Az 1: 9J 399/39g
  Az 2: 2H 26/41
- Fiche: *0628*
  Az 1: 10J 129/42
  Az 2: 2H 205/42

Bahlke, Henry
- Fiche: *0560*
  Az 1: 9J 90/42g
  Az 2: 2H 281/42

Bahls, Arthur
- Fiche: *0606 f.*
  Az 1: 13J 190/33
  Az 2: XV H 53/33

Bahmann, Theodor (A)
- Fiche: *0203*
  Az 1: 8J 149/44
  Az 2: 2H 244/44

Bahn
- Fiche: *0615 ff.*
  Az 1: 15J 86/33
  Az 2: XII H 42/33

Bahnemann, Willy
- Fiche: *0608 ff.*
  Az 1: 15J 179/33
  Az 2: XII H 17/34

Bahnik
- Fiche: *0636*
  Az 1: 10J 5/43g
  Az 2: 2H 37/43

Bahnik, Wilhelm
- Fiche: *0084 f.*
  Az 1: 8J 430/35g
  Az 2: 1H 3/37
- Fiche: *0115*
  Az 1: 14J 727/37g
  Az 2: 1H 5/38
- Fiche: *0119*
  Az 1: 8J 273/37
  Az 2: 1H 13/38
- Fiche: *0244*
  Az 1: 8J 428/35
  Az 2: 3L 9/36
- Fiche: *0274 f.*
  Az 1: 8J 226/38g
  Az 2: 1H 17/38

Bahr
- Fiche: *0123 ff./0275 f.*
  Az 1: 8J 5/37g
  Az 2: 2H 23/38

Bahr, Felix
- Fiche: *0256*
  Az 1: 15J 162/36
  Az 2: 1H 51/36

Baier
- Fiche: *0039*
  Az 1: 16J 454/35
  Az 2: 2H 40/35
- Fiche: *0060 f.*
  Az 1: 8J 438/35g
  Az 2: 1H 23/24/36
- Fiche: *0376*
  Az 1: 7J 306/42, 7J 239/43
  Az 2: 5H 140/42, 5H 72/43
- Fiche: *0703*
  Az 1: 16J 415/35

Baier, Alfred
- Fiche: *0090*
  Az 1: 17J 187/36
  Az 2: 2H 31/37
- Fiche: *0102*
  Az 1: 17J 185/36
  Az 2: 1H 30/37

Baier, Ignaz (A)
- Fiche: *0438*
  Az 1: 7J 209/44
  Az 2: 5H 43/45
- Fiche: *0438*
  Az 1: 7J 208,209,210/44
  Az 2: 5H 42,43,44/45

Baier, Karl (A)
- Fiche: *0013 f.*
  Az 1: 8J 1713/33
  Az 2: 2H 20/34

Baierl, Fritz (A)
- Fiche: *0213*
  Az 1: 17J 292/33

Baillie-Steward
- Fiche: *0338*
  Az 1: 7J 193/42
  Az 2: 2H 207/42

Bailly, Auguste
- Fiche: *0357*
  Az 1: 7J 445/42, 7J 455/42
  Az 2: 5H 184/42, 5H 168/42

Bailly, Peter
- Fiche: *0598 ff.*
  Az 1: 9J 479/35
  Az 2: 2H 14/36

Baischlag, Bernhard
- Fiche: *0519/0549 f.*
  Az 1: 6J 135/42g
  Az 2: 6H 79/43

Bajek
- Fiche: *0151 f./0584*
  Az 1: 7J 72/39
  Az 2: 1H 45/39

Bakalejnyk, Alfred
- Fiche: *0112/0271*
  Az 1: 16J 675/37
  Az 2: 2H 52/37
- Fiche: *0269/0718*
  Az 1: 16J 736/36
  Az 2: 2H 43/37
- Fiche: *0605*
  Az 1: 10J 117/42
  Az 2: 5H 115/42
- Fiche: *0702 f.*
  Az 1: 17J 97/37
  Az 2: 2H 19/37

Bakanow, Cictor
- Fiche: *0571*
  Az 1: 11(10)J 1241/43
  Az 2: 1H 59/44

Bakoloff
- Fiche: *0615 ff.*
  Az 1: 15J 86/33
  Az 2: XII H 42/33

Bakowsky, Georg
- Fiche: *0573*
  Az 1: 10J 10/40
  Az 2: 2H 40/40

Balakan, David
- Fiche: *0498*
  Az 1: 8J 371/38
  Az 2: 1H 38/38

Balaskovits, Johann (A)
- Fiche: *0349*
  Az 1: 7J 256/42
  Az 2: 5H 90/42

Balassa, Paul von
- Fiche: *0418*
  Az 1: 7(8)J 103/41
  Az 2: 5H 47/44
- Fiche: *0647 f.*
  Az 1: 7(8)J 203/41
  Az 2: 2H 168/44

Baldauf, Eduard
- Fiche: *0347 f.*
  Az 1: 7J 257/42
  Az 2: 5H 86/42

Baldauf, Johann
- Fiche: *0347 f.*
  Az 1: 7J 257/42
  Az 2: 5H 86/42

Baldauf, Rudi
- Fiche: *0073*
  Az 1: 16J 287/36
  Az 2: 2H 51/36

Baldemaier
- Fiche: *0414 f.*
  Az 1: 10(9)J 819/43g
  Az 2: 6H 28/44

Baldin, Hermann
- Fiche: *0632 f.*
  Az 1: 6J 29/42g
  Az 2: 1H 139/43

Baldrmann, Josef
- Fiche: *0329*
  Az 1: 7J 194/42
  Az 2: 2H 194/42
- Fiche: *0329/0358*
  Az 1: 7J 354/42
  Az 2: 5H 142/42

Baldrmann, Josef (A)
- Fiche: *0400*
  Az 1: 7J 186/42
  Az 2: 5H 117/42

Baldus
- Fiche: *0457*
  Az 1: 9J 114/44
  Az 2: 2H 116/44

Balke
- Fiche: *0090*
  Az 1: 17J 187/36
  Az 2: 2H 31/37
- Fiche: *0091*
  Az 1: 7a O Js 113.36
- Fiche: *0264/0491 f.*
  Az 1: 17J 171/35
  Az 2: 2H 18/37

Balke, Erna
- Fiche: *0489 ff.*
  Az 1: 8J 402/38
  Az 2: 2H 41/39

Balke, Paul
- Fiche: *0088 f.*
  Az 1: 17J 239/36
  Az 2: 1H 7/37
- Fiche: *0109 f.*
  Az 1: 17J 264/36
  Az 2: 2H 45/37

Balkow, Julius (A)
- Fiche: *0209*
  Az 1: 8J 241/44
- Fiche: *0456*
  Az 1: 8J 241/44
  Az 2: 1H 356/44

Balla, Ladislaus
- Fiche: *0356/0512*
  Az 1: 7J 479/42
  Az 2: 5H 196/42

Baller
- Fiche: *0100 f./0711*
  Az 1: 15J 1/37
  Az 2: 1H 28/37

Ballestrem, Lagi Gräfin von (A)
- Fiche: *0680*
  Az 1: 2J 578/44g Rs
  Az 2: 1L 467/44

Ballestrem, Nikolaus Graf von
- Fiche: *0732*
  Az 1: 1J 85/44g

Ballheimer, Nikolaus
- Fiche: *0218*
  Az 1: 14J 283/33
  Az 2: 1H 20/34

Ballin
- Fiche: *0051*
  Az 1: 5J 41/35
  Az 2: 2H 6/36

Balog
- Fiche: *0639*
  Az 1: 10J 87/41
  Az 2: 2H 192/42

Balogh, Michael (A)
- Fiche: *0349*
  Az 1: 7J 256/42
  Az 2: 5H 90/42

Baltes, Friedrich
- Fiche: *0463/0465*
  Az 1: 15J 39/36
  Az 2: 2H 35/36

Balzar, Fritz
- Fiche: *0420 f.*
  Az 1: 7(8)J 172/43g
  Az 2: 5H 59/44

Balzer
- Fiche: *0116*
  Az 1: 5J 32/38
  Az 2: 2H 7/38
- Fiche: *0130/0277*
  Az 1: 6J 224/38g
  Az 2: 2H 48/38

Bambach
- Fiche: *0177*
  Az 1: 7J 465/42g
  Az 2: 2H 31/43

Bambach, Johann
- Fiche: *0671*
  Az 1: 6J 114/41

Bambasek, Franz
- Fiche: *0382*
  Az 1: 7J 359/43
  Az 2: 5H 120/43

Banasch
- Fiche: *0123 ff./0275 f.*
  Az 1: 8J 5/37g
  Az 2: 2H 23/38

Bande, Willi
- Fiche: *0095 f.*
  Az 1: 17J 271/36
  Az 2: 2H 23/37

Bandisch, Paul
- Fiche: *0159*
  Az 1: 17J 177/37
  Az 2: 2H 24/40

Bandur, Paul
- Fiche: *0084 f.*
  Az 1: 8J 430/35g
  Az 2: 1H 3/37

Bandusch, Friedrich
- Fiche: *0555*
  Az 1: 9J 330/41
  Az 2: 5H 63/42
- Fiche: *0555*
  Az 1: 9J 388/36
  Az 2: 2H 55/36

Banecki, Wilhelm
- Fiche: *0430*
  Az 1: 9J 242/44
  Az 2: 5H 127/44

Bangemann
- Fiche: *0245 f.*
  Az 1: 8J 7/36g
  Az 2: 2H 4/36

Bankowski
- Fiche: *0051*
  Az 1: 5J 41/35
  Az 2: 2H 6/36

Bannasch-Berling
- Fiche: *0479 f.*
  Az 1: 7(8)J 108/43g

Bannert
- Fiche: *0615 ff.*
  Az 1: 15J 86/33
  Az 2: XII H 42/33

Bannier
- Fiche: *0080 f./0260*
  Az 1: 8J 163/36g
  Az 2: 1H 64/36

Bannwarth
- Fiche: *0131/0596 f.*
  Az 1: 14J 796/37g
  Az 2: 2H 51/38

Banse
- Fiche: *0094 f./0551*
  Az 1: 9J 600/36
  Az 2: 1H 21/37

Bantel, Luise
- Fiche: *0476 f.*
  Az 1: 8J 131/36g, 8J 49,117,131/36g
  Az 2: 2H 16,20,27/37

Bantelmann, Friedrich
- Fiche: *0542*
  Az 1: 8J 263/41
  Az 2: 2H 30/42

Baraniak, André
- Fiche: *0568 f.*
  Az 1: 8J 132/43g
  Az 2: 6H 185/43

Baraniak, André (A)
- Fiche: *0368/0438*
  Az 1: 7(8)J 163/43
  Az 2: 6H 91/44

Barat
- Fiche: *0274 f.*
  Az 1: 8J 226/38g
  Az 2: 1H 17/38

Barbusse, Henri
- Fiche: *0564 f.*
  Az 1: 9J 137/34
  Az 2: 1H 25/35
- Fiche: *0639*
  Az 1: 10J 87/41
  Az 2: 2H 192/42

Barby, von
- Fiche: *0590 f.*
  Az 1: 8J 420/35g
  Az 2: 1H 32/36

Barcia
- Fiche: *0561 f.*
  Az 1: 8J 261/41g
  Az 2: 1H 237/42

Barczick, Hermann
- Fiche: *0088 f.*
  Az 1: 17J 239/36
  Az 2: 1H 7/37

Barczick, Hermann (A)
- Fiche: *0091*
  Az 1: 7a O Js 113.36

Bardewyk, Johannes
- Fiche: *0589 f.*
  Az 1: 9J 399/39g
  Az 2: 2H 26/41

Barge, Werner
- Fiche: *0615 ff.*
  Az 1: 15J 86/33
  Az 2: XII H 42/33

Bargholtz
- Fiche: *0472 f./0603 f.*
  Az 1: 14J 629/37g, 6J 44/38g
  Az 2: 2H 84,85,87/38

Bargstädt, Karl
- Fiche: *0446*
  Az 1: 9J 9/43g
  Az 2: 1H 37/43

Bargstedt, Karl
- Fiche: *0152*
  Az 1: 11J 341/39
  Az 2: 2H 46/39

Barislovits, Jakob
- Fiche: *0363*
  Az 1: 7J 180/43
  Az 2: 5H 51/43

Barjon (Frau)
- Fiche: *0531*
  Az 1: 10J 40/42
  Az 2: 2H 228/42

Barknecht, Ernst
- Fiche: *0052*
  Az 1: 14J 104/36
  Az 2: 2H 8/36

Barkowski
- Fiche: *0242 f.*
  Az 1: 8J 3/36g
  Az 2: 2H 1/36

Barmer
- Fiche: *0399*
  Az 1: 2J 461/41g
  Az 2: 3L 31/42

Barnewsky, Hermann
- Fiche: *0105*
  Az 1: 17J 444/36
  Az 2: 2H 35/37
- Fiche: *0582 f.*
  Az 1: 10J 288/38
  Az 2: 1H 37/38

Baron, Christl
- Fiche: *0721*
  Az 1: 9J 26/45

Baron, Paul (A)
- Fiche: *0558/0586*
  Az 1: 8J 432/38g
  Az 2: 1H 9/39

Bart, Peter
- Fiche: *0516*
  Az 1: 9J 25/38
  Az 2: 1H 24/38

Barteck, Leo
- Fiche: *0242 f.*
  Az 1: 8J 3/36g
  Az 2: 2H 1/36
- Fiche: *0279 f.*
  Az 1: 6J 157/38
  Az 2: 2H 89/38

Bartel
- Fiche: *0497/0730*
  Az 1: 8J 18/34
  Az 2: 1H 19/35

Bartel, Alfred
- Fiche: *0173/0590*
  Az 1: 7J 72/42
  Az 2: 2H 87/42

Bartel, Johann
- Fiche: *0113/0469 f.*
  Az 1: 16J 37/35
  Az 2: 1H 19-20/37

Bartel, Karl
- Fiche: *0153*
  Az 1: 9J 327/39g
  Az 2: 1H 53/39
- Fiche: *0159*
  Az 1: 9J 84/39g
  Az 2: 2H 5/40
- Fiche: *0703*
  Az 1: 9J 327/39g, 9J 390/39 g

Bartel, Walter
- Fiche: *0621*
  Az 1: 17J 566/33
  Az 2: XII H 8/34

Bartell
- Fiche: *0286 f.*
  Az 1: 8J 384/38g
  Az 2: 1H 32/39

Bartels, Anna
- Fiche: *0606 f.*
  Az 1: 13J 190/33
  Az 2: XV H 53/33

Bartels, Werner
- Fiche: *0065 f./0253*
  Az 1: 8J 22/36g
  Az 2: 2H 36/36

Barten
- Fiche: *0069*
  Az 1: 8J 12/36g
  Az 2: 1H 42/36

Barth
- Fiche: *0180/0446*
  Az 1: 6J 12/43g
  Az 2: 1H 147/43
- Fiche: *0481 f./0557 f.*
  Az 1: 8J 214/37
  Az 2: 1H 31/38
- Fiche: *0660*
  Az 1: 13J 139/33
  Az 2: XV H 19/34

Barth, Anton (A)
- Fiche: *0186*
  Az 1: 7J 43/44
  Az 2: 4H 68/44

Barth, August (A)
- Fiche: *0023 f.*
  Az 1: 14J 328/33
  Az 2: 1H 5/35

Barth, Georg (A)
- Fiche: *0485 f.*
  Az 1: 8J 386/38, 8J 214/37
  Az 2: 1H 33/38, 1H 31/38

Barth, Heinrich
- Fiche: *0023 f.*
  Az 1: 14J 328/33
  Az 2: 1H 5/35

Barth, Hilde
- Fiche: *0132*
  Az 1: 5J 79/38
  Az 2: 2H 57/38

Barth, Josef (A)
- Fiche: *0055/0248 f.*
  Az 1: 8J 418/35g
  Az 2: 1H 13/36

Barth, Karl
- Fiche: *0090*
  Az 1: 17J 187/36
  Az 2: 2H 31/37
- Fiche: *0109 f.*
  Az 1: 17J 264/36
  Az 2: 2H 45/37

Barth, Walter
- Fiche: *0067*
  Az 1: 8J 296/35g
  Az 2: 2H 38/36

Barthel
- Fiche: *0036*
  Az 1: 16J 304/35
  Az 2: 1H 31/35
- Fiche: *0042*
  Az 1: 16J 354/35
  Az 2: 1H 50/35
- Fiche: *0060 f.*
  Az 1: 8J 438/35g
  Az 2: 1H 23/24/36
- Fiche: *0110/0302*
  Az 1: 8J 341/37g
  Az 2: 1H 46/37
- Fiche: *0110 f.*
  Az 1: 8J 348/37g
  Az 2: 1H 47/37
- Fiche: *0113 f./0508*
  Az 1: 14J 725/37g
  Az 2: 1H 1/38
- Fiche: *0115*
  Az 1: 8J 339/37
  Az 2: 1H 4/38
- Fiche: *0116*
  Az 1: 16J 900/37
  Az 2: 2H 6/38
- Fiche: *0496*
  Az 1: 15J 126/34
  Az 2: 2H 20/35

Barthel, Albert
- Fiche: *0050 f.*
  Az 1: 8J 164/35
  Az 2: 1H 5/36

Barthel, Alfred
- Fiche: *0114/0473 f.*
  Az 1: 14J 527/37g, 14J 736/37
  Az 2: 1H 44/37, 1H 3/38
- Fiche: *0115*
  Az 1: 14J 727/37g
  Az 2: 1H 5/38
- Fiche: *0537 f.*
  Az 1: 9J 236/41g
  Az 2: 5H 75/42

Barthel, Franz (A)
- Fiche: *0273 f.*
  Az 1: 14J 657/37g
  Az 2: 1H 15/38

Barthel, Hermann
- Fiche: *0261*
  Az 1: 14J 570/37g

Barthel, Hermann (A)
- Fiche: *0273 f.*
  Az 1: 14J 657/37g
  Az 2: 1H 15/38

Barthel, Kurt
- Fiche: *0068*
  Az 1: 8J 434/35g
  Az 2: 2H 41/36

Barthelmann, Max
- Fiche: *0583*
  Az 1: 10J 225/38
  Az 2: 2H 70/38

Barthels
- Fiche: *0559 f./0567*
  Az 1: 8J 165/42
  Az 2: 2H 137/42

Bartholomy, Harry
- Fiche: *0254*
  Az 1: 9J 332/36
  Az 2: 2H 40/36

Bartke, Wilhelm
- Fiche: *0595*
  Az 1: 9J 272/39g
  Az 2: 1H 34/39

Bartoll
- Fiche: *0504 f.*
  Az 1: 8J 198/41g
  Az 2: 5H 60/42
- Fiche: *0533*
  Az 1: 8J 332/38
  Az 2: 1H 32/38
- Fiche: *0537*
  Az 1: 8J 183/39
  Az 2: 2H 47/39
- Fiche: *0636 f.*
  Az 1: 8J 421/40
  Az 2: 2H 121/40

Barton, Peter
- Fiche: *0192*
  Az 1: 9J 126/44
  Az 2: 2H 133/44

Bartonek, Rudolf
- Fiche: *0321 f.*
  Az 1: 6J 22/41g
  Az 2: 2H 41/41
- Fiche: *0322/0521 f.*
  Az 1: 6J 145/40
  Az 2: 2H 32/41
- Fiche: *0363*
  Az 1: 7J 178/43
  Az 2: 5H 50/43

Bartosch, Franz
- Fiche: *0301*
  Az 1: 15J 818/36
  Az 2: 1H 22/37

Bartoszkiewicz, Alex (A)
- Fiche: *0530*
  Az 1: 10J 71/42
  Az 2: 2H 284/42

Bartsch
- Fiche: *0021/0462*
  Az 1: 15J 85/34
  Az 2: 1H 46/34
- Fiche: *0047 f./0641*
  Az 1: 9J 486/35
  Az 2: 1H 71/35
- Fiche: *0091 f.*
  Az 1: 14J 469/37, 14J 380/37
  Az 2: 1H 12/23/37
- Fiche: *0092*
  Az 1: 8/14J 31-45/36g
  Az 2: 1H 13/37
- Fiche: *0136*
  Az 1: 7J 346/38
  Az 2: 2H 95/38
- Fiche: *0615 ff.*
  Az 1: 15J 86/33
  Az 2: XII H 42/33
- Fiche: *0705*
  Az 1: RKA II 209/43
  Az 2: 1. Sen. 28/44

Bartsch, Frieda
- Fiche: *0034*
  Az 1: 9J 613/33
  Az 2: 1H 27/35

Bartsch, Fritz
- Fiche: *0160*
  Az 1: 9J 425/39g
  Az 2: 2H 43/40
- Fiche: *0161 f./0562*
  Az 1: 9J 370/39g
  Az 2: 2H 53/40

Bartsch, Georg
- Fiche: *0397f.*
  Az 1: 6J 198/39g
  Az 2: 3L 19/40

Bartsch, Günter
- Fiche: *0272*
  Az 1: 16J 225/37
  Az 2: 2H 60/37

Bartsch, Günther
- Fiche: *0439*
  Az 1: 7J 104/38
  Az 2: 2H 13/38

Bartsch, Gustav
- Fiche: *0081*
  Az 1: 8J 35/37g
  Az 2: 1H 66/36

Bartsch, Heinz
- Fiche: *0727*
  Az 1: 16J 293/35

Bartsch, Paul (A)
- Fiche: *0429/0741*
  Az 1: 9J 213/44
  Az 2: 5H 118/44

Bartsch, Richard
- Fiche: *0034*
  Az 1: 9J 613/33
  Az 2: 1H 27/35

Bartuschek
- Fiche: *0368/0414*
  Az 1: 6(7)J 511/43, 6(7)J 429/43
  Az 2: 5H 24/44, 5H 26/44

Bartz
- Fiche: *0051*
  Az 1: 5J 41/35
  Az 2: 2H 6/36
- Fiche: *0080/0260*
  Az 1: 17J 473/35
  Az 2: 2H 63/36

Bartz, Curt
- Fiche: *0313 f.*
  Az 1: 17J 57/35
  Az 2: 1H 54/35

Bartz, Curt (A)
- Fiche: *0242/0313*
  Az 1: 17J 59/35
  Az 2: 1H 74/35

Baruch
- Fiche: *0051*
  Az 1: 5J 41/35
  Az 2: 2H 6/36
- Fiche: *0489/0504*
  Az 1: 9J 12/41
  Az 2: 2H 99/41
- Fiche: *0549*
  Az 1: 5J 642/38
  Az 2: 1H 13/39

Baruch, Siegfried
- Fiche: *0071 f.*
  Az 1: 14J 288/36
  Az 2: 1H 48/36
- Fiche: *0480*
  Az 1: 10J 299/41
  Az 2: 2H 50/42
- Fiche: *0531 f.*
  Az 1: 10J 170/41
  Az 2: 2H 10/42
- Fiche: *0683 f.*
  Az 1: 10J 44/41
  Az 2: 2H 45/42

Barutzki, Olaf (A)
- Fiche: *0546*
  Az 1: 10J 256/42g
  Az 2: 2H 19/43

Barwig
- Fiche: *0382*
  Az 1: 7J 396/43, 7J 399/43
  Az 2: 1H 117/43, 5H 116/43

Barz
- Fiche: *0615 ff.*
  Az 1: 15J 86/33
  Az 2: XII H 42/33

Barzonek, Theresia
- Fiche: *0363*
  Az 1: 7J 178/43
  Az 2: 5H 50/43

Basalay, Walter (A)
- Fiche: *0429/0741*
  Az 1: 9J 213/44
  Az 2: 5H 118/44

Basch, Eduard
- Fiche: *0735 f.*
  Az 1: 7J 32/44
  Az 2: 6H 92/44

Basler, Adolf
- Fiche: *0004 f.*
  Az 1: 13J 98/33
  Az 2: 1H 7/34

Basler, Hermann
- Fiche: *0224*
  Az 1: 17J 44/34
  Az 2: 2H 2/34

Basmer, Rudolf
- Fiche: *0720*
  Az 1: 9J 543/43
  Az 2: 2H 155/43

Basse, Gustav
- Fiche: *0206*
  Az 1: 8J 189/44g
  Az 2: 1H 265/44

Basse, Gustav (A)
- Fiche: *0201/0434*
  Az 1: 8J 181/44g
  Az 2: 1H 227/44

Bastineller (Frau)
- Fiche: *0274 f.*
  Az 1: 8J 226/38g
  Az 2: 1H 17/38

Bastl
- Fiche: *0320*
  Az 1: 6J 119/40g

Batagelj, Anton
- Fiche: *0699 f.*
  Az 1: StPL (RKA) I 118/41
  Az 2: StPL (HLS) III 57/41

Baterau
- Fiche: *0034*
  Az 1: 9J 613/33
  Az 2: 1H 27/35

Bathel
- Fiche: *0108 f.*
  Az 1: 8J 337/37g
  Az 2: 1H 41/37

Batowski
- Fiche: *0195/0460*
  Az 1: 10J 112/44
  Az 2: 2H 189/44

Baum, Kurt
- Fiche: *0476 f.*
  Az 1: 8J 131/36g,
  8J 49,117,131/36g
  Az 2: 2H 16,20,27/37

Baum, Kurt (A)
- Fiche: *0558 f.*
  Az 1: 9J 914/35
  Az 2: 1H 9/36

Baum, Marianne
- Fiche: *0709 ff.*
  Az 1: 8J 162/40
  Az 2: 2H 77/41

Baum, Paul
- Fiche: *0068*
  Az 1: 8J 434/35g
  Az 2: 2H 41/36
- Fiche: *0589*
  Az 1: 16J 293/35
  Az 2: 2H 58/35

Baum, Reinhard (A)
- Fiche: *0429/0741*
  Az 1: 9J 213/44
  Az 2: 5H 118/44

Baum, Vida
- Fiche: *0416*
  Az 1: 6(7)J 518/43
  Az 2: 5H 31/44

Baumann
- Fiche: *0012*
  Az 1: 14J 327/33
  Az 2: 2H 15/34
- Fiche: *0049/0450*
  Az 1: 9J 151/35
  Az 2: 1H 3/36
- Fiche: *0094 f./0551*
  Az 1: 9J 600/36
  Az 2: 1H 21/37
- Fiche: *0228*
  Az 1: 13J 266/33
  Az 2: 2H 11,12/35
- Fiche: *0263 f./0487 f.*
  Az 1: 17J 171/35
  Az 2: 2H 17/37
- Fiche: *0396/0704 f.*
  Az 1: 14J 522/37g
  Az 2: 1L 2/40
- Fiche: *0554 f.*
  Az 1: 8J 244/34
  Az 2: 2H 22/35
- Fiche: *0636 f.*
  Az 1: 8J 421/40
  Az 2: 2H 121/40

Baumann, Aloys
- Fiche: *0267 f.*
  Az 1: 7J 201/36g
  Az 2: 2H 40/37

Baumann, Arthur
- Fiche: *0588 f./0643*
  Az 1: 16J 293/35,
  8J 438/35
  Az 2: 2H 58/35

Baumann, Edith (A)
- Fiche: *0013 f.*
  Az 1: 8J 1713/33
  Az 2: 2H 20/34

Baumann, Franz (A)
- Fiche: *0235*
  Az 1: 17J 5/35
  Az 2: 1H 44/35
- Fiche: *0406*
  Az 1: 7J 462/43
  Az 2: 6H 218/43

Baumann, Hans
- Fiche: *0597 f.*
  Az 1: 15J 355/33
  Az 2: 1H 43/34

Baumann, Jakob
- Fiche: *0038 f./0259 f.*
  Az 1: 16J 767/35
  Az 2: 2H 57/36

Baumann, Jakob (A)
- Fiche: *0086/0684*
  Az 1: 14J 392/35
  Az 2: 2H 4/37

Baumann, Karl
- Fiche: *0086/0684*
  Az 1: 14J 392/35
  Az 2: 2H 4/37
- Fiche: *0177/0512*
  Az 1: 5J 134/42
  Az 2: 5H 36/43
- Fiche: *0181*
  Az 1: 7J 434/43
  Az 2: 6H 10/44
- Fiche: *0292/0491*
  Az 1: 9J 354/40
  Az 2: 2H 126/41
- Fiche: *0378*
  Az 1: 7J 433/43
  Az 2: 6H 177/43
- Fiche: *0378*
  Az 1: 7J 412/43
  Az 2: 6H 178/43
- Fiche: *0406*
  Az 1: 7J 462/43
  Az 2: 6H 218/43
- Fiche: *0408*
  Az 1: 11J 50/44
  Az 2: 6H 11/44

Baumann, Karl (A)
- Fiche: *0379*
  Az 1: 7J 431/43
  Az 2: 6H 175/43

Baumann, Marie
- Fiche: *0115 f.*
  Az 1: 17J 381/37
  Az 2: 2H 5/38

Baumann, Olga
- Fiche: *0391 f.*
  Az 1: 5J 6/36g
  Az 2: 3L 21/37

Baumann, Paul
- Fiche: *0391 f.*
  Az 1: 5J 6/36g
  Az 2: 3L 21/37

Baumann, Walter
- Fiche: *0419*
  Az 1: 10(9)J 928/43
  Az 2: 6L 53/44

Baumeister
- Fiche: *0195 f.*
  Az 1: 10(9)J 735/43
  Az 2: 2H 201/44
- Fiche: *0206*
  Az 1: 8J 277/44
  Az 2: 2H 269/44

Baumeister, Ernst
- Fiche: *0513 f.*
  Az 1: 8J 969/33
  Az 2: 2H 24/34

Baumeister, Otto
- Fiche: *0117 f./0542*
  Az 1: 8J 20/36g
  Az 2: 2H 11/38

Baumgärtner, Georg
- Fiche: *0569 f.*
  Az 1: 15J 273/35
  Az 2: 1H 47/35

Baumgärtner, Georg (A)
- Fiche: *0051 f.*
  Az 1: 8J 383/34
  Az 2: 1H 7/36

Baumgärtner, Justina
- Fiche: *0378*
  Az 1: 7J 412/43
  Az 2: 6H 178/43

Baumgart
- Fiche: *0615 ff.*
  Az 1: 15J 86/33
  Az 2: XII H 42/33

Baumgart, Artur
- Fiche: *0431*
  Az 1: 10J 816/43,
  5J 16/44
  Az 2: 3L 133/44

Baumgart, Kurt (A)
- Fiche: *0430*
  Az 1: 9J 242/44
  Az 2: 5H 127/44

Baumgart, Martin
- Fiche: *0141/0273*
  Az 1: 6J 277/38g
  Az 2: 1H 14/39
- Fiche: *0167*
  Az 1: 6J 66/40g
  Az 2: 2H 120/41

Baumgarte
- Fiche: *0018 f.*
  Az 1: 15J 369/34
  Az 2: 1H 39/35
- Fiche: *0160/0288f.*
  Az 1: 6J 224/39g
  Az 2: 2H 44/40
- Fiche: *0241 f.*
  Az 1: 8J 88/36g
  Az 2: 1H 70/35
- Fiche: *0315 f./0465 f.*
  Az 1: 15J 14/36
  Az 2: 1H 54/36
- Fiche: *0543*
  Az 1: 15J 385/34
  Az 2: 1H 47/36
- Fiche: *0589*
  Az 1: 16J 293/35
  Az 2: 2H 58/35
- Fiche: *0727*
  Az 1: 16J 293/35

Baumgarte, Alois
- Fiche: *0308*
  Az 1: 7J 242/40
  Az 2: 2H 113/40

Baumgarte, August
- Fiche: *0046/0239*
  Az 1: 16J 438/35
  Az 2: 1H 62/35
- Fiche: *0060 f.*
  Az 1: 8J 438/35g
  Az 2: 1H 23/24/36
- Fiche: *0703*
  Az 1: 16J 415/35

Baumgarte, Auguste
- Fiche: *0588 f./0643*
  Az 1: 16J 293/35,
  8J 438/35
  Az 2: 2H 58/35

Baumgarte, Edith
- Fiche: *0588 f./0643*
  Az 1: 16J 293/35,
  8J 438/35
  Az 2: 2H 58/35

Baumgarte, Kurt
- Fiche: *0095 f.*
  Az 1: 17J 271/36
  Az 2: 2H 23/37
- Fiche: *0112*
  Az 1: 17J 391/36
  Az 2: 2H 56/37
- Fiche: *0174 f.*
  Az 1: 10J 88/42
  Az 2: 2H 182/42

Baumgarte, Kurt (A)
- Fiche: *0671 f.*
  Az 1: 15J 385/34
  Az 2: 1H 11/36

Baumgarten
- Fiche: *0084/0261*
  Az 1: 17J 513/36
  Az 2: 2H 1/37
- Fiche: *0373*
  Az 1: 7J 306/43
  Az 2: 5H 89/43
- Fiche: *0378*
  Az 1: 7J 433/43
  Az 2: 6H 177/43
- Fiche: *0589*
  Az 1: 16J 293/35
  Az 2: 2H 58/35

Baumgarten, Anna
- Fiche: *0497*
  Az 1: 8J 344/42
  Az 2: 5H 146/43

Baumgarten, Edith
- Fiche: *0589*
  Az 1: 16J 293/35
  Az 2: 2H 58/35

Baumgarten, Paula
- Fiche: *0039*
  Az 1: 16J 454/35
  Az 2: 2H 40/35
- Fiche: *0060 f.*
  Az 1: 8J 438/35g
  Az 2: 1H 23/24/36

Behnke, Bernhard
- Fiche: *0130 f.*
  Az 1: 10J 137/38
  Az 2: 2H 49/38
- Fiche: *0499*
  Az 1: 10J 141/38
  Az 2: 2H 53/38

Behnke, Bernhard (A)
- Fiche: *0457 f.*
  Az 1: 10J 142/38
  Az 2: 2H 42/38

Behnsen, Heini
- Fiche: *0100 f./0711*
  Az 1: 15J 1/37
  Az 2: 1H 28/37

Behr
- Fiche: *0147*
  Az 1: 11J 196/38g
  Az 2: 1H 35/39
- Fiche: *0316*
  Az 1: 16J 251/36
  Az 2: 1H 45/36

Behr, Hans
- Fiche: *0010 f.*
  Az 1: 17J 232/33
  Az 2: 2H 14/34

Behr, Willi
- Fiche: *0109 f.*
  Az 1: 17J 264/36
  Az 2: 2H 45/37

Behre, Gustav (A)
- Fiche: *0235*
  Az 1: 17J 5/35
  Az 2: 1H 44/35

Behrend
- Fiche: *0021 f.*
  Az 1: 17J 397/33
  Az 2: 1H 3/35

Behrend, Hellmuth
- Fiche: *0048 f.*
  Az 1: 17J 88/35
  Az 2: 1H 73/35

Behrend, Richard
- Fiche: *0010 f.*
  Az 1: 17J 232/33
  Az 2: 2H 14/34

Behrendonk
- Fiche: *0389*
  Az 1: 9J 301/35
  Az 2: 3L 51/35

Behrendsohn
- Fiche: *0121 f.*
  Az 1: 7J 206/38
  Az 2: 1H 19/38

Behrendt
- Fiche: *0533*
  Az 1: 7J 20/33
  Az 2: 3L 5/34
- Fiche: *0611*
  Az 1: 8J 1694/33
  Az 2: XII H 14/34

Behrendt (Frau)
- Fiche: *0387 f.*
  Az 1: 16J 489/33
  Az 2: 3L 19/35

Behrendt, Konni
- Fiche: *0053 f.*
  Az 1: 17J 310/35
  Az 2: 2H 10/36
- Fiche: *0249 f.*
  Az 1: 17J 318/35
  Az 2: 1H 15/36

Behrendt, Konni (A)
- Fiche: *0054*
  Az 1: 17J 83/35
  Az 2: 1H 12/36

Behrens
- Fiche: *0053 f.*
  Az 1: 17J 310/35
  Az 2: 2H 10/36
- Fiche: *0100 f./0711*
  Az 1: 15J 1/37
  Az 2: 1H 28/37
- Fiche: *0494*
  Az 1: 9J 356/36
  Az 2: 1H 46/36

Behrens, Arthur (A)
- Fiche: *0702*
  Az 1: 8J 246/43
  Az 2: 1H 3/44

Behrens, Karl
- Fiche: *0713 f.*
  Az 1: StPL (RKA) III 495,496,497/42
  Az 2: StPL (HLS) II 129/42

Behrens, Werner
- Fiche: *0256*
  Az 1: 15J 162/36
  Az 2: 1H 51/36

Behrenz, Max (A)
- Fiche: *0593 f.*
  Az 1: 15J 490/33
  Az 2: 1H 89/34

Behretz, Max
- Fiche: *0564*
  Az 1: 8J 148/42g
  Az 2: 5H 67/43

Behrhauer
- Fiche: *0700*
  Az 1: StPL (RKA) III 191/42
  Az 2: StPL (HLS) IV 108/42

Behring, Josef
- Fiche: *0301*
  Az 1: 15J 818/36
  Az 2: 1H 22/37

Behrisch, Arno
- Fiche: *0106 f.*
  Az 1: 14J 303/37g
  Az 2: 2H 37/37
- Fiche: *0112*
  Az 1: 14J 375/37g
  Az 2: 2H 53/37
- Fiche: *0261*
  Az 1: 14J 570/37g

Behrmann, Leoni (A)
- Fiche: *0105*
  Az 1: 17J 444/36
  Az 2: 2H 35/37

Beicht, Peter (A)
- Fiche: *0007 f.*
  Az 1: 15J 734/33
  Az 2: 2H 10/34

Beier
- Fiche: *0051 f.*
  Az 1: 8J 383/34
  Az 2: 1H 7/36
- Fiche: *0139/0474 f.*
  Az 1: 6J 141/38g
  Az 2: 1H 10/39
- Fiche: *0448*
  Az 1: 17J 225/37
  Az 2: 2H 48/37
- Fiche: *0628 f.*
  Az 1: 10J 2/43g
  Az 2: 1H 89/43
- Fiche: *0661 f.*
  Az 1: 9J 952/33
  Az 2: XV H 20/34
- Fiche: *0732*
  Az 1: 5J 464/39
  Az 2: 1H 61/39

Beier (Frau)
- Fiche: *0273 f.*
  Az 1: 14J 657/37g
  Az 2: 1H 15/38

Beier, Franz
- Fiche: *0576*
  Az 1: 7J 302/43
  Az 2: 5H 104/43

Beier, Friedrich (A)
- Fiche: *0569 f.*
  Az 1: 15J 273/35
  Az 2: 1H 47/35

Beier, Linda
- Fiche: *0569 f.*
  Az 1: 15J 273/35
  Az 2: 1H 47/35

Beier, Walter
- Fiche: *0479/0739*
  Az 1: 12(10)J 47/39
  Az 2: 1H 33/40

Beier, Wilhelm
- Fiche: *0055 f./0390*
  Az 1: 8J 82/36g
  Az 2: 2H 13/36
- Fiche: *0077 f./0239*
  Az 1: 8J 421/35g
  Az 2: 2H 60/36

Beierlein
- Fiche: *0140/0683*
  Az 1: 16J 703/35, 6J 17/39g
  Az 2: 2H 12/39

Beigang
- Fiche: *0516*
  Az 1: 9J 315/37
  Az 2: 2H 61/37

Beigelbeck, Josef (A)
- Fiche: *0347 f.*
  Az 1: 7J 257/42
  Az 2: 5H 86/42

Beil
- Fiche: *0691 f.*
  Az 1: 8J 274/38, 8J 321/38
  Az 2: 1H 27/38, 1H 28/38

Beiler, Karl
- Fiche: *0072 f.*
  Az 1: 15J 282/36
  Az 2: 2H 49/36

Beiling
- Fiche: *0018*
  Az 1: 15/17J 77/32
  Az 2: 1H 28/34
- Fiche: *0034*
  Az 1: 9J 613/33
  Az 2: 1H 27/35
- Fiche: *0042 f.*
  Az 1: 14a/9J 1672/31
  Az 2: 1H 52/35

Beilke, Günther (A)
- Fiche: *0580*
  Az 1: 9J 3/44
  Az 2: 2H 25/44

Beimler, Hans
- Fiche: *0078*
  Az 1: 14J 73/36
  Az 2: 1H 62/36
- Fiche: *0140 f.*
  Az 1: 8J 357/38g
  Az 2: 2H 13/39
- Fiche: *0166/0568*
  Az 1: 9J 24/41
  Az 2: 2H 86/41
- Fiche: *0180/0446*
  Az 1: 6J 12/43g
  Az 2: 1H 147/43
- Fiche: *0196 f.*
  Az 1: 7J 128/44
  Az 2: 6H 205/44
- Fiche: *0197*
  Az 1: 9J 141/44
  Az 2: 1H 206/44
- Fiche: *0263 f./0487 f.*
  Az 1: 17J 171/35
  Az 2: 2H 17/37
- Fiche: *0556 f.*
  Az 1: 9J 51/44g
  Az 2: 1H 97/44
- Fiche: *0628 f.*
  Az 1: 10J 2/43g
  Az 2: 1H 89/43
- Fiche: *0700 f.*
  Az 1: 7J 108/40
  Az 2: 2H 98/40
- Fiche: *0735 f.*
  Az 1: 7J 32/44
  Az 2: 6H 92/44

Bein
- Fiche: *0003*
  Az 1: 15J 594/33
  Az 2: 2H 3/34

Beinhoff, Howard
- Fiche: *0721*
  Az 1: 9J 25/45

Beininger (Frau)
- Fiche: *0444*
  Az 1: 12J 33/40

Benedikt, Walter von
– Fiche: *0403 f.*
Az 1: 8J 7/41g
Az 2: 2H 166/43
– Fiche: *0407 f.*
Az 1: 7(8)J 199/41
Az 2: 2H 3/44

Benesch
– Fiche: *0547 f.*
Az 1: 8J 318/39
Az 2: 1H 60/39
– Fiche: *0561 f.*
Az 1: 8J 261/41g
Az 2: 1H 237/42

Bengart, Peter
– Fiche: *0495*
Az 1: 9J 684/37
Az 2: 2H 25/38

Bengs
– Fiche: *0087 f.*
Az 1: 14J 396/36
Az 2: 1H 6/37
– Fiche: *0094 f./0551*
Az 1: 9J 600/36
Az 2: 1H 21/37

Bengtsson (Frau)
– Fiche: *0317*
Az 1: 15J 166/36
Az 2: 1H 33/36

Bengtsson, Emmi
– Fiche: *0489/0504*
Az 1: 9J 12/41
Az 2: 2H 99/41

Bengtsson, Wilhelm
– Fiche: *0489/0504*
Az 1: 9J 12/41
Az 2: 2H 99/41

Benhack, Jakob
– Fiche: *0526*
Az 1: 7J 461/43

Benjamin
– Fiche: *0095 f.*
Az 1: 17J 271/36
Az 2: 2H 23/37

Benkel, Willi
– Fiche: *0518/0562*
Az 1: 8J 52/44
Az 2: 1H 82/44

Benkert, Hermann (A)
– Fiche: *0250 f.*
Az 1: 8J 364/35
Az 2: 2H 15/36

Benkert, Hugo (A)
– Fiche: *0251 ff.*
Az 1: 14J 12/36
Az 2: 2H 17/36

Benkiser, Georg
– Fiche: *0004 f.*
Az 1: 13J 98/33
Az 2: 1H 7/34

Benkö, Zoltan (A)
– Fiche: *0213*
Az 1: 17J 292/33

Benn
– Fiche: *0065*
Az 1: 14J 26/36
Az 2: 1H 36/36

Bennemann
– Fiche: *0554 f.*
Az 1: 8J 244/34
Az 2: 2H 22/35

Benner, Eugen
– Fiche: *0633 f.*
Az 1: 9J 267/37
Az 2: 2H 46/37

Benner, Fritz
– Fiche: *0489/0504*
Az 1: 9J 12/41
Az 2: 2H 99/41
– Fiche: *0633 f.*
Az 1: 9J 267/37
Az 2: 2H 46/37

Bennewitz, Kurt
– Fiche: *0159 f.*
Az 1: 5J 677/39
Az 2: 2H 41/40

Bennies, Rudolf
– Fiche: *0514*
Az 1: 9aJ 164/34
Az 2: 1H 47/34

Benning, Anton (A)
– Fiche: *0203*
Az 1: 8J 149/44
Az 2: 2H 244/44

Benninghaus, Walter
– Fiche: *0560*
Az 1: 9J 90/42g
Az 2: 2H 281/42
– Fiche: *0589 f.*
Az 1: 9J 399/39g
Az 2: 2H 26/41

Bensch, Hermann
– Fiche: *0398/0399*
Az 1: 6J 127/40g
Az 2: 3L 99/40

Bentheim, Constantin von
– Fiche: *0137/0711 f.*
Az 1: 8J 367/38
Az 2: 2H 4/39
– Fiche: *0286 f.*
Az 1: 8J 384/38g
Az 2: 1H 32/39
– Fiche: *0478 f.*
Az 1: 8J 421/38
Az 2: 1H 19/39
– Fiche: *0585 f.*
Az 1: 8J 160/38
Az 2: 2H 73/38
– Fiche: *0718 f.*
Az 1: 8J 444/35
Az 2: 2H 54/36

Bentheim, Constantin von (A)
– Fiche: *0510 f./0689 f.*
Az 1: 8J 54/37
Az 2: 2H 41/37

Bentheim, Erna von
– Fiche: *0510 f./0689 f.*
Az 1: 8J 54/37
Az 2: 2H 41/37

Benthien
– Fiche: *0008 f.*
Az 1: 17J 242/33
Az 2: 2H 11/34

Bentler, Willi
– Fiche: *0225*
Az 1: 8J 1734/33
Az 2: 1H 7/35

Bentson
– Fiche: *0494*
Az 1: 9J 356/36
Az 2: 1H 46/36

Benz, Theodor
– Fiche: *0052*
Az 1: 14J 104/36
Az 2: 2H 8/36

Benzmann, Amanda
– Fiche: *0010 f.*
Az 1: 17J 232/33
Az 2: 2H 14/34

Benzmann, Walter (A)
– Fiche: *0010 f.*
Az 1: 17J 232/33
Az 2: 2H 14/34

Beran
– Fiche: *0326*
Az 1: 7J 199/42
Az 2: 2H 169/42

Berendonk, Hermann
– Fiche: *0470*
Az 1: 9J 25/42g
Az 2: 2H 153/42

Berendsohn
– Fiche: *0478 f.*
Az 1: 8J 421/38
Az 2: 1H 19/39

Berg
– Fiche: *0014*
Az 1: 8J 1713/33
Az 2: 2H 20/34
– Fiche: *0052 f.*
Az 1: 17J 5/36
Az 2: 1H 10/36
– Fiche: *0119*
Az 1: 8J 273/37
Az 2: 1H 13/38
– Fiche: *0141/0273*
Az 1: 6J 277/38g
Az 2: 1H 14/39
– Fiche: *0451*
Az 1: 9J 658/35
Az 2: 2H 41/35

Berg, Heinz
– Fiche: *0703*
Az 1: 8J 391/41g

Berg, Martha
– Fiche: *0243/0471 f.*
Az 1: 15J 578/36
Az 2: 1H 2/37

Berg, Martin
– Fiche: *0169 f.*
Az 1: 5J 229/41
Az 2: 2H 13/42

Berg, Martin (A)
– Fiche: *0611 f.*
Az 1: 12J 145/33
Az 2: XII H 13/34

Berg, Willi
– Fiche: *0120 f./0133*
Az 1: 17J 400/37
Az 2: 2H 71/38
– Fiche: *0274*
Az 1: 17J 406/37
Az 2: 2H 15/38

Bergan, Fritz
– Fiche: *0323*
Az 1: 6J 28/41g
Az 2: 2H 129/41
– Fiche: *0544 f.*
Az 1: 10J 138/38
Az 2: 2H 37/38

Bergande, Meta
– Fiche: *0694*
Az 1: 8J 208/40
Az 2: 2H 96/40

Bergau, Fritz
– Fiche: *0130 f.*
Az 1: 10J 137/38
Az 2: 2H 49/38

Bergau, Fritz (A)
– Fiche: *0573 f.*
Az 1: 10J 140/38
Az 2: 2H 44/38

Bergdolt
– Fiche: *0232*
Az 1: 8J 459/34
Az 2: 1H 16/35

Bergdott
– Fiche: *0036/0230 f.*
Az 1: 8J 306/35
Az 2: 2H 30/35

Bergelt, Alfred (A)
– Fiche: *0608 ff.*
Az 1: 15J 179/33
Az 2: XII H 17/34

Bergelt, Willy (A)
– Fiche: *0608 ff.*
Az 1: 15J 179/33
Az 2: XII H 17/34

Bergemann
– Fiche: *0109 f.*
Az 1: 17J 264/36
Az 2: 2H 45/37

Berger
– Fiche: *0113*
Az 1: 8J 351/37g
Az 2: 2H 57/37
– Fiche: *0114/0473 f.*
Az 1: 14J 527/37g, 14J 736/37
Az 2: 1H 44/37, 1H 3/38
– Fiche: *0233 f.*
Az 1: 8J 291/35
Az 2: 2H 36/35
– Fiche: *0355 f.*
Az 1: 7J 526/42
Az 2: 5H 194/42

Bergold, Wolfgang (A)
- Fiche: *0170 f./0674*
  Az 1: 5J 231/41
  Az 2: 2H 23/42

Bergow, Richard
- Fiche: *0429/0741*
  Az 1: 9J 213/44
  Az 2: 5H 118/44

Bergow, Richard (A)
- Fiche: *0746*
  Az 1: 9J 63/45

Bergquist, Werner
- Fiche: *0256*
  Az 1: 15J 162/36
  Az 2: 1H 51/36

Bergt, Oskar
- Fiche: *0654*
  Az 1: 13J 308/33
  Az 2: XV H 13/34

Bergtel, Else
- Fiche: *0053 f.*
  Az 1: 17J 310/35
  Az 2: 2H 10/36

Bergtel, Rudolf
- Fiche: *0054*
  Az 1: 17J 83/35
  Az 2: 1H 12/36
- Fiche: *0714*
  Az 1: StPL (RKA) III 530/42
  Az 2: StPL (HLS) II 12/43

Bergtel, Rudolf (A)
- Fiche: *0053 f.*
  Az 1: 17J 310/35
  Az 2: 2H 10/36

Bergust
- Fiche: *0021/0462*
  Az 1: 15J 85/34
  Az 2: 1H 46/34

Berke, Albert (A)
- Fiche: *0749*
  Az 1: 6J 24/44
  Az 2: 2H 33/44

Berkes, Werner
- Fiche: *0532 f.*
  Az 1: 7(11)J 197/34g
  Az 2: 3L 21/36

Berkhahn, Fritz
- Fiche: *0051/0246 f.*
  Az 1: 8J 422/35g
  Az 2: 1H 6/36

Berkner, Karl
- Fiche: *0134/0457*
  Az 1: 9J 209/38
  Az 2: 2H 81/38

Berkowitz
- Fiche: *0094 f./0551*
  Az 1: 9J 600/36
  Az 2: 1H 21/37

Berkowitz, Anna
- Fiche: *0636 f.*
  Az 1: 8J 421/40
  Az 2: 2H 121/40

Berkowitz, Liane
- Fiche: *0693*
  Az 1: StPL (RKA) III 525/42
  Az 2: StPL 2. Sen. 100/43
- Fiche: *0706*
  Az 1: StPL (RKA) III 188/43
  Az 2: StPL (HLS) II 48/43

Berkowitz, Liane (A)
- Fiche: *0692*
  Az 1: StPL (RKA) III 525/42
  Az 2: StPL (HLS) II 4/43

Berlin, Hans
- Fiche: *0641*
  Az 1: 10J 35/41
  Az 2: 2H 96/41

Bermoser
- Fiche: *0294*
  Az 1: 7J 258/42
  Az 2: 1H 215/42

Bernarding, Johann
- Fiche: *0170/0293*
  Az 1: 6J 100/41g
  Az 2: 2H 21/42
- Fiche: *0176/0295*
  Az 1: 6J 27/42g
  Az 2: 1H 18/43
- Fiche: *0178*
  Az 1: 6J 134/42g
  Az 2: 2H 77/43

Bernardis
- Fiche: *0441*
  Az 1: 0J 3/44g Rs
  Az 2: 1L 292/44

Bernau, Gerda
- Fiche: *0012 f./0546*
  Az 1: 13J 258/33
  Az 2: 1H 16/34

Berndt
- Fiche: *0065*
  Az 1: 16J 349/35
  Az 2: 2H 32/36
- Fiche: *0123 ff./0275 f.*
  Az 1: 8J 5/37g
  Az 2: 2H 23/38
- Fiche: *0139/0474 f.*
  Az 1: 6J 141/38g
  Az 2: 1H 10/39
- Fiche: *0472 f./0603 f.*
  Az 1: 14J 629/37g, 6J 44/38g
  Az 2: 2H 84,85,87/38

Berndt, Adolf
- Fiche: *0472 f./0603 f.*
  Az 1: 14J 629/37g, 6J 44/38g
  Az 2: 2H 84,85,87/38

Berndt, Arthur
- Fiche: *0060 f.*
  Az 1: 8J 438/35g
  Az 2: 1H 23/24/36
- Fiche: *0703*
  Az 1: 16J 415/35

Berndt, Bruno
- Fiche: *0657*
  Az 1: 15J 16/32
  Az 2: XV H 2/34

Berndt, Ernst (A)
- Fiche: *0621*
  Az 1: 13J 240/33
  Az 2: XII H 3/34

Berndt, Fritz
- Fiche: *0509 f.*
  Az 1: 9J 456/43
  Az 2: 2H 145/43

Berndt, Paul
- Fiche: *0632 f.*
  Az 1: 6J 29/42g
  Az 2: 1H 139/43

Berndt, Rudolf
- Fiche: *0127/0623*
  Az 1: 8J 419/37g
  Az 2: 2H 33/38

Berndt, Siegfried
- Fiche: *0011 f.*
  Az 1: 17J 545/33
  Az 2: 1H 15/34

Berndt, Walter (A)
- Fiche: *0029*
  Az 1: 17J 98/34
  Az 2: 1H 17/35

Bernecker
- Fiche: *0666 f.*
  Az 1: 8/16J 747/33
  Az 2: XV H 41/33

Bernecker, Walter
- Fiche: *0470 f.*
  Az 1: 10J 232/42g
  Az 2: 2H 337/42
- Fiche: *0546*
  Az 1: 10J 256/42g
  Az 2: 2H 19/43

Berner, Jacob (A)
- Fiche: *0405*
  Az 1: 7J 390/43
  Az 2: 6H 181/43

Berner, Marie
- Fiche: *0382*
  Az 1: 7J 396/43, 7J 399/43
  Az 2: 1H 117/43, 5H 116/43

Bernert
- Fiche: *0472 f./0603 f.*
  Az 1: 14J 629/37g, 6J 44/38g
  Az 2: 2H 84,85,87/38

Bernert, Franz (A)
- Fiche: *0511*
  Az 1: 7J 61/44
  Az 2: 5H 50/44

Bernhard
- Fiche: *0056*
  Az 1: 17J 441/35
  Az 2: 1H 14/36
- Fiche: *0709 ff.*
  Az 1: 8J 162/40
  Az 2: 2H 77/41

Bernhard, Albert
- Fiche: *0735 f.*
  Az 1: 7J 32/44
  Az 2: 6H 92/44

Bernhard, Georg
- Fiche: *0452*
  Az 1: 7J 421/43
- Fiche: *0453/0739*
  Az 1: 7J 347/43, 7J 421/43, 7J 422/43
  Az 2: 5H 122/43, 5H 129/43, 5H 125/43
- Fiche: *0489 ff.*
  Az 1: 8J 402/38
  Az 2: 2H 41/39
- Fiche: *0587 f.*
  Az 1: 9J 126/42g
  Az 2: 1H 309/42

Bernhardini, Alma
- Fiche: *0276*
  Az 1: 6J 117/38g
  Az 2: 2H 30/38

Bernhardini, Franziska
- Fiche: *0276*
  Az 1: 6J 117/38g
  Az 2: 2H 30/38

Bernhardt
- Fiche: *0569 f.*
  Az 1: 15J 273/35
  Az 2: 1H 47/35

Bernhardt, Kurt
- Fiche: *0168 f.*
  Az 1: 5J 230/41
  Az 2: 2H 6/42
- Fiche: *0292*
  Az 1: 5J 228/41
  Az 2: 2H 16/42

Bernhardt, Kurt (A)
- Fiche: *0170 f./0674*
  Az 1: 5J 231/41
  Az 2: 2H 23/42

Bernhardt, Michael
- Fiche: *0374/0520*
  Az 1: 7J 341/43
  Az 2: 5H 81/43

Bernhardt, Michael (A)
- Fiche: *0373 f./0520*
  Az 1: 7J 343/43
  Az 2: 5H 82/43
- Fiche: *0520*
  Az 1: 7J 343/43
  Az 2: 5H 82/43

Bernheim, Gabriel
- Fiche: *0177*
  Az 1: 7J 465/42g
  Az 2: 2H 31/43
- Fiche: *0178*
  Az 1: 6J 134/42g
  Az 2: 2H 77/43

Bernhuber
- Fiche: *0576*
  Az 1: 7J 302/43
  Az 2: 5H 104/43

Besenbruch
– Fiche: *0553 f.*
Az 1: 10J 137/42
Az 2: 2H 242/42

Besenkopf, Karl
– Fiche: *0356/0400*
Az 1: 7J 395/42, 7J 457/42
Az 2: 5H 158/42, 5H 193/42
– Fiche: *0356/0512*
Az 1: 7J 479/42
Az 2: 5H 196/42
– Fiche: *0442*
Az 1: 7J 480/42
Az 2: 1H 337/42
– Fiche: *0526 f.*
Az 1: 7J 457/42

Besenkopf, Karl (A)
– Fiche: *0354 f.*
Az 1: 7J 478/42
Az 2: 5H 199/42

Besenkruch
– Fiche: *0174 f.*
Az 1: 10J 88/42
Az 2: 2H 182/42

Besselmann
– Fiche: *0417/0522*
Az 1: 6(7)J 378/42
Az 2: 6H 38/44

Besser
– Fiche: *0640*
Az 1: 16J 328/35
Az 2: 1H 11/37

Besser, Erich
– Fiche: *0208/0446*
Az 1: 8J 191/44
Az 2: 1H 303/44

Besser, Konrad
– Fiche: *0108*
Az 1: 8J 358/37g
Az 2: 1H 40/37

Bessler
– Fiche: *0653 f.*
Az 1: 13J 294/33
Az 2: XV H 6/34

Beßler, Otto
– Fiche: *0502 f.*
Az 1: 16J 150/35
Az 2: 2H 21/36

Bessmann
– Fiche: *0749*
Az 1: 6J 24/44
Az 2: 2H 33/44

Bessonow, Sergej A.
– Fiche: *0713 f.*
Az 1: StPL (RKA) III 495,496,497/42
Az 2: StPL (HLS) II 129/42

Best
– Fiche: *0594 f./0695 f.*
Az 1: 11J 122/35g
Az 2: 2H 10,11,12/37

Bestel, Wilhelm
– Fiche: *0099 f.*
Az 1: 14J 301/37
Az 2: 1H 27/37

Bestereimer, Wilhelm (A)
– Fiche: *0697*
Az 1: StPL (RKA) II 283/43
Az 2: StPL (HLS) III 63/43

Bethge, Elisabeth
– Fiche: *0102*
Az 1: 17J 185/36
Az 2: 1H 30/37

Bethke, Willi
– Fiche: *0013*
Az 1: 13J 279/33
Az 2: 2H 19/34

Bethmann, Alfred
– Fiche: *0160*
Az 1: 9J 425/39g
Az 2: 2H 43/40
– Fiche: *0161 f./0562*
Az 1: 9J 370/39g
Az 2: 2H 53/40
– Fiche: *0162*
Az 1: 9J 424/39g
Az 2: 2H 60/40
– Fiche: *0579 f.*
Az 1: 9J 422/39g
Az 2: 2H 37/40
– Fiche: *0592*
Az 1: 9J 423/39g
Az 2: 2H 63/40

Betsch, Willi
– Fiche: *0208/0672*
Az 1: 8J 199/44
Az 2: 1H 298/44

Betsch, Willi (A)
– Fiche: *0202*
Az 1: 8J 179/44
Az 2: 1H 237/44

Bettelheim, Josef
– Fiche: *0169/0521*
Az 1: 6J 109/41g
Az 2: 2H 11/42

Bettelheim, Kurt
– Fiche: *0307*
Az 1: 7J 548/39
Az 2: 1H 36/40

Betten, Annette
– Fiche: *0459 f.*
Az 1: 10J 569/43
Az 2: 2H 128/43

Betten, Lücke
– Fiche: *0459 f.*
Az 1: 10J 569/43
Az 2: 2H 128/43

Bettinger, Irmgard
– Fiche: *0087 f.*
Az 1: 14J 396/36
Az 2: 1H 6/37

Bettzig, Emil
– Fiche: *0051 f.*
Az 1: 8J 383/34
Az 2: 1H 7/36

Beuchel
– Fiche: *0052*
Az 1: 14J 104/36
Az 2: 2H 8/36

Beul, Friedrich
– Fiche: *0117 f./0542*
Az 1: 8J 20/36g
Az 2: 2H 11/38

Beumler
– Fiche: *0548*
Az 1: 16J 42/35
Az 2: 2H 9/36

Beutel
– Fiche: *0499*
Az 1: 9J 511/35

Beutler
– Fiche: *0071/0244*
Az 1: 8J 168/36g
Az 2: 2H 46/36

Beutling
– Fiche: *0020 f.*
Az 1: 17J 683/33
Az 2: 1H 44/34

Beutner, Ullrich
– Fiche: *0072 f.*
Az 1: 15J 282/36
Az 2: 2H 49/36

Beuttel
– Fiche: *0518/0562*
Az 1: 8J 52/44
Az 2: 1H 82/44

Beuttel, Oskar
– Fiche: *0181*
Az 1: 10(9)J 508/43
Az 2: 2H 10/44
– Fiche: *0186/0722*
Az 1: 10(9)J 571/43
Az 2: 2H 52/44

Beuttel, Wilhelm
– Fiche: *0181*
Az 1: 10(9)J 508/43
Az 2: 2H 10/44
– Fiche: *0556 f.*
Az 1: 9J 51/44g
Az 2: 1H 97/44
– Fiche: *0677*
Az 1: 9J 330/40
Az 2: 2H 48/41

Beuttel, Wilhelm (A)
– Fiche: *0186/0722*
Az 1: 10(9)J 571/43
Az 2: 2H 52/44

Bevershuis, Martin
– Fiche: *0193/0443*
Az 1: 9J 45/44
Az 2: 1H 141/44, 1H 229/44

Bewerling
– Fiche: *0561*
Az 1: 9J 35/39g
Az 2: 2H 2/40

Beyel
– Fiche: *0559 f./0567*
Az 1: 8J 165/42
Az 2: 2H 137/42

Beyer
– Fiche: *0589*
Az 1: 16J 293/35
Az 2: 2H 58/35

Beyer (Frau)
– Fiche: *0615 ff.*
Az 1: 15J 86/33
Az 2: XII H 42/33

Beyer, Alice
– Fiche: *0562 f.*
Az 1: 10J 204/40
Az 2: 2H 17/41

Beyer, Franz
– Fiche: *0527/0581*
Az 1: 8J 97/41g
Az 2: 6H 171/43

Beyer, Franz (A)
– Fiche: *0455/0497 f.*
Az 1: 8J 472/40
Az 2: 6H 205/43

Beyer, Gerhard
– Fiche: *0102/0267*
Az 1: 17J 91/36
Az 2: 2H 30/37

Beyer, Hans
– Fiche: *0597 f.*
Az 1: 15J 355/33
Az 2: 1H 43/34

Beyer, Helga
– Fiche: *0136*
Az 1: 7J 346/38
Az 2: 2H 95/38
– Fiche: *0673*
Az 1: 9J 36/39g
Az 2: 2H 14/39

Beyer, Helga (A)
– Fiche: *0134/0523*
Az 1: 7J 348/38
Az 2: 2H 82/38

Beyer, Hertha
– Fiche: *0523*
Az 1: 10J 227/39
Az 2: 2H 20/41

Beyer, Hubert (A)
– Fiche: *0379*
Az 1: 7J 358/43
Az 2: 6H 156/43

Beyer, Othmar
– Fiche: *0379*
Az 1: 7J 358/43
Az 2: 6H 156/43

Beyer, Otto
– Fiche: *0063 f.*
Az 1: 8J 165/35
Az 2: 2H 30/36

Beyer, Paul (A)
– Fiche: *0608 ff.*
Az 1: 15J 179/33
Az 2: XII H 17/34

Beyer, Siegfried
– Fiche: *0001*
Az 1: 17J 303/33
Az 2: 1H 2/34

Biertögl
- Fiche: *0371*
  Az 1: 7J 301/43
  Az 2: 5H 97/43

Biesenbach, Gertrud
- Fiche: *0168 f.*
  Az 1: 5J 230/41
  Az 2: 2H 6/42

Bieske
- Fiche: *0138*
  Az 1: 5J 279/38
  Az 2: 1H 6/39
- Fiche: *0139 f./0283*
  Az 1: 5J 84/39
  Az 2: 1H 11/39

Bietzke, Kurt (A)
- Fiche: *0630*
  Az 1: 10J 354/43g
  Az 2: 1H 202/43

Biewald, Paul
- Fiche: *0011 f.*
  Az 1: 17J 545/33
  Az 2: 1H 15/34

Biga, Josef
- Fiche: *0347 f.*
  Az 1: 7J 257/42
  Az 2: 5H 86/42

Bigga
- Fiche: *0598*
  Az 1: 15J 618/33
  Az 2: 2H 26/34

Bihal
- Fiche: *0561*
  Az 1: 9J 35/39g
  Az 2: 2H 2/40

Bilch
- Fiche: *0386*
  Az 1: 8J 404/34
  Az 2: 3L 14/35

Bild, Artur (A)
- Fiche: *0590 f.*
  Az 1: 8J 420/35g
  Az 2: 1H 32/36

Bilek, Josef
- Fiche: *0296*
  Az 1: 7J 599/42
  Az 2: 6H 47/43
- Fiche: *0384*
  Az 1: 7J 279/43
  Az 2: 6H 104/43
- Fiche: *0455*
  Az 1: 7J 599/42
  Az 2: 6H 44/43
- Fiche: *0459*
  Az 1: 7J 44/43
  Az 2: 6H 99/43

Bilek, Josef (A)
- Fiche: *0383 f./0650*
  Az 1: 7J 205/43
  Az 2: 6H 100/43

Biletzki, Moses
- Fiche: *0501*
  Az 1: 5J 77/38
  Az 2: 2H 43/38

Bilger, Leo
- Fiche: *0579*
  Az 1: 6J 92/43
  Az 2: 1H 122/43

Bill, Leopold
- Fiche: *0330*
  Az 1: 7J 44/42
  Az 2: 2H 331/42

Bill, Leopold (A)
- Fiche: *0582*
  Az 1: 7J 113/42
  Az 2: 2H 132/42

Bill, Otto
- Fiche: *0184/0707 f.*
  Az 1: 9J 777/43g
  Az 2: 5H 40/44

Bilz
- Fiche: *0538 f.*
  Az 1: 8J 356/38g
  Az 2: 1H 29/38

Bin, Elfriede
- Fiche: *0329/0338 f.*
  Az 1: 7J 110/42
  Az 2: 2H 203/42

Binai, Anton
- Fiche: *0522*
  Az 1: 7J 482/43
  Az 2: 6H 214/43

Binckebauck
- Fiche: *0037*
  Az 1: 8J 228/35
  Az 2: 1H 36/35

Bind, Elfriede (A)
- Fiche: *0328 f./0342*
  Az 1: 7J 219/42
  Az 2: 2H 167/42

Binder
- Fiche: *0078*
  Az 1: 14J 73/36
  Az 2: 1H 62/36
- Fiche: *0087 f.*
  Az 1: 14J 396/36
  Az 2: 1H 6/37
- Fiche: *0326*
  Az 1: 7J 199/42
  Az 2: 2H 169/42
- Fiche: *0379*
  Az 1: 7J 358/43
  Az 2: 6H 157/43
- Fiche: *0460*
  Az 1: 10J 138/44
  Az 2: 2H 113/44
- Fiche: *0608 ff.*
  Az 1: 15J 179/33
  Az 2: XII H 17/34
- Fiche: *0707*
  Az 1: StPL (RKA) III 153/42
  Az 2: StPL (HLS) II 96/42

Binder, Anna
- Fiche: *0333 f.*
  Az 1: 7J 649/41
  Az 2: 2H 88/42

Binder, Apollonia
- Fiche: *0297 f.*
  Az 1: 7J 307/43
  Az 2: 5H 93/43
- Fiche: *0372/0520*
  Az 1: 7J 308/43
  Az 2: 5H 92/43
- Fiche: *0373*
  Az 1: 7J 306/43
  Az 2: 5H 89/43

Binder, Apollonia (A)
- Fiche: *0368*
  Az 1: 7J 305/43
  Az 2: 5H 1/44

Binder, Appollonia (A)
- Fiche: *0520*
  Az 1: 7J 305/43
  Az 2: 5H 87/43

Binder, Erich
- Fiche: *0513 f.*
  Az 1: 8J 969/33
  Az 2: 2H 24/34

Binder, Ferdinand
- Fiche: *0362*
  Az 1: 7J 169/43
  Az 2: 1H 92/43

Binder, Florian
- Fiche: *0297 f.*
  Az 1: 7J 307/43
  Az 2: 5H 93/43
- Fiche: *0372/0520*
  Az 1: 7J 308/43
  Az 2: 5H 92/43
- Fiche: *0373*
  Az 1: 7J 304/43, 7J 326/43
  Az 2: 5H 91/43, 5H 88/43
- Fiche: *0373*
  Az 1: 7J 306/43
  Az 2: 5H 89/43

Binder, Florian (A)
- Fiche: *0368*
  Az 1: 7J 305/43
  Az 2: 5H 1/44
- Fiche: *0520*
  Az 1: 7J 305/43
  Az 2: 5H 87/43

Binder, Friedrich
- Fiche: *0323 ff.*
  Az 1: 7J 174/40
  Az 2: 2H 132/41

Binder, Jakob
- Fiche: *0116*
  Az 1: 16J 878/37
  Az 2: 1H 9/38
- Fiche: *0117*
  Az 1: 6J 116/38g
  Az 2: 1H 11/38
- Fiche: *0119 f.*
  Az 1: 6J 168/38g
  Az 2: 1H 14/38
- Fiche: *0129 f.*
  Az 1: 6J 223/38g
  Az 2: 2H 47/38
- Fiche: *0130/0277*
  Az 1: 6J 224/38g
  Az 2: 2H 48/38
- Fiche: *0132 f.*
  Az 1: 14J 457/37g
  Az 2: 2H 63/38
- Fiche: *0145/0285 f.*
  Az 1: 5J 102/39
  Az 2: 1H 27/39
- Fiche: *0158 f./0288*
  Az 1: 7J 6/39
  Az 2: 1H 77/39
- Fiche: *0160/0288f.*
  Az 1: 6J 224/39g
  Az 2: 2H 44/40
- Fiche: *0261*
  Az 1: 14J 570/37g
- Fiche: *0273 f.*
  Az 1: 14J 657/37g
  Az 2: 1H 15/38
- Fiche: *0277 f.*
  Az 1: 14J 651/37g
  Az 2: 2H 55/38
- Fiche: *0506*
  Az 1: 5J 53/41
  Az 2: 2H 53/41

Binder, Josef
- Fiche: *0348*
  Az 1: 7J 253/42
  Az 2: 5H 89/42

Binder, Otto
- Fiche: *0323*
  Az 1: 6J 28/41g
  Az 2: 2H 129/41
- Fiche: *0717*
  Az 1: 6J 144/41g

Binder, Otto (A)
- Fiche: *0449*
  Az 1: 7(6)J 116/43
  Az 2: 2H 8/44

Binder, Paula (A)
- Fiche: *0367/0384*
  Az 1: 7J 327/43
  Az 2: 5H 102/43

Binder, Rudolf
- Fiche: *0361*
  Az 1: 7J 309/42

Bingler, Albert (A)
- Fiche: *0579*
  Az 1: 6J 16/43g
  Az 2: 1H 99/43

Binnefeld, Peter
- Fiche: *0692*
  Az 1: 14J 328/33
  Az 2: XV H 59/33

Binnefeld, Peter (A)
- Fiche: *0023 f.*
  Az 1: 14J 328/33
  Az 2: 1H 5/35

Binz, Willi (A)
- Fiche: *0451*
  Az 1: 14J 290/33
  Az 2: 1H 34/34

Birg, Peter
- Fiche: *0511 f.*
  Az 1: 9J 125/39g
  Az 2: 2H 45/39

Blackstein
- Fiche: *0102/0267*
  Az 1: 17J 91/36
  Az 2: 2H 30/37

Blänsdorf, Otto
- Fiche: *0299*
  Az 1: 5J 120/43
  Az 2: 2H 141/43

Blaese
- Fiche: *0046*
  Az 1: 17J 180/35
  Az 2: 1H 60/35, 1H 42/37
- Fiche: *0094/0262*
  Az 1: 8J 223/36
  Az 2: 2H 15/37
- Fiche: *0111*
  Az 1: 17J 298/37
  Az 2: 2H 49/37
- Fiche: *0592*
  Az 1: 9J 423/39g
  Az 2: 2H 63/40

Blaho, Johann
- Fiche: *0300/0339*
  Az 1: 7J 232/42
  Az 2: 2H 202/42
- Fiche: *0328/0340 f.*
  Az 1: 7J 137/42
  Az 2: 2H 191/42
- Fiche: *0373*
  Az 1: 7J 304/43, 7J 326/43
  Az 2: 5H 91/43, 5H 88/43
- Fiche: *0373/0520*
  Az 1: 7J 192/43
  Az 2: 5H 83/43

Blaho, Johann (A)
- Fiche: *0328*
  Az 1: 7J 208/42
  Az 2: 5H 145/42

Blaich, Heinrich (A)
- Fiche: *0424/0570*
  Az 1: 7J 101/44
  Az 2: 5H 78/44

Blaich, Karl
- Fiche: *0477 f.*
  Az 1: 8J 251/38
  Az 2: 2H 65/38

Blaich, Ludwig
- Fiche: *0477 f.*
  Az 1: 8J 251/38
  Az 2: 2H 65/38

Blaisant, Gustav
- Fiche: *0589 f.*
  Az 1: 9J 399/39g
  Az 2: 2H 26/41

Blamhofer
- Fiche: *0409 f.*
  Az 1: 8J 376/40
  Az 2: 5H 13/44

Blanck (Frau)
- Fiche: *0196*
  Az 1: 9J 210/44
  Az 2: 2H 205/44

Blanck, Ernst (A)
- Fiche: *0725 f.*
  Az 1: 15J 157/34
  Az 2: 1H 11/35

Blanck, Werner (A)
- Fiche: *0581*
  Az 1: 9J 198/42
  Az 2: 2H 302/42

Blandenier
- Fiche: *0401 f.*
  Az 1: 8J 285/39g
  Az 2: 5H 108/43
- Fiche: *0500*
  Az 1: 8J 230/40
  Az 2: 5H 9/44
- Fiche: *0644*
  Az 1: 8J 475/39
  Az 2: 5H 109/43

Blank
- Fiche: *0510 f./0689 f.*
  Az 1: 8J 54/37
  Az 2: 2H 41/37
- Fiche: *0547 f.*
  Az 1: 8J 318/39
  Az 2: 1H 60/39
- Fiche: *0642*
  Az 1: 8J 144/38
  Az 2: 1H 16/38

Blank (Frau)
- Fiche: *0456*
  Az 1: 9J 235/44
  Az 2: 2H 220/44

Blank, Herbert
- Fiche: *0037*
  Az 1: 8J 228/35
  Az 2: 1H 36/35
- Fiche: *0041 f./0238*
  Az 1: 8J 206/35
  Az 2: 2H 49/35
- Fiche: *0123 ff./0275 f.*
  Az 1: 8J 5/37g
  Az 2: 2H 23/38
- Fiche: *0137/0711 f.*
  Az 1: 8J 367/38
  Az 2: 2H 4/39
- Fiche: *0149 f.*
  Az 1: 8J 23/39
  Az 2: 1H 39/39
- Fiche: *0240*
  Az 1: 8J 305/35
  Az 2: 1H 67/35

Blank, Herbert (A)
- Fiche: *0036/0230 f.*
  Az 1: 8J 306/35
  Az 2: 2H 30/35

Blank, Thomas
- Fiche: *0178*
  Az 1: 6J 134/42g
  Az 2: 2H 77/43

Blank, Walter
- Fiche: *0388*
  Az 1: 17J 331/33
  Az 2: 2H 28/35

Blanke, Otto
- Fiche: *0159 f.*
  Az 1: 5J 677/39
  Az 2: 2H 41/40

Blanke, Otto (A)
- Fiche: *0070 f./0255*
  Az 1: 17J 492/35
  Az 2: 2H 44/36

Blankenberg, Otto
- Fiche: *0268 f./0273*
  Az 1: 14J 323/37
  Az 2: 1H 10/38
- Fiche: *0268 f./0701 f.*
  Az 1: 14J 323/37
  Az 2: 1H 24/37

Blankenstein
- Fiche: *0564*
  Az 1: 8J 148/42g
  Az 2: 5H 67/43

Blaschek, Josef
- Fiche: *0374*
  Az 1: 7J 342/43
  Az 2: 5H 78/43

Blaschek, Josef (A)
- Fiche: *0511*
  Az 1: 7J 61/44
  Az 2: 5H 50/44

Blaschke
- Fiche: *0024/0385 f.*
  Az 1: 14J 75/33, 14J 77/33
  Az 2: 2H 7/35, 2H 6,7/35
- Fiche: *0341 f.*
  Az 1: 7J 203/42
  Az 2: 2H 183/42
- Fiche: *0421*
  Az 1: 7J 72/44
  Az 2: 5H 64/44

Blaschko, Stepan
- Fiche: *0736*
  Az 1: 8J 48/45g

Blaser, Adolf
- Fiche: *0375*
  Az 1: 7J 100/43
  Az 2: 6H 74/43

Blaser, Adolf (A)
- Fiche: *0296*
  Az 1: 7J 100/43
  Az 2: 6H 77/43

Blasig, Herbert
- Fiche: *0072 f.*
  Az 1: 15J 282/36
  Az 2: 2H 49/36

Blasig, Horst
- Fiche: *0483*
  Az 1: 14J 482/37
  Az 2: 1H 25/37

Blasizyk, Stanislaus
- Fiche: *0061*
  Az 1: 17J 128/36
  Az 2: 2H 25/36

Blaß, Erna
- Fiche: *0134*
  Az 1: 7J 344/38
  Az 2: 2H 78/38

Blaß, Heinrich
- Fiche: *0175*
  Az 1: 7J 75/42
  Az 2: 2H 189/42

Blaß, Josef
- Fiche: *0175*
  Az 1: 7J 75/42
  Az 2: 2H 189/42

Blaß, Walter
- Fiche: *0134*
  Az 1: 7J 344/38
  Az 2: 2H 78/38
- Fiche: *0134/0523*
  Az 1: 7J 348/38
  Az 2: 2H 82/38
- Fiche: *0136*
  Az 1: 7J 346/38
  Az 2: 2H 95/38
- Fiche: *0284 f.*
  Az 1: 7J 352/38
  Az 2: 2H 3/39

Blatnick, Otto
- Fiche: *0380/0529*
  Az 1: 7J 209/43
  Az 2: 6H 139/43

Blatnik
- Fiche: *0380/0529*
  Az 1: 7J 209/43
  Az 2: 6H 139/43
- Fiche: *0519/0549 f.*
  Az 1: 6J 135/42g
  Az 2: 6H 79/43

Blatnik, Anton (A)
- Fiche: *0174*
  Az 1: 7J 160/42
  Az 2: 2H 119/42

Blatnik, Otto
- Fiche: *0366*
  Az 1: 7J 612/42
  Az 2: 6H 36/43

Blatnik, Otto (A)
- Fiche: *0648*
  Az 1: 7J 99/43
  Az 2: 6H 83/43

Blatzky, Leopold (A)
- Fiche: *0298 f.*
  Az 1: 7J 370/43, 7J 398/43
  Az 2: 5H 118/43, 5H 119/43

Blauensteiner
- Fiche: *0329/0339*
  Az 1: 7J 283/42, 7J 288/42
  Az 2: 5H 146/42
- Fiche: *0366*
  Az 1: 7J 171/42
  Az 2: 5H 147/42
- Fiche: *0408*
  Az 1: 7J 454/43, 7J 502/43
  Az 2: 5H 10/44, 5H 5/44
- Fiche: *0648 f.*
  Az 1: 7J 502/43
  Az 2: 5H 5/44

Blauensteiner, Anna
- Fiche: *0420*
  Az 1: 6J 44/44
  Az 2: 5H 57/44

Blauensteiner, Anna (A)
- Fiche: *0374*
  Az 1: 7J 331/43
  Az 2: 5H 77/43

Bloom, Willi
- Fiche: *0021 f.*
  Az 1: 17J 397/33
  Az 2: 1H 3/35

Blosat, Friedrich
- Fiche: *0655 f.*
  Az 1: 13J 230/33
  Az 2: XV H 26/34

Bloss
- Fiche: *0670*
  Az 1: 13J 56/33
  Az 2: XV H 45/33

Blottner
- Fiche: *0489 ff.*
  Az 1: 8J 402/38
  Az 2: 2H 41/39

Bludau
- Fiche: *0133 f.*
  Az 1: 6J 158/38
  Az 2: 2H 77/38

Blücher
- Fiche: *0349 f.*
  Az 1: 7J 95/42
  Az 2: 5H 96/42

Blügel, Clemens
- Fiche: *0555*
  Az 1: 9J 330/41
  Az 2: 5H 63/42

Blümel, Erne
- Fiche: *0659*
  Az 1: 14J 86/33
  Az 2: XV H 8/34

Blümel, Klara
- Fiche: *0659*
  Az 1: 14J 86/33
  Az 2: XV H 8/34

Blümel, Marie
- Fiche: *0659*
  Az 1: 14J 86/33
  Az 2: XV H 8/34

Blümmel, Hermann
- Fiche: *0322/0521 f.*
  Az 1: 6J 145/40
  Az 2: 2H 32/41

Blüthchen, Bernhard (A)
- Fiche: *0029 f./0469*
  Az 1: 13J 256/33
  Az 2: 2H 17/35

Bluhm, Eduard (A)
- Fiche: *0719*
  Az 1: 10(9)J 943/43

Bluhm, Wilhelm
- Fiche: *0100 f./0711*
  Az 1: 15J 1/37
  Az 2: 1H 28/37

Blum
- Fiche: *0043 f.*
  Az 1: 9J 702/35
  Az 2: 2H 53/35
- Fiche: *0054*
  Az 1: 17J 83/35
  Az 2: 1H 12/36
- Fiche: *0196/0625*
  Az 1: 9J 187/44
  Az 2: 2H 204/44
- Fiche: *0349*
  Az 1: 6J 46/42g
  Az 2: 5H 93/42

Blum, Alexander
- Fiche: *0349*
  Az 1: 6J 46/42g
  Az 2: 5H 93/42

Blum, Fritz
- Fiche: *0249 f.*
  Az 1: 17J 318/35
  Az 2: 1H 15/36

Blum, Hans
- Fiche: *0003 f.*
  Az 1: 13J 286/33
  Az 2: 2H 4/34
- Fiche: *0012 f./0546*
  Az 1: 13J 258/33
  Az 2: 1H 16/34

Blum, Hans (A)
- Fiche: *0030 f./0229 f.*
  Az 1: 13J 265/33
  Az 2: 2H 21/35

Blum, Hans Herbert
- Fiche: *0005 f.*
  Az 1: 13J 154/33
  Az 2: 1H 9/34
- Fiche: *0610 f.*
  Az 1: 13J 212/33
  Az 2: XII H 9/34

Blum, Hilda (A)
- Fiche: *0030 f./0229 f.*
  Az 1: 13J 265/33
  Az 2: 2H 21/35

Blum, Karl
- Fiche: *0391 f.*
  Az 1: 5J 6/36g
  Az 2: 3L 21/37

Blum, Leo
- Fiche: *0396/0704 f.*
  Az 1: 14J 522/37g
  Az 2: 1L 2/40

Blum, Wanda
- Fiche: *0091*
  Az 1: 7a O Js 113.36

Blumauer
- Fiche: *0408*
  Az 1: 8J 475/39
  Az 2: 5H 8/44
- Fiche: *0644*
  Az 1: 8J 475/39
  Az 2: 5H 109/43

Blume
- Fiche: *0102 f.*
  Az 1: 17J 317/37
  Az 2: 1H 31/37

Blume (Frau)
- Fiche: *0102 f.*
  Az 1: 17J 317/37
  Az 2: 1H 31/37

Blume, Heinz
- Fiche: *0031*
  Az 1: 17J 58/35
  Az 2: 1H 22/35
- Fiche: *0241 f.*
  Az 1: 8J 88/36g
  Az 2: 1H 70/35

Blume, Margarethe
- Fiche: *0585 f.*
  Az 1: 8J 160/38
  Az 2: 2H 73/38

Blumeier, Herbert
- Fiche: *0607 f.*
  Az 1: 17J 697/33
  Az 2: XV H 50/33

Blumenauer
- Fiche: *0401 f.*
  Az 1: 8J 285/39g
  Az 2: 5H 108/43

Blumenberg, Werner
- Fiche: *0100 f./0711*
  Az 1: 15J 1/37
  Az 2: 1H 28/37

Blumenmilch
- Fiche: *0496*
  Az 1: 15J 126/34
  Az 2: 2H 20/35

Blumensaat
- Fiche: *0037 f.*
  Az 1: 13J 285/33
  Az 2: 2H 37/35

Blumenstein, Albert (A)
- Fiche: *0472 f./0603 f.*
  Az 1: 14J 629/37g,
  6J 44/38g
  Az 2: 2H 84,85,87/38

Blumenthal, Emil
- Fiche: *0655 f.*
  Az 1: 13J 230/33
  Az 2: XV H 26/34

Blumenthal, Hans-Jürgen Graf von
- Fiche: *0455*
  Az 1: o.Az

Blumenthal, Johann
- Fiche: *0411*
  Az 1: 8J 206/41
  Az 2: 5H 16/44
- Fiche: *0418*
  Az 1: 7(8)J 103/41
  Az 2: 5H 47/44

Blumenthal, Johann (A)
- Fiche: *0647 f.*
  Az 1: 7(8)J 203/41
  Az 2: 2H 168/44

Blumentritt, Günther
- Fiche: *0708*
  Az 1: 0J 5/44gRs,
  0J 9/44gRs
  Az 2: 1L 301/44,
  1L 309/44

Blumert
- Fiche: *0151 f./0584*
  Az 1: 7J 72/39
  Az 2: 1H 45/39

Blumrich
- Fiche: *0632 f.*
  Az 1: 6J 29/42g
  Az 2: 1H 139/43

Blunck, Fritz
- Fiche: *0119*
  Az 1: 8J 273/37
  Az 2: 1H 13/38

Blunk
- Fiche: *0554 f.*
  Az 1: 8J 244/34
  Az 2: 2H 22/35

Bluth
- Fiche: *0023 f.*
  Az 1: 14J 328/33
  Az 2: 1H 5/35

Bob-Händler
- Fiche: *0141/0475 f.*
  Az 1: 5J 449/38
  Az 2: 1H 15/39

Bobach, Karl
- Fiche: *0014/0737*
  Az 1: 14J 253/33
  Az 2: 2H 22/34
- Fiche: *0034*
  Az 1: 9J 613/33
  Az 2: 1H 27/35
- Fiche: *0042 f.*
  Az 1: 14a/9J 1672/31
  Az 2: 1H 52/35

Bobbe, Arthur
- Fiche: *0129 f.*
  Az 1: 6J 223/38g
  Az 2: 2H 47/38

Bobbe, Arthur (A)
- Fiche: *0132 f.*
  Az 1: 14J 457/37g
  Az 2: 2H 63/38

Bobeck
- Fiche: *0244*
  Az 1: 8J 428/35
  Az 2: 3L 9/36

Bobek
- Fiche: *0113*
  Az 1: 8J 351/37g
  Az 2: 2H 57/37

Bobek (Frau)
- Fiche: *0084 f.*
  Az 1: 8J 430/35g
  Az 2: 1H 3/37

Bobek, Felix
- Fiche: *0244 f./0274*
  Az 1: 8J 431/35g
  Az 2: 1H 8/37
- Fiche: *0274 f.*
  Az 1: 8J 226/38g
  Az 2: 1H 17/38

Bobek, Felix (A)
- Fiche: *0084 f.*
  Az 1: 8J 430/35g
  Az 2: 1H 3/37

Bobek, Karl
- Fiche: *0296*
  Az 1: 7J 638/42
  Az 2: 5H 26/43
- Fiche: *0347*
  Az 1: 7J 437/42
  Az 2: 1H 244/42
- Fiche: *0375*
  Az 1: 7J 332/43
  Az 2: 5H 73/43
- Fiche: *0574/0649*
  Az 1: 7J 513/43
  Az 2: 5H 6/44

Bobeth, Erich
- Fiche: *0084*
  Az 1: 17J 318/36
  Az 2: 2H 2/37

Bobitz, Ferdinand (A)
- Fiche: *0351/0358*
  Az 1: 7J 285/42
  Az 2: 5H 138/42

Bobrach, Grete
- Fiche: *0010 f.*
  Az 1: 17J 232/33
  Az 2: 2H 14/34

Bocek, Raimund (A)
- Fiche: *0296*
  Az 1: 7J 100/43
  Az 2: 6H 77/43

Bochert, Wilhelm
- Fiche: *0160 f.*
  Az 1: 5J 46/40
  Az 2: 2H 45/40

Bochmann
- Fiche: *0472 f./0603 f.*
  Az 1: 14J 629/37g, 6J 44/38g
  Az 2: 2H 84,85,87/38

Bochow, Herbert
- Fiche: *0168 f.*
  Az 1: 5J 230/41
  Az 2: 2H 6/42
- Fiche: *0170 f./0674*
  Az 1: 5J 231/41
  Az 2: 2H 23/42
- Fiche: *0171/0293*
  Az 1: 5J 226/41
  Az 2: 2H 24/42
- Fiche: *0625/0643*
  Az 1: 10J 215/41
  Az 2: 2H 130/42

Bochow, Herbert (A)
- Fiche: *0292*
  Az 1: 5J 228/41
  Az 2: 2H 16/42

Bochtler, Alex
- Fiche: *0114*
  Az 1: 16J 843/37
  Az 2: 2H 1/38
- Fiche: *0272*
  Az 1: 16J 225/37
  Az 2: 2H 60/37

Bock
- Fiche: *0132 f.*
  Az 1: 14J 457/37g
  Az 2: 2H 63/38
- Fiche: *0345*
  Az 1: 7J 373/42
  Az 2: 2H 264/42
- Fiche: *0495*
  Az 1: 9J 684/37
  Az 2: 2H 25/38
- Fiche: *0519/0560*
  Az 1: 9J 316/40
  Az 2: 2H 125/41
- Fiche: *0568*
  Az 1: 8J 2/42
  Az 2: 2H 66/42
- Fiche: *0686 f.*
  Az 1: 8J 257/41
  Az 2: 2H 19/42

Bock (Frau)
- Fiche: *0443*
  Az 1: 8J 230/44g
  Az 2: 1H 309/44

Bock, Ernst
- Fiche: *0397f.*
  Az 1: 6J 198/39g
  Az 2: 3L 19/40

Bock, Herbert
- Fiche: *0237*
  Az 1: 8J 292/35
  Az 2: 1H 49/35

Bock, Hermann
- Fiche: *0227 f.*
  Az 1: 13J 2/34
  Az 2: 1H 10/35

Bock, Karl
- Fiche: *0701*
  Az 1: 8J 269/41g

Bock, Martin
- Fiche: *0237*
  Az 1: 8J 292/35
  Az 2: 1H 49/35

Bock, Wiebke
- Fiche: *0121 f.*
  Az 1: 7J 206/38
  Az 2: 1H 19/38

Bock, Wilhelm
- Fiche: *0013*
  Az 1: 13J 279/33
  Az 2: 2H 19/34

Bock, Wilhelm (A)
- Fiche: *0121 f.*
  Az 1: 7J 206/38
  Az 2: 1H 19/38

Bockelberg
- Fiche: *0030 f./0229 f.*
  Az 1: 13J 265/33
  Az 2: 2H 21/35

Bockelmann, Kurt
- Fiche: *0598*
  Az 1: 15J 618/33
  Az 2: 2H 26/34

Bockholt, Richard (A)
- Fiche: *0021/0462*
  Az 1: 15J 85/34
  Az 2: 1H 46/34

Bockhorst, Fritz
- Fiche: *0192*
  Az 1: 9J 34/44
  Az 2: 2H 134/44

Boczkowski, Leon
- Fiche: *0016 f.*
  Az 1: 14a/8J 1547/31
  Az 2: 1H 27/34
- Fiche: *0108 f.*
  Az 1: 8J 337/37g
  Az 2: 1H 41/37
- Fiche: *0269 f.*
  Az 1: 8J 100/37
  Az 2: 1H 43/37

Bode
- Fiche: *0084/0261*
  Az 1: 17J 513/36
  Az 2: 2H 1/37

Bode, Alfred
- Fiche: *0573 f.*
  Az 1: 10J 140/38
  Az 2: 2H 44/38

Bode, Cäcilie (A)
- Fiche: *0688 f.*
  Az 1: 10J 75/44
  Az 2: 1L 192/44

Bode, Erich
- Fiche: *0502*
  Az 1: 8J 409/42g
  Az 2: 2H 66/43

Bode, Hans
- Fiche: *0537*
  Az 1: 8J 183/39
  Az 2: 2H 47/39

Bode, Hans Rudolf
- Fiche: *0510 f./0689 f.*
  Az 1: 8J 54/37
  Az 2: 2H 41/37

Bode, Hermann
- Fiche: *0513 f.*
  Az 1: 8J 969/33
  Az 2: 2H 24/34

Bode, Karl
- Fiche: *0251 ff.*
  Az 1: 14J 12/36
  Az 2: 2H 17/36

Bode, Wilhelm (A)
- Fiche: *0291/0719*
  Az 1: 9J 237/40
  Az 2: 2H 17/42

Bodenhofer, Josef
- Fiche: *0340*
  Az 1: 7J 187/42
  Az 2: 2H 198/42

Bodenschatz
- Fiche: *0081/0471*
  Az 1: 15J 544/36
  Az 2: 2H 64/36

Bodenschatz, Valerie
- Fiche: *0472 f./0603 f.*
  Az 1: 14J 629/37g, 6J 44/38g
  Az 2: 2H 84,85,87/38

Bodenschatz, Valerie (A)
- Fiche: *0467 ff.*
  Az 1: 14J 629/37g
  Az 2: 2H 86/38

Bodenstein, Hedwig
- Fiche: *0403 f.*
  Az 1: 8J 7/41g
  Az 2: 2H 166/43
- Fiche: *0581 f./0647*
  Az 1: 8J 95/41g
  Az 2: 2H 167/43

Bodenstein, Hedwig (A)
- Fiche: *0407 f.*
  Az 1: 7(8)J 199/41
  Az 2: 2H 3/44
- Fiche: *0693*
  Az 1: 8J 199/41
  Az 2: 2H 173/43

Böber
- Fiche: *0717*
  Az 1: StPL (RKA) 3 281/43

Böchel, Karl
- Fiche: *0268 f./0273*
  Az 1: 14J 323/37
  Az 2: 1H 10/38
- Fiche: *0268 f./0701 f.*
  Az 1: 14J 323/37
  Az 2: 1H 24/37
- Fiche: *0289 f.*
  Az 1: 6J 52/40g
  Az 2: 2H 111/40
- Fiche: *0380*
  Az 1: 7J 366/43
  Az 2: 5H 121/43
- Fiche: *0396/0704 f.*
  Az 1: 14J 522/37g
  Az 2: 1L 2/40

Böck
- Fiche: *0721*
  Az 1: 9J 25/45

Böckelmann, Friedrich
- Fiche: *0685*
  Az 1: 9J 60/43
  Az 2: 2H 42/43

Böckenhauer, Ernst
- Fiche: *0256*
  Az 1: 15J 162/36
  Az 2: 1H 51/36

Böckenhauer, Friedrich (A)
- Fiche: *0256*
  Az 1: 15J 162/36
  Az 2: 1H 51/36

Böcker, Gustav (A)
- Fiche: *0432*
  Az 1: 7J 106/44
  Az 2: 2H 202/44

Böckert, Hans
- Fiche: *0101*
  Az 1: 17J 316/37
  Az 2: 1H 29/37
- Fiche: *0104*
  Az 1: 17J 321/37
  Az 2: 1H 33/37

Bohn, Wilhelm
- Fiche: *0032 f.*
  Az 1: 13J 11/34
  Az 2: 1H 26/35

Bohn, Willi
- Fiche: *0513 f.*
  Az 1: 8J 969/33
  Az 2: 2H 24/34

Bohne
- Fiche: *0188*
  Az 1: 11(10)J 529/43
  Az 2: 2H 100/44

Bohne, Fritz
- Fiche: *0555 f.*
  Az 1: 9J 202/36
  Az 2: 2H 14/37

Bohne, Georg
- Fiche: *0019*
  Az 1: 17J 617/33
  Az 2: 1H 37/34

Bohne, Walter
- Fiche: *0182/0461*
  Az 1: 11(10)J 1037/43g
  Az 2: 2H 22/44
- Fiche: *0505/0740*
  Az 1: 8J 180/44g
  Az 2: 1H 231/44

Bohne, Walter (A)
- Fiche: *0461*
  Az 1: IV A 2 - B. Nr. 5156/38g

Bohnekamp
- Fiche: *0082/0260 f.*
  Az 1: 9J 907/35
  Az 2: 1H 67/36

Bohnenstengel
- Fiche: *0731*
  Az 1: 17J 499/35

Bohnik, Wilhelm
- Fiche: *0244 f./0274*
  Az 1: 8J 431/35g
  Az 2: 1H 8/37

Bohr, Herbert
- Fiche: *0506 f.*
  Az 1: 15J 183/34
  Az 2: 2H 15/35

Bohrer, Emil
- Fiche: *0065*
  Az 1: 14J 26/36
  Az 2: 1H 36/36

Boigk, Josef
- Fiche: *0595*
  Az 1: 9J 272/39g
  Az 2: 1H 34/39

Boisselier, Wladimir
- Fiche: *0201*
  Az 1: 9J 135/44
  Az 2: 1H 223/44
- Fiche: *0627 f.*
  Az 1: 10J 1095/43g
  Az 2: 1H 305/43

Boisselier, Wladimir (A)
- Fiche: *0571*
  Az 1: 11(10)J 1241/43
  Az 2: 1H 59/44

Bojarskis, Arija (A)
- Fiche: *0234*
  Az 1: 17J 15/35
  Az 2: 2H 39/35

Bojkowa (Frau)
- Fiche: *0615 ff.*
  Az 1: 15J 86/33
  Az 2: XII H 42/33

Bokker
- Fiche: *0120 f./0133*
  Az 1: 17J 400/37
  Az 2: 2H 71/38
- Fiche: *0274*
  Az 1: 17J 406/37
  Az 2: 2H 15/38

Bolck, Else (A)
- Fiche: *0573*
  Az 1: 10J 10/40
  Az 2: 2H 40/40

Bold
- Fiche: *0206/0405*
  Az 1: 10J 410/43g
  Az 2: 1H 209/43

Boll, Herbert
- Fiche: *0090 f./0261*
  Az 1: 17J 260/36
  Az 2: 1H 10/37
- Fiche: *0102*
  Az 1: 17J 185/36
  Az 2: 1H 30/37
- Fiche: *0109 f.*
  Az 1: 17J 264/36
  Az 2: 2H 45/37

Boller, Kurt
- Fiche: *0451*
  Az 1: 15J 753/33
  Az 2: 1H 23/35

Boller, Wilhelm
- Fiche: *0171/0567 f.*
  Az 1: 10J 145/41
  Az 2: 2H 33/42
- Fiche: *0537 f.*
  Az 1: 9J 236/41g
  Az 2: 5H 75/42
- Fiche: *0553 f.*
  Az 1: 10J 137/42
  Az 2: 2H 242/42
- Fiche: *0628 f.*
  Az 1: 10J 2/43g
  Az 2: 1H 89/43
- Fiche: *0641*
  Az 1: 10J 35/41
  Az 2: 2H 96/41

Boller, Wilhelm (A)
- Fiche: *0560*
  Az 1: 10J 382/43
  Az 2: 1H 189/43

Bollien, Willy
- Fiche: *0210*
  Az 1: 9J 252/44g
  Az 2: 1H 385/44

Bollinger, Heinrich (A)
- Fiche: *0539/0627*
  Az 1: 6J 24/43
  Az 2: 1H 101/43

Bollmann
- Fiche: *0132*
  Az 1: 5J 79/38
  Az 2: 2H 57/38

Bollmeyer, Karl
- Fiche: *0542*
  Az 1: 8J 263/41
  Az 2: 2H 30/42

Bollwein, Josef (A)
- Fiche: *0178/0485*
  Az 1: 6J 13/43
  Az 2: 6H 85/43

Bolte, Erich (A)
- Fiche: *0606 f.*
  Az 1: 13J 190/33
  Az 2: XV H 53/33

Bolten
- Fiche: *0231 f./0561*
  Az 1: 8J 14/34
  Az 2: 2H 33/35

Bolz, Eugen
- Fiche: *0440*
  Az 1: 0J 42/44g Rs
  Az 2: 1L 18/45
- Fiche: *0441*
  Az 1: 0J 55/44g Rs
  Az 2: 1L 48/45

Bolz, Eugen (A)
- Fiche: *0440*
  Az 1: 0J 48/44g Rs
  Az 2: 1L 486/44

Bolzen, Franz
- Fiche: *0544/0734*
  Az 1: 9J 869/35
  Az 2: 2H 51/35

Bolzmann
- Fiche: *0573 f.*
  Az 1: 10J 140/38
  Az 2: 2H 44/38

Bolzmann, Alexander
- Fiche: *0499*
  Az 1: 10J 141/38
  Az 2: 2H 53/38
- Fiche: *0544 f.*
  Az 1: 10J 138/38
  Az 2: 2H 37/38

Bolzmann, Alfred
- Fiche: *0457 f.*
  Az 1: 10J 142/38
  Az 2: 2H 42/38

Bombach
- Fiche: *0706*
  Az 1:
  Az 2: StPL (HLS) 10/39

Bombach, Richard
- Fiche: *0141/0273*
  Az 1: 6J 277/38g
  Az 2: 1H 14/39

Bomberg
- Fiche: *0038 f./0259 f.*
  Az 1: 16J 767/35
  Az 2: 2H 57/36

Bombrach, Erich
- Fiche: *0014/0218 f.*
  Az 1: 17J 689/33
  Az 2: 1H 21/34

Bommer, Albert (A)
- Fiche: *0229*
  Az 1: 14J 134/34
  Az 2: 2H 23/35

Bonaforte
- Fiche: *0333*
  Az 1: 7J 94/42
  Az 2: 2H 97/42
- Fiche: *0333*
  Az 1: 7J 93/42
  Az 2: 2H 96/42

Boncour, Paul
- Fiche: *0489 ff.*
  Az 1: 8J 402/38
  Az 2: 2H 41/39
- Fiche: *0529*
  Az 1: 9J 124/41
  Az 2: 2H 34/42
- Fiche: *0561 f.*
  Az 1: 8J 261/41g
  Az 2: 1H 237/42

Bonefeld, Max
- Fiche: *0138 f.*
  Az 1: 5J 53/39
  Az 2: 1H 7/39
- Fiche: *0139 f./0283*
  Az 1: 5J 84/39
  Az 2: 1H 11/39
- Fiche: *0142*
  Az 1: 5J 181/39
  Az 2: 1H 17/39

Bonefeld, Max (A)
- Fiche: *0138*
  Az 1: 5J 279/38
  Az 2: 1H 6/39

Bongartz
- Fiche: *0134/0457*
  Az 1: 9J 209/38
  Az 2: 2H 81/38

Bongartz, Josefine
- Fiche: *0477 f.*
  Az 1: 8J 251/38
  Az 2: 2H 65/38

Bongers, Dietrich
- Fiche: *0653*
  Az 1: 14J 172/33
  Az 2: XV H 10/34

Bonhoeffer, Dietrich
- Fiche: *0697*
  Az 1: StPL (RKA) III 114/43

Bonhoeffer, Dietrich (A)
- Fiche: *0698*
  Az 1: StPL (RKA) III 114/43

Bonhoeffer, Klaus (A)
- Fiche: *0455*
  Az 1: o.Az

Bonkaß, Erich (A)
- Fiche: *0595*
  Az 1: 9J 272/39g
  Az 2: 1H 34/39

Bonkaß, Martha
– Fiche: *0595*
Az 1: 9J 272/39g
Az 2: 1H 34/39

Bonnes (Frau)
– Fiche: *0691*
Az 1: 9J 9/45
Az 2: 2H 30/45

Bonnet (Frau)
– Fiche: *0686 f.*
Az 1: 8J 257/41
Az 2: 2H 19/42

Bonse
– Fiche: *0066*
Az 1: 17J 443/35
Az 2: 2H 37/36

Bontjes van Beek, Cato (A)
– Fiche: *0692*
Az 1: StPL (RKA) III 525/42
Az 2: StPL (HLS) II 4/43

Boock, Georg
– Fiche: *0196/0625*
Az 1: 9J 187/44
Az 2: 2H 204/44
– Fiche: *0456*
Az 1: 9J 235/44
Az 2: 2H 220/44

Boock, Georg (A)
– Fiche: *0196*
Az 1: 9J 210/44
Az 2: 2H 205/44

Boor, Ursula de (A)
– Fiche: *0721*
Az 1: 9J 25/45

Boos
– Fiche: *0003*
Az 1: 15J 594/33
Az 2: 2H 3/34

Boose, Franz
– Fiche: *0687*
Az 1: 15J 222/35
Az 2: 2H 34/36

Bopp
– Fiche: *0001*
Az 1: 8J 1865/33
Az 2: 1H 1/34

Borchers, Richard (A)
– Fiche: *0605 f.*
Az 1: 14J 83/33
Az 2: XV H 55/33

Borchert
– Fiche: *0010 f.*
Az 1: 17J 232/33
Az 2: 2H 14/34

Borchert, Alfred
– Fiche: *0069 f.*
Az 1: 17J 315/35
Az 2: 2H 42/36

Borchert, Frieda
– Fiche: *0657 f.*
Az 1: 17J 163/33
Az 2: XV H 3/34

Borchfeld, Emil
– Fiche: *0197/0466*
Az 1: 8J 157/44
Az 2: 1H 208/44

Borchfeld, Emil (A)
– Fiche: *0199*
Az 1: 8J 174/44g
Az 2: 1H 211/44

Borck
– Fiche: *0043*
Az 1: 17J 309/34
Az 2: 1H 53/35

Borckert, Hans (A)
– Fiche: *0245 f.*
Az 1: 8J 7/36g
Az 2: 2H 4/36

Borckhorst, Fritz
– Fiche: *0463/0465*
Az 1: 15J 39/36
Az 2: 2H 35/36

Bordach
– Fiche: *0268 f./0701 f.*
Az 1: 14J 323/37
Az 2: 1H 24/37

Bordach (Frau)
– Fiche: *0268 f./0701 f.*
Az 1: 14J 323/37
Az 2: 1H 24/37

Bordi, Fritz (A)
– Fiche: *0594 f./0695 f.*
Az 1: 11J 122/35g
Az 2: 2H 10,11,12/37

Borgab (Frau)
– Fiche: *0133 f.*
Az 1: 6J 158/38
Az 2: 2H 77/38

Borghorst, Heinz
– Fiche: *0558/0586*
Az 1: 8J 432/38g
Az 2: 1H 9/39

Borissowitsch, Peter
– Fiche: *0147*
Az 1: 11J 196/38g
Az 2: 1H 35/39

Boritzka (Frau)
– Fiche: *0521*
Az 1: 8J 226/41g
Az 2: 2H 94/41

Bork
– Fiche: *0080/0260*
Az 1: 17J 473/35
Az 2: 2H 63/36
– Fiche: *0247 f./0445*
Az 1: 8J 72/36
Az 2: 2H 7/37

Bork, Hugo
– Fiche: *0555 f.*
Az 1: 9J 202/36
Az 2: 2H 14/37

Borkowski
– Fiche: *0279 f.*
Az 1: 6J 157/38
Az 2: 2H 89/38
– Fiche: *0313 f.*
Az 1: 17J 57/35
Az 2: 1H 54/35

Borkowski, Otto (A)
– Fiche: *0242/0313*
Az 1: 17J 59/35
Az 2: 1H 74/35

Borlinghaus, Adolf
– Fiche: *0434*
Az 1: 10(9)J 608/43g
Az 2: 2H 229/44

Bormann
– Fiche: *0186/0466*
Az 1: 11(10)J 1039/43
Az 2: 2H 54/44
– Fiche: *0465*
Az 1: 11(10)J 1036/43g

Bormann (Frau)
– Fiche: *0391 f.*
Az 1: 5J 6/36g
Az 2: 3L 21/37

Bormann, Else
– Fiche: *0068/0448*
Az 1: 9J 12/36
Az 2: 1H 41/36

Born
– Fiche: *0021/0462*
Az 1: 15J 85/34
Az 2: 1H 46/34

Bornemann, Erich
– Fiche: *0143 f.*
Az 1: 5J 160/39
Az 2: 2H 24/39

Bornemann, Walter
– Fiche: *0059 f.*
Az 1: 16J 543/35
Az 2: 2H 22/36
– Fiche: *0143 f.*
Az 1: 5J 160/39
Az 2: 2H 24/39
– Fiche: *0535*
Az 1: 8J 78/42g
Az 2: 2H 214/42

Bornholdt
– Fiche: *0590*
Az 1: 5J 122/36g
Az 2: 3L 7/37

Bornschein, Karl
– Fiche: *0299/0512*
Az 1: 5J 109/43
Az 2: 2H 113/43

Borowetz
– Fiche: *0354 f.*
Az 1: 7J 478/42
Az 2: 5H 199/42

Borowski
– Fiche: *0488 f./0519 f.*
Az 1: 9J 30/40g
Az 2: 2H 5/41

Borrack, Marta (A)
– Fiche: *0192*
Az 1: 9J 157/44
Az 2: 5H 130/44

Borrack, Max
– Fiche: *0211*
Az 1: 9J 157/44
Az 2: 5H 45/45

Borrack, Max (A)
– Fiche: *0192*
Az 1: 9J 157/44
Az 2: 5H 130/44

Borrell, Alexander von
– Fiche: *0303 f.*
Az 1: 17J 43/37
Az 2: 1H 7/38

Borrmann
– Fiche: *0417/0684*
Az 1: 11(10)J 514/43
Az 2: 2H 45/44

Borrmann, Felix
– Fiche: *0054*
Az 1: 17J 83/35
Az 2: 1H 12/36

Borsch
– Fiche: *0010 f.*
Az 1: 17J 232/33
Az 2: 2H 14/34
– Fiche: *0048 f.*
Az 1: 17J 88/35
Az 2: 1H 73/35

Borsdorf, Paul (A)
– Fiche: *0391 f.*
Az 1: 5J 6/36g
Az 2: 3L 21/37

Borsoi, Cilly
– Fiche: *0156 f./0314 f.*
Az 1: 14J 140/34
Az 2: 1H 42/35

Borstelmann, Otto (A)
– Fiche: *0021/0462*
Az 1: 15J 85/34
Az 2: 1H 46/34

Borsutzki, Alois
– Fiche: *0154*
Az 1: 6J 19/39g
Az 2: 2H 53/39

Bortfeld
– Fiche: *0269/0718*
Az 1: 16J 736/36
Az 2: 2H 43/37

Borth, Heinrich
– Fiche: *0628*
Az 1: 9J 171/41g
Az 2: 2H 103/42

Bortz, Heinrich
– Fiche: *0543*
Az 1: 5J 54/38
Az 2: 1H 22/38

Borusik
– Fiche: *0576*
Az 1: 7J 302/43
Az 2: 5H 104/43

Bosch
– Fiche: *0229*
Az 1: 14J 134/34
Az 2: 2H 23/35
– Fiche: *0441*
Az 1: 0J 55/44g Rs
Az 2: 1L 48/45

Bose
- Fiche: *0239 f.*
  Az 1: 8J 359/35
  Az 2: 1H 63/35

Bose, von
- Fiche: *0062 f.*
  Az 1: 8J 17/36
  Az 2: 1H 29/36

Bosin, Johann
- Fiche: *0299*
  Az 1: 7J 427/43
  Az 2: 6H 187/43

Bosin, Johann (A)
- Fiche: *0378*
  Az 1: 7J 379/43
  Az 2: 6H 186/43

Boss, August (A)
- Fiche: *0496*
  Az 1: 15J 126/34
  Az 2: 2H 20/35

Boß, Ferdinand
- Fiche: *0477 f.*
  Az 1: 8J 251/38
  Az 2: 2H 65/38

Boss, Wilhelm
- Fiche: *0117 f./0542*
  Az 1: 8J 20/36g
  Az 2: 2H 11/38

Bossan
- Fiche: *0018 f.*
  Az 1: 15J 369/34
  Az 2: 1H 39/35

Bossau, Heinrich
- Fiche: *0018*
  Az 1: 16J 387/34
  Az 2: 1H 36/34

Bosse, Maxim
- Fiche: *0100 f./0711*
  Az 1: 15J 1/37
  Az 2: 1H 28/37

Bossow
- Fiche: *0126*
  Az 1: 7J 106/38
  Az 2: 2H 27/38

Both
- Fiche: *0021/0462*
  Az 1: 15J 85/34
  Az 2: 1H 46/34

Both, Ida
- Fiche: *0155/0493*
  Az 1: 9J 326/39g
  Az 2: 1H 55/39

Both, Wilhelm (A)
- Fiche: *0155/0493*
  Az 1: 9J 326/39g
  Az 2: 1H 55/39

Bothe
- Fiche: *0615 ff.*
  Az 1: 15J 86/33
  Az 2: XII H 42/33

Bothe, Paul
- Fiche: *0602 f.*
  Az 1: 9J 414/39
  Az 2: 2H 83/41

Bothe, Stefan
- Fiche: *0602 f.*
  Az 1: 9J 414/39
  Az 2: 2H 83/41

Botjakow, Nikolai
- Fiche: *0427*
  Az 1: 10J 46/44
  Az 2: 2H 102/44

Bott, Franz (A)
- Fiche: *0598 ff.*
  Az 1: 9J 479/35
  Az 2: 2H 14/36

Botta
- Fiche: *0263 f./0487 f.*
  Az 1: 17J 171/35
  Az 2: 2H 17/37

Botta, Georg
- Fiche: *0038 f./0259 f.*
  Az 1: 16J 767/35
  Az 2: 2H 57/36
- Fiche: *0117 f./0542*
  Az 1: 8J 20/36g
  Az 2: 2H 11/38
- Fiche: *0266*
  Az 1: 8J 403/35g
- Fiche: *0640*
  Az 1: 16J 328/35
  Az 2: 1H 11/37

Botta, Georg (A)
- Fiche: *0242 f.*
  Az 1: 8J 3/36g
  Az 2: 2H 1/36

Botticher, Joachim von (A)
- Fiche: *0680/0698*
  Az 1: 8J 137/44g
  Az 2: 1H 5/45

Bottländer
- Fiche: *0094 f./0551*
  Az 1: 9J 600/36
  Az 2: 1H 21/37

Bottländer, Theodor
- Fiche: *0094/0264 f.*
  Az 1: 17J 439/36
  Az 2: 2H 21/37
- Fiche: *0197*
  Az 1: 9J 141/44
  Az 2: 1H 206/44

Bottländer, Theodor (A)
- Fiche: *0228 f.*
  Az 1: 14J 34/34
  Az 2: 1H 13/35

Bottler, Richard
- Fiche: *0415 f.*
  Az 1: 3J 260/44
  Az 2: 1L 30/44
- Fiche: *0507*
  Az 1: 2J 729/43

Botzmann, Alexander
- Fiche: *0130 f.*
  Az 1: 10J 137/38
  Az 2: 2H 49/38

Boudik, Karl
- Fiche: *0339/0349*
  Az 1: 7J 164/42
  Az 2: 5H 91/42

Bouillon, Franklin
- Fiche: *0561 f.*
  Az 1: 8J 261/41g
  Az 2: 1H 237/42

Boulanger
- Fiche: *0481 f./0557 f.*
  Az 1: 8J 214/37
  Az 2: 1H 31/38
- Fiche: *0564 f.*
  Az 1: 9J 137/34
  Az 2: 1H 25/35

Boulanger (Frau)
- Fiche: *0222 f.*
  Az 1: 17J 504/33
  Az 2: 1H 1/35

Boulanger, Jakob
- Fiche: *0033 f.*
  Az 1: 17J 119/35
  Az 2: 2H 26/35
- Fiche: *0532 f.*
  Az 1: 7(11)J 197/34g
  Az 2: 3L 21/36

Boulanger, Jakob (A)
- Fiche: *0222 f.*
  Az 1: 17J 504/33
  Az 2: 1H 1/35

Bourbon, Xaver von
- Fiche: *0575/0644 f.*
  Az 1: 8J 324/39g
  Az 2: 5H 110/43

Bourcard, Oskar
- Fiche: *0407 f.*
  Az 1: 7(8)J 199/41
  Az 2: 2H 3/44
- Fiche: *0418*
  Az 1: 7(8)J 103/41
  Az 2: 5H 47/44

Bourcard, Oskar (A)
- Fiche: *0647 f.*
  Az 1: 7(8)J 203/41
  Az 2: 2H 168/44

Bowe
- Fiche: *0208/0446*
  Az 1: 8J 191/44
  Az 2: 1H 303/44

Bowinkelmann, Heinrich
- Fiche: *0389*
  Az 1: 9J 301/35
  Az 2: 3L 51/35

Bowitzki
- Fiche: *0132*
  Az 1: 5J 79/38
  Az 2: 2H 57/38

Bowitzki, Hermann
- Fiche: *0501*
  Az 1: 5J 77/38
  Az 2: 2H 43/38

Boy, Hildegard
- Fiche: *0274 f.*
  Az 1: 8J 226/38g
  Az 2: 1H 17/38

Boy, Hildegard (A)
- Fiche: *0244 f./0274*
  Az 1: 8J 431/35g
  Az 2: 1H 8/37

Boyneburg, von
- Fiche: *0708*
  Az 1: 0J 5/44gRs, 0J 9/44gRs
  Az 2: 1L 301/44, 1L 309/44

Boyszak, Kurt
- Fiche: *0564 f.*
  Az 1: 9J 137/34
  Az 2: 1H 25/35

Boyszak, Paul
- Fiche: *0564 f.*
  Az 1: 9J 137/34
  Az 2: 1H 25/35

Braams, Friedrich (A)
- Fiche: *0554 f.*
  Az 1: 8J 244/34
  Az 2: 2H 22/35

Braatz (Frau)
- Fiche: *0070 f./0255*
  Az 1: 17J 492/35
  Az 2: 2H 44/36

Brabec, Wenzel
- Fiche: *0180/0446*
  Az 1: 6J 12/43g
  Az 2: 1H 147/43
- Fiche: *0396/0704 f.*
  Az 1: 14J 522/37g
  Az 2: 1L 2/40
- Fiche: *0677/0747*
  Az 1: 4J 349/40g
  Az 2: 1L 18/42

Brabenter, Gustav
- Fiche: *0708*
  Az 1: 8J 90/44
  Az 2: 2H 263/44

Brachaczak, Adolf (A)
- Fiche: *0424/0570*
  Az 1: 7J 101/44
  Az 2: 5H 78/44

Brachmann
- Fiche: *0531*
  Az 1: 10J 40/42
  Az 2: 2H 228/42

Brachmann, Erich (A)
- Fiche: *0058 f.*
  Az 1: 17J 129/35
  Az 2: 1H 21,22/36

Brachmann, Peter
- Fiche: *0044*
  Az 1: 9J 951/35
  Az 2: 2H 54/35

Brachmann, Richard
- Fiche: *0532 f.*
  Az 1: 7(11)J 197/34g
  Az 2: 3L 21/36

Brachmüller, Georg (A)
- Fiche: *0691*
  Az 1: 9J 9/45
  Az 2: 2H 30/45

Brachtl (Frau)
- Fiche: *0413/0520*
  Az 1: 6(7)J 517/43
  Az 2: 5H 180/42

Brackemeier
- Fiche: *0272*
  Az 1: 16J 225/37
  Az 2: 2H 60/37

Bradatsch
- Fiche: *0401*
  Az 1: 7J 606/42
  Az 2: 6H 124/43

Bradl
- Fiche: *0318*
  Az 1: 7J 144/44
  Az 2: 5H 92/44

Bradler
- Fiche: *0163 f./0290*
  Az 1: 6J 77/39g
  Az 2: 2H 70/40

Brämer
- Fiche: *0535 f.*
  Az 1: 10J 267/41
  Az 2: 2H 157/41

Bränner
- Fiche: *0018/0534*
  Az 1: 14a/8J 796/30
  Az 2: 1H 31/34

Bräsecke, Erna
- Fiche: *0450/0623 f.*
  Az 1: 17J 451/37
  Az 2: 2H 59/38

Bräu, Anton (A)
- Fiche: *0142 f./0283*
  Az 1: 6J 14/39
  Az 2: 1H 20/39

Bräuer
- Fiche: *0264/0491 f.*
  Az 1: 17J 171/35
  Az 2: 2H 18/37
- Fiche: *0341 f.*
  Az 1: 7J 203/42
  Az 2: 2H 183/42

Bräuer, Arno (A)
- Fiche: *0028 f./0679*
  Az 1: 15J 648/33
  Az 2: 1H 14/35

Bräuer, Kurt
- Fiche: *0626*
  Az 1: 8J 393/41g

Bräuner, Johann
- Fiche: *0247 f./0445*
  Az 1: 8J 72/36
  Az 2: 2H 7/37

Bräuner, Martin
- Fiche: *0622 f.*
  Az 1: 10J 453/38
  Az 2: 1H 25/39

Bräunig, Karl
- Fiche: *0199*
  Az 1: 8J 176/44g
  Az 2: 1H 213/44

Bräuning, Karl
- Fiche: *0448*
  Az 1: 17J 225/37
  Az 2: 2H 48/37

Bräutigam
- Fiche: *0080 f./0260*
  Az 1: 8J 163/36g
  Az 2: 1H 64/36

Brahl
- Fiche: *0615 ff.*
  Az 1: 15J 86/33
  Az 2: XII H 42/33

Brainer, Gerhard (A)
- Fiche: *0277 f.*
  Az 1: 14J 651/37g
  Az 2: 2H 55/38

Brakemeyer
- Fiche: *0090*
  Az 1: 17J 187/36
  Az 2: 2H 31/37

Brammer
- Fiche: *0549*
  Az 1: 5J 642/38
  Az 2: 1H 13/39

Brand
- Fiche: *0498*
  Az 1: 8J 371/38
  Az 2: 1H 38/38

Brand, F.
- Fiche: *0659 f.*
  Az 1: 9J 127/33
  Az 2: XV H 18/34

Brandauer
- Fiche: *0581 f./0647*
  Az 1: 8J 95/41g
  Az 2: 2H 167/43
- Fiche: *0647/0649*
  Az 1: 7(8)J 76/41g
  Az 2: 2H 170/43

Brandauer, Andreas
- Fiche: *0296*
  Az 1: 7J 53/43
  Az 2: 6H 56/43

Brandauer, Ernst
- Fiche: *0407 f.*
  Az 1: 7(8)J 199/41
  Az 2: 2H 3/44
- Fiche: *0693*
  Az 1: 8J 199/41
  Az 2: 2H 173/43

Brandauer, Josef
- Fiche: *0380/0529*
  Az 1: 7J 209/43
  Az 2: 6H 139/43

Brandauer, Rudolf
- Fiche: *0352/0369*
  Az 1: 7J 507/42
  Az 2: 6H 13/42

Brandes
- Fiche: *0075 f.*
  Az 1: 17J 300/34
  Az 2: 2H 58/36
- Fiche: *0120 f./0133*
  Az 1: 17J 400/37
  Az 2: 2H 71/38
- Fiche: *0274*
  Az 1: 17J 406/37
  Az 2: 2H 15/38
- Fiche: *0523*
  Az 1: 15J 201/35
  Az 2: 1H 2/36

Brandes, Alwin (A)
- Fiche: *0099 f.*
  Az 1: 14J 301/37
  Az 2: 1H 27/37

Brandes, Karl
- Fiche: *0073 f.*
  Az 1: 8J 201/36g
  Az 2: 2H 53/36
- Fiche: *0588 f./0643*
  Az 1: 16J 293/35, 8J 438/35
  Az 2: 2H 58/35

Brandes, Kurt
- Fiche: *0588 f./0643*
  Az 1: 16J 293/35, 8J 438/35
  Az 2: 2H 58/35

Brandhorst, Wilhelm
- Fiche: *0532 f.*
  Az 1: 7(11)J 197/34g
  Az 2: 3L 21/36

Brandl, Johann (A)
- Fiche: *0378 f.*
  Az 1: 7J 432/43
  Az 2: 6H 176/43

Brandl, Josef
- Fiche: *0378*
  Az 1: 7J 412/43
  Az 2: 6H 178/43

Brandler, Heinrich
- Fiche: *0092 ff.*
  Az 1: 17J 67/36
  Az 2: 1H 14/37
- Fiche: *0111 f./0270 f.*
  Az 1: 17J 152/37
  Az 2: 2H 51/37
- Fiche: *0134*
  Az 1: 7J 344/38
  Az 2: 2H 78/38
- Fiche: *0134/0523*
  Az 1: 7J 348/38
  Az 2: 2H 82/38
- Fiche: *0136*
  Az 1: 7J 346/38
  Az 2: 2H 95/38
- Fiche: *0183*
  Az 1: 5J 45/41
  Az 2: 2H 27/42
- Fiche: *0284 f.*
  Az 1: 7J 352/38
  Az 2: 2H 3/39
- Fiche: *0448*
  Az 1: 17J 225/37
  Az 2: 2H 48/37

Brandler, Theo
- Fiche: *0604 f.*
  Az 1: 10J 317/38
  Az 2: 2H 23/39

Brandner, Karl
- Fiche: *0628*
  Az 1: 9J 50/42g
  Az 2: 2H 60/42

Brandstätter, Anton (A)
- Fiche: *0383*
  Az 1: 7J 275/43
  Az 2: 6H 107/43

Brandstätter, Meinhardt
- Fiche: *0348*
  Az 1: 7J 255/42
  Az 2: 5H 88/42

Brandstetter, Johann
- Fiche: *0365*
  Az 1: 7J 68/43
  Az 2: 5H 49/43

Brandt
- Fiche: *0015/0385*
  Az 1: 17J 717/33
  Az 2: 2H 23/34
- Fiche: *0068/0448*
  Az 1: 9J 12/36
  Az 2: 1H 41/36
- Fiche: *0084 f.*
  Az 1: 8J 430/35g
  Az 2: 1H 3/37
- Fiche: *0244 f./0274*
  Az 1: 8J 431/35g
  Az 2: 1H 8/37
- Fiche: *0467*
  Az 1: 10J 228/38
  Az 2: 2H 76/38
- Fiche: *0538*
  Az 1: 10J 227/38
  Az 2: 2H 80/38
- Fiche: *0721*
  Az 1: 9J 25/45

Brandt, Berta
- Fiche: *0301*
  Az 1: 15J 818/36
  Az 2: 1H 22/37

Brandt, Edith
- Fiche: *0159*
  Az 1: 9J 84/39g
  Az 2: 2H 5/40

Brandt, Ernst
- Fiche: *0208/0446*
  Az 1: 8J 191/44
  Az 2: 1H 303/44
- Fiche: *0640*
  Az 1: 16J 328/35
  Az 2: 1H 11/37

Brandt, Käthe
- Fiche: *0113 f./0508*
  Az 1: 14J 725/37g
  Az 2: 1H 1/38

Brandt, Kurt (A)
- Fiche: *0159*
  Az 1: 9J 84/39g
  Az 2: 2H 5/40

Brandt, Paul
- Fiche: *0613*
  Az 1: 8/16J 548/32
  Az 2: XII H 39/33

Brandt, Rudolf
- Fiche: *0015 f.*
  Az 1: 14a/8J 193/30, 17J 803/33
  Az 2: 1H 24/34, 1H 38/34

Brandt, Walter
- Fiche: *0450/0623 f.*
  Az 1: 17J 451/37
  Az 2: 2H 59/38
- Fiche: *0466 f.*
  Az 1: 15J 513/37
  Az 2: 2H 55/37

Brandt, Willi
- Fiche: *0539 f.*
  Az 1: 10J 36/41
  Az 2: 2H 91/41

Branig
- Fiche: *0075/0258*
  Az 1: 17J 70/36
  Az 2: 1H 57/36

Branke
- Fiche: *0261*
  Az 1: 14J 570/37g
- Fiche: *0395 f.*
  Az 1: 6J 53/38g
  Az 2: 3L 28/39

Brankhoff
- Fiche: *0071 f.*
  Az 1: 14J 288/36
  Az 2: 1H 48/36

Branković
- Fiche: *0706*
  Az 1: StPL (RKA) I 318/43
  Az 2: StPL 1. Sen. 82/43

Branne
- Fiche: *0030 f./0229 f.*
  Az 1: 13J 265/33
  Az 2: 2H 21/35

Branting
- Fiche: *0034*
  Az 1: 9J 613/33
  Az 2: 1H 27/35

Brantner, Josef
- Fiche: *0373*
  Az 1: 7J 198/43
  Az 2: 6H 89/43
- Fiche: *0373/0381*
  Az 1: 7J 200/43, 7J 382/43
  Az 2: 6H 90/43, 6H 136/43

Brantner, Josef (A)
- Fiche: *0371 f.*
  Az 1: 7J 45/43
  Az 2: 6H 95/43

Branz, Gottlieb
- Fiche: *0735 f.*
  Az 1: 7J 32/44
  Az 2: 6H 92/44

Brasch, Sara
- Fiche: *0627 f.*
  Az 1: 10J 1095/43g
  Az 2: 1H 305/43

Braschak
- Fiche: *0378 f.*
  Az 1: 7J 432/43
  Az 2: 6H 176/43

Braschak s. Prazak, Karl
- Fiche: *0375*
  Az 1: 7J 100/43
  Az 2: 6H 74/43

Braschwitz
- Fiche: *0615 ff.*
  Az 1: 15J 86/33
  Az 2: XII H 42/33

Brass, Otto
- Fiche: *0145/0638 f.*
  Az 1: 9J 138/39g
  Az 2: 2H 27/39
- Fiche: *0146 f./0301 f.*
  Az 1: 10J 7/39
  Az 2: 1H 30/39
- Fiche: *0283 f.*
  Az 1: 10J 5/39
  Az 2: 1H 23/39

Brass, Otto (A)
- Fiche: *0622 f.*
  Az 1: 10J 453/38
  Az 2: 1H 25/39

Brassat, Rudolf
- Fiche: *0213*
  Az 1: 17J 292/33

Brassat, Rudolf (A)
- Fiche: *0016/0213*
  Az 1: 17J 292/33
  Az 2: 1H 25/34

Bratzkoven
- Fiche: *0720 f.*
  Az 1: 9J 283/44

Bratzkoven (Frau)
- Fiche: *0720 f.*
  Az 1: 9J 283/44

Braubach, Richard
- Fiche: *0142*
  Az 1: 5J 307/38g
  Az 2: 1H 16/39

Braube, Karl
- Fiche: *0700 f.*
  Az 1: 7J 108/40
  Az 2: 2H 98/40

Brauckmüller, Erich
- Fiche: *0479/0739*
  Az 1: 12(10)J 47/39
  Az 2: 1H 33/40

Brauckmüller, Frieda
- Fiche: *0479/0739*
  Az 1: 12(10)J 47/39
  Az 2: 1H 33/40

Brauer, Karl
- Fiche: *0501*
  Az 1: 5J 77/38
  Az 2: 2H 43/38

Braumann, Wilhelm (A)
- Fiche: *0203*
  Az 1: 8J 149/44
  Az 2: 2H 244/44

Braun
- Fiche: *0004 f.*
  Az 1: 13J 98/33
  Az 2: 1H 7/34
- Fiche: *0127/0623*
  Az 1: 8J 419/37g
  Az 2: 2H 33/38
- Fiche: *0170/0293*
  Az 1: 6J 100/41g
  Az 2: 2H 21/42
- Fiche: *0403*
  Az 1: 6J 77/43g
  Az 2: 2H 140/43
- Fiche: *0426*
  Az 1: 7J 139/44, 7J 130/44
  Az 2: 5H 89/44, 5H 82/44
- Fiche: *0549*
  Az 1: 10J 96/42
  Az 2: 2H 238/42
- Fiche: *0577*
  Az 1: 10J 42/44
  Az 2: 1H 131/44
- Fiche: *0577 f.*
  Az 1: 8J 160/36
  Az 2: 2H 61/36
- Fiche: *0615 ff.*
  Az 1: 15J 86/33
  Az 2: XII H 42/33
- Fiche: *0630 f.*
  Az 1: 5J 174/39
  Az 2: 2H 51/39
- Fiche: *0702*
  Az 1: 6J 80/40g
  Az 2: 5H 64/42

Braun, Arthur
- Fiche: *0094 f./0551*
  Az 1: 9J 600/36
  Az 2: 1H 21/37

Braun, Artur
- Fiche: *0641*
  Az 1: 10J 35/41
  Az 2: 2H 96/41

Braun, Fritz
- Fiche: *0184/0707 f.*
  Az 1: 9J 777/43g
  Az 2: 5H 40/44

Braun, Gertrud
- Fiche: *0004 f.*
  Az 1: 13J 98/33
  Az 2: 1H 7/34

Braun, Hans
- Fiche: *0145/0638 f.*
  Az 1: 9J 138/39g
  Az 2: 2H 27/39

Braun, Hugo
- Fiche: *0394 f.*
  Az 1: 14J 480/37g
  Az 2: 1L 18/38

Braun, Johann (A)
- Fiche: *0720*
  Az 1: 10(9)J 1382/43
  Az 2: 2H 36/44

Braun, Mathias
- Fiche: *0192/0567*
  Az 1: 1J 92/44
  Az 2: 1H 133/44
- Fiche: *0573*
  Az 1: 2J 377/43g
  Az 2: 2H 164/43

Braun, Matz
- Fiche: *0177*
  Az 1: 7J 465/42g
  Az 2: 2H 31/43
- Fiche: *0178*
  Az 1: 6J 134/42g
  Az 2: 2H 77/43
- Fiche: *0180/0634*
  Az 1: 6J 83/43
  Az 2: 6H 155/43
- Fiche: *0496*
  Az 1: 6J 51/43
  Az 2: 1H 203/43
- Fiche: *0629*
  Az 1: 10J 17/44
  Az 2: BS 4/44

Braun, Max
- Fiche: *0170/0293*
  Az 1: 6J 100/41g
  Az 2: 2H 21/42
- Fiche: *0175*
  Az 1: 7J 75/42
  Az 2: 2H 189/42
- Fiche: *0181 f.*
  Az 1: 7(5)J 180/43g
  Az 2: 1H 14/44
- Fiche: *0250 f.*
  Az 1: 8J 364/35
  Az 2: 2H 15/36
- Fiche: *0456*
  Az 1: 1J 436/42g
  Az 2: 3L 93/42
- Fiche: *0489 ff.*
  Az 1: 8J 402/38
  Az 2: 2H 41/39
- Fiche: *0518/0558*
  Az 1: 10J 815/43
  Az 2: 1H 289/43
- Fiche: *0561 f.*
  Az 1: 8J 261/41g
  Az 2: 1H 237/42
- Fiche: *0587 f.*
  Az 1: 9J 126/42g
  Az 2: 1H 309/42
- Fiche: *0671*
  Az 1: 6J 114/41

Braun, Otto
- Fiche: *0562 f.*
  Az 1: 10J 204/40
  Az 2: 2H 17/41

Braun, Walter
- Fiche: *0117 f./0542*
  Az 1: 8J 20/36g
  Az 2: 2H 11/38

Braun, Wilhelm
- Fiche: *0038 f./0259 f.*
  Az 1: 16J 767/35
  Az 2: 2H 57/36
- Fiche: *0086/0684*
  Az 1: 14J 392/35
  Az 2: 2H 4/37
- Fiche: *0598 ff.*
  Az 1: 9J 479/35
  Az 2: 2H 14/36

Braunecker, Anna
- Fiche: *0355*
  Az 1: 7J 527/42
  Az 2: 5H 197/42
- Fiche: *0355*
  Az 1: 7J 218/42
  Az 2: 5H 206/42
- Fiche: *0355 f.*
  Az 1: 7J 526/42
  Az 2: 5H 194/42

Braunecker, Franz
- Fiche: *0355*
  Az 1: 7J 218/42
  Az 2: 5H 206/42
- Fiche: *0355 f.*
  Az 1: 7J 526/42
  Az 2: 5H 194/42

Breitinger
- Fiche: *0535/0681*
  Az 1: 9J 80/42g
  Az 2: 2H 95/42
- Fiche: *0577*
  Az 1: 9J 14/42g
  Az 2: 2H 35/42
- Fiche: *0705*
  Az 1: StPL (RKA) I 8/43
  Az 2: StPL (HLS) 61/43

Breitinger, Anton (A)
- Fiche: *0509*
  Az 1: 9J 34/42g
  Az 2: 2H 91/42

Breitler, Desideria
- Fiche: *0308*
  Az 1: 6J 103/40g
  Az 2: 2H 115/40
- Fiche: *0309 f.*
  Az 1: 6J 103/40g
  Az 2: 2H 116/40
- Fiche: *0322/0521 f.*
  Az 1: 6J 145/40
  Az 2: 2H 32/41

Breitler, Desideria (A)
- Fiche: *0308*
  Az 1: 7J 242/40
  Az 2: 2H 113/40

Breitler, Josefine
- Fiche: *0308*
  Az 1: 7J 242/40
  Az 2: 2H 113/40

Breitler, Karl
- Fiche: *0308*
  Az 1: 7J 242/40
  Az 2: 2H 113/40

Breitner, Susi
- Fiche: *0295 f.*
  Az 1: 7J 2/43g
  Az 2: 5H 42/43

Breitscheid
- Fiche: *0163*
  Az 1: 5J 142/40
  Az 2: 2H 68/40
- Fiche: *0396/0704 f.*
  Az 1: 14J 522/37g
  Az 2: 1L 2/40
- Fiche: *0558*
  Az 1: 9J 278/41g
  Az 2: 2H 133/41

Breitscheidt, Rudolf
- Fiche: *0180/0634*
  Az 1: 6J 83/43
  Az 2: 6H 155/43
- Fiche: *0193/0443*
  Az 1: 9J 45/44
  Az 2: 1H 141/44, 1H 229/44

Breitung
- Fiche: *0545*
  Az 1: 9J 878/33
  Az 2: 2H 16/34

Breitzke, Albert
- Fiche: *0100 f./0711*
  Az 1: 15J 1/37
  Az 2: 1H 28/37

Breitzke, Auguste (A)
- Fiche: *0100 f./0711*
  Az 1: 15J 1/37
  Az 2: 1H 28/37

Bremer, Beppo
- Fiche: *0709 ff.*
  Az 1: 8J 162/40
  Az 2: 2H 77/41

Bremer, Gertrud
- Fiche: *0107/0302*
  Az 1: 17J 379/37
  Az 2: 1H 39/37
- Fiche: *0115 f.*
  Az 1: 17J 381/37
  Az 2: 2H 5/38

Bremer, Johann
- Fiche: *0605*
  Az 1: 10J 117/42
  Az 2: 5H 115/42

Bremer, Johannes
- Fiche: *0081/0471*
  Az 1: 15J 544/36
  Az 2: 2H 64/36

Bremer, Wilhelm
- Fiche: *0129*
  Az 1: 6J 159/38
  Az 2: 2H 46/38

Brendel, Walter (A)
- Fiche: *0593 f.*
  Az 1: 15J 490/33
  Az 2: 1H 89/34

Brenner
- Fiche: *0013 f.*
  Az 1: 8J 1713/33
  Az 2: 2H 20/34
- Fiche: *0095 f.*
  Az 1: 17J 271/36
  Az 2: 2H 23/37
- Fiche: *0375*
  Az 1: 7J 100/43
  Az 2: 6H 74/43

Brenner, Gustav
- Fiche: *0086/0684*
  Az 1: 14J 392/35
  Az 2: 2H 4/37

Brenner, Johann (A)
- Fiche: *0297*
  Az 1: 7J 100/43
  Az 2: 6H 76/43

Brenner, Ulrich
- Fiche: *0294*
  Az 1: 7J 258/42
  Az 2: 1H 215/42

Brentano, Bernhard von
- Fiche: *0137/0711 f.*
  Az 1: 8J 367/38
  Az 2: 2H 4/39

Brenzel
- Fiche: *0010/0217 f.*
  Az 1: 17J 331/33
  Az 2: 2H 13/34
- Fiche: *0560*
  Az 1: 10J 382/43
  Az 2: 1H 189/43

Brenzel, Albert
- Fiche: *0178*
  Az 1: 6J 134/42g
  Az 2: 2H 77/43

Brenzel, Otto
- Fiche: *0051/0246 f.*
  Az 1: 8J 422/35g
  Az 2: 1H 6/36
- Fiche: *0628*
  Az 1: 9J 50/42g
  Az 2: 2H 60/42
- Fiche: *0677*
  Az 1: 9J 330/40
  Az 2: 2H 48/41

Bresagk, Walter (A)
- Fiche: *0075/0258*
  Az 1: 17J 70/36
  Az 2: 1H 57/36

Bresson, Violette
- Fiche: *0102/0267*
  Az 1: 17J 91/36
  Az 2: 2H 30/37

Bret, Jaroslav
- Fiche: *0555 f.*
  Az 1: 9J 202/36
  Az 2: 2H 14/37

Bretfeld
- Fiche: *0099 f.*
  Az 1: 14J 301/37
  Az 2: 1H 27/37

Bretschneider
- Fiche: *0021/0461 f.*
  Az 1: 9aJ 44/34
  Az 2: 2H 1/35

Bretschneider (Frau)
- Fiche: *0075*
  Az 1: 17J 357/36
  Az 2: 2H 56/36

Bretschneider, Erich
- Fiche: *0009 f.*
  Az 1: 14J 8/34
  Az 2: 2H 12/34

Bretschneider, Heinrich
- Fiche: *0182/0464 f.*
  Az 1: 11(10)J 423/43g
  Az 2: 2H 17/44

Bretschneider, Heinrich (A)
- Fiche: *0465*
  Az 1: 11(10)J 1036/43g

Brettauer, Josef
- Fiche: *0444*
  Az 1: 12J 33/40

Brettauer, Josef jr. (A)
- Fiche: *0423*
  Az 1: 12J 99/40

Bretterkleber
- Fiche: *0333*
  Az 1: 7J 93/42
  Az 2: 2H 96/42

Bretterklieber, Karl
- Fiche: *0333*
  Az 1: 7J 94/42
  Az 2: 2H 97/42

Brettschneider
- Fiche: *0272*
  Az 1: 16J 225/37
  Az 2: 2H 60/37

Brettschneider, Hans (A)
- Fiche: *0119*
  Az 1: 8J 273/37
  Az 2: 1H 13/38

Brettschneider, Heinrich
- Fiche: *0311 f.*
  Az 1: 14a/8J 510/29
  Az 2: 1H 18/34
- Fiche: *0446/0457*
  Az 1: 8J 98/44
  Az 2: 2H 108/44

Brettschneider, Paul
- Fiche: *0145/0285 f.*
  Az 1: 5J 102/39
  Az 2: 1H 27/39

Bretz
- Fiche: *0559 f./0567*
  Az 1: 8J 165/42
  Az 2: 2H 137/42
- Fiche: *0706*
  Az 1: StPL (RKA) III 28/43
  Az 2: StPL (HLS) IV 41/43

Breu, Heinrich (A)
- Fiche: *0142 f./0283*
  Az 1: 6J 14/39
  Az 2: 1H 20/39

Breuer
- Fiche: *0149 f.*
  Az 1: 8J 23/39
  Az 2: 1H 39/39
- Fiche: *0489 ff.*
  Az 1: 8J 402/38
  Az 2: 2H 41/39

Breuer, Hans
- Fiche: *0045*
  Az 1: 9J 411/35
  Az 2: 1H 56/35
- Fiche: *0165 f.*
  Az 1: 9J 297/40
  Az 2: 2H 70/41
- Fiche: *0205*
  Az 1: 9J 151/44
  Az 2: 2H 253/44
- Fiche: *0243/0471 f.*
  Az 1: 15J 578/36
  Az 2: 1H 2/37
- Fiche: *0489 ff.*
  Az 1: 8J 402/38
  Az 2: 2H 41/39
- Fiche: *0495*
  Az 1: 9J 684/37
  Az 2: 2H 25/38
- Fiche: *0601 f.*
  Az 1: 8J 206/37g
  Az 2: 2H 4/38
- Fiche: *0628 f.*
  Az 1: 10J 2/43g
  Az 2: 1H 89/43

Breuer, Hans (A)
- Fiche: *0082/0260 f.*
  Az 1: 9J 907/35
  Az 2: 1H 67/36

Briza, Albert
- Fiche: *0339/0349*
  Az 1: 7J 164/42
  Az 2: 5H 91/42

Brochno, Wilhelm
- Fiche: *0397f.*
  Az 1: 6J 198/39g
  Az 2: 3L 19/40

Brock
- Fiche: *0084*
  Az 1: 17J 318/36
  Az 2: 2H 2/37

Brock, Heinrich (A)
- Fiche: *0043 f.*
  Az 1: 9J 702/35
  Az 2: 2H 53/35

Brockdorff, von
- Fiche: *0600 f.*
  Az 1: 10J 13/43g
  Az 2: 2H 100/43
- Fiche: *0705*
  Az 1: StPL (RKA) I 359/42
  Az 2: StPL (HLS) II 34/43

Brockdorff, Cay von
- Fiche: *0713 f.*
  Az 1: StPL (RKA) III 495,496,497/42
  Az 2: StPL (HLS) II 129/42
- Fiche: *0714*
  Az 1: StPL (RKA) III 528/42
  Az 2: StPL (HLS) II 10/43

Brockdorff, Cay von (A)
- Fiche: *0705*
  Az 1: StPL (RKA) I 359/42
  Az 2: StPL (HLS) II 34/43

Brockdorff, Erika von
- Fiche: *0706*
  Az 1: StPL (RKA) III 191/43
  Az 2: StPL (HLS) II 50/43
- Fiche: *0714*
  Az 1: StPL (RKA) III 528/42
  Az 2: StPL (HLS) II 10/43

Brockdorff, Erika von (A)
- Fiche: *0713 f.*
  Az 1: StPL (RKA) III 495,496,497/42
  Az 2: StPL (HLS) II 129/42

Brockmann, Hugo
- Fiche: *0185*
  Az 1: 5J 413/44
  Az 2: 6H 47/44

Brockmann, Paul
- Fiche: *0202*
  Az 1: 9J 170/44
  Az 2: 2H 233/44

Brockmann, Paul (A)
- Fiche: *0192*
  Az 1: 9J 34/44
  Az 2: 2H 134/44

Brod, Alfred
- Fiche: *0702 f.*
  Az 1: 17J 97/37
  Az 2: 2H 19/37

Brodbeck
- Fiche: *0549*
  Az 1: 5J 642/38
  Az 2: 1H 13/39

Brodmann, Arnold (A)
- Fiche: *0391 f.*
  Az 1: 5J 6/36g
  Az 2: 3L 21/37

Brodnig
- Fiche: *0639*
  Az 1: 10J 87/41
  Az 2: 2H 192/42

Brodwolf, Karl
- Fiche: *0470 f.*
  Az 1: 10J 232/42g
  Az 2: 2H 337/42

Brodzio
- Fiche: *0279 f.*
  Az 1: 6J 157/38
  Az 2: 2H 89/38

Bröcker
- Fiche: *0079 f.*
  Az 1: 17J 267/35
  Az 2: 1H 63/36
- Fiche: *0113 f./0508*
  Az 1: 14J 725/37g
  Az 2: 1H 1/38

Bröcker, Hugo
- Fiche: *0460 f.*
  Az 1: 17J 109/37, 9J 142/37
  Az 2: 2H 44,47/37

Bröcker, Otto (A)
- Fiche: *0430*
  Az 1: 9J 242/44
  Az 2: 5H 127/44

Bröckerhoff
- Fiche: *0193/0443*
  Az 1: 9J 45/44
  Az 2: 1H 141/44, 1H 229/44

Bröggelwirth, Bernhard
- Fiche: *0555*
  Az 1: 9J 330/41
  Az 2: 5H 63/42

Bröker
- Fiche: *0378*
  Az 1: 7J 412/43
  Az 2: 6H 178/43

Bröker, Martha
- Fiche: *0450/0623 f.*
  Az 1: 17J 451/37
  Az 2: 2H 59/38

Bröker, Martha (A)
- Fiche: *0538*
  Az 1: 10J 227/38
  Az 2: 2H 80/38

Bröker, Willi
- Fiche: *0538*
  Az 1: 10J 227/38
  Az 2: 2H 80/38

Bröse, Rudolf
- Fiche: *0734 f.*
  Az 1: 9J 33/45 g
  Az 2: 6 Sg 66/45

Broghammer, Alfred
- Fiche: *0646 f.*
  Az 1: 8J 2/41
- Fiche: *0709 ff.*
  Az 1: 8J 162/40
  Az 2: 2H 77/41

Broghammer, Alfred (A)
- Fiche: *0714 f.*
  Az 1: 8J 232/40
  Az 2: 2H 76/41

Brohl, August (A)
- Fiche: *0187/0443*
  Az 1: 9J 65/44
  Az 2: 2H 74/44

Broich, Hans
- Fiche: *0177 f.*
  Az 1: 8J 382/42g
  Az 2: 2H 65/43

Brombacher
- Fiche: *0250 f.*
  Az 1: 8J 364/35
  Az 2: 2H 15/36

Bromberg, Hilde
- Fiche: *0691*
  Az 1: 9J 9/45
  Az 2: 2H 30/45
- Fiche: *0691*
  Az 1: 9J 47/45
  Az 2: 2H 91/45

Bromet
- Fiche: *0254*
  Az 1: 9J 332/36
  Az 2: 2H 40/36

Brommel
- Fiche: *0198*
  Az 1: 10J 167/44
  Az 2: 2H 208/44

Broncek, Franz
- Fiche: *0373/0520*
  Az 1: 7J 192/43
  Az 2: 5H 83/43

Bronner, Kurt
- Fiche: *0237*
  Az 1: 8J 292/35
  Az 2: 1H 49/35

Brood
- Fiche: *0177 f.*
  Az 1: 8J 382/42g
  Az 2: 2H 65/43

Brosch
- Fiche: *0298/0367*
  Az 1: 7J 300/43
  Az 2: 5H 94/43

Broschak
- Fiche: *0582*
  Az 1: 7J 113/42
  Az 2: 2H 132/42

Broscheit, Fritz
- Fiche: *0463*
  Az 1: 15J 307/35
  Az 2: 1H 4/36

Broschinski, Emil
- Fiche: *0463/0465*
  Az 1: 15J 39/36
  Az 2: 2H 35/36

Broschinsky
- Fiche: *0451*
  Az 1: 11(10)J 1220/43
  Az 2: 2H 129/44

Broser, Meir
- Fiche: *0201/0739*
  Az 1: 8J 37/44g
  Az 2: 1H 222/44

Broser, Meir (A)
- Fiche: *0186/0579*
  Az 1: 11J 36/44
  Az 2: 1H 64/44

Brosig
- Fiche: *0049/0450*
  Az 1: 9J 151/35
  Az 2: 1H 3/36
- Fiche: *0615 ff.*
  Az 1: 15J 86/33
  Az 2: XII H 42/33
- Fiche: *0652 f.*
  Az 1: 9J 107/33
  Az 2: XII H 45/33

Brosig, Max
- Fiche: *0019*
  Az 1: 17J 617/33
  Az 2: 1H 37/34
- Fiche: *0590 f.*
  Az 1: 8J 420/35g
  Az 2: 1H 32/36
- Fiche: *0621 f.*
  Az 1: 15J 241/33
  Az 2: XII H 57/33
- Fiche: *0720*
  Az 1: 14J 33/34

Brosig, Wilhelm
- Fiche: *0154 f.*
  Az 1: 6J 76/39g
  Az 2: 2H 54/39

Brosig, Wilhelm (A)
- Fiche: *0154*
  Az 1: 6J 19/39g
  Az 2: 2H 53/39

Brosius
- Fiche: *0023 f.*
  Az 1: 14J 328/33
  Az 2: 1H 5/35

Brosow
- Fiche: *0008*
  Az 1: 17J 58/34
  Az 2: 1H 11/34

Brosow, Johannes
- Fiche: *0109 f.*
  Az 1: 17J 264/36
  Az 2: 2H 45/37

Brüderlein
- Fiche: *0163*
  Az 1: 5J 142/40
  Az 2: 2H 68/40
- Fiche: *0196/0625*
  Az 1: 9J 187/44
  Az 2: 2H 204/44
- Fiche: *0262 f.*
  Az 1: 8J 51/36g
  Az 2: 1H 16/37
- Fiche: *0433 f.*
  Az 1: 9J 212/44
  Az 2: 2H 222/44

Brüderlein, Friedrich
- Fiche: *0164*
  Az 1: 5J 148/40
  Az 2: 2H 71/40

Brüderlein, Fritz
- Fiche: *0076 f.*
  Az 1: 8J 427/35g
  Az 2: 1H 59/60/61/36
- Fiche: *0196*
  Az 1: 9J 210/44
  Az 2: 2H 205/44
- Fiche: *0502 f.*
  Az 1: 16J 150/35
  Az 2: 2H 21/36

Brüderlein, Karl Friedrich
- Fiche: *0098*
  Az 1: 16J 536/36
  Az 2: 2H 25/37

Brüggemann
- Fiche: *0104/0267*
  Az 1: 17J 6/37
  Az 2: 2H 33/37
- Fiche: *0494*
  Az 1: 8J 11/37g
  Az 2: 2H 9/38

Brüggemann, Otto
- Fiche: *0129/0439*
  Az 1: 7J 102/38
  Az 2: 2H 45/38

Brüglmeier
- Fiche: *0442/0708*
  Az 1: 0J 18/44g Rs
  Az 2: 1L 336/44

Brühl
- Fiche: *0055 f./0390*
  Az 1: 8J 82/36g
  Az 2: 2H 13/36

Brümmer, Johannes
- Fiche: *0086/0684*
  Az 1: 14J 392/35
  Az 2: 2H 4/37

Brümmerstädt, Heinz (A)
- Fiche: *0012 f./0546*
  Az 1: 13J 258/33
  Az 2: 1H 16/34

Brüning
- Fiche: *0615 ff.*
  Az 1: 15J 86/33
  Az 2: XII H 42/33
- Fiche: *0680*
  Az 1: 2J 578/44g Rs
  Az 2: 1L 467/44

Brüning, Heinrich
- Fiche: *0552 f.*
  Az 1: 8J 10/35
  Az 2: 2H 34/35
- Fiche: *0637 f.*
  Az 1: 8J 167/40
  Az 2: 2H 89/40
- Fiche: *0552 f.*
  Az 1: 8J 10/35
  Az 2: 2H 34/35

Brünzel
- Fiche: *0602 f.*
  Az 1: 9J 414/39
  Az 2: 2H 83/41

Bruer, Jonny
- Fiche: *0559*
  Az 1: 10J 16/42g
  Az 2: 1H 247/42

Brüß, Michael
- Fiche: *0071 f.*
  Az 1: 14J 288/36
  Az 2: 1H 48/36

Brütsch, Fritz
- Fiche: *0476 f.*
  Az 1: 8J 131/36g, 8J 49,117,131/36g
  Az 2: 2H 16,20,27/37

Bruhn
- Fiche: *0585 f.*
  Az 1: 8J 160/38
  Az 2: 2H 73/38

Bruhn (Frau)
- Fiche: *0256*
  Az 1: 15J 162/36
  Az 2: 1H 51/36

Bruhn, Elisabeth (A)
- Fiche: *0182/0464 f.*
  Az 1: 11(10)J 423/43g
  Az 2: 2H 17/44
- Fiche: *0461*
  Az 1: IV A 2 - B. Nr. 5156/38g

Bruhn, Gustav
- Fiche: *0186/0466*
  Az 1: 11(10)J 1039/43
  Az 2: 2H 54/44
- Fiche: *0206/0405*
  Az 1: 10J 410/43g
  Az 2: 1H 209/43
- Fiche: *0466*
  Az 1: 9J 156/44g Rs
  Az 2: 1H 264/44

Bruhn, Gustav (A)
- Fiche: *0182/0464 f.*
  Az 1: 11(10)J 423/43g
  Az 2: 2H 17/44
- Fiche: *0461*
  Az 1: IV A 2 - B. Nr. 5156/38g
- Fiche: *0514 f.*
  Az 1: 9J 953/33
  Az 2: 1H 2/35

Bruhn, Wilhelm
- Fiche: *0231 f./0561*
  Az 1: 8J 14/34
  Az 2: 2H 33/35

Bruhns, Friedrich
- Fiche: *0095 f.*
  Az 1: 17J 271/36
  Az 2: 2H 23/37

Bruhns, Helmut
- Fiche: *0628*
  Az 1: 10J 129/42
  Az 2: 2H 205/42
- Fiche: *0634*
  Az 1: 10J 102/42
  Az 2: 2H 185/42

Bruhns, Helmut (A)
- Fiche: *0560*
  Az 1: 9J 90/42g
  Az 2: 2H 281/42

Brumhofer, Johann
- Fiche: *0502*
  Az 1: 7J 66/43
  Az 2: 6H 146/43

Brumm
- Fiche: *0317*
  Az 1: 15J 166/36
  Az 2: 1H 33/36

Brummer
- Fiche: *0099 f.*
  Az 1: 14J 301/37
  Az 2: 1H 27/37

Brunauer, Josef
- Fiche: *0345*
  Az 1: 7J 405/42
  Az 2: 2H 266/42

Brunlik, Maria
- Fiche: *0505/0642 f.*
  Az 1: 8J 201/41
  Az 2: 2H 171/43

Brunn, Paul (A)
- Fiche: *0548*
  Az 1: 9J 251/41
  Az 2: 2H 68/42

Brunnauer, Josef
- Fiche: *0329/0354*
  Az 1: 7J 223/42
  Az 2: 2H 236/42
- Fiche: *0352*
  Az 1: 7J 529/42
  Az 2: 6H 25/42

Brunnecker (Frau)
- Fiche: *0523 f.*
  Az 1: 9J 351/38g
  Az 2: 2H 93/38

Brunnemer, Philipp (A)
- Fiche: *0173*
  Az 1: 5J 81/42
  Az 2: 2H 94/42

Brunner
- Fiche: *0338*
  Az 1: 7J 272/42
  Az 2: 2H 206/42
- Fiche: *0341/0354*
  Az 1: 7J 214/42
  Az 2: 2H 186/42
- Fiche: *0542*
  Az 1: 8J 263/41
  Az 2: 2H 30/42

Brunner, Alois
- Fiche: *0292 f.*
  Az 1: 7J 501/42
- Fiche: *0519/0549 f.*
  Az 1: 6J 135/42g
  Az 2: 6H 79/43

Brunner (Frau)
- Fiche: *0338*
  Az 1: 7J 272/42
  Az 2: 2H 206/42

Brunner, Alois (A)
- Fiche: *0516 f./0548 f.*
  Az 1: 7J 421/42g
  Az 2: 6H 63/43

Brunner, Anton (A)
- Fiche: *0293 f.*
  Az 1: 8J 521/41g
  Az 2: 2H 98/42

Brunner, Elfriede (A)
- Fiche: *0552*
  Az 1: 9J 66/44
  Az 2: 2H 119/44

Brunner, Heinrich (A)
- Fiche: *0437/0562*
  Az 1: 11J 418/44
  Az 2: 1H 380/44

Brunner, Johann
- Fiche: *0331*
  Az 1: 6J 18/42g
  Az 2: 2H 121/42

Brunner, Josef
- Fiche: *0323 ff.*
  Az 1: 7J 174/40
  Az 2: 2H 132/41

Brunner, Josefa
- Fiche: *0292 f.*
  Az 1: 7J 501/42

Brunner, Josefine
- Fiche: *0367*
  Az 1: 7J 649/42
  Az 2: 6H 24/43
- Fiche: *0380*
  Az 1: 7J 366/43
  Az 2: 5H 121/43
- Fiche: *0380/0529*
  Az 1: 7J 209/43
  Az 2: 6H 139/43
- Fiche: *0519/0549 f.*
  Az 1: 6J 135/42g
  Az 2: 6H 79/43
- Fiche: *0694*
  Az 1: 2. Sen. 51/44
  Az 2: StPL RKA III 14/44

Brunner, Josefine (A)
- Fiche: *0516 f./0548 f.*
  Az 1: 7J 421/42g
  Az 2: 6H 63/43

Brunner, Paul
- Fiche: *0055 f./0390*
  Az 1: 8J 82/36g
  Az 2: 2H 13/36

Brunner, Samuel
- Fiche: *0348*
  Az 1: 7J 254/42
  Az 2: 5H 87/42

Brunner, Samuel (A)
- Fiche: *0348*
Az 1: 7J 253/42
Az 2: 5H 89/42

Brunner, Stefan (A)
- Fiche: *0379*
Az 1: 7J 358/43
Az 2: 6H 156/43

Brunnert, Erich
- Fiche: *0677*
Az 1: 10J 320/41
Az 2: 2H 36/42

Brunnhofer
- Fiche: *0296*
Az 1: 7J 599/42
Az 2: 6H 47/43
- Fiche: *0377*
Az 1: 7J 599/42
Az 2: 6H 61/43
- Fiche: *0455*
Az 1: 7J 599/42
Az 2: 6H 44/43
- Fiche: *0456*
Az 1: 7J 599/42
Az 2: 6H 60/43

Brunnhofer, Johann (A)
- Fiche: *0366*
Az 1: 7J 599/42
Az 2: 6H 46/43

Bruns, Helmut
- Fiche: *0589 f.*
Az 1: 9J 399/39g
Az 2: 2H 26/41

Bruns, Walter
- Fiche: *0081/0471*
Az 1: 15J 544/36
Az 2: 2H 64/36

Brurei (Frau)
- Fiche: *0210/0466*
Az 1: 11J 423/44g
Az 2: 2H 4/45

Brurein, Ulla
- Fiche: *0029*
Az 1: 17J 98/34
Az 2: 1H 17/35

Brurein, Ulrich
- Fiche: *0018 f.*
Az 1: 15J 369/34
Az 2: 1H 39/35

Brurein, Ursula
- Fiche: *0018 f.*
Az 1: 15J 369/34
Az 2: 1H 39/35

Brusch, Eduard (A)
- Fiche: *0318*
Az 1: 8J 250/43

Bruschke
- Fiche: *0144*
Az 1: 5J 199/39
Az 2: 1H 26/39

Bruse, Hermann
- Fiche: *0031 f./0230*
Az 1: 17J 296/34
Az 2: 2H 24/35

Bruske, Paul (A)
- Fiche: *0546/0681*
Az 1: 8J 121/44
Az 2: 1H 181/44

Brust, Albert
- Fiche: *0431*
Az 1: 8J 122/44
Az 2: 1H 143/44
- Fiche: *0540/0681*
Az 1: 8J 120/44
Az 2: 1H 149/44
- Fiche: *0546/0681*
Az 1: 8J 121/44
Az 2: 1H 181/44

Brust, Albert (A)
- Fiche: *0562*
Az 1: 8J 92/44
Az 2: 1H 148/44

Brychta, Franz
- Fiche: *0364*
Az 1: 7J 535/42, 7J 61/43
Az 2: 5H 53/43, 5H 54/43
- Fiche: *0364*
Az 1: 7J 61/43
- Fiche: *0369*
Az 1: 7J 651/42
Az 2: 5H 24/43

Brychta, Franz (A)
- Fiche: *0575*
Az 1: 6(7)J 310/43
Az 2: 5H 51/44

Brynen
- Fiche: *0701*
Az 1: 7(8)J 176/42g

Brysch, Johann
- Fiche: *0155 f.*
Az 1: 6J 12/39g
Az 2: 2H 61/39

Brzica, Karl
- Fiche: *0298/0367*
Az 1: 7J 300/43
Az 2: 5H 94/43
- Fiche: *0328/0340 f.*
Az 1: 7J 137/42
Az 2: 2H 191/42
- Fiche: *0328/0357*
Az 1: 7J 487/42
Az 2: 5H 183/42
- Fiche: *0449*
Az 1: 7J 299/43
Az 2: 5H 105/43

Brzica, Karl (A)
- Fiche: *0350*
Az 1: 7J 347/42
Az 2: 5H 135/42

Brzobohaty, Margarete (A)
- Fiche: *0375*
Az 1: 7J 236/43g
Az 2: 5H 76/43

Bubenik, Rudolf
- Fiche: *0420*
Az 1: 6J 44/44
Az 2: 5H 57/44

Buber, Josef
- Fiche: *0336*
Az 1: 7J 543/41
Az 2: 2H 4/42

Bubert, Heinrich
- Fiche: *0467 ff.*
Az 1: 14J 629/37g
Az 2: 2H 86/38
- Fiche: *0472 f./0603 f.*
Az 1: 14J 629/37g, 6J 44/38g
Az 2: 2H 84,85,87/38

Bubler, Alfred
- Fiche: *0449*
Az 1: 7J 299/43
Az 2: 5H 105/43

Buch, Alfons
- Fiche: *0054/0508*
Az 1: 17J 496/35
Az 2: 2H 11/36

Buch, Alfred
- Fiche: *0239 f.*
Az 1: 8J 359/35
Az 2: 1H 63/35

Buch, Johann von
- Fiche: *0240*
Az 1: 8J 305/35
Az 2: 1H 67/35

Buchacher, Anton
- Fiche: *0696 f.*
Az 1: StPL (RKA) III 657/41
Az 2: StPL (HLS) III 16/42

Buchacher, Friederike
- Fiche: *0437*
Az 1: 6J 199/44
Az 2: 5H 20/45
- Fiche: *0437/0680*
Az 1: 7J 6/45
Az 2: 5H 25/45

Buchacher, Friederike (A)
- Fiche: *0437*
Az 1: 6J 198,199/44
Az 2: 5H 19,20/45

Buchalka
- Fiche: *0308*
Az 1: 7J 242/40
Az 2: 2H 113/40

Buchalka, Anton
- Fiche: *0309 f.*
Az 1: 6J 103/40g
Az 2: 2H 116/40
- Fiche: *0322/0521 f.*
Az 1: 6J 145/40
Az 2: 2H 32/41

Buchalka, Anton (A)
- Fiche: *0308*
Az 1: 6J 103/40g
Az 2: 2H 115/40

Buchalka, Christine (A)
- Fiche: *0309 f.*
Az 1: 6J 103/40g
Az 2: 2H 116/40

Buchbauer
- Fiche: *0306 f.*
Az 1: 7J 549/39
Az 2: 2H 32/40

Buchbauer, Andreas
- Fiche: *0330*
Az 1: 7J 46/42
Az 2: 2H 125/42
- Fiche: *0333*
Az 1: 7J 156/42
Az 2: 2H 112/42

Buchbauer, Andreas (A)
- Fiche: *0331*
Az 1: 7J 157/42
Az 2: 2H 117/42

Buchbauer, Karl (A)
- Fiche: *0174*
Az 1: 7J 160/42
Az 2: 2H 119/42

Buchegger
- Fiche: *0078*
Az 1: 14J 73/36
Az 2: 1H 62/36

Buchelt, Benno
- Fiche: *0323 ff.*
Az 1: 7J 174/40
Az 2: 2H 132/41

Bucher (Frau)
- Fiche: *0305 f.*
Az 1: 6J 334/38
Az 2: 1H 12/39

Buchheim
- Fiche: *0056*
Az 1: 14J 286/35
Az 2: 1H 16/36

Buchholz
- Fiche: *0094/0262*
Az 1: 8J 223/36
Az 2: 2H 15/37
- Fiche: *0698*
Az 1: StPL (RKA) I 424/43
Az 2: StPL 2. Sen. 6/44
- Fiche: *0700*
Az 1: StPL (RKA) I 424/43
Az 2: StPL 2. Sen. 5/44
- Fiche: *0700*
Az 1: StPL (RKA) I 424/43
Az 2: StPl 2. Sen. 98/43

Buchholz, Frank
- Fiche: *0240*
Az 1: 8J 305/35
Az 2: 1H 67/35

Buchholz, Heinrich
- Fiche: *0480*
Az 1: 10J 299/41
Az 2: 2H 50/42

Buchholz, Hermann
- Fiche: *0160*
Az 1: 9J 425/39g
Az 2: 2H 43/40

Buchholz, Johann
- Fiche: *0602 f.*
  Az 1: 9J 414/39
  Az 2: 2H 83/41

Buchholz, Käthe
- Fiche: *0517/0678*
  Az 1: 10J 139/38
  Az 2: 2H 67/38

Buchholz, Walter (A)
- Fiche: *0693*
  Az 1: StPL (RKA) I 424/43
  Az 2: StPL 2. Sen. 4/44

Buchholz, Wilhelm
- Fiche: *0492 f.*
  Az 1: 15J 168/34
  Az 2: 2H 16/35

Buchkäster, Heinrich
- Fiche: *0115*
  Az 1: 8J 339/37
  Az 2: 1H 4/38

Buchmann
- Fiche: *0238 f.*
  Az 1: 17J 82/35
  Az 2: 1H 51/35
- Fiche: *0564 f.*
  Az 1: 9J 137/34
  Az 2: 1H 25/35
- Fiche: *0615 ff.*
  Az 1: 15J 86/33
  Az 2: XII H 42/33

Buchmann (Frau)
- Fiche: *0128*
  Az 1: 5J 317/38
  Az 2: 1H 35/38

Buchmann, Erika
- Fiche: *0476 f.*
  Az 1: 8J 131/36g, 8J 49,117,131/36g
  Az 2: 2H 16,20,27/37

Buchmann, Kurt
- Fiche: *0128*
  Az 1: 5J 317/38
  Az 2: 1H 35/38
- Fiche: *0276 f.*
  Az 1: 5J 284/38
  Az 2: 1H 34/38

Buchmann, Kurt (A)
- Fiche: *0128 f.*
  Az 1: 5J 285/38
  Az 2: 1H 36/38

Buchmann, Richard
- Fiche: *0447*
  Az 1: 9J 107/41
  Az 2: 5H 14/43

Buchmayer
- Fiche: *0374/0576*
  Az 1: 7J 303/43
  Az 2: 5H 80/43

Buchmüller, Johann
- Fiche: *0296*
  Az 1: 7J 638/42
  Az 2: 5H 26/43
- Fiche: *0375*
  Az 1: 7J 332/43
  Az 2: 5H 73/43

Buchner
- Fiche: *0444*
  Az 1: 12J 33/40

Buchner, Fritz
- Fiche: *0082/0260 f.*
  Az 1: 9J 907/35
  Az 2: 1H 67/36

Buchröder
- Fiche: *0555 f.*
  Az 1: 9J 202/36
  Az 2: 2H 14/37

Buchrucker
- Fiche: *0036/0230 f.*
  Az 1: 8J 306/35
  Az 2: 2H 30/35
- Fiche: *0233 f.*
  Az 1: 8J 291/35
  Az 2: 2H 36/35
- Fiche: *0478 f.*
  Az 1: 8J 421/38
  Az 2: 1H 19/39
- Fiche: *0510 f./0689 f.*
  Az 1: 8J 54/37
  Az 2: 2H 41/37
- Fiche: *0515*
  Az 1: 8J 368/38
  Az 2: 1H 4/39
- Fiche: *0547 f.*
  Az 1: 8J 318/39
  Az 2: 1H 60/39
- Fiche: *0642*
  Az 1: 8J 144/38
  Az 2: 1H 16/38

Buchta
- Fiche: *0329/0358*
  Az 1: 7J 354/42
  Az 2: 5H 142/42

Buchter, Willi
- Fiche: *0032 f.*
  Az 1: 13J 11/34
  Az 2: 1H 26/35

Buchwitz
- Fiche: *0055 f./0390*
  Az 1: 8J 82/36g
  Az 2: 2H 13/36

Buchwitz (Ehefrau)
- Fiche: *0562 f.*
  Az 1: 10J 204/40
  Az 2: 2H 17/41

Buchwitz, Otto
- Fiche: *0518/0558*
  Az 1: 10J 815/43
  Az 2: 1H 289/43

Buchwitz, Otto (A)
- Fiche: *0562 f.*
  Az 1: 10J 204/40
  Az 2: 2H 17/41

Buckendahl, Georg
- Fiche: *0118*
  Az 1: 7J 82/38
  Az 2: 1H 12/38
- Fiche: *0480*
  Az 1: 10J 299/41
  Az 2: 2H 50/42
- Fiche: *0531 f.*
  Az 1: 10J 170/41
  Az 2: 2H 10/42

Budack
- Fiche: *0207*
  Az 1: 8J 188/44g
  Az 2: 1H 285/44

Budack, Richard (A)
- Fiche: *0201 f.*
  Az 1: 8J 182/44g
  Az 2: 1H 232/44

Budde, Erwin
- Fiche: *0013 f.*
  Az 1: 8J 1713/33
  Az 2: 2H 20/34

Buddenberg, Ingeborg
- Fiche: *0545*
  Az 1: 9J 878/33
  Az 2: 2H 16/34

Bude
- Fiche: *0140 f.*
  Az 1: 8J 357/38g
  Az 2: 2H 13/39

Budeus, Walter
- Fiche: *0184/0707 f.*
  Az 1: 9J 777/43g
  Az 2: 5H 40/44
- Fiche: *0210/0630*
  Az 1: 10(9)J 777/43g
  Az 2: 5H 41/44
- Fiche: *0688 f.*
  Az 1: 10J 75/44
  Az 2: 1L 192/44

Budeus, Walter (A)
- Fiche: *0679 f./0713*
  Az 1: 10(9)J 777/43g
  Az 2: 5H 38/44, 5H 43/44

Budich, Willi
- Fiche: *0008*
  Az 1: 17J 58/34
  Az 2: 1H 11/34
- Fiche: *0611*
  Az 1: 17J 125/34
  Az 2: XII H 33/34
- Fiche: *0651 f.*
  Az 1: 17J 793/33
  Az 2: XII H 10,12/24
- Fiche: *0656 f.*
  Az 1: 17J 582/33
  Az 2: XV H 28/34
- Fiche: *0660 f.*
  Az 1: 17J 792/33
  Az 2: XV H 15/34

Budig, Wilhelm
- Fiche: *0516/0685*
  Az 1: 10J 175/41
  Az 2: 2H 135/41

Budin
- Fiche: *0372*
  Az 1: 7J 308/43
  Az 2: 5H 92/43
- Fiche: *0576*
  Az 1: 7J 352/43
  Az 2: 5H 90/43

Budin, Karl (A)
- Fiche: *0372/0520*
  Az 1: 7J 308/43
  Az 2: 5H 92/43
- Fiche: *0520*
  Az 1: 7J 308/43

Budschigk, Ernst (A)
- Fiche: *0543*
  Az 1: 5J 54/38
  Az 2: 1H 22/38

Budzislawski, Herbert (A)
- Fiche: *0689*
  Az 1: 10J 328/43g
  Az 2: 2H 99/43

Bübl, Johann (A)
- Fiche: *0577*
  Az 1: 7J 276/43
  Az 2: 6H 108/43

Büchel
- Fiche: *0292*
  Az 1: 5J 228/41
  Az 2: 2H 16/42

Büchle (Frau)
- Fiche: *0031 f./0230*
  Az 1: 17J 296/34
  Az 2: 2H 24/35

Büchler, Franz
- Fiche: *0016 f.*
  Az 1: 14a/8J 1547/31
  Az 2: 1H 27/34

Büchner
- Fiche: *0003/0215*
  Az 1: 15/17J 60/33
  Az 2: 1H 4/34
- Fiche: *0032 f.*
  Az 1: 13J 11/34
  Az 2: 1H 26/35
- Fiche: *0632 f.*
  Az 1: 6J 29/42g
  Az 2: 1H 139/43
- Fiche: *0673 f.*
  Az 1: 16J 141/35, 16J 126/35
  Az 2: 1H 34/35, 1H 35/35

Büchner, Fritz
- Fiche: *0532 f.*
  Az 1: 7(11)J 197/34g
  Az 2: 3L 21/36

Büchner, Heinrich
- Fiche: *0180/0443*
  Az 1: 5J 136/43
  Az 2: 6H 158/43

Büchner, Margarete (A)
- Fiche: *0180/0443*
  Az 1: 5J 136/43
  Az 2: 6H 158/43

Büchner, Martha (A)
- Fiche: *0180/0443*
  Az 1: 5J 136/43
  Az 2: 6H 158/43

Bücking
- Fiche: *0535/0681*
  Az 1: 9J 80/42g
  Az 2: 2H 95/42
- Fiche: *0549*
  Az 1: 10J 96/42
  Az 2: 2H 238/42

Bund
- Fiche: *0615 ff.*
  Az 1: 15J 86/33
  Az 2: XII H 42/33

Bundschuh, Ferdinand
- Fiche: *0371 f.*
  Az 1: 7J 45/43
  Az 2: 6H 95/43

Bundschuh, Ferdinand (A)
- Fiche: *0373*
  Az 1: 7J 198/43
  Az 2: 6H 89/43

Bunge, Anna
- Fiche: *0571*
  Az 1: 10J 244/42g
  Az 2: 2H 319/42

Bunge, Ernst
- Fiche: *0571*
  Az 1: 10J 244/42g
  Az 2: 2H 319/42

Bunge, Walter (A)
- Fiche: *0571*
  Az 1: 10J 244/42g
  Az 2: 2H 319/42

Bungert
- Fiche: *0061*
  Az 1: 14J 32/36
  Az 2: 1H 25/36

Bungert, Heinrich
- Fiche: *0044*
  Az 1: 9J 951/35
  Az 2: 2H 54/35
- Fiche: *0057 f.*
  Az 1: 14J 106/36
  Az 2: 2H 19/36

Bunke, Amalie
- Fiche: *0620 f.*
  Az 1: 15J 70/33
  Az 2: XII H 59/33

Bunke, Paul (A)
- Fiche: *0620 f.*
  Az 1: 15J 70/33
  Az 2: XII H 59/33

Bunte, Rudolf
- Fiche: *0210*
  Az 1: 8J 127/44
  Az 2: 2H 127/44

Bunyai, Josef
- Fiche: *0349*
  Az 1: 7J 256/42
  Az 2: 5H 90/42

Buran
- Fiche: *0144*
  Az 1: 5J 199/39
  Az 2: 1H 26/39

Burchardt
- Fiche: *0173*
  Az 1: 5J 81/42
  Az 2: 2H 94/42

Burchardt, Emil
- Fiche: *0090 f./0261*
  Az 1: 17J 260/36
  Az 2: 1H 10/37

Burckhard, Emil
- Fiche: *0106*
  Az 1: 17J 414/36
  Az 2: 2H 36/37

Burckhardt, Emil
- Fiche: *0109 f.*
  Az 1: 17J 264/36
  Az 2: 2H 45/37

Burckhardt, Erich
- Fiche: *0086/0498 f.*
  Az 1: 8J 68/36
  Az 2: 1H 4/37

Burckhart
- Fiche: *0272*
  Az 1: 16J 225/37
  Az 2: 2H 60/37

Burde, Friedrich
- Fiche: *0525*
  Az 1: 9J 539/38g
  Az 2: 2H 16/39

Burech
- Fiche: *0372/0520*
  Az 1: 7J 308/43
  Az 2: 5H 92/43

Bures
- Fiche: *0408*
  Az 1: 7J 454/43, 7J 502/43
  Az 2: 5H 10/44, 5H 5/44
- Fiche: *0576*
  Az 1: 7J 302/43
  Az 2: 5H 104/43
- Fiche: *0648 f.*
  Az 1: 7J 502/43
  Az 2: 5H 5/44

Bures (Frau)
- Fiche: *0574*
  Az 1: 7J 501/43
  Az 2: 5H 4/44

Bures, Rudolf (A)
- Fiche: *0420/0574 f.*
  Az 1: 7J 500/43, 7J 501/43
  Az 2: 5H 3/44, 5H 4/44

Buresch
- Fiche: *0373*
  Az 1: 7J 304/43, 7J 326/43
  Az 2: 5H 91/43, 5H 88/43
- Fiche: *0403 f.*
  Az 1: 8J 7/41g
  Az 2: 2H 166/43
- Fiche: *0408*
  Az 1: 7J 454/43, 7J 502/43
  Az 2: 5H 10/44, 5H 5/44
- Fiche: *0647/0649*
  Az 1: 7(8)J 76/41g
  Az 2: 2H 170/43

Buresch, Josef
- Fiche: *0366 f.*
  Az 1: 7J 653/42
  Az 2: 5H 34/43

Burger
- Fiche: *0702*
  Az 1: 6J 80/40g
  Az 2: 5H 64/42

Burger, Betty
- Fiche: *0458*
  Az 1: 9J 355/39g
  Az 2: 2H 9/40

Burger, Hildegard
- Fiche: *0333*
  Az 1: 7J 94/42
  Az 2: 2H 97/42
- Fiche: *0333*
  Az 1: 7J 93/42
  Az 2: 2H 96/42
- Fiche: *0705*
  Az 1: StPL (RKA) I 50/42
  Az 2: StPL (HLS) II 74/42

Burghard
- Fiche: *0046/0239*
  Az 1: 16J 438/35
  Az 2: 1H 62/35

Burghard, Johannes
- Fiche: *0068*
  Az 1: 8J 434/35g
  Az 2: 2H 41/36

Burghardt
- Fiche: *0045 f./0675 f.*
  Az 1: 16J 319/35
  Az 2: 1H 57/35

Burghardt, Friedrich
- Fiche: *0269 f.*
  Az 1: 8J 100/37
  Az 2: 1H 43/37

Burghardt, Max
- Fiche: *0476 f.*
  Az 1: 8J 131/36g, 8J 49,117,131/36g
  Az 2: 2H 16,20,27/37

Burghart
- Fiche: *0142 f./0283*
  Az 1: 6J 14/39
  Az 2: 1H 20/39

Burgsmüller, Hermann
- Fiche: *0047 f./0641*
  Az 1: 9J 486/35
  Az 2: 1H 71/35

Burgstaller, Georg
- Fiche: *0647 f.*
  Az 1: 7(8)J 203/41
  Az 2: 2H 168/44

Burgstaller, Georg (A)
- Fiche: *0411*
  Az 1: 8J 206/41
  Az 2: 5H 16/44

Burgstaller, Michael (A)
- Fiche: *0649*
  Az 1: 7J 11/43
  Az 2: 5H 22/43

Burian, Karl
- Fiche: *0401 f.*
  Az 1: 8J 285/39g
  Az 2: 5H 108/43
- Fiche: *0409 f.*
  Az 1: 8J 376/40
  Az 2: 5H 13/44
- Fiche: *0686 f.*
  Az 1: 8J 257/41
  Az 2: 2H 19/42
- Fiche: *0701*
  Az 1: 8J 269/41g

Burian, Karl (A)
- Fiche: *0575/0644 f.*
  Az 1: 8J 324/39g
  Az 2: 5H 110/43

Burian, Mathilde
- Fiche: *0297*
  Az 1: 7J 247/43
  Az 2: 5H 79/43

Burkardt, Martin
- Fiche: *0050 f.*
  Az 1: 8J 164/35
  Az 2: 1H 5/36

Burkhardt
- Fiche: *0650*
  Az 1: 0J 26/44g Rs
  Az 2: 1L 349/44

Burkhardt, Anton
- Fiche: *0375*
  Az 1: 7J 332/43
  Az 2: 5H 73/43

Burkhardt, Georg
- Fiche: *0141/0475 f.*
  Az 1: 5J 449/38
  Az 2: 1H 15/39

Burli
- Fiche: *0337 f.*
  Az 1: 7J 273/42
  Az 2: 2H 211/42

Burmester (Frau)
- Fiche: *0472 f./0603 f.*
  Az 1: 14J 629/37g, 6J 44/38g
  Az 2: 2H 84,85,87/38

Burmester, Charlotte
- Fiche: *0554*
  Az 1: 10J 294/41
  Az 2: 1H 329/42
- Fiche: *0628*
  Az 1: 9J 50/42g
  Az 2: 2H 60/42

Burmester, Wilhelm
- Fiche: *0687*
  Az 1: 15J 222/35
  Az 2: 2H 34/36

Burnicki, Heinz (A)
- Fiche: *0208/0672*
  Az 1: 8J 199/44
  Az 2: 1H 298/44

Buro
- Fiche: *0245 f.*
  Az 1: 8J 7/36g
  Az 2: 2H 4/36

Burr
- Fiche: *0699 f.*
  Az 1: StPL (RKA) I 118/41
  Az 2: StPL (HLS) III 57/41

Burre
- Fiche: *0271*
  Az 1: 8J 4/37
  Az 2: 2H 58/37

Burscher, Adolf
- Fiche: *0091*
  Az 1: 7a O Js 113.36

Cäcillia, Kopp
- Fiche: *0414*
  Az 1: 6(7)J 535/43
  Az 2: 6H 25/44

Cahen
- Fiche: *0479 f.*
  Az 1: 7(8)J 108/43g
- Fiche: *0515*
  Az 1: 8J 368/38
  Az 2: 1H 4/39

Cahén (Frau)
- Fiche: *0286 f.*
  Az 1: 8J 384/38g
  Az 2: 1H 32/39

Cahen, Max
- Fiche: *0489 ff.*
  Az 1: 8J 402/38
  Az 2: 2H 41/39

Caisser
- Fiche: *0530 f.*
  Az 1: 10J 62/42
  Az 2: 1H 219/42

Calcar, van
- Fiche: *0542*
  Az 1: 8J 263/41
  Az 2: 2H 30/42

Caldonazzi, Walter (A)
- Fiche: *0427*
  Az 1: 6J 158/44g, 6J 165/44g
  Az 2: 5H 96/44, 5H 100/44

Campehl
- Fiche: *0008 f.*
  Az 1: 17J 242/33
  Az 2: 2H 11/34

Canaris, Wilhelm
- Fiche: *0697*
  Az 1: StPL (RKA) III 114/43
- Fiche: *0698*
  Az 1: StPL (RKA) III 114/43

Canepa, Jutta
- Fiche: *0720 f.*
  Az 1: 9J 283/44

Cantzler
- Fiche: *0463/0465*
  Az 1: 15J 39/36
  Az 2: 2H 35/36

Capelle
- Fiche: *0040 f./0235 f.*
  Az 1: 16J 324/34
  Az 2: 2H 45/35
- Fiche: *0227*
  Az 1: 14J 70/35
  Az 2: 2H 9/35
- Fiche: *0502 f.*
  Az 1: 16J 150/35
  Az 2: 2H 21/36

Capito, Walther
- Fiche: *0266*
  Az 1: 8J 403/35g

Caprara
- Fiche: *0589*
  Az 1: 16J 293/35
  Az 2: 2H 58/35

Carboch, Anna
- Fiche: *0163*
  Az 1: 5J 142/40
  Az 2: 2H 68/40
- Fiche: *0164*
  Az 1: 5J 148/40
  Az 2: 2H 71/40
- Fiche: *0694 f.*
  Az 1: 5J 466/38
  Az 2: 1H 38/39

Cardenas
- Fiche: *0561 f.*
  Az 1: 8J 261/41g
  Az 2: 1H 237/42

Carl, Otto
- Fiche: *0138*
  Az 1: 5J 279/38
  Az 2: 1H 6/39
- Fiche: *0138 f.*
  Az 1: 5J 53/39
  Az 2: 1H 7/39

Carlowitz
- Fiche: *0113 f./0508*
  Az 1: 14J 725/37g
  Az 2: 1H 1/38

Carlson, Eskil
- Fiche: *0452*
  Az 1: 9J 231/35
  Az 2: 2H 44/35

Carlssen
- Fiche: *0055 f./0390*
  Az 1: 8J 82/36g
  Az 2: 2H 13/36

Carniol
- Fiche: *0396/0704 f.*
  Az 1: 14J 522/37g
  Az 2: 1L 2/40

Caro
- Fiche: *0078 f.*
  Az 1: 8J 439/35g
  Az 2: 2H 62/36
- Fiche: *0084 f.*
  Az 1: 8J 430/35g
  Az 2: 1H 3/37
- Fiche: *0627 f.*
  Az 1: 10J 1095/43g
  Az 2: 1H 305/43

Caro, Walter
- Fiche: *0111*
  Az 1: 17J 298/37
  Az 2: 2H 49/37
- Fiche: *0244 f./0274*
  Az 1: 8J 431/35g
  Az 2: 1H 8/37
- Fiche: *0274 f.*
  Az 1: 8J 226/38g
  Az 2: 1H 17/38

Caro, Werner-Klaus (A)
- Fiche: *0199*
  Az 1: 8J 175/44g
  Az 2: 1H 212/44

Carstens
- Fiche: *0013*
  Az 1: 13J 279/33
  Az 2: 2H 19/34

Cartellieri
- Fiche: *0441*
  Az 1: 0J 3/44g Rs
  Az 2: 1L 292/44

Carxbaum
- Fiche: *0694*
  Az 1: 9J 341/36
  Az 2: 5 0Js 127/37

Caspar
- Fiche: *0523 f.*
  Az 1: 9J 351/38g
  Az 2: 2H 93/38

Caspar, Willy
- Fiche: *0652 f.*
  Az 1: 9J 107/33
  Az 2: XII H 45/33

Caspari
- Fiche: *0286 f.*
  Az 1: 8J 384/38g
  Az 2: 1H 32/39

Cassur, Arthur
- Fiche: *0629 f.*
  Az 1: 9J 929/35
  Az 2: 1H 37/36

Castka, Franz
- Fiche: *0289 f.*
  Az 1: 6J 52/40g
  Az 2: 2H 111/40

Catomic, Josef
- Fiche: *0348*
  Az 1: 7J 254/42
  Az 2: 5H 87/42

Cebul, Mathilde
- Fiche: *0648*
  Az 1: 8J 70/43, 8J 75/43
  Az 2: 5H 128/43, 5H 134/43

Cebul, Mathilde (A)
- Fiche: *0417*
  Az 1: 8J 75/43
- Fiche: *0417*
  Az 1: 7J 64/44
  Az 2: 5H 42/44

Cebulla, Erich
- Fiche: *0091*
  Az 1: 7a O Js 113.36

Cebulla, Helmuth
- Fiche: *0628*
  Az 1: 9J 50/42g
  Az 2: 2H 60/42

Cebulla, Helmuth (A)
- Fiche: *0129/0439*
  Az 1: 7J 102/38
  Az 2: 2H 45/38

Cebulla, Karl (A)
- Fiche: *0451*
  Az 1: 8J 197/43
  Az 2: 6H 184/43

Cechosky, Franz
- Fiche: *0376*
  Az 1: 7J 238/43
  Az 2: 5H 72/43

Cecil, Robert
- Fiche: *0489 ff.*
  Az 1: 8J 402/38
  Az 2: 2H 41/39
- Fiche: *0529*
  Az 1: 9J 124/41
  Az 2: 2H 34/42

Cejchan, Rudolf
- Fiche: *0323*
  Az 1: 6J 28/41g
  Az 2: 2H 129/41
- Fiche: *0717*
  Az 1: 6J 144/41g

Celestina
- Fiche: *0333*
  Az 1: 7J 94/42
  Az 2: 2H 97/42

Celofiga
- Fiche: *0332/0367*
  Az 1: 7J 257/41
  Az 2: 2H 114/42

Cemernjak, Martin (A)
- Fiche: *0699 f.*
  Az 1: StPL (RKA) I 118/41
  Az 2: StPL (HLS) III 57/41

Cerny
- Fiche: *0301*
  Az 1: 15J 818/36
  Az 2: 1H 22/37
- Fiche: *0328/0340 f.*
  Az 1: 7J 137/42
  Az 2: 2H 191/42
- Fiche: *0425*
  Az 1: 7J 123/44
  Az 2: 5H 80/44

Cerny, Josef
- Fiche: *0296*
  Az 1: 7J 53/43
  Az 2: 6H 56/43
- Fiche: *0380/0529*
  Az 1: 7J 209/43
  Az 2: 6H 139/43

Černy, Wenzel
- Fiche: *0151 f./0584*
  Az 1: 7J 72/39
  Az 2: 1H 45/39

Cervera, Jose
- Fiche: *0157 f.*
  Az 1: 11J 195/38
  Az 2: 1H 37/39

Cevela Bernard (A)
- Fiche: *0512*
  Az 1: 6J 44/42g

Chachulski, Karl
- Fiche: *0507*
  Az 1: 15J 175/34
  Az 2: 2H 18/35

Chadim, Franz
- Fiche: *0330*
  Az 1: 6J 42/42g
  Az 2: 2H 127/42

Chalaski, Wanda
- Fiche: *0109 f.*
  Az 1: 17J 264/36
  Az 2: 2H 45/37

Chalonpka
- Fiche: *0403 f.*
  Az 1: 8J 7/41g
  Az 2: 2H 166/43

Chalupka, Erich
- Fiche: *0581 f./0647*
  Az 1: 8J 95/41g
  Az 2: 2H 167/43

Char, Friedrich (A)
- Fiche: *0692 f.*
  Az 1: 3J 139/44
  Az 2: 3L 29/44

Chares
- Fiche: *0547 f.*
  Az 1: 8J 318/39
  Az 2: 1H 60/39

Charles
- Fiche: *0512 f.*
  Az 1: 10J 208/42g
  Az 2: 6H 7/42

Charry
- Fiche: *0463*
  Az 1: 15J 307/35
  Az 2: 1H 4/36

Charvat
- Fiche: *0298 f.*
  Az 1: 7J 370/43, 7J 398/43
  Az 2: 5H 118/43, 5H 119/43

Chaurtier de Ripes
- Fiche: *0686 f.*
  Az 1: 8J 257/41
  Az 2: 2H 19/42

Chemnitz
- Fiche: *0555 f.*
  Az 1: 9J 202/36
  Az 2: 2H 14/37

Chemnitz, Karl
- Fiche: *0542 f.*
  Az 1: 9J 311/41
  Az 2: 2H 31/42

Chemnitz, Walter
- Fiche: *0016 f.*
  Az 1: 14a/8J 1547/31
  Az 2: 1H 27/34

Chiczewski
- Fiche: *0454*
  Az 1: 8J 333/40
  Az 2: 2H 84/40

Chill, Hermann
- Fiche: *0160*
  Az 1: 9J 425/39g
  Az 2: 2H 43/40
- Fiche: *0161 f./0562*
  Az 1: 9J 370/39g
  Az 2: 2H 53/40

Chill, Hermann (A)
- Fiche: *0579 f.*
  Az 1: 9J 422/39g
  Az 2: 2H 37/40

Chlubaty
- Fiche: *0575*
  Az 1: 6J 8/44
  Az 2: 5H 25/44

Chmela
- Fiche: *0293*
  Az 1: 6J 62/42g
  Az 2: 5H 92/42

Chocensky, Leopold
- Fiche: *0331*
  Az 1: 6J 18/42g
  Az 2: 2H 121/42

Chocensky, Leopold (A)
- Fiche: *0349*
  Az 1: 6J 45/42g
  Az 2: 5H 95/42

Chodura
- Fiche: *0402*
  Az 1: 7J 397/43
  Az 2: 5H 115/43

Chomlow, Alexander (A)
- Fiche: *0571*
  Az 1: 11(10)J 1241/43
  Az 2: 1H 59/44

Choulat, Klara
- Fiche: *0170/0293*
  Az 1: 6J 100/41g
  Az 2: 2H 21/42

Choulat, Susanne
- Fiche: *0170/0293*
  Az 1: 6J 100/41g
  Az 2: 2H 21/42

Chozen, Suse
- Fiche: *0112/0271*
  Az 1: 16J 675/37
  Az 2: 2H 52/37

Chrambach, Erich
- Fiche: *0735 f.*
  Az 1: 7J 32/44
  Az 2: 6H 92/44

Christ, Alexander
- Fiche: *0535 f.*
  Az 1: 10J 267/41
  Az 2: 2H 157/41

Christ, Konrad
- Fiche: *0602 f.*
  Az 1: 9J 414/39
  Az 2: 2H 83/41

Christandl, Franz (A)
- Fiche: *0357*
  Az 1: 7J 447/42
  Az 2: 5H 178/42

Christenden, Aage
- Fiche: *0446*
  Az 1: 9J 9/43g
  Az 2: 1H 37/43

Christensen
- Fiche: *0183*
  Az 1: 5J 45/41
  Az 2: 2H 27/42
- Fiche: *0553 f.*
  Az 1: 10J 137/42
  Az 2: 2H 242/42

Christensen, Hanna
- Fiche: *0560*
  Az 1: 10J 382/43
  Az 2: 1H 189/43

Christensen, Walter
- Fiche: *0463/0465*
  Az 1: 15J 39/36
  Az 2: 2H 35/36

Christian
- Fiche: *0403 f.*
  Az 1: 8J 7/41g
  Az 2: 2H 166/43
- Fiche: *0693*
  Az 1: 8J 199/41
  Az 2: 2H 173/43

Christian, Herbert
- Fiche: *0418*
  Az 1: 7(8)J 103/41
  Az 2: 5H 47/44

Christian, Herbert (A)
- Fiche: *0407 f.*
  Az 1: 7(8)J 199/41
  Az 2: 2H 3/44

Christiansen
- Fiche: *0018 f.*
  Az 1: 15J 369/34
  Az 2: 1H 39/35
- Fiche: *0543*
  Az 1: 15J 385/34
  Az 2: 1H 47/36
- Fiche: *0671 f.*
  Az 1: 15J 385/34
  Az 2: 1H 11/36

Christier
- Fiche: *0126*
  Az 1: 7J 106/38
  Az 2: 2H 27/38

Christmann, Friedrich (A)
- Fiche: *0618*
  Az 1: 8/16J 409/33
  Az 2: XII H 18/33

Christmann, Otto (A)
- Fiche: *0700*
  Az 1: 6J 1/43
  Az 2: 6H 81/43

Christmann, Wilhelm (A)
- Fiche: *0251 ff.*
  Az 1: 14J 12/36
  Az 2: 2H 17/36

Christof, Hermine
- Fiche: *0696 f.*
  Az 1: StPL (RKA) III 657/41
  Az 2: StPL (HLS) III 16/42

Christoffers, Hans
- Fiche: *0021/0461 f.*
  Az 1: 9aJ 44/34
  Az 2: 2H 1/35
- Fiche: *0311 f.*
  Az 1: 14a/8J 510/29
  Az 2: 1H 18/34

Christoforidis
- Fiche: *0237*
  Az 1: 8J 292/35
  Az 2: 1H 49/35

Christoph
- Fiche: *0024/0385 f.*
  Az 1: 14J 75/33, 14J 77/33
  Az 2: 2H 7/35, 2H 6,7/35

Christoph, Friederike
- Fiche: *0310*
  Az 1: 7J 70/40
  Az 2: 2H 131/40
- Fiche: *0311*
  Az 1: 7J 70/40, 7J 93/42
  Az 2: 2H 133/40
- Fiche: *0311*
  Az 1: 7J 70/40
  Az 2: 2H 132/40
- Fiche: *0321*
  Az 1: 7J 94/41, 7J 70/40
  Az 2: 2H 22/41

Christoph, Friederike (A)
- Fiche: *0310*
  Az 1: 7J 70/40
  Az 2: 2H 130/40

Christoph, Johann
- Fiche: *0075/0258*
  Az 1: 17J 70/36
  Az 2: 1H 57/36

Christoph, Paul
- Fiche: *0259/0676*
  Az 1: 16J 534/35
  Az 2: 2H 57/35

Christophers
- Fiche: *0182/0461*
  Az 1: 11(10)J 1037/43g
  Az 2: 2H 22/44
- Fiche: *0465*
  Az 1: 11(10)J 1036/43g

Chudy
- Fiche: *0354 f.*
  Az 1: 7J 478/42
  Az 2: 5H 199/42
- Fiche: *0356/0400*
  Az 1: 7J 395/42, 7J 457/42
  Az 2: 5H 158/42, 5H 193/42
- Fiche: *0526 f.*
  Az 1: 7J 457/42

Church, Gabrielle
- Fiche: *0644*
  Az 1: 8J 475/39
  Az 2: 5H 109/43

Church, Gabrielle (A)
- Fiche: *0401 f.*
  Az 1: 8J 285/39g
  Az 2: 5H 108/43

Churchill, Winston
- Fiche: *0489 ff.*
  Az 1: 8J 402/38
  Az 2: 2H 41/39
- Fiche: *0561 f.*
  Az 1: 8J 261/41g
  Az 2: 1H 237/42

Chwalek
- Fiche: *0018/0220*
  Az 1: 16J 646/33
  Az 2: 1H 29/34

Chwalek, Martha
- Fiche: *0006 f.*
  Az 1: 17J 574/33
  Az 2: 1H 10/34

Chwalek, Martha (A)
- Fiche: *0224*
  Az 1: 17J 44/34
  Az 2: 2H 2/34

Chwalek, Roman
- Fiche: *0254*
  Az 1: 9J 332/36
  Az 2: 2H 40/36

Chwalek, Roman (A)
- Fiche: *0006 f.*
  Az 1: 17J 574/33
  Az 2: 1H 10/34
- Fiche: *0572*
  Az 1: 9J 39/45
  Az 2: 2H 65/45

Cibula
- Fiche: *0322 f./0723*
  Az 1: 6J 64/40g
  Az 2: 2H 89/41

Ciccione
- Fiche: *0127/0623*
  Az 1: 8J 419/37g
  Az 2: 2H 33/38

Cichocki, Erich (A)
- Fiche: *0061 f./0626 f.*
  Az 1: 17J 336/35
  Az 2: 2H 28/36

Cickron, Bruno
- Fiche: *0100 f./0711*
  Az 1: 15J 1/37
  Az 2: 1H 28/37

Cielosko, Adolf
- Fiche: *0454*
  Az 1: 10J 162/42
  Az 2: 2H 254/42

Ciepiela, Bruno
- Fiche: *0707*
  Az 1: StPL (RKA) II 191/42
  Az 2: StPL (HLS) IV 87/42

Cieslak, Johannes (A)
- Fiche: *0223 f.*
  Az 1: 8J 282/34
  Az 2: 2H 4/35

Čihak, František
- Fiche: *0305/0643 f.*
  Az 1: 6J 518/38
  Az 2: 1H 18/39

Cillien, Christine (A)
- Fiche: *0537*
  Az 1: 9J 182/38
  Az 2: 2H 79/38

Ciper, Wilhelm
- Fiche: *0152 f.*
  Az 1: 6J 6/39g
  Az 2: 2H 50/39
- Fiche: *0154 f.*
  Az 1: 6J 76/39g
  Az 2: 2H 54/39

Ciper, Wilhelm (A)
- Fiche: *0155 f.*
  Az 1: 6J 12/39g
  Az 2: 2H 61/39

Citron, Bernhard
- Fiche: *0479 f.*
  Az 1: 7(8)J 108/43g

Claahsen
- Fiche: *0564*
  Az 1: 8J 148/42g
  Az 2: 5H 67/43

Claas
- Fiche: *0293/0509*
  Az 1: 6J 143/41g
  Az 2: 2H 73/42

Claasen, Paul
- Fiche: *0052*
  Az 1: 14J 104/36
  Az 2: 2H 8/36
- Fiche: *0629 f.*
  Az 1: 9J 929/35
  Az 2: 1H 37/36
- Fiche: *0630*
  Az 1: 9J 657/35
  Az 2: 1H 58/36

Claasen, Paul (A)
- Fiche: *0047 f./0641*
  Az 1: 9J 486/35
  Az 2: 1H 71/35

Claassen, Kurt
- Fiche: *0014/0218 f.*
  Az 1: 17J 689/33
  Az 2: 1H 21/34

Clairmont
- Fiche: *0168 f.*
  Az 1: 5J 230/41
  Az 2: 2H 6/42
- Fiche: *0292*
  Az 1: 5J 228/41
  Az 2: 2H 16/42

Clar, Gustav
- Fiche: *0463*
  Az 1: 15J 307/35
  Az 2: 1H 4/36

Clasen, Gerda
- Fiche: *0256*
  Az 1: 15J 162/36
  Az 2: 1H 51/36

Classe
- Fiche: *0098*
  Az 1: 16J 536/36
  Az 2: 2H 25/37

Classen
- Fiche: *0205*
  Az 1: 9J 151/44
  Az 2: 2H 253/44

Classen, Erna
- Fiche: *0194/0469*
  Az 1: 9J 47/44
  Az 2: 2H 154/44

Classen, Peter
- Fiche: *0043 f.*
  Az 1: 9J 702/35
  Az 2: 2H 53/35
- Fiche: *0196/0625*
  Az 1: 9J 187/44
  Az 2: 2H 204/44

Classen, Walter (A)
- Fiche: *0725 f.*
  Az 1: 15J 157/34
  Az 2: 1H 11/35

Claus
- Fiche: *0090*
  Az 1: 17J 187/36
  Az 2: 2H 31/37
- Fiche: *0094*
  Az 1: 16J 23/37
  Az 2: 1H 18/37
- Fiche: *0141/0475 f.*
  Az 1: 5J 449/38
  Az 2: 1H 15/39

Claus (Frau)
- Fiche: *0090 f./0261*
  Az 1: 17J 260/36
  Az 2: 1H 10/37
- Fiche: *0102*
  Az 1: 17J 185/36
  Az 2: 1H 30/37

Claus, Richard
- Fiche: *0009/0733 f.*
  Az 1: 14J 311/33
  Az 2: 1H 12/34

Claus, Rudolf (A)
- Fiche: *0031 f./0230*
  Az 1: 17J 296/34
  Az 2: 2H 24/35

Clausen
- Fiche: *0037/0221*
  Az 1: 17J 94/34
  Az 2: 1H 33/35

Clauß
- Fiche: *0268 f./0701 f.*
  Az 1: 14J 323/37
  Az 2: 1H 24/37

Clauss, Hans
- Fiche: *0060 f.*
  Az 1: 8J 438/35g
  Az 2: 1H 23/24/36
- Fiche: *0092*
  Az 1: 8/14J 31-45/36g
  Az 2: 1H 13/37
- Fiche: *0703*
  Az 1: 16J 415/35

Clauß, Hans
- Fiche: *0588 f./0643*
  Az 1: 16J 293/35, 8J 438/35
  Az 2: 2H 58/35
- Fiche: *0589*
  Az 1: 16J 293/35
  Az 2: 2H 58/35

Clauß, Otto (A)
- Fiche: *0608 ff.*
  Az 1: 15J 179/33
  Az 2: XII H 17/34

Clemens, Jakob (A)
- Fiche: *0247 f./0445*
  Az 1: 8J 72/36
  Az 2: 2H 7/37

Clerq, Elise de
- Fiche: *0589 f.*
  Az 1: 9J 399/39g
  Az 2: 2H 26/41

Clüver
- Fiche: *0049*
  Az 1: 8J 440/35
  Az 2: 1H 1/36

Clupek, Alexander
- Fiche: *0293*
  Az 1: 6J 62/42g
  Az 2: 5H 92/42

Cochon, Jean
- Fiche: *0201*
  Az 1: 9J 135/44
  Az 2: 1H 223/44
- Fiche: *0627 f.*
  Az 1: 10J 1095/43g
  Az 2: 1H 305/43

Cochon, Jean (A)
- Fiche: *0571*
  Az 1: 11(10)J 1241/43
  Az 2: 1H 59/44

Cölpin, Alfred (A)
- Fiche: *0546*
  Az 1: 10J 256/42g
  Az 2: 2H 19/43

Cohen
- Fiche: *0448*
  Az 1: 17J 225/37
  Az 2: 2H 48/37

Cohn
- Fiche: *0283 f.*
  Az 1: 10J 5/39
  Az 2: 1H 23/39
- Fiche: *0396/0704 f.*
  Az 1: 14J 522/37g
  Az 2: 1L 2/40
- Fiche: *0555*
  Az 1: 9J 330/41
  Az 2: 5H 63/42

Cohn, Eva
- Fiche: *0134/0523*
  Az 1: 7J 348/38
  Az 2: 2H 82/38
- Fiche: *0673*
  Az 1: 9J 36/39g
  Az 2: 2H 14/39

Cresnar, Carl (A)
- Fiche: *0433*
  Az 1: 10J 230/44
  Az 2: 6H 218/44

Crether, Hilde
- Fiche: *0479 f.*
  Az 1: 7(8)J 108/43g

Creutzburg
- Fiche: *0476 f.*
  Az 1: 8J 131/36g, 8J 49,117,131/36g
  Az 2: 2H 16,20,27/37

Creutzburg, August
- Fiche: *0113/0469 f.*
  Az 1: 16J 37/35
  Az 2: 1H 19-20/37
- Fiche: *0166*
  Az 1: 9J 275/40
  Az 2: 2H 84/41

Crohn, Beate
- Fiche: *0102/0267*
  Az 1: 17J 91/36
  Az 2: 2H 30/37
- Fiche: *0266/0745*
  Az 1: 17J 472/36
  Az 2: 2H 28/37

Cronenberg, Elsa
- Fiche: *0145/0638 f.*
  Az 1: 9J 138/39g
  Az 2: 2H 27/39

Crummenerl, Siegmund
- Fiche: *0061 f./0626 f.*
  Az 1: 17J 336/35
  Az 2: 2H 28/36
- Fiche: *0077 f./0239*
  Az 1: 8J 421/35g
  Az 2: 2H 60/36
- Fiche: *0214*
  Az 1: 8J 1856/33
- Fiche: *0396/0704 f.*
  Az 1: 14J 522/37g
  Az 2: 1L 2/40
- Fiche: *0598 ff.*
  Az 1: 9J 479/35
  Az 2: 2H 14/36
- Fiche: *0611*
  Az 1: 8J 1694/33
  Az 2: XII H 14/34
- Fiche: *0672 f.*
  Az 1: 10J 90/41
  Az 2: 2H 111/41

Crusemann
- Fiche: *0542*
  Az 1: 8J 263/41
  Az 2: 2H 30/42

Csarmann, Bruno
- Fiche: *0311*
  Az 1: 7J 70/40, 7J 93/42
  Az 2: 2H 133/40

Csarmann, Franz
- Fiche: *0349*
  Az 1: 7J 256/42
  Az 2: 5H 90/42

Csarmann, Josef
- Fiche: *0310*
  Az 1: 7J 70/40
  Az 2: 2H 131/40
- Fiche: *0311*
  Az 1: 7J 70/40
  Az 2: 2H 132/40
- Fiche: *0346 f.*
  Az 1: 7J 278/42
  Az 2: 2H 246/42
- Fiche: *0717*
  Az 1: 6J 144/41g

Csarmann, Josef (A)
- Fiche: *0310*
  Az 1: 7J 70/40
  Az 2: 2H 130/40

Csermak, Eduard
- Fiche: *0417*
  Az 1: 8J 75/43
- Fiche: *0417*
  Az 1: 7J 64/44
  Az 2: 5H 42/44

Cullmann
- Fiche: *0560*
  Az 1: 10J 382/43
  Az 2: 1H 189/43

Cuperka
- Fiche: *0417*
  Az 1: 7J 50/44
  Az 2: 5H 37/44

Curtius
- Fiche: *0498*
  Az 1: 8J 371/38
  Az 2: 1H 38/38
- Fiche: *0515*
  Az 1: 8J 368/38
  Az 2: 1H 4/39
- Fiche: *0543*
  Az 1: 8J 336/38
  Az 2: 1H 2/39

Cushurst
- Fiche: *0141/0475 f.*
  Az 1: 5J 449/38
  Az 2: 1H 15/39

Cwellich
- Fiche: *0483*
  Az 1: 14J 482/37
  Az 2: 1H 25/37

Cwiek, Leon
- Fiche: *0256*
  Az 1: 15J 162/36
  Az 2: 1H 51/36

Cyranek, Adam
- Fiche: *0555*
  Az 1: 9J 330/41
  Az 2: 5H 63/42

Cyranek, Franz (A)
- Fiche: *0507 f.*
  Az 1: 14J 26/34
  Az 2: 2H 29/35

Czaika, Karl
- Fiche: *0693*
  Az 1: StPL (RKA) II 445/42
  Az 2: StPL (HLS) III 53/43

Czak, Franz
- Fiche: *0345*
  Az 1: 7J 363/42
  Az 2: 2H 259/42
- Fiche: *0705*
  Az 1: StPL (RKA) III 320/42
  Az 2: StPL (HLS) III 21/43

Czak, Franz (A)
- Fiche: *0294 f.*
  Az 1: 7J 377/42
  Az 2: 1H 218/42

Czamler, Eduard
- Fiche: *0295 f.*
  Az 1: 7J 2/43g
  Az 2: 5H 42/43
- Fiche: *0363/0563 f.*
  Az 1: 7J 64/43
  Az 2: 5H 52/43
- Fiche: *0521*
  Az 1: 7J 339/42
  Az 2: 6H 3/42

Czamler, Eduard (A)
- Fiche: *0717*
  Az 1: StPL (RKA) 3 281/43

Czamler, Eduard sen.
- Fiche: *0717*
  Az 1: StPL (RKA) 3 281/43

Czamler, Maria
- Fiche: *0717*
  Az 1: StPL (RKA) 3 281/43

Czarnecki
- Fiche: *0561 f.*
  Az 1: 8J 261/41g
  Az 2: 1H 237/42

Czauderna
- Fiche: *0299*
  Az 1: 5J 120/43
  Az 2: 2H 141/43

Czech, Thomas
- Fiche: *0058 f.*
  Az 1: 17J 129/35
  Az 2: 1H 21,22/36

Czeczor, Erich
- Fiche: *0101 f.*
  Az 1: 8J 188/36
  Az 2: 2H 29/37

Czeczor, Erich (A)
- Fiche: *0266*
  Az 1: 8J 403/35g

Czederle, Josef
- Fiche: *0321*
  Az 1: 7J 94/41, 7J 70/40
  Az 2: 2H 22/41

Czeiczka, Irmgard
- Fiche: *0301*
  Az 1: 15J 818/36
  Az 2: 1H 22/37

Czelonsch
- Fiche: *0372/0520*
  Az 1: 7J 308/43
  Az 2: 5H 92/43

Czemere
- Fiche: *0479 f.*
  Az 1: 7(8)J 108/43g

Czeninga
- Fiche: *0628*
  Az 1: 9J 171/41g
  Az 2: 2H 103/42

Czepl, Hans
- Fiche: *0357*
  Az 1: 7J 469/42
  Az 2: 5H 179/42

Czepl, Walter
- Fiche: *0357*
  Az 1: 7J 469/42
  Az 2: 5H 179/42

Czermak
- Fiche: *0376*
  Az 1: 7J 306/42, 7J 239/43
  Az 2: 5H 140/42, 5H 72/43

Czermak, Wilhelm
- Fiche: *0152/0305*
  Az 1: 7J 302/39
  Az 2: 1H 46/39

Czerny
- Fiche: *0073 f.*
  Az 1: 8J 201/36g
  Az 2: 2H 53/36

Czerny, Karl
- Fiche: *0320*
  Az 1: 6J 122/40g

Czerwenka
- Fiche: *0693*
  Az 1: StPL (RKA) II 445/42
  Az 2: StPL (HLS) III 53/43

Czibulka
- Fiche: *0127/0623*
  Az 1: 8J 419/37g
  Az 2: 2H 33/38

Czichon
- Fiche: *0155 f.*
  Az 1: 6J 12/39g
  Az 2: 2H 61/39

Czipek, Alis (A)
- Fiche: *0363*
  Az 1: 7J 178/43
  Az 2: 5H 50/43

Czipek, Alois
- Fiche: *0382*
  Az 1: 7J 359/43
  Az 2: 5H 120/43

Czirnik
- Fiche: *0183*
  Az 1: 11(10)J 631/43
  Az 2: 1H 28/44

Czuk, Rudolf
- Fiche: *0371 f.*
  Az 1: 7J 45/43
  Az 2: 6H 95/43

Dambowski, Erich
- Fiche: *0169 f.*
  Az 1: 5J 229/41
  Az 2: 2H 13/42

Damer, Otto
- Fiche: *0106*
  Az 1: 17J 414/36
  Az 2: 2H 36/37

Damerow
- Fiche: *0102 f.*
  Az 1: 17J 317/37
  Az 2: 1H 31/37

Damiani
- Fiche: *0693*
  Az 1: StPL (RKA) II 66/44
  Az 2: StPL 1. Sen. 15/44

Damisch, Ferdinand
- Fiche: *0356/0400*
  Az 1: 7J 395/42, 7J 457/42
  Az 2: 5H 158/42, 5H 193/42
- Fiche: *0526 f.*
  Az 1: 7J 457/42

Damisch, Ferdinand (A)
- Fiche: *0354 f.*
  Az 1: 7J 478/42
  Az 2: 5H 199/42

Damm (Frau)
- Fiche: *0523 f.*
  Az 1: 9J 351/38g
  Az 2: 2H 93/38

Damm, Franz
- Fiche: *0101*
  Az 1: 17J 316/37
  Az 2: 1H 29/37
- Fiche: *0115 f.*
  Az 1: 17J 381/37
  Az 2: 2H 5/38
- Fiche: *0682*
  Az 1: 17J 377/37
  Az 2: 1H 6/38

Damme, Willi
- Fiche: *0241*
  Az 1: 8J 433/35g, 17J 519/34
  Az 2: 1H 69/35

Dammeyer
- Fiche: *0604 f.*
  Az 1: 10J 317/38
  Az 2: 2H 23/39

Damrau
- Fiche: *0586 f.*
  Az 1: 9J 67/39
  Az 2: 1H 62/39

Dan, Johann
- Fiche: *0351 f.*
  Az 1: 7J 491/42
  Az 2: 6H 26/42
- Fiche: *0459*
  Az 1: 7J 489/42
  Az 2: 6H 29/42

Danek, Kitty von
- Fiche: *0137/0711 f.*
  Az 1: 8J 367/38
  Az 2: 2H 4/39

Dangschat, Paul
- Fiche: *0585 f.*
  Az 1: 8J 160/38
  Az 2: 2H 73/38

Dani, Sebastian (A)
- Fiche: *0598 ff.*
  Az 1: 9J 479/35
  Az 2: 2H 14/36

Daniel
- Fiche: *0499 f.*
  Az 1: 8J 145/38
  Az 2: 2H 52/38

Daniel, Edmund
- Fiche: *0169/0521*
  Az 1: 6J 109/41g
  Az 2: 2H 11/42

Danielsen, Carl Volmer
- Fiche: *0446*
  Az 1: 9J 9/43g
  Az 2: 1H 37/43

Danihelka, Franz
- Fiche: *0582*
  Az 1: 8J 317/41
  Az 2: 5H 135/43

Danilow, Wassili
- Fiche: *0736*
  Az 1: 8J 48/45g

Danilowski, Auguste
- Fiche: *0367*
  Az 1: 6J 258/38
  Az 2: 1H 31/43

Danimann, Franz (A)
- Fiche: *0306*
  Az 1: 7J 547/39
  Az 2: 2H 13/40

Danin
- Fiche: *0049/0450*
  Az 1: 9J 151/35
  Az 2: 1H 3/36

Daninger, Franz
- Fiche: *0574/0649*
  Az 1: 7J 513/43
  Az 2: 5H 6/44

Dank, Viktor (A)
- Fiche: *0400*
  Az 1: 7J 186/42
  Az 2: 5H 117/42

Dankner, Hans
- Fiche: *0164*
  Az 1: 5J 148/40
  Az 2: 2H 71/40
- Fiche: *0168 f.*
  Az 1: 5J 230/41
  Az 2: 2H 6/42
- Fiche: *0694 f.*
  Az 1: 5J 466/38
  Az 2: 1H 38/39

Dankner, Hans (A)
- Fiche: *0163*
  Az 1: 5J 142/40
  Az 2: 2H 68/40

Dankowski, Herbert
- Fiche: *0538*
  Az 1: 10J 227/38
  Az 2: 2H 80/38

Danneberg
- Fiche: *0305/0643 f.*
  Az 1: 6J 518/38
  Az 2: 1H 18/39

Danneberg, Gertrude
- Fiche: *0305/0643 f.*
  Az 1: 6J 518/38
  Az 2: 1H 18/39

Dannel
- Fiche: *0054*
  Az 1: 17J 83/35
  Az 2: 1H 12/36

Dannenberg
- Fiche: *0493*
  Az 1: 10J 229/38
  Az 2: 2H 66/38

Dannenberg, Alfred
- Fiche: *0450/0623 f.*
  Az 1: 17J 451/37
  Az 2: 2H 59/38

Dannenberg, Heinrich (A)
- Fiche: *0386*
  Az 1: 8J 404/34
  Az 2: 3L 14/35

Dannhofer
- Fiche: *0481 f./0557 f.*
  Az 1: 8J 214/37
  Az 2: 1H 31/38

Dannhofer, Alfred (A)
- Fiche: *0485 f.*
  Az 1: 8J 386/38, 8J 214/37
  Az 2: 1H 33/38, 1H 31/38

Dantz, Helmut
- Fiche: *0479/0739*
  Az 1: 12(10)J 47/39
  Az 2: 1H 33/40

Dany (Frau)
- Fiche: *0516*
  Az 1: 9J 25/38
  Az 2: 1H 24/38

Danz, Hermann
- Fiche: *0031 f./0230*
  Az 1: 17J 296/34
  Az 2: 2H 24/35
- Fiche: *0033 f.*
  Az 1: 17J 119/35
  Az 2: 2H 26/35
- Fiche: *0200*
  Az 1: 8J 177/44g
  Az 2: 1H 219/44
- Fiche: *0222 f.*
  Az 1: 17J 504/33
  Az 2: 1H 1/35
- Fiche: *0532 f.*
  Az 1: 7(11)J 197/34g
  Az 2: 3L 21/36

Danz, Hermann (A)
- Fiche: *0208/0446*
  Az 1: 8J 191/44
  Az 2: 1H 303/44

Danzeisen, Johann
- Fiche: *0495*
  Az 1: 1J 579/43
  Az 2: 1L 178/43

Daß
- Fiche: *0463*
  Az 1: 15J 307/35
  Az 2: 1H 4/36

Dassau
- Fiche: *0113 f./0508*
  Az 1: 14J 725/37g
  Az 2: 1H 1/38
- Fiche: *0115*
  Az 1: 14J 727/37g
  Az 2: 1H 5/38
- Fiche: *0171/0567 f.*
  Az 1: 10J 145/41
  Az 2: 2H 33/42
- Fiche: *0553 f.*
  Az 1: 10J 137/42
  Az 2: 2H 242/42
- Fiche: *0554*
  Az 1: 10J 294/41
  Az 2: 1H 329/42
- Fiche: *0559*
  Az 1: 10J 16/42g
  Az 2: 1H 247/42
- Fiche: *0628 f.*
  Az 1: 10J 2/43g
  Az 2: 1H 89/43

Dassau, Robert
- Fiche: *0478*
  Az 1: 10J 290/40g
  Az 2: 5H 62/42
- Fiche: *0534*
  Az 1: 10J 144/41
  Az 2: 2H 156/41
- Fiche: *0549*
  Az 1: 10J 96/42
  Az 2: 2H 238/42
- Fiche: *0560*
  Az 1: 10J 382/43
  Az 2: 1H 189/43
- Fiche: *0628*
  Az 1: 9J 50/42g
  Az 2: 2H 60/42
- Fiche: *0635 f.*
  Az 1: 10J 123/41
  Az 2: 2H 115/41
- Fiche: *0684*
  Az 1: 10J 80/42
  Az 2: 2H 317/42

Dassau, Robert (A)
- Fiche: *0537 f.*
  Az 1: 9J 236/41g
  Az 2: 5H 75/42

Datz
- Fiche: *0038 f./0259 f.*
  Az 1: 16J 767/35
  Az 2: 2H 57/36
- Fiche: *0525*
  Az 1: 8J 199/38
  Az 2: 2H 91/38

Daub
- Fiche: *0248/0447*
  Az 1: 14J 380/36
  Az 2: 2H 8/37
- Fiche: *0630*
  Az 1: 9J 657/35
  Az 2: 1H 58/36

Dettmann, Friedrich (A)
- Fiche: *0523*
  Az 1: 15J 201/35
  Az 2: 1H 2/36

Dettmann, Hermann
- Fiche: *0256*
  Az 1: 15J 162/36
  Az 2: 1H 51/36

Dettmer, Heinrich
- Fiche: *0100 f./0711*
  Az 1: 15J 1/37
  Az 2: 1H 28/37

Deubel, Heinrich
- Fiche: *0143*
  Az 1: 11J 193/38
  Az 2: 2H 22/39

Deubel, Wilhelm
- Fiche: *0143*
  Az 1: 11J 193/38
  Az 2: 2H 22/39

Deubs, Oskar
- Fiche: *0146 f./0301 f.*
  Az 1: 10J 7/39
  Az 2: 1H 30/39

Deuerling
- Fiche: *0010*
  Az 1: 8J 1783/33
  Az 2: 1H 14/34

Deutert (Frau)
- Fiche: *0079 f.*
  Az 1: 17J 267/35
  Az 2: 1H 63/36

Deutsch
- Fiche: *0679 f./0713*
  Az 1: 10(9)J 777/43g
  Az 2: 5H 38/44, 5H 43/44

Deutsch, Hilde
- Fiche: *0722*
  Az 1: 17J 23/36
  Az 2: 2H 27/36

Deutsch, Julius
- Fiche: *0396/0704 f.*
  Az 1: 14J 522/37g
  Az 2: 1L 2/40

Deutsch, Kurt
- Fiche: *0518/0558*
  Az 1: 10J 815/43
  Az 2: 1H 289/43
- Fiche: *0722*
  Az 1: 17J 23/36
  Az 2: 2H 27/36

Deutsch, Otto
- Fiche: *0319 f.*
  Az 1: 6J 124/40g
  Az 2: 2H 10/41
- Fiche: *0717*
  Az 1: 6J 144/41g

Deutschmann
- Fiche: *0203 f.*
  Az 1: 11J 246/44
  Az 2: 2H 245/44

Dewald
- Fiche: *0080/0260*
  Az 1: 17J 473/35
  Az 2: 2H 63/36

Dewey, Robert
- Fiche: *0101*
  Az 1: 17J 316/37
  Az 2: 1H 29/37
- Fiche: *0107/0302*
  Az 1: 17J 379/37
  Az 2: 1H 39/37
- Fiche: *0115 f.*
  Az 1: 17J 381/37
  Az 2: 2H 5/38

Dewey, Robert (A)
- Fiche: *0682*
  Az 1: 17J 377/37
  Az 2: 1H 6/38

Dewitz, Oskar von (A)
- Fiche: *0062 f.*
  Az 1: 8J 17/36
  Az 2: 1H 29/36

Diamant, Alfred
- Fiche: *0703 f.*
  Az 1: 11J 390/39

Dibbon, Henry
- Fiche: *0185*
  Az 1: 5J 413/44
  Az 2: 6H 47/44

Dibelka, Friedrich
- Fiche: *0403*
  Az 1: 7J 516/43
  Az 2: 5H 157/43

Dibernik, Julka
- Fiche: *0307*
  Az 1: 7J 548/39
  Az 2: 1H 36/40

Dichtl, Adolf
- Fiche: *0396/0704 f.*
  Az 1: 14J 522/37g
  Az 2: 1L 2/40

Dick
- Fiche: *0046/0239*
  Az 1: 16J 438/35
  Az 2: 1H 62/35

Dick, Hans
- Fiche: *0113/0469 f.*
  Az 1: 16J 37/35
  Az 2: 1H 19-20/37

Dick, Josef (A)
- Fiche: *0362*
  Az 1: 7J 169/43
  Az 2: 1H 92/43
- Fiche: *0707*
  Az 1: StPL (RKA) III 153/42
  Az 2: StPL (HLS) II 96/42

Dicken (Frau)
- Fiche: *0137/0711 f.*
  Az 1: 8J 367/38
  Az 2: 2H 4/39

Dickens
- Fiche: *0494*
  Az 1: 8J 11/37g
  Az 2: 2H 9/38

Dicker
- Fiche: *0208/0446*
  Az 1: 8J 191/44
  Az 2: 1H 303/44

Dickmann, Thomas
- Fiche: *0013 f.*
  Az 1: 8J 1713/33
  Az 2: 2H 20/34
- Fiche: *0014*
  Az 1: 8J 1713/33
  Az 2: 2H 20/34

Dickmeier
- Fiche: *0604 f.*
  Az 1: 10J 317/38
  Az 2: 2H 23/39

Dickuhn
- Fiche: *0021 f.*
  Az 1: 17J 397/33
  Az 2: 1H 3/35

Didzuhn, Erich (A)
- Fiche: *0213 f./0216*
  Az 1: 17J 89/33
  Az 2: 1H 6/34

Didzuhn
- Fiche: *0657 f.*
  Az 1: 17J 163/33
  Az 2: XV H 3/34

Didzuhn, Hilda
- Fiche: *0213 f./0216*
  Az 1: 17J 89/33
  Az 2: 1H 6/34

Diebert
- Fiche: *0008 f.*
  Az 1: 17J 242/33
  Az 2: 2H 11/34

Dieck, Karl (A)
- Fiche: *0245 f.*
  Az 1: 8J 7/36g
  Az 2: 2H 4/36

Dieckieser
- Fiche: *0004 f.*
  Az 1: 13J 98/33
  Az 2: 1H 7/34

Dieckow
- Fiche: *0058 f.*
  Az 1: 17J 129/35
  Az 2: 1H 21,22/36
- Fiche: *0531*
  Az 1: 10J 40/42
  Az 2: 2H 228/42

Diederich, Ludwig
- Fiche: *0489 ff.*
  Az 1: 8J 402/38
  Az 2: 2H 41/39

Diederichs
- Fiche: *0013*
  Az 1: 13J 279/33
  Az 2: 2H 19/34

Diederichsen, Lieselotte
- Fiche: *0008 f.*
  Az 1: 17J 242/33
  Az 2: 2H 11/34

Diedrich
- Fiche: *0452*
  Az 1: 9J 73/36
  Az 2: 1H 19/36

Dieffenbach
- Fiche: *0054/0508*
  Az 1: 17J 496/35
  Az 2: 2H 11/36

Diegel, Friedrich
- Fiche: *0086/0684*
  Az 1: 14J 392/35
  Az 2: 2H 4/37

Diegel, Heinrich (A)
- Fiche: *0038 f./0259 f.*
  Az 1: 16J 767/35
  Az 2: 2H 57/36

Diehl
- Fiche: *0533*
  Az 1: 3J 1/34
  Az 2: *H 19/34

Diehl, Gerhard
- Fiche: *0056*
  Az 1: 17J 441/35
  Az 2: 1H 14/36
- Fiche: *0065 f./0253*
  Az 1: 8J 22/36g
  Az 2: 2H 36/36
- Fiche: *0113*
  Az 1: 8J 351/37g
  Az 2: 2H 57/37
- Fiche: *0122*
  Az 1: 14J 742/37g
  Az 2: 2H 20/38
- Fiche: *0244 f./0274*
  Az 1: 8J 431/35g
  Az 2: 1H 8/37
- Fiche: *0274 f.*
  Az 1: 8J 226/38g
  Az 2: 1H 17/38
- Fiche: *0590 f.*
  Az 1: 8J 420/35g
  Az 2: 1H 32/36

Diehl, Gerhard (A)
- Fiche: *0084 f.*
  Az 1: 8J 430/35g
  Az 2: 1H 3/37

Diehl, Hans
- Fiche: *0548*
  Az 1: 16J 42/35
  Az 2: 2H 9/36

Diehl, Heinrich (A)
- Fiche: *0255*
  Az 1: 14J 230/36
  Az 2: 1H 44/36

Dieker
- Fiche: *0208/0446*
  Az 1: 8J 191/44
  Az 2: 1H 303/44

Diekmann
- Fiche: *0081/0471*
  Az 1: 15J 544/36
  Az 2: 2H 64/36

Diekmann, Gerhard
- Fiche: *0562*
  Az 1: 10(9)J 836/43
  Az 2: 2H 101/44

Diel, Kurt
- Fiche: *0530 f.*
  Az 1: 10J 62/42
  Az 2: 1H 219/42

Diels
- Fiche: *0228 f.*
  Az 1: 14J 34/34
  Az 2: 1H 13/35

Dieltjens, Karel
- Fiche: *0446*
  Az 1: 9J 9/43g
  Az 2: 1H 37/43

Diem
- Fiche: *0135 f./0678 f.*
  Az 1: 5J 344/38
  Az 2: 2H 94/38

Diem, Fritz
- Fiche: *0587*
  Az 1: 10J 303/38
  Az 2: 2H 90/38

Diementstein, Georg
- Fiche: *0210*
  Az 1: 9J 251/44
  Az 2: 1H 382/44

Diementstein, Gertrud (A)
- Fiche: *0210 f./0498*
  Az 1: 9J 236/44g
  Az 2: 5H 38/45

Diener, Emilie (A)
- Fiche: *0251 ff.*
  Az 1: 14J 12/36
  Az 2: 2H 17/36

Dienst, Adam (A)
- Fiche: *0516*
  Az 1: 9J 25/38
  Az 2: 1H 24/38

Dienstbach
- Fiche: *0117 f./0542*
  Az 1: 8J 20/36g
  Az 2: 2H 11/38

Dienstl
- Fiche: *0431*
  Az 1: 7J 171/44
  Az 2: 5H 129/44

Dierich, Max
- Fiche: *0303 f.*
  Az 1: 17J 43/37
  Az 2: 1H 7/38

Dierks, Julius
- Fiche: *0479/0739*
  Az 1: 12(10)J 47/39
  Az 2: 1H 33/40

Diers
- Fiche: *0126*
  Az 1: 7J 106/38
  Az 2: 2H 27/38
- Fiche: *0439*
  Az 1: 15J 931/37
  Az 2: 2H 35/38

Diersen, Bernhard
- Fiche: *0177 f.*
  Az 1: 8J 382/42g
  Az 2: 2H 65/43

Diesing, Otto
- Fiche: *0144*
  Az 1: 5J 199/39
  Az 2: 1H 26/39

Diesser (Frau)
- Fiche: *0470*
  Az 1: 10J 561/43g
  Az 2: 2H 154/43

Dießner
- Fiche: *0228*
  Az 1: 13J 266/33
  Az 2: 2H 11,12/35

Diessner, Bruno
- Fiche: *0470*
  Az 1: 10J 561/43g
  Az 2: 2H 154/43

Diessner, Ingeborg
- Fiche: *0470*
  Az 1: 10J 561/43g
  Az 2: 2H 154/43

Diestler, Evelin
- Fiche: *0721*
  Az 1: 9J 26/45

Dietel, Franz Xaver
- Fiche: *0444*
  Az 1: 12J 33/40

Dieter
- Fiche: *0086/0684*
  Az 1: 14J 392/35
  Az 2: 2H 4/37

Dieter, Gustav
- Fiche: *0038/0039*
  Az 1: 8J 227/35
  Az 2: 2H 38/35

Dieter, Hans
- Fiche: *0056 f./0461*
  Az 1: 8J 29/35
  Az 2: 2H 18/36

Dieter, Willibald
- Fiche: *0309 f.*
  Az 1: 6J 103/40g
  Az 2: 2H 116/40

Dietert
- Fiche: *0563 f.*
  Az 1: 10J 68/40
  Az 2: 2H 109/40

Dietl (Frau)
- Fiche: *0365*
  Az 1: 7J 599/42
  Az 2: 6H 45/43

Dietmayer, Klara
- Fiche: *0535*
  Az 1: 8J 78/42g
  Az 2: 2H 214/42

Dietrich
- Fiche: *0034*
  Az 1: 9J 613/33
  Az 2: 1H 27/35
- Fiche: *0103 f.*
  Az 1: 17J 416/36
  Az 2: 2H 32/37
- Fiche: *0283 f.*
  Az 1: 10J 5/39
  Az 2: 1H 23/39
- Fiche: *0538 f.*
  Az 1: 8J 356/38g
  Az 2: 1H 29/38
- Fiche: *0732*
  Az 1: 5J 464/39
  Az 2: 1H 61/39

Dietrich, Albert
- Fiche: *0138*
  Az 1: 5J 279/38
  Az 2: 1H 6/39

Dietrich, Anton
- Fiche: *0308*
  Az 1: 6J 103/40g
  Az 2: 2H 115/40
- Fiche: *0308*
  Az 1: 7J 242/40
  Az 2: 2H 113/40

Dietrich, Ernst (A)
- Fiche: *0593 f.*
  Az 1: 15J 490/33
  Az 2: 1H 89/34

Dietrich, Franz (A)
- Fiche: *0411 f.*
  Az 1: 8J 375/40
  Az 2: 5H 17/44

Dietrich, Friedrich
- Fiche: *0525*
  Az 1: 9J 539/38g
  Az 2: 2H 16/39

Dietrich, Karl (A)
- Fiche: *0472 f./0603 f.*
  Az 1: 14J 629/37g, 6J 44/38g
  Az 2: 2H 84,85,87/38

Dietrich, Lucie
- Fiche: *0176*
  Az 1: 10J 216/42g
  Az 2: 1H 300/42

Dietrich, Ludwig
- Fiche: *0622 f.*
  Az 1: 10J 453/38
  Az 2: 1H 25/39

Dietrich, Margarete
- Fiche: *0518/0562*
  Az 1: 8J 52/44
  Az 2: 1H 82/44
- Fiche: *0630*
  Az 1: 9J 657/35
  Az 2: 1H 58/36

Dietrich, Margarethe
- Fiche: *0047 f./0641*
  Az 1: 9J 486/35
  Az 2: 1H 71/35

Dietrich, Martin (A)
- Fiche: *0597 f.*
  Az 1: 15J 355/33
  Az 2: 1H 43/34

Dietrich, Paul
- Fiche: *0058 f.*
  Az 1: 17J 129/35
  Az 2: 1H 21,22/36
- Fiche: *0067*
  Az 1: 8J 296/35g
  Az 2: 2H 38/36
- Fiche: *0531*
  Az 1: 10J 40/42
  Az 2: 2H 228/42
- Fiche: *0630 f.*
  Az 1: 5J 174/39
  Az 2: 2H 51/39

Dietsche
- Fiche: *0515 f.*
  Az 1: 8J 44/39
  Az 2: 1H 24/39

Dietz
- Fiche: *0071*
  Az 1: 16J 754/35
  Az 2: 2H 45/36
- Fiche: *0095 f.*
  Az 1: 17J 271/36
  Az 2: 2H 23/37
- Fiche: *0151 f./0584*
  Az 1: 7J 72/39
  Az 2: 1H 45/39
- Fiche: *0195 f.*
  Az 1: 10(9)J 735/43
  Az 2: 2H 201/44
- Fiche: *0231 f./0561*
  Az 1: 8J 14/34
  Az 2: 2H 33/35
- Fiche: *0241 f.*
  Az 1: 8J 88/36g
  Az 2: 1H 70/35
- Fiche: *0472 f./0603 f.*
  Az 1: 14J 629/37g, 6J 44/38g
  Az 2: 2H 84,85,87/38
- Fiche: *0481*
  Az 1: 0J 21/44g Rs, 0J 38/44/g Rs
  Az 2: 1L 439/44, 1L 397/44
- Fiche: *0698*
  Az 1: StPL (RKA) I 424/43
  Az 2: StPL 2. Sen. 6/44
- Fiche: *0700*
  Az 1: StPL (RKA) I 424/43
  Az 2: StPL 2. Sen. 5/44
- Fiche: *0700*
  Az 1: StPL (RKA) I 424/43
  Az 2: StPl 2. Sen. 98/43
- Fiche: *0715 f.*
  Az 1: 15 J 195/32
  Az 2: XV H 24/34

Dietz, Adolf
- Fiche: *0563 f.*
  Az 1: 10J 68/40
  Az 2: 2H 109/40

Dietz, Egidius (A)
- Fiche: *0598 ff.*
  Az 1: 9J 479/35
  Az 2: 2H 14/36

Dietz, Fritz
- Fiche: *0098*
  Az 1: 14J 305/37g
  Az 2: 1H 26/37
- Fiche: *0098 f.*
  Az 1: 14J 305/37g
  Az 2: 1H 35/37

Dietz, Johannes (A)
- Fiche: *0013*
  Az 1: 13J 279/33
  Az 2: 2H 19/34

Dietz, Karl
- Fiche: *0433*
  Az 1: 10J 166/44
  Az 2: 2H 219/44

Dietz, Karl (A)
- Fiche: *0012 f./0546*
  Az 1: 13J 258/33
  Az 2: 1H 16/34

Dietz, Max Erich
- Fiche: *0094/0264 f.*
  Az 1: 17J 439/36
  Az 2: 2H 21/37

Dietz, Siegfried (A)
- Fiche: *0693*
  Az 1: StPL (RKA) I 424/43
  Az 2: StPL 2. Sen. 4/44

Dietz, Werner
- Fiche: *0071/0244*
  Az 1: 8J 168/36g
  Az 2: 2H 46/36

Dietze
- Fiche: *0492*
  Az 1: 10J 66/40
  Az 2: 2H 114/40
- Fiche: *0588 f./0643*
  Az 1: 16J 293/35, 8J 438/35
  Az 2: 2H 58/35

Dietze, Karl
- Fiche: *0619*
  Az 1: 14J 33/33
  Az 2: XII H 36/33

Dietze, Max
- Fiche: *0563 f.*
  Az 1: 10J 68/40
  Az 2: 2H 109/40

Dietze, Paul
- Fiche: *0088*
  Az 1: 8J 211/36
  Az 2: 2H 6/37

Dietze, Rudolf
- Fiche: *0168 f.*
  Az 1: 5J 230/41
  Az 2: 2H 6/42
- Fiche: *0262 f.*
  Az 1: 8J 51/36g
  Az 2: 1H 16/37

Dietze, Rudolf (A)
- Fiche: *0092*
  Az 1: 8/14J 31-45/36g
  Az 2: 1H 13/37

Dietzelmann
- Fiche: *0031 f./0230*
  Az 1: 17J 296/34
  Az 2: 2H 24/35

Dietzmeyer, Paul (A)
- Fiche: *0734 f.*
  Az 1: 9J 33/45 g
  Az 2: 6 Sg 66/45

Dietzsch, Otto (A)
- Fiche: *0021/0462*
  Az 1: 15J 85/34
  Az 2: 1H 46/34

Diez
- Fiche: *0231 f./0561*
  Az 1: 8J 14/34
  Az 2: 2H 33/35

Diezeraath
- Fiche: *0594 f./0695 f.*
  Az 1: 11J 122/35g
  Az 2: 2H 10,11,12/37

Dihr
- Fiche: *0069*
  Az 1: 8J 12/36g
  Az 2: 1H 42/36

Dilger
- Fiche: *0231 f./0561*
  Az 1: 8J 14/34
  Az 2: 2H 33/35

Dilger, Hermann
- Fiche: *0620 f.*
  Az 1: 15J 70/33
  Az 2: XII H 59/33

Dill
- Fiche: *0056*
  Az 1: 14J 286/35
  Az 2: 1H 16/36
- Fiche: *0483*
  Az 1: 14J 482/37
  Az 2: 1H 25/37
- Fiche: *0519/0549 f.*
  Az 1: 6J 135/42g
  Az 2: 6H 79/43

Dillenhofer, Helmut
- Fiche: *0425*
  Az 1: 8J 12/44
  Az 2: 3L 85/44

Dilz, Werner (A)
- Fiche: *0030 f./0229 f.*
  Az 1: 13J 265/33
  Az 2: 2H 21/35

Dimitroff, Georgij
- Fiche: *0049/0450*
  Az 1: 9J 151/35
  Az 2: 1H 3/36
- Fiche: *0054/0508*
  Az 1: 17J 496/35
  Az 2: 2H 11/36
- Fiche: *0066*
  Az 1: 17J 443/35
  Az 2: 2H 37/36
- Fiche: *0186/0318*
  Az 1: 11(10)J 818/43g
  Az 2: 1H 55/44
- Fiche: *0293*
  Az 1: 6J 62/42g
  Az 2: 5H 92/42
- Fiche: *0303 f.*
  Az 1: 17J 43/37
  Az 2: 1H 7/38
- Fiche: *0516/0685*
  Az 1: 10J 175/41
  Az 2: 2H 135/41
- Fiche: *0556*
  Az 1: 7J 178/40
  Az 2: 2H 99/40
- Fiche: *0561*
  Az 1: 9J 35/39g
  Az 2: 2H 2/40
- Fiche: *0628 f.*
  Az 1: 10J 2/43g
  Az 2: 1H 89/43
- Fiche: *0684*
  Az 1: 10J 80/42
  Az 2: 2H 317/42

Dimitroff, Georgij (A)
- Fiche: *0615 ff.*
  Az 1: 15J 86/33
  Az 2: XII H 42/33

Ding
- Fiche: *0250 f.*
  Az 1: 8J 364/35
  Az 2: 2H 15/36

Dingel
- Fiche: *0110 f.*
  Az 1: 8J 348/37g
  Az 2: 1H 47/37

Dingler, Karl
- Fiche: *0056 f./0461*
  Az 1: 8J 29/35
  Az 2: 2H 18/36

Dippmann
- Fiche: *0021/0462*
  Az 1: 15J 85/34
  Az 2: 1H 46/34

Direlli, Bonzo
- Fiche: *0411 f.*
  Az 1: 8J 375/40
  Az 2: 5H 17/44

Dirks
- Fiche: *0247 f./0445*
  Az 1: 8J 72/36
  Az 2: 2H 7/37

Dirmhirn
- Fiche: *0327*
  Az 1: 7J 181/42
  Az 2: 2H 158/42
- Fiche: *0359*
  Az 1: 7J 252/42
  Az 2: 5H 143/43
- Fiche: *0359*
  Az 1: 7J 209/42
  Az 2: 5H 148/42
- Fiche: *0360*
  Az 1: StPL (RKA) III 321/41, 7J 418/42
  Az 2: 5H 160/42
- Fiche: *0582*
  Az 1: 7J 113/42
  Az 2: 2H 132/42
- Fiche: *0706*
  Az 1: StPL (RKA) II 240/42
  Az 2: StPL (HLS) III 78/42

Dirmhirn, Hermine
- Fiche: *0327*
  Az 1: 7J 181/42
  Az 2: 2H 158/42
- Fiche: *0327*
  Az 1: 7J 271/42
  Az 2: 2H 157/42
- Fiche: *0330*
  Az 1: 7J 44/42
  Az 2: 2H 331/42
- Fiche: *0333*
  Az 1: 7J 118/42
  Az 2: 2H 105/42
- Fiche: *0334*
  Az 1: 7J 48/42
  Az 2: 2H 76/42
- Fiche: *0337 f.*
  Az 1: 7J 273/42
  Az 2: 2H 211/42
- Fiche: *0338*
  Az 1: 7J 193/42
  Az 2: 2H 207/42
- Fiche: *0343 f./0400 f.*
  Az 1: 7J 274/42
  Az 2: 1H 214/42
- Fiche: *0356/0367*
  Az 1: 7J 544/41
  Az 2: 5H 187/42
- Fiche: *0358*
  Az 1: 7J 275/42
  Az 2: 5H 139/42
- Fiche: *0582*
  Az 1: 7J 113/42
  Az 2: 2H 132/42

Dirmhirn, Hermine (A)
- Fiche: *0338*
  Az 1: 7J 272/42
  Az 2: 2H 206/42

Dirmhirn, Lothar
- Fiche: *0327*
  Az 1: 7J 271/42
  Az 2: 2H 157/42
- Fiche: *0330*
  Az 1: 7J 44/42
  Az 2: 2H 331/42
- Fiche: *0337 f.*
  Az 1: 7J 273/42
  Az 2: 2H 211/42
- Fiche: *0343 f./0400 f.*
  Az 1: 7J 274/42
  Az 2: 1H 214/42
- Fiche: *0345*
  Az 1: 7J 467/42
  Az 2: 1H 273/42
- Fiche: *0351/0358*
  Az 1: 7J 285/42
  Az 2: 5H 138/42
- Fiche: *0356/0367*
  Az 1: 7J 544/41
  Az 2: 5H 187/42
- Fiche: *0358*
  Az 1: 7J 275/42
  Az 2: 5H 139/42
- Fiche: *0361*
  Az 1: 7J 416/42
  Az 2: 5H 162/42
- Fiche: *0366*
  Az 1: 7J 171/42
  Az 2: 5H 147/42

Dirmhirn, Lothar (A)
- Fiche: *0338*
  Az 1: 7J 272/42
  Az 2: 2H 206/42

Dirnbacher, Ludwig (A)
- Fiche: *0379*
  Az 1: 7J 358/43
  Az 2: 6H 156/43

Dirnberger, Josef (A)
- Fiche: *0175/0514*
  Az 1: 6J 86/42
  Az 2: 2H 208/42

Disse, Willi (A)
- Fiche: *0218*
  Az 1: 14J 283/33
  Az 2: 1H 20/34

Domning, Fritz
- Fiche: *0024 f.*
  Az 1: 8J 943/32
  Az 2: 2H 8/35
- Fiche: *0470*
  Az 1: 9J 25/42g
  Az 2: 2H 153/42
- Fiche: *0516/0685*
  Az 1: 10J 175/41
  Az 2: 2H 135/41

Domning, Fritz (A)
- Fiche: *0020*
  Az 1: 17J 170/34
  Az 2: 1H 42/34

Domning, Paul
- Fiche: *0263 f./0487 f.*
  Az 1: 17J 171/35
  Az 2: 2H 17/37

Domnisch, Frau
- Fiche: *0039/0235*
  Az 1: 15J 20/35
  Az 2: 1H 40/35

Domsch, Annaliese
- Fiche: *0126*
  Az 1: 17J 414/37
  Az 2: 2H 26/38

Donalies, Udo-Heinz
- Fiche: *0460 f.*
  Az 1: 17J 109/37, 9J 142/37
  Az 2: 2H 44,47/37

Donat, Adalbert (A)
- Fiche: *0682*
  Az 1: 9J 184/39
  Az 2: 1H 22/39

Donat, Hans
- Fiche: *0559*
  Az 1: 10J 16/42g
  Az 2: 1H 247/42

Donat, Johann
- Fiche: *0553 f.*
  Az 1: 10J 137/42
  Az 2: 2H 242/42

Donath
- Fiche: *0351/0358*
  Az 1: 7J 285/42
  Az 2: 5H 138/42
- Fiche: *0628 f.*
  Az 1: 10J 2/43g
  Az 2: 1H 89/43

Donath, Edith
- Fiche: *0165*
  Az 1: 9J 307/40g
  Az 2: 2H 7/41

Donath, Elli
- Fiche: *0346 f.*
  Az 1: 7J 278/42
  Az 2: 2H 246/42

Donath, Gerhard
- Fiche: *0126/0276*
  Az 1: 16J 912/37
  Az 2: 2H 28/38
- Fiche: *0140/0683*
  Az 1: 16J 703/35, 6J 17/39g
  Az 2: 2H 12/39
- Fiche: *0506*
  Az 1: 5J 53/41
  Az 2: 2H 53/41
- Fiche: *0632*
  Az 1: 6J 3/40
  Az 2: 2H 95/40
- Fiche: *0636*
  Az 1: 5J 171/40
  Az 2: 2H 91/40

Donath, Walter
- Fiche: *0138*
  Az 1: 5J 279/38
  Az 2: 1H 6/39
- Fiche: *0138 f.*
  Az 1: 5J 53/39
  Az 2: 1H 7/39

Donath, Wilhelm
- Fiche: *0139 f./0283*
  Az 1: 5J 84/39
  Az 2: 1H 11/39

Donath, William (A)
- Fiche: *0009/0733 f.*
  Az 1: 14J 311/33
  Az 2: 1H 12/34

Donatin, Hugo
- Fiche: *0396/0704 f.*
  Az 1: 14J 522/37g
  Az 2: 1L 2/40

Doninger
- Fiche: *0374/0576*
  Az 1: 7J 303/43
  Az 2: 5H 80/43

Donitscher
- Fiche: *0413*
  Az 1: 7(8)J 209/43g
  Az 2: 5H 22/44

Donnenberg (Frau)
- Fiche: *0527/0581*
  Az 1: 8J 97/41g
  Az 2: 6H 171/43

Donth, Anton
- Fiche: *0632 f.*
  Az 1: 6J 29/42g
  Az 2: 1H 139/43

Dooren, Franz van
- Fiche: *0628*
  Az 1: 9J 171/41g
  Az 2: 2H 103/42

Doose
- Fiche: *0094/0262*
  Az 1: 8J 223/36
  Az 2: 2H 15/37
- Fiche: *0256*
  Az 1: 15J 162/36
  Az 2: 1H 51/36

Dooyes, Gert (A)
- Fiche: *0516*
  Az 1: 9J 25/38
  Az 2: 1H 24/38

Dopovec
- Fiche: *0301*
  Az 1: 15J 818/36
  Az 2: 1H 22/37

Doppler
- Fiche: *0545*
  Az 1: 9J 878/33
  Az 2: 2H 16/34

Doppler, Karl
- Fiche: *0330*
  Az 1: 6J 41/42g
  Az 2: 2H 126/42

Dorenbusch
- Fiche: *0536*
  Az 1: 10J 231/38
  Az 2: 2H 72/38

Dorfegger, Franz
- Fiche: *0308*
  Az 1: 7J 242/40
  Az 2: 2H 113/40
- Fiche: *0309 f.*
  Az 1: 6J 103/40g
  Az 2: 2H 116/40

Dorfegger, Franz (A)
- Fiche: *0308*
  Az 1: 6J 103/40g
  Az 2: 2H 115/40

Dorfner, Therese
- Fiche: *0531*
  Az 1: 10J 40/42
  Az 2: 2H 228/42

Dorfner, Therese (A)
- Fiche: *0058 f.*
  Az 1: 17J 129/35
  Az 2: 1H 21,22/36

Dormeier, Fritz
- Fiche: *0492/0595*
  Az 1: 9J 938/35
  Az 2: 2H 7/36

Dorn, Fritz
- Fiche: *0117 f./0542*
  Az 1: 8J 20/36g
  Az 2: 2H 11/38

Dorn, Hermann
- Fiche: *0595 f.*
  Az 1: 8J 410/38g
  Az 2: 2H 20/39

Dorn, Kurt
- Fiche: *0566 f.*
  Az 1: 10J 70/40
  Az 2: 2H 127/40

Dornberger
- Fiche: *0467*
  Az 1: 10J 228/38
  Az 2: 2H 76/38
- Fiche: *0501*
  Az 1: 5J 77/38
  Az 2: 2H 43/38

Dornberger, Jantje
- Fiche: *0538*
  Az 1: 10J 227/38
  Az 2: 2H 80/38

Dornberger, Paul
- Fiche: *0126*
  Az 1: 17J 414/37
  Az 2: 2H 26/38

Dorninger, Alfred
- Fiche: *0423*
  Az 1: 12J 99/40
- Fiche: *0444*
  Az 1: 12J 33/40

Dornstauder, Johann
- Fiche: *0292 f.*
  Az 1: 7J 501/42

Dorra, Wilhelm
- Fiche: *0511*
  Az 1: 9J 328/39
  Az 2: 2H 57/39

Dorschu
- Fiche: *0448*
  Az 1: 17J 225/37
  Az 2: 2H 48/37

Dortans
- Fiche: *0633 f.*
  Az 1: 9J 267/37
  Az 2: 2H 46/37

Dorten
- Fiche: *0231 f./0561*
  Az 1: 8J 14/34
  Az 2: 2H 33/35

Dose
- Fiche: *0034*
  Az 1: 9J 613/33
  Az 2: 1H 27/35

Dose, Karl
- Fiche: *0164*
  Az 1: 5J 148/40
  Az 2: 2H 71/40

Doser
- Fiche: *0156 f./0314 f.*
  Az 1: 14J 140/34
  Az 2: 1H 42/35

Dosse
- Fiche: *0038 f./0259 f.*
  Az 1: 16J 767/35
  Az 2: 2H 57/36

Dost
- Fiche: *0460 f.*
  Az 1: 17J 109/37, 9J 142/37
  Az 2: 2H 44,47/37

Dostal, Anna (A)
- Fiche: *0382*
  Az 1: 7J 278/43
  Az 2: 6H 110/43

Dostal, Josef (A)
- Fiche: *0368*
  Az 1: 12J 143/44
  Az 2: 1H 200/44

Dostal, Karl
- Fiche: *0320*
  Az 1: 6J 119/40g

Dreßler, Otto
- Fiche: *0546/0681*
  Az 1: 8J 121/44
  Az 2: 1H 181/44

Dressler, Otto (A)
- Fiche: *0562*
  Az 1: 8J 92/44
  Az 2: 1H 148/44

Dressler-Andress
- Fiche: *0478 f.*
  Az 1: 8J 421/38
  Az 2: 1H 19/39

Drews, Karl
- Fiche: *0295*
  Az 1: 7J 276/42
  Az 2: 2H 272/42
- Fiche: *0326*
  Az 1: 7J 112/42
  Az 2: 2H 164/42
- Fiche: *0332/0367*
  Az 1: 7J 257/41
  Az 2: 2H 114/42
- Fiche: *0339/0649*
  Az 1: 6J 78/42g
  Az 2: 2H 156/42

Drews, Karl (A)
- Fiche: *0332*
  Az 1: 7J 497/41
  Az 2: 2H 116/42

Drews, Paul
- Fiche: *0256*
  Az 1: 15J 162/36
  Az 2: 1H 51/36

Drexel
- Fiche: *0708*
  Az 1: 0J 4/44g Rs
  Az 2: 1L 229/44

Drexel, Joseph
- Fiche: *0485 f.*
  Az 1: 8J 386/38, 8J 214/37
  Az 2: 1H 33/38, 1H 31/38

Drexel, Joseph (A)
- Fiche: *0481 f./0557 f.*
  Az 1: 8J 214/37
  Az 2: 1H 31/38

Drexler
- Fiche: *0537 f.*
  Az 1: 9J 236/41g
  Az 2: 5H 75/42

Drexler, Andreas
- Fiche: *0383*
  Az 1: 7J 275/43
  Az 2: 6H 107/43

Drexler, Karl
- Fiche: *0320*
  Az 1: 6J 122/40g
- Fiche: *0717*
  Az 1: 6J 144/41g

Dreyer
- Fiche: *0103 f.*
  Az 1: 17J 416/36
  Az 2: 2H 32/37
- Fiche: *0597 f.*
  Az 1: 15J 355/33
  Az 2: 1H 43/34

Dreyer, Arthur
- Fiche: *0061 f./0626 f.*
  Az 1: 17J 336/35
  Az 2: 2H 28/36

Dreyer, Otto
- Fiche: *0634 f.*
  Az 1: 9J 206/42g
  Az 2: 1H 302/42

Dreyer-Völkel
- Fiche: *0171/0293*
  Az 1: 5J 226/41
  Az 2: 2H 24/42
- Fiche: *0292*
  Az 1: 5J 228/41
  Az 2: 2H 16/42
- Fiche: *0625/0643*
  Az 1: 10J 215/41
  Az 2: 2H 130/42

Dreyfeldt, Liselotte (A)
- Fiche: *0577*
  Az 1: 11J 118/44
  Az 2: 2H 160/44

Dreyse
- Fiche: *0207*
  Az 1: 8J 188/44g
  Az 2: 1H 285/44

Drincic, Radomir
- Fiche: *0699 f.*
  Az 1: StPL (RKA) I 118/41
  Az 2: StPL (HLS) III 57/41

Drinkhut, Ewald
- Fiche: *0513 f.*
  Az 1: 8J 969/33
  Az 2: 2H 24/34

Drobesch, Friedrich
- Fiche: *0174*
  Az 1: 7J 160/42
  Az 2: 2H 119/42
- Fiche: *0331*
  Az 1: 7J 157/42
  Az 2: 2H 117/42
- Fiche: *0331*
  Az 1: 7J 159/42
  Az 2: 2H 118/42
- Fiche: *0333*
  Az 1: 7J 156/42
  Az 2: 2H 112/42

Drobesch, Friedrich (A)
- Fiche: *0330*
  Az 1: 7J 46/42
  Az 2: 2H 125/42

Drobicz, Franz
- Fiche: *0323*
  Az 1: 6J 28/41g
  Az 2: 2H 129/41

Drobicz, Franz (A)
- Fiche: *0321 f.*
  Az 1: 6J 22/41g
  Az 2: 2H 41/41

Drochter
- Fiche: *0374/0576*
  Az 1: 7J 303/43
  Az 2: 5H 80/43

Droescher
- Fiche: *0615 ff.*
  Az 1: 15J 86/33
  Az 2: XII H 42/33

Dröscher
- Fiche: *0615 ff.*
  Az 1: 15J 86/33
  Az 2: XII H 42/33

Drosdat, Gustav (A)
- Fiche: *0203*
  Az 1: 8J 149/44
  Az 2: 2H 244/44

Drosdek, Georg
- Fiche: *0049 f.*
  Az 1: 17J 124/35
  Az 2: 1H 27/36

Drouve, Johann
- Fiche: *0043 f.*
  Az 1: 9J 702/35
  Az 2: 2H 53/35
- Fiche: *0196/0625*
  Az 1: 9J 187/44
  Az 2: 2H 204/44

Drube
- Fiche: *0108*
  Az 1: 8J 358/37g
  Az 2: 1H 40/37

Drube, Adolf
- Fiche: *0269 f.*
  Az 1: 8J 100/37
  Az 2: 1H 43/37

Drucker, Erich (A)
- Fiche: *0013 f.*
  Az 1: 8J 1713/33
  Az 2: 2H 20/34

Druckmann, Alfred
- Fiche: *0355*
  Az 1: 7J 527/42
  Az 2: 5H 197/42
- Fiche: *0355*
  Az 1: 7J 464/42
  Az 2: 5H 198/42

Druckmann, Rudolf
- Fiche: *0355*
  Az 1: 7J 464/42
  Az 2: 5H 198/42
- Fiche: *0371*
  Az 1: 7J 524/42
  Az 2: 5H 9/43

Druckmann, Rudolf (A)
- Fiche: *0355*
  Az 1: 7J 527/42
  Az 2: 5H 197/42

Drupp, Siegfried
- Fiche: *0601*
  Az 1: 9J 92/41
  Az 2: 2H 163/41

Drzewianowski
- Fiche: *0547 f.*
  Az 1: 8J 318/39
  Az 2: 1H 60/39

Drzimalla
- Fiche: *0155 f.*
  Az 1: 6J 12/39g
  Az 2: 2H 61/39

Drzymala, Heinz
- Fiche: *0430*
  Az 1: 9J 242/44
  Az 2: 5H 127/44

Drzymala, Heinz (A)
- Fiche: *0207/0532*
  Az 1: 8J 206/44g
  Az 2: 1H 274/44

Duba, Rudolf
- Fiche: *0330*
  Az 1: 6J 42/42g
  Az 2: 2H 127/42

Duba, Rudolf (A)
- Fiche: *0330*
  Az 1: 6J 41/42g
  Az 2: 2H 126/42

Dubber, Bruno
- Fiche: *0310*
  Az 1: 7J 70/40
  Az 2: 2H 130/40
- Fiche: *0310*
  Az 1: 7J 70/40
  Az 2: 2H 131/40
- Fiche: *0311*
  Az 1: 7J 70/40, 7J 93/42
  Az 2: 2H 133/40
- Fiche: *0311*
  Az 1: 7J 70/40
  Az 2: 2H 132/40
- Fiche: *0321*
  Az 1: 7J 94/41, 7J 70/40
  Az 2: 2H 22/41
- Fiche: *0323*
  Az 1: 6J 28/41g
  Az 2: 2H 129/41
- Fiche: *0327*
  Az 1: 7J 181/42
  Az 2: 2H 158/42
- Fiche: *0339/0649*
  Az 1: 6J 78/42g
  Az 2: 2H 156/42
- Fiche: *0346 f.*
  Az 1: 7J 278/42
  Az 2: 2H 246/42
- Fiche: *0347*
  Az 1: 7J 32/42
  Az 2: 5H 67/42

Dubber, Bruno (A)
- Fiche: *0649*
  Az 1: 7J 70/40
  Az 2: 2H 12/41

Duben
- Fiche: *0294*
  Az 1: 7J 231/42
  Az 2: 1H 213/42

Dubinsky, Jutta
- Fiche: *0713 f.*
  Az 1: StPL (RKA) III 495,496,497/42
  Az 2: StPL (HLS) II 129/42

Dubinsky, Jutta (A)
- Fiche: *0600 f.*
  Az 1: 10J 13/43g
  Az 2: 2H 100/43

Düßmann
- Fiche: *0554 f.*
  Az 1: 8J 244/34
  Az 2: 2H 22/35

Düsterhöft
- Fiche: *0615 ff.*
  Az 1: 15J 86/33
  Az 2: XII H 42/33

Düttchen, Kurt (A)
- Fiche: *0165/0534 f.*
  Az 1: 10J 37/40g
  Az 2: 2H 3/41

Düwel
- Fiche: *0502*
  Az 1: 8J 409/42g
  Az 2: 2H 66/43

Düwell, Bernhard
- Fiche: *0622 f.*
  Az 1: 10J 453/38
  Az 2: 1H 25/39

Düwer, Gerhard (A)
- Fiche: *0535*
  Az 1: 8J 127/42g
  Az 2: 2H 141/42

Düx
- Fiche: *0254*
  Az 1: 9J 332/36
  Az 2: 2H 40/36

Dufeilly
- Fiche: *0626*
  Az 1: 8J 393/41g

Dufek, Stefanie
- Fiche: *0320 f./0388*
  Az 1: 6J 144/40g
  Az 2: 2H 14/41

Dufek, Stefanie (A)
- Fiche: *0320*
  Az 1: 6J 119/40g

Dugl, Johann
- Fiche: *0522*
  Az 1: 6J 43/42
  Az 2: 2H 120/42

Duhme, Heinrich (A)
- Fiche: *0181/0682*
  Az 1: 8J 69/44
  Az 2: 2H 95/44

Dujardin, Lucie
- Fiche: *0558*
  Az 1: 9J 278/41g
  Az 2: 2H 133/41

Dumke, Hilde (A)
- Fiche: *0224*
  Az 1: 17J 44/34
  Az 2: 2H 2/34

Dumke, Kurt
- Fiche: *0241*
  Az 1: 8J 433/35g, 17J 519/34
  Az 2: 1H 69/35

Dumm, Wilhelm
- Fiche: *0670*
  Az 1: 15/17J 58/33
  Az 2: XV H 24/33

Dumont, Oskar
- Fiche: *0198 f./0208*
  Az 1: 8J 169/44
  Az 2: 1H 210/44

Dumont, Paul
- Fiche: *0200*
  Az 1: 8J 177/44g
  Az 2: 1H 219/44
- Fiche: *0207*
  Az 1: 8J 188/44g
  Az 2: 1H 285/44
- Fiche: *0573 f.*
  Az 1: 10J 140/38
  Az 2: 2H 44/38

Dunicke
- Fiche: *0500 f.*
  Az 1: 10J 224/38
  Az 2: 2H 62/38

Dunkel
- Fiche: *0021/0462*
  Az 1: 15J 85/34
  Az 2: 1H 46/34
- Fiche: *0081/0471*
  Az 1: 15J 544/36
  Az 2: 2H 64/36

Dunker
- Fiche: *0463/0465*
  Az 1: 15J 39/36
  Az 2: 2H 35/36

Dunkern, Anton
- Fiche: *0697*
  Az 1: StPL (RKA) III 114/43

Dunlon, Patrik
- Fiche: *0644*
  Az 1: 8J 475/39
  Az 2: 5H 109/43

Dunsing, Reinhold
- Fiche: *0566 f.*
  Az 1: 10J 70/40
  Az 2: 2H 127/40

Dunst
- Fiche: *0408*
  Az 1: 7J 454/43, 7J 502/43
  Az 2: 5H 10/44, 5H 5/44
- Fiche: *0574*
  Az 1: 7J 501/43
  Az 2: 5H 4/44

Dunst, Franz (A)
- Fiche: *0345*
  Az 1: 7J 454/42
  Az 2: 1H 269/42

Dunzweiler, Philipp (A)
- Fiche: *0693*
  Az 1: 11(10)J 1188/43

Dupont
- Fiche: *0581 f./0647*
  Az 1: 8J 95/41g
  Az 2: 2H 167/43

Durand
- Fiche: *0287*
  Az 1: 11J 311/39
  Az 2: 2H 56/39

Durda
- Fiche: *0340*
  Az 1: 7J 286/42
  Az 2: 2H 201/42

Durda, Johann (A)
- Fiche: *0326*
  Az 1: 7J 112/42
  Az 2: 2H 164/42

Durek, Hans
- Fiche: *0634 f.*
  Az 1: 9J 206/42g
  Az 2: 1H 302/42

Durladner
- Fiche: *0004 f.*
  Az 1: 13J 98/33
  Az 2: 1H 7/34

Durruti
- Fiche: *0287*
  Az 1: 11J 311/39
  Az 2: 2H 56/39

Durst
- Fiche: *0134/0457*
  Az 1: 9J 209/38
  Az 2: 2H 81/38

Durst (Frau)
- Fiche: *0278 f.*
  Az 1: 8J 252/38
  Az 2: 2H 68/38

Durst, Karl (A)
- Fiche: *0278 f.*
  Az 1: 8J 252/38
  Az 2: 2H 68/38

Durst, Walter
- Fiche: *0511 f.*
  Az 1: 9J 125/39g
  Az 2: 2H 45/39

Durstberger
- Fiche: *0411*
  Az 1: 8J 206/41
  Az 2: 5H 16/44

Duschl, Eduard (A)
- Fiche: *0351*
  Az 1: 7J 492/42
  Az 2: 6H 28/42

Dutilh, Eli (A)
- Fiche: *0387 f.*
  Az 1: 16J 489/33
  Az 2: 3L 19/35

Dutreb (Frau)
- Fiche: *0231 f./0561*
  Az 1: 8J 14/34
  Az 2: 2H 33/35

Dutschke
- Fiche: *0058*
  Az 1: 16J 753/35
  Az 2: 1H 20/36

Dutschke, Hugo (A)
- Fiche: *0569*
  Az 1: 8J 145/35
  Az 2: 1H 48/35

Dvorak
- Fiche: *0512*
  Az 1: 6J 103/42

Dvorak, Adolf (A)
- Fiche: *0517/0627*
  Az 1: 6J 104/42
  Az 2: 1H 238/42

Dvorak, Emilie (A)
- Fiche: *0517/0627*
  Az 1: 6J 104/42
  Az 2: 1H 238/42

Dvorzak, Augst
- Fiche: *0403*
  Az 1: 7J 503/43
  Az 2: 5H 154/43

Dvorzak, Josef
- Fiche: *0297*
  Az 1: 7J 247/43
  Az 2: 5H 79/43

Dworacek, Josef
- Fiche: *0356/0400*
  Az 1: 7J 395/42, 7J 457/42
  Az 2: 5H 158/42, 5H 193/42
- Fiche: *0526 f.*
  Az 1: 7J 457/42

Dworak
- Fiche: *0358*
  Az 1: 7J 275/42
  Az 2: 5H 139/42

Dworak, Ferdinand
- Fiche: *0327*
  Az 1: 7J 271/42
  Az 2: 2H 157/42

Dworak, Karl
- Fiche: *0296*
  Az 1: 7J 638/42
  Az 2: 5H 26/43
- Fiche: *0347*
  Az 1: 7J 437/42
  Az 2: 1H 244/42

Dworak, Otto
- Fiche: *0681 f.*
  Az 1: 10J 202/41g
  Az 2: 2H 143/41

Dworak, Therese
- Fiche: *0296*
  Az 1: 7J 638/42
  Az 2: 5H 26/43
- Fiche: *0318 f.*
  Az 1: 7J 515/43
  Az 2: 5H 7/44
- Fiche: *0347*
  Az 1: 7J 437/42
  Az 2: 1H 244/42

Dworak, Therese (A)
- Fiche: *0413/0520*
  Az 1: 6(7)J 517/43
  Az 2: 5H 180/42

Dworschak
- Fiche: *0322/0521 f.*
  Az 1: 6J 145/40
  Az 2: 2H 32/41

Dworzak
- Fiche: *0408*
  Az 1: 7J 454/43, 7J 502/43
  Az 2: 5H 10/44, 5H 5/44
- Fiche: *0420/0574 f.*
  Az 1: 7J 500/43, 7J 501/43
  Az 2: 5H 3/44, 5H 4/44
- Fiche: *0574*
  Az 1: 7J 501/43
  Az 2: 5H 4/44

Dworzak, Leonhard (A)
- Fiche: *0328/0340 f.*
  Az 1: 7J 137/42
  Az 2: 2H 191/42

Dworzak, Wilhelm
- Fiche: *0293*
  Az 1: 6J 62/42g
  Az 2: 5H 92/42

Dworzak, Wilhelm (A)
- Fiche: *0342*
  Az 1: 6J 65/42
  Az 2: 2H 180/42

Dworzyk
- Fiche: *0648 f.*
  Az 1: 7J 502/43
  Az 2: 5H 5/44

Dyballa, Johann
- Fiche: *0155 f.*
  Az 1: 6J 12/39g
  Az 2: 2H 61/39

Dylert, Franz
- Fiche: *0594 f./0695 f.*
  Az 1: 11J 122/35g
  Az 2: 2H 10,11,12/37

Dylong, Wilhelm
- Fiche: *0299*
  Az 1: 5J 146/43
  Az 2: 2H 151/43

Dymak, Robert
- Fiche: *0337 f.*
  Az 1: 7J 273/42
  Az 2: 2H 211/42

Dymel, Alfred
- Fiche: *0555 f.*
  Az 1: 9J 202/36
  Az 2: 2H 14/37

Dziewulski, Josef
- Fiche: *0304 f.*
  Az 1: 7J 268/39
  Az 2: 1H 66/39

Dziobaka, Gustav (A)
- Fiche: *0183*
  Az 1: 11(10)J 631/43
  Az 2: 1H 28/44

Dziwisch, Felix
- Fiche: *0177 f.*
  Az 1: 8J 382/42g
  Az 2: 2H 65/43

Dzubas
- Fiche: *0008*
  Az 1: 17J 58/34
  Az 2: 1H 11/34
- Fiche: *0656 f.*
  Az 1: 17J 582/33
  Az 2: XV H 28/34

Dzubas, Heinz (A)
- Fiche: *0611*
  Az 1: 17J 125/34
  Az 2: XII H 33/34

Dzubas, Hermann (A)
- Fiche: *0611*
  Az 1: 17J 125/34
  Az 2: XII H 33/34

Ebbinghaus, Hugo
- Fiche: *0684 f.*
  Az 1: 10J 548/43
  Az 2: 2H 158/43

Ebbinghaus, Hugo (A)
- Fiche: *0194*
  Az 1: 9J 136/44
  Az 2: 2H 149/44

Ebel, Alfred
- Fiche: *0012 f./0546*
  Az 1: 13J 258/33
  Az 2: 1H 16/34

Ebel, Karl (A)
- Fiche: *0176*
  Az 1: 5J 172/42
  Az 2: 1H 4/43

Ebeling
- Fiche: *0069*
  Az 1: 8J 12/36g
  Az 2: 1H 42/36
- Fiche: *0095 f.*
  Az 1: 17J 271/36
  Az 2: 2H 23/37
- Fiche: *0228 f.*
  Az 1: 14J 34/34
  Az 2: 1H 13/35
- Fiche: *0276*
  Az 1: 6J 117/38g
  Az 2: 2H 30/38
- Fiche: *0668 f.*
  Az 1: 14a/8J 136/29
  Az 2: XV H 44/33
- Fiche: *0701*
  Az 1: 7(8)J 176/42g

Ebeling, Hans
- Fiche: *0528*
  Az 1: 11J 122/35g
- Fiche: *0549*
  Az 1: 11J 122/35g
  Az 2: 2H 12/37
- Fiche: *0564*
  Az 1: 8J 148/42g
  Az 2: 5H 67/43
- Fiche: *0594 f./0695 f.*
  Az 1: 11J 122/35g
  Az 2: 2H 10,11,12/37
- Fiche: *0707*
  Az 1: StPL (RKA) II 191/42
  Az 2: StPL (HLS) IV 87/42

Ebeling, Karl
- Fiche: *0094/0264 f.*
  Az 1: 17J 439/36
  Az 2: 2H 21/37

Ebelsberg
- Fiche: *0647 f.*
  Az 1: 7(8)J 203/41
  Az 2: 2H 168/44

Ebensing, Adele
- Fiche: *0315*
  Az 1: 8J 419/35g
  Az 2: 1H 18/36

Ebenstein, Bella
- Fiche: *0266/0745*
  Az 1: 17J 472/36
  Az 2: 2H 28/37

Eberhard
- Fiche: *0094 f./0551*
  Az 1: 9J 600/36
  Az 2: 1H 21/37

Eberhard, Adolf
- Fiche: *0569*
  Az 1: 8J 145/35
  Az 2: 1H 48/35

Eberhard, Elvira
- Fiche: *0448*
  Az 1: 17J 225/37
  Az 2: 2H 48/37

Eberhard, Fritz s. Rauschenplat, Helmut von

Eberhard, Rosa (A)
- Fiche: *0437/0562*
  Az 1: 11J 418/44
  Az 2: 1H 380/44

Eberhardt
- Fiche: *0076 f.*
  Az 1: 8J 427/35g
  Az 2: 1H 59/60/61/36
- Fiche: *0087 f.*
  Az 1: 14J 396/36
  Az 2: 1H 6/37
- Fiche: *0092*
  Az 1: 8/14J 31-45/36g
  Az 2: 1H 13/37

Eberhardt, Anna
- Fiche: *0671*
  Az 1: 9J 759/37
  Az 2: 2H 36/38

Eberhardt, Karl
- Fiche: *0094/0264 f.*
  Az 1: 17J 439/36
  Az 2: 2H 21/37

Eberhardt, Karl (A)
- Fiche: *0084*
  Az 1: 17J 318/36
  Az 2: 2H 2/37
- Fiche: *0091 f.*
  Az 1: 14J 469/37, 14J 380/37
  Az 2: 1H 12/23/37

Eberl, Theodor
- Fiche: *0361 f.*
  Az 1: 7J 476/42
  Az 2: 5H 177/42
- Fiche: *0576*
  Az 1: 7J 302/43
  Az 2: 5H 104/43

Eberl, Theodor (A)
- Fiche: *0357*
  Az 1: 7J 469/42
  Az 2: 5H 179/42

Eberle (Frau)
- Fiche: *0004 f.*
  Az 1: 13J 98/33
  Az 2: 1H 7/34

Eberle, Hildegard
- Fiche: *0457 f.*
  Az 1: 10J 142/38
  Az 2: 2H 42/38

Eberle, Rudolf (A)
- Fiche: *0618*
  Az 1: 8/16J 409/33
  Az 2: XII H 18/33

Eberlein
- Fiche: *0095/0541*
  Az 1: 9J 571/36
  Az 2: 2H 22/37
- Fiche: *0140 f.*
  Az 1: 8J 357/38g
  Az 2: 2H 13/39
- Fiche: *0516/0685*
  Az 1: 10J 175/41
  Az 2: 2H 135/41
- Fiche: *0556 f.*
  Az 1: 9J 51/44g
  Az 2: 1H 97/44
- Fiche: *0615 ff.*
  Az 1: 15J 86/33
  Az 2: XII H 42/33

Eberlein, Konrad (A)
- Fiche: *0597 f.*
  Az 1: 15J 355/33
  Az 2: 1H 43/34

Eberling, Hans
- Fiche: *0622 f.*
  Az 1: 10J 453/38
  Az 2: 1H 25/39

Eberling, Martin
- Fiche: *0735 f.*
  Az 1: 7J 32/44
  Az 2: 6H 92/44

Eberling, Willi
- Fiche: *0283 f.*
  Az 1: 10J 5/39
  Az 2: 1H 23/39

Ebermann, Anna (A)
- Fiche: *0403/0485*
  Az 1: 9J 664/43
  Az 2: 6L 163/43

Ebermann, Richard
- Fiche: *0116*
  Az 1: 16J 878/37
  Az 2: 1H 9/38

Ebersbach, Alfred (A)
- Fiche: *0099 f.*
  Az 1: 14J 301/37
  Az 2: 1H 27/37

Ebersberger
- Fiche: *0727*
  Az 1: 16J 293/35

Ebersberger, Helene
- Fiche: *0588 f./0643*
  Az 1: 16J 293/35, 8J 438/35
  Az 2: 2H 58/35
- Fiche: *0589*
  Az 1: 16J 293/35
  Az 2: 2H 58/35

Ebert
- Fiche: *0560*
  Az 1: 10J 222/38
  Az 2: 2H 69/38

Ebert, Franz
- Fiche: *0720*
  Az 1: 14J 33/34

Ebert, Wilhelm
- Fiche: *0450/0623 f.*
  Az 1: 17J 451/37
  Az 2: 2H 59/38
- Fiche: *0500 f.*
  Az 1: 10J 224/38
  Az 2: 2H 62/38

Eberth, Franz Xaver
- Fiche: *0444*
  Az 1: 12J 33/40
- Fiche: *0735 f.*
  Az 1: 7J 32/44
  Az 2: 6H 92/44

Ebner
- Fiche: *0326*
  Az 1: 7J 112/42
  Az 2: 2H 164/42
- Fiche: *0437/0562*
  Az 1: 11J 418/44
  Az 2: 1H 380/44
- Fiche: *0522*
  Az 1: 6J 43/42
  Az 2: 2H 120/42
- Fiche: *0677/0747*
  Az 1: 4J 349/40g
  Az 2: 1L 18/42

Ebner (A)
- Fiche: *0717*
  Az 1: StPL (RKA) 3 281/43

Ebner, Johann
- Fiche: *0330*
  Az 1: 6J 42/42g
  Az 2: 2H 127/42
- Fiche: *0331*
  Az 1: 6J 18/42g
  Az 2: 2H 121/42
- Fiche: *0335*
  Az 1: 6J 165/41g
  Az 2: 2H 43/42
- Fiche: *0339/0649*
  Az 1: 6J 78/42g
  Az 2: 2H 156/42
- Fiche: *0349*
  Az 1: 6J 46/42g
  Az 2: 5H 93/42

Ebner, Johann (A)
- Fiche: *0335 f.*
  Az 1: 6J 165/41g
  Az 2: 2H 42/42

Ebner, Josef
- Fiche: *0339/0649 0721*
  Az 1: 6J 7/43g
  Az 2: 6H 5/43

Ebner, Karl
- Fiche: *0178/0485*
  Az 1: 6J 13/43
  Az 2: 6H 85/43
- Fiche: *0717*
  Az 1: StPL (RKA) 3 281/43

Ebner, Marie
- Fiche: *0717*
  Az 1: StPL (RKA) 3 281/43

Eck, Oskar
- Fiche: *0433*
  Az 1: 10J 166/44
  Az 2: 2H 219/44

Eckardt
- Fiche: *0066 f./0253 f.*
  Az 1: 8J 4/36
  Az 2: 1H 38/36
- Fiche: *0276 f.*
  Az 1: 5J 284/38
  Az 2: 1H 34/38

Eckardt, Hermann
- Fiche: *0050 f.*
  Az 1: 8J 164/35
  Az 2: 1H 5/36
- Fiche: *0611 f.*
  Az 1: 12J 145/33
  Az 2: XII H 13/34

Ecke
- Fiche: *0182/0464 f.*
  Az 1: 11(10)J 423/43g
  Az 2: 2H 17/44

Eckel, Bernhardine
- Fiche: *0108*
  Az 1: 8J 358/37g
  Az 2: 1H 40/37

Eckelmann
- Fiche: *0481 f./0557 f.*
  Az 1: 8J 214/37
  Az 2: 1H 31/38
- Fiche: *0485 f.*
  Az 1: 8J 386/38, 8J 214/37
  Az 2: 1H 33/38, 1H 31/38

Ecker
- Fiche: *0359*
  Az 1: 7J 386/42
  Az 2: 5H 144/42
- Fiche: *0425 f.*
  Az 1: 6J 93/44
  Az 2: 5H 88/44
- Fiche: *0515*
  Az 1: 8J 368/38
  Az 2: 1H 4/39

Ecker, Anna (A)
- Fiche: *0649*
  Az 1: 7J 138/44
  Az 2: 5H 86/44

Ecker, Leopold
- Fiche: *0296*
  Az 1: 7J 638/42
  Az 2: 5H 26/43
- Fiche: *0357*
  Az 1: 7J 445/42, 7J 455/42
  Az 2: 5H 184/42, 5H 168/42
- Fiche: *0374*
  Az 1: 7J 331/43
  Az 2: 5H 77/43
- Fiche: *0375*
  Az 1: 7J 332/43
  Az 2: 5H 73/43
- Fiche: *0453/0739*
  Az 1: 7J 347/43, 7J 421/43, 7J 422/43
  Az 2: 5H 122/43, 5H 129/43, 5H 125/43
- Fiche: *0574/0649*
  Az 1: 7J 513/43
  Az 2: 5H 6/44
- Fiche: *0699*
  Az 1: StPL (RKA) III 546/42
  Az 2: StPL (HLS) I 31/43

Ecker, Leopold (A)
- Fiche: *0297*
  Az 1: 7J 247/43
  Az 2: 5H 79/43

Eckerlin
- Fiche: *0108*
  Az 1: 8J 358/37g
  Az 2: 1H 40/37

Eckerlin, Karl
- Fiche: *0113/0469 f.*
  Az 1: 16J 37/35
  Az 2: 1H 19-20/37
- Fiche: *0140 f.*
  Az 1: 8J 357/38g
  Az 2: 2H 13/39

Eckert
- Fiche: *0519/0549 f.*
  Az 1: 6J 135/42g
  Az 2: 6H 79/43
- Fiche: *0677*
  Az 1: 9J 330/40
  Az 2: 2H 48/41

Eckert, Karl
- Fiche: *0030 f./0229 f.*
  Az 1: 13J 265/33
  Az 2: 2H 21/35

Eckert, Leopold
- Fiche: *0364*
  Az 1: 7J 61/43
- Fiche: *0364*
  Az 1: 7J 535/42, 7J 61/43
  Az 2: 5H 53/43, 5H 54/43

Eckert, Marie (A)
- Fiche: *0412/0570*
  Az 1: 8J 203/43
  Az 2: 5H 18/44

Eckert, Willi
- Fiche: *0458*
  Az 1: 8J 133/38
  Az 2: 2H 21/38

Eckertz
- Fiche: *0241 f.*
  Az 1: 8J 88/36g
  Az 2: 1H 70/35

Eckertz, Theodor (A)
- Fiche: *0715 f.*
  Az 1: 15 J 195/32
  Az 2: XV H 24/34

Eckhardt
- Fiche: *0618*
  Az 1: 8/16J 409/33
  Az 2: XII H 18/33

Eckhardt (Frau)
- Fiche: *0128*
  Az 1: 5J 317/38
  Az 2: 1H 35/38

Eckhardt, Else
- Fiche: *0708*
  Az 1: 8J 90/44
  Az 2: 2H 263/44

Eckhart, Dietrich
- Fiche: *0457*
  Az 1: 8J 17/39
  Az 2: 2H 18/39

Eckl, Alois
- Fiche: *0082 f.*
  Az 1: 8J 415/35g
  Az 2: 1H 1/37

Eckmann, Karl
- Fiche: *0548*
  Az 1: 16J 42/35
  Az 2: 2H 9/36

Eckstein
- Fiche: *0013 f.*
  Az 1: 8J 1713/33
  Az 2: 2H 20/34
- Fiche: *0036/0230 f.*
  Az 1: 8J 306/35
  Az 2: 2H 30/35
- Fiche: *0052 f.*
  Az 1: 17J 5/36
  Az 2: 1H 10/36

Eckstein, Emil
- Fiche: *0433*
  Az 1: 10J 166/44
  Az 2: 2H 219/44

Eckstein, Emil (A)
- Fiche: *0198*
  Az 1: 10J 167/44
  Az 2: 2H 208/44

Eckstein, Ernst
- Fiche: *0041/0236 f.*
  Az 1: 8J 250/35
  Az 2: 1H 46/35
- Fiche: *0433*
  Az 1: 10J 166/44
  Az 2: 2H 219/44

Eckstein, Hilmar (A)
- Fiche: *0041 f./0238*
  Az 1: 8J 206/35
  Az 2: 2H 49/35

Eckstein, Richard
- Fiche: *0700*
  Az 1: 6J 1/43
  Az 2: 6H 81/43

Eddenbüttel, Emil
- Fiche: *0125 f.*
  Az 1: 7J 295/38
  Az 2: 1H 26/38

Edelmaier
- Fiche: *0693*
  Az 1: StPL (RKA) II 66/44
  Az 2: StPL 1. Sen. 15/44

Edelmann (Frau)
- Fiche: *0122 f.*
  Az 1: 16J 765/37
  Az 2: 1H 23/38

Ehemann, Kurt (A)
- Fiche: *0679 f./0713*
  Az 1: 10(9)J 777/43g
  Az 2: 5H 38/44, 5H 43/44

Ehlen
- Fiche: *0247 f./0445*
  Az 1: 8J 72/36
  Az 2: 2H 7/37

Ehlen, Walter (A)
- Fiche: *0094/0264 f.*
  Az 1: 17J 439/36
  Az 2: 2H 21/37

Ehlers
- Fiche: *0021/0462*
  Az 1: 15J 85/34
  Az 2: 1H 46/34

Ehlert, Kurt
- Fiche: *0115 f.*
  Az 1: 17J 381/37
  Az 2: 2H 5/38

Ehlert, Richard
- Fiche: *0256*
  Az 1: 15J 162/36
  Az 2: 1H 51/36

Ehlmann, Hans
- Fiche: *0095 f.*
  Az 1: 17J 271/36
  Az 2: 2H 23/37

Ehlmann, Karl
- Fiche: *0513 f.*
  Az 1: 8J 969/33
  Az 2: 2H 24/34

Ehm
- Fiche: *0374/0576*
  Az 1: 7J 303/43
  Az 2: 5H 80/43

Ehmann
- Fiche: *0433*
  Az 1: 10J 166/44
  Az 2: 2H 219/44

Ehmann, Alfred
- Fiche: *0197*
  Az 1: 10J 168/44
  Az 2: 2H 207/44

Ehn, Stephan
- Fiche: *0025 ff./0253*
  Az 1: 8J 427/34, 8J 6/35
  Az 2: 1H 9/35
- Fiche: *0253*
  Az 1: 8J 6/35

Ehn, Stefan (A)
- Fiche: *0682 f.*
  Az 1: 8J 393/38
  Az 2: 2H 92/38

Eholzer, Hedwig
- Fiche: *0082 f.*
  Az 1: 8J 415/35g
  Az 2: 1H 1/37

Ehrenleiter, Franz
- Fiche: *0335 f.*
  Az 1: 6J 165/41g
  Az 2: 2H 42/42

Ehrenstrasser, Regina
- Fiche: *0434*
  Az 1: 10(9)J 1230/43g
  Az 2: 6L 222/44

Ehrhardt
- Fiche: *0256*
  Az 1: 15J 162/36
  Az 2: 1H 51/36

Ehrhardt, Friedrich
- Fiche: *0293/0509*
  Az 1: 6J 143/41g
  Az 2: 2H 73/42

Ehrke, Ferdinand
- Fiche: *0507*
  Az 1: 15J 175/34
  Az 2: 2H 18/35

Ehrke, Franz (A)
- Fiche: *0451*
  Az 1: 14J 290/33
  Az 2: 1H 34/34

Ehrler
- Fiche: *0063 f.*
  Az 1: 8J 165/35
  Az 2: 2H 30/36

Ehrler, Helene
- Fiche: *0070*
  Az 1: 14J 210/35
  Az 2: 2H 43/36

Ehrlich
- Fiche: *0145/0285 f.*
  Az 1: 5J 102/39
  Az 2: 1H 27/39
- Fiche: *0316*
  Az 1: 16J 251/36
  Az 2: 1H 45/36
- Fiche: *0413*
  Az 1: 7(8)J 209/43g
  Az 2: 5H 22/44
- Fiche: *0566 f.*
  Az 1: 10J 70/40
  Az 2: 2H 127/40

Ehrlich (Frau)
- Fiche: *0160/0288f.*
  Az 1: 6J 224/39g
  Az 2: 2H 44/40

Ehrlich, Berta (A)
- Fiche: *0563 f.*
  Az 1: 10J 68/40
  Az 2: 2H 109/40

Ehrlich, Fritz
- Fiche: *0160/0288f.*
  Az 1: 6J 224/39g
  Az 2: 2H 44/40

Ehrlich, Josef
- Fiche: *0251 ff.*
  Az 1: 14J 12/36
  Az 2: 2H 17/36

Ehrlich, Rudolf (A)
- Fiche: *0563 f.*
  Az 1: 10J 68/40
  Az 2: 2H 109/40

Ehrlich, Ursula
- Fiche: *0689*
  Az 1: 10J 328/43g
  Az 2: 2H 99/43

Ehrt
- Fiche: *0147*
  Az 1: 11J 196/38g
  Az 2: 1H 35/39

Ehrt, Adolf
- Fiche: *0222*
  Az 1: 8J 381/34
  Az 2: 1H 45/34

Ehrt, Otto
- Fiche: *0501*
  Az 1: 5J 77/38
  Az 2: 2H 43/38

Ehrtmann, Adolf
- Fiche: *0502*
  Az 1: 8J 409/42g
  Az 2: 2H 66/43

Ehrtmann, Adolf (A)
- Fiche: *0177 f.*
  Az 1: 8J 382/42g
  Az 2: 2H 65/43

Eibel, Franz
- Fiche: *0408*
  Az 1: 7J 454/43,
  7J 502/43
  Az 2: 5H 10/44, 5H 5/44
- Fiche: *0574*
  Az 1: 7J 501/43
  Az 2: 5H 4/44
- Fiche: *0648 f.*
  Az 1: 7J 502/43
  Az 2: 5H 5/44

Eibel, Franz (A)
- Fiche: *0420/0574 f.*
  Az 1: 7J 500/43,
  7J 501/43
  Az 2: 5H 3/44, 5H 4/44

Eibel, Richard
- Fiche: *0574*
  Az 1: 7J 501/43
  Az 2: 5H 4/44
- Fiche: *0648 f.*
  Az 1: 7J 502/43
  Az 2: 5H 5/44

Eibel, Richard (A)
- Fiche: *0420/0574 f.*
  Az 1: 7J 500/43,
  7J 501/43
  Az 2: 5H 3/44, 5H 4/44

Eibensteiner, Alois
- Fiche: *0418*
  Az 1: 7(8)J 103/41
  Az 2: 5H 47/44
- Fiche: *0647 f.*
  Az 1: 7(8)J 203/41
  Az 2: 2H 168/44

Eibensteiner, Alois (A)
- Fiche: *0411*
  Az 1: 8J 206/41
  Az 2: 5H 16/44

Eibensteiner, Barbara
- Fiche: *0328/0357*
  Az 1: 7J 487/42
  Az 2: 5H 183/42

Eibensteiner, Hermann
- Fiche: *0334*
  Az 1: 7J 48/42
  Az 2: 2H 76/42

Eibensteiner, Johann (A)
- Fiche: *0406*
  Az 1: 7J 462/43
  Az 2: 6H 218/43
- Fiche: *0408*
  Az 1: 11J 50/44
  Az 2: 6H 11/44

Eibl, Richard
- Fiche: *0408*
  Az 1: 7J 454/43,
  7J 502/43
  Az 2: 5H 10/44, 5H 5/44

Eich, Peter
- Fiche: *0196/0625*
  Az 1: 9J 187/44
  Az 2: 2H 204/44

Eichberg, Walter
- Fiche: *0679 f./0713*
  Az 1: 10(9)J 777/43g
  Az 2: 5H 38/44, 5H 43/44

Eichberg, Walter (A)
- Fiche: *0210/0630*
  Az 1: 10(9)J 777/43g
  Az 2: 5H 41/44

Eiche, Fritz
- Fiche: *0016 f.*
  Az 1: 14a/8J 1547/31
  Az 2: 1H 27/34

Eichel, Wilhelm
- Fiche: *0476 f.*
  Az 1: 8J 131/36g,
  8J 49,117,131/36g
  Az 2: 2H 16,20,27/37

Eichelberger (Frau)
- Fiche: *0365*
  Az 1: 7J 599/42
  Az 2: 6H 45/43
- Fiche: *0377*
  Az 1: 7J 599/42
  Az 2: 6H 58/43
- Fiche: *0455*
  Az 1: 7J 599/42
  Az 2: 6H 44/43

Eichelberger, Ignatz
- Fiche: *0347 f.*
  Az 1: 7J 257/42
  Az 2: 5H 86/42

Eichelsdörfer, Ernst
- Fiche: *0113/0469 f.*
  Az 1: 16J 37/35
  Az 2: 1H 19-20/37
- Fiche: *0640*
  Az 1: 16J 328/35
  Az 2: 1H 11/37

Eichenauer, Johann (A)
- Fiche: *0187/0443*
  Az 1: 9J 65/44
  Az 2: 2H 74/44

Eichendorff, Gerda (A)
- Fiche: *0680/0698*
  Az 1: 8J 137/44g
  Az 2: 1H 5/45

Eimuth, Peter
- Fiche: *0016 f.*
  Az 1: 14a/8J 1547/31
  Az 2: 1H 27/34

Einer
- Fiche: *0066 f./0253 f.*
  Az 1: 8J 4/36
  Az 2: 1H 38/36

Einer, Max
- Fiche: *0565 f.*
  Az 1: 10J 291/38
  Az 2: 2H 88/38

Einer, Max (A)
- Fiche: *0587*
  Az 1: 10J 303/38
  Az 2: 2H 90/38

Einert, Theodor
- Fiche: *0018*
  Az 1: 15/17J 77/32
  Az 2: 1H 28/34

Einhauer
- Fiche: *0240*
  Az 1: 8J 305/35
  Az 2: 1H 67/35

Einhellinger, Joseph
- Fiche: *0593 f.*
  Az 1: 15J 490/33
  Az 2: 1H 89/34

Einhellinger, Joseph (A)
- Fiche: *0002/0571 f.*
  Az 1: 15J 265/33
  Az 2: 1H 3/34

Eisemann, Gerda
- Fiche: *0015 f.*
  Az 1: 14a/8J 193/30, 17J 803/33
  Az 2: 1H 24/34, 1H 38/34

Eisenbarth
- Fiche: *0176/0295*
  Az 1: 6J 27/42g
  Az 2: 1H 18/43

Eisenbarth, Wilhelm
- Fiche: *0171/0584*
  Az 1: 8J 395/41g
  Az 2: 2H 25/42

Eisenbeis
- Fiche: *0251 ff.*
  Az 1: 14J 12/36
  Az 2: 2H 17/36

Eisenberger
- Fiche: *0105*
  Az 1: 17J 444/36
  Az 2: 2H 35/37

Eisenberger (Frau)
- Fiche: *0105*
  Az 1: 17J 444/36
  Az 2: 2H 35/37

Eisenblätter
- Fiche: *0104*
  Az 1: 17J 321/37
  Az 2: 1H 33/37
- Fiche: *0104 f.*
  Az 1: 17J 319/37
  Az 2: 1H 34/37

Eisenblätter, Charlotte
- Fiche: *0210/0630*
  Az 1: 10(9)J 777/43g
  Az 2: 5H 41/44

Eisenblätter, Charlotte (A)
- Fiche: *0184/0680*
  Az 1: 9J 777/43g
  Az 2: 5H 39/44

Eisenblätter, Franz (A)
- Fiche: *0106/0546 f.*
  Az 1: 17J 315/37
  Az 2: 1H 37/37

Eisengrein, Camill
- Fiche: *0086/0684*
  Az 1: 14J 392/35
  Az 2: 2H 4/37

Eisengrein, Camill (A)
- Fiche: *0038/0039*
  Az 1: 8J 227/35
  Az 2: 2H 38/35

Eisenhauer
- Fiche: *0117 f./0542*
  Az 1: 8J 20/36g
  Az 2: 2H 11/38
- Fiche: *0242 f.*
  Az 1: 8J 3/36g
  Az 2: 2H 1/36

Eisenhobler
- Fiche: *0298 f.*
  Az 1: 7J 370/43, 7J 398/43
  Az 2: 5H 118/43, 5H 119/43

Eisenhut
- Fiche: *0602 f.*
  Az 1: 9J 414/39
  Az 2: 2H 83/41

Eisenschneider, Paul
- Fiche: *0176/0295*
  Az 1: 6J 27/42g
  Az 2: 1H 18/43
- Fiche: *0193*
  Az 1: 11J 127/44
  Az 2: 2H 135/44

Eisenschneider, Paul (A)
- Fiche: *0095/0541*
  Az 1: 9J 571/36
  Az 2: 2H 22/37

Eiser, Heinrich
- Fiche: *0558*
  Az 1: 9J 278/41g
  Az 2: 2H 133/41

Eiserbeck, Franz
- Fiche: *0530*
  Az 1: 10J 71/42
  Az 2: 2H 284/42

Eiserhardt, Alwine (A)
- Fiche: *0011 f.*
  Az 1: 17J 545/33
  Az 2: 1H 15/34

Eisermann, Ludwig
- Fiche: *0021 f.*
  Az 1: 17J 397/33
  Az 2: 1H 3/35

Eismann
- Fiche: *0014/0737*
  Az 1: 14J 253/33
  Az 2: 2H 22/34

Eisner, Georg
- Fiche: *0383 f./0650*
  Az 1: 7J 205/43
  Az 2: 6H 100/43

Eisner, Georg (A)
- Fiche: *0382*
  Az 1: 7J 278/43
  Az 2: 6H 110/43

Eisold, Elsa
- Fiche: *0164*
  Az 1: 5J 148/40
  Az 2: 2H 71/40

Eitelsberg, Georg
- Fiche: *0460 f.*
  Az 1: 17J 109/37, 9J 142/37
  Az 2: 2H 44,47/37

Eke, Wilma
- Fiche: *0018 f.*
  Az 1: 15J 369/34
  Az 2: 1H 39/35

Eke, Wilma (A)
- Fiche: *0728*
  Az 1: 17J 461/34
  Az 2: 0Js 18/36

Elbers
- Fiche: *0002*
  Az 1: 8J 1856/33
  Az 2: 2H 2/34
- Fiche: *0043*
  Az 1: 17J 309/34
  Az 2: 1H 53/35
- Fiche: *0058 f.*
  Az 1: 17J 129/35
  Az 2: 1H 21,22/36
- Fiche: *0731*
  Az 1: 17J 499/35

Elbing, Franz
- Fiche: *0086/0498 f.*
  Az 1: 8J 68/36
  Az 2: 1H 4/37

Elchner, Otto (A)
- Fiche: *0061 f./0626 f.*
  Az 1: 17J 336/35
  Az 2: 2H 28/36

Eldracher
- Fiche: *0419*
  Az 1: 9J 48/44
  Az 2: 2H 51/44

Elfes
- Fiche: *0069*
  Az 1: 8J 12/36g
  Az 2: 1H 42/36

Elflein, Hermann
- Fiche: *0131/0674 f.*
  Az 1: 10J 27/38
  Az 2: 2H 50/38
- Fiche: *0518/0679*
  Az 1: 10J 30/38
  Az 2: 2H 8/38
- Fiche: *0601*
  Az 1: 10J 26/38
  Az 2: 2H 19/38

Elflein, Hermann (A)
- Fiche: *0541*
  Az 1: 10J 29/38
  Az 2: 2H 31/38

Elgas, Karl
- Fiche: *0011 f.*
  Az 1: 17J 545/33
  Az 2: 1H 15/34
- Fiche: *0024 f.*
  Az 1: 8J 943/32
  Az 2: 2H 8/35

Elgas, Karl (A)
- Fiche: *0001*
  Az 1: 17J 303/33
  Az 2: 1H 2/34

Elger
- Fiche: *0593*
  Az 1: 15J 8/35
  Az 2: 2H 13/35

Eli, Friedrich
- Fiche: *0227 f.*
  Az 1: 13J 2/34
  Az 2: 1H 10/35

Elian
- Fiche: *0511*
  Az 1: 9J 328/39
  Az 2: 2H 57/39

Elian (Frau)
- Fiche: *0511*
  Az 1: 9J 328/39
  Az 2: 2H 57/39

Elitsch
- Fiche: *0502 f.*
  Az 1: 16J 150/35
  Az 2: 2H 21/36

Elitzer, Wilhelm (A)
- Fiche: *0225*
  Az 1: 8J 1734/33
  Az 2: 1H 7/35

Eller
- Fiche: *0052*
  Az 1: 14J 104/36
  Az 2: 2H 8/36

Ellerbrock
- Fiche: *0414*
  Az 1: 9J 32/44
  Az 2: 2H 28/44

Ellerbrock (Frau)
- Fiche: *0414*
  Az 1: 9J 32/44
  Az 2: 2H 28/44

Ellesser
- Fiche: *0141/0475 f.*
  Az 1: 5J 449/38
  Az 2: 1H 15/39

Elling
- Fiche: *0564 f.*
  Az 1: 9J 137/34
  Az 2: 1H 25/35

Ellmar
- Fiche: *0444*
  Az 1: 12J 33/40

Endter, Erich
- Fiche: *0198*
  Az 1: 10J 167/44
  Az 2: 2H 208/44

Endtner, Hugo
- Fiche: *0197*
  Az 1: 10J 168/44
  Az 2: 2H 207/44

Engbarth, Philipp (A)
- Fiche: *0072*
  Az 1: 14J 220/36
  Az 2: 2H 48/36

Engds
- Fiche: *0031 f./0230*
  Az 1: 17J 296/34
  Az 2: 2H 24/35

Engel
- Fiche: *0141/0475 f.*
  Az 1: 5J 449/38
  Az 2: 1H 15/39
- Fiche: *0329/0358*
  Az 1: 7J 354/42
  Az 2: 5H 142/42
- Fiche: *0648 f.*
  Az 1: 7J 502/43
  Az 2: 5H 5/44

Engel (Frau)
- Fiche: *0004 f.*
  Az 1: 13J 98/33
  Az 2: 1H 7/34
- Fiche: *0585 f.*
  Az 1: 8J 160/38
  Az 2: 2H 73/38

Engel, Alois
- Fiche: *0168*
  Az 1: 7J 62/42
  Az 2: 6H 1/42

Engel, Christian
- Fiche: *0522*
  Az 1: 9J 90/41g
  Az 2: 2H 95/41

Engel, Egon Maria
- Fiche: *0401 f.*
  Az 1: 8J 285/39g
  Az 2: 5H 108/43

Engel, Erich
- Fiche: *0025 ff./0253*
  Az 1: 8J 427/34, 8J 6/35
  Az 2: 1H 9/35
- Fiche: *0253*
  Az 1: 8J 6/35

Engel, Hans
- Fiche: *0613 f.*
  Az 1: 8/16J 431/33
  Az 2: XII H 48/33

Engel, Otto (A)
- Fiche: *0012 f./0546*
  Az 1: 13J 258/33
  Az 2: 1H 16/34

Engel, Rudolf
- Fiche: *0228 f.*
  Az 1: 14J 34/34
  Az 2: 1H 13/35

Engel, Werner (A)
- Fiche: *0601*
  Az 1: 9J 92/41
  Az 2: 2H 163/41
- Fiche: *0693*
  Az 1: StPL (RKA) II 248/42
  Az 2: StPL (HLS) I 86/42

Engel, Wilhelm (A)
- Fiche: *0613 f.*
  Az 1: 8/16J 431/33
  Az 2: XII H 48/33

Engelhardt
- Fiche: *0076 f.*
  Az 1: 8J 427/35g
  Az 2: 1H 59/60/61/36
- Fiche: *0316*
  Az 1: 16J 251/36
  Az 2: 1H 45/36
- Fiche: *0411 f.*
  Az 1: 8J 375/40
  Az 2: 5H 17/44
- Fiche: *0661 f.*
  Az 1: 9J 952/33
  Az 2: XV H 20/34

Engelhardt, Helene
- Fiche: *0001*
  Az 1: 8J 1865/33
  Az 2: 1H 1/34

Engelhardt, Kurt (A)
- Fiche: *0614*
  Az 1: 13J 215/33
  Az 2: XII H 55/33

Engelke, Friedrich
- Fiche: *0513 f.*
  Az 1: 8J 969/33
  Az 2: 2H 24/34

Engelmann
- Fiche: *0159 f.*
  Az 1: 5J 677/39
  Az 2: 2H 41/40
- Fiche: *0433*
  Az 1: 10J 166/44
  Az 2: 2H 219/44
- Fiche: *0523*
  Az 1: 15J 201/35
  Az 2: 1H 2/36

Engelmann, Josef
- Fiche: *0259/0676*
  Az 1: 16J 534/35
  Az 2: 2H 57/35

Engelmann, Ludwig
- Fiche: *0560*
  Az 1: 9J 90/42g
  Az 2: 2H 281/42
- Fiche: *0589 f.*
  Az 1: 9J 399/39g
  Az 2: 2H 26/41

Engels
- Fiche: *0069*
  Az 1: 8J 12/36g
  Az 2: 1H 42/36

Engels, Anton (A)
- Fiche: *0107 f.*
  Az 1: 8J 232/36g
  Az 2: 2H 39/37

Engels, Otto
- Fiche: *0564*
  Az 1: 8J 148/42g
  Az 2: 5H 67/43

Engels, Wilhelm
- Fiche: *0598 ff.*
  Az 1: 9J 479/35
  Az 2: 2H 14/36

Engensteiner, Josef
- Fiche: *0378*
  Az 1: 7J 379/43
  Az 2: 6H 186/43

Engert, Max
- Fiche: *0202*
  Az 1: 11J 271/44
  Az 2: 2H 241/44

Engert, Max (A)
- Fiche: *0196/0625*
  Az 1: 9J 187/44
  Az 2: 2H 204/44

Engert, Milda (A)
- Fiche: *0433 f.*
  Az 1: 9J 212/44
  Az 2: 2H 222/44

Engert, Otto
- Fiche: *0196*
  Az 1: 9J 210/44
  Az 2: 2H 205/44
- Fiche: *0202*
  Az 1: 11J 281/44
  Az 2: 2H 243/44
- Fiche: *0203 f.*
  Az 1: 11J 246/44
  Az 2: 2H 245/44
- Fiche: *0208*
  Az 1: 8J 229/44g
  Az 2: 1H 299/44
- Fiche: *0209/0625*
  Az 1: 9J 234/44
  Az 2: 1H 372/44
- Fiche: *0433 f.*
  Az 1: 9J 212/44
  Az 2: 2H 222/44
- Fiche: *0456*
  Az 1: 9J 235/44
  Az 2: 2H 220/44

Engerth
- Fiche: *0403 f.*
  Az 1: 8J 7/41g
  Az 2: 2H 166/43
- Fiche: *0519/0549 f.*
  Az 1: 6J 135/42g
  Az 2: 6H 79/43

Engler, Margarete
- Fiche: *0479/0739*
  Az 1: 12(10)J 47/39
  Az 2: 1H 33/40

Engler, Max (A)
- Fiche: *0012*
  Az 1: 14J 327/33
  Az 2: 2H 15/34

Engler, Otto
- Fiche: *0463/0465*
  Az 1: 15J 39/36
  Az 2: 2H 35/36

Engler, Stefanie
- Fiche: *0296*
  Az 1: 7J 638/42
  Az 2: 5H 26/43
- Fiche: *0297*
  Az 1: 7J 247/43
  Az 2: 5H 79/43
- Fiche: *0326*
  Az 1: 7J 112/42
  Az 2: 2H 164/42
- Fiche: *0326/0649 f.*
  Az 1: 7J 220/42
  Az 2: 2H 170/42
- Fiche: *0335*
  Az 1: 6J 165/41g
  Az 2: 2H 43/42
- Fiche: *0335 f.*
  Az 1: 6J 165/41g
  Az 2: 2H 42/42
- Fiche: *0347*
  Az 1: 7J 437/42
  Az 2: 1H 244/42
- Fiche: *0370*
  Az 1: 7J 555/42
  Az 2: 6H 13/43
- Fiche: *0374*
  Az 1: 7J 331/43
  Az 2: 5H 77/43
- Fiche: *0522*
  Az 1: 6J 43/42
  Az 2: 2H 120/42

Engler, Stefanie (A)
- Fiche: *0339/0649*
  Az 1: 6J 78/42g
  Az 2: 2H 156/42
- Fiche: *0339/0649 0721*
  Az 1: 6J 7/43g
  Az 2: 6H 5/43

Englert
- Fiche: *0345*
  Az 1: 7J 405/42
  Az 2: 2H 266/42
- Fiche: *0483*
  Az 1: 14J 482/37
  Az 2: 1H 25/37

Englert (Frau)
- Fiche: *0723*
  Az 1: 6J 105/43
  Az 2: BS 13/43

Englisch-Popperich
- Fiche: *0647 f.*
  Az 1: 7(8)J 203/41
  Az 2: 2H 168/44

Engmann
- Fiche: *0023 f.*
  Az 1: 14J 328/33
  Az 2: 1H 5/35

Enis, Franz
- Fiche: *0575/0644 f.*
  Az 1: 8J 324/39g
  Az 2: 5H 110/43

Enke
- Fiche: *0615 ff.*
  Az 1: 15J 86/33
  Az 2: XII H 42/33

Ennemoser
- Fiche: *0427*
  Az 1: 6J 158/44g, 6J 165/44g
  Az 2: 5H 96/44, 5H 100/44

Enskat
- Fiche: *0133*
  Az 1: 6J 37/38
  Az 2: 2H 74/38
- Fiche: *0279 f.*
  Az 1: 6J 157/38
  Az 2: 2H 89/38

Ensslin, Friedrich (A)
- Fiche: *0295/0484*
  Az 1: 6J 97/42

Ensslin, Katharina
- Fiche: *0295/0484*
  Az 1: 6J 97/42

Ensslin, Margarethe
- Fiche: *0295/0484*
  Az 1: 6J 97/42

Enter, Julius (A)
- Fiche: *0619*
  Az 1: 13J 50/33
  Az 2: XII H 26/33

Entner, Gebhard
- Fiche: *0380*
  Az 1: 7J 450/43
  Az 2: 5H 152/43

Entner, Gebhard (A)
- Fiche: *0298 f.*
  Az 1: 7J 370/43, 7J 398/43
  Az 2: 5H 118/43, 5H 119/43

Enzmann
- Fiche: *0088*
  Az 1: 8J 211/36
  Az 2: 2H 6/37

Enzmann, Rudolf (A)
- Fiche: *0316*
  Az 1: 16J 251/36
  Az 2: 1H 45/36

Ephraim, Hildegard
- Fiche: *0102/0267*
  Az 1: 17J 91/36
  Az 2: 2H 30/37
- Fiche: *0480*
  Az 1: 10J 39/39
  Az 2: 1H 56/39

Ephraim, Hildegard (A)
- Fiche: *0266/0745*
  Az 1: 17J 472/36
  Az 2: 2H 28/37

Epperlein, Fritz (A)
- Fiche: *0608 ff.*
  Az 1: 15J 179/33
  Az 2: XII H 17/34

Epperlein, Martin (A)
- Fiche: *0608 ff.*
  Az 1: 15J 179/33
  Az 2: XII H 17/34

Erat, Anton
- Fiche: *0699 f.*
  Az 1: StPL (RKA) I 118/41
  Az 2: StPL (HLS) III 57/41

Erath
- Fiche: *0188*
  Az 1: 11J 60/44
  Az 2: 2H 99/44

Erb, Albert (A)
- Fiche: *0176*
  Az 1: 5J 172/42
  Az 2: 1H 4/43

Erb, Fritz
- Fiche: *0004 f.*
  Az 1: 13J 98/33
  Az 2: 1H 7/34

Erbach
- Fiche: *0071 f.*
  Az 1: 14J 288/36
  Az 2: 1H 48/36

Erbach, Adam
- Fiche: *0447*
  Az 1: 9J 107/41
  Az 2: 5H 14/43

Erban
- Fiche: *0564*
  Az 1: 8J 148/42g
  Az 2: 5H 67/43

Erben, Robert
- Fiche: *0001*
  Az 1: 17J 303/33
  Az 2: 1H 2/34

Erben, Robert (A)
- Fiche: *0285*
  Az 1: 6J 586/38g
  Az 2: 2H 26/39

Erber
- Fiche: *0576*
  Az 1: 7J 302/43
  Az 2: 5H 104/43

Erber, Edmund
- Fiche: *0107 f.*
  Az 1: 8J 232/36g
  Az 2: 2H 39/37

Erbstein, Julius von
- Fiche: *0409*
  Az 1: 8J 376/40g, 8J 393/40g
  Az 2: 5H 111/43, 5H 141/43

Erbstein, Julius von (A)
- Fiche: *0646*
  Az 1: 8J 393/40g

Erbstößer, Heinrich
- Fiche: *0090*
  Az 1: 17J 187/36
  Az 2: 2H 31/37

Ercoli
- Fiche: *0628 f.*
  Az 1: 10J 2/43g
  Az 2: 1H 89/43

Erdberg
- Fiche: *0705*
  Az 1: StPL (RKA) 529/42
  Az 2: StPL (HLS) 72/43

Erdmann
- Fiche: *0553 f.*
  Az 1: 10J 137/42
  Az 2: 2H 242/42

Erdmann (Frau)
- Fiche: *0256*
  Az 1: 15J 162/36
  Az 2: 1H 51/36

Erdmann, Hans (A)
- Fiche: *0451*
  Az 1: 14J 290/33
  Az 2: 1H 34/34

Erdmann, Herta
- Fiche: *0040*
  Az 1: 17J 268/35
  Az 2: 2H 43/35

Erdmann, Wilhelm
- Fiche: *0040*
  Az 1: 17J 268/35
  Az 2: 2H 43/35

Erdösi, Eduard
- Fiche: *0333*
  Az 1: 7J 118/42
  Az 2: 2H 105/42
- Fiche: *0338*
  Az 1: 7J 193/42
  Az 2: 2H 207/42

Erhard
- Fiche: *0516 f./0548 f.*
  Az 1: 7J 421/42g
  Az 2: 6H 63/43

Erhardt
- Fiche: *0414 f.*
  Az 1: 10(9)J 819/43g
  Az 2: 6H 28/44

Erhardt (Frau)
- Fiche: *0480*
  Az 1: 10J 299/41
  Az 2: 2H 50/42

Erich, Anton
- Fiche: *0345*
  Az 1: 7J 467/42
  Az 2: 1H 273/42

Ericson
- Fiche: *0114/0473 f.*
  Az 1: 14J 527/37g, 14J 736/37
  Az 2: 1H 44/37, 1H 3/38

Erikson (Frau)
- Fiche: *0065 f./0253*
  Az 1: 8J 22/36g
  Az 2: 2H 36/36

Erkel, Janos
- Fiche: *0418*
  Az 1: 7(8)J 103/41
  Az 2: 5H 47/44

Erkes, Heinrich
- Fiche: *0659*
  Az 1: 8/16J 1215/32
  Az 2: XV H 7/34

Erlanger, Theodor
- Fiche: *0240*
  Az 1: 8J 305/35
  Az 2: 1H 67/35

Erlebach, David (A)
- Fiche: *0368*
  Az 1: 6J 80/42g
  Az 2: 1H 153/42

Erlenbach, Wolfgang (A)
- Fiche: *0577*
  Az 1: 11J 118/44
  Az 2: 2H 160/44

Erler, Fritz
- Fiche: *0283 f.*
  Az 1: 10J 5/39
  Az 2: 1H 23/39
- Fiche: *0622 f.*
  Az 1: 10J 453/38
  Az 2: 1H 25/39

Erler, Fritz (A)
- Fiche: *0145/0638 f.*
  Az 1: 9J 138/39g
  Az 2: 2H 27/39

Erler, Reinhard (A)
- Fiche: *0028 f./0679*
  Az 1: 15J 648/33
  Az 2: 1H 14/35

Erleshofer, Eduard
- Fiche: *0370*
  Az 1: 7J 555/42
  Az 2: 6H 13/43

Erleshofer, Eduard (A)
- Fiche: *0354*
  Az 1: 7J 350/42
  Az 2: 2H 277/42

Ermentruth, Christoph
- Fiche: *0594 f./0695 f.*
  Az 1: 11J 122/35g
  Az 2: 2H 10,11,12/37

Ermenz, Josef (A)
- Fiche: *0437/0562*
  Az 1: 11J 418/44
  Az 2: 1H 380/44

Ernst
- Fiche: *0021 f.*
  Az 1: 17J 397/33
  Az 2: 1H 3/35
- Fiche: *0038 f./0259 f.*
  Az 1: 16J 767/35
  Az 2: 2H 57/36
- Fiche: *0055/0248 f.*
  Az 1: 8J 418/35g
  Az 2: 1H 13/36
- Fiche: *0169/0521*
  Az 1: 6J 109/41g
  Az 2: 2H 11/42

Ernst (Frau)
- Fiche: *0147 ff.*
  Az 1: 6J 374/38g
  Az 2: 1H 37/39

Ernst, Alois
- Fiche: *0286 f.*
  Az 1: 8J 384/38g
  Az 2: 1H 32/39

Ernst, Georg
- Fiche: *0523 f.*
  Az 1: 9J 351/38g
  Az 2: 2H 93/38

Ernst, Georg (A)
- Fiche: *0010/0217 f.*
  Az 1: 17J 331/33
  Az 2: 2H 13/34

Ernst, Karl
- Fiche: *0112/0271*
  Az 1: 16J 675/37
  Az 2: 2H 52/37

Erny, Albert
- Fiche: *0086/0684*
  Az 1: 14J 392/35
  Az 2: 2H 4/37

Erny, Hermann
- Fiche: *0086/0684*
  Az 1: 14J 392/35
  Az 2: 2H 4/37

Erpenbach, Anna
- Fiche: *0388*
  Az 1: 17J 331/33
  Az 2: 2H 28/35

Erpenbach, Anton
- Fiche: *0388*
  Az 1: 17J 331/33
  Az 2: 2H 28/35

Erschig
- Fiche: *0070*
  Az 1: 14J 210/35
  Az 2: 2H 43/36

Erschig, Bertha
- Fiche: *0070*
  Az 1: 14J 210/35
  Az 2: 2H 43/36

Ersing
- Fiche: *0440*
  Az 1: 0J 48/44g Rs
  Az 2: 1L 486/44
- Fiche: *0441*
  Az 1: 0J 55/44g Rs
  Az 2: 1L 48/45

Erstling
- Fiche: *0012 f./0546*
  Az 1: 13J 258/33
  Az 2: 1H 16/34

Ert, Herbert
- Fiche: *0691*
  Az 1: 9J 9/45
  Az 2: 2H 30/45

Ertl
- Fiche: *0151 f./0584*
  Az 1: 7J 72/39
  Az 2: 1H 45/39

Ertl, Emil (A)
- Fiche: *0413*
  Az 1: 7(8)J 209/43g
  Az 2: 5H 22/44

Ervein
- Fiche: *0071 f.*
  Az 1: 14J 288/36
  Az 2: 1H 48/36

Erwig, Walter
- Fiche: *0278*
  Az 1: 8J 361/37g
  Az 2: 2H 58/38

Erxleben, Friedrich (A)
- Fiche: *0680*
  Az 1: 2J 578/44g Rs
  Az 2: 1L 467/44

Erzberger
- Fiche: *0663 f.*
  Az 1: 17J 685/33, 17J 627/33
  Az 2: XV H 22/34, XV H 21/34

Erzberger, Ewald (A)
- Fiche: *0662 f.*
  Az 1: 17J 627/33
  Az 2: XV H 21/34

Esch, Anna
- Fiche: *0701*
  Az 1: 8J 269/41g

Eschefeld, Paul
- Fiche: *0243/0471 f.*
  Az 1: 15J 578/36
  Az 2: 1H 2/37

Eschke
- Fiche: *0108*
  Az 1: 8J 358/37g
  Az 2: 1H 40/37

Eschke, Elisabeth
- Fiche: *0108 f.*
  Az 1: 8J 337/37g
  Az 2: 1H 41/37
- Fiche: *0110 f.*
  Az 1: 8J 348/37g
  Az 2: 1H 47/37

Eschke, Traugott
- Fiche: *0110/0302*
  Az 1: 8J 341/37g
  Az 2: 1H 46/37
- Fiche: *0110 f.*
  Az 1: 8J 348/37g
  Az 2: 1H 47/37
- Fiche: *0113/0469 f.*
  Az 1: 16J 37/35
  Az 2: 1H 19-20/37
- Fiche: *0115*
  Az 1: 8J 339/37
  Az 2: 1H 4/38
- Fiche: *0269 f.*
  Az 1: 8J 100/37
  Az 2: 1H 43/37

Eschke, Traugott (A)
- Fiche: *0108 f.*
  Az 1: 8J 337/37g
  Az 2: 1H 41/37

Eschner
- Fiche: *0343*
  Az 1: 7J 356/42
  Az 2: 1H 216/42
- Fiche: *0356/0400*
  Az 1: 7J 395/42, 7J 457/42
  Az 2: 5H 158/42, 5H 193/42
- Fiche: *0526 f.*
  Az 1: 7J 457/42

Eschner, Alfred
- Fiche: *0376*
  Az 1: 7J 238/43
  Az 2: 5H 72/43

Eschner, Alfred (A)
- Fiche: *0376*
  Az 1: 7J 306/42, 7J 239/43
  Az 2: 5H 140/42, 5H 72/43

Eschricht, Alfred
- Fiche: *0183*
  Az 1: 11(10)J 631/43
  Az 2: 1H 28/44

Esdohr, Hilde
- Fiche: *0479/0739*
  Az 1: 12(10)J 47/39
  Az 2: 1H 33/40

Esser, Erich
- Fiche: *0061*
  Az 1: 9J 83/36
  Az 2: 1H 26/36

Essig, Paul
- Fiche: *0095/0541*
  Az 1: 9J 571/36
  Az 2: 2H 22/37

Essinger
- Fiche: *0694*
  Az 1: 9J 341/36
  Az 2: 5 OJs 127/37

Essmann, Katharina
- Fiche: *0696 f.*
  Az 1: StPL (RKA) III 657/41
  Az 2: StPL (HLS) III 16/42

Essmann, Michael (A)
- Fiche: *0696 f.*
  Az 1: StPL (RKA) III 657/41
  Az 2: StPL (HLS) III 16/42

Estel
- Fiche: *0608 ff.*
  Az 1: 15J 179/33
  Az 2: XII H 17/34

Estmeister, Franz
- Fiche: *0648*
  Az 1: 7J 99/43
  Az 2: 6H 83/43

Ettag, Fritz
- Fiche: *0116*
  Az 1: 16J 900/37
  Az 2: 2H 6/38

Etter, Adolf
- Fiche: *0630 f.*
  Az 1: 5J 174/39
  Az 2: 2H 51/39

Ettlinger
- Fiche: *0417*
  Az 1: 7J 64/44
  Az 2: 5H 42/44

Etzig, Mathias (A)
- Fiche: *0452*
  Az 1: 9J 231/35
  Az 2: 2H 44/35

Euba, Joseph (A)
- Fiche: *0481 f./0557 f.*
  Az 1: 8J 214/37
  Az 2: 1H 31/38
- Fiche: *0485 f.*
  Az 1: 8J 386/38, 8J 214/37
  Az 2: 1H 33/38, 1H 31/38

Euchshuber, Heinrich
- Fiche: *0409 f.*
  Az 1: 8J 376/40
  Az 2: 5H 13/44

Eucker, Wilhelm
- Fiche: *0545*
  Az 1: 9J 878/33
  Az 2: 2H 16/34

Eul (Frau)
- Fiche: *0003/0215*
  Az 1: 15/17J 60/33
  Az 2: 1H 4/34

Eul, Hermann (A)
- Fiche: *0003/0215*
  Az 1: 15/17J 60/33
  Az 2: 1H 4/34

Eveling
- Fiche: *0558*
  Az 1: 9J 278/41g
  Az 2: 2H 133/41

Evenius, Georg
- Fiche: *0622 f.*
  Az 1: 10J 453/38
  Az 2: 1H 25/39

Ewald
- Fiche: *0056*
  Az 1: 17J 441/35
  Az 2: 1H 14/36

Ewald, Heinrich
- Fiche: *0038/0039*
  Az 1: 8J 227/35
  Az 2: 2H 38/35

Ewald, Kurt
- Fiche: *0190*
  Az 1: 9J 231/44
  Az 2: 5H 119/44

Ewerding
- Fiche: *0245 f.*
  Az 1: 8J 7/36g
  Az 2: 2H 4/36

Ewert
- Fiche: *0559*
  Az 1: 10J 16/42g
  Az 2: 1H 247/42

Exner, Horst
- Fiche: *0628*
  Az 1: 9J 171/41g
  Az 2: 2H 103/42

Eyck, van
- Fiche: *0550 f.*
  Az 1: 9J 315/37
  Az 2: 2H 50/37

Eyke
- Fiche: *0517/0678*
  Az 1: 10J 139/38
  Az 2: 2H 67/38

Faatz, August
- Fiche: *0278 f.*
  Az 1: 8J 252/38
  Az 2: 2H 68/38
- Fiche: *0477 f.*
  Az 1: 8J 251/38
  Az 2: 2H 65/38

Faatz, Emmi
- Fiche: *0477 f.*
  Az 1: 8J 251/38
  Az 2: 2H 65/38

Faatz, Fredi
- Fiche: *0278 f.*
  Az 1: 8J 252/38
  Az 2: 2H 68/38

Faber
- Fiche: *0320 f./0388*
  Az 1: 6J 144/40g
  Az 2: 2H 14/41
- Fiche: *0322/0521 f.*
  Az 1: 6J 145/40
  Az 2: 2H 32/41
- Fiche: *0323*
  Az 1: 6J 28/41g
  Az 2: 2H 129/41

Faber, Franz
- Fiche: *0378*
  Az 1: 7J 379/43
  Az 2: 6H 186/43

Fabian
- Fiche: *0039*
  Az 1: 8J 169/35
  Az 2: 1H 41/35
- Fiche: *0041/0236 f.*
  Az 1: 8J 250/35
  Az 2: 1H 46/35
- Fiche: *0063 f.*
  Az 1: 8J 165/35
  Az 2: 2H 30/36
- Fiche: *0141/0475 f.*
  Az 1: 5J 449/38
  Az 2: 1H 15/39
- Fiche: *0262 f.*
  Az 1: 8J 51/36g
  Az 2: 1H 16/37
- Fiche: *0266/0745*
  Az 1: 17J 472/36
  Az 2: 2H 28/37
- Fiche: *0549*
  Az 1: 5J 642/38
  Az 2: 1H 13/39
- Fiche: *0630 f.*
  Az 1: 5J 174/39
  Az 2: 2H 51/39

Fabian (Frau)
- Fiche: *0052 f.*
  Az 1: 17J 5/36
  Az 2: 1H 10/36

Fabian, Ewald
- Fiche: *0013 f.*
  Az 1: 8J 1713/33
  Az 2: 2H 20/34

Fabian, Fritz (A)
- Fiche: *0608 ff.*
  Az 1: 15J 179/33
  Az 2: XII H 17/34

Fabian, Ludwig
- Fiche: *0344*
  Az 1: 7J 420/42
  Az 2: 1H 310/42
- Fiche: *0348*
  Az 1: 7J 253/42
  Az 2: 5H 89/42
- Fiche: *0349*
  Az 1: 7J 256/42
  Az 2: 5H 90/42

Fabian, Ludwig (A)
- Fiche: *0347 f.*
  Az 1: 7J 257/42
  Az 2: 5H 86/42

Fabian, Mariechen
- Fiche: *0558*
  Az 1: 9J 278/41g
  Az 2: 2H 133/41

Fabian, Otto
- Fiche: *0086/0498 f.*
  Az 1: 8J 68/36
  Az 2: 1H 4/37
- Fiche: *0502 f.*
  Az 1: 16J 150/35
  Az 2: 2H 21/36

Fabian, Otto (A)
- Fiche: *0076 f.*
  Az 1: 8J 427/35g
  Az 2: 1H 59/60/61/36

Fabian, Walter
- Fiche: *0013 f.*
  Az 1: 8J 1713/33
  Az 2: 2H 20/34
- Fiche: *0052 f.*
  Az 1: 17J 5/36
  Az 2: 1H 10/36
- Fiche: *0072 f.*
  Az 1: 15J 282/36
  Az 2: 2H 49/36
- Fiche: *0102/0267*
  Az 1: 17J 91/36
  Az 2: 2H 30/37
- Fiche: *0136*
  Az 1: 7J 346/38
  Az 2: 2H 95/38
- Fiche: *0539 f.*
  Az 1: 10J 36/41
  Az 2: 2H 91/41
- Fiche: *0611 f.*
  Az 1: 12J 145/33
  Az 2: XII H 13/34

Fabian, Wilhelm
- Fiche: *0589 f.*
  Az 1: 9J 399/39g
  Az 2: 2H 26/41

Fabisch, Walter
- Fiche: *0134*
  Az 1: 7J 344/38
  Az 2: 2H 78/38
- Fiche: *0134/0523*
  Az 1: 7J 348/38
  Az 2: 2H 82/38
- Fiche: *0136*
  Az 1: 7J 346/38
  Az 2: 2H 95/38
- Fiche: *0284 f.*
  Az 1: 7J 352/38
  Az 2: 2H 3/39

Fabricci, Eleonore
- Fiche: *0677*
  Az 1: 9J 330/40
  Az 2: 2H 48/41

Fackler, Franz
- Fiche: *0196 f.*
  Az 1: 7J 128/44
  Az 2: 6H 205/44
- Fiche: *0636 f.*
  Az 1: 8J 421/40
  Az 2: 2H 121/40

Fackler, Franz (A)
- Fiche: *0735 f.*
  Az 1: 7J 32/44
  Az 2: 6H 92/44

Fae, Georg
- Fiche: *0414 f.*
  Az 1: 10(9)J 819/43g
  Az 2: 6H 28/44

Fähling
- Fiche: *0190*
  Az 1: 9J 231/44
  Az 2: 5H 119/44
- Fiche: *0197/0466*
  Az 1: 8J 157/44
  Az 2: 1H 208/44
- Fiche: *0201/0434*
  Az 1: 8J 181/44g
  Az 2: 1H 227/44

Fähling, Erich
- Fiche: *0102/0267*
  Az 1: 17J 91/36
  Az 2: 2H 30/37
- Fiche: *0207*
  Az 1: 8J 188/44g
  Az 2: 1H 285/44

Fähling, Marie (A)
- Fiche: *0205*
  Az 1: 8J 203/44
  Az 2: 1H 250/44

Fähnrich, Josef (A)
- Fiche: *0496 f.*
  Az 1: 12J 97/40

Fährmann, Paul
- Fiche: *0008*
  Az 1: 17J 58/34
  Az 2: 1H 11/34
- Fiche: *0611*
  Az 1: 17J 125/34
  Az 2: XII H 33/34
- Fiche: *0651 f.*
  Az 1: 17J 793/33
  Az 2: XII H 10,12/24
- Fiche: *0654*
  Az 1: 17J 684/33
  Az 2: XV H 11/34
- Fiche: *0655*
  Az 1: 17J 27/34
  Az 2: XV H 14/34
- Fiche: *0656 f.*
  Az 1: 17J 582/33
  Az 2: XV H 28/34
- Fiche: *0660 f.*
  Az 1: 17J 792/33
  Az 2: XV H 15/34
- Fiche: *0663 f.*
  Az 1: 17J 685/33,
  17J 627/33
  Az 2: XV H 22/34,
  XV H 21/34

Fährmann, Paul (A)
- Fiche: *0662 f.*
  Az 1: 17J 627/33
  Az 2: XV H 21/34

Faehse, Richard
- Fiche: *0249 f.*
  Az 1: 17J 318/35
  Az 2: 1H 15/36

Fälker, Friedrich
- Fiche: *0389*
  Az 1: 9J 301/35
  Az 2: 3L 51/35

Faerber
- Fiche: *0647/0649*
  Az 1: 7(8)J 76/41g
  Az 2: 2H 170/43

Fagerer, Franz
- Fiche: *0352/0369*
  Az 1: 7J 507/42
  Az 2: 6H 13/42

Fahlbusch, Käthe
- Fiche: *0123 ff./0275 f.*
  Az 1: 8J 5/37g
  Az 2: 2H 23/38

Fahnestich, Wilhelm
- Fiche: *0071 f.*
  Az 1: 14J 288/36
  Az 2: 1H 48/36

Fahrner, Gebhard (A)
- Fiche: *0735 f.*
  Az 1: 7J 32/44
  Az 2: 6H 92/44

Fahron
- Fiche: *0523 f.*
  Az 1: 9J 351/38g
  Az 2: 2H 93/38

Falch, Franz
- Fiche: *0735 f.*
  Az 1: 7J 32/44
  Az 2: 6H 92/44

Falck, Wilhelm
- Fiche: *0439*
  Az 1: 15J 931/37
  Az 2: 2H 35/38

Falck, Willi
- Fiche: *0272*
  Az 1: 16J 225/37
  Az 2: 2H 60/37
- Fiche: *0439*
  Az 1: 7J 104/38
  Az 2: 2H 13/38

Falcke, Johanna
- Fiche: *0197/0466*
  Az 1: 8J 157/44
  Az 2: 1H 208/44
- Fiche: *0198*
  Az 1: 8J 167/44g
  Az 2: 1H 209/44
- Fiche: *0209*
  Az 1: 9J 250/44
  Az 2: 1H 364/44

Falcke, Johanna (A)
- Fiche: *0436*
  Az 1: 8J 202/44
  Az 2: 1H 273/44

Falk
- Fiche: *0597 f.*
  Az 1: 15J 355/33
  Az 2: 1H 43/34

Falk, Emil
- Fiche: *0004 f.*
  Az 1: 13J 98/33
  Az 2: 1H 7/34

Falke, Otto
- Fiche: *0243/0471 f.*
  Az 1: 15J 578/36
  Az 2: 1H 2/37

Falkenberg
- Fiche: *0071*
  Az 1: 16J 754/35
  Az 2: 2H 45/36
- Fiche: *0241 f.*
  Az 1: 8J 88/36g
  Az 2: 1H 70/35

Falkenhausen, Gotthard Freiherr von
- Fiche: *0650*
  Az 1: 0J 26/44g Rs
  Az 2: 1L 349/44

Falkenhausen, Gotthard Freiherr von (A)
- Fiche: *0440*
  Az 1: 0J 42/44g Rs
  Az 2: 1L 465/44

Falle
- Fiche: *0305/0643 f.*
  Az 1: 6J 518/38
  Az 2: 1H 18/39

Fallenberg
- Fiche: *0311 f.*
  Az 1: 14a/8J 510/29
  Az 2: 1H 18/34

Faller
- Fiche: *0091 f.*
  Az 1: 14J 469/37, 14J 380/37
  Az 2: 1H 12/23/37
- Fiche: *0092*
  Az 1: 8/14J 31-45/36g
  Az 2: 1H 13/37

Faller (Frau)
- Fiche: *0522*
  Az 1: 6J 43/42
  Az 2: 2H 120/42

Faller, Emil
- Fiche: *0004 f.*
  Az 1: 13J 98/33
  Az 2: 1H 7/34

Faller, Hubert
- Fiche: *0522*
  Az 1: 6J 43/42
  Az 2: 2H 120/42

Faller, Hubert (A)
- Fiche: *0335 f.*
  Az 1: 6J 165/41g
  Az 2: 2H 42/42

Falley, Hermann
- Fiche: *0001*
  Az 1: 17J 303/33
  Az 2: 1H 2/34

Falterbauer, Heinrich
- Fiche: *0340*
  Az 1: 7J 340/42
  Az 2: 2H 197/42

Faltner (Frau)
- Fiche: *0082 f.*
  Az 1: 8J 415/35g
  Az 2: 1H 1/37

Faltner, Franz
- Fiche: *0396/0704 f.*
  Az 1: 14J 522/37g
  Az 2: 1L 2/40

Faltner, Franz (A)
- Fiche: *0082 f.*
  Az 1: 8J 415/35g
  Az 2: 1H 1/37

Faltysek, Vasta (A)
- Fiche: *0318*
  Az 1: 8J 250/43

Fanebuch, Fritz
- Fiche: *0525 f.*
  Az 1: 9J 502/38g
  Az 2: 3L 86/39

Fanferra, Heinrich
- Fiche: *0051*
  Az 1: 5J 41/35
  Az 2: 2H 6/36

Fanninger, Martin
- Fiche: *0292 f.*
  Az 1: 7J 501/42

Fantner
- Fiche: *0424/0570*
  Az 1: 7J 101/44
  Az 2: 5H 78/44

Fanto, Gertrude
- Fiche: *0421*
  Az 1: 7J 72/44
  Az 2: 5H 64/44

Farkas
- Fiche: *0298 f.*
  Az 1: 7J 370/43, 7J 398/43
  Az 2: 5H 118/43, 5H 119/43

Farr, Ottokar
- Fiche: *0061 f./0626 f.*
  Az 1: 17J 336/35
  Az 2: 2H 28/36

Farrenkopf
- Fiche: *0620 f.*
  Az 1: 15J 70/33
  Az 2: XII H 59/33

Faslinger, Johann
- Fiche: *0414 f.*
  Az 1: 10(9)J 819/43g
  Az 2: 6H 28/44

Faß, Friedrich
- Fiche: *0296*
  Az 1: 7J 638/42
  Az 2: 5H 26/43
- Fiche: *0297*
  Az 1: 7J 247/43
  Az 2: 5H 79/43
- Fiche: *0300/0339*
  Az 1: 7J 232/42
  Az 2: 2H 202/42
- Fiche: *0342/0343*
  Az 1: 7J 221/42
  Az 2: 2H 172/42
- Fiche: *0344*
  Az 1: 7J 420/42
  Az 2: 1H 310/42
- Fiche: *0349 f.*
  Az 1: 7J 95/42
  Az 2: 5H 96/42
- Fiche: *0361*
  Az 1: 7J 443/42
  Az 2: 5H 173/42
- Fiche: *0364*
  Az 1: 7J 61/43
- Fiche: *0364*
  Az 1: 7J 535/42, 7J 61/43
  Az 2: 5H 53/43, 5H 54/43
- Fiche: *0374*
  Az 1: 7J 331/43
  Az 2: 5H 77/43
- Fiche: *0375*
  Az 1: 7J 332/43
  Az 2: 5H 73/43
- Fiche: *0381*
  Az 1: 7J 294/43
  Az 2: 5H 132/43
- Fiche: *0425 f.*
  Az 1: 6J 93/44
  Az 2: 5H 88/44
- Fiche: *0449*
  Az 1: 7J 299/43
  Az 2: 5H 105/43
- Fiche: *0453/0739*
  Az 1: 7J 347/43, 7J 421/43, 7J 422/43
  Az 2: 5H 122/43, 5H 129/43, 5H 125/43
- Fiche: *0574/0649*
  Az 1: 7J 513/43
  Az 2: 5H 6/44
- Fiche: *0699*
  Az 1: StPL (RKA) III 546/42
  Az 2: StPL (HLS) I 31/43

Faß, Friedrich (A)
- Fiche: *0357*
  Az 1: 7J 445/42, 7J 455/42
  Az 2: 5H 184/42, 5H 168/42

Fass, Richard
- Fiche: *0706*
  Az 1: StPL (RKA) III 37/43
  Az 2: StPL (HLS) 38/43

Fassbänder
- Fiche: *0535 f.*
  Az 1: 10J 267/41
  Az 2: 2H 157/41

Faßbender
- Fiche: *0071 f.*
  Az 1: 14J 288/36
  Az 2: 1H 48/36

Fassbender, Willi
- Fiche: *0602 f.*
  Az 1: 9J 414/39
  Az 2: 2H 83/41

Fassbender, Willi (A)
- Fiche: *0161*
  Az 1: 9J 415/39
  Az 2: 2H 51/40

Faßbinder
- Fiche: *0615 ff.*
  Az 1: 15J 86/33
  Az 2: XII H 42/33

Fasske, Erhard (A)
- Fiche: *0009/0733 f.*
  Az 1: 14J 311/33
  Az 2: 1H 12/34

Faßold, Johann
- Fiche: *0298*
  Az 1: 7J 274/43
  Az 2: 6H 106/43

Faßold, Johann (A)
- Fiche: *0383/0529*
  Az 1: 7J 273/43
  Az 2: 6H 105/43

Fatina, Josef
- Fiche: *0327*
  Az 1: 7J 271/42
  Az 2: 2H 157/42

Fatrdla, Mathias
- Fiche: *0326/0649 f.*
  Az 1: 7J 220/42
  Az 2: 2H 170/42
- Fiche: *0333 f.*
  Az 1: 7J 649/41
  Az 2: 2H 88/42

Faul, Matthias
- Fiche: *0295/0484*
  Az 1: 6J 97/42

Fauland, Rudolf
- Fiche: *0383/0529*
  Az 1: 7J 273/43
  Az 2: 6H 105/43

Fauland, Rudolf (A)
- Fiche: *0298*
  Az 1: 7J 274/43
  Az 2: 6H 106/43

Faulenhoop
- Fiche: *0256*
  Az 1: 15J 162/36
  Az 2: 1H 51/36

Faulhaber, Eduard
- Fiche: *0395*
  Az 1: 6J 192/38g
  Az 2: 4L 16/39

Faulhaber, Georg (A)
- Fiche: *0481 f./0557 f.*
  Az 1: 8J 214/37
  Az 2: 1H 31/38
- Fiche: *0485 f.*
  Az 1: 8J 386/38, 8J 214/37
  Az 2: 1H 33/38, 1H 31/38

Faulhaber, Jakob (A)
- Fiche: *0173*
  Az 1: 5J 81/42
  Az 2: 2H 94/42

Faust
- Fiche: *0268 f./0273*
  Az 1: 14J 323/37
  Az 2: 1H 10/38
- Fiche: *0268 f./0701 f.*
  Az 1: 14J 323/37
  Az 2: 1H 24/37

Fautock
- Fiche: *0186*
  Az 1: 7J 43/44
  Az 2: 4H 68/44

Fechs
- Fiche: *0365*
  Az 1: 7J 599/42
  Az 2: 6H 48/43
- Fiche: *0365*
  Az 1: 7J 599/42
  Az 2: 6H 45/43

Feddern, Hans
- Fiche: *0256*
  Az 1: 15J 162/36
  Az 2: 1H 51/36

Federer, Emma
- Fiche: *0495*
  Az 1: 1J 579/43
  Az 2: 1L 178/43

Federn
- Fiche: *0478 f.*
  Az 1: 8J 421/38
  Az 2: 1H 19/39

Feelinger, Josefine
- Fiche: *0455*
  Az 1: 7J 599/42
  Az 2: 6H 44/43

Fees
- Fiche: *0376*
  Az 1: 7J 238/43
  Az 2: 5H 72/43

Feest, Edith
- Fiche: *0403 f.*
  Az 1: 8J 7/41g
  Az 2: 2H 166/43
- Fiche: *0580/0624 f.*
  Az 1: 8J 200/41
  Az 2: 2H 6/44

Feffer, Andreas
- Fiche: *0349*
  Az 1: 7J 256/42
  Az 2: 5H 90/42

Fegter, Jan
- Fiche: *0120*
  Az 1: 17J 401/37
  Az 2: 2H 14/38
- Fiche: *0120 f./0133*
  Az 1: 17J 400/37
  Az 2: 2H 71/38
- Fiche: *0274*
  Az 1: 17J 406/37
  Az 2: 2H 15/38
- Fiche: *0545*
  Az 1: 10J 49/38
  Az 2: 2H 18/38

Fehlandt
- Fiche: *0256*
  Az 1: 15J 162/36
  Az 2: 1H 51/36

Fehlback, Josef
- Fiche: *0335 f.*
  Az 1: 6J 165/41g
  Az 2: 2H 42/42

Fehler, Karl
- Fiche: *0117 f./0542*
  Az 1: 8J 20/36g
  Az 2: 2H 11/38
- Fiche: *0166/0568*
  Az 1: 9J 24/41
  Az 2: 2H 86/41
- Fiche: *0636*
  Az 1: 10J 5/43g
  Az 2: 2H 37/43
- Fiche: *0677*
  Az 1: 9J 330/40
  Az 2: 2H 48/41

Fehling
- Fiche: *0650 f.*
  Az 1: 15J 190/33
  Az 2: XII H 6/34

Fehling, Albert (A)
- Fiche: *0199 f.*
  Az 1: 9J 214/44
  Az 2: 2H 215/44

Fehling, Karl
- Fiche: *0291*
  Az 1: 7J 544/39
  Az 2: 2H 33/41

Fehling, Karl (A)
- Fiche: *0158 f./0288*
  Az 1: 7J 6/39
  Az 2: 1H 77/39

Fehrenbach, Sophie
- Fiche: *0428*
  Az 1: 7J 104/44
  Az 2: 5H 107/44

Fehrenhorst, Robert
- Fiche: *0047 f./0641*
  Az 1: 9J 486/35
  Az 2: 1H 71/35

Feibelmann, Kurt (A)
- Fiche: *0225*
  Az 1: 8J 1734/33
  Az 2: 1H 7/35

Feichtmayer, Karl
- Fiche: *0735 f.*
  Az 1: 7J 32/44
  Az 2: 6H 92/44

Feick, Christiane
- Fiche: *0189 f.*
  Az 1: 10(9)J 758/44
  Az 2: 2H 117/44

Feiden
- Fiche: *0523 f.*
  Az 1: 9J 351/38g
  Az 2: 2H 93/38

Feidengruber
- Fiche: *0705 f.*
  Az 1: StPL (RKA) III 68/44
  Az 2: StPL 2. Sen. 35/44

Feidengruber (Frau)
- Fiche: *0705 f.*
  Az 1: StPL (RKA) III 68/44
  Az 2: StPL 2. Sen. 35/44

Feider, Hugo (A)
- Fiche: *0430*
  Az 1: 9J 242/44
  Az 2: 5H 127/44

Feidl (Frau)
- Fiche: *0082 f.*
  Az 1: 8J 415/35g
  Az 2: 1H 1/37

Feidl, Karl
- Fiche: *0082 f.*
  Az 1: 8J 415/35g
  Az 2: 1H 1/37

Feierabend
- Fiche: *0117*
  Az 1: 6J 116/38g
  Az 2: 1H 11/38
- Fiche: *0261*
  Az 1: 14J 570/37g
- Fiche: *0523*
  Az 1: 10J 227/39
  Az 2: 2H 20/41

Feierabend, Karl
- Fiche: *0315 f./0465 f.*
  Az 1: 15J 14/36
  Az 2: 1H 54/36

Feiertag, Erich
- Fiche: *0094/0262*
  Az 1: 8J 223/36
  Az 2: 2H 15/37

Feifrzik
- Fiche: *0401 f.*
  Az 1: 8J 285/39g
  Az 2: 5H 108/43

Feige
- Fiche: *0136*
  Az 1: 7J 354/38
  Az 2: 2H 96/38

Feigelmann, Alexander
- Fiche: *0564 f.*
  Az 1: 9J 137/34
  Az 2: 1H 25/35

Feigl, Marie
- Fiche: *0297*
  Az 1: 7J 247/43
  Az 2: 5H 79/43

Feij, Adrian
- Fiche: *0446*
  Az 1: 9J 9/43g
  Az 2: 1H 37/43

Feil
- Fiche: *0038 f./0259 f.*
  Az 1: 16J 767/35
  Az 2: 2H 57/36
- Fiche: *0311 f.*
  Az 1: 14a/8J 510/29
  Az 2: 1H 18/34

Feil, Wilhelm (A)
- Fiche: *0250 f.*
  Az 1: 8J 364/35
  Az 2: 2H 15/36

Feilen, Johann Baptist
- Fiche: *0388*
  Az 1: 17J 331/33
  Az 2: 2H 28/35

Feind
- Fiche: *0615 ff.*
  Az 1: 15J 86/33
  Az 2: XII H 42/33

Feind, Georg
- Fiche: *0684*
  Az 1: 10J 80/42
  Az 2: 2H 317/42

Feist
- Fiche: *0682*
  Az 1: 17J 377/37
  Az 2: 1H 6/38

Fekete, Josef
- Fiche: *0349*
  Az 1: 7J 256/42
  Az 2: 5H 90/42

Felbel, Walter
- Fiche: *0100 f./0711*
  Az 1: 15J 1/37
  Az 2: 1H 28/37

Felber
- Fiche: *0589*
  Az 1: 16J 293/35
  Az 2: 2H 58/35

Feld, Albert (A)
- Fiche: *0251 ff.*
  Az 1: 14J 12/36
  Az 2: 2H 17/36

Feldbaumer, David
- Fiche: *0459*
  Az 1: 7J 489/42
  Az 2: 6H 29/42

Feldbaumer, David (A)
- Fiche: *0351*
  Az 1: 7J 490/42
  Az 2: 6H 30/42

Feldheim
- Fiche: *0163*
  Az 1: 6J 231/39g
  Az 2: 2H 67/40

Feldkamp
- Fiche: *0150 f.*
  Az 1: 11J 1/39
  Az 2: 2H 43/39

Feldmann
– Fiche: *0615 ff.*
Az 1: 15J 86/33
Az 2: XII H 42/33
– Fiche: *0628 f.*
Az 1: 10J 2/43g
Az 2: 1H 89/43

Feldmann, Richard
– Fiche: *0218*
Az 1: 14J 283/33
Az 2: 1H 20/34

Feldsien, Gustav
– Fiche: *0256*
Az 1: 15J 162/36
Az 2: 1H 51/36

Felix
– Fiche: *0092 ff.*
Az 1: 17J 67/36
Az 2: 1H 14/37
– Fiche: *0640*
Az 1: 16J 328/35
Az 2: 1H 11/37

Felix, Hermann (A)
– Fiche: *0003*
Az 1: 15J 594/33
Az 2: 2H 3/34

Felke
– Fiche: *0140/0683*
Az 1: 16J 703/35,
6J 17/39g
Az 2: 2H 12/39

Fell
– Fiche: *0419*
Az 1: 7J 27/44
Az 2: 5H 52/44

Fellendorf
– Fiche: *0182/0464 f.*
Az 1: 11(10)J 423/43g
Az 2: 2H 17/44

Fellendorf, Georg
– Fiche: *0545*
Az 1: 9J 878/33
Az 2: 2H 16/34

Fellendorf, Katharina
– Fiche: *0466*
Az 1: 9J 156/44g Rs
Az 2: 1H 264/44

Fellendorf, Katharina (A)
– Fiche: *0206/0405*
Az 1: 10J 410/43g
Az 2: 1H 209/43

Fellendorf, Wilhelm
– Fiche: *0206/0405*
Az 1: 10J 410/43g
Az 2: 1H 209/43
– Fiche: *0417/0684*
Az 1: 11(10)J 514/43
Az 2: 2H 45/44
– Fiche: *0466*
Az 1: 9J 156/44g Rs
Az 2: 1H 264/44
– Fiche: *0714*
Az 1: StPL (RKA) III
528/42
Az 2: StPL (HLS) II
10/43

Feller
– Fiche: *0038 f./0259 f.*
Az 1: 16J 767/35
Az 2: 2H 57/36
– Fiche: *0550 f.*
Az 1: 9J 315/37
Az 2: 2H 50/37
– Fiche: *0588 f./0643*
Az 1: 16J 293/35,
8J 438/35
Az 2: 2H 58/35
– Fiche: *0601 f.*
Az 1: 8J 206/37g
Az 2: 2H 4/38

Feller, Bruno
– Fiche: *0169/0521*
Az 1: 6J 109/41g
Az 2: 2H 11/42
– Fiche: *0278 f.*
Az 1: 8J 252/38
Az 2: 2H 68/38
– Fiche: *0525*
Az 1: 8J 199/38
Az 2: 2H 91/38

Feller, Bruno (A)
– Fiche: *0089*
Az 1: 16J 781/36
Az 2: 1H 9/37

Fellgiebel, Erich
– Fiche: *0441*
Az 1: 0J 3/44g Rs
Az 2: 1L 292/44
– Fiche: *0515*
Az 1: 0J 12/44g Rs
Az 2: 1L 321/44
– Fiche: *0625 f.*
Az 1: 0J 17/44gRs
Az 2: 1L 316/44
– Fiche: *0708*
Az 1: 0J 4/44g Rs
Az 2: 1L 229/44
– Fiche: *0708*
Az 1: 0J 5/44gRs,
0J 9/44gRs
Az 2: 1L 301/44,
1L 309/44

Fellinger
– Fiche: *0365*
Az 1: 7J 599/42
Az 2: 6H 48/43
– Fiche: *0366*
Az 1: 7J 599/42
Az 2: 6H 46/43
– Fiche: *0377*
Az 1: 7J 599/42
Az 2: 6H 58/43

Fellinger, Franz
– Fiche: *0343/0650*
Az 1: 7J 572/42
Az 2: 1H 336/42

Fellinger, Josefine
– Fiche: *0365*
Az 1: 7J 599/42
Az 2: 6H 45/43
– Fiche: *0366*
Az 1: 7J 599/42
Az 2: 6H 46/43
– Fiche: *0375*
Az 1: 7J 100/43
Az 2: 6H 74/43
– Fiche: *0377*
Az 1: 7J 599/42
Az 2: 6H 59/43

Fellinger, Josefine (A)
– Fiche: *0296*
Az 1: 7J 599/42
Az 2: 6H 47/43

Fellinger, Karl
– Fiche: *0308*
Az 1: 7J 242/40
Az 2: 2H 113/40
– Fiche: *0308*
Az 1: 6J 103/40g
Az 2: 2H 115/40
– Fiche: *0309 f.*
Az 1: 6J 103/40g
Az 2: 2H 116/40

Fellner, Eduard
– Fiche: *0330*
Az 1: 6J 42/42g
Az 2: 2H 127/42

Fels
– Fiche: *0098*
Az 1: 14J 305/37g
Az 2: 1H 26/37
– Fiche: *0098 f.*
Az 1: 14J 305/37g
Az 2: 1H 35/37

Felsch, Albert
– Fiche: *0224*
Az 1: 17J 44/34
Az 2: 2H 2/34

Felsen, Max (A)
– Fiche: *0592 f.*
Az 1: 15J 454/35
Az 2: 1H 40/36

Felsmann (Frau)
– Fiche: *0297 f.*
Az 1: 7J 307/43
Az 2: 5H 93/43

Felten, Anna
– Fiche: *0114/0473 f.*
Az 1: 14J 527/37g,
14J 736/37
Az 2: 1H 44/37, 1H 3/38

Felten, Anni
– Fiche: *0549*
Az 1: 10J 96/42
Az 2: 2H 238/42

Felten, Richard von
– Fiche: *0634 f.*
Az 1: 9J 206/42g
Az 2: 1H 302/42

Felten, Richard von (A)
– Fiche: *0125 f.*
Az 1: 7J 295/38
Az 2: 1H 26/38

Felzner
– Fiche: *0021/0462*
Az 1: 15J 85/34
Az 2: 1H 46/34

Fender, Arthur
– Fiche: *0419*
Az 1: 7J 27/44
Az 2: 5H 52/44

Fender, Artur (A)
– Fiche: *0693*
Az 1: StPL (RKA) II
66/44
Az 2: StPL 1. Sen. 15/44

Fene
– Fiche: *0449*
Az 1: 7J 299/43
Az 2: 5H 105/43

Fengler
– Fiche: *0003 f.*
Az 1: 13J 286/33
Az 2: 2H 4/34

Fengler, Erich
– Fiche: *0153*
Az 1: 9J 327/39g
Az 2: 1H 53/39
– Fiche: *0475*
Az 1: 9J 323/39g
Az 2: 1H 67/39
– Fiche: *0703*
Az 1: 9J 327/39g,
9J 390/39 g

Fengler, Georg
– Fiche: *0030 f./0229 f.*
Az 1: 13J 265/33
Az 2: 2H 21/35

Fengler, Paul (A)
– Fiche: *0610 f.*
Az 1: 13J 212/33
Az 2: XII H 9/34

Fensig, Paul
– Fiche: *0606 f.*
Az 1: 13J 190/33
Az 2: XV H 53/33

Fenske
– Fiche: *0113 f./0508*
Az 1: 14J 725/37g
Az 2: 1H 1/38

Fenske, Alexander
– Fiche: *0171/0293*
Az 1: 5J 226/41
Az 2: 2H 24/42

Fenske, Elisabeth
– Fiche: *0272 f.*
Az 1: 14J 72/37g
Az 2: 1H 2/38
– Fiche: *0549*
Az 1: 10J 96/42
Az 2: 2H 238/42

Fenske, Elisabeth (A)
– Fiche: *0114/0473 f.*
Az 1: 14J 527/37g,
14J 736/37
Az 2: 1H 44/37, 1H 3/38
– Fiche: *0473 f.*
Az 1: 14J 527/37g
Az 2: 1H 44/37

Fenske, Hermann
– Fiche: *0114/0473 f.*
Az 1: 14J 527/37g,
14J 736/37
Az 2: 1H 44/37, 1H 3/38

Fenz
- Fiche: *0411 f.*
Az 1: 8J 375/40
Az 2: 5H 17/44

Fenz, Alfred
- Fiche: *0298/0367*
Az 1: 7J 300/43
Az 2: 5H 94/43
- Fiche: *0344*
Az 1: 7J 432/42
Az 2: 1H 305/42
- Fiche: *0361*
Az 1: 7J 483/42
Az 2: 5H 176/42
- Fiche: *0371*
Az 1: 7J 298/43
Az 2: 5H 99/43
- Fiche: *0371*
Az 1: 7J 301/43
Az 2: 5H 97/43
- Fiche: *0372/0520*
Az 1: 7J 308/43
Az 2: 5H 92/43
- Fiche: *0384*
Az 1: 7J 296/43
Az 2: 5H 100/43
- Fiche: *0575 f.*
Az 1: 7J 438/43
Az 2: 5H 140/43
- Fiche: *0576*
Az 1: 7J 302/43
Az 2: 5H 104/43
- Fiche: *0576*
Az 1: 7J 352/43
Az 2: 5H 90/43

Fenz, Alfred (A)
- Fiche: *0381*
Az 1: 7J 297/43
Az 2: 5H 96/43, 5H 139/43

Fenzel, Edgar
- Fiche: *0088*
Az 1: 8J 211/36
Az 2: 2H 6/37

Fenzke
- Fiche: *0292*
Az 1: 5J 228/41
Az 2: 2H 16/42

Ferda
- Fiche: *0090 f./0261*
Az 1: 17J 260/36
Az 2: 1H 10/37

Ferfers, Karl
- Fiche: *0555 f.*
Az 1: 9J 202/36
Az 2: 2H 14/37

Ferk, Johann
- Fiche: *0309 f.*
Az 1: 6J 103/40g
Az 2: 2H 116/40

Ferk, Johann (A)
- Fiche: *0308*
Az 1: 6J 103/40g
Az 2: 2H 115/40

Ferkel, Christian
- Fiche: *0552 f.*
Az 1: 8J 10/35
Az 2: 2H 34/35

Ferl
- Fiche: *0134/0457*
Az 1: 9J 209/38
Az 2: 2H 81/38
- Fiche: *0701*
Az 1: 7(8)J 176/42g

Ferl, Gustav
- Fiche: *0434*
Az 1: 10(9)J 608/43g
Az 2: 2H 229/44
- Fiche: *0555 f.*
Az 1: 9J 202/36
Az 2: 2H 14/37

Ferle
- Fiche: *0454*
Az 1: 10J 94/44
Az 2: 2H 81/44

Ferlemann
- Fiche: *0018*
Az 1: 15/17J 77/32
Az 2: 1H 28/34
- Fiche: *0018/0534*
Az 1: 14a/8J 796/30
Az 2: 1H 31/34
- Fiche: *0037 f.*
Az 1: 13J 285/33
Az 2: 2H 37/35
- Fiche: *0040 f./0235 f.*
Az 1: 16J 324/34
Az 2: 2H 45/35
- Fiche: *0042 f.*
Az 1: 14a/9J 1672/31
Az 2: 1H 52/35
- Fiche: *0092*
Az 1: 8/14J 31-45/36g
Az 2: 1H 13/37
- Fiche: *0122 f.*
Az 1: 16J 765/37
Az 2: 1H 23/38
- Fiche: *0502 f.*
Az 1: 16J 150/35
Az 2: 2H 21/36
- Fiche: *0621 f.*
Az 1: 15J 241/33
Az 2: XII H 57/33
- Fiche: *0652 f.*
Az 1: 9J 107/33
Az 2: XII H 45/33

Ferlemann, Karl
- Fiche: *0014/0737*
Az 1: 14J 253/33
Az 2: 2H 22/34
- Fiche: *0140 f.*
Az 1: 8J 357/38g
Az 2: 2H 13/39
- Fiche: *0386 f./0572 f.*
Az 1: 11J 423/33
Az 2: 3L 15/35

Ferlemann, Karl (A)
- Fiche: *0034*
Az 1: 9J 613/33
Az 2: 1H 27/35

Ferlmann (Frau)
- Fiche: *0434/0528*
Az 1: 11J 153/44
Az 2: 1H 230/44

Ferlmann, Wilhelm
- Fiche: *0434/0528*
Az 1: 11J 153/44
Az 2: 1H 230/44

Ferrl, Gustav
- Fiche: *0598 ff.*
Az 1: 9J 479/35
Az 2: 2H 14/36

Ferry
- Fiche: *0231 f./0561*
Az 1: 8J 14/34
Az 2: 2H 33/35

Ferse, Gerhard (A)
- Fiche: *0533*
Az 1: 8J 332/38
Az 2: 1H 32/38

Fervers, Peter
- Fiche: *0082/0260 f.*
Az 1: 9J 907/35
Az 2: 1H 67/36

Fervey
- Fiche: *0467*
Az 1: 10J 228/38
Az 2: 2H 76/38
- Fiche: *0540*
Az 1: 10J 226/38
Az 2: 2H 75/38
- Fiche: *0540 f.*
Az 1: 10J 223/38
Az 2: 2H 64/38

Fessl, Marie
- Fiche: *0717*
Az 1: 6J 144/41g

Fessl, Marie (A)
- Fiche: *0320*
Az 1: 6J 122/40g

Feßmann, Friedrich (A)
- Fiche: *0209*
Az 1: 8J 241/44
- Fiche: *0456*
Az 1: 8J 241/44
Az 2: 1H 356/44

Fett, Toni
- Fiche: *0721*
Az 1: 9J 26/45

Fetter
- Fiche: *0559 f./0567*
Az 1: 8J 165/42
Az 2: 2H 137/42

Fetting, Hans
- Fiche: *0677*
Az 1: 10J 320/41
Az 2: 2H 36/42

Fetz, Jacob
- Fiche: *0715 f.*
Az 1: 15 J 195/32
Az 2: XV H 24/34

Fetzko
- Fiche: *0158 f./0288*
Az 1: 7J 6/39
Az 2: 1H 77/39

Feuchert, Hildegard
- Fiche: *0095 f.*
Az 1: 17J 271/36
Az 2: 2H 23/37

Feuchtwanger
- Fiche: *0396/0704 f.*
Az 1: 14J 522/37g
Az 2: 1L 2/40

Feuchtwanger, Berthold
- Fiche: *0196 f.*
Az 1: 7J 128/44
Az 2: 6H 205/44
- Fiche: *0735 f.*
Az 1: 7J 32/44
Az 2: 6H 92/44

Feuchtwanger, Lion
- Fiche: *0479 f.*
Az 1: 7(8)J 108/43g
- Fiche: *0489 ff.*
Az 1: 8J 402/38
Az 2: 2H 41/39
- Fiche: *0587 f.*
Az 1: 9J 126/42g
Az 2: 1H 309/42

Feudenberg
- Fiche: *0472 f./0603 f.*
Az 1: 14J 629/37g, 6J 44/38g
Az 2: 2H 84,85,87/38

Feuer
- Fiche: *0581*
Az 1: 9J 198/42
Az 2: 2H 302/42

Feuerer, August
- Fiche: *0248/0447*
Az 1: 14J 380/36
Az 2: 2H 8/37

Feuerer, Josef
- Fiche: *0396/0704 f.*
Az 1: 14J 522/37g
Az 2: 1L 2/40

Feuerer, Josef (A)
- Fiche: *0082 f.*
Az 1: 8J 415/35g
Az 2: 1H 1/37

Feuerherdt, Theodor (A)
- Fiche: *0429/0741*
Az 1: 9J 213/44
Az 2: 5H 118/44

Feuerlöscher, Herbert
- Fiche: *0332/0367*
Az 1: 7J 257/41
Az 2: 2H 114/42

Feuersenger, Otto
- Fiche: *0133*
Az 1: 6J 37/38
Az 2: 2H 74/38

Feuersinger, Elisabeth
- Fiche: *0444*
Az 1: 12J 33/40

Feuerstock, Elli
- Fiche: *0578*
Az 1: 10J 314/44
Az 2: 2H 225/44

Feulner, Heinz (A)
- Fiche: *0032 f.*
Az 1: 13J 11/34
Az 2: 1H 26/35

Feurich, Apollonius
- Fiche: *0502 f.*
  Az 1: 16J 150/35
  Az 2: 2H 21/36

Feustel, Rudolf
- Fiche: *0391 f.*
  Az 1: 5J 6/36g
  Az 2: 3L 21/37

Fexer, Friedrich (A)
- Fiche: *0293 f.*
  Az 1: 8J 521/41g
  Az 2: 2H 98/42

Fey
- Fiche: *0010/0217 f.*
  Az 1: 17J 331/33
  Az 2: 2H 13/34
- Fiche: *0065 f./0253*
  Az 1: 8J 22/36g
  Az 2: 2H 36/36
- Fiche: *0613*
  Az 1: 8/16J 1117/33
  Az 2: XII H 46/33

Fey, Else (A)
- Fiche: *0453*
  Az 1: 9J 269/43
  Az 2: 2H 85/43

Fey, Emil
- Fiche: *0294/0459*
  Az 1: 7J 299/42
  Az 2: 2H 213/42

Fey, Emil (A)
- Fiche: *0334*
  Az 1: 6J 23/42g
  Az 2: 2H 64/42

Fey, Fritz
- Fiche: *0244 f./0274*
  Az 1: 8J 431/35g
  Az 2: 1H 8/37

Fey, Fritz (A)
- Fiche: *0084 f.*
  Az 1: 8J 430/35g
  Az 2: 1H 3/37

Fey, Walter
- Fiche: *0301*
  Az 1: 15J 818/36
  Az 2: 1H 22/37

Feyerherm, Else
- Fiche: *0058 f.*
  Az 1: 17J 129/35
  Az 2: 1H 21,22/36

Feyke, Paul
- Fiche: *0161 f./0562*
  Az 1: 9J 370/39g
  Az 2: 2H 53/40

Fiala
- Fiche: *0338*
  Az 1: 7J 272/42
  Az 2: 2H 206/42

Fiala, Franz
- Fiche: *0337 f.*
  Az 1: 7J 273/42
  Az 2: 2H 211/42
- Fiche: *0343 f./0400 f.*
  Az 1: 7J 274/42
  Az 2: 1H 214/42

Fiala, Franz (A)
- Fiche: *0358*
  Az 1: 7J 275/42
  Az 2: 5H 139/42

Fiala, Karl
- Fiche: *0358*
  Az 1: 7J 275/42
  Az 2: 5H 139/42

Fialka
- Fiche: *0308*
  Az 1: 7J 49/40
  Az 2: 2H 65/40

Fialke
- Fiche: *0319 f.*
  Az 1: 6J 124/40g
  Az 2: 2H 10/41

Fibi, Franziska
- Fiche: *0356/0367*
  Az 1: 7J 544/41
  Az 2: 5H 187/42

Ficher
- Fiche: *0366*
  Az 1: 7J 171/42
  Az 2: 5H 147/42

Ficht, Emma
- Fiche: *0021 f.*
  Az 1: 17J 397/33
  Az 2: 1H 3/35

Ficht, Nikolaus
- Fiche: *0697*
  Az 1: StPL (RKA) III 114/43

Ficht, Otto (A)
- Fiche: *0512*
  Az 1: 6J 103/42

Fichte, Erwin
- Fiche: *0076*
  Az 1: 17J 27/36
  Az 2: 2H 59/36

Fichter
- Fiche: *0076 f.*
  Az 1: 8J 427/35g
  Az 2: 1H 59/60/61/36

Fichter, Andreas
- Fiche: *0251 ff.*
  Az 1: 14J 12/36
  Az 2: 2H 17/36

Fichter, Oskar
- Fiche: *0051*
  Az 1: 5J 41/35
  Az 2: 2H 6/36
- Fiche: *0580*
  Az 1: 9J 634/38
  Az 2: 2H 7/39

Fichter, Oskar (A)
- Fiche: *0470*
  Az 1: 9J 25/42g
  Az 2: 2H 153/42

Fichtinger
- Fiche: *0323*
  Az 1: 6J 28/41g
  Az 2: 2H 129/41
- Fiche: *0341/0354*
  Az 1: 7J 214/42
  Az 2: 2H 186/42
- Fiche: *0576*
  Az 1: 7J 302/43
  Az 2: 5H 104/43

Fichtl, Margarete
- Fiche: *0320 f./0388*
  Az 1: 6J 144/40g
  Az 2: 2H 14/41

Fichtl, Margarethe
- Fiche: *0320*
  Az 1: 6J 119/40g

Fichtner, Alfred
- Fiche: *0241 f.*
  Az 1: 8J 88/36g
  Az 2: 1H 70/35

Fick, Hans
- Fiche: *0019*
  Az 1: 17J 617/33
  Az 2: 1H 37/34

Ficke
- Fiche: *0544*
  Az 1: 9J 757/37
  Az 2: 1H 21/38

Fickelscheer, Georg
- Fiche: *0131/0674 f.*
  Az 1: 10J 27/38
  Az 2: 2H 50/38
- Fiche: *0518/0679*
  Az 1: 10J 30/38
  Az 2: 2H 8/38

Fickelscheer, Georg (A)
- Fiche: *0121*
  Az 1: 10J 28/38
  Az 2: 1H 18/38

Ficker
- Fiche: *0041/0236 f.*
  Az 1: 8J 250/35
  Az 2: 1H 46/35
- Fiche: *0704*
  Az 1: 6J 15/39g

Ficker, Bruno
- Fiche: *0395*
  Az 1: 6J 192/38g
  Az 2: 4L 16/39

Ficker, Karl
- Fiche: *0334*
  Az 1: 6J 23/42g
  Az 2: 2H 64/42

Ficker, Karl (A)
- Fiche: *0294/0459*
  Az 1: 7J 299/42
  Az 2: 2H 213/42

Ficker, Rudi
- Fiche: *0157*
  Az 1: 5J 474/39
  Az 2: 1H 71/39

Fickert, Franz (A)
- Fiche: *0341/0354*
  Az 1: 7J 214/42
  Az 2: 2H 186/42

Fickert, Karl
- Fiche: *0341/0354*
  Az 1: 7J 214/42
  Az 2: 2H 186/42

Fictels, Alfons
- Fiche: *0446*
  Az 1: 9J 9/43g
  Az 2: 1H 37/43

Fiebig
- Fiche: *0288*
  Az 1: 5J 686/38
  Az 2: 1H 59/39

Fiebranz, Hermann (A)
- Fiche: *0619*
  Az 1: 14J 33/33
  Az 2: XII H 36/33

Fiebrig
- Fiche: *0532 f.*
  Az 1: 7(11)J 197/34g
  Az 2: 3L 21/36

Fieder (Frau)
- Fiche: *0343 f./0400 f.*
  Az 1: 7J 274/42
  Az 2: 1H 214/42

Fiedler
- Fiche: *0022 f.*
  Az 1: 17J 193/34
  Az 2: 1H 4/35
- Fiche: *0327*
  Az 1: 7J 271/42
  Az 2: 2H 157/42
- Fiche: *0595*
  Az 1: 9J 272/39g
  Az 2: 1H 34/39
- Fiche: *0614 f.*
  Az 1: 14J 38/33
  Az 2: XII H 56/33

Fiedler, Bruno (A)
- Fiche: *0316*
  Az 1: 16J 251/36
  Az 2: 1H 45/36

Fiedler, Emil
- Fiche: *0289 f.*
  Az 1: 6J 52/40g
  Az 2: 2H 111/40

Fiedler, Fridolin
- Fiche: *0397f.*
  Az 1: 6J 198/39g
  Az 2: 3L 19/40

Fiedler, Hans
- Fiche: *0453/0739*
  Az 1: 7J 347/43, 7J 421/43, 7J 422/43
  Az 2: 5H 122/43, 5H 129/43, 5H 125/43
- Fiche: *0600*
  Az 1: 7J 422/43

Finkenstein, Maria
- Fiche: *0470*
  Az 1: 9J 25/42g
  Az 2: 2H 153/42

Finnern, Hilda
- Fiche: *0121 f.*
  Az 1: 7J 206/38
  Az 2: 1H 19/38

Finnern, Richard
- Fiche: *0514*
  Az 1: 9aJ 164/34
  Az 2: 1H 47/34

Finnern, Robert (A)
- Fiche: *0121 f.*
  Az 1: 7J 206/38
  Az 2: 1H 19/38

Finsel, Heinz
- Fiche: *0709*
  Az 1: 8J 501/39
  Az 2: 2H 60/39

Finster, Anton
- Fiche: *0371*
  Az 1: 7J 199/43
  Az 2: 6H 96/43
- Fiche: *0371 f.*
  Az 1: 7J 45/43
  Az 2: 6H 95/43
- Fiche: *0373/0381*
  Az 1: 7J 200/43, 7J 382/43
  Az 2: 6H 90/43, 6H 136/43

Finster, Anton (A)
- Fiche: *0447*
  Az 1: 7J 197/43
  Az 2: 6H 97/43

Finsterbusch, Kurt
- Fiche: *0588 f./0643*
  Az 1: 16J 293/35, 8J 438/35
  Az 2: 2H 58/35
- Fiche: *0589*
  Az 1: 16J 293/35
  Az 2: 2H 58/35

Firchau
- Fiche: *0615 ff.*
  Az 1: 15J 86/33
  Az 2: XII H 42/33

Firl
- Fiche: *0666 f.*
  Az 1: 8/16J 747/33
  Az 2: XV H 41/33
- Fiche: *0673 f.*
  Az 1: 16J 141/35, 16J 126/35
  Az 2: 1H 34/35, 1H 35/35

Firl, Herbert
- Fiche: *0263 f./0487 f.*
  Az 1: 17J 171/35
  Az 2: 2H 17/37

Firl, Wilhelm
- Fiche: *0140 f.*
  Az 1: 8J 357/38g
  Az 2: 2H 13/39
- Fiche: *0279 f.*
  Az 1: 6J 157/38
  Az 2: 2H 89/38
- Fiche: *0505 f.*
  Az 1: 10J 28/41
  Az 2: 2H 73/41
- Fiche: *0636*
  Az 1: 10J 5/43g
  Az 2: 2H 37/43

Firl, Wilhelm (A)
- Fiche: *0092 ff.*
  Az 1: 17J 67/36
  Az 2: 1H 14/37

Fisch
- Fiche: *0002/0571 f.*
  Az 1: 15J 265/33
  Az 2: 1H 3/34
- Fiche: *0075*
  Az 1: 17J 357/36
  Az 2: 2H 56/36

Fisch, Herbert
- Fiche: *0020*
  Az 1: 17J 170/34
  Az 2: 1H 42/34

Fisch, Walter
- Fiche: *0092 ff.*
  Az 1: 17J 67/36
  Az 2: 1H 14/37
- Fiche: *0140 f.*
  Az 1: 8J 357/38g
  Az 2: 2H 13/39
- Fiche: *0640*
  Az 1: 16J 328/35
  Az 2: 1H 11/37

Fisch, Wilhelm
- Fiche: *0107 f.*
  Az 1: 8J 232/36g
  Az 2: 2H 39/37

Fischbach
- Fiche: *0368*
  Az 1: 6(7)J 483/43
  Az 2: 2H 55/44

Fischbeck
- Fiche: *0048 f.*
  Az 1: 17J 88/35
  Az 2: 1H 73/35
- Fiche: *0123 ff./0275 f.*
  Az 1: 8J 5/37g
  Az 2: 2H 23/38

Fischborn, Max
- Fiche: *0123 ff./0275 f.*
  Az 1: 8J 5/37g
  Az 2: 2H 23/38

Fischel
- Fiche: *0140/0683*
  Az 1: 16J 703/35, 6J 17/39g
  Az 2: 2H 12/39

Fischels, Matthes
- Fiche: *0495*
  Az 1: 9J 684/37
  Az 2: 2H 25/38

Fischer
- Fiche: *0023 f.*
  Az 1: 14J 328/33
  Az 2: 1H 5/35
- Fiche: *0028*
  Az 1: 8J 20/35
  Az 2: 2H 14/35
- Fiche: *0094*
  Az 1: 16J 23/37
  Az 2: 1H 18/37
- Fiche: *0095 f.*
  Az 1: 17J 271/36
  Az 2: 2H 23/37
- Fiche: *0100 f./0711*
  Az 1: 15J 1/37
  Az 2: 1H 28/37
- Fiche: *0105*
  Az 1: 17J 444/36
  Az 2: 2H 35/37
- Fiche: *0112*
  Az 1: 17J 391/36
  Az 2: 2H 56/37
- Fiche: *0112/0271*
  Az 1: 16J 675/37
  Az 2: 2H 52/37
- Fiche: *0119 f.*
  Az 1: 6J 168/38g
  Az 2: 1H 14/38
- Fiche: *0136*
  Az 1: 7J 346/38
  Az 2: 2H 95/38
- Fiche: *0196 f.*
  Az 1: 7J 128/44
  Az 2: 6H 205/44
- Fiche: *0207*
  Az 1: 8J 188/44g
  Az 2: 1H 285/44
- Fiche: *0276 f.*
  Az 1: 5J 284/38
  Az 2: 1H 34/38
- Fiche: *0326*
  Az 1: 7J 112/42
  Az 2: 2H 164/42
- Fiche: *0327*
  Az 1: 7J 181/42
  Az 2: 2H 158/42
- Fiche: *0329/0339*
  Az 1: 7J 283/42, 7J 288/42
  Az 2: 5H 146/42
- Fiche: *0332/0367*
  Az 1: 7J 257/41
  Az 2: 2H 114/42
- Fiche: *0334*
  Az 1: 7J 659/41
  Az 2: 2H 55/42
- Fiche: *0411 f.*
  Az 1: 8J 375/40
  Az 2: 5H 17/44
- Fiche: *0433*
  Az 1: 10J 166/44
  Az 2: 2H 219/44
- Fiche: *0481 f./0557 f.*
  Az 1: 8J 214/37
  Az 2: 1H 31/38
- Fiche: *0485 f.*
  Az 1: 8J 386/38, 8J 214/37
  Az 2: 1H 33/38, 1H 31/38
- Fiche: *0552 f.*
  Az 1: 8J 10/35
  Az 2: 2H 34/35
- Fiche: *0598*
  Az 1: 15J 618/33
  Az 2: 2H 26/34
- Fiche: *0605*
  Az 1: 10J 117/42
  Az 2: 5H 115/42
- Fiche: *0636 f.*
  Az 1: 8J 421/40
  Az 2: 2H 121/40
- Fiche: *0735 f.*
  Az 1: 7J 32/44
  Az 2: 6H 92/44

Fischer (Frau)
- Fiche: *0379*
  Az 1: 7J 419/43
  Az 2: 6H 172/43
- Fiche: *0552 f.*
  Az 1: 8J 10/35
  Az 2: 2H 34/35
- Fiche: *0606*
  Az 1: 8J 1583/33
  Az 2: XV H 52/33

Fischer, Albrecht (A)
- Fiche: *0440*
  Az 1: 0J 42/44g Rs
  Az 2: 1L 18/45

Fischer, Alfred
- Fiche: *0334*
  Az 1: 7J 48/42
  Az 2: 2H 76/42

Fischer, Antonia (A)
- Fiche: *0444*
  Az 1: 12J 33/40

Fischer, August
- Fiche: *0545*
  Az 1: 9J 878/33
  Az 2: 2H 16/34

Fischer, August (A)
- Fiche: *0023 f.*
  Az 1: 14J 328/33
  Az 2: 1H 5/35

Fischer, Bernhard
- Fiche: *0209/0740*
  Az 1: 9J 245/44
  Az 2: 1H 358/44
- Fiche: *0213 f./0216*
  Az 1: 17J 89/33
  Az 2: 1H 6/34
- Fiche: *0680 f.*
  Az 1: 9J 245/44
  Az 2: 1H 358/44

Fischer, Bernhard (A)
- Fiche: *0190*
  Az 1: 9J 231/44
  Az 2: 5H 119/44
- Fiche: *0731*
  Az 1: 17J 499/35

Fischer, Christoph
- Fiche: *0735 f.*
  Az 1: 7J 32/44
  Az 2: 6H 92/44

Fischer, Clementine (A)
- Fiche: *0484*
  Az 1: 6J 149/43
  Az 2: 2H 9/44

Fischer, Robert
- Fiche: *0103 f.*
Az 1: 17J 416/36
Az 2: 2H 32/37
- Fiche: *0343*
Az 1: 7J 213/42
Az 2: 2H 171/42

Fischer, Rudi
- Fiche: *0028 f./0679*
Az 1: 15J 648/33
Az 2: 1H 14/35

Fischer, Rudolf
- Fiche: *0300/0339*
Az 1: 7J 232/42
Az 2: 2H 202/42
- Fiche: *0328*
Az 1: 7J 208/42
Az 2: 5H 145/42
- Fiche: *0328/0335*
Az 1: 7J 606/41
Az 2: 2H 54/42
- Fiche: *0328/0340 f.*
Az 1: 7J 137/42
Az 2: 2H 191/42
- Fiche: *0328/0357*
Az 1: 7J 487/42
Az 2: 5H 183/42
- Fiche: *0329/0338 f.*
Az 1: 7J 110/42
Az 2: 2H 203/42
- Fiche: *0329/0376*
Az 1: 7J 287/43
Az 2: 5H 68/43
- Fiche: *0337 f.*
Az 1: 7J 273/42
Az 2: 2H 211/42
- Fiche: *0339/0349*
Az 1: 7J 164/42
Az 2: 5H 91/42
- Fiche: *0339/0649*
Az 1: 6J 78/42g
Az 2: 2H 156/42
- Fiche: *0359*
Az 1: 7J 209/42
Az 2: 5H 148/42
- Fiche: *0359*
Az 1: 7J 252/42
Az 2: 5H 143/43
- Fiche: *0360*
Az 1: 7J 382/42
Az 2: 5H 159/42
- Fiche: *0394 f.*
Az 1: 14J 480/37g
Az 2: 1L 18/38
- Fiche: *0403*
Az 1: 7J 516/43
Az 2: 5H 157/43
- Fiche: *0698*
Az 1: StPL (RKA) III 209/43
Az 2: StPL 2. Sen. 84/43

Fischer, Rudolf (A)
- Fiche: *0329/0339*
Az 1: 7J 283/42, 7J 288/42
Az 2: 5H 146/42

Fischer, Ruth
- Fiche: *0092 ff.*
Az 1: 17J 67/36
Az 2: 1H 14/37
- Fiche: *0561 f.*
Az 1: 8J 261/41g
Az 2: 1H 237/42

Fischer, Walter
- Fiche: *0041/0236 f.*
Az 1: 8J 250/35
Az 2: 1H 46/35

Fischer, Walter (A)
- Fiche: *0485 f.*
Az 1: 8J 386/38, 8J 214/37
Az 2: 1H 33/38, 1H 31/38

Fischer, Wilhelm
- Fiche: *0687*
Az 1: 15J 222/35
Az 2: 2H 34/36

Fischer, Willi
- Fiche: *0082/0260 f.*
Az 1: 9J 907/35
Az 2: 1H 67/36

Fischer-Ledenice, Gerhard
- Fiche: *0403 f.*
Az 1: 8J 7/41g
Az 2: 2H 166/43
- Fiche: *0407 f.*
Az 1: 7(8)J 199/41
Az 2: 2H 3/44
- Fiche: *0418*
Az 1: 7(8)J 103/41
Az 2: 5H 47/44
- Fiche: *0505/0642 f.*
Az 1: 8J 201/41
Az 2: 2H 171/43
- Fiche: *0580/0624 f.*
Az 1: 8J 200/41
Az 2: 2H 6/44
- Fiche: *0647/0649*
Az 1: 7(8)J 76/41g
Az 2: 2H 170/43
- Fiche: *0693*
Az 1: 8J 199/41
Az 2: 2H 173/43

Fischer-Ledenice, Gerhard (A)
- Fiche: *0581 f./0647*
Az 1: 8J 95/41g
Az 2: 2H 167/43

Fischhaber, Martin
- Fiche: *0735 f.*
Az 1: 7J 32/44
Az 2: 6H 92/44

Fischhold
- Fiche: *0427*
Az 1: 10J 46/44
Az 2: 2H 102/44

Fischl
- Fiche: *0646*
Az 1: 8J 393/40g

Fisker, Karl
- Fiche: *0046/0462*
Az 1: 17J 189/35
Az 2: 1H 61/35

Fisser (Frau)
- Fiche: *0671*
Az 1: 9J 759/37
Az 2: 2H 36/38

Fißmer, Karl
- Fiche: *0159*
Az 1: 9J 84/39g
Az 2: 2H 5/40

Fister, Oskar
- Fiche: *0450/0635*
Az 1: 8J 22/44
Az 2: 2H 73/44

Fister, Oskar (A)
- Fiche: *0428*
Az 1: 8J 70/44
Az 2: 2H 107/44

Fitz
- Fiche: *0424/0570*
Az 1: 7J 101/44
Az 2: 5H 78/44

Fitzner
- Fiche: *0055 f./0390*
Az 1: 8J 82/36g
Az 2: 2H 13/36

Fix, Gertrud
- Fiche: *0531*
Az 1: 10J 81/42
Az 2: 2H 188/42

Flach, Paul
- Fiche: *0102/0267*
Az 1: 17J 91/36
Az 2: 2H 30/37

Flach, Paul (A)
- Fiche: *0050 f.*
Az 1: 8J 164/35
Az 2: 1H 5/36

Flachmann, Albert
- Fiche: *0460 f.*
Az 1: 17J 109/37, 9J 142/37
Az 2: 2H 44,47/37

Flad, Josef (A)
- Fiche: *0023 f.*
Az 1: 14J 328/33
Az 2: 1H 5/35

Flade, Wilhelm
- Fiche: *0544/0734*
Az 1: 9J 869/35
Az 2: 2H 51/35

Fladung
- Fiche: *0015 f.*
Az 1: 14a/8J 193/30, 17J 803/33
Az 2: 1H 24/34, 1H 38/34
- Fiche: *0071 f.*
Az 1: 14J 288/36
Az 2: 1H 48/36
- Fiche: *0621 f.*
Az 1: 15J 241/33
Az 2: XII H 57/33

Fladung, Johannes
- Fiche: *0140 f.*
Az 1: 8J 357/38g
Az 2: 2H 13/39

Fladung, Johannes (A)
- Fiche: *0018/0534*
Az 1: 14a/8J 796/30
Az 2: 1H 31/34
- Fiche: *0018/0534*
Az 1: 14a/8J 796/30

Flämig
- Fiche: *0046/0239*
Az 1: 16J 438/35
Az 2: 1H 62/35

Flämig, Paul
- Fiche: *0593 f.*
Az 1: 15J 490/33
Az 2: 1H 89/34

Flamming, Reinhard (A)
- Fiche: *0014 f.*
Az 1: 15J 828/33
Az 2: 1H 23/34

Flathow
- Fiche: *0034*
Az 1: 9J 613/33
Az 2: 1H 27/35

Flatzek, Fritz
- Fiche: *0127 f.*
Az 1: 15J 942/37
Az 2: 2H 34/38

Flatzek, Willibald
- Fiche: *0127 f.*
Az 1: 15J 942/37
Az 2: 2H 34/38

Flechsig, Erich (A)
- Fiche: *0028 f./0679*
Az 1: 15J 648/33
Az 2: 1H 14/35

Fleck, Stefanie
- Fiche: *0359*
Az 1: 7J 386/42
Az 2: 5H 144/42

Fleere
- Fiche: *0446*
Az 1: 9J 9/43g
Az 2: 1H 37/43

Flegel
- Fiche: *0397f.*
Az 1: 6J 198/39g
Az 2: 3L 19/40

Fleht
- Fiche: *0517/0627*
Az 1: 6J 104/42
Az 2: 1H 238/42

Fleig, Andreas
- Fiche: *0477 f.*
Az 1: 8J 251/38
Az 2: 2H 65/38

Fleig, Andreas (A)
- Fiche: *0278 f.*
Az 1: 8J 252/38
Az 2: 2H 68/38

Fleig jr.
- Fiche: *0278 f.*
Az 1: 8J 252/38
Az 2: 2H 68/38

Freese, Konrad
- Fiche: *0120*
  Az 1: 17J 401/37
  Az 2: 2H 14/38

Freiberger, Franz
- Fiche: *0309 f.*
  Az 1: 6J 103/40g
  Az 2: 2H 116/40

Freiberger, Franz (A)
- Fiche: *0308*
  Az 1: 6J 103/40g
  Az 2: 2H 115/40

Freiberger, Hermine
- Fiche: *0320 f./0388*
  Az 1: 6J 144/40g
  Az 2: 2H 14/41

Freiberger, Mina
- Fiche: *0320*
  Az 1: 6J 119/40g

Freiberk, Ladislaus
- Fiche: *0375*
  Az 1: 7J 332/43
  Az 2: 5H 73/43

Freidorfer
- Fiche: *0706*
  Az 1: StPL (RKA) Wien 1/39
  Az 2: StPL (HLS) I 32/39

Freidrich, Ernst
- Fiche: *0655 f.*
  Az 1: 13J 230/33
  Az 2: XV H 26/34

Freier, Elfriede
- Fiche: *0066 f./0253 f.*
  Az 1: 8J 4/36
  Az 2: 1H 38/36

Freier, Erika
- Fiche: *0401 f.*
  Az 1: 8J 285/39g
  Az 2: 5H 108/43

Freiländer, Fritz
- Fiche: *0292/0678*
  Az 1: 6J 45/41g
  Az 2: 2H 15/42

Freimund
- Fiche: *0682*
  Az 1: 17J 377/37
  Az 2: 1H 6/38

Freimund, Johann
- Fiche: *0101*
  Az 1: 17J 316/37
  Az 2: 1H 29/37

Freimund, Johannes
- Fiche: *0115 f.*
  Az 1: 17J 381/37
  Az 2: 2H 5/38

Freimund, Johannes (A)
- Fiche: *0107/0302*
  Az 1: 17J 379/37
  Az 2: 1H 39/37

Freisauf
- Fiche: *0444*
  Az 1: 12J 33/40

Freise, Valentin (A)
- Fiche: *0577*
  Az 1: 11J 118/44
  Az 2: 2H 160/44

Freisinger
- Fiche: *0641 f.*
  Az 1: 9J 70/42g
  Az 2: 2H 157/43

Freisinger, Otto
- Fiche: *0576*
  Az 1: 7J 302/43
  Az 2: 5H 104/43

Freitag
- Fiche: *0086 f.*
  Az 1: 17J 73/36
  Az 2: 2H 5/37

Freitag, Eugen
- Fiche: *0151*
  Az 1: 8J 13/39
  Az 2: 2H 44/39

Freitag, Georg
- Fiche: *0155/0493*
  Az 1: 9J 326/39g
  Az 2: 1H 55/39
- Fiche: *0207*
  Az 1: 8J 188/44g
  Az 2: 1H 285/44

Freitag, Hildegard
- Fiche: *0014/0737*
  Az 1: 14J 253/33
  Az 2: 2H 22/34
- Fiche: *0024/0385 f.*
  Az 1: 14J 75/33, 14J 77/33
  Az 2: 2H 7/35, 2H 6,7/35
- Fiche: *0034*
  Az 1: 9J 613/33
  Az 2: 1H 27/35
- Fiche: *0042 f.*
  Az 1: 14a/9J 1672/31
  Az 2: 1H 52/35

Freitag, Johann
- Fiche: *0404*
  Az 1: 7J 391/43
  Az 2: 6H 179/43
- Fiche: *0405*
  Az 1: 7J 381/43
  Az 2: 6H 180/43

Freitag, Johann (A)
- Fiche: *0405*
  Az 1: 7J 390/43
  Az 2: 6H 181/43

Freitag, Kurt
- Fiche: *0272*
  Az 1: 16J 225/37
  Az 2: 2H 60/37

Freitag, Martha Hildegard
- Fiche: *0016 f.*
  Az 1: 14a/8J 1547/31
  Az 2: 1H 27/34

Fremder, Anna
- Fiche: *0168 f.*
  Az 1: 5J 230/41
  Az 2: 2H 6/42
- Fiche: *0169 f.*
  Az 1: 5J 229/41
  Az 2: 2H 13/42

Frenck
- Fiche: *0103 f.*
  Az 1: 17J 416/36
  Az 2: 2H 32/37

Frenkle, Richard
- Fiche: *0561 f.*
  Az 1: 8J 261/41g
  Az 2: 1H 237/42

Frenschel, Kurt
- Fiche: *0702 f.*
  Az 1: 17J 97/37
  Az 2: 2H 19/37

Frensel, Otto
- Fiche: *0138 f.*
  Az 1: 5J 53/39
  Az 2: 1H 7/39
- Fiche: *0139 f./0283*
  Az 1: 5J 84/39
  Az 2: 1H 11/39
- Fiche: *0142*
  Az 1: 5J 181/39
  Az 2: 1H 17/39

Frensel, Otto (A)
- Fiche: *0138*
  Az 1: 5J 279/38
  Az 2: 1H 6/39

Frensel, Wilhelm
- Fiche: *0138 f.*
  Az 1: 5J 53/39
  Az 2: 1H 7/39
- Fiche: *0139 f./0283*
  Az 1: 5J 84/39
  Az 2: 1H 11/39
- Fiche: *0142*
  Az 1: 5J 181/39
  Az 2: 1H 17/39
- Fiche: *0144*
  Az 1: 5J 199/39
  Az 2: 1H 26/39

Frensel, Wilhelm (A)
- Fiche: *0138*
  Az 1: 5J 279/38
  Az 2: 1H 6/39

Frenssen, Hans
- Fiche: *0177 f.*
  Az 1: 8J 382/42g
  Az 2: 2H 65/43

Frentzel, Max
- Fiche: *0677*
  Az 1: 10J 320/41
  Az 2: 2H 36/42

Frentzel, Max (A)
- Fiche: *0159*
  Az 1: 17J 177/37
  Az 2: 2H 24/40

Frenz
- Fiche: *0023 f.*
  Az 1: 14J 328/33
  Az 2: 1H 5/35

Frenz, Heinrich (A)
- Fiche: *0692*
  Az 1: 14J 328/33
  Az 2: XV H 59/33

Frenz, Otto
- Fiche: *0653 f.*
  Az 1: 13J 294/33
  Az 2: XV H 6/34

Frenzel
- Fiche: *0094 f./0551*
  Az 1: 9J 600/36
  Az 2: 1H 21/37
- Fiche: *0216 f.*
  Az 1: 14J 293/33
  Az 2: 1H 8/34
- Fiche: *0285*
  Az 1: 6J 586/38g
  Az 2: 2H 26/39

Frenzel, Franz
- Fiche: *0289 f.*
  Az 1: 6J 52/40g
  Az 2: 2H 111/40

Frenzel, Karl
- Fiche: *0606*
  Az 1: 12J 190/33
  Az 2: XV H 54/33

Frenzel, Max
- Fiche: *0094/0264 f.*
  Az 1: 17J 439/36
  Az 2: 2H 21/37

Frese, Johannes
- Fiche: *0479/0739*
  Az 1: 12(10)J 47/39
  Az 2: 1H 33/40

Freudenberg
- Fiche: *0615 ff.*
  Az 1: 15J 86/33
  Az 2: XII H 42/33

Freudenberg (Frau)
- Fiche: *0615 ff.*
  Az 1: 15J 86/33
  Az 2: XII H 42/33

Freudenreich
- Fiche: *0523 f.*
  Az 1: 9J 351/38g
  Az 2: 2H 93/38

Freudenreich, Kurt
- Fiche: *0552 f.*
  Az 1: 8J 10/35
  Az 2: 2H 34/35

Freudenthaler, Johann (A)
- Fiche: *0353*
  Az 1: 7J 388/42
  Az 2: 6H 11/42
- Fiche: *0438*
  Az 1: 7J 208,209,210/44
  Az 2: 5H 42,43,44/45

Freund
- Fiche: *0081/0260*
  Az 1: 14J 537/36
  Az 2: 1H 65/36
- Fiche: *0149 f.*
  Az 1: 8J 23/39
  Az 2: 1H 39/39
- Fiche: *0396/0704 f.*
  Az 1: 14J 522/37g
  Az 2: 1L 2/40
- Fiche: *0425 f.*
  Az 1: 6J 93/44
  Az 2: 5H 88/44

Freund, Karl
– Fiche: *0081/0260*
Az 1: 14J 537/36
Az 2: 1H 65/36

Freund, Lothar
– Fiche: *0712 f.*
Az 1: 9J 393/39
Az 2: 2H 62/40

Freund, Richard
– Fiche: *0292 f.*
Az 1: 7J 501/42
– Fiche: *0296*
Az 1: 7J 53/43
Az 2: 6H 56/43
– Fiche: *0366*
Az 1: 7J 612/42
Az 2: 6H 36/43
– Fiche: *0376*
Az 1: 7J 106/43
Az 2: 6H 72/43
– Fiche: *0380/0529*
Az 1: 7J 209/43
Az 2: 6H 139/43
– Fiche: *0455*
Az 1: 7J 414/42
Az 2: 6H 5/42

Freund, Richard (A)
– Fiche: *0380*
Az 1: 7J 404/43
Az 2: 5H 155/43

Freund, Wilhelm
– Fiche: *0389*
Az 1: 9J 301/35
Az 2: 3L 51/35

Freundlich
– Fiche: *0493 f.*
Az 1: 10J 207/42g
Az 2: 2H 314/42

Frey
– Fiche: *0452*
Az 1: 9J 231/35
Az 2: 2H 44/35
– Fiche: *0522*
Az 1: 9J 90/41g
Az 2: 2H 95/41
– Fiche: *0615 ff.*
Az 1: 15J 86/33
Az 2: XII H 42/33

Frey (Frau)
– Fiche: *0417*
Az 1: 7J 44/44
Az 2: 6H 39/44

Frey, Bruno
– Fiche: *0561 f.*
Az 1: 8J 261/41g
Az 2: 1H 237/42

Frey, Emil
– Fiche: *0173*
Az 1: 5J 81/42
Az 2: 2H 94/42

Frey, Fritz
– Fiche: *0525*
Az 1: 8J 199/38
Az 2: 2H 91/38

Frey, Gottfried
– Fiche: *0156 f./0314 f.*
Az 1: 14J 140/34
Az 2: 1H 42/35

Frey, Hans
– Fiche: *0067 f./0514*
Az 1: 17J 25/36
Az 2: 1H 39/36
– Fiche: *0166/0568*
Az 1: 9J 24/41
Az 2: 2H 86/41
– Fiche: *0242 f.*
Az 1: 8J 3/36g
Az 2: 2H 1/36
– Fiche: *0640*
Az 1: 16J 328/35
Az 2: 1H 11/37

Frey, Hugo
– Fiche: *0171 f.*
Az 1: 5J 40/41
Az 2: 2H 51/42
– Fiche: *0525*
Az 1: 8J 199/38
Az 2: 2H 91/38

Frey, Käthe
– Fiche: *0479 f.*
Az 1: 7(8)J 108/43g

Freybe, Jutta
– Fiche: *0535*
Az 1: 8J 78/42g
Az 2: 2H 214/42

Freyburg
– Fiche: *0225*
Az 1: 8J 1734/33
Az 2: 1H 7/35

Freyer
– Fiche: *0038 f./0259 f.*
Az 1: 16J 767/35
Az 2: 2H 57/36
– Fiche: *0197/0466*
Az 1: 8J 157/44
Az 2: 1H 208/44

Freyer, Erwin
– Fiche: *0204*
Az 1: 8J 198/44g
Az 2: 1H 247/44
– Fiche: *0505/0740*
Az 1: 8J 180/44g
Az 2: 1H 231/44

Freyer, Erwin (A)
– Fiche: *0200*
Az 1: 8J 172/44g
Az 2: 1H 216/44

Freyer, Fritz
– Fiche: *0556*
Az 1: 7J 178/40
Az 2: 2H 99/40

Freyerherm, Else
– Fiche: *0531*
Az 1: 10J 40/42
Az 2: 2H 228/42

Freyholdt, Theodor (A)
– Fiche: *0055/0248 f.*
Az 1: 8J 418/35g
Az 2: 1H 13/36

Freymann, Irene
– Fiche: *0078 f.*
Az 1: 8J 439/35g
Az 2: 2H 62/36

Freywagner, Hermine
– Fiche: *0409/0643*
Az 1: 7(6)J 557/43
Az 2: 5H 12/44

Frichot, James (A)
– Fiche: *0571*
Az 1: 11(10)J 1241/43
Az 2: 1H 59/44

Frick
– Fiche: *0064*
Az 1: 8J 360/34
Az 2: 1H 31/36

Frick, Else (A)
– Fiche: *0708*
Az 1: 0J 14/45g Rs
Az 2: 2L 76/45

Frick, Walter (A)
– Fiche: *0708*
Az 1: 0J 14/45g Rs
Az 2: 2L 76/45

Frick, Wilhelm
– Fiche: *0508*
Az 1: 0J 10/45g Rs
Az 2: 1L 54/45
– Fiche: *0585 f.*
Az 1: 8J 160/38
Az 2: 2H 73/38

Fricke
– Fiche: *0127*
Az 1: 7J 96/38
Az 2: 2H 29/38

Fricke, Bruno
– Fiche: *0457*
Az 1: 8J 17/39
Az 2: 2H 18/39

Fricke, Karl (A)
– Fiche: *0021/0462*
Az 1: 15J 85/34
Az 2: 1H 46/34

Frieb
– Fiche: *0380*
Az 1: 7J 404/43
Az 2: 5H 155/43
– Fiche: *0380/0529*
Az 1: 7J 209/43
Az 2: 6H 139/43

Frieb, Hermann
– Fiche: *0296*
Az 1: 7J 53/43
Az 2: 6H 56/43
– Fiche: *0367*
Az 1: 7J 649/42
Az 2: 6H 24/43
– Fiche: *0380*
Az 1: 7J 366/43
Az 2: 5H 121/43
– Fiche: *0516 f./0548 f.*
Az 1: 7J 421/42g
Az 2: 6H 63/43

Frieb, Hermann (A)
– Fiche: *0519/0549 f.*
Az 1: 6J 135/42g
Az 2: 6H 79/43

Frieb, Paula (A)
– Fiche: *0519/0549 f.*
Az 1: 6J 135/42g
Az 2: 6H 79/43

Fried, Hans
– Fiche: *0519/0549 f.*
Az 1: 6J 135/42g
Az 2: 6H 79/43

Fried, Jakob (A)
– Fiche: *0409*
Az 1: 8J 376/40g,
8J 393/40g
Az 2: 5H 111/43,
5H 141/43
– Fiche: *0409 f.*
Az 1: 8J 376/40
Az 2: 5H 13/44

Fried, Johann (A)
– Fiche: *0356/0512*
Az 1: 7J 479/42
Az 2: 5H 196/42

Friede
– Fiche: *0073 f.*
Az 1: 8J 201/36g
Az 2: 2H 53/36
– Fiche: *0091 f.*
Az 1: 14J 469/37,
14J 380/37
Az 2: 1H 12/23/37

Friede, Camillo
– Fiche: *0182/0464 f.*
Az 1: 11(10)J 423/43g
Az 2: 2H 17/44

Friede, Camillo (A)
– Fiche: *0465*
Az 1: 11(10)J 1036/43g

Friede, Erhard (A)
– Fiche: *0691 f.*
Az 1: 8J 274/38,
8J 321/38
Az 2: 1H 27/38, 1H 28/38

Friede, Julius
– Fiche: *0691*
Az 1: 9J 9/45
Az 2: 2H 30/45

Friedel
– Fiche: *0002/0571 f.*
Az 1: 15J 265/33
Az 2: 1H 3/34
– Fiche: *0095 f.*
Az 1: 17J 271/36
Az 2: 2H 23/37
– Fiche: *0589*
Az 1: 16J 293/35
Az 2: 2H 58/35

Friedel (Frau)
– Fiche: *0063 f.*
Az 1: 8J 165/35
Az 2: 2H 30/36

Fritzsche, Kurt
- Fiche: *0088*
  Az 1: 8J 211/36
  Az 2: 2H 6/37

Fritzsche, Leopold
- Fiche: *0295*
  Az 1: 7J 276/42
  Az 2: 2H 272/42
- Fiche: *0296*
  Az 1: 7J 638/42
  Az 2: 5H 26/43
- Fiche: *0297*
  Az 1: 7J 247/43
  Az 2: 5H 79/43
- Fiche: *0326*
  Az 1: 7J 112/42
  Az 2: 2H 164/42
- Fiche: *0327*
  Az 1: 7J 181/42
  Az 2: 2H 158/42
- Fiche: *0328*
  Az 1: 7J 208/42
  Az 2: 5H 145/42
- Fiche: *0329/0338 f.*
  Az 1: 7J 110/42
  Az 2: 2H 203/42
- Fiche: *0329/0339*
  Az 1: 7J 283/42, 7J 288/42
  Az 2: 5H 146/42
- Fiche: *0332*
  Az 1: 7J 497/41
  Az 2: 2H 116/42
- Fiche: *0332/0367*
  Az 1: 7J 257/41
  Az 2: 2H 114/42
- Fiche: *0335*
  Az 1: 6J 165/41g
  Az 2: 2H 43/42
- Fiche: *0335 f.*
  Az 1: 6J 165/41g
  Az 2: 2H 42/42
- Fiche: *0337*
  Az 1: 7J 205/42
  Az 2: 2H 212/42
- Fiche: *0339/0649 0721*
  Az 1: 6J 7/43g
  Az 2: 6H 5/43
- Fiche: *0343*
  Az 1: 7J 370/42
  Az 2: 1H 217/42
- Fiche: *0343*
  Az 1: 7J 213/42
  Az 2: 2H 171/42
- Fiche: *0345*
  Az 1: 7J 405/42
  Az 2: 2H 266/42
- Fiche: *0347*
  Az 1: 7J 437/42
  Az 2: 1H 244/42
- Fiche: *0356/0367*
  Az 1: 7J 544/41
  Az 2: 5H 187/42
- Fiche: *0357*
  Az 1: 7J 445/42, 7J 455/42
  Az 2: 5H 184/42, 5H 168/42
- Fiche: *0359*
  Az 1: 7J 209/42
  Az 2: 5H 148/42
- Fiche: *0360*
  Az 1: StPL (RKA) III 321/41, 7J 418/42
  Az 2: 5H 160/42
- Fiche: *0361*
  Az 1: 7J 443/42
  Az 2: 5H 173/42
- Fiche: *0361*
  Az 1: 7J 309/42
- Fiche: *0366*
  Az 1: 7J 171/42
  Az 2: 5H 147/42
- Fiche: *0370*
  Az 1: 7J 555/42
  Az 2: 6H 13/43
- Fiche: *0574/0649*
  Az 1: 7J 513/43
  Az 2: 5H 6/44
- Fiche: *0699*
  Az 1: StPL (RKA) III 546/42
  Az 2: StPL (HLS) I 31/43

Fritzsche, Leopold (A)
- Fiche: *0339/0649*
  Az 1: 6J 78/42g
  Az 2: 2H 156/42

Fritzsche, Otto
- Fiche: *0261*
  Az 1: 14J 570/37g

Frobin
- Fiche: *0566 f.*
  Az 1: 10J 70/40
  Az 2: 2H 127/40

Frobin, Herbert
- Fiche: *0566 f.*
  Az 1: 10J 70/40
  Az 2: 2H 127/40

Frodl
- Fiche: *0437*
  Az 1: 7J 133/44
  Az 2: 5H 14/45

Frodl, Ferdinand (A)
- Fiche: *0419 f./0650*
  Az 1: 7(8)J 208/43, 7J 258/43, 7J 80/44
  Az 2: 5H 58/44, 5H 53/44, 5H 60/44

Fröba, Georg (A)
- Fiche: *0189 f.*
  Az 1: 10(9)J 758/44
  Az 2: 2H 117/44

Fröbe
- Fiche: *0245 f.*
  Az 1: 8J 7/36g
  Az 2: 2H 4/36

Froebel, Dorothea (A)
- Fiche: *0672*
  Az 1: 8J 192/44
  Az 2: 1H 306/44

Fröbel, Ernst
- Fiche: *0460 f.*
  Az 1: 17J 109/37, 9J 142/37
  Az 2: 2H 44,47/37

Fröch
- Fiche: *0381*
  Az 1: 7J 297/43
  Az 2: 5H 96/43, 5H 139/43

Fröch, Ferdinand
- Fiche: *0298/0367*
  Az 1: 7J 300/43
  Az 2: 5H 94/43

Fröch, Franz (A)
- Fiche: *0344*
  Az 1: 7J 432/42
  Az 2: 1H 305/42

Fröhler, Simon
- Fiche: *0396/0704 f.*
  Az 1: 14J 522/37g
  Az 2: 1L 2/40

Fröhlich
- Fiche: *0039*
  Az 1: 8J 169/35
  Az 2: 1H 41/35
- Fiche: *0072 f.*
  Az 1: 15J 282/36
  Az 2: 2H 49/36
- Fiche: *0141/0475 f.*
  Az 1: 5J 449/38
  Az 2: 1H 15/39
- Fiche: *0241 f.*
  Az 1: 8J 88/36g
  Az 2: 1H 70/35
- Fiche: *0266/0745*
  Az 1: 17J 472/36
  Az 2: 2H 28/37
- Fiche: *0298 f.*
  Az 1: 7J 370/43, 7J 398/43
  Az 2: 5H 118/43, 5H 119/43
- Fiche: *0549*
  Az 1: 10J 96/42
  Az 2: 2H 238/42
- Fiche: *0549*
  Az 1: 5J 642/38
  Az 2: 1H 13/39
- Fiche: *0552 f.*
  Az 1: 8J 10/35
  Az 2: 2H 34/35
- Fiche: *0556 f.*
  Az 1: 9J 51/44g
  Az 2: 1H 97/44
- Fiche: *0630 f.*
  Az 1: 5J 174/39
  Az 2: 2H 51/39

Fröhlich, Anton
- Fiche: *0344*
  Az 1: 7J 420/42
  Az 2: 1H 310/42

Fröhlich, Franz (A)
- Fiche: *0453/0739*
  Az 1: 7J 347/43, 7J 421/43, 7J 422/43
  Az 2: 5H 122/43, 5H 129/43, 5H 125/43
- Fiche: *0600*
  Az 1: 7J 422/43

Fröhlich, Hansi
- Fiche: *0347 f.*
  Az 1: 7J 257/42
  Az 2: 5H 86/42

Fröhlich, Horst
- Fiche: *0094/0262*
  Az 1: 8J 223/36
  Az 2: 2H 15/37
- Fiche: *0174 f.*
  Az 1: 10J 88/42
  Az 2: 2H 182/42
- Fiche: *0317*
  Az 1: 15J 166/36
  Az 2: 1H 33/36
- Fiche: *0463/0465*
  Az 1: 15J 39/36
  Az 2: 2H 35/36
- Fiche: *0672*
  Az 1: 10J 201/41
  Az 2: 2H 59/42

Fröhlich, Horst (A)
- Fiche: *0315 f./0464 f.*
  Az 1: 15J 14/36
  Az 2: 1H 54/36
- Fiche: *0315 f./0465 f.*
  Az 1: 15J 14/36
  Az 2: 1H 54/36

Fröhlich, Johanna (A)
- Fiche: *0344*
  Az 1: 7J 420/42
  Az 2: 1H 310/42

Fröhlich, Karl (A)
- Fiche: *0003*
  Az 1: 15J 594/33
  Az 2: 2H 3/34

Fröhlich, Paul
- Fiche: *0001*
  Az 1: 8J 1865/33
  Az 2: 1H 1/34
- Fiche: *0013 f.*
  Az 1: 8J 1713/33
  Az 2: 2H 20/34
- Fiche: *0052 f.*
  Az 1: 17J 5/36
  Az 2: 1H 10/36
- Fiche: *0102/0267*
  Az 1: 17J 91/36
  Az 2: 2H 30/37
- Fiche: *0116*
  Az 1: 16J 878/37
  Az 2: 1H 9/38

Fröhner, Osmar (A)
- Fiche: *0608 ff.*
  Az 1: 15J 179/33
  Az 2: XII H 17/34

Fröhner, Rudolf (A)
- Fiche: *0608 ff.*
  Az 1: 15J 179/33
  Az 2: XII H 17/34

Frölich
- Fiche: *0127/0623*
  Az 1: 8J 419/37g
  Az 2: 2H 33/38

Frölich, Paul
- Fiche: *0611 f.*
  Az 1: 12J 145/33
  Az 2: XII H 13/34

Fuchs, Georg
– Fiche: *0288*
Az 1: 5J 686/38
Az 2: 1H 59/39

Fuchs, Gerhard
– Fiche: *0079 f.*
Az 1: 17J 267/35
Az 2: 1H 63/36

Fuchs, Jakob
– Fiche: *0600*
Az 1: 7J 422/43

Fuchs, Jakob (A)
– Fiche: *0403*
Az 1: 7J 384/43
Az 2: 5H 153/43

Fuchs, Johann (A)
– Fiche: *0496 f.*
Az 1: 12J 97/40

Fuchs, Johanna
– Fiche: *0338*
Az 1: 7J 272/42
Az 2: 2H 206/42
– Fiche: *0356/0367*
Az 1: 7J 544/41
Az 2: 5H 187/42

Fuchs, Josef
– Fiche: *0371 f.*
Az 1: 7J 45/43
Az 2: 6H 95/43
– Fiche: *0378*
Az 1: 7J 412/43
Az 2: 6H 178/43
– Fiche: *0380/0529*
Az 1: 7J 209/43
Az 2: 6H 139/43

Fuchs, Josef (A)
– Fiche: *0373*
Az 1: 7J 198/43
Az 2: 6H 89/43
– Fiche: *0376*
Az 1: 7J 106/43
Az 2: 6H 72/43
– Fiche: *0378 f.*
Az 1: 7J 432/43
Az 2: 6H 176/43

Fuchs, Käthe (A)
– Fiche: *0079 f.*
Az 1: 17J 267/35
Az 2: 1H 63/36

Fuchs, Martin
– Fiche: *0401 f.*
Az 1: 8J 285/39g
Az 2: 5H 108/43
– Fiche: *0568*
Az 1: 8J 2/42
Az 2: 2H 66/42
– Fiche: *0686 f.*
Az 1: 8J 257/41
Az 2: 2H 19/42

Fuchs, Paul
– Fiche: *0575/0644 f.*
Az 1: 8J 324/39g
Az 2: 5H 110/43
– Fiche: *0583*
Az 1: 10J 225/38
Az 2: 2H 70/38

Fuchs, Ulrich
– Fiche: *0079 f.*
Az 1: 17J 267/35
Az 2: 1H 63/36

Fuchsbichler, Franz
– Fiche: *0371 f.*
Az 1: 7J 45/43
Az 2: 6H 95/43

Fuchsbichler, Franz (A)
– Fiche: *0373*
Az 1: 7J 198/43
Az 2: 6H 89/43

Fuchshuber, Heinrich
– Fiche: *0409 f.*
Az 1: 8J 376/40
Az 2: 5H 13/44

Fucks, Erwin
– Fiche: *0098 f.*
Az 1: 14J 305/37g
Az 2: 1H 35/37

Fübinger, Karl
– Fiche: *0207/0532*
Az 1: 8J 206/44g
Az 2: 1H 274/44

Fübinger, Karl (A)
– Fiche: *0430*
Az 1: 9J 242/44
Az 2: 5H 127/44

Führer, Adolf (A)
– Fiche: *0142*
Az 1: 11J 138/38
Az 2: 2H 17/39

Führer, Ludwig (A)
– Fiche: *0649*
Az 1: 7J 119/44
Az 2: 5H 87/44

Führing
– Fiche: *0647/0649*
Az 1: 7(8)J 76/41g
Az 2: 2H 170/43

Füllenbach, Josef (A)
– Fiche: *0529*
Az 1: 9J 124/41
Az 2: 2H 34/42

Fülscher, Edmund (A)
– Fiche: *0256*
Az 1: 15J 162/36
Az 2: 1H 51/36

Fünfstück, Otto
– Fiche: *0143 f.*
Az 1: 5J 160/39
Az 2: 2H 24/39

Fünnes, Johannes
– Fiche: *0594 f./0695 f.*
Az 1: 11J 122/35g
Az 2: 2H 10,11,12/37

Fürdank, Maria
– Fiche: *0414*
Az 1: 6(7)J 547/43
Az 2: 6H 27/44

Fürl, Alfred
– Fiche: *0115 f.*
Az 1: 17J 381/37
Az 2: 2H 5/38

Fürst
– Fiche: *0045 f./0675 f.*
Az 1: 16J 319/35
Az 2: 1H 57/35
– Fiche: *0364/0736*
Az 1: 7J 109/43, 6(7)J 108/43
Az 2: 5H 28/44, *H 35/44
– Fiche: *0527 f.*
Az 1: 8J 476/39
Az 2: 5H 127/43

Fürst, Josef
– Fiche: *0366*
Az 1: 7J 599/42
Az 2: 6H 46/43

Fürst, Josef (A)
– Fiche: *0377*
Az 1: 7J 599/42
Az 2: 6H 61/43

Fürst, Michael (A)
– Fiche: *0414 f.*
Az 1: 10(9)J 819/43g
Az 2: 6H 28/44

Fürst, Robert
– Fiche: *0069 f.*
Az 1: 17J 315/35
Az 2: 2H 42/36

Fürtig, Karl
– Fiche: *0141/0273*
Az 1: 6J 277/38g
Az 2: 1H 14/39

Füser
– Fiche: *0447*
Az 1: 9J 107/41
Az 2: 5H 14/43

Füssenich
– Fiche: *0069*
Az 1: 8J 12/36g
Az 2: 1H 42/36

Füßler, Fritz
– Fiche: *0588 f./0643*
Az 1: 16J 293/35, 8J 438/35
Az 2: 2H 58/35

Fütterer
– Fiche: *0481 f./0557 f.*
Az 1: 8J 214/37
Az 2: 1H 31/38
– Fiche: *0485 f.*
Az 1: 8J 386/38, 8J 214/37
Az 2: 1H 33/38, 1H 31/38

Fugels
– Fiche: *0196/0625*
Az 1: 9J 187/44
Az 2: 2H 204/44

Fugger
– Fiche: *0030*
Az 1: 17J 210/34
Az 2: 2H 19/35
– Fiche: *0657 f.*
Az 1: 17J 163/33
Az 2: XV H 3/34

Fugger, Karl
– Fiche: *0090*
Az 1: 17J 187/36
Az 2: 2H 31/37

Fugger von Glött, Josef (A)
– Fiche: *0481*
Az 1: 0J 21/44g Rs, 0J 38/44/g Rs
Az 2: 1L 439/44, 1L 397/44

Fuhlendorf
– Fiche: *0272*
Az 1: 16J 225/37
Az 2: 2H 60/37

Fuhlendorf, Hans
– Fiche: *0126*
Az 1: 7J 106/38
Az 2: 2H 27/38
– Fiche: *0127*
Az 1: 7J 96/38
Az 2: 2H 29/38
– Fiche: *0439*
Az 1: 7J 104/38
Az 2: 2H 13/38

Fuhlendorf, Hans (A)
– Fiche: *0119/0440*
Az 1: 7J 105/38
Az 2: 2H 12/38

Fuhrich
– Fiche: *0376*
Az 1: 7J 238/43
Az 2: 5H 72/43
– Fiche: *0376*
Az 1: 7J 306/42, 7J 239/43
Az 2: 5H 140/42, 5H 72/43

Fuhrmann
– Fiche: *0132*
Az 1: 6J 160/38
Az 2: 2H 60/38
– Fiche: *0133 f.*
Az 1: 6J 158/38
Az 2: 2H 77/38
– Fiche: *0201/0739*
Az 1: 8J 37/44g
Az 2: 1H 222/44
– Fiche: *0247 f./0445*
Az 1: 8J 72/36
Az 2: 2H 7/37
– Fiche: *0337 f.*
Az 1: 7J 273/42
Az 2: 2H 211/42
– Fiche: *0467*
Az 1: 10J 228/38
Az 2: 2H 76/38
– Fiche: *0663 f.*
Az 1: 17J 685/33, 17J 627/33
Az 2: XV H 22/34, XV H 21/34

Fuhrmann, Anton
– Fiche: *0016 f.*
Az 1: 14a/8J 1547/31
Az 2: 1H 27/34

Furtmüller, Aline
- Fiche: *0305/0643 f.*
  Az 1: 6J 518/38
  Az 2: 1H 18/39

Furtwängler
- Fiche: *0046*
  Az 1: 17J 180/35
  Az 2: 1H 60/35, 1H 42/37
- Fiche: *0469/0504*
  Az 1: 15J 81/35
  Az 2: 2H 50/35

Fusch, Heinrich (A)
- Fiche: *0145/0285 f.*
  Az 1: 5J 102/39
  Az 2: 1H 27/39

Fuß, Alfred (A)
- Fiche: *0242/0313*
  Az 1: 17J 59/35
  Az 2: 1H 74/35

Fussi, Peter (A)
- Fiche: *0436*
  Az 1: 10J 288/44
  Az 2: 6H 254/44

Futschik
- Fiche: *0380*
  Az 1: 7J 404/43
  Az 2: 5H 155/43

Futschik, Rudolf
- Fiche: *0522*
  Az 1: 6J 43/42
  Az 2: 2H 120/42

Futterer, Alois (A)
- Fiche: *0330*
  Az 1: 6J 42/42g
  Az 2: 2H 127/42

Futterknecht, Rudolf
- Fiche: *0476 f.*
  Az 1: 8J 131/36g, 8J 49,117,131/36g
  Az 2: 2H 16,20,27/37

Gaal, Stefan (A)
- Fiche: *0179/0381*
  Az 1: 7J 378/43, 7J 458/43
  Az 2: 5H 130/43, 5H 133/43

Gaar
- Fiche: *0481 f./0557 f.*
  Az 1: 8J 214/37
  Az 2: 1H 31/38
- Fiche: *0485 f.*
  Az 1: 8J 386/38, 8J 214/37
  Az 2: 1H 33/38, 1H 31/38

Gaastra, Gerrit
- Fiche: *0425*
  Az 1: 8J 12/44
  Az 2: 3L 85/44

Gabarini
- Fiche: *0175*
  Az 1: 7J 75/42
  Az 2: 2H 189/42

Gabbe, Fritz (A)
- Fiche: *0213*
  Az 1: 17J 292/33

Gabbey, Theodor
- Fiche: *0448*
  Az 1: 17J 225/37
  Az 2: 2H 48/37

Gabbey, Theodor (A)
- Fiche: *0111 f./0270 f.*
  Az 1: 17J 152/37
  Az 2: 2H 51/37

Gabel, Erika
- Fiche: *0734*
  Az 1: 4J 86/43g
  Az 2: 1L 139/43

Gabel, Ernst
- Fiche: *0657*
  Az 1: 8J 564/33
  Az 2: XV H 1/34

Gabel, Johannes
- Fiche: *0153*
  Az 1: 9J 327/39g
  Az 2: 1H 53/39
- Fiche: *0503 f.*
  Az 1: 9J 312/39g
  Az 2: 1H 47/39
- Fiche: *0703*
  Az 1: 9J 327/39g, 9J 390/39 g

Gabel, Johannes (A)
- Fiche: *0475*
  Az 1: 9J 323/39g
  Az 2: 1H 67/39

Gabel, Willy
- Fiche: *0688 f.*
  Az 1: 10J 75/44
  Az 2: 1L 192/44

Gaber, Peter
- Fiche: *0404*
  Az 1: 7J 391/43
  Az 2: 6H 179/43
- Fiche: *0405*
  Az 1: 7J 381/43
  Az 2: 6H 180/43

Gaber, Peter (A)
- Fiche: *0405*
  Az 1: 7J 390/43
  Az 2: 6H 181/43

Gabernigg, Leopold (A)
- Fiche: *0323 ff.*
  Az 1: 7J 174/40
  Az 2: 2H 132/41

Gabler
- Fiche: *0338*
  Az 1: 7J 272/42
  Az 2: 2H 206/42
- Fiche: *0373 f./0520*
  Az 1: 7J 343/43
  Az 2: 5H 82/43

Gabler, Heinrich
- Fiche: *0371*
  Az 1: 7J 298/43
  Az 2: 5H 99/43

Gabler, Karl
- Fiche: *0359*
  Az 1: 7J 252/42
  Az 2: 5H 143/43

Gabler, Leo
- Fiche: *0360*
  Az 1: 7J 382/42
  Az 2: 5H 159/42
- Fiche: *0374/0520*
  Az 1: 7J 341/43
  Az 2: 5H 81/43
- Fiche: *0375*
  Az 1: 7J 236/43g
  Az 2: 5H 76/43
- Fiche: *0381*
  Az 1: 7J 444/43
  Az 2: 5H 136/43
- Fiche: *0381*
  Az 1: 6J 51/44
  Az 2: BS 17/44
- Fiche: *0520*
  Az 1: 7J 343/43
  Az 2: 5H 82/43

Gabler, Leo (A)
- Fiche: *0416*
  Az 1: 6(7)J 518/43
  Az 2: 5H 31/44

Gabow
- Fiche: *0014/0218 f.*
  Az 1: 17J 689/33
  Az 2: 1H 21/34

Gabriel (Frau)
- Fiche: *0104*
  Az 1: 17J 321/37
  Az 2: 1H 33/37

Gabriel, Ernst (A)
- Fiche: *0424*
  Az 1: 7J 105/44
  Az 2: 5H 75/44

Gabriel, Gregor
- Fiche: *0323 ff.*
  Az 1: 7J 174/40
  Az 2: 2H 132/41
- Fiche: *0699 f.*
  Az 1: StPL (RKA) I 118/41
  Az 2: StPL (HLS) III 57/41

Gabriel, Paul
- Fiche: *0104*
  Az 1: 17J 321/37
  Az 2: 1H 33/37
- Fiche: *0433*
  Az 1: 10J 166/44
  Az 2: 2H 219/44

Gabriel, Willi
- Fiche: *0106*
  Az 1: 17J 414/36
  Az 2: 2H 36/37
- Fiche: *0303 f.*
  Az 1: 17J 43/37
  Az 2: 1H 7/38

Gabriel, Willi (A)
- Fiche: *0103 f.*
  Az 1: 17J 416/36
  Az 2: 2H 32/37

Gabrieli, Erich
- Fiche: *0538*
  Az 1: 10J 227/38
  Az 2: 2H 80/38

Gabrynowicz
- Fiche: *0575/0644 f.*
  Az 1: 8J 324/39g
  Az 2: 5H 110/43

Gadawits, Edith
- Fiche: *0298/0367*
  Az 1: 7J 300/43
  Az 2: 5H 94/43
- Fiche: *0361*
  Az 1: 7J 483/42
  Az 2: 5H 176/42
- Fiche: *0371*
  Az 1: 7J 298/43
  Az 2: 5H 99/43
- Fiche: *0381*
  Az 1: 7J 297/43
  Az 2: 5H 96/43, 5H 139/43
- Fiche: *0449*
  Az 1: 7J 299/43
  Az 2: 5H 105/43

Gadawits, Edith (A)
- Fiche: *0371*
  Az 1: 7J 301/43
  Az 2: 5H 97/43

Gäbler, Arthur (A)
- Fiche: *0687*
  Az 1: 15J 222/35
  Az 2: 2H 34/36

Gäbler, Fritz (A)
- Fiche: *0033 f.*
  Az 1: 17J 119/35
  Az 2: 2H 26/35

Gaede, Franz (A)
- Fiche: *0472 f./0603 f.*
  Az 1: 14J 629/37g, 6J 44/38g
  Az 2: 2H 84,85,87/38

Gaede, Werner
- Fiche: *0472 f./0603 f.*
  Az 1: 14J 629/37g, 6J 44/38g
  Az 2: 2H 84,85,87/38

Gähner, Karl (A)
- Fiche: *0419*
  Az 1: 10(9)J 928/43
  Az 2: 6L 53/44

Gärm, Franz
- Fiche: *0347 f.*
  Az 1: 7J 257/42
  Az 2: 5H 86/42

Gärnter, Walter
- Fiche: *0134*
  Az 1: 7J 344/38
  Az 2: 2H 78/38

Gärtner
- Fiche: *0134/0523*
  Az 1: 7J 348/38
  Az 2: 2H 82/38
- Fiche: *0264/0491 f.*
  Az 1: 17J 171/35
  Az 2: 2H 18/37
- Fiche: *0297*
  Az 1: 7J 247/43
  Az 2: 5H 79/43

Gambe, Ernst
- Fiche: *0128*
  Az 1: 5J 317/38
  Az 2: 1H 35/38
- Fiche: *0128 f.*
  Az 1: 5J 285/38
  Az 2: 1H 36/38
- Fiche: *0276 f.*
  Az 1: 5J 284/38
  Az 2: 1H 34/38

Gamber, Albrecht
- Fiche: *0177/0512*
  Az 1: 5J 134/42
  Az 2: 5H 36/43

Gamelin
- Fiche: *0637 f.*
  Az 1: 8J 167/40
  Az 2: 2H 89/40

Gammer, Josef (A)
- Fiche: *0693*
  Az 1: StPL (RKA) II 66/44
  Az 2: StPL 1. Sen. 15/44

Gampe
- Fiche: *0271 f.*
  Az 1: 16J 576/37
  Az 2: 2H 59/37

Gamster
- Fiche: *0413*
  Az 1: 7(8)J 209/43g
  Az 2: 5H 22/44

Gander
- Fiche: *0561*
  Az 1: 9J 35/39g
  Az 2: 2H 2/40

Gandorfer, Alois
- Fiche: *0323 ff.*
  Az 1: 7J 174/40
  Az 2: 2H 132/41

Gangoly, Ludwig
- Fiche: *0348*
  Az 1: 7J 254/42
  Az 2: 5H 87/42

Gangwolf
- Fiche: *0196 f.*
  Az 1: 7J 128/44
  Az 2: 6H 205/44

Ganisl, Thomas
- Fiche: *0292 f.*
  Az 1: 7J 501/42
- Fiche: *0366*
  Az 1: 7J 612/42
  Az 2: 6H 36/43
- Fiche: *0370*
  Az 1: 7J 555/42
  Az 2: 6H 13/43
- Fiche: *0380/0529*
  Az 1: 7J 209/43
  Az 2: 6H 139/43
- Fiche: *0519/0549 f.*
  Az 1: 6J 135/42g
  Az 2: 6H 79/43

Ganisl, Thomas (A)
- Fiche: *0296*
  Az 1: 7J 53/43
  Az 2: 6H 56/43

Ganotra, Rikus
- Fiche: *0545*
  Az 1: 10J 49/38
  Az 2: 2H 18/38

Gans, Eduard
- Fiche: *0210*
  Az 1: 8J 127/44
  Az 2: 2H 127/44
- Fiche: *0562*
  Az 1: 10(9)J 836/43
  Az 2: 2H 101/44

Gans, Karl (A)
- Fiche: *0234*
  Az 1: 17J 15/35
  Az 2: 2H 39/35

Gansange, Gerhard
- Fiche: *0063 f.*
  Az 1: 8J 165/35
  Az 2: 2H 30/36

Ganske, Otto
- Fiche: *0030 f./0229 f.*
  Az 1: 13J 265/33
  Az 2: 2H 21/35

Gansl
- Fiche: *0151 f./0584*
  Az 1: 7J 72/39
  Az 2: 1H 45/39

Ganter
- Fiche: *0103 f.*
  Az 1: 17J 416/36
  Az 2: 2H 32/37

Gantz, Erich
- Fiche: *0681 f.*
  Az 1: 10J 202/41g
  Az 2: 2H 143/41

Gantzel, Ernst
- Fiche: *0499*
  Az 1: 10J 141/38
  Az 2: 2H 53/38

Ganz, Edith
- Fiche: *0642*
  Az 1: 9J 304/39g
  Az 2: 1H 65/39

Ganzger, Josef
- Fiche: *0174*
  Az 1: 7J 160/42
  Az 2: 2H 119/42
- Fiche: *0330*
  Az 1: 7J 46/42
  Az 2: 2H 125/42
- Fiche: *0331*
  Az 1: 7J 159/42
  Az 2: 2H 118/42
- Fiche: *0331*
  Az 1: 7J 157/42
  Az 2: 2H 117/42
- Fiche: *0454*
  Az 1: 7J 158/42
  Az 2: 2H 113/42

Ganzger, Josef (A)
- Fiche: *0333*
  Az 1: 7J 156/42
  Az 2: 2H 112/42

Ganzke (Frau)
- Fiche: *0507 f.*
  Az 1: 14J 26/34
  Az 2: 2H 29/35

Gapp
- Fiche: *0294*
  Az 1: 7J 231/42
  Az 2: 1H 213/42

Gapp, Anton
- Fiche: *0577*
  Az 1: 7J 276/43
  Az 2: 6H 108/43

Gapp, Anton (A)
- Fiche: *0383*
  Az 1: 7J 277/43
  Az 2: 6H 134/43
- Fiche: *0383*
  Az 1: 7J 277/43
  Az 2: 6H 109/43

Garbarini, Kurt
- Fiche: *0455*
  Az 1: 9J 7/43g
  Az 2: 2H 12/43
- Fiche: *0685*
  Az 1: 9J 60/43
  Az 2: 2H 42/43

Garbarini, Kurt (A)
- Fiche: *0552*
  Az 1: 9J 162/42g
  Az 2: 2H 320/42

Garbe, Erwin
- Fiche: *0685*
  Az 1: 10J 239/39
  Az 2: 2H 2/41

Garbotz (Frau)
- Fiche: *0111 f./0270 f.*
  Az 1: 17J 152/37
  Az 2: 2H 51/37

Gardei
- Fiche: *0048 f.*
  Az 1: 17J 88/35
  Az 2: 1H 73/35

Gardiner, Murriel Morris
- Fiche: *0305/0643 f.*
  Az 1: 6J 518/38
  Az 2: 1H 18/39

Garen, Gretus
- Fiche: *0562*
  Az 1: 10(9)J 836/43
  Az 2: 2H 101/44

Garland
- Fiche: *0115*
  Az 1: 8J 339/37
  Az 2: 1H 4/38

Garling, Bernhard
- Fiche: *0530 f.*
  Az 1: 10J 62/42
  Az 2: 1H 219/42

Garlipp, Oskar
- Fiche: *0387 f.*
  Az 1: 16J 489/33
  Az 2: 3L 19/35

Garmes
- Fiche: *0228*
  Az 1: 13J 266/33
  Az 2: 2H 11,12/35

Garske
- Fiche: *0489*
  Az 1: 8J 87/44
  Az 2: 1H 127/44
- Fiche: *0556 f.*
  Az 1: 9J 51/44g
  Az 2: 1H 97/44
- Fiche: *0684 f.*
  Az 1: 10J 548/43
  Az 2: 2H 158/43

Garske, Charlotte
- Fiche: *0684 f.*
  Az 1: 10J 548/43
  Az 2: 2H 158/43

Garske, Charlotte (A)
- Fiche: *0541 f.*
  Az 1: 10J 573/43
  Az 2: 2H 160/43

Garske, Erich (A)
- Fiche: *0541 f.*
  Az 1: 10J 573/43
  Az 2: 2H 160/43

Gartmann, Richard
- Fiche: *0010 f.*
  Az 1: 17J 232/33
  Az 2: 2H 14/34

Gaschke, Rudolf
- Fiche: *0259/0676*
  Az 1: 16J 534/35
  Az 2: 2H 57/35

Gaschl, Karl
- Fiche: *0151 f./0584*
  Az 1: 7J 72/39
  Az 2: 1H 45/39

Gasel, Valentin
- Fiche: *0108 f.*
  Az 1: 8J 337/37g
  Az 2: 1H 41/37

Gasperin, Elisabeth
- Fiche: *0323 ff.*
  Az 1: 7J 174/40
  Az 2: 2H 132/41

Gasser
- Fiche: *0299*
  Az 1: 7J 427/43
  Az 2: 6H 187/43

Gasser (Frau)
- Fiche: *0299*
  Az 1: 7J 427/43
  Az 2: 6H 187/43

Gasser, Euard (A)
- Fiche: *0023 f.*
  Az 1: 14J 328/33
  Az 2: 1H 5/35

Gassner
- Fiche: *0632 f.*
  Az 1: 6J 29/42g
  Az 2: 1H 139/43

Gebhardt
- Fiche: *0376*
  Az 1: 7J 306/42,
  7J 239/43
  Az 2: 5H 140/42,
  5H 72/43

Gebhardt, Emil
- Fiche: *0666*
  Az 1: 8/16J 301/33
  Az 2: XV H 33/33

Gebhardt, Franz
- Fiche: *0228 f.*
  Az 1: 14J 34/34
  Az 2: 1H 13/35

Gebhardt, Heinrich
- Fiche: *0398*
  Az 1: 6J 606/38g
  Az 2: 3L 24/40

Gebhardt, Walter (A)
- Fiche: *0012*
  Az 1: 14J 327/33
  Az 2: 2H 15/34

Gebler, Anton
- Fiche: *0470*
  Az 1: 9J 25/42g
  Az 2: 2H 153/42

Gediga, Joseph
- Fiche: *0507 f.*
  Az 1: 14J 26/34
  Az 2: 2H 29/35

Geduldig, Erwin
- Fiche: *0476 f.*
  Az 1: 8J 131/36g,
  8J 49,117,131/36g
  Az 2: 2H 16,20,27/37

Geest, Richard
- Fiche: *0095 f.*
  Az 1: 17J 271/36
  Az 2: 2H 23/37
- Fiche: *0543*
  Az 1: 15J 385/34
  Az 2: 1H 47/36
- Fiche: *0671 f.*
  Az 1: 15J 385/34
  Az 2: 1H 11/36

Geest, Richard (A)
- Fiche: *0112*
  Az 1: 17J 391/36
  Az 2: 2H 56/37

Geffcken
- Fiche: *0157 f.*
  Az 1: 11J 195/38
  Az 2: 1H 37/39

Geffke, Hans (A)
- Fiche: *0211 f.*
  Az 1: 9J 33/45g
  Az 2: 6Sg. 65/45

Gefroi, Franz (A)
- Fiche: *0014/0218 f.*
  Az 1: 17J 689/33
  Az 2: 1H 21/34

Gehlert
- Fiche: *0058*
  Az 1: 16J 753/35
  Az 2: 1H 20/36

Gehm, Ludwig
- Fiche: *0466 f.*
  Az 1: 15J 513/37
  Az 2: 2H 55/37

Gehre, Ludwig
- Fiche: *0455*
  Az 1: o.Az

Gehre, Otto (A)
- Fiche: *0099 f.*
  Az 1: 14J 301/37
  Az 2: 1H 27/37

Gehricke, Paul
- Fiche: *0207*
  Az 1: 8J 188/44g
  Az 2: 1H 285/44

Gehrig, Emmy
- Fiche: *0644*
  Az 1: 8J 475/39
  Az 2: 5H 109/43

Gehrke, Heinrich
- Fiche: *0100 f./0711*
  Az 1: 15J 1/37
  Az 2: 1H 28/37

Gehrmann
- Fiche: *0119*
  Az 1: 8J 273/37
  Az 2: 1H 13/38
- Fiche: *0204*
  Az 1: 8J 184/44g
  Az 2: 1H 249/44

Gehrmann, Friedrich
- Fiche: *0123 ff./0275 f.*
  Az 1: 8J 5/37g
  Az 2: 2H 23/38
- Fiche: *0479 f.*
  Az 1: 7(8)J 108/43g

Gehrmann, Fritz
- Fiche: *0669 f.*
  Az 1: 15/17J 61/33
  Az 2: XV H 36/33

Gehrmann, Walter (A)
- Fiche: *0203 f.*
  Az 1: 11J 246/44
  Az 2: 2H 245/44

Gehrt
- Fiche: *0122*
  Az 1: 14J 742/37g
  Az 2: 2H 20/38

Gehrt, Bernhard
- Fiche: *0113/0469 f.*
  Az 1: 16J 37/35
  Az 2: 1H 19-20/37
- Fiche: *0476 f.*
  Az 1: 8J 131/36g,
  8J 49,117,131/36g
  Az 2: 2H 16,20,27/37

Gehrum
- Fiche: *0515 f.*
  Az 1: 8J 44/39
  Az 2: 1H 24/39

Geiditsch, Franz (A)
- Fiche: *0649*
  Az 1: 7J 119/44
  Az 2: 5H 87/44

Geiger
- Fiche: *0195 f.*
  Az 1: 10(9)J 735/43
  Az 2: 2H 201/44
- Fiche: *0325*
  Az 1: 6J 132/40g
  Az 2: 2H 147/41

Geiger, Erich
- Fiche: *0237*
  Az 1: 8J 292/35
  Az 2: 1H 49/35

Geiger, Eugen
- Fiche: *0664 f.*
  Az 1: 17J 541/33
  Az 2: XV H 25/34

Geiger, Josef
- Fiche: *0036 f.*
  Az 1: 14J 21/35
  Az 2: 1H 32/35
- Fiche: *0113/0469 f.*
  Az 1: 16J 37/35
  Az 2: 1H 19-20/37

Geiger, Maria (A)
- Fiche: *0513 f.*
  Az 1: 8J 969/33
  Az 2: 2H 24/34

Geiling, Erich (A)
- Fiche: *0132*
  Az 1: 5J 79/38
  Az 2: 2H 57/38

Geiling, Gertrud
- Fiche: *0132*
  Az 1: 5J 79/38
  Az 2: 2H 57/38

Geins, Dina
- Fiche: *0113/0469 f.*
  Az 1: 16J 37/35
  Az 2: 1H 19-20/37

Geisen, Hermann
- Fiche: *0455*
  Az 1: 9J 7/43g
  Az 2: 2H 12/43
- Fiche: *0581*
  Az 1: 9J 198/42
  Az 2: 2H 302/42
- Fiche: *0685*
  Az 1: 9J 60/43
  Az 2: 2H 42/43

Geisen, Hermann (A)
- Fiche: *0552*
  Az 1: 9J 162/42g
  Az 2: 2H 320/42

Geisler (Frau)
- Fiche: *0164 f.*
  Az 1: 10J 120/40
  Az 2: 2H 100/40
- Fiche: *0675*
  Az 1: 10J 60/41
  Az 2: 2H 79/41

Geisler, Georg
- Fiche: *0397f.*
  Az 1: 6J 198/39g
  Az 2: 3L 19/40

Geisler, Johannes
- Fiche: *0119*
  Az 1: 8J 273/37
  Az 2: 1H 13/38

Geisler, Paul
- Fiche: *0675*
  Az 1: 10J 60/41
  Az 2: 2H 79/41

Geissler
- Fiche: *0066 f./0253 f.*
  Az 1: 8J 4/36
  Az 2: 1H 38/36
- Fiche: *0119 f.*
  Az 1: 6J 168/38g
  Az 2: 1H 14/38
- Fiche: *0703*
  Az 1: 6J 239/39

Geißler
- Fiche: *0036/0230 f.*
  Az 1: 8J 306/35
  Az 2: 2H 30/35
- Fiche: *0047*
  Az 1: 16J 424/35
  Az 2: 1H 65/35
- Fiche: *0061 f./0626 f.*
  Az 1: 17J 336/35
  Az 2: 2H 28/36
- Fiche: *0109*
  Az 1: 16J 443/37
  Az 2: 2H 42/37
- Fiche: *0131/0596 f.*
  Az 1: 14J 796/37g
  Az 2: 2H 51/38
- Fiche: *0139/0474 f.*
  Az 1: 6J 141/38g
  Az 2: 1H 10/39
- Fiche: *0157 f.*
  Az 1: 11J 195/38
  Az 2: 1H 37/39
- Fiche: *0340*
  Az 1: 7J 286/42
  Az 2: 2H 201/42
- Fiche: *0523 f.*
  Az 1: 9J 351/38g
  Az 2: 2H 93/38
- Fiche: *0559*
  Az 1: 10J 16/42g
  Az 2: 1H 247/42
- Fiche: *0618 f.*
  Az 1: 8/16J 612/33
  Az 2: XII H 21/33
- Fiche: *0651 f.*
  Az 1: 17J 793/33
  Az 2: XII H 10,12/24
- Fiche: *0660 f.*
  Az 1: 17J 792/33
  Az 2: XV H 15/34
- Fiche: *0662 f.*
  Az 1: 17J 627/33
  Az 2: XV H 21/34

Geißler, Bernhard
- Fiche: *0174/0673*
  Az 1: 6J 129/42g
  Az 2: 5H 172/42

Geissler, Bernhard (A)
- Fiche: *0027 f.*
  Az 1: 16J 642/34
  Az 2: 1H 12/35

Georgi, Hans-Wilhelm
- Fiche: *0714 f.*
  Az 1: 8J 232/40
  Az 2: 2H 76/41

Gepp, Anton
- Fiche: *0420*
  Az 1: 6J 44/44
  Az 2: 5H 57/44

Gepp, Emil (A)
- Fiche: *0223 f.*
  Az 1: 8J 282/34
  Az 2: 2H 4/35

Geraldi (Frau)
- Fiche: *0427*
  Az 1: 6J 158/44g, 6J 165/44g
  Az 2: 5H 96/44, 5H 100/44

Gerard, Heinrich
- Fiche: *0018/0220*
  Az 1: 16J 646/33
  Az 2: 1H 29/34

Gerbeit, Charlotte (A)
- Fiche: *0075*
  Az 1: 17J 357/36
  Az 2: 2H 56/36

Gerber
- Fiche: *0077 f./0239*
  Az 1: 8J 421/35g
  Az 2: 2H 60/36
- Fiche: *0323*
  Az 1: 6J 28/41g
  Az 2: 2H 129/41

Gerber, Herbert
- Fiche: *0588 f./0643*
  Az 1: 16J 293/35, 8J 438/35
  Az 2: 2H 58/35

Gerber, Robert
- Fiche: *0318 f.*
  Az 1: 7J 515/43
  Az 2: 5H 7/44
- Fiche: *0345*
  Az 1: 7J 467/42
  Az 2: 1H 273/42
- Fiche: *0706*
  Az 1: StPL (RKA) III 59/44
  Az 2: StPL 1. Sen. 51/44

Gerber, Robert (A)
- Fiche: *0403*
  Az 1: 7J 516/43
  Az 2: 5H 157/43

Gerbig, Max (A)
- Fiche: *0040 f./0235 f.*
  Az 1: 16J 324/34
  Az 2: 2H 45/35

Gerbode, Georg (A)
- Fiche: *0602 f.*
  Az 1: 9J 414/39
  Az 2: 2H 83/41

Gerdel (Frau)
- Fiche: *0130 f.*
  Az 1: 10J 137/38
  Az 2: 2H 49/38

Gerecke
- Fiche: *0239 f.*
  Az 1: 8J 359/35
  Az 2: 1H 63/35

Gerecke, Fritz
- Fiche: *0513 f.*
  Az 1: 8J 969/33
  Az 2: 2H 24/34

Gerecke, Rolf
- Fiche: *0432*
  Az 1: 8J 66/44
  Az 2: 2H 192/44

Geredien, Eduard
- Fiche: *0601*
  Az 1: 9J 92/41
  Az 2: 2H 163/41

Gerhard, Karl
- Fiche: *0292 f.*
  Az 1: 7J 501/42

Gerhard, Walter
- Fiche: *0488 f./0519 f.*
  Az 1: 9J 30/40g
  Az 2: 2H 5/41

Gerhards
- Fiche: *0071 f.*
  Az 1: 14J 288/36
  Az 2: 1H 48/36

Gerhards, Johann
- Fiche: *0019*
  Az 1: 17J 617/33
  Az 2: 1H 37/34

Gerhardt
- Fiche: *0017/0496*
  Az 1: 15J 307/33
  Az 2: 2H 27/34
- Fiche: *0116*
  Az 1: 16J 900/37
  Az 2: 2H 6/38

Gerhardt (Frau)
- Fiche: *0563 f.*
  Az 1: 10J 68/40
  Az 2: 2H 109/40

Gerhardt, Erich
- Fiche: *0103*
  Az 1: 17J 320/37
  Az 2: 1H 32/37

Gerht
- Fiche: *0263 f./0487 f.*
  Az 1: 17J 171/35
  Az 2: 2H 17/37

Gericke
- Fiche: *0615 ff.*
  Az 1: 15J 86/33
  Az 2: XII H 42/33

Gericke, Adolf
- Fiche: *0492*
  Az 1: 10J 66/40
  Az 2: 2H 114/40

Gericke (Frau)
- Fiche: *0058 f.*
  Az 1: 17J 129/35
  Az 2: 1H 21,22/36

Gericke, Paul
- Fiche: *0532*
  Az 1: 9J 229/44
  Az 2: 1H 313/44

Gering, Arthur
- Fiche: *0433*
  Az 1: 10J 166/44
  Az 2: 2H 219/44

Gering, Otto
- Fiche: *0197*
  Az 1: 10J 168/44
  Az 2: 2H 207/44
- Fiche: *0433*
  Az 1: 10J 166/44
  Az 2: 2H 219/44

Gerisch, Rose
- Fiche: *0500 f.*
  Az 1: 10J 224/38
  Az 2: 2H 62/38

Gerke
- Fiche: *0120*
  Az 1: 17J 407/37
  Az 2: 2H 16/38

Gerke, Erich
- Fiche: *0161 f./0562*
  Az 1: 9J 370/39g
  Az 2: 2H 53/40

Gerl, Johann
- Fiche: *0178/0485*
  Az 1: 6J 13/43
  Az 2: 6H 85/43

Gerlach
- Fiche: *0598 ff.*
  Az 1: 9J 479/35
  Az 2: 2H 14/36
- Fiche: *0709/0717f.*
  Az 1: 15J 218/35
  Az 2: 2H 23/36

Gerlach, Adolf
- Fiche: *0523 f.*
  Az 1: 9J 351/38g
  Az 2: 2H 93/38

Gerlach, Karl
- Fiche: *0046/0462*
  Az 1: 17J 189/35
  Az 2: 1H 61/35

Gerlach, Kurt
- Fiche: *0500 f.*
  Az 1: 10J 224/38
  Az 2: 2H 62/38

Gerling, Erich
- Fiche: *0175*
  Az 1: 7J 75/42
  Az 2: 2H 189/42

Gerloff
- Fiche: *0037*
  Az 1: 8J 228/35
  Az 2: 1H 36/35

Gerloff, Willi
- Fiche: *0510 f./0689 f.*
  Az 1: 8J 54/37
  Az 2: 2H 41/37
- Fiche: *0718 f.*
  Az 1: 8J 444/35
  Az 2: 2H 54/36

Gerluschnigg, Wilhelm (A)
- Fiche: *0459*
  Az 1: 7J 44/43
  Az 2: 6H 99/43

Germain, André
- Fiche: *0137/0711 f.*
  Az 1: 8J 367/38
  Az 2: 2H 4/39

Germann
- Fiche: *0114*
  Az 1: 16J 843/37
  Az 2: 2H 1/38

Germann, Edmund
- Fiche: *0535/0681*
  Az 1: 9J 80/42g
  Az 2: 2H 95/42

Germann, Edmund (A)
- Fiche: *0509*
  Az 1: 9J 34/42g
  Az 2: 2H 91/42

Germershaus
- Fiche: *0018/0220*
  Az 1: 16J 646/33
  Az 2: 1H 29/34

Gernandt, Gustav
- Fiche: *0585*
  Az 1: 9J 79/36
  Az 2: 2H 33/36

Gerngroß, Max
- Fiche: *0434*
  Az 1: 10J 226/44
  Az 2: 2H 223/44

Gerngroß, Max (A)
- Fiche: *0198*
  Az 1: 10J 167/44
  Az 2: 2H 208/44

Gerngroß, Rudolf
- Fiche: *0198*
  Az 1: 10J 167/44
  Az 2: 2H 208/44

Gerngroß, Rudolf (A)
- Fiche: *0434*
  Az 1: 10J 226/44
  Az 2: 2H 223/44

Gerold
- Fiche: *0407 f.*
  Az 1: 7(8)J 199/41
  Az 2: 2H 3/44

Gerold, Georg (A)
- Fiche: *0006/0528*
  Az 1: 15J 250/33
  Az 2: 2H 9/34

Gersch, Konrad
- Fiche: *0059 f.*
  Az 1: 16J 543/35
  Az 2: 2H 22/36
- Fiche: *0061 f./0626 f.*
  Az 1: 17J 336/35
  Az 2: 2H 28/36
- Fiche: *0066 f./0253 f.*
  Az 1: 8J 4/36
  Az 2: 1H 38/36

Giering
- Fiche: *0001*
  Az 1: 17J 303/33
  Az 2: 1H 2/34
- Fiche: *0016*
  Az 1: 17J 470/33
  Az 2: 2H 25/34
- Fiche: *0027*
  Az 1: 17J 145/35
  Az 2: 2H 10/35
- Fiche: *0031*
  Az 1: 13/14J 103/29
  Az 2: 1H 24/35
- Fiche: *0106*
  Az 1: 8J 135/37g
  Az 2: 1H 36/37
- Fiche: *0507 f.*
  Az 1: 14J 26/34
  Az 2: 2H 29/35

Giering, Karl
- Fiche: *0021 f.*
  Az 1: 17J 397/33
  Az 2: 1H 3/35

Gierling
- Fiche: *0084 f.*
  Az 1: 8J 430/35g
  Az 2: 1H 3/37

Gierling, Karl
- Fiche: *0010 f.*
  Az 1: 17J 232/33
  Az 2: 2H 14/34

Giersch
- Fiche: *0528*
  Az 1: 11J 122/35g

Giersch, Reinhold (A)
- Fiche: *0594 f./0695 f.*
  Az 1: 11J 122/35g
  Az 2: 2H 10,11,12/37

Giersiepen
- Fiche: *0051*
  Az 1: 5J 41/35
  Az 2: 2H 6/36
- Fiche: *0094 f./0551*
  Az 1: 9J 600/36
  Az 2: 1H 21/37
- Fiche: *0264/0491 f.*
  Az 1: 17J 171/35
  Az 2: 2H 18/37
- Fiche: *0489*
  Az 1: 9J 301/40
  Az 2: 2H 2/42
- Fiche: *0523 f.*
  Az 1: 9J 351/38g
  Az 2: 2H 93/38

Giesche, Hermann (A)
- Fiche: *0194 f.*
  Az 1: 11(10)J 619/43
  Az 2: 2H 168/44

Giese
- Fiche: *0463/0465*
  Az 1: 15J 39/36
  Az 2: 2H 35/36

Giese, Josef
- Fiche: *0694*
  Az 1: 9J 341/36
  Az 2: 5 OJs 127/37

Giesen
- Fiche: *0120*
  Az 1: 17J 401/37
  Az 2: 2H 14/38

Giesen, Arthur
- Fiche: *0274*
  Az 1: 17J 406/37
  Az 2: 2H 15/38

Giesen, Harm
- Fiche: *0120 f./0133*
  Az 1: 17J 400/37
  Az 2: 2H 71/38

Giesen, Helmut
- Fiche: *0714 f.*
  Az 1: 8J 232/40
  Az 2: 2H 76/41

Giesen, Helmut (A)
- Fiche: *0709 ff.*
  Az 1: 8J 162/40
  Az 2: 2H 77/41

Giesen, Irmgart von
- Fiche: *0479*
  Az 1: 8J 190/43g
  Az 2: 1H 253/43

Giesmann
- Fiche: *0115 f.*
  Az 1: 17J 381/37
  Az 2: 2H 5/38

Giesriegl
- Fiche: *0403 f.*
  Az 1: 8J 7/41g
  Az 2: 2H 166/43

Giesselmann
- Fiche: *0202*
  Az 1: 9J 170/44
  Az 2: 2H 233/44

Gießelmann
- Fiche: *0661 f.*
  Az 1: 9J 952/33
  Az 2: XV H 20/34

Giesselmann, Hilde
- Fiche: *0192*
  Az 1: 9J 34/44
  Az 2: 2H 134/44

Giesselmann, Otto
- Fiche: *0562*
  Az 1: 10(9)J 836/43
  Az 2: 2H 101/44

Giesselmann, Otto (A)
- Fiche: *0192*
  Az 1: 9J 34/44
  Az 2: 2H 134/44

Giessen
- Fiche: *0245 f.*
  Az 1: 8J 7/36g
  Az 2: 2H 4/36

Giessen, Hans
- Fiche: *0718 f.*
  Az 1: 8J 444/35
  Az 2: 2H 54/36

Gießhammer
- Fiche: *0370*
  Az 1: 7J 555/42
  Az 2: 6H 13/43

Giesshübel
- Fiche: *0045 f./0675 f.*
  Az 1: 16J 319/35
  Az 2: 1H 57/35

Gießler, Otto (A)
- Fiche: *0028*
  Az 1: 8J 20/35
  Az 2: 2H 14/35

Gießmann
- Fiche: *0101*
  Az 1: 17J 316/37
  Az 2: 1H 29/37

Gietzelt, Fritz (A)
- Fiche: *0203 f.*
  Az 1: 11J 246/44
  Az 2: 2H 245/44

Giexn, Harm
- Fiche: *0545*
  Az 1: 10J 49/38
  Az 2: 2H 18/38

Giffey, Rudolf (A)
- Fiche: *0206/0405*
  Az 1: 10J 410/43g
  Az 2: 1H 209/43
- Fiche: *0466*
  Az 1: 9J 156/44g Rs
  Az 2: 1H 264/44

Giffing
- Fiche: *0376*
  Az 1: 7J 306/42, 7J 239/43
  Az 2: 5H 140/42, 5H 72/43

Gigler, Martin (A)
- Fiche: *0405*
  Az 1: 7J 381/43
  Az 2: 6H 180/43

Gilardone (Frau)
- Fiche: *0149 f.*
  Az 1: 8J 23/39
  Az 2: 1H 39/39

Gilardone, Heinrich (A)
- Fiche: *0149 f.*
  Az 1: 8J 23/39
  Az 2: 1H 39/39

Gilberg
- Fiche: *0094 f./0551*
  Az 1: 9J 600/36
  Az 2: 1H 21/37

Gildemeester
- Fiche: *0552 f.*
  Az 1: 8J 10/35
  Az 2: 2H 34/35

Gillies
- Fiche: *0562 f.*
  Az 1: 10J 204/40
  Az 2: 2H 17/41

Gillner
- Fiche: *0679 f./0713*
  Az 1: 10(9)J 777/43g
  Az 2: 5H 38/44, 5H 43/44

Gilmeister, Eugen (A)
- Fiche: *0507 f.*
  Az 1: 14J 26/34
  Az 2: 2H 29/35

Gimbel, Georg
- Fiche: *0278 f.*
  Az 1: 8J 252/38
  Az 2: 2H 68/38
- Fiche: *0477 f.*
  Az 1: 8J 251/38
  Az 2: 2H 65/38

Gimpel, Alfred
- Fiche: *0670*
  Az 1: 13J 56/33
  Az 2: XV H 45/33

Gimpel, Hermann
- Fiche: *0401/0459*
  Az 1: 7J 415/43
  Az 2: 6H 189/43

Gimpl, Hermann (A)
- Fiche: *0379*
  Az 1: 7J 358/43
  Az 2: 6H 156/43

Gindra, Theodor
- Fiche: *0179/0381*
  Az 1: 7J 378/43, 7J 458/43
  Az 2: 5H 130/43, 5H 133/43
- Fiche: *0339/0649*
  Az 1: 6J 78/42g
  Az 2: 2H 156/42
- Fiche: *0339/0649 0721*
  Az 1: 6J 7/43g
  Az 2: 6H 5/43
- Fiche: *0377*
  Az 1: 7J 220/43
  Az 2: 5H 59/43
- Fiche: *0377*
  Az 1: 7J 262/43
  Az 2: 5H 61/43
- Fiche: *0575*
  Az 1: 6J 8/44
  Az 2: 5H 25/44

Gindra, Theodor (A)
- Fiche: *0326*
  Az 1: 7J 112/42
  Az 2: 2H 164/42

Gingold
- Fiche: *0615 ff.*
  Az 1: 15J 86/33
  Az 2: XII H 42/33

Ginser (Frau)
- Fiche: *0329/0339*
  Az 1: 7J 283/42, 7J 288/42
  Az 2: 5H 146/42

Ginzl, Herbert
- Fiche: *0288*
  Az 1: 5J 686/38
  Az 2: 1H 59/39

Gipp (Frau)
- Fiche: *0432*
  Az 1: 7J 106/44
  Az 2: 2H 202/44

Giptner, Josef (A)
- Fiche: *0403*
  Az 1: 7J 503/43
  Az 2: 5H 154/43

Girard, Karl (A)
- Fiche: *0507*
  Az 1: 15J 175/34
  Az 2: 2H 18/35

Giraul
- Fiche: *0050 f.*
  Az 1: 8J 164/35
  Az 2: 1H 5/36

Girms, Matthias
- Fiche: *0499*
  Az 1: 10J 141/38
  Az 2: 2H 53/38

Girnus, Wilhelm (A)
- Fiche: *0079 f.*
  Az 1: 17J 267/35
  Az 2: 1H 63/36

Girolimetto
- Fiche: *0117 f./0542*
  Az 1: 8J 20/36g
  Az 2: 2H 11/38

Girresser, Rudolf
- Fiche: *0695*
  Az 1: 8J 330/38
  Az 2: 1H 10/38

Gisbertz, Heinrich
- Fiche: *0601 f.*
  Az 1: 8J 206/37g
  Az 2: 2H 4/38

Gisbertz, Peter
- Fiche: *0601 f.*
  Az 1: 8J 206/37g
  Az 2: 2H 4/38

Gisbertz, Theodor (A)
- Fiche: *0601 f.*
  Az 1: 8J 206/37g
  Az 2: 2H 4/38

Gisevius, Hans Bernd
- Fiche: *0441*
  Az 1: 0J 3/44g Rs
  Az 2: 1L 292/44
- Fiche: *0508*
  Az 1: 0J 10/45g Rs
  Az 2: 1L 54/45
- Fiche: *0708*
  Az 1: 0J 14/45g Rs
  Az 2: 2L 76/45

Gittel, Kurt (A)
- Fiche: *0014/0218 f.*
  Az 1: 17J 689/33
  Az 2: 1H 21/34
- Fiche: *0167 f.*
  Az 1: 6J 166/41g
  Az 2: 2H 137/41

Gittel, Willy
- Fiche: *0167 f.*
  Az 1: 6J 166/41g
  Az 2: 2H 137/41

Gittler, Heinrich
- Fiche: *0340*
  Az 1: 7J 340/42
  Az 2: 2H 197/42
- Fiche: *0352*
  Az 1: 7J 495/42
  Az 2: 6H 23/42
- Fiche: *0370*
  Az 1: 7J 555/42
  Az 2: 6H 13/43
- Fiche: *0693*
  Az 1: StPL (RKA) II 445/42
  Az 2: StPL (HLS) III 53/43

Gittler, Heinrich (A)
- Fiche: *0295*
  Az 1: 7J 644/42
  Az 2: 6H 23/43

Gitzoller
- Fiche: *0364/0736*
  Az 1: 7J 109/43, 6(7)J 108/43
  Az 2: 5H 28/44, *H 35/44

Giustiniani
- Fiche: *0156 f./0314 f.*
  Az 1: 14J 140/34
  Az 2: 1H 42/35

Gjörkös, Stephan
- Fiche: *0308*
  Az 1: 7J 242/40
  Az 2: 2H 113/40

Glaab
- Fiche: *0263 f./0487 f.*
  Az 1: 17J 171/35
  Az 2: 2H 17/37

Glaab, Georg
- Fiche: *0640*
  Az 1: 16J 328/35
  Az 2: 1H 11/37

Glaabs, Georg
- Fiche: *0038 f./0259 f.*
  Az 1: 16J 767/35
  Az 2: 2H 57/36

Glade, Otto
- Fiche: *0256*
  Az 1: 15J 162/36
  Az 2: 1H 51/36

Gladewitz
- Fiche: *0632 f.*
  Az 1: 6J 29/42g
  Az 2: 1H 139/43

Gladitz, Robert
- Fiche: *0433*
  Az 1: 10J 166/44
  Az 2: 2H 219/44

Gladitz, Robert (A)
- Fiche: *0197*
  Az 1: 10J 168/44
  Az 2: 2H 207/44

Gladosch, Werner
- Fiche: *0288*
  Az 1: 5J 686/38
  Az 2: 1H 59/39

Gläser
- Fiche: *0136*
  Az 1: 7J 346/38
  Az 2: 2H 95/38
- Fiche: *0183*
  Az 1: 11(10)J 631/43
  Az 2: 1H 28/44

Gläser, B.
- Fiche: *0134/0523*
  Az 1: 7J 348/38
  Az 2: 2H 82/38

Gläser, Herbert
- Fiche: *0039*
  Az 1: 8J 169/35
  Az 2: 1H 41/35

Gläser, Hermann (A)
- Fiche: *0608 ff.*
  Az 1: 15J 179/33
  Az 2: XII H 17/34

Gläser, Martin
- Fiche: *0132 f.*
  Az 1: 14J 457/37g
  Az 2: 2H 63/38
- Fiche: *0277 f.*
  Az 1: 14J 651/37g
  Az 2: 2H 55/38

Gläser, Martin (A)
- Fiche: *0129 f.*
  Az 1: 6J 223/38g
  Az 2: 2H 47/38

Gläser, Max
- Fiche: *0284 f.*
  Az 1: 7J 352/38
  Az 2: 2H 3/39

Gläser, Max (A)
- Fiche: *0134*
  Az 1: 7J 344/38
  Az 2: 2H 78/38

Gläser, Walter
- Fiche: *0132 f.*
  Az 1: 14J 457/37g
  Az 2: 2H 63/38

Glässel, Fritz
- Fiche: *0286 f.*
  Az 1: 8J 384/38g
  Az 2: 1H 32/39

Glässer, Wolfgang
- Fiche: *0533*
  Az 1: 8J 332/38
  Az 2: 1H 32/38

Glagla
- Fiche: *0257 f.*
  Az 1: 15J 338/36
  Az 2: 2H 52/36

Glander
- Fiche: *0364/0736*
  Az 1: 7J 109/43, 6(7)J 108/43
  Az 2: 5H 28/44, *H 35/44

Glanert, Otto (A)
- Fiche: *0552*
  Az 1: 9J 66/44
  Az 2: 2H 119/44

Glanz
- Fiche: *0420 f.*
  Az 1: 7(8)J 172/43g
  Az 2: 5H 59/44

Glanzer, Luise
- Fiche: *0338*
  Az 1: 7J 193/42
  Az 2: 2H 207/42
- Fiche: *0378*
  Az 1: 7J 141/43
  Az 2: 5H 58/43

Glarner, Lili
- Fiche: *0387 f.*
  Az 1: 16J 489/33
  Az 2: 3L 19/35

Glaser
- Fiche: *0006/0528*
  Az 1: 15J 250/33
  Az 2: 2H 9/34
- Fiche: *0102 f.*
  Az 1: 17J 317/37
  Az 2: 1H 31/37
- Fiche: *0106/0546 f.*
  Az 1: 17J 315/37
  Az 2: 1H 37/37
- Fiche: *0250 f.*
  Az 1: 8J 364/35
  Az 2: 2H 15/36
- Fiche: *0292*
  Az 1: 5J 228/41
  Az 2: 2H 16/42
- Fiche: *0403 f.*
  Az 1: 8J 7/41g
  Az 2: 2H 166/43
- Fiche: *0435/0709*
  Az 1: 10J 212/44
  Az 2: 6H 239/44

Glaser, Albert
- Fiche: *0640*
  Az 1: 16J 328/35
  Az 2: 1H 11/37

Glaser, Erich
- Fiche: *0168 f.*
  Az 1: 5J 230/41
  Az 2: 2H 6/42

Glaser, Franz
- Fiche: *0067 f./0514*
  Az 1: 17J 25/36
  Az 2: 1H 39/36
- Fiche: *0130 f.*
  Az 1: 10J 137/38
  Az 2: 2H 49/38
- Fiche: *0506*
  Az 1: 10J 143/38, 10J 144/38
  Az 2: 2H 39/38, 2H 40/38
- Fiche: *0544 f.*
  Az 1: 10J 138/38
  Az 2: 2H 37/38

Glaser, Hans
- Fiche: *0104*
  Az 1: 17J 321/37
  Az 2: 1H 33/37
- Fiche: *0188*
  Az 1: 11J 60/44
  Az 2: 2H 99/44

Glaser, Hans (A)
- Fiche: *0730 f./0732*
  Az 1: 17J 318/37
  Az 2: 1H 38/37

Glaser, Hans Rudolf
- Fiche: *0101*
  Az 1: 17J 316/37
  Az 2: 1H 29/37
- Fiche: *0104 f.*
  Az 1: 17J 319/37
  Az 2: 1H 34/37

Glaser, Herbert
- Fiche: *0455/0497 f.*
  Az 1: 8J 472/40
  Az 2: 6H 205/43
- Fiche: *0527/0581*
  Az 1: 8J 97/41g
  Az 2: 6H 171/43

Glaser, Karl (A)
- Fiche: *0455/0497 f.*
  Az 1: 8J 472/40
  Az 2: 6H 205/43

Glaser, Manfred (A)
- Fiche: *0701*
  Az 1: 10J 248/44
  Az 2: 6H 53/45

Glaser, Paul
- Fiche: *0308*
  Az 1: 7J 242/40
  Az 2: 2H 113/40

Glasmacher, Elsa
- Fiche: *0625/0643*
  Az 1: 10J 215/41
  Az 2: 2H 130/42

Glasmacher, Else
- Fiche: *0168 f.*
  Az 1: 5J 230/41
  Az 2: 2H 6/42
- Fiche: *0170 f./0674*
  Az 1: 5J 231/41
  Az 2: 2H 23/42
- Fiche: *0171/0293*
  Az 1: 5J 226/41
  Az 2: 2H 24/42

Glasmacher, Else (A)
- Fiche: *0292*
  Az 1: 5J 228/41
  Az 2: 2H 16/42

Glasmacher, Jakob
- Fiche: *0169/0521*
  Az 1: 6J 109/41g
  Az 2: 2H 11/42

Glasner, Kurt
- Fiche: *0161*
  Az 1: 9J 415/39
  Az 2: 2H 51/40

Glasner, Kurt (A)
- Fiche: *0602 f.*
  Az 1: 9J 414/39
  Az 2: 2H 83/41

Glaß, Charlotte
- Fiche: *0050 f.*
  Az 1: 8J 164/35
  Az 2: 1H 5/36

Glass, Otto
- Fiche: *0305/0643 f.*
  Az 1: 6J 518/38
  Az 2: 1H 18/39

Glaß, Rudolf
- Fiche: *0518/0558*
  Az 1: 10J 815/43
  Az 2: 1H 289/43

Glaß, Rudolf (A)
- Fiche: *0050 f.*
  Az 1: 8J 164/35
  Az 2: 1H 5/36

Glass, Walter
- Fiche: *0197/0466*
  Az 1: 8J 157/44
  Az 2: 1H 208/44

Glaß, Walter (A)
- Fiche: *0198*
  Az 1: 8J 167/44g
  Az 2: 1H 209/44
- Fiche: *0443*
  Az 1: 8J 230/44g
  Az 2: 1H 309/44

Glasse, Willy (A)
- Fiche: *0076 f.*
  Az 1: 8J 427/35g
  Az 2: 1H 59/60/61/36

Glaßner, Anna
- Fiche: *0332*
  Az 1: 7J 497/41
  Az 2: 2H 116/42

Glatzer (Frau)
- Fiche: *0673 f.*
  Az 1: 16J 141/35, 16J 126/35
  Az 2: 1H 34/35, 1H 35/35

Glatzer, Johann
- Fiche: *0351 f.*
  Az 1: 7J 491/42
  Az 2: 6H 26/42
- Fiche: *0459*
  Az 1: 7J 489/42
  Az 2: 6H 29/42

Glatzer, Willi
- Fiche: *0679 f./0713*
  Az 1: 10(9)J 777/43g
  Az 2: 5H 38/44, 5H 43/44

Glaubauf, Fritz
- Fiche: *0639*
  Az 1: 10J 87/41
  Az 2: 2H 192/42

Glaubauf, Hans (A)
- Fiche: *0639*
  Az 1: 10J 87/41
  Az 2: 2H 192/42

Glaubitz, Bruno
- Fiche: *0470*
  Az 1: 9J 25/42g
  Az 2: 2H 153/42

Glaubitz, Bruno (A)
- Fiche: *0580*
  Az 1: 9J 634/38
  Az 2: 2H 7/39

Glaubitz, Herbert (A)
- Fiche: *0130/0277*
  Az 1: 6J 224/38g
  Az 2: 2H 48/38

Glegel
- Fiche: *0160/0288f.*
  Az 1: 6J 224/39g
  Az 2: 2H 44/40

Gleichentheil, Gustav
- Fiche: *0449*
  Az 1: 7J 299/43
  Az 2: 5H 105/43

Gleisner, Martin
- Fiche: *0542 f.*
  Az 1: 9J 311/41
  Az 2: 2H 31/42

Glensk
- Fiche: *0155 f.*
  Az 1: 6J 12/39g
  Az 2: 2H 61/39

Glessmann
- Fiche: *0682*
  Az 1: 17J 377/37
  Az 2: 1H 6/38

Gleßner, Hermann
- Fiche: *0247 f./0445*
  Az 1: 8J 72/36
  Az 2: 2H 7/37

Glienicki, Margarete
- Fiche: *0559*
  Az 1: 10J 16/42g
  Az 2: 1H 247/42

Gliewitsch
- Fiche: *0147*
  Az 1: 11J 196/38g
  Az 2: 1H 35/39

Glißmann, Margarete (A)
- Fiche: *0417/0684*
  Az 1: 11(10)J 514/43
  Az 2: 2H 45/44

Glißmann, Martin (A)
- Fiche: *0417/0684*
  Az 1: 11(10)J 514/43
  Az 2: 2H 45/44

Glitzner, Anna (A)
- Fiche: *0699 f.*
  Az 1: StPL (RKA) I 118/41
  Az 2: StPL (HLS) III 57/41

Glitzner, Engelbert (A)
- Fiche: *0699 f.*
  Az 1: StPL (RKA) I 118/41
  Az 2: StPL (HLS) III 57/41

Globig
- Fiche: *0069 f.*
  Az 1: 17J 315/35
  Az 2: 2H 42/36

Globocnik
- Fiche: *0644*
  Az 1: 8J 475/39
  Az 2: 5H 109/43

Glöckler, Anton
- Fiche: *0298 f.*
  Az 1: 7J 370/43, 7J 398/43
  Az 2: 5H 118/43, 5H 119/43

Glöckner
- Fiche: *0292*
  Az 1: 5J 228/41
  Az 2: 2H 16/42

Glöckner, Herbert
- Fiche: *0168 f.*
  Az 1: 5J 230/41
  Az 2: 2H 6/42

Glöckner, Herbert (A)
- Fiche: *0170 f./0674*
  Az 1: 5J 231/41
  Az 2: 2H 23/42

Glöckner, Rudolf
- Fiche: *0716 f.*
  Az 1: 6J 9/45
  Az 2: 6H 42/45

Gloeden, Elisabeth-Charlotte (A)
- Fiche: *0441*
  Az 1: 0J 43/44g
  Az 2: 1L 432/44
- Fiche: *0441*
  Az 1: 0J 43/44g
  Az 2: 1L 474/44

Gloeden, Erich (A)
- Fiche: *0441*
  Az 1: 0J 43/44g
  Az 2: 1L 474/44
- Fiche: *0441*
  Az 1: 0J 43/44g
  Az 2: 1L 432/44

Gloeggler, Hermann
- Fiche: *0242 f.*
  Az 1: 8J 3/36g
  Az 2: 2H 1/36

Glöggler, Hermann
- Fiche: *0640*
  Az 1: 16J 328/35
  Az 2: 1H 11/37

Glöggler, Hermann (A)
- Fiche: *0117 f./0542*
  Az 1: 8J 20/36g
  Az 2: 2H 11/38

Glöggler, Oswald
- Fiche: *0117 f./0542*
  Az 1: 8J 20/36g
  Az 2: 2H 11/38

Glöggler, Werner
- Fiche: *0117 f./0542*
  Az 1: 8J 20/36g
  Az 2: 2H 11/38

Glöss, Kurt (A)
- Fiche: *0589*
  Az 1: 16J 293/35
  Az 2: 2H 58/35

Glöß, Kurt (A)
- Fiche: *0588 f./0643*
  Az 1: 16J 293/35, 8J 438/35
  Az 2: 2H 58/35

Glötzel, Franz
- Fiche: *0349*
  Az 1: 7J 256/42
  Az 2: 5H 90/42

Götz, Richard
- Fiche: *0075 f.*
  Az 1: 17J 300/34
  Az 2: 2H 58/36

Götz, Wilhelm (A)
- Fiche: *0063 f.*
  Az 1: 8J 165/35
  Az 2: 2H 30/36

Götze
- Fiche: *0633 f.*
  Az 1: 9J 267/37
  Az 2: 2H 46/37

Götze, Anna
- Fiche: *0115*
  Az 1: 16J 577/37
  Az 2: 2H 3/38
- Fiche: *0272*
  Az 1: 16J 225/37
  Az 2: 2H 60/37

Götze, Anna (A)
- Fiche: *0114*
  Az 1: 16J 843/37
  Az 2: 2H 1/38

Götze, Ferdinand
- Fiche: *0063 f.*
  Az 1: 8J 165/35
  Az 2: 2H 30/36
- Fiche: *0114*
  Az 1: 16J 843/37
  Az 2: 2H 1/38
- Fiche: *0114*
  Az 1: 16J 840/37
  Az 2: 2H 2/38
- Fiche: *0115*
  Az 1: 16J 577/37
  Az 2: 2H 3/38
- Fiche: *0116*
  Az 1: 5J 32/38
  Az 2: 2H 7/38
- Fiche: *0271 f.*
  Az 1: 16J 576/37
  Az 2: 2H 59/37
- Fiche: *0272*
  Az 1: 16J 225/37
  Az 2: 2H 60/37
- Fiche: *0543*
  Az 1: 5J 54/38
  Az 2: 1H 22/38
- Fiche: *0633 f.*
  Az 1: 9J 267/37
  Az 2: 2H 46/37

Götze, Heini (A)
- Fiche: *0028 f./0679*
  Az 1: 15J 648/33
  Az 2: 1H 14/35

Götze, Ursula
- Fiche: *0693*
  Az 1: StPL (RKA) III 525/42
  Az 2: StPL 2. Sen. 100/43

Götze, Ursula (A)
- Fiche: *0692*
  Az 1: StPL (RKA) III 525/42
  Az 2: StPL (HLS) II 4/43

Götzinger, Richard
- Fiche: *0353*
  Az 1: 7J 392/42
  Az 2: 6H 10/42
- Fiche: *0353*
  Az 1: 7J 388/42
  Az 2: 6H 11/42

Götzinger, Richard (A)
- Fiche: *0696 f.*
  Az 1: StPL (RKA) III 657/41
  Az 2: StPL (HLS) III 16/42

Götzke
- Fiche: *0416*
  Az 1: 11(10)J 1038/43g
  Az 2: 2H 32/44

Götzmann, Wilhelm
- Fiche: *0269 f.*
  Az 1: 8J 100/37
  Az 2: 1H 43/37

Gohert
- Fiche: *0465*
  Az 1: 11(10)J 1036/43g

Gohert, Richard (A)
- Fiche: *0186/0466*
  Az 1: 11(10)J 1039/43
  Az 2: 2H 54/44

Gohl
- Fiche: *0659 f.*
  Az 1: 9J 127/33
  Az 2: XV H 18/34

Gohl, Maria
- Fiche: *0016*
  Az 1: 17J 470/33
  Az 2: 2H 25/34

Gohlke
- Fiche: *0092 ff.*
  Az 1: 17J 67/36
  Az 2: 1H 14/37
- Fiche: *0516/0685*
  Az 1: 10J 175/41
  Az 2: 2H 135/41

Gohlke, Arthur
- Fiche: *0021 f.*
  Az 1: 17J 397/33
  Az 2: 1H 3/35

Gohlke, Willi
- Fiche: *0249 f.*
  Az 1: 17J 318/35
  Az 2: 1H 15/36
- Fiche: *0536*
  Az 1: 10J 233/39
  Az 2: 2H 4/40

Gois, Alois
- Fiche: *0292 f.*
  Az 1: 7J 501/42
- Fiche: *0294*
  Az 1: 7J 258/42
  Az 2: 1H 215/42

Goisauf, Ernst
- Fiche: *0329/0370*
  Az 1: 7J 517/42
  Az 2: 5H 13/43

Goitschnig
- Fiche: *0365*
  Az 1: 7J 599/42
  Az 2: 6H 48/43

Gokorsch
- Fiche: *0374*
  Az 1: 7J 342/43
  Az 2: 5H 78/43

Golacz, Michael
- Fiche: *0349*
  Az 1: 7J 256/42
  Az 2: 5H 90/42

Gold
- Fiche: *0426*
  Az 1: 7J 139/44, 7J 130/44
  Az 2: 5H 89/44, 5H 82/44

Gold, Leopold
- Fiche: *0349 f.*
  Az 1: 7J 95/42
  Az 2: 5H 96/42

Goldammer, Hans
- Fiche: *0532 f.*
  Az 1: 7(11)J 197/34g
  Az 2: 3L 21/36

Goldau, Paul (A)
- Fiche: *0075/0258*
  Az 1: 17J 70/36
  Az 2: 1H 57/36

Goldbeck
- Fiche: *0080/0260*
  Az 1: 17J 473/35
  Az 2: 2H 63/36

Goldberg
- Fiche: *0256*
  Az 1: 15J 162/36
  Az 2: 1H 51/36
- Fiche: *0463*
  Az 1: 15J 307/35
  Az 2: 1H 4/36
- Fiche: *0469/0504*
  Az 1: 15J 81/35
  Az 2: 2H 50/35
- Fiche: *0495*
  Az 1: 9J 684/37
  Az 2: 2H 25/38
- Fiche: *0671 f.*
  Az 1: 15J 385/34
  Az 2: 1H 11/36

Goldberg, Willy
- Fiche: *0094/0262*
  Az 1: 8J 223/36
  Az 2: 2H 15/37
- Fiche: *0549*
  Az 1: 10J 96/42
  Az 2: 2H 238/42
- Fiche: *0553 f.*
  Az 1: 10J 137/42
  Az 2: 2H 242/42
- Fiche: *0629 f.*
  Az 1: 9J 929/35
  Az 2: 1H 37/36
- Fiche: *0672*
  Az 1: 10J 201/41
  Az 2: 2H 59/42

Goldberg, Willy (A)
- Fiche: *0174 f.*
  Az 1: 10J 88/42
  Az 2: 2H 182/42

Goldenberg
- Fiche: *0052 f.*
  Az 1: 17J 5/36
  Az 2: 1H 10/36
- Fiche: *0072 f.*
  Az 1: 15J 282/36
  Az 2: 2H 49/36
- Fiche: *0266/0745*
  Az 1: 17J 472/36
  Az 2: 2H 28/37

Goldenstedt, Albert
- Fiche: *0118*
  Az 1: 7J 82/38
  Az 2: 1H 12/38
- Fiche: *0131 f.*
  Az 1: 7J 252/38
  Az 2: 2H 54/38

Goldfrank
- Fiche: *0639*
  Az 1: 10J 87/41
  Az 2: 2H 192/42

Goldfuß, Engelbert
- Fiche: *0337*
  Az 1: 7J 321/42
  Az 2: 2H 221/42

Goldgruber
- Fiche: *0455*
  Az 1: 7J 599/42
  Az 2: 6H 44/43

Goldgruber (Frau)
- Fiche: *0365*
  Az 1: 7J 599/42
  Az 2: 6H 45/43

Goldgruber, Friedrich
- Fiche: *0382*
  Az 1: 7J 242/43
  Az 2: 6H 117/43

Goldgruber, Friedrich (A)
- Fiche: *0377*
  Az 1: 7J 599/42
  Az 2: 6H 58/43

Goldhammer
- Fiche: *0163*
  Az 1: 5J 142/40
  Az 2: 2H 68/40

Goldhammer, Bruno
- Fiche: *0168 f.*
  Az 1: 5J 230/41
  Az 2: 2H 6/42

Goldmann
- Fiche: *0084*
  Az 1: 17J 318/36
  Az 2: 2H 2/37
- Fiche: *0696 f.*
  Az 1: StPL (RKA) III 657/41
  Az 2: StPL (HLS) III 16/42

Goldmann, Franz (A)
- Fiche: *0353*
  Az 1: 7J 392/42
  Az 2: 6H 10/42

Goldmann, Richard (A)
- Fiche: *0028 f./0679*
  Az 1: 15J 648/33
  Az 2: 1H 14/35

Goldner, Ilse
- Fiche: *0052 f.*
  Az 1: 17J 5/36
  Az 2: 1H 10/36

Goldschmidt
- Fiche: *0289 f.*
  Az 1: 6J 52/40g
  Az 2: 2H 111/40

Goldschmidt, Hellmuth
- Fiche: *0052 f.*
  Az 1: 17J 5/36
  Az 2: 1H 10/36

Goldschmidt, Werner
- Fiche: *0112/0271*
  Az 1: 16J 675/37
  Az 2: 2H 52/37

Goldschrafe, Wilhelm
- Fiche: *0559*
  Az 1: 10J 16/42g
  Az 2: 1H 247/42

Goldstein, Grete
- Fiche: *0104*
  Az 1: 17J 321/37
  Az 2: 1H 33/37

Goldsteiner, Anna (A)
- Fiche: *0701*
  Az 1: 6J 20/44
  Az 2: 5H 32/44

Goldsteiner, Ernst (A)
- Fiche: *0701*
  Az 1: 6J 20/44
  Az 2: 5H 32/44

Golessa
- Fiche: *0094/0262*
  Az 1: 14J 306/37g
  Az 2: 1H 15/37

Golke, Willi
- Fiche: *0067 f./0514*
  Az 1: 17J 25/36
  Az 2: 1H 39/36
- Fiche: *0184/0680*
  Az 1: 9J 777/43g
  Az 2: 5H 39/44
- Fiche: *0210/0630*
  Az 1: 10(9)J 777/43g
  Az 2: 5H 41/44

Golke, Willi (A)
- Fiche: *0184/0707 f.*
  Az 1: 9J 777/43g
  Az 2: 5H 40/44

Golla, Oskar
- Fiche: *0011 f.*
  Az 1: 17J 545/33
  Az 2: 1H 15/34

Goller, Erich (A)
- Fiche: *0399*
  Az 1: 2J 461/41g
  Az 2: 3L 31/42

Goller, Herbert
- Fiche: *0403 f.*
  Az 1: 8J 7/41g
  Az 2: 2H 166/43

Goller, Hubert
- Fiche: *0407 f.*
  Az 1: 7(8)J 199/41
  Az 2: 2H 3/44
- Fiche: *0505/0642 f.*
  Az 1: 8J 201/41
  Az 2: 2H 171/43

Goller, Hubert (A)
- Fiche: *0580/0624 f.*
  Az 1: 8J 200/41
  Az 2: 2H 6/44

Gollinger, Johann
- Fiche: *0349 f.*
  Az 1: 7J 95/42
  Az 2: 5H 96/42

Gollmann
- Fiche: *0479 f.*
  Az 1: 7(8)J 108/43g

Gollmann, Friedrich
- Fiche: *0123 ff./0275 f.*
  Az 1: 8J 5/37g
  Az 2: 2H 23/38

Gollmick, Walter
- Fiche: *0140 f.*
  Az 1: 8J 357/38g
  Az 2: 2H 13/39
- Fiche: *0534*
  Az 1: 10J 144/41
  Az 2: 2H 156/41
- Fiche: *0553 f.*
  Az 1: 10J 137/42
  Az 2: 2H 242/42
- Fiche: *0628 f.*
  Az 1: 10J 2/43g
  Az 2: 1H 89/43

Gollnow
- Fiche: *0693*
  Az 1: StPL (RKA) III 525/42
  Az 2: StPL 2. Sen. 100/43

Gollnow, Herbert (A)
- Fiche: *0713 f.*
  Az 1: StPL (RKA) III 495,496,497/42
  Az 2: StPL (HLS) II 129/42

Gollnow, Kurt
- Fiche: *0090 f./0261*
  Az 1: 17J 260/36
  Az 2: 1H 10/37

Gollnow, Otto
- Fiche: *0706*
  Az 1: StPL (RKA) 188/43
  Az 2: StPL (HLS) II 48/43

Gollnow, Otto (A)
- Fiche: *0692*
  Az 1: StPL (RKA) III 525/42
  Az 2: StPL (HLS) II 4/43

Golm, Richard
- Fiche: *0016*
  Az 1: 17J 470/33
  Az 2: 2H 25/34

Golodetz, Helene
- Fiche: *0008 f.*
  Az 1: 17J 242/33
  Az 2: 2H 11/34

Goltscher, Franz (A)
- Fiche: *0502*
  Az 1: 7J 66/43
  Az 2: 6H 146/43

Goltz, Fritz
- Fiche: *0209/0574*
  Az 1: 8J 238/44g
  Az 2: 1H 346/44
- Fiche: *0430*
  Az 1: 9J 242/44
  Az 2: 5H 127/44
- Fiche: *0543*
  Az 1: 15J 385/34
  Az 2: 1H 47/36
- Fiche: *0671 f.*
  Az 1: 15J 385/34
  Az 2: 1H 11/36

Goltz, Fritz (A)
- Fiche: *0040*
  Az 1: 17J 268/35
  Az 2: 2H 43/35

Goltz, Gustav
- Fiche: *0040*
  Az 1: 17J 268/35
  Az 2: 2H 43/35

Goltz, Ida
- Fiche: *0040*
  Az 1: 17J 268/35
  Az 2: 2H 43/35

Golz, Fritz
- Fiche: *0204*
  Az 1: 8J 198/44g
  Az 2: 1H 247/44
- Fiche: *0208/0672*
  Az 1: 8J 199/44
  Az 2: 1H 298/44
- Fiche: *0210*
  Az 1: 9J 252/44g
  Az 2: 1H 385/44
- Fiche: *0518*
  Az 1: 8J 199/44, 8J 271/44g
  Az 2: 1H 3/45
- Fiche: *0740*
  Az 1: 8J 199/44g
  Az 2: 1H 315/44

Gomert
- Fiche: *0090*
  Az 1: 17J 187/36
  Az 2: 2H 31/37

Gomolla, Emanuel
- Fiche: *0154 f.*
  Az 1: 6J 76/39g
  Az 2: 2H 54/39

Gomolla, Emanuel (A)
- Fiche: *0155 f.*
  Az 1: 6J 12/39g
  Az 2: 2H 61/39

Gonda, Eugen
- Fiche: *0568*
  Az 1: 8J 2/42
  Az 2: 2H 66/42

Gorelowa, Maria
- Fiche: *0190*
  Az 1: 9J 231/44
  Az 2: 5H 119/44

Goretzki, Dominika (A)
- Fiche: *0021 f.*
  Az 1: 17J 397/33
  Az 2: 1H 3/35

Gorewitz
- Fiche: *0151*
  Az 1: 8J 13/39
  Az 2: 2H 44/39

Gorgas, Harry (A)
- Fiche: *0574*
  Az 1: 8J 356/42g
  Az 2: 1H 290/42

Gorgeff
- Fiche: *0615 ff.*
  Az 1: 15J 86/33
  Az 2: XII H 42/33

Gorges, Johannes
- Fiche: *0132*
  Az 1: 5J 79/38
  Az 2: 2H 57/38

Gorjanic
- Fiche: *0084 f.*
  Az 1: 8J 430/35g
  Az 2: 1H 3/37

Gorjanic, Albert
- Fiche: *0056*
  Az 1: 17J 441/35
  Az 2: 1H 14/36

Gorki, Maxim
- Fiche: *0639*
  Az 1: 10J 87/41
  Az 2: 2H 192/42

Gorn, Adolf
- Fiche: *0041*
  Az 1: 17J 289/35
  Az 2: 2H 48/35

Gortz, Johannes
- Fiche: *0672*
  Az 1: 10J 201/41
  Az 2: 2H 59/42

Goslar
- Fiche: *0027*
  Az 1: 17J 145/35
  Az 2: 2H 10/35

Goß, Georg (A)
- Fiche: *0579*
  Az 1: 6J 16/43g
  Az 2: 1H 99/43

Goth, Josef
- Fiche: *0259/0676*
  Az 1: 16J 534/35
  Az 2: 2H 57/35

Gradinscak
- Fiche: *0277 f.*
  Az 1: 14J 651/37g
  Az 2: 2H 55/38

Gradinscak, Waldemar (A)
- Fiche: *0129 f.*
  Az 1: 6J 223/38g
  Az 2: 2H 47/38

Gradner
- Fiche: *0648*
  Az 1: 8J 70/43, 8J 75/43
  Az 2: 5H 128/43, 5H 134/43

Gräber
- Fiche: *0086/0684*
  Az 1: 14J 392/35
  Az 2: 2H 4/37

Gräber, Johann
- Fiche: *0056 f./0461*
  Az 1: 8J 29/35
  Az 2: 2H 18/36

Gräf, Anna (A)
- Fiche: *0298/0367*
  Az 1: 7J 300/43
  Az 2: 5H 94/43

Gräf, Hugo
- Fiche: *0157*
  Az 1: 5J 474/39
  Az 2: 1H 71/39
- Fiche: *0163*
  Az 1: 5J 142/40
  Az 2: 2H 68/40
- Fiche: *0703*
  Az 1: 6J 239/39
- Fiche: *0732*
  Az 1: 5J 464/39
  Az 2: 1H 61/39

Gräfe
- Fiche: *0095 f.*
  Az 1: 17J 271/36
  Az 2: 2H 23/37

Gräfe, Erich (A)
- Fiche: *0122 f.*
  Az 1: 16J 765/37
  Az 2: 1H 23/38

Gräfe, Paul
- Fiche: *0094/0264 f.*
  Az 1: 17J 439/36
  Az 2: 2H 21/37
- Fiche: *0105*
  Az 1: 17J 444/36
  Az 2: 2H 35/37
- Fiche: *0159*
  Az 1: 17J 177/37
  Az 2: 2H 24/40
- Fiche: *0677*
  Az 1: 10J 320/41
  Az 2: 2H 36/42

Gräfe, Willi
- Fiche: *0570 f.*
  Az 1: 2J 342/40g
  Az 2: 2H 150/41

Graefe-Goldebee
- Fiche: *0123 ff./0275 f.*
  Az 1: 8J 5/37g
  Az 2: 2H 23/38

Gräfling, Elisabeth
- Fiche: *0010 f.*
  Az 1: 17J 232/33
  Az 2: 2H 14/34

Gräfling, Willy
- Fiche: *0010 f.*
  Az 1: 17J 232/33
  Az 2: 2H 14/34

Gräller, Mathilde
- Fiche: *0408*
  Az 1: 7J 454/43, 7J 502/43
  Az 2: 5H 10/44, 5H 5/44

Grämmel, Herbert (A)
- Fiche: *0072 f.*
  Az 1: 15J 282/36
  Az 2: 2H 49/36

Grändorf, Ferdinand
- Fiche: *0632*
  Az 1: 10J 132/41
  Az 2: 2H 165/41

Gränitz
- Fiche: *0168*
  Az 1: 5J 232/41
  Az 2: 2H 5/42

Gränzel, Ernst
- Fiche: *0544 f.*
  Az 1: 10J 138/38
  Az 2: 2H 37/38

Graepel, Riko
- Fiche: *0577*
  Az 1: 11J 118/44
  Az 2: 2H 160/44

Graepel, Riko (A)
- Fiche: *0721*
  Az 1: 9J 26/45

Graepp, Auguste
- Fiche: *0545*
  Az 1: 9J 878/33
  Az 2: 2H 16/34

Gräser, Fritz
- Fiche: *0250 f.*
  Az 1: 8J 364/35
  Az 2: 2H 15/36

Gräsing, Fritz
- Fiche: *0650 f.*
  Az 1: 15J 190/33
  Az 2: XII H 6/34

Gräsing, Willy
- Fiche: *0650 f.*
  Az 1: 15J 190/33
  Az 2: XII H 6/34

Graet, Hugo
- Fiche: *0030 f./0229 f.*
  Az 1: 13J 265/33
  Az 2: 2H 21/35

Grätz, B.
- Fiche: *0163 f./0290*
  Az 1: 6J 77/39g
  Az 2: 2H 70/40

Grätz, Gertraud (A)
- Fiche: *0014/0219 f.*
  Az 1: 17J 29/34
  Az 2: 2H 21/34

Graf
- Fiche: *0045*
  Az 1: 14J 33/36, 9J 1145/35
  Az 2: 2H 56/35
- Fiche: *0056*
  Az 1: 14J 286/35
  Az 2: 1H 16/36
- Fiche: *0058*
  Az 1: 16J 753/35
  Az 2: 1H 20/36
- Fiche: *0294 f.*
  Az 1: 7J 377/42
  Az 2: 1H 218/42
- Fiche: *0352*
  Az 1: 7J 466/42
  Az 2: 6H 20/42
- Fiche: *0366*
  Az 1: 7J 599/42
  Az 2: 6H 46/43
- Fiche: *0377*
  Az 1: 7J 599/42
  Az 2: 6H 59/43
- Fiche: *0474*
  Az 1: 10J 170/38
  Az 2: 2H 38/38
- Fiche: *0575*
  Az 1: 6J 8/44
  Az 2: 5H 25/44
- Fiche: *0702*
  Az 1: 6J 80/40g
  Az 2: 5H 64/42

Graf (Frau)
- Fiche: *0286 f.*
  Az 1: 8J 384/38g
  Az 2: 1H 32/39
- Fiche: *0608 ff.*
  Az 1: 15J 179/33
  Az 2: XII H 17/34

Graf, Adolf
- Fiche: *0004 f.*
  Az 1: 13J 98/33
  Az 2: 1H 7/34

Graf, Alfred
- Fiche: *0160/0288f.*
  Az 1: 6J 224/39g
  Az 2: 2H 44/40

Graf, Anni
- Fiche: *0350*
  Az 1: 7J 347/42
  Az 2: 5H 135/42

Graf, Anton
- Fiche: *0292 f.*
  Az 1: 7J 501/42
- Fiche: *0347 f.*
  Az 1: 7J 257/42
  Az 2: 5H 86/42
- Fiche: *0352*
  Az 1: 7J 515/42
  Az 2: 6H 19/42
- Fiche: *0380/0529*
  Az 1: 7J 209/43
  Az 2: 6H 139/43
- Fiche: *0516 f./0548 f.*
  Az 1: 7J 421/42g
  Az 2: 6H 63/43
- Fiche: *0519/0549 f.*
  Az 1: 6J 135/42g
  Az 2: 6H 79/43

Graf, Anton (A)
- Fiche: *0367*
  Az 1: 7J 649/42
  Az 2: 6H 24/43

Graf, Engelbert
- Fiche: *0562 f.*
  Az 1: 10J 204/40
  Az 2: 2H 17/41

Graf, Ewald (A)
- Fiche: *0130/0277*
  Az 1: 6J 224/38g
  Az 2: 2H 48/38

Graf, Ferdinand
- Fiche: *0409/0643*
  Az 1: 7(6)J 557/43
  Az 2: 5H 12/44

Graf, Franz
- Fiche: *0424*
  Az 1: 6(7)J 487/43
  Az 2: 3L 77/44

Graf, Franz (A)
- Fiche: *0406*
  Az 1: 7J 462/43
  Az 2: 6H 218/43

Graf, Gottfried
- Fiche: *0072*
  Az 1: 14J 220/36
  Az 2: 2H 48/36

Graf, Herbert
- Fiche: *0277 f.*
  Az 1: 14J 651/37g
  Az 2: 2H 55/38

Graf, Hermann
- Fiche: *0347 f.*
  Az 1: 7J 257/42
  Az 2: 5H 86/42

Graf, Hildegard (A)
- Fiche: *0210/0466*
  Az 1: 11J 423/44g
  Az 2: 2H 4/45

Graf, Johann
- Fiche: *0344*
  Az 1: 7J 420/42
  Az 2: 1H 310/42
- Fiche: *0347 f.*
  Az 1: 7J 257/42
  Az 2: 5H 86/42
- Fiche: *0349*
  Az 1: 7J 256/42
  Az 2: 5H 90/42
- Fiche: *0361*
  Az 1: 7J 443/42
  Az 2: 5H 173/42

Graf, Johann (A)
- Fiche: *0413/0520*
  Az 1: 6(7)J 517/43
  Az 2: 5H 180/42
- Fiche: *0520*
  Az 1: 6J 517/43
  Az 2: 5H 20/44

Graf, Josef (A)
- Fiche: *0174/0483*
  Az 1: 6J 83/42
  Az 2: 2H 154/42
- Fiche: *0400*
  Az 1: 7J 186/42
  Az 2: 5H 117/42

Graf, Josefa
- Fiche: *0174/0483*
  Az 1: 6J 83/42
  Az 2: 2H 154/42

Graf, Karl
- Fiche: *0210/0466*
  Az 1: 11J 423/44g
  Az 2: 2H 4/45

Graf, Michael
- Fiche: *0632*
  Az 1: 6J 3/40
  Az 2: 2H 95/40

Graf, Peter
- Fiche: *0365*
  Az 1: 7J 599/42
  Az 2: 6H 45/43
- Fiche: *0455*
  Az 1: 7J 599/42
  Az 2: 6H 44/43
- Fiche: *0502*
  Az 1: 7J 66/43
  Az 2: 6H 146/43

Graf, Peter (A)
- Fiche: *0365*
  Az 1: 7J 599/42
  Az 2: 6H 48/43

Graf, Rosalie (A)
- Fiche: *0413/0520*
  Az 1: 6(7)J 517/43
  Az 2: 5H 180/42
- Fiche: *0520*
  Az 1: 6J 517/43
  Az 2: 5H 20/44

Graf, Walter
- Fiche: *0046/0462*
  Az 1: 17J 189/35
  Az 2: 1H 61/35
- Fiche: *0427*
  Az 1: 7J 145/44
  Az 2: 5H 98/44

Graf, Wilhelm
- Fiche: *0563 f.*
  Az 1: 10J 68/40
  Az 2: 2H 109/40

Graf, Wilhelm (A)
- Fiche: *0539/0627*
  Az 1: 6J 24/43
  Az 2: 1H 101/43

Grafe, Felix (A)
- Fiche: *0341/0354*
  Az 1: 7J 214/42
  Az 2: 2H 186/42

Grafe, Kurt
- Fiche: *0002/0571 f.*
  Az 1: 15J 265/33
  Az 2: 1H 3/34

Grafenberger
- Fiche: *0481 f./0557 f.*
  Az 1: 8J 214/37
  Az 2: 1H 31/38

Graff
- Fiche: *0176*
  Az 1: 5J 172/42
  Az 2: 1H 4/43

Grage
- Fiche: *0528*
  Az 1: 11J 122/35g

Grage, Kurt
- Fiche: *0594 f./0695 f.*
  Az 1: 11J 122/35g
  Az 2: 2H 10,11,12/37

Grage, Otto
- Fiche: *0256*
  Az 1: 15J 162/36
  Az 2: 1H 51/36

Grah, Ernst
- Fiche: *0244 f./0274*
  Az 1: 8J 431/35g
  Az 2: 1H 8/37

Gralla
- Fiche: *0628*
  Az 1: 9J 171/41g
  Az 2: 2H 103/42

Gramatte
- Fiche: *0673*
  Az 1: 9J 36/39g
  Az 2: 2H 14/39

Gramatte, Paul
- Fiche: *0134*
  Az 1: 7J 344/38
  Az 2: 2H 78/38
- Fiche: *0136*
  Az 1: 7J 346/38
  Az 2: 2H 95/38
- Fiche: *0284 f.*
  Az 1: 7J 352/38
  Az 2: 2H 3/39

Gramatte, Paul (A)
- Fiche: *0134/0523*
  Az 1: 7J 348/38
  Az 2: 2H 82/38

Grametstetter, Hermine (A)
- Fiche: *0300/0339*
  Az 1: 7J 232/42
  Az 2: 2H 202/42

Grametstetter, Marianne (A)
- Fiche: *0300/0339*
  Az 1: 7J 232/42
  Az 2: 2H 202/42

Grametstetter, Rupert (A)
- Fiche: *0300/0339*
  Az 1: 7J 232/42
  Az 2: 2H 202/42

Gramig, Anton (A)
- Fiche: *0419 f./0650*
  Az 1: 7(8)J 208/43, 7J 258/43, 7J 80/44
  Az 2: 5H 58/44, 5H 53/44, 5H 60/44

Graminski
- Fiche: *0154*
  Az 1: 6J 19/39g
  Az 2: 2H 53/39

Gramm
- Fiche: *0377*
  Az 1: 7J 599/42
  Az 2: 6H 59/43

Gramm, Josef
- Fiche: *0363*
  Az 1: 7J 599/42
  Az 2: 6H 49/43
- Fiche: *0365*
  Az 1: 7J 599/42
  Az 2: 6H 45/43
- Fiche: *0382*
  Az 1: 7J 243/43
  Az 2: 6H 120/43
- Fiche: *0456*
  Az 1: 7J 599/42
  Az 2: 6H 60/43
- Fiche: *0497*
  Az 1: 7J 66/43
  Az 2: 6H 144/43

Gramm, Paul
- Fiche: *0131/0674 f.*
  Az 1: 10J 27/38
  Az 2: 2H 50/38
- Fiche: *0510*
  Az 1: 10J 31/38
  Az 2: 2H 10/38
- Fiche: *0541*
  Az 1: 10J 29/38
  Az 2: 2H 31/38

Gramm, Paul (A)
- Fiche: *0601*
  Az 1: 10J 26/38
  Az 2: 2H 19/38

Grammisch, Josef
- Fiche: *0037/0221*
  Az 1: 17J 94/34
  Az 2: 1H 33/35

Grampner
- Fiche: *0535 f.*
  Az 1: 10J 267/41
  Az 2: 2H 157/41

Grandpier, Emil
- Fiche: *0170/0293*
  Az 1: 6J 100/41g
  Az 2: 2H 21/42

Graner, Gustav
- Fiche: *0016*
  Az 1: 17J 470/33
  Az 2: 2H 25/34

Granig
- Fiche: *0419*
  Az 1: 7J 80/44
- Fiche: *0426*
  Az 1: 7J 118/44
  Az 2: 5H 93/44
- Fiche: *0437*
  Az 1: 7J 133/44
  Az 2: 5H 14/45

Granig, Anton von
- Fiche: *0420 f.*
  Az 1: 7(8)J 172/43g
  Az 2: 5H 59/44

Granner, Franz (A)
- Fiche: *0321 f.*
  Az 1: 6J 22/41g
  Az 2: 2H 41/41

Granske
- Fiche: *0012 f./0546*
  Az 1: 13J 258/33
  Az 2: 1H 16/34

Granzow
- Fiche: *0086/0498 f.*
  Az 1: 8J 68/36
  Az 2: 1H 4/37
- Fiche: *0560*
  Az 1: 10J 382/43
  Az 2: 1H 189/43

Granzow, Kurt
- Fiche: *0537 f.*
  Az 1: 9J 236/41g
  Az 2: 5H 75/42
- Fiche: *0628 f.*
  Az 1: 10J 2/43g
  Az 2: 1H 89/43

Granzow, Kurt Erich (A)
- Fiche: *0581*
  Az 1: 10J 520/43
  Az 2: 1H 213/43

Grap, Bruno
- Fiche: *0249 f.*
  Az 1: 17J 318/35
  Az 2: 1H 15/36

Grap, Bruno (A)
- Fiche: *0186 f./0677*
  Az 1: 11J 32/44
  Az 2: 1H 51/44
- Fiche: *0187*
  Az 1: 11J 243/44
  Az 2: 1H 73/44

Grap, Walter
- Fiche: *0627 f.*
  Az 1: 10J 1095/43g
  Az 2: 1H 305/43

Grascha, Paul (A)
- Fiche: *0194*
  Az 1: 11(10)J 1153/43g
  Az 2: 2H 159/44

Grasche
- Fiche: *0396*
  Az 1: 11J 190/38
  Az 2: 2H 29/39

Grasczynski
- Fiche: *0637 f.*
  Az 1: 8J 167/40
  Az 2: 2H 89/40

Graser, Maria (A)
- Fiche: *0334*
  Az 1: 6J 23/42g
  Az 2: 2H 64/42

Grasner
- Fiche: *0070*
  Az 1: 14J 210/35
  Az 2: 2H 43/36

Grasnik, Ernst
- Fiche: *0453/0739*
  Az 1: 7J 347/43, 7J 421/43, 7J 422/43
  Az 2: 5H 122/43, 5H 129/43, 5H 125/43
- Fiche: *0600*
  Az 1: 7J 422/43

Grass, Karl
- Fiche: *0004 f.*
  Az 1: 13J 98/33
  Az 2: 1H 7/34

Grass, Willi
- Fiche: *0452*
  Az 1: 9J 73/36
  Az 2: 1H 19/36

Grasse
- Fiche: *0058 f.*
  Az 1: 17J 129/35
  Az 2: 1H 21,22/36
- Fiche: *0600 f.*
  Az 1: 10J 13/43g
  Az 2: 2H 100/43

Grasse (Frau)
- Fiche: *0267 f.*
  Az 1: 7J 201/36g
  Az 2: 2H 40/37

Grasse, Paul
- Fiche: *0105*
  Az 1: 17J 444/36
  Az 2: 2H 35/37
- Fiche: *0505 f.*
  Az 1: 10J 28/41
  Az 2: 2H 73/41

Graßnickel, Gertrud (A)
- Fiche: *0054*
  Az 1: 17J 83/35
  Az 2: 1H 12/36

Gratz, Rudolf
- Fiche: *0478*
  Az 1: 10J 290/40g
  Az 2: 5H 62/42

Gratzer, Andreas
- Fiche: *0294*
  Az 1: 7J 258/42
  Az 2: 1H 215/42

Grau, Helene
- Fiche: *0477 f.*
  Az 1: 8J 251/38
  Az 2: 2H 65/38

Graubner, Hugo
- Fiche: *0353*
  Az 1: 7J 295/42
  Az 2: 6H 8/42

Graudenz
- Fiche: *0692*
  Az 1: StPL (RKA) III 525/42
  Az 2: StPL (HLS) II 4/43
- Fiche: *0693*
  Az 1: StPL (RKA) III 525/42
  Az 2: StPL 2. Sen. 100/43
- Fiche: *0714*
  Az 1: StPL (RKA) III 530/42
  Az 2: StPL (HLS) II 12/43

Graudenz, Johannes (A)
- Fiche: *0713 f.*
  Az 1: StPL (RKA) III 495,496,497/42
  Az 2: StPL (HLS) II 129/42

Grauer, Klara
- Fiche: *0113/0469 f.*
  Az 1: 16J 37/35
  Az 2: 1H 19-20/37

Graul
- Fiche: *0067 f./0514*
  Az 1: 17J 25/36
  Az 2: 1H 39/36
- Fiche: *0499 f.*
  Az 1: 8J 145/38
  Az 2: 2H 52/38

Graul, Hermann
- Fiche: *0518/0558*
  Az 1: 10J 815/43
  Az 2: 1H 289/43
- Fiche: *0632 f.*
  Az 1: 6J 29/42g
  Az 2: 1H 139/43

Graupner, Kurt
- Fiche: *0070 f./0255*
  Az 1: 17J 492/35
  Az 2: 2H 44/36
- Fiche: *0159 f.*
  Az 1: 5J 677/39
  Az 2: 2H 41/40

Graupner, Kurt (A)
- Fiche: *0316*
  Az 1: 16J 251/36
  Az 2: 1H 45/36

Graurock, Fritz
- Fiche: *0499*
  Az 1: 10J 141/38
  Az 2: 2H 53/38

Graus, Alois
- Fiche: *0414 f.*
  Az 1: 10(9)J 819/43g
  Az 2: 6H 28/44
- Fiche: *0679 f./0713*
  Az 1: 10(9)J 777/43g
  Az 2: 5H 38/44, 5H 43/44

Grave
- Fiche: *0615 ff.*
  Az 1: 15J 86/33
  Az 2: XII H 42/33

Grawel, Willi
- Fiche: *0005 f.*
  Az 1: 13J 154/33
  Az 2: 1H 9/34

Grazer
- Fiche: *0497*
  Az 1: 7J 66/43
  Az 2: 6H 144/43

Greb, Konrad
- Fiche: *0117 f./0542*
  Az 1: 8J 20/36g
  Az 2: 2H 11/38

Grebe, Friedrich (A)
- Fiche: *0583*
  Az 1: 10J 225/38
  Az 2: 2H 70/38

Grebentscha, Alexei
- Fiche: *0427*
  Az 1: 10J 46/44
  Az 2: 2H 102/44

Grebenz, Karl (A)
- Fiche: *0420 f.*
  Az 1: 7(8)J 172/43g
  Az 2: 5H 59/44

Grebs (Frau)
- Fiche: *0463/0465*
  Az 1: 15J 39/36
  Az 2: 2H 35/36

Gredinger, Michael
- Fiche: *0179/0381*
  Az 1: 7J 378/43, 7J 458/43
  Az 2: 5H 130/43, 5H 133/43

Gregersen, Leif
- Fiche: *0478 f.*
  Az 1: 8J 421/38
  Az 2: 1H 19/39

Gregin, Arthur
- Fiche: *0160*
  Az 1: 9J 425/39g
  Az 2: 2H 43/40

Gregor
- Fiche: *0078*
  Az 1: 14J 73/36
  Az 2: 1H 62/36

Gregor, Johann (A)
- Fiche: *0351*
  Az 1: 7J 492/42
  Az 2: 6H 28/42

Gregoric, Franz (A)
- Fiche: *0300*
  Az 1: 7J 102/43
  Az 2: 5H 85/43
- Fiche: *0300/0339*
  Az 1: 7J 232/42
  Az 2: 2H 202/42

Gregorich, Wilhelm (A)
- Fiche: *0349*
  Az 1: 7J 256/42
  Az 2: 5H 90/42
- Fiche: *0352*
  Az 1: 7J 466/42
  Az 2: 6H 20/42

Greif
- Fiche: *0426*
  Az 1: 7J 139/44, 7J 130/44
  Az 2: 5H 89/44, 5H 82/44
- Fiche: *0613 f.*
  Az 1: 8/16J 431/33
  Az 2: XII H 48/33

Greif, Walter
- Fiche: *0424/0570*
  Az 1: 7J 101/44
  Az 2: 5H 78/44
- Fiche: *0425*
  Az 1: 7J 137/44
  Az 2: 5H 81/44
- Fiche: *0426*
  Az 1: 7J 139/44, 7J 130/44
  Az 2: 5H 89/44, 5H 82/44

Greiff
- Fiche: *0287*
  Az 1: 11J 311/39
  Az 2: 2H 56/39

Greil, Kurt
- Fiche: *0611 f.*
  Az 1: 12J 145/33
  Az 2: XII H 13/34

Grein, Gerhard (A)
- Fiche: *0510*
  Az 1: 8J 11/44
  Az 2: 6H 100/44

Greiner
- Fiche: *0158 f./0288*
  Az 1: 7J 6/39
  Az 2: 1H 77/39

Greiner, Berta
- Fiche: *0495*
  Az 1: 1J 579/43
  Az 2: 1L 178/43

Greiner, Ferdinand
- Fiche: *0291*
  Az 1: 7J 544/39
  Az 2: 2H 33/41
- Fiche: *0650 f.*
  Az 1: 15J 190/33
  Az 2: XII H 6/34

Greis, Jakob (A)
- Fiche: *0205/0443*
  Az 1: 9J 163/44
  Az 2: 2H 254/44

Greischel, Kurt
- Fiche: *0077 f./0239*
  Az 1: 8J 421/35g
  Az 2: 2H 60/36

Greisinger, Josef (A)
- Fiche: *0359*
  Az 1: 7J 252/42
  Az 2: 5H 143/43

Greiß
- Fiche: *0137 f.*
  Az 1: 6J 275/38g
  Az 2: 2H 5/39

Greiss, Adolf
- Fiche: *0682*
  Az 1: 9J 184/39
  Az 2: 1H 22/39

Greiß, Adolf
- Fiche: *0142*
  Az 1: 5J 307/38g
  Az 2: 1H 16/39

Grell
- Fiche: *0250 f.*
  Az 1: 8J 364/35
  Az 2: 2H 15/36

Grella, Ulrich
- Fiche: *0455*
  Az 1: 10J 107/42
  Az 2: 2H 256/42

Grelle, Fritz
- Fiche: *0138*
  Az 1: 5J 279/38
  Az 2: 1H 6/39
- Fiche: *0139 f./0283*
  Az 1: 5J 84/39
  Az 2: 1H 11/39

Grigorjeff
- Fiche: *0095 f.*
  Az 1: 17J 271/36
  Az 2: 2H 23/37
- Fiche: *0469/0504*
  Az 1: 15J 81/35
  Az 2: 2H 50/35

Grigorjeff, Gregor
- Fiche: *0094/0262*
  Az 1: 8J 223/36
  Az 2: 2H 15/37

Grill
- Fiche: *0021/0461 f.*
  Az 1: 9aJ 44/34
  Az 2: 2H 1/35

Grill, Josef
- Fiche: *0371 f.*
  Az 1: 7J 45/43
  Az 2: 6H 95/43

Grill, Josef (A)
- Fiche: *0447*
  Az 1: 7J 197/43
  Az 2: 6H 97/43

Grill, Martin
- Fiche: *0587*
  Az 1: 10J 303/38
  Az 2: 2H 90/38

Grill, Martin (A)
- Fiche: *0565 f.*
  Az 1: 10J 291/38
  Az 2: 2H 88/38

Grill, Simon (A)
- Fiche: *0342*
  Az 1: 7J 302/42
  Az 2: 2H 179/42

Grillmayer, Josef
- Fiche: *0437*
  Az 1: 6J 198,199/44
  Az 2: 5H 19,20/45
- Fiche: *0437*
  Az 1: 6J 199/44
  Az 2: 5H 20/45

Grillmayr, Gertrude (A)
- Fiche: *0437*
  Az 1: 6J 197/44,
  6J 196/44
  Az 2: 5H 17,18/45

Grillmayr, Josef (A)
- Fiche: *0437*
  Az 1: 6J 197/44,
  6J 196/44
  Az 2: 5H 17,18/45

Grillmeyer, Josef
- Fiche: *0437/0680*
  Az 1: 7J 6/45
  Az 2: 5H 25/45

Grimm
- Fiche: *0022/0674*
  Az 1: 8J 125/34
  Az 2: 2H 3/35
- Fiche: *0177*
  Az 1: 7J 465/42g
  Az 2: 2H 31/43
- Fiche: *0565 f.*
  Az 1: 10J 291/38
  Az 2: 2H 88/38
- Fiche: *0633*
  Az 1: 8J 267/38
  Az 2: 2H 61/38

Grimm (Frau)
- Fiche: *0078*
  Az 1: 14J 73/36
  Az 2: 1H 62/36

Grimm, Ernst (A)
- Fiche: *0099 f.*
  Az 1: 14J 301/37
  Az 2: 1H 27/37

Grimm, Max
- Fiche: *0256*
  Az 1: 15J 162/36
  Az 2: 1H 51/36

Grimm, Walter
- Fiche: *0564 f.*
  Az 1: 9J 137/34
  Az 2: 1H 25/35

Grimmbacher, Alois (A)
- Fiche: *0552*
  Az 1: 9J 66/44
  Az 2: 2H 119/44

Grimme
- Fiche: *0705*
  Az 1: StPL (RKA) 529/42
  Az 2: StPL (HLS) 72/43

Grimmel
- Fiche: *0721*
  Az 1: 9J 25/45

Grimmelshäuser, Albert
- Fiche: *0463/0465*
  Az 1: 15J 39/36
  Az 2: 2H 35/36

Grimmer, Arthur
- Fiche: *0210 f./0498*
  Az 1: 9J 236/44g
  Az 2: 5H 38/45

Grimmer, Arthur (A)
- Fiche: *0210 f./0498*
  Az 1: 9J 236/44g
  Az 2: 5H 38/45

Grimmig, Heinrich (A)
- Fiche: *0417/0684*
  Az 1: 11(10)J 514/43
  Az 2: 2H 45/44

Grimminger, Eugen (A)
- Fiche: *0539/0627*
  Az 1: 6J 24/43
  Az 2: 1H 101/43

Grimminger, Heinrich
- Fiche: *0476 f.*
  Az 1: 8J 131/36g,
  8J 49,117,131/36g
  Az 2: 2H 16,20,27/37

Grinschek (Frau)
- Fiche: *0578*
  Az 1: 10J 314/44
  Az 2: 2H 225/44

Grischel
- Fiche: *0147*
  Az 1: 11J 196/38g
  Az 2: 1H 35/39

Grissinger
- Fiche: *0424*
  Az 1: 7J 49/44
  Az 2: 5H 70/44

Gritsch
- Fiche: *0383/0529*
  Az 1: 7J 273/43
  Az 2: 6H 105/43

Gritsch, Karl (A)
- Fiche: *0383/0529*
  Az 1: 7J 273/43
  Az 2: 6H 105/43

Gritzan, Albert
- Fiche: *0511 f.*
  Az 1: 9J 125/39g
  Az 2: 2H 45/39

Grob, Fritz
- Fiche: *0450/0623 f.*
  Az 1: 17J 451/37
  Az 2: 2H 59/38

Grobauer, Johann
- Fiche: *0337*
  Az 1: 7J 205/42
  Az 2: 2H 212/42
- Fiche: *0345*
  Az 1: 7J 405/42
  Az 2: 2H 266/42
- Fiche: *0365*
  Az 1: 7J 607/42
  Az 2: 6H 57/43

Grobes, Paul
- Fiche: *0016*
  Az 1: 17J 470/33
  Az 2: 2H 25/34

Grobis
- Fiche: *0015 f.*
  Az 1: 14a/8J 193/30,
  17J 803/33
  Az 2: 1H 24/34, 1H 38/34
- Fiche: *0092 ff.*
  Az 1: 17J 67/36
  Az 2: 1H 14/37
- Fiche: *0635 f.*
  Az 1: 10J 123/41
  Az 2: 2H 115/41

Grobis, Paul
- Fiche: *0021 f.*
  Az 1: 17J 397/33
  Az 2: 1H 3/35

Gröbe, Kurt (A)
- Fiche: *0299/0512*
  Az 1: 5J 109/43
  Az 2: 2H 113/43

Gröbe, Walter
- Fiche: *0311 f.*
  Az 1: 14a/8J 510/29
  Az 2: 1H 18/34

Gröbel, Philipp
- Fiche: *0007 f.*
  Az 1: 15J 734/33
  Az 2: 2H 10/34

Gröbinger
- Fiche: *0370*
  Az 1: 7J 555/42
  Az 2: 6H 13/43

Gröbner, Johann
- Fiche: *0345*
  Az 1: 7J 405/42
  Az 2: 2H 266/42

Gröger
- Fiche: *0356/0400*
  Az 1: 7J 395/42,
  7J 457/42
  Az 2: 5H 158/42,
  5H 193/42
- Fiche: *0526 f.*
  Az 1: 7J 457/42

Gröger, Alfred (A)
- Fiche: *0149 f.*
  Az 1: 8J 23/39
  Az 2: 1H 39/39

Gröger, Elfriede
- Fiche: *0149 f.*
  Az 1: 8J 23/39
  Az 2: 1H 39/39

Gröger, Herbert
- Fiche: *0407 f.*
  Az 1: 7(8)J 199/41
  Az 2: 2H 3/44

Gröger, Johann (A)
- Fiche: *0356/0512*
  Az 1: 7J 479/42
  Az 2: 5H 196/42

Gröhl, Karl
- Fiche: *0176/0362*
  Az 1: 6J 248/41g
  Az 2: 1H 14/43

Gröllmann, Otto (A)
- Fiche: *0465*
  Az 1: 11(10)J 1036/43g

Gröne
- Fiche: *0499 f.*
  Az 1: 8J 145/38
  Az 2: 2H 52/38

Gröning, Ilse
- Fiche: *0518/0562*
  Az 1: 8J 52/44
  Az 2: 1H 82/44
- Fiche: *0684 f.*
  Az 1: 10J 548/43
  Az 2: 2H 158/43

Gröninger, Hans
- Fiche: *0010/0217 f.*
  Az 1: 17J 331/33
  Az 2: 2H 13/34

Grönwald, Julius (A)
- Fiche: *0114/0473 f.*
  Az 1: 14J 527/37g,
  14J 736/37
  Az 2: 1H 44/37, 1H 3/38

Grönwaldt
- Fiche: *0478*
  Az 1: 10J 290/40g
  Az 2: 5H 62/42

Grönwoldt
- Fiche: *0554*
  Az 1: 10J 294/41
  Az 2: 1H 329/42

- Fiche: *0640*
Az 1: 16J 328/35
Az 2: 1H 11/37
- Fiche: *0642*
Az 1: 8J 144/38
Az 2: 1H 16/38

Groß (Frau)
- Fiche: *0047 f./0641*
Az 1: 9J 486/35
Az 2: 1H 71/35

Groß, Charlotte (A)
- Fiche: *0505/0740*
Az 1: 8J 180/44g
Az 2: 1H 231/44

Groß, E.
- Fiche: *0002*
Az 1: 8J 1856/33
Az 2: 2H 2/34

Groß, Emil
- Fiche: *0694*
Az 1: 9J 341/36
Az 2: 5 0Js 127/37

Groß, Friedrich
- Fiche: *0708*
Az 1: 8J 90/44
Az 2: 2H 263/44

Groß, Friedrich (A)
- Fiche: *0193*
Az 1: 9J 113/44
Az 2: 2H 148/44

Groß, Hans
- Fiche: *0670*
Az 1: 15J 117/33
Az 2: XV H 46/33

Groß, Hermann
- Fiche: *0213 f./0216*
Az 1: 17J 89/33
Az 2: 1H 6/34

Groß, Kurt
- Fiche: *0394 f.*
Az 1: 14J 480/37g
Az 2: 1L 18/38

Gross, Peter
- Fiche: *0507 f.*
Az 1: 14J 26/34
Az 2: 2H 29/35

Groß, Peter
- Fiche: *0511*
Az 1: 7J 61/44
Az 2: 5H 50/44

Groß, Peter (A)
- Fiche: *0318*
Az 1: 7J 144/44
Az 2: 5H 92/44

Groß, Wilhelm (A)
- Fiche: *0169 f.*
Az 1: 5J 229/41
Az 2: 2H 13/42

Grossauer, Anton
- Fiche: *0349*
Az 1: 6J 46/42g
Az 2: 5H 93/42

Grossauer, Anton (A)
- Fiche: *0335 f.*
Az 1: 6J 165/41g
Az 2: 2H 42/42

Großberger
- Fiche: *0296*
Az 1: 7J 638/42
Az 2: 5H 26/43
- Fiche: *0350*
Az 1: 7J 359/42
Az 2: 5H 137/42
- Fiche: *0357*
Az 1: 7J 445/42, 7J 455/42
Az 2: 5H 184/42, 5H 168/42

Grossdorfer
- Fiche: *0526 f.*
Az 1: 7J 457/42

Großdorfer
- Fiche: *0356/0400*
Az 1: 7J 395/42, 7J 457/42
Az 2: 5H 158/42, 5H 193/42

Große
- Fiche: *0448*
Az 1: 17J 225/37
Az 2: 2H 48/37
- Fiche: *0705 f.*
Az 1: StPL (RKA) III 68/44
Az 2: StPL 2. Sen. 35/44

Grosse, Erich
- Fiche: *0159*
Az 1: 9J 84/39g
Az 2: 2H 5/40

Große, Friedrich
- Fiche: *0225*
Az 1: 8J 1734/33
Az 2: 1H 7/35

Große, Friedrich (A)
- Fiche: *0010*
Az 1: 8J 1783/33
Az 2: 1H 14/34

Grosse, Fritz
- Fiche: *0029*
Az 1: 17J 98/34
Az 2: 1H 17/35
- Fiche: *0247 f./0445*
Az 1: 8J 72/36
Az 2: 2H 7/37
- Fiche: *0264/0491 f.*
Az 1: 17J 171/35
Az 2: 2H 18/37
- Fiche: *0681 f.*
Az 1: 10J 202/41g
Az 2: 2H 143/41

Grosse, Fritz (A)
- Fiche: *0044 f.*
Az 1: 17J 387/34
Az 2: 2H 55/35

Grosse, Heinz
- Fiche: *0720 f.*
Az 1: 9J 283/44

Grosse, Hermann
- Fiche: *0033 f.*
Az 1: 17J 119/35
Az 2: 2H 26/35
- Fiche: *0564 f.*
Az 1: 9J 137/34
Az 2: 1H 25/35

Große, Hermann
- Fiche: *0222 f.*
Az 1: 17J 504/33
Az 2: 1H 1/35

Grosser, Erich (A)
- Fiche: *0618*
Az 1: 8/16J 1170/32
Az 2: XII H 20/33

Großer, Fritz (A)
- Fiche: *0652 f.*
Az 1: 9J 107/33
Az 2: XII H 45/33

Großheim, Emil
- Fiche: *0286 f.*
Az 1: 8J 384/38g
Az 2: 1H 32/39

Grossinger, Gisela
- Fiche: *0371*
Az 1: 7J 298/43
Az 2: 5H 99/43

Großjohann, Rudolf
- Fiche: *0386 f./0572 f.*
Az 1: 11J 423/33
Az 2: 3L 15/35

Großkopf, Richard (A)
- Fiche: *0010 f.*
Az 1: 17J 232/33
Az 2: 2H 14/34

Großmann
- Fiche: *0028 f./0679*
Az 1: 15J 648/33
Az 2: 1H 14/35
- Fiche: *0506*
Az 1: 8J 441/39
Az 2: 2H 34/40
- Fiche: *0561 f.*
Az 1: 8J 261/41g
Az 2: 1H 237/42

Großmann, Hans (A)
- Fiche: *0165/0534 f.*
Az 1: 10J 37/40g
Az 2: 2H 3/41

Großmann, Harry
- Fiche: *0008*
Az 1: 17J 58/34
Az 2: 1H 11/34
- Fiche: *0085*
Az 1: 17J 507/36
Az 2: 2H 3/37
- Fiche: *0656 f.*
Az 1: 17J 582/33
Az 2: XV H 28/34
- Fiche: *0660 f.*
Az 1: 17J 792/33
Az 2: XV H 15/34
- Fiche: *0662 f.*
Az 1: 17J 627/33
Az 2: XV H 21/34

Großmann, Harry (A)
- Fiche: *0651 f.*
Az 1: 17J 793/33
Az 2: XII H 10,12/24

Großmann, Käthe
- Fiche: *0651 f.*
Az 1: 17J 793/33
Az 2: XII H 10,12/24
- Fiche: *0662 f.*
Az 1: 17J 627/33
Az 2: XV H 21/34

Großmann, Kurt
- Fiche: *0170*
Az 1: 7J 169/41
Az 2: 2H 18/42

Großmann, Oskar
- Fiche: *0112/0271*
Az 1: 16J 675/37
Az 2: 2H 52/37
- Fiche: *0269/0718*
Az 1: 16J 736/36
Az 2: 2H 43/37
- Fiche: *0702 f.*
Az 1: 17J 97/37
Az 2: 2H 19/37

Großmann, Robert
- Fiche: *0112/0271*
Az 1: 16J 675/37
Az 2: 2H 52/37

Großmayr, Josef
- Fiche: *0337*
Az 1: 7J 343/42
Az 2: 2H 217/42

Großöhmigen, Oswin
- Fiche: *0656 f.*
Az 1: 17J 582/33
Az 2: XV H 28/34
- Fiche: *0662 f.*
Az 1: 17J 627/33
Az 2: XV H 21/34
- Fiche: *0663 f.*
Az 1: 17J 685/33, 17J 627/33
Az 2: XV H 22/34, XV H 21/34

Großöhmigen, Oswin (A)
- Fiche: *0008*
Az 1: 17J 58/34
Az 2: 1H 11/34

Großwendt (Frau)
- Fiche: *0587*
Az 1: 10J 303/38
Az 2: 2H 90/38

Grostowski
- Fiche: *0111 f./0270 f.*
Az 1: 17J 152/37
Az 2: 2H 51/37

Grosz, Emil
- Fiche: *0214*
Az 1: 8J 1856/33

Grote (Frau)
- Fiche: *0245 f.*
Az 1: 8J 7/36g
Az 2: 2H 4/36

Grünspan, Ruth
- Fiche: *0090*
  Az 1: 17J 187/36
  Az 2: 2H 31/37

Grünther
- Fiche: *0021 f.*
  Az 1: 17J 397/33
  Az 2: 1H 3/35

Grünwald
- Fiche: *0292*
  Az 1: 5J 228/41
  Az 2: 2H 16/42

Grünwald, Franz (A)
- Fiche: *0331*
  Az 1: 6J 18/42g
  Az 2: 2H 121/42

Grünwald, Luise
- Fiche: *0067 f./0514*
  Az 1: 17J 25/36
  Az 2: 1H 39/36

Grünwald, Rudolf (A)
- Fiche: *0387 f.*
  Az 1: 16J 489/33
  Az 2: 3L 19/35

Grünzweig, Rupert
- Fiche: *0331*
  Az 1: 6J 18/42g
  Az 2: 2H 121/42

Grünzweig, Rupert (A)
- Fiche: *0512*
  Az 1: 6J 44/42g

Grützmacher, Fritz
- Fiche: *0082/0260 f.*
  Az 1: 9J 907/35
  Az 2: 1H 67/36

Grützner
- Fiche: *0129 f.*
  Az 1: 6J 223/38g
  Az 2: 2H 47/38

Gruhl, Willi
- Fiche: *0174/0673*
  Az 1: 6J 129/42g
  Az 2: 5H 172/42

Grulich, Karl
- Fiche: *0323*
  Az 1: 6J 28/41g
  Az 2: 2H 129/41

Grumbach
- Fiche: *0278 f.*
  Az 1: 8J 252/38
  Az 2: 2H 68/38

Grumpelt
- Fiche: *0090 f./0261*
  Az 1: 17J 260/36
  Az 2: 1H 10/37

Grumpelt, Walter
- Fiche: *0102*
  Az 1: 17J 185/36
  Az 2: 1H 30/37

Grunack, Willy
- Fiche: *0008*
  Az 1: 17J 58/34
  Az 2: 1H 11/34
- Fiche: *0654*
  Az 1: 17J 684/33
  Az 2: XV H 11/34
- Fiche: *0660 f.*
  Az 1: 17J 792/33
  Az 2: XV H 15/34
- Fiche: *0662 f.*
  Az 1: 17J 627/33
  Az 2: XV H 21/34

Grunack, Willy (A)
- Fiche: *0651 f.*
  Az 1: 17J 793/33
  Az 2: XII H 10,12/24

Grunauer, Kurt
- Fiche: *0029*
  Az 1: 17J 98/34
  Az 2: 1H 17/35

Grund, Fritz
- Fiche: *0173*
  Az 1: 5J 81/42
  Az 2: 2H 94/42

Grund, Josef
- Fiche: *0427*
  Az 1: 10J 46/44
  Az 2: 2H 102/44

Grund, Leo
- Fiche: *0427*
  Az 1: 10J 46/44
  Az 2: 2H 102/44

Grundig
- Fiche: *0694 f.*
  Az 1: 5J 466/38
  Az 2: 1H 38/39

Grundig, Lea
- Fiche: *0163*
  Az 1: 5J 142/40
  Az 2: 2H 68/40

Grundmann
- Fiche: *0705*
  Az 1: RKA II 209/43
  Az 2: 1. Sen. 28/44

Grundmann, Hans
- Fiche: *0492*
  Az 1: 10J 66/40
  Az 2: 2H 114/40

Grundnach
- Fiche: *0021/0461 f.*
  Az 1: 9aJ 44/34
  Az 2: 2H 1/35

Gruner, Edwin
- Fiche: *0055 f./0390*
  Az 1: 8J 82/36g
  Az 2: 2H 13/36

Gruner, Elisabeth
- Fiche: *0055 f./0390*
  Az 1: 8J 82/36g
  Az 2: 2H 13/36

Gruner, Max
- Fiche: *0001*
  Az 1: 17J 303/33
  Az 2: 1H 2/34

Grunert
- Fiche: *0129 f.*
  Az 1: 6J 223/38g
  Az 2: 2H 47/38
- Fiche: *0608 ff.*
  Az 1: 15J 179/33
  Az 2: XII H 17/34
- Fiche: *0632 f.*
  Az 1: 6J 29/42g
  Az 2: 1H 139/43

Grunert, Paul
- Fiche: *0012*
  Az 1: 14J 327/33
  Az 2: 2H 15/34

Grunewald, Herbert
- Fiche: *0588 f./0643*
  Az 1: 16J 293/35, 8J 438/35
  Az 2: 2H 58/35

Grunewald, Marie
- Fiche: *0116*
  Az 1: 16J 878/37
  Az 2: 1H 9/38

Grunov s. Grunow

Grunow, Arthur
- Fiche: *0084*
  Az 1: 17J 318/36
  Az 2: 2H 2/37

Grunow, Heinrich
- Fiche: *0041 f./0238*
  Az 1: 8J 206/35
  Az 2: 2H 49/35
- Fiche: *0222*
  Az 1: 8J 381/34
  Az 2: 1H 45/34
- Fiche: *0233 f.*
  Az 1: 8J 291/35
  Az 2: 2H 36/35
- Fiche: *0239 f.*
  Az 1: 8J 359/35
  Az 2: 1H 63/35
- Fiche: *0250 f.*
  Az 1: 8J 364/35
  Az 2: 2H 15/36
- Fiche: *0457*
  Az 1: 8J 17/39
  Az 2: 2H 18/39
- Fiche: *0498*
  Az 1: 8J 371/38
  Az 2: 1H 38/38
- Fiche: *0504 f.*
  Az 1: 8J 198/41g
  Az 2: 5H 60/42
- Fiche: *0533*
  Az 1: 8J 332/38
  Az 2: 1H 32/38
- Fiche: *0536*
  Az 1: 8J 436/38
  Az 2: 2H 15/39
- Fiche: *0543*
  Az 1: 8J 336/38
  Az 2: 1H 2/39
- Fiche: *0558/0586*
  Az 1: 8J 432/38g
  Az 2: 1H 9/39
- Fiche: *0585 f.*
  Az 1: 8J 160/38
  Az 2: 2H 73/38
- Fiche: *0595 f.*
  Az 1: 8J 410/38g
  Az 2: 2H 20/39
- Fiche: *0635*
  Az 1: 8J 422/38
  Az 2: 2H 9/39
- Fiche: *0636 f.*
  Az 1: 8J 421/40
  Az 2: 2H 121/40
- Fiche: *0682 f.*
  Az 1: 8J 393/38
  Az 2: 2H 92/38
- Fiche: *0686*
  Az 1: 8J 4/39g
  Az 2: 2H 32/39
- Fiche: *0714 f.*
  Az 1: 8J 232/40
  Az 2: 2H 76/41
- Fiche: *0718 f.*
  Az 1: 8J 444/35
  Az 2: 2H 54/36

Grunow, Heinrich s.a. Beer, Friedrich

Grupe
- Fiche: *0496*
  Az 1: 15J 126/34
  Az 2: 2H 20/35

Grupe, Friedrich
- Fiche: *0205*
  Az 1: 11(10)J 1275/43
  Az 2: 2H 251/44
- Fiche: *0472 f./0603 f.*
  Az 1: 14J 629/37g, 6J 44/38g
  Az 2: 2H 84,85,87/38
- Fiche: *0544*
  Az 1: 10J 209/41
  Az 2: 2H 48/42

Grupe, Friedrich (A)
- Fiche: *0021/0462*
  Az 1: 15J 85/34
  Az 2: 1H 46/34

Grusch, Berta
- Fiche: *0320*
  Az 1: 6J 122/40g
- Fiche: *0717*
  Az 1: 6J 144/41g

Gruschwitz
- Fiche: *0286 f.*
  Az 1: 8J 384/38g
  Az 2: 1H 32/39
- Fiche: *0515*
  Az 1: 8J 368/38
  Az 2: 1H 4/39

Gruschwitz (Frau)
- Fiche: *0515*
  Az 1: 8J 368/38
  Az 2: 1H 4/39

Gruschwitz, Max
- Fiche: *0479 f.*
  Az 1: 7(8)J 108/43g
- Fiche: *0515*
  Az 1: 8J 368/38
  Az 2: 1H 4/39

Gruslewska (Frau)
- Fiche: *0700*
  Az 1: 8J 99/44
  Az 2: 2H 165/44

Gückel
- Fiche: *0291/0719*
  Az 1: 9J 237/40
  Az 2: 2H 17/42

Gühne, Lotte
- Fiche: *0160/0288f.*
  Az 1: 6J 224/39g
  Az 2: 2H 44/40

Gülli, Franz
- Fiche: *0349*
  Az 1: 7J 256/42
  Az 2: 5H 90/42

Günsche
- Fiche: *0090 f./0261*
  Az 1: 17J 260/36
  Az 2: 1H 10/37

Günser, Julius
- Fiche: *0425*
  Az 1: 7J 137/44
  Az 2: 5H 81/44

Günter
- Fiche: *0103 f.*
  Az 1: 17J 416/36
  Az 2: 2H 32/37
- Fiche: *0628 f.*
  Az 1: 10J 2/43g
  Az 2: 1H 89/43

Günter, Alfred
- Fiche: *0510 f./0689 f.*
  Az 1: 8J 54/37
  Az 2: 2H 41/37

Günther
- Fiche: *0012 f./0546*
  Az 1: 13J 258/33
  Az 2: 1H 16/34
- Fiche: *0316*
  Az 1: 16J 251/36
  Az 2: 1H 45/36
- Fiche: *0554*
  Az 1: 10J 294/41
  Az 2: 1H 329/42
- Fiche: *0679 f./0713*
  Az 1: 10(9)J 777/43g
  Az 2: 5H 38/44, 5H 43/44

Günther, Andreas
- Fiche: *0269 f.*
  Az 1: 8J 100/37
  Az 2: 1H 43/37

Günther, Christoph
- Fiche: *0633*
  Az 1: 9J 357/41g
  Az 2: 2H 7/42
- Fiche: *0634 f.*
  Az 1: 9J 206/42g
  Az 2: 1H 302/42

Günther, Christoph (A)
- Fiche: *0129/0439*
  Az 1: 7J 102/38
  Az 2: 2H 45/38

Günther, Erich
- Fiche: *0034*
  Az 1: 9J 613/33
  Az 2: 1H 27/35

Günther, Ewald
- Fiche: *0116*
  Az 1: 16J 878/37
  Az 2: 1H 9/38

Günther, Franz
- Fiche: *0433*
  Az 1: 10J 166/44
  Az 2: 2H 219/44

Günther, Hans
- Fiche: *0292*
  Az 1: 5J 228/41
  Az 2: 2H 16/42
- Fiche: *0453/0643*
  Az 1: 10J 227/42
  Az 2: 2H 102/43

Günther, Hans (A)
- Fiche: *0625/0643*
  Az 1: 10J 215/41
  Az 2: 2H 130/42

Günther, Herbert (A)
- Fiche: *0597 f.*
  Az 1: 15J 355/33
  Az 2: 1H 43/34

Günther, Kurt
- Fiche: *0552 f.*
  Az 1: 8J 10/35
  Az 2: 2H 34/35
- Fiche: *0670*
  Az 1: 15J 117/33
  Az 2: XV H 46/33

Günther, Louis
- Fiche: *0433*
  Az 1: 10J 166/44
  Az 2: 2H 219/44

Günther, Otto
- Fiche: *0289 f.*
  Az 1: 6J 52/40g
  Az 2: 2H 111/40

Günther, Paul (A)
- Fiche: *0597 f.*
  Az 1: 15J 355/33
  Az 2: 1H 43/34

Günther, Szakal
- Fiche: *0372/0520*
  Az 1: 7J 308/43
  Az 2: 5H 92/43

Günzburg, Frieda
- Fiche: *0420*
  Az 1: 6J 53/44
  Az 2: 5H 56/44
- Fiche: *0425*
  Az 1: 7J 137/44
  Az 2: 5H 81/44
- Fiche: *0426*
  Az 1: 7J 139/44,
  7J 130/44
  Az 2: 5H 89/44, 5H 82/44

Günzel, Gustav
- Fiche: *0130 f.*
  Az 1: 10J 137/38
  Az 2: 2H 49/38

Günzel, Walter
- Fiche: *0157*
  Az 1: 5J 474/39
  Az 2: 1H 71/39

Günzler, Franz
- Fiche: *0198*
  Az 1: 10J 167/44
  Az 2: 2H 208/44

Günzler, Otto
- Fiche: *0433*
  Az 1: 10J 166/44
  Az 2: 2H 219/44

Gürtler
- Fiche: *0299*
  Az 1: 7J 427/43
  Az 2: 6H 187/43

Gürtler, Josef
- Fiche: *0647 f.*
  Az 1: 7(8)J 203/41
  Az 2: 2H 168/44

Gütersberger
- Fiche: *0435/0709*
  Az 1: 10J 212/44
  Az 2: 6H 239/44

Güther, Arthur (A)
- Fiche: *0069 f.*
  Az 1: 17J 315/35
  Az 2: 2H 42/36

Güttel
- Fiche: *0523 f.*
  Az 1: 9J 351/38g
  Az 2: 2H 93/38

Güttersberger
- Fiche: *0404*
  Az 1: 7J 391/43
  Az 2: 6H 179/43

Güttersberger, Johann
- Fiche: *0205/0530*
  Az 1: 10J 289/44
  Az 2: 6H 256/44
- Fiche: *0405*
  Az 1: 7J 381/43
  Az 2: 6H 180/43
- Fiche: *0405*
  Az 1: 7J 390/43
  Az 2: 6H 181/43

Güttler, Georg
- Fiche: *0397f.*
  Az 1: 6J 198/39g
  Az 2: 3L 19/40

Güttler, Helmut
- Fiche: *0397f.*
  Az 1: 6J 198/39g
  Az 2: 3L 19/40

Güttler, Kurt
- Fiche: *0397f.*
  Az 1: 6J 198/39g
  Az 2: 3L 19/40

Gugenberger, Franz
- Fiche: *0541*
  Az 1: 10J 29/38
  Az 2: 2H 31/38

Guggenberger, Franz
- Fiche: *0518/0679*
  Az 1: 10J 30/38
  Az 2: 2H 8/38
- Fiche: *0601*
  Az 1: 10J 26/38
  Az 2: 2H 19/38

Gugler, Josef
- Fiche: *0328/0340 f.*
  Az 1: 7J 137/42
  Az 2: 2H 191/42

Guhalleck, Rudolf
- Fiche: *0418*
  Az 1: 7(8)J 103/41
  Az 2: 5H 47/44

Guhr, Carl (A)
- Fiche: *0581*
  Az 1: 6J 201/44
  Az 2: 2H 13/45

Guilka
- Fiche: *0611 f.*
  Az 1: 12J 145/33
  Az 2: XII H 13/34

Gulass, Friedrich (A)
- Fiche: *0435*
  Az 1: 10J 286/44
  Az 2: 6H 251/44

Gulbinat
- Fiche: *0430*
  Az 1: 10J 183/44
  Az 2: 2H 121/44

Gulbinet
- Fiche: *0488 f./0519 f.*
  Az 1: 9J 30/40g
  Az 2: 2H 5/41

Gulen, van
- Fiche: *0254*
  Az 1: 9J 332/36
  Az 2: 2H 40/36

Gullbring, Sten (A)
- Fiche: *0571*
  Az 1: 11(10)J 1241/43
  Az 2: 1H 59/44

Gumbel
- Fiche: *0561 f.*
  Az 1: 8J 261/41g
  Az 2: 1H 237/42
- Fiche: *0642*
  Az 1: 8J 144/38
  Az 2: 1H 16/38

Gumbold, Josef
- Fiche: *0375*
  Az 1: 7J 100/43
  Az 2: 6H 75/43

Gumhold
- Fiche: *0296 f.*
  Az 1: 7J 100/43
  Az 2: 6H 78/43

Gumhold, Josef
- Fiche: *0375*
  Az 1: 7J 100/43
  Az 2: 6H 74/43

Gumpel-Heidelberg
- Fiche: *0639*
  Az 1: 10J 87/41
  Az 2: 2H 192/42

Gumpert, Georg
- Fiche: *0559*
  Az 1: 10J 16/42g
  Az 2: 1H 247/42

Gumprecht, Herbert
- Fiche: *0262 f.*
  Az 1: 8J 51/36g
  Az 2: 1H 16/37

Gundermann, Franz
- Fiche: *0198*
  Az 1: 10J 167/44
  Az 2: 2H 208/44

Gundermann, Marianne
- Fiche: *0489*
  Az 1: 8J 87/44
  Az 2: 1H 127/44

Gundermann, Max
- Fiche: *0056 f./0461*
  Az 1: 8J 29/35
  Az 2: 2H 18/36

Gunkel, Wilhelm
- Fiche: *0066 f./0253 f.*
  Az 1: 8J 4/36
  Az 2: 1H 38/36

Gunold, Herbert
- Fiche: *0694 f.*
  Az 1: 5J 466/38
  Az 2: 1H 38/39

Gunold, Rudolf
- Fiche: *0122 f.*
  Az 1: 16J 765/37
  Az 2: 1H 23/38

Gunold, Rudolf (A)
- Fiche: *0506 f.*
  Az 1: 15J 183/34
  Az 2: 2H 15/35

Guntermann
- Fiche: *0254*
  Az 1: 9J 332/36
  Az 2: 2H 40/36

Gurewitsch, Anatolij
- Fiche: *0713 f.*
  Az 1: StPL (RKA) III 495,496,497/42
  Az 2: StPL (HLS) II 129/42

Gurgeit, Hildegard (A)
- Fiche: *0282*
  Az 1: 7J 677/38
  Az 2: 2H 1/39

Gurland
- Fiche: *0518/0558*
  Az 1: 10J 815/43
  Az 2: 1H 289/43

Gurtner, Max
- Fiche: *0366*
  Az 1: 7J 75/43
  Az 2: 6H 38/43

Guse, Robert (A)
- Fiche: *0014/0737*
  Az 1: 14J 253/33
  Az 2: 2H 22/34

Guske, Willi
- Fiche: *0187*
  Az 1: 9J 64/44
  Az 2: 2H 80/44

Gußner, Dorothea (A)
- Fiche: *0180*
  Az 1: 7(6)J 81/43
  Az 2: 6H 204/43

Gustedt, Elisabeth von (A)
- Fiche: *0585 f.*
  Az 1: 8J 160/38
  Az 2: 2H 73/38

Gustel
- Fiche: *0042*
  Az 1: 16J 354/35
  Az 2: 1H 50/35

Gute, Herbert
- Fiche: *0168 f.*
  Az 1: 5J 230/41
  Az 2: 2H 6/42

Gutenberger
- Fiche: *0364/0736*
  Az 1: 7J 109/43, 6(7)J 108/43
  Az 2: 5H 28/44, *H 35/44

Gutensohn, Johann (A)
- Fiche: *0325*
  Az 1: 6J 132/40g
  Az 2: 2H 147/41

Guter, Heinrich (A)
- Fiche: *0539/0627*
  Az 1: 6J 24/43
  Az 2: 1H 101/43

Gutermann, Willy
- Fiche: *0036/0230 f.*
  Az 1: 8J 306/35
  Az 2: 2H 30/35
- Fiche: *0037*
  Az 1: 8J 228/35
  Az 2: 1H 36/35

Gutermann, Willy (A)
- Fiche: *0041 f./0238*
  Az 1: 8J 206/35
  Az 2: 2H 49/35

Gutermuth
- Fiche: *0185*
  Az 1: 10(9)J 467/43
  Az 2: 2H 49/44

Guth, Anna
- Fiche: *0396/0704 f.*
  Az 1: 14J 522/37g
  Az 2: 1L 2/40

Guth, Josef
- Fiche: *0334*
  Az 1: 7J 48/42
  Az 2: 2H 76/42

Gutjahr
- Fiche: *0516/0685*
  Az 1: 10J 175/41
  Az 2: 2H 135/41

Gutjahr, Pauline
- Fiche: *0278 f.*
  Az 1: 8J 252/38
  Az 2: 2H 68/38
- Fiche: *0477 f.*
  Az 1: 8J 251/38
  Az 2: 2H 65/38

Gutknecht
- Fiche: *0516/0685*
  Az 1: 10J 175/41
  Az 2: 2H 135/41

Gutleber, Konrad
- Fiche: *0356*
  Az 1: 7J 525/42
  Az 2: 5H 192/42
- Fiche: *0371*
  Az 1: 7J 524/42
  Az 2: 5H 9/43

Gutleber, Konrad (A)
- Fiche: *0355*
  Az 1: 7J 464/42
  Az 2: 5H 198/42

Gutmann, Hugo
- Fiche: *0231 f./0561*
  Az 1: 8J 14/34
  Az 2: 2H 33/35

Gutsche
- Fiche: *0615 ff.*
  Az 1: 15J 86/33
  Az 2: XII H 42/33

Gutsche, Gustav
- Fiche: *0011 f.*
  Az 1: 17J 545/33
  Az 2: 1H 15/34

Gutsche, Josef
- Fiche: *0160*
  Az 1: 9J 425/39g
  Az 2: 2H 43/40
- Fiche: *0161 f./0562*
  Az 1: 9J 370/39g
  Az 2: 2H 53/40
- Fiche: *0162*
  Az 1: 9J 424/39g
  Az 2: 2H 60/40
- Fiche: *0579 f.*
  Az 1: 9J 422/39g
  Az 2: 2H 37/40
- Fiche: *0592*
  Az 1: 9J 423/39g
  Az 2: 2H 63/40

Gutsche, Walter
- Fiche: *0183*
  Az 1: 11(10)J 631/43
  Az 2: 1H 28/44

Gutschg, Friedrich
- Fiche: *0338*
  Az 1: 7J 272/42
  Az 2: 2H 206/42

Gutseit
- Fiche: *0081*
  Az 1: 8J 35/37g
  Az 2: 1H 66/36

Guttmann, Isaak
- Fiche: *0109*
  Az 1: 16J 443/37
  Az 2: 2H 42/37
- Fiche: *0128*
  Az 1: 5J 317/38
  Az 2: 1H 35/38
- Fiche: *0128 f.*
  Az 1: 5J 285/38
  Az 2: 1H 36/38
- Fiche: *0276 f.*
  Az 1: 5J 284/38
  Az 2: 1H 34/38

Guttmann, Rene
- Fiche: *0276 f.*
  Az 1: 5J 284/38
  Az 2: 1H 34/38

Guttmann, René
- Fiche: *0128*
  Az 1: 5J 317/38
  Az 2: 1H 35/38
- Fiche: *0128 f.*
  Az 1: 5J 285/38
  Az 2: 1H 36/38

Guttmann, Renée
- Fiche: *0109*
  Az 1: 16J 443/37
  Az 2: 2H 42/37

Gutzmann, Karl (A)
- Fiche: *0451*
  Az 1: 14J 290/33
  Az 2: 1H 34/34

Gutzmer, Karl
- Fiche: *0709 ff.*
  Az 1: 8J 162/40
  Az 2: 2H 77/41

Gwinner
- Fiche: *0086/0684*
  Az 1: 14J 392/35
  Az 2: 2H 4/37

Gwinner, Willi
- Fiche: *0038/0039*
  Az 1: 8J 227/35
  Az 2: 2H 38/35

Gymnich
- Fiche: *0071 f.*
  Az 1: 14J 288/36
  Az 2: 1H 48/36

Gymnich, Louis Napoleon
- Fiche: *0165/0291*
  Az 1: 9J 246/40
  Az 2: 2H 28/41
- Fiche: *0291*
  Az 1: 9Z 246/40

Györög, Josef
- Fiche: *0348*
  Az 1: 7J 253/42
  Az 2: 5H 89/42

Györvar
- Fiche: *0581 f./0647*
  Az 1: 8J 95/41g
  Az 2: 2H 167/43

Haack, Theodor
- Fiche: *0634*
  Az 1: 10J 102/42
  Az 2: 2H 185/42

Haacke, Walter (A)
- Fiche: *0581*
  Az 1: 6J 201/44
  Az 2: 2H 13/45

Haag (Frau)
- Fiche: *0094 f./0551*
  Az 1: 9J 600/36
  Az 2: 1H 21/37

Haag, Heinrich (A)
- Fiche: *0618 f.*
  Az 1: 8/16J 612/33
  Az 2: XII H 21/33

Habecker
- Fiche: *0157 f.*
  Az 1: 11J 195/38
  Az 2: 1H 37/39
- Fiche: *0175*
  Az 1: 7J 75/42
  Az 2: 2H 189/42

Habentanz
- Fiche: *0632 f.*
  Az 1: 6J 29/42g
  Az 2: 1H 139/43

Haber
- Fiche: *0176*
  Az 1: 5J 172/42
  Az 2: 1H 4/43

Haberer
- Fiche: *0523 f.*
  Az 1: 9J 351/38g
  Az 2: 2H 93/38

Haberer, Georg
- Fiche: *0113/0469 f.*
  Az 1: 16J 37/35
  Az 2: 1H 19-20/37
- Fiche: *0140 f.*
  Az 1: 8J 357/38g
  Az 2: 2H 13/39

Haberer, Georg (A)
- Fiche: *0049/0450*
  Az 1: 9J 151/35
  Az 2: 1H 3/36

Haberger, Augusta
- Fiche: *0293 f.*
  Az 1: 8J 521/41g
  Az 2: 2H 98/42

Habergut, Johann
- Fiche: *0511*
  Az 1: 7J 61/44
  Az 2: 5H 50/44

Haberl
- Fiche: *0323 ff.*
  Az 1: 7J 174/40
  Az 2: 2H 132/41

Haberl, Hans (A)
- Fiche: *0535*
  Az 1: 8J 78/42g
  Az 2: 2H 214/42

Haberl, Leopoldine
- Fiche: *0355*
  Az 1: 7J 464/42
  Az 2: 5H 198/42

Haberlach, Paul (A)
- Fiche: *0045*
  Az 1: 9J 411/35
  Az 2: 1H 56/35

Haberland, Ernst (A)
- Fiche: *0051*
  Az 1: 5J 41/35
  Az 2: 2H 6/36

Haberland, Fritz
- Fiche: *0139 f./0283*
  Az 1: 5J 84/39
  Az 2: 1H 11/39

Habermann
- Fiche: *0625 f.*
  Az 1: 0J 17/44gRs
  Az 2: 1L 316/44

Habers, Heinrich
- Fiche: *0511 f.*
  Az 1: 9J 125/39g
  Az 2: 2H 45/39

Haberstroh
- Fiche: *0086/0684*
  Az 1: 14J 392/35
  Az 2: 2H 4/37

Habl, Jaroslav (A)
- Fiche: *0318*
  Az 1: 8J 250/43

Habmann
- Fiche: *0549*
  Az 1: 5J 642/38
  Az 2: 1H 13/39

Habmer, Johann
- Fiche: *0456*
  Az 1: 7J 599/42
  Az 2: 6H 60/43

Habsburg, Adelheid von
- Fiche: *0575/0644 f.*
  Az 1: 8J 324/39g
  Az 2: 5H 110/43

Habsburg, Felix von
- Fiche: *0575/0644 f.*
  Az 1: 8J 324/39g
  Az 2: 5H 110/43

Habsburg, Otto von
- Fiche: *0401 f.*
  Az 1: 8J 285/39g
  Az 2: 5H 108/43
- Fiche: *0407 f.*
  Az 1: 7(8)J 199/41
  Az 2: 2H 3/44
- Fiche: *0409*
  Az 1: 8J 376/40g, 8J 393/40g
  Az 2: 5H 111/43, 5H 141/43
- Fiche: *0409 f.*
  Az 1: 8J 376/40
  Az 2: 5H 13/44
- Fiche: *0411 f.*
  Az 1: 8J 375/40
  Az 2: 5H 17/44
- Fiche: *0420 f.*
  Az 1: 7(8)J 172/43g
  Az 2: 5H 59/44
- Fiche: *0496*
  Az 1: 8J 264/41g
  Az 2: 2H 14/42
- Fiche: *0568*
  Az 1: 8J 2/42
  Az 2: 2H 66/42
- Fiche: *0575/0644 f.*
  Az 1: 8J 324/39g
  Az 2: 5H 110/43
- Fiche: *0582*
  Az 1: 8J 317/41
  Az 2: 5H 135/43
- Fiche: *0636 f.*
  Az 1: 8J 421/40
  Az 2: 2H 121/40
- Fiche: *0644*
  Az 1: 8J 475/39
  Az 2: 5H 109/43
- Fiche: *0646*
  Az 1: 8J 393/40g
- Fiche: *0647 f.*
  Az 1: 7(8)J 203/41
  Az 2: 2H 168/44
- Fiche: *0686 f.*
  Az 1: 8J 257/41
  Az 2: 2H 19/42
- Fiche: *0701*
  Az 1: 8J 269/41g

Habsick, Heinrich
- Fiche: *0227 f.*
  Az 1: 13J 2/34
  Az 2: 1H 10/35

Habsig
- Fiche: *0513 f.*
  Az 1: 8J 969/33
  Az 2: 2H 24/34

Hachtmann, Gerhard
- Fiche: *0064*
  Az 1: 8J 360/34
  Az 2: 1H 31/36
- Fiche: *0510 f./0689 f.*
  Az 1: 8J 54/37
  Az 2: 2H 41/37

Hachtmann, Gerhard (A)
- Fiche: *0025 ff./0253*
  Az 1: 8J 427/34, 8J 6/35
  Az 2: 1H 9/35

Hackauf, Rudolf (A)
- Fiche: *0297 f.*
  Az 1: 7J 307/43
  Az 2: 5H 93/43

Hackenberg, Alice
- Fiche: *0151*
  Az 1: 8J 13/39
  Az 2: 2H 44/39

Hackenberger, Fritz
- Fiche: *0386*
  Az 1: 8J 404/34
  Az 2: 3L 14/35

Hackenbroich, Karl (A)
- Fiche: *0594 f./0695 f.*
  Az 1: 11J 122/35g
  Az 2: 2H 10,11,12/37

Hacker
- Fiche: *0537 f.*
  Az 1: 9J 236/41g
  Az 2: 5H 75/42
- Fiche: *0554*
  Az 1: 10J 294/41
  Az 2: 1H 329/42
- Fiche: *0628 f.*
  Az 1: 10J 2/43g
  Az 2: 1H 89/43

Hackhofer
- Fiche: *0459*
  Az 1: 7J 489/42
  Az 2: 6H 29/42

Hackmack
- Fiche: *0554 f.*
  Az 1: 8J 244/34
  Az 2: 2H 22/35

Hackparth, Willi
- Fiche: *0530 f.*
  Az 1: 10J 62/42
  Az 2: 1H 219/42

Hacks, Ilse
- Fiche: *0072 f.*
  Az 1: 15J 282/36
  Az 2: 2H 49/36

Hackstette, Hans
- Fiche: *0390 f.*
  Az 1: 8J 106/36g
  Az 2: 2H 24/36

Hadacek, Leopold
- Fiche: *0576*
  Az 1: 7J 352/43
  Az 2: 5H 90/43

Hadacek, Leopold (A)
- Fiche: *0372/0520*
  Az 1: 7J 308/43
  Az 2: 5H 92/43
- Fiche: *0520*
  Az 1: 7J 308/43

Hadank
- Fiche: *0137/0711 f.*
  Az 1: 8J 367/38
  Az 2: 2H 4/39

Hadarek
- Fiche: *0368/0414*
  Az 1: 6(7)J 511/43, 6(7)J 429/43
  Az 2: 5H 24/44, 5H 26/44

Hadaschik, Walter (A)
- Fiche: *0155 f.*
  Az 1: 6J 12/39g
  Az 2: 2H 61/39

Haderlapp, Franz (A)
- Fiche: *0323 ff.*
  Az 1: 7J 174/40
  Az 2: 2H 132/41

Hadick
- Fiche: *0152*
  Az 1: 11J 341/39
  Az 2: 2H 46/39

Hadinsky, Martha
- Fiche: *0248/0447*
  Az 1: 14J 380/36
  Az 2: 2H 8/37

Hadrich
- Fiche: *0485 f.*
  Az 1: 8J 386/38, 8J 214/37
  Az 2: 1H 33/38, 1H 31/38

Hadrich, Julius
- Fiche: *0481 f./0557 f.*
  Az 1: 8J 214/37
  Az 2: 1H 31/38

Häberle, Franz
- Fiche: *0361*
  Az 1: 7J 416/42
  Az 2: 5H 162/42

Häußler
- Fiche: *0119/0440*
  Az 1: 7J 105/38
  Az 2: 2H 12/38
- Fiche: *0127*
  Az 1: 7J 96/38
  Az 2: 2H 29/38

Häußler (Frau)
- Fiche: *0126*
  Az 1: 7J 106/38
  Az 2: 2H 27/38

Häussler, Wilhelm
- Fiche: *0126*
  Az 1: 7J 106/38
  Az 2: 2H 27/38
- Fiche: *0439*
  Az 1: 15J 931/37
  Az 2: 2H 35/38

Häussler, Wilhelm (A)
- Fiche: *0439*
  Az 1: 7J 104/38
  Az 2: 2H 13/38

Hafemann
- Fiche: *0615 ff.*
  Az 1: 15J 86/33
  Az 2: XII H 42/33

Haferkorn, Alfred (A)
- Fiche: *0593 f.*
  Az 1: 15J 490/33
  Az 2: 1H 89/34

Hafner, Gertrud
- Fiche: *0714 f.*
  Az 1: 8J 232/40
  Az 2: 2H 76/41

Hafner, Johann (A)
- Fiche: *0405*
  Az 1: 7J 381/43
  Az 2: 6H 180/43

Hafner, Luise
- Fiche: *0495*
  Az 1: 1J 579/43
  Az 2: 1L 178/43

Hagedorn
- Fiche: *0532 f.*
  Az 1: 7(11)J 197/34g
  Az 2: 3L 21/36

Hagedorn, Bernhard
- Fiche: *0601*
  Az 1: 10J 26/38
  Az 2: 2H 19/38

Hagedorn-Kreuger, Friedrich
- Fiche: *0463/0465*
  Az 1: 15J 39/36
  Az 2: 2H 35/36

Hagel, Bertha
- Fiche: *0484*
  Az 1: 6J 149/43
  Az 2: 2H 9/44

Hagemann
- Fiche: *0625/0643*
  Az 1: 10J 215/41
  Az 2: 2H 130/42

Hagemann, Dietrich (A)
- Fiche: *0581*
  Az 1: 6J 201/44
  Az 2: 2H 13/45

Hagemann, Wilhelm
- Fiche: *0012 f./0546*
  Az 1: 13J 258/33
  Az 2: 1H 16/34

Hagemeister
- Fiche: *0171 f.*
  Az 1: 5J 40/41
  Az 2: 2H 51/42

Hagen
- Fiche: *0056*
  Az 1: 14J 286/35
  Az 2: 1H 16/36

Hagen, Bruno
- Fiche: *0563 f.*
  Az 1: 10J 68/40
  Az 2: 2H 109/40

Hagen, Johann
- Fiche: *0331*
  Az 1: 6J 18/42g
  Az 2: 2H 121/42

Hagen, Johann (A)
- Fiche: *0522*
  Az 1: 6J 43/42
  Az 2: 2H 120/42

Hagen, Kurt
- Fiche: *0563 f.*
  Az 1: 10J 68/40
  Az 2: 2H 109/40

Hagen, Maximilian von (A)
- Fiche: *0680*
  Az 1: 2J 578/44g Rs
  Az 2: 1L 467/44

Hagen, von
- Fiche: *0137/0711 f.*
  Az 1: 8J 367/38
  Az 2: 2H 4/39
- Fiche: *0441*
  Az 1: 0J 3/44g Rs
  Az 2: 1L 292/44

Hagenauer, Anna
- Fiche: *0321 f.*
  Az 1: 6J 22/41g
  Az 2: 2H 41/41

Hagendorf
- Fiche: *0131/0674 f.*
  Az 1: 10J 27/38
  Az 2: 2H 50/38

Hager
- Fiche: *0087 f.*
  Az 1: 14J 396/36
  Az 2: 1H 6/37
- Fiche: *0094/0262*
  Az 1: 14J 306/37g
  Az 2: 1H 15/37
- Fiche: *0294*
  Az 1: 7J 231/42
  Az 2: 1H 213/42

Hager, Erwin
- Fiche: *0298/0367*
  Az 1: 7J 300/43
  Az 2: 5H 94/43

Hager, Franz
- Fiche: *0515*
  Az 1: 8J 368/38
  Az 2: 1H 4/39

Hager, Franz (A)
- Fiche: *0355/0399*
  Az 1: 6J 19/42 g
  Az 2: 2H 41/42

Hager, Josef
- Fiche: *0319 f.*
  Az 1: 6J 124/40g
  Az 2: 2H 10/41
- Fiche: *0717*
  Az 1: 6J 144/41g

Hager, Josef (A)
- Fiche: *0323*
  Az 1: 6J 28/41g
  Az 2: 2H 129/41

Hager, Kurt
- Fiche: *0071/0244*
  Az 1: 8J 168/36g
  Az 2: 2H 46/36
- Fiche: *0241 f.*
  Az 1: 8J 88/36g
  Az 2: 1H 70/35

Hager, Maximilian (A)
- Fiche: *0294*
  Az 1: 7J 434/42
  Az 2: 1H 291/42

Hager, Paul
- Fiche: *0094/0264 f.*
  Az 1: 17J 439/36
  Az 2: 2H 21/37

Hahmeyer
- Fiche: *0112*
  Az 1: 17J 391/36
  Az 2: 2H 56/37

Hahn
- Fiche: *0021/0462*
  Az 1: 15J 85/34
  Az 2: 1H 46/34
- Fiche: *0588 f./0643*
  Az 1: 16J 293/35, 8J 438/35
  Az 2: 2H 58/35
- Fiche: *0618*
  Az 1: 13J 166/33
  Az 2: XII H 50/33
- Fiche: *0700*
  Az 1: StPL (RKA) I 424/43
  Az 2: StPl 2. Sen. 98/43

Hahn, Bruno
- Fiche: *0701*
  Az 1: 7(8)J 176/42g

Hahn (Frau)
- Fiche: *0136 f./0272*
  Az 1: 11J 152/38
  Az 2: 1H 3/39
- Fiche: *0268 f./0701 f.*
  Az 1: 14J 323/37
  Az 2: 1H 24/37

Hahn, Karl
- Fiche: *0136 f./0272*
  Az 1: 11J 152/38
  Az 2: 1H 3/39

Hahn, Karl (A)
- Fiche: *0135 f./0678 f.*
  Az 1: 5J 344/38
  Az 2: 2H 94/38

Hahn, Kurt (A)
- Fiche: *0698*
  Az 1: StPL (RKA) I 424/43
  Az 2: StPL 2. Sen. 6/44

Hahn, Oskar
- Fiche: *0037/0221*
  Az 1: 17J 94/34
  Az 2: 1H 33/35

Hahn, Otto (A)
- Fiche: *0665*
  Az 1: 14J 88/33
  Az 2: XV H 20/33

Hahn, Paul
- Fiche: *0121*
  Az 1: 10J 28/38
  Az 2: 1H 18/38
- Fiche: *0131/0674 f.*
  Az 1: 10J 27/38
  Az 2: 2H 50/38
- Fiche: *0518/0679*
  Az 1: 10J 30/38
  Az 2: 2H 8/38
- Fiche: *0541*
  Az 1: 10J 29/38
  Az 2: 2H 31/38

Hahn, Paul (A)
- Fiche: *0441*
  Az 1: 0J 55/44g Rs
  Az 2: 1L 48/45
- Fiche: *0701*
  Az 1: 7(8)J 176/42g

Hahn, Wilhelm
- Fiche: *0100 f./0711*
  Az 1: 15J 1/37
  Az 2: 1H 28/37
- Fiche: *0291/0719*
  Az 1: 9J 237/40
  Az 2: 2H 17/42

Hahne (Frau)
- Fiche: *0705*
  Az 1: StPL (RKA) I 359/42
  Az 2: StPL (HLS) II 34/43

Hahne, Ruthild (A)
- Fiche: *0600 f.*
  Az 1: 10J 13/43g
  Az 2: 2H 100/43

Hahner, Ernst
- Fiche: *0173*
  Az 1: 5J 81/42
  Az 2: 2H 94/42

Haiberger, Leopold
- Fiche: *0647 f.*
  Az 1: 7(8)J 203/41
  Az 2: 2H 168/44

Haiberger, Leopold (A)
- Fiche: *0411*
  Az 1: 8J 206/41
  Az 2: 5H 16/44

Hallex, Walter (A)
- Fiche: *0234*
  Az 1: 17J 15/35
  Az 2: 2H 39/35

Hallmeyer
- Fiche: *0071*
  Az 1: 16J 754/35
  Az 2: 2H 45/36
- Fiche: *0071/0244*
  Az 1: 8J 168/36g
  Az 2: 2H 46/36
- Fiche: *0094/0262*
  Az 1: 14J 306/37g
  Az 2: 1H 15/37
- Fiche: *0241 f.*
  Az 1: 8J 88/36g
  Az 2: 1H 70/35
- Fiche: *0628 f.*
  Az 1: 10J 2/43g
  Az 2: 1H 89/43

Hallmeyer, Kurt
- Fiche: *0080 f./0260*
  Az 1: 8J 163/36g
  Az 2: 1H 64/36

Hallmeyer, Rudolf
- Fiche: *0554*
  Az 1: 10J 294/41
  Az 2: 1H 329/42
- Fiche: *0675*
  Az 1: 10J 60/41
  Az 2: 2H 79/41
- Fiche: *0677*
  Az 1: 10J 320/41
  Az 2: 2H 36/42
- Fiche: *0681 f.*
  Az 1: 10J 202/41g
  Az 2: 2H 143/41

Hallmeyer, Rudolf (A)
- Fiche: *0676*
  Az 1: 10J 17/41g
  Az 2: 1H 194/43

Hallwass, Karl
- Fiche: *0670 f.*
  Az 1: 14J 78/34
  Az 2: 1H 45/35

Hallwass, Karl (A)
- Fiche: *0015/0385*
  Az 1: 17J 717/33
  Az 2: 2H 23/34

Hallworth
- Fiche: *0456 f.*
  Az 1: 9J 15/41
  Az 2: 2H 117/41

Hallwy
- Fiche: *0189/0446*
  Az 1: 9J 93/44
  Az 2: 2H 103/44

Halmer
- Fiche: *0365*
  Az 1: 7J 599/42
  Az 2: 6H 45/43
- Fiche: *0377*
  Az 1: 7J 599/42
  Az 2: 6H 59/43

Halmer, Bertha (A)
- Fiche: *0497*
  Az 1: 7J 66/43
  Az 2: 6H 144/43

Halmer, Johann
- Fiche: *0382*
  Az 1: 7J 243/43
  Az 2: 6H 120/43
- Fiche: *0497*
  Az 1: 7J 66/43
  Az 2: 6H 144/43

Halmer, Johann (A)
- Fiche: *0363*
  Az 1: 7J 599/42
  Az 2: 6H 49/43

Halpern, Paul
- Fiche: *0274 f.*
  Az 1: 8J 226/38g
  Az 2: 1H 17/38

Hals, Heinrich
- Fiche: *0701*
  Az 1: 7(8)J 176/42g

Halsner, Bruno
- Fiche: *0090*
  Az 1: 17J 187/36
  Az 2: 2H 31/37

Halwachs
- Fiche: *0349*
  Az 1: 7J 256/42
  Az 2: 5H 90/42
- Fiche: *0357*
  Az 1: 7J 445/42, 7J 455/42
  Az 2: 5H 184/42, 5H 168/42

Halwachs, Fritz
- Fiche: *0344*
  Az 1: 7J 420/42
  Az 2: 1H 310/42

Halwachs, Michael
- Fiche: *0348*
  Az 1: 7J 254/42
  Az 2: 5H 87/42

Halwachs, Michael (A)
- Fiche: *0348*
  Az 1: 7J 253/42
  Az 2: 5H 89/42

Halwax, Samuel
- Fiche: *0363*
  Az 1: 7J 178/43
  Az 2: 5H 50/43

Halwax, Wilhelm (A)
- Fiche: *0693*
  Az 1: StPL (RKA) III 248/43, 275/43, 193/43
  Az 2: StPL 2. Sen. 21/44

Halwax, Willibald
- Fiche: *0363*
  Az 1: 7J 178/43
  Az 2: 5H 50/43

Halzer, Karl
- Fiche: *0344*
  Az 1: 7J 432/42
  Az 2: 1H 305/42

Ham, Johann
- Fiche: *0348*
  Az 1: 7J 253/42
  Az 2: 5H 89/42
- Fiche: *0348*
  Az 1: 7J 254/42
  Az 2: 5H 87/42

Hamacher
- Fiche: *0043 f.*
  Az 1: 9J 702/35
  Az 2: 2H 53/35
- Fiche: *0196/0625*
  Az 1: 9J 187/44
  Az 2: 2H 204/44

Hamacher, Heinrich (A)
- Fiche: *0598 ff.*
  Az 1: 9J 479/35
  Az 2: 2H 14/36

Hamal
- Fiche: *0704*
  Az 1: 6J 15/39g

Hamann
- Fiche: *0015/0385*
  Az 1: 17J 717/33
  Az 2: 2H 23/34

Hamann (Frau)
- Fiche: *0009/0733 f.*
  Az 1: 14J 311/33
  Az 2: 1H 12/34

Hamann, Adolf
- Fiche: *0454*
  Az 1: 10J 162/42
  Az 2: 2H 254/42

Hamann, Paul (A)
- Fiche: *0028 f./0679*
  Az 1: 15J 648/33
  Az 2: 1H 14/35

Hamberger, Johann
- Fiche: *0175/0514*
  Az 1: 6J 86/42
  Az 2: 2H 208/42

Hamburger
- Fiche: *0078*
  Az 1: 14J 73/36
  Az 2: 1H 62/36

Hamburger, Pam
- Fiche: *0022/0674*
  Az 1: 8J 125/34
  Az 2: 2H 3/35

Hamel, Gustav
- Fiche: *0071/0244*
  Az 1: 8J 168/36g
  Az 2: 2H 46/36

Hamel, Kurt
- Fiche: *0011 f.*
  Az 1: 17J 545/33
  Az 2: 1H 15/34

Hamer
- Fiche: *0029 f./0469*
  Az 1: 13J 256/33
  Az 2: 2H 17/35
- Fiche: *0553 f.*
  Az 1: 10J 137/42
  Az 2: 2H 242/42

Hamersky
- Fiche: *0166 f.*
  Az 1: 6J 95/41g
  Az 2: 2H 119/41

Hamesma, Bert
- Fiche: *0544*
  Az 1: 9J 757/37
  Az 2: 1H 21/38

Hamm, Heinrich
- Fiche: *0187/0443*
  Az 1: 9J 65/44
  Az 2: 2H 74/44

Hamm, Heinrich (A)
- Fiche: *0187*
  Az 1: 9J 64/44
  Az 2: 2H 80/44

Hammacher
- Fiche: *0555 f.*
  Az 1: 9J 202/36
  Az 2: 2H 14/37

Hammer
- Fiche: *0175/0346*
  Az 1: 6J 106/42g
  Az 2: 2H 258/42
- Fiche: *0175 f.*
  Az 1: 7(6)J 62/43
  Az 2: 6H 82/44
- Fiche: *0248/0447*
  Az 1: 14J 380/36
  Az 2: 2H 8/37
- Fiche: *0325*
  Az 1: 6J 132/40g
  Az 2: 2H 147/41
- Fiche: *0384*
  Az 1: 7J 296/43
  Az 2: 5H 100/43

Hammer, Theo
- Fiche: *0020 f.*
  Az 1: 17J 683/33
  Az 2: 1H 44/34

Hammerl
- Fiche: *0325*
  Az 1: 6J 132/40g
  Az 2: 2H 147/41

Hammerl, Heinrich
- Fiche: *0348*
  Az 1: 7J 253/42
  Az 2: 5H 89/42

Hammermann
- Fiche: *0144*
  Az 1: 5J 199/39
  Az 2: 1H 26/39

Hammermann, Gustav
- Fiche: *0138 f.*
  Az 1: 5J 53/39
  Az 2: 1H 7/39
- Fiche: *0142*
  Az 1: 5J 181/39
  Az 2: 1H 17/39

Hammermann, Otto
- Fiche: *0144*
  Az 1: 5J 199/39
  Az 2: 1H 26/39

Hanke, Erich
- Fiche: *0140 f.*
  Az 1: 8J 357/38g
  Az 2: 2H 13/39

Hanke, Erich (A)
- Fiche: *0053 f.*
  Az 1: 17J 310/35
  Az 2: 2H 10/36
- Fiche: *0530*
  Az 1: 10J 71/42
  Az 2: 2H 284/42

Hanke, Erwin
- Fiche: *0329/0376*
  Az 1: 7J 287/43
  Az 2: 5H 68/43
- Fiche: *0676*
  Az 1: 10J 17/41g
  Az 2: 1H 194/43

Hanke, Erwin (A)
- Fiche: *0677*
  Az 1: 10J 320/41
  Az 2: 2H 36/42

Hanke, Friedrich (A)
- Fiche: *0228*
  Az 1: 13J 266/33
  Az 2: 2H 11,12/35

Hanke, Paul
- Fiche: *0704*
  Az 1: 6J 15/39g

Hannemann
- Fiche: *0103 f.*
  Az 1: 17J 416/36
  Az 2: 2H 32/37
- Fiche: *0250 f.*
  Az 1: 8J 364/35
  Az 2: 2H 15/36
- Fiche: *0573 f.*
  Az 1: 10J 140/38
  Az 2: 2H 44/38

Hannemann, Erich (A)
- Fiche: *0003*
  Az 1: 15J 594/33
  Az 2: 2H 3/34
- Fiche: *0199*
  Az 1: 8J 176/44g
  Az 2: 1H 213/44

Hannemann, Herta
- Fiche: *0582 f.*
  Az 1: 10J 288/38
  Az 2: 1H 37/38

Hannicke, Otto (A)
- Fiche: *0509*
  Az 1: 10J 914/43
  Az 2: 2H 175/43

Hans, Willi (A)
- Fiche: *0657 f.*
  Az 1: 17J 163/33
  Az 2: XV H 3/34

Hansal
- Fiche: *0298 f.*
  Az 1: 7J 370/43, 7J 398/43
  Az 2: 5H 118/43, 5H 119/43
- Fiche: *0418*
  Az 1: 7J 396/43
  Az 2: 5H 48/44
- Fiche: *0697*
  Az 1: StPL (RKA) II 540/42
  Az 2: StPL (HLS) IV 18/43

Hansal (Frau)
- Fiche: *0382*
  Az 1: 7J 396/43, 7J 399/43
  Az 2: 1H 117/43, 5H 116/43

Hansal, Leopold
- Fiche: *0576*
  Az 1: 7J 302/43
  Az 2: 5H 104/43

Hansch, Ernst
- Fiche: *0643*
  Az 1: 10J 29/41
  Az 2: 2H 49/41

Hansch, Ernst (A)
- Fiche: *0683 f.*
  Az 1: 10J 44/41
  Az 2: 2H 45/42

Hanschur
- Fiche: *0459*
  Az 1: 7J 489/42
  Az 2: 6H 29/42

Hansel
- Fiche: *0516*
  Az 1: 9J 315/37
  Az 2: 2H 61/37

Hansel (Frau)
- Fiche: *0186/0318*
  Az 1: 11(10)J 818/43g
  Az 2: 1H 55/44

Hansell, von
- Fiche: *0481*
  Az 1: 0J 21/44g Rs, 0J 38/44/g Rs
  Az 2: 1L 439/44, 1L 397/44

Hansen
- Fiche: *0455*
  Az 1: o.Az
- Fiche: *0465*
  Az 1: 11(10)J 1036/43g
- Fiche: *0559 f./0567*
  Az 1: 8J 165/42
  Az 2: 2H 137/42
- Fiche: *0598 ff.*
  Az 1: 9J 479/35
  Az 2: 2H 14/36
- Fiche: *0612 f.*
  Az 1: 13J 147/33
  Az 2: XII H 44/33
- Fiche: *0618*
  Az 1: 13J 166/33
  Az 2: XII H 50/33
- Fiche: *0708*
  Az 1: 0J 5/44gRs, 0J 9/44gRs
  Az 2: 1L 301/44, 1L 309/44
- Fiche: *0708*
  Az 1: 0J 4/44g Rs
  Az 2: 1L 229/44

Hansen (Frau)
- Fiche: *0105*
  Az 1: 17J 444/36
  Az 2: 2H 35/37

Hansen, Edmund
- Fiche: *0231 f./0561*
  Az 1: 8J 14/34
  Az 2: 2H 33/35

Hansen, Georg
- Fiche: *0146 f./0301 f.*
  Az 1: 10J 7/39
  Az 2: 1H 30/39

Hansen, Hedhoft
- Fiche: *0562 f.*
  Az 1: 10J 204/40
  Az 2: 2H 17/41

Hansen, Heinrich
- Fiche: *0334*
  Az 1: 7J 659/41
  Az 2: 2H 55/42

Hansen, Johannes
- Fiche: *0684*
  Az 1: 10J 80/42
  Az 2: 2H 317/42

Hansen, Karl (A)
- Fiche: *0665 f.*
  Az 1: 8/16J 525/33
  Az 2: XV H 39/33

Hansen, Ludwig
- Fiche: *0537 f.*
  Az 1: 9J 236/41g
  Az 2: 5H 75/42

Hansen, Richard
- Fiche: *0121 f.*
  Az 1: 7J 206/38
  Az 2: 1H 19/38
- Fiche: *0489 ff.*
  Az 1: 8J 402/38
  Az 2: 2H 41/39
- Fiche: *0562 f.*
  Az 1: 10J 204/40
  Az 2: 2H 17/41
- Fiche: *0642*
  Az 1: 9J 304/39g
  Az 2: 1H 65/39

Hansen, Wolfgang (A)
- Fiche: *0232*
  Az 1: 8J 459/34
  Az 2: 1H 16/35

Hanslick, Emmerich
- Fiche: *0400*
  Az 1: 7J 313/42
  Az 2: 5H 136/42

Hansmann
- Fiche: *0671*
  Az 1: 6J 114/41

Hansmann, Cilly
- Fiche: *0071 f.*
  Az 1: 14J 288/36
  Az 2: 1H 48/36
- Fiche: *0556 f.*
  Az 1: 9J 51/44g
  Az 2: 1H 97/44

Hansmann, Philipp
- Fiche: *0095/0541*
  Az 1: 9J 571/36
  Az 2: 2H 22/37

Hanson
- Fiche: *0736*
  Az 1: 8J 48/45g

Hantel
- Fiche: *0444*
  Az 1: 12J 33/40

Hantsch
- Fiche: *0519/0549 f.*
  Az 1: 6J 135/42g
  Az 2: 6H 79/43

Hanuschek
- Fiche: *0098*
  Az 1: 16J 536/36
  Az 2: 2H 25/37

Happach
- Fiche: *0692*
  Az 1: StPL (RKA) III 525/42
  Az 2: StPL (HLS) II 4/43

Happe, Emma
- Fiche: *0019*
  Az 1: 17J 617/33
  Az 2: 1H 37/34

Harabak, Leopold
- Fiche: *0328/0340 f.*
  Az 1: 7J 137/42
  Az 2: 2H 191/42

Harana, Irene
- Fiche: *0533*
  Az 1: 8J 332/38
  Az 2: 1H 32/38

Harbert, Erich
- Fiche: *0165*
  Az 1: 9J 307/40g
  Az 2: 2H 7/41

Harbort
- Fiche: *0503 f.*
  Az 1: 9J 312/39g
  Az 2: 1H 47/39

Harbort, Erich
- Fiche: *0153*
  Az 1: 9J 327/39g
  Az 2: 1H 53/39

Harbort, Erich (A)
- Fiche: *0475*
  Az 1: 9J 323/39g
  Az 2: 1H 67/39

Harbort, Margarete (A)
- Fiche: *0475*
  Az 1: 9J 323/39g
  Az 2: 1H 67/39

Harter
- Fiche: *0552*
  Az 1: 9J 162/42g
  Az 2: 2H 320/42

Harter, Ernst
- Fiche: *0581*
  Az 1: 9J 198/42
  Az 2: 2H 302/42

Harter, Röschen
- Fiche: *0721*
  Az 1: 9J 26/45

Hartig, Anna
- Fiche: *0522*
  Az 1: 7J 482/43
  Az 2: 6H 214/43

Hartig, Heinrich (A)
- Fiche: *0186/0466*
  Az 1: 11(10)J 1039/43
  Az 2: 2H 54/44

Hartke, Wilhelm (A)
- Fiche: *0185 f.*
  Az 1: 11J 29/44
  Az 2: 1H 52/44

Hartl
- Fiche: *0575*
  Az 1: 6J 8/44
  Az 2: 5H 25/44

Hartl, Hans
- Fiche: *0647 f.*
  Az 1: 7(8)J 203/41
  Az 2: 2H 168/44

Hartl, Maria
- Fiche: *0700*
  Az 1: 6J 1/43
  Az 2: 6H 81/43

Hartl, Nikolaus
- Fiche: *0700*
  Az 1: 6J 1/43
  Az 2: 6H 81/43

Hartl, Rudolf (A)
- Fiche: *0294*
  Az 1: 7J 258/42
  Az 2: 1H 215/42

Hartmann
- Fiche: *0016 f.*
  Az 1: 14a/8J 1547/31
  Az 2: 1H 27/34
- Fiche: *0145/0285 f.*
  Az 1: 5J 102/39
  Az 2: 1H 27/39
- Fiche: *0161*
  Az 1: 5J 483/39
  Az 2: 2H 46/40
- Fiche: *0168*
  Az 1: 5J 232/41
  Az 2: 2H 5/42
- Fiche: *0253*
  Az 1: 8J 427/34
  Az 2: 1H 28/36
- Fiche: *0400*
  Az 1: 7J 186/42
  Az 2: 5H 117/42
- Fiche: *0505/0642 f.*
  Az 1: 8J 201/41
  Az 2: 2H 171/43
- Fiche: *0580/0624 f.*
  Az 1: 8J 200/41
  Az 2: 2H 6/44
- Fiche: *0615 ff.*
  Az 1: 15J 86/33
  Az 2: XII H 42/33
- Fiche: *0621 f.*
  Az 1: 15J 241/33
  Az 2: XII H 57/33
- Fiche: *0647/0649*
  Az 1: 7(8)J 76/41g
  Az 2: 2H 170/43
- Fiche: *0673 f.*
  Az 1: 16J 141/35, 16J 126/35
  Az 2: 1H 34/35, 1H 35/35
- Fiche: *0693*
  Az 1: 8J 199/41
  Az 2: 2H 173/43

Hartmann, Alfons
- Fiche: *0018 f.*
  Az 1: 15J 369/34
  Az 2: 1H 39/35

Hartmann, Alfons (A)
- Fiche: *0240*
  Az 1: 8J 305/35
  Az 2: 1H 67/35

Hartmann, Anna (A)
- Fiche: *0391 f.*
  Az 1: 5J 6/36g
  Az 2: 3L 21/37

Hartmann, August
- Fiche: *0168*
  Az 1: 6J 24/41
  Az 2: 2H 152/41
- Fiche: *0558*
  Az 1: 9J 278/41g
  Az 2: 2H 133/41

Hartmann, Bernhard
- Fiche: *0117 f./0542*
  Az 1: 8J 20/36g
  Az 2: 2H 11/38

Hartmann, Elfriede
- Fiche: *0295 f.*
  Az 1: 7J 2/43g
  Az 2: 5H 42/43
- Fiche: *0296*
  Az 1: 7J 638/42
  Az 2: 5H 26/43
- Fiche: *0297*
  Az 1: 7J 247/43
  Az 2: 5H 79/43
- Fiche: *0298/0367*
  Az 1: 7J 300/43
  Az 2: 5H 94/43
- Fiche: *0328/0337*
  Az 1: 7J 361/42
  Az 2: 2H 252/42
- Fiche: *0328/0357*
  Az 1: 7J 487/42
  Az 2: 5H 183/42
- Fiche: *0329/0370*
  Az 1: 7J 517/42
  Az 2: 5H 13/43
- Fiche: *0329/0376*
  Az 1: 7J 287/43
  Az 2: 5H 68/43
- Fiche: *0344*
  Az 1: 7J 432/42
  Az 2: 1H 305/42
- Fiche: *0356/0400*
  Az 1: 7J 395/42, 7J 457/42
  Az 2: 5H 158/42, 5H 193/42
- Fiche: *0361*
  Az 1: 7J 483/42
  Az 2: 5H 176/42
- Fiche: *0363/0563 f.*
  Az 1: 7J 64/43
  Az 2: 5H 52/43
- Fiche: *0370*
  Az 1: 7J 555/42
  Az 2: 6H 13/43
- Fiche: *0371*
  Az 1: 7J 298/43
  Az 2: 5H 99/43
- Fiche: *0371*
  Az 1: 7J 301/43
  Az 2: 5H 97/43
- Fiche: *0374*
  Az 1: 7J 331/43
  Az 2: 5H 77/43
- Fiche: *0376*
  Az 1: 7J 306/42, 7J 239/43
  Az 2: 5H 140/42, 5H 72/43
- Fiche: *0381*
  Az 1: 7J 297/43
  Az 2: 5H 96/43, 5H 139/43
- Fiche: *0449*
  Az 1: 7J 299/43
  Az 2: 5H 105/43
- Fiche: *0526 f.*
  Az 1: 7J 457/42
- Fiche: *0575 f.*
  Az 1: 7J 438/43
  Az 2: 5H 140/43
- Fiche: *0576*
  Az 1: 7J 302/43
  Az 2: 5H 104/43
- Fiche: *0717*
  Az 1: StPL (RKA) 3 281/43

Hartmann, Elfriede (A)
- Fiche: *0384*
  Az 1: 7J 296/43
  Az 2: 5H 100/43

Hartmann, Else (A)
- Fiche: *0391 f.*
  Az 1: 5J 6/36g
  Az 2: 3L 21/37

Hartmann, Emmerich
- Fiche: *0363*
  Az 1: 7J 180/43
  Az 2: 5H 51/43

Hartmann, Frieda
- Fiche: *0329/0354*
  Az 1: 7J 223/42
  Az 2: 2H 236/42

Hartmann, Friederike
- Fiche: *0361*
  Az 1: 7J 452/42
  Az 2: 5H 169/42

Hartmann, Friedl
- Fiche: *0442*
  Az 1: 7J 480/42
  Az 2: 1H 337/42

Hartmann, Friedrich
- Fiche: *0391 f.*
  Az 1: 5J 6/36g
  Az 2: 3L 21/37

Hartmann, Friedrich (A)
- Fiche: *0391 f.*
  Az 1: 5J 6/36g
  Az 2: 3L 21/37

Hartmann, Hans
- Fiche: *0391 f.*
  Az 1: 5J 6/36g
  Az 2: 3L 21/37

Hartmann, Heinz
- Fiche: *0391 f.*
  Az 1: 5J 6/36g
  Az 2: 3L 21/37

Hartmann, Hildegard
- Fiche: *0391 f.*
  Az 1: 5J 6/36g
  Az 2: 3L 21/37

Hartmann, Karl
- Fiche: *0170/0293*
  Az 1: 6J 100/41g
  Az 2: 2H 21/42
- Fiche: *0178*
  Az 1: 6J 134/42g
  Az 2: 2H 77/43

Hartmann, Oskar (A)
- Fiche: *0091*
  Az 1: 7a O Js 113.36

Hartmann, Ottilie
- Fiche: *0328/0337*
  Az 1: 7J 361/42
  Az 2: 2H 252/42

Hartmann, Otto
- Fiche: *0403 f.*
  Az 1: 8J 7/41g
  Az 2: 2H 166/43
- Fiche: *0407 f.*
  Az 1: 7(8)J 199/41
  Az 2: 2H 3/44
- Fiche: *0581 f./0647*
  Az 1: 8J 95/41g
  Az 2: 2H 167/43

Hartmann, Paul
- Fiche: *0257 f.*
  Az 1: 15J 338/36
  Az 2: 2H 52/36

Hartmann, Walter (A)
- Fiche: *0391 f.*
  Az 1: 5J 6/36g
  Az 2: 3L 21/37

Hartmann, Wilhelm (A)
- Fiche: *0608 ff.*
  Az 1: 15J 179/33
  Az 2: XII H 17/34

Hartscheck
- Fiche: *0679 f./0713*
  Az 1: 10(9)J 777/43g
  Az 2: 5H 38/44, 5H 43/44

Hartstein
– Fiche: *0321*
Az 1: 7J 94/41, 7J 70/40
Az 2: 2H 22/41

Hartung
– Fiche: *0580*
Az 1: 9J 634/38
Az 2: 2H 7/39
– Fiche: *0615 ff.*
Az 1: 15J 86/33
Az 2: XII H 42/33

Hartung (Frau)
– Fiche: *0723*
Az 1: 6J 105/43
Az 2: BS 13/43

Hartung, Hedwig (A)
– Fiche: *0200*
Az 1: 8J 172/44g
Az 2: 1H 216/44

Hartung, Heinz
– Fiche: *0569/0707*
Az 1: 10J 458/43
Az 2: 6H 159/43

Hartung, Karl
– Fiche: *0562*
Az 1: 8J 92/44
Az 2: 1H 148/44

Hartung, Karl (A)
– Fiche: *0540/0681*
Az 1: 8J 120/44
Az 2: 1H 149/44

Hartung, Walter
– Fiche: *0507 f.*
Az 1: 14J 26/34
Az 2: 2H 29/35

Hartwich
– Fiche: *0050 f.*
Az 1: 8J 164/35
Az 2: 1H 5/36

Hartwig
– Fiche: *0126*
Az 1: 7J 106/38
Az 2: 2H 27/38
– Fiche: *0665 f.*
Az 1: 8/16J 525/33
Az 2: XV H 39/33
– Fiche: *0698*
Az 1: StPL (RKA) I 424/43
Az 2: StPL 2. Sen. 6/44

Hartwig, Heinrich (A)
– Fiche: *0725 f.*
Az 1: 15J 157/34
Az 2: 1H 11/35

Hartwig, Heinz
– Fiche: *0207*
Az 1: 8J 188/44g
Az 2: 1H 285/44

Hartwig, Heinz (A)
– Fiche: *0435*
Az 1: 8J 190/44g
Az 2: 1H 245/44

Hartwig, Paul (A)
– Fiche: *0700*
Az 1: StPL (RKA) I 424/43
Az 2: StPL 2. Sen. 5/44

Hartwig, Robert
– Fiche: *0163 f./0290*
Az 1: 6J 77/39g
Az 2: 2H 70/40

Hartwig, Robert (A)
– Fiche: *0127 f.*
Az 1: 15J 942/37
Az 2: 2H 34/38

Hartwig, Theo
– Fiche: *0089*
Az 1: 16J 781/36
Az 2: 1H 9/37

Hartwimmer
– Fiche: *0460*
Az 1: 10J 138/44
Az 2: 2H 113/44
– Fiche: *0481/0688*
Az 1: 7(6)J 117/43
Az 2: 2H 12/44
– Fiche: *0679 f./0713*
Az 1: 10(9)J 777/43g
Az 2: 5H 38/44, 5H 43/44

Hartwimmer, Hans
– Fiche: *0182 f.*
Az 1: 10(9)J 71/42g
Az 2: 2H 23/44
– Fiche: *0449*
Az 1: 7(6)J 116/43
Az 2: 2H 8/44
– Fiche: *0483 f.*
Az 1: 6J 115/43
Az 2: 2H 16/44
– Fiche: *0641 f.*
Az 1: 9J 70/42g
Az 2: 2H 157/43
– Fiche: *0688 f.*
Az 1: 10J 75/44
Az 2: 1L 192/44

Hartwimmer, Hans (A)
– Fiche: *0032 f.*
Az 1: 13J 11/34
Az 2: 1H 26/35
– Fiche: *0483 f.*
Az 1: 6J 115/43
Az 2: 2H 16/44

Harwarth
– Fiche: *0706*
Az 1: StPL (RKA) III 407/43
Az 2: StPL 2. Sen. 18/44

Harwarth, Leopold
– Fiche: *0373*
Az 1: 7J 306/43
Az 2: 5H 89/43

Harwarth, Leopold (A)
– Fiche: *0297 f.*
Az 1: 7J 307/43
Az 2: 5H 93/43

Harzberger, Georg
– Fiche: *0453/0739*
Az 1: 7J 347/43, 7J 421/43, 7J 422/43
Az 2: 5H 122/43, 5H 129/43, 5H 125/43

Harzheim, Sarah
– Fiche: *0014/0218 f.*
Az 1: 17J 689/33
Az 2: 1H 21/34

Hasche, Paul
– Fiche: *0127 f.*
Az 1: 15J 942/37
Az 2: 2H 34/38

Hascher, Max (A)
– Fiche: *0196*
Az 1: 9J 210/44
Az 2: 2H 205/44

Hase
– Fiche: *0113*
Az 1: 8J 351/37g
Az 2: 2H 57/37

Hase, Martha
– Fiche: *0020*
Az 1: 17J 170/34
Az 2: 1H 42/34

Hase, Peter
– Fiche: *0126*
Az 1: 7J 106/38
Az 2: 2H 27/38

Hase, von
– Fiche: *0441*
Az 1: 0J 3/44g Rs
Az 2: 1L 292/44

Hasek
– Fiche: *0322/0521 f.*
Az 1: 6J 145/40
Az 2: 2H 32/41

Haselhuhn, Rudolf
– Fiche: *0633*
Az 1: 8J 267/38
Az 2: 2H 61/38

Haselsteiner, Leopold
– Fiche: *0343 f./0400 f.*
Az 1: 7J 274/42
Az 2: 1H 214/42
– Fiche: *0403*
Az 1: 7J 503/43
Az 2: 5H 154/43

Haselsteiner, Leopold (A)
– Fiche: *0350*
Az 1: 7J 359/42
Az 2: 5H 137/42

Haslauer
– Fiche: *0705*
Az 1: StPL (RKA) III 3/44
Az 2: StPL 2.Sen. 19/44

Haslauer, Lukas (A)
– Fiche: *0575*
Az 1: 6J 8/44
Az 2: 5H 25/44

Haslinger
– Fiche: *0519/0549 f.*
Az 1: 6J 135/42g
Az 2: 6H 79/43

Haslinger, Adolf
– Fiche: *0380/0529*
Az 1: 7J 209/43
Az 2: 6H 139/43

Haslinger, Alois (A)
– Fiche: *0366*
Az 1: 7J 612/42
Az 2: 6H 36/43

Haslinger, Mathias (A)
– Fiche: *0377*
Az 1: 7J 110/43
Az 2: 5H 64/43

Haslwanter, Anna
– Fiche: *0444*
Az 1: 12J 33/40

Haß
– Fiche: *0224*
Az 1: 14J 16/34
Az 2: 1H 8/35

Hass, Heinrich
– Fiche: *0454*
Az 1: 10J 162/42
Az 2: 2H 254/42

Haß, Otto
– Fiche: *0119/0440*
Az 1: 7J 105/38
Az 2: 2H 12/38
– Fiche: *0126*
Az 1: 7J 106/38
Az 2: 2H 27/38
– Fiche: *0127*
Az 1: 7J 96/38
Az 2: 2H 29/38
– Fiche: *0272*
Az 1: 16J 225/37
Az 2: 2H 60/37
– Fiche: *0439*
Az 1: 7J 104/38
Az 2: 2H 13/38

Haß, Peter
– Fiche: *0119/0440*
Az 1: 7J 105/38
Az 2: 2H 12/38
– Fiche: *0126*
Az 1: 7J 106/38
Az 2: 2H 27/38
– Fiche: *0127*
Az 1: 7J 96/38
Az 2: 2H 29/38
– Fiche: *0272*
Az 1: 16J 225/37
Az 2: 2H 60/37
– Fiche: *0439*
Az 1: 7J 104/38
Az 2: 2H 13/38

Hassdenteufel
– Fiche: *0177*
Az 1: 7J 465/42g
Az 2: 2H 31/43
– Fiche: *0178*
Az 1: 6J 134/42g
Az 2: 2H 77/43

Hassdenteufel, Josef
- Fiche: *0172/0579*
  Az 1: 6J 246/41
  Az 2: 2H 82/42
- Fiche: *0176/0295*
  Az 1: 6J 27/42g
  Az 2: 1H 18/43
- Fiche: *0179*
  Az 1: 5J 87/43
  Az 2: 6H 128/43
- Fiche: *0677*
  Az 1: 9J 330/40
  Az 2: 2H 48/41

Hassdenteufel, Josef (A)
- Fiche: *0172*
  Az 1: 6J 76/41
  Az 2: 2H 64/42

Hasse
- Fiche: *0387 f.*
  Az 1: 16J 489/33
  Az 2: 3L 19/35

Hasse (Frau)
- Fiche: *0070 f./0255*
  Az 1: 17J 492/35
  Az 2: 2H 44/36

Hasse, Otto
- Fiche: *0431*
  Az 1: 8J 122/44
  Az 2: 1H 143/44

Hassel
- Fiche: *0516*
  Az 1: 9J 25/38
  Az 2: 1H 24/38

Hassel, Ulrich von
- Fiche: *0440*
  Az 1: 0J 48/44g Rs
  Az 2: 1L 486/44
- Fiche: *0455*
  Az 1: o.Az
- Fiche: *0650*
  Az 1: 0J 26/44g Rs
  Az 2: 1L 349/44
- Fiche: *0708*
  Az 1: 0J 4/44g Rs
  Az 2: 1L 229/44

Hassel, Ulrich von (A)
- Fiche: *0625 f.*
  Az 1: 0J 17/44gRs
  Az 2: 1L 316/44

Hasselbach
- Fiche: *0580*
  Az 1: 9J 634/38
  Az 2: 2H 7/39

Hasselbacher, Friedrich
- Fiche: *0662 f.*
  Az 1: 17J 627/33
  Az 2: XV H 21/34

Haßfurter
- Fiche: *0023 f.*
  Az 1: 14J 328/33
  Az 2: 1H 5/35

Hasslinger
- Fiche: *0292 f.*
  Az 1: 7J 501/42

Hassmann, Adolf
- Fiche: *0293*
  Az 1: 6J 62/42g
  Az 2: 5H 92/42

Hastert, Luise
- Fiche: *0545*
  Az 1: 9J 878/33
  Az 2: 2H 16/34

Hatje, August
- Fiche: *0480*
  Az 1: 10J 299/41
  Az 2: 2H 50/42
- Fiche: *0531 f.*
  Az 1: 10J 170/41
  Az 2: 2H 10/42

Hatschek
- Fiche: *0627 f.*
  Az 1: 10J 1095/43g
  Az 2: 1H 305/43

Hatschek, Paul
- Fiche: *0186 f./0677*
  Az 1: 11J 32/44
  Az 2: 1H 51/44
- Fiche: *0187*
  Az 1: 11J 243/44
  Az 2: 1H 73/44

Hattinger, Alois
- Fiche: *0294*
  Az 1: 7J 258/42
  Az 2: 1H 215/42

Hattmann
- Fiche: *0523 f.*
  Az 1: 9J 351/38g
  Az 2: 2H 93/38

Hattwig
- Fiche: *0523 f.*
  Az 1: 9J 351/38g
  Az 2: 2H 93/38

Hatzelhofer
- Fiche: *0333*
  Az 1: 7J 93/42
  Az 2: 2H 96/42

Hatzelhofer, Albin
- Fiche: *0333*
  Az 1: 7J 94/42
  Az 2: 2H 97/42

Haubach
- Fiche: *0080/0260*
  Az 1: 17J 473/35
  Az 2: 2H 63/36

Haubach, Theodor
- Fiche: *0442/0708*
  Az 1: 0J 18/44g Rs
  Az 2: 1L 336/44
- Fiche: *0481*
  Az 1: 0J 21/44g Rs, 0J 38/44/g Rs
  Az 2: 1L 439/44, 1L 397/44

Haube, Erwin
- Fiche: *0517/0678*
  Az 1: 10J 139/38
  Az 2: 2H 67/38
- Fiche: *0544 f.*
  Az 1: 10J 138/38
  Az 2: 2H 37/38

Haubenhofer, Johann
- Fiche: *0347 f.*
  Az 1: 7J 257/42
  Az 2: 5H 86/42

Haubensack
- Fiche: *0070*
  Az 1: 14J 210/35
  Az 2: 2H 43/36

Haubenwallner, Edmund (A)
- Fiche: *0459*
  Az 1: 7J 44/43
  Az 2: 6H 99/43

Haubitz, Paul
- Fiche: *0439*
  Az 1: 15J 931/37
  Az 2: 2H 35/38

Haubitzer, Paul
- Fiche: *0205*
  Az 1: 9J 151/44
  Az 2: 2H 253/44

Hauch, Walter
- Fiche: *0454*
  Az 1: 10J 162/42
  Az 2: 2H 254/42

Hauck
- Fiche: *0117 f./0542*
  Az 1: 8J 20/36g
  Az 2: 2H 11/38
- Fiche: *0709 ff.*
  Az 1: 8J 162/40
  Az 2: 2H 77/41

Hauck, Fritz
- Fiche: *0657*
  Az 1: 8J 564/33
  Az 2: XV H 1/34

Hauck, Marie
- Fiche: *0308*
  Az 1: 7J 242/40
  Az 2: 2H 113/40

Hauck, Willi
- Fiche: *0134*
  Az 1: 7J 344/38
  Az 2: 2H 78/38
- Fiche: *0134/0523*
  Az 1: 7J 348/38
  Az 2: 2H 82/38
- Fiche: *0136*
  Az 1: 7J 346/38
  Az 2: 2H 95/38
- Fiche: *0284 f.*
  Az 1: 7J 352/38
  Az 2: 2H 3/39

Haucke, Ernst
- Fiche: *0058*
  Az 1: 16J 753/35
  Az 2: 1H 20/36

Haucke, Max
- Fiche: *0196*
  Az 1: 9J 210/44
  Az 2: 2H 205/44

Haude, Irma
- Fiche: *0479 f.*
  Az 1: 7(8)J 108/43g

Haudek
- Fiche: *0329/0339*
  Az 1: 7J 283/42, 7J 288/42
  Az 2: 5H 146/42

Hauer
- Fiche: *0714 f.*
  Az 1: 8J 232/40
  Az 2: 2H 76/41

Hauer (Frau)
- Fiche: *0432*
  Az 1: 7J 106/44
  Az 2: 2H 202/44

Hauer, Franz
- Fiche: *0699*
  Az 1: StPL (RKA) III 546/42
  Az 2: StPL (HLS) I 31/43
- Fiche: *0706*
  Az 1: StPL (RKA) III 37/43
  Az 2: StPL (HLS) 38/43

Hauer, Franz (A)
- Fiche: *0452*
  Az 1: 7J 421/43
- Fiche: *0453/0739*
  Az 1: 7J 347/43, 7J 421/43, 7J 422/43
  Az 2: 5H 122/43, 5H 129/43, 5H 125/43

Hauer, Leopold
- Fiche: *0403*
  Az 1: 7J 384/43
  Az 2: 5H 153/43

Hauer, Leopold (A)
- Fiche: *0453/0739*
  Az 1: 7J 347/43, 7J 421/43, 7J 422/43
  Az 2: 5H 122/43, 5H 129/43, 5H 125/43
- Fiche: *0600*
  Az 1: 7J 422/43

Hauf, Konrad
- Fiche: *0592 f.*
  Az 1: 15J 454/35
  Az 2: 1H 40/36

Haug, Alfred
- Fiche: *0563 f.*
  Az 1: 10J 68/40
  Az 2: 2H 109/40

Haug, Helmut (A)
- Fiche: *0089 f.*
  Az 1: 8J 31/37g.Rs.
  Az 2: 2H 9/37

Haugg, Albert
- Fiche: *0694*
  Az 1: 8J 208/40
  Az 2: 2H 96/40

Haugmesser
- Fiche: *0358*
  Az 1: 7J 275/42
  Az 2: 5H 139/42

Haußer
- Fiche: *0036*
  Az 1: 16J 304/35
  Az 2: 1H 31/35
- Fiche: *0589*
  Az 1: 16J 293/35
  Az 2: 2H 58/35
- Fiche: *0727*
  Az 1: 16J 293/35

Haußer, Alfred
- Fiche: *0039*
  Az 1: 16J 454/35
  Az 2: 2H 40/35
- Fiche: *0544*
  Az 1: 10J 170/42
  Az 2: 2H 22/43
- Fiche: *0589*
  Az 1: 16J 293/35
  Az 2: 2H 58/35
- Fiche: *0703*
  Az 1: 16J 415/35

Haußer, Alfred (A)
- Fiche: *0060 f.*
  Az 1: 8J 438/35g
  Az 2: 1H 23/24/36
- Fiche: *0060 f./0588 f.*
  Az 1: 16J 293/35, 8J 438/35g
  Az 2: 1H 24/36
- Fiche: *0588 f./0643*
  Az 1: 16J 293/35, 8J 438/35
  Az 2: 2H 58/35

Haußer, Herbert
- Fiche: *0588 f./0643*
  Az 1: 16J 293/35, 8J 438/35
  Az 2: 2H 58/35

Haußer, Marie
- Fiche: *0060 f.*
  Az 1: 8J 438/35g
  Az 2: 1H 23/24/36

Haußmann
- Fiche: *0037 f.*
  Az 1: 13J 285/33
  Az 2: 2H 37/35

Hauth
- Fiche: *0533*
  Az 1: 8J 332/38
  Az 2: 1H 32/38

Havemann
- Fiche: *0186 f./0677*
  Az 1: 11J 32/44
  Az 2: 1H 51/44

Havemann, Erika (A)
- Fiche: *0244 f./0274*
  Az 1: 8J 431/35g
  Az 2: 1H 8/37

Havemann, Robert
- Fiche: *0185 f.*
  Az 1: 11J 29/44
  Az 2: 1H 52/44
- Fiche: *0186/0579*
  Az 1: 11J 36/44
  Az 2: 1H 64/44
- Fiche: *0187*
  Az 1: 11J 243/44
  Az 2: 1H 73/44
- Fiche: *0201*
  Az 1: 9J 135/44
  Az 2: 1H 223/44
- Fiche: *0201/0739*
  Az 1: 8J 37/44g
  Az 2: 1H 222/44
- Fiche: *0571*
  Az 1: 11(10)J 1241/43
  Az 2: 1H 59/44

Havemann, Robert (A)
- Fiche: *0627 f.*
  Az 1: 10J 1095/43g
  Az 2: 1H 305/43

Havemann, Werner (A)
- Fiche: *0244 f./0274*
  Az 1: 8J 431/35g
  Az 2: 1H 8/37

Havemann, Wolfgang
- Fiche: *0713 f.*
  Az 1: StPL (RKA) III 495,496,497/42
  Az 2: StPL (HLS) II 129/42

Havenstein
- Fiche: *0016 f.*
  Az 1: 14a/8J 1547/31
  Az 2: 1H 27/34

Haverbeck
- Fiche: *0650*
  Az 1: 0J 26/44g Rs
  Az 2: 1L 349/44

Havermann
- Fiche: *0440*
  Az 1: 0J 48/44g Rs
  Az 2: 1L 486/44

Havla, Alfred
- Fiche: *0644*
  Az 1: 8J 475/39
  Az 2: 5H 109/43

Havlu, Karl
- Fiche: *0205/0530*
  Az 1: 10J 289/44
  Az 2: 6H 256/44
- Fiche: *0435*
  Az 1: 10J 286/44
  Az 2: 6H 251/44
- Fiche: *0436*
  Az 1: 10J 288/44
  Az 2: 6H 254/44
- Fiche: *0436*
  Az 1: 10J 290/44
  Az 2: 6H 252/44
- Fiche: *0436*
  Az 1: 10J 287/44
  Az 2: 6H 253/44

Havlu, Karl (A)
- Fiche: *0435/0709*
  Az 1: 10J 212/44
  Az 2: 6H 239/44

Havlu, Margarethe (A)
- Fiche: *0435/0709*
  Az 1: 10J 212/44
  Az 2: 6H 239/44

Hawel, Otto
- Fiche: *0089 f.*
  Az 1: 8J 31/37g.Rs.
  Az 2: 2H 9/37

Hawla, Maria
- Fiche: *0321*
  Az 1: 7J 94/41, 7J 70/40
  Az 2: 2H 22/41

Hayessen, Egbert
- Fiche: *0708*
  Az 1: 0J 4/44g Rs
  Az 2: 1L 229/44

Hayessen, Egbert (A)
- Fiche: *0441*
  Az 1: 0J 3/44g Rs
  Az 2: 1L 292/44

Hayffa, Alfred
- Fiche: *0011 f.*
  Az 1: 17J 545/33
  Az 2: 1H 15/34

Hayl, Garfield
- Fiche: *0034*
  Az 1: 9J 613/33
  Az 2: 1H 27/35

Haynen, Tillemann
- Fiche: *0489/0504*
  Az 1: 9J 12/41
  Az 2: 2H 99/41

Hazdra, Franziska
- Fiche: *0179/0382*
  Az 1: 7J 159/43
  Az 2: 6H 125/43

Hazeleger
- Fiche: *0564*
  Az 1: 8J 148/42g
  Az 2: 5H 67/43

Heath, Graham Harold
- Fiche: *0699 f.*
  Az 1: StPL (RKA) I 118/41
  Az 2: StPL (HLS) III 57/41

Hebentanz, Hans
- Fiche: *0055 f./0390*
  Az 1: 8J 82/36g
  Az 2: 2H 13/36

Heber, Chr.
- Fiche: *0489 ff.*
  Az 1: 8J 402/38
  Az 2: 2H 41/39

Heber, Karolu
- Fiche: *0633 f.*
  Az 1: 9J 267/37
  Az 2: 2H 46/37

Heber, Karolus
- Fiche: *0114*
  Az 1: 16J 840/37
  Az 2: 2H 2/38
- Fiche: *0116*
  Az 1: 5J 32/38
  Az 2: 2H 7/38

Heber, Rolf
- Fiche: *0588 f./0643*
  Az 1: 16J 293/35, 8J 438/35
  Az 2: 2H 58/35

Heberer
- Fiche: *0038 f./0259 f.*
  Az 1: 16J 767/35
  Az 2: 2H 57/36

Heberer, Charlotte
- Fiche: *0084 f.*
  Az 1: 8J 430/35g
  Az 2: 1H 3/37

Heberle, Wilhelm
- Fiche: *0070*
  Az 1: 14J 210/35
  Az 2: 2H 43/36

Hebra, Wilhelm
- Fiche: *0408*
  Az 1: 8J 475/39
  Az 2: 5H 8/44
- Fiche: *0409 f.*
  Az 1: 8J 376/40
  Az 2: 5H 13/44
- Fiche: *0411 f.*
  Az 1: 8J 375/40
  Az 2: 5H 17/44
- Fiche: *0423*
  Az 1: 12J 99/40
- Fiche: *0500*
  Az 1: 8J 230/40
  Az 2: 5H 9/44
- Fiche: *0527 f.*
  Az 1: 8J 476/39
  Az 2: 5H 127/43
- Fiche: *0575/0644 f.*
  Az 1: 8J 324/39g
  Az 2: 5H 110/43
- Fiche: *0644*
  Az 1: 8J 475/39
  Az 2: 5H 109/43

Hebra, Wilhelm (A)
- Fiche: *0401 f.*
  Az 1: 8J 285/39g
  Az 2: 5H 108/43

Hecht
- Fiche: *0076*
  Az 1: 17J 27/36
  Az 2: 2H 59/36

Hecht, Else (A)
- Fiche: *0708*
  Az 1: 0J 14/45g Rs
  Az 2: 2L 76/45

Heck, Heinrich
- Fiche: *0418*
  Az 1: 7(8)J 103/41
  Az 2: 5H 47/44

Heck, Jakob
- Fiche: *0172*
  Az 1: 6J 242/41
  Az 2: 2H 75/42

Heck, Johann
- Fiche: *0173*
  Az 1: 5J 81/42
  Az 2: 2H 94/42

Heckendorf, Max
- Fiche: *0182/0464 f.*
  Az 1: 11(10)J 423/43g
  Az 2: 2H 17/44

Hecker
– Fiche: *0598 ff.*
Az 1: 9J 479/35
Az 2: 2H 14/36

Hecker, Otto
– Fiche: *0227 f.*
Az 1: 13J 2/34
Az 2: 1H 10/35

Heckert
– Fiche: *0034*
Az 1: 9J 613/33
Az 2: 1H 27/35
– Fiche: *0053 f.*
Az 1: 17J 310/35
Az 2: 2H 10/36
– Fiche: *0058 f.*
Az 1: 17J 129/35
Az 2: 1H 21,22/36
– Fiche: *0303 f.*
Az 1: 17J 43/37
Az 2: 1H 7/38
– Fiche: *0523*
Az 1: 15J 201/35
Az 2: 1H 2/36
– Fiche: *0523 f.*
Az 1: 9J 351/38g
Az 2: 2H 93/38
– Fiche: *0525*
Az 1: 9J 539/38g
Az 2: 2H 16/39
– Fiche: *0555*
Az 1: 9J 388/36
Az 2: 2H 55/36
– Fiche: *0556 f.*
Az 1: 9J 51/44g
Az 2: 1H 97/44
– Fiche: *0615 ff.*
Az 1: 15J 86/33
Az 2: XII H 42/33

Heckert, Fritz
– Fiche: *0039 f.*
Az 1: 14J 16/35
Az 2: 1H 43/35
– Fiche: *0044 f.*
Az 1: 17J 387/34
Az 2: 2H 55/35
– Fiche: *0146 f./0301 f.*
Az 1: 10J 7/39
Az 2: 1H 30/39
– Fiche: *0176/0635*
Az 1: 5J 151/42
Az 2: 5H 10/43
– Fiche: *0224*
Az 1: 17J 44/34
Az 2: 2H 2/34
– Fiche: *0254*
Az 1: 9J 332/36
Az 2: 2H 40/36
– Fiche: *0263 f./0487 f.*
Az 1: 17J 171/35
Az 2: 2H 17/37
– Fiche: *0537 f.*
Az 1: 9J 236/41g
Az 2: 5H 75/42
– Fiche: *0549*
Az 1: 10J 96/42
Az 2: 2H 238/42

Heckl, Richard (A)
– Fiche: *0350*
Az 1: 7J 355/42
Az 2: 5H 133/42

Heckthener, Alfred
– Fiche: *0046/0239*
Az 1: 16J 438/35
Az 2: 1H 62/35

Heder
– Fiche: *0496*
Az 1: 15J 126/34
Az 2: 2H 20/35

Hederich, Friedrich
– Fiche: *0381*
Az 1: 7J 444/43
Az 2: 5H 136/43

Hedler
– Fiche: *0168 f.*
Az 1: 5J 230/41
Az 2: 2H 6/42

Hedler, Walter
– Fiche: *0039 f.*
Az 1: 14J 16/35
Az 2: 1H 43/35
– Fiche: *0045 f./0675 f.*
Az 1: 16J 319/35
Az 2: 1H 57/35
– Fiche: *0065*
Az 1: 16J 349/35
Az 2: 2H 32/36
– Fiche: *0164*
Az 1: 5J 148/40
Az 2: 2H 71/40

Hedlich, Herbert
– Fiche: *0063 f.*
Az 1: 8J 165/35
Az 2: 2H 30/36

Hedrich
– Fiche: *0371*
Az 1: 7J 298/43
Az 2: 5H 99/43

Hedrich, Ernestine (A)
– Fiche: *0375*
Az 1: 7J 236/43g
Az 2: 5H 76/43

Hedrich, Friedrich
– Fiche: *0416*
Az 1: 6(7)J 518/43
Az 2: 5H 31/44

Hedrich, Friedrich (A)
– Fiche: *0375*
Az 1: 7J 236/43g
Az 2: 5H 76/43

Hedrich, Fritz
– Fiche: *0381*
Az 1: 6J 51/44
Az 2: BS 17/44

Hedwig
– Fiche: *0003*
Az 1: 15J 594/33
Az 2: 2H 3/34

Heede
– Fiche: *0271 f.*
Az 1: 16J 576/37
Az 2: 2H 59/37

Heeger, Josef
– Fiche: *0377*
Az 1: 7J 110/43
Az 2: 5H 64/43

Heer
– Fiche: *0581 f./0647*
Az 1: 8J 95/41g
Az 2: 2H 167/43

Heerklotz
– Fiche: *0109*
Az 1: 16J 443/37
Az 2: 2H 42/37
– Fiche: *0128 f.*
Az 1: 5J 285/38
Az 2: 1H 36/38

Heerklotz, Herbert
– Fiche: *0072 f.*
Az 1: 15J 282/36
Az 2: 2H 49/36
– Fiche: *0106 f.*
Az 1: 14J 303/37g
Az 2: 2H 37/37
– Fiche: *0266/0745*
Az 1: 17J 472/36
Az 2: 2H 28/37
– Fiche: *0480*
Az 1: 10J 39/39
Az 2: 1H 56/39

Heerklotz, Herbert (A)
– Fiche: *0102/0267*
Az 1: 17J 91/36
Az 2: 2H 30/37

Heerwig
– Fiche: *0508*
Az 1: 10J 238/41g
Az 2: 2H 12/42

Heesch, Hubert
– Fiche: *0081*
Az 1: 8J 35/37g
Az 2: 1H 66/36

Heesche
– Fiche: *0049*
Az 1: 8J 440/35
Az 2: 1H 1/36

Heesen
– Fiche: *0051/0246 f.*
Az 1: 8J 422/35g
Az 2: 1H 6/36

Heft
– Fiche: *0045 f./0675 f.*
Az 1: 16J 319/35
Az 2: 1H 57/35
– Fiche: *0076 f.*
Az 1: 8J 427/35g
Az 2: 1H 59/60/61/36
– Fiche: *0523*
Az 1: 15J 201/35
Az 2: 1H 2/36

Heft, Karl
– Fiche: *0548*
Az 1: 16J 42/35
Az 2: 2H 9/36

Hegeler
– Fiche: *0161*
Az 1: 5J 483/39
Az 2: 2H 46/40

Hegenbart, Paul (A)
– Fiche: *0190 f.*
Az 1: 9J 232/44
Az 2: 5H 126/44

Hegenbarth
– Fiche: *0155/0493*
Az 1: 9J 326/39g
Az 2: 1H 55/39

Hegener
– Fiche: *0594 f./0695 f.*
Az 1: 11J 122/35g
Az 2: 2H 10,11,12/37

Heger, Josef
– Fiche: *0365*
Az 1: 7J 599/42
Az 2: 6H 48/43

Heger, Josef (A)
– Fiche: *0502*
Az 1: 7J 66/43
Az 2: 6H 146/43

Hegewald, Hermann
– Fiche: *0460 f.*
Az 1: 17J 109/37,
9J 142/37
Az 2: 2H 44,47/37

Hehenberger, Karl
– Fiche: *0437*
Az 1: 6J 198,199/44
Az 2: 5H 19,20/45
– Fiche: *0437*
Az 1: 6J 199/44
Az 2: 5H 20/45
– Fiche: *0437/0680*
Az 1: 7J 6/45
Az 2: 5H 25/45

Hehenberger, Karl (A)
– Fiche: *0437*
Az 1: 6J 197/44,
6J 196/44
Az 2: 5H 17,18/45

Hehenberger, Maria
– Fiche: *0437*
Az 1: 6J 198,199/44
Az 2: 5H 19,20/45
– Fiche: *0437*
Az 1: 6J 199/44
Az 2: 5H 20/45
– Fiche: *0437/0680*
Az 1: 7J 6/45
Az 2: 5H 25/45

Hehenberger, Maria (A)
– Fiche: *0437*
Az 1: 6J 197/44,
6J 196/44
Az 2: 5H 17,18/45

Heibel
– Fiche: *0141/0475 f.*
Az 1: 5J 449/38
Az 2: 1H 15/39

Heid
– Fiche: *0023 f.*
Az 1: 14J 328/33
Az 2: 1H 5/35

Heide
– Fiche: *0055 f./0390*
Az 1: 8J 82/36g
Az 2: 2H 13/36
– Fiche: *0123 ff./0275 f.*
Az 1: 8J 5/37g
Az 2: 2H 23/38

Heide, Helmut
- Fiche: *0618*
  Az 1: 13J 166/33
  Az 2: XII H 50/33

Heidemann
- Fiche: *0131/0596 f.*
  Az 1: 14J 796/37g
  Az 2: 2H 51/38

Heidemann, Robert
- Fiche: *0589 f.*
  Az 1: 9J 399/39g
  Az 2: 2H 26/41

Heiden, August
- Fiche: *0291*
  Az 1: 7J 544/39
  Az 2: 2H 33/41
- Fiche: *0650 f.*
  Az 1: 15J 190/33
  Az 2: XII H 6/34

Heidenreich
- Fiche: *0055 f./0390*
  Az 1: 8J 82/36g
  Az 2: 2H 13/36

Heidenreich, Karl
- Fiche: *0628*
  Az 1: 9J 50/42g
  Az 2: 2H 60/42

Heidhausen, Josef
- Fiche: *0544/0734*
  Az 1: 9J 869/35
  Az 2: 2H 51/35

Heidinger
- Fiche: *0345*
  Az 1: 7J 405/42
  Az 2: 2H 266/42

Heidinger, Johann
- Fiche: *0292 f.*
  Az 1: 7J 501/42

Heidinger, Josef
- Fiche: *0345*
  Az 1: 7J 405/42
  Az 2: 2H 266/42

Heidlberger, Helmut (A)
- Fiche: *0367/0437 f.*
  Az 1: 7J 205,206,207/44
  Az 2: 5H 39,40,41/45

Heidler
- Fiche: *0589*
  Az 1: 16J 293/35
  Az 2: 2H 58/35

Heidorn, Wilhelm
- Fiche: *0467*
  Az 1: 10J 228/38
  Az 2: 2H 76/38
- Fiche: *0536*
  Az 1: 10J 231/38
  Az 2: 2H 72/38
- Fiche: *0538*
  Az 1: 10J 227/38
  Az 2: 2H 80/38

Heidrich
- Fiche: *0130/0277*
  Az 1: 6J 224/38g
  Az 2: 2H 48/38

Heidrich (Frau)
- Fiche: *0104*
  Az 1: 17J 321/37
  Az 2: 1H 33/37

Heiduk
- Fiche: *0155 f.*
  Az 1: 6J 12/39g
  Az 2: 2H 61/39

Heiduschke, Willi
- Fiche: *0001*
  Az 1: 17J 303/33
  Az 2: 1H 2/34

Heigenmooser, Hugo (A)
- Fiche: *0195/0460*
  Az 1: 10J 112/44
  Az 2: 2H 189/44

Heigert, Elfriede
- Fiche: *0045 f./0675 f.*
  Az 1: 16J 319/35
  Az 2: 1H 57/35

Heigl
- Fiche: *0151 f./0584*
  Az 1: 7J 72/39
  Az 2: 1H 45/39

Heigl, Alexander
- Fiche: *0347 f.*
  Az 1: 7J 257/42
  Az 2: 5H 86/42
- Fiche: *0348*
  Az 1: 7J 255/42
  Az 2: 5H 88/42
- Fiche: *0348*
  Az 1: 7J 253/42
  Az 2: 5H 89/42

Heigl, Alexander (A)
- Fiche: *0348*
  Az 1: 7J 254/42
  Az 2: 5H 87/42

Heike, Fritz
- Fiche: *0208/0446*
  Az 1: 8J 191/44
  Az 2: 1H 303/44

Heike, Werner
- Fiche: *0573*
  Az 1: 10J 10/40
  Az 2: 2H 40/40

Heilan
- Fiche: *0169/0521*
  Az 1: 6J 109/41g
  Az 2: 2H 11/42

Heiland
- Fiche: *0728*
  Az 1: 17J 461/34
  Az 2: 0Js 18/36

Heilbrunn, Richard
- Fiche: *0622 f.*
  Az 1: 10J 453/38
  Az 2: 1H 25/39

Heilbuth
- Fiche: *0721*
  Az 1: 9J 25/45

Heilegger, Anton
- Fiche: *0326*
  Az 1: 7J 112/42
  Az 2: 2H 164/42

Heilegger, Anton (A)
- Fiche: *0340*
  Az 1: 7J 286/42
  Az 2: 2H 201/42

Heilig, Alfred
- Fiche: *0086/0684*
  Az 1: 14J 392/35
  Az 2: 2H 4/37

Heilig, Hans (A)
- Fiche: *0086/0684*
  Az 1: 14J 392/35
  Az 2: 2H 4/37

Heiling
- Fiche: *0604 f.*
  Az 1: 10J 317/38
  Az 2: 2H 23/39

Heilmann
- Fiche: *0222 f.*
  Az 1: 17J 504/33
  Az 2: 1H 1/35
- Fiche: *0714*
  Az 1: StPL (RKA) III 530/42
  Az 2: StPL (HLS) II 12/43

Heilmann, Georg
- Fiche: *0177 f.*
  Az 1: 8J 382/42g
  Az 2: 2H 65/43

Heilmann, Georg (A)
- Fiche: *0502*
  Az 1: 8J 409/42g
  Az 2: 2H 66/43

Heilmann, Horst (A)
- Fiche: *0713 f.*
  Az 1: StPL (RKA) III 495,496,497/42
  Az 2: StPL (HLS) II 129/42

Heim
- Fiche: *0188*
  Az 1: 11J 60/44
  Az 2: 2H 99/44

Heim, Alfred (A)
- Fiche: *0483*
  Az 1: 8J 480/39g
  Az 2: 2H 1/40

Heim, Klaus
- Fiche: *0628*
  Az 1: 9J 50/42g
  Az 2: 2H 60/42
- Fiche: *0628 f.*
  Az 1: 10J 2/43g
  Az 2: 1H 89/43

Heim, Rudolf
- Fiche: *0117 f./0542*
  Az 1: 8J 20/36g
  Az 2: 2H 11/38

Heimann, August
- Fiche: *0047 f./0641*
  Az 1: 9J 486/35
  Az 2: 1H 71/35

Heimbach
- Fiche: *0555 f.*
  Az 1: 9J 202/36
  Az 2: 2H 14/37

Heimburger
- Fiche: *0248/0447*
  Az 1: 14J 380/36
  Az 2: 2H 8/37

Heimreich, Josef
- Fiche: *0331*
  Az 1: 6J 18/42g
  Az 2: 2H 121/42

Heimsath, Willi
- Fiche: *0159 f.*
  Az 1: 5J 677/39
  Az 2: 2H 41/40

Heimsath, Willi (A)
- Fiche: *0501*
  Az 1: 5J 77/38
  Az 2: 2H 43/38

Hein
- Fiche: *0015/0385*
  Az 1: 17J 717/33
  Az 2: 2H 23/34
- Fiche: *0035*
  Az 1: 17J 282/34
  Az 2: 2H 27/35
- Fiche: *0036/0230 f.*
  Az 1: 8J 306/35
  Az 2: 2H 30/35
- Fiche: *0140 f.*
  Az 1: 8J 357/38g
  Az 2: 2H 13/39
- Fiche: *0232*
  Az 1: 8J 459/34
  Az 2: 1H 16/35
- Fiche: *0234*
  Az 1: 17J 15/35
  Az 2: 2H 39/35

Hein, Benno
- Fiche: *0123 ff./0275 f.*
  Az 1: 8J 5/37g
  Az 2: 2H 23/38
- Fiche: *0718 f.*
  Az 1: 8J 444/35
  Az 2: 2H 54/36

Hein, Eberhard
- Fiche: *0036/0230 f.*
  Az 1: 8J 306/35
  Az 2: 2H 30/35

Hein, Erhard
- Fiche: *0232*
  Az 1: 8J 459/34
  Az 2: 1H 16/35

Hein, Franz
- Fiche: *0397f.*
  Az 1: 6J 198/39g
  Az 2: 3L 19/40

Hein, Kurt (A)
- Fiche: *0593 f.*
  Az 1: 15J 490/33
  Az 2: 1H 89/34

Hein, Paul
- Fiche: *0006 f.*
  Az 1: 17J 574/33
  Az 2: 1H 10/34
- Fiche: *0097 f.*
  Az 1: 17J 28/36
  Az 2: 2H 24/37

Heinrichs, Wilhelm (A)
- Fiche: *0213*
Az 1: 17J 292/33

Heinrichsdorff, Paul (A)
- Fiche: *0052 f.*
Az 1: 17J 5/36
Az 2: 1H 10/36

Heinrichsdorff, Ruth (A)
- Fiche: *0052 f.*
Az 1: 17J 5/36
Az 2: 1H 10/36

Heins
- Fiche: *0671 f.*
Az 1: 15J 385/34
Az 2: 1H 11/36

Heins, Erich (A)
- Fiche: *0416*
Az 1: 11(10)J 1038/43g
Az 2: 2H 32/44

Heins, Helmut (A)
- Fiche: *0182/0461*
Az 1: 11(10)J 1037/43g
Az 2: 2H 22/44

Heins, Helmuth
- Fiche: *0683 f.*
Az 1: 10J 44/41
Az 2: 2H 45/42

Heinsheimer, Hilda (A)
- Fiche: *0407 f.*
Az 1: 7(8)J 199/41
Az 2: 2H 3/44
- Fiche: *0693*
Az 1: 8J 199/41
Az 2: 2H 173/43

Heinskill
- Fiche: *0248/0447*
Az 1: 14J 380/36
Az 2: 2H 8/37

Heintschel-Heinegg, Hans Georg
- Fiche: *0407 f.*
Az 1: 7(8)J 199/41
Az 2: 2H 3/44
- Fiche: *0505/0642 f.*
Az 1: 8J 201/41
Az 2: 2H 171/43
- Fiche: *0580/0624 f.*
Az 1: 8J 200/41
Az 2: 2H 6/44
- Fiche: *0581 f./0647*
Az 1: 8J 95/41g
Az 2: 2H 167/43
- Fiche: *0693*
Az 1: 8J 199/41
Az 2: 2H 173/43

Heintschel-Heinegg, Hans Georg (A)
- Fiche: *0403 f.*
Az 1: 8J 7/41g
Az 2: 2H 166/43

Heintz, Hugo (A)
- Fiche: *0577 f.*
Az 1: 8J 160/36
Az 2: 2H 61/36

Heintze, Willi
- Fiche: *0456*
Az 1: 8J 241/44
Az 2: 1H 356/44

Heinz
- Fiche: *0168 f.*
Az 1: 5J 230/41
Az 2: 2H 6/42

Heinz, Anna (A)
- Fiche: *0179/0382*
Az 1: 7J 159/43
Az 2: 6H 125/43

Heinz, Hellmuth (A)
- Fiche: *0169 f.*
Az 1: 5J 229/41
Az 2: 2H 13/42

Heinz, Leo
- Fiche: *0024 f.*
Az 1: 8J 943/32
Az 2: 2H 8/35

Heinz, Max (A)
- Fiche: *0597 f.*
Az 1: 15J 355/33
Az 2: 1H 43/34

Heinz, Paul
- Fiche: *0150 f.*
Az 1: 11J 1/39
Az 2: 2H 43/39

Heinz, Roman
- Fiche: *0306 f.*
Az 1: 7J 549/39
Az 2: 2H 32/40

Heinz, Wolf
- Fiche: *0187*
Az 1: 11J 243/44
Az 2: 1H 73/44

Heinz-Orbis
- Fiche: *0231 f./0561*
Az 1: 8J 14/34
Az 2: 2H 33/35

Heinze
- Fiche: *0086/0498 f.*
Az 1: 8J 68/36
Az 2: 1H 4/37
- Fiche: *0197/0466*
Az 1: 8J 157/44
Az 2: 1H 208/44

Heinze, Alfred
- Fiche: *0315*
Az 1: 8J 419/35g
Az 2: 1H 18/36

Heinze, Friedrich
- Fiche: *0198*
Az 1: 10J 167/44
Az 2: 2H 208/44

Heinze, Gerhard
- Fiche: *0034*
Az 1: 9J 613/33
Az 2: 1H 27/35
- Fiche: *0040 f./0235 f.*
Az 1: 16J 324/34
Az 2: 2H 45/35

Heinze, Günter
- Fiche: *0103 f.*
Az 1: 17J 416/36
Az 2: 2H 32/37

Heinze, Herbert
- Fiche: *0103 f.*
Az 1: 17J 416/36
Az 2: 2H 32/37
- Fiche: *0122 f.*
Az 1: 16J 765/37
Az 2: 1H 23/38
- Fiche: *0303 f.*
Az 1: 17J 43/37
Az 2: 1H 7/38

Heinze, Hertha
- Fiche: *0103 f.*
Az 1: 17J 416/36
Az 2: 2H 32/37
- Fiche: *0303 f.*
Az 1: 17J 43/37
Az 2: 1H 7/38

Heinze, Hildegard (A)
- Fiche: *0456*
Az 1: 9J 235/44
Az 2: 2H 220/44

Heinze, Willi
- Fiche: *0207*
Az 1: 8J 188/44g
Az 2: 1H 285/44
- Fiche: *0209*
Az 1: 8J 241/44

Heinze, Willi (A)
- Fiche: *0190 f.*
Az 1: 9J 232/44
Az 2: 5H 126/44

Heinze, Willy
- Fiche: *0034*
Az 1: 9J 613/33
Az 2: 1H 27/35
- Fiche: *0042 f.*
Az 1: 14a/9J 1672/31
Az 2: 1H 52/35

Heinze, Wolfgang
- Fiche: *0196*
Az 1: 9J 210/44
Az 2: 2H 205/44

Heinze, Wolfgang (A)
- Fiche: *0456*
Az 1: 9J 235/44
Az 2: 2H 220/44

Heinzel, Franz
- Fiche: *0397f.*
Az 1: 6J 198/39g
Az 2: 3L 19/40

Heinzel, Gertrud
- Fiche: *0332*
Az 1: 7J 497/41
Az 2: 2H 116/42
- Fiche: *0332/0367*
Az 1: 7J 257/41
Az 2: 2H 114/42
- Fiche: *0339/0649*
Az 1: 6J 78/42g
Az 2: 2H 156/42

Heinzel, Gertrude (A)
- Fiche: *0295*
Az 1: 7J 276/42
Az 2: 2H 272/42

Heinzer
- Fiche: *0254*
Az 1: 9J 332/36
Az 2: 2H 40/36

Heinzle, Josef
- Fiche: *0325*
Az 1: 6J 132/40g
Az 2: 2H 147/41
- Fiche: *0346*
Az 1: OJs 191/41

Heinzler
- Fiche: *0175 f.*
Az 1: 7(6)J 62/43
Az 2: 6H 82/44

Heinzler, Emilie
- Fiche: *0175/0346*
Az 1: 6J 106/42g
Az 2: 2H 258/42

Heise
- Fiche: *0038 f./0259 f.*
Az 1: 16J 767/35
Az 2: 2H 57/36
- Fiche: *0165*
Az 1: 9J 307/40g
Az 2: 2H 7/41

Heise, Benno
- Fiche: *0666 f.*
Az 1: 8/16J 747/33
Az 2: XV H 41/33

Heise, Martha
- Fiche: *0507 f.*
Az 1: 14J 26/34
Az 2: 2H 29/35

Heise, Paul
- Fiche: *0163*
Az 1: 5J 142/40
Az 2: 2H 68/40
- Fiche: *0685*
Az 1: 10J 239/39
Az 2: 2H 2/41

Heise, Paul (A)
- Fiche: *0152*
Az 1: 11J 341/39
Az 2: 2H 46/39

Heise, Robert
- Fiche: *0691*
Az 1: 9J 9/45
Az 2: 2H 30/45

Heise, von
- Fiche: *0585 f.*
Az 1: 8J 160/38
Az 2: 2H 73/38

Heiser
- Fiche: *0703*
Az 1: 16J 415/35

Heiserer
- Fiche: *0735 f.*
Az 1: 7J 32/44
Az 2: 6H 92/44

Hellmuth, Karl
– Fiche: *0454*
Az 1: 10J 162/42
Az 2: 2H 254/42

Hellmuth, Max
– Fiche: *0107/0302*
Az 1: 17J 379/37
Az 2: 1H 39/37

Hellweg
– Fiche: *0661 f.*
Az 1: 9J 952/33
Az 2: XV H 20/34

Hellwig
– Fiche: *0016 f.*
Az 1: 14a/8J 1547/31
Az 2: 1H 27/34
– Fiche: *0589 f.*
Az 1: 9J 399/39g
Az 2: 2H 26/41

Hellwig, Bernhard
– Fiche: *0499 f.*
Az 1: 8J 145/38
Az 2: 2H 52/38

Hellwig, Hedwig (A)
– Fiche: *0184*
Az 1: 11(10)J 725/43
Az 2: 2H 31/44

Hellwig, Otto
– Fiche: *0595*
Az 1: 9J 272/39g
Az 2: 1H 34/39

Helm, Theodor
– Fiche: *0321 f.*
Az 1: 6J 22/41g
Az 2: 2H 41/41

Helmer
– Fiche: *0615 ff.*
Az 1: 15J 86/33
Az 2: XII H 42/33

Helmer, Ottilie
– Fiche: *0174/0483*
Az 1: 6J 83/42
Az 2: 2H 154/42

Helmetsberger
– Fiche: *0370*
Az 1: 7J 555/42
Az 2: 6H 13/43

Helmetsberger, Josef
– Fiche: *0337*
Az 1: 7J 322/42
Az 2: 2H 241/42
– Fiche: *0345*
Az 1: 7J 405/42
Az 2: 2H 266/42

Helmetsberger, Josef (A)
– Fiche: *0337*
Az 1: 7J 321/42
Az 2: 2H 221/42

Helmich
– Fiche: *0106 f.*
Az 1: 14J 303/37g
Az 2: 2H 37/37

Helmreich, Franz
– Fiche: *0349*
Az 1: 6J 46/42g
Az 2: 5H 93/42

Helms
– Fiche: *0417/0684*
Az 1: 11(10)J 514/43
Az 2: 2H 45/44
– Fiche: *0457*
Az 1: 9J 244/44
Az 2: 2H 252/44
– Fiche: *0466*
Az 1: 9J 156/44g Rs
Az 2: 1H 264/44
– Fiche: *0537 f.*
Az 1: 9J 236/41g
Az 2: 5H 75/42
– Fiche: *0559*
Az 1: 10J 16/42g
Az 2: 1H 247/42
– Fiche: *0560*
Az 1: 10J 382/43
Az 2: 1H 189/43

Helms, Paul
– Fiche: *0478*
Az 1: 10J 290/40g
Az 2: 5H 62/42
– Fiche: *0502*
Az 1: 10J 54/41
Az 2: 2H 52/41
– Fiche: *0553 f.*
Az 1: 10J 137/42
Az 2: 2H 242/42
– Fiche: *0628 f.*
Az 1: 10J 2/43g
Az 2: 1H 89/43
– Fiche: *0633*
Az 1: 9J 357/41g
Az 2: 2H 7/42
– Fiche: *0635 f.*
Az 1: 10J 123/41
Az 2: 2H 115/41
– Fiche: *0684*
Az 1: 10J 80/42
Az 2: 2H 317/42

Helms, Paul (A)
– Fiche: *0554*
Az 1: 10J 294/41
Az 2: 1H 329/42

Helms, Walter
– Fiche: *0628*
Az 1: 9J 50/42g
Az 2: 2H 60/42

Helpensteller, Wilhelm
– Fiche: *0540*
Az 1: 9J 42/36
Az 2: 1H 17/36

Helten, Cäcilie
– Fiche: *0020*
Az 1: 17J 170/34
Az 2: 1H 42/34

Hemauer, Alfred
– Fiche: *0174/0483*
Az 1: 6J 83/42
Az 2: 2H 154/42

Hemboldt
– Fiche: *0188*
Az 1: 11(10)J 529/43
Az 2: 2H 100/44

Hemmerle
– Fiche: *0151 f./0584*
Az 1: 7J 72/39
Az 2: 1H 45/39

Hemmingsen
– Fiche: *0559*
Az 1: 10J 16/42g
Az 2: 1H 247/42
– Fiche: *0628 f.*
Az 1: 10J 2/43g
Az 2: 1H 89/43

Hempel
– Fiche: *0046 f.*
Az 1: 8J 61/35
Az 2: 1H 64/35
– Fiche: *0210/0630*
Az 1: 10(9)J 777/43g
Az 2: 5H 41/44

Hempel, Bruno (A)
– Fiche: *0600 f.*
Az 1: 10J 13/43g
Az 2: 2H 100/43

Hempel, Max
– Fiche: *0187/0443*
Az 1: 9J 65/44
Az 2: 2H 74/44

Hempel, Oswin (A)
– Fiche: *0126/0276*
Az 1: 16J 912/37
Az 2: 2H 28/38

Hempel, Rudolf
– Fiche: *0009/0733 f.*
Az 1: 14J 311/33
Az 2: 1H 12/34

Hencke
– Fiche: *0188*
Az 1: 11(10)J 529/43
Az 2: 2H 100/44

Hendel
– Fiche: *0597 f.*
Az 1: 15J 355/33
Az 2: 1H 43/34

Hendrian
– Fiche: *0450/0635*
Az 1: 8J 22/44
Az 2: 2H 73/44

Hendrich
– Fiche: *0262 f.*
Az 1: 8J 51/36g
Az 2: 1H 16/37

Hendrichs, Peter
– Fiche: *0442*
Az 1: 9J 88/44

Hendricks
– Fiche: *0598 ff.*
Az 1: 9J 479/35
Az 2: 2H 14/36

Hendrych, Wilhelm (A)
– Fiche: *0318*
Az 1: 8J 250/43

Hene
– Fiche: *0499 f.*
Az 1: 8J 145/38
Az 2: 2H 52/38

Hene-Pößneck, Jochen
– Fiche: *0127/0623*
Az 1: 8J 419/37g
Az 2: 2H 33/38

Hengst, Martin
– Fiche: *0681 f.*
Az 1: 10J 202/41g
Az 2: 2H 143/41

Hengstenberg, Eduard
– Fiche: *0123 ff./0275 f.*
Az 1: 8J 5/37g
Az 2: 2H 23/38

Henk
– Fiche: *0254*
Az 1: 9J 332/36
Az 2: 2H 40/36

Henk, Emil
– Fiche: *0086/0684*
Az 1: 14J 392/35
Az 2: 2H 4/37

Henke, Friedrich
– Fiche: *0145/0285 f.*
Az 1: 5J 102/39
Az 2: 1H 27/39

Henke, Georg
– Fiche: *0480 f.*
Az 1: 10J 58/41
Az 2: 2H 72/41
– Fiche: *0676*
Az 1: 10J 17/41g
Az 2: 1H 194/43
– Fiche: *0677*
Az 1: 10J 320/41
Az 2: 2H 36/42
– Fiche: *0681 f.*
Az 1: 10J 202/41g
Az 2: 2H 143/41

Henke, Hermann
– Fiche: *0256*
Az 1: 15J 162/36
Az 2: 1H 51/36

Henkel
– Fiche: *0221*
Az 1: 14J 306/33
Az 2: 1H 33/34

Henkel, Arthur
– Fiche: *0594 f./0695 f.*
Az 1: 11J 122/35g
Az 2: 2H 10,11,12/37

Henkel, Ricahrd
– Fiche: *0134*
Az 1: 7J 344/38
Az 2: 2H 78/38

Henkel, Richard
– Fiche: *0134/0523*
Az 1: 7J 348/38
Az 2: 2H 82/38
– Fiche: *0136*
Az 1: 7J 346/38
Az 2: 2H 95/38
– Fiche: *0284 f.*
Az 1: 7J 352/38
Az 2: 2H 3/39

Henker
- Fiche: *0454*
  Az 1: 10J 94/44
  Az 2: 2H 81/44

Henker, Walter
- Fiche: *0569 f.*
  Az 1: 15J 273/35
  Az 2: 1H 47/35

Henker, Walter (A)
- Fiche: *0051 f.*
  Az 1: 8J 383/34
  Az 2: 1H 7/36

Hennemann, Karl
- Fiche: *0218*
  Az 1: 14J 283/33
  Az 2: 1H 20/34

Hennig
- Fiche: *0061*
  Az 1: 17J 128/36
  Az 2: 2H 25/36
- Fiche: *0129 f.*
  Az 1: 6J 223/38g
  Az 2: 2H 47/38

Hennig (Frau)
- Fiche: *0061*
  Az 1: 17J 128/36
  Az 2: 2H 25/36

Hennig, Elisabeth
- Fiche: *0193/0443*
  Az 1: 9J 45/44
  Az 2: 1H 141/44, 1H 229/44
- Fiche: *0555 f.*
  Az 1: 9J 202/36
  Az 2: 2H 14/37

Hennig, Elisabeth (A)
- Fiche: *0542 f.*
  Az 1: 9J 311/41
  Az 2: 2H 31/42

Hennig, Friedrich
- Fiche: *0034*
  Az 1: 9J 613/33
  Az 2: 1H 27/35

Hennig, Hans-Martin (A)
- Fiche: *0045*
  Az 1: 9J 411/35
  Az 2: 1H 56/35

Hennig, Heinz
- Fiche: *0691 f.*
  Az 1: 8J 274/38, 8J 321/38
  Az 2: 1H 27/38, 1H 28/38

Hennig, Karl (A)
- Fiche: *0213*
  Az 1: 17J 292/33

Hennig, Otto
- Fiche: *0632 f.*
  Az 1: 6J 29/42g
  Az 2: 1H 139/43

Hennig, Rudolf
- Fiche: *0010/0217 f.*
  Az 1: 17J 331/33
  Az 2: 2H 13/34
- Fiche: *0018/0534*
  Az 1: 14a/8J 796/30
  Az 2: 1H 31/34

Hennig, Rudolf (A)
- Fiche: *0019*
  Az 1: 17J 617/33
  Az 2: 1H 37/34

Henniger, Hans
- Fiche: *0713 f.*
  Az 1: StPL (RKA) III 495,496,497/42
  Az 2: StPL (HLS) II 129/42

Henning
- Fiche: *0071 f.*
  Az 1: 14J 288/36
  Az 2: 1H 48/36
- Fiche: *0198*
  Az 1: 10J 167/44
  Az 2: 2H 208/44

Henning, August
- Fiche: *0315 f./0465 f.*
  Az 1: 15J 14/36
  Az 2: 1H 54/36

Henning, Rudolf
- Fiche: *0076 f.*
  Az 1: 8J 427/35g
  Az 2: 1H 59/60/61/36

Henning, Willy (A)
- Fiche: *0025 ff./0253*
  Az 1: 8J 427/34, 8J 6/35
  Az 2: 1H 9/35

Henriot
- Fiche: *0504 f.*
  Az 1: 8J 198/41g
  Az 2: 5H 60/42

Henschel
- Fiche: *0016 f.*
  Az 1: 14a/8J 1547/31
  Az 2: 1H 27/34
- Fiche: *0110/0302*
  Az 1: 8J 341/37g
  Az 2: 1H 46/37

Henschel, Arthur
- Fiche: *0628*
  Az 1: 9J 50/42g
  Az 2: 2H 60/42

Henschel, Kurt
- Fiche: *0138*
  Az 1: 5J 279/38
  Az 2: 1H 6/39

Henschen
- Fiche: *0138 f.*
  Az 1: 5J 53/39
  Az 2: 1H 7/39
- Fiche: *0139 f./0283*
  Az 1: 5J 84/39
  Az 2: 1H 11/39
- Fiche: *0142*
  Az 1: 5J 181/39
  Az 2: 1H 17/39

Henschke
- Fiche: *0008 f.*
  Az 1: 17J 242/33
  Az 2: 2H 11/34

Henschmann
- Fiche: *0109*
  Az 1: 16J 443/37
  Az 2: 2H 42/37

Henschmann, Egon
- Fiche: *0276 f.*
  Az 1: 5J 284/38
  Az 2: 1H 34/38

Hensel
- Fiche: *0117 f./0542*
  Az 1: 8J 20/36g
  Az 2: 2H 11/38
- Fiche: *0133*
  Az 1: 6J 37/38
  Az 2: 2H 74/38
- Fiche: *0133 f.*
  Az 1: 6J 158/38
  Az 2: 2H 77/38
- Fiche: *0168*
  Az 1: 5J 232/41
  Az 2: 2H 5/42
- Fiche: *0169 f.*
  Az 1: 5J 229/41
  Az 2: 2H 13/42
- Fiche: *0170 f./0674*
  Az 1: 5J 231/41
  Az 2: 2H 23/42
- Fiche: *0513 f.*
  Az 1: 8J 969/33
  Az 2: 2H 24/34

Hensel, Albert
- Fiche: *0292*
  Az 1: 5J 228/41
  Az 2: 2H 16/42

Hensel, Albert (A)
- Fiche: *0168 f.*
  Az 1: 5J 230/41
  Az 2: 2H 6/42

Hensel, Alfred (A)
- Fiche: *0227 f.*
  Az 1: 13J 2/34
  Az 2: 1H 10/35

Hensel, Frieda
- Fiche: *0168 f.*
  Az 1: 5J 230/41
  Az 2: 2H 6/42

Hensel, Friedrich
- Fiche: *0168 f.*
  Az 1: 5J 230/41
  Az 2: 2H 6/42

Hensen
- Fiche: *0283 f.*
  Az 1: 10J 5/39
  Az 2: 1H 23/39

Henssler, Fritz (A)
- Fiche: *0694*
  Az 1: 9J 341/36

Henssler, Karl (A)
- Fiche: *0589 f.*
  Az 1: 9J 399/39g
  Az 2: 2H 26/41

Hentschel
- Fiche: *0122 f.*
  Az 1: 16J 765/37
  Az 2: 1H 23/38
- Fiche: *0147*
  Az 1: 7J 219/39
  Az 2: 1H 31/39

Hentschel (Frau)
- Fiche: *0122 f.*
  Az 1: 16J 765/37
  Az 2: 1H 23/38

Hentschke
- Fiche: *0563 f.*
  Az 1: 10J 68/40
  Az 2: 2H 109/40

Hentschke, Heinz
- Fiche: *0140 f.*
  Az 1: 8J 357/38g
  Az 2: 2H 13/39

Hentschke, Karl
- Fiche: *0168*
  Az 1: 5J 232/41
  Az 2: 2H 5/42

Hentschke, Reinhold
- Fiche: *0126/0276*
  Az 1: 16J 912/37
  Az 2: 2H 28/38
- Fiche: *0140/0683*
  Az 1: 16J 703/35, 6J 17/39g
  Az 2: 2H 12/39
- Fiche: *0506*
  Az 1: 5J 53/41
  Az 2: 2H 53/41
- Fiche: *0636*
  Az 1: 5J 171/40
  Az 2: 2H 91/40

Hentze, Waldemar (A)
- Fiche: *0209/0574*
  Az 1: 9J 258/44
  Az 2: 1H 362/44

Hentzsch, Richard
- Fiche: *0099 f.*
  Az 1: 14J 301/37
  Az 2: 1H 27/37

Henz
- Fiche: *0023 f.*
  Az 1: 14J 328/33
  Az 2: 1H 5/35

Henze
- Fiche: *0269 f.*
  Az 1: 8J 100/37
  Az 2: 1H 43/37

Henze, Auguste
- Fiche: *0269 f.*
  Az 1: 8J 100/37
  Az 2: 1H 43/37

Henze, Friedrich (A)
- Fiche: *0084/0261*
  Az 1: 17J 513/36
  Az 2: 2H 1/37

Henze, Gertraud
- Fiche: *0500 f.*
  Az 1: 10J 224/38
  Az 2: 2H 62/38

Henze, Martin
- Fiche: *0500 f.*
  Az 1: 10J 224/38
  Az 2: 2H 62/38

Henzel, Franziska
- Fiche: *0575/0644 f.*
  Az 1: 8J 324/39g
  Az 2: 5H 110/43

Hepp, Georg (A)
- Fiche: *0056 f./0461*
  Az 1: 8J 29/35
  Az 2: 2H 18/36

Heppenbauer, Karl
- Fiche: *0094 f./0551*
  Az 1: 9J 600/36
  Az 2: 1H 21/37

Heps
- Fiche: *0242 f.*
  Az 1: 8J 3/36g
  Az 2: 2H 1/36

Heps, Heinrich
- Fiche: *0038 f./0259 f.*
  Az 1: 16J 767/35
  Az 2: 2H 57/36

Herber, Karolus
- Fiche: *0115*
  Az 1: 16J 577/37
  Az 2: 2H 3/38

Herberger
- Fiche: *0589*
  Az 1: 16J 293/35
  Az 2: 2H 58/35

Herberger, Wilhelm
- Fiche: *0727*
  Az 1: 16J 293/35

Herbert
- Fiche: *0055*
  Az 1: 16J 23/36
  Az 2: 2H 12/36

Herbert, Wilhelm
- Fiche: *0419/0529*
  Az 1: 11J 72/44
  Az 2: 2H 53/44

Herbich, Leopold
- Fiche: *0345*
  Az 1: 7J 467/42
  Az 2: 1H 273/42

Herbig
- Fiche: *0068/0448*
  Az 1: 9J 12/36
  Az 2: 1H 41/36

Herbig, Kurt (A)
- Fiche: *0225*
  Az 1: 8J 1734/33
  Az 2: 1H 7/35

Herbolzheimer
- Fiche: *0403/0485*
  Az 1: 9J 664/43
  Az 2: 6L 163/43

Herborn, Willi
- Fiche: *0628*
  Az 1: 9J 171/41g
  Az 2: 2H 103/42

Herbowski, Otto
- Fiche: *0177 f.*
  Az 1: 8J 382/42g
  Az 2: 2H 65/43

Herbrich
- Fiche: *0327*
  Az 1: 7J 181/42
  Az 2: 2H 158/42
- Fiche: *0358*
  Az 1: 7J 275/42
  Az 2: 5H 139/42
- Fiche: *0360*
  Az 1: StPL (RKA) III 321/41, 7J 418/42
  Az 2: 5H 160/42

Herbrich, Anna
- Fiche: *0333*
  Az 1: 7J 118/42
  Az 2: 2H 105/42

Herbrich, Anna (A)
- Fiche: *0338*
  Az 1: 7J 193/42
  Az 2: 2H 207/42

Herbrich, Leopold
- Fiche: *0296*
  Az 1: 7J 638/42
  Az 2: 5H 26/43
- Fiche: *0329/0338 f.*
  Az 1: 7J 110/42
  Az 2: 2H 203/42
- Fiche: *0333*
  Az 1: 7J 118/42
  Az 2: 2H 105/42
- Fiche: *0338*
  Az 1: 7J 272/42
  Az 2: 2H 206/42
- Fiche: *0349 f.*
  Az 1: 7J 95/42
  Az 2: 5H 96/42
- Fiche: *0351/0358*
  Az 1: 7J 285/42
  Az 2: 5H 138/42
- Fiche: *0356/0367*
  Az 1: 7J 544/41
  Az 2: 5H 187/42
- Fiche: *0359*
  Az 1: 7J 252/42
  Az 2: 5H 143/43
- Fiche: *0359*
  Az 1: 7J 209/42
  Az 2: 5H 148/42
- Fiche: *0378*
  Az 1: 7J 141/43
  Az 2: 5H 58/43

Herbrich, Leopold (A)
- Fiche: *0338*
  Az 1: 7J 193/42
  Az 2: 2H 207/42

Herbrich, Martin
- Fiche: *0337 f.*
  Az 1: 7J 273/42
  Az 2: 2H 211/42

Herbst
- Fiche: *0071*
  Az 1: 16J 754/35
  Az 2: 2H 45/36

Herbst, Fritz
- Fiche: *0071/0244*
  Az 1: 8J 168/36g
  Az 2: 2H 46/36

Herda, Therese
- Fiche: *0218*
  Az 1: 14J 283/33
  Az 2: 1H 20/34

Herde, Alfred
- Fiche: *0154*
  Az 1: 6J 19/39g
  Az 2: 2H 53/39

Herdegen, Karl
- Fiche: *0376*
  Az 1: 7J 238/43
  Az 2: 5H 72/43

Herfert
- Fiche: *0378*
  Az 1: 7J 412/43
  Az 2: 6H 178/43

Herford
- Fiche: *0574*
  Az 1: 10J 956/43
  Az 2: 2H 201/43

Herger, Max
- Fiche: *0046/0462*
  Az 1: 17J 189/35
  Az 2: 1H 61/35

Hergesell
- Fiche: *0174/0673*
  Az 1: 6J 129/42g
  Az 2: 5H 172/42

Hergge, Isidor
- Fiche: *0351 f.*
  Az 1: 7J 491/42
  Az 2: 6H 26/42

Herholz, Hans
- Fiche: *0545*
  Az 1: 9J 878/33
  Az 2: 2H 16/34

Hering, Arno
- Fiche: *0027 f.*
  Az 1: 16J 642/34
  Az 2: 1H 12/35
- Fiche: *0160/0288f.*
  Az 1: 6J 224/39g
  Az 2: 2H 44/40
- Fiche: *0166 f.*
  Az 1: 6J 95/41g
  Az 2: 2H 119/41
- Fiche: *0167*
  Az 1: 5J 35/41
  Az 2: 2H 123/41
- Fiche: *0173 f.*
  Az 1: 5J 205/41
  Az 2: 5H 114/42

Hering, Arno (A)
- Fiche: *0174/0673*
  Az 1: 6J 129/42g
  Az 2: 5H 172/42

Hering, Ewald
- Fiche: *0027 f.*
  Az 1: 16J 642/34
  Az 2: 1H 12/35

Hering, Heinz
- Fiche: *0039*
  Az 1: 8J 169/35
  Az 2: 1H 41/35

Hering, Olga
- Fiche: *0283 f.*
  Az 1: 10J 5/39
  Az 2: 1H 23/39

Hering, Walter
- Fiche: *0174/0673*
  Az 1: 6J 129/42g
  Az 2: 5H 172/42

Hering, Walter (A)
- Fiche: *0027 f.*
  Az 1: 16J 642/34
  Az 2: 1H 12/35

Herissé, Hermann
- Fiche: *0056 f./0461*
  Az 1: 8J 29/35
  Az 2: 2H 18/36

Herkel
- Fiche: *0141/0475 f.*
  Az 1: 5J 449/38
  Az 2: 1H 15/39

Herker, Johann (A)
- Fiche: *0032 f.*
  Az 1: 13J 11/34
  Az 2: 1H 26/35

Herm, Minna
- Fiche: *0071*
  Az 1: 16J 754/35
  Az 2: 2H 45/36
- Fiche: *0132*
  Az 1: 5J 79/38
  Az 2: 2H 57/38
- Fiche: *0495 f.*
  Az 1: 16J 708/35
  Az 2: 1H 75/35

Herm, Minna (A)
- Fiche: *0673 f.*
  Az 1: 16J 141/35, 16J 126/35
  Az 2: 1H 34/35, 1H 35/35

Hermanie
- Fiche: *0023 f.*
  Az 1: 14J 328/33
  Az 2: 1H 5/35

Hermann
- Fiche: *0006/0528*
  Az 1: 15J 250/33
  Az 2: 2H 9/34
- Fiche: *0038 f./0259 f.*
  Az 1: 16J 767/35
  Az 2: 2H 57/36
- Fiche: *0053 f.*
  Az 1: 17J 310/35
  Az 2: 2H 10/36
- Fiche: *0471*
  Az 1: 8J 395/42g
  Az 2: 2H 336/42

Hermann (Frau)
- Fiche: *0116*
  Az 1: 16J 878/37
  Az 2: 1H 9/38
- Fiche: *0152*
  Az 1: 7J 239/39
  Az 2: 1H 49/39
- Fiche: *0538*
  Az 1: 10J 227/38
  Az 2: 2H 80/38

Hermann, Anton
– Fiche: *0326*
Az 1: 7J 112/42
Az 2: 2H 164/42
– Fiche: *0344*
Az 1: 7J 472/42
Az 2: 1H 304/42
– Fiche: *0401/0458 f.*
Az 1: 7J 590/42
Az 2: 5H 47/43

Heřmann, Anton
– Fiche: *0353*
Az 1: 7J 399/42
Az 2: 2H 294/42

Hermann, Anton (A)
– Fiche: *0340*
Az 1: 7J 286/42
Az 2: 2H 201/42

Hermann, Christian
– Fiche: *0056*
Az 1: 14J 286/35
Az 2: 1H 16/36

Hermann, Elly
– Fiche: *0019 f./0311*
Az 1: 17J 64/34
Az 2: 1H 41/34

Hermann, Eugen
– Fiche: *0691*
Az 1: 9J 9/45
Az 2: 2H 30/45

Hermann, Gertrud
– Fiche: *0489 ff.*
Az 1: 8J 402/38
Az 2: 2H 41/39

Hermann, Gertrud (A)
– Fiche: *0210 f./0498*
Az 1: 9J 236/44g
Az 2: 5H 38/45

Hermann, Grete
– Fiche: *0500 f.*
Az 1: 10J 224/38
Az 2: 2H 62/38

Hermann, Johann
– Fiche: *0696 f.*
Az 1: StPL (RKA) III 657/41
Az 2: StPL (HLS) III 16/42

Hermann, Josef (A)
– Fiche: *0696 f.*
Az 1: StPL (RKA) III 657/41
Az 2: StPL (HLS) III 16/42

Hermann, Karl
– Fiche: *0021 f.*
Az 1: 17J 397/33
Az 2: 1H 3/35
– Fiche: *0350*
Az 1: 7J 347/42
Az 2: 5H 135/42
– Fiche: *0606 f.*
Az 1: 13J 190/33
Az 2: XV H 53/33
– Fiche: *0622 f.*
Az 1: 10J 453/38
Az 2: 1H 25/39

Hermann, Lilly
– Fiche: *0172*
Az 1: 6J 242/41
Az 2: 2H 75/42

Hermann, Michael
– Fiche: *0700*
Az 1: 6J 1/43
Az 2: 6H 81/43

Hermann, Otto
– Fiche: *0632 f.*
Az 1: 6J 29/42g
Az 2: 1H 139/43

Hermann, Otto (A)
– Fiche: *0152*
Az 1: 7J 239/39
Az 2: 1H 49/39

Hermann, Paul
– Fiche: *0518/0558*
Az 1: 10J 815/43
Az 2: 1H 289/43

Hermann, Paula
– Fiche: *0143 f.*
Az 1: 5J 160/39
Az 2: 2H 24/39

Hermann, Reinhold
– Fiche: *0210 f./0498*
Az 1: 9J 236/44g
Az 2: 5H 38/45

Hermann, Reinhold (A)
– Fiche: *0210 f./0498*
Az 1: 9J 236/44g
Az 2: 5H 38/45

Hermann, Rudolf
– Fiche: *0308*
Az 1: 7J 242/40
Az 2: 2H 113/40
– Fiche: *0308*
Az 1: 6J 103/40g
Az 2: 2H 115/40
– Fiche: *0322/0521 f.*
Az 1: 6J 145/40
Az 2: 2H 32/41

Hermann, Rudolf (A)
– Fiche: *0309 f.*
Az 1: 6J 103/40g
Az 2: 2H 116/40

Hermann, Wilhelm (A)
– Fiche: *0176*
Az 1: 6J 92/42
Az 2: 2H 282/42

Hermanns
– Fiche: *0523 f.*
Az 1: 9J 351/38g
Az 2: 2H 93/38

Hermanns, Helene
– Fiche: *0082/0260 f.*
Az 1: 9J 907/35
Az 2: 1H 67/36

Hermanns, Hermann
– Fiche: *0055/0248 f.*
Az 1: 8J 418/35g
Az 2: 1H 13/36

Hermanns, Paul
– Fiche: *0050 f.*
Az 1: 8J 164/35
Az 2: 1H 5/36

Hermannsthaler
– Fiche: *0141/0475 f.*
Az 1: 5J 449/38
Az 2: 1H 15/39

Hermentin, Ludwig
– Fiche: *0437*
Az 1: 7J 206/44
– Fiche: *0438*
Az 1: 7J 209/44
Az 2: 5H 43/45
– Fiche: *0438*
Az 1: 7J 208,209,210/44
Az 2: 5H 42,43,44/45

Hermentin, Ludwig (A)
– Fiche: *0367/0437 f.*
Az 1: 7J 205,206,207/44
Az 2: 5H 39,40,41/45

Hermes
– Fiche: *0440*
Az 1: 0J 48/44g Rs
Az 2: 1L 486/44

Hermine
– Fiche: *0615 ff.*
Az 1: 15J 86/33
Az 2: XII H 42/33

Hernowski (Frau)
– Fiche: *0447*
Az 1: 6J 125/43
Az 2: 1H 304/43

Herold
– Fiche: *0573*
Az 1: 2J 377/43g
Az 2: 2H 164/43

Herold, Heinz
– Fiche: *0532 f.*
Az 1: 7(11)J 197/34g
Az 2: 3L 21/36

Herold, Ilse
– Fiche: *0132*
Az 1: 5J 79/38
Az 2: 2H 57/38
– Fiche: *0501*
Az 1: 5J 77/38
Az 2: 2H 43/38

Herold, Lieselotte
– Fiche: *0137 f.*
Az 1: 6J 275/38g
Az 2: 2H 5/39
– Fiche: *0142*
Az 1: 5J 307/38g
Az 2: 1H 16/39

Herold, Liselotte
– Fiche: *0706*
Az 1:
Az 2: StPL (HLS) 10/39

Herold, Marianne (A)
– Fiche: *0076 f.*
Az 1: 8J 427/35g
Az 2: 1H 59/60/61/36

Herpoldt
– Fiche: *0010 f.*
Az 1: 17J 232/33
Az 2: 2H 14/34

Herrendorf, Ferdinand
– Fiche: *0463/0465*
Az 1: 15J 39/36
Az 2: 2H 35/36

Herrling, Günther
– Fiche: *0185*
Az 1: 5J 413/44
Az 2: 6H 47/44

Herrmann
– Fiche: *0119*
Az 1: 8J 273/37
Az 2: 1H 13/38
– Fiche: *0160/0288f.*
Az 1: 6J 224/39g
Az 2: 2H 44/40
– Fiche: *0176/0295*
Az 1: 6J 27/42g
Az 2: 1H 18/43
– Fiche: *0180/0446*
Az 1: 6J 12/43g
Az 2: 1H 147/43
– Fiche: *0364*
Az 1: 7J 535/42, 7J 61/43
Az 2: 5H 53/43, 5H 54/43
– Fiche: *0488 f./0519 f.*
Az 1: 9J 30/40g
Az 2: 2H 5/41

Herrmann (Frau)
– Fiche: *0672 f.*
Az 1: 10J 90/41
Az 2: 2H 111/41

Herrmann, Arthur (A)
– Fiche: *0291*
Az 1: 7J 544/39
Az 2: 2H 33/41

Herrmann, August (A)
– Fiche: *0183*
Az 1: 11(10)J 631/43
Az 2: 1H 28/44

Herrmann, Bernhard
– Fiche: *0500*
Az 1: 10J 267/43
Az 2: 4L 105/43

Herrmann, Elli
– Fiche: *0021 f.*
Az 1: 17J 397/33
Az 2: 1H 3/35

Herrmann, Else (A)
– Fiche: *0113*
Az 1: 8J 351/37g
Az 2: 2H 57/37

Herrmann, Kurt (A)
– Fiche: *0113*
Az 1: 8J 351/37g
Az 2: 2H 57/37

Herrmann, Lieselotte
- Fiche: *0147 ff.*
  Az 1: 6J 374/38g
  Az 2: 1H 37/39
- Fiche: *0555*
  Az 1: 9J 330/41
  Az 2: 5H 63/42
- Fiche: *0636*
  Az 1: 10J 5/43g
  Az 2: 2H 37/43
- Fiche: *0677*
  Az 1: 9J 330/40
  Az 2: 2H 48/41

Herrmann, Lieselotte (A)
- Fiche: *0476 f.*
  Az 1: 8J 131/36g, 8J 49,117,131/36g
  Az 2: 2H 16,20,27/37

Herrmann, Matthäus (A)
- Fiche: *0627*
  Az 1: 0J 52/44g Rs
  Az 2: 1L 450/44

Herrmann, Paul (A)
- Fiche: *0398 f./0578*
  Az 1: 9J 33/40g
  Az 2: 2H 6/41

Herrmann, Walter
- Fiche: *0168*
  Az 1: 5J 232/41
  Az 2: 2H 5/42

Herrmann, Walter (A)
- Fiche: *0002/0571 f.*
  Az 1: 15J 265/33
  Az 2: 1H 3/34

Herrmann, Willi
- Fiche: *0251 ff.*
  Az 1: 14J 12/36
  Az 2: 2H 17/36

Herrmanns, Hermann
- Fiche: *0247 f./0445*
  Az 1: 8J 72/36
  Az 2: 2H 7/37

Herschmann, Herbert
- Fiche: *0010 f.*
  Az 1: 17J 232/33
  Az 2: 2H 14/34

Hertel
- Fiche: *0523 f.*
  Az 1: 9J 351/38g
  Az 2: 2H 93/38

Hertel, Nikolaus
- Fiche: *0010*
  Az 1: 8J 1783/33
  Az 2: 1H 14/34

Hertel, Otto
- Fiche: *0044 f.*
  Az 1: 17J 387/34
  Az 2: 2H 55/35
- Fiche: *0049/0450*
  Az 1: 9J 151/35
  Az 2: 1H 3/36
- Fiche: *0082/0260 f.*
  Az 1: 9J 907/35
  Az 2: 1H 67/36
- Fiche: *0094 f./0551*
  Az 1: 9J 600/36
  Az 2: 1H 21/37
- Fiche: *0113/0469 f.*
  Az 1: 16J 37/35
  Az 2: 1H 19-20/37
- Fiche: *0629 f.*
  Az 1: 9J 929/35
  Az 2: 1H 37/36

Herter, Gottfried von
- Fiche: *0088*
  Az 1: 8J 211/36
  Az 2: 2H 6/37

Herting, Franz
- Fiche: *0052 f.*
  Az 1: 17J 5/36
  Az 2: 1H 10/36

Hertl, Otto
- Fiche: *0263 f./0487 f.*
  Az 1: 17J 171/35
  Az 2: 2H 17/37

Hertlein, Alfred
- Fiche: *0433*
  Az 1: 10J 166/44
  Az 2: 2H 219/44

Hertler, Michael
- Fiche: *0348*
  Az 1: 7J 253/42
  Az 2: 5H 89/42

Hertling, Walter
- Fiche: *0105*
  Az 1: 17J 444/36
  Az 2: 2H 35/37
- Fiche: *0582 f.*
  Az 1: 10J 288/38
  Az 2: 1H 37/38

Hertmann, Gerhard
- Fiche: *0174/0673*
  Az 1: 6J 129/42g
  Az 2: 5H 172/42

Hertz
- Fiche: *0099 f.*
  Az 1: 14J 301/37
  Az 2: 1H 27/37
- Fiche: *0163*
  Az 1: 5J 142/40
  Az 2: 2H 68/40
- Fiche: *0367*
  Az 1: 6J 258/38
  Az 2: 1H 31/43
- Fiche: *0549*
  Az 1: 5J 642/38
  Az 2: 1H 13/39
- Fiche: *0615 ff.*
  Az 1: 15J 86/33
  Az 2: XII H 42/33
- Fiche: *0630 f.*
  Az 1: 5J 174/39
  Az 2: 2H 51/39
- Fiche: *0632 f.*
  Az 1: 6J 29/42g
  Az 2: 1H 139/43

Hertz, Paul
- Fiche: *0145/0638 f.*
  Az 1: 9J 138/39g
  Az 2: 2H 27/39
- Fiche: *0146 f./0301 f.*
  Az 1: 10J 7/39
  Az 2: 1H 30/39
- Fiche: *0261*
  Az 1: 14J 570/37g
- Fiche: *0283 f.*
  Az 1: 10J 5/39
  Az 2: 1H 23/39
- Fiche: *0396/0704 f.*
  Az 1: 14J 522/37g
  Az 2: 1L 2/40
- Fiche: *0489 ff.*
  Az 1: 8J 402/38
  Az 2: 2H 41/39
- Fiche: *0622 f.*
  Az 1: 10J 453/38
  Az 2: 1H 25/39

Herwei
- Fiche: *0356/0400*
  Az 1: 7J 395/42, 7J 457/42
  Az 2: 5H 158/42, 5H 193/42
- Fiche: *0526 f.*
  Az 1: 7J 457/42

Herynek, Rudolf
- Fiche: *0298/0367*
  Az 1: 7J 300/43
  Az 2: 5H 94/43
- Fiche: *0372*
  Az 1: 7J 308/43
  Az 2: 5H 92/43
- Fiche: *0576*
  Az 1: 7J 352/43
  Az 2: 5H 90/43

Herynek, Rudolf (A)
- Fiche: *0372/0520*
  Az 1: 7J 308/43
  Az 2: 5H 92/43

Herz
- Fiche: *0116*
  Az 1: 16J 878/37
  Az 2: 1H 9/38
- Fiche: *0119 f.*
  Az 1: 6J 168/38g
  Az 2: 1H 14/38
- Fiche: *0129 f.*
  Az 1: 6J 223/38g
  Az 2: 2H 47/38
- Fiche: *0130/0277*
  Az 1: 6J 224/38g
  Az 2: 2H 48/38
- Fiche: *0132 f.*
  Az 1: 14J 457/37g
  Az 2: 2H 63/38
- Fiche: *0141/0475 f.*
  Az 1: 5J 449/38
  Az 2: 1H 15/39
- Fiche: *0273 f.*
  Az 1: 14J 657/37g
  Az 2: 1H 15/38
- Fiche: *0277 f.*
  Az 1: 14J 651/37g
  Az 2: 2H 55/38
- Fiche: *0376*
  Az 1: 7J 306/42, 7J 239/43
  Az 2: 5H 140/42, 5H 72/43
- Fiche: *0380*
  Az 1: 7J 366/43
  Az 2: 5H 121/43
- Fiche: *0489 ff.*
  Az 1: 8J 402/38
  Az 2: 2H 41/39
- Fiche: *0516 f./0548 f.*
  Az 1: 7J 421/42g
  Az 2: 6H 63/43
- Fiche: *0598 ff.*
  Az 1: 9J 479/35
  Az 2: 2H 14/36
- Fiche: *0632 f.*
  Az 1: 6J 29/42g
  Az 2: 1H 139/43

Herz (Frau)
- Fiche: *0112/0271*
  Az 1: 16J 675/37
  Az 2: 2H 52/37

Herz, Harry
- Fiche: *0701*
  Az 1: 7(8)J 176/42g

Herz, Walter
- Fiche: *0269/0718*
  Az 1: 16J 736/36
  Az 2: 2H 43/37
- Fiche: *0605*
  Az 1: 10J 117/42
  Az 2: 5H 115/42

Herz, Walter (A)
- Fiche: *0112/0271*
  Az 1: 16J 675/37
  Az 2: 2H 52/37

Herzberg, Walter (A)
- Fiche: *0228*
  Az 1: 13J 266/33
  Az 2: 2H 11,12/35

Herzenberg, Edith
- Fiche: *0081/0471*
  Az 1: 15J 544/36
  Az 2: 2H 64/36
- Fiche: *0702 f.*
  Az 1: 17J 97/37
  Az 2: 2H 19/37

Herzfeld
- Fiche: *0010 f.*
  Az 1: 17J 232/33
  Az 2: 2H 14/34
- Fiche: *0031*
  Az 1: 13/14J 103/29
  Az 2: 1H 24/35

Herzfelde
- Fiche: *0639*
  Az 1: 10J 87/41
  Az 2: 2H 192/42

Herzhauser
- Fiche: *0250 f.*
  Az 1: 8J 364/35
  Az 2: 2H 15/36

Heusinger
- Fiche: *0708*
  Az 1: 0J 5/44gRs, 0J 9/44gRs
  Az 2: 1L 301/44, 1L 309/44

Heußlein, Alfred
- Fiche: *0056 f./0461*
  Az 1: 8J 29/35
  Az 2: 2H 18/36

Hewener, Alois
- Fiche: *0247 f./0445*
  Az 1: 8J 72/36
  Az 2: 2H 7/37

Hey, August
- Fiche: *0168*
  Az 1: 6J 24/41
  Az 2: 2H 152/41

Hey, Fridolin (A)
- Fiche: *0041 f./0238*
  Az 1: 8J 206/35
  Az 2: 2H 49/35

Hey, Friedolin
- Fiche: *0036/0230 f.*
  Az 1: 8J 306/35
  Az 2: 2H 30/35

Hey, Friedrich
- Fiche: *0065*
  Az 1: 14J 26/36
  Az 2: 1H 36/36
- Fiche: *0176/0635*
  Az 1: 5J 151/42
  Az 2: 5H 10/43

Hey, Friedrich (A)
- Fiche: *0168*
  Az 1: 6J 24/41
  Az 2: 2H 152/41

Hey, Johann
- Fiche: *0065*
  Az 1: 14J 26/36
  Az 2: 1H 36/36
- Fiche: *0168*
  Az 1: 6J 24/41
  Az 2: 2H 152/41
- Fiche: *0677*
  Az 1: 9J 330/40
  Az 2: 2H 48/41

Heybey, Franz
- Fiche: *0297*
  Az 1: 7J 247/43
  Az 2: 5H 79/43
- Fiche: *0374*
  Az 1: 7J 331/43
  Az 2: 5H 77/43

Heyden, Konrad
- Fiche: *0127/0623*
  Az 1: 8J 419/37g
  Az 2: 2H 33/38

Heyden, Werner
- Fiche: *0719*
  Az 1: 10(9)J 943/43

Heyder
- Fiche: *0250 f.*
  Az 1: 8J 364/35
  Az 2: 2H 15/36

Heyder, Wilhelm
- Fiche: *0303 f.*
  Az 1: 17J 43/37
  Az 2: 1H 7/38

Heyder, Wilhelm (A)
- Fiche: *0190 f.*
  Az 1: 9J 232/44
  Az 2: 5H 126/44

Heydrich, Friedrich
- Fiche: *0481 f./0557 f.*
  Az 1: 8J 214/37
  Az 2: 1H 31/38

Heydrich, Friedrich (A)
- Fiche: *0485 f.*
  Az 1: 8J 386/38, 8J 214/37
  Az 2: 1H 33/38, 1H 31/38

Heydt, Fritz
- Fiche: *0267 f.*
  Az 1: 7J 201/36g
  Az 2: 2H 40/37

Heydtmann, Paul
- Fiche: *0222 f.*
  Az 1: 17J 504/33
  Az 2: 1H 1/35

Heyer
- Fiche: *0637 f.*
  Az 1: 8J 167/40
  Az 2: 2H 89/40

Heyer, Otto
- Fiche: *0569 f.*
  Az 1: 15J 273/35
  Az 2: 1H 47/35

Heyer, Otto (A)
- Fiche: *0051 f.*
  Az 1: 8J 383/34
  Az 2: 1H 7/36

Heyert
- Fiche: *0448*
  Az 1: 17J 225/37
  Az 2: 2H 48/37

Heyl, Franz
- Fiche: *0670 f.*
  Az 1: 14J 78/34
  Az 2: 1H 45/35

Heyler, Otto
- Fiche: *0049/0450*
  Az 1: 9J 151/35
  Az 2: 1H 3/36
- Fiche: *0082/0260 f.*
  Az 1: 9J 907/35
  Az 2: 1H 67/36
- Fiche: *0205*
  Az 1: 9J 151/44
  Az 2: 2H 253/44

Heyler, Otto (A)
- Fiche: *0045*
  Az 1: 9J 411/35
  Az 2: 1H 56/35

Heym, Guido
- Fiche: *0433*
  Az 1: 10J 166/44
  Az 2: 2H 219/44

Heym, Guido (A)
- Fiche: *0197*
  Az 1: 10J 168/44
  Az 2: 2H 207/44

Heym, Karl
- Fiche: *0197*
  Az 1: 10J 168/44
  Az 2: 2H 207/44

Heym, Richard
- Fiche: *0198*
  Az 1: 10J 167/44
  Az 2: 2H 208/44

Heymann
- Fiche: *0071 f.*
  Az 1: 14J 288/36
  Az 2: 1H 48/36
- Fiche: *0177 f.*
  Az 1: 8J 382/42g
  Az 2: 2H 65/43
- Fiche: *0286 f.*
  Az 1: 8J 384/38g
  Az 2: 1H 32/39

Heymann, Felix
- Fiche: *0493 f.*
  Az 1: 10J 207/42g
  Az 2: 2H 314/42

Heymann, Felix (A)
- Fiche: *0689*
  Az 1: 10J 328/43g
  Az 2: 2H 99/43

Heymann, Stefan
- Fiche: *0001*
  Az 1: 17J 303/33
  Az 2: 1H 2/34

Heymann, von
- Fiche: *0151*
  Az 1: 8J 13/39
  Az 2: 2H 44/39

Heyn, Richard
- Fiche: *0434*
  Az 1: 10J 226/44
  Az 2: 2H 223/44

Heyne
- Fiche: *0103 f.*
  Az 1: 17J 416/36
  Az 2: 2H 32/37

Heyne, Arthur
- Fiche: *0137 f.*
  Az 1: 6J 275/38g
  Az 2: 2H 5/39
- Fiche: *0141/0273*
  Az 1: 6J 277/38g
  Az 2: 1H 14/39
- Fiche: *0142*
  Az 1: 5J 307/38g
  Az 2: 1H 16/39

Heynemann
- Fiche: *0299*
  Az 1: 5J 146/43
  Az 2: 2H 151/43

Heysing, Günther
- Fiche: *0676*
  Az 1: 8J 224/38
  Az 2: 2H 41/38

Heyta
- Fiche: *0615 ff.*
  Az 1: 15J 86/33
  Az 2: XII H 42/33

Hiden
- Fiche: *0379*
  Az 1: 7J 400/43
  Az 2: 6H 164/43

Hiebl, Wilhelm
- Fiche: *0142 f./0283*
  Az 1: 6J 14/39
  Az 2: 1H 20/39

Hiebler
- Fiche: *0333*
  Az 1: 7J 94/42
  Az 2: 2H 97/42
- Fiche: *0333*
  Az 1: 7J 93/42
  Az 2: 2H 96/42
- Fiche: *0383 f./0650*
  Az 1: 7J 205/43
  Az 2: 6H 100/43

Hiebler, Adolf
- Fiche: *0366*
  Az 1: 7J 599/42
  Az 2: 6H 46/43
- Fiche: *0377*
  Az 1: 7J 599/42
  Az 2: 6H 59/43
- Fiche: *0377*
  Az 1: 7J 599/42
  Az 2: 6H 58/43
- Fiche: *0378 f.*
  Az 1: 7J 432/43
  Az 2: 6H 176/43
- Fiche: *0455*
  Az 1: 7J 599/42
  Az 2: 6H 44/43
- Fiche: *0456*
  Az 1: 7J 599/42
  Az 2: 6H 60/43
- Fiche: *0497*
  Az 1: 7J 66/43
  Az 2: 6H 144/43

Hiebler, Adolf (A)
- Fiche: *0296*
  Az 1: 7J 599/42
  Az 2: 6H 47/43

Hiebler, Franz
- Fiche: *0296*
  Az 1: 7J 599/42
  Az 2: 6H 47/43
- Fiche: *0365*
  Az 1: 7J 599/42
  Az 2: 6H 48/43
- Fiche: *0365*
  Az 1: 7J 599/42
  Az 2: 6H 45/43
- Fiche: *0366*
  Az 1: 7J 599/42
  Az 2: 6H 46/43
- Fiche: *0375*
  Az 1: 7J 100/43
  Az 2: 6H 74/43
- Fiche: *0377*
  Az 1: 7J 599/42
  Az 2: 6H 58/43

Hillebrandt, Gerhard
- Fiche: *0134*
  Az 1: 7J 344/38
  Az 2: 2H 78/38
- Fiche: *0134/0523*
  Az 1: 7J 348/38
  Az 2: 2H 82/38
- Fiche: *0136*
  Az 1: 7J 346/38
  Az 2: 2H 95/38
- Fiche: *0284 f.*
  Az 1: 7J 352/38
  Az 2: 2H 3/39

Hillebrandt, Heinrich
- Fiche: *0633 f.*
  Az 1: 9J 267/37
  Az 2: 2H 46/37

Hillebrecht
- Fiche: *0513 f.*
  Az 1: 8J 969/33
  Az 2: 2H 24/34

Hillebrenner, Hugo (A)
- Fiche: *0509 f.*
  Az 1: 9J 456/43
  Az 2: 2H 145/43

Hillemann, August
- Fiche: *0299/0512*
  Az 1: 5J 109/43
  Az 2: 2H 113/43

Hiller
- Fiche: *0300/0339*
  Az 1: 7J 232/42
  Az 2: 2H 202/42
- Fiche: *0463*
  Az 1: 15J 217/35
  Az 2: 1H 68/35
- Fiche: *0693*
  Az 1: StPL (RKA) III 248/43, 275/43, 193/43
  Az 2: StPL 2. Sen. 21/44

Hiller, Franz
- Fiche: *0687*
  Az 1: 15J 222/35
  Az 2: 2H 34/36

Hiller, Franz (A)
- Fiche: *0349*
  Az 1: 6J 45/42g
  Az 2: 5H 95/42

Hiller, Georg
- Fiche: *0463/0465*
  Az 1: 15J 39/36
  Az 2: 2H 35/36

Hiller, Karl
- Fiche: *0095/0541*
  Az 1: 9J 571/36
  Az 2: 2H 22/37

Hiller, Kasper (A)
- Fiche: *0363*
  Az 1: 7J 180/43
  Az 2: 5H 51/43

Hiller, Maragarete
- Fiche: *0244 f./0274*
  Az 1: 8J 431/35g
  Az 2: 1H 8/37

Hiller, Martha
- Fiche: *0171 f.*
  Az 1: 5J 40/41
  Az 2: 2H 51/42

Hiller, Martha (A)
- Fiche: *0525*
  Az 1: 8J 199/38
  Az 2: 2H 91/38

Hillert
- Fiche: *0515*
  Az 1: 8J 368/38
  Az 2: 1H 4/39

Hillgraf, August (A)
- Fiche: *0621 f.*
  Az 1: 15J 241/33
  Az 2: XII H 57/33

Hillig, Emil (A)
- Fiche: *0316*
  Az 1: 16J 251/36
  Az 2: 1H 45/36

Hillig, Willibald (A)
- Fiche: *0608 ff.*
  Az 1: 15J 179/33
  Az 2: XII H 17/34

Hilliger, Gerhard
- Fiche: *0076 f.*
  Az 1: 8J 427/35g
  Az 2: 1H 59/60/61/36

Hilliges
- Fiche: *0084*
  Az 1: 17J 318/36
  Az 2: 2H 2/37

Hillinger, Paul
- Fiche: *0703 f.*
  Az 1: 11J 390/39

Hillmann
- Fiche: *0001*
  Az 1: 8J 1865/33
  Az 2: 1H 1/34

Hilmer
- Fiche: *0084/0261*
  Az 1: 17J 513/36
  Az 2: 2H 1/37

Hilmer, Willy
- Fiche: *0011 f.*
  Az 1: 17J 545/33
  Az 2: 1H 15/34

Hils, Herbert
- Fiche: *0175*
  Az 1: 7J 75/42
  Az 2: 2H 189/42

Hilse, Herbert
- Fiche: *0272*
  Az 1: 16J 225/37
  Az 2: 2H 60/37

Hilsenbeck
- Fiche: *0135 f./0678 f.*
  Az 1: 5J 344/38
  Az 2: 2H 94/38

Hilterhaus
- Fiche: *0627 f.*
  Az 1: 10J 1095/43g
  Az 2: 1H 305/43

Hilz
- Fiche: *0031 f./0230*
  Az 1: 17J 296/34
  Az 2: 2H 24/35

Himmelheber, Elise
- Fiche: *0269 f.*
  Az 1: 8J 100/37
  Az 2: 1H 43/37

Himmelmann
- Fiche: *0108*
  Az 1: 8J 358/37g
  Az 2: 1H 40/37

Himmelmann, Ludwig
- Fiche: *0269 f.*
  Az 1: 8J 100/37
  Az 2: 1H 43/37

Himmer, Elsa (A)
- Fiche: *0325*
  Az 1: 6J 132/40g
  Az 2: 2H 147/41

Himmer, Wilhelm
- Fiche: *0175/0346*
  Az 1: 6J 106/42g
  Az 2: 2H 258/42
- Fiche: *0346*
  Az 1: OJs 191/41

Himmer, Wilhelm (A)
- Fiche: *0325*
  Az 1: 6J 132/40g
  Az 2: 2H 147/41

Himmer, Wilhem
- Fiche: *0175 f.*
  Az 1: 7(6)J 62/43
  Az 2: 6H 82/44

Himmes, Joseph
- Fiche: *0247 f./0445*
  Az 1: 8J 72/36
  Az 2: 2H 7/37

Himmes, Peter (A)
- Fiche: *0247 f./0445*
  Az 1: 8J 72/36
  Az 2: 2H 7/37

Himmler
- Fiche: *0585 f.*
  Az 1: 8J 160/38
  Az 2: 2H 73/38

Himmler, Hans
- Fiche: *0014/0737*
  Az 1: 14J 253/33
  Az 2: 2H 22/34

Himpel
- Fiche: *0692*
  Az 1: StPL (RKA) III 525/42
  Az 2: StPL (HLS) II 4/43
- Fiche: *0714*
  Az 1: StPL (RKA) III 530/42
  Az 2: StPL (HLS) II 12/43

Himpel, Helmut
- Fiche: *0713 f.*
  Az 1: StPL (RKA) III 495,496,497/42
  Az 2: StPL (HLS) II 129/42

Himpkamp
- Fiche: *0577*
  Az 1: 11J 118/44
  Az 2: 2H 160/44

Himpkamp, Bruno
- Fiche: *0720 f.*
  Az 1: 9J 283/44

Himsl, Ludwig
- Fiche: *0343 f./0400 f.*
  Az 1: 7J 274/42
  Az 2: 1H 214/42

Hinderer
- Fiche: *0135 f./0678 f.*
  Az 1: 5J 344/38
  Az 2: 2H 94/38

Hinderks
- Fiche: *0049*
  Az 1: 8J 440/35
  Az 2: 1H 1/36

Hink
- Fiche: *0056*
  Az 1: 14J 286/35
  Az 2: 1H 16/36

Hinke
- Fiche: *0502 f.*
  Az 1: 16J 150/35
  Az 2: 2H 21/36

Hinkel
- Fiche: *0450/0623 f.*
  Az 1: 17J 451/37
  Az 2: 2H 59/38
- Fiche: *0467*
  Az 1: 10J 228/38
  Az 2: 2H 76/38
- Fiche: *0493*
  Az 1: 10J 229/38
  Az 2: 2H 66/38
- Fiche: *0540*
  Az 1: 10J 226/38
  Az 2: 2H 75/38
- Fiche: *0540 f.*
  Az 1: 10J 223/38
  Az 2: 2H 64/38
- Fiche: *0560*
  Az 1: 10J 222/38
  Az 2: 2H 69/38
- Fiche: *0583*
  Az 1: 10J 225/38
  Az 2: 2H 70/38

Hinkel, Hans
- Fiche: *0544/0734*
  Az 1: 9J 869/35
  Az 2: 2H 51/35

Hinkelmann, Elise (A)
- Fiche: *0630*
  Az 1: 10J 354/43g
  Az 2: 1H 202/43

Hinkelmann, Richard (A)
- Fiche: *0630*
  Az 1: 10J 354/43g
  Az 2: 1H 202/43

Hinker
- Fiche: *0355 f.*
  Az 1: 7J 526/42
  Az 2: 5H 194/42
- Fiche: *0356*
  Az 1: 7J 525/42
  Az 2: 5H 192/42

Hirsch
- Fiche: *0028 f./0679*
  Az 1: 15J 648/33
  Az 2: 1H 14/35

Hirsch (Frau)
- Fiche: *0016/0213*
  Az 1: 17J 292/33
  Az 2: 1H 25/34

Hirsch, Alice
- Fiche: *0689*
  Az 1: 10J 328/43g
  Az 2: 2H 99/43

Hirsch, Alice (A)
- Fiche: *0493 f.*
  Az 1: 10J 207/42g
  Az 2: 2H 314/42

Hirsch, Anna
- Fiche: *0160/0288f.*
  Az 1: 6J 224/39g
  Az 2: 2H 44/40

Hirsch, August (A)
- Fiche: *0131/0596 f.*
  Az 1: 14J 796/37g
  Az 2: 2H 51/38

Hirsch, Charlotte
- Fiche: *0097 f.*
  Az 1: 17J 28/36
  Az 2: 2H 24/37

Hirsch, Fritz
- Fiche: *0131/0596 f.*
  Az 1: 14J 796/37g
  Az 2: 2H 51/38
- Fiche: *0329/0376*
  Az 1: 7J 287/43
  Az 2: 5H 68/43

Hirsch, Hella
- Fiche: *0689*
  Az 1: 10J 328/43g
  Az 2: 2H 99/43

Hirsch, Hella (A)
- Fiche: *0493 f.*
  Az 1: 10J 207/42g
  Az 2: 2H 314/42

Hirsch, Helmut
- Fiche: *0286 f.*
  Az 1: 8J 384/38g
  Az 2: 1H 32/39

Hirsch, Helmut (A)
- Fiche: *0089 f.*
  Az 1: 8J 31/37g.Rs.
  Az 2: 2H 9/37

Hirsch, Maria (A)
- Fiche: *0213*
  Az 1: 17J 292/33

Hirsch, Otto
- Fiche: *0571*
  Az 1: 10J 244/42g
  Az 2: 2H 319/42

Hirsch, Paul
- Fiche: *0207*
  Az 1: 8J 188/44g
  Az 2: 1H 285/44
- Fiche: *0209*
  Az 1: 9J 233/44
  Az 2: 1H 318/44
- Fiche: *0429/0741*
  Az 1: 9J 213/44
  Az 2: 5H 118/44
- Fiche: *0746*
  Az 1: 9J 63/45

Hirsch, Paul (A)
- Fiche: *0429/0741*
  Az 1: 9J 213/44
  Az 2: 5H 118/44

Hirsch, Robert (A)
- Fiche: *0412*
  Az 1: 8J 228/42
  Az 2: 5H 19/44

Hirschberg
- Fiche: *0094 f./0551*
  Az 1: 9J 600/36
  Az 2: 1H 21/37
- Fiche: *0682*
  Az 1: 17J 377/37
  Az 2: 1H 6/38

Hirschberg, Martin
- Fiche: *0111*
  Az 1: 17J 298/37
  Az 2: 2H 49/37

Hirschberg, Martin (A)
- Fiche: *0244 f./0274*
  Az 1: 8J 431/35g
  Az 2: 1H 8/37
- Fiche: *0274 f.*
  Az 1: 8J 226/38g
  Az 2: 1H 17/38

Hirschberg, Michael (A)
- Fiche: *0061 f./0626 f.*
  Az 1: 17J 336/35
  Az 2: 2H 28/36

Hirschberger
- Fiche: *0184/0707 f.*
  Az 1: 9J 777/43g
  Az 2: 5H 40/44

Hirschfeld
- Fiche: *0079 f.*
  Az 1: 17J 267/35
  Az 2: 1H 63/36
- Fiche: *0555 f.*
  Az 1: 9J 202/36
  Az 2: 2H 14/37
- Fiche: *0561 f.*
  Az 1: 8J 261/41g
  Az 2: 1H 237/42
- Fiche: *0639*
  Az 1: 10J 87/41
  Az 2: 2H 192/42

Hirschfeld, Alexander W.
- Fiche: *0713 f.*
  Az 1: StPL (RKA) III 495,496,497/42
  Az 2: StPL (HLS) II 129/42

Hirschfeld, Karl
- Fiche: *0099 f.*
  Az 1: 14J 301/37
  Az 2: 1H 27/37

Hirschl, Franz
- Fiche: *0174*
  Az 1: 7J 160/42
  Az 2: 2H 119/42
- Fiche: *0330*
  Az 1: 7J 46/42
  Az 2: 2H 125/42
- Fiche: *0331*
  Az 1: 7J 159/42
  Az 2: 2H 118/42
- Fiche: *0331*
  Az 1: 7J 157/42
  Az 2: 2H 117/42
- Fiche: *0333*
  Az 1: 7J 156/42
  Az 2: 2H 112/42

Hirschl, Kurt
- Fiche: *0114*
  Az 1: 16J 840/37
  Az 2: 2H 2/38

Hirschmann, Heinrich
- Fiche: *0447*
  Az 1: 9J 107/41
  Az 2: 5H 14/43

Hirschmann, Thomas (A)
- Fiche: *0458*
  Az 1: 9J 355/39g
  Az 2: 2H 9/40

Hirschtritt, Nathan
- Fiche: *0090*
  Az 1: 17J 187/36
  Az 2: 2H 31/37

Hirt, Johann (A)
- Fiche: *0156 f./0314 f.*
  Az 1: 14J 140/34
  Az 2: 1H 42/35

Hirth
- Fiche: *0532 f.*
  Az 1: 7(11)J 197/34g
  Az 2: 3L 21/36

Hirthe (Frau)
- Fiche: *0593 f.*
  Az 1: 15J 490/33
  Az 2: 1H 89/34

Hirzel, Hans (A)
- Fiche: *0539/0627*
  Az 1: 6J 24/43
  Az 2: 1H 101/43

Hirzel, Susanne (A)
- Fiche: *0539/0627*
  Az 1: 6J 24/43
  Az 2: 1H 101/43

Hirzer, Alois
- Fiche: *0644*
  Az 1: 8J 475/39
  Az 2: 5H 109/43

Hitzenhammer
- Fiche: *0644*
  Az 1: 8J 475/39
  Az 2: 5H 109/43

Hitzl
- Fiche: *0344*
  Az 1: 7J 475/42
  Az 2: 1H 308/42

Hitzler, Richard (A)
- Fiche: *0581*
  Az 1: 6J 201/44
  Az 2: 2H 13/45

Hjelmen, Martin
- Fiche: *0446*
  Az 1: 9J 9/43g
  Az 2: 1H 37/43

Hladik
- Fiche: *0137/0711 f.*
  Az 1: 8J 367/38
  Az 2: 2H 4/39

Hladik (Frau)
- Fiche: *0137/0711 f.*
  Az 1: 8J 367/38
  Az 2: 2H 4/39

Hladnik, Johann
- Fiche: *0304 f.*
  Az 1: 7J 268/39
  Az 2: 1H 66/39

Hlawitschka
- Fiche: *0151 f./0584*
  Az 1: 7J 72/39
  Az 2: 1H 45/39

Hlobil, Rudolf
- Fiche: *0329/0338 f.*
  Az 1: 7J 110/42
  Az 2: 2H 203/42

Hlobil, Rudolf (A)
- Fiche: *0342/0343*
  Az 1: 7J 221/42
  Az 2: 2H 172/42

Hloubil
- Fiche: *0376*
  Az 1: 7J 306/42, 7J 239/43
  Az 2: 5H 140/42, 5H 72/43
- Fiche: *0376*
  Az 1: 7J 238/43
  Az 2: 5H 72/43

Hnup (Frau)
- Fiche: *0340*
  Az 1: 7J 286/42
  Az 2: 2H 201/42

Hnup, Theresia
- Fiche: *0401/0458 f.*
  Az 1: 7J 590/42
  Az 2: 5H 47/43

Hnup, Theresia (A)
- Fiche: *0353*
  Az 1: 7J 399/42
  Az 2: 2H 294/42

Hnut, Franz
- Fiche: *0339/0349*
  Az 1: 7J 164/42
  Az 2: 5H 91/42

Hobel, Julius
- Fiche: *0347 f.*
  Az 1: 7J 257/42
  Az 2: 5H 86/42

Höck, Balthasar
- Fiche: *0292 f.*
Az 1: 7J 501/42
- Fiche: *0380/0529*
Az 1: 7J 209/43
Az 2: 6H 139/43
- Fiche: *0519/0549 f.*
Az 1: 6J 135/42g
Az 2: 6H 79/43

Höck, Balthasar (A)
- Fiche: *0516 f./0548 f.*
Az 1: 7J 421/42g
Az 2: 6H 63/43

Höck, Franz
- Fiche: *0434*
Az 1: 10(9)J 1230/43g
Az 2: 6L 222/44

Höck, Maria
- Fiche: *0434*
Az 1: 10(9)J 1230/43g
Az 2: 6L 222/44

Höckel, Helmuth
- Fiche: *0066 f./0253 f.*
Az 1: 8J 4/36
Az 2: 1H 38/36

Hödel, Franz (A)
- Fiche: *0109 f.*
Az 1: 17J 264/36
Az 2: 2H 45/37

Hödel, Fritz
- Fiche: *0102*
Az 1: 17J 185/36
Az 2: 1H 30/37
- Fiche: *0116*
Az 1: 16J 878/37
Az 2: 1H 9/38

Höding, Edith
- Fiche: *0655 f.*
Az 1: 13J 230/33
Az 2: XV H 26/34

Hödl
- Fiche: *0329/0358*
Az 1: 7J 354/42
Az 2: 5H 142/42
- Fiche: *0686 f.*
Az 1: 8J 257/41
Az 2: 2H 19/42

Hödl, Maria
- Fiche: *0306 f.*
Az 1: 7J 549/39
Az 2: 2H 32/40

Höfer
- Fiche: *0618*
Az 1: 13J 166/33
Az 2: XII H 50/33

Höfer, Franz
- Fiche: *0383*
Az 1: 7J 275/43
Az 2: 6H 107/43

Hoefer, Hermann (A)
- Fiche: *0466*
Az 1: 9J 228/44
Az 2: 2H 285/44

Hoefer, Margarete (A)
- Fiche: *0466*
Az 1: 9J 228/44
Az 2: 2H 285/44

Höfernig, Emilie
- Fiche: *0696 f.*
Az 1: StPL (RKA) III 657/41
Az 2: StPL (HLS) III 16/42

Höfernig, Ludwig (A)
- Fiche: *0696 f.*
Az 1: StPL (RKA) III 657/41
Az 2: StPL (HLS) III 16/42

Höffken
- Fiche: *0113/0469 f.*
Az 1: 16J 37/35
Az 2: 1H 19-20/37

Höffken, Hans
- Fiche: *0049/0450*
Az 1: 9J 151/35
Az 2: 1H 3/36
- Fiche: *0082/0260 f.*
Az 1: 9J 907/35
Az 2: 1H 67/36
- Fiche: *0205*
Az 1: 9J 151/44
Az 2: 2H 253/44
- Fiche: *0628 f.*
Az 1: 10J 2/43g
Az 2: 1H 89/43

Höffken, Hans (A)
- Fiche: *0045*
Az 1: 9J 411/35
Az 2: 1H 56/35

Höfler
- Fiche: *0358*
Az 1: 7J 275/42
Az 2: 5H 139/42

Höfs, Hans
- Fiche: *0315*
Az 1: 8J 419/35g
Az 2: 1H 18/36

Hoeft
- Fiche: *0615 ff.*
Az 1: 15J 86/33
Az 2: XII H 42/33

Hoeft, Georg (A)
- Fiche: *0521*
Az 1: 8J 226/41g
Az 2: 2H 94/41

Höft, Hubert (A)
- Fiche: *0451*
Az 1: 14J 290/33
Az 2: 1H 34/34

Högele
- Fiche: *0094 f./0551*
Az 1: 9J 600/36
Az 2: 1H 21/37

Hoegen
- Fiche: *0013 f.*
Az 1: 8J 1713/33
Az 2: 2H 20/34

Höger
- Fiche: *0675*
Az 1: 10J 60/41
Az 2: 2H 79/41

Höger, Christian
- Fiche: *0177 f.*
Az 1: 8J 382/42g
Az 2: 2H 65/43

Höger, Christine (A)
- Fiche: *0164 f.*
Az 1: 10J 120/40
Az 2: 2H 100/40

Höglinger, Aloisia (A)
- Fiche: *0437*
Az 1: 6J 198,199/44
Az 2: 5H 19,20/45

Höhbaus, Karl
- Fiche: *0348*
Az 1: 7J 254/42
Az 2: 5H 87/42

Höhle, Felix
- Fiche: *0069*
Az 1: 8J 12/36g
Az 2: 1H 42/36

Höhmann, Werner
- Fiche: *0590 f.*
Az 1: 8J 420/35g
Az 2: 1H 32/36

Höhn, Franz
- Fiche: *0705*
Az 1: StPL (RKA) I 8/43
Az 2: StPL (HLS) 61/43

Höhn, Grete
- Fiche: *0112*
Az 1: 17J 391/36
Az 2: 2H 56/37

Höhn, Josef (A)
- Fiche: *0209*
Az 1: 8J 241/44
- Fiche: *0456*
Az 1: 8J 241/44
Az 2: 1H 356/44

Höhn, Willi
- Fiche: *0677*
Az 1: 9J 330/40
Az 2: 2H 48/41

Höhne, Hans
- Fiche: *0128*
Az 1: 5J 317/38
Az 2: 1H 35/38
- Fiche: *0128 f.*
Az 1: 5J 285/38
Az 2: 1H 36/38
- Fiche: *0276 f.*
Az 1: 5J 284/38
Az 2: 1H 34/38

Höhne, Hugo Hans
- Fiche: *0109*
Az 1: 16J 443/37
Az 2: 2H 42/37

Hökke, Willi
- Fiche: *0138 f.*
Az 1: 5J 53/39
Az 2: 1H 7/39

Höll
- Fiche: *0587*
Az 1: 10J 303/38
Az 2: 2H 90/38

Höll (Frau)
- Fiche: *0565 f.*
Az 1: 10J 291/38
Az 2: 2H 88/38
- Fiche: *0587*
Az 1: 10J 303/38
Az 2: 2H 90/38

Höll, Josef (A)
- Fiche: *0620 f.*
Az 1: 15J 70/33
Az 2: XII H 59/33

Höllermann, Franz
- Fiche: *0296*
Az 1: 7J 53/43
Az 2: 6H 56/43

Höllisch, Friedrich
- Fiche: *0374*
Az 1: 7J 331/43
Az 2: 5H 77/43
- Fiche: *0453/0739*
Az 1: 7J 347/43, 7J 421/43, 7J 422/43
Az 2: 5H 122/43, 5H 129/43, 5H 125/43

Höllisch, Friedrich (A)
- Fiche: *0297*
Az 1: 7J 247/43
Az 2: 5H 79/43

Höllisch, Fritz
- Fiche: *0699*
Az 1: StPL (RKA) III 546/42
Az 2: StPL (HLS) I 31/43

Hölscher, Franz (A)
- Fiche: *0297 f.*
Az 1: 7J 307/43
Az 2: 5H 93/43

Höltermann
- Fiche: *0223 f.*
Az 1: 8J 282/34
Az 2: 2H 4/35
- Fiche: *0554 f.*
Az 1: 8J 244/34
Az 2: 2H 22/35

Höltl, Johann
- Fiche: *0365*
Az 1: 7J 607/42
Az 2: 6H 57/43

Hölz
- Fiche: *0454*
Az 1: 10J 162/42
Az 2: 2H 254/42

Hölz, Max
- Fiche: *0031 f./0230*
Az 1: 17J 296/34
Az 2: 2H 24/35
- Fiche: *0730 f./0732*
Az 1: 17J 318/37
Az 2: 1H 38/37

Hölz, Traute
- Fiche: *0126*
Az 1: 17J 414/37
Az 2: 2H 26/38

Hölzel, Camillo
- Fiche: *0116*
Az 1: 16J 878/37
Az 2: 1H 9/38
- Fiche: *0145/0285 f.*
Az 1: 5J 102/39
Az 2: 1H 27/39
- Fiche: *0160/0288f.*
Az 1: 6J 224/39g
Az 2: 2H 44/40
- Fiche: *0261*
Az 1: 14J 570/37g
- Fiche: *0288*
Az 1: 5J 686/38
Az 2: 1H 59/39
- Fiche: *0636*
Az 1: 5J 171/40
Az 2: 2H 91/40

Hölzel, Kurt
- Fiche: *0122 f.*
Az 1: 16J 765/37
Az 2: 1H 23/38

Hölzer
- Fiche: *0568*
Az 1: 10J 239/40
Az 2: 2H 77/42

Hölzer, Josef
- Fiche: *0446*
Az 1: 9J 9/43g
Az 2: 1H 37/43
- Fiche: *0567*
Az 1: 10J 245/40
Az 2: 2H 100/41
- Fiche: *0628*
Az 1: 10J 129/42
Az 2: 2H 205/42

Hölzer, Josef (A)
- Fiche: *0448/0578*
Az 1: 9J 210/40,
10J 238/40
Az 2: 2H 128/40

Hölzke, Walter
- Fiche: *0139 f./0283*
Az 1: 5J 84/39
Az 2: 1H 11/39

Hölzke, Willi
- Fiche: *0138*
Az 1: 5J 279/38
Az 2: 1H 6/39

Hölzke, Willi (A)
- Fiche: *0139 f./0283*
Az 1: 5J 84/39
Az 2: 1H 11/39

Hölzl, Ludwig (A)
- Fiche: *0712 f.*
Az 1: 9J 393/39
Az 2: 2H 62/40

Höme, Werner
- Fiche: *0272*
Az 1: 16J 225/37
Az 2: 2H 60/37

Hömke, Max
- Fiche: *0011 f.*
Az 1: 17J 545/33
Az 2: 1H 15/34

Höneck
- Fiche: *0158 f./0288*
Az 1: 7J 6/39
Az 2: 1H 77/39

Höneck, Kurt (A)
- Fiche: *0650 f.*
Az 1: 15J 190/33
Az 2: XII H 6/34

Hönicke
- Fiche: *0107/0302*
Az 1: 17J 379/37
Az 2: 1H 39/37

Hönicke, Arthur
- Fiche: *0131/0674 f.*
Az 1: 10J 27/38
Az 2: 2H 50/38

Hönigsfeld
- Fiche: *0367/0384*
Az 1: 7J 327/43
Az 2: 5H 102/43

Hönigsmann, Olga
- Fiche: *0305/0643 f.*
Az 1: 6J 518/38
Az 2: 1H 18/39

Hoenisch, Roman (A)
- Fiche: *0257 f.*
Az 1: 15J 338/36
Az 2: 2H 52/36

Hönnicke, Walter
- Fiche: *0606*
Az 1: 8J 1583/33
Az 2: XV H 52/33

Höntzsch, Alwin
- Fiche: *0160/0288f.*
Az 1: 6J 224/39g
Az 2: 2H 44/40

Hoepfner, Willy
- Fiche: *0175*
Az 1: 7J 75/42
Az 2: 2H 189/42

Hoepner, Erich
- Fiche: *0440*
Az 1: 0J 58/44g Rs
Az 2: 1L 46/45
- Fiche: *0441*
Az 1: 0J 3/44g Rs
Az 2: 1L 292/44
- Fiche: *0708*
Az 1: 0J 4/44g Rs
Az 2: 1L 229/44

Höppner, Hugo
- Fiche: *0013*
Az 1: 13J 279/33
Az 2: 2H 19/34

Höppner, Maria
- Fiche: *0467 ff.*
Az 1: 14J 629/37g
Az 2: 2H 86/38

Hörandl
- Fiche: *0511*
Az 1: 7J 61/44
Az 2: 5H 50/44

Hörbinger, Leopold
- Fiche: *0341*
Az 1: 7J 326/42
Az 2: 2H 187/42
- Fiche: *0353*
Az 1: 7J 403/42
Az 2: 2H 286/42

Hörbinger, Leopold (A)
- Fiche: *0340*
Az 1: 7J 286/42
Az 2: 2H 201/42

Hörburger, Guntram (A)
- Fiche: *0716 f.*
Az 1: 6J 9/45
Az 2: 6H 42/45

Hörmann, Johann (A)
- Fiche: *0163*
Az 1: 6J 231/39g
Az 2: 2H 67/40

Hörmann, Michael
- Fiche: *0364*
Az 1: 7J 535/42, 7J 61/43
Az 2: 5H 53/43, 5H 54/43

Hoernecke, Christa
- Fiche: *0094/0264 f.*
Az 1: 17J 439/36
Az 2: 2H 21/37

Hörnig
- Fiche: *0506 f.*
Az 1: 15J 183/34
Az 2: 2H 15/35

Hörnke
- Fiche: *0228*
Az 1: 13J 266/33
Az 2: 2H 11,12/35

Hörnle
- Fiche: *0538 f.*
Az 1: 8J 356/38g
Az 2: 1H 29/38
- Fiche: *0639*
Az 1: 10J 87/41
Az 2: 2H 192/42

Hörnle, Alfred
- Fiche: *0105*
Az 1: 17J 444/36
Az 2: 2H 35/37
- Fiche: *0106*
Az 1: 17J 414/36
Az 2: 2H 36/37
- Fiche: *0530 f.*
Az 1: 10J 62/42
Az 2: 1H 219/42

Hörnle, Edwin
- Fiche: *0010/0217 f.*
Az 1: 17J 331/33
Az 2: 2H 13/34

Hörrey, Raimund
- Fiche: *0706*
Az 1: StPL (RKA) III
37/43
Az 2: StPL (HLS) 38/43

Hörrey, Raimund (A)
- Fiche: *0452*
Az 1: 7J 421/43
- Fiche: *0453/0739*
Az 1: 7J 347/43,
7J 421/43,
7J 422/43
Az 2: 5H 122/43,
5H 129/43,
5H 125/43

Hörstel
- Fiche: *0485 f.*
Az 1: 8J 386/38,
8J 214/37
Az 2: 1H 33/38, 1H 31/38

Hörting
- Fiche: *0366*
Az 1: 7J 599/42
Az 2: 6H 46/43

Hörting, Germann (A)
- Fiche: *0502*
Az 1: 7J 66/43
Az 2: 6H 146/43

Hörz, Martin
- Fiche: *0112/0271*
Az 1: 16J 675/37
Az 2: 2H 52/37
- Fiche: *0387 f.*
Az 1: 16J 489/33
Az 2: 3L 19/35

Höschl
- Fiche: *0377*
Az 1: 7J 599/42
Az 2: 6H 59/43

Hösel, Herbert (A)
- Fiche: *0073 f.*
Az 1: 8J 201/36g
Az 2: 2H 53/36

Hößler
- Fiche: *0714*
Az 1: StPL (RKA) III
528/42
Az 2: StPL (HLS) II
10/43

Hößler, Albert
- Fiche: *0713 f.*
Az 1: StPL (RKA) III
495,496,497/42
Az 2: StPL (HLS) II
129/42

Hoesterey, Walter
- Fiche: *0564*
Az 1: 8J 148/42g
Az 2: 5H 67/43

Höxter, Walter (A)
- Fiche: *0712 f.*
Az 1: 9J 393/39
Az 2: 2H 62/40

Hof, Leopold
- Fiche: *0417*
Az 1: 8J 75/43

Hof, Leopold (A)
- Fiche: *0648*
Az 1: 8J 70/43, 8J 75/43
Az 2: 5H 128/43,
5H 134/43

Hofacker, Cäsar von
- Fiche: *0440*
  Az 1: 0J 42/44g Rs
  Az 2: 1L 465/44
- Fiche: *0441*
  Az 1: 0J 3/44g Rs
  Az 2: 1L 292/44

Hofacker, Cäsar von (A)
- Fiche: *0708*
  Az 1: 0J 5/44gRs, 0J 9/44gRs
  Az 2: 1L 301/44, 1L 309/44

Hofäcker, Friedrich
- Fiche: *0267 f.*
  Az 1: 7J 201/36g
  Az 2: 2H 40/37

Hofäcker, Karl
- Fiche: *0267 f.*
  Az 1: 7J 201/36g
  Az 2: 2H 40/37

Hofäcker, Margarete
- Fiche: *0267 f.*
  Az 1: 7J 201/36g
  Az 2: 2H 40/37

Hofbauer
- Fiche: *0338*
  Az 1: 7J 193/42
  Az 2: 2H 207/42
- Fiche: *0358*
  Az 1: 7J 275/42
  Az 2: 5H 139/42

Hofbauer, Franz (A)
- Fiche: *0359*
  Az 1: 7J 252/42
  Az 2: 5H 143/43

Hofbauer, Karl
- Fiche: *0359*
  Az 1: 7J 252/42
  Az 2: 5H 143/43

Hofer
- Fiche: *0134*
  Az 1: 7J 344/38
  Az 2: 2H 78/38
- Fiche: *0337 f.*
  Az 1: 7J 273/42
  Az 2: 2H 211/42
- Fiche: *0366*
  Az 1: 7J 171/42
  Az 2: 5H 147/42
- Fiche: *0455*
  Az 1: 7J 414/42
  Az 2: 6H 5/42
- Fiche: *0455*
  Az 1: 7J 599/42
  Az 2: 6H 44/43
- Fiche: *0648 f.*
  Az 1: 7J 502/43
  Az 2: 5H 5/44

Hofer (Frau)
- Fiche: *0577*
  Az 1: 11J 118/44
  Az 2: 2H 160/44

Hofer, Adolf
- Fiche: *0348*
  Az 1: 7J 253/42
  Az 2: 5H 89/42
- Fiche: *0349*
  Az 1: 7J 256/42
  Az 2: 5H 90/42

Hofer, Adolf (A)
- Fiche: *0348*
  Az 1: 7J 254/42
  Az 2: 5H 87/42

Hofer, Alfred
- Fiche: *0348*
  Az 1: 7J 254/42
  Az 2: 5H 87/42

Hofer, Andreas (A)
- Fiche: *0427*
  Az 1: 6J 158/44g, 6J 165/44g
  Az 2: 5H 96/44, 5H 100/44

Hofer, Anton
- Fiche: *0384*
  Az 1: 7J 279/43
  Az 2: 6H 104/43

Hofer, Anton (A)
- Fiche: *0353*
  Az 1: 7J 448/42
  Az 2: 6H 6/42

Hofer, Franz
- Fiche: *0348*
  Az 1: 7J 253/42
  Az 2: 5H 89/42

Hofer, Friedrich
- Fiche: *0352/0521*
  Az 1: 7J 429/42
  Az 2: 6H 14/42

Hofer, Johanna (A)
- Fiche: *0516 f./0548 f.*
  Az 1: 7J 421/42g
  Az 2: 6H 63/43

Hofer, Josef
- Fiche: *0348*
  Az 1: 7J 253/42
  Az 2: 5H 89/42

Hofer, Karl
- Fiche: *0142 f./0283*
  Az 1: 6J 14/39
  Az 2: 1H 20/39

Hofer, Karl (A)
- Fiche: *0420/0574 f.*
  Az 1: 7J 500/43, 7J 501/43
  Az 2: 5H 3/44, 5H 4/44

Hofer, Roman
- Fiche: *0308*
  Az 1: 6J 103/40g
  Az 2: 2H 115/40

Hoff
- Fiche: *0651 f.*
  Az 1: 17J 793/33
  Az 2: XII H 10,12/24
- Fiche: *0656 f.*
  Az 1: 17J 582/33
  Az 2: XV H 28/34

Hoffer, Siegfried
- Fiche: *0134*
  Az 1: 7J 344/38
  Az 2: 2H 78/38
- Fiche: *0136*
  Az 1: 7J 346/38
  Az 2: 2H 95/38

Hofferberth, Philipp
- Fiche: *0458*
  Az 1: 8J 133/38
  Az 2: 2H 21/38

Hoffmann
- Fiche: *0040 f./0235 f.*
  Az 1: 16J 324/34
  Az 2: 2H 45/35
- Fiche: *0076*
  Az 1: 17J 27/36
  Az 2: 2H 59/36
- Fiche: *0088 f.*
  Az 1: 17J 239/36
  Az 2: 1H 7/37
- Fiche: *0094*
  Az 1: 16J 23/37
  Az 2: 1H 18/37
- Fiche: *0095/0541*
  Az 1: 9J 571/36
  Az 2: 2H 22/37
- Fiche: *0104*
  Az 1: 17J 321/37
  Az 2: 1H 33/37
- Fiche: *0151*
  Az 1: 8J 13/39
  Az 2: 2H 44/39
- Fiche: *0168 f.*
  Az 1: 5J 230/41
  Az 2: 2H 6/42
- Fiche: *0213*
  Az 1: 17J 292/33
- Fiche: *0242 f.*
  Az 1: 8J 3/36g
  Az 2: 2H 1/36
- Fiche: *0368/0414*
  Az 1: 6(7)J 511/43, 6(7)J 429/43
  Az 2: 5H 24/44, 5H 26/44
- Fiche: *0376*
  Az 1: 7J 306/42, 7J 239/43
  Az 2: 5H 140/42, 5H 72/43
- Fiche: *0380*
  Az 1: 7J 366/43
  Az 2: 5H 121/43
- Fiche: *0398/0399*
  Az 1: 6J 127/40g
  Az 2: 3L 99/40
- Fiche: *0415 f.*
  Az 1: 3J 260/44
  Az 2: 1L 30/44
- Fiche: *0420/0574 f.*
  Az 1: 7J 500/43, 7J 501/43
  Az 2: 5H 3/44, 5H 4/44
- Fiche: *0448*
  Az 1: 17J 225/37
  Az 2: 2H 48/37
- Fiche: *0489 ff.*
  Az 1: 8J 402/38
  Az 2: 2H 41/39
- Fiche: *0514 f.*
  Az 1: 9J 953/33
  Az 2: 1H 2/35
- Fiche: *0564 f.*
  Az 1: 9J 137/34
  Az 2: 1H 25/35
- Fiche: *0637 f.*
  Az 1: 8J 167/40
  Az 2: 2H 89/40
- Fiche: *0639*
  Az 1: 10J 87/41
  Az 2: 2H 192/42
- Fiche: *0648 f.*
  Az 1: 7J 502/43
  Az 2: 5H 5/44
- Fiche: *0671*
  Az 1: 5J 546/38
  Az 2: 1H 1/39
- Fiche: *0708*
  Az 1: 0J 4/44g Rs
  Az 2: 1L 229/44

Hoffmann (Frau)
- Fiche: *0065*
  Az 1: 16J 349/35
  Az 2: 2H 32/36
- Fiche: *0085*
  Az 1: 17J 507/36
  Az 2: 2H 3/37
- Fiche: *0126*
  Az 1: 7J 106/38
  Az 2: 2H 27/38
- Fiche: *0705*
  Az 1: StPL (RKA) I 359/42
  Az 2: StPL (HLS) II 34/43

Hoffmann, Alfred
- Fiche: *0152 f.*
  Az 1: 6J 6/39g
  Az 2: 2H 50/39
- Fiche: *0154*
  Az 1: 6J 19/39g
  Az 2: 2H 53/39
- Fiche: *0155 f.*
  Az 1: 6J 12/39g
  Az 2: 2H 61/39

Hoffmann, Alfred (A)
- Fiche: *0154 f.*
  Az 1: 6J 76/39g
  Az 2: 2H 54/39
- Fiche: *0397f.*
  Az 1: 6J 198/39g
  Az 2: 3L 19/40

Hoffmann, Alice
- Fiche: *0164 f.*
  Az 1: 10J 120/40
  Az 2: 2H 100/40

Hoffmann, Arno
- Fiche: *0157*
  Az 1: 5J 474/39
  Az 2: 1H 71/39

Hoffmann, Arthur
- Fiche: *0046/0239*
  Az 1: 16J 438/35
  Az 2: 1H 62/35
- Fiche: *0196/0625*
  Az 1: 9J 187/44
  Az 2: 2H 204/44
- Fiche: *0203 f.*
  Az 1: 11J 246/44
  Az 2: 2H 245/44

Hoffs, von
- Fiche: *0453*
  Az 1: 9J 269/43
  Az 2: 2H 85/43

Hofinger (A)
- Fiche: *0717*
  Az 1: StPL (RKA) 3 281/43

Hofinger, Maria
- Fiche: *0717*
  Az 1: StPL (RKA) 3 281/43

Hofinger, Matthias
- Fiche: *0717*
  Az 1: StPL (RKA) 3 281/43

Hofirek
- Fiche: *0576*
  Az 1: 7J 302/43
  Az 2: 5H 104/43

Hofkirchner, Josef
- Fiche: *0337*
  Az 1: 7J 205/42
  Az 2: 2H 212/42
- Fiche: *0345*
  Az 1: 7J 405/42
  Az 2: 2H 266/42
- Fiche: *0370*
  Az 1: 7J 555/42
  Az 2: 6H 13/43

Hofkirchner, Josef (A)
- Fiche: *0294*
  Az 1: 7J 231/42
  Az 2: 1H 213/42

Hofmaier
- Fiche: *0306 f.*
  Az 1: 7J 549/39
  Az 2: 2H 32/40

Hofmann
- Fiche: *0004 f.*
  Az 1: 13J 98/33
  Az 2: 1H 7/34
- Fiche: *0014/0737*
  Az 1: 14J 253/33
  Az 2: 2H 22/34
- Fiche: *0046 f.*
  Az 1: 8J 61/35
  Az 2: 1H 64/35
- Fiche: *0076 f.*
  Az 1: 8J 427/35g
  Az 2: 1H 59/60/61/36
- Fiche: *0141/0475 f.*
  Az 1: 5J 449/38
  Az 2: 1H 15/39
- Fiche: *0299*
  Az 1: 5J 146/43
  Az 2: 2H 151/43
- Fiche: *0425*
  Az 1: 7J 137/44
  Az 2: 5H 81/44
- Fiche: *0511 f.*
  Az 1: 9J 125/39g
  Az 2: 2H 45/39
- Fiche: *0540*
  Az 1: 9J 42/36
  Az 2: 1H 17/36
- Fiche: *0555*
  Az 1: 9J 330/41
  Az 2: 5H 63/42
- Fiche: *0560*
  Az 1: 10J 382/43
  Az 2: 1H 189/43
- Fiche: *0673 f.*
  Az 1: 16J 141/35, 16J 126/35
  Az 2: 1H 34/35, 1H 35/35

Hofmann (Frau)
- Fiche: *0179/0641*
  Az 1: 6J 84/42, 6J 63/43
  Az 2: 6H 98/43

Hofmann, Adolf (A)
- Fiche: *0210/0579*
  Az 1: 9J 272/44
  Az 2: 1H 7/45

Hofmann, Alfred
- Fiche: *0570*
  Az 1: 16J 287/35
  Az 2: 1H 30/35

Hofmann, Anton (A)
- Fiche: *0351/0358*
  Az 1: 7J 285/42
  Az 2: 5H 138/42

Hofmann, Arthur
- Fiche: *0034*
  Az 1: 9J 613/33
  Az 2: 1H 27/35

Hofmann, Caroline
- Fiche: *0682*
  Az 1: 17J 377/37
  Az 2: 1H 6/38

Hofmann, Caroline (A)
- Fiche: *0115 f.*
  Az 1: 17J 381/37
  Az 2: 2H 5/38

Hofmann, Georg
- Fiche: *0173*
  Az 1: 5J 81/42
  Az 2: 2H 94/42
- Fiche: *0179/0641*
  Az 1: 6J 84/42, 6J 63/43
  Az 2: 6H 98/43
- Fiche: *0218*
  Az 1: 14J 283/33
  Az 2: 1H 20/34

Hofmann, Gerhard
- Fiche: *0078 f.*
  Az 1: 8J 439/35g
  Az 2: 2H 62/36

Hofmann, Herbert
- Fiche: *0009/0733 f.*
  Az 1: 14J 311/33
  Az 2: 1H 12/34

Hofmann, Johannes
- Fiche: *0128*
  Az 1: 5J 317/38
  Az 2: 1H 35/38
- Fiche: *0276 f.*
  Az 1: 5J 284/38
  Az 2: 1H 34/38

Hofmann, Johannes (A)
- Fiche: *0128 f.*
  Az 1: 5J 285/38
  Az 2: 1H 36/38

Hofmann, Karl
- Fiche: *0160*
  Az 1: 9J 425/39g
  Az 2: 2H 43/40

Hofmann, Karl (A)
- Fiche: *0251 ff.*
  Az 1: 14J 12/36
  Az 2: 2H 17/36

Hofmann, Karoline
- Fiche: *0107/0302*
  Az 1: 17J 379/37
  Az 2: 1H 39/37

Hofmann, Lothar
- Fiche: *0553 f.*
  Az 1: 10J 137/42
  Az 2: 2H 242/42

Hofmann, Lothar (A)
- Fiche: *0684*
  Az 1: 10J 80/42
  Az 2: 2H 317/42

Hofmann, Ludwig
- Fiche: *0537 f.*
  Az 1: 9J 236/41g
  Az 2: 5H 75/42

Hofmann, Max
- Fiche: *0180/0634*
  Az 1: 6J 83/43
  Az 2: 6H 155/43
- Fiche: *0396/0704 f.*
  Az 1: 14J 522/37g
  Az 2: 1L 2/40

Hofmann, Peter
- Fiche: *0171 f.*
  Az 1: 5J 40/41
  Az 2: 2H 51/42

Hofmann, Richard (A)
- Fiche: *0004 f.*
  Az 1: 13J 98/33
  Az 2: 1H 7/34

Hofmann, Rosa
- Fiche: *0294*
  Az 1: 7J 258/42
  Az 2: 1H 215/42
- Fiche: *0295 f.*
  Az 1: 7J 2/43g
  Az 2: 5H 42/43
- Fiche: *0329/0354*
  Az 1: 7J 223/42
  Az 2: 2H 236/42
- Fiche: *0363/0563 f.*
  Az 1: 7J 64/43
  Az 2: 5H 52/43
- Fiche: *0370*
  Az 1: 7J 555/42
  Az 2: 6H 13/43

Hofmann, Rosa (A)
- Fiche: *0521*
  Az 1: 7J 339/42
  Az 2: 6H 3/42

Hofmann, Wilhelm
- Fiche: *0038 f./0259 f.*
  Az 1: 16J 767/35
  Az 2: 2H 57/36

Hofmeister, Alexander (P. Corbinian)
- Fiche: *0697*
  Az 1: StPL (RKA) III 114/43

Hofmeister, Georg (A)
- Fiche: *0459*
  Az 1: 7J 489/42
  Az 2: 6H 29/42

Hofschlag, Ludwig
- Fiche: *0161*
  Az 1: 9J 415/39
  Az 2: 2H 51/40

Hofschlag, Ludwig (A)
- Fiche: *0602 f.*
  Az 1: 9J 414/39
  Az 2: 2H 83/41

Hofstätter, Josef
- Fiche: *0354*
  Az 1: 7J 376/42
  Az 2: 2H 273/42
- Fiche: *0647 f.*
  Az 1: 7(8)J 203/41
  Az 2: 2H 168/44

Hofstätter, Josef (A)
- Fiche: *0411*
  Az 1: 8J 206/41
  Az 2: 5H 16/44

Hofweirer, Georg
- Fiche: *0292 f.*
  Az 1: 7J 501/42
- Fiche: *0354*
  Az 1: 7J 376/42
  Az 2: 2H 273/42
- Fiche: *0370*
  Az 1: 7J 555/42
  Az 2: 6H 13/43

Hofweirer, Georg (A)
- Fiche: *0343*
  Az 1: 7J 370/42
  Az 2: 1H 217/42

Hog, Paul
- Fiche: *0545*
  Az 1: 9J 878/33
  Az 2: 2H 16/34

Hoheisel, Max
- Fiche: *0154*
  Az 1: 6J 19/39g
  Az 2: 2H 53/39

Hohenadl, Sebastian
- Fiche: *0022 f.*
  Az 1: 17J 193/34
  Az 2: 1H 4/35
- Fiche: *0034*
  Az 1: 9J 613/33
  Az 2: 1H 27/35
- Fiche: *0164*
  Az 1: 5J 148/40
  Az 2: 2H 71/40

Holmström, Horst
- Fiche: *0479/0739*
  Az 1: 12(10)J 47/39
  Az 2: 1H 33/40

Holoubek, Karl (A)
- Fiche: *0305/0643 f.*
  Az 1: 6J 518/38
  Az 2: 1H 18/39

Holowaty
- Fiche: *0539 f.*
  Az 1: 10J 36/41
  Az 2: 2H 91/41

Holscher, Franz
- Fiche: *0373*
  Az 1: 7J 306/43
  Az 2: 5H 89/43

Holst
- Fiche: *0560*
  Az 1: 9J 90/42g
  Az 2: 2H 281/42
- Fiche: *0628*
  Az 1: 10J 129/42
  Az 2: 2H 205/42
- Fiche: *0634*
  Az 1: 10J 102/42
  Az 2: 2H 185/42

Holst (Frau)
- Fiche: *0514 f.*
  Az 1: 9J 953/33
  Az 2: 1H 2/35

Holst, Otto
- Fiche: *0454*
  Az 1: 10J 162/42
  Az 2: 2H 254/42

Holste (Frau)
- Fiche: *0708*
  Az 1: 0J 14/45g Rs
  Az 2: 2L 76/45

Holt
- Fiche: *0452*
  Az 1: 9J 73/36
  Az 2: 1H 19/36

Holt, Oskar
- Fiche: *0659*
  Az 1: 8/16J 1215/32
  Az 2: XV H 7/34

Holtgreve, Heinrich (A)
- Fiche: *0450/0635*
  Az 1: 8J 22/44
  Az 2: 2H 73/44

Holtgreve, Viktor
- Fiche: *0247 f./0445*
  Az 1: 8J 72/36
  Az 2: 2H 7/37

Holtmann
- Fiche: *0598 ff.*
  Az 1: 9J 479/35
  Az 2: 2H 14/36

Holtmann (Frau)
- Fiche: *0516*
  Az 1: 9J 25/38
  Az 2: 1H 24/38

Holtmann, Edith
- Fiche: *0598 ff.*
  Az 1: 9J 479/35
  Az 2: 2H 14/36

Holtze
- Fiche: *0080/0260*
  Az 1: 17J 473/35
  Az 2: 2H 63/36

Holtzhauer, Helmut (A)
- Fiche: *0167 f.*
  Az 1: 6J 166/41g
  Az 2: 2H 137/41

Holtznagel
- Fiche: *0633 f.*
  Az 1: 9J 267/37
  Az 2: 2H 46/37

Holub
- Fiche: *0517/0627*
  Az 1: 6J 104/42
  Az 2: 1H 238/42

Holwerda
- Fiche: *0615 ff.*
  Az 1: 15J 86/33
  Az 2: XII H 42/33

Holz, Friedrich
- Fiche: *0213*
  Az 1: 17J 292/33

Holz, Max (A)
- Fiche: *0021 f.*
  Az 1: 17J 397/33
  Az 2: 1H 3/35

Holz, Otto
- Fiche: *0099 f.*
  Az 1: 14J 301/37
  Az 2: 1H 27/37

Holzapfel, Josef (A)
- Fiche: *0298/0577*
  Az 1: 7J 216/43
  Az 2: 6H 93/43

Holzbach, Karl-Heinz
- Fiche: *0343 f./0400 f.*
  Az 1: 7J 274/42
  Az 2: 1H 214/42

Holze, Franz
- Fiche: *0177/0574*
  Az 1: 8J 319/42g

Holzer
- Fiche: *0071*
  Az 1: 16J 754/35
  Az 2: 2H 45/36
- Fiche: *0071/0244*
  Az 1: 8J 168/36g
  Az 2: 2H 46/36
- Fiche: *0080 f./0260*
  Az 1: 8J 163/36g
  Az 2: 1H 64/36
- Fiche: *0092*
  Az 1: 8/14J 31-45/36g
  Az 2: 1H 13/37
- Fiche: *0094/0262*
  Az 1: 14J 306/37g
  Az 2: 1H 15/37
- Fiche: *0345*
  Az 1: 7J 373/42
  Az 2: 2H 264/42
- Fiche: *0354 f.*
  Az 1: 7J 478/42
  Az 2: 5H 199/42
- Fiche: *0356/0400*
  Az 1: 7J 395/42, 7J 457/42
  Az 2: 5H 158/42, 5H 193/42
- Fiche: *0378*
  Az 1: 7J 433/43
  Az 2: 6H 177/43
- Fiche: *0381*
  Az 1: 7J 297/43
  Az 2: 5H 96/43, 5H 139/43
- Fiche: *0408*
  Az 1: 7J 454/43, 7J 502/43
  Az 2: 5H 10/44, 5H 5/44
- Fiche: *0493 f.*
  Az 1: 10J 207/42g
  Az 2: 2H 314/42
- Fiche: *0526 f.*
  Az 1: 7J 457/42
- Fiche: *0556 f.*
  Az 1: 9J 51/44g
  Az 2: 1H 97/44
- Fiche: *0644*
  Az 1: 8J 475/39
  Az 2: 5H 109/43
- Fiche: *0676*
  Az 1: 10J 17/41g
  Az 2: 1H 194/43
- Fiche: *0689*
  Az 1: 10J 328/43g
  Az 2: 2H 99/43

Holzer (Frau)
- Fiche: *0296*
  Az 1: 7J 599/42
  Az 2: 6H 47/43

Holzer, Anton
- Fiche: *0353*
  Az 1: 7J 388/42
  Az 2: 6H 11/42

Holzer, Edgar
- Fiche: *0650 f.*
  Az 1: 15J 190/33
  Az 2: XII H 6/34

Holzer, Franz
- Fiche: *0308*
  Az 1: 6J 103/40g
  Az 2: 2H 115/40
- Fiche: *0309 f.*
  Az 1: 6J 103/40g
  Az 2: 2H 116/40

Holzer, Gerhard
- Fiche: *0080 f./0260*
  Az 1: 8J 163/36g
  Az 2: 1H 64/36
- Fiche: *0274 f.*
  Az 1: 8J 226/38g
  Az 2: 1H 17/38
- Fiche: *0315 f./0465 f.*
  Az 1: 15J 14/36
  Az 2: 1H 54/36
- Fiche: *0442*
  Az 1: 8J 23/38g Rs
  Az 2: 1H 20/38
- Fiche: *0672*
  Az 1: 10J 201/41
  Az 2: 2H 59/42

Holzer, Gerhard (A)
- Fiche: *0241 f.*
  Az 1: 8J 88/36g
  Az 2: 1H 70/35

Holzer, Gottfried
- Fiche: *0705*
  Az 1: RKA III 107/44
  Az 2: 4.Sen.23/44

Holzer, Gottfried (A)
- Fiche: *0648*
  Az 1: 7J 357/43
  Az 2: 5H 98/43

Holzer, Johann
- Fiche: *0378*
  Az 1: 7J 412/43
  Az 2: 6H 178/43

Holzer, Johann (A)
- Fiche: *0377*
  Az 1: 7J 599/42
  Az 2: 6H 61/43
- Fiche: *0378*
  Az 1: 7J 412/43
  Az 2: 6H 178/43

Holzer, Josef
- Fiche: *0308*
  Az 1: 7J 242/40
  Az 2: 2H 113/40
- Fiche: *0376*
  Az 1: 7J 238/43
  Az 2: 5H 72/43

Holzer, Karl
- Fiche: *0298/0367*
  Az 1: 7J 300/43
  Az 2: 5H 94/43
- Fiche: *0371*
  Az 1: 7J 301/43
  Az 2: 5H 97/43

Holzer, Rosa
- Fiche: *0335*
  Az 1: 6J 165/41g
  Az 2: 2H 43/42
- Fiche: *0335 f.*
  Az 1: 6J 165/41g
  Az 2: 2H 42/42

Holzer, Wolfgang
- Fiche: *0500*
  Az 1: 8J 230/40
  Az 2: 5H 9/44

Holzfäller, Helene
- Fiche: *0201/0434*
  Az 1: 9J 127/44
  Az 2: 2H 228/44

Holzfäller, Käthe
- Fiche: *0201/0434*
  Az 1: 9J 127/44
  Az 2: 2H 228/44

Holzfäller, Karl (A)
- Fiche: *0201/0434*
  Az 1: 9J 127/44
  Az 2: 2H 228/44

Holzhäuser
- Fiche: *0615 ff.*
  Az 1: 15J 86/33
  Az 2: XII H 42/33

Hopp, Karl
- Fiche: *0078 f.*
  Az 1: 8J 439/35g
  Az 2: 2H 62/36

Hoppe
- Fiche: *0090 f./0261*
  Az 1: 17J 260/36
  Az 2: 1H 10/37
- Fiche: *0381*
  Az 1: 7J 297/43
  Az 2: 5H 96/43, 5H 139/43
- Fiche: *0433 f.*
  Az 1: 9J 212/44
  Az 2: 2H 222/44
- Fiche: *0537 f.*
  Az 1: 9J 236/41g
  Az 2: 5H 75/42
- Fiche: *0586 f.*
  Az 1: 9J 67/39
  Az 2: 1H 62/39

Hoppe, Anna
- Fiche: *0196/0625*
  Az 1: 9J 187/44
  Az 2: 2H 204/44
- Fiche: *0391 f.*
  Az 1: 5J 6/36g
  Az 2: 3L 21/37

Hoppe, Anna (A)
- Fiche: *0196*
  Az 1: 9J 210/44
  Az 2: 2H 205/44

Hoppe, Else (A)
- Fiche: *0734 f.*
  Az 1: 9J 33/45 g
  Az 2: 6 Sg 66/45

Hoppe, Kurt (A)
- Fiche: *0454*
  Az 1: 10J 94/44
  Az 2: 2H 81/44
- Fiche: *0695*
  Az 1: 8J 330/38
  Az 2: 1H 10/38

Hoppe, Paul (A)
- Fiche: *0080/0260*
  Az 1: 17J 473/35
  Az 2: 2H 63/36

Hoppe, Willi
- Fiche: *0454*
  Az 1: 10J 94/44
  Az 2: 2H 81/44

Hoppel, Georg (A)
- Fiche: *0378*
  Az 1: 7J 433/43
  Az 2: 6H 177/43

Hoppendietz, Kurt
- Fiche: *0045 f./0675 f.*
  Az 1: 16J 319/35
  Az 2: 1H 57/35

Hoppens
- Fiche: *0051 f.*
  Az 1: 8J 383/34
  Az 2: 1H 7/36

Hora
- Fiche: *0195/0460*
  Az 1: 10J 112/44
  Az 2: 2H 189/44

Horadam
- Fiche: *0485 f.*
  Az 1: 8J 386/38, 8J 214/37
  Az 2: 1H 33/38, 1H 31/38

Horak, Josef
- Fiche: *0334*
  Az 1: 7J 48/42
  Az 2: 2H 76/42

Horatschek
- Fiche: *0355*
  Az 1: 7J 464/42
  Az 2: 5H 198/42

Horatschek, Georg
- Fiche: *0371*
  Az 1: 7J 524/42
  Az 2: 5H 9/43

Horatschek, Georg (A)
- Fiche: *0356*
  Az 1: 7J 525/42
  Az 2: 5H 192/42

Horawetz, Leopold
- Fiche: *0453/0739*
  Az 1: 7J 347/43, 7J 421/43, 7J 422/43
  Az 2: 5H 122/43, 5H 129/43, 5H 125/43

Horch, Otto
- Fiche: *0633 f.*
  Az 1: 9J 267/37
  Az 2: 2H 46/37

Hordt
- Fiche: *0006/0528*
  Az 1: 15J 250/33
  Az 2: 2H 9/34

Horejs
- Fiche: *0151 f./0584*
  Az 1: 7J 72/39
  Az 2: 1H 45/39

Horejs, Adalbert
- Fiche: *0434*
  Az 1: 10(9)J 1230/43g
  Az 2: 6L 222/44

Horejs, Adalbert (A)
- Fiche: *0414 f.*
  Az 1: 10(9)J 819/43g
  Az 2: 6H 28/44
- Fiche: *0716*
  Az 1: 10J 160/44
  Az 2: 6H 120/44

Horek
- Fiche: *0511*
  Az 1: 7J 61/44
  Az 2: 5H 50/44

Horinek, Rudolf
- Fiche: *0452*
  Az 1: 7J 421/43
- Fiche: *0453/0739*
  Az 1: 7J 347/43, 7J 421/43, 7J 422/43
  Az 2: 5H 122/43, 5H 129/43, 5H 125/43

Horlacher, Karl
- Fiche: *0653 f.*
  Az 1: 13J 294/33
  Az 2: XV H 6/34

Horms, Otto
- Fiche: *0043 f.*
  Az 1: 9J 702/35
  Az 2: 2H 53/35

Horn
- Fiche: *0683 f.*
  Az 1: 10J 44/41
  Az 2: 2H 45/42

Horn (Frau)
- Fiche: *0015 f.*
  Az 1: 14a/8J 193/30, 17J 803/33
  Az 2: 1H 24/34, 1H 38/34

Horn, Cäsar
- Fiche: *0048 f.*
  Az 1: 17J 88/35
  Az 2: 1H 73/35

Horn, Cäsar (A)
- Fiche: *0208/0672*
  Az 1: 8J 199/44
  Az 2: 1H 298/44
- Fiche: *0518*
  Az 1: 8J 199/44, 8J 271/44g
  Az 2: 1H 3/45

Horn, Helmut (A)
- Fiche: *0318*
  Az 1: 7J 63/44
  Az 2: 1H 147/44

Horn, Hermann
- Fiche: *0147*
  Az 1: 7J 219/39
  Az 2: 1H 31/39

Horn, Karl
- Fiche: *0244 f./0274*
  Az 1: 8J 431/35g
  Az 2: 1H 8/37

Horn, Lambert
- Fiche: *0019*
  Az 1: 17J 617/33
  Az 2: 1H 37/34

Horn, Lambert (A)
- Fiche: *0015 f.*
  Az 1: 14a/8J 193/30, 17J 803/33
  Az 2: 1H 24/34, 1H 38/34

Horn, Otto Franz Max (A)
- Fiche: *0421*
  Az 1: 7J 72/44
  Az 2: 5H 64/44

Horn, Wilhelm
- Fiche: *0480*
  Az 1: 10J 299/41
  Az 2: 2H 50/42
- Fiche: *0531 f.*
  Az 1: 10J 170/41
  Az 2: 2H 10/42

Horna, Rudolf
- Fiche: *0398/0399*
  Az 1: 6J 127/40g
  Az 2: 3L 99/40

Hornauer, Georg
- Fiche: *0178/0485*
  Az 1: 6J 13/43
  Az 2: 6H 85/43

Hornbacher, Alfred
- Fiche: *0299*
  Az 1: 7J 427/43
  Az 2: 6H 187/43
- Fiche: *0378*
  Az 1: 7J 379/43
  Az 2: 6H 186/43

Hornberger, Hans
- Fiche: *0182/0464 f.*
  Az 1: 11(10)J 423/43g
  Az 2: 2H 17/44
- Fiche: *0416*
  Az 1: 11(10)J 1038/43g
  Az 2: 2H 32/44

Hornberger, Hans (A)
- Fiche: *0182/0461*
  Az 1: 11(10)J 1037/43g
  Az 2: 2H 22/44
- Fiche: *0182/0464 f.*
  Az 1: 11(10)J 423/43g
  Az 2: 2H 17/44
- Fiche: *0461*
  Az 1: IV A 2 - B. Nr. 5156/38g

Hornemann
- Fiche: *0615 ff.*
  Az 1: 15J 86/33
  Az 2: XII H 42/33

Hornick
- Fiche: *0447*
  Az 1: 9J 107/41
  Az 2: 5H 14/43

Hornick, Paul
- Fiche: *0558*
  Az 1: 9J 278/41g
  Az 2: 2H 133/41

Hornig, Kurt
- Fiche: *0177 f.*
  Az 1: 8J 382/42g
  Az 2: 2H 65/43

Hornik, Leopold
- Fiche: *0346 f.*
  Az 1: 7J 278/42
  Az 2: 2H 246/42

Horns, Otto
- Fiche: *0196/0625*
  Az 1: 9J 187/44
  Az 2: 2H 204/44

Hornschall, Johann
- Fiche: *0326/0649 f.*
  Az 1: 7J 220/42
  Az 2: 2H 170/42
- Fiche: *0327*
  Az 1: 7J 181/42
  Az 2: 2H 158/42
- Fiche: *0329/0338 f.*
  Az 1: 7J 110/42
  Az 2: 2H 203/42
- Fiche: *0342*
  Az 1: 7J 301/42
  Az 2: 2H 178/42
- Fiche: *0350*
  Az 1: 7J 179/42
  Az 2: 5H 118/42

Hornschall, Johann (A)
- Fiche: *0360*
  Az 1: StPL (RKA) III 321/41, 7J 418/42
  Az 2: 5H 160/42

Hornuff, Paul
- Fiche: *0091 f.*
  Az 1: 14J 469/37, 14J 380/37
  Az 2: 1H 12/23/37

Hornuff, Paul (A)
- Fiche: *0092*
  Az 1: 8/14J 31-45/36g
  Az 2: 1H 13/37

Hornung
- Fiche: *0489/0504*
  Az 1: 9J 12/41
  Az 2: 2H 99/41
- Fiche: *0620*
  Az 1: 12J 202/33
  Az 2: XII H 60/33

Hornung, Georg
- Fiche: *0632*
  Az 1: 6J 3/40
  Az 2: 2H 95/40

Horrey, Anna
- Fiche: *0213*
  Az 1: 17J 292/33

Horrey, Wilhelm (A)
- Fiche: *0213*
  Az 1: 17J 292/33

Horst, Otto
- Fiche: *0455/0497 f.*
  Az 1: 8J 472/40
  Az 2: 6H 205/43

Horst, Otto (A)
- Fiche: *0527/0581*
  Az 1: 8J 97/41g
  Az 2: 6H 171/43

Horstbrink, Frieda (A)
- Fiche: *0509 f.*
  Az 1: 9J 456/43
  Az 2: 2H 145/43

Horstbrink, Gustav (A)
- Fiche: *0509 f.*
  Az 1: 9J 456/43
  Az 2: 2H 145/43

Horstmann, Alex
- Fiche: *0285*
  Az 1: 6J 586/38g
  Az 2: 2H 26/39

Horstmann, Fritz
- Fiche: *0132 f.*
  Az 1: 14J 457/37g
  Az 2: 2H 63/38

Horvatits, Josef
- Fiche: *0365*
  Az 1: 7J 68/43
  Az 2: 5H 49/43

Horvejga
- Fiche: *0519/0549 f.*
  Az 1: 6J 135/42g
  Az 2: 6H 79/43

Horwarth
- Fiche: *0520*
  Az 1: 7J 343/43
  Az 2: 5H 82/43

Horwitz (Frau)
- Fiche: *0266/0745*
  Az 1: 17J 472/36
  Az 2: 2H 28/37

Horynek, Rudolf (A)
- Fiche: *0520*
  Az 1: 7J 806/43
  Az 2: 5H 100/43

Hoschky, Heinrich
- Fiche: *0328/0340 f.*
  Az 1: 7J 137/42
  Az 2: 2H 191/42

Hosemann, Georg (A)
- Fiche: *0653 f.*
  Az 1: 13J 294/33
  Az 2: XV H 6/34

Hoske
- Fiche: *0673 f.*
  Az 1: 16J 141/35, 16J 126/35
  Az 2: 1H 34/35, 1H 35/35
- Fiche: *0691 f.*
  Az 1: 8J 274/38, 8J 321/38
  Az 2: 1H 27/38, 1H 28/38

Hoske, Erich
- Fiche: *0098*
  Az 1: 14J 305/37g
  Az 2: 1H 26/37
- Fiche: *0098 f.*
  Az 1: 14J 305/37g
  Az 2: 1H 35/37

Hoske, Erich (A)
- Fiche: *0070*
  Az 1: 14J 210/35
  Az 2: 2H 43/36

Hoske, Heinz
- Fiche: *0495 f.*
  Az 1: 16J 708/35
  Az 2: 1H 75/35

Hoske, Theresa (A)
- Fiche: *0070*
  Az 1: 14J 210/35
  Az 2: 2H 43/36

Hospodka, Jaroslav
- Fiche: *0328/0357*
  Az 1: 7J 487/42
  Az 2: 5H 183/42
- Fiche: *0360*
  Az 1: 7J 382/42
  Az 2: 5H 159/42
- Fiche: *0416*
  Az 1: 6(7)J 518/43
  Az 2: 5H 31/44

Hosse, Ewald
- Fiche: *0184/0707 f.*
  Az 1: 9J 777/43g
  Az 2: 5H 40/44
- Fiche: *0679 f./0713*
  Az 1: 10(9)J 777/43g
  Az 2: 5H 38/44, 5H 43/44

Hosse, Ewald (A)
- Fiche: *0210/0630*
  Az 1: 10(9)J 777/43g
  Az 2: 5H 41/44

Hostač, Karl
- Fiche: *0357*
  Az 1: 7J 445/42, 7J 455/42
  Az 2: 5H 184/42, 5H 168/42

Hoter
- Fiche: *0069*
  Az 1: 8J 12/36g
  Az 2: 1H 42/36

Hotogg
- Fiche: *0001*
  Az 1: 17J 303/33
  Az 2: 1H 2/34

Hotopp, Albert
- Fiche: *0140 f.*
  Az 1: 8J 357/38g
  Az 2: 2H 13/39
- Fiche: *0729*
  Az 1: 17J 95/34
  Az 2: 1H 34/36

Hottenrott, Karl
- Fiche: *0184/0680*
  Az 1: 9J 777/43g
  Az 2: 5H 39/44
- Fiche: *0210/0630*
  Az 1: 10(9)J 777/43g
  Az 2: 5H 41/44

Hotwagner, Ferdinand
- Fiche: *0347 f.*
  Az 1: 7J 257/42
  Az 2: 5H 86/42

Hotwagner, Ferdinand (A)
- Fiche: *0347 f.*
  Az 1: 7J 257/42
  Az 2: 5H 86/42

Hotwagner, Josef (A)
- Fiche: *0349*
  Az 1: 7J 256/42
  Az 2: 5H 90/42
- Fiche: *0352*
  Az 1: 7J 466/42
  Az 2: 6H 20/42

Hotz, Ludwig (A)
- Fiche: *0423*
  Az 1: 12J 99/40

Houben
- Fiche: *0069*
  Az 1: 8J 12/36g
  Az 2: 1H 42/36

Houben, Franz
- Fiche: *0550 f.*
  Az 1: 9J 315/37
  Az 2: 2H 50/37

Houber
- Fiche: *0467*
  Az 1: 10J 228/38
  Az 2: 2H 76/38
- Fiche: *0538*
  Az 1: 10J 227/38
  Az 2: 2H 80/38

Houber, Josef
- Fiche: *0536*
  Az 1: 10J 231/38
  Az 2: 2H 72/38

Houdec, Alois (A)
- Fiche: *0293*
  Az 1: 6J 62/42g
  Az 2: 5H 92/42

Houdek (Frau)
- Fiche: *0342*
  Az 1: 6J 65/42
  Az 2: 2H 180/42

Houdek, Alois
- Fiche: *0342*
  Az 1: 6J 65/42
  Az 2: 2H 180/42
- Fiche: *0380*
  Az 1: 7J 366/43
  Az 2: 5H 121/43

Houtermann
- Fiche: *0244*
  Az 1: 8J 428/35
  Az 2: 3L 9/36

Hovel, Wilhelm van der
- Fiche: *0555*
  Az 1: 9J 388/36
  Az 2: 2H 55/36

Howe, Willi
- Fiche: *0105*
  Az 1: 17J 444/36
  Az 2: 2H 35/37
- Fiche: *0164 f.*
  Az 1: 10J 120/40
  Az 2: 2H 100/40

Hoyer
- Fiche: *0168 f.*
  Az 1: 5J 230/41
  Az 2: 2H 6/42

Hoynigg, Kuno
- Fiche: *0444*
  Az 1: 12J 33/40

Hrach
- Fiche: *0215 f.*
  Az 1: 14J 163/33
  Az 2: 1H 5/34

Hradetzky, Grete
- Fiche: *0644*
  Az 1: 8J 475/39
  Az 2: 5H 109/43

Hradil
- Fiche: *0403 f.*
  Az 1: 8J 7/41g
  Az 2: 2H 166/43
- Fiche: *0580/0624 f.*
  Az 1: 8J 200/41
  Az 2: 2H 6/44

Hradil, Alois
- Fiche: *0407 f.*
  Az 1: 7(8)J 199/41
  Az 2: 2H 3/44

Hradil, Alois (A)
- Fiche: *0581 f./0647*
  Az 1: 8J 95/41g
  Az 2: 2H 167/43

Hülsen
- Fiche: *0014 f.*
  Az 1: 15J 828/33
  Az 2: 1H 23/34

Hülsen, von
- Fiche: *0312 f.*
  Az 1: 14J 10/34
  Az 2: 1H 13/34

Hülsmann, Paul (A)
- Fiche: *0210*
  Az 1: 8J 127/44
  Az 2: 2H 127/44

Huemer
- Fiche: *0356/0367*
  Az 1: 7J 544/41
  Az 2: 5H 187/42

Hüneke, Johann
- Fiche: *0554 f.*
  Az 1: 8J 244/34
  Az 2: 2H 22/35

Hünig
- Fiche: *0168 f.*
  Az 1: 5J 230/41
  Az 2: 2H 6/42

Hünneckens, von
- Fiche: *0629*
  Az 1: 10J 17/44
  Az 2: BS 4/44

Hünnekens, Heinrich
- Fiche: *0178*
  Az 1: 6J 134/42g
  Az 2: 2H 77/43
- Fiche: *0180/0634*
  Az 1: 6J 83/43
  Az 2: 6H 155/43
- Fiche: *0671*
  Az 1: 6J 114/41

Hünnekens, Heinrich (A)
- Fiche: *0170/0293*
  Az 1: 6J 100/41g
  Az 2: 2H 21/42

Hürter (Frau)
- Fiche: *0495*
  Az 1: 9J 684/37
  Az 2: 2H 25/38

Hüsing, Bruno
- Fiche: *0601*
  Az 1: 9J 92/41
  Az 2: 2H 163/41

Hüther, Berta
- Fiche: *0622 f.*
  Az 1: 10J 453/38
  Az 2: 1H 25/39

Hütt, Benno
- Fiche: *0735 f.*
  Az 1: 7J 32/44
  Az 2: 6H 92/44

Hüttel, Harry
- Fiche: *0109 f.*
  Az 1: 17J 264/36
  Az 2: 2H 45/37

Hütter, Helmut
- Fiche: *0682 f.*
  Az 1: 8J 393/38
  Az 2: 2H 92/38

Hüttig, Alfred
- Fiche: *0256*
  Az 1: 15J 162/36
  Az 2: 1H 51/36

Hüttl
- Fiche: *0151 f./0584*
  Az 1: 7J 72/39
  Az 2: 1H 45/39

Hüttner, Erich
- Fiche: *0659*
  Az 1: 14J 86/33
  Az 2: XV H 8/34

Hufnagel, Friedrich
- Fiche: *0396/0704 f.*
  Az 1: 14J 522/37g
  Az 2: 1L 2/40

Hufnagel, Marie
- Fiche: *0396/0704 f.*
  Az 1: 14J 522/37g
  Az 2: 1L 2/40

Hufschmidt (Frau)
- Fiche: *0254*
  Az 1: 9J 332/36
  Az 2: 2H 40/36

Hufschmiedt, Emma
- Fiche: *0070*
  Az 1: 14J 210/35
  Az 2: 2H 43/36

Hugelmann
- Fiche: *0004 f.*
  Az 1: 13J 98/33
  Az 2: 1H 7/34

Hughes
- Fiche: *0552 f.*
  Az 1: 8J 10/35
  Az 2: 2H 34/35

Hugo, Rosa
- Fiche: *0509*
  Az 1: 9J 34/42g
  Az 2: 2H 91/42

Hugo, Wilhelm (A)
- Fiche: *0509*
  Az 1: 9J 34/42g
  Az 2: 2H 91/42

Hugo, Willi
- Fiche: *0705*
  Az 1: StPL (RKA) I 8/43
  Az 2: StPL (HLS) 61/43

Huhn, Herta
- Fiche: *0159*
  Az 1: 9J 84/39g
  Az 2: 2H 5/40

Huhn, Waldemar
- Fiche: *0614 f.*
  Az 1: 14J 38/33
  Az 2: XII H 56/33

Huhsar, Franz (A)
- Fiche: *0359*
  Az 1: 7J 252/42
  Az 2: 5H 143/43

Hultsch
- Fiche: *0164*
  Az 1: 5J 148/40
  Az 2: 2H 71/40

Huly, Rudolf (A)
- Fiche: *0412*
  Az 1: 8J 228/42
  Az 2: 5H 19/44

Humbert
- Fiche: *0604 f.*
  Az 1: 10J 317/38
  Az 2: 2H 23/39

Humbert, Wilhelm
- Fiche: *0478 f.*
  Az 1: 8J 421/38
  Az 2: 1H 19/39

Humbert, Wilhelm (A)
- Fiche: *0151*
  Az 1: 8J 13/39
  Az 2: 2H 44/39

Humbert-Droz
- Fiche: *0176/0635*
  Az 1: 5J 151/42
  Az 2: 5H 10/43

Humboldt
- Fiche: *0084 f.*
  Az 1: 8J 430/35g
  Az 2: 1H 3/37

Humburg
- Fiche: *0108 f.*
  Az 1: 8J 337/37g
  Az 2: 1H 41/37

Humburg (Frau)
- Fiche: *0110 f.*
  Az 1: 8J 348/37g
  Az 2: 1H 47/37

Humer, Franz
- Fiche: *0351/0358*
  Az 1: 7J 285/42
  Az 2: 5H 138/42

Hummel (Frau)
- Fiche: *0231 f./0561*
  Az 1: 8J 14/34
  Az 2: 2H 33/35

Hummel, Hartmut
- Fiche: *0038/0039*
  Az 1: 8J 227/35
  Az 2: 2H 38/35

Hummel, Richard
- Fiche: *0144*
  Az 1: 5J 199/39
  Az 2: 1H 26/39

Hummelsheim, Friedrich
- Fiche: *0240*
  Az 1: 8J 305/35
  Az 2: 1H 67/35

Hummler, Anton (A)
- Fiche: *0188*
  Az 1: 11J 60/44
  Az 2: 2H 99/44

Hund, Josef
- Fiche: *0147 ff.*
  Az 1: 6J 374/38g
  Az 2: 1H 37/39

Hundegger
- Fiche: *0420 f.*
  Az 1: 7(8)J 172/43g
  Az 2: 5H 59/44

Hundert, Günter (A)
- Fiche: *0700*
  Az 1: StPL (RKA) I 424/43
  Az 2: StPL 2. Sen. 5/44

Hundert, Samuel
- Fiche: *0225*
  Az 1: 8J 1734/33
  Az 2: 1H 7/35

Hundertmark (Frau)
- Fiche: *0106/0546 f.*
  Az 1: 17J 315/37
  Az 2: 1H 37/37

Hundertmark, Heinrich
- Fiche: *0513 f.*
  Az 1: 8J 969/33
  Az 2: 2H 24/34

Hundhammer, Alois
- Fiche: *0735 f.*
  Az 1: 7J 32/44
  Az 2: 6H 92/44

Hundt, Anton
- Fiche: *0697*
  Az 1: StPL (RKA) III 114/43

Hunger
- Fiche: *0589*
  Az 1: 16J 293/35
  Az 2: 2H 58/35

Hunger, Hans
- Fiche: *0499 f.*
  Az 1: 8J 145/38
  Az 2: 2H 52/38

Hunger, Ilse (A)
- Fiche: *0167 f.*
  Az 1: 6J 166/41g
  Az 2: 2H 137/41

Hunger, Paul
- Fiche: *0685*
  Az 1: 10J 239/39
  Az 2: 2H 2/41

Hunger, Wilhelm (A)
- Fiche: *0167 f.*
  Az 1: 6J 166/41g
  Az 2: 2H 137/41

Hunger, Willi (A)
- Fiche: *0608 ff.*
  Az 1: 15J 179/33
  Az 2: XII H 17/34

Hungs
- Fiche: *0224*
  Az 1: 17J 44/34
  Az 2: 2H 2/34

Hunnenberg, Wilhelm
- Fiche: *0447*
  Az 1: 9J 107/41
  Az 2: 5H 14/43

Hunold, Heinrich
- Fiche: *0389*
  Az 1: 9J 301/35
  Az 2: 3L 51/35

Illner
– Fiche: *0340*
Az 1: 7J 340/42
Az 2: 2H 197/42

Illner, Johann
– Fiche: *0370*
Az 1: 7J 555/42
Az 2: 6H 13/43

Illner, Johann (A)
– Fiche: *0354*
Az 1: 7J 376/42
Az 2: 2H 273/42

Illner, Willi
– Fiche: *0155/0493*
Az 1: 9J 326/39g
Az 2: 1H 55/39

Ilosvay
– Fiche: *0418*
Az 1: 7(8)J 103/41
Az 2: 5H 47/44

Ils, Hans (A)
– Fiche: *0013 f.*
Az 1: 8J 1713/33
Az 2: 2H 20/34

Iltis, Blasius
– Fiche: *0030 f./0229 f.*
Az 1: 13J 265/33
Az 2: 2H 21/35

Iltis, Lucian
– Fiche: *0507 f.*
Az 1: 14J 26/34
Az 2: 2H 29/35

Imbusch
– Fiche: *0177*
Az 1: 7J 465/42g
Az 2: 2H 31/43

Imhof
– Fiche: *0403 f.*
Az 1: 8J 7/41g
Az 2: 2H 166/43

Imhof, August (A)
– Fiche: *0190 f.*
Az 1: 9J 232/44
Az 2: 5H 126/44

Imhof, Viktor
– Fiche: *0581 f./0647*
Az 1: 8J 95/41g
Az 2: 2H 167/43

Imhof, Viktor (A)
– Fiche: *0407 f.*
Az 1: 7(8)J 199/41
Az 2: 2H 3/44
– Fiche: *0693*
Az 1: 8J 199/41
Az 2: 2H 173/43

Imme, Else (A)
– Fiche: *0714*
Az 1: StPL (RKA) III 528/42
Az 2: StPL (HLS) II 10/43

Imre, Felix
– Fiche: *0329/0370*
Az 1: 7J 517/42
Az 2: 5H 13/43

Imre, Felix (A)
– Fiche: *0371*
Az 1: 7J 301/43
Az 2: 5H 97/43

Imre, Michael
– Fiche: *0348*
Az 1: 7J 255/42
Az 2: 5H 88/42

Indras
– Fiche: *0378*
Az 1: 7J 379/43
Az 2: 6H 186/43

Infeld, Alois
– Fiche: *0378*
Az 1: 7J 379/43
Az 2: 6H 186/43

Infeld, Alois (A)
– Fiche: *0299*
Az 1: 7J 427/43
Az 2: 6H 187/43

Ingelöf, Carl (A)
– Fiche: *0650 f.*
Az 1: 15J 190/33
Az 2: XII H 6/34

Ingenlath-Geerken
– Fiche: *0159*
Az 1: 9J 84/39g
Az 2: 2H 5/40

Inhauser, Ferdinand
– Fiche: *0346*
Az 1: 7J 390/42
Az 2: 2H 253/42

Inkbin, Albert
– Fiche: *0531*
Az 1: 10J 40/42
Az 2: 2H 228/42

Inkoloff, Kiril
– Fiche: *0056 f./0461*
Az 1: 8J 29/35
Az 2: 2H 18/36
– Fiche: *0115*
Az 1: 16J 577/37
Az 2: 2H 3/38
– Fiche: *0271 f.*
Az 1: 16J 576/37
Az 2: 2H 59/37

Inkpin, Albert
– Fiche: *0639*
Az 1: 10J 87/41
Az 2: 2H 192/42

Innendorfer
– Fiche: *0706*
Az 1: StPL (RKA) III 407/43
Az 2: StPL 2. Sen. 18/44

Innerberger, Alois
– Fiche: *0295*
Az 1: 7J 644/42
Az 2: 6H 23/43

Innerberger, Alois (A)
– Fiche: *0352*
Az 1: 7J 495/42
Az 2: 6H 23/42

Innitzer, Theodor
– Fiche: *0401 f.*
Az 1: 8J 285/39g
Az 2: 5H 108/43
– Fiche: *0407 f.*
Az 1: 7(8)J 199/41
Az 2: 2H 3/44
– Fiche: *0581*
Az 1: 6J 201/44
Az 2: 2H 13/45
– Fiche: *0644*
Az 1: 8J 475/39
Az 2: 5H 109/43

Inschlag, Katharina
– Fiche: *0322/0521 f.*
Az 1: 6J 145/40
Az 2: 2H 32/41

Ipavec, Walter (A)
– Fiche: *0305*
Az 1: 6J 319/38
Az 2: 1H 28/39

Irgl, Anton
– Fiche: *0347 f.*
Az 1: 7J 257/42
Az 2: 5H 86/42

Irgl, Josef
– Fiche: *0347 f.*
Az 1: 7J 257/42
Az 2: 5H 86/42

Irmer, Erich
– Fiche: *0450/0623 f.*
Az 1: 17J 451/37
Az 2: 2H 59/38
– Fiche: *0536*
Az 1: 10J 231/38
Az 2: 2H 72/38
– Fiche: *0538*
Az 1: 10J 227/38
Az 2: 2H 80/38
– Fiche: *0540 f.*
Az 1: 10J 223/38
Az 2: 2H 64/38
– Fiche: *0560*
Az 1: 10J 222/38
Az 2: 2H 69/38
– Fiche: *0583*
Az 1: 10J 225/38
Az 2: 2H 70/38

Irmisch, Erich
– Fiche: *0601*
Az 1: 9J 92/41
Az 2: 2H 163/41
– Fiche: *0693*
Az 1: StPL (RKA) II 248/42
Az 2: StPL (HLS) I 86/42

Irrlitz, Hans
– Fiche: *0063 f.*
Az 1: 8J 165/35
Az 2: 2H 30/36
– Fiche: *0276 f.*
Az 1: 5J 284/38
Az 2: 1H 34/38

Isaac
– Fiche: *0134/0523*
Az 1: 7J 348/38
Az 2: 2H 82/38

Isaac, Kurt (A)
– Fiche: *0545*
Az 1: 9J 878/33
Az 2: 2H 16/34

Isaak
– Fiche: *0019*
Az 1: 17J 617/33
Az 2: 1H 37/34

Isch, Paul
– Fiche: *0575/0644 f.*
Az 1: 8J 324/39g
Az 2: 5H 110/43

Isecke, Willy (A)
– Fiche: *0245 f.*
Az 1: 8J 7/36g
Az 2: 2H 4/36

Isenberg, Emil
– Fiche: *0554 f.*
Az 1: 8J 244/34
Az 2: 2H 22/35

Isenberg, Hans
– Fiche: *0554 f.*
Az 1: 8J 244/34
Az 2: 2H 22/35

Isensa, Friedrich
– Fiche: *0100 f./0711*
Az 1: 15J 1/37
Az 2: 1H 28/37

Iskrowa (Frau)
– Fiche: *0615 ff.*
Az 1: 15J 86/33
Az 2: XII H 42/33

Isleb, Else
– Fiche: *0245 f.*
Az 1: 8J 7/36g
Az 2: 2H 4/36

Ismar
– Fiche: *0556 f.*
Az 1: 9J 51/44g
Az 2: 1H 97/44

Israel
– Fiche: *0396/0704 f.*
Az 1: 14J 522/37g
Az 2: 1L 2/40

Israel (Frau)
– Fiche: *0472 f./0603 f.*
Az 1: 14J 629/37g, 6J 44/38g
Az 2: 2H 84,85,87/38

Israel, Abraham
– Fiche: *0269/0718*
Az 1: 16J 736/36
Az 2: 2H 43/37

Israel, Hans
– Fiche: *0084 f.*
Az 1: 8J 430/35g
Az 2: 1H 3/37
– Fiche: *0244 f./0274*
Az 1: 8J 431/35g
Az 2: 1H 8/37
– Fiche: *0442*
Az 1: 8J 23/38g Rs
Az 2: 1H 20/38
– Fiche: *0537 f.*
Az 1: 9J 236/41g
Az 2: 5H 75/42

Israel, Hans (A)
- Fiche: *0590 f.*
  Az 1: 8J 420/35g
  Az 2: 1H 32/36

Israelski, Rudolf
- Fiche: *0102 f.*
  Az 1: 17J 317/37
  Az 2: 1H 31/37
- Fiche: *0104*
  Az 1: 17J 321/37
  Az 2: 1H 33/37
- Fiche: *0106/0546 f.*
  Az 1: 17J 315/37
  Az 2: 1H 37/37
- Fiche: *0730 f./0732*
  Az 1: 17J 318/37
  Az 2: 1H 38/37

Israelski, Rudolf (A)
- Fiche: *0104 f.*
  Az 1: 17J 319/37
  Az 2: 1H 34/37

Issle, Heinz
- Fiche: *0530 f.*
  Az 1: 10J 62/42
  Az 2: 1H 219/42

Issle, Werner
- Fiche: *0530 f.*
  Az 1: 10J 62/42
  Az 2: 1H 219/42

Ister
- Fiche: *0356/0512*
  Az 1: 7J 479/42
  Az 2: 5H 196/42

Itner, Max
- Fiche: *0606 f.*
  Az 1: 13J 190/33
  Az 2: XV H 53/33

Ittner, Kurt (A)
- Fiche: *0006/0528*
  Az 1: 15J 250/33
  Az 2: 2H 9/34

Ivancic
- Fiche: *0323 ff.*
  Az 1: 7J 174/40
  Az 2: 2H 132/41
- Fiche: *0693*
  Az 1: StPL (RKA) II 66/44
  Az 2: StPL 1. Sen. 15/44

Ivancic, Anton (A)
- Fiche: *0699 f.*
  Az 1: StPL (RKA) I 118/41
  Az 2: StPL (HLS) III 57/41

Ivancic, Ferdinand (A)
- Fiche: *0419*
  Az 1: 7J 27/44
  Az 2: 5H 52/44

Ivancic, Franz (A)
- Fiche: *0699 f.*
  Az 1: StPL (RKA) I 118/41
  Az 2: StPL (HLS) III 57/41

Ivanczic, Martha
- Fiche: *0298/0367*
  Az 1: 7J 300/43
  Az 2: 5H 94/43
- Fiche: *0381*
  Az 1: 7J 297/43
  Az 2: 5H 96/43, 5H 139/43

Ivanowski, Erika
- Fiche: *0492*
  Az 1: 10J 66/40
  Az 2: 2H 114/40

Ivantsch, Samuel
- Fiche: *0347 f.*
  Az 1: 7J 257/42
  Az 2: 5H 86/42

Ivens
- Fiche: *0120*
  Az 1: 17J 407/37
  Az 2: 2H 16/38

Ivertowski, Paul
- Fiche: *0160*
  Az 1: 9J 425/39g
  Az 2: 2H 43/40
- Fiche: *0161 f./0562*
  Az 1: 9J 370/39g
  Az 2: 2H 53/40

Ivertowski, Paul (A)
- Fiche: *0162*
  Az 1: 9J 424/39g
  Az 2: 2H 60/40

Iwano, Wladimir
- Fiche: *0698*
  Az 1: StPL (RKA) III 209/43
  Az 2: StPL 2. Sen. 84/43

Iwanow
- Fiche: *0427*
  Az 1: 10J 46/44
  Az 2: 2H 102/44

Iwanowsky, Erika
- Fiche: *0563 f.*
  Az 1: 10J 68/40
  Az 2: 2H 109/40

Iwochin, Nikolai
- Fiche: *0698*
  Az 1: StPL (RKA) III 209/43
  Az 2: StPL 2. Sen. 84/43

Jaahke
- Fiche: *0704*
  Az 1: 6J 15/39g

Jablonka, Josef
- Fiche: *0254*
  Az 1: 9J 332/36
  Az 2: 2H 40/36

Jablonski, Manfred
- Fiche: *0067 f./0514*
  Az 1: 17J 25/36
  Az 2: 1H 39/36

Jackel
- Fiche: *0401 f.*
  Az 1: 8J 285/39g
  Az 2: 5H 108/43
- Fiche: *0644*
  Az 1: 8J 475/39
  Az 2: 5H 109/43

Jacob
- Fiche: *0127*
  Az 1: 7J 96/38
  Az 2: 2H 29/38
- Fiche: *0152*
  Az 1: 11J 341/39
  Az 2: 2H 46/39
- Fiche: *0209/0574*
  Az 1: 8J 238/44g
  Az 2: 1H 346/44
- Fiche: *0210*
  Az 1: 9J 252/44g
  Az 2: 1H 385/44
- Fiche: *0442/0708*
  Az 1: 0J 18/44g Rs
  Az 2: 1L 336/44
- Fiche: *0466*
  Az 1: 9J 156/44g Rs
  Az 2: 1H 264/44
- Fiche: *0555*
  Az 1: 9J 388/36
  Az 2: 2H 55/36
- Fiche: *0579*
  Az 1: 8J 243/44g
  Az 2: 1H 308/44
- Fiche: *0607*
  Az 1: 12J 160/33
  Az 2: XV H 58/33
- Fiche: *0672*
  Az 1: 9J 230/44
  Az 2: 1H 357/44

Jacob, Albert (A)
- Fiche: *0526*
  Az 1: *J 17/44
  Az 2: 3L 130/44

Jacob, Franz
- Fiche: *0008 f.*
  Az 1: 17J 242/33
  Az 2: 2H 11/34
- Fiche: *0021 f.*
  Az 1: 17J 397/33
  Az 2: 1H 3/35
- Fiche: *0113 f./0508*
  Az 1: 14J 725/37g
  Az 2: 1H 1/38
- Fiche: *0182/0461*
  Az 1: 11(10)J 1037/43g
  Az 2: 2H 22/44
- Fiche: *0182/0464 f.*
  Az 1: 11(10)J 423/43g
  Az 2: 2H 17/44
- Fiche: *0190*
  Az 1: 9J 231/44
  Az 2: 5H 119/44
- Fiche: *0190 f.*
  Az 1: 9J 232/44
  Az 2: 5H 126/44
- Fiche: *0198*
  Az 1: 8J 167/44g
  Az 2: 1H 209/44
- Fiche: *0198 f./0208*
  Az 1: 8J 169/44
  Az 2: 1H 210/44
- Fiche: *0199*
  Az 1: 8J 176/44g
  Az 2: 1H 213/44
- Fiche: *0199*
  Az 1: 8J 175/44g
  Az 2: 1H 212/44
- Fiche: *0199*
  Az 1: 8J 174/44g
  Az 2: 1H 211/44
- Fiche: *0199 f.*
  Az 1: 9J 214/44
  Az 2: 2H 215/44
- Fiche: *0200*
  Az 1: 8J 172/44g
  Az 2: 1H 216/44
- Fiche: *0200/0569*
  Az 1: 8J 178/44
  Az 2: 1H 218/44
- Fiche: *0201*
  Az 1: 8J 171/44g
  Az 2: 1H 224/44
- Fiche: *0201/0434*
  Az 1: 8J 181/44g
  Az 2: 1H 227/44
- Fiche: *0201 f.*
  Az 1: 8J 182/44g
  Az 2: 1H 232/44
- Fiche: *0203*
  Az 1: 8J 170/44g
  Az 2: 1H 244/44
- Fiche: *0204*
  Az 1: 8J 198/44g
  Az 2: 1H 247/44
- Fiche: *0204*
  Az 1: 8J 201/44g
  Az 2: 1H 246/44
- Fiche: *0205*
  Az 1: 8J 203/44
  Az 2: 1H 250/44
- Fiche: *0206*
  Az 1: 8J 189/44g
  Az 2: 1H 265/44
- Fiche: *0207*
  Az 1: 8J 188/44g
  Az 2: 1H 285/44
- Fiche: *0207/0532*
  Az 1: 8J 206/44g
  Az 2: 1H 274/44
- Fiche: *0207/0689*
  Az 1: 8J 200/44g
  Az 2: 1H 286/44
- Fiche: *0208*
  Az 1: 8J 229/44g
  Az 2: 1H 299/44
- Fiche: *0208*
  Az 1: 8J 208/44g
  Az 2: 1H 301/44
- Fiche: *0208/0446*
  Az 1: 8J 191/44
  Az 2: 1H 303/44
- Fiche: *0208/0672*
  Az 1: 8J 199/44
  Az 2: 1H 298/44
- Fiche: *0209*
  Az 1: 8J 241/44
- Fiche: *0209*
  Az 1: 9J 230/44
- Fiche: *0209/0574*
  Az 1: 9J 258/44
  Az 2: 1H 362/44
- Fiche: *0209/0625*
  Az 1: 9J 234/44
  Az 2: 1H 372/44
- Fiche: *0429/0741*
  Az 1: 9J 213/44
  Az 2: 5H 118/44
- Fiche: *0433/0569*
  Az 1: 8J 183/44g
  Az 2: 1H 221/44
- Fiche: *0435*
  Az 1: 8J 190/44g
  Az 2: 1H 245/44

- Fiche: *0436*
 Az 1: 8J 202/44
 Az 2: 1H 273/44
- Fiche: *0443*
 Az 1: 8J 230/44g
 Az 2: 1H 309/44
- Fiche: *0447*
 Az 1: 9J 292/44
 Az 2: 1H 23/45
- Fiche: *0456*
 Az 1: 8J 241/44
 Az 2: 1H 356/44
- Fiche: *0457*
 Az 1: 9J 244/44
 Az 2: 2H 252/44
- Fiche: *0465*
 Az 1: 11(10)J 1036/43g
- Fiche: *0518*
 Az 1: 8J 199/44, 8J 271/44g
 Az 2: 1H 3/45
- Fiche: *0572*
 Az 1: 9J 39/45
 Az 2: 2H 65/45
- Fiche: *0639*
 Az 1: 8J 187/44
 Az 2: 1H 272/44
- Fiche: *0740*
 Az 1: 8J 199/44g
 Az 2: 1H 315/44
- Fiche: *0741*
 Az 1: 8J 26/45

Jacob, Franz (A)
- Fiche: *0197/0466*
 Az 1: 8J 157/44
 Az 2: 1H 208/44
- Fiche: *0572*
 Az 1: 9J 547/33
 Az 2: 2H 8/34

Jacob, Helene (A)
- Fiche: *0005 f.*
 Az 1: 13J 154/33
 Az 2: 1H 9/34

Jacob, Walter
- Fiche: *0458*
 Az 1: 9J 355/39g
 Az 2: 2H 9/40
- Fiche: *0632*
 Az 1: 6J 3/40
 Az 2: 2H 95/40
- Fiche: *0636*
 Az 1: 5J 171/40
 Az 2: 2H 91/40

Jacobi
- Fiche: *0268 f./0273*
 Az 1: 14J 323/37
 Az 2: 1H 10/38

Jacobi, Alfred
- Fiche: *0195 f.*
 Az 1: 10(9)J 735/43
 Az 2: 2H 201/44
- Fiche: *0206*
 Az 1: 8J 277/44
 Az 2: 2H 269/44

Jacobi, Christine
- Fiche: *0621*
 Az 1: 14J 61/33
 Az 2: XII H 58/33

Jacobi, Elga
- Fiche: *0679 f./0713*
 Az 1: 10(9)J 777/43g
 Az 2: 5H 38/44, 5H 43/44

Jacobi, Georg
- Fiche: *0517/0678*
 Az 1: 10J 139/38
 Az 2: 2H 67/38

Jacobi, Hans
- Fiche: *0621*
 Az 1: 14J 61/33
 Az 2: XII H 58/33

Jacobi, Wilhelm
- Fiche: *0209*
 Az 1: 8J 241/44

Jacobs
- Fiche: *0092*
 Az 1: 8/14J 31-45/36g
 Az 2: 1H 13/37
- Fiche: *0262 f.*
 Az 1: 8J 51/36g
 Az 2: 1H 16/37
- Fiche: *0736*
 Az 1: 8J 48/45g

Jacobs, Annemarie (A)
- Fiche: *0572*
 Az 1: 9J 547/33
 Az 2: 2H 8/34
- Fiche: *0572*
 Az 1: 9J 39/45
 Az 2: 2H 65/45

Jacobs, Hermann
- Fiche: *0572*
 Az 1: 9J 547/33
 Az 2: 2H 8/34

Jacobs, Peter
- Fiche: *0671*
 Az 1: 9J 759/37
 Az 2: 2H 36/38

Jacobsen
- Fiche: *0537 f.*
 Az 1: 9J 236/41g
 Az 2: 5H 75/42

Jacobsen, Helmuth
- Fiche: *0256*
 Az 1: 15J 162/36
 Az 2: 1H 51/36

Jacobsen, Herbert
- Fiche: *0256*
 Az 1: 15J 162/36
 Az 2: 1H 51/36

Jacoby, Max (A)
- Fiche: *0210/0579*
 Az 1: 9J 272/44
 Az 2: 1H 7/45

Jacquin
- Fiche: *0164 f.*
 Az 1: 10J 120/40
 Az 2: 2H 100/40
- Fiche: *0480 f.*
 Az 1: 10J 58/41
 Az 2: 2H 72/41
- Fiche: *0675*
 Az 1: 10J 60/41
 Az 2: 2H 79/41
- Fiche: *0676*
 Az 1: 10J 17/41g
 Az 2: 1H 194/43

Jadamowitz, Beatrice (A)
- Fiche: *0470 f.*
 Az 1: 10J 232/42g
 Az 2: 2H 337/42

Jadamowitz, Gertrud
- Fiche: *0470 f.*
 Az 1: 10J 232/42g
 Az 2: 2H 337/42

Jadamowitz, Hilde
- Fiche: *0470 f.*
 Az 1: 10J 232/42g
 Az 2: 2H 337/42

Jäckel
- Fiche: *0018 f.*
 Az 1: 15J 369/34
 Az 2: 1H 39/35
- Fiche: *0213*
 Az 1: 8/16J 774/33
 Az 2: VIII. H 3/33

Jäckel, Paul
- Fiche: *0018*
 Az 1: 15/17J 77/32
 Az 2: 1H 28/34
- Fiche: *0034*
 Az 1: 9J 613/33
 Az 2: 1H 27/35
- Fiche: *0042 f.*
 Az 1: 14a/9J 1672/31
 Az 2: 1H 52/35

Jäckel, Walter
- Fiche: *0585*
 Az 1: 9J 79/36
 Az 2: 2H 33/36

Jäckel, Willy (A)
- Fiche: *0076 f.*
 Az 1: 8J 427/35g
 Az 2: 1H 59/60/61/36

Jäcker
- Fiche: *0100 f./0711*
 Az 1: 15J 1/37
 Az 2: 1H 28/37

Jäcker, Hugo
- Fiche: *0007 f.*
 Az 1: 15J 734/33
 Az 2: 2H 10/34

Jädicke
- Fiche: *0103 f.*
 Az 1: 17J 416/36
 Az 2: 2H 32/37

Jäger
- Fiche: *0117 f./0542*
 Az 1: 8J 20/36g
 Az 2: 2H 11/38
- Fiche: *0357*
 Az 1: 7J 447/42
 Az 2: 5H 178/42
- Fiche: *0441*
 Az 1: 0J 3/44g Rs
 Az 2: 1L 292/44
- Fiche: *0479 f.*
 Az 1: 7(8)J 108/43g
- Fiche: *0604 f.*
 Az 1: 10J 317/38
 Az 2: 2H 23/39
- Fiche: *0618*
 Az 1: 8/16J 409/33
 Az 2: XII H 18/33

Jäger (Frau)
- Fiche: *0286 f.*
 Az 1: 8J 384/38g
 Az 2: 1H 32/39
- Fiche: *0693*
 Az 1: StPL (RKA) III 190/43
 Az 2: StPL (HLS) II 49/43

Jäger, Anna
- Fiche: *0379*
 Az 1: 7J 419/43
 Az 2: 6H 172/43

Jäger, Arthur
- Fiche: *0382*
 Az 1: 7J 359/43
 Az 2: 5H 120/43

Jäger, Arthur (A)
- Fiche: *0400*
 Az 1: 7J 186/42
 Az 2: 5H 117/42

Jäger, August
- Fiche: *0522*
 Az 1: 6J 43/42
 Az 2: 2H 120/42

Jäger, Franz
- Fiche: *0261*
 Az 1: 14J 570/37g

Jäger, Friedrich (A)
- Fiche: *0708*
 Az 1: 0J 4/44g Rs
 Az 2: 1L 229/44

Jaeger, Gertrud
- Fiche: *0009 f.*
 Az 1: 14J 8/34
 Az 2: 2H 12/34

Jäger, Gustav
- Fiche: *0021 f.*
 Az 1: 17J 397/33
 Az 2: 1H 3/35

Jäger, Gustav (A)
- Fiche: *0020 f.*
 Az 1: 17J 683/33
 Az 2: 1H 44/34

Jäger, Josef
- Fiche: *0325*
 Az 1: 6J 132/40g
 Az 2: 2H 147/41

Jäger, Otto
- Fiche: *0020 f.*
 Az 1: 17J 683/33
 Az 2: 1H 44/34

Jäger, Otto (A)
- Fiche: *0610 f.*
 Az 1: 13J 212/33
 Az 2: XII H 9/34

Jahnas, Johannes (A)
- Fiche: *0357*
  Az 1: 7J 499/42
  Az 2: 5H 186/42

Jahnecke, Walter
- Fiche: *0615 ff.*
  Az 1: 15J 86/33
  Az 2: XII H 42/33

Jahnel
- Fiche: *0047 f./0641*
  Az 1: 9J 486/35
  Az 2: 1H 71/35

Jahnel (Frau)
- Fiche: *0397f.*
  Az 1: 6J 198/39g
  Az 2: 3L 19/40

Jahnen, Ewald
- Fiche: *0071/0244*
  Az 1: 8J 168/36g
  Az 2: 2H 46/36
- Fiche: *0080 f./0260*
  Az 1: 8J 163/36g
  Az 2: 1H 64/36
- Fiche: *0084 f.*
  Az 1: 8J 430/35g
  Az 2: 1H 3/37
- Fiche: *0115*
  Az 1: 14J 727/37g
  Az 2: 1H 5/38
- Fiche: *0119*
  Az 1: 8J 273/37
  Az 2: 1H 13/38
- Fiche: *0122*
  Az 1: 14J 742/37g
  Az 2: 2H 20/38
- Fiche: *0244 f./0274*
  Az 1: 8J 431/35g
  Az 2: 1H 8/37
- Fiche: *0274 f.*
  Az 1: 8J 226/38g
  Az 2: 1H 17/38

Jahnke
- Fiche: *0123 ff./0275 f.*
  Az 1: 8J 5/37g
  Az 2: 2H 23/38
- Fiche: *0224*
  Az 1: 17J 44/34
  Az 2: 2H 2/34
- Fiche: *0457 f.*
  Az 1: 10J 142/38
  Az 2: 2H 42/38
- Fiche: *0692*
  Az 1: StPL (RKA) II 242/38
  Az 2: StPL (HLS) IV 21/41

Jahnke (Frau)
- Fiche: *0021 f.*
  Az 1: 17J 397/33
  Az 2: 1H 3/35

Jahnke, Hans
- Fiche: *0467 ff.*
  Az 1: 14J 629/37g
  Az 2: 2H 86/38

Jahnke, Paul
- Fiche: *0032 f.*
  Az 1: 13J 11/34
  Az 2: 1H 26/35

Jahnke, Wilhelm
- Fiche: *0610 f.*
  Az 1: 13J 212/33
  Az 2: XII H 9/34

Jahns, Gerhard
- Fiche: *0691 f.*
  Az 1: 8J 274/38, 8J 321/38
  Az 2: 1H 27/38, 1H 28/38

Jahny, Ferdinand
- Fiche: *0447*
  Az 1: 9J 107/41
  Az 2: 5H 14/43

Jahoda, Johann
- Fiche: *0526*
  Az 1: 7J 461/43

Jahoda, Josef
- Fiche: *0346*
  Az 1: 7J 425/42
  Az 2: 1H 251/42

Jahoda, Josef (A)
- Fiche: *0360*
  Az 1: 7J 409/42
  Az 2: 5H 156/42

Jahoda, Margarethe
- Fiche: *0403 f.*
  Az 1: 8J 7/41g
  Az 2: 2H 166/43
- Fiche: *0497*
  Az 1: 8J 344/42
  Az 2: 5H 146/43
- Fiche: *0581 f./0647*
  Az 1: 8J 95/41g
  Az 2: 2H 167/43

Jahoda, Margarethe (A)
- Fiche: *0505/0642 f.*
  Az 1: 8J 201/41
  Az 2: 2H 171/43

Jahota
- Fiche: *0372/0520*
  Az 1: 7J 308/43
  Az 2: 5H 92/43

Jahr, Gustav (A)
- Fiche: *0532*
  Az 1: 9J 229/44
  Az 2: 1H 313/44

Jahr, Hellmuth
- Fiche: *0072 f.*
  Az 1: 15J 282/36
  Az 2: 2H 49/36

Jahr, Karl
- Fiche: *0272*
  Az 1: 16J 225/37
  Az 2: 2H 60/37
- Fiche: *0439*
  Az 1: 7J 104/38
  Az 2: 2H 13/38

Jahr, Reinhold
- Fiche: *0058 f.*
  Az 1: 17J 129/35
  Az 2: 1H 21,22/36
- Fiche: *0531*
  Az 1: 10J 40/42
  Az 2: 2H 228/42

Jahr, Werner (A)
- Fiche: *0013 f.*
  Az 1: 8J 1713/33
  Az 2: 2H 20/34

Jahres
- Fiche: *0195/0460*
  Az 1: 10J 112/44
  Az 2: 2H 189/44

Jaindl-Haring, Franz (A)
- Fiche: *0417/0522*
  Az 1: 6(7)J 378/42
  Az 2: 6H 38/44

Jakl, Jindra (A)
- Fiche: *0368*
  Az 1: 12J 307/42
  Az 2: 1H 64/43

Jakl, Karel (A)
- Fiche: *0368*
  Az 1: 12J 307/42
  Az 2: 1H 64/43

Jaklitsch
- Fiche: *0413*
  Az 1: 7(8)J 209/43g
  Az 2: 5H 22/44

Jakob
- Fiche: *0120 f./0133*
  Az 1: 17J 400/37
  Az 2: 2H 71/38
- Fiche: *0186/0466*
  Az 1: 11(10)J 1039/43
  Az 2: 2H 54/44
- Fiche: *0204*
  Az 1: 8J 184/44g
  Az 2: 1H 249/44

Jakob, Alfred
- Fiche: *0183*
  Az 1: 11(10)J 631/43
  Az 2: 1H 28/44

Jakob, Felix
- Fiche: *0627 f.*
  Az 1: 10J 1095/43g
  Az 2: 1H 305/43

Jakob, Hans
- Fiche: *0545*
  Az 1: 9J 878/33
  Az 2: 2H 16/34

Jakob, Karl
- Fiche: *0113/0469 f.*
  Az 1: 16J 37/35
  Az 2: 1H 19-20/37

Jakob, Katharina (A)
- Fiche: *0505/0740*
  Az 1: 8J 180/44g
  Az 2: 1H 231/44

Jakob, Walter
- Fiche: *0180/0446*
  Az 1: 6J 12/43g
  Az 2: 1H 147/43
- Fiche: *0506*
  Az 1: 5J 53/41
  Az 2: 2H 53/41

Jakob, Wilhelm
- Fiche: *0184*
  Az 1: 11(10)J 725/43
  Az 2: 2H 31/44

Jakob, Wilhelm (A)
- Fiche: *0183*
  Az 1: 11(10)J 631/43
  Az 2: 1H 28/44

Jakobi
- Fiche: *0098 f.*
  Az 1: 14J 305/37g
  Az 2: 1H 35/37
- Fiche: *0151*
  Az 1: 8J 13/39
  Az 2: 2H 44/39
- Fiche: *0564 f.*
  Az 1: 9J 137/34
  Az 2: 1H 25/35

Jakobi, Charlotte
- Fiche: *0730 f./0732*
  Az 1: 17J 318/37
  Az 2: 1H 38/37

Jakobi, Hermann
- Fiche: *0720*
  Az 1: 9J 543/43
  Az 2: 2H 155/43

Jakobi, Karl (A)
- Fiche: *0166/0568*
  Az 1: 9J 24/41
  Az 2: 2H 86/41

Jakobi, Ruth
- Fiche: *0730 f./0732*
  Az 1: 17J 318/37
  Az 2: 1H 38/37

Jakobi, Wilhelm (A)
- Fiche: *0680/0698*
  Az 1: 8J 137/44g
  Az 2: 1H 5/45

Jakobovits, Josef (A)
- Fiche: *0367/0384*
  Az 1: 7J 327/43
  Az 2: 5H 102/43

Jakobs
- Fiche: *0071*
  Az 1: 16J 754/35
  Az 2: 2H 45/36
- Fiche: *0263 f./0487 f.*
  Az 1: 17J 171/35
  Az 2: 2H 17/37
- Fiche: *0555 f.*
  Az 1: 9J 202/36
  Az 2: 2H 14/37

Jakobs, Hermann
- Fiche: *0086/0498 f.*
  Az 1: 8J 68/36
  Az 2: 1H 4/37

Jakobsberg
- Fiche: *0396/0704 f.*
  Az 1: 14J 522/37g
  Az 2: 1L 2/40

Jakobsen
- Fiche: *0448*
  Az 1: 17J 225/37
  Az 2: 2H 48/37

Jakoby, Bertha
- Fiche: *0303 f.*
  Az 1: 17J 43/37
  Az 2: 1H 7/38

Janschitz, Heinrich
- Fiche: *0323 ff.*
  Az 1: 7J 174/40
  Az 2: 2H 132/41

Jansen
- Fiche: *0028*
  Az 1: 8J 20/35
  Az 2: 2H 14/35
- Fiche: *0147*
  Az 1: 11J 196/38g
  Az 2: 1H 35/39
- Fiche: *0247 f./0445*
  Az 1: 8J 72/36
  Az 2: 2H 7/37

Jansen, Anna
- Fiche: *0672*
  Az 1: 10J 201/41
  Az 2: 2H 59/42

Jansen, Otto
- Fiche: *0107/0302*
  Az 1: 17J 379/37
  Az 2: 1H 39/37

Jansen, Theodor
- Fiche: *0585 f.*
  Az 1: 8J 160/38
  Az 2: 2H 73/38

Jansen, Walter
- Fiche: *0122*
  Az 1: 14J 742/37g
  Az 2: 2H 20/38

Janssen, Friedrich (A)
- Fiche: *0013*
  Az 1: 13J 279/33
  Az 2: 2H 19/34

Janssen, Johann
- Fiche: *0120*
  Az 1: 17J 401/37
  Az 2: 2H 14/38
- Fiche: *0274*
  Az 1: 17J 406/37
  Az 2: 2H 15/38
- Fiche: *0545*
  Az 1: 10J 49/38
  Az 2: 2H 18/38

Janssen, Johann (A)
- Fiche: *0120 f./0133*
  Az 1: 17J 400/37
  Az 2: 2H 71/38

Janssen-Herrentor
- Fiche: *0120 f./0133*
  Az 1: 17J 400/37
  Az 2: 2H 71/38

Janssen-Herrntor
- Fiche: *0274*
  Az 1: 17J 406/37
  Az 2: 2H 15/38

Janssen-Kruse
- Fiche: *0274*
  Az 1: 17J 406/37
  Az 2: 2H 15/38

Janssen-Kruse, Bartolt
- Fiche: *0120 f./0133*
  Az 1: 17J 400/37
  Az 2: 2H 71/38

Jantscher, Johann
- Fiche: *0332*
  Az 1: 7J 497/41
  Az 2: 2H 116/42
- Fiche: *0332/0367*
  Az 1: 7J 257/41
  Az 2: 2H 114/42

Jantscher, Richard (A)
- Fiche: *0379*
  Az 1: 7J 358/43
  Az 2: 6H 156/43

Januska, Josef
- Fiche: *0366 f.*
  Az 1: 7J 653/42
  Az 2: 5H 34/43

Januska, Josef (A)
- Fiche: *0373*
  Az 1: 7J 304/43, 7J 326/43
  Az 2: 5H 91/43, 5H 88/43

Janz
- Fiche: *0150 f.*
  Az 1: 11J 1/39
  Az 2: 2H 43/39

Janz, Arthur
- Fiche: *0681 f.*
  Az 1: 10J 202/41g
  Az 2: 2H 143/41

Janz, Wilhelm
- Fiche: *0593 f.*
  Az 1: 15J 490/33
  Az 2: 1H 89/34
- Fiche: *0703*
  Az 1: 6J 239/39

Jaritz
- Fiche: *0383*
  Az 1: 7J 275/43
  Az 2: 6H 107/43

Jarosch
- Fiche: *0015/0385*
  Az 1: 17J 717/33
  Az 2: 2H 23/34
- Fiche: *0376*
  Az 1: 7J 238/43
  Az 2: 5H 72/43
- Fiche: *0376*
  Az 1: 7J 306/42, 7J 239/43
  Az 2: 5H 140/42, 5H 72/43

Jarosch, Franz
- Fiche: *0357*
  Az 1: 7J 445/42, 7J 455/42
  Az 2: 5H 184/42, 5H 168/42

Jarosch, Franz (A)
- Fiche: *0342/0343*
  Az 1: 7J 221/42
  Az 2: 2H 172/42

Jaroslavsky
- Fiche: *0378*
  Az 1: 7J 141/43
  Az 2: 5H 58/43

Jaroslavsky, Eduard
- Fiche: *0296*
  Az 1: 7J 638/42
  Az 2: 5H 26/43
- Fiche: *0297*
  Az 1: 7J 247/43
  Az 2: 5H 79/43
- Fiche: *0320 f./0388*
  Az 1: 6J 144/40g
  Az 2: 2H 14/41
- Fiche: *0322/0521 f.*
  Az 1: 6J 145/40
  Az 2: 2H 32/41
- Fiche: *0323*
  Az 1: 6J 28/41g
  Az 2: 2H 129/41
- Fiche: *0338*
  Az 1: 7J 193/42
  Az 2: 2H 207/42
- Fiche: *0345*
  Az 1: 7J 467/42
  Az 2: 1H 273/42
- Fiche: *0351/0358*
  Az 1: 7J 285/42
  Az 2: 5H 138/42
- Fiche: *0374*
  Az 1: 7J 331/43
  Az 2: 5H 77/43
- Fiche: *0717*
  Az 1: 6J 144/41g

Jaroslavsky, Eduard (A)
- Fiche: *0319 f.*
  Az 1: 6J 124/40g
  Az 2: 2H 10/41

Jaroslavsky, Friederike
- Fiche: *0319 f.*
  Az 1: 6J 124/40g
  Az 2: 2H 10/41
- Fiche: *0420*
  Az 1: 6J 44/44
  Az 2: 5H 57/44

Jarrek, Walter
- Fiche: *0463/0465*
  Az 1: 15J 39/36
  Az 2: 2H 35/36

Jarren, Wilhelm (A)
- Fiche: *0612 f.*
  Az 1: 13J 147/33
  Az 2: XII H 44/33

Jarsetz
- Fiche: *0523 f.*
  Az 1: 9J 351/38g
  Az 2: 2H 93/38

Jary, Bohumil (A)
- Fiche: *0368*
  Az 1: 6J 80/42g
  Az 2: 1H 153/42

Jaschan
- Fiche: *0474*
  Az 1: 10J 170/38
  Az 2: 2H 38/38

Jaschinski, Kuno (A)
- Fiche: *0227 f.*
  Az 1: 13J 2/34
  Az 2: 1H 10/35

Jastorff
- Fiche: *0126*
  Az 1: 7J 106/38
  Az 2: 2H 27/38

Jastram
- Fiche: *0472 f./0603 f.*
  Az 1: 14J 629/37g, 6J 44/38g
  Az 2: 2H 84,85,87/38

Jatzek
- Fiche: *0173*
  Az 1: 5J 81/42
  Az 2: 2H 94/42

Jatzlau, Rudolf
- Fiche: *0090*
  Az 1: 17J 187/36
  Az 2: 2H 31/37

Jatzlau, Rudolf (A)
- Fiche: *0022 f.*
  Az 1: 17J 193/34
  Az 2: 1H 4/35

Jauch, Friedrich
- Fiche: *0476 f.*
  Az 1: 8J 131/36g, 8J 49,117,131/36g
  Az 2: 2H 16,20,27/37

Jauk, Franz
- Fiche: *0311*
  Az 1: 7J 70/40
  Az 2: 2H 132/40

Jaworsky, Franz
- Fiche: *0621*
  Az 1: 13J 240/33
  Az 2: XII H 3/34

Jazdziewski, Theophiel (A)
- Fiche: *0554 f.*
  Az 1: 8J 244/34
  Az 2: 2H 22/35

Jazosch, Erich
- Fiche: *0035*
  Az 1: 17J 282/34
  Az 2: 2H 27/35
- Fiche: *0292*
  Az 1: 5J 228/41
  Az 2: 2H 16/42

Jazosch, Lucie (A)
- Fiche: *0035*
  Az 1: 17J 282/34
  Az 2: 2H 27/35

Jeanjean, Pierre
- Fiche: *0398*
  Az 1: 6J 606/38g
  Az 2: 3L 24/40
- Fiche: *0525 f.*
  Az 1: 9J 502/38g
  Az 2: 3L 86/39

Jech
- Fiche: *0408*
  Az 1: 7J 454/43, 7J 502/43
  Az 2: 5H 10/44, 5H 5/44

Jedrzejczyk
- Fiche: *0675*
  Az 1: 10J 60/41
  Az 2: 2H 79/41

Jeske
- Fiche: *0474*
Az 1: 10J 170/38
Az 2: 2H 38/38

Jespersen
- Fiche: *0553 f.*
Az 1: 10J 137/42
Az 2: 2H 242/42

Jessel, Max (A)
- Fiche: *0003*
Az 1: 15J 594/33
Az 2: 2H 3/34

Jessen
- Fiche: *0478*
Az 1: 10J 290/40g
Az 2: 5H 62/42
- Fiche: *0650*
Az 1: 0J 26/44g Rs
Az 2: 1L 349/44

Jessen, Ernst (A)
- Fiche: *0183*
Az 1: 11(10)J 631/43
Az 2: 1H 28/44

Jez, Elisabeth
- Fiche: *0326/0649 f.*
Az 1: 7J 220/42
Az 2: 2H 170/42

Jezioro, Arthur
- Fiche: *0391 f.*
Az 1: 5J 6/36g
Az 2: 3L 21/37

Jezschow, Grigorij
- Fiche: *0736*
Az 1: 8J 48/45g

Jilka, Anni
- Fiche: *0539 f.*
Az 1: 10J 36/41
Az 2: 2H 91/41

Jirak, Frank
- Fiche: *0297*
Az 1: 7J 247/43
Az 2: 5H 79/43

Jirak, Franz
- Fiche: *0374*
Az 1: 7J 331/43
Az 2: 5H 77/43
- Fiche: *0381*
Az 1: 7J 294/43
Az 2: 5H 132/43
- Fiche: *0401/0520*
Az 1: 7J 295/43
Az 2: 5H 95/43
- Fiche: *0707*
Az 1: StPL (RKA) II 46/43
Az 2: StPL (HLS) II 54/43

Jirak, Franz (A)
- Fiche: *0574/0649*
Az 1: 7J 513/43
Az 2: 5H 6/44

Jirka, Hans
- Fiche: *0607*
Az 1: 13J 270/33
Az 2: XV H 57/33

Jiru, Gebhard
- Fiche: *0548*
Az 1: 16J 42/35
Az 2: 2H 9/36

Jmielu, Gerhard
- Fiche: *0155 f.*
Az 1: 6J 12/39g
Az 2: 2H 61/39

Joachim
- Fiche: *0470 f.*
Az 1: 10J 232/42g
Az 2: 2H 337/42

Joachim, Heinz
- Fiche: *0493 f.*
Az 1: 10J 207/42g
Az 2: 2H 314/42
- Fiche: *0689*
Az 1: 10J 328/43g
Az 2: 2H 99/43

Joachim, Marianne
- Fiche: *0689*
Az 1: 10J 328/43g
Az 2: 2H 99/43

Joachim, Marianne (A)
- Fiche: *0493 f.*
Az 1: 10J 207/42g
Az 2: 2H 314/42

Jobanner, Josef
- Fiche: *0545*
Az 1: 8J 222/43
Az 2: 3L 13/44

Jobmann
- Fiche: *0081/0471*
Az 1: 15J 544/36
Az 2: 2H 64/36

Jobs
- Fiche: *0488 f./0519 f.*
Az 1: 9J 30/40g
Az 2: 2H 5/41

Jobs, Hans (A)
- Fiche: *0398 f./0578*
Az 1: 9J 33/40g
Az 2: 2H 6/41

Jobst, Max
- Fiche: *0198*
Az 1: 10J 167/44
Az 2: 2H 208/44

Joch, Richard
- Fiche: *0492*
Az 1: 10J 66/40
Az 2: 2H 114/40

Jochem
- Fiche: *0516*
Az 1: 9J 25/38
Az 2: 1H 24/38

Jochem (Frau)
- Fiche: *0516*
Az 1: 9J 25/38
Az 2: 1H 24/38

Jochem, Willi
- Fiche: *0161 f./0562*
Az 1: 9J 370/39g
Az 2: 2H 53/40
- Fiche: *0579 f.*
Az 1: 9J 422/39g
Az 2: 2H 37/40

Jochim, Willi
- Fiche: *0544 f.*
Az 1: 10J 138/38
Az 2: 2H 37/38

Jochim, Willi (A)
- Fiche: *0067 f./0514*
Az 1: 17J 25/36
Az 2: 1H 39/36

Jochmann, Rosa
- Fiche: *0305/0643 f.*
Az 1: 6J 518/38
Az 2: 1H 18/39

Jochum
- Fiche: *0107 f.*
Az 1: 8J 232/36g
Az 2: 2H 39/37

Jockers, Theodor
- Fiche: *0019*
Az 1: 17J 617/33
Az 2: 1H 37/34

Jocob, Ludwig
- Fiche: *0073/0256 f.*
Az 1: 5J 592/35g
Az 2: 1H 52/36

Jodl
- Fiche: *0708*
Az 1: 0J 4/44g Rs
Az 2: 1L 229/44

Jöhnk, Adolf
- Fiche: *0553 f.*
Az 1: 10J 137/42
Az 2: 2H 242/42

Joel, Elsa (A)
- Fiche: *0021 f.*
Az 1: 17J 397/33
Az 2: 1H 3/35

Joel, Ilse
- Fiche: *0013 f.*
Az 1: 8J 1713/33
Az 2: 2H 20/34

Jöllinger, Maria
- Fiche: *0296*
Az 1: 7J 599/42
Az 2: 6H 47/43
- Fiche: *0365*
Az 1: 7J 599/42
Az 2: 6H 45/43
- Fiche: *0377*
Az 1: 7J 599/42
Az 2: 6H 58/43
- Fiche: *0455*
Az 1: 7J 599/42
Az 2: 6H 44/43

Jönssen
- Fiche: *0480 f.*
Az 1: 10J 58/41
Az 2: 2H 72/41

Jörg, Paul
- Fiche: *0108*
Az 1: 8J 358/37g
Az 2: 1H 40/37
- Fiche: *0269 f.*
Az 1: 8J 100/37
Az 2: 1H 43/37

Jörgel
- Fiche: *0257 f.*
Az 1: 15J 338/36
Az 2: 2H 52/36

Jörgl, Sophie
- Fiche: *0437*
Az 1: 7J 133/44
Az 2: 5H 14/45

Jörgl, Sophie (A)
- Fiche: *0419 f./0650*
Az 1: 7(8)J 208/43, 7J 258/43, 7J 80/44
Az 2: 5H 58/44, 5H 53/44, 5H 60/44

Johänntgen, Otto
- Fiche: *0061*
Az 1: 14J 189/36
Az 2: 2H 26/36
- Fiche: *0063*
Az 1: 14J 134/36
Az 2: 2H 29/36
- Fiche: *0065*
Az 1: 14J 26/36
Az 2: 1H 36/36
- Fiche: *0176*
Az 1: 6J 92/42
Az 2: 2H 282/42

Johänntgen, Otto (A)
- Fiche: *0251 ff.*
Az 1: 14J 12/36
Az 2: 2H 17/36

Johan
- Fiche: *0514 f.*
Az 1: 9J 953/33
Az 2: 1H 2/35

Johann, Hans
- Fiche: *0621 f.*
Az 1: 15J 241/33
Az 2: XII H 57/33

Johann, Iwan (A)
- Fiche: *0661 f.*
Az 1: 9J 952/33
Az 2: XV H 20/34

Johannes, Otto
- Fiche: *0071*
Az 1: 16J 754/35
Az 2: 2H 45/36

Johannsen
- Fiche: *0123 ff./0275 f.*
Az 1: 8J 5/37g
Az 2: 2H 23/38

Johannsen, Anna
- Fiche: *0479/0739*
Az 1: 12(10)J 47/39
Az 2: 1H 33/40
- Fiche: *0612 f.*
Az 1: 13J 147/33
Az 2: XII H 44/33

Johannsen, Richard (A)
- Fiche: *0612 f.*
Az 1: 13J 147/33
Az 2: XII H 44/33

Jung, Bernhard
- Fiche: *0598 ff.*
  Az 1: 9J 479/35
  Az 2: 2H 14/36

Jung, Edgar
- Fiche: *0062 f.*
  Az 1: 8J 17/36
  Az 2: 1H 29/36

Jung, Ferdinand
- Fiche: *0532 f.*
  Az 1: 7(11)J 197/34g
  Az 2: 3L 21/36

Jung, Franz
- Fiche: *0395*
  Az 1: 6J 192/38g
  Az 2: 4L 16/39

Jung, Friedrich
- Fiche: *0495*
  Az 1: 9J 684/37
  Az 2: 2H 25/38

Jung, Georg
- Fiche: *0735 f.*
  Az 1: 7J 32/44
  Az 2: 6H 92/44

Jung, Heinrich
- Fiche: *0544*
  Az 1: 10J 170/42
  Az 2: 2H 22/43

Jung, Ludwig
- Fiche: *0063*
  Az 1: 14J 134/36
  Az 2: 2H 29/36
- Fiche: *0065*
  Az 1: 14J 26/36
  Az 2: 1H 36/36
- Fiche: *0251 ff.*
  Az 1: 14J 12/36
  Az 2: 2H 17/36

Jung, Margarete (A)
- Fiche: *0085*
  Az 1: 17J 507/36
  Az 2: 2H 3/37

Jung, Maximilian
- Fiche: *0361*
  Az 1: 7J 309/42

Jung, Maximillian
- Fiche: *0361*
  Az 1: 7J 452/42
  Az 2: 5H 169/42

Jung, Peter (A)
- Fiche: *0085*
  Az 1: 17J 507/36
  Az 2: 2H 3/37

Jung, Wilhelm
- Fiche: *0495*
  Az 1: 9J 684/37
  Az 2: 2H 25/38

Jungblut
- Fiche: *0250 f.*
  Az 1: 8J 364/35
  Az 2: 2H 15/36

Jungbluth, Karl
- Fiche: *0196/0625*
  Az 1: 9J 187/44
  Az 2: 2H 204/44
- Fiche: *0203 f.*
  Az 1: 11J 246/44
  Az 2: 2H 245/44
- Fiche: *0456*
  Az 1: 9J 235/44
  Az 2: 2H 220/44

Jungbluth, Karl (A)
- Fiche: *0196*
  Az 1: 9J 210/44
  Az 2: 2H 205/44

Jungclas, Georg
- Fiche: *0081/0471*
  Az 1: 15J 544/36
  Az 2: 2H 64/36
- Fiche: *0112/0271*
  Az 1: 16J 675/37
  Az 2: 2H 52/37
- Fiche: *0702 f.*
  Az 1: 17J 97/37
  Az 2: 2H 19/37

Junge
- Fiche: *0030 f./0229 f.*
  Az 1: 13J 265/33
  Az 2: 2H 21/35

Junge, Bruno
- Fiche: *0090 f./0261*
  Az 1: 17J 260/36
  Az 2: 1H 10/37
- Fiche: *0102*
  Az 1: 17J 185/36
  Az 2: 1H 30/37
- Fiche: *0109 f.*
  Az 1: 17J 264/36
  Az 2: 2H 45/37

Junge, Hans
- Fiche: *0535 f.*
  Az 1: 10J 267/41
  Az 2: 2H 157/41

Junge, Johannes (A)
- Fiche: *0618*
  Az 1: 13J 166/33
  Az 2: XII H 50/33

Junge, Max
- Fiche: *0563 f.*
  Az 1: 10J 68/40
  Az 2: 2H 109/40

Junge, Richard
- Fiche: *0099 f.*
  Az 1: 14J 301/37
  Az 2: 1H 27/37

Junge, Robert (A)
- Fiche: *0530*
  Az 1: 10J 71/42
  Az 2: 2H 284/42

Junge, Walter
- Fiche: *0081/0471*
  Az 1: 15J 544/36
  Az 2: 2H 64/36
- Fiche: *0479 f.*
  Az 1: 7(8)J 108/43g

Junge, Walter (A)
- Fiche: *0123 ff./0275 f.*
  Az 1: 8J 5/37g
  Az 2: 2H 23/38

Junger, Ludwig (A)
- Fiche: *0365*
  Az 1: 7J 607/42
  Az 2: 6H 57/43
- Fiche: *0579*
  Az 1: 7J 441/43
  Az 2: 6H 169/43

Junghanns
- Fiche: *0086/0498 f.*
  Az 1: 8J 68/36
  Az 2: 1H 4/37

Junghans
- Fiche: *0466 f.*
  Az 1: 15J 513/37
  Az 2: 2H 55/37

Junghans, Erich
- Fiche: *0014/0737*
  Az 1: 14J 253/33
  Az 2: 2H 22/34
- Fiche: *0196*
  Az 1: 9J 210/44
  Az 2: 2H 205/44

Junghans, Kurt
- Fiche: *0163*
  Az 1: 5J 142/40
  Az 2: 2H 68/40

Junghans, Wilhelm
- Fiche: *0005 f.*
  Az 1: 13J 154/33
  Az 2: 1H 9/34

Jungk
- Fiche: *0448*
  Az 1: 17J 225/37
  Az 2: 2H 48/37

Jungk, Richard
- Fiche: *0582 f.*
  Az 1: 10J 288/38
  Az 2: 1H 37/38

Jungmann
- Fiche: *0060 f.*
  Az 1: 8J 438/35g
  Az 2: 1H 23/24/36
- Fiche: *0113/0469 f.*
  Az 1: 16J 37/35
  Az 2: 1H 19-20/37

Jungmann (Frau)
- Fiche: *0107/0302*
  Az 1: 17J 379/37
  Az 2: 1H 39/37

Jungmann, Erich
- Fiche: *0044 f.*
  Az 1: 17J 387/34
  Az 2: 2H 55/35
- Fiche: *0518/0562*
  Az 1: 8J 52/44
  Az 2: 1H 82/44
- Fiche: *0548*
  Az 1: 16J 42/35
  Az 2: 2H 9/36
- Fiche: *0556 f.*
  Az 1: 9J 51/44g
  Az 2: 1H 97/44
- Fiche: *0588 f./0643*
  Az 1: 16J 293/35,
  8J 438/35
  Az 2: 2H 58/35
- Fiche: *0681 f.*
  Az 1: 10J 202/41g
  Az 2: 2H 143/41
- Fiche: *0703*
  Az 1: 16J 415/35

Jungmann, Eugen
- Fiche: *0601*
  Az 1: 9J 92/41
  Az 2: 2H 163/41

Jungmann, Johann
- Fiche: *0735 f.*
  Az 1: 7J 32/44
  Az 2: 6H 92/44

Jungmann, Walter
- Fiche: *0107/0302*
  Az 1: 17J 379/37
  Az 2: 1H 39/37

Jungmittag
- Fiche: *0205*
  Az 1: 8J 203/44
  Az 2: 1H 250/44

Jungmittag (Frau)
- Fiche: *0205*
  Az 1: 8J 203/44
  Az 2: 1H 250/44

Jungmittag, Wilhelm
- Fiche: *0197/0466*
  Az 1: 8J 157/44
  Az 2: 1H 208/44

Jungmittag, Willi
- Fiche: *0209*
  Az 1: 9J 250/44
  Az 2: 1H 364/44
- Fiche: *0436*
  Az 1: 8J 202/44
  Az 2: 1H 273/44
- Fiche: *0443*
  Az 1: 8J 230/44g
  Az 2: 1H 309/44

Jungmittag, Willi (A)
- Fiche: *0198*
  Az 1: 8J 167/44g
  Az 2: 1H 209/44

Junius, Paul
- Fiche: *0207*
  Az 1: 8J 188/44g
  Az 2: 1H 285/44
- Fiche: *0746*
  Az 1: 9J 63/45

Junius, Paul (A)
- Fiche: *0532*
  Az 1: 9J 229/44
  Az 2: 1H 313/44

Junker
- Fiche: *0134/0457*
  Az 1: 9J 209/38
  Az 2: 2H 81/38

Junkersdorf
- Fiche: *0602 f.*
  Az 1: 9J 414/39
  Az 2: 2H 83/41

Jurasowa, Tamara
- Fiche: *0736*
  Az 1: 8J 48/45g

Jurdak, Josef
- Fiche: *0329/0339*
  Az 1: 7J 283/42, 7J 288/42
  Az 2: 5H 146/42
- Fiche: *0403*
  Az 1: 7J 516/43
  Az 2: 5H 157/43
- Fiche: *0574/0649*
  Az 1: 7J 513/43
  Az 2: 5H 6/44

Jurdak, Josef (A)
- Fiche: *0341 f.*
  Az 1: 7J 203/42
  Az 2: 2H 183/42

Juri, Jarislaus
- Fiche: *0396/0704 f.*
  Az 1: 14J 522/37g
  Az 2: 1L 2/40

Juritsch
- Fiche: *0346 f.*
  Az 1: 7J 278/42
  Az 2: 2H 246/42

Jurk
- Fiche: *0021/0462*
  Az 1: 15J 85/34
  Az 2: 1H 46/34

Jurkat, Ernst
- Fiche: *0622 f.*
  Az 1: 10J 453/38
  Az 2: 1H 25/39

Jurke, Alfred
- Fiche: *0555*
  Az 1: 9J 388/36
  Az 2: 2H 55/36

Jurke, Alfred (A)
- Fiche: *0555*
  Az 1: 9J 330/41
  Az 2: 5H 63/42

Jurowskaia, Elisabeth
- Fiche: *0382*
  Az 1: 7J 396/43, 7J 399/43
  Az 2: 1H 117/43, 5H 116/43

Jurr
- Fiche: *0095/0541*
  Az 1: 9J 571/36
  Az 2: 2H 22/37

Jurr, Gerhard
- Fiche: *0555*
  Az 1: 9J 330/41
  Az 2: 5H 63/42

Jurr, Gerhard (A)
- Fiche: *0555*
  Az 1: 9J 388/36
  Az 2: 2H 55/36

Jurr, Werner
- Fiche: *0199*
  Az 1: 8J 175/44g
  Az 2: 1H 212/44
- Fiche: *0657 f.*
  Az 1: 17J 163/33
  Az 2: XV H 3/34

Jurr, Werner (A)
- Fiche: *0204*
  Az 1: 8J 184/44g
  Az 2: 1H 249/44
- Fiche: *0213 f./0216*
  Az 1: 17J 89/33
  Az 2: 1H 6/34
- Fiche: *0741*
  Az 1: 8J 26/45

Jursitzky
- Fiche: *0382*
  Az 1: 7J 396/43, 7J 399/43
  Az 2: 1H 117/43, 5H 116/43
- Fiche: *0690*
  Az 1: 6(7)J 429/43
  Az 2: 5H 26/44

Jursitzky, Bruno
- Fiche: *0368/0414*
  Az 1: 6(7)J 511/43, 6(7)J 429/43
  Az 2: 5H 24/44, 5H 26/44

Jursitzky, Bruno (A)
- Fiche: *0526*
  Az 1: 7J 461/43

Jursitzky, Wilhelm
- Fiche: *0526*
  Az 1: 7J 461/43

Jursitzky, Wilhelm (A)
- Fiche: *0368/0414*
  Az 1: 6(7)J 511/43, 6(7)J 429/43
  Az 2: 5H 24/44, 5H 26/44

Jurzik, Alfred
- Fiche: *0579 f.*
  Az 1: 9J 422/39g
  Az 2: 2H 37/40

Jurzik, Alfred (A)
- Fiche: *0161 f./0562*
  Az 1: 9J 370/39g
  Az 2: 2H 53/40

Just
- Fiche: *0397f.*
  Az 1: 6J 198/39g
  Az 2: 3L 19/40

Just, Johann
- Fiche: *0323*
  Az 1: 6J 28/41g
  Az 2: 2H 129/41
- Fiche: *0717*
  Az 1: 6J 144/41g

Just, Johann (A)
- Fiche: *0319 f.*
  Az 1: 6J 124/40g
  Az 2: 2H 10/41

Justiniano
- Fiche: *0175*
  Az 1: 7J 75/42
  Az 2: 2H 189/42

Kaaker, Fritz
- Fiche: *0098*
  Az 1: 16J 536/36
  Az 2: 2H 25/37

Kaar
- Fiche: *0437/0680*
  Az 1: 7J 6/45
  Az 2: 5H 25/45

Kaas
- Fiche: *0424*
  Az 1: 7J 131/44
  Az 2: 5H 77/44

Kaasch
- Fiche: *0066*
  Az 1: 17J 443/35
  Az 2: 2H 37/36

Kaasch, Wienand
- Fiche: *0140 f.*
  Az 1: 8J 357/38g
  Az 2: 2H 13/39

Kaasch, Wienand (A)
- Fiche: *0053 f.*
  Az 1: 17J 310/35
  Az 2: 2H 10/36

Kabanow
- Fiche: *0427*
  Az 1: 10J 46/44
  Az 2: 2H 102/44

Kablitz
- Fiche: *0480 f.*
  Az 1: 10J 58/41
  Az 2: 2H 72/41
- Fiche: *0531*
  Az 1: 10J 81/42
  Az 2: 2H 188/42
- Fiche: *0676*
  Az 1: 10J 17/41g
  Az 2: 1H 194/43
- Fiche: *0677*
  Az 1: 10J 320/41
  Az 2: 2H 36/42

Kablitz, Otto
- Fiche: *0681 f.*
  Az 1: 10J 202/41g
  Az 2: 2H 143/41

Kabs
- Fiche: *0272*
  Az 1: 16J 225/37
  Az 2: 2H 60/37
- Fiche: *0439*
  Az 1: 7J 104/38
  Az 2: 2H 13/38

Kackschies
- Fiche: *0021 f.*
  Az 1: 17J 397/33
  Az 2: 1H 3/35

Kada
- Fiche: *0417/0522*
  Az 1: 6(7)J 378/42
  Az 2: 6H 38/44

Kadavy
- Fiche: *0055 f./0390*
  Az 1: 8J 82/36g
  Az 2: 2H 13/36

Kade, Anton
- Fiche: *0140/0683*
  Az 1: 16J 703/35, 6J 17/39g
  Az 2: 2H 12/39

Kaden, Hans
- Fiche: *0039*
  Az 1: 16J 454/35
  Az 2: 2H 40/35

Kadi, Franz
- Fiche: *0339/0349*
  Az 1: 7J 164/42
  Az 2: 5H 91/42

Kadiak, Otto
- Fiche: *0294*
  Az 1: 7J 231/42
  Az 2: 1H 213/42

Kadlec
- Fiche: *0414*
  Az 1: 6J 1/44
  Az 2: 5H 23/44

Kadlec, Stefanie
- Fiche: *0334*
  Az 1: 7J 48/42
  Az 2: 2H 76/42

Kadner
- Fiche: *0180/0446*
  Az 1: 6J 12/43g
  Az 2: 1H 147/43

Käfer
- Fiche: *0349*
  Az 1: 6J 45/42g
  Az 2: 5H 95/42

Käfer, Irma (A)
- Fiche: *0319*
  Az 1: 11J 301/44g
  Az 2: 1H 1/45

Käfer, Markus (A)
- Fiche: *0319*
  Az 1: 11J 301/44g
  Az 2: 1H 1/45

Kählert
- Fiche: *0589 f.*
  Az 1: 9J 399/39g
  Az 2: 2H 26/41

Kämmerer
- Fiche: *0094/0262*
  Az 1: 14J 306/37g
  Az 2: 1H 15/37

Kämmerer, Ernst
- Fiche: *0241 f.*
  Az 1: 8J 88/36g
  Az 2: 1H 70/35

Kämmerer, Oswald
- Fiche: *0424*
  Az 1: 7J 105/44
  Az 2: 5H 75/44

Kämmerer, Robert
- Fiche: *0123 ff./0275 f.*
  Az 1: 8J 5/37g
  Az 2: 2H 23/38
- Fiche: *0479 f.*
  Az 1: 7(8)J 108/43g

Kämper, Martha
- Fiche: *0470*
  Az 1: 10J 561/43g
  Az 2: 2H 154/43

Kämpf
- Fiche: *0298/0367*
  Az 1: 7J 300/43
  Az 2: 5H 94/43
- Fiche: *0370*
  Az 1: 7J 555/42
  Az 2: 6H 13/43
- Fiche: *0371*
  Az 1: 7J 301/43
  Az 2: 5H 97/43
- Fiche: *0371*
  Az 1: 7J 298/43
  Az 2: 5H 99/43
- Fiche: *0381*
  Az 1: 7J 297/43
  Az 2: 5H 96/43, 5H 139/43
- Fiche: *0384*
  Az 1: 7J 296/43
  Az 2: 5H 100/43
- Fiche: *0449*
  Az 1: 7J 299/43
  Az 2: 5H 105/43
- Fiche: *0575 f.*
  Az 1: 7J 438/43
  Az 2: 5H 140/43
- Fiche: *0576*
  Az 1: 7J 302/43
  Az 2: 5H 104/43

Kämpf, Georg
- Fiche: *0717*
  Az 1: StPL (RKA) 3 281/43

Kämpf, Walter
- Fiche: *0361 f.*
  Az 1: 7J 476/42
  Az 2: 5H 177/42
- Fiche: *0363/0563 f.*
  Az 1: 7J 64/43
  Az 2: 5H 52/43
- Fiche: *0521*
  Az 1: 7J 339/42
  Az 2: 6H 3/42

Kämpf, Walter (A)
- Fiche: *0295 f.*
  Az 1: 7J 2/43g
  Az 2: 5H 42/43

Kämpfe, Ehrhard
- Fiche: *0479/0739*
  Az 1: 12(10)J 47/39
  Az 2: 1H 33/40

Kämpfe, Herbert
- Fiche: *0589*
  Az 1: 16J 293/35
  Az 2: 2H 58/35

Kämpfe, Paula
- Fiche: *0063 f.*
  Az 1: 8J 165/35
  Az 2: 2H 30/36

Kämpfer
- Fiche: *0615 ff.*
  Az 1: 15J 86/33
  Az 2: XII H 42/33

Känel, Erich (A)
- Fiche: *0006/0528*
  Az 1: 15J 250/33
  Az 2: 2H 9/34

Käppel, Wilhelm
- Fiche: *0620*
  Az 1: 12J 202/33
  Az 2: XII H 60/33

Käppler
- Fiche: *0009/0733 f.*
  Az 1: 14J 311/33
  Az 2: 1H 12/34

Kärcher, Ernst
- Fiche: *0213 f./0216*
  Az 1: 17J 89/33
  Az 2: 1H 6/34

Kärcher, Paul
- Fiche: *0095/0541*
  Az 1: 9J 571/36
  Az 2: 2H 22/37

Kärcher, Paul (A)
- Fiche: *0729*
  Az 1: 17J 95/34
  Az 2: 1H 34/36

Kärgel, Hugo
- Fiche: *0595*
  Az 1: 9J 272/39g
  Az 2: 1H 34/39

Kaes
- Fiche: *0247 f./0445*
  Az 1: 8J 72/36
  Az 2: 2H 7/37
- Fiche: *0601 f.*
  Az 1: 8J 206/37g
  Az 2: 2H 4/38

Käs
- Fiche: *0492/0595*
  Az 1: 9J 938/35
  Az 2: 2H 7/36

Käseberg (Frau)
- Fiche: *0058*
  Az 1: 16J 753/35
  Az 2: 1H 20/36

Käseberg, Emil
- Fiche: *0041/0236 f.*
  Az 1: 8J 250/35
  Az 2: 1H 46/35

Käß, Wilhelm (A)
- Fiche: *0432*
  Az 1: 7J 106/44
  Az 2: 2H 202/44

Kästenbauer, Regine
- Fiche: *0310*
  Az 1: 7J 70/40
  Az 2: 2H 130/40
- Fiche: *0311*
  Az 1: 7J 70/40
  Az 2: 2H 132/40
- Fiche: *0311*
  Az 1: 7J 70/40, 7J 93/42
  Az 2: 2H 133/40
- Fiche: *0321*
  Az 1: 7J 94/41, 7J 70/40
  Az 2: 2H 22/41
- Fiche: *0498/0510*
  Az 1: 7J 97/40
  Az 2: 2H 21/41

Kästenbauer, Regine (A)
- Fiche: *0310*
  Az 1: 7J 70/40
  Az 2: 2H 131/40

Kästle, Lisa
- Fiche: *0484*
  Az 1: 6J 149/43
  Az 2: 2H 9/44

Kästner
- Fiche: *0034*
  Az 1: 9J 613/33
  Az 2: 1H 27/35

Kästner, Paul
- Fiche: *0196*
  Az 1: 9J 210/44
  Az 2: 2H 205/44

Kaffina, Wilhelm
- Fiche: *0170/0293*
  Az 1: 6J 100/41g
  Az 2: 2H 21/42

Kaffind
- Fiche: *0231 f./0561*
  Az 1: 8J 14/34
  Az 2: 2H 33/35

Kafka, Helene (A)
- Fiche: *0570*
  Az 1: 8J 214/42g
  Az 2: 5H 94/42

Kafka, Stefanie
- Fiche: *0297*
  Az 1: 7J 247/43
  Az 2: 5H 79/43

Kagerer, Hans
- Fiche: *0458*
  Az 1: 9J 355/39g
  Az 2: 2H 9/40

Kahane, Margarete
- Fiche: *0375*
  Az 1: 7J 236/43g
  Az 2: 5H 76/43

Kahl
- Fiche: *0221*
  Az 1: 14J 306/33
  Az 2: 1H 33/34

Kahlefend
- Fiche: *0463/0465*
  Az 1: 15J 39/36
  Az 2: 2H 35/36

Kahlert
- Fiche: *0064*
  Az 1: 8J 360/34
  Az 2: 1H 31/36

Kahlert, Eitel-Fritz (A)
- Fiche: *0223 f.*
  Az 1: 8J 282/34
  Az 2: 2H 4/35

Kahlig
- Fiche: *0364/0736*
  Az 1: 7J 109/43, 6(7)J 108/43
  Az 2: 5H 28/44, *H 35/44

Kahlig, Johann (A)
- Fiche: *0362*
  Az 1: 7J 169/43
  Az 2: 1H 92/43
- Fiche: *0707*
  Az 1: StPL (RKA) III 153/42
  Az 2: StPL (HLS) II 96/42

Kahlig, Josef
- Fiche: *0362*
  Az 1: 7J 169/43
  Az 2: 1H 92/43
- Fiche: *0707*
  Az 1: StPL (RKA) III 153/42
  Az 2: StPL (HLS) II 96/42

Kahlig, Karl (A)
- Fiche: *0362*
  Az 1: 7J 169/43
  Az 2: 1H 92/43
- Fiche: *0707*
  Az 1: StPL (RKA) III 153/42
  Az 2: StPL (HLS) II 96/42

Kahlmann
- Fiche: *0064*
  Az 1: 8J 360/34
  Az 2: 1H 31/36

Kahn
- Fiche: *0069*
  Az 1: 8J 12/36g
  Az 2: 1H 42/36
- Fiche: *0195 f.*
  Az 1: 10(9)J 735/43
  Az 2: 2H 201/44
- Fiche: *0315*
  Az 1: 8J 419/35g
  Az 2: 1H 18/36

Kahn (Frau)
- Fiche: *0195 f.*
  Az 1: 10(9)J 735/43
  Az 2: 2H 201/44

Kahn, Max
- Fiche: *0489 ff.*
  Az 1: 8J 402/38
  Az 2: 2H 41/39

Kahno, Wilhelm (A)
- Fiche: *0119*
  Az 1: 8J 273/37
  Az 2: 1H 13/38

Kahr, Emil (A)
- Fiche: *0383*
  Az 1: 7J 275/43
  Az 2: 6H 107/43

Kaifer, Albert
- Fiche: *0735 f.*
  Az 1: 7J 32/44
  Az 2: 6H 92/44

Kail, Anna
- Fiche: *0673*
  Az 1: 9J 324/39g
  Az 2: 1H 48/39

Kail, Emil (A)
- Fiche: *0673*
Az 1: 9J 324/39g
Az 2: 1H 48/39

Kail, Franz
- Fiche: *0673*
Az 1: 9J 324/39g
Az 2: 1H 48/39

Kain, Franz
- Fiche: *0336*
Az 1: 7J 543/41
Az 2: 2H 4/42

Kainer, Johann
- Fiche: *0348*
Az 1: 7J 254/42
Az 2: 5H 87/42
- Fiche: *0348*
Az 1: 7J 253/42
Az 2: 5H 89/42

Kainz
- Fiche: *0437/0680*
Az 1: 7J 6/45
Az 2: 5H 25/45

Kainz, Albert
- Fiche: *0305 f.*
Az 1: 6J 334/38
Az 2: 1H 12/39

Kaip, Grete
- Fiche: *0452*
Az 1: 9J 73/36
Az 2: 1H 19/36

Kaip, Mieze
- Fiche: *0452*
Az 1: 9J 73/36
Az 2: 1H 19/36

Kaiser
- Fiche: *0028 f./0679*
Az 1: 15J 648/33
Az 2: 1H 14/35
- Fiche: *0044 f.*
Az 1: 17J 387/34
Az 2: 2H 55/35
- Fiche: *0050 f.*
Az 1: 8J 164/35
Az 2: 1H 5/36
- Fiche: *0140 f.*
Az 1: 8J 357/38g
Az 2: 2H 13/39
- Fiche: *0141/0475 f.*
Az 1: 5J 449/38
Az 2: 1H 15/39
- Fiche: *0299*
Az 1: 5J 146/43
Az 2: 2H 151/43
- Fiche: *0408*
Az 1: 7J 454/43, 7J 502/43
Az 2: 5H 10/44, 5H 5/44
- Fiche: *0440*
Az 1: 0J 48/44g Rs
Az 2: 1L 486/44
- Fiche: *0441*
Az 1: 0J 3/44g Rs
Az 2: 1L 292/44
- Fiche: *0455*
Az 1: o.Az
- Fiche: *0496*
Az 1: 15J 126/34
Az 2: 2H 20/35
- Fiche: *0519/0560*
Az 1: 9J 316/40
Az 2: 2H 125/41
- Fiche: *0625*
Az 1: 0J 59/44g Rs
Az 2: 1L 519/44

Kaiser (Frau)
- Fiche: *0031*
Az 1: 17J 58/35
Az 2: 1H 22/35
- Fiche: *0141/0475 f.*
Az 1: 5J 449/38
Az 2: 1H 15/39
- Fiche: *0549*
Az 1: 5J 642/38
Az 2: 1H 13/39

Kaiser, Adolf
- Fiche: *0509*
Az 1: 9J 710/35
Az 2: 2H 42/35

Kaiser, Albin
- Fiche: *0333*
Az 1: 7J 94/42
Az 2: 2H 97/42

Kaiser, Albin (A)
- Fiche: *0333*
Az 1: 7J 93/42
Az 2: 2H 96/42

Kaiser, Bruno
- Fiche: *0564 f.*
Az 1: 9J 137/34
Az 2: 1H 25/35

Kaiser, Ewald
- Fiche: *0014/0218 f.*
Az 1: 17J 689/33
Az 2: 1H 21/34
- Fiche: *0018 f.*
Az 1: 15J 369/34
Az 2: 1H 39/35
- Fiche: *0031*
Az 1: 17J 58/35
Az 2: 1H 22/35
- Fiche: *0044 f.*
Az 1: 17J 387/34
Az 2: 2H 55/35
- Fiche: *0140 f.*
Az 1: 8J 357/38g
Az 2: 2H 13/39
- Fiche: *0222*
Az 1: 16J 585/33
Az 2: 1H 35/34
- Fiche: *0247 f./0445*
Az 1: 8J 72/36
Az 2: 2H 7/37
- Fiche: *0263 f./0487 f.*
Az 1: 17J 171/35
Az 2: 2H 17/37

Kaiser, Ewald (A)
- Fiche: *0029*
Az 1: 17J 98/34
Az 2: 1H 17/35

Kaiser, Fritz
- Fiche: *0357*
Az 1: 7J 469/42
Az 2: 5H 179/42
- Fiche: *0361 f.*
Az 1: 7J 476/42
Az 2: 5H 177/42

Kaiser, Gertrud
- Fiche: *0105*
Az 1: 17J 444/36
Az 2: 2H 35/37
- Fiche: *0530 f.*
Az 1: 10J 62/42
Az 2: 1H 219/42

Kaiser, Hellmut
- Fiche: *0039 f.*
Az 1: 14J 16/35
Az 2: 1H 43/35

Kaiser, Henny
- Fiche: *0046/0462*
Az 1: 17J 189/35
Az 2: 1H 61/35
- Fiche: *0463*
Az 1: 15J 217/35
Az 2: 1H 68/35

Kaiser, Hermann
- Fiche: *0625 f.*
Az 1: 0J 17/44gRs
Az 2: 1L 316/44

Kaiser, Hermann (A)
- Fiche: *0441*
Az 1: 0J 7/44g Rs
Az 2: 1L 454/44

Kaiser, Johann
- Fiche: *0633 f.*
Az 1: 9J 267/37
Az 2: 2H 46/37

Kaiser, Karl
- Fiche: *0669 f.*
Az 1: 15/17J 61/33
Az 2: XV H 36/33

Kaiser, Paul
- Fiche: *0103*
Az 1: 17J 320/37
Az 2: 1H 32/37

Kaiser, Rudolf
- Fiche: *0401 f.*
Az 1: 8J 285/39g
Az 2: 5H 108/43
- Fiche: *0500*
Az 1: 8J 230/40
Az 2: 5H 9/44
- Fiche: *0527 f.*
Az 1: 8J 476/39
Az 2: 5H 127/43
- Fiche: *0575/0644 f.*
Az 1: 8J 324/39g
Az 2: 5H 110/43
- Fiche: *0701*
Az 1: 8J 269/41g

Kaiser, Sascha
- Fiche: *0630 f.*
Az 1: 5J 174/39
Az 2: 2H 51/39

Kaiser, Walter
- Fiche: *0507*
Az 1: 15J 175/34
Az 2: 2H 18/35

Kaiser, Willi
- Fiche: *0105*
Az 1: 17J 444/36
Az 2: 2H 35/37
- Fiche: *0496*
Az 1: 15J 126/34
Az 2: 2H 20/35

Kaiser, Willy
- Fiche: *0116*
Az 1: 16J 878/37
Az 2: 1H 9/38

Kajdaz
- Fiche: *0621*
Az 1: 14J 244/33
Az 2: XII H 7/34

Kakerow
- Fiche: *0573 f.*
Az 1: 10J 140/38
Az 2: 2H 44/38

Kakies
- Fiche: *0467*
Az 1: 10J 228/38
Az 2: 2H 76/38
- Fiche: *0538*
Az 1: 10J 227/38
Az 2: 2H 80/38

Kakies, Hans
- Fiche: *0450/0623 f.*
Az 1: 17J 451/37
Az 2: 2H 59/38

Kalähne, Wladislawa
- Fiche: *0090*
Az 1: 17J 187/36
Az 2: 2H 31/37

Kalan, Emilie
- Fiche: *0329/0370*
Az 1: 7J 517/42
Az 2: 5H 13/43

Kalan, Emilie (A)
- Fiche: *0361*
Az 1: 7J 452/42
Az 2: 5H 169/42

Kalb, Otto
- Fiche: *0433*
Az 1: 10J 166/44
Az 2: 2H 219/44

Kalbitzer
- Fiche: *0466 f.*
Az 1: 15J 513/37
Az 2: 2H 55/37

Kaldenbach
- Fiche: *0034*
Az 1: 9J 613/33
Az 2: 1H 27/35
- Fiche: *0042 f.*
Az 1: 14a/9J 1672/31
Az 2: 1H 52/35

Kaldenbach, Franz (A)
- Fiche: *0608 ff.*
Az 1: 15J 179/33
Az 2: XII H 17/34

Kaminski, Hermann
- Fiche: *0161 f./0562*
  Az 1: 9J 370/39g
  Az 2: 2H 53/40

Kaminski, Hermann (A)
- Fiche: *0162*
  Az 1: 9J 424/39g
  Az 2: 2H 60/40

Kaminski, Stanislaus
- Fiche: *0010 f.*
  Az 1: 17J 232/33
  Az 2: 2H 14/34

Kaminsky, Richard
- Fiche: *0145/0285 f.*
  Az 1: 5J 102/39
  Az 2: 1H 27/39

Kamm
- Fiche: *0103 f.*
  Az 1: 17J 416/36
  Az 2: 2H 32/37

Kammel, Karl
- Fiche: *0636 f.*
  Az 1: 8J 421/40
  Az 2: 2H 121/40

Kammen, Franz
- Fiche: *0594 f./0695 f.*
  Az 1: 11J 122/35g
  Az 2: 2H 10,11,12/37

Kammen, Franz (A)
- Fiche: *0069*
  Az 1: 8J 12/36g
  Az 2: 1H 42/36

Kammer, Reinhard
- Fiche: *0456*
  Az 1: 9J 235/44
  Az 2: 2H 220/44

Kamms
- Fiche: *0003*
  Az 1: 15J 594/33
  Az 2: 2H 3/34

Kamnik, Alois (A)
- Fiche: *0174*
  Az 1: 7J 160/42
  Az 2: 2H 119/42

Kampel, Angela
- Fiche: *0357*
  Az 1: 7J 469/42
  Az 2: 5H 179/42
- Fiche: *0575 f.*
  Az 1: 7J 438/43
  Az 2: 5H 140/43

Kampel, Angela (A)
- Fiche: *0576*
  Az 1: 7J 302/43
  Az 2: 5H 104/43

Kampel, Josef
- Fiche: *0357*
  Az 1: 7J 469/42
  Az 2: 5H 179/42

Kampers, Karl
- Fiche: *0337 f.*
  Az 1: 7J 273/42
  Az 2: 2H 211/42

Kampes
- Fiche: *0509*
  Az 1: 9J 34/42g
  Az 2: 2H 91/42

Kampf
- Fiche: *0064*
  Az 1: 8J 360/34
  Az 2: 1H 31/36

Kampf, Johannes
- Fiche: *0211 f.*
  Az 1: 9J 33/45g
  Az 2: 6Sg. 65/45

Kampfenkel
- Fiche: *0387 f.*
  Az 1: 16J 489/33
  Az 2: 3L 19/35

Kampfert, Karl (A)
- Fiche: *0507 f.*
  Az 1: 14J 26/34
  Az 2: 2H 29/35

Kamphausen, Peter
- Fiche: *0564*
  Az 1: 8J 148/42g
  Az 2: 5H 67/43

Kampl, Josefine (A)
- Fiche: *0319*
  Az 1: 11J 301/44g
  Az 2: 1H 1/45

Kampmann, Wilhelm
- Fiche: *0684 f.*
  Az 1: 10J 548/43
  Az 2: 2H 158/43

Kampmeier
- Fiche: *0509 f.*
  Az 1: 9J 456/43
  Az 2: 2H 145/43

Kampowski, Konrad
- Fiche: *0673*
  Az 1: 9J 324/39g
  Az 2: 1H 48/39

Kampowski, Konrad (A)
- Fiche: *0503 f.*
  Az 1: 9J 312/39g
  Az 2: 1H 47/39

Kampp, Fritz
- Fiche: *0036 f.*
  Az 1: 14J 21/35
  Az 2: 1H 32/35
- Fiche: *0564 f.*
  Az 1: 9J 137/34
  Az 2: 1H 25/35

Kampradt, Albert (A)
- Fiche: *0186/0722*
  Az 1: 10(9)J 571/43
  Az 2: 2H 52/44

Kamptner, Maria
- Fiche: *0575/0644 f.*
  Az 1: 8J 324/39g
  Az 2: 5H 110/43

Kamradt
- Fiche: *0518/0562*
  Az 1: 8J 52/44
  Az 2: 1H 82/44
- Fiche: *0556 f.*
  Az 1: 9J 51/44g
  Az 2: 1H 97/44

Kandler
- Fiche: *0535/0681*
  Az 1: 9J 80/42g
  Az 2: 2H 95/42

Kandler, Karl
- Fiche: *0509*
  Az 1: 9J 34/42g
  Az 2: 2H 91/42

Kandler, Karl (A)
- Fiche: *0705*
  Az 1: StPL (RKA) I 8/43
  Az 2: StPL (HLS) 61/43

Kandler, Rudolf
- Fiche: *0331*
  Az 1: 6J 18/42g
  Az 2: 2H 121/42

Kanitz
- Fiche: *0505/0642 f.*
  Az 1: 8J 201/41
  Az 2: 2H 171/43
- Fiche: *0580/0624 f.*
  Az 1: 8J 200/41
  Az 2: 2H 6/44

Kanitz, Luise
- Fiche: *0407 f.*
  Az 1: 7(8)J 199/41
  Az 2: 2H 3/44
- Fiche: *0581 f./0647*
  Az 1: 8J 95/41g
  Az 2: 2H 167/43
- Fiche: *0693*
  Az 1: 8J 199/41
  Az 2: 2H 173/43

Kanitz, Luise (A)
- Fiche: *0403 f.*
  Az 1: 8J 7/41g
  Az 2: 2H 166/43

Kanitzky
- Fiche: *0414*
  Az 1: 6(7)J 547/43
  Az 2: 6H 27/44

Kanndt, Hedwig (A)
- Fiche: *0734 f.*
  Az 1: 9J 33/45 g
  Az 2: 6 Sg 66/45

Kanndt, Johannes
- Fiche: *0734 f.*
  Az 1: 9J 33/45 g
  Az 2: 6 Sg 66/45

Kannegießer
- Fiche: *0069 f.*
  Az 1: 17J 315/35
  Az 2: 2H 42/36

Kannenberg
- Fiche: *0183*
  Az 1: 11(10)J 631/43
  Az 2: 1H 28/44

Kanngießer, Anna
- Fiche: *0100 f./0711*
  Az 1: 15J 1/37
  Az 2: 1H 28/37

Kanolzer, Heinrich (A)
- Fiche: *0323 ff.*
  Az 1: 7J 174/40
  Az 2: 2H 132/41

Kanov, Anton
- Fiche: *0717*
  Az 1: 6J 144/41g

Kanow, Anton
- Fiche: *0175/0346*
  Az 1: 7J 282/42
  Az 2: 1H 249/42

Kant, Lina
- Fiche: *0291/0719*
  Az 1: 9J 237/40
  Az 2: 2H 17/42

Kanter
- Fiche: *0039/0235*
  Az 1: 15J 20/35
  Az 2: 1H 40/35

Kantorowicz, Alfred
- Fiche: *0531*
  Az 1: 10J 81/42
  Az 2: 2H 188/42

Kantmann, Käthe
- Fiche: *0109 f.*
  Az 1: 17J 264/36
  Az 2: 2H 45/37

Kantorowicz
- Fiche: *0228 f.*
  Az 1: 14J 34/34
  Az 2: 1H 13/35

Kantz, Walter
- Fiche: *0010 f.*
  Az 1: 17J 232/33
  Az 2: 2H 14/34

Kanzler, Rudolf (A)
- Fiche: *0240*
  Az 1: 8J 305/35
  Az 2: 1H 67/35

Kapalla, Hans (A)
- Fiche: *0028 f./0679*
  Az 1: 15J 648/33
  Az 2: 1H 14/35

Kapaunig, Ernst (A)
- Fiche: *0353*
  Az 1: 7J 388/42
  Az 2: 6H 11/42

Kapaunik, Ernst
- Fiche: *0696 f.*
  Az 1: StPL (RKA) III 657/41
  Az 2: StPL (HLS) III 16/42

Kapelle, Heinz (A)
- Fiche: *0165/0534 f.*
  Az 1: 10J 37/40g
  Az 2: 2H 3/41

Kapfer
- Fiche: *0025 ff./0253*
  Az 1: 8J 427/34, 8J 6/35
  Az 2: 1H 9/35
- Fiche: *0306 f.*
  Az 1: 7J 549/39
  Az 2: 2H 32/40

Kapferer, Albert
- Fiche: *0378*
  Az 1: 7J 379/43
  Az 2: 6H 186/43

Karenbaum
- Fiche: *0107 f.*
  Az 1: 8J 232/36g
  Az 2: 2H 39/37

Karfunkelstein, Eugen
- Fiche: *0035*
  Az 1: 17J 282/34
  Az 2: 2H 27/35

Karfunkelstein, Harry
- Fiche: *0035*
  Az 1: 17J 282/34
  Az 2: 2H 27/35

Karg
- Fiche: *0018 f.*
  Az 1: 15J 369/34
  Az 2: 1H 39/35

Karg, Berta
- Fiche: *0036 f.*
  Az 1: 14J 21/35
  Az 2: 1H 32/35
- Fiche: *0094 f./0551*
  Az 1: 9J 600/36
  Az 2: 1H 21/37
- Fiche: *0222*
  Az 1: 16J 585/33
  Az 2: 1H 35/34
- Fiche: *0247 f./0445*
  Az 1: 8J 72/36
  Az 2: 2H 7/37
- Fiche: *0263 f./0487 f.*
  Az 1: 17J 171/35
  Az 2: 2H 17/37
- Fiche: *0519/0560*
  Az 1: 9J 316/40
  Az 2: 2H 125/41

Karg, Berta (A)
- Fiche: *0564 f.*
  Az 1: 9J 137/34
  Az 2: 1H 25/35

Karg, Martin
- Fiche: *0564 f.*
  Az 1: 9J 137/34
  Az 2: 1H 25/35

Karg, Werner
- Fiche: *0563 f.*
  Az 1: 10J 68/40
  Az 2: 2H 109/40

Karger, Ludwig
- Fiche: *0038 f./0259 f.*
  Az 1: 16J 767/35
  Az 2: 2H 57/36

Kargl, Johann
- Fiche: *0342/0343*
  Az 1: 7J 221/42
  Az 2: 2H 172/42

Karich, Helene
- Fiche: *0077 f./0239*
  Az 1: 8J 421/35g
  Az 2: 2H 60/36

Karich, Willy (A)
- Fiche: *0077 f./0239*
  Az 1: 8J 421/35g
  Az 2: 2H 60/36

Kariop
- Fiche: *0686*
  Az 1: 8J 4/39g
  Az 2: 2H 32/39

Karisch
- Fiche: *0055 f./0390*
  Az 1: 8J 82/36g
  Az 2: 2H 13/36

Karisch, Alois
- Fiche: *0419 f./0650*
  Az 1: 7(8)J 208/43, 7J 258/43, 7J 80/44
  Az 2: 5H 58/44, 5H 53/44, 5H 60/44

Karl
- Fiche: *0358*
  Az 1: 7J 275/42
  Az 2: 5H 139/42

Karl, Johann (A)
- Fiche: *0545*
  Az 1: 9J 878/33
  Az 2: 2H 16/34

Karl, Walter
- Fiche: *0054/0508*
  Az 1: 17J 496/35
  Az 2: 2H 11/36

Karldolin, Walter
- Fiche: *0241 f.*
  Az 1: 8J 88/36g
  Az 2: 1H 70/35

Karlibowski (Frau)
- Fiche: *0561*
  Az 1: 9J 35/39g
  Az 2: 2H 2/40

Karlovits
- Fiche: *0363*
  Az 1: 7J 178/43
  Az 2: 5H 50/43
- Fiche: *0693*
  Az 1: StPL (RKA) III 248/43, 275/43, 193/43
  Az 2: StPL 2. Sen. 21/44

Karlovits, Matthias (A)
- Fiche: *0363*
  Az 1: 7J 180/43
  Az 2: 5H 51/43

Karlowitz
- Fiche: *0363*
  Az 1: 7J 178/43
  Az 2: 5H 50/43

Karner, Johann (A)
- Fiche: *0179/0381*
  Az 1: 7J 378/43, 7J 458/43
  Az 2: 5H 130/43, 5H 133/43

Karner, Josef
- Fiche: *0330*
  Az 1: 6J 41/42g
  Az 2: 2H 126/42

Karolczak, Albert
- Fiche: *0634 f.*
  Az 1: 9J 206/42g
  Az 2: 1H 302/42

Karow
- Fiche: *0054*
  Az 1: 17J 83/35
  Az 2: 1H 12/36

Karow, Otto
- Fiche: *0053 f.*
  Az 1: 17J 310/35
  Az 2: 2H 10/36

Karow, Otto (A)
- Fiche: *0249 f.*
  Az 1: 17J 318/35
  Az 2: 1H 15/36

Karp
- Fiche: *0145/0638 f.*
  Az 1: 9J 138/39g
  Az 2: 2H 27/39
- Fiche: *0283 f.*
  Az 1: 10J 5/39
  Az 2: 1H 23/39
- Fiche: *0622 f.*
  Az 1: 10J 453/38
  Az 2: 1H 25/39

Karp, Willy
- Fiche: *0613*
  Az 1: 8/16J 1117/33
  Az 2: XII H 46/33

Karpen
- Fiche: *0441*
  Az 1: 0J 43/44g
  Az 2: 1L 473/44
- Fiche: *0441*
  Az 1: 0J 43/44g
  Az 2: 1L 432/44
- Fiche: *0441*
  Az 1: 0J 43/44g
  Az 2: 1L 474/44

Karpinski
- Fiche: *0359*
  Az 1: 7J 252/42
  Az 2: 5H 143/43

Karras, Eduard
- Fiche: *0134*
  Az 1: 7J 344/38
  Az 2: 2H 78/38

Karras, Josef
- Fiche: *0111 f./0270 f.*
  Az 1: 17J 152/37
  Az 2: 2H 51/37

Karrasch, Ludwig
- Fiche: *0256*
  Az 1: 15J 162/36
  Az 2: 1H 51/36

Karrer
- Fiche: *0427*
  Az 1: 6J 158/44g, 6J 165/44g
  Az 2: 5H 96/44, 5H 100/44

Karrer, Heinrich
- Fiche: *0667 f.*
  Az 1: 15/17J 44/33
  Az 2: XV H 34/33

Karsati, Josef
- Fiche: *0343 f./0400 f.*
  Az 1: 7J 274/42
  Az 2: 1H 214/42

Karsch
- Fiche: *0053 f.*
  Az 1: 17J 310/35
  Az 2: 2H 10/36

Karwahne
- Fiche: *0615 ff.*
  Az 1: 15J 86/33
  Az 2: XII H 42/33

Karwoth
- Fiche: *0155 f.*
  Az 1: 6J 12/39g
  Az 2: 2H 61/39

Kary
- Fiche: *0575/0644 f.*
  Az 1: 8J 324/39g
  Az 2: 5H 110/43

Kasberger, Josef (A)
- Fiche: *0443*
  Az 1: 7J 440/42
  Az 2: 1H 250/42

Kasberger, Maria (A)
- Fiche: *0443*
  Az 1: 7J 440/42
  Az 2: 1H 250/42

Kascha, Franz (A)
- Fiche: *0367/0384*
  Az 1: 7J 327/43
  Az 2: 5H 102/43

Kascha, Leopold (A)
- Fiche: *0367/0384*
  Az 1: 7J 327/43
  Az 2: 5H 102/43

Kascheweski
- Fiche: *0183*
  Az 1: 11(10)J 631/43
  Az 2: 1H 28/44

Kaschitzki
- Fiche: *0555 f.*
  Az 1: 9J 202/36
  Az 2: 2H 14/37

Kaschubowski, Otto (A)
- Fiche: *0228*
  Az 1: 13J 266/33
  Az 2: 2H 11,12/35

Kasel, Josef
- Fiche: *0693*
  Az 1: StPL (RKA) II 248/42
  Az 2: StPL (HLS) I 86/42

Kasel, Josef (A)
- Fiche: *0601*
  Az 1: 9J 92/41
  Az 2: 2H 163/41

Kasemir, Erich
- Fiche: *0605 f.*
  Az 1: 14J 83/33
  Az 2: XV H 55/33

Kaser
- Fiche: *0337*
  Az 1: 7J 321/42
  Az 2: 2H 221/42

Katzenellenbogen, Salomon (A)
- Fiche: *0621*
  Az 1: 14J 244/33
  Az 2: XII H 7/34

Katzenstein, Alfred
- Fiche: *0564*
  Az 1: 8J 148/42g
  Az 2: 5H 67/43

Katzler, Johann
- Fiche: *0333*
  Az 1: 7J 93/42
  Az 2: 2H 96/42

Kaub, Hugo
- Fiche: *0466 f.*
  Az 1: 15J 513/37
  Az 2: 2H 55/37

Kauer
- Fiche: *0427*
  Az 1: 10J 46/44
  Az 2: 2H 102/44

Kauer, Erich
- Fiche: *0288*
  Az 1: 5J 686/38
  Az 2: 1H 59/39

Kauert
- Fiche: *0509*
  Az 1: 9J 34/42g
  Az 2: 2H 91/42
- Fiche: *0586 f.*
  Az 1: 9J 67/39
  Az 2: 1H 62/39

Kauert, Margarethe
- Fiche: *0586 f.*
  Az 1: 9J 67/39
  Az 2: 1H 62/39

Kauf, Alfred (A)
- Fiche: *0090*
  Az 1: 17J 187/36
  Az 2: 2H 31/37

Kauffmann, Herbert (A)
- Fiche: *0503 f.*
  Az 1: 9J 312/39g
  Az 2: 1H 47/39

Kaufmann
- Fiche: *0192*
  Az 1: 9J 34/44
  Az 2: 2H 134/44
- Fiche: *0201 f.*
  Az 1: 8J 182/44g
  Az 2: 1H 232/44
- Fiche: *0289 f.*
  Az 1: 6J 52/40g
  Az 2: 2H 111/40
- Fiche: *0338*
  Az 1: 7J 193/42
  Az 2: 2H 207/42
- Fiche: *0509 f.*
  Az 1: 9J 456/43
  Az 2: 2H 145/43
- Fiche: *0527/0581*
  Az 1: 8J 97/41g
  Az 2: 6H 171/43
- Fiche: *0605*
  Az 1: 10J 117/42
  Az 2: 5H 115/42

Kaufmann (Frau)
- Fiche: *0450/0623 f.*
  Az 1: 17J 451/37
  Az 2: 2H 59/38

Kaufmann, Elsa
- Fiche: *0471*
  Az 1: 8J 395/42g
  Az 2: 2H 336/42

Kaufmann, Ferdinand (A)
- Fiche: *0358*
  Az 1: 7J 275/42
  Az 2: 5H 139/42

Kaufmann, Franz
- Fiche: *0099 f.*
  Az 1: 14J 301/37
  Az 2: 1H 27/37

Kaufmann, Hans
- Fiche: *0112/0271*
  Az 1: 16J 675/37
  Az 2: 2H 52/37
- Fiche: *0702 f.*
  Az 1: 17J 97/37
  Az 2: 2H 19/37

Kaufmann, Johannes (A)
- Fiche: *0608 ff.*
  Az 1: 15J 179/33
  Az 2: XII H 17/34

Kaufmann, Josef (A)
- Fiche: *0323 ff.*
  Az 1: 7J 174/40
  Az 2: 2H 132/41

Kaufmann, Käthe
- Fiche: *0090 f./0261*
  Az 1: 17J 260/36
  Az 2: 1H 10/37

Kaufmann, Karl
- Fiche: *0552*
  Az 1: 9J 162/42g
  Az 2: 2H 320/42
- Fiche: *0685*
  Az 1: 9J 60/43
  Az 2: 2H 42/43

Kaufmann, Kurt (A)
- Fiche: *0608 ff.*
  Az 1: 15J 179/33
  Az 2: XII H 17/34

Kaufmann, Margarete (A)
- Fiche: *0303 f.*
  Az 1: 17J 43/37
  Az 2: 1H 7/38

Kaufmann, Margarethe
- Fiche: *0103 f.*
  Az 1: 17J 416/36
  Az 2: 2H 32/37

Kaufmann, Werner
- Fiche: *0481 f./0557 f.*
  Az 1: 8J 214/37
  Az 2: 1H 31/38

Kauka
- Fiche: *0030*
  Az 1: 17J 210/34
  Az 2: 2H 19/35

Kaul, Walter (A)
- Fiche: *0145/0285 f.*
  Az 1: 5J 102/39
  Az 2: 1H 27/39

Kaulbach, Antonie
- Fiche: *0463/0465*
  Az 1: 15J 39/36
  Az 2: 2H 35/36

Kaun, Gehard (A)
- Fiche: *0208/0672*
  Az 1: 8J 199/44
  Az 2: 1H 298/44

Kaup, Peter (A)
- Fiche: *0451*
  Az 1: 15J 753/33
  Az 2: 1H 23/35

Kaupert, Karl
- Fiche: *0329/0370*
  Az 1: 7J 517/42
  Az 2: 5H 13/43

Kauschke
- Fiche: *0121*
  Az 1: 10J 28/38
  Az 2: 1H 18/38
- Fiche: *0131/0674 f.*
  Az 1: 10J 27/38
  Az 2: 2H 50/38

Kautz
- Fiche: *0245 f.*
  Az 1: 8J 7/36g
  Az 2: 2H 4/36

Kautz, Georg (A)
- Fiche: *0234*
  Az 1: 17J 15/35
  Az 2: 2H 39/35
- Fiche: *0530*
  Az 1: 10J 71/42
  Az 2: 2H 284/42

Kauzinger, Paul
- Fiche: *0227 f.*
  Az 1: 13J 2/34
  Az 2: 1H 10/35

Kayer
- Fiche: *0164*
  Az 1: 5J 148/40
  Az 2: 2H 71/40

Kayser
- Fiche: *0071/0244*
  Az 1: 8J 168/36g
  Az 2: 2H 46/36
- Fiche: *0094*
  Az 1: 16J 23/37
  Az 2: 1H 18/37
- Fiche: *0232*
  Az 1: 8J 459/34
  Az 2: 1H 16/35
- Fiche: *0263 f./0487 f.*
  Az 1: 17J 171/35
  Az 2: 2H 17/37

Kayser, Albert
- Fiche: *0132*
  Az 1: 5J 79/38
  Az 2: 2H 57/38
- Fiche: *0233/0373*
  Az 1: 16J 139/35
  Az 2: 1H 37/35
- Fiche: *0245 f.*
  Az 1: 8J 7/36g
  Az 2: 2H 4/36
- Fiche: *0495 f.*
  Az 1: 16J 708/35
  Az 2: 1H 75/35

Kayser, Albert (A)
- Fiche: *0673 f.*
  Az 1: 16J 141/35, 16J 126/35
  Az 2: 1H 34/35, 1H 35/35

Kayser, Alfred
- Fiche: *0714 f.*
  Az 1: 8J 232/40
  Az 2: 2H 76/41

Kayser, Alfred (A)
- Fiche: *0709 ff.*
  Az 1: 8J 162/40
  Az 2: 2H 77/41

Kayser, Ursula (A)
- Fiche: *0718 f.*
  Az 1: 8J 444/35
  Az 2: 2H 54/36

Kayser, Wilhelm
- Fiche: *0510 f./0689 f.*
  Az 1: 8J 54/37
  Az 2: 2H 41/37

Kayser, Wilhelm (A)
- Fiche: *0718 f.*
  Az 1: 8J 444/35
  Az 2: 2H 54/36

Kazda
- Fiche: *0533*
  Az 1: 8J 332/38
  Az 2: 1H 32/38

Kazda, Jaroslav (A)
- Fiche: *0414*
  Az 1: 6J 1/44
  Az 2: 5H 23/44

Kazmierczak
- Fiche: *0024/0385 f.*
  Az 1: 14J 75/33, 14J 77/33
  Az 2: 2H 7/35, 2H 6,7/35
- Fiche: *0042 f.*
  Az 1: 14a/9J 1672/31
  Az 2: 1H 52/35
- Fiche: *0227*
  Az 1: 14J 70/35
  Az 2: 2H 9/35

Kazmierczak, Andreas
- Fiche: *0076 f.*
  Az 1: 8J 427/35g
  Az 2: 1H 59/60/61/36

Kazmierczak, Andreas (A)
- Fiche: *0086/0498 f.*
  Az 1: 8J 68/36
  Az 2: 1H 4/37

Kerner, Karl
- Fiche: *0401/0520*
  Az 1: 7J 295/43
  Az 2: 5H 95/43

Kerner, Walter (A)
- Fiche: *0433*
  Az 1: 10J 166/44
  Az 2: 2H 219/44

Kernmayer, Anton (A)
- Fiche: *0428/0521*
  Az 1: 11J 4/44
  Az 2: 6H 108/44

Kerpen
- Fiche: *0630*
  Az 1: 10J 354/43g
  Az 2: 1H 202/43

Kerr, Alfred
- Fiche: *0170*
  Az 1: 7J 169/41
  Az 2: 2H 18/42

Kersch, Gregor
- Fiche: *0706*
  Az 1: StPL (RKA) III 122/44
  Az 2: StPL 4. Sen. 77/44

Kerschner
- Fiche: *0331*
  Az 1: 6J 18/42g
  Az 2: 2H 121/42

Kerschner, Anton (A)
- Fiche: *0349*
  Az 1: 6J 46/42g
  Az 2: 5H 93/42

Kerschner, Josef
- Fiche: *0398/0399*
  Az 1: 6J 127/40g
  Az 2: 3L 99/40

Kerssenbrock
- Fiche: *0646*
  Az 1: 8J 393/40g

Kerstan
- Fiche: *0058 f.*
  Az 1: 17J 129/35
  Az 2: 1H 21,22/36
- Fiche: *0564 f.*
  Az 1: 9J 137/34
  Az 2: 1H 25/35

Kersten, Hilde
- Fiche: *0013 f.*
  Az 1: 8J 1713/33
  Az 2: 2H 20/34

Kerutt, Gustav (A)
- Fiche: *0539*
  Az 1: 8J 71/44
  Az 2: 2H 109/44

Kerver, Matthijs
- Fiche: *0446*
  Az 1: 9J 9/43g
  Az 2: 1H 37/43

Kerzendörfer, Franz (A)
- Fiche: *0497*
  Az 1: 8J 344/42
  Az 2: 5H 146/43

Keseberg (Frau)
- Fiche: *0489/0504*
  Az 1: 9J 12/41
  Az 2: 2H 99/41

Kessel
- Fiche: *0250 f.*
  Az 1: 8J 364/35
  Az 2: 2H 15/36

Kessel (Frau)
- Fiche: *0615 ff.*
  Az 1: 15J 86/33
  Az 2: XII H 42/33

Kessel, Max
- Fiche: *0160 f.*
  Az 1: 5J 46/40
  Az 2: 2H 45/40
- Fiche: *0433*
  Az 1: 10J 166/44
  Az 2: 2H 219/44

Kessel, Nikolaus
- Fiche: *0388*
  Az 1: 17J 331/33
  Az 2: 2H 28/35

Kesselbauer
- Fiche: *0408*
  Az 1: 7J 454/43, 7J 502/43
  Az 2: 5H 10/44, 5H 5/44

Kesselbauer, Michael (A)
- Fiche: *0408*
  Az 1: 7J 454/43, 7J 502/43
  Az 2: 5H 10/44, 5H 5/44

Kessler
- Fiche: *0549*
  Az 1: 10J 96/42
  Az 2: 2H 238/42

Keßler
- Fiche: *0114/0473 f.*
  Az 1: 14J 527/37g, 14J 736/37
  Az 2: 1H 44/37, 1H 3/38

Keßler, Alwin (A)
- Fiche: *0540*
  Az 1: 10J 226/38
  Az 2: 2H 75/38

Kessler, Anton
- Fiche: *0480*
  Az 1: 10J 299/41
  Az 2: 2H 50/42
- Fiche: *0531 f.*
  Az 1: 10J 170/41
  Az 2: 2H 10/42

Kessler, Erich
- Fiche: *0527 f.*
  Az 1: 8J 476/39
  Az 2: 5H 127/43

Keßler, Erich
- Fiche: *0401 f.*
  Az 1: 8J 285/39g
  Az 2: 5H 108/43
- Fiche: *0575/0644 f.*
  Az 1: 8J 324/39g
  Az 2: 5H 110/43

Kessler, Erich (A)
- Fiche: *0408*
  Az 1: 8J 475/39
  Az 2: 5H 8/44
- Fiche: *0644*
  Az 1: 8J 475/39
  Az 2: 5H 109/43

Keßler, Max
- Fiche: *0163*
  Az 1: 5J 142/40
  Az 2: 2H 68/40

Keßler, Walter (A)
- Fiche: *0066 f./0253 f.*
  Az 1: 8J 4/36
  Az 2: 1H 38/36

Ketlig, Otto
- Fiche: *0536 f.*
  Az 1: 9J 50/41
  Az 2: 2H 106/41

Kettenburg, Max von der
- Fiche: *0701*
  Az 1: 8J 269/41g

Ketterer, Hedwig
- Fiche: *0115 f.*
  Az 1: 17J 381/37
  Az 2: 2H 5/38
- Fiche: *0682*
  Az 1: 17J 377/37
  Az 2: 1H 6/38

Ketterl, Georg
- Fiche: *0735 f.*
  Az 1: 7J 32/44
  Az 2: 6H 92/44

Kettig
- Fiche: *0094 f./0551*
  Az 1: 9J 600/36
  Az 2: 1H 21/37
- Fiche: *0590 f.*
  Az 1: 8J 420/35g
  Az 2: 1H 32/36

Kettig, Alfred
- Fiche: *0208/0446*
  Az 1: 8J 191/44
  Az 2: 1H 303/44

Kettig, Otto (A)
- Fiche: *0243/0471 f.*
  Az 1: 15J 578/36
  Az 2: 1H 2/37

Kettner
- Fiche: *0063 f.*
  Az 1: 8J 165/35
  Az 2: 2H 30/36
- Fiche: *0157*
  Az 1: 5J 474/39
  Az 2: 1H 71/39

Kettner, Mathias
- Fiche: *0179/0381*
  Az 1: 7J 378/43, 7J 458/43
  Az 2: 5H 130/43, 5H 133/43

Kettner, Matthias
- Fiche: *0326*
  Az 1: 7J 112/42
  Az 2: 2H 164/42
- Fiche: *0377*
  Az 1: 7J 220/43
  Az 2: 5H 59/43
- Fiche: *0707*
  Az 1: StPL (RKA) III 387/43
  Az 2: StPL 2.Sen. 44/44

Kettner, Matthias (A)
- Fiche: *0377*
  Az 1: 7J 262/43
  Az 2: 5H 61/43

Kettner, Richard (A)
- Fiche: *0545*
  Az 1: 9J 878/33
  Az 2: 2H 16/34

Ketzer, Josef
- Fiche: *0145 f.*
  Az 1: 6J 119/39
  Az 2: 1H 29/39

Keuc, Franz
- Fiche: *0449*
  Az 1: 7J 299/43
  Az 2: 5H 105/43

Keusch
- Fiche: *0168 f.*
  Az 1: 5J 230/41
  Az 2: 2H 6/42

Keuthen
- Fiche: *0108 f.*
  Az 1: 8J 337/37g
  Az 2: 1H 41/37
- Fiche: *0110 f.*
  Az 1: 8J 348/37g
  Az 2: 1H 47/37
- Fiche: *0117 f./0542*
  Az 1: 8J 20/36g
  Az 2: 2H 11/38

Kibbel, Rudolf
- Fiche: *0654*
  Az 1: 13J 308/33
  Az 2: XV H 13/34

Kickbusch
- Fiche: *0615 ff.*
  Az 1: 15J 86/33
  Az 2: XII H 42/33

Kiderlen, Hellmut
- Fiche: *0476 f.*
  Az 1: 8J 131/36g, 8J 49,117,131/36g
  Az 2: 2H 16,20,27/37

Kiebler, Erich
- Fiche: *0576*
  Az 1: 7J 302/43
  Az 2: 5H 104/43
- Fiche: *0697*
  Az 1: StPL (RKA) II 540/42
  Az 2: StPL (HLS) IV 18/43

Kiebler, Roland
- Fiche: *0458*
  Az 1: 9J 355/39g
  Az 2: 2H 9/40

Kiefer
– Fiche: *0090*
Az 1: 17J 187/36
Az 2: 2H 31/37
– Fiche: *0250 f.*
Az 1: 8J 364/35
Az 2: 2H 15/36

Kiefer, Peter
– Fiche: *0014 f.*
Az 1: 15J 828/33
Az 2: 1H 23/34

Kieffer
– Fiche: *0176*
Az 1: 5J 172/42
Az 2: 1H 4/43

Kiehn, Ernst
– Fiche: *0127*
Az 1: 7J 96/38
Az 2: 2H 29/38

Kiehn, Hugo
– Fiche: *0008 f.*
Az 1: 17J 242/33
Az 2: 2H 11/34

Kiekbusch
– Fiche: *0615 ff.*
Az 1: 15J 86/33
Az 2: XII H 42/33

Kiel
– Fiche: *0485 f.*
Az 1: 8J 386/38, 8J 214/37
Az 2: 1H 33/38, 1H 31/38

Kielhorn, Wilhelm
– Fiche: *0034*
Az 1: 9J 613/33
Az 2: 1H 27/35

Kielmannsegg, Graf von
– Fiche: *0708*
Az 1: 0J 5/44gRs, 0J 9/44gRs
Az 2: 1L 301/44, 1L 309/44

Kiening
– Fiche: *0735 f.*
Az 1: 7J 32/44
Az 2: 6H 92/44

Kienlein
– Fiche: *0175/0514*
Az 1: 6J 86/42
Az 2: 2H 208/42

Kieper
– Fiche: *0578*
Az 1: 10J 314/44
Az 2: 2H 225/44

Kiermeier, Josef
– Fiche: *0519/0549 f.*
Az 1: 6J 135/42g
Az 2: 6H 79/43

Kiese (Frau)
– Fiche: *0578*
Az 1: 10J 314/44
Az 2: 2H 225/44

Kiesebrink, Anna
– Fiche: *0194*
Az 1: 9J 136/44
Az 2: 2H 149/44

Kiesel
– Fiche: *0171/0567 f.*
Az 1: 10J 145/41
Az 2: 2H 33/42
– Fiche: *0327*
Az 1: 7J 181/42
Az 2: 2H 158/42
– Fiche: *0328/0335*
Az 1: 7J 606/41
Az 2: 2H 54/42
– Fiche: *0582*
Az 1: 7J 113/42
Az 2: 2H 132/42

Kiesel (Frau)
– Fiche: *0338*
Az 1: 7J 272/42
Az 2: 2H 206/42

Kiesel, Gustav
– Fiche: *0327*
Az 1: 7J 271/42
Az 2: 2H 157/42
– Fiche: *0328/0340 f.*
Az 1: 7J 137/42
Az 2: 2H 191/42
– Fiche: *0329/0338 f.*
Az 1: 7J 110/42
Az 2: 2H 203/42
– Fiche: *0329/0339*
Az 1: 7J 283/42, 7J 288/42
Az 2: 5H 146/42
– Fiche: *0330*
Az 1: 7J 44/42
Az 2: 2H 331/42
– Fiche: *0333*
Az 1: 7J 118/42
Az 2: 2H 105/42
– Fiche: *0334*
Az 1: 7J 48/42
Az 2: 2H 76/42
– Fiche: *0338*
Az 1: 7J 193/42
Az 2: 2H 207/42
– Fiche: *0338*
Az 1: 7J 272/42
Az 2: 2H 206/42
– Fiche: *0339/0349*
Az 1: 7J 164/42
Az 2: 5H 91/42
– Fiche: *0345*
Az 1: 7J 467/42
Az 2: 1H 273/42
– Fiche: *0346*
Az 1: 7J 390/42
Az 2: 2H 253/42
– Fiche: *0349 f.*
Az 1: 7J 95/42
Az 2: 5H 96/42
– Fiche: *0358*
Az 1: 7J 275/42
Az 2: 5H 139/42
– Fiche: *0359*
Az 1: 7J 209/42
Az 2: 5H 148/42
– Fiche: *0359*
Az 1: 7J 252/42
Az 2: 5H 143/43
– Fiche: *0360*
Az 1: StPL (RKA) III 321/41, 7J 418/42
Az 2: 5H 160/42
– Fiche: *0361*
Az 1: 7J 309/42
– Fiche: *0361*
Az 1: 7J 452/42
Az 2: 5H 169/42

Kiesel, Gustav (A)
– Fiche: *0337 f.*
Az 1: 7J 273/42
Az 2: 2H 211/42

Kiesel, Karl (A)
– Fiche: *0022/0674*
Az 1: 8J 125/34
Az 2: 2H 3/35

Kieser, Johann (A)
– Fiche: *0376*
Az 1: 7J 306/42, 7J 239/43
Az 2: 5H 140/42, 5H 72/43
– Fiche: *0376*
Az 1: 7J 238/43
Az 2: 5H 72/43

Kiesewetter
– Fiche: *0032 f.*
Az 1: 13J 11/34
Az 2: 1H 26/35

Kiesling, Maria
– Fiche: *0402*
Az 1: 7J 397/43
Az 2: 5H 115/43

Kießel, Gustav
– Fiche: *0351/0358*
Az 1: 7J 285/42
Az 2: 5H 138/42

Kiessig
– Fiche: *0615 ff.*
Az 1: 15J 86/33
Az 2: XII H 42/33

Kiessling
– Fiche: *0086/0498 f.*
Az 1: 8J 68/36
Az 2: 1H 4/37
– Fiche: *0092*
Az 1: 8/14J 31-45/36g
Az 2: 1H 13/37

Kießling
– Fiche: *0046 f.*
Az 1: 8J 61/35
Az 2: 1H 64/35
– Fiche: *0262 f.*
Az 1: 8J 51/36g
Az 2: 1H 16/37
– Fiche: *0555 f.*
Az 1: 9J 202/36
Az 2: 2H 14/37
– Fiche: *0652 f.*
Az 1: 9J 107/33
Az 2: XII H 45/33

Kießling, Alfred
– Fiche: *0094*
Az 1: 16J 23/37
Az 2: 1H 18/37

Kießling, Alfred (A)
– Fiche: *0161*
Az 1: 5J 483/39
Az 2: 2H 46/40

Kiessling, Luise
– Fiche: *0526*
Az 1: *J 17/44
Az 2: 3L 130/44

Kießling, Walter
– Fiche: *0552 f.*
Az 1: 8J 10/35
Az 2: 2H 34/35

Kietzmann, Richard
– Fiche: *0091*
Az 1: 7a O Js 113.36

Kilian
– Fiche: *0433*
Az 1: 10J 166/44
Az 2: 2H 219/44
– Fiche: *0501*
Az 1: 5J 77/38
Az 2: 2H 43/38

Kilian, Erwin
– Fiche: *0566 f.*
Az 1: 10J 70/40
Az 2: 2H 127/40

Kill, Irma
– Fiche: *0570 f.*
Az 1: 2J 342/40g
Az 2: 2H 150/41

Killian, Erwin
– Fiche: *0492*
Az 1: 10J 66/40
Az 2: 2H 114/40

Killmer, Lothar
– Fiche: *0709 ff.*
Az 1: 8J 162/40
Az 2: 2H 77/41

Killmer, Lothar (A)
– Fiche: *0714 f.*
Az 1: 8J 232/40
Az 2: 2H 76/41

Kilmer, Walter
– Fiche: *0601*
Az 1: 9J 92/41
Az 2: 2H 163/41

Kilz
– Fiche: *0038/0233*
Az 1: 17J 42/35
Az 2: 1H 38/35
– Fiche: *0049/0450*
Az 1: 9J 151/35
Az 2: 1H 3/36
– Fiche: *0140 f.*
Az 1: 8J 357/38g
Az 2: 2H 13/39

Kilz (Frau)
– Fiche: *0070 f./0255*
Az 1: 17J 492/35
Az 2: 2H 44/36

Kilz, Georg
– Fiche: *0070 f./0255*
Az 1: 17J 492/35
Az 2: 2H 44/36

Kirchhof
- Fiche: *0640*
  Az 1: 16J 328/35
  Az 2: 1H 11/37

Kirchhof, Paul (A)
- Fiche: *0038 f./0259 f.*
  Az 1: 16J 767/35
  Az 2: 2H 57/36

Kirchleitner
- Fiche: *0333*
  Az 1: 7J 93/42
  Az 2: 2H 96/42

Kirchleitner, Johann
- Fiche: *0333*
  Az 1: 7J 94/42
  Az 2: 2H 97/42

Kirchmeyr
- Fiche: *0496 f.*
  Az 1: 12J 97/40

Kirchmeyr, Hedwig
- Fiche: *0444*
  Az 1: 12J 33/40

Kirchmeyr, Hedwig (A)
- Fiche: *0423*
  Az 1: 12J 99/40

Kirchmeyr, Josef
- Fiche: *0423*
  Az 1: 12J 99/40
- Fiche: *0444*
  Az 1: 12J 33/40

Kirchner
- Fiche: *0205*
  Az 1: 9J 151/44
  Az 2: 2H 253/44
- Fiche: *0365*
  Az 1: 7J 607/42
  Az 2: 6H 57/43

Kirchner, Anton (A)
- Fiche: *0667 f.*
  Az 1: 15/17J 44/33
  Az 2: XV H 34/33

Kirchner, Karl
- Fiche: *0269 f.*
  Az 1: 8J 100/37
  Az 2: 1H 43/37

Kirchner, Max
- Fiche: *0532 f.*
  Az 1: 7(11)J 197/34g
  Az 2: 3L 21/36

Kirchner s.a. Schmidt-Kirchner, Johanna

Kirchpal, Otto
- Fiche: *0327*
  Az 1: 7J 271/42
  Az 2: 2H 157/42
- Fiche: *0333*
  Az 1: 7J 118/42
  Az 2: 2H 105/42
- Fiche: *0338*
  Az 1: 7J 272/42
  Az 2: 2H 206/42
- Fiche: *0347*
  Az 1: 7J 437/42
  Az 2: 1H 244/42
- Fiche: *0349 f.*
  Az 1: 7J 95/42
  Az 2: 5H 96/42
- Fiche: *0351/0358*
  Az 1: 7J 285/42
  Az 2: 5H 138/42
- Fiche: *0358*
  Az 1: 7J 275/42
  Az 2: 5H 139/42
- Fiche: *0361*
  Az 1: 7J 452/42
  Az 2: 5H 169/42

Kirchpal, Otto (A)
- Fiche: *0337 f.*
  Az 1: 7J 273/42
  Az 2: 2H 211/42

Kirchschlager, Alois
- Fiche: *0163 f./0290*
  Az 1: 6J 77/39g
  Az 2: 2H 70/40

Kirchschlager, Alois (A)
- Fiche: *0127 f.*
  Az 1: 15J 942/37
  Az 2: 2H 34/38

Kirchstetter, Karl
- Fiche: *0004 f.*
  Az 1: 13J 98/33
  Az 2: 1H 7/34

Kirchweger, Franz
- Fiche: *0582*
  Az 1: 8J 317/41
  Az 2: 5H 135/43

Kirinovic
- Fiche: *0632 f.*
  Az 1: 6J 29/42g
  Az 2: 1H 139/43

Kirmes, Paul
- Fiche: *0517/0678*
  Az 1: 10J 139/38
  Az 2: 2H 67/38

Kirmße
- Fiche: *0132*
  Az 1: 5J 79/38
  Az 2: 2H 57/38

Kirn, Richard
- Fiche: *0176/0295*
  Az 1: 6J 27/42g
  Az 2: 1H 18/43
- Fiche: *0178*
  Az 1: 6J 134/42g
  Az 2: 2H 77/43
- Fiche: *0180/0634*
  Az 1: 6J 83/43
  Az 2: 6H 155/43
- Fiche: *0629*
  Az 1: 10J 17/44
  Az 2: BS 4/44
- Fiche: *0671*
  Az 1: 6J 114/41

Kirn, Richard (A)
- Fiche: *0177*
  Az 1: 7J 465/42g
  Az 2: 2H 31/43

Kirnbauer
- Fiche: *0348*
  Az 1: 7J 253/42
  Az 2: 5H 89/42

Kirne
- Fiche: *0556 f.*
  Az 1: 9J 51/44g
  Az 2: 1H 97/44

Kirsanova (Frau)
- Fiche: *0628 f.*
  Az 1: 10J 2/43g
  Az 2: 1H 89/43

Kirsch
- Fiche: *0127/0623*
  Az 1: 8J 419/37g
  Az 2: 2H 33/38

Kirsch, Edmund
- Fiche: *0453/0739*
  Az 1: 7J 347/43, 7J 421/43, 7J 422/43
  Az 2: 5H 122/43, 5H 129/43, 5H 125/43
- Fiche: *0600*
  Az 1: 7J 422/43

Kirsch, Edmund (A)
- Fiche: *0403*
  Az 1: 7J 384/43
  Az 2: 5H 153/43

Kirsch, Eleonore
- Fiche: *0675*
  Az 1: 10J 60/41
  Az 2: 2H 79/41
- Fiche: *0681 f.*
  Az 1: 10J 202/41g
  Az 2: 2H 143/41

Kirsch, Eleonore (A)
- Fiche: *0164 f.*
  Az 1: 10J 120/40
  Az 2: 2H 100/40

Kirsch, Franz
- Fiche: *0563 f.*
  Az 1: 10J 68/40
  Az 2: 2H 109/40

Kirsch, Franz (A)
- Fiche: *0492*
  Az 1: 10J 66/40
  Az 2: 2H 114/40

Kirsch, Johannes (A)
- Fiche: *0071/0244*
  Az 1: 8J 168/36g
  Az 2: 2H 46/36

Kirschenlohr
- Fiche: *0628*
  Az 1: 10J 129/42
  Az 2: 2H 205/42

Kirschey
- Fiche: *0095/0541*
  Az 1: 9J 571/36
  Az 2: 2H 22/37

Kirschmann, Emil
- Fiche: *0170/0293*
  Az 1: 6J 100/41g
  Az 2: 2H 21/42
- Fiche: *0176/0295*
  Az 1: 6J 27/42g
  Az 2: 1H 18/43
- Fiche: *0177*
  Az 1: 7J 465/42g
  Az 2: 2H 31/43
- Fiche: *0178*
  Az 1: 6J 134/42g
  Az 2: 2H 77/43
- Fiche: *0180/0634*
  Az 1: 6J 83/43
  Az 2: 6H 155/43
- Fiche: *0456*
  Az 1: 1J 436/42g
  Az 2: 3L 93/42
- Fiche: *0495*
  Az 1: 9J 684/37
  Az 2: 2H 25/38
- Fiche: *0518/0558*
  Az 1: 10J 815/43
  Az 2: 1H 289/43
- Fiche: *0629*
  Az 1: 10J 17/44
  Az 2: BS 4/44
- Fiche: *0671*
  Az 1: 6J 114/41

Kirschneck
- Fiche: *0127*
  Az 1: 7J 96/38
  Az 2: 2H 29/38
- Fiche: *0554 f.*
  Az 1: 8J 244/34
  Az 2: 2H 22/35

Kirschneck, Christian
- Fiche: *0620*
  Az 1: 12J 202/33
  Az 2: XII H 60/33

Kirschneck, Johann
- Fiche: *0214*
  Az 1: 8J 1856/33

Kirschneck, Johann (A)
- Fiche: *0620*
  Az 1: 12J 202/33
  Az 2: XII H 60/33

Kirschnick, Käthe (A)
- Fiche: *0013 f.*
  Az 1: 8J 1713/33
  Az 2: 2H 20/34

Kirst, Herbert
- Fiche: *0164*
  Az 1: 5J 148/40
  Az 2: 2H 71/40

Kirstedter
- Fiche: *0004 f.*
  Az 1: 13J 98/33
  Az 2: 1H 7/34

Kirstein
- Fiche: *0090 f./0261*
  Az 1: 17J 260/36
  Az 2: 1H 10/37

Kirstein, Franz
- Fiche: *0106*
  Az 1: 17J 414/36
  Az 2: 2H 36/37

Kirstein, Richard
- Fiche: *0256*
  Az 1: 15J 162/36
  Az 2: 1H 51/36

Klaiberg, Heinrich (A)
- Fiche: *0367*
  Az 1: 6J 258/38
  Az 2: 1H 31/43

Klais
- Fiche: *0448*
  Az 1: 17J 225/37
  Az 2: 2H 48/37

Klamer
- Fiche: *0397f.*
  Az 1: 6J 198/39g
  Az 2: 3L 19/40

Klamm, Max (A)
- Fiche: *0429/0741*
  Az 1: 9J 213/44
  Az 2: 5H 118/44

Klamroth, Bernhard (A)
- Fiche: *0441*
  Az 1: 0J 3/44g Rs
  Az 2: 1L 292/44

Klamroth, Hans-Georg (A)
- Fiche: *0441*
  Az 1: 0J 3/44g Rs
  Az 2: 1L 292/44

Klan, Antonin (A)
- Fiche: *0368*
  Az 1: 12J 307/42
  Az 2: 1H 64/43

Klann, Erich Paul Hermann
- Fiche: *0008 f.*
  Az 1: 17J 242/33
  Az 2: 2H 11/34

Klann, Erika
- Fiche: *0256*
  Az 1: 15J 162/36
  Az 2: 1H 51/36

Klann, Karoline
- Fiche: *0301*
  Az 1: 15J 818/36
  Az 2: 1H 22/37

Klann, Minna (A)
- Fiche: *0256*
  Az 1: 15J 162/36
  Az 2: 1H 51/36

Klann, Walter
- Fiche: *0301*
  Az 1: 15J 818/36
  Az 2: 1H 22/37

Klanner, Franz
- Fiche: *0329/0338 f.*
  Az 1: 7J 110/42
  Az 2: 2H 203/42
- Fiche: *0342*
  Az 1: 7J 222/42
  Az 2: 2H 176/42

Klantschnik, Johann (A)
- Fiche: *0319*
  Az 1: 11J 301/44g
  Az 2: 1H 1/45

Klappacher, Georg
- Fiche: *0296*
  Az 1: 7J 53/43
  Az 2: 6H 56/43
- Fiche: *0380/0529*
  Az 1: 7J 209/43
  Az 2: 6H 139/43

Klappacher, Georg (A)
- Fiche: *0455*
  Az 1: 7J 414/42
  Az 2: 6H 5/42

Klappenbach, Max (A)
- Fiche: *0070*
  Az 1: 14J 210/35
  Az 2: 2H 43/36

Klapper, Hermine
- Fiche: *0310*
  Az 1: 7J 70/40
  Az 2: 2H 130/40

Klapper, Katherina
- Fiche: *0103 f.*
  Az 1: 17J 416/36
  Az 2: 2H 32/37

Klappholz
- Fiche: *0531*
  Az 1: 10J 81/42
  Az 2: 2H 188/42

Klapproth, Isidor
- Fiche: *0051 f.*
  Az 1: 8J 383/34
  Az 2: 1H 7/36

Klapstein, Leopold
- Fiche: *0118*
  Az 1: 7J 82/38
  Az 2: 1H 12/38

Klar
- Fiche: *0156 f./0314 f.*
  Az 1: 14J 140/34
  Az 2: 1H 42/35

Klare, Paul
- Fiche: *0094/0262*
  Az 1: 14J 306/37g
  Az 2: 1H 15/37

Klarhold
- Fiche: *0108*
  Az 1: 8J 358/37g
  Az 2: 1H 40/37

Klass, Walter
- Fiche: *0701*
  Az 1: 8J 269/41g

Klatt, Erwin
- Fiche: *0655 f.*
  Az 1: 13J 230/33
  Az 2: XV H 26/34

Klatt, Eugen
- Fiche: *0134/0523*
  Az 1: 7J 348/38
  Az 2: 2H 82/38

Klatt, Hildegard
- Fiche: *0691*
  Az 1: 9J 47/45
  Az 2: 2H 91/45

Klatt, Hildegart (A)
- Fiche: *0691*
  Az 1: 9J 9/45
  Az 2: 2H 30/45

Klatt, Walter (A)
- Fiche: *0691*
  Az 1: 9J 47/45
  Az 2: 2H 91/45

Klatte
- Fiche: *0064*
  Az 1: 8J 360/34
  Az 2: 1H 31/36

Klaus
- Fiche: *0102*
  Az 1: 17J 185/36
  Az 2: 1H 30/37
- Fiche: *0481 f./0557 f.*
  Az 1: 8J 214/37
  Az 2: 1H 31/38
- Fiche: *0552 f.*
  Az 1: 8J 10/35
  Az 2: 2H 34/35
- Fiche: *0581*
  Az 1: 10J 520/43
  Az 2: 1H 213/43

Klaus, Arthur (A)
- Fiche: *0481 f./0557 f.*
  Az 1: 8J 214/37
  Az 2: 1H 31/38
- Fiche: *0485 f.*
  Az 1: 8J 386/38, 8J 214/37
  Az 2: 1H 33/38, 1H 31/38

Klaus, Willi
- Fiche: *0127/0623*
  Az 1: 8J 419/37g
  Az 2: 2H 33/38

Klausing
- Fiche: *0441*
  Az 1: 0J 3/44g Rs
  Az 2: 1L 292/44

Klausmann
- Fiche: *0140 f.*
  Az 1: 8J 357/38g
  Az 2: 2H 13/39

Klausner, Franz
- Fiche: *0453/0739*
  Az 1: 7J 347/43, 7J 421/43, 7J 422/43
  Az 2: 5H 122/43, 5H 129/43, 5H 125/43
- Fiche: *0600*
  Az 1: 7J 422/43

Klauß
- Fiche: *0145 f.*
  Az 1: 6J 119/39
  Az 2: 1H 29/39

Klawikowski, Franz
- Fiche: *0161 f./0562*
  Az 1: 9J 370/39g
  Az 2: 2H 53/40

Klawitter
- Fiche: *0021/0462*
  Az 1: 15J 85/34
  Az 2: 1H 46/34

Klaws, Walter
- Fiche: *0164 f.*
  Az 1: 10J 120/40
  Az 2: 2H 100/40

Kleber
- Fiche: *0102/0267*
  Az 1: 17J 91/36
  Az 2: 2H 30/37
- Fiche: *0499 f.*
  Az 1: 8J 145/38
  Az 2: 2H 52/38

Klecak
- Fiche: *0412*
  Az 1: 8J 228/42
  Az 2: 5H 19/44

Kleckner, Oskar
- Fiche: *0449*
  Az 1: 7J 299/43
  Az 2: 5H 105/43

Kleditzsch, Heinrich (A)
- Fiche: *0316*
  Az 1: 16J 251/36
  Az 2: 1H 45/36

Klee, Ewald
- Fiche: *0578/0722*
  Az 1: 9J 96/44
  Az 2: 2H 118/44

Klee, Franz (A)
- Fiche: *0614 f.*
  Az 1: 14J 38/33
  Az 2: XII H 56/33

Klee, Raimund
- Fiche: *0602 f.*
  Az 1: 9J 414/39
  Az 2: 2H 83/41

Kleedorfer, Felix
- Fiche: *0428*
  Az 1: 6J 155/44
  Az 2: 5H 108/44

Kleefisch
- Fiche: *0506 f.*
  Az 1: 15J 183/34
  Az 2: 2H 15/35

Kleefisch, Alexander
- Fiche: *0593 f.*
  Az 1: 15J 490/33
  Az 2: 1H 89/34

Kleefisch, Alexander (A)
- Fiche: *0122 f.*
  Az 1: 16J 765/37
  Az 2: 1H 23/38

Kleefisch, Hilde
- Fiche: *0092*
  Az 1: 8/14J 31-45/36g
  Az 2: 1H 13/37

Kleemann, Wilhelm
- Fiche: *0043 f.*
  Az 1: 9J 702/35
  Az 2: 2H 53/35
- Fiche: *0196/0625*
  Az 1: 9J 187/44
  Az 2: 2H 204/44

Kleinpeter, Marie
- Fiche: *0147*
Az 1: 7J 219/39
Az 2: 1H 31/39

Kleinpeter, Wilhelm
- Fiche: *0147*
Az 1: 7J 219/39
Az 2: 1H 31/39

Kleinrubatscher, Kaspar
- Fiche: *0378*
Az 1: 7J 379/43
Az 2: 6H 186/43

Kleinschmidt
- Fiche: *0094/0262*
Az 1: 8J 223/36
Az 2: 2H 15/37

Kleinschmidt, Jonny
- Fiche: *0094/0262*
Az 1: 8J 223/36
Az 2: 2H 15/37

Kleinspehn, Johannes
- Fiche: *0145/0638 f.*
Az 1: 9J 138/39g
Az 2: 2H 27/39
- Fiche: *0622 f.*
Az 1: 10J 453/38
Az 2: 1H 25/39

Kleinspehn, Johannes (A)
- Fiche: *0283 f.*
Az 1: 10J 5/39
Az 2: 1H 23/39

Kleischmann, Ferdinand
- Fiche: *0681 f.*
Az 1: 10J 202/41g
Az 2: 2H 143/41

Kleist
- Fiche: *0071 f.*
Az 1: 14J 288/36
Az 2: 1H 48/36
- Fiche: *0123 ff./0275 f.*
Az 1: 8J 5/37g
Az 2: 2H 23/38

Kleist, Herbert
- Fiche: *0097 f.*
Az 1: 17J 28/36
Az 2: 2H 24/37

Kleist, Hermann (A)
- Fiche: *0061*
Az 1: 17J 128/36
Az 2: 2H 25/36

Klekner, Oskar
- Fiche: *0360*
Az 1: 7J 382/42
Az 2: 5H 159/42
- Fiche: *0371*
Az 1: 7J 301/43
Az 2: 5H 97/43

Klekner, Oskar (A)
- Fiche: *0371*
Az 1: 7J 298/43
Az 2: 5H 99/43

Klekner, Rudolf
- Fiche: *0360*
Az 1: 7J 382/42
Az 2: 5H 159/42

Klekner, Rudolf (A)
- Fiche: *0371*
Az 1: 7J 298/43
Az 2: 5H 99/43

Klem
- Fiche: *0453*
Az 1: 8J 377/42
Az 2: 1H 315/42

Klemens
- Fiche: *0108*
Az 1: 8J 358/37g
Az 2: 1H 40/37

Klemens, Alfred
- Fiche: *0269 f.*
Az 1: 8J 100/37
Az 2: 1H 43/37

Klement
- Fiche: *0374*
Az 1: 7J 342/43
Az 2: 5H 78/43

Klement (Frau)
- Fiche: *0374*
Az 1: 7J 342/43
Az 2: 5H 78/43

Klement, Ernst
- Fiche: *0287*
Az 1: 11J 311/39
Az 2: 2H 56/39

Klement, Marie
- Fiche: *0511*
Az 1: 7J 61/44
Az 2: 5H 50/44

Klement, Wilhelm
- Fiche: *0632 f.*
Az 1: 6J 29/42g
Az 2: 1H 139/43

Klementin, Valentin (A)
- Fiche: *0437/0562*
Az 1: 11J 418/44
Az 2: 1H 380/44

Klemm
- Fiche: *0485 f.*
Az 1: 8J 386/38,
8J 214/37
Az 2: 1H 33/38, 1H 31/38
- Fiche: *0531*
Az 1: 10J 81/42
Az 2: 2H 188/42

Klemm, Erich
- Fiche: *0574*
Az 1: 8J 356/42g
Az 2: 1H 290/42

Klemm, Georg
- Fiche: *0574*
Az 1: 8J 356/42g
Az 2: 1H 290/42

Klemm, Jenny
- Fiche: *0102/0267*
Az 1: 17J 91/36
Az 2: 2H 30/37
- Fiche: *0112*
Az 1: 14J 375/37g
Az 2: 2H 53/37

Klemm, Kurt
- Fiche: *0168*
Az 1: 7J 62/42
Az 2: 6H 1/42

Klemmstein, Max
- Fiche: *0563 f.*
Az 1: 10J 68/40
Az 2: 2H 109/40

Klemstein
- Fiche: *0207*
Az 1: 8J 188/44g
Az 2: 1H 285/44

Klemstein, Friedrich (A)
- Fiche: *0210/0579*
Az 1: 9J 272/44
Az 2: 1H 7/45

Klenner, Julius
- Fiche: *0333 f.*
Az 1: 7J 649/41
Az 2: 2H 88/42

Klepell, Hermann (A)
- Fiche: *0427*
Az 1: 6J 158/44g,
6J 165/44g
Az 2: 5H 96/44,
5H 100/44

Kleppel, Dagobert
- Fiche: *0076*
Az 1: 17J 27/36
Az 2: 2H 59/36

Kleppel, Dagobert (A)
- Fiche: *0722*
Az 1: 17J 23/36
Az 2: 2H 27/36

Klepper, Otto
- Fiche: *0529*
Az 1: 9J 124/41
Az 2: 2H 34/42

Klesper, Fritz
- Fiche: *0194*
Az 1: 9J 136/44
Az 2: 2H 149/44

Klesper, Luise
- Fiche: *0045*
Az 1: 9J 411/35
Az 2: 1H 56/35

Klest, Matthäus
- Fiche: *0330*
Az 1: 6J 41/42g
Az 2: 2H 126/42

Klest, Matthias (A)
- Fiche: *0330*
Az 1: 6J 42/42g
Az 2: 2H 127/42

Kletso, Walter
- Fiche: *0376*
Az 1: 7J 238/43
Az 2: 5H 72/43

Klett, Fritz
- Fiche: *0197*
Az 1: 10J 168/44
Az 2: 2H 207/44
- Fiche: *0198*
Az 1: 10J 167/44
Az 2: 2H 208/44
- Fiche: *0210*
Az 1: 10J 166/44
Az 2: 2H 9/45
- Fiche: *0433*
Az 1: 10J 166/44
Az 2: 2H 219/44

Kley
- Fiche: *0090 f./0261*
Az 1: 17J 260/36
Az 2: 1H 10/37

Kley, Gustav (A)
- Fiche: *0210*
Az 1: 8J 127/44
Az 2: 2H 127/44

Kliem, Fritz
- Fiche: *0680/0698*
Az 1: 8J 137/44g
Az 2: 1H 5/45

Klier, Ernst
- Fiche: *0427*
Az 1: 10J 46/44
Az 2: 2H 102/44

Klier, Rudolf
- Fiche: *0427*
Az 1: 10J 46/44
Az 2: 2H 102/44

Kliesch
- Fiche: *0650 f.*
Az 1: 15J 190/33
Az 2: XII H 6/34

Klika
- Fiche: *0337 f.*
Az 1: 7J 273/42
Az 2: 2H 211/42

Klika, Franz
- Fiche: *0361*
Az 1: 7J 452/42
Az 2: 5H 169/42
- Fiche: *0361*
Az 1: 7J 416/42
Az 2: 5H 162/42

Klima, Josef
- Fiche: *0328/0340 f.*
Az 1: 7J 137/42
Az 2: 2H 191/42

Klimas
- Fiche: *0155 f.*
Az 1: 6J 12/39g
Az 2: 2H 61/39

Klimek
- Fiche: *0106/0546 f.*
Az 1: 17J 315/37
Az 2: 1H 37/37

Klimicek, Stefan (A)
- Fiche: *0334*
Az 1: 6J 23/42g
Az 2: 2H 64/42

Knigge, Friedrich
- Fiche: *0479/0739*
  Az 1: 12(10)J 47/39
  Az 2: 1H 33/40

Knigge, Wilhelm
- Fiche: *0480*
  Az 1: 10J 299/41
  Az 2: 2H 50/42
- Fiche: *0531 f.*
  Az 1: 10J 170/41
  Az 2: 2H 10/42

Knigger, Wilhelm
- Fiche: *0168*
  Az 1: 6J 24/41
  Az 2: 2H 152/41

Knipper, Wilhelm
- Fiche: *0176/0635*
  Az 1: 5J 151/42
  Az 2: 5H 10/43

Knipping
- Fiche: *0052*
  Az 1: 14J 104/36
  Az 2: 2H 8/36
- Fiche: *0082/0260 f.*
  Az 1: 9J 907/35
  Az 2: 1H 67/36

Knippschild
- Fiche: *0016*
  Az 1: 17J 470/33
  Az 2: 2H 25/34
- Fiche: *0020*
  Az 1: 17J 170/34
  Az 2: 1H 42/34
- Fiche: *0516/0685*
  Az 1: 10J 175/41
  Az 2: 2H 135/41

Knippschild, Heinrich
- Fiche: *0049/0450*
  Az 1: 9J 151/35
  Az 2: 1H 3/36

Knittel, Fritz
- Fiche: *0478*
  Az 1: 10J 290/40g
  Az 2: 5H 62/42

Knitter, Erwin (A)
- Fiche: *0656 f.*
  Az 1: 17J 582/33
  Az 2: XV H 28/34

Knize, Johann
- Fiche: *0526*
  Az 1: 7J 461/43

Knize, Johann (A)
- Fiche: *0368/0414*
  Az 1: 6(7)J 511/43, 6(7)J 429/43
  Az 2: 5H 24/44, 5H 26/44

Knize, Josef (A)
- Fiche: *0368/0414*
  Az 1: 6(7)J 511/43, 6(7)J 429/43
  Az 2: 5H 24/44, 5H 26/44

Knizej, Johann
- Fiche: *0368/0414*
  Az 1: 6(7)J 511/43, 6(7)J 429/43
  Az 2: 5H 24/44, 5H 26/44

Knobel (Frau)
- Fiche: *0156 f./0314 f.*
  Az 1: 14J 140/34
  Az 2: 1H 42/35

Knoblau, Ernst
- Fiche: *0028 f./0679*
  Az 1: 15J 648/33
  Az 2: 1H 14/35

Knoblauch
- Fiche: *0735 f.*
  Az 1: 7J 32/44
  Az 2: 6H 92/44

Knoblauch, Paul
- Fiche: *0126/0276*
  Az 1: 16J 912/37
  Az 2: 2H 28/38

Knobloch, Hugo
- Fiche: *0145/0285 f.*
  Az 1: 5J 102/39
  Az 2: 1H 27/39

Knobloch, Walter (A)
- Fiche: *0145/0285 f.*
  Az 1: 5J 102/39
  Az 2: 1H 27/39

Knoch, Alfred
- Fiche: *0668*
  Az 1: 8/16J 335/33
  Az 2: XV H 43/33

Knochenhauer, Rudolf (A)
- Fiche: *0025 ff./0253*
  Az 1: 8J 427/34, 8J 6/35
  Az 2: 1H 9/35

Knöchel, Wilhelm
- Fiche: *0186/0722*
  Az 1: 10(9)J 571/43
  Az 2: 2H 52/44
- Fiche: *0189/0428*
  Az 1: 9J 86/44
  Az 2: 2H 104/44
- Fiche: *0193/0444*
  Az 1: 9J 123/44
  Az 2: 2H 144/44
- Fiche: *0205*
  Az 1: 9J 88/44
  Az 2: 2H 255/44
- Fiche: *0431*
  Az 1: 9J 137/44
  Az 2: 2H 153/44
- Fiche: *0442*
  Az 1: 9J 88/44
- Fiche: *0489*
  Az 1: 8J 87/44
  Az 2: 1H 127/44
- Fiche: *0518/0562*
  Az 1: 8J 52/44
  Az 2: 1H 82/44
- Fiche: *0541 f.*
  Az 1: 10J 573/43
  Az 2: 2H 160/43
- Fiche: *0578/0722*
  Az 1: 9J 96/44
  Az 2: 2H 118/44
- Fiche: *0580*
  Az 1: 9J 84/44
  Az 2: 2H 85/44
- Fiche: *0684 f.*
  Az 1: 10J 548/43
  Az 2: 2H 158/43
- Fiche: *0688 f.*
  Az 1: 10J 75/44
  Az 2: 1L 192/44

Knöchel, Wilhelm (A)
- Fiche: *0556 f.*
  Az 1: 9J 51/44g
  Az 2: 1H 97/44

Knödler
- Fiche: *0094 f./0551*
  Az 1: 9J 600/36
  Az 2: 1H 21/37

Knöfel
- Fiche: *0170 f./0674*
  Az 1: 5J 231/41
  Az 2: 2H 23/42

Knöfel, Johannes (A)
- Fiche: *0028 f./0679*
  Az 1: 15J 648/33
  Az 2: 1H 14/35

Knöfel, Otto (A)
- Fiche: *0028 f./0679*
  Az 1: 15J 648/33
  Az 2: 1H 14/35

Knöfler, Friedrich (A)
- Fiche: *0502 f.*
  Az 1: 16J 150/35
  Az 2: 2H 21/36

Knöll
- Fiche: *0117 f./0542*
  Az 1: 8J 20/36g
  Az 2: 2H 11/38

Knöll, Peter
- Fiche: *0231 f./0561*
  Az 1: 8J 14/34
  Az 2: 2H 33/35

Knöller
- Fiche: *0549*
  Az 1: 5J 642/38
  Az 2: 1H 13/39

Knöpfel
- Fiche: *0523*
  Az 1: 15J 201/35
  Az 2: 1H 2/36

Knöpfel, Walter
- Fiche: *0046/0462*
  Az 1: 17J 189/35
  Az 2: 1H 61/35
- Fiche: *0514 f.*
  Az 1: 9J 953/33
  Az 2: 1H 2/35

Knoeringen, Juliane von
- Fiche: *0516 f./0548 f.*
  Az 1: 7J 421/42g
  Az 2: 6H 63/43

Knoeringen, Waldemar von
- Fiche: *0082 f.*
  Az 1: 8J 415/35g
  Az 2: 1H 1/37
- Fiche: *0292 f.*
  Az 1: 7J 501/42
- Fiche: *0380*
  Az 1: 7J 366/43
  Az 2: 5H 121/43
- Fiche: *0396/0704 f.*
  Az 1: 14J 522/37g
  Az 2: 1L 2/40
- Fiche: *0516 f./0548 f.*
  Az 1: 7J 421/42g
  Az 2: 6H 63/43
- Fiche: *0519/0549 f.*
  Az 1: 6J 135/42g
  Az 2: 6H 79/43
- Fiche: *0694*
  Az 1: 2. Sen. 51/44
  Az 2: StPL RKA III 14/44

Knof (Frau)
- Fiche: *0463/0465*
  Az 1: 15J 39/36
  Az 2: 2H 35/36

Knoll
- Fiche: *0098*
  Az 1: 14J 305/37g
  Az 2: 1H 26/37
- Fiche: *0098 f.*
  Az 1: 14J 305/37g
  Az 2: 1H 35/37
- Fiche: *0106*
  Az 1: 8J 135/37g
  Az 2: 1H 36/37

Knoll, Alois
- Fiche: *0459*
  Az 1: 7J 489/42
  Az 2: 6H 29/42

Knoll, Kurt
- Fiche: *0058*
  Az 1: 16J 753/35
  Az 2: 1H 20/36

Knoll, Max (A)
- Fiche: *0028*
  Az 1: 8J 20/35
  Az 2: 2H 14/35

Knoll, Rosa
- Fiche: *0330*
  Az 1: 7J 46/42
  Az 2: 2H 125/42
- Fiche: *0333*
  Az 1: 7J 156/42
  Az 2: 2H 112/42

Knoll, Rosa (A)
- Fiche: *0331*
  Az 1: 7J 159/42
  Az 2: 2H 118/42

Knolle, Gustav
- Fiche: *0123 ff./0275 f.*
  Az 1: 8J 5/37g
  Az 2: 2H 23/38

Knoop, Wilhelm
- Fiche: *0190 f.*
  Az 1: 9J 232/44
  Az 2: 5H 126/44

Knop
- Fiche: *0489/0504*
  Az 1: 9J 12/41
  Az 2: 2H 99/41

Knopf
- Fiche: *0151 f./0584*
  Az 1: 7J 72/39
  Az 2: 1H 45/39
- Fiche: *0401/0520*
  Az 1: 7J 295/43
  Az 2: 5H 95/43

Knopf, Lucia (A)
- Fiche: *0637 f.*
  Az 1: 8J 167/40
  Az 2: 2H 89/40

Knopf, Walter (A)
- Fiche: *0637 f.*
  Az 1: 8J 167/40
  Az 2: 2H 89/40

Knopp (Frau)
- Fiche: *0161*
  Az 1: 9J 415/39
  Az 2: 2H 51/40

Knopp, Friedrich
- Fiche: *0161*
  Az 1: 9J 415/39
  Az 2: 2H 51/40

Knopp, Friedrich (A)
- Fiche: *0602 f.*
  Az 1: 9J 414/39
  Az 2: 2H 83/41

Knops
- Fiche: *0254*
  Az 1: 9J 332/36
  Az 2: 2H 40/36

Knorin, Waldemar
- Fiche: *0659 f.*
  Az 1: 9J 127/33
  Az 2: XV H 18/34

Knorn (Frau)
- Fiche: *0500*
  Az 1: 10J 267/43
  Az 2: 4L 105/43

Knorr
- Fiche: *0042*
  Az 1: 16J 354/35
  Az 2: 1H 50/35
- Fiche: *0074*
  Az 1: 8J 135/36
  Az 2: 1H 55/36
- Fiche: *0091*
  Az 1: 7a O Js 113.36
- Fiche: *0247 f./0445*
  Az 1: 8J 72/36
  Az 2: 2H 7/37
- Fiche: *0292*
  Az 1: 5J 228/41
  Az 2: 2H 16/42
- Fiche: *0442*
  Az 1: 8J 23/38g Rs
  Az 2: 1H 20/38
- Fiche: *0463/0465*
  Az 1: 15J 39/36
  Az 2: 2H 35/36
- Fiche: *0601 f.*
  Az 1: 8J 206/37g
  Az 2: 2H 4/38

Knorr, Franz
- Fiche: *0463/0465*
  Az 1: 15J 39/36
  Az 2: 2H 35/36

Knorz, Ernst (A)
- Fiche: *0189*
  Az 1: 9J 87/44
  Az 2: 2H 105/44

Knorz, Lilli (A)
- Fiche: *0189*
  Az 1: 9J 87/44
  Az 2: 2H 105/44

Knoth, Willi
- Fiche: *0433*
  Az 1: 10J 166/44
  Az 2: 2H 219/44

Knott
- Fiche: *0398 f./0578*
  Az 1: 9J 33/40g
  Az 2: 2H 6/41

Knott, Daniel
- Fiche: *0735 f.*
  Az 1: 7J 32/44
  Az 2: 6H 92/44

Knott, Georg (A)
- Fiche: *0444*
  Az 1: 12J 33/40

Knudsen, Sörn
- Fiche: *0692*
  Az 1: StPL (RKA) II 242/38
  Az 2: StPL (HLS) IV 21/41

Knüfken
- Fiche: *0556 f.*
  Az 1: 9J 51/44g
  Az 2: 1H 97/44
- Fiche: *0568*
  Az 1: 10J 239/40
  Az 2: 2H 77/42

Knüfken, Hermann
- Fiche: *0446*
  Az 1: 9J 9/43g
  Az 2: 1H 37/43
- Fiche: *0448/0578*
  Az 1: 9J 210/40, 10J 238/40
  Az 2: 2H 128/40
- Fiche: *0560*
  Az 1: 9J 90/42g
  Az 2: 2H 281/42
- Fiche: *0567*
  Az 1: 10J 245/40
  Az 2: 2H 100/41
- Fiche: *0589 f.*
  Az 1: 9J 399/39g
  Az 2: 2H 26/41
- Fiche: *0628*
  Az 1: 9J 171/41g
  Az 2: 2H 103/42
- Fiche: *0628*
  Az 1: 10J 129/42
  Az 2: 2H 205/42
- Fiche: *0634*
  Az 1: 10J 102/42
  Az 2: 2H 185/42

Knust
- Fiche: *0245 f.*
  Az 1: 8J 7/36g
  Az 2: 2H 4/36
- Fiche: *0554 f.*
  Az 1: 8J 244/34
  Az 2: 2H 22/35

Knut
- Fiche: *0671 f.*
  Az 1: 15J 385/34
  Az 2: 1H 11/36

Knut, Walter
- Fiche: *0171/0567 f.*
  Az 1: 10J 145/41
  Az 2: 2H 33/42

Knutzsch, Richard
- Fiche: *0159 f.*
  Az 1: 5J 677/39
  Az 2: 2H 41/40

Koball
- Fiche: *0193/0443*
  Az 1: 9J 45/44
  Az 2: 1H 141/44, 1H 229/44

Kobec (Frau)
- Fiche: *0686*
  Az 1: 8J 4/39g
  Az 2: 2H 32/39

Kobel, Ernst (A)
- Fiche: *0432*
  Az 1: 11(10)J 1369/43
  Az 2: 2H 210/44

Kober, Anton
- Fiche: *0297*
  Az 1: 7J 247/43
  Az 2: 5H 79/43

Kobler, Anna
- Fiche: *0497*
  Az 1: 8J 344/42
  Az 2: 5H 146/43

Kobler, Johann
- Fiche: *0034*
  Az 1: 9J 613/33
  Az 2: 1H 27/35

Kobler, Maria
- Fiche: *0032 f.*
  Az 1: 13J 11/34
  Az 2: 1H 26/35

Kobs
- Fiche: *0263 f./0487 f.*
  Az 1: 17J 171/35
  Az 2: 2H 17/37

Kobus, Albert
- Fiche: *0511 f.*
  Az 1: 9J 125/39g
  Az 2: 2H 45/39

Kobus, Gerhard
- Fiche: *0511 f.*
  Az 1: 9J 125/39g
  Az 2: 2H 45/39

Koch
- Fiche: *0045*
  Az 1: 9J 411/35
  Az 2: 1H 56/35
- Fiche: *0095/0541*
  Az 1: 9J 571/36
  Az 2: 2H 22/37
- Fiche: *0127/0623*
  Az 1: 8J 419/37g
  Az 2: 2H 33/38
- Fiche: *0192*
  Az 1: 9J 157/44
  Az 2: 5H 130/44
- Fiche: *0198*
  Az 1: 10J 167/44
  Az 2: 2H 208/44
- Fiche: *0223 f.*
  Az 1: 8J 282/34
  Az 2: 2H 4/35
- Fiche: *0229*
  Az 1: 14J 134/34
  Az 2: 2H 23/35
- Fiche: *0352*
  Az 1: 7J 529/42
  Az 2: 6H 25/42
- Fiche: *0370*
  Az 1: 7J 555/42
  Az 2: 6H 13/43
- Fiche: *0519/0549 f.*
  Az 1: 6J 135/42g
  Az 2: 6H 79/43
- Fiche: *0615 ff.*
  Az 1: 15J 86/33
  Az 2: XII H 42/33

Koch, Alfred
- Fiche: *0397f.*
  Az 1: 6J 198/39g
  Az 2: 3L 19/40

Koch, Alfred (A)
- Fiche: *0397f.*
  Az 1: 6J 198/39g
  Az 2: 3L 19/40

Koch, August
- Fiche: *0590 f.*
  Az 1: 8J 420/35g
  Az 2: 1H 32/36

Koch, Dora (A)
- Fiche: *0194*
  Az 1: 11(10)J 465/43
  Az 2: 6H 151/44

Koch, Eduard
- Fiche: *0345*
  Az 1: 7J 405/42
  Az 2: 2H 266/42
- Fiche: *0354*
  Az 1: 7J 350/42
  Az 2: 2H 277/42

Koch, Elisabeth
- Fiche: *0269 f.*
  Az 1: 8J 100/37
  Az 2: 1H 43/37

Koch, Ella (A)
- Fiche: *0313 f.*
  Az 1: 17J 57/35
  Az 2: 1H 54/35

Koch, Emil
- Fiche: *0126*
Az 1: 7J 106/38
Az 2: 2H 27/38
- Fiche: *0439*
Az 1: 7J 104/38
Az 2: 2H 13/38
- Fiche: *0601*
Az 1: 9J 92/41
Az 2: 2H 163/41

Koch, Emil (A)
- Fiche: *0439*
Az 1: 15J 931/37
Az 2: 2H 35/38

Koch, Emil Johann
- Fiche: *0439*
Az 1: 15J 931/37
Az 2: 2H 35/38

Koch, Emili
- Fiche: *0272*
Az 1: 16J 225/37
Az 2: 2H 60/37

Koch, Erich
- Fiche: *0094/0264 f.*
Az 1: 17J 439/36
Az 2: 2H 21/37

Koch, Ernst (A)
- Fiche: *0267 f.*
Az 1: 7J 201/36g
Az 2: 2H 40/37

Koch, Eugen
- Fiche: *0035*
Az 1: 17J 282/34
Az 2: 2H 27/35

Koch, Frieda
- Fiche: *0073/0256 f.*
Az 1: 5J 592/35g
Az 2: 1H 52/36

Koch, Friedel
- Fiche: *0058 f.*
Az 1: 17J 129/35
Az 2: 1H 21,22/36

Koch, Friederike (A)
- Fiche: *0590 f.*
Az 1: 8J 420/35g
Az 2: 1H 32/36

Koch, Fritz
- Fiche: *0070*
Az 1: 14J 210/35
Az 2: 2H 43/36

Koch, Gustav
- Fiche: *0192*
Az 1: 9J 34/44
Az 2: 2H 134/44
- Fiche: *0439*
Az 1: 15J 931/37
Az 2: 2H 35/38

Koch, Gustav (A)
- Fiche: *0562*
Az 1: 10(9)J 836/43
Az 2: 2H 101/44

Koch, Herbert
- Fiche: *0601*
Az 1: 9J 92/41
Az 2: 2H 163/41

Koch, Hermann
- Fiche: *0397f.*
Az 1: 6J 198/39g
Az 2: 3L 19/40

Koch, Hermann (A)
- Fiche: *0313 f.*
Az 1: 17J 57/35
Az 2: 1H 54/35

Koch, Josef
- Fiche: *0348*
Az 1: 7J 253/42
Az 2: 5H 89/42
- Fiche: *0371 f.*
Az 1: 7J 45/43
Az 2: 6H 95/43

Koch, Josef (A)
- Fiche: *0447*
Az 1: 7J 197/43
Az 2: 6H 97/43

Koch, Karl
- Fiche: *0109 f.*
Az 1: 17J 264/36
Az 2: 2H 45/37
- Fiche: *0598 ff.*
Az 1: 9J 479/35
Az 2: 2H 14/36

Koch, Karl (A)
- Fiche: *0181*
Az 1: 10(9)J 508/43
Az 2: 2H 10/44

Koch, Laurenz
- Fiche: *0366*
Az 1: 7J 612/42
Az 2: 6H 36/43
- Fiche: *0380/0529*
Az 1: 7J 209/43
Az 2: 6H 139/43

Koch, Laurenz (A)
- Fiche: *0648*
Az 1: 7J 99/43
Az 2: 6H 83/43

Koch, Lina
- Fiche: *0565 f.*
Az 1: 10J 291/38
Az 2: 2H 88/38

Koch, Louis
- Fiche: *0071/0244*
Az 1: 8J 168/36g
Az 2: 2H 46/36

Koch, Ludwig
- Fiche: *0311 f.*
Az 1: 14a/8J 510/29
Az 2: 1H 18/34
- Fiche: *0450/0623 f.*
Az 1: 17J 451/37
Az 2: 2H 59/38
- Fiche: *0587*
Az 1: 10J 303/38
Az 2: 2H 90/38

Koch, Ludwig (A)
- Fiche: *0565 f.*
Az 1: 10J 291/38
Az 2: 2H 88/38

Koch, Max
- Fiche: *0101 f.*
Az 1: 8J 188/36
Az 2: 2H 29/37

Koch, Paul
- Fiche: *0109 f.*
Az 1: 17J 264/36
Az 2: 2H 45/37

Koch, Peter
- Fiche: *0497/0730*
Az 1: 8J 18/34
Az 2: 1H 19/35

Koch, Roland
- Fiche: *0272*
Az 1: 16J 225/37
Az 2: 2H 60/37
- Fiche: *0439*
Az 1: 7J 104/38
Az 2: 2H 13/38

Koch, Roland (A)
- Fiche: *0439*
Az 1: 15J 931/37
Az 2: 2H 35/38

Koch, Rudolf
- Fiche: *0283*
Az 1: 9J 181/39
Az 2: 1H 21/39

Koch, Rudolf (A)
- Fiche: *0066 f./0253 f.*
Az 1: 8J 4/36
Az 2: 1H 38/36

Koch, Therese
- Fiche: *0152/0305*
Az 1: 7J 302/39
Az 2: 1H 46/39

Koch, Wally
- Fiche: *0519/0549 f.*
Az 1: 6J 135/42g
Az 2: 6H 79/43

Koch, Walter (A)
- Fiche: *0420 f.*
Az 1: 7(8)J 172/43g
Az 2: 5H 59/44

Koch, Willi
- Fiche: *0213 f./0216*
Az 1: 17J 89/33
Az 2: 1H 6/34

Kochan
- Fiche: *0058 f.*
Az 1: 17J 129/35
Az 2: 1H 21,22/36

Kochan, Friedrich
- Fiche: *0128*
Az 1: 5J 317/38
Az 2: 1H 35/38
- Fiche: *0276 f.*
Az 1: 5J 284/38
Az 2: 1H 34/38

Kochan, Friedrich (A)
- Fiche: *0128 f.*
Az 1: 5J 285/38
Az 2: 1H 36/38

Kochan, Fritz
- Fiche: *0292*
Az 1: 5J 228/41
Az 2: 2H 16/42

Kochanowski, Gottlieb
- Fiche: *0562*
Az 1: 8J 92/44
Az 2: 1H 148/44

Kochanowski, Gottlieb (A)
- Fiche: *0546/0681*
Az 1: 8J 121/44
Az 2: 1H 181/44

Kochdan
- Fiche: *0071 f.*
Az 1: 14J 288/36
Az 2: 1H 48/36

Kochendörfer
- Fiche: *0113/0469 f.*
Az 1: 16J 37/35
Az 2: 1H 19-20/37
- Fiche: *0640*
Az 1: 16J 328/35
Az 2: 1H 11/37

Kochmann, Martin (A)
- Fiche: *0689*
Az 1: 10J 328/43g
Az 2: 2H 99/43

Koči, Franz
- Fiche: *0305/0643 f.*
Az 1: 6J 518/38
Az 2: 1H 18/39

Kocian
- Fiche: *0327*
Az 1: 7J 271/42
Az 2: 2H 157/42

Kock
- Fiche: *0206/0405*
Az 1: 10J 410/43g
Az 2: 1H 209/43
- Fiche: *0679 f./0713*
Az 1: 10(9)J 777/43g
Az 2: 5H 38/44, 5H 43/44

Kock, Alex
- Fiche: *0184/0680*
Az 1: 9J 777/43g
Az 2: 5H 39/44
- Fiche: *0184/0707 f.*
Az 1: 9J 777/43g
Az 2: 5H 40/44

Kock, Elfriede (A)
- Fiche: *0417/0684*
Az 1: 11(10)J 514/43
Az 2: 2H 45/44

Kock, Karl (A)
- Fiche: *0417/0684*
Az 1: 11(10)J 514/43
Az 2: 2H 45/44

Köbbel, Helmuth (A)
- Fiche: *0122 f.*
Az 1: 16J 765/37
Az 2: 1H 23/38

Köbe, Otto
- Fiche: *0121*
  Az 1: 10J 28/38
  Az 2: 1H 18/38
- Fiche: *0510*
  Az 1: 10J 31/38
  Az 2: 2H 10/38
- Fiche: *0518/0679*
  Az 1: 10J 30/38
  Az 2: 2H 8/38
- Fiche: *0541*
  Az 1: 10J 29/38
  Az 2: 2H 31/38
- Fiche: *0601*
  Az 1: 10J 26/38
  Az 2: 2H 19/38

Köbe, Otto (A)
- Fiche: *0131/0674 f.*
  Az 1: 10J 27/38
  Az 2: 2H 50/38

Köbel, Eberhard
- Fiche: *0089 f.*
  Az 1: 8J 31/37g.Rs.
  Az 2: 2H 9/37
- Fiche: *0127/0623*
  Az 1: 8J 419/37g
  Az 2: 2H 33/38
- Fiche: *0499 f.*
  Az 1: 8J 145/38
  Az 2: 2H 52/38
- Fiche: *0564*
  Az 1: 8J 148/42g
  Az 2: 5H 67/43
- Fiche: *0676*
  Az 1: 8J 224/38
  Az 2: 2H 41/38
- Fiche: *0709 ff.*
  Az 1: 8J 162/40
  Az 2: 2H 77/41
- Fiche: *0714 f.*
  Az 1: 8J 232/40
  Az 2: 2H 76/41

Köberl
- Fiche: *0353*
  Az 1: 7J 388/42
  Az 2: 6H 11/42
- Fiche: *0405*
  Az 1: 7J 390/43
  Az 2: 6H 181/43
- Fiche: *0696 f.*
  Az 1: StPL (RKA) III 657/41
  Az 2: StPL (HLS) III 16/42

Köberl (A)
- Fiche: *0717*
  Az 1: StPL (RKA) 3 281/43

Köberl, Anna
- Fiche: *0717*
  Az 1: StPL (RKA) 3 281/43

Köberl, Johann
- Fiche: *0699 f.*
  Az 1: StPL (RKA) I 118/41
  Az 2: StPL (HLS) III 57/41
- Fiche: *0717*
  Az 1: StPL (RKA) 3 281/43

Köberl, Josef
- Fiche: *0308*
  Az 1: 6J 103/40g
  Az 2: 2H 115/40

Köberl, Josef (A)
- Fiche: *0309 f.*
  Az 1: 6J 103/40g
  Az 2: 2H 116/40

Köbes
- Fiche: *0082/0260 f.*
  Az 1: 9J 907/35
  Az 2: 1H 67/36

Köbke, Emma
- Fiche: *0682*
  Az 1: 17J 377/37
  Az 2: 1H 6/38

Köbler
- Fiche: *0598*
  Az 1: 15J 618/33
  Az 2: 2H 26/34

Köchel, Erich
- Fiche: *0397f.*
  Az 1: 6J 198/39g
  Az 2: 3L 19/40

Köching
- Fiche: *0103*
  Az 1: 17J 320/37
  Az 2: 1H 32/37

Köchling, Franz
- Fiche: *0102 f.*
  Az 1: 17J 317/37
  Az 2: 1H 31/37

Köchling, Heinrich
- Fiche: *0101*
  Az 1: 17J 316/37
  Az 2: 1H 29/37
- Fiche: *0582 f.*
  Az 1: 10J 288/38
  Az 2: 1H 37/38
- Fiche: *0730 f./0732*
  Az 1: 17J 318/37
  Az 2: 1H 38/37

Köck
- Fiche: *0152/0305*
  Az 1: 7J 302/39
  Az 2: 1H 46/39
- Fiche: *0358*
  Az 1: 7J 275/42
  Az 2: 5H 139/42
- Fiche: *0384*
  Az 1: 7J 279/43
  Az 2: 6H 104/43
- Fiche: *0644*
  Az 1: 8J 475/39
  Az 2: 5H 109/43

Köck, Klara
- Fiche: *0338*
  Az 1: 7J 193/42
  Az 2: 2H 207/42
- Fiche: *0378*
  Az 1: 7J 141/43
  Az 2: 5H 58/43

Kögel, Leonhard
- Fiche: *0458*
  Az 1: 9J 355/39g
  Az 2: 2H 9/40

Kögler
- Fiche: *0543*
  Az 1: 8J 336/38
  Az 2: 1H 2/39

Kögler, Theresia
- Fiche: *0286 f.*
  Az 1: 8J 384/38g
  Az 2: 1H 32/39

Köhl
- Fiche: *0488 f./0519 f.*
  Az 1: 9J 30/40g
  Az 2: 2H 5/41

Köhl, Siegfried
- Fiche: *0310*
  Az 1: 7J 70/40
  Az 2: 2H 130/40
- Fiche: *0311*
  Az 1: 7J 70/40
  Az 2: 2H 132/40

Köhl, Siegfried (A)
- Fiche: *0311*
  Az 1: 7J 70/40, 7J 93/42
  Az 2: 2H 133/40

Köhler
- Fiche: *0052 f.*
  Az 1: 17J 5/36
  Az 2: 1H 10/36
- Fiche: *0250 f.*
  Az 1: 8J 364/35
  Az 2: 2H 15/36
- Fiche: *0554*
  Az 1: 10J 294/41
  Az 2: 1H 329/42
- Fiche: *0632*
  Az 1: 6J 3/40
  Az 2: 2H 95/40
- Fiche: *0636*
  Az 1: 5J 171/40
  Az 2: 2H 91/40
- Fiche: *0679 f./0713*
  Az 1: 10(9)J 777/43g
  Az 2: 5H 38/44, 5H 43/44
- Fiche: *0688 f.*
  Az 1: 10J 75/44
  Az 2: 1L 192/44
- Fiche: *0712 f.*
  Az 1: 9J 393/39
  Az 2: 2H 62/40

Köhler, Friedrich
- Fiche: *0278*
  Az 1: 8J 361/37g
  Az 2: 2H 58/38

Köhler, Fritz
- Fiche: *0066 f./0253 f.*
  Az 1: 8J 4/36
  Az 2: 1H 38/36
- Fiche: *0084 f.*
  Az 1: 8J 430/35g
  Az 2: 1H 3/37
- Fiche: *0259/0676*
  Az 1: 16J 534/35
  Az 2: 2H 57/35
- Fiche: *0433*
  Az 1: 10J 166/44
  Az 2: 2H 219/44

Köhler, Georg (A)
- Fiche: *0055/0248 f.*
  Az 1: 8J 418/35g
  Az 2: 1H 13/36
- Fiche: *0463*
  Az 1: 15J 307/35
  Az 2: 1H 4/36

Köhler, Gustav
- Fiche: *0544*
  Az 1: 10J 170/42
  Az 2: 2H 22/43

Köhler, Heinrich (A)
- Fiche: *0665*
  Az 1: 8/16J 501/33
  Az 2: XV H 28/33

Köhler, Hermann
- Fiche: *0346 f.*
  Az 1: 7J 278/42
  Az 2: 2H 246/42

Köhler, Horst
- Fiche: *0634 f.*
  Az 1: 9J 206/42g
  Az 2: 1H 302/42

Köhler, Johann
- Fiche: *0346 f.*
  Az 1: 7J 278/42
  Az 2: 2H 246/42

Köhler, Josef
- Fiche: *0192*
  Az 1: 9J 126/44
  Az 2: 2H 133/44

Köhler, Karl
- Fiche: *0525*
  Az 1: 8J 199/38
  Az 2: 2H 91/38
- Fiche: *0633*
  Az 1: 9J 357/41g
  Az 2: 2H 7/42

Köhler, Konrad
- Fiche: *0182 f.*
  Az 1: 10(9)J 71/42g
  Az 2: 2H 23/44

Köhler, Matthias
- Fiche: *0177 f.*
  Az 1: 8J 382/42g
  Az 2: 2H 65/43

Köhler, Max
- Fiche: *0028 f./0679*
  Az 1: 15J 648/33
  Az 2: 1H 14/35
- Fiche: *0539 f.*
  Az 1: 10J 36/41
  Az 2: 2H 91/41
- Fiche: *0552 f.*
  Az 1: 8J 10/35
  Az 2: 2H 34/35

Köhler, Max (A)
- Fiche: *0013 f.*
  Az 1: 8J 1713/33
  Az 2: 2H 20/34

Köhler, Otto
- Fiche: *0387 f.*
  Az 1: 16J 489/33
  Az 2: 3L 19/35

Köhler, Otto (A)
- Fiche: *0470*
  Az 1: 10J 561/43g
  Az 2: 2H 154/43

Köhn, Fritz (A)
- Fiche: *0621*
  Az 1: 17J 566/33
  Az 2: XII H 8/34

Köhn, Ludwig
- Fiche: *0056*
  Az 1: 17J 441/35
  Az 2: 1H 14/36

Köhncke, Walter
- Fiche: *0544*
  Az 1: 10J 209/41
  Az 2: 2H 48/42

Köhne, Fritz
- Fiche: *0166/0568*
  Az 1: 9J 24/41
  Az 2: 2H 86/41
- Fiche: *0640*
  Az 1: 16J 328/35
  Az 2: 1H 11/37
- Fiche: *0677*
  Az 1: 9J 330/40
  Az 2: 2H 48/41

Köhne, Fritz (A)
- Fiche: *0051/0246 f.*
  Az 1: 8J 422/35g
  Az 2: 1H 6/36

Köhnen
- Fiche: *0633 f.*
  Az 1: 9J 267/37
  Az 2: 2H 46/37

Köhnke, Walter
- Fiche: *0463/0465*
  Az 1: 15J 39/36
  Az 2: 2H 35/36

Kölbl
- Fiche: *0340*
  Az 1: 7J 286/42
  Az 2: 2H 201/42

Kölbl, Franz (A)
- Fiche: *0321 f.*
  Az 1: 6J 22/41g
  Az 2: 2H 41/41

Köller
- Fiche: *0518*
  Az 1: 8J 199/44,
  8J 271/44g
  Az 2: 1H 3/45

Köller, Alfred
- Fiche: *0329/0370*
  Az 1: 7J 517/42
  Az 2: 5H 13/43

Köller, Alois
- Fiche: *0511 f.*
  Az 1: 9J 125/39g
  Az 2: 2H 45/39

Kölliker, Walter
- Fiche: *0014/0219 f.*
  Az 1: 17J 29/34
  Az 2: 2H 21/34
- Fiche: *0132*
  Az 1: 6J 160/38
  Az 2: 2H 60/38

Kölling, Albert (A)
- Fiche: *0221*
  Az 1: 14J 306/33
  Az 2: 1H 33/34

Köllmann, Erich
- Fiche: *0160 f.*
  Az 1: 5J 46/40
  Az 2: 2H 45/40
- Fiche: *0160 f./0163*
  Az 1: 5J 46/40, 5J 164/40
  Az 2: 2H 69/40

Kölln, Emil
- Fiche: *0472 f./0603 f.*
  Az 1: 14J 629/37g,
  6J 44/38g
  Az 2: 2H 84,85,87/38

Köllner, Karl (A)
- Fiche: *0368*
  Az 1: 6(7)J 483/43
  Az 2: 2H 55/44

Kölsch
- Fiche: *0195 f.*
  Az 1: 10(9)J 735/43
  Az 2: 2H 201/44

Könecke, Sophie
- Fiche: *0513 f.*
  Az 1: 8J 969/33
  Az 2: 2H 24/34

Koenen
- Fiche: *0146 f./0301 f.*
  Az 1: 10J 7/39
  Az 2: 1H 30/39
- Fiche: *0174/0673*
  Az 1: 6J 129/42g
  Az 2: 5H 172/42
- Fiche: *0480 f.*
  Az 1: 10J 58/41
  Az 2: 2H 72/41
- Fiche: *0496*
  Az 1: 15J 126/34
  Az 2: 2H 20/35
- Fiche: *0615 ff.*
  Az 1: 15J 86/33
  Az 2: XII H 42/33
- Fiche: *0622 f.*
  Az 1: 10J 453/38
  Az 2: 1H 25/39
- Fiche: *0630*
  Az 1: 9J 657/35
  Az 2: 1H 58/36
- Fiche: *0681 f.*
  Az 1: 10J 202/41g
  Az 2: 2H 143/41

Koenen, Wilhelm
- Fiche: *0157*
  Az 1: 5J 474/39
  Az 2: 1H 71/39
- Fiche: *0261*
  Az 1: 14J 570/37g
- Fiche: *0703*
  Az 1: 6J 239/39
- Fiche: *0732*
  Az 1: 5J 464/39
  Az 2: 1H 61/39

König
- Fiche: *0034*
  Az 1: 9J 613/33
  Az 2: 1H 27/35
- Fiche: *0161*
  Az 1: 5J 483/39
  Az 2: 2H 46/40
- Fiche: *0168 f.*
  Az 1: 5J 230/41
  Az 2: 2H 6/42
- Fiche: *0263 f./0487 f.*
  Az 1: 17J 171/35
  Az 2: 2H 17/37
- Fiche: *0297*
  Az 1: 7J 247/43
  Az 2: 5H 79/43
- Fiche: *0399/0568*
  Az 1: 2J 150/40g
  Az 2: 2L 78/41
- Fiche: *0425 f.*
  Az 1: 6J 93/44
  Az 2: 5H 88/44
- Fiche: *0476 f.*
  Az 1: 8J 131/36g,
  8J 49,117,131/36g
  Az 2: 2H 16,20,27/37
- Fiche: *0481*
  Az 1: 0J 21/44g Rs,
  0J 38/44/g Rs
  Az 2: 1L 439/44,
  1L 397/44
- Fiche: *0615 ff.*
  Az 1: 15J 86/33
  Az 2: XII H 42/33
- Fiche: *0664*
  Az 1: 14a/8J 910/31,
  14a/9/16J 910/31
  Az 2: XV H 5/32
- Fiche: *0670*
  Az 1: 15J 117/33
  Az 2: XV H 46/33
- Fiche: *0716 f.*
  Az 1: 6J 9/45
  Az 2: 6H 42/45
- Fiche: *0720*
  Az 1: 10(9)J 1382/43
  Az 2: 2H 36/44

König (Frau)
- Fiche: *0058 f.*
  Az 1: 17J 129/35
  Az 2: 1H 21,22/36
- Fiche: *0091 f.*
  Az 1: 14J 469/37,
  14J 380/37
  Az 2: 1H 12/23/37
- Fiche: *0159*
  Az 1: 9J 84/39g
  Az 2: 2H 5/40
- Fiche: *0536*
  Az 1: 8J 436/38
  Az 2: 2H 15/39

König, Albert
- Fiche: *0197*
  Az 1: 10J 168/44
  Az 2: 2H 207/44

König, Anton
- Fiche: *0180 f.*
  Az 1: 9J 743/43
  Az 2: 2H 2/44

König, Arthur
- Fiche: *0685*
  Az 1: 10J 239/39
  Az 2: 2H 2/41

König, Elisabeth (A)
- Fiche: *0531*
  Az 1: 10J 81/42
  Az 2: 2H 188/42

König, Emil
- Fiche: *0374*
  Az 1: 7J 331/43
  Az 2: 5H 77/43
- Fiche: *0375*
  Az 1: 7J 332/43
  Az 2: 5H 73/43

König, Emil (A)
- Fiche: *0297*
  Az 1: 7J 247/43
  Az 2: 5H 79/43

König, Ernst
- Fiche: *0198*
  Az 1: 10J 167/44
  Az 2: 2H 208/44
- Fiche: *0210*
  Az 1: 10J 166/44
  Az 2: 2H 9/45

König, Ernst (A)
- Fiche: *0433*
  Az 1: 10J 166/44
  Az 2: 2H 219/44
- Fiche: *0531*
  Az 1: 10J 81/42
  Az 2: 2H 188/42

König, Ferdinand (A)
- Fiche: *0405*
  Az 1: 7J 381/43
  Az 2: 6H 180/43

König, Gerhard (A)
- Fiche: *0614*
  Az 1: 8/16J 952/32
  Az 2: XII H 51/33

König, Hans
- Fiche: *0042 f.*
  Az 1: 14a/9J 1672/31
  Az 2: 1H 52/35

König, Johann
- Fiche: *0353*
  Az 1: 7J 392/42
  Az 2: 6H 10/42
- Fiche: *0353*
  Az 1: 7J 388/42
  Az 2: 6H 11/42

König, Johann (A)
- Fiche: *0696 f.*
  Az 1: StPL (RKA) III
  657/41
  Az 2: StPL (HLS) III
  16/42

König, Josef
- Fiche: *0278*
  Az 1: 8J 361/37g
  Az 2: 2H 58/38

Kortzfleisch, von
- Fiche: *0708*
Az 1: 0J 4/44g Rs
Az 2: 1L 229/44

Korus, Hermann (A)
- Fiche: *0209/0740*
Az 1: 9J 245/44
Az 2: 1H 358/44
- Fiche: *0680 f.*
Az 1: 9J 245/44
Az 2: 1H 358/44

Korus, Martha (A)
- Fiche: *0209/0740*
Az 1: 9J 245/44
Az 2: 1H 358/44
- Fiche: *0680 f.*
Az 1: 9J 245/44
Az 2: 1H 358/44

Korwinsky, Karl von
- Fiche: *0647 f.*
Az 1: 7(8)J 203/41
Az 2: 2H 168/44

Kosahorsky
- Fiche: *0300/0339*
Az 1: 7J 232/42
Az 2: 2H 202/42
- Fiche: *0328/0340 f.*
Az 1: 7J 137/42
Az 2: 2H 191/42

Kosak, Rochus
- Fiche: *0401 f.*
Az 1: 8J 285/39g
Az 2: 5H 108/43
- Fiche: *0408*
Az 1: 8J 475/39
Az 2: 5H 8/44
- Fiche: *0644*
Az 1: 8J 475/39
Az 2: 5H 109/43

Kosak, Rochus (A)
- Fiche: *0575/0644 f.*
Az 1: 8J 324/39g
Az 2: 5H 110/43

Kosakits
- Fiche: *0014/0218 f.*
Az 1: 17J 689/33
Az 2: 1H 21/34

Kosch, Hugo
- Fiche: *0527 f.*
Az 1: 8J 476/39
Az 2: 5H 127/43

Koscher, Andreas
- Fiche: *0327*
Az 1: 7J 271/42
Az 2: 2H 157/42

Koscherak (Frau)
- Fiche: *0287*
Az 1: 11J 311/39
Az 2: 2H 56/39

Koschinsky, Hans
- Fiche: *0046/0462*
Az 1: 17J 189/35
Az 2: 1H 61/35

Koschirch
- Fiche: *0480 f.*
Az 1: 10J 58/41
Az 2: 2H 72/41

Koschischek, Johann
- Fiche: *0348*
Az 1: 7J 253/42
Az 2: 5H 89/42

Koschkar
- Fiche: *0650 f.*
Az 1: 15J 190/33
Az 2: XII H 6/34

Koschlig, Franz
- Fiche: *0718 f.*
Az 1: 8J 444/35
Az 2: 2H 54/36

Koschlig, Franz (A)
- Fiche: *0692*
Az 1: 8J 348/35
Az 2: 1H 30/36

Kose, Hans
- Fiche: *0466 f.*
Az 1: 15J 513/37
Az 2: 2H 55/37

Kosic, Johann
- Fiche: *0577*
Az 1: 7J 276/43
Az 2: 6H 108/43

Kosic, Johann (A)
- Fiche: *0383*
Az 1: 7J 277/43
Az 2: 6H 134/43

Kosier
- Fiche: *0648*
Az 1: 7J 357/43
Az 2: 5H 98/43

Kosik
- Fiche: *0424/0570*
Az 1: 7J 101/44
Az 2: 5H 78/44

Kosir, Johann (A)
- Fiche: *0705*
Az 1: RKA III 107/44
Az 2: 4.Sen.23/44

Kosjek, Johann
- Fiche: *0345*
Az 1: 7J 467/42
Az 2: 1H 273/42

Kosjek, Walter (A)
- Fiche: *0338*
Az 1: 7J 193/42
Az 2: 2H 207/42

Koska
- Fiche: *0021 f.*
Az 1: 17J 397/33
Az 2: 1H 3/35
- Fiche: *0027*
Az 1: 17J 145/35
Az 2: 2H 10/35
- Fiche: *0030*
Az 1: 17J 210/34
Az 2: 2H 19/35
- Fiche: *0159*
Az 1: 9J 84/39g
Az 2: 2H 5/40
- Fiche: *0657 f.*
Az 1: 17J 163/33
Az 2: XV H 3/34

Koska, Gustav
- Fiche: *0323 ff.*
Az 1: 7J 174/40
Az 2: 2H 132/41

Koska, Wilhelm
- Fiche: *0031 f./0230*
Az 1: 17J 296/34
Az 2: 2H 24/35

Koska, Willi
- Fiche: *0051/0246 f.*
Az 1: 8J 422/35g
Az 2: 1H 6/36
- Fiche: *0213 f./0216*
Az 1: 17J 89/33
Az 2: 1H 6/34
- Fiche: *0677*
Az 1: 9J 330/40
Az 2: 2H 48/41

Kosky, Erika
- Fiche: *0165*
Az 1: 9J 307/40g
Az 2: 2H 7/41

Kosky, Herbert
- Fiche: *0517/0678*
Az 1: 10J 139/38
Az 2: 2H 67/38

Koslawsky, Walter
- Fiche: *0397f.*
Az 1: 6J 198/39g
Az 2: 3L 19/40

Koslik, August
- Fiche: *0155 f.*
Az 1: 6J 12/39g
Az 2: 2H 61/39

Koslow
- Fiche: *0195/0460*
Az 1: 10J 112/44
Az 2: 2H 189/44

Koslowski, Franz
- Fiche: *0177 f.*
Az 1: 8J 382/42g
Az 2: 2H 65/43

Koslowsky, Eberhard
- Fiche: *0397f.*
Az 1: 6J 198/39g
Az 2: 3L 19/40

Kosminska, Josefine
- Fiche: *0701*
Az 1: 8J 269/41g

Koß, Arthur
- Fiche: *0205*
Az 1: 11(10)J 1275/43
Az 2: 2H 251/44

Koß, Arthur (A)
- Fiche: *0021/0462*
Az 1: 15J 85/34
Az 2: 1H 46/34

Koss, Johann
- Fiche: *0319*
Az 1: 11J 301/44g
Az 2: 1H 1/45

Kossack
- Fiche: *0448*
Az 1: 17J 225/37
Az 2: 2H 48/37

Kossak
- Fiche: *0104*
Az 1: 17J 321/37
Az 2: 1H 33/37

Kossak, Walter
- Fiche: *0682*
Az 1: 17J 377/37
Az 2: 1H 6/38

Kossak, Walter (A)
- Fiche: *0068*
Az 1: 17J 80/36
Az 2: 2H 39/36

Kossartz
- Fiche: *0427*
Az 1: 6J 158/44g, 6J 165/44g
Az 2: 5H 96/44, 5H 100/44

Kossmann, Bartholomäus (A)
- Fiche: *0440*
Az 1: 0J 40/44g Rs
Az 2: 1L 468/44

Koßner, Walter
- Fiche: *0113/0469 f.*
Az 1: 16J 37/35
Az 2: 1H 19-20/37

Kostanjeveč, Anton (A)
- Fiche: *0502*
Az 1: 7J 66/43
Az 2: 6H 146/43

Kostarek, Otto
- Fiche: *0327*
Az 1: 7J 181/42
Az 2: 2H 158/42
- Fiche: *0328/0335*
Az 1: 7J 606/41
Az 2: 2H 54/42

Kostelecky, Elsa
- Fiche: *0382*
Az 1: 7J 396/43, 7J 399/43
Az 2: 1H 117/43, 5H 116/43

Kostelecky, Johann
- Fiche: *0382*
Az 1: 7J 396/43, 7J 399/43
Az 2: 1H 117/43, 5H 116/43
- Fiche: *0449*
Az 1: 7J 299/43
Az 2: 5H 105/43

Kosteletzki
- Fiche: *0350*
Az 1: 7J 347/42
Az 2: 5H 135/42

Kosteletzki, Margarethe
- Fiche: *0350*
Az 1: 7J 347/42
Az 2: 5H 135/42

Kowalski
- Fiche: *0455*
  Az 1: 10J 107/42
  Az 2: 2H 256/42
- Fiche: *0551 f.*
  Az 1: 6J 248/38g
  Az 2: 2H 2/39
- Fiche: *0556 f.*
  Az 1: 9J 51/44g
  Az 2: 1H 97/44
- Fiche: *0585*
  Az 1: 9J 79/36
  Az 2: 2H 33/36

Kowalski, Werner
- Fiche: *0511*
  Az 1: 9J 328/39
  Az 2: 2H 57/39
- Fiche: *0558*
  Az 1: 9J 278/41g
  Az 2: 2H 133/41

Kowark, Alfred
- Fiche: *0142*
  Az 1: 5J 307/38g
  Az 2: 1H 16/39

Kowark, Alfred (A)
- Fiche: *0706*
  Az 1:
  Az 2: StPL (HLS) 10/39

Kowatsch
- Fiche: *0706*
  Az 1: StPL (RKA) Wien 1/39
  Az 2: StPL (HLS) I 32/39

Kowatsch, Hugo
- Fiche: *0307*
  Az 1: 7J 548/39
  Az 2: 1H 36/40

Kowatsch, Hugo (A)
- Fiche: *0306 f.*
  Az 1: 7J 549/39
  Az 2: 2H 32/40

Kowatsch, Josef
- Fiche: *0383*
  Az 1: 7J 275/43
  Az 2: 6H 107/43

Kowatsch, Josef (A)
- Fiche: *0345*
  Az 1: 7J 454/42
  Az 2: 1H 269/42

Kowitz
- Fiche: *0671 f.*
  Az 1: 15J 385/34
  Az 2: 1H 11/36

Kowolke
- Fiche: *0556 f.*
  Az 1: 9J 51/44g
  Az 2: 1H 97/44

Kowoll, Johann
- Fiche: *0637 f.*
  Az 1: 8J 167/40
  Az 2: 2H 89/40

Kowski, Richard
- Fiche: *0510 f./0689 f.*
  Az 1: 8J 54/37
  Az 2: 2H 41/37

Kox, Wilhelm
- Fiche: *0035*
  Az 1: 17J 454/34
  Az 2: 1H 28/35
- Fiche: *0039 f.*
  Az 1: 14J 16/35
  Az 2: 1H 43/35
- Fiche: *0049/0450*
  Az 1: 9J 151/35
  Az 2: 1H 3/36
- Fiche: *0053 f.*
  Az 1: 17J 310/35
  Az 2: 2H 10/36
- Fiche: *0070 f./0255*
  Az 1: 17J 492/35
  Az 2: 2H 44/36
- Fiche: *0108 f.*
  Az 1: 8J 337/37g
  Az 2: 1H 41/37
- Fiche: *0110 f.*
  Az 1: 8J 348/37g
  Az 2: 1H 47/37
- Fiche: *0113/0469 f.*
  Az 1: 16J 37/35
  Az 2: 1H 19-20/37
- Fiche: *0176/0635*
  Az 1: 5J 151/42
  Az 2: 5H 10/43
- Fiche: *0263 f./0487 f.*
  Az 1: 17J 171/35
  Az 2: 2H 17/37
- Fiche: *0269 f.*
  Az 1: 8J 100/37
  Az 2: 1H 43/37
- Fiche: *0476 f.*
  Az 1: 8J 131/36g, 8J 49,117,131/36g
  Az 2: 2H 16,20,27/37
- Fiche: *0516/0685*
  Az 1: 10J 175/41
  Az 2: 2H 135/41
- Fiche: *0523 f.*
  Az 1: 9J 351/38g
  Az 2: 2H 93/38
- Fiche: *0556 f.*
  Az 1: 9J 51/44g
  Az 2: 1H 97/44
- Fiche: *0630*
  Az 1: 9J 657/35
  Az 2: 1H 58/36
- Fiche: *0640*
  Az 1: 16J 328/35
  Az 2: 1H 11/37

Kox, Wilhelm (A)
- Fiche: *0140 f.*
  Az 1: 8J 357/38g
  Az 2: 2H 13/39

Koza, Anton
- Fiche: *0380*
  Az 1: 7J 450/43
  Az 2: 5H 152/43

Koza, Anton (A)
- Fiche: *0213*
  Az 1: 17J 292/33

Kozak, Karel (A)
- Fiche: *0368*
  Az 1: 12J 38/42
  Az 2: 1H 98/42

Kozdera, Franz
- Fiche: *0458*
  Az 1: 9J 355/39g
  Az 2: 2H 9/40

Kozek
- Fiche: *0071*
  Az 1: 16J 754/35
  Az 2: 2H 45/36

Kozel, Leo (A)
- Fiche: *0329/0370*
  Az 1: 7J 517/42
  Az 2: 5H 13/43

Kozi, Valerie (A)
- Fiche: *0326/0649 f.*
  Az 1: 7J 220/42
  Az 2: 2H 170/42

Kozlecki
- Fiche: *0112/0271*
  Az 1: 16J 675/37
  Az 2: 2H 52/37

Kozlecki, Käthe
- Fiche: *0128*
  Az 1: 5J 317/38
  Az 2: 1H 35/38
- Fiche: *0128 f.*
  Az 1: 5J 285/38
  Az 2: 1H 36/38
- Fiche: *0276 f.*
  Az 1: 5J 284/38
  Az 2: 1H 34/38

Kozlecki, Wenzel
- Fiche: *0109*
  Az 1: 16J 443/37
  Az 2: 2H 42/37
- Fiche: *0128*
  Az 1: 5J 317/38
  Az 2: 1H 35/38
- Fiche: *0128 f.*
  Az 1: 5J 285/38
  Az 2: 1H 36/38
- Fiche: *0225*
  Az 1: 8J 1734/33
  Az 2: 1H 7/35
- Fiche: *0269/0718*
  Az 1: 16J 736/36
  Az 2: 2H 43/37
- Fiche: *0276 f.*
  Az 1: 5J 284/38
  Az 2: 1H 34/38

Kozmann, Rudolf
- Fiche: *0449*
  Az 1: 7J 299/43
  Az 2: 5H 105/43

Kozy, Jakob
- Fiche: *0011 f.*
  Az 1: 17J 545/33
  Az 2: 1H 15/34

Kplar, Richard
- Fiche: *0361*
  Az 1: 7J 452/42
  Az 2: 5H 169/42

Kraak, August
- Fiche: *0120 f./0133*
  Az 1: 17J 400/37
  Az 2: 2H 71/38
- Fiche: *0274*
  Az 1: 17J 406/37
  Az 2: 2H 15/38
- Fiche: *0545*
  Az 1: 10J 49/38
  Az 2: 2H 18/38

Kraatz, Willi
- Fiche: *0095/0541*
  Az 1: 9J 571/36
  Az 2: 2H 22/37
- Fiche: *0248/0447*
  Az 1: 14J 380/36
  Az 2: 2H 8/37

Krach, Hedwig
- Fiche: *0343*
  Az 1: 7J 213/42
  Az 2: 2H 171/42
- Fiche: *0416*
  Az 1: 6(7)J 518/43
  Az 2: 5H 31/44

Krachler, Karl (A)
- Fiche: *0383*
  Az 1: 7J 275/43
  Az 2: 6H 107/43

Kracht, Fritz
- Fiche: *0055 f./0390*
  Az 1: 8J 82/36g
  Az 2: 2H 13/36

Kraczewski
- Fiche: *0615 ff.*
  Az 1: 15J 86/33
  Az 2: XII H 42/33

Kräge, Paul
- Fiche: *0691*
  Az 1: 9J 47/45
  Az 2: 2H 91/45

Kräge, Paul (A)
- Fiche: *0691*
  Az 1: 9J 9/45
  Az 2: 2H 30/45

Kräher
- Fiche: *0589*
  Az 1: 16J 293/35
  Az 2: 2H 58/35

Kräher, Kurt
- Fiche: *0588 f./0643*
  Az 1: 16J 293/35, 8J 438/35
  Az 2: 2H 58/35

Kraemer
- Fiche: *0176/0295*
  Az 1: 6J 27/42g
  Az 2: 1H 18/43

Krämer
- Fiche: *0038 f./0259 f.*
  Az 1: 16J 767/35
  Az 2: 2H 57/36
- Fiche: *0684*
  Az 1: 10J 80/42
  Az 2: 2H 317/42

Kranich, Hermann
- Fiche: *0145 f.*
  Az 1: 6J 119/39
  Az 2: 1H 29/39

Kranke, Kurt
- Fiche: *0141/0273*
  Az 1: 6J 277/38g
  Az 2: 1H 14/39

Kranthammer
- Fiche: *0095 f.*
  Az 1: 17J 271/36
  Az 2: 2H 23/37

Kranthammer, Michael
- Fiche: *0094/0264 f.*
  Az 1: 17J 439/36
  Az 2: 2H 21/37

Kranthause
- Fiche: *0071*
  Az 1: 16J 754/35
  Az 2: 2H 45/36

Kranz
- Fiche: *0735 f.*
  Az 1: 7J 32/44
  Az 2: 6H 92/44

Kranz, Michael (A)
- Fiche: *0454*
  Az 1: 9J 22/43
  Az 2: 2H 62/43

Kranz, Werner
- Fiche: *0535*
  Az 1: 8J 127/42g
  Az 2: 2H 141/42

Kranz, Willi (A)
- Fiche: *0299*
  Az 1: 5J 120/43
  Az 2: 2H 141/43

Krapf (Frau)
- Fiche: *0615 ff.*
  Az 1: 15J 86/33
  Az 2: XII H 42/33

Krapp
- Fiche: *0692*
  Az 1: 14J 328/33
  Az 2: XV H 59/33

Krapp, Alexander
- Fiche: *0517/0678*
  Az 1: 10J 139/38
  Az 2: 2H 67/38

Krasnigg
- Fiche: *0329/0339*
  Az 1: 7J 283/42, 7J 288/42
  Az 2: 5H 146/42

Krasnik, Simon
- Fiche: *0351*
  Az 1: 7J 490/42
  Az 2: 6H 30/42
- Fiche: *0459*
  Az 1: 7J 489/42
  Az 2: 6H 29/42

Krassnigg
- Fiche: *0382*
  Az 1: 7J 396/43, 7J 399/43
  Az 2: 1H 117/43, 5H 116/43

Krath
- Fiche: *0071 f.*
  Az 1: 14J 288/36
  Az 2: 1H 48/36

Kratochvil
- Fiche: *0648*
  Az 1: 7J 357/43
  Az 2: 5H 98/43
- Fiche: *0648 f.*
  Az 1: 7J 502/43
  Az 2: 5H 5/44
- Fiche: *0705*
  Az 1: RKA III 107/44
  Az 2: 4.Sen.23/44

Kratochvil, Bernhard
- Fiche: *0400*
  Az 1: 7J 186/42
  Az 2: 5H 117/42

Kratochvil, Bernhard (A)
- Fiche: *0408*
  Az 1: 7J 454/43, 7J 502/43
  Az 2: 5H 10/44, 5H 5/44

Kratochvil, Friedrich
- Fiche: *0339/0349*
  Az 1: 7J 164/42
  Az 2: 5H 91/42

Kratochvil, Wenzel (A)
- Fiche: *0318*
  Az 1: 8J 250/43

Kratsch
- Fiche: *0241 f.*
  Az 1: 8J 88/36g
  Az 2: 1H 70/35

Kratsch, Herbert
- Fiche: *0671 f.*
  Az 1: 15J 385/34
  Az 2: 1H 11/36

Kratz, Julius
- Fiche: *0268 f./0273*
  Az 1: 14J 323/37
  Az 2: 1H 10/38
- Fiche: *0268 f./0701 f.*
  Az 1: 14J 323/37
  Az 2: 1H 24/37

Kratz, Wilhelm
- Fiche: *0552*
  Az 1: 9J 162/42g
  Az 2: 2H 320/42
- Fiche: *0581*
  Az 1: 9J 198/42
  Az 2: 2H 302/42

Kratzat, Gerhard
- Fiche: *0535 f.*
  Az 1: 10J 267/41
  Az 2: 2H 157/41
- Fiche: *0560*
  Az 1: 9J 90/42g
  Az 2: 2H 281/42
- Fiche: *0634*
  Az 1: 10J 102/42
  Az 2: 2H 185/42

Kratzert
- Fiche: *0615 ff.*
  Az 1: 15J 86/33
  Az 2: XII H 42/33

Kratzsch
- Fiche: *0201/0434*
  Az 1: 8J 181/44g
  Az 2: 1H 227/44
- Fiche: *0469/0504*
  Az 1: 15J 81/35
  Az 2: 2H 50/35
- Fiche: *0549*
  Az 1: 10J 96/42
  Az 2: 2H 238/42
- Fiche: *0556 f.*
  Az 1: 9J 51/44g
  Az 2: 1H 97/44

Kratzsch (Frau)
- Fiche: *0201/0434*
  Az 1: 8J 181/44g
  Az 2: 1H 227/44

Kratzsch, Charlotte (A)
- Fiche: *0206*
  Az 1: 8J 189/44g
  Az 2: 1H 265/44

Kratzsch, Herbert
- Fiche: *0301*
  Az 1: 15J 818/36
  Az 2: 1H 22/37
- Fiche: *0315 f./0465 f.*
  Az 1: 15J 14/36
  Az 2: 1H 54/36
- Fiche: *0463/0465*
  Az 1: 15J 39/36
  Az 2: 2H 35/36
- Fiche: *0523*
  Az 1: 10J 227/39
  Az 2: 2H 20/41
- Fiche: *0629 f.*
  Az 1: 9J 929/35
  Az 2: 1H 37/36
- Fiche: *0672*
  Az 1: 10J 201/41
  Az 2: 2H 59/42

Kratzsch, Herbert (A)
- Fiche: *0094/0262*
  Az 1: 8J 223/36
  Az 2: 2H 15/37

Kratzwohl, August (A)
- Fiche: *0436*
  Az 1: 10J 287/44
  Az 2: 6H 253/44

Krauel, Wilhelm
- Fiche: *0245 f.*
  Az 1: 8J 7/36g
  Az 2: 2H 4/36

Kraufmann, Otto
- Fiche: *0113/0469 f.*
  Az 1: 16J 37/35
  Az 2: 1H 19-20/37
- Fiche: *0476 f.*
  Az 1: 8J 131/36g, 8J 49,117,131/36g
  Az 2: 2H 16,20,27/37

Kraul
- Fiche: *0126/0276*
  Az 1: 16J 912/37
  Az 2: 2H 28/38
- Fiche: *0537 f.*
  Az 1: 9J 236/41g
  Az 2: 5H 75/42
- Fiche: *0628*
  Az 1: 9J 50/42g
  Az 2: 2H 60/42
- Fiche: *0628 f.*
  Az 1: 10J 2/43g
  Az 2: 1H 89/43

Kraupa, Gretl
- Fiche: *0342*
  Az 1: 7J 316/42
  Az 2: 2H 173/42

Kraus
- Fiche: *0021/0462*
  Az 1: 15J 85/34
  Az 2: 1H 46/34
- Fiche: *0094/0262*
  Az 1: 8J 223/36
  Az 2: 2H 15/37
- Fiche: *0228*
  Az 1: 13J 266/33
  Az 2: 2H 11,12/35
- Fiche: *0390 f.*
  Az 1: 8J 106/36g
  Az 2: 2H 24/36
- Fiche: *0417*
  Az 1: 11J 28/44
  Az 2: 6L 34/44
- Fiche: *0450/0635*
  Az 1: 8J 22/44
  Az 2: 2H 73/44
- Fiche: *0463/0465*
  Az 1: 15J 39/36
  Az 2: 2H 35/36
- Fiche: *0514*
  Az 1: 9aJ 164/34
  Az 2: 1H 47/34

Kraus (Frau)
- Fiche: *0450/0635*
  Az 1: 8J 22/44
  Az 2: 2H 73/44

Kraus, Alfred
- Fiche: *0293 f.*
  Az 1: 8J 521/41g
  Az 2: 2H 98/42

Kraus, Appolonia
- Fiche: *0305 f.*
  Az 1: 6J 334/38
  Az 2: 1H 12/39

Kraus, Franz (A)
- Fiche: *0577*
  Az 1: 7J 276/43
  Az 2: 6H 108/43

Kraus, Helene
- Fiche: *0043 f.*
  Az 1: 9J 702/35
  Az 2: 2H 53/35
- Fiche: *0196/0625*
  Az 1: 9J 187/44
  Az 2: 2H 204/44

Kraus, Johann
- Fiche: *0004 f.*
  Az 1: 13J 98/33
  Az 2: 1H 7/34

Kraus, Karl
- Fiche: *0411 f.*
  Az 1: 8J 375/40
  Az 2: 5H 17/44

Krauß
- Fiche: *0485 f.*
  Az 1: 8J 386/38, 8J 214/37
  Az 2: 1H 33/38, 1H 31/38
- Fiche: *0692*
  Az 1: StPL (RKA) III 525/42
  Az 2: StPL (HLS) II 4/43

Krauss, Annie
- Fiche: *0713 f.*
  Az 1: StPL (RKA) III 495,496,497/42
  Az 2: StPL (HLS) II 129/42

Krauß, Georg
- Fiche: *0094/0264 f.*
  Az 1: 17J 439/36
  Az 2: 2H 21/37

Krauß, Robert (A)
- Fiche: *0251 ff.*
  Az 1: 14J 12/36
  Az 2: 2H 17/36

Krauss, Werner (A)
- Fiche: *0692*
  Az 1: StPL (RKA) III 525/42
  Az 2: StPL (HLS) II 4/43
- Fiche: *0693*
  Az 1: StPL (RKA) III 525/42
  Az 2: StPL 2. Sen. 100/43

Krauße
- Fiche: *0058*
  Az 1: 16J 753/35
  Az 2: 1H 20/36

Krauße, Helene
- Fiche: *0435*
  Az 1: 11J 285/44
  Az 2: 2H 242/44

Krauße, Helene (A)
- Fiche: *0203 f.*
  Az 1: 11J 246/44
  Az 2: 2H 245/44

Krauße, Karl
- Fiche: *0203 f.*
  Az 1: 11J 246/44
  Az 2: 2H 245/44
- Fiche: *0435*
  Az 1: 11J 285/44
  Az 2: 2H 242/44

Krausz, Helene
- Fiche: *0575/0644 f.*
  Az 1: 8J 324/39g
  Az 2: 5H 110/43

Krausz-Wienner, Ludwig (A)
- Fiche: *0575/0644 f.*
  Az 1: 8J 324/39g
  Az 2: 5H 110/43

Kraut, Alfred
- Fiche: *0009/0733 f.*
  Az 1: 14J 311/33
  Az 2: 1H 12/34
- Fiche: *0122 f.*
  Az 1: 16J 765/37
  Az 2: 1H 23/38

Kraut, Alfred (A)
- Fiche: *0028 f./0679*
  Az 1: 15J 648/33
  Az 2: 1H 14/35

Krauter
- Fiche: *0141/0475 f.*
  Az 1: 5J 449/38
  Az 2: 1H 15/39

Krauth, Arnulf (A)
- Fiche: *0712 f.*
  Az 1: 9J 393/39
  Az 2: 2H 62/40

Krauth, Hildegard (A)
- Fiche: *0712 f.*
  Az 1: 9J 393/39
  Az 2: 2H 62/40

Krauthaus, Richard
- Fiche: *0071/0244*
  Az 1: 8J 168/36g
  Az 2: 2H 46/36

Krauthausen, Georg
- Fiche: *0254*
  Az 1: 9J 332/36
  Az 2: 2H 40/36

Krautkrämer (Frau)
- Fiche: *0692*
  Az 1: 14J 328/33
  Az 2: XV H 59/33

Krautschick, Alwin (A)
- Fiche: *0454*
  Az 1: 8J 333/40
  Az 2: 2H 84/40

Krautter, Erich
- Fiche: *0213 f./0216*
  Az 1: 17J 89/33
  Az 2: 1H 6/34

Krautter, Erich (A)
- Fiche: *0657 f.*
  Az 1: 17J 163/33
  Az 2: XV H 3/34

Krautter, Erwin
- Fiche: *0475*
  Az 1: 9J 323/39g
  Az 2: 1H 67/39

Krautter, Kurt
- Fiche: *0153*
  Az 1: 9J 327/39g
  Az 2: 1H 53/39
- Fiche: *0703*
  Az 1: 9J 327/39g, 9J 390/39 g

Krautter, Kurt (A)
- Fiche: *0165*
  Az 1: 9J 307/40g
  Az 2: 2H 7/41

Krautwasser, Eugen (A)
- Fiche: *0630 f.*
  Az 1: 5J 174/39
  Az 2: 2H 51/39

Krautwurst
- Fiche: *0242 f.*
  Az 1: 8J 3/36g
  Az 2: 2H 1/36

Krautwurst, Nikolaus
- Fiche: *0117 f./0542*
  Az 1: 8J 20/36g
  Az 2: 2H 11/38

Krautz
- Fiche: *0250 f.*
  Az 1: 8J 364/35
  Az 2: 2H 15/36

Krautz, Walter
- Fiche: *0492*
  Az 1: 10J 66/40
  Az 2: 2H 114/40
- Fiche: *0566 f.*
  Az 1: 10J 70/40
  Az 2: 2H 127/40

Krautz, Walter (A)
- Fiche: *0563 f.*
  Az 1: 10J 68/40
  Az 2: 2H 109/40

Kravanja, Ferdinand
- Fiche: *0323 ff.*
  Az 1: 7J 174/40
  Az 2: 2H 132/41

Kravanja, Ferdinand (A)
- Fiche: *0699 f.*
  Az 1: StPL (RKA) I 118/41
  Az 2: StPL (HLS) III 57/41

Kravanja, Fritz
- Fiche: *0699 f.*
  Az 1: StPL (RKA) I 118/41
  Az 2: StPL (HLS) III 57/41

Krb, Karl
- Fiche: *0320 f./0388*
  Az 1: 6J 144/40g
  Az 2: 2H 14/41
- Fiche: *0322/0521 f.*
  Az 1: 6J 145/40
  Az 2: 2H 32/41
- Fiche: *0414*
  Az 1: 6J 1/44
  Az 2: 5H 23/44

Krcmarik, Josef
- Fiche: *0400*
  Az 1: 7J 186/42
  Az 2: 5H 117/42

Krcmarik, Josef (A)
- Fiche: *0329/0358*
  Az 1: 7J 354/42
  Az 2: 5H 142/42

Krcs, Karl
- Fiche: *0297*
  Az 1: 7J 247/43
  Az 2: 5H 79/43

Krczek, Leopold
- Fiche: *0327*
  Az 1: 7J 271/42
  Az 2: 2H 157/42

Krebs
- Fiche: *0037*
  Az 1: 8J 228/35
  Az 2: 1H 36/35
- Fiche: *0615 ff.*
  Az 1: 15J 86/33
  Az 2: XII H 42/33

Krebs (Frau)
- Fiche: *0573*
  Az 1: 10J 10/40
  Az 2: 2H 40/40

Krebs, Alfred (A)
- Fiche: *0176*
  Az 1: 10J 216/42g
  Az 2: 1H 300/42

Krebs, Franz
- Fiche: *0319*
  Az 1: 11J 301/44g
  Az 2: 1H 1/45

Krebs, Walter
- Fiche: *0070*
  Az 1: 14J 210/35
  Az 2: 2H 43/36

Krecka, Hermine
- Fiche: *0320 f./0388*
  Az 1: 6J 144/40g
  Az 2: 2H 14/41

Kreft
- Fiche: *0559*
  Az 1: 10J 16/42g
  Az 2: 1H 247/42

Krehan
- Fiche: *0394 f.*
  Az 1: 14J 480/37g
  Az 2: 1L 18/38

Kreher, Oskar (A)
- Fiche: *0608 ff.*
  Az 1: 15J 179/33
  Az 2: XII H 17/34

Krehwinkel, Franz Joseph
- Fiche: *0247 f./0445*
  Az 1: 8J 72/36
  Az 2: 2H 7/37

Kreibich
- Fiche: *0639*
  Az 1: 10J 87/41
  Az 2: 2H 192/42

Kreibisch
- Fiche: *0143 f.*
  Az 1: 5J 160/39
  Az 2: 2H 24/39

Kreibisch, Johann
- Fiche: *0288*
  Az 1: 5J 686/38
  Az 2: 1H 59/39

Kreichelt, Martin
- Fiche: *0092*
  Az 1: 8/14J 31-45/36g
  Az 2: 1H 13/37

Kreichelt, Martin (A)
- Fiche: *0091 f.*
  Az 1: 14J 469/37, 14J 380/37
  Az 2: 1H 12/23/37

Kreikenbaum
- Fiche: *0494*
  Az 1: 9J 356/36
  Az 2: 1H 46/36

Kretschmer, Josef
- Fiche: *0152 f.*
  Az 1: 6J 6/39g
  Az 2: 2H 50/39
- Fiche: *0155 f.*
  Az 1: 6J 12/39g
  Az 2: 2H 61/39

Kretschmer, Julius (A)
- Fiche: *0575/0644 f.*
  Az 1: 8J 324/39g
  Az 2: 5H 110/43

Kretzschmar
- Fiche: *0028 f./0679*
  Az 1: 15J 648/33
  Az 2: 1H 14/35
- Fiche: *0034*
  Az 1: 9J 613/33
  Az 2: 1H 27/35

Kretzschmar, Herbert
- Fiche: *0066 f./0253 f.*
  Az 1: 8J 4/36
  Az 2: 1H 38/36

Kretzschmar, Max
- Fiche: *0233/0373*
  Az 1: 16J 139/35
  Az 2: 1H 37/35

Kretzschmar, Richard
- Fiche: *0119 f.*
  Az 1: 6J 168/38g
  Az 2: 1H 14/38
- Fiche: *0261*
  Az 1: 14J 570/37g

Kretzschmer (Frau)
- Fiche: *0729*
  Az 1: 17J 95/34
  Az 2: 1H 34/36

Kreutler
- Fiche: *0493*
  Az 1: 10J 229/38
  Az 2: 2H 66/38

Kreutner, Rudolf
- Fiche: *0152/0305*
  Az 1: 7J 302/39
  Az 2: 1H 46/39

Kreutz
- Fiche: *0457*
  Az 1: 9J 114/44
  Az 2: 2H 116/44

Kreutz, Alois (A)
- Fiche: *0601*
  Az 1: 9J 100/44
  Az 2: 2H 131/44

Kreutz, Kurt
- Fiche: *0672*
  Az 1: 10J 201/41
  Az 2: 2H 59/42

Kreutzburg, August
- Fiche: *0052*
  Az 1: 14J 104/36
  Az 2: 2H 8/36
- Fiche: *0071 f.*
  Az 1: 14J 288/36
  Az 2: 1H 48/36
- Fiche: *0094 f./0551*
  Az 1: 9J 600/36
  Az 2: 1H 21/37
- Fiche: *0140 f.*
  Az 1: 8J 357/38g
  Az 2: 2H 13/39
- Fiche: *0176/0635*
  Az 1: 5J 151/42
  Az 2: 5H 10/43
- Fiche: *0463/0465*
  Az 1: 15J 39/36
  Az 2: 2H 35/36
- Fiche: *0480*
  Az 1: 10J 299/41
  Az 2: 2H 50/42
- Fiche: *0523 f.*
  Az 1: 9J 351/38g
  Az 2: 2H 93/38
- Fiche: *0588 f./0643*
  Az 1: 16J 293/35, 8J 438/35
  Az 2: 2H 58/35
- Fiche: *0630*
  Az 1: 9J 657/35
  Az 2: 1H 58/36

Kreutzer, Käthe
- Fiche: *0010*
  Az 1: 8J 1783/33
  Az 2: 1H 14/34

Kreutzfeld
- Fiche: *0439*
  Az 1: 15J 931/37
  Az 2: 2H 35/38

Kreutzfeld, Wilhelm
- Fiche: *0126*
  Az 1: 7J 106/38
  Az 2: 2H 27/38

Kreuzberger
- Fiche: *0419 f./0650*
  Az 1: 7(8)J 208/43, 7J 258/43, 7J 80/44
  Az 2: 5H 58/44, 5H 53/44, 5H 60/44

Kreuzburg
- Fiche: *0238 f.*
  Az 1: 17J 82/35
  Az 2: 1H 51/35
- Fiche: *0549*
  Az 1: 10J 96/42
  Az 2: 2H 238/42
- Fiche: *0558 f.*
  Az 1: 9J 914/35
  Az 2: 1H 9/36
- Fiche: *0640*
  Az 1: 16J 328/35
  Az 2: 1H 11/37
- Fiche: *0681 f.*
  Az 1: 10J 202/41g
  Az 2: 2H 143/41

Kreuzburg, Anton
- Fiche: *0531 f.*
  Az 1: 10J 170/41
  Az 2: 2H 10/42

Kreuzer
- Fiche: *0021/0461 f.*
  Az 1: 9aJ 44/34
  Az 2: 2H 1/35
- Fiche: *0141/0475 f.*
  Az 1: 5J 449/38
  Az 2: 1H 15/39

Kreuzer (Frau)
- Fiche: *0577*
  Az 1: 11J 118/44
  Az 2: 2H 160/44

Kreuzer, Anni
- Fiche: *0514 f.*
  Az 1: 9J 953/33
  Az 2: 1H 2/35

Kreuzfeld, Dolly
- Fiche: *0113 f./0508*
  Az 1: 14J 725/37g
  Az 2: 1H 1/38

Kreuzmann, Friedrich
- Fiche: *0304 f.*
  Az 1: 7J 268/39
  Az 2: 1H 66/39

Krevet, Lorenz
- Fiche: *0442*
  Az 1: 8J 23/38g Rs
  Az 2: 1H 20/38

Krey, Franz
- Fiche: *0020*
  Az 1: 17J 170/34
  Az 2: 1H 42/34
- Fiche: *0470*
  Az 1: 9J 25/42g
  Az 2: 2H 153/42

Kric, Johann
- Fiche: *0328/0340 f.*
  Az 1: 7J 137/42
  Az 2: 2H 191/42

Kricha, Leopold
- Fiche: *0346*
  Az 1: 7J 425/42
  Az 2: 1H 251/42

Kricha, Leopold (A)
- Fiche: *0649*
  Az 1: 7J 481/42
  Az 2: 1H 314/42

Krichl, Karl
- Fiche: *0435*
  Az 1: 10J 286/44
  Az 2: 6H 251/44

Krickl, Ludmilla (A)
- Fiche: *0435*
  Az 1: 10J 286/44
  Az 2: 6H 251/44

Krickl, Stefanie (A)
- Fiche: *0435*
  Az 1: 10J 286/44
  Az 2: 6H 251/44

Kriedemann
- Fiche: *0598 ff.*
  Az 1: 9J 479/35
  Az 2: 2H 14/36

Kriedemann, Herbert
- Fiche: *0061 f./0626 f.*
  Az 1: 17J 336/35
  Az 2: 2H 28/36

Kriedemann, Herbert (A)
- Fiche: *0672 f.*
  Az 1: 10J 90/41
  Az 2: 2H 111/41

Krieg
- Fiche: *0463/0465*
  Az 1: 15J 39/36
  Az 2: 2H 35/36
- Fiche: *0697*
  Az 1: StPL (RKA) III 114/43

Krieg, Anton
- Fiche: *0463/0465*
  Az 1: 15J 39/36
  Az 2: 2H 35/36

Krieg, Gustav
- Fiche: *0317*
  Az 1: 15J 166/36
  Az 2: 1H 33/36
- Fiche: *0390 f.*
  Az 1: 8J 106/36g
  Az 2: 2H 24/36

Krieg, Willi - s. Strinz, Willi (A)
- Fiche: *0002*
  Az 1: 8J 1856/33
  Az 2: 2H 2/34

Kriegel
- Fiche: *0588 f./0643*
  Az 1: 16J 293/35, 8J 438/35
  Az 2: 2H 58/35
- Fiche: *0589*
  Az 1: 16J 293/35
  Az 2: 2H 58/35

Kriegeskorte, Hans
- Fiche: *0601*
  Az 1: 9J 92/41
  Az 2: 2H 163/41

Krien, Otto
- Fiche: *0566 f.*
  Az 1: 10J 70/40
  Az 2: 2H 127/40

Kriese
- Fiche: *0103 f.*
  Az 1: 17J 416/36
  Az 2: 2H 32/37
- Fiche: *0303 f.*
  Az 1: 17J 43/37
  Az 2: 1H 7/38

Krijowsky
- Fiche: *0297*
  Az 1: 7J 247/43
  Az 2: 5H 79/43
- Fiche: *0375*
  Az 1: 7J 332/43
  Az 2: 5H 73/43

Krim
- Fiche: *0606 f.*
  Az 1: 13J 190/33
  Az 2: XV H 53/33

Krimps, Emma
- Fiche: *0696 f.*
  Az 1: StPL (RKA) III 657/41
  Az 2: StPL (HLS) III 16/42

Krummenohl, Wilhelm (A)
- Fiche: *0669 f.*
  Az 1: 15/17J 61/33
  Az 2: XV H 36/33

Krumml, Josef
- Fiche: *0345*
  Az 1: 7J 373/42
  Az 2: 2H 264/42

Krummrich, Berthold
- Fiche: *0222 f.*
  Az 1: 17J 504/33
  Az 2: 1H 1/35

Krumnov, Ernst
- Fiche: *0499*
  Az 1: 10J 141/38
  Az 2: 2H 53/38

Krumpl (Frau)
- Fiche: *0419 f./0650*
  Az 1: 7(8)J 208/43, 7J 258/43, 7J 80/44
  Az 2: 5H 58/44, 5H 53/44, 5H 60/44

Krumpl, Karl
- Fiche: *0413*
  Az 1: 7(8)J 209/43g
  Az 2: 5H 22/44
- Fiche: *0420 f.*
  Az 1: 7(8)J 172/43g
  Az 2: 5H 59/44

Krumpl, Karl (A)
- Fiche: *0419 f./0650*
  Az 1: 7(8)J 208/43, 7J 258/43, 7J 80/44
  Az 2: 5H 58/44, 5H 53/44, 5H 60/44

Krumreich
- Fiche: *0481 f./0557 f.*
  Az 1: 8J 214/37
  Az 2: 1H 31/38
- Fiche: *0485 f.*
  Az 1: 8J 386/38, 8J 214/37
  Az 2: 1H 33/38, 1H 31/38

Krunow (Frau)
- Fiche: *0130 f.*
  Az 1: 10J 137/38
  Az 2: 2H 49/38

Krupka
- Fiche: *0715 f.*
  Az 1: 15 J 195/32
  Az 2: XV H 24/34

Krupp
- Fiche: *0320*
  Az 1: 6J 119/40g

Kruppa
- Fiche: *0155 f.*
  Az 1: 6J 12/39g
  Az 2: 2H 61/39

Kruppa, Robert
- Fiche: *0152 f.*
  Az 1: 6J 6/39g
  Az 2: 2H 50/39

Krusca
- Fiche: *0564 f.*
  Az 1: 9J 137/34
  Az 2: 1H 25/35

Krusche
- Fiche: *0241 f.*
  Az 1: 8J 88/36g
  Az 2: 1H 70/35
- Fiche: *0543*
  Az 1: 15J 385/34
  Az 2: 1H 47/36
- Fiche: *0671 f.*
  Az 1: 15J 385/34
  Az 2: 1H 11/36

Krusche, Richard
- Fiche: *0683 f.*
  Az 1: 10J 44/41
  Az 2: 2H 45/42

Kruschke
- Fiche: *0681 f.*
  Az 1: 10J 202/41g
  Az 2: 2H 143/41

Kruse
- Fiche: *0055/0248 f.*
  Az 1: 8J 418/35g
  Az 2: 1H 13/36
- Fiche: *0120 f./0133*
  Az 1: 17J 400/37
  Az 2: 2H 71/38
- Fiche: *0244 f./0274*
  Az 1: 8J 431/35g
  Az 2: 1H 8/37
- Fiche: *0286 f.*
  Az 1: 8J 384/38g
  Az 2: 1H 32/39
- Fiche: *0533*
  Az 1: 8J 332/38
  Az 2: 1H 32/38

Kruse (Frau)
- Fiche: *0511 f.*
  Az 1: 9J 125/39g
  Az 2: 2H 45/39

Kruse, Anton
- Fiche: *0643*
  Az 1: 10J 29/41
  Az 2: 2H 49/41

Kruse, Engelbert
- Fiche: *0562*
  Az 1: 10(9)J 836/43
  Az 2: 2H 101/44

Kruse, Erich
- Fiche: *0590*
  Az 1: 5J 122/36g
  Az 2: 3L 7/37

Kruse, Kurt
- Fiche: *0506*
  Az 1: 8J 441/39
  Az 2: 2H 34/40

Kruse, Richard
- Fiche: *0021 f.*
  Az 1: 17J 397/33
  Az 2: 1H 3/35

Kruse, Walter
- Fiche: *0021/0462*
  Az 1: 15J 85/34
  Az 2: 1H 46/34
- Fiche: *0514 f.*
  Az 1: 9J 953/33
  Az 2: 1H 2/35

Kruse, Wilhelm
- Fiche: *0555*
  Az 1: 9J 330/41
  Az 2: 5H 63/42

Kruse, Wilhelm (A)
- Fiche: *0511 f.*
  Az 1: 9J 125/39g
  Az 2: 2H 45/39

Kruth
- Fiche: *0515 f.*
  Az 1: 8J 44/39
  Az 2: 1H 24/39

Krutz, Hermann
- Fiche: *0034*
  Az 1: 9J 613/33
  Az 2: 1H 27/35

Krutz, Otto (A)
- Fiche: *0028 f./0679*
  Az 1: 15J 648/33
  Az 2: 1H 14/35

Krutzsch
- Fiche: *0588 f./0643*
  Az 1: 16J 293/35, 8J 438/35
  Az 2: 2H 58/35
- Fiche: *0589*
  Az 1: 16J 293/35
  Az 2: 2H 58/35

Krzikalla, Max (A)
- Fiche: *0622*
  Az 1: 12J 201/33
  Az 2: XII H 15/34

Krzikawski, Walter
- Fiche: *0397f.*
  Az 1: 6J 198/39g
  Az 2: 3L 19/40
- Fiche: *0523 f.*
  Az 1: 9J 351/38g
  Az 2: 2H 93/38

Krzikawski, Walter (A)
- Fiche: *0179/0675*
  Az 1: 4J 85/42g
  Az 2: 1H 97/43

Krzossa, Wilhelm
- Fiche: *0555*
  Az 1: 9J 388/36
  Az 2: 2H 55/36

Kuback, Erich
- Fiche: *0253*
  Az 1: 8J 6/35

Kubacki
- Fiche: *0188*
  Az 1: 11(10)J 529/43
  Az 2: 2H 100/44

Kubak
- Fiche: *0298/0367*
  Az 1: 7J 300/43
  Az 2: 5H 94/43
- Fiche: *0371*
  Az 1: 7J 301/43
  Az 2: 5H 97/43
- Fiche: *0372*
  Az 1: 7J 308/43
  Az 2: 5H 92/43
- Fiche: *0381*
  Az 1: 7J 297/43
  Az 2: 5H 96/43, 5H 139/43
- Fiche: *0449*
  Az 1: 7J 299/43
  Az 2: 5H 105/43

Kubak, Otto
- Fiche: *0343*
  Az 1: 7J 213/42
  Az 2: 2H 171/42
- Fiche: *0382*
  Az 1: 7J 396/43, 7J 399/43
  Az 2: 1H 117/43, 5H 116/43
- Fiche: *0418*
  Az 1: 7J 396/43
  Az 2: 5H 48/44

Kubak, Otto (A)
- Fiche: *0366*
  Az 1: 7J 171/42
  Az 2: 5H 147/42

Kubak, Vladimir
- Fiche: *0297 f.*
  Az 1: 7J 307/43
  Az 2: 5H 93/43
- Fiche: *0373/0520*
  Az 1: 7J 192/43
  Az 2: 5H 83/43

Kubak, Wladimir
- Fiche: *0372/0520*
  Az 1: 7J 308/43
  Az 2: 5H 92/43
- Fiche: *0373*
  Az 1: 7J 306/43
  Az 2: 5H 89/43

Kubak, Wladimir (A)
- Fiche: *0576*
  Az 1: 7J 352/43
  Az 2: 5H 90/43

Kubasta, Gottfried
- Fiche: *0376*
  Az 1: 7J 306/42, 7J 239/43
  Az 2: 5H 140/42, 5H 72/43
- Fiche: *0425*
  Az 1: 7J 137/44
  Az 2: 5H 81/44
- Fiche: *0426*
  Az 1: 7J 139/44, 7J 130/44
  Az 2: 5H 89/44, 5H 82/44

Kubasta, Gottfried (A)
- Fiche: *0649*
  Az 1: 7J 119/44
  Az 2: 5H 87/44

Kübler, Rosa (A)
- Fiche: *0653 f.*
  Az 1: 13J 294/33
  Az 2: XV H 6/34

Kübler, Stella
- Fiche: *0691*
  Az 1: 9J 9/45
  Az 2: 2H 30/45

Küchenmeister, Walter
- Fiche: *0692*
  Az 1: StPL (RKA) III 525/42
  Az 2: StPL (HLS) II 4/43
- Fiche: *0713 f.*
  Az 1: StPL (RKA) III 495,496,497/42
  Az 2: StPL (HLS) II 129/42

Küchenmeister, Walter (A)
- Fiche: *0714*
  Az 1: StPL (RKA) III 530/42
  Az 2: StPL (HLS) II 12/43

Küchler, Paul (A)
- Fiche: *0608 ff.*
  Az 1: 15J 179/33
  Az 2: XII H 17/34

Kücken
- Fiche: *0615 ff.*
  Az 1: 15J 86/33
  Az 2: XII H 42/33

Küfner, Alwin
- Fiche: *0289 f.*
  Az 1: 6J 52/40g
  Az 2: 2H 111/40

Kügelen, von
- Fiche: *0062 f.*
  Az 1: 8J 17/36
  Az 2: 1H 29/36

Kügler, Ella
- Fiche: *0126*
  Az 1: 7J 106/38
  Az 2: 2H 27/38

Kügler, Karl
- Fiche: *0439*
  Az 1: 15J 931/37
  Az 2: 2H 35/38

Kügler, Karl (A)
- Fiche: *0126*
  Az 1: 7J 106/38
  Az 2: 2H 27/38

Kühberger, Agnes
- Fiche: *0333*
  Az 1: 7J 156/42
  Az 2: 2H 112/42

Kühberger, Ignatz
- Fiche: *0351*
  Az 1: 7J 492/42
  Az 2: 6H 28/42

Kühl, Ernst
- Fiche: *0277 f.*
  Az 1: 14J 651/37g
  Az 2: 2H 55/38

Kühl, Jürgen
- Fiche: *0728*
  Az 1: 17J 461/34
  Az 2: 0Js 18/36

Kühlborn
- Fiche: *0108*
  Az 1: 8J 358/37g
  Az 2: 1H 40/37

Kühler
- Fiche: *0195/0460*
  Az 1: 10J 112/44
  Az 2: 2H 189/44

Kühmayer, Ignaz
- Fiche: *0403 f.*
  Az 1: 8J 7/41g
  Az 2: 2H 166/43
- Fiche: *0418*
  Az 1: 7(8)J 103/41
  Az 2: 5H 47/44
- Fiche: *0580/0624 f.*
  Az 1: 8J 200/41
  Az 2: 2H 6/44

Kühmayer, Ignaz (A)
- Fiche: *0407 f.*
  Az 1: 7(8)J 199/41
  Az 2: 2H 3/44

Kühn
- Fiche: *0127 f.*
  Az 1: 15J 942/37
  Az 2: 2H 34/38
- Fiche: *0606*
  Az 1: 8J 1583/33
  Az 2: XV H 52/33

Kühn, Anna
- Fiche: *0716 f.*
  Az 1: 6J 9/45
  Az 2: 6H 42/45

Kühn, Ernst (A)
- Fiche: *0183*
  Az 1: 11(10)J 631/43
  Az 2: 1H 28/44

Kühn, Eugen
- Fiche: *0614*
  Az 1: 13J 215/33
  Az 2: XII H 55/33

Kühn, Hein
- Fiche: *0013 f.*
  Az 1: 8J 1713/33
  Az 2: 2H 20/34

Kühn, Heinz
- Fiche: *0518/0558*
  Az 1: 10J 815/43
  Az 2: 1H 289/43

Kühn, Kurt
- Fiche: *0006 f.*
  Az 1: 17J 574/33
  Az 2: 1H 10/34

Kühn, Kurt (A)
- Fiche: *0456*
  Az 1: 9J 235/44
  Az 2: 2H 220/44

Kühn, Lotte
- Fiche: *0564 f.*
  Az 1: 9J 137/34
  Az 2: 1H 25/35

Kühn, Otto (A)
- Fiche: *0513*
  Az 1: 15J 302/34, 15J 107/35
  Az 2: 1H 18/35, 1H 21/35

Kühn, Walter
- Fiche: *0136*
  Az 1: 7J 346/38
  Az 2: 2H 95/38
- Fiche: *0594 f./0695 f.*
  Az 1: 11J 122/35g
  Az 2: 2H 10,11,12/37

Kühn, Wolfgang (A)
- Fiche: *0205*
  Az 1: 8J 203/44
  Az 2: 1H 250/44

Kühnappel, Alfred
- Fiche: *0069 f.*
  Az 1: 17J 315/35
  Az 2: 2H 42/36

Kühnberg, Walther
- Fiche: *0072 f.*
  Az 1: 15J 282/36
  Az 2: 2H 49/36

Kühne
- Fiche: *0045 f./0675 f.*
  Az 1: 16J 319/35
  Az 2: 1H 57/35
- Fiche: *0523*
  Az 1: 15J 201/35
  Az 2: 1H 2/36

Kühne, Erhard
- Fiche: *0143 f.*
  Az 1: 5J 160/39
  Az 2: 2H 24/39

Kühne, Erich
- Fiche: *0010 f.*
  Az 1: 17J 232/33
  Az 2: 2H 14/34
- Fiche: *0679 f./0713*
  Az 1: 10(9)J 777/43g
  Az 2: 5H 38/44, 5H 43/44

Kühne, Hellmut
- Fiche: *0694 f.*
  Az 1: 5J 466/38
  Az 2: 1H 38/39

Kühne, Karl
- Fiche: *0259/0676*
  Az 1: 16J 534/35
  Az 2: 2H 57/35
- Fiche: *0395 f.*
  Az 1: 6J 53/38g
  Az 2: 3L 28/39
- Fiche: *0692*
  Az 1: StPL (RKA) II 242/38
  Az 2: StPL (HLS) IV 21/41

Kühne, Karl (A)
- Fiche: *0059 f.*
  Az 1: 16J 543/35
  Az 2: 2H 22/36

Kühne, Karl-Heinz
- Fiche: *0151*
  Az 1: 8J 13/39
  Az 2: 2H 44/39
- Fiche: *0536*
  Az 1: 8J 436/38
  Az 2: 2H 15/39

Kühne, Karl-Heinz (A)
- Fiche: *0604 f.*
  Az 1: 10J 317/38
  Az 2: 2H 23/39

Kühne, Kurt
- Fiche: *0224*
  Az 1: 17J 44/34
  Az 2: 2H 2/34

Kühne, Otto
- Fiche: *0059 f.*
  Az 1: 16J 543/35
  Az 2: 2H 22/36
- Fiche: *0143 f.*
  Az 1: 5J 160/39
  Az 2: 2H 24/39
- Fiche: *0514*
  Az 1: 9aJ 164/34
  Az 2: 1H 47/34

Kühne, Paul
- Fiche: *0518/0679*
  Az 1: 10J 30/38
  Az 2: 2H 8/38

Kühne, Walter (A)
- Fiche: *0429/0741*
  Az 1: 9J 213/44
  Az 2: 5H 118/44

Kühne, Wilhelm
- Fiche: *0143 f.*
  Az 1: 5J 160/39
  Az 2: 2H 24/39

Kühnel, Alfred
- Fiche: *0174/0673*
  Az 1: 6J 129/42g
  Az 2: 5H 172/42

Kühnel, Emil (A)
- Fiche: *0458*
  Az 1: 9J 355/39g
  Az 2: 2H 9/40

Kühnel, Herbert (A)
- Fiche: *0009/0733 f.*
  Az 1: 14J 311/33
  Az 2: 1H 12/34

Kühnel, Max
- Fiche: *0168*
  Az 1: 5J 232/41
  Az 2: 2H 5/42

Kühnelt, Kurt
- Fiche: *0289 f.*
  Az 1: 6J 52/40g
  Az 2: 2H 111/40

Kühnemund
- Fiche: *0034*
  Az 1: 9J 613/33
  Az 2: 1H 27/35

Kühnen, Ines
- Fiche: *0630*
  Az 1: 9J 657/35
  Az 2: 1H 58/36

Kuron, Karl
– Fiche: *0598 ff.*
Az 1: 9J 479/35
Az 2: 2H 14/36

Kurpas, Georg (A)
– Fiche: *0257 f.*
Az 1: 15J 338/36
Az 2: 2H 52/36

Kurtz
– Fiche: *0107 f.*
Az 1: 8J 232/36g
Az 2: 2H 39/37

Kurz
– Fiche: *0184/0680*
Az 1: 9J 777/43g
Az 2: 5H 39/44
– Fiche: *0644*
Az 1: 8J 475/39
Az 2: 5H 109/43

Kurz, Anton (A)
– Fiche: *0173*
Az 1: 5J 81/42
Az 2: 2H 94/42

Kurz, Erich
– Fiche: *0184/0707 f.*
Az 1: 9J 777/43g
Az 2: 5H 40/44

Kurz, Erich (A)
– Fiche: *0679 f./0713*
Az 1: 10(9)J 777/43g
Az 2: 5H 38/44, 5H 43/44

Kurz, Ferdinand
– Fiche: *0644*
Az 1: 8J 475/39
Az 2: 5H 109/43

Kurz, Hans (A)
– Fiche: *0401 f.*
Az 1: 8J 285/39g
Az 2: 5H 108/43

Kurz, Johann
– Fiche: *0564*
Az 1: 8J 148/42g
Az 2: 5H 67/43

Kurz, Richard
– Fiche: *0294/0459*
Az 1: 7J 299/42
Az 2: 2H 213/42

Kurz, Robert
– Fiche: *0329*
Az 1: 7J 194/42
Az 2: 2H 194/42
– Fiche: *0334*
Az 1: 7J 48/42
Az 2: 2H 76/42
– Fiche: *0337*
Az 1: 7J 205/42
Az 2: 2H 212/42
– Fiche: *0339/0649*
Az 1: 6J 78/42g
Az 2: 2H 156/42
– Fiche: *0342*
Az 1: 7J 316/42
Az 2: 2H 173/42
– Fiche: *0345*
Az 1: 7J 405/42
Az 2: 2H 266/42

Kurz, Robert (A)
– Fiche: *0366*
Az 1: 7J 171/42
Az 2: 5H 147/42

Kurzböck, Ferdinand
– Fiche: *0336*
Az 1: 7J 543/41
Az 2: 2H 4/42

Kurze, Irmgard
– Fiche: *0680/0698*
Az 1: 8J 137/44g
Az 2: 1H 5/45

Kurze, Kurt
– Fiche: *0532 f.*
Az 1: 7(11)J 197/34g
Az 2: 3L 21/36

Kurzer
– Fiche: *0228*
Az 1: 13J 266/33
Az 2: 2H 11,12/35

Kurzmann, Franz
– Fiche: *0308*
Az 1: 6J 103/40g
Az 2: 2H 115/40
– Fiche: *0322/0521 f.*
Az 1: 6J 145/40
Az 2: 2H 32/41

Kurzmann, Franz Xaver
– Fiche: *0309 f.*
Az 1: 6J 103/40g
Az 2: 2H 116/40

Kurzmann, Karl
– Fiche: *0308*
Az 1: 6J 103/40g
Az 2: 2H 115/40
– Fiche: *0309 f.*
Az 1: 6J 103/40g
Az 2: 2H 116/40

Kurzreiter
– Fiche: *0703*
Az 1: 6J 239/39

Kusch
– Fiche: *0095/0541*
Az 1: 9J 571/36
Az 2: 2H 22/37

Kusche, Adolf
– Fiche: *0193/0444*
Az 1: 9J 123/44
Az 2: 2H 144/44

Kusche, Adolf (A)
– Fiche: *0192*
Az 1: 9J 126/44
Az 2: 2H 133/44

Kuschfeld (Frau)
– Fiche: *0600 f.*
Az 1: 10J 13/43g
Az 2: 2H 100/43

Kuschinski, Emil
– Fiche: *0569/0707*
Az 1: 10J 458/43
Az 2: 6H 159/43

Kuschke
– Fiche: *0003*
Az 1: 15J 594/33
Az 2: 2H 3/34

Kuschowski, Boris
– Fiche: *0175*
Az 1: 7J 75/42
Az 2: 2H 189/42

Kuske
– Fiche: *0094/0262*
Az 1: 14J 306/37g
Az 2: 1H 15/37

Kuss, Maria
– Fiche: *0696 f.*
Az 1: StPL (RKA) III 657/41
Az 2: StPL (HLS) III 16/42

Kusta, Karl
– Fiche: *0334*
Az 1: 7J 48/42
Az 2: 2H 76/42

Kutny
– Fiche: *0381*
Az 1: 7J 294/43
Az 2: 5H 132/43

Kutsch, Jakob
– Fiche: *0602 f.*
Az 1: 9J 414/39
Az 2: 2H 83/41

Kutscheidt
– Fiche: *0598*
Az 1: 15J 618/33
Az 2: 2H 26/34

Kutscheidt, Hermann (A)
– Fiche: *0598*
Az 1: 15J 618/33
Az 2: 2H 26/34

Kutschera
– Fiche: *0337 f.*
Az 1: 7J 273/42
Az 2: 2H 211/42

Kutschera, Karl (A)
– Fiche: *0368*
Az 1: 6(7)J 483/43
Az 2: 2H 55/44

Kutschreiter, Dominik
– Fiche: *0707*
Az 1: StPL (RKA) III 345/41
Az 2: StPL (HLS) III 144/41

Kutta, Otto
– Fiche: *0532 f.*
Az 1: 7(11)J 197/34g
Az 2: 3L 21/36

Kutter, Max
– Fiche: *0351/0358*
Az 1: 7J 285/42
Az 2: 5H 138/42

Kuttler, Karl
– Fiche: *0317*
Az 1: 15J 166/36
Az 2: 1H 33/36
– Fiche: *0463/0465*
Az 1: 15J 39/36
Az 2: 2H 35/36

Kutz, Hilde
– Fiche: *0506*
Az 1: 10J 143/38, 10J 144/38
Az 2: 2H 39/38, 2H 40/38

Kutz, Leo (A)
– Fiche: *0201/0434*
Az 1: 9J 127/44
Az 2: 2H 228/44

Kutz, Reinhard (A)
– Fiche: *0698*
Az 1: StPL (RKA) II 379/41
Az 2: StPL (HLS) II 149/41

Kutz, Willi
– Fiche: *0071/0244*
Az 1: 8J 168/36g
Az 2: 2H 46/36

Kutzera, Johannes (A)
– Fiche: *0122 f.*
Az 1: 16J 765/37
Az 2: 1H 23/38

Kutzner
– Fiche: *0028 f./0679*
Az 1: 15J 648/33
Az 2: 1H 14/35

Kuzmenko, Fedor
– Fiche: *0736*
Az 1: 8J 48/45g

Kuznitzky, Elisabeth (A)
– Fiche: *0441*
Az 1: 0J 43/44g
Az 2: 1L 474/44
– Fiche: *0441*
Az 1: 0J 43/44g
Az 2: 1L 432/44

Kvas, Karl
– Fiche: *0375*
Az 1: 7J 332/43
Az 2: 5H 73/43

Kvas, Karl (A)
– Fiche: *0425 f.*
Az 1: 6J 93/44
Az 2: 5H 88/44

Kvesic, Marco
– Fiche: *0325*
Az 1: 6J 132/40g
Az 2: 2H 147/41

Kwasigroch, Franz (A)
– Fiche: *0189/0446*
Az 1: 9J 93/44
Az 2: 2H 103/44

Kynast
– Fiche: *0223 f.*
Az 1: 8J 282/34
Az 2: 2H 4/35
– Fiche: *0615 ff.*
Az 1: 15J 86/33
Az 2: XII H 42/33

Kynast, Joseph
– Fiche: *0074*
Az 1: 8J 135/36
Az 2: 1H 55/36

Laichner, Rudolf (A)
- Fiche: *0327*
  Az 1: 7J 271/42
  Az 2: 2H 157/42

Laimer
- Fiche: *0370*
  Az 1: 7J 555/42
  Az 2: 6H 13/43

Lajos
- Fiche: *0349 f.*
  Az 1: 7J 95/42
  Az 2: 5H 96/42

Lala, Paul
- Fiche: *0597 f.*
  Az 1: 15J 355/33
  Az 2: 1H 43/34

Lalla
- Fiche: *0027*
  Az 1: 17J 145/35
  Az 2: 2H 10/35

Lambauer
- Fiche: *0298/0577*
  Az 1: 7J 216/43
  Az 2: 6H 93/43

Lambauer, Anton (A)
- Fiche: *0298/0372*
  Az 1: 7J 19/43
  Az 2: 6H 94/43

Lamber, Ernst
- Fiche: *0446*
  Az 1: 9J 9/43g
  Az 2: 1H 37/43

Lambert, Anton
- Fiche: *0495*
  Az 1: 9J 684/37
  Az 2: 2H 25/38

Lambert, Ernst
- Fiche: *0446*
  Az 1: 9J 9/43g
  Az 2: 1H 37/43

Lambert, Franz (A)
- Fiche: *0420 f.*
  Az 1: 7(8)J 172/43g
  Az 2: 5H 59/44

Lambertz, Karl
- Fiche: *0425*
  Az 1: 8J 12/44
  Az 2: 3L 85/44

Lambrecht, Kurt
- Fiche: *0088 f.*
  Az 1: 17J 239/36
  Az 2: 1H 7/37
- Fiche: *0090 f./0261*
  Az 1: 17J 260/36
  Az 2: 1H 10/37
- Fiche: *0102*
  Az 1: 17J 185/36
  Az 2: 1H 30/37

Lambrecht, Kurt (A)
- Fiche: *0091*
  Az 1: 7a O Js 113.36

Lamby, Martin (A)
- Fiche: *0023 f.*
  Az 1: 14J 328/33
  Az 2: 1H 5/35

Lamken, Karl
- Fiche: *0118*
  Az 1: 7J 82/38
  Az 2: 1H 12/38

Lamken, Valeska
- Fiche: *0118*
  Az 1: 7J 82/38
  Az 2: 1H 12/38

Lamm, Fritz
- Fiche: *0039*
  Az 1: 8J 169/35
  Az 2: 1H 41/35
- Fiche: *0052 f.*
  Az 1: 17J 5/36
  Az 2: 1H 10/36
- Fiche: *0063 f.*
  Az 1: 8J 165/35
  Az 2: 2H 30/36
- Fiche: *0072 f.*
  Az 1: 15J 282/36
  Az 2: 2H 49/36
- Fiche: *0539 f.*
  Az 1: 10J 36/41
  Az 2: 2H 91/41

Lamm, Fritz (A)
- Fiche: *0619 f.*
  Az 1: 12J 191/33
  Az 2: XII H 53/33

Lamm, Karl
- Fiche: *0115*
  Az 1: 16J 577/37
  Az 2: 2H 3/38

Lamm, Marie
- Fiche: *0115*
  Az 1: 16J 577/37
  Az 2: 2H 3/38

Lamm, Werner
- Fiche: *0564 f.*
  Az 1: 9J 137/34
  Az 2: 1H 25/35

Lammel
- Fiche: *0346 f.*
  Az 1: 7J 278/42
  Az 2: 2H 246/42

Lamminger
- Fiche: *0716 f.*
  Az 1: 6J 9/45
  Az 2: 6H 42/45

Lamp
- Fiche: *0114/0473 f.*
  Az 1: 14J 527/37g, 14J 736/37
  Az 2: 1H 44/37, 1H 3/38

Lampay, Erich
- Fiche: *0247 f./0445*
  Az 1: 8J 72/36
  Az 2: 2H 7/37

Lampe, Heinrich
- Fiche: *0601*
  Az 1: 9J 92/41
  Az 2: 2H 163/41

Lampe, Kurt
- Fiche: *0184/0680*
  Az 1: 9J 777/43g
  Az 2: 5H 39/44

Lampe, Willi
- Fiche: *0132*
  Az 1: 5J 79/38
  Az 2: 2H 57/38

Lampersberger
- Fiche: *0169/0521*
  Az 1: 6J 109/41g
  Az 2: 2H 11/42

Lampersberger, Josef
- Fiche: *0082 f.*
  Az 1: 8J 415/35g
  Az 2: 1H 1/37
- Fiche: *0089*
  Az 1: 16J 781/36
  Az 2: 1H 9/37
- Fiche: *0396/0704 f.*
  Az 1: 14J 522/37g
  Az 2: 1L 2/40

Lampert
- Fiche: *0322/0521 f.*
  Az 1: 6J 145/40
  Az 2: 2H 32/41

Lampl, Ferdinand (A)
- Fiche: *0454/0497*
  Az 1: 8J 16/42
  Az 2: 2H 28/42

Lamprecht
- Fiche: *0004 f.*
  Az 1: 13J 98/33
  Az 2: 1H 7/34

Lamprecht, Kurt
- Fiche: *0109 f.*
  Az 1: 17J 264/36
  Az 2: 2H 45/37

Land, Friedrich (A)
- Fiche: *0251 ff.*
  Az 1: 14J 12/36
  Az 2: 2H 17/36

Land, Karl (A)
- Fiche: *0251 ff.*
  Az 1: 14J 12/36
  Az 2: 2H 17/36

Land, Willi
- Fiche: *0463/0465*
  Az 1: 15J 39/36
  Az 2: 2H 35/36

Landau
- Fiche: *0021/0462*
  Az 1: 15J 85/34
  Az 2: 1H 46/34
- Fiche: *0411 f.*
  Az 1: 8J 375/40
  Az 2: 5H 17/44

Landau, Ernst
- Fiche: *0082/0260 f.*
  Az 1: 9J 907/35
  Az 2: 1H 67/36

Landerl, Josef
- Fiche: *0522*
  Az 1: 6J 43/42
  Az 2: 2H 120/42

Landertinger, Donath
- Fiche: *0292 f.*
  Az 1: 7J 501/42

Landes, Henry (A)
- Fiche: *0691*
  Az 1: 9J 47/45
  Az 2: 2H 91/45

Landgraf
- Fiche: *0570*
  Az 1: 16J 287/35
  Az 2: 1H 30/35

Landgraf, Josef (A)
- Fiche: *0293 f.*
  Az 1: 8J 521/41g
  Az 2: 2H 98/42

Landher
- Fiche: *0519/0549 f.*
  Az 1: 6J 135/42g
  Az 2: 6H 79/43

Landsdorfer, Ludwig
- Fiche: *0735 f.*
  Az 1: 7J 32/44
  Az 2: 6H 92/44

Landshöft
- Fiche: *0222*
  Az 1: 16J 585/33
  Az 2: 1H 35/34

Landshut
- Fiche: *0186/0318*
  Az 1: 11(10)J 818/43g
  Az 2: 1H 55/44

Landwehr, Hermann (A)
- Fiche: *0440*
  Az 1: 0J 14/44g Rs
  Az 2: 1L 491/44

Lang
- Fiche: *0103 f.*
  Az 1: 17J 416/36
  Az 2: 2H 32/37
- Fiche: *0131/0596 f.*
  Az 1: 14J 796/37g
  Az 2: 2H 51/38
- Fiche: *0181 f.*
  Az 1: 7(5)J 180/43g
  Az 2: 1H 14/44
- Fiche: *0340*
  Az 1: 7J 286/42
  Az 2: 2H 201/42
- Fiche: *0376*
  Az 1: 7J 306/42, 7J 239/43
  Az 2: 5H 140/42, 5H 72/43
- Fiche: *0692*
  Az 1: 14J 328/33
  Az 2: XV H 59/33

Lang, Emil
- Fiche: *0582 f.*
  Az 1: 10J 288/38
  Az 2: 1H 37/38

Lang, Ferdinand (A)
- Fiche: *0419/0529*
  Az 1: 11J 72/44
  Az 2: 2H 53/44

Lang, Franz
- Fiche: *0286 f.*
  Az 1: 8J 384/38g
  Az 2: 1H 32/39

Lange, Paul
- Fiche: *0271 f.*
  Az 1: 16J 576/37
  Az 2: 2H 59/37
- Fiche: *0272*
  Az 1: 16J 225/37
  Az 2: 2H 60/37

Lange, Robert (A)
- Fiche: *0725 f.*
  Az 1: 15J 157/34
  Az 2: 1H 11/35

Lange, Rosa
- Fiche: *0042 f.*
  Az 1: 14a/9J 1672/31
  Az 2: 1H 52/35

Lange, Rudolf
- Fiche: *0020 f.*
  Az 1: 17J 683/33
  Az 2: 1H 44/34
- Fiche: *0213*
  Az 1: 17J 292/33
- Fiche: *0213 f./0216*
  Az 1: 17J 89/33
  Az 2: 1H 6/34
- Fiche: *0621*
  Az 1: 17J 566/33
  Az 2: XII H 8/34
- Fiche: *0657 f.*
  Az 1: 17J 163/33
  Az 2: XV H 3/34

Lange, Walter
- Fiche: *0225*
  Az 1: 8J 1734/33
  Az 2: 1H 7/35

Lange, Werner (A)
- Fiche: *0725 f.*
  Az 1: 15J 157/34
  Az 2: 1H 11/35

Lange, Willi
- Fiche: *0396/0704 f.*
  Az 1: 14J 522/37g
  Az 2: 1L 2/40

Lange, Willy
- Fiche: *0073/0255 f.*
  Az 1: 8J 437/35g
  Az 2: 2H 50/36
- Fiche: *0289 f.*
  Az 1: 6J 52/40g
  Az 2: 2H 111/40

Langeder
- Fiche: *0437*
  Az 1: 6J 197/44, 6J 196/44
  Az 2: 5H 17,18/45

Langeder, Martin
- Fiche: *0356/0367*
  Az 1: 7J 544/41
  Az 2: 5H 187/42
- Fiche: *0443*
  Az 1: 7J 440/42
  Az 2: 1H 250/42

Langels, Willi
- Fiche: *0082/0260 f.*
  Az 1: 9J 907/35
  Az 2: 1H 67/36

Langen
- Fiche: *0671*
  Az 1: 9J 759/37
  Az 2: 2H 36/38

Langen, Heinrich
- Fiche: *0559 f./0567*
  Az 1: 8J 165/42
  Az 2: 2H 137/42

Langendorf, Rudolf (A)
- Fiche: *0173*
  Az 1: 5J 81/42
  Az 2: 2H 94/42

Langer
- Fiche: *0090*
  Az 1: 17J 187/36
  Az 2: 2H 31/37
- Fiche: *0099 f.*
  Az 1: 14J 301/37
  Az 2: 1H 27/37
- Fiche: *0321 f.*
  Az 1: 6J 22/41g
  Az 2: 2H 41/41
- Fiche: *0374/0576*
  Az 1: 7J 303/43
  Az 2: 5H 80/43
- Fiche: *0417*
  Az 1: 7J 41/44
  Az 2: 5H 33/44

Langer (Frau)
- Fiche: *0152*
  Az 1: 7J 239/39
  Az 2: 1H 49/39

Langer, Albert
- Fiche: *0211*
  Az 1: 9J 157/44
  Az 2: 5H 45/45

Langer, Alfred
- Fiche: *0016 f.*
  Az 1: 14a/8J 1547/31
  Az 2: 1H 27/34
- Fiche: *0684*
  Az 1: 10J 80/42
  Az 2: 2H 317/42

Langer, Egon
- Fiche: *0582*
  Az 1: 8J 317/41
  Az 2: 5H 135/43

Langer, Emil (A)
- Fiche: *0152*
  Az 1: 7J 239/39
  Az 2: 1H 49/39

Langer, Franger
- Fiche: *0351/0358*
  Az 1: 7J 285/42
  Az 2: 5H 138/42

Langer, Franz
- Fiche: *0155 f.*
  Az 1: 6J 12/39g
  Az 2: 2H 61/39
- Fiche: *0329/0370*
  Az 1: 7J 517/42
  Az 2: 5H 13/43
- Fiche: *0345*
  Az 1: 7J 467/42
  Az 2: 1H 273/42
- Fiche: *0378*
  Az 1: 7J 141/43
  Az 2: 5H 58/43

Langer, Franz (A)
- Fiche: *0338*
  Az 1: 7J 193/42
  Az 2: 2H 207/42

Langer, Josef
- Fiche: *0072 f.*
  Az 1: 15J 282/36
  Az 2: 2H 49/36

Langer, Paul (A)
- Fiche: *0499*
  Az 1: 9J 511/35

Langer, Richard (A)
- Fiche: *0608 ff.*
  Az 1: 15J 179/33
  Az 2: XII H 17/34

Langerwisch
- Fiche: *0315 f./0465 f.*
  Az 1: 15J 14/36
  Az 2: 1H 54/36

Langhammer
- Fiche: *0009/0733 f.*
  Az 1: 14J 311/33
  Az 2: 1H 12/34

Langhammer, Rudi
- Fiche: *0703*
  Az 1: 16J 415/35

Langhanns, Rudi (A)
- Fiche: *0691 f.*
  Az 1: 8J 274/38, 8J 321/38
  Az 2: 1H 27/38, 1H 28/38

Langhans
- Fiche: *0029 f./0469*
  Az 1: 13J 256/33
  Az 2: 2H 17/35
- Fiche: *0368*
  Az 1: 6(7)J 483/43
  Az 2: 2H 55/44
- Fiche: *0390 f.*
  Az 1: 8J 106/36g
  Az 2: 2H 24/36

Langhans, Alois
- Fiche: *0174/0483*
  Az 1: 6J 83/42
  Az 2: 2H 154/42

Langhoff
- Fiche: *0019*
  Az 1: 17J 617/33
  Az 2: 1H 37/34
- Fiche: *0535 f.*
  Az 1: 10J 267/41
  Az 2: 2H 157/41
- Fiche: *0560*
  Az 1: 9J 90/42g
  Az 2: 2H 281/42
- Fiche: *0714*
  Az 1: StPL (RKA) III 530/42
  Az 2: StPL (HLS) II 12/43

Langhoff, Otto (A)
- Fiche: *0589 f.*
  Az 1: 9J 399/39g
  Az 2: 2H 26/41

Langhoff, Wolfgang
- Fiche: *0086/0684*
  Az 1: 14J 392/35
  Az 2: 2H 4/37

Langholz, Walter
- Fiche: *0592 f.*
  Az 1: 15J 454/35
  Az 2: 1H 40/36

Langhorst, Friedrich
- Fiche: *0283*
  Az 1: 9J 181/39
  Az 2: 1H 21/39
- Fiche: *0395 f.*
  Az 1: 6J 53/38g
  Az 2: 3L 28/39

Langhorst, Friedrich (A)
- Fiche: *0066 f./0253 f.*
  Az 1: 8J 4/36
  Az 2: 1H 38/36

Langhorst, Fritz
- Fiche: *0259/0676*
  Az 1: 16J 534/35
  Az 2: 2H 57/35

Langkabel, Willy
- Fiche: *0654*
  Az 1: 13J 308/33
  Az 2: XV H 13/34

Langl
- Fiche: *0699 f.*
  Az 1: StPL (RKA) I 118/41
  Az 2: StPL (HLS) III 57/41

Langner
- Fiche: *0044 f.*
  Az 1: 17J 387/34
  Az 2: 2H 55/35
- Fiche: *0338*
  Az 1: 7J 272/42
  Az 2: 2H 206/42

Langner, Ernst (A)
- Fiche: *0012 f./0546*
  Az 1: 13J 258/33
  Az 2: 1H 16/34

Langner, Stefanie
- Fiche: *0320 f./0388*
  Az 1: 6J 144/40g
  Az 2: 2H 14/41

Langnickel, Ernst (A)
- Fiche: *0041/0236 f.*
  Az 1: 8J 250/35
  Az 2: 1H 46/35

Langowski
- Fiche: *0032 f.*
  Az 1: 13J 11/34
  Az 2: 1H 26/35
- Fiche: *0098*
  Az 1: 16J 536/36
  Az 2: 2H 25/37

Langowski, Karl
- Fiche: *0005 f.*
  Az 1: 13J 154/33
  Az 2: 1H 9/34
- Fiche: *0037/0221*
  Az 1: 17J 94/34
  Az 2: 1H 33/35
- Fiche: *0476 f.*
  Az 1: 8J 131/36g, 8J 49,117,131/36g
  Az 2: 2H 16,20,27/37
- Fiche: *0507 f.*
  Az 1: 14J 26/34
  Az 2: 2H 29/35
- Fiche: *0533*
  Az 1: 3J 1/34
  Az 2: •H 19/34

Langowski, Karl (A)
- Fiche: *0030 f./0229 f.*
  Az 1: 13J 265/33
  Az 2: 2H 21/35

Langrock
- Fiche: *0040 f./0235 f.*
  Az 1: 16J 324/34
  Az 2: 2H 45/35

Langschartner, Andreas
- Fiche: *0396/0704 f.*
  Az 1: 14J 522/37g
  Az 2: 1L 2/40

Langschartner, Anna
- Fiche: *0396/0704 f.*
  Az 1: 14J 522/37g
  Az 2: 1L 2/40

Langschartner, Anton
- Fiche: *0396/0704 f.*
  Az 1: 14J 522/37g
  Az 2: 1L 2/40

Langusch, Hedwig
- Fiche: *0186/0446*
  Az 1: 11(10)J 566/43
  Az 2: 2H 61/44

Langusch, Max (A)
- Fiche: *0447*
  Az 1: 9J 107/41
  Az 2: 5H 14/43

Langwieler
- Fiche: *0078*
  Az 1: 14J 73/36
  Az 2: 1H 62/36

Langwieser, Maria
- Fiche: *0175*
  Az 1: 7J 338/42
  Az 2: 2H 199/42
- Fiche: *0295*
  Az 1: 7J 644/42
  Az 2: 6H 23/43
- Fiche: *0521*
  Az 1: 7J 339/42
  Az 2: 6H 3/42

Langwieser, Maria (A)
- Fiche: *0370*
  Az 1: 7J 555/42
  Az 2: 6H 13/43

Lanio, Anton
- Fiche: *0117 f./0542*
  Az 1: 8J 20/36g
  Az 2: 2H 11/38

Lankenau
- Fiche: *0554 f.*
  Az 1: 8J 244/34
  Az 2: 2H 22/35

Lankers
- Fiche: *0528*
  Az 1: 11J 122/35g

Lankers, Käthe
- Fiche: *0528*
  Az 1: 11J 122/35g

Lankers, Karl (A)
- Fiche: *0594 f./0695 f.*
  Az 1: 11J 122/35g
  Az 2: 2H 10,11,12/37

Lansbury
- Fiche: *0639*
  Az 1: 10J 87/41
  Az 2: 2H 192/42

Lantzsch
- Fiche: *0169 f.*
  Az 1: 5J 229/41
  Az 2: 2H 13/42

Lanz
- Fiche: *0036 f.*
  Az 1: 14J 21/35
  Az 2: 1H 32/35

Lanzenberger
- Fiche: *0608 ff.*
  Az 1: 15J 179/33
  Az 2: XII H 17/34

Lanzerstorfer
- Fiche: *0437*
  Az 1: 6J 197/44, 6J 196/44
  Az 2: 5H 17,18/45

Lanzerstorfer, Leopold (A)
- Fiche: *0437*
  Az 1: 6J 198,199/44
  Az 2: 5H 19,20/45
- Fiche: *0437*
  Az 1: 6J 199/44
  Az 2: 5H 20/45

Lanzerstorfer, Zäzilie (A)
- Fiche: *0437*
  Az 1: 6J 198,199/44
  Az 2: 5H 19,20/45

Lapazak, Leopold
- Fiche: *0297 f.*
  Az 1: 7J 307/43
  Az 2: 5H 93/43
- Fiche: *0298*
  Az 1: 7J 307/43
  Az 2: 5H 93/43

Lapka
- Fiche: *0400*
  Az 1: 7J 186/42
  Az 2: 5H 117/42

Laponder
- Fiche: *0455*
  Az 1: o.Az

Larisch, Willi
- Fiche: *0136*
  Az 1: 7J 346/38
  Az 2: 2H 95/38
- Fiche: *0551 f.*
  Az 1: 6J 248/38g
  Az 2: 2H 2/39

Larsch (Frau)
- Fiche: *0047 f./0641*
  Az 1: 9J 486/35
  Az 2: 1H 71/35

Larva
- Fiche: *0318 f.*
  Az 1: 7J 515/43
  Az 2: 5H 7/44
- Fiche: *0403*
  Az 1: 7J 516/43
  Az 2: 5H 157/43
- Fiche: *0410/0520*
  Az 1: 6(7)J 514/43
  Az 2: 5H 15/44

Larva, Alois
- Fiche: *0409/0643*
  Az 1: 7(6)J 557/43
  Az 2: 5H 12/44

Lasarzick, Gerhard
- Fiche: *0633 f.*
  Az 1: 9J 267/37
  Az 2: 2H 46/37

Lasched, Ignatz
- Fiche: *0308*
  Az 1: 7J 49/40
  Az 2: 2H 65/40

Laserstein, Bodo
- Fiche: *0531*
  Az 1: 10J 81/42
  Az 2: 2H 188/42

Laserstein, Horst
- Fiche: *0070*
  Az 1: 14J 210/35
  Az 2: 2H 43/36

Laskowski
- Fiche: *0030 f./0229 f.*
  Az 1: 13J 265/33
  Az 2: 2H 21/35

Laskowsky, Kurt (A)
- Fiche: *0244 f./0274*
  Az 1: 8J 431/35g
  Az 2: 1H 8/37

Lasowski
- Fiche: *0556 f.*
  Az 1: 9J 51/44g
  Az 2: 1H 97/44

Lass
- Fiche: *0092 ff.*
  Az 1: 17J 67/36
  Az 2: 1H 14/37

Laß, August
- Fiche: *0014/0219 f.*
  Az 1: 17J 29/34
  Az 2: 2H 21/34

Lass, Helmut
- Fiche: *0086/0498 f.*
  Az 1: 8J 68/36
  Az 2: 1H 4/37

Laß, Werner
- Fiche: *0266*
  Az 1: 8J 403/35g

Laßmann, Hans
- Fiche: *0492 f.*
  Az 1: 15J 168/34
  Az 2: 2H 16/35

Lassnig, Karl (A)
- Fiche: *0378*
  Az 1: 7J 412/43
  Az 2: 6H 178/43
- Fiche: *0378 f.*
  Az 1: 7J 432/43
  Az 2: 6H 176/43

Lassnig, Karl jr.
- Fiche: *0378*
  Az 1: 7J 412/43
  Az 2: 6H 178/43

Last, Kurt
- Fiche: *0582 f.*
  Az 1: 10J 288/38
  Az 2: 1H 37/38

Lateit
- Fiche: *0615 ff.*
  Az 1: 15J 86/33
  Az 2: XII H 42/33

Latschenberger
- Fiche: *0649*
  Az 1: 7J 11/43
  Az 2: 5H 22/43

Latsek, Franz
- Fiche: *0647 f.*
  Az 1: 7(8)J 203/41
  Az 2: 2H 168/44

Lattke, Alfred
- Fiche: *0397f.*
  Az 1: 6J 198/39g
  Az 2: 3L 19/40

Latzke, Johann (A)
- Fiche: *0298 f.*
  Az 1: 7J 370/43, 7J 398/43
  Az 2: 5H 118/43, 5H 119/43

Lau, Olga
- Fiche: *0606 f.*
  Az 1: 13J 190/33
  Az 2: XV H 53/33

Laub, Ida
- Fiche: *0251 ff.*
  Az 1: 14J 12/36
  Az 2: 2H 17/36

Laube, Karl
- Fiche: *0171*
  Az 1: 5J 222/41
  Az 2: 2H 38/42
- Fiche: *0506*
  Az 1: 5J 53/41
  Az 2: 2H 53/41
- Fiche: *0632*
  Az 1: 6J 3/40
  Az 2: 2H 95/40

Laube, Karl (A)
- Fiche: *0636*
  Az 1: 5J 171/40
  Az 2: 2H 91/40

Lerch, Hermann (A)
- Fiche: *0168*
  Az 1: 7J 62/42
  Az 2: 6H 1/42

Lerche, Karl
- Fiche: *0298*
  Az 1: 7J 274/43
  Az 2: 6H 106/43

Lerche, Karl (A)
- Fiche: *0298*
  Az 1: 7J 274/43
  Az 2: 6H 106/43

Lerchenfeld, Valentin
- Fiche: *0476 f.*
  Az 1: 8J 131/36g, 8J 49,117,131/36g
  Az 2: 2H 16,20,27/37

Lerchenthal
- Fiche: *0630 f.*
  Az 1: 5J 174/39
  Az 2: 2H 51/39

Lerchl
- Fiche: *0677/0747*
  Az 1: 4J 349/40g
  Az 2: 1L 18/42

Lerchowitz
- Fiche: *0615 ff.*
  Az 1: 15J 86/33
  Az 2: XII H 42/33

Lermer
- Fiche: *0419*
  Az 1: 9J 48/44
  Az 2: 2H 51/44

Lesch, Fritz
- Fiche: *0048 f.*
  Az 1: 17J 88/35
  Az 2: 1H 73/35
- Fiche: *0632*
  Az 1: 10J 132/41
  Az 2: 2H 165/41
- Fiche: *0670 f.*
  Az 1: 14J 78/34
  Az 2: 1H 45/35

Leschanc, Franz
- Fiche: *0453/0739*
  Az 1: 7J 347/43, 7J 421/43, 7J 422/43
  Az 2: 5H 122/43, 5H 129/43, 5H 125/43
- Fiche: *0600*
  Az 1: 7J 422/43

Lesemann
- Fiche: *0715 f.*
  Az 1: 15 J 195/32
  Az 2: XV H 24/34

Leser
- Fiche: *0721*
  Az 1: 9J 25/45

Lesimple
- Fiche: *0561 f.*
  Az 1: 8J 261/41g
  Az 2: 1H 237/42

Lesk
- Fiche: *0538*
  Az 1: 10J 227/38
  Az 2: 2H 80/38

Leske (Frau)
- Fiche: *0546/0681*
  Az 1: 8J 121/44
  Az 2: 1H 181/44

Leske, Friederike
- Fiche: *0562*
  Az 1: 8J 92/44
  Az 2: 1H 148/44

Leskorian
- Fiche: *0632 f.*
  Az 1: 6J 29/42g
  Az 2: 1H 139/43

Leskoschek
- Fiche: *0332/0367*
  Az 1: 7J 257/41
  Az 2: 2H 114/42
- Fiche: *0347*
  Az 1: 7J 32/42
  Az 2: 5H 67/42

Lesse
- Fiche: *0463*
  Az 1: 15J 307/35
  Az 2: 1H 4/36

Lesse (Frau)
- Fiche: *0463*
  Az 1: 15J 307/35
  Az 2: 1H 4/36

Lessig
- Fiche: *0040 f./0235 f.*
  Az 1: 16J 324/34
  Az 2: 2H 45/35

Lessig, Herbert
- Fiche: *0173/0590*
  Az 1: 7J 72/42
  Az 2: 2H 87/42

Lessik, Iwan (A)
- Fiche: *0571*
  Az 1: 11(10)J 1241/43
  Az 2: 1H 59/44

Lessing
- Fiche: *0534*
  Az 1: 10J 144/41
  Az 2: 2H 156/41

Lessing, Herbert
- Fiche: *0146 f./0301 f.*
  Az 1: 10J 7/39
  Az 2: 1H 30/39

Leßmann
- Fiche: *0358*
  Az 1: 7J 275/42
  Az 2: 5H 139/42

Leßmann, Josef
- Fiche: *0154*
  Az 1: 6J 19/39g
  Az 2: 2H 53/39

Leßmann, Karl
- Fiche: *0330*
  Az 1: 7J 44/42
  Az 2: 2H 331/42

Letsche, Kurt
- Fiche: *0714 f.*
  Az 1: 8J 232/40
  Az 2: 2H 76/41

Lettau
- Fiche: *0573 f.*
  Az 1: 10J 140/38
  Az 2: 2H 44/38

Lettir, Josette
- Fiche: *0534*
  Az 1: 10J 284/42
  Az 2: 5H 27/43

Lettl, Georg
- Fiche: *0174/0483*
  Az 1: 6J 83/42
  Az 2: 2H 154/42

Letzer, Franz (A)
- Fiche: *0384*
  Az 1: 7J 279/43
  Az 2: 6H 104/43

Leu
- Fiche: *0399/0568*
  Az 1: 2J 150/40g
  Az 2: 2L 78/41

Leu, Walter
- Fiche: *0021/0461 f.*
  Az 1: 9aJ 44/34
  Az 2: 2H 1/35
- Fiche: *0311 f.*
  Az 1: 14a/8J 510/29
  Az 2: 1H 18/34

Leu, Walter (A)
- Fiche: *0465*
  Az 1: 11(10)J 1036/43g

Leubuscher
- Fiche: *0575/0644 f.*
  Az 1: 8J 324/39g
  Az 2: 5H 110/43

Leubuscher, Walter
- Fiche: *0636 f.*
  Az 1: 8J 421/40
  Az 2: 2H 121/40

Leuchten
- Fiche: *0100 f./0711*
  Az 1: 15J 1/37
  Az 2: 1H 28/37

Leuchtenberg
- Fiche: *0247 f./0445*
  Az 1: 8J 72/36
  Az 2: 2H 7/37

Leufke
- Fiche: *0665*
  Az 1: 8/16J 501/33
  Az 2: XV H 28/33

Leukert, Anna
- Fiche: *0522*
  Az 1: 7J 482/43
  Az 2: 6H 214/43

Leupold
- Fiche: *0526*
  Az 1: *J 17/44
  Az 2: 3L 130/44

Leupolt, Erich
- Fiche: *0636*
  Az 1: 5J 171/40
  Az 2: 2H 91/40

Leupolt, Erich (A)
- Fiche: *0171*
  Az 1: 5J 222/41
  Az 2: 2H 38/42

Leuschke, Karl
- Fiche: *0174/0673*
  Az 1: 6J 129/42g
  Az 2: 5H 172/42

Leuschner
- Fiche: *0552 f.*
  Az 1: 8J 10/35
  Az 2: 2H 34/35

Leuschner, Bruno
- Fiche: *0105*
  Az 1: 17J 444/36
  Az 2: 2H 35/37

Leuschner, Ernst
- Fiche: *0659*
  Az 1: 14J 86/33
  Az 2: XV H 8/34

Leuschner, Franz
- Fiche: *0194*
  Az 1: 11(10)J 1153/43g
  Az 2: 2H 159/44

Leuschner, Walter
- Fiche: *0174/0673*
  Az 1: 6J 129/42g
  Az 2: 5H 172/42
- Fiche: *0659*
  Az 1: 14J 86/33
  Az 2: XV H 8/34

Leuschner, Walter (A)
- Fiche: *0014/0737*
  Az 1: 14J 253/33
  Az 2: 2H 22/34

Leuschner, Wilhelm
- Fiche: *0440*
  Az 1: 0J 48/44g Rs
  Az 2: 1L 486/44
- Fiche: *0440*
  Az 1: 0J 50/44g Rs
  Az 2: 1L 496/44
- Fiche: *0440*
  Az 1: 0J 40/44g Rs
  Az 2: 1L 468/44
- Fiche: *0441*
  Az 1: 0J 3/44g Rs
  Az 2: 1L 292/44
- Fiche: *0442/0708*
  Az 1: 0J 18/44g Rs
  Az 2: 1L 336/44
- Fiche: *0455*
  Az 1: o.Az
- Fiche: *0625*
  Az 1: 0J 59/44g Rs
  Az 2: 1L 519/44
- Fiche: *0627*
  Az 1: 0J 52/44g Rs
  Az 2: 1L 450/44

Leuschner, Wilhelm (A)
- Fiche: *0625 f.*
  Az 1: 0J 17/44gRs
  Az 2: 1L 316/44

Lindner, Richard
- Fiche: *0239 f.*
Az 1: 8J 359/35
Az 2: 1H 63/35

Lindner, Wilhelm
- Fiche: *0292 f.*
Az 1: 7J 501/42

Lindner, Willi
- Fiche: *0067*
Az 1: 8J 296/35g
Az 2: 2H 38/36

Lindström
- Fiche: *0256*
Az 1: 15J 162/36
Az 2: 1H 51/36

Lindtner, Bruno (A)
- Fiche: *0460 f.*
Az 1: 17J 109/37, 9J 142/37
Az 2: 2H 44,47/37

Linge
- Fiche: *0108*
Az 1: 8J 358/37g
Az 2: 1H 40/37

Linge, Georg
- Fiche: *0269 f.*
Az 1: 8J 100/37
Az 2: 1H 43/37

Lingelbach, Frieda
- Fiche: *0004 f.*
Az 1: 13J 98/33
Az 2: 1H 7/34

Lingelbach, Josef (A)
- Fiche: *0004 f.*
Az 1: 13J 98/33
Az 2: 1H 7/34

Lingnau
- Fiche: *0665*
Az 1: 8/16J 391/33
Az 2: XV H 22/33

Linhart, Alexander
- Fiche: *0348*
Az 1: 7J 253/42
Az 2: 5H 89/42
- Fiche: *0348*
Az 1: 7J 254/42
Az 2: 5H 87/42

Linhart, Rudolf (A)
- Fiche: *0401*
Az 1: 7J 606/42
Az 2: 6H 124/43

Link, Georg
- Fiche: *0160 f./0163*
Az 1: 5J 46/40, 5J 164/40
Az 2: 2H 69/40

Link, Georg (A)
- Fiche: *0160 f.*
Az 1: 5J 46/40
Az 2: 2H 45/40

Link, Hermann
- Fiche: *0129*
Az 1: 6J 159/38
Az 2: 2H 46/38

Linke
- Fiche: *0103 f.*
Az 1: 17J 416/36
Az 2: 2H 32/37
- Fiche: *0208/0446*
Az 1: 8J 191/44
Az 2: 1H 303/44
- Fiche: *0224*
Az 1: 14J 16/34
Az 2: 1H 8/35
- Fiche: *0431*
Az 1: 8J 122/44
Az 2: 1H 143/44
- Fiche: *0516/0627*
Az 1: 10J 143/43
Az 2: 2H 114/43
- Fiche: *0518/0681*
Az 1: 8J 123/44
Az 2: 1H 146/44
- Fiche: *0546/0681*
Az 1: 8J 121/44
Az 2: 1H 181/44
- Fiche: *0600 f.*
Az 1: 10J 13/43g
Az 2: 2H 100/43

Linke, Richard
- Fiche: *0010*
Az 1: 8J 1783/33
Az 2: 1H 14/34

Linke, Walter (A)
- Fiche: *0391 f.*
Az 1: 5J 6/36g
Az 2: 3L 21/37

Linkenheil, Wilhelm
- Fiche: *0598 ff.*
Az 1: 9J 479/35
Az 2: 2H 14/36

Linkogel, Walter
- Fiche: *0227 f.*
Az 1: 13J 2/34
Az 2: 1H 10/35

Linnemann
- Fiche: *0488 f./0519 f.*
Az 1: 9J 30/40g
Az 2: 2H 5/41

Linow, Fritz
- Fiche: *0633 f.*
Az 1: 9J 267/37
Az 2: 2H 46/37

Linsert, Ludwig
- Fiche: *0450/0623 f.*
Az 1: 17J 451/37
Az 2: 2H 59/38

Linsert, Ludwig (A)
- Fiche: *0565 f.*
Az 1: 10J 291/38
Az 2: 2H 88/38

Linsert, Richard
- Fiche: *0590 f.*
Az 1: 8J 420/35g
Az 2: 1H 32/36

Linsmayer
- Fiche: *0401 f.*
Az 1: 8J 285/39g
Az 2: 5H 108/43
- Fiche: *0644*
Az 1: 8J 475/39
Az 2: 5H 109/43

Linstow, Hans von
- Fiche: *0708*
Az 1: 0J 5/44gRs, 0J 9/44gRs
Az 2: 1L 301/44, 1L 309/44

Linstow, Hans von (A)
- Fiche: *0708*
Az 1: 0J 5/44gRs, 0J 9/44gRs
Az 2: 1L 301/44, 1L 309/44

Linzner
- Fiche: *0581*
Az 1: 7J 349/43
Az 2: 6H 147/43

Lion
- Fiche: *0545*
Az 1: 9J 878/33
Az 2: 2H 16/34

Lipholz, Max
- Fiche: *0132*
Az 1: 6J 160/38
Az 2: 2H 60/38
- Fiche: *0133 f.*
Az 1: 6J 158/38
Az 2: 2H 77/38
- Fiche: *0279 f.*
Az 1: 6J 157/38
Az 2: 2H 89/38

Lipinski, Max
- Fiche: *0055*
Az 1: 16J 23/36
Az 2: 2H 12/36

Lipka
- Fiche: *0011 f.*
Az 1: 17J 545/33
Az 2: 1H 15/34

Lipka, Emil
- Fiche: *0367*
Az 1: 6J 258/38
Az 2: 1H 31/43

Lipke, Margarete
- Fiche: *0153*
Az 1: 9J 327/39g
Az 2: 1H 53/39
- Fiche: *0165*
Az 1: 9J 307/40g
Az 2: 2H 7/41
- Fiche: *0503 f.*
Az 1: 9J 312/39g
Az 2: 1H 47/39
- Fiche: *0703*
Az 1: 9J 327/39g, 9J 390/39 g

Lipke, Margarete (A)
- Fiche: *0475*
Az 1: 9J 323/39g
Az 2: 1H 67/39

Lipke, Willi
- Fiche: *0211 f.*
Az 1: 9J 33/45g
Az 2: 6Sg. 65/45
- Fiche: *0734 f.*
Az 1: 9J 33/45 g
Az 2: 6 Sg 66/45

Lipke, Willi (A)
- Fiche: *0735/0749*
Az 1: 9J 33/45g
Az 2: 6Sg 64/45

Lipp, Ernst
- Fiche: *0424*
Az 1: 7J 105/44
Az 2: 5H 75/44

Lippe (Frau)
- Fiche: *0193/0444*
Az 1: 9J 123/44
Az 2: 2H 144/44

Lippe, Eleonore
- Fiche: *0621*
Az 1: 14J 244/33
Az 2: XII H 7/34

Lippe, Helene
- Fiche: *0192*
Az 1: 9J 126/44
Az 2: 2H 133/44

Lippe, Pauline
- Fiche: *0189*
Az 1: 9J 124/44
Az 2: 2H 115/44
- Fiche: *0192*
Az 1: 9J 126/44
Az 2: 2H 133/44

Lipper, Johann
- Fiche: *0620*
Az 1: 12J 202/33
Az 2: XII H 60/33

Lippert
- Fiche: *0061*
Az 1: 14J 32/36
Az 2: 1H 25/36
- Fiche: *0642*
Az 1: 8J 144/38
Az 2: 1H 16/38

Lippert, Hans (A)
- Fiche: *0031 f./0230*
Az 1: 17J 296/34
Az 2: 2H 24/35

Lippert, Horst (A)
- Fiche: *0695*
Az 1: 8J 330/38
Az 2: 1H 10/38

Lippert, Rolf
- Fiche: *0695*
Az 1: 8J 330/38
Az 2: 1H 10/38

Lippisch, Herbert
- Fiche: *0060 f.*
Az 1: 8J 438/35g
Az 2: 1H 23/24/36
- Fiche: *0703*
Az 1: 16J 415/35

Lippkow, Margarethe (A)
- Fiche: *0447*
Az 1: 9J 292/44
Az 2: 1H 23/45

Lippmann, Hans
- Fiche: *0210 f./0498*
Az 1: 9J 236/44g
Az 2: 5H 38/45

Loeser
- Fiche: *0440*
Az 1: 0J 48/44g Rs
Az 2: 1L 486/44

Löser
- Fiche: *0691 f.*
Az 1: 8J 274/38, 8J 321/38
Az 2: 1H 27/38, 1H 28/38

Löser, Kurt (A)
- Fiche: *0608 ff.*
Az 1: 15J 179/33
Az 2: XII H 17/34

Löser, Max (A)
- Fiche: *0608 ff.*
Az 1: 15J 179/33
Az 2: XII H 17/34

Lössner, Erich
- Fiche: *0041/0236 f.*
Az 1: 8J 250/35
Az 2: 1H 46/35

Löther
- Fiche: *0174 f.*
Az 1: 10J 88/42
Az 2: 2H 182/42

Löw, Anna
- Fiche: *0010/0217 f.*
Az 1: 17J 331/33
Az 2: 2H 13/34

Loew, Josef (A)
- Fiche: *0251 ff.*
Az 1: 14J 12/36
Az 2: 2H 17/36

Löwe
- Fiche: *0615 ff.*
Az 1: 15J 86/33
Az 2: XII H 42/33

Löwe, Amanda
- Fiche: *0202/0466*
Az 1: 8J 143/44
Az 2: 2H 239/44

Loewe, Johann
- Fiche: *0251 ff.*
Az 1: 14J 12/36
Az 2: 2H 17/36

Löwendahl, Hans
- Fiche: *0111 f./0270 f.*
Az 1: 17J 152/37
Az 2: 2H 51/37

Löwendahl, Hans (A)
- Fiche: *0448*
Az 1: 17J 225/37
Az 2: 2H 48/37

Löwenheim, Walter
- Fiche: *0145/0638 f.*
Az 1: 9J 138/39g
Az 2: 2H 27/39

Löwening
- Fiche: *0051*
Az 1: 5J 41/35
Az 2: 2H 6/36

Löwensohn
- Fiche: *0014/0218 f.*
Az 1: 17J 689/33
Az 2: 1H 21/34

Löwenstein
- Fiche: *0055 f./0390*
Az 1: 8J 82/36g
Az 2: 2H 13/36
- Fiche: *0066 f./0253 f.*
Az 1: 8J 4/36
Az 2: 1H 38/36

Löwenstein, Friedel
- Fiche: *0112/0271*
Az 1: 16J 675/37
Az 2: 2H 52/37

Loewenstein, Siegfried (A)
- Fiche: *0075/0258*
Az 1: 17J 70/36
Az 2: 1H 57/36

Löwi, Siegmund
- Fiche: *0143 f.*
Az 1: 5J 160/39
Az 2: 2H 24/39

Löwka, Albert
- Fiche: *0035*
Az 1: 17J 282/34
Az 2: 2H 27/35

Löwning, Johann
- Fiche: *0470*
Az 1: 9J 25/42g
Az 2: 2H 153/42

Löwning, Rosalie
- Fiche: *0470*
Az 1: 9J 25/42g
Az 2: 2H 153/42

Löwy
- Fiche: *0373*
Az 1: 7J 304/43, 7J 326/43
Az 2: 5H 91/43, 5H 88/43
- Fiche: *0396/0704 f.*
Az 1: 14J 522/37g
Az 2: 1L 2/40

Loewy, Hildegard (A)
- Fiche: *0493 f.*
Az 1: 10J 207/42g
Az 2: 2H 314/42

Loewy, Peter
- Fiche: *0014*
Az 1: 8J 1713/33
Az 2: 2H 20/34

Löwy, Peter (A)
- Fiche: *0013 f.*
Az 1: 8J 1713/33
Az 2: 2H 20/34

Lohagen
- Fiche: *0113/0469 f.*
Az 1: 16J 37/35
Az 2: 1H 19-20/37

Lohagen, Ernst
- Fiche: *0108*
Az 1: 8J 358/37g
Az 2: 1H 40/37
- Fiche: *0108 f.*
Az 1: 8J 337/37g
Az 2: 1H 41/37
- Fiche: *0110/0302*
Az 1: 8J 341/37g
Az 2: 1H 46/37
- Fiche: *0110 f.*
Az 1: 8J 348/37g
Az 2: 1H 47/37

Lohagen, Ernst (A)
- Fiche: *0269 f.*
Az 1: 8J 100/37
Az 2: 1H 43/37

Lohagen, Paula
- Fiche: *0269 f.*
Az 1: 8J 100/37
Az 2: 1H 43/37

Lohdka (Frau)
- Fiche: *0417*
Az 1: 7J 64/44
Az 2: 5H 42/44

Lohff, Friedrich
- Fiche: *0538*
Az 1: 10J 227/38
Az 2: 2H 80/38

Lohff, Friedrich (A)
- Fiche: *0467*
Az 1: 10J 228/38
Az 2: 2H 76/38

Lohfink, Richard
- Fiche: *0197*
Az 1: 10J 168/44
Az 2: 2H 207/44

Lohkamp
- Fiche: *0245 f.*
Az 1: 8J 7/36g
Az 2: 2H 4/36
- Fiche: *0247 f./0445*
Az 1: 8J 72/36
Az 2: 2H 7/37

Lohköfer, Wilhelm
- Fiche: *0210*
Az 1: 8J 127/44
Az 2: 2H 127/44

Lohlker, Heinrich
- Fiche: *0263 f./0487 f.*
Az 1: 17J 171/35
Az 2: 2H 17/37
- Fiche: *0523*
Az 1: 10J 227/39
Az 2: 2H 20/41

Lohlker, Heinrich (A)
- Fiche: *0264/0491 f.*
Az 1: 17J 171/35
Az 2: 2H 18/37

Lohmann
- Fiche: *0450/0623 f.*
Az 1: 17J 451/37
Az 2: 2H 59/38
- Fiche: *0467*
Az 1: 10J 228/38
Az 2: 2H 76/38
- Fiche: *0493*
Az 1: 10J 229/38
Az 2: 2H 66/38
- Fiche: *0540*
Az 1: 10J 226/38
Az 2: 2H 75/38
- Fiche: *0540 f.*
Az 1: 10J 223/38
Az 2: 2H 64/38
- Fiche: *0583*
Az 1: 10J 225/38
Az 2: 2H 70/38
- Fiche: *0593 f.*
Az 1: 15J 490/33
Az 2: 1H 89/34

Lohmar (Frau)
- Fiche: *0254*
Az 1: 9J 332/36
Az 2: 2H 40/36

Lohmeier, Karl
- Fiche: *0598 ff.*
Az 1: 9J 479/35
Az 2: 2H 14/36

Lohmer, Erich (A)
- Fiche: *0708*
Az 1: 8J 90/44
Az 2: 2H 263/44

Lohner
- Fiche: *0194*
Az 1: 9J 136/44
Az 2: 2H 149/44

Lohner, Edgar
- Fiche: *0714 f.*
Az 1: 8J 232/40
Az 2: 2H 76/41

Lohner, Edgar (A)
- Fiche: *0709 ff.*
Az 1: 8J 162/40
Az 2: 2H 77/41

Lohr, Charlotte
- Fiche: *0021 f.*
Az 1: 17J 397/33
Az 2: 1H 3/35

Lohse
- Fiche: *0177/0574*
Az 1: 8J 319/42g

Lohse, Karl
- Fiche: *0489 ff.*
Az 1: 8J 402/38
Az 2: 2H 41/39

Lohse, Louis
- Fiche: *0099 f.*
Az 1: 14J 301/37
Az 2: 1H 27/37

Lohse-Körting
- Fiche: *0112/0271*
Az 1: 16J 675/37
Az 2: 2H 52/37
- Fiche: *0702 f.*
Az 1: 17J 97/37
Az 2: 2H 19/37

Ludwig, Helmut (A)
- Fiche: *0127/0623*
  Az 1: 8J 419/37g
  Az 2: 2H 33/38

Ludwig, Karl (A)
- Fiche: *0195*
  Az 1: 11J 131/44
  Az 2: 2H 177/44

Ludwig, Kurt (A)
- Fiche: *0001/0214*
  Az 1: 14J 305/33
  Az 2: 2H 1/34

Ludwig, Minka
- Fiche: *0127 f.*
  Az 1: 15J 942/37
  Az 2: 2H 34/38
- Fiche: *0673*
  Az 1: 9J 36/39g
  Az 2: 2H 14/39

Ludwig, Paul
- Fiche: *0136*
  Az 1: 7J 354/38
  Az 2: 2H 96/38
- Fiche: *0136*
  Az 1: 7J 346/38
  Az 2: 2H 95/38

Ludwig, Paul (A)
- Fiche: *0150 f.*
  Az 1: 11J 1/39
  Az 2: 2H 43/39

Ludwig, Wilhelm (A)
- Fiche: *0621 f.*
  Az 1: 15J 241/33
  Az 2: XII H 57/33

Ludwig, Willi
- Fiche: *0316*
  Az 1: 16J 251/36
  Az 2: 1H 45/36

Ludwig, Willy
- Fiche: *0046/0239*
  Az 1: 16J 438/35
  Az 2: 1H 62/35

Ludwigs
- Fiche: *0442*
  Az 1: 9J 88/44
- Fiche: *0580*
  Az 1: 9J 84/44
  Az 2: 2H 85/44
- Fiche: *0601*
  Az 1: 9J 100/44
  Az 2: 2H 131/44

Ludwigs, Peter
- Fiche: *0189/0428*
  Az 1: 9J 86/44
  Az 2: 2H 104/44
- Fiche: *0192/0601*
  Az 1: 9J 100/44
  Az 2: 2H 231/44

Lübben
- Fiche: *0499*
  Az 1: 9J 511/35

Lübbermann, Heinrich
- Fiche: *0555*
  Az 1: 9J 330/41
  Az 2: 5H 63/42
- Fiche: *0555*
  Az 1: 9J 388/36
  Az 2: 2H 55/36

Lübbers, Herbert
- Fiche: *0202/0466*
  Az 1: 8J 143/44
  Az 2: 2H 239/44
- Fiche: *0457*
  Az 1: 9J 244/44
  Az 2: 2H 252/44

Lübcke, Ernst
- Fiche: *0272*
  Az 1: 16J 225/37
  Az 2: 2H 60/37
- Fiche: *0439*
  Az 1: 7J 104/38
  Az 2: 2H 13/38
- Fiche: *0439*
  Az 1: 15J 931/37
  Az 2: 2H 35/38

Lübeck, Hans
- Fiche: *0014/0219 f.*
  Az 1: 17J 29/34
  Az 2: 2H 21/34
- Fiche: *0157*
  Az 1: 5J 474/39
  Az 2: 1H 71/39
- Fiche: *0163*
  Az 1: 5J 142/40
  Az 2: 2H 68/40
- Fiche: *0703*
  Az 1: 6J 239/39
- Fiche: *0732*
  Az 1: 5J 464/39
  Az 2: 1H 61/39

Lübeck, Käthe
- Fiche: *0113/0469 f.*
  Az 1: 16J 37/35
  Az 2: 1H 19-20/37
- Fiche: *0476 f.*
  Az 1: 8J 131/36g,
  8J 49,117,131/36g
  Az 2: 2H 16,20,27/37
- Fiche: *0628 f.*
  Az 1: 10J 2/43g
  Az 2: 1H 89/43
- Fiche: *0640*
  Az 1: 16J 328/35
  Az 2: 1H 11/37

Lübeck, Käthe (A)
- Fiche: *0263 f./0487 f.*
  Az 1: 17J 171/35
  Az 2: 2H 17/37

Lüben, Friedrich
- Fiche: *0211*
  Az 1: 9J 157/44
  Az 2: 5H 45/45
- Fiche: *0431*
  Az 1: 8J 122/44
  Az 2: 1H 143/44
- Fiche: *0546/0681*
  Az 1: 8J 121/44
  Az 2: 1H 181/44

Lüben, Friedrich (A)
- Fiche: *0562*
  Az 1: 8J 92/44
  Az 2: 1H 148/44

Lübig
- Fiche: *0152*
  Az 1: 7J 239/39
  Az 2: 1H 49/39

Lübke
- Fiche: *0040 f./0235 f.*
  Az 1: 16J 324/34
  Az 2: 2H 45/35

Lübke, Wilhelm
- Fiche: *0213*
  Az 1: 17J 292/33

Lück
- Fiche: *0090 f./0261*
  Az 1: 17J 260/36
  Az 2: 1H 10/37
- Fiche: *0615 ff.*
  Az 1: 15J 86/33
  Az 2: XII H 42/33

Lück, Wilhelm
- Fiche: *0088 f.*
  Az 1: 17J 239/36
  Az 2: 1H 7/37
- Fiche: *0102*
  Az 1: 17J 185/36
  Az 2: 1H 30/37

Lück, Wilhelm (A)
- Fiche: *0091*
  Az 1: 7a O Js 113.36

Lücke
- Fiche: *0230*
  Az 1: 17J 475/35
  Az 2: 2H 25/35
- Fiche: *0693*
  Az 1: StPL (RKA) II
  248/42
  Az 2: StPL (HLS) I 86/42

Lücke, Albert
- Fiche: *0549*
  Az 1: 10J 96/42
  Az 2: 2H 238/42

Lücke, August
- Fiche: *0601*
  Az 1: 9J 92/41
  Az 2: 2H 163/41

Lücke, Emma
- Fiche: *0549*
  Az 1: 10J 96/42
  Az 2: 2H 238/42

Lücke, Gertrud
- Fiche: *0549*
  Az 1: 10J 96/42
  Az 2: 2H 238/42

Lücke, Gustav
- Fiche: *0538*
  Az 1: 10J 227/38
  Az 2: 2H 80/38

Lücke, Hermann
- Fiche: *0460 f.*
  Az 1: 17J 109/37,
  9J 142/37
  Az 2: 2H 44,47/37
- Fiche: *0538*
  Az 1: 10J 227/38
  Az 2: 2H 80/38

Lüddecke, Friedrich
- Fiche: *0138 f.*
  Az 1: 5J 53/39
  Az 2: 1H 7/39

Lüddicke, Fritz
- Fiche: *0138*
  Az 1: 5J 279/38
  Az 2: 1H 6/39

Lüdemann, Hermann
- Fiche: *0625 f.*
  Az 1: 0J 17/44gRs
  Az 2: 1L 316/44

Lüdemann, Hermann (A)
- Fiche: *0440*
  Az 1: 0J 50/44g Rs
  Az 2: 1L 496/44

Lüders
- Fiche: *0153*
  Az 1: 9J 327/39g
  Az 2: 1H 53/39
- Fiche: *0463/0465*
  Az 1: 15J 39/36
  Az 2: 2H 35/36
- Fiche: *0548*
  Az 1: 16J 42/35
  Az 2: 2H 9/36
- Fiche: *0703*
  Az 1: 9J 327/39g,
  9J 390/39 g

Lüders, Heinrich
- Fiche: *0548*
  Az 1: 16J 42/35
  Az 2: 2H 9/36

Lüdke
- Fiche: *0049/0450*
  Az 1: 9J 151/35
  Az 2: 1H 3/36

Lüdke, Albin
- Fiche: *0523 f.*
  Az 1: 9J 351/38g
  Az 2: 2H 93/38

Lüdke, Alex
- Fiche: *0052*
  Az 1: 14J 104/36
  Az 2: 2H 8/36
- Fiche: *0523 f.*
  Az 1: 9J 351/38g
  Az 2: 2H 93/38

Lüdke, Alfons
- Fiche: *0163 f./0290*
  Az 1: 6J 77/39g
  Az 2: 2H 70/40
- Fiche: *0179/0675*
  Az 1: 4J 85/42g
  Az 2: 1H 97/43
- Fiche: *0284 f.*
  Az 1: 7J 352/38
  Az 2: 2H 3/39
- Fiche: *0673*
  Az 1: 9J 36/39g
  Az 2: 2H 14/39

Lump
- Fiche: *0268 f./0273*
  Az 1: 14J 323/37
  Az 2: 1H 10/38
- Fiche: *0367*
  Az 1: 6J 258/38
  Az 2: 1H 31/43

Lunak, Marie (A)
- Fiche: *0647/0649*
  Az 1: 7(8)J 76/41g
  Az 2: 2H 170/43

Luneaux
- Fiche: *0434*
  Az 1: 10(9)J 608/43g
  Az 2: 2H 229/44

Lungren, Arvid
- Fiche: *0197/0466*
  Az 1: 8J 157/44
  Az 2: 1H 208/44

Lunz, Johann
- Fiche: *0010*
  Az 1: 8J 1783/33
  Az 2: 1H 14/34

Lunzer
- Fiche: *0706*
  Az 1: StPL (RKA) III 407/43
  Az 2: StPL 2. Sen. 18/44

Luppe
- Fiche: *0489 ff.*
  Az 1: 8J 402/38
  Az 2: 2H 41/39

Lurker
- Fiche: *0250 f.*
  Az 1: 8J 364/35
  Az 2: 2H 15/36

Lusk, Josef
- Fiche: *0426*
  Az 1: 0426
  Az 2: 7J 139/44, 7J 130/445H 89/44, 5H 82/44

Lusk, Josef (A)
- Fiche: *0424/0570*
  Az 1: 7J 101/44
  Az 2: 5H 78/44

Lust, Eduard
- Fiche: *0420*
  Az 1: 6J 44/44
  Az 2: 5H 57/44

Luster, Josef
- Fiche: *0589 f.*
  Az 1: 9J 399/39g
  Az 2: 2H 26/41

Lustic
- Fiche: *0151 f./0584*
  Az 1: 7J 72/39
  Az 2: 1H 45/39

Lustig
- Fiche: *0450/0623 f.*
  Az 1: 17J 451/37
  Az 2: 2H 59/38

Lutgens, Peter
- Fiche: *0564*
  Az 1: 8J 148/42g
  Az 2: 5H 67/43

Luther
- Fiche: *0071 f.*
  Az 1: 14J 288/36
  Az 2: 1H 48/36
- Fiche: *0274 f.*
  Az 1: 8J 226/38g
  Az 2: 1H 17/38

Luther, Martin
- Fiche: *0691 f.*
  Az 1: 8J 274/38, 8J 321/38
  Az 2: 1H 27/38, 1H 28/38

Luther, Paul
- Fiche: *0244 f./0274*
  Az 1: 8J 431/35g
  Az 2: 1H 8/37

Luther, Werner
- Fiche: *0132*
  Az 1: 5J 79/38
  Az 2: 2H 57/38

Luthger, Else
- Fiche: *0137/0711 f.*
  Az 1: 8J 367/38
  Az 2: 2H 4/39

Lutter, Gerhard (A)
- Fiche: *0181/0682*
  Az 1: 8J 69/44
  Az 2: 2H 95/44

Lutter, Otto
- Fiche: *0665*
  Az 1: 14J 71/33
  Az 2: XV H 30/33

Luttermann, Gustav
- Fiche: *0054/0508*
  Az 1: 17J 496/35
  Az 2: 2H 11/36

Lutz
- Fiche: *0608 ff.*
  Az 1: 15J 179/33
  Az 2: XII H 17/34

Lutz, Bernhard
- Fiche: *0003/0215*
  Az 1: 15/17J 60/33
  Az 2: 1H 4/34

Lutz, Hans
- Fiche: *0278 f.*
  Az 1: 8J 252/38
  Az 2: 2H 68/38

Lutz, Hans (A)
- Fiche: *0477 f.*
  Az 1: 8J 251/38
  Az 2: 2H 65/38

Lutzi, Karl
- Fiche: *0496*
  Az 1: 15J 126/34
  Az 2: 2H 20/35

Lutzke, Ernst
- Fiche: *0395*
  Az 1: 6J 192/38g
  Az 2: 4L 16/39

Lutzkendorf
- Fiche: *0262 f.*
  Az 1: 8J 51/36g
  Az 2: 1H 16/37

Lux
- Fiche: *0021/0461 f.*
  Az 1: 9aJ 44/34
  Az 2: 2H 1/35
- Fiche: *0021/0462*
  Az 1: 15J 85/34
  Az 2: 1H 46/34
- Fiche: *0069*
  Az 1: 8J 12/36g
  Az 2: 1H 42/36
- Fiche: *0081*
  Az 1: 8J 35/37g
  Az 2: 1H 66/36
- Fiche: *0463/0465*
  Az 1: 15J 39/36
  Az 2: 2H 35/36
- Fiche: *0725 f.*
  Az 1: 15J 157/34
  Az 2: 1H 11/35

Lux, Friedrich
- Fiche: *0115*
  Az 1: 14J 727/37g
  Az 2: 1H 5/38

Lux, Fritz
- Fiche: *0030 f./0229 f.*
  Az 1: 13J 265/33
  Az 2: 2H 21/35
- Fiche: *0228*
  Az 1: 13J 266/33
  Az 2: 2H 11,12/35
- Fiche: *0537 f.*
  Az 1: 9J 236/41g
  Az 2: 5H 75/42

Luzar, Raimund (A)
- Fiche: *0371*
  Az 1: 7J 524/42
  Az 2: 5H 9/43

Lycek, Emanuel
- Fiche: *0257 f.*
  Az 1: 15J 338/36
  Az 2: 2H 52/36

Maack
- Fiche: *0604 f.*
  Az 1: 10J 317/38
  Az 2: 2H 23/39

Maade, Mathilde (A)
- Fiche: *0305*
  Az 1: 6J 319/38
  Az 2: 1H 28/39

Maak
- Fiche: *0151*
  Az 1: 8J 13/39
  Az 2: 2H 44/39

Maas, Eleonore
- Fiche: *0388*
  Az 1: 17J 331/33
  Az 2: 2H 28/35

Maas, Paul
- Fiche: *0488 f./0519 f.*
  Az 1: 9J 30/40g
  Az 2: 2H 5/41

Maasburg, Nikolaus von
- Fiche: *0409 f.*
  Az 1: 8J 376/40
  Az 2: 5H 13/44
- Fiche: *0410/0645 f.*
  Az 1: 8J 394/40g
  Az 2: 5H 14/44
- Fiche: *0646*
  Az 1: 8J 393/40g

Maase, Doris (A)
- Fiche: *0590 f.*
  Az 1: 8J 420/35g
  Az 2: 1H 32/36

Maase, Nikolaus (A)
- Fiche: *0590 f.*
  Az 1: 8J 420/35g
  Az 2: 1H 32/36

Maaß
- Fiche: *0440*
  Az 1: 0J 40/44g Rs
  Az 2: 1L 468/44
- Fiche: *0481*
  Az 1: 0J 21/44g Rs, 0J 38/44/g Rs
  Az 2: 1L 439/44, 1L 397/44
- Fiche: *0615 ff.*
  Az 1: 15J 86/33
  Az 2: XII H 42/33

Maaß, Hermann (A)
- Fiche: *0442/0708*
  Az 1: 0J 18/44g Rs
  Az 2: 1L 336/44

Maaß, Paul (A)
- Fiche: *0068/0448*
  Az 1: 9J 12/36
  Az 2: 1H 41/36

Maat, Maria van de
- Fiche: *0544/0734*
  Az 1: 9J 869/35
  Az 2: 2H 51/35
- Fiche: *0628 f.*
  Az 1: 10J 2/43g
  Az 2: 1H 89/43

Maaz, Robert
- Fiche: *0545*
  Az 1: 9J 878/33
  Az 2: 2H 16/34

Maaz, Willi
- Fiche: *0060 f.*
  Az 1: 8J 438/35g
  Az 2: 1H 23/24/36
- Fiche: *0160/0288f.*
  Az 1: 6J 224/39g
  Az 2: 2H 44/40

Macek, Franz (A)
- Fiche: *0339/0349*
  Az 1: 7J 164/42
  Az 2: 5H 91/42

Macek, Franziska (A)
- Fiche: *0339/0349*
  Az 1: 7J 164/42
  Az 2: 5H 91/42

Maceus
- Fiche: *0091*
  Az 1: 7a O Js 113.36

Mannsfeld
- Fiche: *0548*
  Az 1: 16J 42/35
  Az 2: 2H 9/36

Mannshardt, Christian (A)
- Fiche: *0021/0462*
  Az 1: 15J 85/34
  Az 2: 1H 46/34

Manschwitat, Johanna
- Fiche: *0103 f.*
  Az 1: 17J 416/36
  Az 2: 2H 32/37

Mansfeld, Rudi
- Fiche: *0203 f.*
  Az 1: 11J 246/44
  Az 2: 2H 245/44

Mansolf, Karl (A)
- Fiche: *0211 f.*
  Az 1: 9J 33/45g
  Az 2: 6Sg. 65/45

Mantaj, Gerhard (A)
- Fiche: *0030 f./0229 f.*
  Az 1: 13J 265/33
  Az 2: 2H 21/35

Manuilski
- Fiche: *0176*
  Az 1: 6J 92/42
  Az 2: 2H 282/42

Manus, Paul
- Fiche: *0601*
  Az 1: 9J 92/41
  Az 2: 2H 163/41

Manzke
- Fiche: *0030 f./0229 f.*
  Az 1: 13J 265/33
  Az 2: 2H 21/35
- Fiche: *0090 f./0261*
  Az 1: 17J 260/36
  Az 2: 1H 10/37

Maracek
- Fiche: *0261*
  Az 1: 14J 570/37g

Maras, Johann (A)
- Fiche: *0649*
  Az 1: 7J 119/44
  Az 2: 5H 87/44

Marbler, Elsa (A)
- Fiche: *0298/0577*
  Az 1: 7J 216/43
  Az 2: 6H 93/43

Marcard
- Fiche: *0188*
  Az 1: 11(10)J 529/43
  Az 2: 2H 100/44

Marchart
- Fiche: *0377*
  Az 1: 7J 220/43
  Az 2: 5H 59/43

Marchl, Philippine
- Fiche: *0379*
  Az 1: 7J 413/43
  Az 2: 6H 173/43

Marchner, Marie (A)
- Fiche: *0341 f.*
  Az 1: 7J 203/42
  Az 2: 2H 183/42

Marchwitza, Hans
- Fiche: *0387 f.*
  Az 1: 16J 489/33
  Az 2: 3L 19/35

Marck, Siegfried
- Fiche: *0529*
  Az 1: 9J 124/41
  Az 2: 2H 34/42

Marcuse, Ludwig
- Fiche: *0489 ff.*
  Az 1: 8J 402/38
  Az 2: 2H 41/39
- Fiche: *0529*
  Az 1: 9J 124/41
  Az 2: 2H 34/42

Marcziniak, Johann
- Fiche: *0555*
  Az 1: 9J 330/41
  Az 2: 5H 63/42

Marczinkowski, Josef
- Fiche: *0046*
  Az 1: 17J 180/35
  Az 2: 1H 60/35, 1H 42/37

Mardas (Frau)
- Fiche: *0292/0491*
  Az 1: 9J 354/40
  Az 2: 2H 126/41

Mardas, Franz
- Fiche: *0292/0491*
  Az 1: 9J 354/40
  Az 2: 2H 126/41

Mardiner, Hulda
- Fiche: *0031 f./0230*
  Az 1: 17J 296/34
  Az 2: 2H 24/35

Marecek
- Fiche: *0117*
  Az 1: 6J 116/38g
  Az 2: 1H 11/38

Mareck, Erwin
- Fiche: *0495 f.*
  Az 1: 16J 708/35
  Az 2: 1H 75/35

Mareda, Otto
- Fiche: *0334*
  Az 1: 7J 48/42
  Az 2: 2H 76/42

Marek
- Fiche: *0350*
  Az 1: 7J 355/42
  Az 2: 5H 133/42
- Fiche: *0498/0510*
  Az 1: 7J 97/40
  Az 2: 2H 21/41

Marek, Augustin (A)
- Fiche: *0330*
  Az 1: 6J 41/42g
  Az 2: 2H 126/42

Marek, Leo (A)
- Fiche: *0450/0635*
  Az 1: 8J 22/44
  Az 2: 2H 73/44

Marek, Paul
- Fiche: *0256*
  Az 1: 15J 162/36
  Az 2: 1H 51/36

Marenders
- Fiche: *0134/0457*
  Az 1: 9J 209/38
  Az 2: 2H 81/38

Mareque
- Fiche: *0175*
  Az 1: 7J 75/42
  Az 2: 2H 189/42

Maresch
- Fiche: *0360*
  Az 1: 7J 382/42
  Az 2: 5H 159/42
- Fiche: *0516 f./0548 f.*
  Az 1: 7J 421/42g
  Az 2: 6H 63/43
- Fiche: *0582*
  Az 1: 7J 113/42
  Az 2: 2H 132/42
- Fiche: *0703*
  Az 1: 6J 239/39

Marga
- Fiche: *0157*
  Az 1: 5J 474/39
  Az 2: 1H 71/39

Margios (Frau)
- Fiche: *0639*
  Az 1: 8J 187/44
  Az 2: 1H 272/44

Margold, Frantisek (A)
- Fiche: *0368*
  Az 1: 12J 143/44
  Az 2: 1H 200/44

Margulies, Jakob (A)
- Fiche: *0608 ff.*
  Az 1: 15J 179/33
  Az 2: XII H 17/34

Marianski
- Fiche: *0440*
  Az 1: 0J 40/44g Rs
  Az 2: 1L 468/44

Marinoprio
- Fiche: *0010/0217 f.*
  Az 1: 17J 331/33
  Az 2: 2H 13/34

Marischler, Karl
- Fiche: *0296*
  Az 1: 7J 638/42
  Az 2: 5H 26/43
- Fiche: *0327*
  Az 1: 7J 181/42
  Az 2: 2H 158/42
- Fiche: *0332/0367*
  Az 1: 7J 257/41
  Az 2: 2H 114/42
- Fiche: *0351/0358*
  Az 1: 7J 285/42
  Az 2: 5H 138/42

Maritschnigg, Grete
- Fiche: *0333*
  Az 1: 7J 156/42
  Az 2: 2H 112/42

Maritschnigg, Johann
- Fiche: *0333*
  Az 1: 7J 156/42
  Az 2: 2H 112/42

Mark
- Fiche: *0446*
  Az 1: 9J 9/43g
  Az 2: 1H 37/43

Markel, Wilhelm
- Fiche: *0269 f.*
  Az 1: 8J 100/37
  Az 2: 1H 43/37

Marker, Wilhelm
- Fiche: *0108 f.*
  Az 1: 8J 337/37g
  Az 2: 1H 41/37

Markloff
- Fiche: *0038 f./0259 f.*
  Az 1: 16J 767/35
  Az 2: 2H 57/36

Marko, Hermann
- Fiche: *0338*
  Az 1: 7J 193/42
  Az 2: 2H 207/42
- Fiche: *0351/0358*
  Az 1: 7J 285/42
  Az 2: 5H 138/42

Marko, Hermann (A)
- Fiche: *0333*
  Az 1: 7J 118/42
  Az 2: 2H 105/42

Markov, Walter (A)
- Fiche: *0315*
  Az 1: 8J 419/35g
  Az 2: 1H 18/36

Markowitsch
- Fiche: *0716 f.*
  Az 1: 6J 9/45
  Az 2: 6H 42/45

Markowsky, Erich
- Fiche: *0011 f.*
  Az 1: 17J 545/33
  Az 2: 1H 15/34

Marks, Carl (A)
- Fiche: *0441*
  Az 1: 0J 43/44g
  Az 2: 1L 474/44

Markscheffel, Günter
- Fiche: *0127/0623*
  Az 1: 8J 419/37g
  Az 2: 2H 33/38

Markstaller, Wilhelm
- Fiche: *0112/0271*
  Az 1: 16J 675/37
  Az 2: 2H 52/37

Markusfeld, Ida
- Fiche: *0707*
  Az 1: StPL (RKA) II 46/43
  Az 2: StPL (HLS) II 54/43

Martin, Rudolf
- Fiche: *0501*
  Az 1: 5J 77/38
  Az 2: 2H 43/38

Martin, Willi
- Fiche: *0011 f.*
  Az 1: 17J 545/33
  Az 2: 1H 15/34

Martinek, Raimund (A)
- Fiche: *0581 f./0647*
  Az 1: 8J 95/41g
  Az 2: 2H 167/43

Martinides
- Fiche: *0444*
  Az 1: 12J 33/40

Martinjak
- Fiche: *0699 f.*
  Az 1: StPL (RKA) I 118/41
  Az 2: StPL (HLS) III 57/41

Martischek, Josef (A)
- Fiche: *0335 f.*
  Az 1: 6J 165/41g
  Az 2: 2H 42/42

Martischnigg, Aloisa
- Fiche: *0330*
  Az 1: 7J 46/42
  Az 2: 2H 125/42

Martius, Kurt
- Fiche: *0075 f.*
  Az 1: 17J 300/34
  Az 2: 2H 58/36

Martl, Ernst (A)
- Fiche: *0696 f.*
  Az 1: StPL (RKA) III 657/41
  Az 2: StPL (HLS) III 16/42

Marty
- Fiche: *0684*
  Az 1: 10J 80/42
  Az 2: 2H 317/42

Marunde
- Fiche: *0530 f.*
  Az 1: 10J 62/42
  Az 2: 1H 219/42

Marusak, Franz (A)
- Fiche: *0575*
  Az 1: 6(7)J 310/43
  Az 2: 5H 51/44

Maruschka, Karl
- Fiche: *0403*
  Az 1: 7J 384/43
  Az 2: 5H 153/43

Marx
- Fiche: *0176/0295*
  Az 1: 6J 27/42g
  Az 2: 1H 18/43

Marx, Gertrud (A)
- Fiche: *0086 f.*
  Az 1: 17J 73/36
  Az 2: 2H 5/37

Marx, Johann
- Fiche: *0159*
  Az 1: 9J 84/39g
  Az 2: 2H 5/40

Marx, Karl
- Fiche: *0086 f.*
  Az 1: 17J 73/36
  Az 2: 2H 5/37

Marx, Lilly
- Fiche: *0495*
  Az 1: 9J 684/37
  Az 2: 2H 25/38
- Fiche: *0570 f.*
  Az 1: 2J 342/40g
  Az 2: 2H 150/41

Marzloff, Helmuth
- Fiche: *0071*
  Az 1: 14J 338/36
  Az 2: 2H 47/36

Masaryk
- Fiche: *0417*
  Az 1: 11J 28/44
  Az 2: 6L 34/44

Masauec
- Fiche: *0328/0340 f.*
  Az 1: 7J 137/42
  Az 2: 2H 191/42

Masche, Helmut
- Fiche: *0210/0630*
  Az 1: 10(9)J 777/43g
  Az 2: 5H 41/44
- Fiche: *0679 f./0713*
  Az 1: 10(9)J 777/43g
  Az 2: 5H 38/44, 5H 43/44

Masche, Helmuth (A)
- Fiche: *0184/0680*
  Az 1: 9J 777/43g
  Az 2: 5H 39/44

Maschek, Agnes
- Fiche: *0375*
  Az 1: 7J 236/43g
  Az 2: 5H 76/43

Mascher, Alois
- Fiche: *0516 f./0548 f.*
  Az 1: 7J 421/42g
  Az 2: 6H 63/43

Mascher, Hubert
- Fiche: *0444*
  Az 1: 12J 33/40

Mascher, Hubert (A)
- Fiche: *0496 f.*
  Az 1: 12J 97/40

Mascher, Maria
- Fiche: *0496 f.*
  Az 1: 12J 97/40

Mascher, Mathilde
- Fiche: *0496 f.*
  Az 1: 12J 97/40

Maschina
- Fiche: *0337*
  Az 1: 7J 205/42
  Az 2: 2H 212/42
- Fiche: *0366*
  Az 1: 7J 171/42
  Az 2: 5H 147/42

Maschitz
- Fiche: *0355*
  Az 1: 7J 464/42
  Az 2: 5H 198/42
- Fiche: *0371*
  Az 1: 7J 524/42
  Az 2: 5H 9/43

Maschke
- Fiche: *0012 f./0546*
  Az 1: 13J 258/33
  Az 2: 1H 16/34
- Fiche: *0147*
  Az 1: 7J 219/39
  Az 2: 1H 31/39
- Fiche: *0657*
  Az 1: 8J 564/33
  Az 2: XV H 1/34

Maschke, Arthur
- Fiche: *0027*
  Az 1: 17J 145/35
  Az 2: 2H 10/35
- Fiche: *0213 f./0216*
  Az 1: 17J 89/33
  Az 2: 1H 6/34

Maschke, Arthur (A)
- Fiche: *0021 f.*
  Az 1: 17J 397/33
  Az 2: 1H 3/35

Maschke, Jenny
- Fiche: *0545*
  Az 1: 9J 878/33
  Az 2: 2H 16/34

Maschke, Walter
- Fiche: *0672 f.*
  Az 1: 10J 90/41
  Az 2: 2H 111/41

Maschke, Walter (A)
- Fiche: *0440*
  Az 1: 0J 40/44g Rs
  Az 2: 1L 468/44

Maschnigg, Franz
- Fiche: *0409*
  Az 1: 8J 376/40g, 8J 393/40g
  Az 2: 5H 111/43, 5H 141/43

Maser
- Fiche: *0132*
  Az 1: 6J 160/38
  Az 2: 2H 60/38

Masin (Frau)
- Fiche: *0417*
  Az 1: 11J 28/44
  Az 2: 6L 34/44

Mašl, Georg
- Fiche: *0384*
  Az 1: 7J 296/43
  Az 2: 5H 100/43

Masl, Rudolf
- Fiche: *0329/0376*
  Az 1: 7J 287/43
  Az 2: 5H 68/43

Masl, Rudolf (A)
- Fiche: *0329/0370*
  Az 1: 7J 517/42
  Az 2: 5H 13/43

Maslo, Johann
- Fiche: *0511 f.*
  Az 1: 9J 125/39g
  Az 2: 2H 45/39

Maslowski, Paul (A)
- Fiche: *0190 f.*
  Az 1: 9J 232/44
  Az 2: 5H 126/44

Masquet, Georges (A)
- Fiche: *0318*
  Az 1: 8J 250/43

Maß
- Fiche: *0615 ff.*
  Az 1: 15J 86/33
  Az 2: XII H 42/33

Massloch
- Fiche: *0012 f./0546*
  Az 1: 13J 258/33
  Az 2: 1H 16/34

Maßloff
- Fiche: *0203 f.*
  Az 1: 11J 246/44
  Az 2: 2H 245/44

Maßloff (Frau)
- Fiche: *0203 f.*
  Az 1: 11J 246/44
  Az 2: 2H 245/44

Maßloff, Kurt
- Fiche: *0292*
  Az 1: 5J 228/41
  Az 2: 2H 16/42

Maßloff, Kurt (A)
- Fiche: *0171/0293*
  Az 1: 5J 226/41
  Az 2: 2H 24/42

Massny
- Fiche: *0301*
  Az 1: 15J 818/36
  Az 2: 1H 22/37

Massow
- Fiche: *0021/0461 f.*
  Az 1: 9aJ 44/34
  Az 2: 2H 1/35

Massut, Gustav
- Fiche: *0074 f.*
  Az 1: 17J 366/36
  Az 2: 1H 56/36

Mast, Michael (A)
- Fiche: *0189/0446*
  Az 1: 9J 93/44
  Az 2: 2H 103/44

Masthoff, Wilhelm
- Fiche: *0510*
  Az 1: 10J 31/38
  Az 2: 2H 10/38

Mastny
- Fiche: *0371*
  Az 1: 7J 301/43
  Az 2: 5H 97/43
- Fiche: *0371*
  Az 1: 7J 298/43
  Az 2: 5H 99/43

– Fiche: *0381*
Az 1: 7J 297/43
Az 2: 5H 96/43, 5H 139/43
– Fiche: *0449*
Az 1: 7J 299/43
Az 2: 5H 105/43
– Fiche: *0575 f.*
Az 1: 7J 438/43
Az 2: 5H 140/43
– Fiche: *0576*
Az 1: 7J 302/43
Az 2: 5H 104/43

Mastny, Friedrich
– Fiche: *0295 f.*
Az 1: 7J 2/43g
Az 2: 5H 42/43
– Fiche: *0296*
Az 1: 7J 638/42
Az 2: 5H 26/43
– Fiche: *0298/0367*
Az 1: 7J 300/43
Az 2: 5H 94/43
– Fiche: *0329/0376*
Az 1: 7J 287/43
Az 2: 5H 68/43
– Fiche: *0347*
Az 1: 7J 437/42
Az 2: 1H 244/42
– Fiche: *0361*
Az 1: 7J 483/42
Az 2: 5H 176/42
– Fiche: *0363/0563 f.*
Az 1: 7J 64/43
Az 2: 5H 52/43
– Fiche: *0375*
Az 1: 7J 332/43
Az 2: 5H 73/43
– Fiche: *0410/0520*
Az 1: 6(7)J 514/43
Az 2: 5H 15/44

Mastny, Friedrich (A)
– Fiche: *0384*
Az 1: 7J 296/43
Az 2: 5H 100/43

Mastny, Rudolf
– Fiche: *0328/0357*
Az 1: 7J 487/42
Az 2: 5H 183/42

Masuth
– Fiche: *0228*
Az 1: 13J 266/33
Az 2: 2H 11,12/35

Matejka, Stefan (A)
– Fiche: *0483*
Az 1: 14J 482/37
Az 2: 1H 25/37

Matejker
– Fiche: *0344*
Az 1: 7J 472/42
Az 2: 1H 304/42

Matejo, Josef
– Fiche: *0167*
Az 1: 6J 66/40g
Az 2: 2H 120/41

Matena, Arthur
– Fiche: *0168*
Az 1: 5J 232/41
Az 2: 2H 5/42

Matena, Otto (A)
– Fiche: *0168*
Az 1: 5J 232/41
Az 2: 2H 5/42

Mateoschat
– Fiche: *0005 f.*
Az 1: 13J 154/33
Az 2: 1H 9/34

Mater, Elisabeth
– Fiche: *0621 f.*
Az 1: 15J 241/33
Az 2: XII H 57/33

Materlik
– Fiche: *0208/0446*
Az 1: 8J 191/44
Az 2: 1H 303/44

Matern
– Fiche: *0161*
Az 1: 5J 483/39
Az 2: 2H 46/40

Matern, Hermann
– Fiche: *0502*
Az 1: 10J 54/41
Az 2: 2H 52/41
– Fiche: *0549*
Az 1: 10J 96/42
Az 2: 2H 238/42
– Fiche: *0559*
Az 1: 10J 16/42g
Az 2: 1H 247/42

Materna, Josef
– Fiche: *0575/0644 f.*
Az 1: 8J 324/39g
Az 2: 5H 110/43

Materna, Karl
– Fiche: *0566 f.*
Az 1: 10J 70/40
Az 2: 2H 127/40

Mates
– Fiche: *0356/0512*
Az 1: 7J 479/42
Az 2: 5H 196/42

Mateyka, Wenzel
– Fiche: *0401/0458 f.*
Az 1: 7J 590/42
Az 2: 5H 47/43

Mathar, Elsa (A)
– Fiche: *0176/0362*
Az 1: 6J 248/41g
Az 2: 1H 14/43

Mathar, Stephan (A)
– Fiche: *0176/0362*
Az 1: 6J 248/41g
Az 2: 1H 14/43

Matheas, Alois
– Fiche: *0140 f.*
Az 1: 8J 357/38g
Az 2: 2H 13/39

Mathebel, August (A)
– Fiche: *0528*
Az 1: 8J 108/44
Az 2: 2H 136/44

Mathes, Johann
– Fiche: *0577*
Az 1: 9J 14/42g
Az 2: 2H 35/42

Mathes, Wilhelm
– Fiche: *0463/0465*
Az 1: 15J 39/36
Az 2: 2H 35/36

Mathys, Clara
– Fiche: *0564 f.*
Az 1: 9J 137/34
Az 2: 1H 25/35

Matijas
– Fiche: *0188*
Az 1: 11(10)J 529/43
Az 2: 2H 100/44

Matischeck, Josef
– Fiche: *0335 f.*
Az 1: 6J 165/41g
Az 2: 2H 42/42

Matjoch
– Fiche: *0318*
Az 1: 7J 144/44
Az 2: 5H 92/44

Matloch, Franziska
– Fiche: *0318*
Az 1: 7J 144/44
Az 2: 5H 92/44
– Fiche: *0511*
Az 1: 7J 61/44
Az 2: 5H 50/44

Matonschek
– Fiche: *0370*
Az 1: 7J 555/42
Az 2: 6H 13/43

Matoschat
– Fiche: *0633*
Az 1: 9J 357/41g
Az 2: 2H 7/42

Matoschofsky, Franz
– Fiche: *0382*
Az 1: 7J 278/43
Az 2: 6H 110/43

Matoschofsky, Franz (A)
– Fiche: *0459*
Az 1: 7J 44/43
Az 2: 6H 99/43

Matouschek
– Fiche: *0345*
Az 1: 7J 405/42
Az 2: 2H 266/42

Matscheko, Johann
– Fiche: *0308*
Az 1: 6J 103/40g
Az 2: 2H 115/40

Matschke
– Fiche: *0182/0464 f.*
Az 1: 11(10)J 423/43g
Az 2: 2H 17/44
– Fiche: *0465*
Az 1: 11(10)J 1036/43g
– Fiche: *0466*
Az 1: 9J 156/44g Rs
Az 2: 1H 264/44

Matschke, Artur
– Fiche: *0502*
Az 1: 10J 54/41
Az 2: 2H 52/41

Matschy
– Fiche: *0084/0261*
Az 1: 17J 513/36
Az 2: 2H 1/37

Matschy, Alfred
– Fiche: *0654*
Az 1: 13J 308/33
Az 2: XV H 13/34

Matt, Fritz
– Fiche: *0171 f.*
Az 1: 5J 40/41
Az 2: 2H 51/42

Mattar
– Fiche: *0036/0230 f.*
Az 1: 8J 306/35
Az 2: 2H 30/35

Mattar, Paul
– Fiche: *0718 f.*
Az 1: 8J 444/35
Az 2: 2H 54/36

Mattar, Paul (A)
– Fiche: *0232*
Az 1: 8J 459/34
Az 2: 1H 16/35

Mattar, Stefan
– Fiche: *0232*
Az 1: 8J 459/34
Az 2: 1H 16/35

Mattaschovsky, Franz
– Fiche: *0383 f./0650*
Az 1: 7J 205/43
Az 2: 6H 100/43

Matters
– Fiche: *0008 f.*
Az 1: 17J 242/33
Az 2: 2H 11/34

Mattert
– Fiche: *0008*
Az 1: 17J 58/34
Az 2: 1H 11/34

Mattert, Alfons
– Fiche: *0654*
Az 1: 17J 684/33
Az 2: XV H 11/34
– Fiche: *0662 f.*
Az 1: 17J 627/33
Az 2: XV H 21/34

Mattert, Alfons (A)
– Fiche: *0663 f.*
Az 1: 17J 685/33, 17J 627/33
Az 2: XV H 22/34, XV H 21/34

Matthay, Heinrich
– Fiche: *0082/0260 f.*
Az 1: 9J 907/35
Az 2: 1H 67/36

Matthei, Wilhelm (A)
– Fiche: *0035*
Az 1: 17J 87/35
Az 2: 1H 29/35

Maus, Gerda
- Fiche: *0018*
  Az 1: 16J 387/34
  Az 2: 1H 36/34
- Fiche: *0044 f.*
  Az 1: 17J 387/34
  Az 2: 2H 55/35
- Fiche: *0671 f.*
  Az 1: 15J 385/34
  Az 2: 1H 11/36

Maus, Rudolf (A)
- Fiche: *0173*
  Az 1: 5J 81/42
  Az 2: 2H 94/42

Mautner (Frau)
- Fiche: *0081/0471*
  Az 1: 15J 544/36
  Az 2: 2H 64/36

Mautner, Maria von
- Fiche: *0700*
  Az 1: StPL (RKA) III 191/42
  Az 2: StPL (HLS) IV 108/42

Mautner, Rosa
- Fiche: *0366*
  Az 1: 7J 91/43
  Az 2: 5H 48/43

Mautner, Rudolf (A)
- Fiche: *0366*
  Az 1: 7J 91/43
  Az 2: 5H 48/43

Mauxl
- Fiche: *0342*
  Az 1: 6J 65/42
  Az 2: 2H 180/42

Max, Martin
- Fiche: *0145/0285 f.*
  Az 1: 5J 102/39
  Az 2: 1H 27/39

Maxa
- Fiche: *0328/0340 f.*
  Az 1: 7J 137/42
  Az 2: 2H 191/42

Maxa, Erwin
- Fiche: *0340*
  Az 1: 7J 89/43
  Az 2: 5H 46/43

Maxa, Josef
- Fiche: *0632 f.*
  Az 1: 6J 29/42g
  Az 2: 1H 139/43

Maxamin
- Fiche: *0628*
  Az 1: 9J 171/41g
  Az 2: 2H 103/42

Maxrieser, Otto
- Fiche: *0351*
  Az 1: 7J 492/42
  Az 2: 6H 28/42

Maxwald, August (A)
- Fiche: *0366*
  Az 1: 7J 75/43
  Az 2: 6H 38/43

May
- Fiche: *0039*
  Az 1: 16J 454/35
  Az 2: 2H 40/35
- Fiche: *0141/0475 f.*
  Az 1: 5J 449/38
  Az 2: 1H 15/39
- Fiche: *0231 f./0561*
  Az 1: 8J 14/34
  Az 2: 2H 33/35
- Fiche: *0559 f./0567*
  Az 1: 8J 165/42
  Az 2: 2H 137/42

May (Frau)
- Fiche: *0060 f.*
  Az 1: 8J 438/35g
  Az 2: 1H 23/24/36
- Fiche: *0160/0288f.*
  Az 1: 6J 224/39g
  Az 2: 2H 44/40

May, Arthur
- Fiche: *0060 f.*
  Az 1: 8J 438/35g
  Az 2: 1H 23/24/36

May, Hort
- Fiche: *0104/0267*
  Az 1: 17J 6/37
  Az 2: 2H 33/37

May, Kurt
- Fiche: *0046/0462*
  Az 1: 17J 189/35
  Az 2: 1H 61/35

May, Martin
- Fiche: *0160/0288f.*
  Az 1: 6J 224/39g
  Az 2: 2H 44/40

May, Selma
- Fiche: *0130/0277*
  Az 1: 6J 224/38g
  Az 2: 2H 48/38

Mayberg
- Fiche: *0593 f.*
  Az 1: 15J 490/33
  Az 2: 1H 89/34

Maydag
- Fiche: *0171/0567 f.*
  Az 1: 10J 145/41
  Az 2: 2H 33/42
- Fiche: *0554*
  Az 1: 10J 294/41
  Az 2: 1H 329/42
- Fiche: *0559*
  Az 1: 10J 16/42g
  Az 2: 1H 247/42
- Fiche: *0560*
  Az 1: 10J 382/43
  Az 2: 1H 189/43
- Fiche: *0633*
  Az 1: 9J 357/41g
  Az 2: 2H 7/42

Maydag, Johannes
- Fiche: *0478*
  Az 1: 10J 290/40g
  Az 2: 5H 62/42
- Fiche: *0537 f.*
  Az 1: 9J 236/41g
  Az 2: 5H 75/42
- Fiche: *0553 f.*
  Az 1: 10J 137/42
  Az 2: 2H 242/42

Maydag, Johannes (A)
- Fiche: *0502*
  Az 1: 10J 54/41
  Az 2: 2H 52/41

Maydag, Kurt
- Fiche: *0628*
  Az 1: 9J 50/42g
  Az 2: 2H 60/42

Mayer
- Fiche: *0098 f.*
  Az 1: 14J 305/37g
  Az 2: 1H 35/37
- Fiche: *0141/0475 f.*
  Az 1: 5J 449/38
  Az 2: 1H 15/39
- Fiche: *0327*
  Az 1: 7J 181/42
  Az 2: 2H 158/42
- Fiche: *0346*
  Az 1: 7J 425/42
  Az 2: 1H 251/42
- Fiche: *0371*
  Az 1: 7J 298/43
  Az 2: 5H 99/43
- Fiche: *0401 f.*
  Az 1: 8J 285/39g
  Az 2: 5H 108/43
- Fiche: *0531*
  Az 1: 10J 40/42
  Az 2: 2H 228/42
- Fiche: *0561 f.*
  Az 1: 8J 261/41g
  Az 2: 1H 237/42
- Fiche: *0644*
  Az 1: 8J 475/39
  Az 2: 5H 109/43

Mayer, Adolf
- Fiche: *0240*
  Az 1: 8J 305/35
  Az 2: 1H 67/35

Mayer, Alexander
- Fiche: *0308*
  Az 1: 6J 103/40g
  Az 2: 2H 115/40
- Fiche: *0309 f.*
  Az 1: 6J 103/40g
  Az 2: 2H 116/40

Mayer, Alfred
- Fiche: *0098*
  Az 1: 14J 305/37g
  Az 2: 1H 26/37

Mayer, Andreas
- Fiche: *0434*
  Az 1: 10(9)J 1230/43g
  Az 2: 6L 222/44

Mayer, Anna
- Fiche: *0319 f.*
  Az 1: 6J 124/40g
  Az 2: 2H 10/41
- Fiche: *0320 f./0388*
  Az 1: 6J 144/40g
  Az 2: 2H 14/41
- Fiche: *0321 f.*
  Az 1: 6J 22/41g
  Az 2: 2H 41/41
- Fiche: *0323*
  Az 1: 6J 28/41g
  Az 2: 2H 129/41
- Fiche: *0335 f.*
  Az 1: 6J 165/41g
  Az 2: 2H 42/42
- Fiche: *0339/0649*
  Az 1: 6J 78/42g
  Az 2: 2H 156/42
- Fiche: *0717*
  Az 1: 6J 144/41g

Mayer, Anna (A)
- Fiche: *0322/0521 f.*
  Az 1: 6J 145/40
  Az 2: 2H 32/41

Mayer, Anton
- Fiche: *0449*
  Az 1: 7J 299/43
  Az 2: 5H 105/43

Mayer, Anton (A)
- Fiche: *0449*
  Az 1: 7J 299/43
  Az 2: 5H 105/43

Mayer, Ferdinand
- Fiche: *0355*
  Az 1: 7J 464/42
  Az 2: 5H 198/42
- Fiche: *0355*
  Az 1: 7J 218/42
  Az 2: 5H 206/42
- Fiche: *0356*
  Az 1: 7J 525/42
  Az 2: 5H 192/42

Mayer, Ferdinand (A)
- Fiche: *0355*
  Az 1: 7J 527/42
  Az 2: 5H 197/42

Mayer, Franz (A)
- Fiche: *0305/0643 f.*
  Az 1: 6J 518/38
  Az 2: 1H 18/39
- Fiche: *0455*
  Az 1: 7J 414/42
  Az 2: 6H 5/42

Mayer, Franziska
- Fiche: *0355*
  Az 1: 7J 218/42
  Az 2: 5H 206/42
- Fiche: *0355 f.*
  Az 1: 7J 526/42
  Az 2: 5H 194/42

Mayer, Franziska (A)
- Fiche: *0355*
  Az 1: 7J 527/42
  Az 2: 5H 197/42

- Fiche: *0167*
  Az 1: 6J 66/40g
  Az 2: 2H 120/41
- Fiche: *0289 f.*
  Az 1: 6J 52/40g
  Az 2: 2H 111/40
- Fiche: *0706*
  Az 1:
  Az 2: StPL (HLS) 10/39

Mebs
- Fiche: *0090 f./0261*
  Az 1: 17J 260/36
  Az 2: 1H 10/37

Mechow, Martin
- Fiche: *0227 f.*
  Az 1: 13J 2/34
  Az 2: 1H 10/35

Mechsner, Gertrud
- Fiche: *0244 f./0274*
  Az 1: 8J 431/35g
  Az 2: 1H 8/37

Med, Franz
- Fiche: *0349 f.*
  Az 1: 7J 95/42
  Az 2: 5H 96/42

Medam, Gerhard
- Fiche: *0203 f.*
  Az 1: 11J 246/44
  Az 2: 2H 245/44

Medek
- Fiche: *0356/0512*
  Az 1: 7J 479/42
  Az 2: 5H 196/42

Meduna
- Fiche: *0327*
  Az 1: 7J 271/42
  Az 2: 2H 157/42
- Fiche: *0338*
  Az 1: 7J 272/42
  Az 2: 2H 206/42
- Fiche: *0361*
  Az 1: 7J 452/42
  Az 2: 5H 169/42

Meduna, Johann
- Fiche: *0361*
  Az 1: 7J 416/42
  Az 2: 5H 162/42

Meduna, Johann (A)
- Fiche: *0358*
  Az 1: 7J 275/42
  Az 2: 5H 139/42

Meduna, Johann jr. (A)
- Fiche: *0358*
  Az 1: 7J 275/42
  Az 2: 5H 139/42

Medwes
- Fiche: *0693*
  Az 1: StPL (RKA) II 66/44
  Az 2: StPL 1. Sen. 15/44

Meene, Willi (A)
- Fiche: *0003*
  Az 1: 15J 594/33
  Az 2: 2H 3/34

Meerlein, Franz
- Fiche: *0249 f.*
  Az 1: 17J 318/35
  Az 2: 1H 15/36

Meerlein, Franz (A)
- Fiche: *0536*
  Az 1: 10J 233/39
  Az 2: 2H 4/40

Meerlein, Otto
- Fiche: *0165/0534 f.*
  Az 1: 10J 37/40g
  Az 2: 2H 3/41

Meerwald, Valentin (A)
- Fiche: *0368*
  Az 1: 6(7)J 483/43
  Az 2: 2H 55/44

Mees
- Fiche: *0107 f.*
  Az 1: 8J 232/36g
  Az 2: 2H 39/37
- Fiche: *0141/0475 f.*
  Az 1: 5J 449/38
  Az 2: 1H 15/39

Mees, Friedrich
- Fiche: *0205*
  Az 1: 9J 151/44
  Az 2: 2H 253/44

Meeuwsen, Johannes (A)
- Fiche: *0582*
  Az 1: 8J 402/42g
  Az 2: 2H 318/42

Megbauer
- Fiche: *0207*
  Az 1: 8J 188/44g
  Az 2: 1H 285/44

Megow
- Fiche: *0535*
  Az 1: 8J 78/42g
  Az 2: 2H 214/42

Mehden
- Fiche: *0511 f.*
  Az 1: 9J 125/39g
  Az 2: 2H 45/39

Mehlhammer
- Fiche: *0679 f./0713*
  Az 1: 10(9)J 777/43g
  Az 2: 5H 38/44, 5H 43/44

Mehlhase, Ernst (A)
- Fiche: *0210/0579*
  Az 1: 9J 272/44
  Az 2: 1H 7/45

Mehlhorn, Willi
- Fiche: *0034*
  Az 1: 9J 613/33
  Az 2: 1H 27/35
- Fiche: *0168 f.*
  Az 1: 5J 230/41
  Az 2: 2H 6/42

Mehlhorn, Willi (A)
- Fiche: *0014/0737*
  Az 1: 14J 253/33
  Az 2: 2H 22/34

Mehlinger
- Fiche: *0023 f.*
  Az 1: 14J 328/33
  Az 2: 1H 5/35

Mehlis, Ernst
- Fiche: *0110 f.*
  Az 1: 8J 348/37g
  Az 2: 1H 47/37
- Fiche: *0115*
  Az 1: 8J 339/37
  Az 2: 1H 4/38

Mehlis, Otto
- Fiche: *0556 f.*
  Az 1: 9J 51/44g
  Az 2: 1H 97/44
- Fiche: *0672*
  Az 1: 10J 201/41
  Az 2: 2H 59/42

Mehlis, Otto (A)
- Fiche: *0463/0465*
  Az 1: 15J 39/36
  Az 2: 2H 35/36

Mehmert, Heinrich
- Fiche: *0177 f.*
  Az 1: 8J 382/42g
  Az 2: 2H 65/43

Mehner, Emil
- Fiche: *0068*
  Az 1: 8J 434/35g
  Az 2: 2H 41/36
- Fiche: *0588 f./0643*
  Az 1: 16J 293/35, 8J 438/35
  Az 2: 2H 58/35

Mehnert
- Fiche: *0046/0239*
  Az 1: 16J 438/35
  Az 2: 1H 62/35
- Fiche: *0058*
  Az 1: 16J 753/35
  Az 2: 1H 20/36
- Fiche: *0386*
  Az 1: 8J 404/34
  Az 2: 3L 14/35
- Fiche: *0707*
  Az 1: StPL (RKA) III 345/41
  Az 2: StPL (HLS) III 144/41

Mehnert, Klaus
- Fiche: *0510 f./0689 f.*
  Az 1: 8J 54/37
  Az 2: 2H 41/37

Mehnert, Max
- Fiche: *0292/0491*
  Az 1: 9J 354/40
  Az 2: 2H 126/41
- Fiche: *0511*
  Az 1: 9J 328/39
  Az 2: 2H 57/39

Mehrer, Josef
- Fiche: *0082 f.*
  Az 1: 8J 415/35g
  Az 2: 1H 1/37

Mehrl, Andrea
- Fiche: *0308*
  Az 1: 6J 103/40g
  Az 2: 2H 115/40

Meiberg
- Fiche: *0091*
  Az 1: 7a O Js 113.36

Meides, Felix
- Fiche: *0070*
  Az 1: 14J 210/35
  Az 2: 2H 43/36

Meidinger
- Fiche: *0364*
  Az 1: 7J 535/42, 7J 61/43
  Az 2: 5H 53/43, 5H 54/43

Meidner, Franz
- Fiche: *0052 f.*
  Az 1: 17J 5/36
  Az 2: 1H 10/36
- Fiche: *0072 f.*
  Az 1: 15J 282/36
  Az 2: 2H 49/36

Meier
- Fiche: *0055 f./0390*
  Az 1: 8J 82/36g
  Az 2: 2H 13/36
- Fiche: *0354 f.*
  Az 1: 7J 478/42
  Az 2: 5H 199/42
- Fiche: *0387 f.*
  Az 1: 16J 489/33
  Az 2: 3L 19/35
- Fiche: *0444*
  Az 1: 12J 33/40
- Fiche: *0545*
  Az 1: 9J 878/33
  Az 2: 2H 16/34
- Fiche: *0715 f.*
  Az 1: 15 J 195/32
  Az 2: XV H 24/34
- Fiche: *0721*
  Az 1: 9J 26/45

Meier, Albert
- Fiche: *0126*
  Az 1: 7J 106/38
  Az 2: 2H 27/38
- Fiche: *0272*
  Az 1: 16J 225/37
  Az 2: 2H 60/37
- Fiche: *0439*
  Az 1: 7J 104/38
  Az 2: 2H 13/38
- Fiche: *0439*
  Az 1: 15J 931/37
  Az 2: 2H 35/38

Meier, Anton
- Fiche: *0519/0549 f.*
  Az 1: 6J 135/42g
  Az 2: 6H 79/43

Meier, Elfriede
- Fiche: *0478 f.*
  Az 1: 8J 421/38
  Az 2: 1H 19/39

Meier, Erich
- Fiche: *0387 f.*
  Az 1: 16J 489/33
  Az 2: 3L 19/35

Meier, Ernst
- Fiche: *0620 f.*
  Az 1: 15J 70/33
  Az 2: XII H 59/33

Meier, Franz
- Fiche: *0068/0448*
  Az 1: 9J 12/36
  Az 2: 1H 41/36

Meier, Friedrich
- Fiche: *0517/0678*
  Az 1: 10J 139/38
  Az 2: 2H 67/38

Meier, Heinrich (A)
- Fiche: *0478 f.*
  Az 1: 8J 421/38
  Az 2: 1H 19/39

Meier, Heinrich-Christian
- Fiche: *0151*
  Az 1: 8J 13/39
  Az 2: 2H 44/39

Meier, Ignatz
- Fiche: *0113/0469 f.*
  Az 1: 16J 37/35
  Az 2: 1H 19-20/37
- Fiche: *0140 f.*
  Az 1: 8J 357/38g
  Az 2: 2H 13/39

Meier, Ines
- Fiche: *0327*
  Az 1: 7J 181/42
  Az 2: 2H 158/42

Meier, Johann (A)
- Fiche: *0527 f.*
  Az 1: 8J 476/39
  Az 2: 5H 127/43

Meier, Johannes
- Fiche: *0544*
  Az 1: 9J 757/37
  Az 2: 1H 21/38

Meier, Karl
- Fiche: *0100 f./0711*
  Az 1: 15J 1/37
  Az 2: 1H 28/37
- Fiche: *0107 f.*
  Az 1: 8J 232/36g
  Az 2: 2H 39/37
- Fiche: *0321 f.*
  Az 1: 6J 22/41g
  Az 2: 2H 41/41
- Fiche: *0513 f.*
  Az 1: 8J 969/33
  Az 2: 2H 24/34
- Fiche: *0514 f.*
  Az 1: 9J 953/33
  Az 2: 1H 2/35

Meier, Martin
- Fiche: *0721*
  Az 1: 9J 25/45

Meier, Oswald
- Fiche: *0397f.*
  Az 1: 6J 198/39g
  Az 2: 3L 19/40

Meier, Otto
- Fiche: *0272*
  Az 1: 16J 225/37
  Az 2: 2H 60/37

Meier, Otto (A)
- Fiche: *0554 f.*
  Az 1: 8J 244/34
  Az 2: 2H 22/35

Meier, Paul
- Fiche: *0578/0703*
  Az 1: 11J 143/35
  Az 2: 3L 29/36

Meier, Peter
- Fiche: *0578/0703*
  Az 1: 11J 143/35
  Az 2: 3L 29/36

Meier, Reinhold
- Fiche: *0720 f.*
  Az 1: 9J 283/44

Meier, Rudolf
- Fiche: *0328/0340 f.*
  Az 1: 7J 137/42
  Az 2: 2H 191/42
- Fiche: *0358*
  Az 1: 7J 275/42
  Az 2: 5H 139/42

Meier, Sophie
- Fiche: *0071*
  Az 1: 16J 754/35
  Az 2: 2H 45/36

Meier, Willi
- Fiche: *0119/0440*
  Az 1: 7J 105/38
  Az 2: 2H 12/38
- Fiche: *0126*
  Az 1: 7J 106/38
  Az 2: 2H 27/38
- Fiche: *0439*
  Az 1: 15J 931/37
  Az 2: 2H 35/38
- Fiche: *0439*
  Az 1: 7J 104/38
  Az 2: 2H 13/38

Meier, Willy
- Fiche: *0514 f.*
  Az 1: 9J 953/33
  Az 2: 1H 2/35

Meierhofer, Karoline (A)
- Fiche: *0363*
  Az 1: 7J 97/43
  Az 2: 6H 51/43

Meiers, Heinrich
- Fiche: *0072*
  Az 1: 14J 220/36
  Az 2: 2H 48/36

Meiler, Josef (A)
- Fiche: *0032 f.*
  Az 1: 13J 11/34
  Az 2: 1H 26/35

Meincke, Richard (A)
- Fiche: *0594 f./0695 f.*
  Az 1: 11J 122/35g
  Az 2: 2H 10,11,12/37

Meindlinger
- Fiche: *0693*
  Az 1: StPL (RKA) II 445/42
  Az 2: StPL (HLS) III 53/43

Meinecke
- Fiche: *0127*
  Az 1: 7J 96/38
  Az 2: 2H 29/38

Meinecke (Frau)
- Fiche: *0127*
  Az 1: 7J 96/38
  Az 2: 2H 29/38

Meineke, Rudi
- Fiche: *0499*
  Az 1: 10J 141/38
  Az 2: 2H 53/38

Meiners, Wally (A)
- Fiche: *0047 f./0641*
  Az 1: 9J 486/35
  Az 2: 1H 71/35

Meinhard, Josef
- Fiche: *0288*
  Az 1: 5J 686/38
  Az 2: 1H 59/39

Meinicke
- Fiche: *0113*
  Az 1: 8J 351/37g
  Az 2: 2H 57/37

Meinka
- Fiche: *0532 f.*
  Az 1: 7(11)J 197/34g
  Az 2: 3L 21/36

Meinke, Herbert
- Fiche: *0720 f.*
  Az 1: 9J 283/44

Meinl, Emil (A)
- Fiche: *0391 f.*
  Az 1: 5J 6/36g
  Az 2: 3L 21/37

Meins
- Fiche: *0090*
  Az 1: 17J 187/36
  Az 2: 2H 31/37

Meins, Hans
- Fiche: *0022 f.*
  Az 1: 17J 193/34
  Az 2: 1H 4/35

Meinshausen, Erich
- Fiche: *0011 f.*
  Az 1: 17J 545/33
  Az 2: 1H 15/34

Meinung
- Fiche: *0509*
  Az 1: 9J 34/42g
  Az 2: 2H 91/42

Meiringer, Karl
- Fiche: *0300/0339*
  Az 1: 7J 232/42
  Az 2: 2H 202/42

Meis, Hans
- Fiche: *0479 f.*
  Az 1: 7(8)J 108/43g

Meise, Paul (A)
- Fiche: *0021/0462*
  Az 1: 15J 85/34
  Az 2: 1H 46/34

Meisel
- Fiche: *0034*
  Az 1: 9J 613/33
  Az 2: 1H 27/35
- Fiche: *0042 f.*
  Az 1: 14a/9J 1672/31
  Az 2: 1H 52/35
- Fiche: *0147*
  Az 1: 11J 196/38g
  Az 2: 1H 35/39

Meisel, Bruno (A)
- Fiche: *0451*
  Az 1: 11(10)J 1220/43
  Az 2: 2H 129/44

Meisel, Josef
- Fiche: *0425*
  Az 1: 7J 137/44
  Az 2: 5H 81/44

Meisezahl
- Fiche: *0086/0684*
  Az 1: 14J 392/35
  Az 2: 2H 4/37

Meisinger
- Fiche: *0414*
  Az 1: 6J 1/44
  Az 2: 5H 23/44

Meisnitzer
- Fiche: *0294*
  Az 1: 7J 258/42
  Az 2: 1H 215/42
- Fiche: *0343*
  Az 1: 7J 370/42
  Az 2: 1H 217/42

Meißner
- Fiche: *0144*
  Az 1: 5J 199/39
  Az 2: 1H 26/39
- Fiche: *0535*
  Az 1: 8J 127/42g
  Az 2: 2H 141/42
- Fiche: *0538 f.*
  Az 1: 8J 356/38g
  Az 2: 1H 29/38

Meißner, Bernhard
- Fiche: *0063 f.*
  Az 1: 8J 165/35
  Az 2: 2H 30/36

Meißner, Ernst
- Fiche: *0138*
  Az 1: 5J 279/38
  Az 2: 1H 6/39
- Fiche: *0138 f.*
  Az 1: 5J 53/39
  Az 2: 1H 7/39
- Fiche: *0139 f./0283*
  Az 1: 5J 84/39
  Az 2: 1H 11/39

Meißner, Ernst (A)
- Fiche: *0142*
  Az 1: 5J 181/39
  Az 2: 1H 17/39

Meißner, Franz
- Fiche: *0142*
  Az 1: 5J 181/39
  Az 2: 1H 17/39

Meißner, Hugo
- Fiche: *0113/0469 f.*
  Az 1: 16J 37/35
  Az 2: 1H 19-20/37

Meißner, Minna
- Fiche: *0012 f./0546*
  Az 1: 13J 258/33
  Az 2: 1H 16/34

Meißner, Walter
- Fiche: *0131/0674 f.*
  Az 1: 10J 27/38
  Az 2: 2H 50/38

Meißner, Wilhelm (A)
- Fiche: *0598*
  Az 1: 15J 618/33
  Az 2: 2H 26/34

Meissnitzer, Johann
- Fiche: *0370*
  Az 1: 7J 555/42
  Az 2: 6H 13/43

Meißnitzer, Johann
- Fiche: *0380/0529*
  Az 1: 7J 209/43
  Az 2: 6H 139/43

Meissnitzer, Johann (A)
- Fiche: *0345*
  Az 1: 7J 405/42
  Az 2: 2H 266/42

Meister, Günther
- Fiche: *0703*
  Az 1: 8J 391/41g

Meister, Johann (A)
- Fiche: *0337*
  Az 1: 7J 321/42
  Az 2: 2H 221/42

Meister, Josef
- Fiche: *0337*
  Az 1: 7J 322/42
  Az 2: 2H 241/42

Meister, Werner (A)
- Fiche: *0175*
  Az 1: 7J 75/42
  Az 2: 2H 189/42

Meistereck, Helene
- Fiche: *0286 f.*
  Az 1: 8J 384/38g
  Az 2: 1H 32/39

Meixler
- Fiche: *0417/0522*
  Az 1: 6(7)J 378/42
  Az 2: 6H 38/44

Meixler, Franz
- Fiche: *0304 f.*
  Az 1: 7J 268/39
  Az 2: 1H 66/39

Meixner
- Fiche: *0042*
  Az 1: 16J 354/35
  Az 2: 1H 50/35
- Fiche: *0549*
  Az 1: 5J 642/38
  Az 2: 1H 13/39
- Fiche: *0671*
  Az 1: 5J 546/38
  Az 2: 1H 1/39

Meixner, Alfred
- Fiche: *0630 f.*
  Az 1: 5J 174/39
  Az 2: 2H 51/39

Meixner, Alfred (A)
- Fiche: *0141/0475 f.*
  Az 1: 5J 449/38
  Az 2: 1H 15/39

Meixner, Karl
- Fiche: *0380*
  Az 1: 7J 404/43
  Az 2: 5H 155/43

Meixner, Lilly
- Fiche: *0346 f.*
  Az 1: 7J 278/42
  Az 2: 2H 246/42

Meixner, Willi
- Fiche: *0394 f.*
  Az 1: 14J 480/37g
  Az 2: 1L 18/38

Mekendorf, Henri
- Fiche: *0120 f./0133*
  Az 1: 17J 400/37
  Az 2: 2H 71/38

Melchart, Johann
- Fiche: *0453/0739*
  Az 1: 7J 347/43,
  7J 421/43,
  7J 422/43
  Az 2: 5H 122/43,
  5H 129/43,
  5H 125/43
- Fiche: *0600*
  Az 1: 7J 422/43

Melcher, Anton
- Fiche: *0621 f.*
  Az 1: 15J 241/33
  Az 2: XII H 57/33

Melcher, Erich
- Fiche: *0112*
  Az 1: 14J 375/37g
  Az 2: 2H 53/37

Melcher, Erich (A)
- Fiche: *0611 f.*
  Az 1: 12J 145/33
  Az 2: XII H 13/34

Melcher, Franz (A)
- Fiche: *0699 f.*
  Az 1: StPL (RKA) I 118/41
  Az 2: StPL (HLS) III 57/41

Melcher, Hertha (A)
- Fiche: *0016*
  Az 1: 17J 470/33
  Az 2: 2H 25/34

Melcher, Karl
- Fiche: *0016*
  Az 1: 17J 470/33
  Az 2: 2H 25/34

Melchers, Karl
- Fiche: *0621 f.*
  Az 1: 15J 241/33
  Az 2: XII H 57/33

Melchers, Minchen
- Fiche: *0621 f.*
  Az 1: 15J 241/33
  Az 2: XII H 57/33

Melchert
- Fiche: *0589 f.*
  Az 1: 9J 399/39g
  Az 2: 2H 26/41

Melchert, Erwin
- Fiche: *0240*
  Az 1: 8J 305/35
  Az 2: 1H 67/35

Melde, Günther
- Fiche: *0077 f./0239*
  Az 1: 8J 421/35g
  Az 2: 2H 60/36

Melde, Richard
- Fiche: *0020 f.*
  Az 1: 17J 683/33
  Az 2: 1H 44/34

Mellahn, Erich
- Fiche: *0130 f.*
  Az 1: 10J 137/38
  Az 2: 2H 49/38

Mellahn, Erich (A)
- Fiche: *0499*
  Az 1: 10J 141/38
  Az 2: 2H 53/38

Mellendorf, Henri
- Fiche: *0120 f./0133*
  Az 1: 17J 400/37
  Az 2: 2H 71/38

Meller, Karl
- Fiche: *0717*
  Az 1: 6J 144/41g

Meller, Theresia
- Fiche: *0424/0570*
  Az 1: 7J 101/44
  Az 2: 5H 78/44
- Fiche: *0649*
  Az 1: 7J 138/44
  Az 2: 5H 86/44

Meller, Theresia (A)
- Fiche: *0426*
  Az 1: 7J 139/44,
  7J 130/44
  Az 2: 5H 89/44, 5H 82/44

Melliand, Marcel
- Fiche: *0713 f.*
  Az 1: StPL (RKA) III 495,496,497/42
  Az 2: StPL (HLS) II 129/42

Melzer
- Fiche: *0047 f./0641*
  Az 1: 9J 486/35
  Az 2: 1H 71/35
- Fiche: *0417*
  Az 1: 7J 41/44
  Az 2: 5H 33/44

Melzer (Frau)
- Fiche: *0538*
  Az 1: 10J 227/38
  Az 2: 2H 80/38
- Fiche: *0644*
  Az 1: 8J 475/39
  Az 2: 5H 109/43

Melzer, Anna
- Fiche: *0011 f.*
  Az 1: 17J 545/33
  Az 2: 1H 15/34

Melzer, Hanna
- Fiche: *0463/0465*
  Az 1: 15J 39/36
  Az 2: 2H 35/36

Melzer, Karl
- Fiche: *0450/0623 f.*
  Az 1: 17J 451/37
  Az 2: 2H 59/38
- Fiche: *0493*
  Az 1: 10J 229/38
  Az 2: 2H 66/38
- Fiche: *0560*
  Az 1: 10J 222/38
  Az 2: 2H 69/38
- Fiche: *0582*
  Az 1: 8J 317/41
  Az 2: 5H 135/43

Melzer, Karl (A)
- Fiche: *0500 f.*
  Az 1: 10J 224/38
  Az 2: 2H 62/38

Melzer, Marie
- Fiche: *0582*
  Az 1: 8J 317/41
  Az 2: 5H 135/43

Melzer, Marta
- Fiche: *0538*
  Az 1: 10J 227/38
  Az 2: 2H 80/38

Melzer, Marta (A)
- Fiche: *0500 f.*
  Az 1: 10J 224/38
  Az 2: 2H 62/38

Menapace, Johann (A)
- Fiche: *0378*
  Az 1: 7J 412/43
  Az 2: 6H 178/43

Mende, Otto
- Fiche: *0466 f.*
  Az 1: 15J 513/37
  Az 2: 2H 55/37

Mende, Otto (A)
- Fiche: *0182/0461*
  Az 1: 11(10)J 1037/43g
  Az 2: 2H 22/44

Mendel, Josef
- Fiche: *0374*
  Az 1: 7J 331/43
  Az 2: 5H 77/43

Mendershausen, Horst
- Fiche: *0387 f.*
  Az 1: 16J 489/33
  Az 2: 3L 19/35

Meney, George
- Fiche: *0319*
  Az 1: 11J 301/44g
  Az 2: 1H 1/45

Menge (Frau)
- Fiche: *0708*
  Az 1: 8J 90/44
  Az 2: 2H 263/44

Menge, Arthur (A)
- Fiche: *0441*
  Az 1: 0J 55/44g Rs
  Az 2: 1L 48/45

Menger
- Fiche: *0559 f./0567*
  Az 1: 8J 165/42
  Az 2: 2H 137/42

Mengershausen
- Fiche: *0122 f.*
  Az 1: 16J 765/37
  Az 2: 1H 23/38

Menges, Otto
- Fiche: *0043 f.*
  Az 1: 9J 702/35
  Az 2: 2H 53/35
- Fiche: *0196/0625*
  Az 1: 9J 187/44
  Az 2: 2H 204/44

Menich, Anton
- Fiche: *0297*
  Az 1: 7J 247/43
  Az 2: 5H 79/43

Menich, Anton (A)
- Fiche: *0374*
  Az 1: 7J 331/43
  Az 2: 5H 77/43

Meninger, Heinrich
- Fiche: *0086/0684*
  Az 1: 14J 392/35
  Az 2: 2H 4/37

Menneking
- Fiche: *0709*
  Az 1: 8J 501/39
  Az 2: 2H 60/39

Menneking, Gustav
- Fiche: *0386 f./0572 f.*
  Az 1: 11J 423/33
  Az 2: 3L 15/35

Mennicken
- Fiche: *0176/0362*
  Az 1: 6J 248/41g
  Az 2: 1H 14/43

Mensching, Irmgard
- Fiche: *0719*
  Az 1: 10(9)J 943/43

Mensching, Irmgard (A)
- Fiche: *0189/0428*
  Az 1: 9J 86/44
  Az 2: 2H 104/44

Mensching, Lieselotte
- Fiche: *0719*
  Az 1: 10(9)J 943/43

Mensching, Wilhelm (A)
- Fiche: *0189/0428*
  Az 1: 9J 86/44
  Az 2: 2H 104/44

Menschke, Willy
- Fiche: *0116*
  Az 1: 16J 878/37
  Az 2: 1H 9/38

Menschl
- Fiche: *0180/0446*
  Az 1: 6J 12/43g
  Az 2: 1H 147/43

Mensing, Margarete
- Fiche: *0269/0718*
  Az 1: 16J 736/36
  Az 2: 2H 43/37

Mentzel, Luise
- Fiche: *0471*
  Az 1: 8J 395/42g
  Az 2: 2H 336/42

Mentzel, Waldemar
- Fiche: *0471*
  Az 1: 8J 395/42g
  Az 2: 2H 336/42

Menz, Emil
- Fiche: *0197*
  Az 1: 10J 168/44
  Az 2: 2H 207/44

Menzel
- Fiche: *0027*
  Az 1: 17J 145/35
  Az 2: 2H 10/35
- Fiche: *0085*
  Az 1: 17J 507/36
  Az 2: 2H 3/37

Menzel, Horst
- Fiche: *0060 f.*
  Az 1: 8J 438/35g
  Az 2: 1H 23/24/36
- Fiche: *0543*
  Az 1: 15J 385/34
  Az 2: 1H 47/36
- Fiche: *0588 f./0643*
  Az 1: 16J 293/35,
  8J 438/35
  Az 2: 2H 58/35
- Fiche: *0589*
  Az 1: 16J 293/35
  Az 2: 2H 58/35
- Fiche: *0671 f.*
  Az 1: 15J 385/34
  Az 2: 1H 11/36

Merchel, Paul
- Fiche: *0622 f.*
  Az 1: 10J 453/38
  Az 2: 1H 25/39

Merck
- Fiche: *0630 f.*
  Az 1: 5J 174/39
  Az 2: 2H 51/39

Mergel, Maria
- Fiche: *0700*
  Az 1: 8J 99/44
  Az 2: 2H 165/44

Merhaut (Frau)
- Fiche: *0368/0414*
  Az 1: 6(7)J 511/43,
  6(7)J 429/43
  Az 2: 5H 24/44, 5H 26/44

Merin, Max
- Fiche: *0539 f.*
  Az 1: 10J 36/41
  Az 2: 2H 91/41

Merkel
- Fiche: *0193*
  Az 1: 11J 127/44
  Az 2: 2H 135/44

Merkel, Elsa
- Fiche: *0063*
  Az 1: 14J 134/36
  Az 2: 2H 29/36

Merkel, Karl
- Fiche: *0063*
  Az 1: 14J 134/36
  Az 2: 2H 29/36
- Fiche: *0107 f.*
  Az 1: 8J 232/36g
  Az 2: 2H 39/37
- Fiche: *0170/0293*
  Az 1: 6J 100/41g
  Az 2: 2H 21/42
- Fiche: *0176*
  Az 1: 6J 92/42
  Az 2: 2H 282/42

Merkel, Kurt
- Fiche: *0492*
  Az 1: 10J 66/40
  Az 2: 2H 114/40

Merkenschlager, Friedrich
- Fiche: *0481 f./0557 f.*
  Az 1: 8J 214/37
  Az 2: 1H 31/38
- Fiche: *0485 f.*
  Az 1: 8J 386/38,
  8J 214/37
  Az 2: 1H 33/38, 1H 31/38

Merkenschlager, Hans
- Fiche: *0481 f./0557 f.*
  Az 1: 8J 214/37
  Az 2: 1H 31/38
- Fiche: *0485 f.*
  Az 1: 8J 386/38,
  8J 214/37
  Az 2: 1H 33/38, 1H 31/38

Merker
- Fiche: *0039 f.*
  Az 1: 14J 16/35
  Az 2: 1H 43/35
- Fiche: *0263 f./0487 f.*
  Az 1: 17J 171/35
  Az 2: 2H 17/37
- Fiche: *0523*
  Az 1: 15J 201/35
  Az 2: 1H 2/36
- Fiche: *0561 f.*
  Az 1: 8J 261/41g
  Az 2: 1H 237/42

Merker, Herbert
- Fiche: *0556 f.*
  Az 1: 9J 51/44g
  Az 2: 1H 97/44

Merker, Paul
- Fiche: *0089*
  Az 1: 16J 781/36
  Az 2: 1H 9/37
- Fiche: *0094/0264 f.*
  Az 1: 17J 439/36
  Az 2: 2H 21/37
- Fiche: *0140 f.*
  Az 1: 8J 357/38g
  Az 2: 2H 13/39
- Fiche: *0169/0521*
  Az 1: 6J 109/41g
  Az 2: 2H 11/42
- Fiche: *0176*
  Az 1: 6J 92/42
  Az 2: 2H 282/42
- Fiche: *0518/0562*
  Az 1: 8J 52/44
  Az 2: 1H 82/44
- Fiche: *0554*
  Az 1: 10J 294/41
  Az 2: 1H 329/42
- Fiche: *0556 f.*
  Az 1: 9J 51/44g
  Az 2: 1H 97/44

Merkl
- Fiche: *0326*
  Az 1: 7J 199/42
  Az 2: 2H 169/42

Merkswohl, Franz
- Fiche: *0333*
  Az 1: 7J 156/42
  Az 2: 2H 112/42

Merle, Christian
- Fiche: *0016 f.*
  Az 1: 14a/8J 1547/31
  Az 2: 1H 27/34

Merle, Christian (A)
- Fiche: *0229*
  Az 1: 14J 134/34
  Az 2: 2H 23/35

Mermeier, Johann
- Fiche: *0528*
  Az 1: 8J 108/44
  Az 2: 2H 136/44

Mermet, Franz (A)
- Fiche: *0049/0450*
  Az 1: 9J 151/35
  Az 2: 1H 3/36

Mermet, Karl (A)
- Fiche: *0049/0450*
  Az 1: 9J 151/35
  Az 2: 1H 3/36

Merten
- Fiche: *0696*
  Az 1: StPL (RKA) II
  236/38

Merten, Peter
- Fiche: *0176*
  Az 1: 6J 92/42
  Az 2: 2H 282/42

Merten, Peter (A)
- Fiche: *0251 ff.*
  Az 1: 14J 12/36
  Az 2: 2H 17/36

Mertens
- Fiche: *0113*
  Az 1: 8J 351/37g
  Az 2: 2H 57/37
- Fiche: *0134/0457*
  Az 1: 9J 209/38
  Az 2: 2H 81/38
- Fiche: *0602 f.*
  Az 1: 9J 414/39
  Az 2: 2H 83/41

Mertens, Fritz
- Fiche: *0094 f./0551*
  Az 1: 9J 600/36
  Az 2: 1H 21/37

Mertens, Heinrich
- Fiche: *0043 f.*
  Az 1: 9J 702/35
  Az 2: 2H 53/35
- Fiche: *0196/0625*
  Az 1: 9J 187/44
  Az 2: 2H 204/44

Mertens, Hermann
- Fiche: *0555 f.*
  Az 1: 9J 202/36
  Az 2: 2H 14/37

Mertens, Michael
- Fiche: *0196/0625*
  Az 1: 9J 187/44
  Az 2: 2H 204/44

Mertes, Loni
- Fiche: *0489 ff.*
  Az 1: 8J 402/38
  Az 2: 2H 41/39

Mertlik, Friedrich
- Fiche: *0134/0523*
  Az 1: 7J 348/38
  Az 2: 2H 82/38

Mertz von Quirnheim, Albrecht
- Fiche: *0441*
  Az 1: 0J 7/44g Rs
  Az 2: 1L 454/44
- Fiche: *0441*
  Az 1: 0J 3/44g Rs
  Az 2: 1L 292/44
- Fiche: *0455*
  Az 1: o.Az
- Fiche: *0708*
  Az 1: 0J 4/44g Rs
  Az 2: 1L 229/44

Mervart, Karl (A)
- Fiche: *0195/0460*
  Az 1: 10J 112/44
  Az 2: 2H 189/44

Meschke, Günther (A)
- Fiche: *0315*
  Az 1: 8J 419/35g
  Az 2: 1H 18/36

Mesenhall, Willi
- Fiche: *0454*
  Az 1: 9J 22/43
  Az 2: 2H 62/43

Mesenholl, Erich
- Fiche: *0494*
  Az 1: 9J 356/36
  Az 2: 1H 46/36
- Fiche: *0536 f.*
  Az 1: 9J 50/41
  Az 2: 2H 106/41

Meslinger, Josef (A)
- Fiche: *0341 f.*
  Az 1: 7J 203/42
  Az 2: 2H 183/42

Mesner, Gabriel (A)
- Fiche: *0582*
  Az 1: 8J 317/41
  Az 2: 5H 135/43

Mess
- Fiche: *0492/0595*
  Az 1: 9J 938/35
  Az 2: 2H 7/36

Meß
- Fiche: *0492/0595*
  Az 1: 9J 938/35
  Az 2: 2H 7/36

Messerklinger
- Fiche: *0506 f.*
  Az 1: 15J 183/34
  Az 2: 2H 15/35

Messerklinger, Hedwig
- Fiche: *0593 f.*
  Az 1: 15J 490/33
  Az 2: 1H 89/34

Messerklinger, Josef
- Fiche: *0002/0571 f.*
  Az 1: 15J 265/33
  Az 2: 1H 3/34
- Fiche: *0122 f.*
  Az 1: 16J 765/37
  Az 2: 1H 23/38
- Fiche: *0593 f.*
  Az 1: 15J 490/33
  Az 2: 1H 89/34

Messerschmidt, Erich (A)
- Fiche: *0593 f.*
  Az 1: 15J 490/33
  Az 2: 1H 89/34

Messinger, Heinrich
- Fiche: *0330*
  Az 1: 6J 42/42g
  Az 2: 2H 127/42

Messner
- Fiche: *0644*
  Az 1: 8J 475/39
  Az 2: 5H 109/43

Messner, Franz (A)
- Fiche: *0427*
  Az 1: 6J 158/44g, 6J 165/44g
  Az 2: 5H 96/44, 5H 100/44

Metelen
- Fiche: *0131/0596 f.*
  Az 1: 14J 796/37g
  Az 2: 2H 51/38

Metelka, Paul (A)
- Fiche: *0368*
  Az 1: 6J 80/42g
  Az 2: 1H 153/42

Meter, Peter
- Fiche: *0043 f.*
  Az 1: 9J 702/35
  Az 2: 2H 53/35
- Fiche: *0071 f.*
  Az 1: 14J 288/36
  Az 2: 1H 48/36
- Fiche: *0165/0291*
  Az 1: 9J 246/40
  Az 2: 2H 28/41
- Fiche: *0196/0625*
  Az 1: 9J 187/44
  Az 2: 2H 204/44
- Fiche: *0218*
  Az 1: 14J 283/33
  Az 2: 1H 20/34
- Fiche: *0291*
  Az 1: 9Z 246/40

Metschulat, Walter
- Fiche: *0511 f.*
  Az 1: 9J 125/39g
  Az 2: 2H 45/39

Mett
- Fiche: *0184/0707 f.*
  Az 1: 9J 777/43g
  Az 2: 5H 40/44

Mett, Franz
- Fiche: *0184/0680*
  Az 1: 9J 777/43g
  Az 2: 5H 39/44
- Fiche: *0210/0630*
  Az 1: 10(9)J 777/43g
  Az 2: 5H 41/44
- Fiche: *0688 f.*
  Az 1: 10J 75/44
  Az 2: 1L 192/44

Mett, Franz (A)
- Fiche: *0679 f./0713*
  Az 1: 10(9)J 777/43g
  Az 2: 5H 38/44, 5H 43/44

Mettin
- Fiche: *0098*
  Az 1: 16J 536/36
  Az 2: 2H 25/37

Metz
- Fiche: *0709*
  Az 1: 9J 80/44
  Az 2: 2H 72/44

Metz, Josef
- Fiche: *0068/0448*
  Az 1: 9J 12/36
  Az 2: 1H 41/36

Metz, Karl
- Fiche: *0633 f.*
  Az 1: 9J 267/37
  Az 2: 2H 46/37

Metze, Richard
- Fiche: *0011 f.*
  Az 1: 17J 545/33
  Az 2: 1H 15/34

Metzelthin
- Fiche: *0080/0260*
  Az 1: 17J 473/35
  Az 2: 2H 63/36

Metzentin, Georg
- Fiche: *0090*
  Az 1: 17J 187/36
  Az 2: 2H 31/37

Metzger
- Fiche: *0004 f.*
  Az 1: 13J 98/33
  Az 2: 1H 7/34
- Fiche: *0250 f.*
  Az 1: 8J 364/35
  Az 2: 2H 15/36
- Fiche: *0527 f.*
  Az 1: 8J 476/39
  Az 2: 5H 127/43
- Fiche: *0680*
  Az 1: 2J 578/44g Rs
  Az 2: 1L 467/44

Metzger, Alfred
- Fiche: *0401 f.*
  Az 1: 8J 285/39g
  Az 2: 5H 108/43

Metzger, Alfred (A)
- Fiche: *0644*
  Az 1: 8J 475/39
  Az 2: 5H 109/43

Metzger, Max (A)
- Fiche: *0479*
  Az 1: 8J 190/43g
  Az 2: 1H 253/43

Metzke
- Fiche: *0429/0741*
  Az 1: 9J 213/44
  Az 2: 5H 118/44

Metzl, Maria
- Fiche: *0696 f.*
  Az 1: StPL (RKA) III 657/41
  Az 2: StPL (HLS) III 16/42

Metzlar
- Fiche: *0457*
  Az 1: 9J 114/44
  Az 2: 2H 116/44

Metzner
- Fiche: *0041/0236 f.*
  Az 1: 8J 250/35
  Az 2: 1H 46/35

Metzner, Johann (A)
- Fiche: *0431*
  Az 1: 7J 171/44
  Az 2: 5H 129/44

Meurs (Frau)
- Fiche: *0095/0541*
  Az 1: 9J 571/36
  Az 2: 2H 22/37

Meuthen, Herbert
- Fiche: *0709 ff.*
  Az 1: 8J 162/40
  Az 2: 2H 77/41

Mevius, Grete (A)
- Fiche: *0391 f.*
  Az 1: 5J 6/36g
  Az 2: 3L 21/37

Mevius, Paul
- Fiche: *0391 f.*
  Az 1: 5J 6/36g
  Az 2: 3L 21/37

Meyer, Reinhold
- Fiche: *0721*
Az 1: 9J 25/45

Meyer, René
- Fiche: *0119/0440*
Az 1: 7J 105/38
Az 2: 2H 12/38
- Fiche: *0126*
Az 1: 7J 106/38
Az 2: 2H 27/38
- Fiche: *0127*
Az 1: 7J 96/38
Az 2: 2H 29/38
- Fiche: *0272*
Az 1: 16J 225/37
Az 2: 2H 60/37
- Fiche: *0439*
Az 1: 7J 104/38
Az 2: 2H 13/38

Meyer, Sara-Cato
- Fiche: *0564*
Az 1: 8J 148/42g
Az 2: 5H 67/43

Meyer, Selma
- Fiche: *0489/0504*
Az 1: 9J 12/41
Az 2: 2H 99/41

Meyer, Walter (A)
- Fiche: *0183*
Az 1: 11(10)J 631/43
Az 2: 1H 28/44

Meyer, Wilhelm
- Fiche: *0514 f.*
Az 1: 9J 953/33
Az 2: 1H 2/35

Meyer, Willi
- Fiche: *0503 f.*
Az 1: 9J 312/39g
Az 2: 1H 47/39
- Fiche: *0628*
Az 1: 9J 50/42g
Az 2: 2H 60/42

Meyer, Willi (A)
- Fiche: *0608 ff.*
Az 1: 15J 179/33
Az 2: XII H 17/34

Meyer, Willy
- Fiche: *0632*
Az 1: 10J 132/41
Az 2: 2H 165/41

Meyer, Willy (A)
- Fiche: *0048 f.*
Az 1: 17J 88/35
Az 2: 1H 73/35

Meyerhof
- Fiche: *0559*
Az 1: 10J 16/42g
Az 2: 1H 247/42

Meyerhofer, Karoline
- Fiche: *0352/0369*
Az 1: 7J 507/42
Az 2: 6H 13/42

Meynen
- Fiche: *0515*
Az 1: 8J 368/38
Az 2: 1H 4/39

Meynen, Hermann
- Fiche: *0123 ff./0275 f.*
Az 1: 8J 5/37g
Az 2: 2H 23/38

Meynen, Hermann (A)
- Fiche: *0479 f.*
Az 1: 7(8)J 108/43g

Meynen, Otto
- Fiche: *0123 ff./0275 f.*
Az 1: 8J 5/37g
Az 2: 2H 23/38
- Fiche: *0479 f.*
Az 1: 7(8)J 108/43g

Mezirka
- Fiche: *0408*
Az 1: 7J 454/43,
7J 502/43
Az 2: 5H 10/44, 5H 5/44

Miaja
- Fiche: *0561 f.*
Az 1: 8J 261/41g
Az 2: 1H 237/42

Michael, Robert
- Fiche: *0414 f.*
Az 1: 10(9)J 819/43g
Az 2: 6H 28/44

Michaelewicz
- Fiche: *0526 f.*
Az 1: 7J 457/42

Michaelis
- Fiche: *0604 f.*
Az 1: 10J 317/38
Az 2: 2H 23/39

Michaelis, Alfred
- Fiche: *0539 f.*
Az 1: 10J 36/41
Az 2: 2H 91/41

Michaelis, Arno
- Fiche: *0608 ff.*
Az 1: 15J 179/33
Az 2: XII H 17/34

Michaelis, Arthur (A)
- Fiche: *0256*
Az 1: 15J 162/36
Az 2: 1H 51/36

Michaelis, Fritz
- Fiche: *0282*
Az 1: 7J 677/38
Az 2: 2H 1/39
- Fiche: *0622 f.*
Az 1: 10J 453/38
Az 2: 1H 25/39

Michaelis, Fritz (A)
- Fiche: *0146 f./0301 f.*
Az 1: 10J 7/39
Az 2: 1H 30/39
- Fiche: *0282*
Az 1: 7J 677/38
Az 2: 2H 1/39

Michaelis, Herbert
- Fiche: *0467 ff.*
Az 1: 14J 629/37g
Az 2: 2H 86/38

Michaelis, Herbert (A)
- Fiche: *0472 f./0603 f.*
Az 1: 14J 629/37g,
6J 44/38g
Az 2: 2H 84,85,87/38

Michaelis, Walter (A)
- Fiche: *0480*
Az 1: 10J 39/39
Az 2: 1H 56/39

Michaelis, Wilhelm
- Fiche: *0070 f./0255*
Az 1: 17J 492/35
Az 2: 2H 44/36

Michaelsen (Frau)
- Fiche: *0004*
Az 1: 13J 252/33
Az 2: 2H 5/34

Michaelson, Wilhelm
- Fiche: *0004*
Az 1: 13J 252/33
Az 2: 2H 5/34

Michailowitsch
- Fiche: *0627 f.*
Az 1: 10J 1095/43g
Az 2: 1H 305/43

Michal, Franz
- Fiche: *0333 f.*
Az 1: 7J 649/41
Az 2: 2H 88/42

Michalak, Johann (A)
- Fiche: *0017/0496*
Az 1: 15J 307/33
Az 2: 2H 27/34

Michalcek, Maria
- Fiche: *0298/0367*
Az 1: 7J 300/43
Az 2: 5H 94/43

Michalek, Franz
- Fiche: *0308*
Az 1: 7J 49/40
Az 2: 2H 65/40

Michalewicz
- Fiche: *0354 f.*
Az 1: 7J 478/42
Az 2: 5H 199/42
- Fiche: *0356/0400*
Az 1: 7J 395/42,
7J 457/42
Az 2: 5H 158/42,
5H 193/42
- Fiche: *0356/0512*
Az 1: 7J 479/42
Az 2: 5H 196/42

Michalewiczs
- Fiche: *0442*
Az 1: 7J 480/42
Az 2: 1H 337/42

Michalk, Martin (A)
- Fiche: *0398/0399*
Az 1: 6J 127/40g
Az 2: 3L 99/40

Michalowitsch, Leopold
- Fiche: *0350*
Az 1: 7J 179/42
Az 2: 5H 118/42

Michalski
- Fiche: *0615 ff.*
Az 1: 15J 86/33
Az 2: XII H 42/33
- Fiche: *0664*
Az 1: 14a/8J 910/31,
14a/9/16J 910/31
Az 2: XV H 5/32

Michank
- Fiche: *0009/0733 f.*
Az 1: 14J 311/33
Az 2: 1H 12/34

Michel, Franz (A)
- Fiche: *0348*
Az 1: 7J 255/42
Az 2: 5H 88/42

Michel, Richard
- Fiche: *0727*
Az 1: 16J 293/35

Michelbacher, August (A)
- Fiche: *0073/0256 f.*
Az 1: 5J 592/35g
Az 2: 1H 52/36

Michelitsch, Anton
- Fiche: *0351*
Az 1: 7J 492/42
Az 2: 6H 28/42

Michelitsch, Anton (A)
- Fiche: *0459*
Az 1: 7J 489/42
Az 2: 6H 29/42

Michelli, Martin (A)
- Fiche: *0362*
Az 1: 7J 169/43
Az 2: 1H 92/43
- Fiche: *0707*
Az 1: StPL (RKA) III
153/42
Az 2: StPL (HLS) II
96/42

Michelsen
- Fiche: *0446*
Az 1: 9J 9/43g
Az 2: 1H 37/43

Michl, Eduard (A)
- Fiche: *0420 f.*
Az 1: 7(8)J 172/43g
Az 2: 5H 59/44

Michl, Ernst (A)
- Fiche: *0368*
Az 1: 6(7)J 483/43
Az 2: 2H 55/44

Mick, Antonie (A)
- Fiche: *0333 f.*
Az 1: 7J 649/41
Az 2: 2H 88/42

Mickin, Walter
- Fiche: *0065*
Az 1: 16J 349/35
Az 2: 2H 32/36
- Fiche: *0523*
Az 1: 15J 201/35
Az 2: 1H 2/36
- Fiche: *0632*
Az 1: 10J 132/41
Az 2: 2H 165/41

Mikeschka, Otto (A)
- Fiche: *0343*
  Az 1: 7J 213/42
  Az 2: 2H 171/42

Mikisch, Johann (A)
- Fiche: *0480*
  Az 1: 10J 299/41
  Az 2: 2H 50/42

Mikisch, Karl
- Fiche: *0531 f.*
  Az 1: 10J 170/41
  Az 2: 2H 10/42

Mikkelsen, Werner
- Fiche: *0286 f.*
  Az 1: 8J 384/38g
  Az 2: 1H 32/39
- Fiche: *0506*
  Az 1: 8J 441/39
  Az 2: 2H 34/40
- Fiche: *0590*
  Az 1: 5J 122/36g
  Az 2: 3L 7/37

Mikola, Franz
- Fiche: *0308*
  Az 1: 7J 49/40
  Az 2: 2H 65/40

Mikola, Karl
- Fiche: *0308*
  Az 1: 7J 49/40
  Az 2: 2H 65/40

Mikolaschek, Richard (A)
- Fiche: *0155 f.*
  Az 1: 6J 12/39g
  Az 2: 2H 61/39

Mikutta, August (A)
- Fiche: *0190 f.*
  Az 1: 9J 232/44
  Az 2: 5H 126/44

Milacek
- Fiche: *0414*
  Az 1: 6J 1/44
  Az 2: 5H 23/44

Milch, Robert
- Fiche: *0554*
  Az 1: 10J 294/41
  Az 2: 1H 329/42

Mildner, Emilie
- Fiche: *0350*
  Az 1: 7J 355/42
  Az 2: 5H 133/42

Mildner, Johann Rudolf
- Fiche: *0543*
  Az 1: 8J 336/38
  Az 2: 1H 2/39

Mildner, Oskar
- Fiche: *0073*
  Az 1: 16J 287/36
  Az 2: 2H 51/36

Mildschuh, Johann
- Fiche: *0355*
  Az 1: 7J 527/42
  Az 2: 5H 197/42
- Fiche: *0371*
  Az 1: 7J 524/42
  Az 2: 5H 9/43

Mildschuh, Karl
- Fiche: *0355*
  Az 1: 7J 464/42
  Az 2: 5H 198/42
- Fiche: *0371*
  Az 1: 7J 524/42
  Az 2: 5H 9/43

Mildschuh, Karl (A)
- Fiche: *0355*
  Az 1: 7J 527/42
  Az 2: 5H 197/42

Milenkovič
- Fiche: *0706*
  Az 1: StPL (RKA) I 318/43
  Az 2: StPL 1. Sen. 82/43

Milewczek, Josef
- Fiche: *0100 f./0711*
  Az 1: 15J 1/37
  Az 2: 1H 28/37

Milewski, Paul
- Fiche: *0161 f./0562*
  Az 1: 9J 370/39g
  Az 2: 2H 53/40
- Fiche: *0592*
  Az 1: 9J 423/39g
  Az 2: 2H 63/40

Militor, Willi
- Fiche: *0516*
  Az 1: 9J 315/37
  Az 2: 2H 61/37

Militzer, Dora (A)
- Fiche: *0456*
  Az 1: 9J 235/44
  Az 2: 2H 220/44

Milke, Willy
- Fiche: *0417/0684*
  Az 1: 11(10)J 514/43
  Az 2: 2H 45/44
- Fiche: *0466*
  Az 1: 9J 156/44g Rs
  Az 2: 1H 264/44

Milke, Willy (A)
- Fiche: *0206/0405*
  Az 1: 10J 410/43g
  Az 2: 1H 209/43

Milkert
- Fiche: *0689*
  Az 1: 10J 328/43g
  Az 2: 2H 99/43

Milkert, Hans
- Fiche: *0049 f.*
  Az 1: 17J 124/35
  Az 2: 1H 27/36
- Fiche: *0164 f.*
  Az 1: 10J 120/40
  Az 2: 2H 100/40

Milkert, Hans (A)
- Fiche: *0038/0233*
  Az 1: 17J 42/35
  Az 2: 1H 38/35

Millauer, Josef
- Fiche: *0292/0678*
  Az 1: 6J 45/41g
  Az 2: 2H 15/42

Mille
- Fiche: *0358*
  Az 1: 7J 275/42
  Az 2: 5H 139/42

Mille, Johann
- Fiche: *0327*
  Az 1: 7J 271/42
  Az 2: 2H 157/42

Mille, Mizzi
- Fiche: *0327*
  Az 1: 7J 271/42
  Az 2: 2H 157/42

Miller, Eduard (A)
- Fiche: *0177 f.*
  Az 1: 8J 382/42g
  Az 2: 2H 65/43

Miller, Franz
- Fiche: *0331*
  Az 1: 6J 18/42g
  Az 2: 2H 121/42

Miller, Friedrich
- Fiche: *0262 f.*
  Az 1: 8J 51/36g
  Az 2: 1H 16/37

Miller, Sepp
- Fiche: *0021 f.*
  Az 1: 17J 397/33
  Az 2: 1H 3/35
- Fiche: *0213 f./0216*
  Az 1: 17J 89/33
  Az 2: 1H 6/34

Millradt
- Fiche: *0161 f./0562*
  Az 1: 9J 370/39g
  Az 2: 2H 53/40

Milot
- Fiche: *0504 f.*
  Az 1: 8J 198/41g
  Az 2: 5H 60/42

Milse, Gustav
- Fiche: *0562*
  Az 1: 10(9)J 836/43
  Az 2: 2H 101/44

Milse, Gustav (A)
- Fiche: *0192*
  Az 1: 9J 34/44
  Az 2: 2H 134/44

Milster, Herbert
- Fiche: *0387 f.*
  Az 1: 16J 489/33
  Az 2: 3L 19/35

Milz
- Fiche: *0488 f./0519 f.*
  Az 1: 9J 30/40g
  Az 2: 2H 5/41

Minak
- Fiche: *0692*
  Az 1: StPL (RKA) III 525/42
  Az 2: StPL (HLS) II 4/43

Minakowski, Paul
- Fiche: *0463/0465*
  Az 1: 15J 39/36
  Az 2: 2H 35/36

Mindus, Grete
- Fiche: *0256*
  Az 1: 15J 162/36
  Az 2: 1H 51/36

Miniböck
- Fiche: *0421*
  Az 1: 7J 72/44
  Az 2: 5H 64/44

Minich, Karl
- Fiche: *0375*
  Az 1: 7J 332/43
  Az 2: 5H 73/43

Minich, Karl (A)
- Fiche: *0424*
  Az 1: 7J 131/44
  Az 2: 5H 77/44

Minigsdorfer, Augustin
- Fiche: *0320 f./0388*
  Az 1: 6J 144/40g
  Az 2: 2H 14/41

Minkendorfer, Stefan
- Fiche: *0327*
  Az 1: 7J 271/42
  Az 2: 2H 157/42

Minks, Anton
- Fiche: *0157 f.*
  Az 1: 11J 195/38
  Az 2: 1H 37/39

Minnich, Eduard
- Fiche: *0136 f./0272*
  Az 1: 11J 152/38
  Az 2: 1H 3/39

Minster, Karl (A)
- Fiche: *0559 f./0567*
  Az 1: 8J 165/42
  Az 2: 2H 137/42

Mint, Karl (A)
- Fiche: *0597 f.*
  Az 1: 15J 355/33
  Az 2: 1H 43/34

Minte, Heinrich
- Fiche: *0061*
  Az 1: 17J 128/36
  Az 2: 2H 25/36

Minzel, Rudolf
- Fiche: *0648*
  Az 1: 8J 70/43, 8J 75/43
  Az 2: 5H 128/43, 5H 134/43

Mirbach, Eugen
- Fiche: *0231 f./0561*
  Az 1: 8J 14/34
  Az 2: 2H 33/35

Mirbach, Jean
- Fiche: *0231 f./0561*
  Az 1: 8J 14/34
  Az 2: 2H 33/35

Mirnigg, Ferdinand
- Fiche: *0436*
  Az 1: 10J 287/44
  Az 2: 6H 253/44

Mix, Fritz
- Fiche: *0184/0680*
  Az 1: 9J 777/43g
  Az 2: 5H 39/44
- Fiche: *0184/0707 f.*
  Az 1: 9J 777/43g
  Az 2: 5H 40/44

Mix, Fritz (A)
- Fiche: *0210/0630*
  Az 1: 10(9)J 777/43g
  Az 2: 5H 41/44

Mix, Paul (A)
- Fiche: *0003*
  Az 1: 15J 594/33
  Az 2: 2H 3/34

Mizera, Elfriede
- Fiche: *0320*
  Az 1: 6J 122/40g
- Fiche: *0371*
  Az 1: 7J 301/43
  Az 2: 5H 97/43

Mlakar, Ernst
- Fiche: *0304 f.*
  Az 1: 7J 268/39
  Az 2: 1H 66/39
- Fiche: *0307*
  Az 1: 7J 548/39
  Az 2: 1H 36/40
- Fiche: *0308*
  Az 1: 6J 103/40g
  Az 2: 2H 115/40
- Fiche: *0706*
  Az 1: StPL (RKA) Wien 1/39
  Az 2: StPL (HLS) I 32/39

Mlekusch, Josef
- Fiche: *0333*
  Az 1: 7J 156/42
  Az 2: 2H 112/42

Mlotkowski, Helmut
- Fiche: *0553 f.*
  Az 1: 10J 137/42
  Az 2: 2H 242/42

Mlotowski
- Fiche: *0174 f.*
  Az 1: 10J 88/42
  Az 2: 2H 182/42

Mochalski
- Fiche: *0555 f.*
  Az 1: 9J 202/36
  Az 2: 2H 14/37

Mocker
- Fiche: *0549*
  Az 1: 5J 642/38
  Az 2: 1H 13/39

Möbius
- Fiche: *0132*
  Az 1: 5J 79/38
  Az 2: 2H 57/38

Möbius, Adolf (A)
- Fiche: *0734*
  Az 1: 4J 86/43g
  Az 2: 1L 139/43

Möbius, Kurt (A)
- Fiche: *0501*
  Az 1: 5J 77/38
  Az 2: 2H 43/38

Möbius, Reinhold
- Fiche: *0419 f./0650*
  Az 1: 7(8)J 208/43, 7J 258/43, 7J 80/44
  Az 2: 5H 58/44, 5H 53/44, 5H 60/44

Möbus, Otto
- Fiche: *0011 f.*
  Az 1: 17J 545/33
  Az 2: 1H 15/34

Möckel
- Fiche: *0058*
  Az 1: 16J 753/35
  Az 2: 1H 20/36

Möckl, Max
- Fiche: *0394 f.*
  Az 1: 14J 480/37g
  Az 2: 1L 18/38

Möhlenkamp, Hermann
- Fiche: *0510*
  Az 1: 10J 31/38
  Az 2: 2H 10/38

Möhling, Herbert
- Fiche: *0594 f./0695 f.*
  Az 1: 11J 122/35g
  Az 2: 2H 10,11,12/37

Möhr
- Fiche: *0147 ff.*
  Az 1: 6J 374/38g
  Az 2: 1H 37/39

Möhring, Hermann
- Fiche: *0391 f.*
  Az 1: 5J 6/36g
  Az 2: 3L 21/37

Möhrke, Erich (A)
- Fiche: *0016*
  Az 1: 17J 470/33
  Az 2: 2H 25/34

Mölders
- Fiche: *0535*
  Az 1: 8J 78/42g
  Az 2: 2H 214/42

Mölders, Gerhard
- Fiche: *0555 f.*
  Az 1: 9J 202/36
  Az 2: 2H 14/37

Mölg, Georg
- Fiche: *0414 f.*
  Az 1: 10(9)J 819/43g
  Az 2: 6H 28/44

Mölle, Margarete (A)
- Fiche: *0643*
  Az 1: 10J 29/41
  Az 2: 2H 49/41

Möllenkamp, Hermann
- Fiche: *0177 f.*
  Az 1: 8J 382/42g
  Az 2: 2H 65/43
- Fiche: *0502*
  Az 1: 8J 409/42g
  Az 2: 2H 66/43

Moeller
- Fiche: *0021/0462*
  Az 1: 15J 85/34
  Az 2: 1H 46/34

Möller
- Fiche: *0107/0302*
  Az 1: 17J 379/37
  Az 2: 1H 39/37
- Fiche: *0233 f.*
  Az 1: 8J 291/35
  Az 2: 2H 36/35
- Fiche: *0618*
  Az 1: 13J 166/33
  Az 2: XII H 50/33
- Fiche: *0634 f.*
  Az 1: 9J 206/42g
  Az 2: 1H 302/42

Möller, Emil
- Fiche: *0192*
  Az 1: 9J 34/44
  Az 2: 2H 134/44

Möller, Georg
- Fiche: *0195*
  Az 1: 10J 27/44
  Az 2: 2H 171/44
- Fiche: *0555*
  Az 1: 9J 330/41
  Az 2: 5H 63/42

Möller, Heinrich
- Fiche: *0006 f.*
  Az 1: 17J 574/33
  Az 2: 1H 10/34
- Fiche: *0606 f.*
  Az 1: 13J 190/33
  Az 2: XV H 53/33

Möller, Johannes
- Fiche: *0064*
  Az 1: 8J 360/34
  Az 2: 1H 31/36

Möller, Johannes (A)
- Fiche: *0692*
  Az 1: 8J 348/35
  Az 2: 1H 30/36

Möller, Karl (A)
- Fiche: *0606 f.*
  Az 1: 13J 190/33
  Az 2: XV H 53/33

Möller, Leopold
- Fiche: *0433*
  Az 1: 10J 166/44
  Az 2: 2H 219/44

Möller, Lotte
- Fiche: *0554*
  Az 1: 10J 294/41
  Az 2: 1H 329/42

Möller, Reinhold (A)
- Fiche: *0202*
  Az 1: 9J 170/44
  Az 2: 2H 233/44

Möller, Willi
- Fiche: *0013*
  Az 1: 13J 279/33
  Az 2: 2H 19/34

Möller-Dostali, Rolf
- Fiche: *0479 f.*
  Az 1: 7(8)J 108/43g

Möltgen
- Fiche: *0151*
  Az 1: 8J 13/39
  Az 2: 2H 44/39

Mönch, Anna
- Fiche: *0304 f.*
  Az 1: 7J 268/39
  Az 2: 1H 66/39

Mönch, Max
- Fiche: *0291/0719*
  Az 1: 9J 237/40
  Az 2: 2H 17/42

Mönke, Willi (A)
- Fiche: *0235*
  Az 1: 17J 5/35
  Az 2: 1H 44/35

Mönkemöller
- Fiche: *0094 f./0551*
  Az 1: 9J 600/36
  Az 2: 1H 21/37

Mönkemöller, Ernst
- Fiche: *0113/0469 f.*
  Az 1: 16J 37/35
  Az 2: 1H 19-20/37
- Fiche: *0544/0734*
  Az 1: 9J 869/35
  Az 2: 2H 51/35
- Fiche: *0629 f.*
  Az 1: 9J 929/35
  Az 2: 1H 37/36

Mönkes, Otto
- Fiche: *0550 f.*
  Az 1: 9J 315/37
  Az 2: 2H 50/37

Mörchen, Friedrich (A)
- Fiche: *0205/0443*
  Az 1: 9J 163/44
  Az 2: 2H 254/44

Moerders, Reinhold
- Fiche: *0598 ff.*
  Az 1: 9J 479/35
  Az 2: 2H 14/36

Moericke, Franz (A)
- Fiche: *0204*
  Az 1: 8J 184/44g
  Az 2: 1H 249/44

Mörschbach, Friedrich
- Fiche: *0131/0596 f.*
  Az 1: 14J 796/37g
  Az 2: 2H 51/38

Moersler, Paul
- Fiche: *0709 ff.*
  Az 1: 8J 162/40
  Az 2: 2H 77/41

Mörth, Johann
- Fiche: *0326/0649 f.*
  Az 1: 7J 220/42
  Az 2: 2H 170/42
- Fiche: *0328 f./0342*
  Az 1: 7J 219/42
  Az 2: 2H 167/42
- Fiche: *0329/0376*
  Az 1: 7J 287/43
  Az 2: 5H 68/43

Mollen
- Fiche: *0559 f./0567*
  Az 1: 8J 165/42
  Az 2: 2H 137/42

Mollen, Adam (A)
- Fiche: *0166*
  Az 1: *J 517/40g
  Az 2: *H 74/41

Mollenhauer
- Fiche: *0566 f.*
  Az 1: 10J 70/40
  Az 2: 2H 127/40

Mollenmeier, Ferdinand
- Fiche: *0170/0293*
  Az 1: 6J 100/41g
  Az 2: 2H 21/42

Molnar, Johann
- Fiche: *0056*
  Az 1: 17J 441/35
  Az 2: 1H 14/36

Molotow, Wjatscheslaw
- Fiche: *0371*
  Az 1: 7J 524/42
  Az 2: 5H 9/43

Molt, Karl
- Fiche: *0147 ff.*
  Az 1: 6J 374/38g
  Az 2: 1H 37/39
- Fiche: *0153*
  Az 1: 6J 243/39
  Az 2: 1H 51/39
- Fiche: *0153*
  Az 1: 6J 374/38g
  Az 2: 1H 52/39
- Fiche: *0278 f.*
  Az 1: 8J 252/38
  Az 2: 2H 68/38
- Fiche: *0480*
  Az 1: 6J 374/38g

Molter, Karl (A)
- Fiche: *0497/0730*
  Az 1: 8J 18/34
  Az 2: 1H 19/35

Moltke, Helmuth von
- Fiche: *0440*
  Az 1: 0J 58/44g Rs
  Az 2: 1L 46/45
- Fiche: *0625 f.*
  Az 1: 0J 17/44gRs
  Az 2: 1L 316/44

Moltke, Helmuth von (A)
- Fiche: *0481*
  Az 1: 0J 21/44g Rs, 0J 38/44/g Rs
  Az 2: 1L 439/44, 1L 397/44

Molz
- Fiche: *0448*
  Az 1: 17J 225/37
  Az 2: 2H 48/37

Mommer, Karl
- Fiche: *0224*
  Az 1: 17J 44/34
  Az 2: 2H 2/34

Momo, Emil
- Fiche: *0677*
  Az 1: 9J 330/40
  Az 2: 2H 48/41

Momsen
- Fiche: *0621 f.*
  Az 1: 15J 241/33
  Az 2: XII H 57/33

Mond, Karl
- Fiche: *0016 f.*
  Az 1: 14a/8J 1547/31
  Az 2: 1H 27/34

Monden
- Fiche: *0136*
  Az 1: 7J 346/38
  Az 2: 2H 95/38

Monden (Frau)
- Fiche: *0134*
  Az 1: 7J 344/38
  Az 2: 2H 78/38

Monden, Erich
- Fiche: *0134*
  Az 1: 7J 344/38
  Az 2: 2H 78/38

Monden, Richard
- Fiche: *0134/0523*
  Az 1: 7J 348/38
  Az 2: 2H 82/38
- Fiche: *0284 f.*
  Az 1: 7J 352/38
  Az 2: 2H 3/39

Monrad (Frau)
- Fiche: *0108*
  Az 1: 8J 358/37g
  Az 2: 1H 40/37

Montanus, Hermann
- Fiche: *0594 f./0695 f.*
  Az 1: 11J 122/35g
  Az 2: 2H 10,11,12/37

Montanus, Hermann (A)
- Fiche: *0528*
  Az 1: 11J 122/35g

Montlong, von
- Fiche: *0444*
  Az 1: 12J 33/40

Monz, Alfred
- Fiche: *0337 f.*
  Az 1: 7J 273/42
  Az 2: 2H 211/42
- Fiche: *0358*
  Az 1: 7J 275/42
  Az 2: 5H 139/42
- Fiche: *0361*
  Az 1: 7J 452/42
  Az 2: 5H 169/42

Moog
- Fiche: *0472 f./0603 f.*
  Az 1: 14J 629/37g, 6J 44/38g
  Az 2: 2H 84,85,87/38

Moog, Horst
- Fiche: *0695*
  Az 1: 8J 330/38
  Az 2: 1H 10/38

Mook, Martin (A)
- Fiche: *0613 f.*
  Az 1: 8/16J 431/33
  Az 2: XII H 48/33

Mook, Rosa
- Fiche: *0613 f.*
  Az 1: 8/16J 431/33
  Az 2: XII H 48/33

Moormann
- Fiche: *0661 f.*
  Az 1: 9J 952/33
  Az 2: XV H 20/34

Moos, Alfred
- Fiche: *0052 f.*
  Az 1: 17J 5/36
  Az 2: 1H 10/36

Moosbrugger
- Fiche: *0325*
  Az 1: 6J 132/40g
  Az 2: 2H 147/41

Moosburger, Viktor
- Fiche: *0350*
  Az 1: 7J 355/42
  Az 2: 5H 133/42

Moosgruber
- Fiche: *0337*
  Az 1: 7J 343/42
  Az 2: 2H 217/42

Moravetz, Maria
- Fiche: *0416*
  Az 1: 7J 526/43
  Az 2: 3L 30/44

Morawetz, Leopold
- Fiche: *0296*
  Az 1: 7J 638/42
  Az 2: 5H 26/43
- Fiche: *0297*
  Az 1: 7J 247/43
  Az 2: 5H 79/43
- Fiche: *0326*
  Az 1: 7J 112/42
  Az 2: 2H 164/42
- Fiche: *0339/0649*
  Az 1: 6J 78/42g
  Az 2: 2H 156/42
- Fiche: *0357*
  Az 1: 7J 445/42, 7J 455/42
  Az 2: 5H 184/42, 5H 168/42
- Fiche: *0359*
  Az 1: 7J 386/42
  Az 2: 5H 144/42
- Fiche: *0369*
  Az 1: 7J 651/42
  Az 2: 5H 24/43
- Fiche: *0374*
  Az 1: 7J 331/43
  Az 2: 5H 77/43
- Fiche: *0452*
  Az 1: 7J 421/43
- Fiche: *0453/0739*
  Az 1: 7J 347/43, 7J 421/43, 7J 422/43
  Az 2: 5H 122/43, 5H 129/43, 5H 125/43
- Fiche: *0699*
  Az 1: StPL (RKA) III 546/42
  Az 2: StPL (HLS) I 31/43

Morawetz, Leopold (A)
- Fiche: *0361*
  Az 1: 7J 443/42
  Az 2: 5H 173/42

Morawietz
- Fiche: *0155 f.*
  Az 1: 6J 12/39g
  Az 2: 2H 61/39

Morawietz, Josef
- Fiche: *0155 f.*
  Az 1: 6J 12/39g
  Az 2: 2H 61/39

Morawitz, Bruno
- Fiche: *0298/0367*
  Az 1: 7J 300/43
  Az 2: 5H 94/43
- Fiche: *0328/0357*
  Az 1: 7J 487/42
  Az 2: 5H 183/42
- Fiche: *0350*
  Az 1: 7J 347/42
  Az 2: 5H 135/42
- Fiche: *0371*
  Az 1: 7J 301/43
  Az 2: 5H 97/43

Morawitz, Bruno (A)
- Fiche: *0449*
  Az 1: 7J 299/43
  Az 2: 5H 105/43

Morawitz, Karl
- Fiche: *0371*
  Az 1: 7J 301/43
  Az 2: 5H 97/43
- Fiche: *0449*
  Az 1: 7J 299/43
  Az 2: 5H 105/43

Morawitz, Leopoldine
- Fiche: *0371*
  Az 1: 7J 301/43
  Az 2: 5H 97/43
- Fiche: *0449*
  Az 1: 7J 299/43
  Az 2: 5H 105/43

Morawitz-Cadjo
- Fiche: *0407 f.*
  Az 1: 7(8)J 199/41
  Az 2: 2H 3/44

Morche
- Fiche: *0160/0288f.*
  Az 1: 6J 224/39g
  Az 2: 2H 44/40

Morche, Fritz
- Fiche: *0160/0288f.*
  Az 1: 6J 224/39g
  Az 2: 2H 44/40
- Fiche: *0166 f.*
  Az 1: 6J 95/41g
  Az 2: 2H 119/41

Morche, Oliver
- Fiche: *0173 f.*
  Az 1: 5J 205/41
  Az 2: 5H 114/42

Mowrer, Edgar
- Fiche: *0561 f.*
  Az 1: 8J 261/41g
  Az 2: 1H 237/42

Mras
- Fiche: *0157 f.*
  Az 1: 11J 195/38
  Az 2: 1H 37/39

Mraz
- Fiche: *0349*
  Az 1: 6J 46/42g
  Az 2: 5H 93/42

Mraz (Frau)
- Fiche: *0349*
  Az 1: 6J 45/42g
  Az 2: 5H 95/42

Mraz, Karl
- Fiche: *0349*
  Az 1: 6J 45/42g
  Az 2: 5H 95/42

Mraz, Karl (A)
- Fiche: *0335 f.*
  Az 1: 6J 165/41g
  Az 2: 2H 42/42

Mraz, Otto
- Fiche: *0581 f./0647*
  Az 1: 8J 95/41g
  Az 2: 2H 167/43

Mraz, Otto (A)
- Fiche: *0580/0624 f.*
  Az 1: 8J 200/41
  Az 2: 2H 6/44

Mrnustik, Maria (A)
- Fiche: *0341 f.*
  Az 1: 7J 203/42
  Az 2: 2H 183/42

Mrnustik, Marie
- Fiche: *0400*
  Az 1: 7J 313/42
  Az 2: 5H 136/42

Mrnustik, Viktor
- Fiche: *0367*
  Az 1: 7J 125/43
  Az 2: 5H 29/43
- Fiche: *0400*
  Az 1: 7J 313/42
  Az 2: 5H 136/42

Mrnustik, Viktor (A)
- Fiche: *0341 f.*
  Az 1: 7J 203/42
  Az 2: 2H 183/42

Mrohs, Paul
- Fiche: *0003/0215*
  Az 1: 15/17J 60/33
  Az 2: 1H 4/34

Mros, Erna
- Fiche: *0450/0623 f.*
  Az 1: 17J 451/37
  Az 2: 2H 59/38
- Fiche: *0466 f.*
  Az 1: 15J 513/37
  Az 2: 2H 55/37
- Fiche: *0467*
  Az 1: 10J 228/38
  Az 2: 2H 76/38
- Fiche: *0536*
  Az 1: 10J 231/38
  Az 2: 2H 72/38
- Fiche: *0538*
  Az 1: 10J 227/38
  Az 2: 2H 80/38

Mucha
- Fiche: *0364/0736*
  Az 1: 7J 109/43, 6(7)J 108/43
  Az 2: 5H 28/44, *H 35/44

Mucha (Frau)
- Fiche: *0611*
  Az 1: 8J 1694/33
  Az 2: XII H 14/34

Muche
- Fiche: *0228*
  Az 1: 13J 266/33
  Az 2: 2H 11,12/35

Muche, Albert
- Fiche: *0001*
  Az 1: 17J 303/33
  Az 2: 1H 2/34

Muchitsch, Max
- Fiche: *0435/0709*
  Az 1: 10J 212/44
  Az 2: 6H 239/44

Muchow, Friedrich
- Fiche: *0058 f.*
  Az 1: 17J 129/35
  Az 2: 1H 21,22/36

Mucke, Max
- Fiche: *0055 f./0390*
  Az 1: 8J 82/36g
  Az 2: 2H 13/36

Muckenhirn, Karl
- Fiche: *0071*
  Az 1: 14J 338/36
  Az 2: 2H 47/36

Muckermann
- Fiche: *0069*
  Az 1: 8J 12/36g
  Az 2: 1H 42/36

Muckermann, Friedrich
- Fiche: *0637 f.*
  Az 1: 8J 167/40
  Az 2: 2H 89/40

Muckermann, P.
- Fiche: *0489 ff.*
  Az 1: 8J 402/38
  Az 2: 2H 41/39

Muczik, Anna
- Fiche: *0359*
  Az 1: 7J 209/42
  Az 2: 5H 148/42

Mudlagk, Emmy
- Fiche: *0563 f.*
  Az 1: 10J 68/40
  Az 2: 2H 109/40

Mudra, Johann (A)
- Fiche: *0447*
  Az 1: 7J 197/43
  Az 2: 6H 97/43

Mück
- Fiche: *0329/0358*
  Az 1: 7J 354/42
  Az 2: 5H 142/42

Mück, Franz
- Fiche: *0704*
  Az 1: 6J 15/39g

Mücke, von
- Fiche: *0561 f.*
  Az 1: 8J 261/41g
  Az 2: 1H 237/42

Mücke, Walter
- Fiche: *0134*
  Az 1: 7J 344/38
  Az 2: 2H 78/38
- Fiche: *0136*
  Az 1: 7J 346/38
  Az 2: 2H 95/38
- Fiche: *0551 f.*
  Az 1: 6J 248/38g
  Az 2: 2H 2/39

Mückenheim
- Fiche: *0569 f.*
  Az 1: 15J 273/35
  Az 2: 1H 47/35

Mühl
- Fiche: *0168*
  Az 1: 5J 232/41
  Az 2: 2H 5/42
- Fiche: *0286 f.*
  Az 1: 8J 384/38g
  Az 2: 1H 32/39
- Fiche: *0704*
  Az 1: 6J 15/39g

Mühl, Johann (A)
- Fiche: *0344*
  Az 1: 7J 475/42
  Az 2: 1H 308/42

Mühl, Viktoria
- Fiche: *0717*
  Az 1: 6J 144/41g

Mühlbach
- Fiche: *0114/0473 f.*
  Az 1: 14J 527/37g, 14J 736/37
  Az 2: 1H 44/37, 1H 3/38

Mühlbacher
- Fiche: *0365*
  Az 1: 7J 599/42
  Az 2: 6H 45/43

Mühlbacher (Frau)
- Fiche: *0379*
  Az 1: 7J 431/43
  Az 2: 6H 175/43

Mühlbacher, Anton
- Fiche: *0296*
  Az 1: 7J 599/42
  Az 2: 6H 47/43
- Fiche: *0365*
  Az 1: 7J 599/42
  Az 2: 6H 48/43
- Fiche: *0377*
  Az 1: 7J 599/42
  Az 2: 6H 59/43
- Fiche: *0455*
  Az 1: 7J 599/42
  Az 2: 6H 44/43

Mühlbacher, Anton (A)
- Fiche: *0366*
  Az 1: 7J 599/42
  Az 2: 6H 46/43

Mühlbacher, Ruppert
- Fiche: *0379*
  Az 1: 7J 431/43
  Az 2: 6H 175/43

Mühlbauer, Fritz
- Fiche: *0170 f./0674*
  Az 1: 5J 231/41
  Az 2: 2H 23/42

Mühle, Erika
- Fiche: *0055 f./0390*
  Az 1: 8J 82/36g
  Az 2: 2H 13/36

Mühlechner, Georg
- Fiche: *0380/0529*
  Az 1: 7J 209/43
  Az 2: 6H 139/43

Mühleisen
- Fiche: *0098*
  Az 1: 14J 305/37g
  Az 2: 1H 26/37
- Fiche: *0098 f.*
  Az 1: 14J 305/37g
  Az 2: 1H 35/37
- Fiche: *0476 f.*
  Az 1: 8J 131/36g, 8J 49,117,131/36g
  Az 2: 2H 16,20,27/37

Mühlfeld
- Fiche: *0568*
  Az 1: 8J 2/42
  Az 2: 2H 66/42

Mühlhoff, Elisabeth
- Fiche: *0177 f.*
  Az 1: 8J 382/42g
  Az 2: 2H 65/43

Mühlpforte, Elsbeth
- Fiche: *0132*
  Az 1: 5J 79/38
  Az 2: 2H 57/38
- Fiche: *0501*
  Az 1: 5J 77/38
  Az 2: 2H 43/38

Mühlpforte, Robert
- Fiche: *0132*
  Az 1: 5J 79/38
  Az 2: 2H 57/38
- Fiche: *0501*
  Az 1: 5J 77/38
  Az 2: 2H 43/38

Mühmel, Hans
- Fiche: *0171/0293*
  Az 1: 5J 226/41
  Az 2: 2H 24/42

Mühsam, Erich
- Fiche: *0271 f.*
  Az 1: 16J 576/37
  Az 2: 2H 59/37

Müller, Felix (A)
- Fiche: *0020 f.*
  Az 1: 17J 683/33
  Az 2: 1H 44/34
- Fiche: *0227*
  Az 1: 14J 70/35
  Az 2: 2H 9/35

Müller, Franz
- Fiche: *0086/0684*
  Az 1: 14J 392/35
  Az 2: 2H 4/37
- Fiche: *0087 f.*
  Az 1: 14J 396/36
  Az 2: 1H 6/37
- Fiche: *0117 f./0542*
  Az 1: 8J 20/36g
  Az 2: 2H 11/38

Müller, Franz (A)
- Fiche: *0517/0627*
  Az 1: 6J 104/42
  Az 2: 1H 238/42
- Fiche: *0539/0627*
  Az 1: 6J 24/43
  Az 2: 1H 101/43

Müller, Friedrich
- Fiche: *0045 f./0675 f.*
  Az 1: 16J 319/35
  Az 2: 1H 57/35
- Fiche: *0060 f.*
  Az 1: 8J 438/35g
  Az 2: 1H 23/24/36
- Fiche: *0101*
  Az 1: 17J 316/37
  Az 2: 1H 29/37
- Fiche: *0103*
  Az 1: 17J 320/37
  Az 2: 1H 32/37
- Fiche: *0147*
  Az 1: 11J 196/38g
  Az 2: 1H 35/39
- Fiche: *0485 f.*
  Az 1: 8J 386/38, 8J 214/37
  Az 2: 1H 33/38, 1H 31/38
- Fiche: *0656 f.*
  Az 1: 17J 582/33
  Az 2: XV H 28/34
- Fiche: *0703*
  Az 1: 16J 415/35

Müller, Friedrich (A)
- Fiche: *0102 f.*
  Az 1: 17J 317/37
  Az 2: 1H 31/37
- Fiche: *0666*
  Az 1: 8/16J 301/33
  Az 2: XV H 33/33

Müller, Fritz
- Fiche: *0039 f.*
  Az 1: 14J 16/35
  Az 2: 1H 43/35
- Fiche: *0090 f./0261*
  Az 1: 17J 260/36
  Az 2: 1H 10/37
- Fiche: *0104 f.*
  Az 1: 17J 319/37
  Az 2: 1H 34/37
- Fiche: *0106*
  Az 1: 17J 414/36
  Az 2: 2H 36/37
- Fiche: *0106/0546 f.*
  Az 1: 17J 315/37
  Az 2: 1H 37/37
- Fiche: *0334*
  Az 1: 7J 48/42
  Az 2: 2H 76/42
- Fiche: *0398/0399*
  Az 1: 6J 127/40g
  Az 2: 3L 99/40
- Fiche: *0730 f./0732*
  Az 1: 17J 318/37
  Az 2: 1H 38/37

Müller, Georg
- Fiche: *0146 f./0301 f.*
  Az 1: 10J 7/39
  Az 2: 1H 30/39
- Fiche: *0151*
  Az 1: 8J 13/39
  Az 2: 2H 44/39
- Fiche: *0365*
  Az 1: 7J 607/42
  Az 2: 6H 57/43
- Fiche: *0531*
  Az 1: 10J 40/42
  Az 2: 2H 228/42
- Fiche: *0536*
  Az 1: 8J 436/38
  Az 2: 2H 15/39
- Fiche: *0692*
  Az 1: StPL (RKA) II 242/38
  Az 2: StPL (HLS) IV 21/41

Müller, Georg (A)
- Fiche: *0058 f.*
  Az 1: 17J 129/35
  Az 2: 1H 21,22/36
- Fiche: *0535 f.*
  Az 1: 10J 267/41
  Az 2: 2H 157/41
- Fiche: *0604 f.*
  Az 1: 10J 317/38
  Az 2: 2H 23/39

Müller, Gerhard
- Fiche: *0090 f./0261*
  Az 1: 17J 260/36
  Az 2: 1H 10/37

Müller, Gertrud
- Fiche: *0123 ff./0275 f.*
  Az 1: 8J 5/37g
  Az 2: 2H 23/38
- Fiche: *0298/0367*
  Az 1: 7J 300/43
  Az 2: 5H 94/43
- Fiche: *0329/0376*
  Az 1: 7J 287/43
  Az 2: 5H 68/43
- Fiche: *0575 f.*
  Az 1: 7J 438/43
  Az 2: 5H 140/43

Müller, Gertrude
- Fiche: *0295 f.*
  Az 1: 7J 2/43g
  Az 2: 5H 42/43
- Fiche: *0361 f.*
  Az 1: 7J 476/42
  Az 2: 5H 177/42
- Fiche: *0363/0563 f.*
  Az 1: 7J 64/43
  Az 2: 5H 52/43
- Fiche: *0369 f.*
  Az 1: 7J 484/42
  Az 2: 5H 20/43
- Fiche: *0384*
  Az 1: 7J 296/43
  Az 2: 5H 100/43

Müller, Gertrude (A)
- Fiche: *0576*
  Az 1: 7J 302/43
  Az 2: 5H 104/43

Müller, Hans
- Fiche: *0525 f.*
  Az 1: 9J 502/38g
  Az 2: 3L 86/39
- Fiche: *0545*
  Az 1: 9J 878/33
  Az 2: 2H 16/34

Müller, Hedwig
- Fiche: *0192*
  Az 1: 9J 101/44
  Az 2: 2H 132/44

Müller, Heinrich
- Fiche: *0010/0217 f.*
  Az 1: 17J 331/33
  Az 2: 2H 13/34

Müller, Heinz
- Fiche: *0103 f.*
  Az 1: 17J 416/36
  Az 2: 2H 32/37
- Fiche: *0184/0680*
  Az 1: 9J 777/43g
  Az 2: 5H 39/44
- Fiche: *0679 f./0713*
  Az 1: 10(9)J 777/43g
  Az 2: 5H 38/44, 5H 43/44
- Fiche: *0696*
  Az 1: StPL (RKA) II 236/38

Müller, Helmut
- Fiche: *0425*
  Az 1: 8J 12/44
  Az 2: 3L 85/44

Müller, Helmut (A)
- Fiche: *0223 f.*
  Az 1: 8J 282/34
  Az 2: 2H 4/35

Müller, Herbert
- Fiche: *0130/0277*
  Az 1: 6J 224/38g
  Az 2: 2H 48/38
- Fiche: *0247 f./0445*
  Az 1: 8J 72/36
  Az 2: 2H 7/37

Müller, Herbert (A)
- Fiche: *0262 f.*
  Az 1: 8J 51/36g
  Az 2: 1H 16/37

Müller, Hermann
- Fiche: *0050 f.*
  Az 1: 8J 164/35
  Az 2: 1H 5/36
- Fiche: *0075/0258*
  Az 1: 17J 70/36
  Az 2: 1H 57/36
- Fiche: *0125 f.*
  Az 1: 7J 295/38
  Az 2: 1H 26/38
- Fiche: *0173*
  Az 1: 5J 81/42
  Az 2: 2H 94/42
- Fiche: *0555 f.*
  Az 1: 9J 202/36
  Az 2: 2H 14/37

Müller, Hertha
- Fiche: *0039*
  Az 1: 16J 454/35
  Az 2: 2H 40/35

Müller, Hugo
- Fiche: *0359*
  Az 1: 7J 209/42
  Az 2: 5H 148/42

Müller, Jakob
- Fiche: *0043 f.*
  Az 1: 9J 702/35
  Az 2: 2H 53/35
- Fiche: *0147 ff.*
  Az 1: 6J 374/38g
  Az 2: 1H 37/39
- Fiche: *0196/0625*
  Az 1: 9J 187/44
  Az 2: 2H 204/44

Müller, Jakob (A)
- Fiche: *0153*
  Az 1: 6J 243/39
  Az 2: 1H 51/39
- Fiche: *0480*
  Az 1: 6J 374/38g

Müller, Johann
- Fiche: *0409*
  Az 1: 8J 376/40g, 8J 393/40g
  Az 2: 5H 111/43, 5H 141/43
- Fiche: *0410/0645 f.*
  Az 1: 8J 394/40g
  Az 2: 5H 14/44
- Fiche: *0646*
  Az 1: 8J 393/40g

Müller, Johann (A)
- Fiche: *0409 f.*
  Az 1: 8J 376/40
  Az 2: 5H 13/44

Müller, Johannes
- Fiche: *0675*
  Az 1: 10J 60/41
  Az 2: 2H 79/41
- Fiche: *0677*
  Az 1: 10J 320/41
  Az 2: 2H 36/42
- Fiche: *0681 f.*
  Az 1: 10J 202/41g
  Az 2: 2H 143/41

Müller, Johannes (A)
- Fiche: *0480 f.*
  Az 1: 10J 58/41
  Az 2: 2H 72/41

Müller, Josef
- Fiche: *0310*
  Az 1: 7J 70/40
  Az 2: 2H 130/40
- Fiche: *0310*
  Az 1: 7J 70/40
  Az 2: 2H 131/40
- Fiche: *0717*
  Az 1: 6J 144/41g

Nauruschat
- Fiche: *0227 f.*
  Az 1: 13J 2/34
  Az 2: 1H 10/35

Nause, Frank (A)
- Fiche: *0100 f./0711*
  Az 1: 15J 1/37
  Az 2: 1H 28/37

Naux, Georges
- Fiche: *0194*
  Az 1: 11(10)J 1153/43g
  Az 2: 2H 159/44

Navratil
- Fiche: *0372/0520*
  Az 1: 7J 308/43
  Az 2: 5H 92/43

Navratil, Erich (A)
- Fiche: *0576*
  Az 1: 7J 352/43
  Az 2: 5H 90/43

Navratil, Josef
- Fiche: *0453/0739*
  Az 1: 7J 347/43, 7J 421/43, 7J 422/43
  Az 2: 5H 122/43, 5H 129/43, 5H 125/43
- Fiche: *0600*
  Az 1: 7J 422/43

Nawracki, Josef
- Fiche: *0303 f.*
  Az 1: 17J 43/37
  Az 2: 1H 7/38

Nawrocki, Josef
- Fiche: *0103 f.*
  Az 1: 17J 416/36
  Az 2: 2H 32/37

Nax, Josef
- Fiche: *0007 f.*
  Az 1: 15J 734/33
  Az 2: 2H 10/34

Nay, Josef (A)
- Fiche: *0431*
  Az 1: 9J 133/44
  Az 2: 2H 142/44

Nebe, Arthur
- Fiche: *0708*
  Az 1: 0J 14/45g Rs
  Az 2: 2L 76/45

Nebe, Arthur (A)
- Fiche: *0508*
  Az 1: 0J 10/45g Rs
  Az 2: 1L 54/45

Nebel
- Fiche: *0154*
  Az 1: 6J 19/39g
  Az 2: 2H 53/39

Nebel, Georg
- Fiche: *0430*
  Az 1: 10J 183/44
  Az 2: 2H 121/44

Nebel, Georg (A)
- Fiche: *0185*
  Az 1: 10(9)J 467/43
  Az 2: 2H 49/44

Nebel, Karl
- Fiche: *0348*
  Az 1: 7J 253/42
  Az 2: 5H 89/42

Necàs
- Fiche: *0286 f.*
  Az 1: 8J 384/38g
  Az 2: 1H 32/39

Necas, Erwin
- Fiche: *0341 f.*
  Az 1: 7J 203/42
  Az 2: 2H 183/42

Necas, Erwin (A)
- Fiche: *0326*
  Az 1: 7J 199/42
  Az 2: 2H 169/42

Nechansky
- Fiche: *0576*
  Az 1: 7J 302/43
  Az 2: 5H 104/43

Nechansky, Johann
- Fiche: *0357*
  Az 1: 7J 469/42
  Az 2: 5H 179/42

Nechansky, Leopold
- Fiche: *0357*
  Az 1: 7J 469/42
  Az 2: 5H 179/42
- Fiche: *0361 f.*
  Az 1: 7J 476/42
  Az 2: 5H 177/42

Neckermann
- Fiche: *0554 f.*
  Az 1: 8J 244/34
  Az 2: 2H 22/35

Neddermeyer, Robert (A)
- Fiche: *0204*
  Az 1: 8J 184/44g
  Az 2: 1H 249/44

Neeb, Friedrich
- Fiche: *0052*
  Az 1: 14J 104/36
  Az 2: 2H 8/36

Neebe
- Fiche: *0071*
  Az 1: 16J 754/35
  Az 2: 2H 45/36

Neersen
- Fiche: *0014 f.*
  Az 1: 15J 828/33
  Az 2: 1H 23/34

Nees, Julius (A)
- Fiche: *0509*
  Az 1: 9J 34/42g
  Az 2: 2H 91/42

Neeter, Eva
- Fiche: *0594 f./0695 f.*
  Az 1: 11J 122/35g
  Az 2: 2H 10,11,12/37

Negard, Erik
- Fiche: *0323*
  Az 1: 6J 28/41g
  Az 2: 2H 129/41

Negenborn, Heinrich
- Fiche: *0215 f.*
  Az 1: 14J 163/33
  Az 2: 1H 5/34

Negrelli, Alexander von (A)
- Fiche: *0716 f.*
  Az 1: 6J 9/45
  Az 2: 6H 42/45

Negwer (Frau)
- Fiche: *0154*
  Az 1: 6J 19/39g
  Az 2: 2H 53/39

Negwer, Fritz
- Fiche: *0154*
  Az 1: 6J 19/39g
  Az 2: 2H 53/39
- Fiche: *0154 f.*
  Az 1: 6J 76/39g
  Az 2: 2H 54/39

Nehlsen
- Fiche: *0590 f.*
  Az 1: 8J 420/35g
  Az 2: 1H 32/36

Nehre
- Fiche: *0080/0260*
  Az 1: 17J 473/35
  Az 2: 2H 63/36

Nehring, Emil
- Fiche: *0198 f./0208*
  Az 1: 8J 169/44
  Az 2: 1H 210/44
- Fiche: *0430*
  Az 1: 9J 242/44
  Az 2: 5H 127/44

Nehring, Emil (A)
- Fiche: *0207/0532*
  Az 1: 8J 206/44g
  Az 2: 1H 274/44

Nehrkorn
- Fiche: *0080 f./0260*
  Az 1: 8J 163/36g
  Az 2: 1H 64/36

Nehru, Motila
- Fiche: *0239 f.*
  Az 1: 8J 359/35
  Az 2: 1H 63/35

Neidhardt
- Fiche: *0076*
  Az 1: 17J 27/36
  Az 2: 2H 59/36

Neidhardt (Frau)
- Fiche: *0076*
  Az 1: 17J 27/36
  Az 2: 2H 59/36

Neidig
- Fiche: *0141/0475 f.*
  Az 1: 5J 449/38
  Az 2: 1H 15/39

Neischwander
- Fiche: *0173*
  Az 1: 5J 81/42
  Az 2: 2H 94/42

Neitzke, Franz
- Fiche: *0256*
  Az 1: 15J 162/36
  Az 2: 1H 51/36

Nelke
- Fiche: *0051 f.*
  Az 1: 8J 383/34
  Az 2: 1H 7/36

Nelke, Günther
- Fiche: *0539 f.*
  Az 1: 10J 36/41
  Az 2: 2H 91/41

Nelke, Heinz
- Fiche: *0184/0680*
  Az 1: 9J 777/43g
  Az 2: 5H 39/44

Nelke, Kurt
- Fiche: *0679 f./0713*
  Az 1: 10(9)J 777/43g
  Az 2: 5H 38/44, 5H 43/44

Nelles, Reinhold (A)
- Fiche: *0671*
  Az 1: 9J 759/37
  Az 2: 2H 36/38

Nels
- Fiche: *0368/0414*
  Az 1: 6(7)J 511/43, 6(7)J 429/43
  Az 2: 5H 24/44, 5H 26/44

Nelson
- Fiche: *0583*
  Az 1: 10J 225/38
  Az 2: 2H 70/38

Nelson, Leonard
- Fiche: *0450/0623 f.*
  Az 1: 17J 451/37
  Az 2: 2H 59/38
- Fiche: *0493*
  Az 1: 10J 229/38
  Az 2: 2H 66/38
- Fiche: *0500 f.*
  Az 1: 10J 224/38
  Az 2: 2H 62/38
- Fiche: *0540*
  Az 1: 10J 226/38
  Az 2: 2H 75/38
- Fiche: *0540 f.*
  Az 1: 10J 223/38
  Az 2: 2H 64/38
- Fiche: *0560*
  Az 1: 10J 222/38
  Az 2: 2H 69/38
- Fiche: *0587*
  Az 1: 10J 303/38
  Az 2: 2H 90/38

Nelte, Elisabeth
- Fiche: *0492*
  Az 1: 10J 66/40
  Az 2: 2H 114/40

Nelte, Elisabeth (A)
- Fiche: *0563 f.*
  Az 1: 10J 68/40
  Az 2: 2H 109/40

Neubauer, Anton
– Fiche: *0351*
Az 1: 7J 492/42
Az 2: 6H 28/42

Neubauer, Franz (A)
– Fiche: *0294/0459*
Az 1: 7J 299/42
Az 2: 2H 213/42

Neubauer, Georg
– Fiche: *0266*
Az 1: 8J 403/35g

Neubauer, Hans
– Fiche: *0329/0376*
Az 1: 7J 287/43
Az 2: 5H 68/43

Neubauer, Irene
– Fiche: *0032 f.*
Az 1: 13J 11/34
Az 2: 1H 26/35

Neubauer, Jaroslav (A)
– Fiche: *0368*
Az 1: 12J 307/42
Az 2: 1H 64/43

Neubauer, Johann
– Fiche: *0298/0367*
Az 1: 7J 300/43
Az 2: 5H 94/43
– Fiche: *0328/0357*
Az 1: 7J 487/42
Az 2: 5H 183/42
– Fiche: *0344*
Az 1: 7J 432/42
Az 2: 1H 305/42
– Fiche: *0350*
Az 1: 7J 347/42
Az 2: 5H 135/42
– Fiche: *0357*
Az 1: 7J 445/42, 7J 455/42
Az 2: 5H 184/42, 5H 168/42
– Fiche: *0361*
Az 1: 7J 483/42
Az 2: 5H 176/42
– Fiche: *0371*
Az 1: 7J 298/43
Az 2: 5H 99/43
– Fiche: *0372/0520*
Az 1: 7J 308/43
Az 2: 5H 92/43
– Fiche: *0373/0520*
Az 1: 7J 192/43
Az 2: 5H 83/43
– Fiche: *0381*
Az 1: 7J 297/43
Az 2: 5H 96/43, 5H 139/43

Neubauer, Johann (A)
– Fiche: *0449*
Az 1: 7J 299/43
Az 2: 5H 105/43

Neubauer, Louis
– Fiche: *0101 f.*
Az 1: 8J 188/36
Az 2: 2H 29/37

Neubauer, Max
– Fiche: *0305/0643 f.*
Az 1: 6J 518/38
Az 2: 1H 18/39

Neubauer, Paul (A)
– Fiche: *0101 f.*
Az 1: 8J 188/36
Az 2: 2H 29/37

Neubauer, Rudolf
– Fiche: *0053 f.*
Az 1: 17J 310/35
Az 2: 2H 10/36

Neubauer, Theodor
– Fiche: *0196/0625*
Az 1: 9J 187/44
Az 2: 2H 204/44
– Fiche: *0197/0466*
Az 1: 8J 157/44
Az 2: 1H 208/44
– Fiche: *0198 f./0208*
Az 1: 8J 169/44
Az 2: 1H 210/44
– Fiche: *0201 f.*
Az 1: 8J 182/44g
Az 2: 1H 232/44
– Fiche: *0659 f.*
Az 1: 9J 127/33
Az 2: XV H 18/34

Neubauer, Theodor (A)
– Fiche: *0209/0625*
Az 1: 9J 234/44
Az 2: 1H 372/44

Neubeck
– Fiche: *0479 f.*
Az 1: 7(8)J 108/43g

Neubeck (Frau)
– Fiche: *0447*
Az 1: 9J 107/41
Az 2: 5H 14/43

Neubeck, Herbert
– Fiche: *0685*
Az 1: 9J 60/43
Az 2: 2H 42/43

Neubeck, Herbert (A)
– Fiche: *0455*
Az 1: 9J 7/43g
Az 2: 2H 12/43
– Fiche: *0552*
Az 1: 9J 162/42g
Az 2: 2H 320/42

Neubecker
– Fiche: *0709/0717f.*
Az 1: 15J 218/35
Az 2: 2H 23/36

Neubecker, Fritz (A)
– Fiche: *0611*
Az 1: 8J 1694/33
Az 2: XII H 14/34

Neuber (Frau)
– Fiche: *0005 f.*
Az 1: 13J 154/33
Az 2: 1H 9/34

Neuber, Walter
– Fiche: *0005 f.*
Az 1: 13J 154/33
Az 2: 1H 9/34

Neubert
– Fiche: *0593 f.*
Az 1: 15J 490/33
Az 2: 1H 89/34
– Fiche: *0660*
Az 1: 13J 139/33
Az 2: XV H 19/34

Neubert, Friedrich
– Fiche: *0099 f.*
Az 1: 14J 301/37
Az 2: 1H 27/37

Neubert, Heinz
– Fiche: *0727*
Az 1: 16J 293/35

Neubert, Herbert
– Fiche: *0173 f.*
Az 1: 5J 205/41
Az 2: 5H 114/42

Neubert, Herbert (A)
– Fiche: *0028 f./0679*
Az 1: 15J 648/33
Az 2: 1H 14/35

Neubrand
– Fiche: *0387 f.*
Az 1: 16J 489/33
Az 2: 3L 19/35

Neuburger
– Fiche: *0075 f.*
Az 1: 17J 300/34
Az 2: 2H 58/36
– Fiche: *0092 ff.*
Az 1: 17J 67/36
Az 2: 1H 14/37

Neuburger (Frau)
– Fiche: *0092 ff.*
Az 1: 17J 67/36
Az 2: 1H 14/37

Neuburger, Benno (A)
– Fiche: *0483/0730*
Az 1: 6J 55/42
Az 2: 2H 107/42

Neudert, Heinrich (A)
– Fiche: *0427*
Az 1: 10J 46/44
Az 2: 2H 102/44

Neuendorf, Otto (A)
– Fiche: *0048 f.*
Az 1: 17J 88/35
Az 2: 1H 73/35

Neuffer, August (A)
– Fiche: *0406*
Az 1: 7J 462/43
Az 2: 6H 218/43
– Fiche: *0409*
Az 1: 11J 51/44
Az 2: 6H 12/44

Neugebauer
– Fiche: *0168 f.*
Az 1: 5J 230/41
Az 2: 2H 6/42

Neugebauer (Frau)
– Fiche: *0489 ff.*
Az 1: 8J 402/38
Az 2: 2H 41/39

Neugebauer, Martha
– Fiche: *0714*
Az 1: StPL (RKA) III 528/42
Az 2: StPL (HLS) II 10/43

Neuhäusler, Johannes
– Fiche: *0697*
Az 1: StPL (RKA) III 114/43

Neuhaus, Walter
– Fiche: *0544*
Az 1: 9J 757/37
Az 2: 1H 21/38

Neuhofer
– Fiche: *0380/0529*
Az 1: 7J 209/43
Az 2: 6H 139/43

Neuhoff, Julius (A)
– Fiche: *0414*
Az 1: 9J 1116/43
Az 2: 3L 26/44

Neuhold
– Fiche: *0333*
Az 1: 7J 93/42
Az 2: 2H 96/42
– Fiche: *0333*
Az 1: 7J 94/42
Az 2: 2H 97/42
– Fiche: *0339/0649*
Az 1: 6J 78/42g
Az 2: 2H 156/42
– Fiche: *0384*
Az 1: 7J 279/43
Az 2: 6H 104/43

Neuhold, Josef
– Fiche: *0295*
Az 1: 7J 276/42
Az 2: 2H 272/42
– Fiche: *0298/0372*
Az 1: 7J 19/43
Az 2: 6H 94/43
– Fiche: *0330*
Az 1: 7J 46/42
Az 2: 2H 125/42
– Fiche: *0332/0367*
Az 1: 7J 257/41
Az 2: 2H 114/42
– Fiche: *0372*
Az 1: 7J 217/43
Az 2: 6H 92/43
– Fiche: *0379*
Az 1: 7J 358/43
Az 2: 6H 156/43
– Fiche: *0383 f./0650*
Az 1: 7J 205/43
Az 2: 6H 100/43
– Fiche: *0459*
Az 1: 7J 44/43
Az 2: 6H 99/43
– Fiche: *0705*
Az 1: StPL (RKA) I 50/42
Az 2: StPL (HLS) II 74/42

Neuhold, Josef (A)
– Fiche: *0332*
Az 1: 7J 497/41
Az 2: 2H 116/42

Niebergall, Otto
- Fiche: *0061*
  Az 1: 14J 189/36
  Az 2: 2H 26/36
- Fiche: *0063*
  Az 1: 14J 134/36
  Az 2: 2H 29/36
- Fiche: *0065*
  Az 1: 14J 26/36
  Az 2: 1H 36/36
- Fiche: *0107 f.*
  Az 1: 8J 232/36g
  Az 2: 2H 39/37
- Fiche: *0168*
  Az 1: 6J 24/41
  Az 2: 2H 152/41
- Fiche: *0170/0293*
  Az 1: 6J 100/41g
  Az 2: 2H 21/42
- Fiche: *0172*
  Az 1: 6J 76/41
  Az 2: 2H 64/42
- Fiche: *0172/0579*
  Az 1: 6J 246/41
  Az 2: 2H 82/42
- Fiche: *0176*
  Az 1: 6J 92/42
  Az 2: 2H 282/42
- Fiche: *0176/0295*
  Az 1: 6J 27/42g
  Az 2: 1H 18/43
- Fiche: *0177*
  Az 1: 7J 465/42g
  Az 2: 2H 31/43
- Fiche: *0178*
  Az 1: 6J 134/42g
  Az 2: 2H 77/43
- Fiche: *0179*
  Az 1: 5J 87/43
  Az 2: 6H 128/43
- Fiche: *0251 ff.*
  Az 1: 14J 12/36
  Az 2: 2H 17/36
- Fiche: *0556 f.*
  Az 1: 9J 51/44g
  Az 2: 1H 97/44
- Fiche: *0558*
  Az 1: 9J 278/41g
  Az 2: 2H 133/41
- Fiche: *0577 f.*
  Az 1: 8J 160/36
  Az 2: 2H 61/36

Niebuhr, Heinrich
- Fiche: *0562*
  Az 1: 10(9)J 836/43
  Az 2: 2H 101/44

Niecchiol, Max
- Fiche: *0550 f.*
  Az 1: 9J 315/37
  Az 2: 2H 50/37

Niedecken, Walter
- Fiche: *0525 f.*
  Az 1: 9J 502/38g
  Az 2: 3L 86/39

Nieden, Wilhelm zur (A)
- Fiche: *0440*
  Az 1: 0J 40/44g Rs
  Az 2: 1L 468/44

Niederhofer
- Fiche: *0400*
  Az 1: 7J 186/42
  Az 2: 5H 117/42

Niederhollmann, Johanna
- Fiche: *0598 ff.*
  Az 1: 9J 479/35
  Az 2: 2H 14/36

Niederjaufner, Franz
- Fiche: *0382*
  Az 1: 7J 242/43
  Az 2: 6H 117/43

Niederjaufner, Franz (A)
- Fiche: *0375*
  Az 1: 7J 67/43
  Az 2: 6H 73/43

Niederjaufner, Johanna
- Fiche: *0382*
  Az 1: 7J 242/43
  Az 2: 6H 117/43

Niederjaufner, Johanna (A)
- Fiche: *0375*
  Az 1: 7J 67/43
  Az 2: 6H 73/43

Niederkirchner, Mia
- Fiche: *0018 f.*
  Az 1: 15J 369/34
  Az 2: 1H 39/35
- Fiche: *0044 f.*
  Az 1: 17J 387/34
  Az 2: 2H 55/35
- Fiche: *0671 f.*
  Az 1: 15J 385/34
  Az 2: 1H 11/36

Niederle, Otto
- Fiche: *0147*
  Az 1: 7J 219/39
  Az 2: 1H 31/39

Niederleitner, Karl (A)
- Fiche: *0383/0529*
  Az 1: 7J 273/43
  Az 2: 6H 105/43

Niedermayer, von
- Fiche: *0239 f.*
  Az 1: 8J 359/35
  Az 2: 1H 63/35

Niedermüller, Anton
- Fiche: *0365*
  Az 1: 7J 607/42
  Az 2: 6H 57/43

Niederreiter, Leopold
- Fiche: *0579*
  Az 1: 7J 441/43
  Az 2: 6H 169/43

Niederwanger, Karl
- Fiche: *0686 f.*
  Az 1: 8J 257/41
  Az 2: 2H 19/42

Niederwieser
- Fiche: *0444*
  Az 1: 12J 33/40

Niederwieser, Helmut
- Fiche: *0444*
  Az 1: 12J 33/40

Niederwieser, Helmuth (A)
- Fiche: *0423*
  Az 1: 12J 99/40

Niederwieser, Josef
- Fiche: *0423*
  Az 1: 12J 99/40
- Fiche: *0444*
  Az 1: 12J 33/40
- Fiche: *0496 f.*
  Az 1: 12J 97/40

Niehusen
- Fiche: *0463/0465*
  Az 1: 15J 39/36
  Az 2: 2H 35/36

Niekisch, Anna (A)
- Fiche: *0481 f./0557 f.*
  Az 1: 8J 214/37
  Az 2: 1H 31/38
- Fiche: *0485 f.*
  Az 1: 8J 386/38, 8J 214/37
  Az 2: 1H 33/38, 1H 31/38

Niekisch, Ernst
- Fiche: *0123 ff./0275 f.*
  Az 1: 8J 5/37g
  Az 2: 2H 23/38
- Fiche: *0283 f.*
  Az 1: 10J 5/39
  Az 2: 1H 23/39
- Fiche: *0481 f./0557 f.*
  Az 1: 8J 214/37
  Az 2: 1H 31/38
- Fiche: *0485 f.*
  Az 1: 8J 386/38, 8J 214/37
  Az 2: 1H 33/38, 1H 31/38
- Fiche: *0714 f.*
  Az 1: 8J 232/40
  Az 2: 2H 76/41

Niekisch, Ernst (A)
- Fiche: *0481 f./0557 f.*
  Az 1: 8J 214/37
  Az 2: 1H 31/38

Nieleboch, Wilhelm
- Fiche: *0628*
  Az 1: 10J 129/42
  Az 2: 2H 205/42

Nielebock, Frieda
- Fiche: *0630*
  Az 1: 10J 354/43g
  Az 2: 1H 202/43

Nielsen
- Fiche: *0090*
  Az 1: 17J 187/36
  Az 2: 2H 31/37

Nielsen, Agnes
- Fiche: *0046/0462*
  Az 1: 17J 189/35
  Az 2: 1H 61/35

Nielsen, Andreas
- Fiche: *0031 f./0230*
  Az 1: 17J 296/34
  Az 2: 2H 24/35

Nielsen, Andreas (A)
- Fiche: *0030*
  Az 1: 17J 210/34
  Az 2: 2H 19/35

Nielsen, Christian
- Fiche: *0121 f.*
  Az 1: 7J 206/38
  Az 2: 1H 19/38

Nielsen, Marie
- Fiche: *0121 f.*
  Az 1: 7J 206/38
  Az 2: 1H 19/38

Nielsen, Oskar
- Fiche: *0121 f.*
  Az 1: 7J 206/38
  Az 2: 1H 19/38

Nielsen, Ottilie
- Fiche: *0654*
  Az 1: 13J 308/33
  Az 2: XV H 13/34

Niemann, Adolf
- Fiche: *0467 ff.*
  Az 1: 14J 629/37g
  Az 2: 2H 86/38

Niemann, Johann
- Fiche: *0158 f./0288*
  Az 1: 7J 6/39
  Az 2: 1H 77/39
- Fiche: *0291*
  Az 1: 7J 544/39
  Az 2: 2H 33/41

Niemann, Johann (A)
- Fiche: *0650 f.*
  Az 1: 15J 190/33
  Az 2: XII H 6/34

Niemax, Käthe (A)
- Fiche: *0029*
  Az 1: 17J 98/34
  Az 2: 1H 17/35

Niemeyer, Albert
- Fiche: *0315 f./0465 f.*
  Az 1: 15J 14/36
  Az 2: 1H 54/36

Niemeyer-Cheine
- Fiche: *0123 ff./0275 f.*
  Az 1: 8J 5/37g
  Az 2: 2H 23/38

Niemöller
- Fiche: *0177 f.*
  Az 1: 8J 382/42g
  Az 2: 2H 65/43
- Fiche: *0628*
  Az 1: 9J 50/42g
  Az 2: 2H 60/42
- Fiche: *0628 f.*
  Az 1: 10J 2/43g
  Az 2: 1H 89/43

Niemsch
- Fiche: *0058 f.*
  Az 1: 17J 129/35
  Az 2: 1H 21,22/36

Niendorf, Heinz
- Fiche: *0201/0434*
  Az 1: 9J 127/44
  Az 2: 2H 228/44

Niendorf, Johanna
- Fiche: *0058 f.*
  Az 1: 17J 129/35
  Az 2: 1H 21,22/36

Nienhaus
- Fiche: *0511 f.*
  Az 1: 9J 125/39g
  Az 2: 2H 45/39

Niepelt, Reinhold
- Fiche: *0607*
  Az 1: 13J 270/33
  Az 2: XV H 57/33

Niering
- Fiche: *0039/0235*
  Az 1: 15J 20/35
  Az 2: 1H 40/35

Niermann
- Fiche: *0247 f./0445*
  Az 1: 8J 72/36
  Az 2: 2H 7/37

Niermeister, Karl
- Fiche: *0211 f.*
  Az 1: 9J 33/45g
  Az 2: 6Sg. 65/45

Niesel
- Fiche: *0698*
  Az 1: StPL (RKA) III 114/43

Niesen, Heinrich (A)
- Fiche: *0186/0579*
  Az 1: 11J 36/44
  Az 2: 1H 64/44

Niesselbeck, Karl (A)
- Fiche: *0240*
  Az 1: 8J 305/35
  Az 2: 1H 67/35

Nießen
- Fiche: *0069*
  Az 1: 8J 12/36g
  Az 2: 1H 42/36

Niessen, Robert
- Fiche: *0315*
  Az 1: 8J 419/35g
  Az 2: 1H 18/36

Niessner, Erhardt
- Fiche: *0286 f.*
  Az 1: 8J 384/38g
  Az 2: 1H 32/39

Nieter
- Fiche: *0171/0567 f.*
  Az 1: 10J 145/41
  Az 2: 2H 33/42
- Fiche: *0553 f.*
  Az 1: 10J 137/42
  Az 2: 2H 242/42
- Fiche: *0559*
  Az 1: 10J 16/42g
  Az 2: 1H 247/42
- Fiche: *0560*
  Az 1: 10J 382/43
  Az 2: 1H 189/43

Nieter, Erich (A)
- Fiche: *0066 f./0253 f.*
  Az 1: 8J 4/36
  Az 2: 1H 38/36

Nieter, Karl
- Fiche: *0129/0439*
  Az 1: 7J 102/38
  Az 2: 2H 45/38
- Fiche: *0478*
  Az 1: 10J 290/40g
  Az 2: 5H 62/42
- Fiche: *0554*
  Az 1: 10J 294/41
  Az 2: 1H 329/42
- Fiche: *0628*
  Az 1: 9J 50/42g
  Az 2: 2H 60/42
- Fiche: *0628 f.*
  Az 1: 10J 2/43g
  Az 2: 1H 89/43
- Fiche: *0634 f.*
  Az 1: 9J 206/42g
  Az 2: 1H 302/42

Nieter, Karl (A)
- Fiche: *0633*
  Az 1: 9J 357/41g
  Az 2: 2H 7/42

Nietner
- Fiche: *0090 f./0261*
  Az 1: 17J 260/36
  Az 2: 1H 10/37

Nietschke
- Fiche: *0001*
  Az 1: 17J 303/33
  Az 2: 1H 2/34

Nietzing, von (Frau)
- Fiche: *0413/0520*
  Az 1: 6(7)J 517/43
  Az 2: 5H 180/42

Nietzsche
- Fiche: *0039*
  Az 1: 8J 169/35
  Az 2: 1H 41/35

Nietzsche, Walter
- Fiche: *0099 f.*
  Az 1: 14J 301/37
  Az 2: 1H 27/37

Nietzschke
- Fiche: *0741*
  Az 1: 8J 26/45

Niggemann
- Fiche: *0600 f.*
  Az 1: 10J 13/43g
  Az 2: 2H 100/43

Nikitin, A.S.
- Fiche: *0126/0276*
  Az 1: 16J 912/37
  Az 2: 2H 28/38

Niklas
- Fiche: *0139/0474 f.*
  Az 1: 6J 141/38g
  Az 2: 1H 10/39
- Fiche: *0608 ff.*
  Az 1: 15J 179/33
  Az 2: XII H 17/34

Niklas, Hugo
- Fiche: *0390 f.*
  Az 1: 8J 106/36g
  Az 2: 2H 24/36
- Fiche: *0463/0465*
  Az 1: 15J 39/36
  Az 2: 2H 35/36

Nikles
- Fiche: *0559 f./0567*
  Az 1: 8J 165/42
  Az 2: 2H 137/42

Nikodim
- Fiche: *0701*
  Az 1: 6J 20/44
  Az 2: 5H 32/44

Nikola, Franz
- Fiche: *0293*
  Az 1: 6J 62/42g
  Az 2: 5H 92/42

Nikolaisen
- Fiche: *0095 f.*
  Az 1: 17J 271/36
  Az 2: 2H 23/37

Nikolaj
- Fiche: *0196/0625*
  Az 1: 9J 187/44
  Az 2: 2H 204/44

Nikolaschek, Reinhard
- Fiche: *0154 f.*
  Az 1: 6J 76/39g
  Az 2: 2H 54/39

Nikolaus (Frau)
- Fiche: *0075 f.*
  Az 1: 17J 300/34
  Az 2: 2H 58/36

Nikolaus, Josef (A)
- Fiche: *0023 f.*
  Az 1: 14J 328/33
  Az 2: 1H 5/35

Nikolay
- Fiche: *0023 f.*
  Az 1: 14J 328/33
  Az 2: 1H 5/35

Nikolay, Franz
- Fiche: *0251 ff.*
  Az 1: 14J 12/36
  Az 2: 2H 17/36

Nikolay, Fritz
- Fiche: *0063*
  Az 1: 14J 134/36
  Az 2: 2H 29/36
- Fiche: *0168*
  Az 1: 6J 24/41
  Az 2: 2H 152/41
- Fiche: *0548*
  Az 1: 16J 42/35
  Az 2: 2H 9/36

Nikolay, Philipp (A)
- Fiche: *0692*
  Az 1: 14J 328/33
  Az 2: XV H 59/33

Nikonow, Feodor
- Fiche: *0736*
  Az 1: 8J 48/45g

Nikonow, Michail
- Fiche: *0736*
  Az 1: 8J 48/45g

Nilsen, Rasmus
- Fiche: *0692*
  Az 1: StPL (RKA) II 242/38
  Az 2: StPL (HLS) IV 21/41

Nilson, Heinz (A)
- Fiche: *0182/0461*
  Az 1: 11(10)J 1037/43g
  Az 2: 2H 22/44

Nilsson, Heinz
- Fiche: *0671 f.*
  Az 1: 15J 385/34
  Az 2: 1H 11/36

Nimax
- Fiche: *0570 f.*
  Az 1: 2J 342/40g
  Az 2: 2H 150/41

Nindl, Gerhard
- Fiche: *0102/0267*
  Az 1: 17J 91/36
  Az 2: 2H 30/37

Ninnig, Jakob
- Fiche: *0251 ff.*
  Az 1: 14J 12/36
  Az 2: 2H 17/36

Nirnberger, Josef
- Fiche: *0522*
  Az 1: 6J 43/42
  Az 2: 2H 120/42

Nischan, Wilhelm
- Fiche: *0666 f.*
  Az 1: 8/16J 747/33
  Az 2: XV H 41/33

Nistler
- Fiche: *0141/0475 f.*
  Az 1: 5J 449/38
  Az 2: 1H 15/39

Niswandt, Karl (A)
- Fiche: *0203*
  Az 1: 8J 149/44
  Az 2: 2H 244/44

Nitschke, Bruno
- Fiche: *0136*
  Az 1: 7J 354/38
  Az 2: 2H 96/38

Nitschke, Friedrich
- Fiche: *0204*
  Az 1: 8J 184/44g
  Az 2: 1H 249/44
- Fiche: *0207*
  Az 1: 8J 188/44g
  Az 2: 1H 285/44

Nitschke, Friedrich (A)
- Fiche: *0199*
  Az 1: 8J 175/44g
  Az 2: 1H 212/44

Nitschke, Richard
- Fiche: *0055 f./0390*
  Az 1: 8J 82/36g
  Az 2: 2H 13/36

Nolte, Hans
- Fiche: *0014 f.*
  Az 1: 15J 828/33
  Az 2: 1H 23/34

Noots, Hubert
- Fiche: *0697*
  Az 1: StPL (RKA) III 114/43

Noparlik, Johann
- Fiche: *0155 f.*
  Az 1: 6J 12/39g
  Az 2: 2H 61/39

Nord, Karl
- Fiche: *0141/0475 f.*
  Az 1: 5J 449/38
  Az 2: 1H 15/39

Norden
- Fiche: *0134/0523*
  Az 1: 7J 348/38
  Az 2: 2H 82/38

Nordheim
- Fiche: *0127*
  Az 1: 7J 96/38
  Az 2: 2H 29/38
- Fiche: *0433*
  Az 1: 10J 166/44
  Az 2: 2H 219/44

Nordli
- Fiche: *0502*
  Az 1: 10J 54/41
  Az 2: 2H 52/41

Noreike
- Fiche: *0132*
  Az 1: 6J 160/38
  Az 2: 2H 60/38
- Fiche: *0133 f.*
  Az 1: 6J 158/38
  Az 2: 2H 77/38

Noreiks
- Fiche: *0127*
  Az 1: 7J 96/38
  Az 2: 2H 29/38

Norveller
- Fiche: *0004 f.*
  Az 1: 13J 98/33
  Az 2: 1H 7/34

Nosbüsch, Hermann
- Fiche: *0510 f./0689 f.*
  Az 1: 8J 54/37
  Az 2: 2H 41/37

Noske
- Fiche: *0625 f.*
  Az 1: 0J 17/44gRs
  Az 2: 1L 316/44
- Fiche: *0627*
  Az 1: 0J 52/44g Rs
  Az 2: 1L 450/44

Notbohm
- Fiche: *0070*
  Az 1: 17J 348/36
  Az 2: 1H 43/36

Nothen, Emil (A)
- Fiche: *0251 ff.*
  Az 1: 14J 12/36
  Az 2: 2H 17/36

Nothnagel, Alfred
- Fiche: *0196*
  Az 1: 9J 210/44
  Az 2: 2H 205/44
- Fiche: *0203 f.*
  Az 1: 11J 246/44
  Az 2: 2H 245/44

Nothomb
- Fiche: *0231 f./0561*
  Az 1: 8J 14/34
  Az 2: 2H 33/35

Novac, Vaclav
- Fiche: *0396/0704 f.*
  Az 1: 14J 522/37g
  Az 2: 1L 2/40

Novack
- Fiche: *0622*
  Az 1: 12J 201/33
  Az 2: XII H 15/34

Novak, Franz (A)
- Fiche: *0417*
  Az 1: 11J 28/44
  Az 2: 6L 34/44
- Fiche: *0706*
  Az 1: StPL (RKA) III 59/44
  Az 2: StPL 1. Sen. 51/44

Novatin
- Fiche: *0648*
  Az 1: 8J 70/43, 8J 75/43
  Az 2: 5H 128/43, 5H 134/43

Novka
- Fiche: *0055 f./0390*
  Az 1: 8J 82/36g
  Az 2: 2H 13/36

Novosad, Heinrich
- Fiche: *0328 f./0342*
  Az 1: 7J 219/42
  Az 2: 2H 167/42

Novotny
- Fiche: *0335 f.*
  Az 1: 6J 165/41g
  Az 2: 2H 42/42
- Fiche: *0356/0400*
  Az 1: 7J 395/42, 7J 457/42
  Az 2: 5H 158/42, 5H 193/42
- Fiche: *0395 f.*
  Az 1: 6J 53/38g
  Az 2: 3L 28/39
- Fiche: *0526 f.*
  Az 1: 7J 457/42
- Fiche: *0649*
  Az 1: 7J 11/43
  Az 2: 5H 22/43

Novotny (Frau)
- Fiche: *0575 f.*
  Az 1: 7J 438/43
  Az 2: 5H 140/43

Novotny, Emanuel
- Fiche: *0337*
  Az 1: 7J 343/42
  Az 2: 2H 217/42

Novotny, Franziska
- Fiche: *0327*
  Az 1: 7J 271/42
  Az 2: 2H 157/42

Novotny, Maria
- Fiche: *0337*
  Az 1: 7J 343/42
  Az 2: 2H 217/42

Novy, August
- Fiche: *0331*
  Az 1: 6J 18/42g
  Az 2: 2H 121/42

Novy, August (A)
- Fiche: *0330*
  Az 1: 6J 41/42g
  Az 2: 2H 126/42

Novy, Willi
- Fiche: *0082 f.*
  Az 1: 8J 415/35g
  Az 2: 1H 1/37

Nowack, Georg
- Fiche: *0397f.*
  Az 1: 6J 198/39g
  Az 2: 3L 19/40

Nowack, Josef (A)
- Fiche: *0006/0528*
  Az 1: 15J 250/33
  Az 2: 2H 9/34

Nowak
- Fiche: *0397f.*
  Az 1: 6J 198/39g
  Az 2: 3L 19/40
- Fiche: *0535 f.*
  Az 1: 10J 267/41
  Az 2: 2H 157/41
- Fiche: *0696 f.*
  Az 1: StPL (RKA) III 657/41
  Az 2: StPL (HLS) III 16/42

Nowak, Emil
- Fiche: *0277 f.*
  Az 1: 14J 651/37g
  Az 2: 2H 55/38

Nowak, Franz
- Fiche: *0353*
  Az 1: 7J 388/42
  Az 2: 6H 11/42

Nowak, Johann
- Fiche: *0154*
  Az 1: 6J 19/39g
  Az 2: 2H 53/39

Nowak, Ludwig
- Fiche: *0374/0576*
  Az 1: 7J 303/43
  Az 2: 5H 80/43
- Fiche: *0576*
  Az 1: 7J 352/43
  Az 2: 5H 90/43

Nowak, Paul (A)
- Fiche: *0210/0579*
  Az 1: 9J 272/44
  Az 2: 1H 7/45

Nowak, Reinhold
- Fiche: *0045 f./0675 f.*
  Az 1: 16J 319/35
  Az 2: 1H 57/35

Nowak, Wilhelm
- Fiche: *0163 f./0290*
  Az 1: 6J 77/39g
  Az 2: 2H 70/40

Nowitzki, Josef (A)
- Fiche: *0665*
  Az 1: 8/16J 501/33
  Az 2: XV H 28/33

Nowotny, Max (A)
- Fiche: *0112*
  Az 1: 14J 375/37g
  Az 2: 2H 53/37

Nowy, Anna
- Fiche: *0648*
  Az 1: 8J 70/43, 8J 75/43
  Az 2: 5H 128/43, 5H 134/43

Nuding
- Fiche: *0094 f./0551*
  Az 1: 9J 600/36
  Az 2: 1H 21/37

Nuding, Hermann
- Fiche: *0263 f./0487 f.*
  Az 1: 17J 171/35
  Az 2: 2H 17/37
- Fiche: *0700 f.*
  Az 1: 7J 108/40
  Az 2: 2H 98/40

Nübling, Karl
- Fiche: *0070*
  Az 1: 14J 210/35
  Az 2: 2H 43/36

Nürnberg, Bruno
- Fiche: *0177 f.*
  Az 1: 8J 382/42g
  Az 2: 2H 65/43

Nürnberg, Bruno (A)
- Fiche: *0502*
  Az 1: 8J 409/42g
  Az 2: 2H 66/43

Nuglan, Kurt (A)
- Fiche: *0650 f.*
  Az 1: 15J 190/33
  Az 2: XII H 6/34

Nulicek, Johann
- Fiche: *0697*
  Az 1: StPL (RKA) II 540/42
  Az 2: StPL (HLS) IV 18/43

Nulicek, Johann (A)
- Fiche: *0576*
  Az 1: 7J 302/43
  Az 2: 5H 104/43

Nupnau
- Fiche: *0095 f.*
  Az 1: 17J 271/36
  Az 2: 2H 23/37

Nurtsch, Friedrich
- Fiche: *0481 f./0557 f.*
  Az 1: 8J 214/37
  Az 2: 1H 31/38
- Fiche: *0485 f.*
  Az 1: 8J 386/38, 8J 214/37
  Az 2: 1H 33/38, 1H 31/38

Nusch, Paul
- Fiche: *0278 f.*
  Az 1: 8J 252/38
  Az 2: 2H 68/38
- Fiche: *0477 f.*
  Az 1: 8J 251/38
  Az 2: 2H 65/38

Nußdorfer, Johann
- Fiche: *0380/0529*
  Az 1: 7J 209/43
  Az 2: 6H 139/43

Nußdorfer, Johann (A)
- Fiche: *0648*
  Az 1: 7J 99/43
  Az 2: 6H 83/43

Nutz
- Fiche: *0403 f.*
  Az 1: 8J 7/41g
  Az 2: 2H 166/43

Nutzinger, Anton
- Fiche: *0735 f.*
  Az 1: 7J 32/44
  Az 2: 6H 92/44

Nyberg
- Fiche: *0446*
  Az 1: 9J 9/43g
  Az 2: 1H 37/43

Nylius
- Fiche: *0123 ff./0275 f.*
  Az 1: 8J 5/37g
  Az 2: 2H 23/38

Obenhaus, Heinrich (A)
- Fiche: *0539*
  Az 1: 8J 71/44
  Az 2: 2H 109/44

Obenhoff
- Fiche: *0566 f.*
  Az 1: 10J 70/40
  Az 2: 2H 127/40

Obenstil
- Fiche: *0424/0570*
  Az 1: 7J 101/44
  Az 2: 5H 78/44

Oberdörster
- Fiche: *0021 f.*
  Az 1: 17J 397/33
  Az 2: 1H 3/35

Oberdorfer, Franz (A)
- Fiche: *0323 ff.*
  Az 1: 7J 174/40
  Az 2: 2H 132/41

Oberdorffer
- Fiche: *0286 f.*
  Az 1: 8J 384/38g
  Az 2: 1H 32/39

Oberegger, Max
- Fiche: *0320 f./0388*
  Az 1: 6J 144/40g
  Az 2: 2H 14/41

Obergruber, Ignaz
- Fiche: *0424*
  Az 1: 6(7)J 487/43
  Az 2: 3L 77/44

Obergruber, Ignaz (A)
- Fiche: *0406*
  Az 1: 7J 462/43
  Az 2: 6H 218/43
- Fiche: *0410*
  Az 1: 11J 53/44
  Az 2: 6H 14/44

Oberhäuser
- Fiche: *0708*
  Az 1: 0J 5/44gRs, 0J 9/44gRs
  Az 2: 1L 301/44, 1L 309/44

Oberhofer, Hubert
- Fiche: *0414 f.*
  Az 1: 10(9)J 819/43g
  Az 2: 6H 28/44

Oberholz
- Fiche: *0071 f.*
  Az 1: 14J 288/36
  Az 2: 1H 48/36

Oberholzer, Max
- Fiche: *0175/0346*
  Az 1: 6J 106/42g
  Az 2: 2H 258/42
- Fiche: *0175 f.*
  Az 1: 7(6)J 62/43
  Az 2: 6H 82/44
- Fiche: *0325*
  Az 1: 6J 132/40g
  Az 2: 2H 147/41
- Fiche: *0346*
  Az 1: OJs 191/41

Oberist
- Fiche: *0338*
  Az 1: 7J 272/42
  Az 2: 2H 206/42

Oberist (Frau)
- Fiche: *0338*
  Az 1: 7J 272/42
  Az 2: 2H 206/42

Oberkleiner, Anna (A)
- Fiche: *0428*
  Az 1: 6J 155/44
  Az 2: 5H 108/44

Oberländer, Otto
- Fiche: *0054/0508*
  Az 1: 17J 496/35
  Az 2: 2H 11/36

Oberländer, Wilhelm
- Fiche: *0513 f.*
  Az 1: 8J 969/33
  Az 2: 2H 24/34

Oberlechner, Rudolf
- Fiche: *0378*
  Az 1: 7J 379/43
  Az 2: 6H 186/43

Obermaier, Josef
- Fiche: *0735 f.*
  Az 1: 7J 32/44
  Az 2: 6H 92/44

Obermaier, Rudolf (A)
- Fiche: *0318 f.*
  Az 1: 7J 515/43
  Az 2: 5H 7/44

Obermanns, Franz (A)
- Fiche: *0665 f.*
  Az 1: 8/16J 525/33
  Az 2: XV H 39/33

Obermayr, Adelheid (A)
- Fiche: *0414 f.*
  Az 1: 10(9)J 819/43g
  Az 2: 6H 28/44

Obermeier
- Fiche: *0182/0464 f.*
  Az 1: 11(10)J 423/43g
  Az 2: 2H 17/44
- Fiche: *0254*
  Az 1: 9J 332/36
  Az 2: 2H 40/36

Obermeier, August
- Fiche: *0254*
  Az 1: 9J 332/36
  Az 2: 2H 40/36
- Fiche: *0494*
  Az 1: 9J 356/36
  Az 2: 1H 46/36

Obermeier, Paul
- Fiche: *0489/0504*
  Az 1: 9J 12/41
  Az 2: 2H 99/41

Obermeier, Wilhelm
- Fiche: *0047 f./0641*
  Az 1: 9J 486/35
  Az 2: 1H 71/35

Obermiller, Ella (A)
- Fiche: *0391 f.*
  Az 1: 5J 6/36g
  Az 2: 3L 21/37

Obermüller, Anton
- Fiche: *0380/0529*
  Az 1: 7J 209/43
  Az 2: 6H 139/43

Obermüller, Willi
- Fiche: *0391 f.*
  Az 1: 5J 6/36g
  Az 2: 3L 21/37

Obernauer, Andreas (A)
- Fiche: *0414 f.*
  Az 1: 10(9)J 819/43g
  Az 2: 6H 28/44

Obholzer, Wilhelm
- Fiche: *0496 f.*
  Az 1: 12J 97/40

Obitz
- Fiche: *0069 f.*
  Az 1: 17J 315/35
  Az 2: 2H 42/36

O'Brion
- Fiche: *0390 f.*
  Az 1: 8J 106/36g
  Az 2: 2H 24/36

Obst
- Fiche: *0237*
  Az 1: 8J 292/35
  Az 2: 1H 49/35

Obst, Erich
- Fiche: *0068*
  Az 1: 8J 434/35g
  Az 2: 2H 41/36
- Fiche: *0570*
  Az 1: 16J 287/35
  Az 2: 1H 30/35

Obst, Johann (A)
- Fiche: *0424*
  Az 1: 7J 49/44
  Az 2: 5H 70/44

Ochmann
- Fiche: *0127 f.*
  Az 1: 15J 942/37
  Az 2: 2H 34/38

Ochs
- Fiche: *0078 f.*
  Az 1: 8J 439/35g
  Az 2: 2H 62/36

Ochs, Heinrich
- Fiche: *0509*
  Az 1: 9J 34/42g
  Az 2: 2H 91/42
- Fiche: *0535/0681*
  Az 1: 9J 80/42g
  Az 2: 2H 95/42

Ochwat, Paul
- Fiche: *0155 f.*
  Az 1: 6J 12/39g
  Az 2: 2H 61/39

Odenthal
- Fiche: *0228*
  Az 1: 13J 266/33
  Az 2: 2H 11,12/35

Odenwälder, Friedrich
- Fiche: *0630 f.*
  Az 1: 5J 174/39
  Az 2: 2H 51/39

Odermatt, Josef
- Fiche: *0176*
  Az 1: 6J 92/42
  Az 2: 2H 282/42

Odermatt, Josef (A)
- Fiche: *0251 ff.*
  Az 1: 14J 12/36
  Az 2: 2H 17/36

Odrada, Leopold (A)
- Fiche: *0152/0305*
  Az 1: 7J 302/39
  Az 2: 1H 46/39

Odwody, Katharina
- Fiche: *0300/0339*
  Az 1: 7J 232/42
  Az 2: 2H 202/42
- Fiche: *0328*
  Az 1: 7J 208/42
  Az 2: 5H 145/42
- Fiche: *0328/0335*
  Az 1: 7J 606/41
  Az 2: 2H 54/42

Odwody, Katharina (A)
- Fiche: *0328/0340 f.*
  Az 1: 7J 137/42
  Az 2: 2H 191/42

Oeben
- Fiche: *0206*
  Az 1: 8J 277/44
  Az 2: 2H 269/44
- Fiche: *0509*
  Az 1: 9J 34/42g
  Az 2: 2H 91/42

Oeder, Max
- Fiche: *0549*
  Az 1: 5J 642/38
  Az 2: 1H 13/39

Oehen
- Fiche: *0535/0681*
  Az 1: 9J 80/42g
  Az 2: 2H 95/42

Oehl
- Fiche: *0023 f.*
  Az 1: 14J 328/33
  Az 2: 1H 5/35

Öhler
- Fiche: *0327*
  Az 1: 7J 181/42
  Az 2: 2H 158/42

Öhler, Franz (A)
- Fiche: *0373 f./0520*
  Az 1: 7J 343/43
  Az 2: 5H 82/43

Öhlschlegel, Adolf
- Fiche: *0333*
  Az 1: 7J 156/42
  Az 2: 2H 112/42

Öhlschlegel, Adolf (A)
- Fiche: *0331*
  Az 1: 7J 157/42
  Az 2: 2H 117/42

Oehm, Rudolf
- Fiche: *0305 f.*
  Az 1: 6J 334/38
  Az 2: 1H 12/39

Oehme
- Fiche: *0615 ff.*
  Az 1: 15J 86/33
  Az 2: XII H 42/33

Oehme, Albert (A)
- Fiche: *0456*
  Az 1: 9J 235/44
  Az 2: 2H 220/44

Oehmen
- Fiche: *0247 f./0445*
  Az 1: 8J 72/36
  Az 2: 2H 7/37

Oehmke
- Fiche: *0498*
  Az 1: 8J 371/38
  Az 2: 1H 38/38

Oehmke, Franz
- Fiche: *0134/0457*
  Az 1: 9J 209/38
  Az 2: 2H 81/38

Oehmke, Johann
- Fiche: *0134/0457*
  Az 1: 9J 209/38
  Az 2: 2H 81/38

Oehring, Leonore
- Fiche: *0111 f./0270 f.*
  Az 1: 17J 152/37
  Az 2: 2H 51/37

Oehring, Otto
- Fiche: *0448*
  Az 1: 17J 225/37
  Az 2: 2H 48/37

Oehring, Otto (A)
- Fiche: *0111 f./0270 f.*
  Az 1: 17J 152/37
  Az 2: 2H 51/37

Oelbermann, Robert
- Fiche: *0709 ff.*
  Az 1: 8J 162/40
  Az 2: 2H 77/41
- Fiche: *0714 f.*
  Az 1: 8J 232/40
  Az 2: 2H 76/41

Oelke, Julius (A)
- Fiche: *0228*
  Az 1: 13J 266/33
  Az 2: 2H 11,12/35

Öltzner, Paul
- Fiche: *0094/0262*
  Az 1: 8J 223/36
  Az 2: 2H 15/37
- Fiche: *0315 f./0465 f.*
  Az 1: 15J 14/36
  Az 2: 1H 54/36
- Fiche: *0629 f.*
  Az 1: 9J 929/35
  Az 2: 1H 37/36
- Fiche: *0634 f.*
  Az 1: 9J 206/42g
  Az 2: 1H 302/42
- Fiche: *0671 f.*
  Az 1: 15J 385/34
  Az 2: 1H 11/36

Ölz, Markus
- Fiche: *0325*
  Az 1: 6J 132/40g
  Az 2: 2H 147/41

Ölze
- Fiche: *0100 f./0711*
  Az 1: 15J 1/37
  Az 2: 1H 28/37

Oemus, Franz (A)
- Fiche: *0160 f.*
  Az 1: 5J 46/40
  Az 2: 2H 45/40
- Fiche: *0160 f./0163*
  Az 1: 5J 46/40, 5J 164/40
  Az 2: 2H 69/40

Oemus, Guido
- Fiche: *0160 f./0163*
  Az 1: 5J 46/40, 5J 164/40
  Az 2: 2H 69/40

Oemus, Otto
- Fiche: *0160 f.*
  Az 1: 5J 46/40
  Az 2: 2H 45/40
- Fiche: *0160 f./0163*
  Az 1: 5J 46/40, 5J 164/40
  Az 2: 2H 69/40

Oerley
- Fiche: *0646*
  Az 1: 8J 393/40g

Oertel
- Fiche: *0113/0469 f.*
  Az 1: 16J 37/35
  Az 2: 1H 19-20/37

Oertel, Gerhard
- Fiche: *0588 f./0643*
  Az 1: 16J 293/35, 8J 438/35
  Az 2: 2H 58/35
- Fiche: *0589*
  Az 1: 16J 293/35
  Az 2: 2H 58/35
- Fiche: *0727*
  Az 1: 16J 293/35

Oerther, Adelheid (A)
- Fiche: *0267 f.*
  Az 1: 7J 201/36g
  Az 2: 2H 40/37

Oerther, August
- Fiche: *0267 f.*
  Az 1: 7J 201/36g
  Az 2: 2H 40/37

Oerther, Wilhelm (A)
- Fiche: *0267 f.*
  Az 1: 7J 201/36g
  Az 2: 2H 40/37

Oertzen, von
- Fiche: *0441*
  Az 1: 0J 3/44g Rs
  Az 2: 1L 292/44
- Fiche: *0455*
  Az 1: o.Az

Oeser, Walter (A)
- Fiche: *0608 ff.*
  Az 1: 15J 179/33
  Az 2: XII H 17/34

Oesterle
- Fiche: *0444*
  Az 1: 12J 33/40

Österle, Friedrich (A)
- Fiche: *0653 f.*
  Az 1: 13J 294/33
  Az 2: XV H 6/34

Österle, Leonhard
- Fiche: *0476 f.*
  Az 1: 8J 131/36g, 8J 49,117,131/36g
  Az 2: 2H 16,20,27/37

Österlein, Leonhard
- Fiche: *0476 f.*
  Az 1: 8J 131/36g, 8J 49,117,131/36g
  Az 2: 2H 16,20,27/37

Österreich
- Fiche: *0576*
  Az 1: 7J 352/43
  Az 2: 5H 90/43

Oesterreich, Ruth (A)
- Fiche: *0176/0362*
  Az 1: 6J 248/41g
  Az 2: 1H 14/43

Österreicher
- Fiche: *0485 f.*
  Az 1: 8J 386/38, 8J 214/37
  Az 2: 1H 33/38, 1H 31/38

Österreicher, Fritz
- Fiche: *0575/0644 f.*
  Az 1: 8J 324/39g
  Az 2: 5H 110/43

Öttli, Marie
- Fiche: *0450/0623 f.*
  Az 1: 17J 451/37
  Az 2: 2H 59/38
- Fiche: *0466 f.*
  Az 1: 15J 513/37
  Az 2: 2H 55/37

Ofenheimer
- Fiche: *0693*
  Az 1: StPL (RKA) II 66/44
  Az 2: StPL 1. Sen. 15/44

Ofenheimer, Alfredo (A)
- Fiche: *0419*
  Az 1: 7J 27/44
  Az 2: 5H 52/44

Offermann, Berta
- Fiche: *0178 0357/0512*
  Az 1: 6J 11/43
  Az 2: 6H 87/43

Ofner, Franz
- Fiche: *0175*
  Az 1: 7J 338/42
  Az 2: 2H 199/42
- Fiche: *0292 f.*
  Az 1: 7J 501/42
- Fiche: *0294*
  Az 1: 7J 231/42
  Az 2: 1H 213/42
- Fiche: *0294*
  Az 1: 7J 258/42
  Az 2: 1H 215/42
- Fiche: *0295*
  Az 1: 7J 644/42
  Az 2: 6H 23/43
- Fiche: *0296*
  Az 1: 7J 53/43
  Az 2: 6H 56/43
- Fiche: *0327*
  Az 1: 7J 344/42
  Az 2: 2H 162/42
- Fiche: *0329/0354*
  Az 1: 7J 223/42
  Az 2: 2H 236/42
- Fiche: *0337*
  Az 1: 7J 322/42
  Az 2: 2H 241/42
- Fiche: *0337*
  Az 1: 7J 205/42
  Az 2: 2H 212/42

- Fiche: *0337*
Az 1: 7J 321/42
Az 2: 2H 221/42
- Fiche: *0339/0649*
Az 1: 6J 78/42g
Az 2: 2H 156/42
- Fiche: *0340*
Az 1: 7J 340/42
Az 2: 2H 197/42
- Fiche: *0340*
Az 1: 7J 187/42
Az 2: 2H 198/42
- Fiche: *0343*
Az 1: 7J 370/42
Az 2: 1H 217/42
- Fiche: *0352*
Az 1: 7J 529/42
Az 2: 6H 25/42
- Fiche: *0352/0369*
Az 1: 7J 507/42
Az 2: 6H 13/42
- Fiche: *0353*
Az 1: 7J 417/42
Az 2: 2H 292/42
- Fiche: *0354*
Az 1: 7J 350/42
Az 2: 2H 277/42
- Fiche: *0354*
Az 1: 7J 391/42
Az 2: 2H 279/42
- Fiche: *0354*
Az 1: 7J 376/42
Az 2: 2H 273/42
- Fiche: *0356/0367*
Az 1: 7J 544/41
Az 2: 5H 187/42
- Fiche: *0363*
Az 1: 7J 97/43
Az 2: 6H 51/43
- Fiche: *0365*
Az 1: 7J 607/42
Az 2: 6H 57/43
- Fiche: *0370*
Az 1: 7J 555/42
Az 2: 6H 13/43
- Fiche: *0380/0529*
Az 1: 7J 209/43
Az 2: 6H 139/43

Ofner, Franz (A)
- Fiche: *0345*
Az 1: 7J 405/42
Az 2: 2H 266/42

Ognew, Sirgij
- Fiche: *0194*
Az 1: 11(10)J 1153/43g
Az 2: 2H 159/44

Ogrowsky, Artur
- Fiche: *0094/0262*
Az 1: 8J 223/36
Az 2: 2H 15/37
- Fiche: *0264/0491 f.*
Az 1: 17J 171/35
Az 2: 2H 18/37
- Fiche: *0317*
Az 1: 15J 166/36
Az 2: 1H 33/36
- Fiche: *0549*
Az 1: 10J 96/42
Az 2: 2H 238/42
- Fiche: *0671 f.*
Az 1: 15J 385/34
Az 2: 1H 11/36

Ogrowsky, Artur (A)
- Fiche: *0523*
Az 1: 10J 227/39
Az 2: 2H 20/41

Ohenzat, Walter
- Fiche: *0132*
Az 1: 6J 160/38
Az 2: 2H 60/38

Ohlau
- Fiche: *0549*
Az 1: 5J 642/38
Az 2: 1H 13/39

Ohle
- Fiche: *0301*
Az 1: 15J 818/36
Az 2: 1H 22/37

Ohlendorf, Willi
- Fiche: *0565 f.*
Az 1: 10J 291/38
Az 2: 2H 88/38

Ohlendorf, Willi (A)
- Fiche: *0587*
Az 1: 10J 303/38
Az 2: 2H 90/38

Ohlsen
- Fiche: *0687*
Az 1: 15J 222/35
Az 2: 2H 34/36

Ohlson, Anneliese
- Fiche: *0514*
Az 1: 9aJ 164/34
Az 2: 1H 47/34

Ohme, Justie
- Fiche: *0070 f./0255*
Az 1: 17J 492/35
Az 2: 2H 44/36

Ohms
- Fiche: *0553 f.*
Az 1: 10J 137/42
Az 2: 2H 242/42

Ohnesorge, Paul
- Fiche: *0237*
Az 1: 8J 292/35
Az 2: 1H 49/35

Ohnezat, Erich
- Fiche: *0279 f.*
Az 1: 6J 157/38
Az 2: 2H 89/38

Ohst
- Fiche: *0688 f.*
Az 1: 10J 75/44
Az 2: 1L 192/44

Ojen, van
- Fiche: *0374/0520*
Az 1: 7J 341/43
Az 2: 5H 81/43

Okrilla
- Fiche: *0168 f.*
Az 1: 5J 230/41
Az 2: 2H 6/42

Okrouhly, Felix
- Fiche: *0341 f.*
Az 1: 7J 203/42
Az 2: 2H 183/42

Okrouhly, Felix (A)
- Fiche: *0326*
Az 1: 7J 199/42
Az 2: 2H 169/42

Olah
- Fiche: *0305/0643 f.*
Az 1: 6J 518/38
Az 2: 1H 18/39

Olajos, Matthias
- Fiche: *0363*
Az 1: 7J 178/43
Az 2: 5H 50/43

Olb, Eduard
- Fiche: *0184/0522*
Az 1: 10J 189/43, 5J 3/44
Az 2: 6H 29/44

Olbrecht
- Fiche: *0381*
Az 1: 7J 297/43
Az 2: 5H 96/43,
5H 139/43

Olbrecht, Viktor
- Fiche: *0361*
Az 1: 7J 483/42
Az 2: 5H 176/42

Olbrich, Karl (A)
- Fiche: *0502*
Az 1: 8J 409/42g
Az 2: 2H 66/43

Olbricht, Friedrich
- Fiche: *0440*
Az 1: 0J 58/44g Rs
Az 2: 1L 46/45
- Fiche: *0440*
Az 1: 0J 48/44g Rs
Az 2: 1L 486/44
- Fiche: *0441*
Az 1: 0J 7/44g Rs
Az 2: 1L 454/44
- Fiche: *0441*
Az 1: 0J 3/44g Rs
Az 2: 1L 292/44
- Fiche: *0455*
Az 1: o.Az
- Fiche: *0508*
Az 1: 0J 10/45g Rs
Az 2: 1L 54/45
- Fiche: *0625 f.*
Az 1: 0J 17/44gRs
Az 2: 1L 316/44
- Fiche: *0650*
Az 1: 0J 26/44g Rs
Az 2: 1L 349/44
- Fiche: *0708*
Az 1: 0J 4/44g Rs
Az 2: 1L 229/44
- Fiche: *0708*
Az 1: 0J 5/44gRs,
0J 9/44gRs
Az 2: 1L 301/44,
1L 309/44

Olbrysch, Karl
- Fiche: *0020 f.*
Az 1: 17J 683/33
Az 2: 1H 44/34
- Fiche: *0213*
Az 1: 17J 292/33

Olbrysch, Karl (A)
- Fiche: *0016/0213*
Az 1: 17J 292/33
Az 2: 1H 25/34

Oldehoff, Walter
- Fiche: *0221*
Az 1: 14J 306/33
Az 2: 1H 33/34

Oldenbroek, Jacobus (Japp)
- Fiche: *0147 ff.*
Az 1: 6J 374/38g
Az 2: 1H 37/39
- Fiche: *0153*
Az 1: 6J 243/39
Az 2: 1H 51/39
- Fiche: *0291/0719*
Az 1: 9J 237/40
Az 2: 2H 17/42
- Fiche: *0516*
Az 1: 9J 315/37
Az 2: 2H 61/37
- Fiche: *0550 f.*
Az 1: 9J 315/37
Az 2: 2H 50/37
- Fiche: *0628*
Az 1: 10J 129/42
Az 2: 2H 205/42
- Fiche: *0628*
Az 1: 9J 171/41g
Az 2: 2H 103/42
- Fiche: *0687*
Az 1: 15J 222/35
Az 2: 2H 34/36

Oldenbruck, s. Oldenbroek

Oldenburg
- Fiche: *0533*
Az 1: 7J 20/33
Az 2: 3L 5/34

Oldörp, Heinrich
- Fiche: *0256*
Az 1: 15J 162/36
Az 2: 1H 51/36

Oldorf
- Fiche: *0256*
Az 1: 15J 162/36
Az 2: 1H 51/36

Olesen
- Fiche: *0228*
Az 1: 13J 266/33
Az 2: 2H 11,12/35

Oleszynska, Bronislawa
- Fiche: *0411 f.*
Az 1: 8J 375/40
Az 2: 5H 17/44

Oliver, Henry
- Fiche: *0559*
Az 1: 10J 16/42g
Az 2: 1H 247/42

Olivier
- Fiche: *0586 f.*
Az 1: 9J 67/39
Az 2: 1H 62/39

Ollendorf
- Fiche: *0250 f.*
Az 1: 8J 364/35
Az 2: 2H 15/36

Ollenhauer, Erich
- Fiche: *0038 f./0259 f.*
  Az 1: 16J 767/35
  Az 2: 2H 57/36
- Fiche: *0058*
  Az 1: 16J 753/35
  Az 2: 1H 20/36
- Fiche: *0061 f./0626 f.*
  Az 1: 17J 336/35
  Az 2: 2H 28/36
- Fiche: *0086 f.*
  Az 1: 17J 73/36
  Az 2: 2H 5/37
- Fiche: *0146 f./0301 f.*
  Az 1: 10J 7/39
  Az 2: 1H 30/39
- Fiche: *0259/0676*
  Az 1: 16J 534/35
  Az 2: 2H 57/35
- Fiche: *0562 f.*
  Az 1: 10J 204/40
  Az 2: 2H 17/41
- Fiche: *0598 ff.*
  Az 1: 9J 479/35
  Az 2: 2H 14/36
- Fiche: *0611*
  Az 1: 8J 1694/33
  Az 2: XII H 14/34
- Fiche: *0632 f.*
  Az 1: 6J 29/42g
  Az 2: 1H 139/43
- Fiche: *0672 f.*
  Az 1: 10J 90/41
  Az 2: 2H 111/41
- Fiche: *0687*
  Az 1: 15J 222/35
  Az 2: 2H 34/36

Olligs
- Fiche: *0559 f./0567*
  Az 1: 8J 165/42
  Az 2: 2H 137/42

Ollipitz, Michael
- Fiche: *0323 ff.*
  Az 1: 7J 174/40
  Az 2: 2H 132/41

Ollrich, Karl
- Fiche: *0177 f.*
  Az 1: 8J 382/42g
  Az 2: 2H 65/43

Olschewski
- Fiche: *0207*
  Az 1: 8J 188/44g
  Az 2: 1H 285/44
- Fiche: *0688 f.*
  Az 1: 10J 75/44
  Az 2: 1L 192/44

Olschewski, Oskar (A)
- Fiche: *0200/0569*
  Az 1: 8J 178/44
  Az 2: 1H 218/44

Olschewski, Wilhelm
- Fiche: *0460*
  Az 1: 10J 138/44
  Az 2: 2H 113/44
- Fiche: *0688 f.*
  Az 1: 10J 75/44
  Az 2: 1L 192/44

Olschewski, Wilhelm (A)
- Fiche: *0449*
  Az 1: 7(6)J 116/43
  Az 2: 2H 8/44

Olschewski, Wilhelm sen.
- Fiche: *0449*
  Az 1: 7(6)J 116/43
  Az 2: 2H 8/44
- Fiche: *0460*
  Az 1: 10J 138/44
  Az 2: 2H 113/44

Olschewsky
- Fiche: *0679 f./0713*
  Az 1: 10(9)J 777/43g
  Az 2: 5H 38/44, 5H 43/44

Olschinsky, Raimund
- Fiche: *0310*
  Az 1: 7J 70/40
  Az 2: 2H 130/40
- Fiche: *0338*
  Az 1: 7J 193/42
  Az 2: 2H 207/42

Olsson, Karl
- Fiche: *0256*
  Az 1: 15J 162/36
  Az 2: 1H 51/36

Oltersdorf, Karl
- Fiche: *0259/0676*
  Az 1: 16J 534/35
  Az 2: 2H 57/35
- Fiche: *0687*
  Az 1: 15J 222/35
  Az 2: 2H 34/36

Oltersdorf, Karl (A)
- Fiche: *0061 f./0626 f.*
  Az 1: 17J 336/35
  Az 2: 2H 28/36

Oltmanns
- Fiche: *0559*
  Az 1: 10J 16/42g
  Az 2: 1H 247/42

Oman, Sonja
- Fiche: *0416*
  Az 1: 6(7)J 518/43
  Az 2: 5H 31/44

Onasch, Jean
- Fiche: *0460 f.*
  Az 1: 17J 109/37,
  9J 142/37
  Az 2: 2H 44,47/37

Onderka, Adolf
- Fiche: *0657*
  Az 1: 8J 564/33
  Az 2: XV H 1/34

Ondracek
- Fiche: *0512*
  Az 1: 6J 103/42

Opalka
- Fiche: *0692*
  Az 1: StPL (RKA) II 242/38
  Az 2: StPL (HLS) IV 21/41

Opalka, Wilhelm
- Fiche: *0594 f./0695 f.*
  Az 1: 11J 122/35g
  Az 2: 2H 10,11,12/37

Opel, Fritz (A)
- Fiche: *0079 f.*
  Az 1: 17J 267/35
  Az 2: 1H 63/36

Opel, Wilhelm
- Fiche: *0019 f./0311*
  Az 1: 17J 64/34
  Az 2: 1H 41/34

Opelt, Martha
- Fiche: *0633*
  Az 1: 9J 357/41g
  Az 2: 2H 7/42

Opiela, Johann
- Fiche: *0397f.*
  Az 1: 6J 198/39g
  Az 2: 3L 19/40

Opitz
- Fiche: *0028 f./0679*
  Az 1: 15J 648/33
  Az 2: 1H 14/35
- Fiche: *0180/0446*
  Az 1: 6J 12/43g
  Az 2: 1H 147/43
- Fiche: *0518/0679*
  Az 1: 10J 30/38
  Az 2: 2H 8/38
- Fiche: *0593 f.*
  Az 1: 15J 490/33
  Az 2: 1H 89/34
- Fiche: *0601*
  Az 1: 10J 26/38
  Az 2: 2H 19/38

Opitz, Fredinand
- Fiche: *0576*
  Az 1: 7J 302/43
  Az 2: 5H 104/43

Opitz, Käthe (A)
- Fiche: *0569*
  Az 1: 8J 195/42g
  Az 2: 2H 138/42

Opitz, Laurenz
- Fiche: *0397f.*
  Az 1: 6J 198/39g
  Az 2: 3L 19/40

Opitz, Ludwig
- Fiche: *0489/0504*
  Az 1: 9J 12/41
  Az 2: 2H 99/41

Opitz, Maria
- Fiche: *0288*
  Az 1: 5J 686/38
  Az 2: 1H 59/39

Opitz, Paul
- Fiche: *0216 f.*
  Az 1: 14J 293/33
  Az 2: 1H 8/34
- Fiche: *0606*
  Az 1: 12J 190/33
  Az 2: XV H 54/33

Opitz, Rudolf (A)
- Fiche: *0076 f.*
  Az 1: 8J 427/35g
  Az 2: 1H 59/60/61/36

Opitz, Walter (A)
- Fiche: *0002/0571 f.*
  Az 1: 15J 265/33
  Az 2: 1H 3/34

Opletal, Alfred
- Fiche: *0401 f.*
  Az 1: 8J 285/39g
  Az 2: 5H 108/43

Opletal, Alfred (A)
- Fiche: *0644*
  Az 1: 8J 475/39
  Az 2: 5H 109/43

Oppe
- Fiche: *0593 f.*
  Az 1: 15J 490/33
  Az 2: 1H 89/34

Oppenheim
- Fiche: *0115*
  Az 1: 8J 339/37
  Az 2: 1H 4/38

Oppenheimer
- Fiche: *0130/0277*
  Az 1: 6J 224/38g
  Az 2: 2H 48/38
- Fiche: *0450/0623 f.*
  Az 1: 17J 451/37
  Az 2: 2H 59/38
- Fiche: *0467*
  Az 1: 10J 228/38
  Az 2: 2H 76/38
- Fiche: *0493*
  Az 1: 10J 229/38
  Az 2: 2H 66/38
- Fiche: *0540*
  Az 1: 10J 226/38
  Az 2: 2H 75/38
- Fiche: *0540 f.*
  Az 1: 10J 223/38
  Az 2: 2H 64/38
- Fiche: *0560*
  Az 1: 10J 222/38
  Az 2: 2H 69/38
- Fiche: *0583*
  Az 1: 10J 225/38
  Az 2: 2H 70/38

Oppenkowski, Kurt
- Fiche: *0005 f.*
  Az 1: 13J 154/33
  Az 2: 1H 9/34

Opprecht
- Fiche: *0636 f.*
  Az 1: 8J 421/40
  Az 2: 2H 121/40

Opreschnig
- Fiche: *0333*
  Az 1: 7J 94/42
  Az 2: 2H 97/42

Orasch, Franz
- Fiche: *0323 ff.*
  Az 1: 7J 174/40
  Az 2: 2H 132/41

Palmer, Karl (A)
- Fiche: *0561*
  Az 1: 9J 35/39g
  Az 2: 2H 2/40

Palmetzhofer, Franz
- Fiche: *0453/0739*
  Az 1: 7J 347/43, 7J 421/43, 7J 422/43
  Az 2: 5H 122/43, 5H 129/43, 5H 125/43
- Fiche: *0600*
  Az 1: 7J 422/43

Palombini, von
- Fiche: *0625 f.*
  Az 1: 0J 17/44gRs
  Az 2: 1L 316/44

Panasch, Wilhelm
- Fiche: *0055*
  Az 1: 16J 23/36
  Az 2: 2H 12/36

Pander, Wolfgang (A)
- Fiche: *0625/0643*
  Az 1: 10J 215/41
  Az 2: 2H 130/42

Panek
- Fiche: *0376*
  Az 1: 7J 306/42, 7J 239/43
  Az 2: 5H 140/42, 5H 72/43

Panknin
- Fiche: *0615 ff.*
  Az 1: 15J 86/33
  Az 2: XII H 42/33

Pannach, Wilhelm
- Fiche: *0158 f./0288*
  Az 1: 7J 6/39
  Az 2: 1H 77/39
- Fiche: *0650 f.*
  Az 1: 15J 190/33
  Az 2: XII H 6/34

Panndorf, Erwin
- Fiche: *0630*
  Az 1: 10J 354/43g
  Az 2: 1H 202/43

Pannecke, Walter
- Fiche: *0138 f.*
  Az 1: 5J 53/39
  Az 2: 1H 7/39

Pannenbecker, Martha
- Fiche: *0602 f.*
  Az 1: 9J 414/39
  Az 2: 2H 83/41

Pannhorst
- Fiche: *0568*
  Az 1: 9J 179/42g
  Az 2: 2H 276/42

Pannier
- Fiche: *0081*
  Az 1: 8J 35/37g
  Az 2: 1H 66/36

Pannier, Walter
- Fiche: *0034*
  Az 1: 9J 613/33
  Az 2: 1H 27/35

Panschenko
- Fiche: *0147*
  Az 1: 11J 196/38g
  Az 2: 1H 35/39

Pansky, Karl
- Fiche: *0344*
  Az 1: 7J 472/42
  Az 2: 1H 304/42
- Fiche: *0353*
  Az 1: 7J 403/42
  Az 2: 2H 286/42

Pansky, Karl (A)
- Fiche: *0340*
  Az 1: 7J 286/42
  Az 2: 2H 201/42

Pant
- Fiche: *0636 f.*
  Az 1: 8J 421/40
  Az 2: 2H 121/40

Pant, Eduard
- Fiche: *0637 f.*
  Az 1: 8J 167/40
  Az 2: 2H 89/40

Pantilejew
- Fiche: *0147*
  Az 1: 11J 196/38g
  Az 2: 1H 35/39

Panzenböck, Johann
- Fiche: *0309 f.*
  Az 1: 6J 103/40g
  Az 2: 2H 116/40

Panzer, Martin
- Fiche: *0331*
  Az 1: 6J 18/42g
  Az 2: 2H 121/42

Papasian
- Fiche: *0644*
  Az 1: 8J 475/39
  Az 2: 5H 109/43

Papen, von
- Fiche: *0062 f.*
  Az 1: 8J 17/36
  Az 2: 1H 29/36

Papendieck, Fritz
- Fiche: *0109 f.*
  Az 1: 17J 264/36
  Az 2: 2H 45/37

Papke, Paul
- Fiche: *0630*
  Az 1: 9J 657/35
  Az 2: 1H 58/36

Papke, Paul (A)
- Fiche: *0451*
  Az 1: 9J 658/35
  Az 2: 2H 41/35

Papouschek
- Fiche: *0694*
  Az 1: 2. Sen. 51/44
  Az 2: StPL RKA III 14/44

Papouschek, Karl
- Fiche: *0296*
  Az 1: 7J 638/42
  Az 2: 5H 26/43
- Fiche: *0375*
  Az 1: 7J 332/43
  Az 2: 5H 73/43
- Fiche: *0425 f.*
  Az 1: 6J 93/44
  Az 2: 5H 88/44

Papouschek, Karl (A)
- Fiche: *0347*
  Az 1: 7J 437/42
  Az 2: 1H 244/42

Papp
- Fiche: *0056*
  Az 1: 17J 441/35
  Az 2: 1H 14/36

Pappler, Thomas
- Fiche: *0306 f.*
  Az 1: 7J 549/39
  Az 2: 2H 32/40

Pappritz
- Fiche: *0109*
  Az 1: 16J 443/37
  Az 2: 2H 42/37

Papst
- Fiche: *0696 f.*
  Az 1: StPL (RKA) III 657/41
  Az 2: StPL (HLS) III 16/42

Parboschütz
- Fiche: *0227 f.*
  Az 1: 13J 2/34
  Az 2: 1H 10/35

Parizek, Gustav (A)
- Fiche: *0329/0339*
  Az 1: 7J 283/42, 7J 288/42
  Az 2: 5H 146/42

Parlow, Walter
- Fiche: *0656 f.*
  Az 1: 17J 582/33
  Az 2: XV H 28/34

Parlow, Walter (A)
- Fiche: *0666*
  Az 1: 8/16J 301/33
  Az 2: XV H 33/33

Parschan, August (A)
- Fiche: *0397f.*
  Az 1: 6J 198/39g
  Az 2: 3L 19/40

Parsche
- Fiche: *0167*
  Az 1: 5J 35/41
  Az 2: 2H 123/41

Parschik, Rudolf
- Fiche: *0474*
  Az 1: 10J 170/38
  Az 2: 2H 38/38

Part
- Fiche: *0151 f./0584*
  Az 1: 7J 72/39
  Az 2: 1H 45/39

Partos
- Fiche: *0644*
  Az 1: 8J 475/39
  Az 2: 5H 109/43

Paruschke, Carla (A)
- Fiche: *0206/0405*
  Az 1: 10J 410/43g
  Az 2: 1H 209/43
- Fiche: *0466*
  Az 1: 9J 156/44g Rs
  Az 2: 1H 264/44

Paruschke, Otto
- Fiche: *0466*
  Az 1: 9J 156/44g Rs
  Az 2: 1H 264/44

Paruschke, Otto (A)
- Fiche: *0206/0405*
  Az 1: 10J 410/43g
  Az 2: 1H 209/43

Pasch
- Fiche: *0258*
  Az 1: 14J 464/36
  Az 2: 1H 53/36

Pasching, Marie (A)
- Fiche: *0417*
  Az 1: 8J 75/43
- Fiche: *0648*
  Az 1: 8J 70/43, 8J 75/43
  Az 2: 5H 128/43, 5H 134/43

Paschke
- Fiche: *0105/0267*
  Az 1: 14J 307/37
  Az 2: 2H 34/37
- Fiche: *0696*
  Az 1: StPL (RKA) II 236/38

Paschke, Erich
- Fiche: *0598 ff.*
  Az 1: 9J 479/35
  Az 2: 2H 14/36

Paschke, Paul
- Fiche: *0457 f.*
  Az 1: 10J 142/38
  Az 2: 2H 42/38
- Fiche: *0506*
  Az 1: 10J 143/38, 10J 144/38
  Az 2: 2H 39/38, 2H 40/38
- Fiche: *0544 f.*
  Az 1: 10J 138/38
  Az 2: 2H 37/38

Paschke, Paul (A)
- Fiche: *0130 f.*
  Az 1: 10J 137/38
  Az 2: 2H 49/38

Pasczella, Eduard
- Fiche: *0155 f.*
  Az 1: 6J 12/39g
  Az 2: 2H 61/39

Pasenau (Frau)
- Fiche: *0080 f./0260*
  Az 1: 8J 163/36g
  Az 2: 1H 64/36

Pauli
- Fiche: *0031 f./0230*
  Az 1: 17J 296/34
  Az 2: 2H 24/35
- Fiche: *0144*
  Az 1: 5J 199/39
  Az 2: 1H 26/39
- Fiche: *0477 f.*
  Az 1: 8J 251/38
  Az 2: 2H 65/38

Pauli, Otto
- Fiche: *0132*
  Az 1: 5J 79/38
  Az 2: 2H 57/38

Paulick, Wilhelm
- Fiche: *0045*
  Az 1: 9J 411/35
  Az 2: 1H 56/35
- Fiche: *0049 f.*
  Az 1: 17J 124/35
  Az 2: 1H 27/36
- Fiche: *0113/0469 f.*
  Az 1: 16J 37/35
  Az 2: 1H 19-20/37
- Fiche: *0523 f.*
  Az 1: 9J 351/38g
  Az 2: 2H 93/38

Paulick, Wilhelm (A)
- Fiche: *0049/0450*
  Az 1: 9J 151/35
  Az 2: 1H 3/36

Paulig
- Fiche: *0199*
  Az 1: 8J 175/44g
  Az 2: 1H 212/44

Paulik
- Fiche: *0338*
  Az 1: 7J 272/42
  Az 2: 2H 206/42

Paulmann
- Fiche: *0127*
  Az 1: 7J 96/38
  Az 2: 2H 29/38

Pauls, Bruno
- Fiche: *0621 f.*
  Az 1: 15J 241/33
  Az 2: XII H 57/33

Pauls, Hans
- Fiche: *0224*
  Az 1: 14J 16/34
  Az 2: 1H 8/35

Pauls, Kurt
- Fiche: *0361*
  Az 1: 7J 452/42
  Az 2: 5H 169/42

Paulsen, Josefa
- Fiche: *0024/0385 f.*
  Az 1: 14J 75/33,
  14J 77/33
  Az 2: 2H 7/35, 2H 6,7/35

Paulus
- Fiche: *0196 f.*
  Az 1: 7J 128/44
  Az 2: 6H 205/44
- Fiche: *0735 f.*
  Az 1: 7J 32/44
  Az 2: 6H 92/44

Paulus, Artur (A)
- Fiche: *0195*
  Az 1: 9J 218/44
  Az 2: 2H 190/44

Paunek, Alfons
- Fiche: *0641*
  Az 1: 10J 35/41
  Az 2: 2H 96/41

Pauritsch, Peter
- Fiche: *0333*
  Az 1: 7J 94/42
  Az 2: 2H 97/42

Paurnfeind, Edmund (A)
- Fiche: *0417*
  Az 1: 7J 41/44
  Az 2: 5H 33/44
- Fiche: *0582*
  Az 1: 8J 317/41
  Az 2: 5H 135/43

Pauschitz, Anton
- Fiche: *0436*
  Az 1: 10J 287/44
  Az 2: 6H 253/44

Pauschitz, Anton (A)
- Fiche: *0436*
  Az 1: 10J 288/44
  Az 2: 6H 254/44

Pausinger, Clemens (A)
- Fiche: *0427*
  Az 1: 6J 158/44g,
  6J 165/44g
  Az 2: 5H 96/44,
  5H 100/44

Paust, Elise (A)
- Fiche: *0606 f.*
  Az 1: 13J 190/33
  Az 2: XV H 53/33

Paustian, Gustav (A)
- Fiche: *0206*
  Az 1: 8J 277/44
  Az 2: 2H 269/44

Pavelka, Bohumil (A)
- Fiche: *0368*
  Az 1: 12J 38/42
  Az 2: 1H 98/42

Pavlicek, Gretl
- Fiche: *0357*
  Az 1: 7J 469/42
  Az 2: 5H 179/42

Pavlicek, Karl
- Fiche: *0297*
  Az 1: 7J 247/43
  Az 2: 5H 79/43

Pavlicek, Ludwig
- Fiche: *0375*
  Az 1: 7J 332/43
  Az 2: 5H 73/43

Pavlicek, Ludwig (A)
- Fiche: *0425 f.*
  Az 1: 6J 93/44
  Az 2: 5H 88/44

Pavlick
- Fiche: *0686*
  Az 1: 8J 4/39g
  Az 2: 2H 32/39

Pavlovic
- Fiche: *0193/0443*
  Az 1: 9J 45/44
  Az 2: 1H 141/44,
  1H 229/44

Pawel, Johann
- Fiche: *0298/0367*
  Az 1: 7J 300/43
  Az 2: 5H 94/43

Pawelleck, Richard (A)
- Fiche: *0532*
  Az 1: 9J 229/44
  Az 2: 1H 313/44

Pawera, Willi (A)
- Fiche: *0634*
  Az 1: 10J 166/42
  Az 2: 2H 271/42

Pawlack
- Fiche: *0103 f.*
  Az 1: 17J 416/36
  Az 2: 2H 32/37

Pawlicek
- Fiche: *0261*
  Az 1: 14J 570/37g

Pawlicek, Hedwig
- Fiche: *0261*
  Az 1: 14J 570/37g

Pawlik
- Fiche: *0329/0358*
  Az 1: 7J 354/42
  Az 2: 5H 142/42

Pawlik (Frau)
- Fiche: *0329/0358*
  Az 1: 7J 354/42
  Az 2: 5H 142/42

Pawlin, Theodor
- Fiche: *0296*
  Az 1: 7J 638/42
  Az 2: 5H 26/43
- Fiche: *0327*
  Az 1: 7J 181/42
  Az 2: 2H 158/42
- Fiche: *0335 f.*
  Az 1: 6J 165/41g
  Az 2: 2H 42/42
- Fiche: *0339/0649*
  Az 1: 6J 78/42g
  Az 2: 2H 156/42
- Fiche: *0339/0649 0721*
  Az 1: 6J 7/43g
  Az 2: 6H 5/43
- Fiche: *0367*
  Az 1: 7J 125/43
  Az 2: 5H 29/43

Pawlin, Theodor (A)
- Fiche: *0326*
  Az 1: 7J 112/42
  Az 2: 2H 164/42

Pawlinski
- Fiche: *0628*
  Az 1: 9J 171/41g
  Az 2: 2H 103/42

Pawlitschek, Emil (A)
- Fiche: *0575*
  Az 1: 6J 8/44
  Az 2: 5H 25/44

Pawlow
- Fiche: *0092*
  Az 1: 8/14J 31-45/36g
  Az 2: 1H 13/37

Pawlowski, Edward (A)
- Fiche: *0024/0385 f.*
  Az 1: 14J 75/33,
  14J 77/33
  Az 2: 2H 7/35, 2H 6,7/35

Pawlowski, Paul (A)
- Fiche: *0075 f.*
  Az 1: 17J 300/34
  Az 2: 2H 58/36

Pawlowski, Vallentin
- Fiche: *0075 f.*
  Az 1: 17J 300/34
  Az 2: 2H 58/36

Pawlowski, Wilhelm (A)
- Fiche: *0665*
  Az 1: 8/16J 501/33
  Az 2: XV H 28/33

Pawlowski, Willi
- Fiche: *0538*
  Az 1: 10J 227/38
  Az 2: 2H 80/38

Pawlowsky, Franz
- Fiche: *0517/0678*
  Az 1: 10J 139/38
  Az 2: 2H 67/38

Pawoutz, Theodor (A)
- Fiche: *0383/0529*
  Az 1: 7J 273/43
  Az 2: 6H 105/43

Payer
- Fiche: *0408*
  Az 1: 8J 475/39
  Az 2: 5H 8/44

Paysinger
- Fiche: *0455/0497 f.*
  Az 1: 8J 472/40
  Az 2: 6H 205/43

Pazour
- Fiche: *0362*
  Az 1: 7J 169/43
  Az 2: 1H 92/43
- Fiche: *0707*
  Az 1: StPL (RKA) III
  153/42
  Az 2: StPL (HLS) II
  96/42

Pazout, Marie
- Fiche: *0213 f./0216*
  Az 1: 17J 89/33
  Az 2: 1H 6/34

Pech, Anna
- Fiche: *0145/0285 f.*
  Az 1: 5J 102/39
  Az 2: 1H 27/39
- Fiche: *0288*
  Az 1: 5J 686/38
  Az 2: 1H 59/39

Petrick, Karl (A)
- Fiche: *0025 ff./0253*
  Az 1: 8J 427/34, 8J 6/35
  Az 2: 1H 9/35
- Fiche: *0253*
  Az 1: 8J 427/34
  Az 2: 1H 28/36

Petrie
- Fiche: *0010 f.*
  Az 1: 17J 232/33
  Az 2: 2H 14/34

Petrik, Iwan
- Fiche: *0437*
  Az 1: 9J 78/44
  Az 2: 2H 18/45

Petrisch, Johann (A)
- Fiche: *0414*
  Az 1: 6J 1/44
  Az 2: 5H 23/44

Petrol
- Fiche: *0396/0704 f.*
  Az 1: 14J 522/37g
  Az 2: 1L 2/40

Petrossi
- Fiche: *0481/0688*
  Az 1: 7(6)J 117/43
  Az 2: 2H 12/44

Petrovitsch, Oskar
- Fiche: *0379*
  Az 1: 7J 358/43
  Az 2: 6H 156/43

Petrovitsch, Oskar (A)
- Fiche: *0577*
  Az 1: 7J 276/43
  Az 2: 6H 108/43

Petrowitsch, Oskar
- Fiche: *0383 f./0650*
  Az 1: 7J 205/43
  Az 2: 6H 100/43

Petrowska, Irmgard
- Fiche: *0189/0428*
  Az 1: 9J 86/44
  Az 2: 2H 104/44

Petrowske, Albert (A)
- Fiche: *0580*
  Az 1: 9J 84/44
  Az 2: 2H 85/44

Petrowske, Irmgard (A)
- Fiche: *0580*
  Az 1: 9J 84/44
  Az 2: 2H 85/44

Petru, Alois
- Fiche: *0334*
  Az 1: 7J 48/42
  Az 2: 2H 76/42

Petruschewitsch, Anton (A)
- Fiche: *0094/0264 f.*
  Az 1: 17J 439/36
  Az 2: 2H 21/37

Petruschuwitz
- Fiche: *0095 f.*
  Az 1: 17J 271/36
  Az 2: 2H 23/37

Petrutschenin
- Fiche: *0401*
  Az 1: 7J 606/42
  Az 2: 6H 124/43

Petry
- Fiche: *0141/0475 f.*
  Az 1: 5J 449/38
  Az 2: 1H 15/39

Petry, Hermann
- Fiche: *0177*
  Az 1: 7J 465/42g
  Az 2: 2H 31/43
- Fiche: *0178*
  Az 1: 6J 134/42g
  Az 2: 2H 77/43

Petry, Peter
- Fiche: *0477 f.*
  Az 1: 8J 251/38
  Az 2: 2H 65/38

Petscharnigg, Walter (A)
- Fiche: *0323 ff.*
  Az 1: 7J 174/40
  Az 2: 2H 132/41

Petschke
- Fiche: *0237*
  Az 1: 8J 292/35
  Az 2: 1H 49/35

Petschnig
- Fiche: *0305/0643 f.*
  Az 1: 6J 518/38
  Az 2: 1H 18/39

Petter, Friedrich
- Fiche: *0090*
  Az 1: 17J 187/36
  Az 2: 2H 31/37

Petter, Karl (A)
- Fiche: *0527/0581*
  Az 1: 8J 97/41g
  Az 2: 6H 171/43

Petzer
- Fiche: *0706*
  Az 1: StPL (RKA) I 318/43
  Az 2: StPL 1. Sen. 82/43

Petzlinovsky, Franz (A)
- Fiche: *0406*
  Az 1: 7J 462/43
  Az 2: 6H 218/43
- Fiche: *0410*
  Az 1: 11J 53/44
  Az 2: 6H 14/44

Petzold
- Fiche: *0714 f.*
  Az 1: 8J 232/40
  Az 2: 2H 76/41

Petzold, Fritz (A)
- Fiche: *0608 ff.*
  Az 1: 15J 179/33
  Az 2: XII H 17/34

Petzold, Paul
- Fiche: *0288*
  Az 1: 5J 686/38
  Az 2: 1H 59/39

Petzold, Paul (A)
- Fiche: *0160/0288f.*
  Az 1: 6J 224/39g
  Az 2: 2H 44/40

Peuker (Frau)
- Fiche: *0136*
  Az 1: 7J 354/38
  Az 2: 2H 96/38

Peukert, Marie
- Fiche: *0522*
  Az 1: 7J 482/43
  Az 2: 6H 214/43

Peulen, Wilhelm
- Fiche: *0564*
  Az 1: 8J 148/42g
  Az 2: 5H 67/43

Peulen, Willi
- Fiche: *0069*
  Az 1: 8J 12/36g
  Az 2: 1H 42/36

Peuser, Alfred (A)
- Fiche: *0665*
  Az 1: 8/16J 501/33
  Az 2: XV H 28/33

Pexa, Friedrich
- Fiche: *0296*
  Az 1: 7J 599/42
  Az 2: 6H 47/43
- Fiche: *0308*
  Az 1: 7J 242/40
  Az 2: 2H 113/40
- Fiche: *0366*
  Az 1: 7J 599/42
  Az 2: 6H 46/43
- Fiche: *0455*
  Az 1: 7J 599/42
  Az 2: 6H 44/43

Pexa, Friedrich (A)
- Fiche: *0456*
  Az 1: 7J 599/42
  Az 2: 6H 60/43

Peyer, Bernhard
- Fiche: *0108*
  Az 1: 8J 358/37g
  Az 2: 1H 40/37

Peyer, Regina
- Fiche: *0269 f.*
  Az 1: 8J 100/37
  Az 2: 1H 43/37

Pfaff
- Fiche: *0036*
  Az 1: 16J 304/35
  Az 2: 1H 31/35

Pfaff, Alfons
- Fiche: *0106 f.*
  Az 1: 14J 303/37g
  Az 2: 2H 37/37

Pfaff, Franz
- Fiche: *0495 f.*
  Az 1: 16J 708/35
  Az 2: 1H 75/35

Pfaff, Josef
- Fiche: *0132*
  Az 1: 5J 79/38
  Az 2: 2H 57/38

Pfaff, Josef (A)
- Fiche: *0673 f.*
  Az 1: 16J 141/35, 16J 126/35
  Az 2: 1H 34/35, 1H 35/35

Pfaff, Nikolaus
- Fiche: *0433*
  Az 1: 10J 166/44
  Az 2: 2H 219/44

Pfaff, Paul
- Fiche: *0488 f./0519 f.*
  Az 1: 9J 30/40g
  Az 2: 2H 5/41

Pfaff, Reinhold
- Fiche: *0072 f.*
  Az 1: 15J 282/36
  Az 2: 2H 49/36

Pfaffe, Josef
- Fiche: *0396/0704 f.*
  Az 1: 14J 522/37g
  Az 2: 1L 2/40

Pfaffel, Emil
- Fiche: *0532 f.*
  Az 1: 7(11)J 197/34g
  Az 2: 3L 21/36

Pfaffenhäuser
- Fiche: *0111 f./0270 f.*
  Az 1: 17J 152/37
  Az 2: 2H 51/37
- Fiche: *0448*
  Az 1: 17J 225/37
  Az 2: 2H 48/37

Pfaffenholz, Heinrich
- Fiche: *0495*
  Az 1: 9J 684/37
  Az 2: 2H 25/38

Pfaffinger, Josef
- Fiche: *0735 f.*
  Az 1: 7J 32/44
  Az 2: 6H 92/44

Pfaller, Alois
- Fiche: *0060 f.*
  Az 1: 8J 438/35g
  Az 2: 1H 23/24/36
- Fiche: *0523*
  Az 1: 15J 201/35
  Az 2: 1H 2/36
- Fiche: *0703*
  Az 1: 16J 415/35

Pfaller, Alois (A)
- Fiche: *0548*
  Az 1: 16J 42/35
  Az 2: 2H 9/36

Pfaller, Leopold
- Fiche: *0334*
  Az 1: 7J 48/42
  Az 2: 2H 76/42

Pfalz, Erich
- Fiche: *0102/0267*
  Az 1: 17J 91/36
  Az 2: 2H 30/37

Pfalz, Erich (A)
- Fiche: *0046 f.*
  Az 1: 8J 61/35
  Az 2: 1H 64/35

Pietzka, Friedrich
- Fiche: *0304 f.*
 Az 1: 7J 268/39
 Az 2: 1H 66/39
- Fiche: *0306 f.*
 Az 1: 7J 549/39
 Az 2: 2H 32/40
- Fiche: *0307*
 Az 1: 7J 548/39
 Az 2: 1H 36/40
- Fiche: *0308*
 Az 1: 6J 103/40g
 Az 2: 2H 115/40

Pietzka, Friedrich (A)
- Fiche: *0706*
 Az 1: StPL (RKA) Wien 1/39
 Az 2: StPL (HLS) I 32/39

Pietzschmann
- Fiche: *0047*
 Az 1: 16J 424/35
 Az 2: 1H 65/35

Pietzuch, Emil
- Fiche: *0153*
 Az 1: 9J 327/39g
 Az 2: 1H 53/39
- Fiche: *0155/0493*
 Az 1: 9J 326/39g
 Az 2: 1H 55/39
- Fiche: *0159*
 Az 1: 9J 84/39g
 Az 2: 2H 5/40
- Fiche: *0165*
 Az 1: 9J 307/40g
 Az 2: 2H 7/41
- Fiche: *0458*
 Az 1: 9J 355/39g
 Az 2: 2H 9/40
- Fiche: *0475*
 Az 1: 9J 323/39g
 Az 2: 1H 67/39
- Fiche: *0503 f.*
 Az 1: 9J 312/39g
 Az 2: 1H 47/39
- Fiche: *0673*
 Az 1: 9J 324/39g
 Az 2: 1H 48/39
- Fiche: *0703*
 Az 1: 9J 327/39g, 9J 390/39 g

Pietzuch, Karl
- Fiche: *0475*
 Az 1: 9J 323/39g
 Az 2: 1H 67/39

Pietzuch, Otto (A)
- Fiche: *0475*
 Az 1: 9J 323/39g
 Az 2: 1H 67/39

Piffrader, Maria (A)
- Fiche: *0433*
 Az 1: 10J 230/44
 Az 2: 6H 218/44

Piffrader, Willibald (A)
- Fiche: *0433*
 Az 1: 10J 230/44
 Az 2: 6H 218/44

Pifrader
- Fiche: *0708*
 Az 1: 0J 4/44g Rs
 Az 2: 1L 229/44

Pignitter, Karl (A)
- Fiche: *0345*
 Az 1: 7J 454/42
 Az 2: 1H 269/42

Pilat, Frieda (A)
- Fiche: *0441*
 Az 1: 0J 43/44g
 Az 2: 1L 474/44

Pilger, Alfred
- Fiche: *0728*
 Az 1: 17J 461/34
 Az 2: 0Js 18/36

Pillhofer, Johann
- Fiche: *0481 f./0557 f.*
 Az 1: 8J 214/37
 Az 2: 1H 31/38

Pilliater, Johann (A)
- Fiche: *0411 f.*
 Az 1: 8J 375/40
 Az 2: 5H 17/44

Pillmaier, Ignaz
- Fiche: *0353*
 Az 1: 7J 388/42
 Az 2: 6H 11/42

Pilny, Johann (A)
- Fiche: *0420*
 Az 1: 6J 44/44
 Az 2: 5H 57/44

Pils, Hermann (A)
- Fiche: *0497*
 Az 1: 7J 66/43
 Az 2: 6H 144/43

Pilz
- Fiche: *0425*
 Az 1: 7J 123/44
 Az 2: 5H 80/44
- Fiche: *0535 f.*
 Az 1: 10J 267/41
 Az 2: 2H 157/41
- Fiche: *0560*
 Az 1: 9J 90/42g
 Az 2: 2H 281/42

Pilz (Frau)
- Fiche: *0417*
 Az 1: 7J 64/44
 Az 2: 5H 42/44

Pilz, Ernst (A)
- Fiche: *0659 f.*
 Az 1: 9J 127/33
 Az 2: XV H 18/34

Pilz, Louis (A)
- Fiche: *0630 f.*
 Az 1: 5J 174/39
 Az 2: 2H 51/39

Pilz, Richard
- Fiche: *0589 f.*
 Az 1: 9J 399/39g
 Az 2: 2H 26/41

Pilz, Richard (A)
- Fiche: *0634*
 Az 1: 10J 102/42
 Az 2: 2H 185/42

Pinder
- Fiche: *0264/0491 f.*
 Az 1: 17J 171/35
 Az 2: 2H 18/37

Pinkas, Leo
- Fiche: *0174/0483*
 Az 1: 6J 83/42
 Az 2: 2H 154/42

Pinkert, Otto (A)
- Fiche: *0028 f./0679*
 Az 1: 15J 648/33
 Az 2: 1H 14/35

Pinkus
- Fiche: *0682*
 Az 1: 17J 377/37
 Az 2: 1H 6/38

Pinnecke, Wilhelm
- Fiche: *0010/0217 f.*
 Az 1: 17J 331/33
 Az 2: 2H 13/34
- Fiche: *0218*
 Az 1: 14J 283/33
 Az 2: 1H 20/34

Pinsker, Anton (A)
- Fiche: *0455/0497 f.*
 Az 1: 8J 472/40
 Az 2: 6H 205/43

Pintar, Johann
- Fiche: *0444*
 Az 1: 12J 33/40

Pinter, Barbara
- Fiche: *0694*
 Az 1: 8J 208/40
 Az 2: 2H 96/40

Pinter, Franz
- Fiche: *0379*
 Az 1: 7J 413/43
 Az 2: 6H 173/43

Pinter, Juliane (A)
- Fiche: *0379*
 Az 1: 7J 413/43
 Az 2: 6H 173/43

Pinzenöhler, Josef
- Fiche: *0401 f.*
 Az 1: 8J 285/39g
 Az 2: 5H 108/43
- Fiche: *0408*
 Az 1: 8J 475/39
 Az 2: 5H 8/44
- Fiche: *0500*
 Az 1: 8J 230/40
 Az 2: 5H 9/44

Pinzenöhler, Josef (A)
- Fiche: *0644*
 Az 1: 8J 475/39
 Az 2: 5H 109/43

Pioch, Rudolf
- Fiche: *0579 f.*
 Az 1: 9J 422/39g
 Az 2: 2H 37/40

Piorr, Karl (A)
- Fiche: *0189/0446*
 Az 1: 9J 93/44
 Az 2: 2H 103/44

Piosek
- Fiche: *0593 f.*
 Az 1: 15J 490/33
 Az 2: 1H 89/34

Piotrzkowski, Anna
- Fiche: *0097 f.*
 Az 1: 17J 28/36
 Az 2: 2H 24/37

Pipo, Karl
- Fiche: *0535*
 Az 1: 8J 127/42g
 Az 2: 2H 141/42

Pippig
- Fiche: *0063 f.*
 Az 1: 8J 165/35
 Az 2: 2H 30/36

Piringer, Johann (A)
- Fiche: *0341/0354*
 Az 1: 7J 214/42
 Az 2: 2H 186/42

Piringer sen.
- Fiche: *0341/0354*
 Az 1: 7J 214/42
 Az 2: 2H 186/42

Pirker, August
- Fiche: *0306*
 Az 1: 7J 547/39
 Az 2: 2H 13/40
- Fiche: *0307*
 Az 1: 7J 548/39
 Az 2: 1H 36/40
- Fiche: *0308*
 Az 1: 6J 103/40g
 Az 2: 2H 115/40
- Fiche: *0309 f.*
 Az 1: 6J 103/40g
 Az 2: 2H 116/40
- Fiche: *0310*
 Az 1: 7J 70/40
 Az 2: 2H 131/40
- Fiche: *0322/0521 f.*
 Az 1: 6J 145/40
 Az 2: 2H 32/41
- Fiche: *0401/0459*
 Az 1: 7J 415/43
 Az 2: 6H 189/43

Pirker, August (A)
- Fiche: *0304 f.*
 Az 1: 7J 268/39
 Az 2: 1H 66/39

Pirker, Franz
- Fiche: *0384*
 Az 1: 7J 279/43
 Az 2: 6H 104/43

Pirker, Stefanie
- Fiche: *0379*
 Az 1: 7J 358/43
 Az 2: 6H 157/43
- Fiche: *0383 f./0650*
 Az 1: 7J 205/43
 Az 2: 6H 100/43
- Fiche: *0414*
 Az 1: 6(7)J 535/43
 Az 2: 6H 25/44

Plasa
- Fiche: *0457 f.*
Az 1: 10J 142/38
Az 2: 2H 42/38

Plasch, Karl
- Fiche: *0198 f./0208*
Az 1: 8J 169/44
Az 2: 1H 210/44

Plasch, Karl (A)
- Fiche: *0505/0740*
Az 1: 8J 180/44g
Az 2: 1H 231/44

Plasil, Engelbert
- Fiche: *0330*
Az 1: 6J 42/42g
Az 2: 2H 127/42

Plass, Wenz
- Fiche: *0151 f./0584*
Az 1: 7J 72/39
Az 2: 1H 45/39

Plath
- Fiche: *0019 f./0311*
Az 1: 17J 64/34
Az 2: 1H 41/34
- Fiche: *0569 f.*
Az 1: 15J 273/35
Az 2: 1H 47/35

Plath (Frau)
- Fiche: *0130 f.*
Az 1: 10J 137/38
Az 2: 2H 49/38
- Fiche: *0517/0678*
Az 1: 10J 139/38
Az 2: 2H 67/38

Plath, Franz
- Fiche: *0051 f.*
Az 1: 8J 383/34
Az 2: 1H 7/36

Plath, Luise
- Fiche: *0051 f.*
Az 1: 8J 383/34
Az 2: 1H 7/36

Plath, Max
- Fiche: *0193*
Az 1: 9J 130/44
Az 2: 2H 140/44

Plath, Willi
- Fiche: *0130 f.*
Az 1: 10J 137/38
Az 2: 2H 49/38
- Fiche: *0517/0678*
Az 1: 10J 139/38
Az 2: 2H 67/38
- Fiche: *0544 f.*
Az 1: 10J 138/38
Az 2: 2H 37/38

Plato, Max
- Fiche: *0050 f.*
Az 1: 8J 164/35
Az 2: 1H 5/36

Platschek, Gerda
- Fiche: *0531*
Az 1: 10J 40/42
Az 2: 2H 228/42

Platschek, Gerda (A)
- Fiche: *0058 f.*
Az 1: 17J 129/35
Az 2: 1H 21,22/36

Platte
- Fiche: *0036/0230 f.*
Az 1: 8J 306/35
Az 2: 2H 30/35

Platte, Erich
- Fiche: *0602 f.*
Az 1: 9J 414/39
Az 2: 2H 83/41

Platte, Heinrich
- Fiche: *0131 f.*
Az 1: 7J 252/38
Az 2: 2H 54/38

Platte, Walter (A)
- Fiche: *0131 f.*
Az 1: 7J 252/38
Az 2: 2H 54/38

Platter, Barbara (A)
- Fiche: *0317 f.*
Az 1: 6J 58/44
Az 2: 1H 156/44

Platter, Max (A)
- Fiche: *0317 f.*
Az 1: 6J 58/44
Az 2: 1H 156/44

Platz, Arthur
- Fiche: *0525 f.*
Az 1: 9J 502/38g
Az 2: 3L 86/39

Platz, Günter (A)
- Fiche: *0709 ff.*
Az 1: 8J 162/40
Az 2: 2H 77/41

Platzer
- Fiche: *0326/0649 f.*
Az 1: 7J 220/42
Az 2: 2H 170/42
- Fiche: *0356/0400*
Az 1: 7J 395/42, 7J 457/42
Az 2: 5H 158/42, 5H 193/42
- Fiche: *0363*
Az 1: 7J 599/42
Az 2: 6H 49/43
- Fiche: *0408*
Az 1: 7J 454/43, 7J 502/43
Az 2: 5H 10/44, 5H 5/44
- Fiche: *0456*
Az 1: 7J 599/42
Az 2: 6H 60/43
- Fiche: *0526 f.*
Az 1: 7J 457/42
- Fiche: *0648*
Az 1: 7J 357/43
Az 2: 5H 98/43
- Fiche: *0648 f.*
Az 1: 7J 502/43
Az 2: 5H 5/44
- Fiche: *0693*
Az 1: StPL (RKA) II 66/44
Az 2: StPL 1. Sen. 15/44

Platzer, Alois
- Fiche: *0365*
Az 1: 7J 599/42
Az 2: 6H 45/43
- Fiche: *0382*
Az 1: 7J 243/43
Az 2: 6H 120/43

Platzer, Alois (A)
- Fiche: *0377*
Az 1: 7J 599/42
Az 2: 6H 59/43

Platzer, Ferdinand
- Fiche: *0342/0343*
Az 1: 7J 221/42
Az 2: 2H 172/42

Platzer, Ferdinand (A)
- Fiche: *0342*
Az 1: 7J 222/42
Az 2: 2H 176/42

Platzer, Max
- Fiche: *0670*
Az 1: 15J 117/33
Az 2: XV H 46/33

Platzkele, Leo
- Fiche: *0342/0343*
Az 1: 7J 221/42
Az 2: 2H 172/42

Platzl, Gustav
- Fiche: *0696 f.*
Az 1: StPL (RKA) III 657/41
Az 2: StPL (HLS) III 16/42

Plauer, Franz
- Fiche: *0292 f.*
Az 1: 7J 501/42

Plaut, Hans
- Fiche: *0112/0271*
Az 1: 16J 675/37
Az 2: 2H 52/37

Plehner, Kurt
- Fiche: *0670 f.*
Az 1: 14J 78/34
Az 2: 1H 45/35

Plein, Peter
- Fiche: *0442*
Az 1: 10(9)J 818/43
Az 2: 2H 21/44
- Fiche: *0720*
Az 1: 10(9)J 1382/43
Az 2: 2H 36/44

Plein, Peter (A)
- Fiche: *0180 f.*
Az 1: 9J 743/43
Az 2: 2H 2/44

Pleitzberger
- Fiche: *0716 f.*
Az 1: 6J 9/45
Az 2: 6H 42/45

Plenge
- Fiche: *0034*
Az 1: 9J 613/33
Az 2: 1II 27/35

Plenikowski
- Fiche: *0559*
Az 1: 10J 16/42g
Az 2: 1H 247/42

Pless
- Fiche: *0448*
Az 1: 17J 225/37
Az 2: 2H 48/37

Pless, Gustav
- Fiche: *0013*
Az 1: 13J 279/33
Az 2: 2H 19/34

Pleß, Max (A)
- Fiche: *0211 f.*
Az 1: 9J 33/45g
Az 2: 6Sg. 65/45

Plesse
- Fiche: *0094 f./0551*
Az 1: 9J 600/36
Az 2: 1H 21/37

Plesse, Karl
- Fiche: *0086/0498 f.*
Az 1: 8J 68/36
Az 2: 1H 4/37
- Fiche: *0098*
Az 1: 16J 536/36
Az 2: 2H 25/37
- Fiche: *0196*
Az 1: 9J 210/44
Az 2: 2H 205/44
- Fiche: *0196/0625*
Az 1: 9J 187/44
Az 2: 2H 204/44
- Fiche: *0262 f.*
Az 1: 8J 51/36g
Az 2: 1H 16/37
- Fiche: *0470*
Az 1: 9J 25/42g
Az 2: 2H 153/42
- Fiche: *0580*
Az 1: 9J 634/38
Az 2: 2H 7/39

Plesse, Karl (A)
- Fiche: *0076 f.*
Az 1: 8J 427/35g
Az 2: 1H 59/60/61/36

Pletersek, Peter
- Fiche: *0304 f.*
Az 1: 7J 268/39
Az 2: 1H 66/39

Plettl, Erika
- Fiche: *0145/0638 f.*
Az 1: 9J 138/39g
Az 2: 2H 27/39

Pletz, Jakob (A)
- Fiche: *0205/0530*
Az 1: 10J 289/44
Az 2: 6H 256/44

Plevka
- Fiche: *0394 f.*
Az 1: 14J 480/37g
Az 2: 1L 18/38

Plewa
- Fiche: *0560*
Az 1: 10J 382/43
Az 2: 1H 189/43

Plewa, Felix (A)
– Fiche: *0634 f.*
Az 1: 9J 206/42g
Az 2: 1H 302/42

Plewa, Kurt
– Fiche: *0554*
Az 1: 10J 294/41
Az 2: 1H 329/42

Plinski
– Fiche: *0014/0737*
Az 1: 14J 253/33
Az 2: 2H 22/34
– Fiche: *0516/0685*
Az 1: 10J 175/41
Az 2: 2H 135/41

Plinski, Herbert (A)
– Fiche: *0040 f./0235 f.*
Az 1: 16J 324/34
Az 2: 2H 45/35

Plocek, Johann
– Fiche: *0350*
Az 1: 7J 355/42
Az 2: 5H 133/42

Plocek, Johann (A)
– Fiche: *0329/0358*
Az 1: 7J 354/42
Az 2: 5H 142/42

Plöbst, Franz
– Fiche: *0343 f./0400 f.*
Az 1: 7J 274/42
Az 2: 1H 214/42

Plöbst, Franz (A)
– Fiche: *0328/0340 f.*
Az 1: 7J 137/42
Az 2: 2H 191/42

Plöchl
– Fiche: *0409*
Az 1: 8J 376/40g,
8J 393/40g
Az 2: 5H 111/43,
5H 141/43
– Fiche: *0575/0644 f.*
Az 1: 8J 324/39g
Az 2: 5H 110/43
– Fiche: *0646*
Az 1: 8J 393/40g
– Fiche: *0647 f.*
Az 1: 7(8)J 203/41
Az 2: 2H 168/44

Plön, Fritz
– Fiche: *0210/0630*
Az 1: 10(9)J 777/43g
Az 2: 5H 41/44
– Fiche: *0679 f./0713*
Az 1: 10(9)J 777/43g
Az 2: 5H 38/44, 5H 43/44

Plön, Fritz (A)
– Fiche: *0184/0680*
Az 1: 9J 777/43g
Az 2: 5H 39/44

Plötsch, Waldemar
– Fiche: *0628*
Az 1: 10J 129/42
Az 2: 2H 205/42

Plötz, Richard
– Fiche: *0032 f.*
Az 1: 13J 11/34
Az 2: 1H 26/35

Plogmaker, Irene
– Fiche: *0662 f.*
Az 1: 17J 627/33
Az 2: XV H 21/34

Plohberger, Reinhold (P. Stefan)
– Fiche: *0647 f.*
Az 1: 7(8)J 203/41
Az 2: 2H 168/44

Plohberger, Reinhold (P. Stefan) (A)
– Fiche: *0411*
Az 1: 8J 206/41
Az 2: 5H 16/44

Plohberger, Stephan
– Fiche: *0647 f.*
Az 1: 7(8)J 203/41
Az 2: 2H 168/44

Plotek, Waldemar
– Fiche: *0207*
Az 1: 8J 188/44g
Az 2: 1H 285/44

Plotek, Waldemar (A)
– Fiche: *0190*
Az 1: 9J 231/44
Az 2: 5H 119/44

Plotho, von
– Fiche: *0001*
Az 1: 8J 1865/33
Az 2: 1H 1/34

Plotko
– Fiche: *0005*
Az 1: 8J 129/34
– Fiche: *0005/0385*
Az 1: 8J 129/34
Az 2: 2H 7/34

Plotnarek, Franz
– Fiche: *0327*
Az 1: 7J 271/42
Az 2: 2H 157/42
– Fiche: *0328/0340 f.*
Az 1: 7J 137/42
Az 2: 2H 191/42
– Fiche: *0330*
Az 1: 7J 44/42
Az 2: 2H 331/42
– Fiche: *0333*
Az 1: 7J 118/42
Az 2: 2H 105/42
– Fiche: *0337 f.*
Az 1: 7J 273/42
Az 2: 2H 211/42
– Fiche: *0338*
Az 1: 7J 272/42
Az 2: 2H 206/42
– Fiche: *0345*
Az 1: 7J 467/42
Az 2: 1H 273/42
– Fiche: *0351/0358*
Az 1: 7J 285/42
Az 2: 5H 138/42
– Fiche: *0361*
Az 1: 7J 309/42

Plotnarek, Franz (A)
– Fiche: *0358*
Az 1: 7J 275/42
Az 2: 5H 139/42

Plsek, Franz
– Fiche: *0517/0627*
Az 1: 6J 104/42
Az 2: 1H 238/42

Plsek, Franz (A)
– Fiche: *0512*
Az 1: 6J 103/42

Pludra, Arthur
– Fiche: *0063 f.*
Az 1: 8J 165/35
Az 2: 2H 30/36

Pludra, Paul
– Fiche: *0063 f.*
Az 1: 8J 165/35
Az 2: 2H 30/36

Plücker (Frau)
– Fiche: *0520*
Az 1: 9J 120/42
Az 2: 2H 263/42

Plücker, Else
– Fiche: *0082/0260 f.*
Az 1: 9J 907/35
Az 2: 1H 67/36

Plüschek
– Fiche: *0090 f./0261*
Az 1: 17J 260/36
Az 2: 1H 10/37

Pluscik
– Fiche: *0091*
Az 1: 7a O Js 113.36

Pobmeier, Paul
– Fiche: *0091*
Az 1: 7a O Js 113.36

Pochatz, Max
– Fiche: *0383*
Az 1: 7J 275/43
Az 2: 6H 107/43

Pockenauer
– Fiche: *0414 f.*
Az 1: 10(9)J 819/43g
Az 2: 6H 28/44

Podabsky, Eugen
– Fiche: *0134/0523*
Az 1: 7J 348/38
Az 2: 2H 82/38

Poddany
– Fiche: *0058 f.*
Az 1: 17J 129/35
Az 2: 1H 21,22/36

Podgornik, Karl
– Fiche: *0344*
Az 1: 7J 420/42
Az 2: 1H 310/42
– Fiche: *0347 f.*
Az 1: 7J 257/42
Az 2: 5H 86/42
– Fiche: *0348*
Az 1: 7J 253/42
Az 2: 5H 89/42

Podrabsky, Eugen
– Fiche: *0630 f.*
Az 1: 5J 174/39
Az 2: 2H 51/39

Podroušek
– Fiche: *0318*
Az 1: 8J 250/43

Pöckelberger, Leonhard
– Fiche: *0351*
Az 1: 7J 490/42
Az 2: 6H 30/42

Pögel, Karl (A)
– Fiche: *0177/0512*
Az 1: 5J 134/42
Az 2: 5H 36/43

Pöhlich
– Fiche: *0098*
Az 1: 16J 536/36
Az 2: 2H 25/37

Pöhlsen
– Fiche: *0030*
Az 1: 17J 210/34
Az 2: 2H 19/35

Pöhner, Erich (A)
– Fiche: *0063 f.*
Az 1: 8J 165/35
Az 2: 2H 30/36

Pöll, Josef
– Fiche: *0348*
Az 1: 7J 253/42
Az 2: 5H 89/42

Pöll, Josefa
– Fiche: *0411 f.*
Az 1: 8J 375/40
Az 2: 5H 17/44

Pöll, Karl
– Fiche: *0348*
Az 1: 7J 254/42
Az 2: 5H 87/42

Pöllen
– Fiche: *0452*
Az 1: 9J 73/36
Az 2: 1H 19/36

Pöllnitz, Gisela von
– Fiche: *0713 f.*
Az 1: StPL (RKA) III
495,496,497/42
Az 2: StPL (HLS) II
129/42

Pölöskei, Franz
– Fiche: *0377*
Az 1: 7J 262/43
Az 2: 5H 61/43
– Fiche: *0707*
Az 1: StPL (RKA) III
387/43
Az 2: StPL 2.Sen. 44/44

Pölöskei, Franz (A)
– Fiche: *0377*
Az 1: 7J 220/43
Az 2: 5H 59/43

Poels
– Fiche: *0489 ff.*
Az 1: 8J 402/38
Az 2: 2H 41/39

Pöltl, Josef (A)
- Fiche: *0401/0459*
  Az 1: 7J 415/43
  Az 2: 6H 189/43

Pöltl, Stefan
- Fiche: *0436*
  Az 1: 10J 287/44
  Az 2: 6H 253/44

Pöltl, Stefan (A)
- Fiche: *0436*
  Az 1: 10J 288/44
  Az 2: 6H 254/44

Pölz, Richard (A)
- Fiche: *0041/0236 f.*
  Az 1: 8J 250/35
  Az 2: 1H 46/35

Pölzhofer, Johann
- Fiche: *0296*
  Az 1: 7J 599/42
  Az 2: 6H 47/43
- Fiche: *0365*
  Az 1: 7J 599/42
  Az 2: 6H 48/43
- Fiche: *0365*
  Az 1: 7J 599/42
  Az 2: 6H 45/43
- Fiche: *0375*
  Az 1: 7J 100/43
  Az 2: 6H 74/43
- Fiche: *0377*
  Az 1: 7J 599/42
  Az 2: 6H 59/43
- Fiche: *0377*
  Az 1: 7J 599/42
  Az 2: 6H 61/43
- Fiche: *0455*
  Az 1: 7J 599/42
  Az 2: 6H 44/43
- Fiche: *0456*
  Az 1: 7J 599/42
  Az 2: 6H 60/43

Pölzhofer, Johann (A)
- Fiche: *0366*
  Az 1: 7J 599/42
  Az 2: 6H 46/43

Pönicke, Erwin
- Fiche: *0091*
  Az 1: 7a O Js 113.36

Pöpl
- Fiche: *0151 f./0584*
  Az 1: 7J 72/39
  Az 2: 1H 45/39

Pöppe, Moritz (A)
- Fiche: *0195*
  Az 1: 10J 27/44
  Az 2: 2H 171/44

Pöppel
- Fiche: *0128 f.*
  Az 1: 5J 285/38
  Az 2: 1H 36/38

Pöppel, Walter
- Fiche: *0046 f.*
  Az 1: 8J 61/35
  Az 2: 1H 64/35
- Fiche: *0102/0267*
  Az 1: 17J 91/36
  Az 2: 2H 30/37
- Fiche: *0106 f.*
  Az 1: 14J 303/37g
  Az 2: 2H 37/37
- Fiche: *0112*
  Az 1: 14J 375/37g
  Az 2: 2H 53/37
- Fiche: *0266/0745*
  Az 1: 17J 472/36
  Az 2: 2H 28/37
- Fiche: *0276 f.*
  Az 1: 5J 284/38
  Az 2: 1H 34/38
- Fiche: *0539 f.*
  Az 1: 10J 36/41
  Az 2: 2H 91/41

Pörder
- Fiche: *0137/0711 f.*
  Az 1: 8J 367/38
  Az 2: 2H 4/39

Pörschke
- Fiche: *0533*
  Az 1: 3J 1/34
  Az 2: *H 19/34

Poerschke, Anna (A)
- Fiche: *0606 f.*
  Az 1: 13J 190/33
  Az 2: XV H 53/33

Poerschke, Hans Heinz
- Fiche: *0606 f.*
  Az 1: 13J 190/33
  Az 2: XV H 53/33

Poerschke, Lotte (A)
- Fiche: *0606 f.*
  Az 1: 13J 190/33
  Az 2: XV H 53/33

Pörschmann
- Fiche: *0076 f.*
  Az 1: 8J 427/35g
  Az 2: 1H 59/60/61/36
- Fiche: *0499 f.*
  Az 1: 8J 145/38
  Az 2: 2H 52/38

Pörschmann (Frau)
- Fiche: *0525*
  Az 1: 8J 199/38
  Az 2: 2H 91/38

Pörschmann, Erich (A)
- Fiche: *0086/0498 f.*
  Az 1: 8J 68/36
  Az 2: 1H 4/37

Pörschmann, Paul
- Fiche: *0525*
  Az 1: 8J 199/38
  Az 2: 2H 91/38

Pörtner
- Fiche: *0090 f./0261*
  Az 1: 17J 260/36
  Az 2: 1H 10/37

Pörtner, Friedrich
- Fiche: *0088 f.*
  Az 1: 17J 239/36
  Az 2: 1H 7/37
- Fiche: *0102*
  Az 1: 17J 185/36
  Az 2: 1H 30/37

Pörtner, Friedrich (A)
- Fiche: *0091*
  Az 1: 7a O Js 113.36

Pösch, Paul (A)
- Fiche: *0012*
  Az 1: 14J 327/33
  Az 2: 2H 15/34

Poeschel
- Fiche: *0615 ff.*
  Az 1: 15J 86/33
  Az 2: XII H 42/33

Pöschel
- Fiche: *0063 f.*
  Az 1: 8J 165/35
  Az 2: 2H 30/36

Pöschl
- Fiche: *0114*
  Az 1: 16J 843/37
  Az 2: 2H 1/38
- Fiche: *0272*
  Az 1: 16J 225/37
  Az 2: 2H 60/37

Pöschl, Anton
- Fiche: *0384*
  Az 1: 7J 279/43
  Az 2: 6H 104/43

Pösner
- Fiche: *0298*
  Az 1: 7J 274/43
  Az 2: 6H 106/43
- Fiche: *0383/0529*
  Az 1: 7J 273/43
  Az 2: 6H 105/43
- Fiche: *0383 f./0650*
  Az 1: 7J 205/43
  Az 2: 6H 100/43

Pösner (Frau)
- Fiche: *0383/0529*
  Az 1: 7J 273/43
  Az 2: 6H 105/43

Pötsch
- Fiche: *0335*
  Az 1: 6J 165/41g
  Az 2: 2H 43/42
- Fiche: *0554 f.*
  Az 1: 8J 244/34
  Az 2: 2H 22/35

Pötsch, Franz
- Fiche: *0330*
  Az 1: 6J 41/42g
  Az 2: 2H 126/42
- Fiche: *0331*
  Az 1: 6J 18/42g
  Az 2: 2H 121/42

Pötsch, Franz (A)
- Fiche: *0335 f.*
  Az 1: 6J 165/41g
  Az 2: 2H 42/42

Pötsch, Waldemar
- Fiche: *0518/0558*
  Az 1: 10J 815/43
  Az 2: 1H 289/43

Pötscher
- Fiche: *0351*
  Az 1: 7J 492/42
  Az 2: 6H 28/42
- Fiche: *0437*
  Az 1: 6J 198,199/44
  Az 2: 5H 19,20/45

Pöttinger, Franz (A)
- Fiche: *0354*
  Az 1: 7J 376/42
  Az 2: 2H 273/42

Pöttler
- Fiche: *0363*
  Az 1: 7J 599/42
  Az 2: 6H 49/43

Pöttler, Albert (A)
- Fiche: *0456*
  Az 1: 7J 599/42
  Az 2: 6H 60/43

Pöttler, Johann (A)
- Fiche: *0352/0521*
  Az 1: 7J 429/42
  Az 2: 6H 14/42

Poetzsch
- Fiche: *0535 f.*
  Az 1: 10J 267/41
  Az 2: 2H 157/41

Pötzsch, Gustav
- Fiche: *0475*
  Az 1: 9J 323/39g
  Az 2: 1H 67/39

Pötzsch, Luise
- Fiche: *0475*
  Az 1: 9J 323/39g
  Az 2: 1H 67/39

Poetzsch, Waldemar
- Fiche: *0589 f.*
  Az 1: 9J 399/39g
  Az 2: 2H 26/41

Pötzsch, Waldemar
- Fiche: *0447*
  Az 1: 9J 107/41
  Az 2: 5H 14/43

Pogner, Wolfgang (A)
- Fiche: *0425*
  Az 1: 6J 113/44
  Az 2: 5H 85/44

Pohl
- Fiche: *0014/0219 f.*
  Az 1: 17J 29/34
  Az 2: 2H 21/34
- Fiche: *0039/0235*
  Az 1: 15J 20/35
  Az 2: 1H 40/35
- Fiche: *0080/0260*
  Az 1: 17J 473/35
  Az 2: 2H 63/36
- Fiche: *0257 f.*
  Az 1: 15J 338/36
  Az 2: 2H 52/36

Pollack, Johann
- Fiche: *0717*
  Az 1: 6J 144/41g

Pollak
- Fiche: *0380/0529*
  Az 1: 7J 209/43
  Az 2: 6H 139/43

Pollak, Antonin
- Fiche: *0321*
  Az 1: 7J 94/41, 7J 70/40
  Az 2: 2H 22/41

Pollak, Franz
- Fiche: *0403 f.*
  Az 1: 8J 7/41g
  Az 2: 2H 166/43
- Fiche: *0420*
  Az 1: 6J 44/44
  Az 2: 5H 57/44
- Fiche: *0581 f./0647*
  Az 1: 8J 95/41g
  Az 2: 2H 167/43

Pollak, Franz (A)
- Fiche: *0305 f.*
  Az 1: 6J 334/38
  Az 2: 1H 12/39

Pollak, Kurt (A)
- Fiche: *0421*
  Az 1: 7J 72/44
  Az 2: 5H 64/44

Pollak, Robert (A)
- Fiche: *0421*
  Az 1: 7J 72/44
  Az 2: 5H 64/44

Pollak, Rudolf
- Fiche: *0519/0549 f.*
  Az 1: 6J 135/42g
  Az 2: 6H 79/43

Pollak, Rudolf Raimund
- Fiche: *0292 f.*
  Az 1: 7J 501/42

Pollak, Therese
- Fiche: *0701*
  Az 1: 8J 269/41g

Pollatschek, Franziska
- Fiche: *0283 f.*
  Az 1: 10J 5/39
  Az 2: 1H 23/39
- Fiche: *0622 f.*
  Az 1: 10J 453/38
  Az 2: 1H 25/39

Pollinger, Elwier
- Fiche: *0432*
  Az 1: 10J 228/44
  Az 2: 6L 202/44

Pollinger, Josef
- Fiche: *0349*
  Az 1: 6J 45/42g
  Az 2: 5H 95/42
- Fiche: *0522*
  Az 1: 6J 43/42
  Az 2: 2H 120/42

Pollitzer
- Fiche: *0205/0530*
  Az 1: 10J 289/44
  Az 2: 6H 256/44

Pollitzer, Karl
- Fiche: *0333*
  Az 1: 7J 156/42
  Az 2: 2H 112/42

Pollitzer, Karl (A)
- Fiche: *0454*
  Az 1: 7J 158/42
  Az 2: 2H 113/42

Pollitzer, Maria (A)
- Fiche: *0454*
  Az 1: 7J 158/42
  Az 2: 2H 113/42

Pollitzer, Marie
- Fiche: *0333*
  Az 1: 7J 156/42
  Az 2: 2H 112/42

Pollmann, Engelbert
- Fiche: *0014 f.*
  Az 1: 15J 828/33
  Az 2: 1H 23/34

Pollock
- Fiche: *0030 f./0229 f.*
  Az 1: 13J 265/33
  Az 2: 2H 21/35
- Fiche: *0088 f.*
  Az 1: 17J 239/36
  Az 2: 1H 7/37

Polly, Agnes (A)
- Fiche: *0582*
  Az 1: 8J 317/41
  Az 2: 5H 135/43

Polly, Karl
- Fiche: *0417*
  Az 1: 7J 41/44
  Az 2: 5H 33/44

Polly, Karl (A)
- Fiche: *0582*
  Az 1: 8J 317/41
  Az 2: 5H 135/43

Polo
- Fiche: *0135 f./0678 f.*
  Az 1: 5J 344/38
  Az 2: 2H 94/38

Polte
- Fiche: *0233 f.*
  Az 1: 8J 291/35
  Az 2: 2H 36/35

Polte, Hermann (A)
- Fiche: *0692*
  Az 1: 8J 348/35
  Az 2: 1H 30/36

Polumjanzj
- Fiche: *0562*
  Az 1: 8J 92/44
  Az 2: 1H 148/44

Polze
- Fiche: *0174*
  Az 1: 6J 76/42g
  Az 2: 2H 160/42

Polzin, Walter (A)
- Fiche: *0429*
  Az 1: 10J 58/44
  Az 2: 6H 109/44

Pomp, Herbert
- Fiche: *0039*
  Az 1: 16J 454/35
  Az 2: 2H 40/35
- Fiche: *0060 f.*
  Az 1: 8J 438/35g
  Az 2: 1H 23/24/36
- Fiche: *0588 f./0643*
  Az 1: 16J 293/35, 8J 438/35
  Az 2: 2H 58/35
- Fiche: *0589*
  Az 1: 16J 293/35
  Az 2: 2H 58/35
- Fiche: *0703*
  Az 1: 16J 415/35

Pomprein
- Fiche: *0703 f.*
  Az 1: 11J 390/39

Ponanta, Gustav
- Fiche: *0071/0244*
  Az 1: 8J 168/36g
  Az 2: 2H 46/36
- Fiche: *0241 f.*
  Az 1: 8J 88/36g
  Az 2: 1H 70/35

Ponanta, Gustav (A)
- Fiche: *0071*
  Az 1: 16J 754/35
  Az 2: 2H 45/36

Poncet, Francois
- Fiche: *0123 ff./0275 f.*
  Az 1: 8J 5/37g
  Az 2: 2H 23/38

Pongruber
- Fiche: *0648*
  Az 1: 7J 99/43
  Az 2: 6H 83/43

Pongruber (Frau)
- Fiche: *0380/0529*
  Az 1: 7J 209/43
  Az 2: 6H 139/43

Pongruber, Franz
- Fiche: *0366*
  Az 1: 7J 612/42
  Az 2: 6H 36/43

Pont, Viktor da (A)
- Fiche: *0414 f.*
  Az 1: 10(9)J 819/43g
  Az 2: 6H 28/44

Ponz
- Fiche: *0716 f.*
  Az 1: 6J 9/45
  Az 2: 6H 42/45

Pootmann, Peter
- Fiche: *0602 f.*
  Az 1: 9J 414/39
  Az 2: 2H 83/41

Pootz
- Fiche: *0159*
  Az 1: 9J 84/39g
  Az 2: 2H 5/40

Popall
- Fiche: *0066*
  Az 1: 17J 443/35
  Az 2: 2H 37/36
- Fiche: *0069 f.*
  Az 1: 17J 315/35
  Az 2: 2H 42/36

Popall, Reinhard
- Fiche: *0140 f.*
  Az 1: 8J 357/38g
  Az 2: 2H 13/39

Popall, Reinhold
- Fiche: *0544*
  Az 1: 10J 209/41
  Az 2: 2H 48/42
- Fiche: *0549*
  Az 1: 10J 96/42
  Az 2: 2H 238/42

Popall, Reinhold (A)
- Fiche: *0053 f.*
  Az 1: 17J 310/35
  Az 2: 2H 10/36

Popek, Franz
- Fiche: *0308*
  Az 1: 7J 49/40
  Az 2: 2H 65/40

Popitz, Johannes
- Fiche: *0440*
  Az 1: 0J 48/44g Rs
  Az 2: 1L 486/44
- Fiche: *0441*
  Az 1: 0J 3/44g Rs
  Az 2: 1L 292/44
- Fiche: *0441*
  Az 1: 0J 7/44g Rs
  Az 2: 1L 454/44
- Fiche: *0455*
  Az 1: o.Az
- Fiche: *0481*
  Az 1: 0J 21/44g Rs, 0J 38/44/g Rs
  Az 2: 1L 439/44, 1L 397/44
- Fiche: *0508*
  Az 1: 0J 10/45g Rs
  Az 2: 1L 54/45
- Fiche: *0625 f.*
  Az 1: 0J 17/44gRs
  Az 2: 1L 316/44

Popitz, Johannes (A)
- Fiche: *0650*
  Az 1: 0J 26/44g Rs
  Az 2: 1L 349/44

Popoff (Frau)
- Fiche: *0615 ff.*
  Az 1: 15J 86/33
  Az 2: XII H 42/33

Popoff, Blagoi (A)
- Fiche: *0615 ff.*
  Az 1: 15J 86/33
  Az 2: XII H 42/33

Popp (Frau)
- Fiche: *0418*
  Az 1: 6J 22/44
  Az 2: 5H 41/44

Powolny, Eduard
- Fiche: *0359*
  Az 1: 7J 386/42
  Az 2: 5H 144/42
- Fiche: *0364*
  Az 1: 7J 535/42, 7J 61/43
  Az 2: 5H 53/43, 5H 54/43
- Fiche: *0364*
  Az 1: 7J 61/43
- Fiche: *0369*
  Az 1: 7J 651/42
  Az 2: 5H 24/43
- Fiche: *0374*
  Az 1: 7J 331/43
  Az 2: 5H 77/43
- Fiche: *0453/0739*
  Az 1: 7J 347/43, 7J 421/43, 7J 422/43
  Az 2: 5H 122/43, 5H 129/43, 5H 125/43

Powolny, Eduard (A)
- Fiche: *0297*
  Az 1: 7J 247/43
  Az 2: 5H 79/43

Pracher, Johann
- Fiche: *0333*
  Az 1: 7J 93/42
  Az 2: 2H 96/42
- Fiche: *0333*
  Az 1: 7J 94/42
  Az 2: 2H 97/42

Prade, Erich
- Fiche: *0685*
  Az 1: 10J 239/39
  Az 2: 2H 2/41

Pradl
- Fiche: *0341 f.*
  Az 1: 7J 203/42
  Az 2: 2H 183/42

Praefke, Richard (A)
- Fiche: *0029 f./0469*
  Az 1: 13J 256/33
  Az 2: 2H 17/35

Prähauser
- Fiche: *0352*
  Az 1: 7J 529/42
  Az 2: 6H 25/42

Prähauser, Anna
- Fiche: *0345*
  Az 1: 7J 405/42
  Az 2: 2H 266/42

Prähauser, Anton
- Fiche: *0370*
  Az 1: 7J 555/42
  Az 2: 6H 13/43

Prätorius
- Fiche: *0237*
  Az 1: 8J 292/35
  Az 2: 1H 49/35

Prager (Frau)
- Fiche: *0151 f./0584*
  Az 1: 7J 72/39
  Az 2: 1H 45/39

Praher, Ferdinand
- Fiche: *0331*
  Az 1: 6J 18/42g
  Az 2: 2H 121/42
- Fiche: *0335 f.*
  Az 1: 6J 165/41g
  Az 2: 2H 42/42

Prahl, Hugo
- Fiche: *0082/0260 f.*
  Az 1: 9J 907/35
  Az 2: 1H 67/36

Pramer, Johann (A)
- Fiche: *0455*
  Az 1: 7J 414/42
  Az 2: 6H 5/42

Prange
- Fiche: *0272*
  Az 1: 16J 225/37
  Az 2: 2H 60/37

Prange, Hermann
- Fiche: *0439*
  Az 1: 7J 104/38
  Az 2: 2H 13/38

Prange, Hermann (A)
- Fiche: *0127*
  Az 1: 7J 96/38
  Az 2: 2H 29/38

Prankl, Hedwig
- Fiche: *0646*
  Az 1: 8J 393/40g

Prasina, Wilhelm
- Fiche: *0328/0340 f.*
  Az 1: 7J 137/42
  Az 2: 2H 191/42

Prasse
- Fiche: *0395 f.*
  Az 1: 6J 53/38g
  Az 2: 3L 28/39

Prasse, Erich
- Fiche: *0171*
  Az 1: 5J 222/41
  Az 2: 2H 38/42
- Fiche: *0632*
  Az 1: 6J 3/40
  Az 2: 2H 95/40
- Fiche: *0636*
  Az 1: 5J 171/40
  Az 2: 2H 91/40

Prasse, Erich (A)
- Fiche: *0506*
  Az 1: 5J 53/41
  Az 2: 2H 53/41

Prasse, Richard
- Fiche: *0259/0676*
  Az 1: 16J 534/35
  Az 2: 2H 57/35

Prasse, Richard (A)
- Fiche: *0143 f.*
  Az 1: 5J 160/39
  Az 2: 2H 24/39

Prassek, Johannes
- Fiche: *0177/0574*
  Az 1: 8J 319/42g
- Fiche: *0502*
  Az 1: 8J 409/42g
  Az 2: 2H 66/43

Prassek, Johannes (A)
- Fiche: *0177 f.*
  Az 1: 8J 382/42g
  Az 2: 2H 65/43

Prasters
- Fiche: *0511 f.*
  Az 1: 9J 125/39g
  Az 2: 2H 45/39

Prasuhn, Bernhard
- Fiche: *0598 ff.*
  Az 1: 9J 479/35
  Az 2: 2H 14/36

Pratl, Johann
- Fiche: *0348*
  Az 1: 7J 253/42
  Az 2: 5H 89/42

Praum, Wilhelm
- Fiche: *0108*
  Az 1: 8J 358/37g
  Az 2: 1H 40/37

Prause, Siegmund
- Fiche: *0455*
  Az 1: 10J 107/42
  Az 2: 2H 256/42

Prawitt
- Fiche: *0493*
  Az 1: 10J 229/38
  Az 2: 2H 66/38

Prawitt, Hans
- Fiche: *0450/0623 f.*
  Az 1: 17J 451/37
  Az 2: 2H 59/38
- Fiche: *0500 f.*
  Az 1: 10J 224/38
  Az 2: 2H 62/38
- Fiche: *0536*
  Az 1: 10J 231/38
  Az 2: 2H 72/38
- Fiche: *0538*
  Az 1: 10J 227/38
  Az 2: 2H 80/38
- Fiche: *0540*
  Az 1: 10J 226/38
  Az 2: 2H 75/38
- Fiche: *0565 f.*
  Az 1: 10J 291/38
  Az 2: 2H 88/38
- Fiche: *0583*
  Az 1: 10J 225/38
  Az 2: 2H 70/38

Prawitt, Hans (A)
- Fiche: *0466 f.*
  Az 1: 15J 513/37
  Az 2: 2H 55/37

Prawitt, Herta
- Fiche: *0466 f.*
  Az 1: 15J 513/37
  Az 2: 2H 55/37

Prazak
- Fiche: *0296*
  Az 1: 7J 599/42
  Az 2: 6H 47/43
- Fiche: *0365*
  Az 1: 7J 599/42
  Az 2: 6H 48/43
- Fiche: *0382*
  Az 1: 7J 242/43
  Az 2: 6H 117/43

Prazak (Frau)
- Fiche: *0365*
  Az 1: 7J 599/42
  Az 2: 6H 45/43

Prazak, Karl
- Fiche: *0365*
  Az 1: 7J 599/42
  Az 2: 6H 45/43
- Fiche: *0366*
  Az 1: 7J 599/42
  Az 2: 6H 46/43
- Fiche: *0375*
  Az 1: 7J 100/43
  Az 2: 6H 74/43
- Fiche: *0377*
  Az 1: 7J 599/42
  Az 2: 6H 59/43
- Fiche: *0377*
  Az 1: 7J 599/42
  Az 2: 6H 58/43
- Fiche: *0382*
  Az 1: 7J 243/43
  Az 2: 6H 120/43
- Fiche: *0455*
  Az 1: 7J 599/42
  Az 2: 6H 44/43

Prchal, Anton (A)
- Fiche: *0300*
  Az 1: 7J 102/43
  Az 2: 5H 85/43
- Fiche: *0300/0339*
  Az 1: 7J 232/42
  Az 2: 2H 202/42

Prechtl, Marie
- Fiche: *0222 f.*
  Az 1: 17J 504/33
  Az 2: 1H 1/35

Predan, Rudolf
- Fiche: *0371 f.*
  Az 1: 7J 45/43
  Az 2: 6H 95/43

Predan, Rudolf (A)
- Fiche: *0373*
  Az 1: 7J 198/43
  Az 2: 6H 89/43

Pregernig
- Fiche: *0419 f./0650*
  Az 1: 7(8)J 208/43, 7J 258/43, 7J 80/44
  Az 2: 5H 58/44, 5H 53/44, 5H 60/44

Pregler (Frau)
- Fiche: *0318*
  Az 1: 7J 144/44
  Az 2: 5H 92/44
- Fiche: *0511*
  Az 1: 7J 61/44
  Az 2: 5H 50/44

Pregler, Fritz
- Fiche: *0318*
  Az 1: 7J 144/44
  Az 2: 5H 92/44
- Fiche: *0374/0520*
  Az 1: 7J 341/43
  Az 2: 5H 81/43
- Fiche: *0511*
  Az 1: 7J 61/44
  Az 2: 5H 50/44

Pudlich, Ernst
- Fiche: *0241 f.*
  Az 1: 8J 88/36g
  Az 2: 1H 70/35
- Fiche: *0502*
  Az 1: 10J 54/41
  Az 2: 2H 52/41
- Fiche: *0628*
  Az 1: 9J 50/42g
  Az 2: 2H 60/42

Pühle
- Fiche: *0615 ff.*
  Az 1: 15J 86/33
  Az 2: XII H 42/33

Pührer (Frau)
- Fiche: *0340*
  Az 1: 7J 286/42
  Az 2: 2H 201/42

Pünder, Hermann (A)
- Fiche: *0440*
  Az 1: 0J 48/44g Rs
  Az 2: 1L 486/44

Pürner, Genoveva
- Fiche: *0444*
  Az 1: 12J 33/40

Püschel
- Fiche: *0447*
  Az 1: 10J 247/42g
  Az 2: 2H 338/42
- Fiche: *0523 f.*
  Az 1: 9J 351/38g
  Az 2: 2H 93/38
- Fiche: *0528 f.*
  Az 1: 1J 105/42
  Az 2: 1L 8/42

Püschel, Richard (A)
- Fiche: *0472 f./0603 f.*
  Az 1: 14J 629/37g,
  6J 44/38g
  Az 2: 2H 84,85,87/38

Pütz, Engelbert
- Fiche: *0388*
  Az 1: 17J 331/33
  Az 2: 2H 28/35

Pütz, Margarete
- Fiche: *0388*
  Az 1: 17J 331/33
  Az 2: 2H 28/35

Puff, Johann (A)
- Fiche: *0436*
  Az 1: 10J 287/44
  Az 2: 6H 253/44

Puff, Maria (A)
- Fiche: *0546*
  Az 1: 10J 256/42g
  Az 2: 2H 19/43

Puffe, Arthur
- Fiche: *0076 f.*
  Az 1: 8J 427/35g
  Az 2: 1H 59/60/61/36

Pugacnik, Johann
- Fiche: *0329/0339*
  Az 1: 7J 283/42,
  7J 288/42
  Az 2: 5H 146/42

Puge
- Fiche: *0580/0624 f.*
  Az 1: 8J 200/41
  Az 2: 2H 6/44

Pugely
- Fiche: *0435*
  Az 1: 10J 286/44
  Az 2: 6H 251/44
- Fiche: *0435/0709*
  Az 1: 10J 212/44
  Az 2: 6H 239/44

Puhle
- Fiche: *0615 ff.*
  Az 1: 15J 86/33
  Az 2: XII H 42/33

Puhlmann, Johannes
- Fiche: *0106*
  Az 1: 17J 414/36
  Az 2: 2H 36/37
- Fiche: *0303 f.*
  Az 1: 17J 43/37
  Az 2: 1H 7/38

Puhlmann, Johannes (A)
- Fiche: *0103 f.*
  Az 1: 17J 416/36
  Az 2: 2H 32/37

Pullmann, Bernhard (A)
- Fiche: *0458*
  Az 1: 8J 133/38
  Az 2: 2H 21/38

Puls, Erika
- Fiche: *0171/0567 f.*
  Az 1: 10J 145/41
  Az 2: 2H 33/42

Pulsator, Philipp (A)
- Fiche: *0418*
  Az 1: 6J 22/44
  Az 2: 5H 41/44

Pulsch
- Fiche: *0250 f.*
  Az 1: 8J 364/35
  Az 2: 2H 15/36

Pum
- Fiche: *0367/0437 f.*
  Az 1: 7J 205,206,207/44
  Az 2: 5H 39,40,41/45

Pummer, Lorenz
- Fiche: *0322 f./0723*
  Az 1: 6J 64/40g
  Az 2: 2H 89/41

Pumpat, Hans
- Fiche: *0019*
  Az 1: 17J 617/33
  Az 2: 1H 37/34

Pumpe
- Fiche: *0154 f.*
  Az 1: 6J 76/39g
  Az 2: 2H 54/39

Pumpernig, Eduard
- Fiche: *0413*
  Az 1: 7(8)J 209/43g
  Az 2: 5H 22/44
- Fiche: *0419*
  Az 1: 7J 80/44
- Fiche: *0420 f.*
  Az 1: 7(8)J 172/43g
  Az 2: 5H 59/44
- Fiche: *0426*
  Az 1: 7J 118/44
  Az 2: 5H 93/44

Pumpernig, Eduard (A)
- Fiche: *0419 f./0650*
  Az 1: 7(8)J 208/43,
  7J 258/43, 7J 80/44
  Az 2: 5H 58/44,
  5H 53/44, 5H 60/44

Puncochar
- Fiche: *0328/0340 f.*
  Az 1: 7J 137/42
  Az 2: 2H 191/42

Pungs, Elisabeth (A)
- Fiche: *0625/0643*
  Az 1: 10J 215/41
  Az 2: 2H 130/42

Puntigam, Rupert
- Fiche: *0307*
  Az 1: 7J 548/39
  Az 2: 1H 36/40
- Fiche: *0706*
  Az 1: StPL (RKA) Wien
  1/39
  Az 2: StPL (HLS) I 32/39

Punzer, Karl (A)
- Fiche: *0364/0736*
  Az 1: 7J 109/43,
  6(7)J 108/43
  Az 2: 5H 28/44, *H 35/44

Purkl
- Fiche: *0141/0475 f.*
  Az 1: 5J 449/38
  Az 2: 1H 15/39
- Fiche: *0549*
  Az 1: 5J 642/38
  Az 2: 1H 13/39

Purner, Genofeva
- Fiche: *0423*
  Az 1: 12J 99/40

Purschke
- Fiche: *0006/0528*
  Az 1: 15J 250/33
  Az 2: 2H 9/34

Pusch
- Fiche: *0387 f.*
  Az 1: 16J 489/33
  Az 2: 3L 19/35

Pusch, Alfred (A)
- Fiche: *0650 f.*
  Az 1: 15J 190/33
  Az 2: XII H 6/34

Pusch, Gertrud (A)
- Fiche: *0166*
  Az 1: 9J 275/40
  Az 2: 2H 84/41

Puschek, Julius
- Fiche: *0382*
  Az 1: 7J 359/43
  Az 2: 5H 120/43

Puschenjak
- Fiche: *0379*
  Az 1: 7J 358/43
  Az 2: 6H 156/43

Puschmann
- Fiche: *0326*
  Az 1: 7J 112/42
  Az 2: 2H 164/42
- Fiche: *0338*
  Az 1: 7J 193/42
  Az 2: 2H 207/42
- Fiche: *0338*
  Az 1: 7J 272/42
  Az 2: 2H 206/42
- Fiche: *0339/0649 0721*
  Az 1: 6J 7/43g
  Az 2: 6H 5/43
- Fiche: *0358*
  Az 1: 7J 275/42
  Az 2: 5H 139/42
- Fiche: *0425*
  Az 1: 7J 137/44
  Az 2: 5H 81/44

Puschmann (Frau)
- Fiche: *0332/0367*
  Az 1: 7J 257/41
  Az 2: 2H 114/42

Puschmann, Erich
- Fiche: *0347*
  Az 1: 7J 32/42
  Az 2: 5H 67/42

Puschmann, Erwin
- Fiche: *0328*
  Az 1: 7J 208/42
  Az 2: 5H 145/42
- Fiche: *0328/0337*
  Az 1: 7J 361/42
  Az 2: 2H 252/42
- Fiche: *0328/0340 f.*
  Az 1: 7J 137/42
  Az 2: 2H 191/42
- Fiche: *0329/0338 f.*
  Az 1: 7J 110/42
  Az 2: 2H 203/42
- Fiche: *0329/0339*
  Az 1: 7J 283/42,
  7J 288/42
  Az 2: 5H 146/42
- Fiche: *0332/0367*
  Az 1: 7J 257/41
  Az 2: 2H 114/42
- Fiche: *0337 f.*
  Az 1: 7J 273/42
  Az 2: 2H 211/42
- Fiche: *0339/0349*
  Az 1: 7J 164/42
  Az 2: 5H 91/42
- Fiche: *0342*
  Az 1: 7J 301/42
  Az 2: 2H 178/42
- Fiche: *0343*
  Az 1: 7J 213/42
  Az 2: 2H 171/42
- Fiche: *0346 f.*
  Az 1: 7J 278/42
  Az 2: 2H 246/42

Quidde
- Fiche: *0070*
  Az 1: 17J 348/36
  Az 2: 1H 43/36

Quiering, Ebbes
- Fiche: *0172/0579*
  Az 1: 6J 246/41
  Az 2: 2H 82/42

Quietzsch, Hildegard
- Fiche: *0196/0625*
  Az 1: 9J 187/44
  Az 2: 2H 204/44

Quietzsch, Hildegard (A)
- Fiche: *0196*
  Az 1: 9J 210/44
  Az 2: 2H 205/44

Quistorp, Hans-Joachim
- Fiche: *0709 ff.*
  Az 1: 8J 162/40
  Az 2: 2H 77/41

Quitsch, Arthur
- Fiche: *0141/0273*
  Az 1: 6J 277/38g
  Az 2: 1H 14/39

Quix, Heinrich
- Fiche: *0718 f.*
  Az 1: 8J 444/35
  Az 2: 2H 54/36

Quoos, Hermann
- Fiche: *0140/0683*
  Az 1: 16J 703/35, 6J 17/39g
  Az 2: 2H 12/39

Quoos, Paul
- Fiche: *0209/0740*
  Az 1: 9J 245/44
  Az 2: 1H 358/44

Raab
- Fiche: *0397f.*
  Az 1: 6J 198/39g
  Az 2: 3L 19/40

Raab, Georg
- Fiche: *0178/0485*
  Az 1: 6J 13/43
  Az 2: 6H 85/43

Raab, Gerhard
- Fiche: *0112*
  Az 1: 14J 375/37g
  Az 2: 2H 53/37
- Fiche: *0499 f.*
  Az 1: 8J 145/38
  Az 2: 2H 52/38

Raab, Maria
- Fiche: *0178/0485*
  Az 1: 6J 13/43
  Az 2: 6H 85/43

Raabe
- Fiche: *0037/0221*
  Az 1: 17J 94/34
  Az 2: 1H 33/35

Raabe, Gustav (A)
- Fiche: *0605 f.*
  Az 1: 14J 83/33
  Az 2: XV H 55/33

Raack, Ewald
- Fiche: *0675*
  Az 1: 10J 60/41
  Az 2: 2H 79/41

Raaf, Heinrich
- Fiche: *0714 f.*
  Az 1: 8J 232/40
  Az 2: 2H 76/41

Raaf, Henrich (A)
- Fiche: *0709 ff.*
  Az 1: 8J 162/40
  Az 2: 2H 77/41

Raak, Rudolf
- Fiche: *0173 f.*
  Az 1: 5J 205/41
  Az 2: 5H 114/42
- Fiche: *0593 f.*
  Az 1: 15J 490/33
  Az 2: 1H 89/34

Raak, Rudolf (A)
- Fiche: *0028 f./0679*
  Az 1: 15J 648/33
  Az 2: 1H 14/35

Rabbich, Heinrich
- Fiche: *0095/0541*
  Az 1: 9J 571/36
  Az 2: 2H 22/37

Rabe
- Fiche: *0144*
  Az 1: 5J 199/39
  Az 2: 1H 26/39

Rabe, Martin
- Fiche: *0348*
  Az 1: 7J 254/42
  Az 2: 5H 87/42

Raben
- Fiche: *0615 ff.*
  Az 1: 15J 86/33
  Az 2: XII H 42/33

Rabenow, Erich
- Fiche: *0573 f.*
  Az 1: 10J 140/38
  Az 2: 2H 44/38

Rabensteiner, Heinrich
- Fiche: *0444*
  Az 1: 12J 33/40

Rabitzsch, Johannes (A)
- Fiche: *0635*
  Az 1: 8J 422/38
  Az 2: 2H 9/39

Rabofsky, Alfred
- Fiche: *0295 f.*
  Az 1: 7J 2/43g
  Az 2: 5H 42/43
- Fiche: *0363/0563 f.*
  Az 1: 7J 64/43
  Az 2: 5H 52/43

Rabofsky, Alfred (A)
- Fiche: *0575 f.*
  Az 1: 7J 438/43
  Az 2: 5H 140/43

Rabold, Emma
- Fiche: *0430*
  Az 1: 10J 183/44
  Az 2: 2H 121/44

Rabold, Karl (A)
- Fiche: *0185*
  Az 1: 10(9)J 467/43
  Az 2: 2H 49/44
- Fiche: *0430*
  Az 1: 10J 183/44
  Az 2: 2H 121/44

Rabold, Paul
- Fiche: *0430*
  Az 1: 10J 183/44
  Az 2: 2H 121/44

Rachbauer, Johann
- Fiche: *0647 f.*
  Az 1: 7(8)J 203/41
  Az 2: 2H 168/44

Rachbauer, Johann (A)
- Fiche: *0411*
  Az 1: 8J 206/41
  Az 2: 5H 16/44

Rachmacher
- Fiche: *0123 ff./0275 f.*
  Az 1: 8J 5/37g
  Az 2: 2H 23/38

Rachmann (Frau)
- Fiche: *0346 f.*
  Az 1: 7J 278/42
  Az 2: 2H 246/42

Rackinski, Johann
- Fiche: *0022 f.*
  Az 1: 17J 193/34
  Az 2: 1H 4/35

Rackwitz, Beate
- Fiche: *0079 f.*
  Az 1: 17J 267/35
  Az 2: 1H 63/36

Racusin, Konstantin
- Fiche: *0029*
  Az 1: 17J 98/34
  Az 2: 1H 17/35
- Fiche: *0671 f.*
  Az 1: 15J 385/34
  Az 2: 1H 11/36
- Fiche: *0728*
  Az 1: 17J 461/34
  Az 2: 0Js 18/36

Radam, Otto
- Fiche: *0011 f.*
  Az 1: 17J 545/33
  Az 2: 1H 15/34

Radatz, Ernst
- Fiche: *0274*
  Az 1: 17J 406/37
  Az 2: 2H 15/38
- Fiche: *0545*
  Az 1: 10J 49/38
  Az 2: 2H 18/38

Radatz, Ernst (A)
- Fiche: *0120 f./0133*
  Az 1: 17J 400/37
  Az 2: 2H 71/38

Radatz, Heinrich
- Fiche: *0535 f.*
  Az 1: 10J 267/41
  Az 2: 2H 157/41

Raddatz
- Fiche: *0436*
  Az 1: 8J 202/44
  Az 2: 1H 273/44
- Fiche: *0589 f.*
  Az 1: 9J 399/39g
  Az 2: 2H 26/41

Raddatz, Karl
- Fiche: *0031 f./0230*
  Az 1: 17J 296/34
  Az 2: 2H 24/35
- Fiche: *0532 f.*
  Az 1: 7(11)J 197/34g
  Az 2: 3L 21/36

Radebold, Richard
- Fiche: *0105*
  Az 1: 17J 444/36
  Az 2: 2H 35/37

Radeitschek, Fritz
- Fiche: *0011 f.*
  Az 1: 17J 545/33
  Az 2: 1H 15/34

Radek
- Fiche: *0396*
  Az 1: 11J 190/38
  Az 2: 2H 29/39
- Fiche: *0489 ff.*
  Az 1: 8J 402/38
  Az 2: 2H 41/39

Radek, Karl
- Fiche: *0054/0508*
  Az 1: 17J 496/35
  Az 2: 2H 11/36

Rademacher
- Fiche: *0165 f.*
  Az 1: 9J 297/40
  Az 2: 2H 70/41
- Fiche: *0580*
  Az 1: 9J 634/38
  Az 2: 2H 7/39

Rademacher, Margarethe
- Fiche: *0076 f.*
  Az 1: 8J 427/35g
  Az 2: 1H 59/60/61/36

Rademacher, Richard
- Fiche: *0474*
  Az 1: 10J 170/38
  Az 2: 2H 38/38

Radlecker, Johann
- Fiche: *0337 f.*
  Az 1: 7J 273/42
  Az 2: 2H 211/42

Radlecker, Johann (A)
- Fiche: *0351/0358*
  Az 1: 7J 285/42
  Az 2: 5H 138/42

Radlmacher, Leopold
- Fiche: *0409 f.*
  Az 1: 8J 376/40
  Az 2: 5H 13/44

Radöhl, Henry
- Fiche: *0633*
  Az 1: 9J 357/41g
  Az 2: 2H 7/42

Raloff, Karl
- Fiche: *0561 f.*
  Az 1: 8J 261/41g
  Az 2: 1H 237/42

Ram, Leopold
- Fiche: *0298 f.*
  Az 1: 7J 370/43, 7J 398/43
  Az 2: 5H 118/43, 5H 119/43
- Fiche: *0380*
  Az 1: 7J 450/43
  Az 2: 5H 152/43
- Fiche: *0382*
  Az 1: 7J 396/43, 7J 399/43
  Az 2: 1H 117/43, 5H 116/43

Ram, Leopold (A)
- Fiche: *0526*
  Az 1: 7J 461/43

Rambauske
- Fiche: *0397f.*
  Az 1: 6J 198/39g
  Az 2: 3L 19/40

Rambow
- Fiche: *0161 f./0562*
  Az 1: 9J 370/39g
  Az 2: 2H 53/40
- Fiche: *0537 f.*
  Az 1: 9J 236/41g
  Az 2: 5H 75/42

Ramcke, Wilhelm (A)
- Fiche: *0206/0405*
  Az 1: 10J 410/43g
  Az 2: 1H 209/43
- Fiche: *0466*
  Az 1: 9J 156/44g Rs
  Az 2: 1H 264/44

Ramczyk, Albert
- Fiche: *0256*
  Az 1: 15J 162/36
  Az 2: 1H 51/36

Rameder, Franz
- Fiche: *0374*
  Az 1: 7J 342/43
  Az 2: 5H 78/43

Ramersdorfer
- Fiche: *0359*
  Az 1: 7J 252/42
  Az 2: 5H 143/43

Ramesmeier, Johann (A)
- Fiche: *0378*
  Az 1: 7J 412/43
  Az 2: 6H 178/43

Ramin
- Fiche: *0183*
  Az 1: 11(10)J 631/43
  Az 2: 1H 28/44

Ramisch, Eduard
- Fiche: *0171*
  Az 1: 5J 222/41
  Az 2: 2H 38/42
- Fiche: *0506*
  Az 1: 5J 53/41
  Az 2: 2H 53/41
- Fiche: *0632*
  Az 1: 6J 3/40
  Az 2: 2H 95/40

Ramisch, Eduard (A)
- Fiche: *0636*
  Az 1: 5J 171/40
  Az 2: 2H 91/40

Ramm
- Fiche: *0114/0473 f.*
  Az 1: 14J 527/37g, 14J 736/37
  Az 2: 1H 44/37, 1H 3/38

Ramm, Gustav
- Fiche: *0114/0473 f.*
  Az 1: 14J 527/37g, 14J 736/37
  Az 2: 1H 44/37, 1H 3/38

Rammer
- Fiche: *0498/0510*
  Az 1: 7J 97/40
  Az 2: 2H 21/41

Rammersdorfer, Alois
- Fiche: *0364/0736*
  Az 1: 7J 109/43, 6(7)J 108/43
  Az 2: 5H 28/44, *H 35/44

Ramsauer
- Fiche: *0327*
  Az 1: 7J 181/42
  Az 2: 2H 158/42
- Fiche: *0366*
  Az 1: 7J 171/42
  Az 2: 5H 147/42

Ramsauer, Albert
- Fiche: *0735 f.*
  Az 1: 7J 32/44
  Az 2: 6H 92/44

Ramsauer, Franz
- Fiche: *0366*
  Az 1: 7J 612/42
  Az 2: 6H 36/43

Ramsl
- Fiche: *0341/0354*
  Az 1: 7J 214/42
  Az 2: 2H 186/42

Ran, Fritz
- Fiche: *0132*
  Az 1: 5J 79/38
  Az 2: 2H 57/38

Ran, Willi
- Fiche: *0014/0218 f.*
  Az 1: 17J 689/33
  Az 2: 1H 21/34

Ranacher, Erich (A)
- Fiche: *0437/0562*
  Az 1: 11J 418/44
  Az 2: 1H 380/44

Ranacher, Josef (A)
- Fiche: *0437/0562*
  Az 1: 11J 418/44
  Az 2: 1H 380/44

Randak, Franz
- Fiche: *0294*
  Az 1: 7J 258/42
  Az 2: 1H 215/42
- Fiche: *0294*
  Az 1: 7J 231/42
  Az 2: 1H 213/42
- Fiche: *0295*
  Az 1: 7J 644/42
  Az 2: 6H 23/43
- Fiche: *0345*
  Az 1: 7J 405/42
  Az 2: 2H 266/42
- Fiche: *0354*
  Az 1: 7J 376/42
  Az 2: 2H 273/42
- Fiche: *0370*
  Az 1: 7J 555/42
  Az 2: 6H 13/43

Randak, Franz (A)
- Fiche: *0340*
  Az 1: 7J 340/42
  Az 2: 2H 197/42

Randel, Paul (A)
- Fiche: *0073/0256 f.*
  Az 1: 5J 592/35g
  Az 2: 1H 52/36

Randt, Alfred
- Fiche: *0475*
  Az 1: 9J 323/39g
  Az 2: 1H 67/39
- Fiche: *0703*
  Az 1: 9J 327/39g, 9J 390/39 g

Randt, Alfred (A)
- Fiche: *0153*
  Az 1: 9J 327/39g
  Az 2: 1H 53/39

Ranft, Erich
- Fiche: *0272*
  Az 1: 16J 225/37
  Az 2: 2H 60/37

Ranftl, Gottfried (A)
- Fiche: *0379*
  Az 1: 7J 358/43
  Az 2: 6H 157/43

Ranftl, Johann
- Fiche: *0405/0521*
  Az 1: 7J 475/43
  Az 2: 6H 188/43

Ranftl, Johann (A)
- Fiche: *0379*
  Az 1: 7J 358/43
  Az 2: 6H 157/43

Rank
- Fiche: *0303 f.*
  Az 1: 17J 43/37
  Az 2: 1H 7/38

Ranke
- Fiche: *0009/0733 f.*
  Az 1: 14J 311/33
  Az 2: 1H 12/34

Rankl, Johann
- Fiche: *0330*
  Az 1: 6J 41/42g
  Az 2: 2H 126/42

Ranner
- Fiche: *0367*
  Az 1: 7J 125/43
  Az 2: 5H 29/43

Rant
- Fiche: *0410/0645 f.*
  Az 1: 8J 394/40g
  Az 2: 5H 14/44

Rantsch, Ludwig (A)
- Fiche: *0650*
  Az 1: 7J 66/43
  Az 2: 6H 145/43

Rantschl, Franz (A)
- Fiche: *0406*
  Az 1: 7J 462/43
  Az 2: 6H 218/43
- Fiche: *0410*
  Az 1: 11J 53/44
  Az 2: 6H 14/44

Rantschl, Ludwig
- Fiche: *0365*
  Az 1: 7J 599/42
  Az 2: 6H 45/43

Rantzau
- Fiche: *0481*
  Az 1: 0J 21/44g Rs, 0J 38/44/g Rs
  Az 2: 1L 439/44, 1L 397/44

Raphael
- Fiche: *0679 f./0713*
  Az 1: 10(9)J 777/43g
  Az 2: 5H 38/44, 5H 43/44

Rapp
- Fiche: *0098*
  Az 1: 14J 305/37g
  Az 2: 1H 26/37
- Fiche: *0098 f.*
  Az 1: 14J 305/37g
  Az 2: 1H 35/37

Rapp, Adolf (A)
- Fiche: *0368*
  Az 1: 12J 289/41g
  Az 2: 1H 179/42

Rapp, Walter
- Fiche: *0577*
  Az 1: 11J 118/44
  Az 2: 2H 160/44

Raschke
- Fiche: *0604 f.*
  Az 1: 10J 317/38
  Az 2: 2H 23/39

Raschl
- Fiche: *0296*
  Az 1: 7J 599/42
  Az 2: 6H 47/43
- Fiche: *0365*
  Az 1: 7J 599/42
  Az 2: 6H 48/43
- Fiche: *0366*
  Az 1: 7J 599/42
  Az 2: 6H 46/43

Rauch, Julius (A)
– Fiche: *0595 f.*
Az 1: 8J 410/38g
Az 2: 2H 20/39

Rauch, Kurt
– Fiche: *0160 f.*
Az 1: 5J 46/40
Az 2: 2H 45/40

Rauchbach
– Fiche: *0107/0302*
Az 1: 17J 379/37
Az 2: 1H 39/37

Rauchenwald, Michael
– Fiche: *0436*
Az 1: 10J 287/44
Az 2: 6H 253/44

Rauchenwald, Michael (A)
– Fiche: *0436*
Az 1: 10J 288/44
Az 2: 6H 254/44

Rauchfuß, Fritz
– Fiche: *0532 f.*
Az 1: 7(11)J 197/34g
Az 2: 3L 21/36

Raudiß, Johanna
– Fiche: *0127/0623*
Az 1: 8J 419/37g
Az 2: 2H 33/38

Raue, Herbert (A)
– Fiche: *0073 f.*
Az 1: 8J 201/36g
Az 2: 2H 53/36

Rauer
– Fiche: *0211*
Az 1: 9J 157/44
Az 2: 5H 45/45

Raufer
– Fiche: *0328/0340 f.*
Az 1: 7J 137/42
Az 2: 2H 191/42

Rauff, Willy
– Fiche: *0051/0246 f.*
Az 1: 8J 422/35g
Az 2: 1H 6/36

Rauhut, Artur (A)
– Fiche: *0209*
Az 1: 9J 233/44
Az 2: 1H 318/44

Rauleder, Georg
– Fiche: *0509*
Az 1: 9J 34/42g
Az 2: 2H 91/42
– Fiche: *0577*
Az 1: 9J 14/42g
Az 2: 2H 35/42

Rauleder, Johann
– Fiche: *0577*
Az 1: 9J 14/42g
Az 2: 2H 35/42

Rauleder, Karl
– Fiche: *0509*
Az 1: 9J 34/42g
Az 2: 2H 91/42

Raulf
– Fiche: *0511*
Az 1: 9J 328/39
Az 2: 2H 57/39

Raus, Robert
– Fiche: *0333 f.*
Az 1: 7J 649/41
Az 2: 2H 88/42

Rausch
– Fiche: *0326*
Az 1: 7J 199/42
Az 2: 2H 169/42
– Fiche: *0716*
Az 1: 10J 160/44
Az 2: 6H 120/44

Rausch, Anton
– Fiche: *0434*
Az 1: 10(9)J 1230/43g
Az 2: 6L 222/44
– Fiche: *0679 f./0713*
Az 1: 10(9)J 777/43g
Az 2: 5H 38/44, 5H 43/44

Rausch, Anton (A)
– Fiche: *0414 f.*
Az 1: 10(9)J 819/43g
Az 2: 6H 28/44

Rausch, Rudolf
– Fiche: *0540*
Az 1: 10J 226/38
Az 2: 2H 75/38

Rausch, Wilhelm
– Fiche: *0269 f.*
Az 1: 8J 100/37
Az 2: 1H 43/37

Rauschenberger
– Fiche: *0476 f.*
Az 1: 8J 131/36g,
8J 49,117,131/36g
Az 2: 2H 16,20,27/37

Rauschenplat, Helmut von
– Fiche: *0450/0623 f.*
Az 1: 17J 451/37
Az 2: 2H 59/38
– Fiche: *0466 f.*
Az 1: 15J 513/37
Az 2: 2H 55/37
– Fiche: *0467*
Az 1: 10J 228/38
Az 2: 2H 76/38
– Fiche: *0493*
Az 1: 10J 229/38
Az 2: 2H 66/38
– Fiche: *0500 f.*
Az 1: 10J 224/38
Az 2: 2H 62/38
– Fiche: *0536*
Az 1: 10J 231/38
Az 2: 2H 72/38
– Fiche: *0538*
Az 1: 10J 227/38
Az 2: 2H 80/38
– Fiche: *0540*
Az 1: 10J 226/38
Az 2: 2H 75/38
– Fiche: *0540 f.*
Az 1: 10J 223/38
Az 2: 2H 64/38
– Fiche: *0560*
Az 1: 10J 222/38
Az 2: 2H 69/38
– Fiche: *0565 f.*
Az 1: 10J 291/38
Az 2: 2H 88/38
– Fiche: *0583*
Az 1: 10J 225/38
Az 2: 2H 70/38
– Fiche: *0587*
Az 1: 10J 303/38
Az 2: 2H 90/38
– Fiche: *0630 f.*
Az 1: 5J 174/39
Az 2: 2H 51/39

Rauschmeier
– Fiche: *0339/0649 0721*
Az 1: 6J 7/43g
Az 2: 6H 5/43

Rauschning
– Fiche: *0403 f.*
Az 1: 8J 7/41g
Az 2: 2H 166/43
– Fiche: *0505/0642 f.*
Az 1: 8J 201/41
Az 2: 2H 171/43
– Fiche: *0561 f.*
Az 1: 8J 261/41g
Az 2: 1H 237/42
– Fiche: *0581 f./0647*
Az 1: 8J 95/41g
Az 2: 2H 167/43

Rauschning, Hermann
– Fiche: *0407 f.*
Az 1: 7(8)J 199/41
Az 2: 2H 3/44
– Fiche: *0479 f.*
Az 1: 7(8)J 108/43g
– Fiche: *0489 ff.*
Az 1: 8J 402/38
Az 2: 2H 41/39
– Fiche: *0529*
Az 1: 9J 124/41
Az 2: 2H 34/42
– Fiche: *0637 f.*
Az 1: 8J 167/40
Az 2: 2H 89/40

Rautenberg
– Fiche: *0150 f.*
Az 1: 11J 1/39
Az 2: 2H 43/39

Rauter, Karl
– Fiche: *0380/0529*
Az 1: 7J 209/43
Az 2: 6H 139/43

Razhou, Tamara
– Fiche: *0571*
Az 1: 11(10)J 1241/43
Az 2: 1H 59/44

Rebber, Max
– Fiche: *0196/0625*
Az 1: 9J 187/44
Az 2: 2H 204/44

Rebber, Max (A)
– Fiche: *0196*
Az 1: 9J 210/44
Az 2: 2H 205/44

Rebel
– Fiche: *0010/0217 f.*
Az 1: 17J 331/33
Az 2: 2H 13/34
– Fiche: *0545*
Az 1: 9J 878/33
Az 2: 2H 16/34

Reber, Walter (A)
– Fiche: *0416*
Az 1: 11(10)J 1038/43g
Az 2: 2H 32/44

Rebmann, Heinz
– Fiche: *0509*
Az 1: 9J 710/35
Az 2: 2H 42/35

Rebstock
– Fiche: *0086/0498 f.*
Az 1: 8J 68/36
Az 2: 1H 4/37

Rechberg, Arnold
– Fiche: *0123 ff./0275 f.*
Az 1: 8J 5/37g
Az 2: 2H 23/38

Rechberger
– Fiche: *0319*
Az 1: 11J 301/44g
Az 2: 1H 1/45
– Fiche: *0409 f.*
Az 1: 8J 376/40
Az 2: 5H 13/44

Rechenberg
– Fiche: *0552 f.*
Az 1: 8J 10/35
Az 2: 2H 34/35

Rechowsky
– Fiche: *0350*
Az 1: 7J 355/42
Az 2: 5H 133/42

Recke
– Fiche: *0006/0528*
Az 1: 15J 250/33
Az 2: 2H 9/34

Reckhardt
– Fiche: *0025 ff./0253*
Az 1: 8J 427/34, 8J 6/35
Az 2: 1H 9/35

Reckhardt, Helmut
– Fiche: *0676*
Az 1: 8J 224/38
Az 2: 2H 41/38

Reckhardt, Wolfgang
– Fiche: *0676*
Az 1: 8J 224/38
Az 2: 2H 41/38

Recklinghausen, Daniel von (A)
– Fiche: *0535*
Az 1: 8J 78/42g
Az 2: 2H 214/42

Recknagel, Emil
– Fiche: *0433*
Az 1: 10J 166/44
Az 2: 2H 219/44

Reindl, Leopold (A)
- Fiche: *0356*
  Az 1: 7J 525/42
  Az 2: 5H 192/42

Reindl, Ludwig
- Fiche: *0735 f.*
  Az 1: 7J 32/44
  Az 2: 6H 92/44

Reindl, Richard
- Fiche: *0295*
  Az 1: 7J 644/42
  Az 2: 6H 23/43

Reindl, Rupert
- Fiche: *0071*
  Az 1: 14J 338/36
  Az 2: 2H 47/36
- Fiche: *0549*
  Az 1: 5J 642/38
  Az 2: 1H 13/39

Reindorf, Jakob
- Fiche: *0544*
  Az 1: 9J 757/37
  Az 2: 1H 21/38

Reindorf, Wilhelmine
- Fiche: *0544*
  Az 1: 9J 757/37
  Az 2: 1H 21/38

Reinecke
- Fiche: *0454*
  Az 1: 10J 94/44
  Az 2: 2H 81/44

Reinecke, Heinrich
- Fiche: *0442*
  Az 1: 8J 23/38g Rs
  Az 2: 1H 20/38

Reinecke, Julius
- Fiche: *0227 f.*
  Az 1: 13J 2/34
  Az 2: 1H 10/35

Reinel, Hans
- Fiche: *0387 f.*
  Az 1: 16J 489/33
  Az 2: 3L 19/35

Reinemuth, Philipp
- Fiche: *0537*
  Az 1: 9J 182/38
  Az 2: 2H 79/38

Reinemuth, Philipp (A)
- Fiche: *0495*
  Az 1: 9J 684/37
  Az 2: 2H 25/38

Reinemuth, Viktoria (A)
- Fiche: *0495*
  Az 1: 9J 684/37
  Az 2: 2H 25/38

Reinen, Peter
- Fiche: *0254*
  Az 1: 9J 332/36
  Az 2: 2H 40/36

Reiner, Lambert
- Fiche: *0375*
  Az 1: 7J 332/43
  Az 2: 5H 73/43

Reinermann, Heinrich
- Fiche: *0594 f./0695 f.*
  Az 1: 11J 122/35g
  Az 2: 2H 10,11,12/37

Reinert
- Fiche: *0107 f.*
  Az 1: 8J 232/36g
  Az 2: 2H 39/37
- Fiche: *0554*
  Az 1: 10J 294/41
  Az 2: 1H 329/42

Reinert, Hans
- Fiche: *0518/0681*
  Az 1: 8J 123/44
  Az 2: 1H 146/44

Reinert, Katharina
- Fiche: *0169/0344*
  Az 1: 6J 84/41g
  Az 2: 2H 8/42

Reinert, Nikolaus (A)
- Fiche: *0169/0344*
  Az 1: 6J 84/41g
  Az 2: 2H 8/42

Reingruber, Franz
- Fiche: *0298/0367*
  Az 1: 7J 300/43
  Az 2: 5H 94/43
- Fiche: *0328/0357*
  Az 1: 7J 487/42
  Az 2: 5H 183/42
- Fiche: *0334*
  Az 1: 7J 48/42
  Az 2: 2H 76/42
- Fiche: *0344*
  Az 1: 7J 432/42
  Az 2: 1H 305/42
- Fiche: *0350*
  Az 1: 7J 347/42
  Az 2: 5H 135/42
- Fiche: *0371*
  Az 1: 7J 298/43
  Az 2: 5H 99/43
- Fiche: *0371*
  Az 1: 7J 301/43
  Az 2: 5H 97/43
- Fiche: *0381*
  Az 1: 7J 297/43
  Az 2: 5H 96/43, 5H 139/43
- Fiche: *0384*
  Az 1: 7J 296/43
  Az 2: 5H 100/43

Reingruber, Franz (A)
- Fiche: *0449*
  Az 1: 7J 299/43
  Az 2: 5H 105/43

Reinhard, Fritz
- Fiche: *0142*
  Az 1: 5J 307/38g
  Az 2: 1H 16/39
- Fiche: *0167*
  Az 1: 6J 66/40g
  Az 2: 2H 120/41

Reinhard, Johannes (A)
- Fiche: *0458*
  Az 1: 8J 133/38
  Az 2: 2H 21/38

Reinhard, Joseph
- Fiche: *0177 f.*
  Az 1: 8J 382/42g
  Az 2: 2H 65/43

Reinhardt
- Fiche: *0021/0461 f.*
  Az 1: 9aJ 44/34
  Az 2: 2H 1/35
- Fiche: *0088 f.*
  Az 1: 17J 239/36
  Az 2: 1H 7/37
- Fiche: *0573 f.*
  Az 1: 10J 140/38
  Az 2: 2H 44/38

Reinhardt, E.
- Fiche: *0022/0674*
  Az 1: 8J 125/34
  Az 2: 2H 3/35

Reinhardt, Fritz
- Fiche: *0090*
  Az 1: 17J 187/36
  Az 2: 2H 31/37

Reinhardt, Fritz (A)
- Fiche: *0091*
  Az 1: 7a O Js 113.36

Reinhardt, Heinz
- Fiche: *0012 f./0546*
  Az 1: 13J 258/33
  Az 2: 1H 16/34

Reinhardt, Herbert
- Fiche: *0063 f.*
  Az 1: 8J 165/35
  Az 2: 2H 30/36

Reinhardt, Kurt
- Fiche: *0628*
  Az 1: 9J 50/42g
  Az 2: 2H 60/42
- Fiche: *0628 f.*
  Az 1: 10J 2/43g
  Az 2: 1H 89/43

Reinhardt, Walter (A)
- Fiche: *0006/0528*
  Az 1: 15J 250/33
  Az 2: 2H 9/34

Reinhart, Fritz (A)
- Fiche: *0137 f.*
  Az 1: 6J 275/38g
  Az 2: 2H 5/39

Reinheimer
- Fiche: *0549*
  Az 1: 5J 642/38
  Az 2: 1H 13/39

Reinhold
- Fiche: *0034*
  Az 1: 9J 613/33
  Az 2: 1H 27/35
- Fiche: *0262 f.*
  Az 1: 8J 51/36g
  Az 2: 1H 16/37
- Fiche: *0533*
  Az 1: 3J 1/34
  Az 2: *H 19/34

Reinhold, Walter (A)
- Fiche: *0021/0462*
  Az 1: 15J 85/34
  Az 2: 1H 46/34

Reinicke (Frau)
- Fiche: *0708*
  Az 1: 0J 14/45g Rs
  Az 2: 2L 76/45

Reinicke, August (A)
- Fiche: *0708*
  Az 1: 0J 14/45g Rs
  Az 2: 2L 76/45

Reinicke, Otto
- Fiche: *0159 f.*
  Az 1: 5J 677/39
  Az 2: 2H 41/40

Reinis, Martin (A)
- Fiche: *0368*
  Az 1: 12J 289/41g
  Az 2: 1H 179/42

Reinisch
- Fiche: *0154 f.*
  Az 1: 6J 76/39g
  Az 2: 2H 54/39

Reinke, Paul
- Fiche: *0125 f.*
  Az 1: 7J 295/38
  Az 2: 1H 26/38
- Fiche: *0634 f.*
  Az 1: 9J 206/42g
  Az 2: 1H 302/42

Reinke, Willi
- Fiche: *0103 f.*
  Az 1: 17J 416/36
  Az 2: 2H 32/37
- Fiche: *0106*
  Az 1: 17J 414/36
  Az 2: 2H 36/37
- Fiche: *0582 f.*
  Az 1: 10J 288/38
  Az 2: 1H 37/38

Reinke, Willi (A)
- Fiche: *0303 f.*
  Az 1: 17J 43/37
  Az 2: 1H 7/38

Reinmuth, Hermann (A)
- Fiche: *0552 f.*
  Az 1: 8J 10/35
  Az 2: 2H 34/35

Reinowski, Hans
- Fiche: *0562 f.*
  Az 1: 10J 204/40
  Az 2: 2H 17/41

Reinshagen
- Fiche: *0072*
  Az 1: 14J 220/36
  Az 2: 2H 48/36

Reinstein
- Fiche: *0668*
  Az 1: 8/16J 335/33
  Az 2: XV H 43/33

Reinwald
- Fiche: *0613*
  Az 1: 8/16J 548/32
  Az 2: XII H 39/33

Reis
- Fiche: *0141/0475 f.*
  Az 1: 5J 449/38
  Az 2: 1H 15/39
- Fiche: *0403 f.*
  Az 1: 8J 7/41g
  Az 2: 2H 166/43
- Fiche: *0549*
  Az 1: 5J 642/38
  Az 2: 1H 13/39

Reis, Arthur (A)
- Fiche: *0407 f.*
  Az 1: 7(8)J 199/41
  Az 2: 2H 3/44
- Fiche: *0693*
  Az 1: 8J 199/41
  Az 2: 2H 173/43

Reis, Arthur jr.
- Fiche: *0407 f.*
  Az 1: 7(8)J 199/41
  Az 2: 2H 3/44

Reischenböck, Josef
- Fiche: *0370*
  Az 1: 7J 555/42
  Az 2: 6H 13/43

Reischenböck, Josef (A)
- Fiche: *0345*
  Az 1: 7J 402/42
  Az 2: 2H 261/42

Reisecker, Heinrich
- Fiche: *0337*
  Az 1: 7J 343/42
  Az 2: 2H 217/42

Reisenberg, Paul
- Fiche: *0666 f.*
  Az 1: 8/16J 747/33
  Az 2: XV H 41/33

Reisert, Franz (A)
- Fiche: *0481*
  Az 1: 0J 21/44g Rs, 0J 38/44/g Rs
  Az 2: 1L 439/44, 1L 397/44

Reisig, Alwin
- Fiche: *0161 f./0562*
  Az 1: 9J 370/39g
  Az 2: 2H 53/40
- Fiche: *0162*
  Az 1: 9J 424/39g
  Az 2: 2H 60/40

Reisinger
- Fiche: *0332/0367*
  Az 1: 7J 257/41
  Az 2: 2H 114/42
- Fiche: *0425*
  Az 1: 7J 137/44
  Az 2: 5H 81/44
- Fiche: *0649*
  Az 1: 7J 11/43
  Az 2: 5H 22/43

Reisinger, Anton (A)
- Fiche: *0347*
  Az 1: 7J 32/42
  Az 2: 5H 67/42

Reisinger, Ernst
- Fiche: *0377*
  Az 1: 7J 110/43
  Az 2: 5H 64/43

Reisinger, Ferdinand
- Fiche: *0330*
  Az 1: 6J 41/42g
  Az 2: 2H 126/42

Reisinger, Johann
- Fiche: *0483 f.*
  Az 1: 6J 115/43
  Az 2: 2H 16/44

Reisinger, Johann (A)
- Fiche: *0483 f.*
  Az 1: 6J 115/43
  Az 2: 2H 16/44

Reisinger, Karl
- Fiche: *0647 f.*
  Az 1: 7(8)J 203/41
  Az 2: 2H 168/44

Reisinger, Karl (P. Amadeus) (A)
- Fiche: *0411*
  Az 1: 8J 206/41
  Az 2: 5H 16/44

Reisinger, Matthäus
- Fiche: *0380/0529*
  Az 1: 7J 209/43
  Az 2: 6H 139/43

Reisinger, Wilhelm
- Fiche: *0292 f.*
  Az 1: 7J 501/42

Reisner
- Fiche: *0368/0414*
  Az 1: 6(7)J 511/43, 6(7)J 429/43
  Az 2: 5H 24/44, 5H 26/44

Reiß
- Fiche: *0090*
  Az 1: 17J 187/36
  Az 2: 2H 31/37
- Fiche: *0103 f.*
  Az 1: 17J 416/36
  Az 2: 2H 32/37
- Fiche: *0377*
  Az 1: 7J 220/43
  Az 2: 5H 59/43

Reiß, Karl
- Fiche: *0262 f.*
  Az 1: 8J 51/36g
  Az 2: 1H 16/37
- Fiche: *0502 f.*
  Az 1: 16J 150/35
  Az 2: 2H 21/36

Reiß, Karl (A)
- Fiche: *0076 f.*
  Az 1: 8J 427/35g
  Az 2: 1H 59/60/61/36

Reißbeck, Josef
- Fiche: *0082 f.*
  Az 1: 8J 415/35g
  Az 2: 1H 1/37

Reißer
- Fiche: *0032 f.*
  Az 1: 13J 11/34
  Az 2: 1H 26/35

Reissmann, Walter
- Fiche: *0160/0288f.*
  Az 1: 6J 224/39g
  Az 2: 2H 44/40

Reißner, Thomas
- Fiche: *0565 f.*
  Az 1: 10J 291/38
  Az 2: 2H 88/38

Reiter, Eugen
- Fiche: *0325*
  Az 1: 6J 132/40g
  Az 2: 2H 147/41

Reiter, Georg
- Fiche: *0555 f.*
  Az 1: 9J 202/36
  Az 2: 2H 14/37

Reiter, Hermine
- Fiche: *0333 f.*
  Az 1: 7J 649/41
  Az 2: 2H 88/42

Reiter, Jakob (A)
- Fiche: *0184/0522*
  Az 1: 10J 189/43, 5J 3/44
  Az 2: 6H 29/44

Reiter, Johann
- Fiche: *0032 f.*
  Az 1: 13J 11/34
  Az 2: 1H 26/35

Reiter, Leopoldine
- Fiche: *0382*
  Az 1: 7J 242/43
  Az 2: 6H 117/43

Reiter, Leopoldine (A)
- Fiche: *0375*
  Az 1: 7J 67/43
  Az 2: 6H 73/43

Reiter, Peter (A)
- Fiche: *0433*
  Az 1: 10J 230/44
  Az 2: 6H 218/44

Reiter, Robert
- Fiche: *0455*
  Az 1: 10J 107/42
  Az 2: 2H 256/42

Reiter, Susanne
- Fiche: *0210/0630*
  Az 1: 10(9)J 777/43g
  Az 2: 5H 41/44

Reiterer, Josef (A)
- Fiche: *0699 f.*
  Az 1: StPL (RKA) I 118/41
  Az 2: StPL (HLS) III 57/41

Reiterer, Maria (A)
- Fiche: *0699 f.*
  Az 1: StPL (RKA) I 118/41
  Az 2: StPL (HLS) III 57/41

Reith, Otto
- Fiche: *0640*
  Az 1: 16J 328/35
  Az 2: 1H 11/37

Reith, von den
- Fiche: *0513*
  Az 1: 15J 302/34, 15J 107/35
  Az 2: 1H 18/35, 1H 21/35

Reith, Will von der
- Fiche: *0013*
  Az 1: 13J 279/33
  Az 2: 2H 19/34

Reither, Josef
- Fiche: *0522*
  Az 1: 6J 43/42
  Az 2: 2H 120/42

Reitinger-Laska
- Fiche: *0338*
  Az 1: 7J 193/42
  Az 2: 2H 207/42
- Fiche: *0378*
  Az 1: 7J 141/43
  Az 2: 5H 58/43

Reitmeier
- Fiche: *0650 f.*
  Az 1: 15J 190/33
  Az 2: XII H 6/34

Reitz
- Fiche: *0023 f.*
  Az 1: 14J 328/33
  Az 2: 1H 5/35

Reitz, Philipp
- Fiche: *0509*
  Az 1: 9J 34/42g
  Az 2: 2H 91/42
- Fiche: *0535/0681*
  Az 1: 9J 80/42g
  Az 2: 2H 95/42
- Fiche: *0705*
  Az 1: StPL (RKA) I 8/43
  Az 2: StPL (HLS) 61/43

Reitz, Theo
- Fiche: *0535/0681*
  Az 1: 9J 80/42g
  Az 2: 2H 95/42
- Fiche: *0705*
  Az 1: StPL (RKA) I 8/43
  Az 2: StPL (HLS) 61/43

Rejec, Albert
- Fiche: *0699 f.*
  Az 1: StPL (RKA) I 118/41
  Az 2: StPL (HLS) III 57/41

Rembte, Adolf
- Fiche: *0092 ff.*
  Az 1: 17J 67/36
  Az 2: 1H 14/37
- Fiche: *0094 f./0551*
  Az 1: 9J 600/36
  Az 2: 1H 21/37
- Fiche: *0113/0469 f.*
  Az 1: 16J 37/35
  Az 2: 1H 19-20/37
- Fiche: *0140 f.*
  Az 1: 8J 357/38g
  Az 2: 2H 13/39
- Fiche: *0172*
  Az 1: 6J 76/41
  Az 2: 2H 64/42

– Fiche: *0241*
Az 1: 17J 249/35
Az 2: 1H 72/35
– Fiche: *0247 f./0445*
Az 1: 8J 72/36
Az 2: 2H 7/37
– Fiche: *0264/0491 f.*
Az 1: 17J 171/35
Az 2: 2H 18/37
– Fiche: *0476 f.*
Az 1: 8J 131/36g, 8J 49,117,131/36g
Az 2: 2H 16,20,27/37
– Fiche: *0523 f.*
Az 1: 9J 351/38g
Az 2: 2H 93/38
– Fiche: *0556 f.*
Az 1: 9J 51/44g
Az 2: 1H 97/44
– Fiche: *0628 f.*
Az 1: 10J 2/43g
Az 2: 1H 89/43

Rembte, Adolf (A)
– Fiche: *0263 f./0487 f.*
Az 1: 17J 171/35
Az 2: 2H 17/37

Remek, Heinrich
– Fiche: *0405*
Az 1: 7J 390/43
Az 2: 6H 181/43

Remek, Heinrich (A)
– Fiche: *0404*
Az 1: 7J 391/43
Az 2: 6H 179/43

Remes, Leo
– Fiche: *0375*
Az 1: 7J 332/43
Az 2: 5H 73/43

Remmel, Wilhelm
– Fiche: *0530 f.*
Az 1: 10J 62/42
Az 2: 1H 219/42

Remmele, Hermann
– Fiche: *0545*
Az 1: 9J 878/33
Az 2: 2H 16/34
– Fiche: *0615 ff.*
Az 1: 15J 86/33
Az 2: XII H 42/33
– Fiche: *0659 f.*
Az 1: 9J 127/33
Az 2: XV H 18/34

Remppel, Ludwig
– Fiche: *0459 f.*
Az 1: 10J 569/43
Az 2: 2H 128/43

Remus
– Fiche: *0003 f.*
Az 1: 13J 286/33
Az 2: 2H 4/34

Renikow
– Fiche: *0147*
Az 1: 11J 196/38g
Az 2: 1H 35/39

Renn, Ludwig
– Fiche: *0032 f.*
Az 1: 13J 11/34
Az 2: 1H 26/35
– Fiche: *0181 f.*
Az 1: 7(5)J 180/43g
Az 2: 1H 14/44
– Fiche: *0714*
Az 1: StPL (RKA) III 530/42
Az 2: StPL (HLS) II 12/43

Renn, Ludwig s.a. Vieth von Golssenau, Arnold

Rennefeld
– Fiche: *0043 f.*
Az 1: 9J 702/35
Az 2: 2H 53/35
– Fiche: *0196/0625*
Az 1: 9J 187/44
Az 2: 2H 204/44

Renner
– Fiche: *0034*
Az 1: 9J 613/33
Az 2: 1H 27/35
– Fiche: *0042 f.*
Az 1: 14a/9J 1672/31
Az 2: 1H 52/35
– Fiche: *0091 f.*
Az 1: 14J 469/37, 14J 380/37
Az 2: 1H 12/23/37
– Fiche: *0092*
Az 1: 8/14J 31-45/36g
Az 2: 1H 13/37
– Fiche: *0108*
Az 1: 8J 358/37g
Az 2: 1H 40/37
– Fiche: *0168 f.*
Az 1: 5J 230/41
Az 2: 2H 6/42
– Fiche: *0170 f./0674*
Az 1: 5J 231/41
Az 2: 2H 23/42
– Fiche: *0542 f.*
Az 1: 9J 311/41
Az 2: 2H 31/42
– Fiche: *0721*
Az 1: 9J 26/45

Renner (Frau)
– Fiche: *0169 f.*
Az 1: 5J 229/41
Az 2: 2H 13/42

Renner, Willi
– Fiche: *0720 f.*
Az 1: 9J 283/44
– Fiche: *0721*
Az 1: 9J 25/45

Renner, Willy
– Fiche: *0598 ff.*
Az 1: 9J 479/35
Az 2: 2H 14/36
– Fiche: *0694*
Az 1: 9J 341/36
Az 2: 5 OJs 127/37

Renney
– Fiche: *0341/0354*
Az 1: 7J 214/42
Az 2: 2H 186/42

Rentmeister
– Fiche: *0069*
Az 1: 8J 12/36g
Az 2: 1H 42/36

Rentmeister, Claire
– Fiche: *0588 f./0643*
Az 1: 16J 293/35, 8J 438/35
Az 2: 2H 58/35

Rentmeister, Heinrich
– Fiche: *0450/0635*
Az 1: 8J 22/44
Az 2: 2H 73/44

Rentmeister, Willi
– Fiche: *0060 f.*
Az 1: 8J 438/35g
Az 2: 1H 23/24/36
– Fiche: *0588 f./0643*
Az 1: 16J 293/35, 8J 438/35
Az 2: 2H 58/35

Rentsch
– Fiche: *0092*
Az 1: 8/14J 31-45/36g
Az 2: 1H 13/37
– Fiche: *0389*
Az 1: 9J 301/35
Az 2: 3L 51/35

Rentsch, Ingeborg
– Fiche: *0079 f.*
Az 1: 17J 267/35
Az 2: 1H 63/36

Rentsch, Oswald
– Fiche: *0034*
Az 1: 9J 613/33
Az 2: 1H 27/35

Rentsch, Paul
– Fiche: *0185 f.*
Az 1: 11J 29/44
Az 2: 1H 52/44
– Fiche: *0571*
Az 1: 11(10)J 1241/43
Az 2: 1H 59/44

Rentsch, Paul (A)
– Fiche: *0627 f.*
Az 1: 10J 1095/43g
Az 2: 1H 305/43

Rentzsch, Kurt
– Fiche: *0499 f.*
Az 1: 8J 145/38
Az 2: 2H 52/38

Renz, Walter
– Fiche: *0053 f.*
Az 1: 17J 310/35
Az 2: 2H 10/36
– Fiche: *0054*
Az 1: 17J 83/35
Az 2: 1H 12/36

Renz, Walter (A)
– Fiche: *0249 f.*
Az 1: 17J 318/35
Az 2: 1H 15/36

Renztsch, Erna
– Fiche: *0593 f.*
Az 1: 15J 490/33
Az 2: 1H 89/34

Repnegg, Roman (A)
– Fiche: *0406*
Az 1: 7J 462/43
Az 2: 6H 218/43
– Fiche: *0408*
Az 1: 11J 50/44
Az 2: 6H 11/44

Repos, Johann
– Fiche: *0297 f.*
Az 1: 7J 307/43
Az 2: 5H 93/43

Reppnack
– Fiche: *0709/0717f.*
Az 1: 15J 218/35
Az 2: 2H 23/36

Resch, Franz
– Fiche: *0307*
Az 1: 7J 548/39
Az 2: 1H 36/40

Resch, Richard
– Fiche: *0583*
Az 1: 10J 225/38
Az 2: 2H 70/38

Rescher, Wilhelm (A)
– Fiche: *0685*
Az 1: 10J 239/39
Az 2: 2H 2/41

Rescher, Willi
– Fiche: *0474*
Az 1: 10J 170/38
Az 2: 2H 38/38

Reschny
– Fiche: *0408*
Az 1: 7J 454/43, 7J 502/43
Az 2: 5H 10/44, 5H 5/44

Reska, Alfred
– Fiche: *0292 f.*
Az 1: 7J 501/42
– Fiche: *0296*
Az 1: 7J 53/43
Az 2: 6H 56/43
– Fiche: *0345*
Az 1: 7J 405/42
Az 2: 2H 266/42
– Fiche: *0352*
Az 1: 7J 515/42
Az 2: 6H 19/42
– Fiche: *0366*
Az 1: 7J 612/42
Az 2: 6H 36/43
– Fiche: *0366*
Az 1: 7J 75/43
Az 2: 6H 38/43
– Fiche: *0367*
Az 1: 7J 649/42
Az 2: 6H 24/43
– Fiche: *0370*
Az 1: 7J 555/42
Az 2: 6H 13/43
– Fiche: *0376*
Az 1: 7J 106/43
Az 2: 6H 72/43
– Fiche: *0380*
Az 1: 7J 366/43
Az 2: 5H 121/43

- Fiche: *0380*
Az 1: 7J 404/43
Az 2: 5H 155/43
- Fiche: *0455*
Az 1: 7J 414/42
Az 2: 6H 5/42
- Fiche: *0516 f./0548 f.*
Az 1: 7J 421/42g
Az 2: 6H 63/43
- Fiche: *0519/0549 f.*
Az 1: 6J 135/42g
Az 2: 6H 79/43

Reska, Alfred (A)
- Fiche: *0380/0529*
Az 1: 7J 209/43
Az 2: 6H 139/43

Resl, Matthias
- Fiche: *0375*
Az 1: 7J 332/43
Az 2: 5H 73/43

Ressel
- Fiche: *0703*
Az 1: 6J 239/39

Retemeier
- Fiche: *0192*
Az 1: 9J 34/44
Az 2: 2H 134/44

Rett, Fritz
- Fiche: *0197*
Az 1: 9J 141/44
Az 2: 1H 206/44

Retten, Theodor
- Fiche: *0095/0541*
Az 1: 9J 571/36
Az 2: 2H 22/37

Rettenbacher
- Fiche: *0292 f.*
Az 1: 7J 501/42

Rettenbacher, Johann
- Fiche: *0336*
Az 1: 7J 543/41
Az 2: 2H 4/42
- Fiche: *0443*
Az 1: 7J 440/42
Az 2: 1H 250/42

Rettig, Otto (A)
- Fiche: *0299*
Az 1: 5J 120/43
Az 2: 2H 141/43

Rettmann, Fritz
- Fiche: *0197*
Az 1: 9J 141/44
Az 2: 1H 206/44

Retzlaff, Max (A)
- Fiche: *0451*
Az 1: 14J 290/33
Az 2: 1H 34/34

Reukert
- Fiche: *0004 f.*
Az 1: 13J 98/33
Az 2: 1H 7/34

Reul
- Fiche: *0231 f./0561*
Az 1: 8J 14/34
Az 2: 2H 33/35

Reusch
- Fiche: *0594 f./0695 f.*
Az 1: 11J 122/35g
Az 2: 2H 10,11,12/37

Reusch, Paul
- Fiche: *0440*
Az 1: 0J 28/44gm Rs
Az 2: 1L 377/44

Reuscher, Richard
- Fiche: *0132*
Az 1: 5J 79/38
Az 2: 2H 57/38

Reuscher, Richard (A)
- Fiche: *0501*
Az 1: 5J 77/38
Az 2: 2H 43/38

Reutenberg
- Fiche: *0447*
Az 1: 9J 107/41
Az 2: 5H 14/43

Reuter
- Fiche: *0250 f.*
Az 1: 8J 364/35
Az 2: 2H 15/36
- Fiche: *0615 ff.*
Az 1: 15J 86/33
Az 2: XII H 42/33
- Fiche: *0635 f.*
Az 1: 10J 123/41
Az 2: 2H 115/41
- Fiche: *0684 f.*
Az 1: 10J 548/43
Az 2: 2H 158/43

Reuter, Alfred (A)
- Fiche: *0608 ff.*
Az 1: 15J 179/33
Az 2: XII H 17/34

Reuter, Arthur
- Fiche: *0499 f.*
Az 1: 8J 145/38
Az 2: 2H 52/38

Reuter, Fritz
- Fiche: *0049/0450*
Az 1: 9J 151/35
Az 2: 1H 3/36
- Fiche: *0164 f.*
Az 1: 10J 120/40
Az 2: 2H 100/40
- Fiche: *0207/0689*
Az 1: 8J 200/44g
Az 2: 1H 286/44
- Fiche: *0249 f.*
Az 1: 17J 318/35
Az 2: 1H 15/36
- Fiche: *0494*
Az 1: 9J 356/36
Az 2: 1H 46/36
- Fiche: *0519/0560*
Az 1: 9J 316/40
Az 2: 2H 125/41
- Fiche: *0675*
Az 1: 10J 60/41
Az 2: 2H 79/41

Reuter, Fritz (A)
- Fiche: *0254*
Az 1: 9J 332/36
Az 2: 2H 40/36
- Fiche: *0608 ff.*
Az 1: 15J 179/33
Az 2: XII H 17/34

Reuter, Paul (A)
- Fiche: *0608 ff.*
Az 1: 15J 179/33
Az 2: XII H 17/34

Reuter, Wilhelm
- Fiche: *0367*
Az 1: 6J 258/38
Az 2: 1H 31/43
- Fiche: *0463/0465*
Az 1: 15J 39/36
Az 2: 2H 35/36

Reuter, Willy
- Fiche: *0608 ff.*
Az 1: 15J 179/33
Az 2: XII H 17/34

Reutner
- Fiche: *0495*
Az 1: 9J 684/37
Az 2: 2H 25/38

Reutter, Rudolf
- Fiche: *0010/0217 f.*
Az 1: 17J 331/33
Az 2: 2H 13/34
- Fiche: *0664 f.*
Az 1: 17J 541/33
Az 2: XV H 25/34

Reutter, Rudolf (A)
- Fiche: *0014/0219 f.*
Az 1: 17J 29/34
Az 2: 2H 21/34

Reve, te
- Fiche: *0511 f.*
Az 1: 9J 125/39g
Az 2: 2H 45/39

Reventlow
- Fiche: *0239 f.*
Az 1: 8J 359/35
Az 2: 1H 63/35

Reverterra
- Fiche: *0419*
Az 1: 7J 27/44
Az 2: 5H 52/44

Rewitzer, Marie
- Fiche: *0414 f.*
Az 1: 10(9)J 819/43g
Az 2: 6H 28/44

Reyer, Hans
- Fiche: *0414 f.*
Az 1: 10(9)J 819/43g
Az 2: 6H 28/44

Reznicek, Josef (A)
- Fiche: *0328/0340 f.*
Az 1: 7J 137/42
Az 2: 2H 191/42

Rheder
- Fiche: *0114/0473 f.*
Az 1: 14J 527/37g, 14J 736/37
Az 2: 1H 44/37, 1H 3/38

Rhein, Bruno von
- Fiche: *0213*
Az 1: 8/16J 774/33
Az 2: VIII. H 3/33

Rhein, Franz
- Fiche: *0318*
Az 1: 7J 144/44
Az 2: 5H 92/44

Rheinbaben, Margarethe von
- Fiche: *0585 f.*
Az 1: 8J 160/38
Az 2: 2H 73/38

Rheinheimer, Ludwig (A)
- Fiche: *0251 ff.*
Az 1: 14J 12/36
Az 2: 2H 17/36

Rhina
- Fiche: *0151 f./0584*
Az 1: 7J 72/39
Az 2: 1H 45/39

Rhode, Eduard
- Fiche: *0450/0623 f.*
Az 1: 17J 451/37
Az 2: 2H 59/38

Rhodin
- Fiche: *0021 f.*
Az 1: 17J 397/33
Az 2: 1H 3/35
- Fiche: *0657 f.*
Az 1: 17J 163/33
Az 2: XV H 3/34

Rhodin, Margarete
- Fiche: *0213 f./0216*
Az 1: 17J 89/33
Az 2: 1H 6/34

Rhodin, Rolf (A)
- Fiche: *0213 f./0216*
Az 1: 17J 89/33
Az 2: 1H 6/34

Ribbentrop, Joachim von
- Fiche: *0625 f.*
Az 1: 0J 17/44gRs
Az 2: 1L 316/44

Ribitsch, Josef (A)
- Fiche: *0437/0562*
Az 1: 11J 418/44
Az 2: 1H 380/44

Richard
- Fiche: *0556 f.*
Az 1: 9J 51/44g
Az 2: 1H 97/44

Richardon
- Fiche: *0549*
Az 1: 5J 642/38
Az 2: 1H 13/39

Richards
- Fiche: *0001*
Az 1: 8J 1865/33
Az 2: 1H 1/34

Richardson
- Fiche: *0463*
Az 1: 15J 307/35
Az 2: 1H 4/36

Richardt
- Fiche: *0419*
  Az 1: 9J 48/44
  Az 2: 2H 51/44

Richert, Albert
- Fiche: *0151*
  Az 1: 8J 13/39
  Az 2: 2H 44/39

Richey, Walter
- Fiche: *0552*
  Az 1: 9J 162/42g
  Az 2: 2H 320/42

Richey, Walter (A)
- Fiche: *0685*
  Az 1: 9J 60/43
  Az 2: 2H 42/43

Richter
- Fiche: *0042*
  Az 1: 16J 354/35
  Az 2: 1H 50/35
- Fiche: *0042 f.*
  Az 1: 14a/9J 1672/31
  Az 2: 1H 52/35
- Fiche: *0055 f./0390*
  Az 1: 8J 82/36g
  Az 2: 2H 13/36
- Fiche: *0066 f./0253 f.*
  Az 1: 8J 4/36
  Az 2: 1H 38/36
- Fiche: *0080/0260*
  Az 1: 17J 473/35
  Az 2: 2H 63/36
- Fiche: *0139/0474 f.*
  Az 1: 6J 141/38g
  Az 2: 1H 10/39
- Fiche: *0143 f.*
  Az 1: 5J 160/39
  Az 2: 2H 24/39
- Fiche: *0157*
  Az 1: 5J 474/39
  Az 2: 1H 71/39
- Fiche: *0169 f.*
  Az 1: 5J 229/41
  Az 2: 2H 13/42
- Fiche: *0183*
  Az 1: 5J 45/41
  Az 2: 2H 27/42
- Fiche: *0186 f./0677*
  Az 1: 11J 32/44
  Az 2: 1H 51/44
- Fiche: *0268 f./0701 f.*
  Az 1: 14J 323/37
  Az 2: 1H 24/37
- Fiche: *0485 f.*
  Az 1: 8J 386/38, 8J 214/37
  Az 2: 1H 33/38, 1H 31/38
- Fiche: *0703*
  Az 1: 6J 239/39

Richter (Frau)
- Fiche: *0123 ff./0275 f.*
  Az 1: 8J 5/37g
  Az 2: 2H 23/38
- Fiche: *0209/0574*
  Az 1: 8J 238/44g
  Az 2: 1H 346/44

Richter, Albert
- Fiche: *0241 f.*
  Az 1: 8J 88/36g
  Az 2: 1H 70/35

Richter, Alfred (A)
- Fiche: *0417*
  Az 1: 11J 28/44
  Az 2: 6L 34/44

Richter, Bubi
- Fiche: *0259/0676*
  Az 1: 16J 534/35
  Az 2: 2H 57/35

Richter, Charlotte
- Fiche: *0063 f.*
  Az 1: 8J 165/35
  Az 2: 2H 30/36

Richter, Emma
- Fiche: *0443*
  Az 1: 10J 592/43
  Az 2: 6H 137/43

Richter, Erich
- Fiche: *0094*
  Az 1: 16J 23/37
  Az 2: 1H 18/37

Richter, Erich Max (A)
- Fiche: *0024/0385 f.*
  Az 1: 14J 75/33, 14J 77/33
  Az 2: 2H 7/35, 2H 6,7/35

Richter, Erich Paul (A)
- Fiche: *0024/0385 f.*
  Az 1: 14J 75/33, 14J 77/33
  Az 2: 2H 7/35, 2H 6,7/35

Richter, Ewald
- Fiche: *0126/0276*
  Az 1: 16J 912/37
  Az 2: 2H 28/38

Richter, Franz
- Fiche: *0147*
  Az 1: 7J 219/39
  Az 2: 1H 31/39

Richter, Friedrich (A)
- Fiche: *0627*
  Az 1: 0J 53/44g
  Az 2: 1L 510/44

Richter, Fritz
- Fiche: *0071*
  Az 1: 16J 754/35
  Az 2: 2H 45/36

Richter, Fritz (A)
- Fiche: *0012*
  Az 1: 14J 327/33
  Az 2: 2H 15/34

Richter, Georg
- Fiche: *0126*
  Az 1: 17J 414/37
  Az 2: 2H 26/38
- Fiche: *0278 f.*
  Az 1: 8J 252/38
  Az 2: 2H 68/38
- Fiche: *0640*
  Az 1: 16J 328/35
  Az 2: 1H 11/37

Richter, Georg (A)
- Fiche: *0054/0508*
  Az 1: 17J 496/35
  Az 2: 2H 11/36

Richter, Gerhard
- Fiche: *0055*
  Az 1: 16J 23/36
  Az 2: 2H 12/36

Richter, Gustav (A)
- Fiche: *0174*
  Az 1: 6J 76/42g
  Az 2: 2H 160/42

Richter, Hans
- Fiche: *0040 f./0235 f.*
  Az 1: 16J 324/34
  Az 2: 2H 45/35
- Fiche: *0145/0285 f.*
  Az 1: 5J 102/39
  Az 2: 1H 27/39

Richter, Hans (A)
- Fiche: *0608 ff.*
  Az 1: 15J 179/33
  Az 2: XII H 17/34
- Fiche: *0702*
  Az 1: 6J 80/40g
  Az 2: 5H 64/42

Richter, Herbert
- Fiche: *0185 f.*
  Az 1: 11J 29/44
  Az 2: 1H 52/44
- Fiche: *0186/0579*
  Az 1: 11J 36/44
  Az 2: 1H 64/44
- Fiche: *0187*
  Az 1: 11J 243/44
  Az 2: 1H 73/44
- Fiche: *0571*
  Az 1: 11(10)J 1241/43
  Az 2: 1H 59/44

Richter, Herbert (A)
- Fiche: *0627 f.*
  Az 1: 10J 1095/43g
  Az 2: 1H 305/43
- Fiche: *0706*
  Az 1: StPL (RKA) 188/43
  Az 2: StPL (HLS) II 48/43

Richter, Hermann
- Fiche: *0084*
  Az 1: 17J 318/36
  Az 2: 2H 2/37

Richter, Irma
- Fiche: *0123 ff./0275 f.*
  Az 1: 8J 5/37g
  Az 2: 2H 23/38

Richter, Johann
- Fiche: *0666 f.*
  Az 1: 8/16J 747/33
  Az 2: XV H 41/33

Richter, Käthe
- Fiche: *0127/0623*
  Az 1: 8J 419/37g
  Az 2: 2H 33/38

Richter, Karl (A)
- Fiche: *0607*
  Az 1: 13J 270/33
  Az 2: XV H 57/33

Richter, Konrad (A)
- Fiche: *0438*
  Az 1: 7J 208,209,210/44
  Az 2: 5H 42,43,44/45
- Fiche: *0438*
  Az 1: 7J 209/44
  Az 2: 5H 43/45

Richter, Kurt
- Fiche: *0074*
  Az 1: 8J 135/36
  Az 2: 1H 55/36
- Fiche: *0160/0288f.*
  Az 1: 6J 224/39g
  Az 2: 2H 44/40
- Fiche: *0168 f.*
  Az 1: 5J 230/41
  Az 2: 2H 6/42

Richter, Markus
- Fiche: *0365*
  Az 1: 7J 599/42
  Az 2: 6H 45/43

Richter, Markus (A)
- Fiche: *0650*
  Az 1: 7J 66/43
  Az 2: 6H 145/43

Richter, Martin
- Fiche: *0117*
  Az 1: 6J 116/38g
  Az 2: 1H 11/38

Richter, Max
- Fiche: *0598 ff.*
  Az 1: 9J 479/35
  Az 2: 2H 14/36

Richter, Otto
- Fiche: *0077 f./0239*
  Az 1: 8J 421/35g
  Az 2: 2H 60/36
- Fiche: *0145/0285 f.*
  Az 1: 5J 102/39
  Az 2: 1H 27/39

Richter, Paul
- Fiche: *0198 f./0208*
  Az 1: 8J 169/44
  Az 2: 1H 210/44
- Fiche: *0681 f.*
  Az 1: 10J 202/41g
  Az 2: 2H 143/41

Richter, Paul (A)
- Fiche: *0207/0532*
  Az 1: 8J 206/44g
  Az 2: 1H 274/44

Richter, Rudolf
- Fiche: *0184/0680*
  Az 1: 9J 777/43g
  Az 2: 5H 39/44

Richter, Rudolf (A)
- Fiche: *0174*
  Az 1: 6J 76/42g
  Az 2: 2H 160/42

Riedmann
- Fiche: *0414 f.*
  Az 1: 10(9)J 819/43g
  Az 2: 6H 28/44

Riedmiller
- Fiche: *0071 f.*
  Az 1: 14J 288/36
  Az 2: 1H 48/36
- Fiche: *0555 f.*
  Az 1: 9J 202/36
  Az 2: 2H 14/37

Riedmüller, Franz
- Fiche: *0338*
  Az 1: 7J 272/42
  Az 2: 2H 206/42

Riedmüller, Franz (A)
- Fiche: *0706*
  Az 1: StPL (RKA) II 240/42
  Az 2: StPL (HLS) III 78/42

Riefler, Ferdinand
- Fiche: *0515*
  Az 1: 8J 368/38
  Az 2: 1H 4/39

Riegel
- Fiche: *0233 f.*
  Az 1: 8J 291/35
  Az 2: 2H 36/35
- Fiche: *0390*
  Az 1: 8J 291/35
  Az 2: 2H 5/36

Riegel, Heinz (A)
- Fiche: *0084 f.*
  Az 1: 8J 430/35g
  Az 2: 1H 3/37

Riegel, Oswald
- Fiche: *0233 f.*
  Az 1: 8J 291/35
  Az 2: 2H 36/35

Rieger
- Fiche: *0038 f./0259 f.*
  Az 1: 16J 767/35
  Az 2: 2H 57/36
- Fiche: *0417*
  Az 1: 7J 64/44
  Az 2: 5H 42/44

Rieger, Anna
- Fiche: *0115 f.*
  Az 1: 17J 381/37
  Az 2: 2H 5/38
- Fiche: *0682*
  Az 1: 17J 377/37
  Az 2: 1H 6/38

Rieger, Erich (A)
- Fiche: *0091*
  Az 1: 7a O Js 113.36

Riegraf, Helmut
- Fiche: *0141/0475 f.*
  Az 1: 5J 449/38
  Az 2: 1H 15/39
- Fiche: *0630 f.*
  Az 1: 5J 174/39
  Az 2: 2H 51/39

Riehl, August
- Fiche: *0522*
  Az 1: 9J 90/41g
  Az 2: 2H 95/41

Riehm
- Fiche: *0666*
  Az 1: 8/16J 301/33
  Az 2: XV H 33/33

Riehm, Heinrich
- Fiche: *0549*
  Az 1: 10J 96/42
  Az 2: 2H 238/42

Rieke
- Fiche: *0556 f.*
  Az 1: 9J 51/44g
  Az 2: 1H 97/44

Rieke, Luise
- Fiche: *0431*
  Az 1: 9J 133/44
  Az 2: 2H 142/44

Rieke, Luise (A)
- Fiche: *0193/0444*
  Az 1: 9J 123/44
  Az 2: 2H 144/44

Riekens, Hans
- Fiche: *0070 f./0255*
  Az 1: 17J 492/35
  Az 2: 2H 44/36

Rieloff, Willy
- Fiche: *0538*
  Az 1: 10J 227/38
  Az 2: 2H 80/38

Rieloff, Willy (A)
- Fiche: *0493*
  Az 1: 10J 229/38
  Az 2: 2H 66/38

Riemann
- Fiche: *0070 f./0255*
  Az 1: 17J 492/35
  Az 2: 2H 44/36

Riemann, Carl
- Fiche: *0138*
  Az 1: 5J 279/38
  Az 2: 1H 6/39
- Fiche: *0138 f.*
  Az 1: 5J 53/39
  Az 2: 1H 7/39
- Fiche: *0139 f./0283*
  Az 1: 5J 84/39
  Az 2: 1H 11/39

Riemann, Carl (A)
- Fiche: *0142*
  Az 1: 5J 181/39
  Az 2: 1H 17/39

Riementhaler, Josef
- Fiche: *0380/0529*
  Az 1: 7J 209/43
  Az 2: 6H 139/43

Riemer
- Fiche: *0481 f./0557 f.*
  Az 1: 8J 214/37
  Az 2: 1H 31/38
- Fiche: *0590 f.*
  Az 1: 8J 420/35g
  Az 2: 1H 32/36

Riemer, Alfred
- Fiche: *0261*
  Az 1: 14J 570/37g

Riemer, Bruno
- Fiche: *0632 f.*
  Az 1: 6J 29/42g
  Az 2: 1H 139/43

Riemer, Hedwig
- Fiche: *0272*
  Az 1: 16J 225/37
  Az 2: 2H 60/37

Riemer, Kurt
- Fiche: *0186 f./0677*
  Az 1: 11J 32/44
  Az 2: 1H 51/44

Rien, Franz (A)
- Fiche: *0299*
  Az 1: 5J 120/43
  Az 2: 2H 141/43

Rien, Ludwig
- Fiche: *0165 f.*
  Az 1: 9J 297/40
  Az 2: 2H 70/41

Riepl
- Fiche: *0367/0437 f.*
  Az 1: 7J 205,206,207/44
  Az 2: 5H 39,40,41/45

Riepl, Eduard
- Fiche: *0400*
  Az 1: 7J 186/42
  Az 2: 5H 117/42

Riepl, Johann (A)
- Fiche: *0364/0736*
  Az 1: 7J 109/43, 6(7)J 108/43
  Az 2: 5H 28/44, *H 35/44

Riepl, Leopold
- Fiche: *0438*
  Az 1: 7J 209/44
  Az 2: 5H 43/45
- Fiche: *0438*
  Az 1: 7J 208,209,210/44
  Az 2: 5H 42,43,44/45

Ries (Frau)
- Fiche: *0494*
  Az 1: 8J 11/37g
  Az 2: 2H 9/38

Ries, Karl (A)
- Fiche: *0494*
  Az 1: 8J 11/37g
  Az 2: 2H 9/38

Ries, Ludwig
- Fiche: *0367*
  Az 1: 6J 258/38
  Az 2: 1H 31/43

Riesberg, Hermann
- Fiche: *0004*
  Az 1: 13J 252/33
  Az 2: 2H 5/34

Riese, Ferdinand
- Fiche: *0598 ff.*
  Az 1: 9J 479/35
  Az 2: 2H 14/36

Rieseberg
- Fiche: *0031 f./0230*
  Az 1: 17J 296/34
  Az 2: 2H 24/35

Riesen, Sybilla
- Fiche: *0071 f.*
  Az 1: 14J 288/36
  Az 2: 1H 48/36

Rieskamp
- Fiche: *0174/0483*
  Az 1: 6J 83/42
  Az 2: 2H 154/42

Riess
- Fiche: *0556 f.*
  Az 1: 9J 51/44g
  Az 2: 1H 97/44

Rieß
- Fiche: *0322/0521 f.*
  Az 1: 6J 145/40
  Az 2: 2H 32/41

Rieß, Hermann
- Fiche: *0071/0244*
  Az 1: 8J 168/36g
  Az 2: 2H 46/36

Riess, Ludwig
- Fiche: *0489*
  Az 1: 8J 87/44
  Az 2: 1H 127/44
- Fiche: *0518/0562*
  Az 1: 8J 52/44
  Az 2: 1H 82/44
- Fiche: *0519/0560*
  Az 1: 9J 316/40
  Az 2: 2H 125/41
- Fiche: *0683 f.*
  Az 1: 10J 44/41
  Az 2: 2H 45/42

Rieß, Ludwig
- Fiche: *0166*
  Az 1: 9J 275/40
  Az 2: 2H 84/41

Riess, Ludwig (A)
- Fiche: *0643*
  Az 1: 10J 29/41
  Az 2: 2H 49/41

Rieß, Martha
- Fiche: *0071/0244*
  Az 1: 8J 168/36g
  Az 2: 2H 46/36

Riess, Rosa
- Fiche: *0643*
  Az 1: 10J 29/41
  Az 2: 2H 49/41

Rießler, Gerhard
- Fiche: *0588 f./0643*
  Az 1: 16J 293/35, 8J 438/35
  Az 2: 2H 58/35

Rietig, Walter (A)
- Fiche: *0568*
  Az 1: 9J 173/42
  Az 2: 2H 267/42

Ritter
- Fiche: *0071 f.*
  Az 1: 14J 288/36
  Az 2: 1H 48/36
- Fiche: *0131/0596 f.*
  Az 1: 14J 796/37g
  Az 2: 2H 51/38
- Fiche: *0141/0475 f.*
  Az 1: 5J 449/38
  Az 2: 1H 15/39
- Fiche: *0549*
  Az 1: 5J 642/38
  Az 2: 1H 13/39

Ritter, Carl (A)
- Fiche: *0203 f.*
  Az 1: 11J 246/44
  Az 2: 2H 245/44

Ritter, Christian (A)
- Fiche: *0278*
  Az 1: 8J 361/37g
  Az 2: 2H 58/38

Ritter, Hans
- Fiche: *0304 f.*
  Az 1: 7J 268/39
  Az 2: 1H 66/39

Ritter, Karl (A)
- Fiche: *0376*
  Az 1: 7J 306/42, 7J 239/43
  Az 2: 5H 140/42, 5H 72/43
- Fiche: *0376*
  Az 1: 7J 238/43
  Az 2: 5H 72/43

Ritter, Kurt
- Fiche: *0184/0707 f.*
  Az 1: 9J 777/43g
  Az 2: 5H 40/44
- Fiche: *0688 f.*
  Az 1: 10J 75/44
  Az 2: 1L 192/44

Ritter, Kurt (A)
- Fiche: *0184/0680*
  Az 1: 9J 777/43g
  Az 2: 5H 39/44

Ritter, Richard
- Fiche: *0145/0285 f.*
  Az 1: 5J 102/39
  Az 2: 1H 27/39

Ritter, Wilhelm
- Fiche: *0735 f.*
  Az 1: 7J 32/44
  Az 2: 6H 92/44

Rittmeister, Eva
- Fiche: *0692*
  Az 1: StPL (RKA) III 525/42
  Az 2: StPL (HLS) II 4/43

Rittmeister, John
- Fiche: *0692*
  Az 1: StPL (RKA) III 525/42
  Az 2: StPL (HLS) II 4/43
- Fiche: *0693*
  Az 1: StPL (RKA) III 525/42
  Az 2: StPL 2. Sen. 100/43
- Fiche: *0714*
  Az 1: StPL (RKA) III 530/42
  Az 2: StPL (HLS) II 12/43

Rittner
- Fiche: *0134*
  Az 1: 7J 344/38
  Az 2: 2H 78/38

Ritz
- Fiche: *0231 f./0561*
  Az 1: 8J 14/34
  Az 2: 2H 33/35

Ritzmann
- Fiche: *0532 f.*
  Az 1: 7(11)J 197/34g
  Az 2: 3L 21/36

Ritzmann, Wilhelm (A)
- Fiche: *0012 f./0546*
  Az 1: 13J 258/33
  Az 2: 1H 16/34

Ritzrow, Friedrich
- Fiche: *0687*
  Az 1: 15J 222/35
  Az 2: 2H 34/36

Riwet, Colonel
- Fiche: *0479 f.*
  Az 1: 7(8)J 108/43g

Riwotzki, Fritz
- Fiche: *0460 f.*
  Az 1: 17J 109/37, 9J 142/37
  Az 2: 2H 44,47/37

Rixen, Heinz
- Fiche: *0231 f./0561*
  Az 1: 8J 14/34
  Az 2: 2H 33/35

Rixen, Wilhelm
- Fiche: *0654*
  Az 1: 13J 308/33
  Az 2: XV H 13/34

Rjazanow
- Fiche: *0639*
  Az 1: 10J 87/41
  Az 2: 2H 192/42

Robert, Max
- Fiche: *0411 f.*
  Az 1: 8J 375/40
  Az 2: 5H 17/44

Robia, Rupert
- Fiche: *0356/0367*
  Az 1: 7J 544/41
  Az 2: 5H 187/42

Robier, Anna
- Fiche: *0378*
  Az 1: 7J 412/43
  Az 2: 6H 178/43

Robinson, Harry
- Fiche: *0714*
  Az 1: StPL (RKA) III 528/42
  Az 2: StPL (HLS) II 10/43

Robitscheck
- Fiche: *0062 f.*
  Az 1: 8J 17/36
  Az 2: 1H 29/36

Robl, Ferdinand
- Fiche: *0345*
  Az 1: 7J 405/42
  Az 2: 2H 266/42

Robst, Erich
- Fiche: *0157 f.*
  Az 1: 11J 195/38
  Az 2: 1H 37/39

Robus
- Fiche: *0094 f./0551*
  Az 1: 9J 600/36
  Az 2: 1H 21/37

Roch, Johann (A)
- Fiche: *0308*
  Az 1: 7J 242/40
  Az 2: 2H 113/40

Rochler, Erich (A)
- Fiche: *0015/0385*
  Az 1: 17J 717/33
  Az 2: 2H 23/34

Rochter, Willi
- Fiche: *0460 f.*
  Az 1: 17J 109/37, 9J 142/37
  Az 2: 2H 44,47/37

Rocker, Rudolf
- Fiche: *0056 f./0461*
  Az 1: 8J 29/35
  Az 2: 2H 18/36

Rocksien, Walter
- Fiche: *0256*
  Az 1: 15J 162/36
  Az 2: 1H 51/36

Rockstroh, Max (A)
- Fiche: *0608 ff.*
  Az 1: 15J 179/33
  Az 2: XII H 17/34

Rode
- Fiche: *0467*
  Az 1: 10J 228/38
  Az 2: 2H 76/38
- Fiche: *0493*
  Az 1: 10J 229/38
  Az 2: 2H 66/38
- Fiche: *0725 f.*
  Az 1: 15J 157/34
  Az 2: 1H 11/35

Rode, Berta
- Fiche: *0565 f.*
  Az 1: 10J 291/38
  Az 2: 2H 88/38
- Fiche: *0587*
  Az 1: 10J 303/38
  Az 2: 2H 90/38

Rodenwald
- Fiche: *0532 f.*
  Az 1: 7(11)J 197/34g
  Az 2: 3L 21/36

Roder, Lorenz
- Fiche: *0535*
  Az 1: 8J 78/42g
  Az 2: 2H 214/42

Roderburg, Georg
- Fiche: *0099 f.*
  Az 1: 14J 301/37
  Az 2: 1H 27/37

Roderian
- Fiche: *0310*
  Az 1: 7J 70/40
  Az 2: 2H 130/40

Rodewig, Hermann
- Fiche: *0094 f./0551*
  Az 1: 9J 600/36
  Az 2: 1H 21/37
- Fiche: *0243/0471 f.*
  Az 1: 15J 578/36
  Az 2: 1H 2/37
- Fiche: *0489/0504*
  Az 1: 9J 12/41
  Az 2: 2H 99/41
- Fiche: *0494*
  Az 1: 9J 356/36
  Az 2: 1H 46/36
- Fiche: *0536 f.*
  Az 1: 9J 50/41
  Az 2: 2H 106/41

Rodewyk, Peter
- Fiche: *0120*
  Az 1: 17J 401/37
  Az 2: 2H 14/38

Rodewyk, Peter (A)
- Fiche: *0120*
  Az 1: 17J 407/37
  Az 2: 2H 16/38

Rodler, Frieda
- Fiche: *0306 f.*
  Az 1: 7J 549/39
  Az 2: 2H 32/40

Rodler, Herbert
- Fiche: *0306 f.*
  Az 1: 7J 549/39
  Az 2: 2H 32/40

Rodrian (Frau)
- Fiche: *0310*
  Az 1: 7J 70/40
  Az 2: 2H 131/40

Rodrian, Karl
- Fiche: *0310*
  Az 1: 7J 70/40
  Az 2: 2H 131/40

Rodrigus
- Fiche: *0446*
  Az 1: 9J 9/43g
  Az 2: 1H 37/43

Röblitz, Elfriede
- Fiche: *0583*
  Az 1: 10J 225/38
  Az 2: 2H 70/38

Röchling, Ernst (A)
- Fiche: *0440*
  Az 1: 0J 42/44g Rs
  Az 2: 1L 465/44

Röckenschuß, Anton
- Fiche: *0278 f.*
  Az 1: 8J 252/38
  Az 2: 2H 68/38
- Fiche: *0477 f.*
  Az 1: 8J 251/38
  Az 2: 2H 65/38

- Fiche: *0228 f.*
Az 1: 14J 34/34
Az 2: 1H 13/35
- Fiche: *0233 f.*
Az 1: 8J 291/35
Az 2: 2H 36/35
- Fiche: *0274 f.*
Az 1: 8J 226/38g
Az 2: 1H 17/38
- Fiche: *0449*
Az 1: 7(6)J 116/43
Az 2: 2H 8/44
- Fiche: *0460*
Az 1: 10J 138/44
Az 2: 2H 113/44
- Fiche: *0481/0688*
Az 1: 7(6)J 117/43
Az 2: 2H 12/44
- Fiche: *0481 f./0557 f.*
Az 1: 8J 214/37
Az 2: 1H 31/38
- Fiche: *0485 f.*
Az 1: 8J 386/38,
8J 214/37
Az 2: 1H 33/38, 1H 31/38
- Fiche: *0556 f.*
Az 1: 9J 51/44g
Az 2: 1H 97/44
- Fiche: *0594 f./0695 f.*
Az 1: 11J 122/35g
Az 2: 2H 10,11,12/37
- Fiche: *0604 f.*
Az 1: 10J 317/38
Az 2: 2H 23/39
- Fiche: *0641 f.*
Az 1: 9J 70/42g
Az 2: 2H 157/43
- Fiche: *0679 f./0713*
Az 1: 10(9)J 777/43g
Az 2: 5H 38/44, 5H 43/44
- Fiche: *0732*
Az 1: 1J 85/44g

Römer, Josef (Beppo) (A)
- Fiche: *0688 f.*
Az 1: 10J 75/44
Az 2: 1L 192/44

Römer, Karl
- Fiche: *0011 f.*
Az 1: 17J 545/33
Az 2: 1H 15/34

Römer, Louise
- Fiche: *0063 f.*
Az 1: 8J 165/35
Az 2: 2H 30/36

Römer, Maria (A)
- Fiche: *0378*
Az 1: 7J 379/43
Az 2: 6H 186/43

Römer, Max
- Fiche: *0032 f.*
Az 1: 13J 11/34
Az 2: 1H 26/35

Römer, Wilhelm
- Fiche: *0140 f.*
Az 1: 8J 357/38g
Az 2: 2H 13/39

Römer, Wilhelm (A)
- Fiche: *0049/0450*
Az 1: 9J 151/35
Az 2: 1H 3/36

Roenne, von
- Fiche: *0708*
Az 1: 0J 5/44gRs,
0J 9/44gRs
Az 2: 1L 301/44,
1L 309/44

Roennecke
- Fiche: *0006/0528*
Az 1: 15J 250/33
Az 2: 2H 9/34

Röpke
- Fiche: *0542*
Az 1: 8J 263/41
Az 2: 2H 30/42

Roeringholder
- Fiche: *0511 f.*
Az 1: 9J 125/39g
Az 2: 2H 45/39

Rösch
- Fiche: *0615 ff.*
Az 1: 15J 86/33
Az 2: XII H 42/33

Rösch, Augustin
- Fiche: *0481*
Az 1: 0J 21/44g Rs,
0J 38/44/g Rs
Az 2: 1L 439/44,
1L 397/44

Röschke, Max
- Fiche: *0001*
Az 1: 17J 303/33
Az 2: 1H 2/34
- Fiche: *0011 f.*
Az 1: 17J 545/33
Az 2: 1H 15/34

Röschlein, Erna (A)
- Fiche: *0014/0737*
Az 1: 14J 253/33
Az 2: 2H 22/34

Röschlein, Georg (A)
- Fiche: *0014/0737*
Az 1: 14J 253/33
Az 2: 2H 22/34

Rösel, Max
- Fiche: *0210 f./0498*
Az 1: 9J 236/44g
Az 2: 5H 38/45

Rösener, Rudi
- Fiche: *0060 f.*
Az 1: 8J 438/35g
Az 2: 1H 23/24/36

Röser, Richard
- Fiche: *0433*
Az 1: 10J 166/44
Az 2: 2H 219/44

Rösner
- Fiche: *0245 f.*
Az 1: 8J 7/36g
Az 2: 2H 4/36
- Fiche: *0523 f.*
Az 1: 9J 351/38g
Az 2: 2H 93/38

Rösner (Frau)
- Fiche: *0130/0277*
Az 1: 6J 224/38g
Az 2: 2H 48/38

Rösner, Richter
- Fiche: *0285*
Az 1: 6J 586/38g
Az 2: 2H 26/39

Rössel, Herbert
- Fiche: *0455*
Az 1: 10J 107/42
Az 2: 2H 256/42

Rössel, Max (A)
- Fiche: *0210 f./0498*
Az 1: 9J 236/44g
Az 2: 5H 38/45

Rössel-Majdan, Karl
- Fiche: *0407 f.*
Az 1: 7(8)J 199/41
Az 2: 2H 3/44
- Fiche: *0647 f.*
Az 1: 7(8)J 203/41
Az 2: 2H 168/44

Rössel-Majdan, Karl (A)
- Fiche: *0418*
Az 1: 7(8)J 103/41
Az 2: 5H 47/44

Rössel-Majdan, Viktor
- Fiche: *0418*
Az 1: 7(8)J 103/41
Az 2: 5H 47/44

Roessler
- Fiche: *0615 ff.*
Az 1: 15J 86/33
Az 2: XII H 42/33

Rössler
- Fiche: *0630*
Az 1: 9J 657/35
Az 2: 1H 58/36

Rößler
- Fiche: *0035*
Az 1: 17J 454/34
Az 2: 1H 28/35
- Fiche: *0144*
Az 1: 5J 199/39
Az 2: 1H 26/39
- Fiche: *0292*
Az 1: 5J 228/41
Az 2: 2H 16/42

Rößler, Karl
- Fiche: *0585 f.*
Az 1: 8J 160/38
Az 2: 2H 73/38

Rößler, Markus
- Fiche: *0308*
Az 1: 6J 103/40g
Az 2: 2H 115/40
- Fiche: *0322/0521 f.*
Az 1: 6J 145/40
Az 2: 2H 32/41

Rössler, Olga
- Fiche: *0696 f.*
Az 1: StPL (RKA) III
657/41
Az 2: StPL (HLS) III
16/42

Rößler, Willy (A)
- Fiche: *0099 f.*
Az 1: 14J 301/37
Az 2: 1H 27/37

Rössler, Wolfgang
- Fiche: *0122 f.*
Az 1: 16J 765/37
Az 2: 1H 23/38

Rösslhuber, Franz
- Fiche: *0294*
Az 1: 7J 231/42
Az 2: 1H 213/42

Rösslhuber, Karl
- Fiche: *0294*
Az 1: 7J 231/42
Az 2: 1H 213/42

Rößner
- Fiche: *0727*
Az 1: 16J 293/35

Rößner (Frau)
- Fiche: *0060 f.*
Az 1: 8J 438/35g
Az 2: 1H 23/24/36

Rössner, Herbert (A)
- Fiche: *0589*
Az 1: 16J 293/35
Az 2: 2H 58/35

Rößner, Herbert (A)
- Fiche: *0588 f./0643*
Az 1: 16J 293/35,
8J 438/35
Az 2: 2H 58/35

Rößner, Rudi
- Fiche: *0039*
Az 1: 16J 454/35
Az 2: 2H 40/35

Rößner, Rudolf
- Fiche: *0060 f.*
Az 1: 8J 438/35g
Az 2: 1H 23/24/36

Rössner, Rudolf (A)
- Fiche: *0589*
Az 1: 16J 293/35
Az 2: 2H 58/35

Rößner, Rudolf (A)
- Fiche: *0588 f./0643*
Az 1: 16J 293/35,
8J 438/35
Az 2: 2H 58/35

Röth, Erich
- Fiche: *0709 ff.*
Az 1: 8J 162/40
Az 2: 2H 77/41

Röthling, Erich
- Fiche: *0728*
Az 1: 17J 461/34
Az 2: 0Js 18/36

Rött
- Fiche: *0575/0644 f.*
Az 1: 8J 324/39g
Az 2: 5H 110/43

Roos, Gustav
- Fiche: *0549*
  Az 1: 5J 642/38
  Az 2: 1H 13/39

Roos, Gustav (A)
- Fiche: *0141/0475 f.*
  Az 1: 5J 449/38
  Az 2: 1H 15/39

Roosevelt, Franklin D.
- Fiche: *0552 f.*
  Az 1: 8J 10/35
  Az 2: 2H 34/35

Roozen, Gerhard
- Fiche: *0081/0471*
  Az 1: 15J 544/36
  Az 2: 2H 64/36

Roretz, Ernst
- Fiche: *0401 f.*
  Az 1: 8J 285/39g
  Az 2: 5H 108/43

Ros
- Fiche: *0483*
  Az 1: 14J 482/37
  Az 2: 1H 25/37

Rosasco, Viktoria
- Fiche: *0496*
  Az 1: 15J 126/34
  Az 2: 2H 20/35

Rosazien, Florian
- Fiche: *0151 f./0584*
  Az 1: 7J 72/39
  Az 2: 1H 45/39

Roscher
- Fiche: *0037*
  Az 1: 8J 228/35
  Az 2: 1H 36/35
- Fiche: *0094*
  Az 1: 16J 23/37
  Az 2: 1H 18/37
- Fiche: *0316*
  Az 1: 16J 251/36
  Az 2: 1H 45/36
- Fiche: *0563 f.*
  Az 1: 10J 68/40
  Az 2: 2H 109/40

Roscher, Ludwig
- Fiche: *0126/0276*
  Az 1: 16J 912/37
  Az 2: 2H 28/38

Roscher, Max
- Fiche: *0088*
  Az 1: 8J 211/36
  Az 2: 2H 6/37

Rose
- Fiche: *0531 f.*
  Az 1: 10J 170/41
  Az 2: 2H 10/42

Rose, Elisabeth (A)
- Fiche: *0457*
  Az 1: 9J 244/44
  Az 2: 2H 252/44

Rose, Karl
- Fiche: *0198*
  Az 1: 10J 167/44
  Az 2: 2H 208/44
- Fiche: *0202/0466*
  Az 1: 8J 143/44
  Az 2: 2H 239/44

Rose, Karl Wilhelm
- Fiche: *0457*
  Az 1: 9J 244/44
  Az 2: 2H 252/44

Rose, Paul
- Fiche: *0507*
  Az 1: 15J 175/34
  Az 2: 2H 18/35

Rosenbaum
- Fiche: *0111 f./0270 f.*
  Az 1: 17J 152/37
  Az 2: 2H 51/37
- Fiche: *0448*
  Az 1: 17J 225/37
  Az 2: 2H 48/37

Rosenbaum, Karl
- Fiche: *0034*
  Az 1: 9J 613/33
  Az 2: 1H 27/35
- Fiche: *0042 f.*
  Az 1: 14a/9J 1672/31
  Az 2: 1H 52/35

Rosenbaum, Peter
- Fiche: *0051 f.*
  Az 1: 8J 383/34
  Az 2: 1H 7/36

Rosenberg
- Fiche: *0197/0466*
  Az 1: 8J 157/44
  Az 2: 1H 208/44
- Fiche: *0208/0672*
  Az 1: 8J 199/44
  Az 2: 1H 298/44
- Fiche: *0433/0569*
  Az 1: 8J 183/44g
  Az 2: 1H 221/44
- Fiche: *0442*
  Az 1: 7J 480/42
  Az 2: 1H 337/42
- Fiche: *0708*
  Az 1: 0J 5/44gRs, 0J 9/44gRs
  Az 2: 1L 301/44, 1L 309/44

Rosenberg, Alexander
- Fiche: *0176/0362*
  Az 1: 6J 248/41g
  Az 2: 1H 14/43

Rosenberg, Anna
- Fiche: *0671 f.*
  Az 1: 15J 385/34
  Az 2: 1H 11/36

Rosenberg, Hans
- Fiche: *0517/0678*
  Az 1: 10J 139/38
  Az 2: 2H 67/38

Rosenberg, Hans (A)
- Fiche: *0064*
  Az 1: 17J 160/36
  Az 2: 2H 31/36

Rosenberg, Heinz
- Fiche: *0198 f./0208*
  Az 1: 8J 169/44
  Az 2: 1H 210/44
- Fiche: *0200*
  Az 1: 8J 177/44g
  Az 2: 1H 219/44
- Fiche: *0200/0569*
  Az 1: 8J 178/44
  Az 2: 1H 218/44
- Fiche: *0207*
  Az 1: 8J 188/44g
  Az 2: 1H 285/44

Rosenberg, Ilse
- Fiche: *0058 f.*
  Az 1: 17J 129/35
  Az 2: 1H 21,22/36

Rosenberg, Karl
- Fiche: *0071 f.*
  Az 1: 14J 288/36
  Az 2: 1H 48/36

Rosenberg, Werner
- Fiche: *0064*
  Az 1: 17J 160/36
  Az 2: 2H 31/36

Rosenberger
- Fiche: *0346*
  Az 1: 7J 425/42
  Az 2: 1H 251/42
- Fiche: *0356/0512*
  Az 1: 7J 479/42
  Az 2: 5H 196/42
- Fiche: *0360*
  Az 1: 7J 409/42
  Az 2: 5H 156/42
- Fiche: *0383*
  Az 1: 7J 277/43
  Az 2: 6H 109/43
- Fiche: *0648*
  Az 1: 7J 357/43
  Az 2: 5H 98/43

Rosenberger, Alois
- Fiche: *0577*
  Az 1: 7J 276/43
  Az 2: 6H 108/43

Rosenberger, Alois (A)
- Fiche: *0383*
  Az 1: 7J 277/43
  Az 2: 6H 134/43

Rosenberger, Otto
- Fiche: *0354 f.*
  Az 1: 7J 478/42
  Az 2: 5H 199/42

Rosenberger, Otto (A)
- Fiche: *0356/0400*
  Az 1: 7J 395/42, 7J 457/42
  Az 2: 5H 158/42, 5H 193/42
- Fiche: *0526 f.*
  Az 1: 7J 457/42

Rosenblattl (Frau)
- Fiche: *0296*
  Az 1: 7J 599/42
  Az 2: 6H 47/43
- Fiche: *0365*
  Az 1: 7J 599/42
  Az 2: 6H 45/43
- Fiche: *0365*
  Az 1: 7J 599/42
  Az 2: 6H 48/43
- Fiche: *0455*
  Az 1: 7J 599/42
  Az 2: 6H 44/43

Rosenblattl, August
- Fiche: *0308*
  Az 1: 6J 103/40g
  Az 2: 2H 115/40
- Fiche: *0309 f.*
  Az 1: 6J 103/40g
  Az 2: 2H 116/40

Rosendahl, August
- Fiche: *0301*
  Az 1: 15J 818/36
  Az 2: 1H 22/37

Rosenfeld
- Fiche: *0460 f.*
  Az 1: 17J 109/37, 9J 142/37
  Az 2: 2H 44,47/37
- Fiche: *0513*
  Az 1: 15J 302/34, 15J 107/35
  Az 2: 1H 18/35, 1H 21/35

Rosenfeld, Friedel
- Fiche: *0303 f.*
  Az 1: 17J 43/37
  Az 2: 1H 7/38

Rosenfeld, Kurt
- Fiche: *0001*
  Az 1: 8J 1865/33
  Az 2: 1H 1/34
- Fiche: *0039*
  Az 1: 8J 169/35
  Az 2: 1H 41/35
- Fiche: *0052 f.*
  Az 1: 17J 5/36
  Az 2: 1H 10/36
- Fiche: *0063 f.*
  Az 1: 8J 165/35
  Az 2: 2H 30/36
- Fiche: *0072 f.*
  Az 1: 15J 282/36
  Az 2: 2H 49/36
- Fiche: *0141/0475 f.*
  Az 1: 5J 449/38
  Az 2: 1H 15/39
- Fiche: *0266/0745*
  Az 1: 17J 472/36
  Az 2: 2H 28/37
- Fiche: *0539 f.*
  Az 1: 10J 36/41
  Az 2: 2H 91/41
- Fiche: *0549*
  Az 1: 5J 642/38
  Az 2: 1H 13/39
- Fiche: *0552 f.*
  Az 1: 8J 10/35
  Az 2: 2H 34/35

Roth
- Fiche: *0009 f.*
  Az 1: 14J 8/34
  Az 2: 2H 12/34
- Fiche: *0108 f.*
  Az 1: 8J 337/37g
  Az 2: 1H 41/37
- Fiche: *0110 f.*
  Az 1: 8J 348/37g
  Az 2: 1H 47/37
- Fiche: *0113/0469 f.*
  Az 1: 16J 37/35
  Az 2: 1H 19-20/37
- Fiche: *0145 f.*
  Az 1: 6J 119/39
  Az 2: 1H 29/39
- Fiche: *0349*
  Az 1: 7J 256/42
  Az 2: 5H 90/42
- Fiche: *0382*
  Az 1: 7J 359/43
  Az 2: 5H 120/43
- Fiche: *0479*
  Az 1: 8J 190/43g
  Az 2: 1H 253/43
- Fiche: *0502 f.*
  Az 1: 16J 150/35
  Az 2: 2H 21/36
- Fiche: *0533*
  Az 1: 7J 20/33
  Az 2: 3L 5/34
- Fiche: *0595 f.*
  Az 1: 8J 410/38g
  Az 2: 2H 20/39

Roth (Frau)
- Fiche: *0019*
  Az 1: 17J 617/33
  Az 2: 1H 37/34

Roth, Anton
- Fiche: *0348*
  Az 1: 7J 254/42
  Az 2: 5H 87/42
- Fiche: *0348*
  Az 1: 7J 253/42
  Az 2: 5H 89/42

Roth, Anton (A)
- Fiche: *0347 f.*
  Az 1: 7J 257/42
  Az 2: 5H 86/42

Roth, Ernst
- Fiche: *0041/0236 f.*
  Az 1: 8J 250/35
  Az 2: 1H 46/35

Roth, Franz
- Fiche: *0330*
  Az 1: 6J 41/42g
  Az 2: 2H 126/42

Roth, H.
- Fiche: *0531 f.*
  Az 1: 10J 170/41
  Az 2: 2H 10/42

Roth, Hans
- Fiche: *0070*
  Az 1: 14J 210/35
  Az 2: 2H 43/36

Roth, Johann
- Fiche: *0401/0458 f.*
  Az 1: 7J 590/42
  Az 2: 5H 47/43

Roth, Johannes
- Fiche: *0056 f./0461*
  Az 1: 8J 29/35
  Az 2: 2H 18/36

Roth, Josef
- Fiche: *0587 f.*
  Az 1: 9J 126/42g
  Az 2: 1H 309/42

Roth, Karl
- Fiche: *0498*
  Az 1: 8J 371/38
  Az 2: 1H 38/38

Roth, Katharina
- Fiche: *0269 f.*
  Az 1: 8J 100/37
  Az 2: 1H 43/37

Roth, Konrad
- Fiche: *0550 f.*
  Az 1: 9J 315/37
  Az 2: 2H 50/37

Roth, Leo
- Fiche: *0140 f.*
  Az 1: 8J 357/38g
  Az 2: 2H 13/39

Roth, Leon
- Fiche: *0549*
  Az 1: 10J 96/42
  Az 2: 2H 238/42
- Fiche: *0556 f.*
  Az 1: 9J 51/44g
  Az 2: 1H 97/44
- Fiche: *0581*
  Az 1: 10J 520/43
  Az 2: 1H 213/43

Roth, Leopold
- Fiche: *0037/0221*
  Az 1: 17J 94/34
  Az 2: 1H 33/35

Roth, Otto
- Fiche: *0198*
  Az 1: 10J 167/44
  Az 2: 2H 208/44

Roth, Paul (A)
- Fiche: *0665*
  Az 1: 8/16J 391/33
  Az 2: XV H 22/33

Roth, Philipp (A)
- Fiche: *0664*
  Az 1: 14a/8J 910/31, 14a/9/16J 910/31
  Az 2: XV H 5/32

Roth-Limanow, Alfred
- Fiche: *0647 f.*
  Az 1: 7(8)J 203/41
  Az 2: 2H 168/44

Roth-Limanowa
- Fiche: *0647/0649*
  Az 1: 7(8)J 76/41g
  Az 2: 2H 170/43

Rothaar
- Fiche: *0004 f.*
  Az 1: 13J 98/33
  Az 2: 1H 7/34

Rothamund, Hans
- Fiche: *0056*
  Az 1: 14J 286/35
  Az 2: 1H 16/36

Rothbarth, Johann (A)
- Fiche: *0095 f.*
  Az 1: 17J 271/36
  Az 2: 2H 23/37

Rothe
- Fiche: *0047*
  Az 1: 16J 424/35
  Az 2: 1H 65/35
- Fiche: *0316*
  Az 1: 16J 251/36
  Az 2: 1H 45/36

Rothe (Frau)
- Fiche: *0577*
  Az 1: 11J 118/44
  Az 2: 2H 160/44

Rothe, Charlotte
- Fiche: *0137 f.*
  Az 1: 6J 275/38g
  Az 2: 2H 5/39
- Fiche: *0167*
  Az 1: 6J 66/40g
  Az 2: 2H 120/41

Rothe, Charlotte (A)
- Fiche: *0141/0273*
  Az 1: 6J 277/38g
  Az 2: 1H 14/39

Rothe, Emil
- Fiche: *0169 f.*
  Az 1: 5J 229/41
  Az 2: 2H 13/42

Rothe, Erwin (A)
- Fiche: *0078 f.*
  Az 1: 8J 439/35g
  Az 2: 2H 62/36

Rothe, Margaretha
- Fiche: *0721*
  Az 1: 9J 26/45
- Fiche: *0721*
  Az 1: 9J 25/45

Rothe, Margaretha (A)
- Fiche: *0720 f.*
  Az 1: 9J 283/44

Rothe, Max
- Fiche: *0086/0498 f.*
  Az 1: 8J 68/36
  Az 2: 1H 4/37

Rothe, Richard (A)
- Fiche: *0016*
  Az 1: 17J 470/33
  Az 2: 2H 25/34

Rothe, Willi
- Fiche: *0470 f.*
  Az 1: 10J 232/42g
  Az 2: 2H 337/42

Rothemann, Ernst (A)
- Fiche: *0597 f.*
  Az 1: 15J 355/33
  Az 2: 1H 43/34

Rothemann, Kurt (A)
- Fiche: *0597 f.*
  Az 1: 15J 355/33
  Az 2: 1H 43/34

Rothgänger
- Fiche: *0015/0385*
  Az 1: 17J 717/33
  Az 2: 2H 23/34

Rothkamm, Rudolf
- Fiche: *0632*
  Az 1: 10J 132/41
  Az 2: 2H 165/41

Rothkamm, Rudolf (A)
- Fiche: *0048 f.*
  Az 1: 17J 88/35
  Az 2: 1H 73/35

Rothloff
- Fiche: *0670*
  Az 1: 15/17J 58/33
  Az 2: XV H 24/33

Rothmann
- Fiche: *0696 f.*
  Az 1: StPL (RKA) III 657/41
  Az 2: StPL (HLS) III 16/42

Rotholz
- Fiche: *0546*
  Az 1: 10J 256/42g
  Az 2: 2H 19/43
- Fiche: *0689*
  Az 1: 10J 328/43g
  Az 2: 2H 99/43

Rotholz, Heinz (A)
- Fiche: *0493 f.*
  Az 1: 10J 207/42g
  Az 2: 2H 314/42

Rotholz, Lotte (A)
- Fiche: *0493 f.*
  Az 1: 10J 207/42g
  Az 2: 2H 314/42

Rotholz, Siegbert (A)
- Fiche: *0493 f.*
  Az 1: 10J 207/42g
  Az 2: 2H 314/42

Rothschild, James
- Fiche: *0183*
  Az 1: 11(10)J 631/43
  Az 2: 1H 28/44

Rothschild, Recha
- Fiche: *0387 f.*
  Az 1: 16J 489/33
  Az 2: 3L 19/35

Rotmacher
- Fiche: *0195/0460*
  Az 1: 10J 112/44
  Az 2: 2H 189/44

Rotoghiero, Franz (A)
- Fiche: *0436*
  Az 1: 10J 287/44
  Az 2: 6H 253/44

Rotschädl, Franz
- Fiche: *0447*
  Az 1: 7J 197/43
  Az 2: 6H 97/43

Rutz, Kurt
- Fiche: *0161 f./0562*
  Az 1: 9J 370/39g
  Az 2: 2H 53/40
- Fiche: *0579 f.*
  Az 1: 9J 422/39g
  Az 2: 2H 37/40

Rutzen, Otto
- Fiche: *0391 f.*
  Az 1: 5J 6/36g
  Az 2: 3L 21/37

Ruzanski, Rudolf
- Fiche: *0398/0399*
  Az 1: 6J 127/40g
  Az 2: 3L 99/40

Ruzek
- Fiche: *0682*
  Az 1: 17J 377/37
  Az 2: 1H 6/38

Ruzicka
- Fiche: *0358*
  Az 1: 7J 275/42
  Az 2: 5H 139/42

Ruzicka, Stanislaus
- Fiche: *0177/0512*
  Az 1: 5J 134/42
  Az 2: 5H 36/43

Ryba, Karl (A)
- Fiche: *0426*
  Az 1: 7J 139/44, 7J 130/44
  Az 2: 5H 89/44, 5H 82/44

Rybor, Karl
- Fiche: *0424/0570*
  Az 1: 7J 101/44
  Az 2: 5H 78/44

Rydlewski, Kurt (A)
- Fiche: *0190*
  Az 1: 9J 231/44
  Az 2: 5H 119/44

Ryndin
- Fiche: *0531*
  Az 1: 10J 81/42
  Az 2: 2H 188/42

Ryschkowski
- Fiche: *0615 ff.*
  Az 1: 15J 86/33
  Az 2: XII H 42/33

Ryssel
- Fiche: *0028 f./0679*
  Az 1: 15J 648/33
  Az 2: 1H 14/35

Rywarden
- Fiche: *0401/0520*
  Az 1: 7J 295/43
  Az 2: 5H 95/43
- Fiche: *0707*
  Az 1: StPL (RKA) II 46/43
  Az 2: StPL (HLS) II 54/43

Rzimatschek, Ludwig
- Fiche: *0177 f.*
  Az 1: 8J 382/42g
  Az 2: 2H 65/43
- Fiche: *0502*
  Az 1: 8J 409/42g
  Az 2: 2H 66/43

Saager, Bernhard (A)
- Fiche: *0598*
  Az 1: 15J 618/33
  Az 2: 2H 26/34

Saal, Erich
- Fiche: *0501*
  Az 1: 5J 77/38
  Az 2: 2H 43/38

Saalwächter, Ernst (A)
- Fiche: *0621 f.*
  Az 1: 15J 241/33
  Az 2: XII H 57/33

Saar
- Fiche: *0561*
  Az 1: 9J 35/39g
  Az 2: 2H 2/40

Saar, Fritz
- Fiche: *0089*
  Az 1: 16J 781/36
  Az 2: 1H 9/37
- Fiche: *0171 f.*
  Az 1: 5J 40/41
  Az 2: 2H 51/42
- Fiche: *0525*
  Az 1: 8J 199/38
  Az 2: 2H 91/38
- Fiche: *0672 f.*
  Az 1: 10J 90/41
  Az 2: 2H 111/41

Saar, Fritz (A)
- Fiche: *0169/0521*
  Az 1: 6J 109/41g
  Az 2: 2H 11/42

Saar, Martha
- Fiche: *0169/0521*
  Az 1: 6J 109/41g
  Az 2: 2H 11/42

Saballa, Johann
- Fiche: *0633 f.*
  Az 1: 9J 267/37
  Az 2: 2H 46/37

Saballus, Martha
- Fiche: *0509*
  Az 1: 10J 914/43
  Az 2: 2H 175/43

Sabaty (Frau)
- Fiche: *0384*
  Az 1: 7J 279/43
  Az 2: 6H 104/43

Sabaty, Anton
- Fiche: *0304 f.*
  Az 1: 7J 268/39
  Az 2: 1H 66/39

Sabben, von
- Fiche: *0516*
  Az 1: 9J 25/38
  Az 2: 1H 24/38

Sabeck (Frau)
- Fiche: *0517/0678*
  Az 1: 10J 139/38
  Az 2: 2H 67/38

Sablatnig, Johann
- Fiche: *0696 f.*
  Az 1: StPL (RKA) III 657/41
  Az 2: StPL (HLS) III 16/42

Sablatnig, Johann (A)
- Fiche: *0353*
  Az 1: 7J 392/42
  Az 2: 6H 10/42

Sach
- Fiche: *0456*
  Az 1: 9J 235/44
  Az 2: 2H 220/44

Sacha
- Fiche: *0031 f./0230*
  Az 1: 17J 296/34
  Az 2: 2H 24/35

Sacher, Adolf
- Fiche: *0151 f./0584*
  Az 1: 7J 72/39
  Az 2: 1H 45/39

Sacher, Heinz
- Fiche: *0072 f.*
  Az 1: 15J 282/36
  Az 2: 2H 49/36

Sacher, Kurt
- Fiche: *0348*
  Az 1: 7J 253/42
  Az 2: 5H 89/42

Sachs
- Fiche: *0377*
  Az 1: 7J 599/42
  Az 2: 6H 59/43

Sachs, Anna (A)
- Fiche: *0038/0233*
  Az 1: 17J 42/35
  Az 2: 1H 38/35

Sachs, Felix
- Fiche: *0175*
  Az 1: 7J 75/42
  Az 2: 2H 189/42

Sachs, Franz (A)
- Fiche: *0355*
  Az 1: 7J 464/42
  Az 2: 5H 198/42

Sachs, Karl
- Fiche: *0499*
  Az 1: 10J 141/38
  Az 2: 2H 53/38
- Fiche: *0573 f.*
  Az 1: 10J 140/38
  Az 2: 2H 44/38

Sachse
- Fiche: *0184/0680*
  Az 1: 9J 777/43g
  Az 2: 5H 39/44

Sachse (Frau)
- Fiche: *0642*
  Az 1: 8J 144/38
  Az 2: 1H 16/38

Sachse, Marianne
- Fiche: *0510 f./0689 f.*
  Az 1: 8J 54/37
  Az 2: 2H 41/37

Sachse, Pahl
- Fiche: *0088*
  Az 1: 8J 211/36
  Az 2: 2H 6/37

Sachse, Robert
- Fiche: *0222*
  Az 1: 8J 381/34
  Az 2: 1H 45/34

Sachse, Willi
- Fiche: *0449*
  Az 1: 7(6)J 116/43
  Az 2: 2H 8/44
- Fiche: *0481/0688*
  Az 1: 7(6)J 117/43
  Az 2: 2H 12/44

Sachse, Willy
- Fiche: *0182 f.*
  Az 1: 10(9)J 71/42g
  Az 2: 2H 23/44
- Fiche: *0688 f.*
  Az 1: 10J 75/44
  Az 2: 1L 192/44

Sachse, Willy (A)
- Fiche: *0679 f./0713*
  Az 1: 10(9)J 777/43g
  Az 2: 5H 38/44, 5H 43/44

Sacke
- Fiche: *0196*
  Az 1: 9J 210/44
  Az 2: 2H 205/44
- Fiche: *0552 f.*
  Az 1: 8J 10/35
  Az 2: 2H 34/35

Sackenheim, Wilhelm
- Fiche: *0537*
  Az 1: 9J 182/38
  Az 2: 2H 79/38

Sackmann
- Fiche: *0013 f.*
  Az 1: 8J 1713/33
  Az 2: 2H 20/34

Sackmann (Frau)
- Fiche: *0005*
  Az 1: 8J 129/34
- Fiche: *0005/0385*
  Az 1: 8J 129/34
  Az 2: 2H 7/34

Sackmann, Karl (A)
- Fiche: *0005*
  Az 1: 8J 129/34
- Fiche: *0005/0385*
  Az 1: 8J 129/34
  Az 2: 2H 7/34

Sadecki, Elisabeth (A)
- Fiche: *0130 f.*
  Az 1: 10J 137/38
  Az 2: 2H 49/38

Sader
- Fiche: *0637 f.*
  Az 1: 8J 167/40
  Az 2: 2H 89/40

Sadilek (Frau)
- Fiche: *0692*
  Az 1: StPL (RKA) II 242/38
  Az 2: StPL (HLS) IV 21/41

Sadilleck (Frau)
- Fiche: *0604 f.*
  Az 1: 10J 317/38
  Az 2: 2H 23/39

Sadra, Gustav (A)
- Fiche: *0665*
  Az 1: 8/16J 391/33
  Az 2: XV H 22/33

Sadrozinski, Joachim (A)
- Fiche: *0708*
  Az 1: 0J 4/44g Rs
  Az 2: 1L 229/44

Sadzulewski, Fritz
- Fiche: *0279 f.*
  Az 1: 6J 157/38
  Az 2: 2H 89/38

Säche von Nordland, Wilhelm
- Fiche: *0647 f.*
  Az 1: 7(8)J 203/41
  Az 2: 2H 168/44

Saefkow (Frau)
- Fiche: *0256*
  Az 1: 15J 162/36
  Az 2: 1H 51/36
- Fiche: *0505/0740*
  Az 1: 8J 180/44g
  Az 2: 1H 231/44

Saefkow, Anna
- Fiche: *0198 f./0208*
  Az 1: 8J 169/44
  Az 2: 1H 210/44

Saefkow, Anton
- Fiche: *0021/0461 f.*
  Az 1: 9aJ 44/34
  Az 2: 2H 1/35
- Fiche: *0190*
  Az 1: 9J 231/44
  Az 2: 5H 119/44
- Fiche: *0190 f.*
  Az 1: 9J 232/44
  Az 2: 5H 126/44
- Fiche: *0198*
  Az 1: 8J 167/44g
  Az 2: 1H 209/44
- Fiche: *0198 f./0208*
  Az 1: 8J 169/44
  Az 2: 1H 210/44
- Fiche: *0199*
  Az 1: 8J 175/44g
  Az 2: 1H 212/44
- Fiche: *0199*
  Az 1: 8J 174/44g
  Az 2: 1H 211/44
- Fiche: *0199*
  Az 1: 8J 176/44g
  Az 2: 1H 213/44
- Fiche: *0199 f.*
  Az 1: 9J 214/44
  Az 2: 2H 215/44
- Fiche: *0200*
  Az 1: 8J 177/44g
  Az 2: 1H 219/44
- Fiche: *0200*
  Az 1: 8J 172/44g
  Az 2: 1H 216/44
- Fiche: *0200/0569*
  Az 1: 8J 178/44
  Az 2: 1H 218/44
- Fiche: *0201*
  Az 1: 8J 171/44g
  Az 2: 1H 224/44
- Fiche: *0201 f.*
  Az 1: 8J 182/44g
  Az 2: 1H 232/44
- Fiche: *0202*
  Az 1: 8J 179/44
  Az 2: 1H 237/44
- Fiche: *0203*
  Az 1: 8J 170/44g
  Az 2: 1H 244/44
- Fiche: *0204*
  Az 1: 8J 198/44g
  Az 2: 1H 247/44
- Fiche: *0204*
  Az 1: 8J 184/44g
  Az 2: 1H 249/44
- Fiche: *0204*
  Az 1: 8J 201/44g
  Az 2: 1H 246/44
- Fiche: *0205*
  Az 1: 8J 203/44
  Az 2: 1H 250/44
- Fiche: *0205*
  Az 1: 8J 262/44
  Az 2: 2H 259/44
- Fiche: *0206*
  Az 1: 8J 189/44g
  Az 2: 1H 265/44
- Fiche: *0207*
  Az 1: 8J 188/44g
  Az 2: 1H 285/44
- Fiche: *0207/0532*
  Az 1: 8J 206/44g
  Az 2: 1H 274/44
- Fiche: *0207/0689*
  Az 1: 8J 200/44g
  Az 2: 1H 286/44
- Fiche: *0208*
  Az 1: 8J 208/44g
  Az 2: 1H 301/44
- Fiche: *0208*
  Az 1: 8J 229/44g
  Az 2: 1H 299/44
- Fiche: *0208/0446*
  Az 1: 8J 191/44
  Az 2: 1H 303/44
- Fiche: *0208/0672*
  Az 1: 8J 199/44
  Az 2: 1H 298/44
- Fiche: *0209*
  Az 1: 9J 230/44
- Fiche: *0209*
  Az 1: 9J 233/44
  Az 2: 1H 318/44
- Fiche: *0209*
  Az 1: 8J 241/44
- Fiche: *0209/0574*
  Az 1: 8J 238/44g
  Az 2: 1H 346/44
- Fiche: *0209/0574*
  Az 1: 9J 258/44
  Az 2: 1H 362/44
- Fiche: *0209/0625*
  Az 1: 9J 234/44
  Az 2: 1H 372/44
- Fiche: *0209/0740*
  Az 1: 9J 245/44
  Az 2: 1H 358/44
- Fiche: *0210*
  Az 1: 9J 252/44g
  Az 2: 1H 385/44
- Fiche: *0210 f./0498*
  Az 1: 9J 236/44g
  Az 2: 5H 38/45
- Fiche: *0429/0741*
  Az 1: 9J 213/44
  Az 2: 5H 118/44
- Fiche: *0430*
  Az 1: 9J 242/44
  Az 2: 5H 127/44
- Fiche: *0433/0569*
  Az 1: 8J 183/44g
  Az 2: 1H 221/44
- Fiche: *0435*
  Az 1: 8J 190/44g
  Az 2: 1H 245/44
- Fiche: *0436*
  Az 1: 8J 202/44
  Az 2: 1H 273/44
- Fiche: *0442*
  Az 1: 8J 221/44g
  Az 2: 1H 345/44
- Fiche: *0442/0708*
  Az 1: 0J 18/44g Rs
  Az 2: 1L 336/44
- Fiche: *0447*
  Az 1: 9J 292/44
  Az 2: 1H 23/45
- Fiche: *0456*
  Az 1: 8J 241/44
  Az 2: 1H 356/44
- Fiche: *0505/0740*
  Az 1: 8J 180/44g
  Az 2: 1H 231/44
- Fiche: *0518*
  Az 1: 8J 199/44, 8J 271/44g
  Az 2: 1H 3/45
- Fiche: *0523*
  Az 1: 15J 201/35
  Az 2: 1H 2/36
- Fiche: *0579*
  Az 1: 8J 243/44g
  Az 2: 1H 308/44
- Fiche: *0741*
  Az 1: 8J 26/45
- Fiche: *0746*
  Az 1: 9J 63/45

Saefkow, Anton (A)
- Fiche: *0197/0466*
  Az 1: 8J 157/44
  Az 2: 1H 208/44

Saefkow, Thea
- Fiche: *0549*
  Az 1: 10J 96/42
  Az 2: 2H 238/42

Sägebrecht, Willi (A)
- Fiche: *0234*
  Az 1: 17J 15/35
  Az 2: 2H 39/35

Saegers, Heinrich
- Fiche: *0479 f.*
  Az 1: 7(8)J 108/43g

Sämisch, Kurt (A)
- Fiche: *0387 f.*
  Az 1: 16J 489/33
  Az 2: 3L 19/35

Sänger
- Fiche: *0197/0466*
  Az 1: 8J 157/44
  Az 2: 1H 208/44
- Fiche: *0207*
  Az 1: 8J 188/44g
  Az 2: 1H 285/44

Sänger, Arno
- Fiche: *0116*
  Az 1: 16J 878/37
  Az 2: 1H 9/38

Sänger, Willi
- Fiche: *0196/0625*
  Az 1: 9J 187/44
  Az 2: 2H 204/44
- Fiche: *0209/0740*
  Az 1: 9J 245/44
  Az 2: 1H 358/44
- Fiche: *0680 f.*
  Az 1: 9J 245/44
  Az 2: 1H 358/44

Sänger, Willi (A)
- Fiche: *0198 f./0208*
  Az 1: 8J 169/44
  Az 2: 1H 210/44
- Fiche: *0208*
  Az 1: 8J 229/44g
  Az 2: 1H 299/44

Sättler, Oskar
- Fiche: *0099 f.*
  Az 1: 14J 301/37
  Az 2: 1H 27/37

Saevecke, Robert
- Fiche: *0687*
  Az 1: 15J 222/35
  Az 2: 2H 34/36

Safarowski
- Fiche: *0018/0220*
  Az 1: 16J 646/33
  Az 2: 1H 29/34

Safetschik, Franz
- Fiche: *0453/0739*
  Az 1: 7J 347/43, 7J 421/43, 7J 422/43
  Az 2: 5H 122/43, 5H 129/43, 5H 125/43

Safranek
- Fiche: *0512*
  Az 1: 6J 103/42

Safranek, Zdenek (A)
- Fiche: *0517/0627*
  Az 1: 6J 104/42
  Az 2: 1H 238/42

Sagaster, Angelika
- Fiche: *0418*
  Az 1: 7(8)J 103/41
  Az 2: 5H 47/44

- Fiche: *0426*
  Az 1: 7J 139/44, 7J 130/44
  Az 2: 5H 89/44, 5H 82/44
- Fiche: *0608 ff.*
  Az 1: 15J 179/33
  Az 2: XII H 17/34

Salzer, Alfred (A)
- Fiche: *0501*
  Az 1: 5J 77/38
  Az 2: 2H 43/38

Salzer, Johann (A)
- Fiche: *0424/0570*
  Az 1: 7J 101/44
  Az 2: 5H 78/44

Salzmann
- Fiche: *0433*
  Az 1: 10J 166/44
  Az 2: 2H 219/44

Salzmann, Albert
- Fiche: *0327*
  Az 1: 7J 344/42
  Az 2: 2H 162/42

Salzmann, Anne
- Fiche: *0263 f./0487 f.*
  Az 1: 17J 171/35
  Az 2: 2H 17/37

Salzmann, Hugo
- Fiche: *0168*
  Az 1: 6J 24/41
  Az 2: 2H 152/41

Salzmann, Hugo (A)
- Fiche: *0530*
  Az 1: 9J 124/42
  Az 2: 5H 18/43

Salzner, Johann (A)
- Fiche: *0417*
  Az 1: 7J 50/44
  Az 2: 5H 37/44

Sambale, Franz
- Fiche: *0130 f.*
  Az 1: 10J 137/38
  Az 2: 2H 49/38

Sambale, Franz (A)
- Fiche: *0499*
  Az 1: 10J 141/38
  Az 2: 2H 53/38

Sammer, Paul
- Fiche: *0371*
  Az 1: 7J 199/43
  Az 2: 6H 96/43
- Fiche: *0371 f.*
  Az 1: 7J 45/43
  Az 2: 6H 95/43

Sammer, Paul (A)
- Fiche: *0447*
  Az 1: 7J 197/43
  Az 2: 6H 97/43

Sammet
- Fiche: *0250 f.*
  Az 1: 8J 364/35
  Az 2: 2H 15/36

Sammet (Frau)
- Fiche: *0515 f.*
  Az 1: 8J 44/39
  Az 2: 1H 24/39

Sammet, Karl (A)
- Fiche: *0515 f.*
  Az 1: 8J 44/39
  Az 2: 1H 24/39

Sampel, Hermann
- Fiche: *0348*
  Az 1: 7J 253/42
  Az 2: 5H 89/42

Sams
- Fiche: *0443*
  Az 1: 7J 440/42
  Az 2: 1H 250/42

Samsel
- Fiche: *0044*
  Az 1: 9J 951/35
  Az 2: 2H 54/35

Samter
- Fiche: *0525*
  Az 1: 9J 539/38g
  Az 2: 2H 16/39

Samuel
- Fiche: *0691*
  Az 1: 9J 47/45
  Az 2: 2H 91/45

Samuel (Frau)
- Fiche: *0691*
  Az 1: 9J 47/45
  Az 2: 2H 91/45
- Fiche: *0691*
  Az 1: 9J 9/45
  Az 2: 2H 30/45

Samuel, Günther
- Fiche: *0691*
  Az 1: 9J 9/45
  Az 2: 2H 30/45

Samuels
- Fiche: *0478*
  Az 1: 10J 290/40g
  Az 2: 5H 62/42

Samulon, Erich
- Fiche: *0073/0256 f.*
  Az 1: 5J 592/35g
  Az 2: 1H 52/36

Sand, Emil
- Fiche: *0709/0717f.*
  Az 1: 15J 218/35
  Az 2: 2H 23/36

Sander
- Fiche: *0058*
  Az 1: 16J 753/35
  Az 2: 1H 20/36
- Fiche: *0099 f.*
  Az 1: 14J 301/37
  Az 2: 1H 27/37
- Fiche: *0254*
  Az 1: 9J 332/36
  Az 2: 2H 40/36
- Fiche: *0386*
  Az 1: 8J 404/34
  Az 2: 3L 14/35
- Fiche: *0488 f./0519 f.*
  Az 1: 9J 30/40g
  Az 2: 2H 5/41
- Fiche: *0523 f.*
  Az 1: 9J 351/38g
  Az 2: 2H 93/38
- Fiche: *0632 f.*
  Az 1: 6J 29/42g
  Az 2: 1H 139/43
- Fiche: *0677*
  Az 1: 9J 330/40
  Az 2: 2H 48/41

Sander (Frau)
- Fiche: *0035*
  Az 1: 17J 282/34
  Az 2: 2H 27/35

Sander, Elfriede
- Fiche: *0489/0504*
  Az 1: 9J 12/41
  Az 2: 2H 99/41
- Fiche: *0494*
  Az 1: 9J 356/36
  Az 2: 1H 46/36

Sander, Inge
- Fiche: *0441*
  Az 1: 0J 43/44g
  Az 2: 1L 474/44

Sander, Johannes
- Fiche: *0094/0262*
  Az 1: 8J 223/36
  Az 2: 2H 15/37

Sander, Johannes (A)
- Fiche: *0469/0504*
  Az 1: 15J 81/35
  Az 2: 2H 50/35

Sander, Josef
- Fiche: *0382*
  Az 1: 7J 359/43
  Az 2: 5H 120/43

Sander, Walter
- Fiche: *0489/0504*
  Az 1: 9J 12/41
  Az 2: 2H 99/41

Sander, Walter (A)
- Fiche: *0494*
  Az 1: 9J 356/36
  Az 2: 1H 46/36

Sanders, Gertrud
- Fiche: *0564*
  Az 1: 8J 148/42g
  Az 2: 5H 67/43

Sandkohl, Sophie
- Fiche: *0554 f.*
  Az 1: 8J 244/34
  Az 2: 2H 22/35

Sandl, Josef
- Fiche: *0396/0704 f.*
  Az 1: 14J 522/37g
  Az 2: 1L 2/40

Sandmann
- Fiche: *0113 f./0508*
  Az 1: 14J 725/37g
  Az 2: 1H 1/38

Sandmann, Franz
- Fiche: *0513 f.*
  Az 1: 8J 969/33
  Az 2: 2H 24/34

Sandner, Emma (A)
- Fiche: *0368*
  Az 1: 6(7)J 483/43
  Az 2: 2H 55/44

Sandner, Emmerich
- Fiche: *0420*
  Az 1: 6J 44/44
  Az 2: 5H 57/44

Sandner, Fritz
- Fiche: *0285*
  Az 1: 6J 586/38g
  Az 2: 2H 26/39

Sandtner, Augustin
- Fiche: *0001*
  Az 1: 17J 303/33
  Az 2: 1H 2/34

Sandvoß, Reimer
- Fiche: *0266*
  Az 1: 8J 403/35g

Sandweg, Friedrich (A)
- Fiche: *0671*
  Az 1: 9J 759/37
  Az 2: 2H 36/38

Sanftenberg, Paul
- Fiche: *0100 f./0711*
  Az 1: 15J 1/37
  Az 2: 1H 28/37

Sanitzer, Hans
- Fiche: *0575/0644 f.*
  Az 1: 8J 324/39g
  Az 2: 5H 110/43

Sanne, Hermann
- Fiche: *0049*
  Az 1: 8J 440/35
  Az 2: 1H 1/36

Santner, Franz
- Fiche: *0391 f.*
  Az 1: 5J 6/36g
  Az 2: 3L 21/37

Santscharowsky, Michael (A)
- Fiche: *0571*
  Az 1: 11(10)J 1241/43
  Az 2: 1H 59/44

Sanwald, Karl
- Fiche: *0653 f.*
  Az 1: 13J 294/33
  Az 2: XV H 6/34

Sapisch
- Fiche: *0154 f.*
  Az 1: 6J 76/39g
  Az 2: 2H 54/39

Sappich, Josef
- Fiche: *0155 f.*
  Az 1: 6J 12/39g
  Az 2: 2H 61/39

Sappich, Paul
- Fiche: *0155 f.*
  Az 1: 6J 12/39g
  Az 2: 2H 61/39

Sauer, Richard
- Fiche: *0409 f.*
  Az 1: 8J 376/40
  Az 2: 5H 13/44

Sauer, Rudolf
- Fiche: *0562*
  Az 1: 10(9)J 836/43
  Az 2: 2H 101/44

Sauer, Rudolf (A)
- Fiche: *0192*
  Az 1: 9J 34/44
  Az 2: 2H 134/44

Sauerbier, Ferdinand (A)
- Fiche: *0598 ff.*
  Az 1: 9J 479/35
  Az 2: 2H 14/36

Sauerlandt, Gottfried
- Fiche: *0222 f.*
  Az 1: 17J 504/33
  Az 2: 1H 1/35

Sauermann
- Fiche: *0709*
  Az 1: 9J 80/44
  Az 2: 2H 72/44

Sauermann, Alfred
- Fiche: *0155 f.*
  Az 1: 6J 12/39g
  Az 2: 2H 61/39

Saul
- Fiche: *0165 f.*
  Az 1: 9J 297/40
  Az 2: 2H 70/41

Saul, Peter
- Fiche: *0082/0260 f.*
  Az 1: 9J 907/35
  Az 2: 1H 67/36

Sauler, Otto (A)
- Fiche: *0519/0549 f.*
  Az 1: 6J 135/42g
  Az 2: 6H 79/43

Saumer
- Fiche: *0041*
  Az 1: 17J 248/35
  Az 2: 2H 47/35

Saupe
- Fiche: *0006/0528*
  Az 1: 15J 250/33
  Az 2: 2H 9/34
- Fiche: *0299*
  Az 1: 5J 146/43
  Az 2: 2H 151/43

Saupe, Rudolf
- Fiche: *0680/0698*
  Az 1: 8J 137/44g
  Az 2: 1H 5/45

Saur, Johann
- Fiche: *0131/0596 f.*
  Az 1: 14J 796/37g
  Az 2: 2H 51/38

Sauter
- Fiche: *0560*
  Az 1: 9J 90/42g
  Az 2: 2H 281/42

Sauter (Frau)
- Fiche: *0078*
  Az 1: 14J 73/36
  Az 2: 1H 62/36
- Fiche: *0131/0596 f.*
  Az 1: 14J 796/37g
  Az 2: 2H 51/38

Sauter, Otto (A)
- Fiche: *0131/0596 f.*
  Az 1: 14J 796/37g
  Az 2: 2H 51/38

Sauter, Peter
- Fiche: *0398*
  Az 1: 6J 606/38g
  Az 2: 3L 24/40
- Fiche: *0525 f.*
  Az 1: 9J 502/38g
  Az 2: 3L 86/39
- Fiche: *0535 f.*
  Az 1: 10J 267/41
  Az 2: 2H 157/41
- Fiche: *0634*
  Az 1: 10J 102/42
  Az 2: 2H 185/42

Savet, Paul
- Fiche: *0192/0567*
  Az 1: 1J 92/44
  Az 2: 1H 133/44

Savinus, Leonidas
- Fiche: *0159*
  Az 1: 17J 177/37
  Az 2: 2H 24/40

Sawa
- Fiche: *0098*
  Az 1: 16J 536/36
  Az 2: 2H 25/37

Sawesig, Karl
- Fiche: *0019*
  Az 1: 17J 617/33
  Az 2: 1H 37/34

Sawitzki, Walter
- Fiche: *0450/0635*
  Az 1: 8J 22/44
  Az 2: 2H 73/44

Sawitzki, Walter (A)
- Fiche: *0428*
  Az 1: 8J 70/44
  Az 2: 2H 107/44

Sax
- Fiche: *0378*
  Az 1: 7J 379/43
  Az 2: 6H 186/43

Saxe, Nora
- Fiche: *0300/0417*
  Az 1: 9J 7/44
  Az 2: 1H 44/44

Sbosny, Fritz
- Fiche: *0519/0560*
  Az 1: 9J 316/40
  Az 2: 2H 125/41

Sbrisny
- Fiche: *0076*
  Az 1: 17J 27/36
  Az 2: 2H 59/36

Sbrisny, Erich
- Fiche: *0078 f.*
  Az 1: 8J 439/35g
  Az 2: 2H 62/36

Sbrisny, Paul
- Fiche: *0470 f.*
  Az 1: 10J 232/42g
  Az 2: 2H 337/42

Schaadt, Adolf
- Fiche: *0172*
  Az 1: 6J 242/41
  Az 2: 2H 75/42
- Fiche: *0497/0730*
  Az 1: 8J 18/34
  Az 2: 1H 19/35

Schaaf, Hermann (A)
- Fiche: *0653 f.*
  Az 1: 13J 294/33
  Az 2: XV H 6/34

Schaaf, Richard (A)
- Fiche: *0132*
  Az 1: 5J 79/38
  Az 2: 2H 57/38

Schaal, Willy
- Fiche: *0158 f./0288*
  Az 1: 7J 6/39
  Az 2: 1H 77/39

Schaal, Willy (A)
- Fiche: *0650 f.*
  Az 1: 15J 190/33
  Az 2: XII H 6/34

Schaap, Josef
- Fiche: *0448/0578*
  Az 1: 9J 210/40, 10J 238/40
  Az 2: 2H 128/40
- Fiche: *0567*
  Az 1: 10J 245/40
  Az 2: 2H 100/41
- Fiche: *0568*
  Az 1: 10J 239/40
  Az 2: 2H 77/42

Schaap, Josef (A)
- Fiche: *0446*
  Az 1: 9J 9/43g
  Az 2: 1H 37/43

Schaar, Frieda
- Fiche: *0545*
  Az 1: 9J 878/33
  Az 2: 2H 16/34

Schaarschmidt, Franz
- Fiche: *0459 f.*
  Az 1: 10J 569/43
  Az 2: 2H 128/43

Schaarschmidt, Gerichow
- Fiche: *0198*
  Az 1: 10J 167/44
  Az 2: 2H 208/44

Schaarschmidt, Helmut (A)
- Fiche: *0608 ff.*
  Az 1: 15J 179/33
  Az 2: XII H 17/34

Schabbel, Klara (A)
- Fiche: *0714*
  Az 1: StPL (RKA) III 528/42
  Az 2: StPL (HLS) II 10/43

Schabel
- Fiche: *0401/0458 f.*
  Az 1: 7J 590/42
  Az 2: 5H 47/43

Schabel, Fritz
- Fiche: *0361 f.*
  Az 1: 7J 476/42
  Az 2: 5H 177/42

Schabiner, Stefan
- Fiche: *0406*
  Az 1: 11J 49/44
  Az 2: 6H 218/43
- Fiche: *0408*
  Az 1: 11J 50/44
  Az 2: 6H 11/44
- Fiche: *0409*
  Az 1: 11J 51/44
  Az 2: 6H 12/44
- Fiche: *0410*
  Az 1: 11J 52/44
  Az 2: 6H 13/44
- Fiche: *0410*
  Az 1: 11J 53/44
  Az 2: 6H 14/44

Schabiner, Stefan (A)
- Fiche: *0406*
  Az 1: 7J 462/43
  Az 2: 6H 218/43

Schabl
- Fiche: *0576*
  Az 1: 7J 302/43
  Az 2: 5H 104/43

Schabrod, Karl
- Fiche: *0389*
  Az 1: 9J 301/35
  Az 2: 3L 51/35

Schachermayer, Johann
- Fiche: *0326/0649 f.*
  Az 1: 7J 220/42
  Az 2: 2H 170/42

Schachinger, Karl
- Fiche: *0318 f.*
  Az 1: 7J 515/43
  Az 2: 5H 7/44

Schachinger, Karl (A)
- Fiche: *0409/0643*
  Az 1: 7(6)J 557/43
  Az 2: 5H 12/44

Schachmann (Frau)
- Fiche: *0029*
  Az 1: 17J 98/34
  Az 2: 1H 17/35

Schacht
- Fiche: *0081/0471*
  Az 1: 15J 544/36
  Az 2: 2H 64/36
- Fiche: *0123 ff./0275 f.*
  Az 1: 8J 5/37g
  Az 2: 2H 23/38

- Fiche: *0262 f.*
  Az 1: 8J 51/36g
  Az 2: 1H 16/37
- Fiche: *0632 f.*
  Az 1: 6J 29/42g
  Az 2: 1H 139/43

Schäfer, Wilhelm (A)
- Fiche: *0502 f.*
  Az 1: 16J 150/35
  Az 2: 2H 21/36

Schäfer, Wilhelmine
- Fiche: *0485*
  Az 1: 8J 36/44
  Az 2: 3L 123/44

Schäfer, Willi
- Fiche: *0090 f./0261*
  Az 1: 17J 260/36
  Az 2: 1H 10/37
- Fiche: *0564 f.*
  Az 1: 9J 137/34
  Az 2: 1H 25/35
- Fiche: *0619 f.*
  Az 1: 12J 191/33
  Az 2: XII H 53/33

Schaeffer (Frau)
- Fiche: *0714*
  Az 1: StPL (RKA) III 530/42
  Az 2: StPL (HLS) II 12/43

Schaeffer, Ilse (A)
- Fiche: *0714*
  Az 1: StPL (RKA) III 530/42
  Az 2: StPL (HLS) II 12/43

Schaeffer, Philipp
- Fiche: *0079 f.*
  Az 1: 17J 267/35
  Az 2: 1H 63/36

Schaeffer, Philipp (A)
- Fiche: *0714*
  Az 1: StPL (RKA) III 530/42
  Az 2: StPL (HLS) II 12/43

Schäffner
- Fiche: *0441*
  Az 1: 0J 43/44g
  Az 2: 1L 432/44
- Fiche: *0441*
  Az 1: 0J 43/44g
  Az 2: 1L 473/44
- Fiche: *0441*
  Az 1: 0J 43/44g
  Az 2: 1L 474/44

Schäffner (Frau)
- Fiche: *0441*
  Az 1: 0J 43/44g
  Az 2: 1L 474/44
- Fiche: *0441*
  Az 1: 0J 43/44g
  Az 2: 1L 432/44
- Fiche: *0441*
  Az 1: 0J 43/44g
  Az 2: 1L 473/44

Schaefter
- Fiche: *0692*
  Az 1: StPL (RKA) III 525/42
  Az 2: StPL (HLS) II 4/43

Schäfter, Karl
- Fiche: *0130 f.*
  Az 1: 10J 137/38
  Az 2: 2H 49/38

Schäfter, Karl (A)
- Fiche: *0457 f.*
  Az 1: 10J 142/38
  Az 2: 2H 42/38

Schael, Konrad
- Fiche: *0001*
  Az 1: 17J 303/33
  Az 2: 1H 2/34

Schaepers
- Fiche: *0601 f.*
  Az 1: 8J 206/37g
  Az 2: 2H 4/38

Schäpers
- Fiche: *0224*
  Az 1: 17J 44/34
  Az 2: 2H 2/34

Schärm, Max
- Fiche: *0565 f.*
  Az 1: 10J 291/38
  Az 2: 2H 88/38
- Fiche: *0630 f.*
  Az 1: 5J 174/39
  Az 2: 2H 51/39

Schaeske
- Fiche: *0615 ff.*
  Az 1: 15J 86/33
  Az 2: XII H 42/33

Schättiger, Oskar
- Fiche: *0566 f.*
  Az 1: 10J 70/40
  Az 2: 2H 127/40

Schätzle, Julius
- Fiche: *0122*
  Az 1: 14J 742/37g
  Az 2: 2H 20/38
- Fiche: *0476 f.*
  Az 1: 8J 131/36g, 8J 49,117,131/36g
  Az 2: 2H 16,20,27/37

Schäufler, Karl (A)
- Fiche: *0076 f.*
  Az 1: 8J 427/35g
  Az 2: 1H 59/60/61/36

Schaffel, Adolf
- Fiche: *0420*
  Az 1: 6J 44/44
  Az 2: 5H 57/44

Schaffer
- Fiche: *0286 f.*
  Az 1: 8J 384/38g
  Az 2: 1H 32/39
- Fiche: *0636 f.*
  Az 1: 8J 421/40
  Az 2: 2H 121/40

Schaffer, Karl
- Fiche: *0333 f.*
  Az 1: 7J 649/41
  Az 2: 2H 88/42

Schaffer, Karl (A)
- Fiche: *0515*
  Az 1: 8J 368/38
  Az 2: 1H 4/39

Schaffer, Michael
- Fiche: *0347 f.*
  Az 1: 7J 257/42
  Az 2: 5H 86/42

Schaffner, Heinrich
- Fiche: *0178/0485*
  Az 1: 6J 13/43
  Az 2: 6H 85/43

Schaffranek, Georg
- Fiche: *0339/0649*
  Az 1: 6J 78/42g
  Az 2: 2H 156/42
- Fiche: *0339/0649 0721*
  Az 1: 6J 7/43g
  Az 2: 6H 5/43
- Fiche: *0512*
  Az 1: 6J 44/42g
- Fiche: *0707*
  Az 1: StPl (RKA) II 238/42
  Az 2: StPL (HLS) II 97/42

Schaffranek, Georg (A)
- Fiche: *0335 f.*
  Az 1: 6J 165/41g
  Az 2: 2H 42/42

Schaffranek, Rudolf
- Fiche: *0512*
  Az 1: 6J 44/42g

Schaffrath
- Fiche: *0039 f.*
  Az 1: 14J 16/35
  Az 2: 1H 43/35

Schaffrath, Kurt
- Fiche: *0629 f.*
  Az 1: 9J 929/35
  Az 2: 1H 37/36

Schaffrath, Ludwig
- Fiche: *0017/0496*
  Az 1: 15J 307/33
  Az 2: 2H 27/34

Schaflechner (Frau)
- Fiche: *0333*
  Az 1: 7J 156/42
  Az 2: 2H 112/42

Schaflechner, Peter
- Fiche: *0331*
  Az 1: 7J 159/42
  Az 2: 2H 118/42

Schafzahl, Franz
- Fiche: *0371 f.*
  Az 1: 7J 45/43
  Az 2: 6H 95/43

Schafzahl, Franz (A)
- Fiche: *0371*
  Az 1: 7J 199/43
  Az 2: 6H 96/43

Schagen
- Fiche: *0069*
  Az 1: 8J 12/36g
  Az 2: 1H 42/36

Schagl, Johann
- Fiche: *0340*
  Az 1: 7J 286/42
  Az 2: 2H 201/42

Schagl, Johann (A)
- Fiche: *0321 f.*
  Az 1: 6J 22/41g
  Az 2: 2H 41/41

Schaible, Ida
- Fiche: *0039 f.*
  Az 1: 14J 16/35
  Az 2: 1H 43/35

Schaible, Richard
- Fiche: *0263 f./0487 f.*
  Az 1: 17J 171/35
  Az 2: 2H 17/37

Schaik, van
- Fiche: *0446*
  Az 1: 9J 9/43g
  Az 2: 1H 37/43

Schaile, Christian
- Fiche: *0131/0596 f.*
  Az 1: 14J 796/37g
  Az 2: 2H 51/38

Schairer, Erich
- Fiche: *0630 f.*
  Az 1: 5J 174/39
  Az 2: 2H 51/39

Schalda
- Fiche: *0152*
  Az 1: 11J 341/39
  Az 2: 2H 46/39

Schalek
- Fiche: *0424/0570*
  Az 1: 7J 101/44
  Az 2: 5H 78/44

Schalk, Otto
- Fiche: *0519/0549 f.*
  Az 1: 6J 135/42g
  Az 2: 6H 79/43

Schall, Karl (A)
- Fiche: *0420 f.*
  Az 1: 7(8)J 172/43g
  Az 2: 5H 59/44

Schallbruch, Heinrich
- Fiche: *0555 f.*
  Az 1: 9J 202/36
  Az 2: 2H 14/37

Schalleck, Rudolf
- Fiche: *0418*
  Az 1: 7(8)J 103/41
  Az 2: 5H 47/44

Schalleck, Rudolf (A)
- Fiche: *0647 f.*
  Az 1: 7(8)J 203/41
  Az 2: 2H 168/44

Scharmer, Gustav
- Fiche: *0169/0521*
  Az 1: 6J 109/41g
  Az 2: 2H 11/42

Scharnovsky, Alfred
- Fiche: *0383 f./0650*
  Az 1: 7J 205/43
  Az 2: 6H 100/43

Scharowski
- Fiche: *0101*
  Az 1: 17J 316/37
  Az 2: 1H 29/37

Scharte, Grete
- Fiche: *0060 f.*
  Az 1: 8J 438/35g
  Az 2: 1H 23/24/36
- Fiche: *0703*
  Az 1: 16J 415/35

Schatt
- Fiche: *0211 f.*
  Az 1: 9J 33/45g
  Az 2: 6Sg. 65/45

Schatter, Kurt (A)
- Fiche: *0440*
  Az 1: 0J 14/44g Rs
  Az 2: 1L 491/44

Schattner, Josef
- Fiche: *0320*
  Az 1: 6J 119/40g

Schattner, Josef (A)
- Fiche: *0320*
  Az 1: 6J 120/40g

Schatz
- Fiche: *0012 f./0546*
  Az 1: 13J 258/33
  Az 2: 1H 16/34
- Fiche: *0615 ff.*
  Az 1: 15J 86/33
  Az 2: XII H 42/33

Schatz, Ernst
- Fiche: *0119 f.*
  Az 1: 6J 168/38g
  Az 2: 1H 14/38

Schatz, Joseph
- Fiche: *0177 f.*
  Az 1: 8J 382/42g
  Az 2: 2H 65/43

Schatz, Wilhelm
- Fiche: *0215 f.*
  Az 1: 14J 163/33
  Az 2: 1H 5/34
- Fiche: *0653*
  Az 1: 14J 172/33
  Az 2: XV H 10/34

Schaub, Konrad
- Fiche: *0496*
  Az 1: 15J 126/34
  Az 2: 2H 20/35

Schaub, Leonhard (A)
- Fiche: *0598 ff.*
  Az 1: 9J 479/35
  Az 2: 2H 14/36

Schauberer, Leopold
- Fiche: *0320*
  Az 1: 6J 119/40g

Schaubmair (A)
- Fiche: *0717*
  Az 1: StPL (RKA) 3 281/43

Schaubmair, Johann
- Fiche: *0717*
  Az 1: StPL (RKA) 3 281/43

Schaubmair, Zäzillia
- Fiche: *0717*
  Az 1: StPL (RKA) 3 281/43

Schaubs
- Fiche: *0141/0273*
  Az 1: 6J 277/38g
  Az 2: 1H 14/39

Schauer
- Fiche: *0705*
  Az 1: StPL (RKA) I 359/42
  Az 2: StPL (HLS) II 34/43

Schauer (Frau)
- Fiche: *0705*
  Az 1: StPL (RKA) I 359/42
  Az 2: StPL (HLS) II 34/43

Schauer, Erich (A)
- Fiche: *0070 f./0255*
  Az 1: 17J 492/35
  Az 2: 2H 44/36

Schauer, Friedrich
- Fiche: *0714*
  Az 1: StPL (RKA) III 528/42
  Az 2: StPL (HLS) II 10/43

Schauer, Friedrich (A)
- Fiche: *0600 f.*
  Az 1: 10J 13/43g
  Az 2: 2H 100/43

Schauer, Karl
- Fiche: *0410/0520*
  Az 1: 6(7)J 514/43
  Az 2: 5H 15/44
- Fiche: *0649*
  Az 1: 7J 138/44
  Az 2: 5H 86/44

Schauer, Sara (A)
- Fiche: *0004 f.*
  Az 1: 13J 98/33
  Az 2: 1H 7/34

Schauer, Wolfgang (A)
- Fiche: *0600 f.*
  Az 1: 10J 13/43g
  Az 2: 2H 100/43

Schauf, Alois
- Fiche: *0020*
  Az 1: 17J 170/34
  Az 2: 1H 42/34

Schaufelberger, Johannes (A)
- Fiche: *0387 f.*
  Az 1: 16J 489/33
  Az 2: 3L 19/35

Schauff
- Fiche: *0552 f.*
  Az 1: 8J 10/35
  Az 2: 2H 34/35

Schauklies, Albert
- Fiche: *0161 f./0562*
  Az 1: 9J 370/39g
  Az 2: 2H 53/40

Schaumann, Elfriede
- Fiche: *0470 f.*
  Az 1: 10J 232/42g
  Az 2: 2H 337/42
- Fiche: *0546*
  Az 1: 10J 256/42g
  Az 2: 2H 19/43

Schaumann, Hilde
- Fiche: *0041*
  Az 1: 17J 289/35
  Az 2: 2H 48/35
- Fiche: *0470 f.*
  Az 1: 10J 232/42g
  Az 2: 2H 337/42
- Fiche: *0546*
  Az 1: 10J 256/42g
  Az 2: 2H 19/43

Schaumann, Werner
- Fiche: *0546*
  Az 1: 10J 256/42g
  Az 2: 2H 19/43

Schaumann, Werner (A)
- Fiche: *0470 f.*
  Az 1: 10J 232/42g
  Az 2: 2H 337/42

Schaumburg, Johann
- Fiche: *0118*
  Az 1: 7J 82/38
  Az 2: 1H 12/38

Schaumburg, Otto (A)
- Fiche: *0440*
  Az 1: 0J 28/44gm Rs
  Az 2: 1L 377/44

Schauss, Kilian (A)
- Fiche: *0323 ff.*
  Az 1: 7J 174/40
  Az 2: 2H 132/41

Schawalla, August
- Fiche: *0463/0465*
  Az 1: 15J 39/36
  Az 2: 2H 35/36

Schebanowski
- Fiche: *0017/0496*
  Az 1: 15J 307/33
  Az 2: 2H 27/34

Scheckenreuter, Charlotte
- Fiche: *0095/0541*
  Az 1: 9J 571/36
  Az 2: 2H 22/37

Schedenig, Pins
- Fiche: *0351*
  Az 1: 7J 490/42
  Az 2: 6H 30/42

Schedlbauer, Michael (A)
- Fiche: *0691*
  Az 1: 9J 9/45
  Az 2: 2H 30/45

Schedlinski, Käthe
- Fiche: *0573*
  Az 1: 10J 10/40
  Az 2: 2H 40/40

Scheel (Frau)
- Fiche: *0693*
  Az 1: StPL (RKA) III 190/43
  Az 2: StPL (HLS) II 49/43

Scheel, Ernst (A)
- Fiche: *0070*
  Az 1: 17J 348/36
  Az 2: 1H 43/36

Scheel, Heinrich
- Fiche: *0713 f.*
  Az 1: StPL (RKA) III 495,496,497/42
  Az 2: StPL (HLS) II 129/42

Scheel, Heinz
- Fiche: *0693*
  Az 1: StPL (RKA) III 190/43
  Az 2: StPL (HLS) II 49/43

Scheel, Hermann
- Fiche: *0390 f.*
  Az 1: 8J 106/36g
  Az 2: 2H 24/36
- Fiche: *0463/0465*
  Az 1: 15J 39/36
  Az 2: 2H 35/36

Scheer
- Fiche: *0629 f.*
  Az 1: 9J 929/35
  Az 2: 1H 37/36

Scheer, Albert
- Fiche: *0097 f.*
  Az 1: 17J 28/36
  Az 2: 2H 24/37

Scheer, Anneliese
- Fiche: *0508 f.*
  Az 1: 6J 3/43g
  Az 2: 1H 181/43

Scheer, Diethelm
- Fiche: *0274 f.*
  Az 1: 8J 226/38g
  Az 2: 1H 17/38

Scheer, Diethelm (A)
- Fiche: *0244 f./0274*
  Az 1: 8J 431/35g
  Az 2: 1H 8/37

Scheer, Erich (A)
- Fiche: *0584*
  Az 1: 9J 448/39
  Az 2: 1H 79/39

Scheer, Hermann
- Fiche: *0308*
  Az 1: 7J 242/40
  Az 2: 2H 113/40

Scheer, Hugo
- Fiche: *0560*
  Az 1: 10J 222/38
  Az 2: 2H 69/38

Scheer, Hugo (A)
- Fiche: *0540 f.*
  Az 1: 10J 223/38
  Az 2: 2H 64/38

Scheer, Jonny
- Fiche: *0037/0221*
  Az 1: 17J 94/34
  Az 2: 1H 33/35

Scheer, Karl (A)
- Fiche: *0579*
  Az 1: 6J 16/43g
  Az 2: 1H 99/43

Scheer, Richard (A)
- Fiche: *0508 f.*
  Az 1: 6J 3/43g
  Az 2: 1H 181/43

Scheer, Wilhelm
- Fiche: *0055/0248 f.*
  Az 1: 8J 418/35g
  Az 2: 1H 13/36

Scheer, Willi (A)
- Fiche: *0201/0434*
  Az 1: 8J 181/44g
  Az 2: 1H 227/44

Scheerer, Wilhelm
- Fiche: *0180 f.*
  Az 1: 9J 743/43
  Az 2: 2H 2/44

Scheffel
- Fiche: *0415 f.*
  Az 1: 3J 260/44
  Az 2: 1L 30/44
- Fiche: *0478*
  Az 1: 10J 290/40g
  Az 2: 5H 62/42
- Fiche: *0628 f.*
  Az 1: 10J 2/43g
  Az 2: 1H 89/43

Scheffel, Karl
- Fiche: *0554*
  Az 1: 10J 294/41
  Az 2: 1H 329/42
- Fiche: *0709/0717f.*
  Az 1: 15J 218/35
  Az 2: 2H 23/36

Scheffel, Rudolf (A)
- Fiche: *0630*
  Az 1: 10J 354/43g
  Az 2: 1H 202/43

Scheffknecht
- Fiche: *0378*
  Az 1: 7J 379/43
  Az 2: 6H 186/43

Scheffknecht, Josef
- Fiche: *0337*
  Az 1: 7J 343/42
  Az 2: 2H 217/42

Scheffler
- Fiche: *0053 f.*
  Az 1: 17J 310/35
  Az 2: 2H 10/36
- Fiche: *0076 f.*
  Az 1: 8J 427/35g
  Az 2: 1H 59/60/61/36
- Fiche: *0254*
  Az 1: 9J 332/36
  Az 2: 2H 40/36
- Fiche: *0388*
  Az 1: 17J 279/35
  Az 2: 2H 35/35

Scheffler, Ernst
- Fiche: *0014/0737*
  Az 1: 14J 253/33
  Az 2: 2H 22/34
- Fiche: *0016 f.*
  Az 1: 14a/8J 1547/31
  Az 2: 1H 27/34
- Fiche: *0316*
  Az 1: 16J 251/36
  Az 2: 1H 45/36

Scheffler, Herbert
- Fiche: *0063 f.*
  Az 1: 8J 165/35
  Az 2: 2H 30/36

Scheffler, Kurt
- Fiche: *0502 f.*
  Az 1: 16J 150/35
  Az 2: 2H 21/36

Scheffler, Max
- Fiche: *0089*
  Az 1: 16J 781/36
  Az 2: 1H 9/37

Scheffler, Willy
- Fiche: *0054*
  Az 1: 17J 83/35
  Az 2: 1H 12/36

Schefzik
- Fiche: *0333*
  Az 1: 7J 118/42
  Az 2: 2H 105/42

Schefzik, Anna
- Fiche: *0358*
  Az 1: 7J 275/42
  Az 2: 5H 139/42

Schefzik, Franz
- Fiche: *0358*
  Az 1: 7J 275/42
  Az 2: 5H 139/42

Schege, Maria
- Fiche: *0379*
  Az 1: 7J 413/43
  Az 2: 6H 173/43

Schehr, John
- Fiche: *0018/0534*
  Az 1: 14a/8J 796/30
  Az 2: 1H 31/34
- Fiche: *0034*
  Az 1: 9J 613/33
  Az 2: 1H 27/35
- Fiche: *0092 ff.*
  Az 1: 17J 67/36
  Az 2: 1H 14/37
- Fiche: *0140 f.*
  Az 1: 8J 357/38g
  Az 2: 2H 13/39
- Fiche: *0513 f.*
  Az 1: 8J 969/33
  Az 2: 2H 24/34

Scheibel
- Fiche: *0184/0680*
  Az 1: 9J 777/43g
  Az 2: 5H 39/44

Scheibl, Eligius (A)
- Fiche: *0716 f.*
  Az 1: 6J 9/45
  Az 2: 6H 42/45

Scheiblehner, Markus
- Fiche: *0292 f.*
  Az 1: 7J 501/42
- Fiche: *0380/0529*
  Az 1: 7J 209/43
  Az 2: 6H 139/43

Scheiblehner, Markus (A)
- Fiche: *0352*
  Az 1: 7J 515/42
  Az 2: 6H 19/42

Scheidat
- Fiche: *0133*
  Az 1: 6J 37/38
  Az 2: 2H 74/38
- Fiche: *0133 f.*
  Az 1: 6J 158/38
  Az 2: 2H 77/38
- Fiche: *0242 f.*
  Az 1: 8J 3/36g
  Az 2: 2H 1/36
- Fiche: *0279 f.*
  Az 1: 6J 157/38
  Az 2: 2H 89/38

Scheidemann, Philipp
- Fiche: *0518/0558*
  Az 1: 10J 815/43
  Az 2: 1H 289/43
- Fiche: *0562 f.*
  Az 1: 10J 204/40
  Az 2: 2H 17/41

Scheider, Richard
- Fiche: *0117 f./0542*
  Az 1: 8J 20/36g
  Az 2: 2H 11/38

Scheidinger
- Fiche: *0374*
  Az 1: 7J 342/43
  Az 2: 5H 78/43

Scheidt, Leopold
- Fiche: *0416*
  Az 1: 6(7)J 518/43
  Az 2: 5H 31/44

Scheil
- Fiche: *0585*
  Az 1: 9J 79/36
  Az 2: 2H 33/36

Scheinowski, Fritz
- Fiche: *0010/0217 f.*
  Az 1: 17J 331/33
  Az 2: 2H 13/34

Scheit, Willi
- Fiche: *0431*
  Az 1: 9J 133/44
  Az 2: 2H 142/44

Scheitig, Hans
- Fiche: *0564 f.*
  Az 1: 9J 137/34
  Az 2: 1H 25/35

Scheiwe, Friedrich
- Fiche: *0120 f./0133*
  Az 1: 17J 400/37
  Az 2: 2H 71/38
- Fiche: *0545*
  Az 1: 10J 49/38
  Az 2: 2H 18/38

Scheldemar, Ademar van
- Fiche: *0489/0504*
  Az 1: 9J 12/41
  Az 2: 2H 99/41

Schelicke
- Fiche: *0112*
  Az 1: 17J 391/36
  Az 2: 2H 56/37
- Fiche: *0543*
  Az 1: 15J 385/34
  Az 2: 1H 47/36

Schelicke, Karl
- Fiche: *0671 f.*
  Az 1: 15J 385/34
  Az 2: 1H 11/36

Scheliga, Hertha
- Fiche: *0317*
  Az 1: 15J 166/36
  Az 2: 1H 33/36
- Fiche: *0390 f.*
  Az 1: 8J 106/36g
  Az 2: 2H 24/36

Scheliga, Hertha (A)
- Fiche: *0463/0465*
  Az 1: 15J 39/36
  Az 2: 2H 35/36

Scheliha, von (Frau)
- Fiche: *0441*
  Az 1: 0J 43/44g
  Az 2: 1L 474/44
- Fiche: *0441*
  Az 1: 0J 43/44g
  Az 2: 1L 432/44
- Fiche: *0441*
  Az 1: 0J 43/44g
  Az 2: 1L 473/44

Schell
- Fiche: *0120*
  Az 1: 17J 407/37
  Az 2: 2H 16/38

Schellart, Herbert (A)
- Fiche: *0183*
  Az 1: 11(10)J 631/43
  Az 2: 1H 28/44

Schellbach
- Fiche: *0495 f.*
  Az 1: 16J 708/35
  Az 2: 1H 75/35

Schellenberg
- Fiche: *0151 f./0584*
  Az 1: 7J 72/39
  Az 2: 1H 45/39

Schellenberg, Florenz (A)
- Fiche: *0020 f.*
  Az 1: 17J 683/33
  Az 2: 1H 44/34

Schellenberg, Walter
- Fiche: *0431*
  Az 1: 10J 816/43, 5J 16/44
  Az 2: 3L 133/44

Schellenberger, Alfred
- Fiche: *0196/0625*
  Az 1: 9J 187/44
  Az 2: 2H 204/44
- Fiche: *0202*
  Az 1: 11J 281/44
  Az 2: 2H 243/44
- Fiche: *0433 f.*
  Az 1: 9J 212/44
  Az 2: 2H 222/44

Schellenberger, Alfred (A)
- Fiche: *0203 f.*
  Az 1: 11J 246/44
  Az 2: 2H 245/44

Scheller, Paul
- Fiche: *0198*
  Az 1: 10J 167/44
  Az 2: 2H 208/44

Schellheimer, Johann (A)
- Fiche: *0208/0446*
  Az 1: 8J 191/44
  Az 2: 1H 303/44

Schellinsky
- Fiche: *0633 f.*
  Az 1: 9J 267/37
  Az 2: 2H 46/37

Schellkopf, Anton
- Fiche: *0082 f.*
  Az 1: 8J 415/35g
  Az 2: 1H 1/37

Schemainda, Paul
- Fiche: *0277 f.*
  Az 1: 14J 651/37g
  Az 2: 2H 55/38

Schemmel, Emil (A)
- Fiche: *0160/0288f.*
  Az 1: 6J 224/39g
  Az 2: 2H 44/40

Schenk
- Fiche: *0027*
  Az 1: 17J 145/35
  Az 2: 2H 10/35
- Fiche: *0046*
  Az 1: 17J 180/35
  Az 2: 1H 60/35, 1H 42/37
- Fiche: *0053 f.*
  Az 1: 17J 310/35
  Az 2: 2H 10/36
- Fiche: *0066 f./0253 f.*
  Az 1: 8J 4/36
  Az 2: 1H 38/36
- Fiche: *0070 f./0255*
  Az 1: 17J 492/35
  Az 2: 2H 44/36
- Fiche: *0110/0302*
  Az 1: 8J 341/37g
  Az 2: 1H 46/37
- Fiche: *0197/0466*
  Az 1: 8J 157/44
  Az 2: 1H 208/44
- Fiche: *0398/0399*
  Az 1: 6J 127/40g
  Az 2: 3L 99/40
- Fiche: *0545*
  Az 1: 9J 878/33
  Az 2: 2H 16/34
- Fiche: *0605 f.*
  Az 1: 14J 83/33
  Az 2: XV H 55/33

Schenk, Bernhard (A)
- Fiche: *0425*
  Az 1: 11J 67/44
  Az 2: 2H 82/44

Schenk, Herbert (A)
- Fiche: *0199*
  Az 1: 8J 174/44g
  Az 2: 1H 211/44

Schenk, Martha
- Fiche: *0051/0246 f.*
  Az 1: 8J 422/35g
  Az 2: 1H 6/36

Schenk, Michael
- Fiche: *0180/0446*
  Az 1: 6J 12/43g
  Az 2: 1H 147/43

Schenke, Erich (A)
- Fiche: *0451*
  Az 1: 14J 290/33
  Az 2: 1H 34/34

Schepers
- Fiche: *0621*
  Az 1: 14J 244/33
  Az 2: XII H 7/34

Schepst, Richard
- Fiche: *0569/0707*
  Az 1: 10J 458/43
  Az 2: 6H 159/43

Schereck, Ruth
- Fiche: *0086/0684*
  Az 1: 14J 392/35
  Az 2: 2H 4/37

Scherer
- Fiche: *0038 f./0259 f.*
  Az 1: 16J 767/35
  Az 2: 2H 57/36
- Fiche: *0045*
  Az 1: 14J 33/36, 9J 1145/35
  Az 2: 2H 56/35
- Fiche: *0174/0483*
  Az 1: 6J 83/42
  Az 2: 2H 154/42
- Fiche: *0183*
  Az 1: 11(10)J 631/43
  Az 2: 1H 28/44
- Fiche: *0250 f.*
  Az 1: 8J 364/35
  Az 2: 2H 15/36
- Fiche: *0268 f./0273*
  Az 1: 14J 323/37
  Az 2: 1H 10/38
- Fiche: *0268 f./0701 f.*
  Az 1: 14J 323/37
  Az 2: 1H 24/37
- Fiche: *0432*
  Az 1: 7J 106/44
  Az 2: 2H 202/44

Scherer, Arnold
- Fiche: *0169/0344*
  Az 1: 6J 84/41g
  Az 2: 2H 8/42

Scherer, Friedrich
- Fiche: *0007 f.*
  Az 1: 15J 734/33
  Az 2: 2H 10/34

Scherer, Karl
- Fiche: *0184*
  Az 1: 11(10)J 725/43
  Az 2: 2H 31/44

Scheringer
- Fiche: *0016 f.*
  Az 1: 14a/8J 1547/31
  Az 2: 1H 27/34
- Fiche: *0028*
  Az 1: 8J 20/35
  Az 2: 2H 14/35
- Fiche: *0032 f.*
  Az 1: 13J 11/34
  Az 2: 1H 26/35
- Fiche: *0036/0230 f.*
  Az 1: 8J 306/35
  Az 2: 2H 30/35
- Fiche: *0112/0271*
  Az 1: 16J 675/37
  Az 2: 2H 52/37
- Fiche: *0233 f.*
  Az 1: 8J 291/35
  Az 2: 2H 36/35
- Fiche: *0481 f./0557 f.*
  Az 1: 8J 214/37
  Az 2: 1H 31/38

Scheringer, Richard
- Fiche: *0222*
  Az 1: 8J 381/34
  Az 2: 1H 45/34
- Fiche: *0228 f.*
  Az 1: 14J 34/34
  Az 2: 1H 13/35
- Fiche: *0670*
  Az 1: 13J 56/33
  Az 2: XV H 45/33

Scherl, Heinrich
- Fiche: *0071*
  Az 1: 14J 338/36
  Az 2: 2H 47/36

Scherleitner
- Fiche: *0353*
  Az 1: 7J 417/42
  Az 2: 2H 292/42

Scherleitner, Johann
- Fiche: *0345*
  Az 1: 7J 405/42
  Az 2: 2H 266/42

Scherleitner, Josef
- Fiche: *0370*
  Az 1: 7J 555/42
  Az 2: 6H 13/43

Scherleitner, Josef (A)
- Fiche: *0327*
  Az 1: 7J 344/42
  Az 2: 2H 162/42

Scherling, Eugenie
- Fiche: *0013 f.*
  Az 1: 8J 1713/33
  Az 2: 2H 20/34

Schermann, Johann (A)
- Fiche: *0628*
  Az 1: 9J 171/41g
  Az 2: 2H 103/42

Schermer, Anita
- Fiche: *0004*
  Az 1: 13J 252/33
  Az 2: 2H 5/34

Schernbrandner, Max (A)
- Fiche: *0306*
  Az 1: 7J 547/39
  Az 2: 2H 13/40

Scherpf, Josef
- Fiche: *0225*
  Az 1: 8J 1734/33
  Az 2: 1H 7/35

Scherpinski
- Fiche: *0230*
  Az 1: 17J 475/35
  Az 2: 2H 25/35

Schersch
- Fiche: *0251 ff.*
  Az 1: 14J 12/36
  Az 2: 2H 17/36

Schertel, Hertha
- Fiche: *0184/0522*
  Az 1: 10J 189/43, 5J 3/44
  Az 2: 6H 29/44

Schertling, Gisela (A)
- Fiche: *0539/0627*
  Az 1: 6J 24/43
  Az 2: 1H 101/43

Scherwitz, Georg
- Fiche: *0323 ff.*
  Az 1: 7J 174/40
  Az 2: 2H 132/41

Scherz, August (A)
- Fiche: *0376*
  Az 1: 7J 306/42, 7J 239/43
  Az 2: 5H 140/42, 5H 72/43
- Fiche: *0376*
  Az 1: 7J 238/43
  Az 2: 5H 72/43

Scherz, Eduard
- Fiche: *0333*
  Az 1: 7J 94/42
  Az 2: 2H 97/42

Scherzer
- Fiche: *0424/0570*
  Az 1: 7J 101/44
  Az 2: 5H 78/44

Schikera, Elisabeth
- Fiche: *0476 f.*
  Az 1: 8J 131/36g, 8J 49,117,131/36g
  Az 2: 2H 16,20,27/37

Schilasky
- Fiche: *0279 f.*
  Az 1: 6J 157/38
  Az 2: 2H 89/38

Schild, Amanda
- Fiche: *0056 f./0461*
  Az 1: 8J 29/35
  Az 2: 2H 18/36

Schild, Karl (A)
- Fiche: *0056 f./0461*
  Az 1: 8J 29/35
  Az 2: 2H 18/36

Schild, Willi (A)
- Fiche: *0003*
  Az 1: 15J 594/33
  Az 2: 2H 3/34

Schildbach
- Fiche: *0045 f./0675 f.*
  Az 1: 16J 319/35
  Az 2: 1H 57/35

Schilde, Hans
- Fiche: *0113/0469 f.*
  Az 1: 16J 37/35
  Az 2: 1H 19-20/37

Schilder, Franz (A)
- Fiche: *0428*
  Az 1: 7J 104/44
  Az 2: 5H 107/44

Schill, Kurt (A)
- Fiche: *0461*
  Az 1: IV A 2 - B. Nr. 5156/38g

Schillack
- Fiche: *0245 f.*
  Az 1: 8J 7/36g
  Az 2: 2H 4/36

Schillack, Andreas
- Fiche: *0450/0635*
  Az 1: 8J 22/44
  Az 2: 2H 73/44

Schillack, Andreas (A)
- Fiche: *0187*
  Az 1: 9J 64/44
  Az 2: 2H 80/44

Schille, Arthur
- Fiche: *0099 f.*
  Az 1: 14J 301/37
  Az 2: 1H 27/37

Schiller
- Fiche: *0055 f./0390*
  Az 1: 8J 82/36g
  Az 2: 2H 13/36
- Fiche: *0138 f.*
  Az 1: 5J 53/39
  Az 2: 1H 7/39
- Fiche: *0139 f./0283*
  Az 1: 5J 84/39
  Az 2: 1H 11/39
- Fiche: *0142*
  Az 1: 5J 181/39
  Az 2: 1H 17/39
- Fiche: *0247 f./0445*
  Az 1: 8J 72/36
  Az 2: 2H 7/37
- Fiche: *0263 f./0487 f.*
  Az 1: 17J 171/35
  Az 2: 2H 17/37
- Fiche: *0523 f.*
  Az 1: 9J 351/38g
  Az 2: 2H 93/38
- Fiche: *0530 f.*
  Az 1: 10J 62/42
  Az 2: 1H 219/42
- Fiche: *0639*
  Az 1: 10J 87/41
  Az 2: 2H 192/42

Schiller (Frau)
- Fiche: *0286 f.*
  Az 1: 8J 384/38g
  Az 2: 1H 32/39

Schiller, Alois
- Fiche: *0427*
  Az 1: 10J 46/44
  Az 2: 2H 102/44

Schiller, Gotthelf
- Fiche: *0144*
  Az 1: 5J 199/39
  Az 2: 1H 26/39

Schiller, Hans
- Fiche: *0055/0248 f.*
  Az 1: 8J 418/35g
  Az 2: 1H 13/36

Schiller, Hermann
- Fiche: *0138*
  Az 1: 5J 279/38
  Az 2: 1H 6/39

Schiller, Hermann (A)
- Fiche: *0144*
  Az 1: 5J 199/39
  Az 2: 1H 26/39

Schiller, Josef
- Fiche: *0177 f.*
  Az 1: 8J 382/42g
  Az 2: 2H 65/43

Schiller, Joseph
- Fiche: *0502*
  Az 1: 8J 409/42g
  Az 2: 2H 66/43

Schiller, Rudolf
- Fiche: *0427*
  Az 1: 10J 46/44
  Az 2: 2H 102/44

Schilli, Johann
- Fiche: *0355 f.*
  Az 1: 7J 526/42
  Az 2: 5H 194/42

Schilling
- Fiche: *0141/0475 f.*
  Az 1: 5J 449/38
  Az 2: 1H 15/39
- Fiche: *0180 f.*
  Az 1: 9J 743/43
  Az 2: 2H 2/44

Schilling, Ernst
- Fiche: *0116*
  Az 1: 16J 878/37
  Az 2: 1H 9/38
- Fiche: *0119 f.*
  Az 1: 6J 168/38g
  Az 2: 1H 14/38
- Fiche: *0122*
  Az 1: 14J 742/37g
  Az 2: 2H 20/38
- Fiche: *0126/0276*
  Az 1: 16J 912/37
  Az 2: 2H 28/38
- Fiche: *0129 f.*
  Az 1: 6J 223/38g
  Az 2: 2H 47/38
- Fiche: *0130/0277*
  Az 1: 6J 224/38g
  Az 2: 2H 48/38
- Fiche: *0132 f.*
  Az 1: 14J 457/37g
  Az 2: 2H 63/38
- Fiche: *0158 f./0288*
  Az 1: 7J 6/39
  Az 2: 1H 77/39
- Fiche: *0160/0288f.*
  Az 1: 6J 224/39g
  Az 2: 2H 44/40
- Fiche: *0168*
  Az 1: 5J 232/41
  Az 2: 2H 5/42
- Fiche: *0168 f.*
  Az 1: 5J 230/41
  Az 2: 2H 6/42
- Fiche: *0261*
  Az 1: 14J 570/37g
- Fiche: *0273 f.*
  Az 1: 14J 657/37g
  Az 2: 1H 15/38
- Fiche: *0277 f.*
  Az 1: 14J 651/37g
  Az 2: 2H 55/38
- Fiche: *0506*
  Az 1: 5J 53/41
  Az 2: 2H 53/41
- Fiche: *0581*
  Az 1: 10J 520/43
  Az 2: 1H 213/43
- Fiche: *0636*
  Az 1: 5J 171/40
  Az 2: 2H 91/40

Schillo
- Fiche: *0072*
  Az 1: 14J 220/36
  Az 2: 2H 48/36

Schillo (Frau)
- Fiche: *0072*
  Az 1: 14J 220/36
  Az 2: 2H 48/36

Schimerowski, Martha
- Fiche: *0697*
  Az 1: StPL (RKA) II 283/43
  Az 2: StPL (HLS) III 63/43

Schimkowiak, Franz
- Fiche: *0001*
  Az 1: 17J 303/33
  Az 2: 1H 2/34

Schimmel
- Fiche: *0254*
  Az 1: 9J 332/36
  Az 2: 2H 40/36

Schimmel, Albert (A)
- Fiche: *0190*
  Az 1: 9J 231/44
  Az 2: 5H 119/44

Schimmelpfennig, Hans-Wolfgang
- Fiche: *0415 f.*
  Az 1: 3J 260/44
  Az 2: 1L 30/44
- Fiche: *0507*
  Az 1: 2J 729/43

Schimonek, Elli
- Fiche: *0288*
  Az 1: 5J 686/38
  Az 2: 1H 59/39

Schinagl, Johann
- Fiche: *0363*
  Az 1: 7J 599/42
  Az 2: 6H 49/43
- Fiche: *0365*
  Az 1: 7J 599/42
  Az 2: 6H 45/43
- Fiche: *0382*
  Az 1: 7J 243/43
  Az 2: 6H 120/43

Schinagl, Johann (A)
- Fiche: *0456*
  Az 1: 7J 599/42
  Az 2: 6H 60/43

Schinagl, Josef
- Fiche: *0411 f.*
  Az 1: 8J 375/40
  Az 2: 5H 17/44

Schindel, Hermann (A)
- Fiche: *0003/0215*
  Az 1: 15/17J 60/33
  Az 2: 1H 4/34

Schindewolf
- Fiche: *0555 f.*
  Az 1: 9J 202/36
  Az 2: 2H 14/37

Schindler
- Fiche: *0004 f.*
  Az 1: 13J 98/33
  Az 2: 1H 7/34
- Fiche: *0073*
  Az 1: 16J 287/36
  Az 2: 2H 51/36
- Fiche: *0299*
  Az 1: 5J 146/43
  Az 2: 2H 151/43
- Fiche: *0589*
  Az 1: 16J 293/35
  Az 2: 2H 58/35

Schindler, Elsa
- Fiche: *0532 f.*
  Az 1: 7(11)J 197/34g
  Az 2: 3L 21/36

Schindler, Felix (A)
- Fiche: *0608 ff.*
  Az 1: 15J 179/33
  Az 2: XII H 17/34

Schindler, Franz
- Fiche: *0348*
  Az 1: 7J 253/42
  Az 2: 5H 89/42

Schindler, Fritz
- Fiche: *0588 f./0643*
  Az 1: 16J 293/35, 8J 438/35
  Az 2: 2H 58/35

Schindler, Hedwig
- Fiche: *0319 f.*
  Az 1: 6J 124/40g
  Az 2: 2H 10/41

Schindler, Margot
- Fiche: *0673*
  Az 1: 9J 36/39g
  Az 2: 2H 14/39

Schindler, Richard
- Fiche: *0039/0235*
  Az 1: 15J 20/35
  Az 2: 1H 40/35

Schindler, Willy (A)
- Fiche: *0593 f.*
  Az 1: 15J 490/33
  Az 2: 1H 89/34

Schinharl, Anton
- Fiche: *0449*
  Az 1: 7(6)J 116/43
  Az 2: 2H 8/44
- Fiche: *0481/0688*
  Az 1: 7(6)J 117/43
  Az 2: 2H 12/44
- Fiche: *0483 f.*
  Az 1: 6J 115/43
  Az 2: 2H 16/44
- Fiche: *0688 f.*
  Az 1: 10J 75/44
  Az 2: 1L 192/44

Schinharl, Anton (A)
- Fiche: *0483 f.*
  Az 1: 6J 115/43
  Az 2: 2H 16/44

Schink
- Fiche: *0090*
  Az 1: 17J 187/36
  Az 2: 2H 31/37

Schinko
- Fiche: *0357*
  Az 1: 7J 499/42
  Az 2: 5H 186/42
- Fiche: *0377*
  Az 1: 7J 220/43
  Az 2: 5H 59/43

Schinko, Josef (A)
- Fiche: *0362*
  Az 1: 7J 169/43
  Az 2: 1H 92/43
- Fiche: *0707*
  Az 1: StPL (RKA) III 153/42
  Az 2: StPL (HLS) II 96/42

Schinner
- Fiche: *0380*
  Az 1: 7J 366/43
  Az 2: 5H 121/43

Schinner, Ludwig
- Fiche: *0308*
  Az 1: 6J 103/40g
  Az 2: 2H 115/40

Schipansky, Max
- Fiche: *0116*
  Az 1: 16J 900/37
  Az 2: 2H 6/38

Schipansky, Max (A)
- Fiche: *0116*
  Az 1: 5J 32/38
  Az 2: 2H 7/38

Schippa, Johanna
- Fiche: *0268 f./0273*
  Az 1: 14J 323/37
  Az 2: 1H 10/38
- Fiche: *0367*
  Az 1: 6J 258/38
  Az 2: 1H 31/43

Schipper, Paul (A)
- Fiche: *0030 f./0229 f.*
  Az 1: 13J 265/33
  Az 2: 2H 21/35

Schirdewan, Karl
- Fiche: *0171/0567 f.*
  Az 1: 10J 145/41
  Az 2: 2H 33/42

Schirdewan, Karl (A)
- Fiche: *0029*
  Az 1: 17J 98/34
  Az 2: 1H 17/35

Schirgi, Christian
- Fiche: *0333*
  Az 1: 7J 93/42
  Az 2: 2H 96/42

Schiricke
- Fiche: *0709*
  Az 1: 8J 501/39
  Az 2: 2H 60/39

Schirm, Robert
- Fiche: *0115 f.*
  Az 1: 17J 381/37
  Az 2: 2H 5/38

Schirmacher, Robert
- Fiche: *0071*
  Az 1: 16J 754/35
  Az 2: 2H 45/36

Schirmer
- Fiche: *0615 ff.*
  Az 1: 15J 86/33
  Az 2: XII H 42/33

Schirmer, Arthur (A)
- Fiche: *0160/0288f.*
  Az 1: 6J 224/39g
  Az 2: 2H 44/40

Schirmer, Willi
- Fiche: *0112/0271*
  Az 1: 16J 675/37
  Az 2: 2H 52/37

Schirow, Otto
- Fiche: *0071*
  Az 1: 16J 754/35
  Az 2: 2H 45/36
- Fiche: *0080 f./0260*
  Az 1: 8J 163/36g
  Az 2: 1H 64/36

Schirow, Otto (A)
- Fiche: *0071/0244*
  Az 1: 8J 168/36g
  Az 2: 2H 46/36

Schirrmacher, Willy (A)
- Fiche: *0598 ff.*
  Az 1: 9J 479/35
  Az 2: 2H 14/36

Schirrmeister, Willi
- Fiche: *0018 f.*
  Az 1: 15J 369/34
  Az 2: 1H 39/35
- Fiche: *0103*
  Az 1: 17J 320/37
  Az 2: 1H 32/37
- Fiche: *0106/0546 f.*
  Az 1: 17J 315/37
  Az 2: 1H 37/37
- Fiche: *0107/0302*
  Az 1: 17J 379/37
  Az 2: 1H 39/37
- Fiche: *0115 f.*
  Az 1: 17J 381/37
  Az 2: 2H 5/38
- Fiche: *0121*
  Az 1: 10J 28/38
  Az 2: 1H 18/38
- Fiche: *0131/0674 f.*
  Az 1: 10J 27/38
  Az 2: 2H 50/38
- Fiche: *0510*
  Az 1: 10J 31/38
  Az 2: 2H 10/38
- Fiche: *0518/0679*
  Az 1: 10J 30/38
  Az 2: 2H 8/38
- Fiche: *0601*
  Az 1: 10J 26/38
  Az 2: 2H 19/38
- Fiche: *0682*
  Az 1: 17J 377/37
  Az 2: 1H 6/38
- Fiche: *0730 f./0732*
  Az 1: 17J 318/37
  Az 2: 1H 38/37

Schirrmeister, Willi (A)
- Fiche: *0101*
  Az 1: 17J 316/37
  Az 2: 1H 29/37

Schischke, Walter
- Fiche: *0511*
  Az 1: 9J 328/39
  Az 2: 2H 57/39

Schitterer (Frau)
- Fiche: *0127/0623*
  Az 1: 8J 419/37g
  Az 2: 2H 33/38

Schittko, Bruno
- Fiche: *0155 f.*
  Az 1: 6J 12/39g
  Az 2: 2H 61/39

Schkola, Nikolaj
- Fiche: *0202*
  Az 1: 11J 271/44
  Az 2: 2H 241/44

Schlaag, Karl
- Fiche: *0538*
  Az 1: 10J 227/38
  Az 2: 2H 80/38

Schlabrendorff, Fabian von
- Fiche: *0455*
  Az 1: o.Az

Schlachcis, Lotte
- Fiche: *0537 f.*
  Az 1: 9J 236/41g
  Az 2: 5H 75/42
- Fiche: *0560*
  Az 1: 10J 382/43
  Az 2: 1H 189/43
- Fiche: *0628 f.*
  Az 1: 10J 2/43g
  Az 2: 1H 89/43

Schlachter, Heinrich
- Fiche: *0315 f./0465 f.*
  Az 1: 15J 14/36
  Az 2: 1H 54/36
- Fiche: *0523*
  Az 1: 10J 227/39
  Az 2: 2H 20/41

Schlachter, Max (A)
- Fiche: *0399/0568*
  Az 1: 2J 150/40g
  Az 2: 2L 78/41

Schlack, Selma
- Fiche: *0027*
  Az 1: 17J 145/35
  Az 2: 2H 10/35

Schladen (Frau)
- Fiche: *0114/0473 f.*
  Az 1: 14J 527/37g, 14J 736/37
  Az 2: 1H 44/37, 1H 3/38

Schläfer, Liselotte
- Fiche: *0070*
  Az 1: 14J 210/35
  Az 2: 2H 43/36

Schlaefke
- Fiche: *0573 f.*
  Az 1: 10J 140/38
  Az 2: 2H 44/38

Schläfke
- Fiche: *0015/0385*
  Az 1: 17J 717/33
  Az 2: 2H 23/34

Schlaffke
- Fiche: *0615 ff.*
  Az 1: 15J 86/33
  Az 2: XII H 42/33

Schlag
- Fiche: *0071*
  Az 1: 16J 754/35
  Az 2: 2H 45/36
- Fiche: *0571*
  Az 1: 11(10)J 1241/43
  Az 2: 1H 59/44

Schlag, Charlotte
- Fiche: *0495 f.*
  Az 1: 16J 708/35
  Az 2: 1H 75/35

Schlag, Erich
- Fiche: *0495 f.*
  Az 1: 16J 708/35
  Az 2: 1H 75/35

Schlag, Walter
- Fiche: *0071/0244*
  Az 1: 8J 168/36g
  Az 2: 2H 46/36
- Fiche: *0673 f.*
  Az 1: 16J 141/35, 16J 126/35
  Az 2: 1H 34/35, 1H 35/35

Schlag, Walter (A)
- Fiche: *0495 f.*
  Az 1: 16J 708/35
  Az 2: 1H 75/35

Schlager, Josef
- Fiche: *0323 ff.*
  Az 1: 7J 174/40
  Az 2: 2H 132/41

Schlagermann, Theodor (A)
- Fiche: *0598 ff.*
  Az 1: 9J 479/35
  Az 2: 2H 14/36

Schlahuschek, Johann
- Fiche: *0347*
  Az 1: 7J 32/42
  Az 2: 5H 67/42

Schlamm
- Fiche: *0133*
  Az 1: 6J 37/38
  Az 2: 2H 74/38

Schlamm, Karl
- Fiche: *0329/0358*
  Az 1: 7J 354/42
  Az 2: 5H 142/42

Schlamm, Paul
- Fiche: *0133*
  Az 1: 6J 37/38
  Az 2: 2H 74/38

Schlamm, Willi
- Fiche: *0552 f.*
  Az 1: 8J 10/35
  Az 2: 2H 34/35

Schlammer, Jakob
- Fiche: *0196 f.*
  Az 1: 7J 128/44
  Az 2: 6H 205/44

Schlammer, Paul
- Fiche: *0650 f.*
  Az 1: 15J 190/33
  Az 2: XII H 6/34

Schlandosich
- Fiche: *0326*
  Az 1: 7J 199/42
  Az 2: 2H 169/42
- Fiche: *0341 f.*
  Az 1: 7J 203/42
  Az 2: 2H 183/42

Schlange, Anna (A)
- Fiche: *0010 f.*
  Az 1: 17J 232/33
  Az 2: 2H 14/34

Schlank (Frau)
- Fiche: *0164 f.*
  Az 1: 10J 120/40
  Az 2: 2H 100/40

Schlank, Emma
- Fiche: *0303 f.*
  Az 1: 17J 43/37
  Az 2: 1H 7/38

Schlarbaum
- Fiche: *0021/0461 f.*
  Az 1: 9aJ 44/34
  Az 2: 2H 1/35

Schlauert, Karl
- Fiche: *0256*
  Az 1: 15J 162/36
  Az 2: 1H 51/36

Schlee, Alfred
- Fiche: *0243/0471 f.*
  Az 1: 15J 578/36
  Az 2: 1H 2/37

Schlee, Irmgard (A)
- Fiche: *0243/0471 f.*
  Az 1: 15J 578/36
  Az 2: 1H 2/37

Schlegel, Bruno
- Fiche: *0278 f.*
  Az 1: 8J 252/38
  Az 2: 2H 68/38
- Fiche: *0477 f.*
  Az 1: 8J 251/38
  Az 2: 2H 65/38

Schlegel, Erich
- Fiche: *0020 f.*
  Az 1: 17J 683/33
  Az 2: 1H 44/34

Schlehner, Albin
- Fiche: *0333*
  Az 1: 7J 93/42
  Az 2: 2H 96/42

Schleich, Anne
- Fiche: *0113 f./0508*
  Az 1: 14J 725/37g
  Az 2: 1H 1/38

Schleich, Johann
- Fiche: *0205/0530*
  Az 1: 10J 289/44
  Az 2: 6H 256/44
- Fiche: *0435*
  Az 1: 10J 286/44
  Az 2: 6H 251/44
- Fiche: *0436*
  Az 1: 10J 287/44
  Az 2: 6H 253/44
- Fiche: *0436*
  Az 1: 10J 288/44
  Az 2: 6H 254/44
- Fiche: *0436*
  Az 1: 10J 290/44
  Az 2: 6H 252/44
- Fiche: *0701*
  Az 1: 10J 248/44
  Az 2: 6H 53/45

Schleich, Johann (A)
- Fiche: *0435/0709*
  Az 1: 10J 212/44
  Az 2: 6H 239/44

Schleich, Wilhelm (A)
- Fiche: *0459 f.*
  Az 1: 10J 569/43
  Az 2: 2H 128/43

Schleicher, Georg
- Fiche: *0325*
  Az 1: 6J 132/40g
  Az 2: 2H 147/41

Schleicher, Karoline
- Fiche: *0443*
  Az 1: 7J 440/42
  Az 2: 1H 250/42

Schleicher, Rüdiger (A)
- Fiche: *0455*
  Az 1: o.Az

Schleicher, von
- Fiche: *0062 f.*
  Az 1: 8J 17/36
  Az 2: 1H 29/36

Schleif, Lotte (A)
- Fiche: *0714*
  Az 1: StPL (RKA) III 530/42
  Az 2: StPL (HLS) II 12/43

Schleifer
- Fiche: *0407 f.*
  Az 1: 7(8)J 199/41
  Az 2: 2H 3/44

Schleifer, Karl
- Fiche: *0581 f./0647*
  Az 1: 8J 95/41g
  Az 2: 2H 167/43

Schleifer, Kurt (A)
- Fiche: *0580/0624 f.*
  Az 1: 8J 200/41
  Az 2: 2H 6/44

Schleiffer
- Fiche: *0706*
  Az 1: StPL (RKA) III 407/43
  Az 2: StPL 2. Sen. 18/44

Schleifstein, Josef
- Fiche: *0014/0737*
  Az 1: 14J 253/33
  Az 2: 2H 22/34
- Fiche: *0292*
  Az 1: 5J 228/41
  Az 2: 2H 16/42

Schleimbach, Berta
- Fiche: *0298 f.*
  Az 1: 7J 370/43, 7J 398/43
  Az 2: 5H 118/43, 5H 119/43
- Fiche: *0382*
  Az 1: 7J 396/43, 7J 399/43
  Az 2: 1H 117/43, 5H 116/43

Schleimer, Erich
- Fiche: *0117 f./0542*
  Az 1: 8J 20/36g
  Az 2: 2H 11/38

Schlemm, Hans
- Fiche: *0627*
  Az 1: 0J 52/44g Rs
  Az 2: 1L 450/44

Schlesinger
- Fiche: *0505/0642 f.*
  Az 1: 8J 201/41
  Az 2: 2H 171/43

Schlesinger, Adolf (A)
- Fiche: *0377*
  Az 1: 7J 599/42
  Az 2: 6H 61/43

Schlesinger, Egon (A)
- Fiche: *0421*
  Az 1: 7J 72/44
  Az 2: 5H 64/44

Schlesinger, Helene
- Fiche: *0470 f.*
  Az 1: 10J 232/42g
  Az 2: 2H 337/42
- Fiche: *0546*
  Az 1: 10J 256/42g
  Az 2: 2H 19/43

Schlesinger, Karl (A)
- Fiche: *0023 f.*
  Az 1: 14J 328/33
  Az 2: 1H 5/35

Schleth
- Fiche: *0021/0462*
  Az 1: 15J 85/34
  Az 2: 1H 46/34

Schleusing
- Fiche: *0115 f.*
  Az 1: 17J 381/37
  Az 2: 2H 5/38

Schleuten, Maria
- Fiche: *0598 ff.*
  Az 1: 9J 479/35
  Az 2: 2H 14/36

Schley, Rudolf
- Fiche: *0172*
  Az 1: 6J 242/41
  Az 2: 2H 75/42
- Fiche: *0192/0567*
  Az 1: 1J 92/44
  Az 2: 1H 133/44

Schlich, Norbert
- Fiche: *0231 f./0561*
  Az 1: 8J 14/34
  Az 2: 2H 33/35

Schlichting
- Fiche: *0463/0465*
  Az 1: 15J 39/36
  Az 2: 2H 35/36

Schlick
- Fiche: *0341 f.*
  Az 1: 7J 203/42
  Az 2: 2H 183/42

Schlie, Werner (A)
- Fiche: *0313 f.*
  Az 1: 17J 57/35
  Az 2: 1H 54/35

Schlieboher, Fritz
- Fiche: *0211*
  Az 1: 9J 157/44
  Az 2: 5H 45/45

Schmidt, Friedrich
- Fiche: *0061 f./0626 f.*
  Az 1: 17J 336/35
  Az 2: 2H 28/36
- Fiche: *0077 f./0239*
  Az 1: 8J 421/35g
  Az 2: 2H 60/36

Schmidt, Friedrich (A)
- Fiche: *0055 f./0390*
  Az 1: 8J 82/36g
  Az 2: 2H 13/36
- Fiche: *0153*
  Az 1: 6J 374/38g
  Az 2: 1H 52/39

Schmidt, Fritz
- Fiche: *0108*
  Az 1: 8J 358/37g
  Az 2: 1H 40/37
- Fiche: *0198*
  Az 1: 10J 167/44
  Az 2: 2H 208/44
- Fiche: *0244 f./0274*
  Az 1: 8J 431/35g
  Az 2: 1H 8/37
- Fiche: *0269 f.*
  Az 1: 8J 100/37
  Az 2: 1H 43/37
- Fiche: *0433*
  Az 1: 10J 166/44
  Az 2: 2H 219/44
- Fiche: *0450/0623 f.*
  Az 1: 17J 451/37
  Az 2: 2H 59/38
- Fiche: *0672 f.*
  Az 1: 10J 90/41
  Az 2: 2H 111/41

Schmidt, Gabriele
- Fiche: *0357*
  Az 1: 7J 469/42
  Az 2: 5H 179/42

Schmidt, Georg
- Fiche: *0016 f.*
  Az 1: 14a/8J 1547/31
  Az 2: 1H 27/34
- Fiche: *0225*
  Az 1: 8J 1734/33
  Az 2: 1H 7/35

Schmidt, Georg (A)
- Fiche: *0211 f.*
  Az 1: 9J 33/45g
  Az 2: 6Sg. 65/45

Schmidt, Gerrit
- Fiche: *0177 f.*
  Az 1: 8J 382/42g
  Az 2: 2H 65/43

Schmidt, Gerrit (A)
- Fiche: *0502*
  Az 1: 8J 409/42g
  Az 2: 2H 66/43

Schmidt, Hans
- Fiche: *0159*
  Az 1: 9J 84/39g
  Az 2: 2H 5/40
- Fiche: *0183*
  Az 1: 5J 45/41
  Az 2: 2H 27/42
- Fiche: *0315*
  Az 1: 8J 419/35g
  Az 2: 1H 18/36
- Fiche: *0607*
  Az 1: 13J 270/33
  Az 2: XV H 57/33
- Fiche: *0703*
  Az 1: 9J 327/39g, 9J 390/39 g

Schmidt, Hans (A)
- Fiche: *0040*
  Az 1: 17J 268/35
  Az 2: 2H 43/35
- Fiche: *0153*
  Az 1: 9J 327/39g
  Az 2: 1H 53/39

Schmidt, Heinrich
- Fiche: *0451*
  Az 1: 9J 658/35
  Az 2: 2H 41/35

Schmidt, Helene
- Fiche: *0196/0625*
  Az 1: 9J 187/44
  Az 2: 2H 204/44
- Fiche: *0433 f.*
  Az 1: 9J 212/44
  Az 2: 2H 222/44

Schmidt, Helene (A)
- Fiche: *0196*
  Az 1: 9J 210/44
  Az 2: 2H 205/44

Schmidt, Helmuth
- Fiche: *0114/0473 f.*
  Az 1: 14J 527/37g, 14J 736/37
  Az 2: 1H 44/37, 1H 3/38

Schmidt, Hermann
- Fiche: *0272*
  Az 1: 16J 225/37
  Az 2: 2H 60/37
- Fiche: *0439*
  Az 1: 7J 104/38
  Az 2: 2H 13/38
- Fiche: *0457 f.*
  Az 1: 10J 142/38
  Az 2: 2H 42/38
- Fiche: *0463/0465*
  Az 1: 15J 39/36
  Az 2: 2H 35/36
- Fiche: *0499*
  Az 1: 10J 141/38
  Az 2: 2H 53/38
- Fiche: *0506*
  Az 1: 10J 143/38, 10J 144/38
  Az 2: 2H 39/38, 2H 40/38
- Fiche: *0517/0678*
  Az 1: 10J 139/38
  Az 2: 2H 67/38
- Fiche: *0544 f.*
  Az 1: 10J 138/38
  Az 2: 2H 37/38
- Fiche: *0573 f.*
  Az 1: 10J 140/38
  Az 2: 2H 44/38

Schmidt, Hermann (A)
- Fiche: *0130 f.*
  Az 1: 10J 137/38
  Az 2: 2H 49/38
- Fiche: *0540*
  Az 1: 9J 42/36
  Az 2: 1H 17/36

Schmidt, Hertha
- Fiche: *0084*
  Az 1: 17J 318/36
  Az 2: 2H 2/37

Schmidt, Hugo
- Fiche: *0010 f.*
  Az 1: 17J 232/33
  Az 2: 2H 14/34
- Fiche: *0055/0248 f.*
  Az 1: 8J 418/35g
  Az 2: 1H 13/36
- Fiche: *0095/0541*
  Az 1: 9J 571/36
  Az 2: 2H 22/37
- Fiche: *0450/0623 f.*
  Az 1: 17J 451/37
  Az 2: 2H 59/38
- Fiche: *0583*
  Az 1: 10J 225/38
  Az 2: 2H 70/38
- Fiche: *0671*
  Az 1: 9J 759/37
  Az 2: 2H 36/38

Schmidt, Hugo (A)
- Fiche: *0540*
  Az 1: 10J 226/38
  Az 2: 2H 75/38

Schmidt, Jakob
- Fiche: *0229*
  Az 1: 14J 134/34
  Az 2: 2H 23/35

Schmidt, Johann
- Fiche: *0014/0737*
  Az 1: 14J 253/33
  Az 2: 2H 22/34
- Fiche: *0483*
  Az 1: 14J 482/37
  Az 2: 1H 25/37
- Fiche: *0707*
  Az 1: StPL (RKA) III 345/41
  Az 2: StPL (HLS) III 144/41

Schmidt, Johann (A)
- Fiche: *0434*
  Az 1: 10(9)J 1230/43g
  Az 2: 6L 222/44

Schmidt, Johanna
- Fiche: *0222 f.*
  Az 1: 17J 504/33
  Az 2: 1H 1/35

Schmidt, Johanna (A)
- Fiche: *0178*
  Az 1: 6J 134/42g
  Az 2: 2H 77/43
- Fiche: *0629*
  Az 1: 10J 17/44
  Az 2: BS 4/44

Schmidt, Johannes
- Fiche: *0203 f.*
  Az 1: 11J 246/44
  Az 2: 2H 245/44

Schmidt, Johannes (A)
- Fiche: *0202*
  Az 1: 11J 281/44
  Az 2: 2H 243/44

Schmidt, Jonny
- Fiche: *0152*
  Az 1: 11J 341/39
  Az 2: 2H 46/39

Schmidt, Josef
- Fiche: *0735 f.*
  Az 1: 7J 32/44
  Az 2: 6H 92/44

Schmidt, Josef (A)
- Fiche: *0431*
  Az 1: 11J 174/44
  Az 2: 2H 150/44

Schmidt, Karl
- Fiche: *0018/0220*
  Az 1: 16J 646/33
  Az 2: 1H 29/34
- Fiche: *0078*
  Az 1: 14J 73/36
  Az 2: 1H 62/36
- Fiche: *0109*
  Az 1: 16J 443/37
  Az 2: 2H 42/37
- Fiche: *0112/0271*
  Az 1: 16J 675/37
  Az 2: 2H 52/37
- Fiche: *0129 f.*
  Az 1: 6J 223/38g
  Az 2: 2H 47/38
- Fiche: *0277 f.*
  Az 1: 14J 651/37g
  Az 2: 2H 55/38
- Fiche: *0488 f./0519 f.*
  Az 1: 9J 30/40g
  Az 2: 2H 5/41
- Fiche: *0605*
  Az 1: 10J 117/42
  Az 2: 5H 115/42
- Fiche: *0632 f.*
  Az 1: 6J 29/42g
  Az 2: 1H 139/43
- Fiche: *0702 f.*
  Az 1: 17J 97/37
  Az 2: 2H 19/37

Schmidt, Kaspar
- Fiche: *0056 f./0461*
  Az 1: 8J 29/35
  Az 2: 2H 18/36

Schmidt, Klara
- Fiche: *0071 f.*
  Az 1: 14J 288/36
  Az 2: 1H 48/36
- Fiche: *0075/0258*
  Az 1: 17J 70/36
  Az 2: 1H 57/36
- Fiche: *0248/0447*
  Az 1: 14J 380/36
  Az 2: 2H 8/37

Schmidt, Knud
- Fiche: *0523*
  Az 1: 15J 201/35
  Az 2: 1H 2/36

Schmidt, Waldemar (A)
- Fiche: *0629 f.*
  Az 1: 9J 929/35
  Az 2: 1H 37/36

Schmidt, Walter
- Fiche: *0075/0258*
  Az 1: 17J 70/36
  Az 2: 1H 57/36
- Fiche: *0087 f.*
  Az 1: 14J 396/36
  Az 2: 1H 6/37
- Fiche: *0159*
  Az 1: 17J 177/37
  Az 2: 2H 24/40
- Fiche: *0634 f.*
  Az 1: 9J 206/42g
  Az 2: 1H 302/42

Schmidt, Werner
- Fiche: *0196*
  Az 1: 9J 210/44
  Az 2: 2H 205/44

Schmidt, Wilhelm
- Fiche: *0020*
  Az 1: 17J 170/34
  Az 2: 1H 42/34
- Fiche: *0391 f.*
  Az 1: 5J 6/36g
  Az 2: 3L 21/37
- Fiche: *0430*
  Az 1: 9J 242/44
  Az 2: 5H 127/44

Schmidt, Wilhelm (A)
- Fiche: *0207/0532*
  Az 1: 8J 206/44g
  Az 2: 1H 274/44
- Fiche: *0538 f.*
  Az 1: 8J 356/38g
  Az 2: 1H 29/38
- Fiche: *0539*
  Az 1: 8J 71/44
  Az 2: 2H 109/44
- Fiche: *0650 f.*
  Az 1: 15J 190/33
  Az 2: XII H 6/34

Schmidt, Willi
- Fiche: *0038 f./0259 f.*
  Az 1: 16J 767/35
  Az 2: 2H 57/36
- Fiche: *0051*
  Az 1: 5J 41/35
  Az 2: 2H 6/36
- Fiche: *0088*
  Az 1: 8J 211/36
  Az 2: 2H 6/37
- Fiche: *0685*
  Az 1: 10J 239/39
  Az 2: 2H 2/41

Schmidt, William
- Fiche: *0006/0528*
  Az 1: 15J 250/33
  Az 2: 2H 9/34

Schmidt, Willy (A)
- Fiche: *0608 ff.*
  Az 1: 15J 179/33
  Az 2: XII H 17/34

Schmidt-Kirchner, Johanna
- Fiche: *0170/0293*
  Az 1: 6J 100/41g
  Az 2: 2H 21/42
- Fiche: *0176/0295*
  Az 1: 6J 27/42g
  Az 2: 1H 18/43
- Fiche: *0177*
  Az 1: 7J 465/42g
  Az 2: 2H 31/43
- Fiche: *0180/0634*
  Az 1: 6J 83/43
  Az 2: 6H 155/43
- Fiche: *0456*
  Az 1: 1J 436/42g
  Az 2: 3L 93/42
- Fiche: *0577*
  Az 1: 10J 42/44
  Az 2: 1H 131/44
- Fiche: *0671*
  Az 1: 6J 114/41

Schmidthofer
- Fiche: *0363*
  Az 1: 7J 599/42
  Az 2: 6H 49/43
- Fiche: *0377*
  Az 1: 7J 599/42
  Az 2: 6H 59/43

Schmidtke
- Fiche: *0119/0440*
  Az 1: 7J 105/38
  Az 2: 2H 12/38
- Fiche: *0272*
  Az 1: 16J 225/37
  Az 2: 2H 60/37
- Fiche: *0439*
  Az 1: 7J 104/38
  Az 2: 2H 13/38

Schmidtke, Fritz
- Fiche: *0492 f.*
  Az 1: 15J 168/34
  Az 2: 2H 16/35

Schmidtke, Hermann
- Fiche: *0126*
  Az 1: 7J 106/38
  Az 2: 2H 27/38

Schmidtlein, Karl
- Fiche: *0239 f.*
  Az 1: 8J 359/35
  Az 2: 1H 63/35

Schmied
- Fiche: *0335 f.*
  Az 1: 6J 165/41g
  Az 2: 2H 42/42
- Fiche: *0358*
  Az 1: 7J 275/42
  Az 2: 5H 139/42

Schmied, Jakob
- Fiche: *0177/0481*
  Az 1: 8J 35/43
  Az 2: 1H 47/43

Schmied, Johann
- Fiche: *0356/0400*
  Az 1: 7J 395/42, 7J 457/42
  Az 2: 5H 158/42, 5H 193/42
- Fiche: *0526 f.*
  Az 1: 7J 457/42

Schmied, Michael
- Fiche: *0379*
  Az 1: 7J 413/43
  Az 2: 6H 173/43

Schmiedeck
- Fiche: *0371*
  Az 1: 7J 301/43
  Az 2: 5H 97/43

Schmiedel, René (A)
- Fiche: *0211 f.*
  Az 1: 9J 33/45g
  Az 2: 6Sg. 65/45

Schmiedel, Walter
- Fiche: *0160/0288f.*
  Az 1: 6J 224/39g
  Az 2: 2H 44/40

Schmiedemann
- Fiche: *0272*
  Az 1: 16J 225/37
  Az 2: 2H 60/37

Schmieder, Paul
- Fiche: *0034*
  Az 1: 9J 613/33
  Az 2: 1H 27/35

Schmiedhofer, Hubert
- Fiche: *0365*
  Az 1: 7J 599/42
  Az 2: 6H 45/43
- Fiche: *0382*
  Az 1: 7J 243/43
  Az 2: 6H 120/43

Schmiedl
- Fiche: *0020*
  Az 1: 17J 170/34
  Az 2: 1H 42/34
- Fiche: *0329/0358*
  Az 1: 7J 354/42
  Az 2: 5H 142/42

Schmiedl, Hubert (A)
- Fiche: *0151 f.*
  Az 1: 7J 72/39
  Az 2: 1H 45/39
- Fiche: *0151 f./0584*
  Az 1: 7J 72/39
  Az 2: 1H 45/39

Schmierer
- Fiche: *0364*
  Az 1: 7J 535/42, 7J 61/43
  Az 2: 5H 53/43, 5H 54/43

Schmirgal, Otto
- Fiche: *0184/0680*
  Az 1: 9J 777/43g
  Az 2: 5H 39/44
- Fiche: *0679 f./0713*
  Az 1: 10(9)J 777/43g
  Az 2: 5H 38/44, 5H 43/44

Schmirgal, Otto (A)
- Fiche: *0210/0630*
  Az 1: 10(9)J 777/43g
  Az 2: 5H 41/44

Schmisch, August
- Fiche: *0138*
  Az 1: 5J 279/38
  Az 2: 1H 6/39

Schmitfranz, Johann (A)
- Fiche: *0195*
  Az 1: 10J 27/44
  Az 2: 2H 171/44

Schmithausen, Peter (A)
- Fiche: *0203 f.*
  Az 1: 11J 246/44
  Az 2: 2H 245/44

Schmitke
- Fiche: *0537*
  Az 1: 8J 183/39
  Az 2: 2H 47/39

Schmitt
- Fiche: *0064*
  Az 1: 8J 360/34
  Az 2: 1H 31/36
- Fiche: *0222*
  Az 1: 8J 381/34
  Az 2: 1H 45/34
- Fiche: *0223 f.*
  Az 1: 8J 282/34
  Az 2: 2H 4/35
- Fiche: *0233 f.*
  Az 1: 8J 291/35
  Az 2: 2H 36/35
- Fiche: *0253*
  Az 1: 8J 6/35
- Fiche: *0642*
  Az 1: 8J 144/38
  Az 2: 1H 16/38

Schmitt, Adolf (A)
- Fiche: *0483*
  Az 1: 14J 482/37
  Az 2: 1H 25/37

Schmitt, August
- Fiche: *0086/0684*
  Az 1: 14J 392/35
  Az 2: 2H 4/37

Schmitt, Emil
- Fiche: *0110 f.*
  Az 1: 8J 348/37g
  Az 2: 1H 47/37
- Fiche: *0113/0469 f.*
  Az 1: 16J 37/35
  Az 2: 1H 19-20/37
- Fiche: *0140 f.*
  Az 1: 8J 357/38g
  Az 2: 2H 13/39
- Fiche: *0166/0568*
  Az 1: 9J 24/41
  Az 2: 2H 86/41
- Fiche: *0269 f.*
  Az 1: 8J 100/37
  Az 2: 1H 43/37
- Fiche: *0640*
  Az 1: 16J 328/35
  Az 2: 1H 11/37

Schmitt, H.
- Fiche: *0525*
  Az 1: 8J 199/38
  Az 2: 2H 91/38

Schnabl, Johann (A)
- Fiche: *0693*
  Az 1: StPL (RKA) II 66/44
  Az 2: StPL 1. Sen. 15/44

Schnakenberg, Anna
- Fiche: *0479/0739*
  Az 1: 12(10)J 47/39
  Az 2: 1H 33/40

Schnal
- Fiche: *0298 f.*
  Az 1: 7J 370/43, 7J 398/43
  Az 2: 5H 118/43, 5H 119/43

Schnaps
- Fiche: *0707*
  Az 1: StPL (RKA) III 387/43
  Az 2: StPL 2.Sen. 44/44

Schnark, Rose-Anne
- Fiche: *0500*
  Az 1: 10J 267/43
  Az 2: 4L 105/43

Schnarr
- Fiche: *0577 f.*
  Az 1: 8J 160/36
  Az 2: 2H 61/36

Schnaudt
- Fiche: *0034*
  Az 1: 9J 613/33
  Az 2: 1H 27/35

Schnauer
- Fiche: *0021/0462*
  Az 1: 15J 85/34
  Az 2: 1H 46/34

Schneck
- Fiche: *0629 f.*
  Az 1: 9J 929/35
  Az 2: 1H 37/36
- Fiche: *0701*
  Az 1: 8J 269/41g

Schneck, Karl
- Fiche: *0094/0262*
  Az 1: 8J 223/36
  Az 2: 2H 15/37

Schnedl, Leopoldine (A)
- Fiche: *0699 f.*
  Az 1: StPL (RKA) I 118/41
  Az 2: StPL (HLS) III 57/41

Schneeberger
- Fiche: *0424*
  Az 1: 6(7)J 487/43
  Az 2: 3L 77/44

Schneeberger, Michael
- Fiche: *0171*
  Az 1: 5J 222/41
  Az 2: 2H 38/42
- Fiche: *0506*
  Az 1: 5J 53/41
  Az 2: 2H 53/41
- Fiche: *0636*
  Az 1: 5J 171/40
  Az 2: 2H 91/40

Schneeberger, Michael (A)
- Fiche: *0632*
  Az 1: 6J 3/40
  Az 2: 2H 95/40

Schneege
- Fiche: *0071*
  Az 1: 16J 754/35
  Az 2: 2H 45/36

Schneemann, Richard
- Fiche: *0121*
  Az 1: 10J 28/38
  Az 2: 1H 18/38
- Fiche: *0510*
  Az 1: 10J 31/38
  Az 2: 2H 10/38
- Fiche: *0601*
  Az 1: 10J 26/38
  Az 2: 2H 19/38

Schneemann, Richard (A)
- Fiche: *0131/0674 f.*
  Az 1: 10J 27/38
  Az 2: 2H 50/38

Schneeweiß, Erna
- Fiche: *0606 f.*
  Az 1: 13J 190/33
  Az 2: XV H 53/33

Schneeweiß, Helmut
- Fiche: *0606 f.*
  Az 1: 13J 190/33
  Az 2: XV H 53/33

Schnefzik, Franz
- Fiche: *0351/0358*
  Az 1: 7J 285/42
  Az 2: 5H 138/42

Schneickl, Franziska
- Fiche: *0307*
  Az 1: 7J 548/39
  Az 2: 1H 36/40

Schneid
- Fiche: *0587 f.*
  Az 1: 9J 126/42g
  Az 2: 1H 309/42

Schneider
- Fiche: *0013 f.*
  Az 1: 8J 1713/33
  Az 2: 2H 20/34
- Fiche: *0029*
  Az 1: 17J 98/34
  Az 2: 1H 17/35
- Fiche: *0034*
  Az 1: 9J 613/33
  Az 2: 1H 27/35
- Fiche: *0071 f.*
  Az 1: 14J 288/36
  Az 2: 1H 48/36
- Fiche: *0076 f.*
  Az 1: 8J 427/35g
  Az 2: 1H 59/60/61/36
- Fiche: *0084*
  Az 1: 17J 318/36
  Az 2: 2H 2/37
- Fiche: *0092*
  Az 1: 8/14J 31-45/36g
  Az 2: 1H 13/37
- Fiche: *0132 f.*
  Az 1: 14J 457/37g
  Az 2: 2H 63/38
- Fiche: *0179/0675*
  Az 1: 4J 85/42g
  Az 2: 1H 97/43
- Fiche: *0379*
  Az 1: 7J 358/43
  Az 2: 6H 157/43
- Fiche: *0424/0570*
  Az 1: 7J 101/44
  Az 2: 5H 78/44
- Fiche: *0425 f.*
  Az 1: 6J 93/44
  Az 2: 5H 88/44
- Fiche: *0426*
  Az 1: 7J 139/44, 7J 130/44
  Az 2: 5H 89/44, 5H 82/44
- Fiche: *0485 f.*
  Az 1: 8J 386/38, 8J 214/37
  Az 2: 1H 33/38, 1H 31/38
- Fiche: *0495 f.*
  Az 1: 16J 708/35
  Az 2: 1H 75/35
- Fiche: *0545*
  Az 1: 9J 878/33
  Az 2: 2H 16/34
- Fiche: *0561*
  Az 1: 9J 35/39g
  Az 2: 2H 2/40
- Fiche: *0598*
  Az 1: 15J 618/33
  Az 2: 2H 26/34
- Fiche: *0607*
  Az 1: 13J 270/33
  Az 2: XV H 57/33
- Fiche: *0619 f.*
  Az 1: 12J 191/33
  Az 2: XII H 53/33
- Fiche: *0706*
  Az 1: StPL (RKA) III 191/43
  Az 2: StPL (HLS) II 50/43

Schneider (Frau)
- Fiche: *0019*
  Az 1: 17J 617/33
  Az 2: 1H 37/34
- Fiche: *0056 f./0461*
  Az 1: 8J 29/35
  Az 2: 2H 18/36
- Fiche: *0069 f.*
  Az 1: 17J 315/35
  Az 2: 2H 42/36
- Fiche: *0172*
  Az 1: 6J 76/41
  Az 2: 2H 64/42
- Fiche: *0447*
  Az 1: 6J 125/43
  Az 2: 1H 304/43

Schneider, Alfred
- Fiche: *0518/0679*
  Az 1: 10J 30/38
  Az 2: 2H 8/38
- Fiche: *0589*
  Az 1: 16J 293/35
  Az 2: 2H 58/35

Schneider, Alois
- Fiche: *0240*
  Az 1: 8J 305/35
  Az 2: 1H 67/35

Schneider, Andreas
- Fiche: *0453/0739*
  Az 1: 7J 347/43, 7J 421/43, 7J 422/43
  Az 2: 5H 122/43, 5H 129/43, 5H 125/43

Schneider, Andreas (A)
- Fiche: *0297*
  Az 1: 7J 247/43
  Az 2: 5H 79/43

Schneider, Anna
- Fiche: *0480 f.*
  Az 1: 10J 58/41
  Az 2: 2H 72/41

Schneider, Anton
- Fiche: *0305 f.*
  Az 1: 6J 334/38
  Az 2: 1H 12/39

Schneider, Anton (A)
- Fiche: *0345*
  Az 1: 7J 373/42
  Az 2: 2H 264/42
- Fiche: *0401/0459*
  Az 1: 7J 415/43
  Az 2: 6H 189/43

Schneider, Barbara
- Fiche: *0426*
  Az 1: 7J 139/44, 7J 130/44
  Az 2: 5H 89/44, 5H 82/44

Schneider, Bruno
- Fiche: *0145 f.*
  Az 1: 6J 119/39
  Az 2: 1H 29/39

Schneider, Elisabeth (A)
- Fiche: *0526*
  Az 1: 7J 461/43

Schneider, Else
- Fiche: *0075/0258*
  Az 1: 17J 70/36
  Az 2: 1H 57/36

Schneider, Emil
- Fiche: *0017/0496*
  Az 1: 15J 307/33
  Az 2: 2H 27/34

Schneider, Emilie
- Fiche: *0523 f.*
  Az 1: 9J 351/38g
  Az 2: 2H 93/38

Schneider, Erich
- Fiche: *0167*
  Az 1: 6J 66/40g
  Az 2: 2H 120/41

Schneider, Erich (A)
- Fiche: *0141/0273*
  Az 1: 6J 277/38g
  Az 2: 1H 14/39

Schneidinger, Alois (A)
- Fiche: *0326*
Az 1: 7J 112/42
Az 2: 2H 164/42

Schneidt, Waldemar
- Fiche: *0095 f.*
Az 1: 17J 271/36
Az 2: 2H 23/37

Schnell
- Fiche: *0061 f./0626 f.*
Az 1: 17J 336/35
Az 2: 2H 28/36

Schnell, Albert (A)
- Fiche: *0206*
Az 1: 8J 277/44
Az 2: 2H 269/44

Schnellbächer, Heinrich
- Fiche: *0545*
Az 1: 9J 878/33
Az 2: 2H 16/34

Schnellberger
- Fiche: *0522*
Az 1: 9J 90/41g
Az 2: 2H 95/41

Schnelle, Franz
- Fiche: *0288*
Az 1: 5J 686/38
Az 2: 1H 59/39

Schneller
- Fiche: *0568*
Az 1: 9J 179/42g
Az 2: 2H 276/42

Schneller, Ernst
- Fiche: *0016 f.*
Az 1: 14a/8J 1547/31
Az 2: 1H 27/34
- Fiche: *0652 f.*
Az 1: 9J 107/33
Az 2: XII H 45/33

Schneller, Ernst (A)
- Fiche: *0668 f.*
Az 1: 14a/8J 136/29
Az 2: XV H 44/33

Schnibbe, Karl-Heinz (A)
- Fiche: *0535*
Az 1: 8J 127/42g
Az 2: 2H 141/42

Schnieber, Ilse (A)
- Fiche: *0013 f.*
Az 1: 8J 1713/33
Az 2: 2H 20/34

Schnierer, Marie
- Fiche: *0545*
Az 1: 9J 878/33
Az 2: 2H 16/34

Schniewind
- Fiche: *0698*
Az 1: StPL (RKA) III 114/43

Schnitzer, Raphael
- Fiche: *0039*
Az 1: 8J 169/35
Az 2: 1H 41/35

Schnöber
- Fiche: *0337 f.*
Az 1: 7J 273/42
Az 2: 2H 211/42

Schnöll, Franz
- Fiche: *0352*
Az 1: 7J 529/42
Az 2: 6H 25/42

Schnoor, John
- Fiche: *0466 f.*
Az 1: 15J 513/37
Az 2: 2H 55/37

Schnow, Kurt
- Fiche: *0071/0244*
Az 1: 8J 168/36g
Az 2: 2H 46/36

Schnürl, Maria
- Fiche: *0403 f.*
Az 1: 8J 7/41g
Az 2: 2H 166/43
- Fiche: *0580/0624 f.*
Az 1: 8J 200/41
Az 2: 2H 6/44

Schnur
- Fiche: *0084*
Az 1: 17J 318/36
Az 2: 2H 2/37

Schnut, Josef (A)
- Fiche: *0371 f.*
Az 1: 7J 45/43
Az 2: 6H 95/43

Schob
- Fiche: *0058 f.*
Az 1: 17J 129/35
Az 2: 1H 21,22/36

Schobel, Fritz
- Fiche: *0357*
Az 1: 7J 469/42
Az 2: 5H 179/42

Schober
- Fiche: *0159*
Az 1: 17J 177/37
Az 2: 2H 24/40
- Fiche: *0355*
Az 1: 7J 464/42
Az 2: 5H 198/42
- Fiche: *0356*
Az 1: 7J 525/42
Az 2: 5H 192/42
- Fiche: *0371*
Az 1: 7J 524/42
Az 2: 5H 9/43
- Fiche: *0582*
Az 1: 8J 317/41
Az 2: 5H 135/43

Schober, Nikolaus (A)
- Fiche: *0250 f.*
Az 1: 8J 364/35
Az 2: 2H 15/36

Schockaert
- Fiche: *0446*
Az 1: 9J 9/43g
Az 2: 1H 37/43

Schodrowski, Bernhard
- Fiche: *0161 f./0562*
Az 1: 9J 370/39g
Az 2: 2H 53/40
- Fiche: *0592*
Az 1: 9J 423/39g
Az 2: 2H 63/40

Schöbel
- Fiche: *0028 f./0679*
Az 1: 15J 648/33
Az 2: 1H 14/35

Schöber, Johann
- Fiche: *0320 f./0388*
Az 1: 6J 144/40g
Az 2: 2H 14/41
- Fiche: *0323*
Az 1: 6J 28/41g
Az 2: 2H 129/41
- Fiche: *0327*
Az 1: 7J 271/42
Az 2: 2H 157/42
- Fiche: *0334*
Az 1: 7J 48/42
Az 2: 2H 76/42
- Fiche: *0338*
Az 1: 7J 272/42
Az 2: 2H 206/42
- Fiche: *0346*
Az 1: 7J 390/42
Az 2: 2H 253/42
- Fiche: *0351/0358*
Az 1: 7J 285/42
Az 2: 5H 138/42
- Fiche: *0358*
Az 1: 7J 275/42
Az 2: 5H 139/42
- Fiche: *0359*
Az 1: 7J 252/42
Az 2: 5H 143/43
- Fiche: *0582*
Az 1: 7J 113/42
Az 2: 2H 132/42

Schöber, Johann (A)
- Fiche: *0330*
Az 1: 7J 44/42
Az 2: 2H 331/42

Schöberl, Josef
- Fiche: *0158*
Az 1: 7J 472/39
Az 2: 1H 75/39

Schöbert, Johann
- Fiche: *0327*
Az 1: 7J 181/42
Az 2: 2H 158/42

Schöckl, Johann
- Fiche: *0379*
Az 1: 7J 431/43
Az 2: 6H 175/43

Schöckl, Johann (A)
- Fiche: *0378*
Az 1: 7J 412/43
Az 2: 6H 178/43

Schöfer, Johann
- Fiche: *0437*
Az 1: 7J 206/44

Schöfer, Johann (A)
- Fiche: *0438*
Az 1: 7J 208,209,210/44
Az 2: 5H 42,43,44/45

Schöffler
- Fiche: *0292*
Az 1: 5J 228/41
Az 2: 2H 16/42

Schöfisch, Auguste (A)
- Fiche: *0209/0740*
Az 1: 9J 245/44
Az 2: 1H 358/44
- Fiche: *0680 f.*
Az 1: 9J 245/44
Az 2: 1H 358/44

Schölch, Friedrich
- Fiche: *0086/0684*
Az 1: 14J 392/35
Az 2: 2H 4/37

Schölling
- Fiche: *0511 f.*
Az 1: 9J 125/39g
Az 2: 2H 45/39

Schöllmich
- Fiche: *0196*
Az 1: 9J 210/44
Az 2: 2H 205/44

Schoemann
- Fiche: *0448*
Az 1: 17J 225/37
Az 2: 2H 48/37

Schömburg, Rosa
- Fiche: *0691 f.*
Az 1: 8J 274/38, 8J 321/38
Az 2: 1H 27/38, 1H 28/38

Schömer
- Fiche: *0407 f.*
Az 1: 7(8)J 199/41
Az 2: 2H 3/44
- Fiche: *0647/0649*
Az 1: 7(8)J 76/41g
Az 2: 2H 170/43

Schömerich, Josef (A)
- Fiche: *0456*
Az 1: 9J 235/44
Az 2: 2H 220/44

Schön, Alfred (A)
- Fiche: *0298 f.*
Az 1: 7J 370/43, 7J 398/43
Az 2: 5H 118/43, 5H 119/43

Schön, Benno
- Fiche: *0449*
Az 1: 7(6)J 116/43
Az 2: 2H 8/44

Schön, Henny
- Fiche: *0266*
Az 1: 8J 403/35g

Schön, Hugo
- Fiche: *0628*
Az 1: 9J 50/42g
Az 2: 2H 60/42

Schramm, Hermann
- Fiche: *0269 f.*
  Az 1: 8J 100/37
  Az 2: 1H 43/37

Schramm, Ludwig
- Fiche: *0670*
  Az 1: 13J 56/33
  Az 2: XV H 45/33

Schramm, Luise (A)
- Fiche: *0180*
  Az 1: 7(6)J 81/43
  Az 2: 6H 204/43

Schramm, Rudolf (A)
- Fiche: *0040 f./0235 f.*
  Az 1: 16J 324/34
  Az 2: 2H 45/35

Schramm s. Wind, Heinrich (A)
- Fiche: *0531 f.*
  Az 1: 10J 170/41
  Az 2: 2H 10/42

Schramm, Walter
- Fiche: *0052*
  Az 1: 14J 104/36
  Az 2: 2H 8/36

Schraner, Sabine
- Fiche: *0004 f.*
  Az 1: 13J 98/33
  Az 2: 1H 7/34

Schranger, Leopold
- Fiche: *0459*
  Az 1: 7J 489/42
  Az 2: 6H 29/42

Schranger, Leopold (A)
- Fiche: *0351*
  Az 1: 7J 490/42
  Az 2: 6H 30/42

Schraps, Walter (A)
- Fiche: *0066 f./0253 f.*
  Az 1: 8J 4/36
  Az 2: 1H 38/36

Schraußer, Othmar
- Fiche: *0332*
  Az 1: 7J 497/41
  Az 2: 2H 116/42

Schraußer, Othmar (A)
- Fiche: *0330*
  Az 1: 7J 46/42
  Az 2: 2H 125/42

Schreck
- Fiche: *0051/0246 f.*
  Az 1: 8J 422/35g
  Az 2: 1H 6/36

Schreck, Elsa (A)
- Fiche: *0041 f./0238*
  Az 1: 8J 206/35
  Az 2: 2H 49/35

Schreck, Walter
- Fiche: *0041 f./0238*
  Az 1: 8J 206/35
  Az 2: 2H 49/35

Schreck, Walter (A)
- Fiche: *0036/0230 f.*
  Az 1: 8J 306/35
  Az 2: 2H 30/35

Schrecker
- Fiche: *0052 f.*
  Az 1: 17J 5/36
  Az 2: 1H 10/36

Schrecker, Walter
- Fiche: *0176/0635*
  Az 1: 5J 151/42
  Az 2: 5H 10/43

Schreep
- Fiche: *0013*
  Az 1: 13J 279/33
  Az 2: 2H 19/34

Schrei, Karl
- Fiche: *0371*
  Az 1: 7J 524/42
  Az 2: 5H 9/43

Schreibe, Paul (A)
- Fiche: *0179*
  Az 1: 5J 33/43

Schreiber
- Fiche: *0059 f.*
  Az 1: 16J 543/35
  Az 2: 2H 22/36
- Fiche: *0569*
  Az 1: 8J 145/35
  Az 2: 1H 48/35

Schreiber (Frau)
- Fiche: *0615 ff.*
  Az 1: 15J 86/33
  Az 2: XII H 42/33

Schreiber, Elisabeth
- Fiche: *0067*
  Az 1: 8J 296/35g
  Az 2: 2H 38/36

Schreiber, Erich
- Fiche: *0213*
  Az 1: 17J 292/33

Schreiber, Fritz
- Fiche: *0059 f.*
  Az 1: 16J 543/35
  Az 2: 2H 22/36
- Fiche: *0066 f./0253 f.*
  Az 1: 8J 4/36
  Az 2: 1H 38/36
- Fiche: *0261*
  Az 1: 14J 570/37g

Schreiber, Heinrich (A)
- Fiche: *0736*
  Az 1: 8J 48/45g

Schreiber, Konrad
- Fiche: *0155/0493*
  Az 1: 9J 326/39g
  Az 2: 1H 55/39

Schreiber, Otto
- Fiche: *0513*
  Az 1: 15J 302/34, 15J 107/35
  Az 2: 1H 18/35, 1H 21/35
- Fiche: *0620 f.*
  Az 1: 15J 70/33
  Az 2: XII H 59/33
- Fiche: *0635 f.*
  Az 1: 10J 123/41
  Az 2: 2H 115/41

Schreiber, Otto (A)
- Fiche: *0021 f.*
  Az 1: 17J 397/33
  Az 2: 1H 3/35
- Fiche: *0608 ff.*
  Az 1: 15J 179/33
  Az 2: XII H 17/34

Schreiber, Paul
- Fiche: *0168*
  Az 1: 5J 232/41
  Az 2: 2H 5/42

Schreiber, Paula
- Fiche: *0418*
  Az 1: 6J 22/44
  Az 2: 5H 41/44

Schreiber, Richard
- Fiche: *0050 f.*
  Az 1: 8J 164/35
  Az 2: 1H 5/36

Schreiber, Susanne (A)
- Fiche: *0223 f.*
  Az 1: 8J 282/34
  Az 2: 2H 4/35

Schreiber, Willi
- Fiche: *0466 f.*
  Az 1: 15J 513/37
  Az 2: 2H 55/37

Schreiberer
- Fiche: *0518/0562*
  Az 1: 8J 52/44
  Az 2: 1H 82/44

Schreier
- Fiche: *0113/0469 f.*
  Az 1: 16J 37/35
  Az 2: 1H 19-20/37

Schreier, Max (A)
- Fiche: *0608 ff.*
  Az 1: 15J 179/33
  Az 2: XII H 17/34

Schreiner
- Fiche: *0046*
  Az 1: 17J 364/35
  Az 2: 1H 59/35

Schreiner (Frau)
- Fiche: *0152*
  Az 1: 7J 239/39
  Az 2: 1H 49/39

Schreiner, Karl
- Fiche: *0041 f./0238*
  Az 1: 8J 206/35
  Az 2: 2H 49/35

Schreiner, Wilhelm (A)
- Fiche: *0152*
  Az 1: 7J 239/39
  Az 2: 1H 49/39

Schreinzer, Leopold
- Fiche: *0346*
  Az 1: 7J 390/42
  Az 2: 2H 253/42

Schreiter, Emma
- Fiche: *0183*
  Az 1: 5J 45/41
  Az 2: 2H 27/42

Schreiter, Friedrich (A)
- Fiche: *0183*
  Az 1: 5J 45/41
  Az 2: 2H 27/42

Schreiter, Herbert
- Fiche: *0588 f./0643*
  Az 1: 16J 293/35, 8J 438/35
  Az 2: 2H 58/35
- Fiche: *0589*
  Az 1: 16J 293/35
  Az 2: 2H 58/35

Schreiterer
- Fiche: *0556 f.*
  Az 1: 9J 51/44g
  Az 2: 1H 97/44
- Fiche: *0684 f.*
  Az 1: 10J 548/43
  Az 2: 2H 158/43

Schreiterer, Hans (A)
- Fiche: *0431*
  Az 1: 9J 137/44
  Az 2: 2H 153/44

Schrempf (Frau)
- Fiche: *0370*
  Az 1: 7J 555/42
  Az 2: 6H 13/43

Schrempf, Alois
- Fiche: *0294*
  Az 1: 7J 434/42
  Az 2: 1H 291/42

Schrempp, Franz
- Fiche: *0098 f.*
  Az 1: 14J 305/37g
  Az 2: 1H 35/37

Schremppe, Franz
- Fiche: *0098*
  Az 1: 14J 305/37g
  Az 2: 1H 26/37

Schrems, Max (A)
- Fiche: *0453/0739*
  Az 1: 7J 347/43, 7J 421/43, 7J 422/43
  Az 2: 5H 122/43, 5H 129/43, 5H 125/43
- Fiche: *0600*
  Az 1: 7J 422/43

Schrenk, Erhard
- Fiche: *0278 f.*
  Az 1: 8J 252/38
  Az 2: 2H 68/38

Schrenk, Franz
- Fiche: *0363*
  Az 1: 7J 178/43
  Az 2: 5H 50/43

Schuschnigg
- Fiche: *0581*
  Az 1: 6J 201/44
  Az 2: 2H 13/45
- Fiche: *0636 f.*
  Az 1: 8J 421/40
  Az 2: 2H 121/40
- Fiche: *0647 f.*
  Az 1: 7(8)J 203/41
  Az 2: 2H 168/44

Schuschny
- Fiche: *0647/0649*
  Az 1: 7(8)J 76/41g
  Az 2: 2H 170/43

Schusser, Gustav (A)
- Fiche: *0382*
  Az 1: 7J 396/43,
  7J 399/43
  Az 2: 1H 117/43,
  5H 116/43

Schustek
- Fiche: *0494*
  Az 1: 8J 11/37g
  Az 2: 2H 9/38

Schuster
- Fiche: *0008*
  Az 1: 17J 58/34
  Az 2: 1H 11/34
- Fiche: *0030 f./0229 f.*
  Az 1: 13J 265/33
  Az 2: 2H 21/35
- Fiche: *0084*
  Az 1: 17J 318/36
  Az 2: 2H 2/37
- Fiche: *0295/0484*
  Az 1: 6J 97/42
- Fiche: *0326*
  Az 1: 7J 112/42
  Az 2: 2H 164/42
- Fiche: *0460 f.*
  Az 1: 17J 109/37,
  9J 142/37
  Az 2: 2H 44,47/37
- Fiche: *0700*
  Az 1: StPL (RKA) I
  424/43
  Az 2: StPL 2. Sen. 5/44

Schuster, Erich
- Fiche: *0009/0733 f.*
  Az 1: 14J 311/33
  Az 2: 1H 12/34

Schuster, Franz
- Fiche: *0349*
  Az 1: 6J 46/42g
  Az 2: 5H 93/42
- Fiche: *0735 f.*
  Az 1: 7J 32/44
  Az 2: 6H 92/44

Schuster, Gerhard
- Fiche: *0163*
  Az 1: 5J 142/40
  Az 2: 2H 68/40

Schuster, Gerhard (A)
- Fiche: *0694 f.*
  Az 1: 5J 466/38
  Az 2: 1H 38/39

Schuster, Herbert
- Fiche: *0160/0288f.*
  Az 1: 6J 224/39g
  Az 2: 2H 44/40

Schuster, Josef
- Fiche: *0735 f.*
  Az 1: 7J 32/44
  Az 2: 6H 92/44

Schuster, Karl
- Fiche: *0300/0339*
  Az 1: 7J 232/42
  Az 2: 2H 202/42
- Fiche: *0344*
  Az 1: 7J 420/42
  Az 2: 1H 310/42
- Fiche: *0348*
  Az 1: 7J 253/42
  Az 2: 5H 89/42
- Fiche: *0361*
  Az 1: 7J 483/42
  Az 2: 5H 176/42
- Fiche: *0361*
  Az 1: 7J 443/42
  Az 2: 5H 173/42
- Fiche: *0364*
  Az 1: 7J 61/43
- Fiche: *0364*
  Az 1: 7J 535/42, 7J 61/43
  Az 2: 5H 53/43, 5H 54/43

Schuster, Karl (A)
- Fiche: *0037/0221*
  Az 1: 17J 94/34
  Az 2: 1H 33/35
- Fiche: *0187*
  Az 1: 9J 64/44
  Az 2: 2H 80/44
- Fiche: *0357*
  Az 1: 7J 445/42,
  7J 455/42
  Az 2: 5H 184/42,
  5H 168/42
- Fiche: *0735 f.*
  Az 1: 7J 32/44
  Az 2: 6H 92/44

Schuster, Louis
- Fiche: *0478*
  Az 1: 10J 290/40g
  Az 2: 5H 62/42
- Fiche: *0531 f.*
  Az 1: 10J 170/41
  Az 2: 2H 10/42

Schuster, Lucie
- Fiche: *0660 f.*
  Az 1: 17J 792/33
  Az 2: XV H 15/34

Schuster, Luise
- Fiche: *0506*
  Az 1: 10J 143/38,
  10J 144/38
  Az 2: 2H 39/38, 2H 40/38

Schuster, Martin
- Fiche: *0112*
  Az 1: 14J 375/37g
  Az 2: 2H 53/37

Schuster, Nikolaus
- Fiche: *0515 f.*
  Az 1: 8J 44/39
  Az 2: 1H 24/39

Schuster, Otto
- Fiche: *0056 f./0461*
  Az 1: 8J 29/35
  Az 2: 2H 18/36

Schuster, Paul
- Fiche: *0563 f.*
  Az 1: 10J 68/40
  Az 2: 2H 109/40

Schuster, Rolf (A)
- Fiche: *0694 f.*
  Az 1: 5J 466/38
  Az 2: 1H 38/39

Schuster, Rudolf
- Fiche: *0028*
  Az 1: 8J 20/35
  Az 2: 2H 14/35
- Fiche: *0343 f./0400 f.*
  Az 1: 7J 274/42
  Az 2: 1H 214/42
- Fiche: *0656 f.*
  Az 1: 17J 582/33
  Az 2: XV H 28/34
- Fiche: *0662 f.*
  Az 1: 17J 627/33
  Az 2: XV H 21/34

Schuster, Rudolf (A)
- Fiche: *0660 f.*
  Az 1: 17J 792/33
  Az 2: XV H 15/34

Schuster, Willi (A)
- Fiche: *0132 f.*
  Az 1: 14J 457/37g
  Az 2: 2H 63/38

Schuster, Wolf
- Fiche: *0163*
  Az 1: 5J 142/40
  Az 2: 2H 68/40

Schusteritsch, Matthias
- Fiche: *0371*
  Az 1: 7J 524/42
  Az 2: 5H 9/43

Schutt
- Fiche: *0613 f.*
  Az 1: 8/16J 431/33
  Az 2: XII H 48/33

Schutzmann, Franz
- Fiche: *0363*
  Az 1: 7J 180/43
  Az 2: 5H 51/43

Schwab
- Fiche: *0021/0462*
  Az 1: 15J 85/34
  Az 2: 1H 46/34
- Fiche: *0553 f.*
  Az 1: 10J 137/42
  Az 2: 2H 242/42
- Fiche: *0732*
  Az 1: 5J 464/39
  Az 2: 1H 61/39

Schwab, Alexander (A)
- Fiche: *0460 f.*
  Az 1: 17J 109/37,
  9J 142/37
  Az 2: 2H 44,47/37

Schwab, Josef
- Fiche: *0537 f.*
  Az 1: 9J 236/41g
  Az 2: 5H 75/42
- Fiche: *0628*
  Az 1: 9J 50/42g
  Az 2: 2H 60/42
- Fiche: *0628 f.*
  Az 1: 10J 2/43g
  Az 2: 1H 89/43
- Fiche: *0633*
  Az 1: 9J 357/41g
  Az 2: 2H 7/42

Schwab, Kuni
- Fiche: *0222 f.*
  Az 1: 17J 504/33
  Az 2: 1H 1/35

Schwab, Kurt
- Fiche: *0396/0704 f.*
  Az 1: 14J 522/37g
  Az 2: 1L 2/40

Schwab, Louis
- Fiche: *0554*
  Az 1: 10J 294/41
  Az 2: 1H 329/42

Schwab, Paul (A)
- Fiche: *0544*
  Az 1: 10J 209/41
  Az 2: 2H 48/42

Schwabe
- Fiche: *0046/0462*
  Az 1: 17J 189/35
  Az 2: 1H 61/35

Schwabe, Arnold
- Fiche: *0396/0704 f.*
  Az 1: 14J 522/37g
  Az 2: 1L 2/40

Schwabe, Fritz
- Fiche: *0632 f.*
  Az 1: 6J 29/42g
  Az 2: 1H 139/43

Schwabe, Reinhold
- Fiche: *0396/0704 f.*
  Az 1: 14J 522/37g
  Az 2: 1L 2/40

Schwabl, Alois
- Fiche: *0304 f.*
  Az 1: 7J 268/39
  Az 2: 1H 66/39

Schwaen, Kurt
- Fiche: *0249 f.*
  Az 1: 17J 318/35
  Az 2: 1H 15/36

Schwager, Friedrich
- Fiche: *0327*
  Az 1: 7J 181/42
  Az 2: 2H 158/42
- Fiche: *0337 f.*
  Az 1: 7J 273/42
  Az 2: 2H 211/42
- Fiche: *0359*
  Az 1: 7J 252/42
  Az 2: 5H 143/43
- Fiche: *0374*
  Az 1: 7J 342/43
  Az 2: 5H 78/43

Schwebinghaus, Eugen
- Fiche: *0193/0444*
  Az 1: 9J 123/44
  Az 2: 2H 144/44
- Fiche: *0518/0562*
  Az 1: 8J 52/44
  Az 2: 1H 82/44
- Fiche: *0541 f.*
  Az 1: 10J 573/43
  Az 2: 2H 160/43

Schwebinghaus, Eugen (A)
- Fiche: *0489*
  Az 1: 8J 87/44
  Az 2: 1H 127/44

Schwebinghaus, Irmgard
- Fiche: *0194*
  Az 1: 9J 136/44
  Az 2: 2H 149/44
- Fiche: *0541 f.*
  Az 1: 10J 573/43
  Az 2: 2H 160/43
- Fiche: *0684 f.*
  Az 1: 10J 548/43
  Az 2: 2H 158/43

Schwebinghaus, Otto
- Fiche: *0094 f./0551*
  Az 1: 9J 600/36
  Az 2: 1H 21/37

Schwedler
- Fiche: *0595*
  Az 1: 9J 272/39g
  Az 2: 1H 34/39

Schween
- Fiche: *0272 f.*
  Az 1: 14J 72/37g
  Az 2: 1H 2/38

Schween, Hermann (A)
- Fiche: *0182/0461*
  Az 1: 11(10)J 1037/43g
  Az 2: 2H 22/44

Schwefringhaus, Hermann
- Fiche: *0052*
  Az 1: 14J 104/36
  Az 2: 2H 8/36

Schweichel, Walter (A)
- Fiche: *0665*
  Az 1: 8/16J 501/33
  Az 2: XV H 28/33

Schweier, Willibald
- Fiche: *0611 f.*
  Az 1: 12J 145/33
  Az 2: XII H 13/34

Schweiger
- Fiche: *0364/0736*
  Az 1: 7J 109/43, 6(7)J 108/43
  Az 2: 5H 28/44, *H 35/44
- Fiche: *0403 f.*
  Az 1: 8J 7/41g
  Az 2: 2H 166/43

Schweiger, Franz
- Fiche: *0348*
  Az 1: 7J 255/42
  Az 2: 5H 88/42

Schweiger, Hans
- Fiche: *0580/0624 f.*
  Az 1: 8J 200/41
  Az 2: 2H 6/44

Schweiger, Josef
- Fiche: *0143*
  Az 1: 11J 193/38
  Az 2: 2H 22/39

Schweiger, Rudolf
- Fiche: *0348*
  Az 1: 7J 254/42
  Az 2: 5H 87/42

Schweikert, Karl
- Fiche: *0607*
  Az 1: 13J 270/33
  Az 2: XV H 57/33

Schweikhofer
- Fiche: *0332/0367*
  Az 1: 7J 257/41
  Az 2: 2H 114/42

Schweinegger, Johann (A)
- Fiche: *0362*
  Az 1: 7J 169/43
  Az 2: 1H 92/43
- Fiche: *0707*
  Az 1: StPL (RKA) III 153/42
  Az 2: StPL (HLS) II 96/42

Schweingruber
- Fiche: *0463*
  Az 1: 15J 307/35
  Az 2: 1H 4/36

Schweinzer, Alois (A)
- Fiche: *0383*
  Az 1: 7J 275/43
  Az 2: 6H 107/43

Schweitzer, Arthur
- Fiche: *0002*
  Az 1: 8J 1856/33
  Az 2: 2H 2/34
- Fiche: *0214*
  Az 1: 8J 1856/33

Schweitzer, Johann
- Fiche: *0295*
  Az 1: 7J 644/42
  Az 2: 6H 23/43

Schweitzer, Johann (A)
- Fiche: *0352*
  Az 1: 7J 495/42
  Az 2: 6H 23/42

Schweizer
- Fiche: *0653 f.*
  Az 1: 13J 294/33
  Az 2: XV H 6/34

Schweizer (Frau)
- Fiche: *0153*
  Az 1: 6J 243/39
  Az 2: 1H 51/39

Schweizer, Albert
- Fiche: *0552 f.*
  Az 1: 8J 10/35
  Az 2: 2H 34/35

Schweizer, Ernst
- Fiche: *0602 f.*
  Az 1: 9J 414/39
  Az 2: 2H 83/41

Schweizer, Eugen
- Fiche: *0147 ff.*
  Az 1: 6J 374/38g
  Az 2: 1H 37/39

Schweizer, Eugen (A)
- Fiche: *0153*
  Az 1: 6J 243/39
  Az 2: 1H 51/39
- Fiche: *0480*
  Az 1: 6J 374/38g

Schweizer, Karl (A)
- Fiche: *0593 f.*
  Az 1: 15J 490/33
  Az 2: 1H 89/34

Schwelien, Hans-Joachim
- Fiche: *0079 f.*
  Az 1: 17J 267/35
  Az 2: 1H 63/36

Schwendenwein, Johann
- Fiche: *0407 f.*
  Az 1: 7(8)J 199/41
  Az 2: 2H 3/44
- Fiche: *0411*
  Az 1: 8J 206/41
  Az 2: 5H 16/44
- Fiche: *0418*
  Az 1: 7(8)J 103/41
  Az 2: 5H 47/44

Schwendenwein, Johann (A)
- Fiche: *0647 f.*
  Az 1: 7(8)J 203/41
  Az 2: 2H 168/44

Schwenk
- Fiche: *0043*
  Az 1: 17J 309/34
  Az 2: 1H 53/35
- Fiche: *0559 f./0567*
  Az 1: 8J 165/42
  Az 2: 2H 137/42

Schwenke
- Fiche: *0183*
  Az 1: 11(10)J 631/43
  Az 2: 1H 28/44

Schwerin, Heinz
- Fiche: *0545*
  Az 1: 9J 878/33
  Az 2: 2H 16/34

Schwerin von Schwanenfeld, Ulrich
- Fiche: *0441*
  Az 1: 0J 3/44g Rs
  Az 2: 1L 292/44
- Fiche: *0455*
  Az 1: o.Az
- Fiche: *0625 f.*
  Az 1: 0J 17/44gRs
  Az 2: 1L 316/44
- Fiche: *0708*
  Az 1: 0J 4/44g Rs
  Az 2: 1L 229/44
- Fiche: *0708*
  Az 1: 0J 5/44gRs, 0J 9/44gRs
  Az 2: 1L 301/44, 1L 309/44

Schwerin von Schwanenfeld, Ulrich (A)
- Fiche: *0708*
  Az 1: 0J 4/44g Rs
  Az 2: 1L 229/44

Schwesig, Walter
- Fiche: *0641 f.*
  Az 1: 9J 70/42g
  Az 2: 2H 157/43

Schwicklewski, Ernst
- Fiche: *0419*
  Az 1: 10(9)J 928/43
  Az 2: 6L 53/44

Schwiebus, Robert
- Fiche: *0016 f.*
  Az 1: 14a/8J 1547/31
  Az 2: 1H 27/34

Schwieger, Thekla
- Fiche: *0010 f.*
  Az 1: 17J 232/33
  Az 2: 2H 14/34

Schwienhorst, Felix
- Fiche: *0502*
  Az 1: 8J 409/42g
  Az 2: 2H 66/43

Schwind, Gertrud
- Fiche: *0163*
  Az 1: 5J 142/40
  Az 2: 2H 68/40

Schwind, Wolfgang
- Fiche: *0695*
  Az 1: 8J 330/38
  Az 2: 1H 10/38

Schwing, August
- Fiche: *0555*
  Az 1: 9J 330/41
  Az 2: 5H 63/42

Schwinge (Frau)
- Fiche: *0586 f.*
  Az 1: 9J 67/39
  Az 2: 1H 62/39

Schwinge, Emil
- Fiche: *0586 f.*
  Az 1: 9J 67/39
  Az 2: 1H 62/39

Schwinge, Paul
- Fiche: *0586 f.*
  Az 1: 9J 67/39
  Az 2: 1H 62/39

Schwinge, Wilhelm
- Fiche: *0586 f.*
  Az 1: 9J 67/39
  Az 2: 1H 62/39

Schwingel, Johann
- Fiche: *0255*
  Az 1: 14J 230/36
  Az 2: 1H 44/36

Seiler, Kurt
- Fiche: *0199*
  Az 1: 8J 176/44g
  Az 2: 1H 213/44

Seiler, Nikolaus
- Fiche: *0165 f.*
  Az 1: 9J 297/40
  Az 2: 2H 70/41

Seintier, Jacques (A)
- Fiche: *0429/0741*
  Az 1: 9J 213/44
  Az 2: 5H 118/44

Seipel, Karl
- Fiche: *0334*
  Az 1: 7J 48/42
  Az 2: 2H 76/42

Seipold
- Fiche: *0112/0271*
  Az 1: 16J 675/37
  Az 2: 2H 52/37

Seipold, Oskar
- Fiche: *0269/0718*
  Az 1: 16J 736/36
  Az 2: 2H 43/37

Seiringer, Edmund
- Fiche: *0455/0497 f.*
  Az 1: 8J 472/40
  Az 2: 6H 205/43

Seiringer, Johann (A)
- Fiche: *0455/0497 f.*
  Az 1: 8J 472/40
  Az 2: 6H 205/43

Seis, Anton
- Fiche: *0319 f.*
  Az 1: 6J 124/40g
  Az 2: 2H 10/41
- Fiche: *0320 f./0388*
  Az 1: 6J 144/40g
  Az 2: 2H 14/41
- Fiche: *0322/0521 f.*
  Az 1: 6J 145/40
  Az 2: 2H 32/41

Seis, Stefan (A)
- Fiche: *0351/0358*
  Az 1: 7J 285/42
  Az 2: 5H 138/42

Seistock, Fritz (A)
- Fiche: *0444*
  Az 1: 12J 33/40

Seitel, Josef
- Fiche: *0495*
  Az 1: 1J 579/43
  Az 2: 1L 178/43

Seiter, Walter
- Fiche: *0577*
  Az 1: 9J 14/42g
  Az 2: 2H 35/42

Seitner
- Fiche: *0080/0260*
  Az 1: 17J 473/35
  Az 2: 2H 63/36

Seitner, Josef
- Fiche: *0082 f.*
  Az 1: 8J 415/35g
  Az 2: 1H 1/37

Seitz, Alfred (A)
- Fiche: *0173*
  Az 1: 5J 81/42
  Az 2: 2H 94/42

Seitz, Käthe (A)
- Fiche: *0173*
  Az 1: 5J 81/42
  Az 2: 2H 94/42

Seitz, Margarete (A)
- Fiche: *0495*
  Az 1: 1J 579/43
  Az 2: 1L 178/43

Seitz, Michael
- Fiche: *0519/0549 f.*
  Az 1: 6J 135/42g
  Az 2: 6H 79/43

Seiwald, Karl
- Fiche: *0292 f.*
  Az 1: 7J 501/42
- Fiche: *0345*
  Az 1: 7J 405/42
  Az 2: 2H 266/42
- Fiche: *0455*
  Az 1: 7J 414/42
  Az 2: 6H 5/42

Seizinger, Daniel (A)
- Fiche: *0173*
  Az 1: 5J 81/42
  Az 2: 2H 94/42

Sejbl
- Fiche: *0341 f.*
  Az 1: 7J 203/42
  Az 2: 2H 183/42

Selbach
- Fiche: *0071 f.*
  Az 1: 14J 288/36
  Az 2: 1H 48/36
- Fiche: *0095/0541*
  Az 1: 9J 571/36
  Az 2: 2H 22/37

Selbiger, Kurt (A)
- Fiche: *0047 f./0641*
  Az 1: 9J 486/35
  Az 2: 1H 71/35

Selbitschka, Josef (A)
- Fiche: *0296 f.*
  Az 1: 7J 100/43
  Az 2: 6H 78/43

Selbmann
- Fiche: *0024/0385 f.*
  Az 1: 14J 75/33, 14J 77/33
  Az 2: 2H 7/35, 2H 6,7/35
- Fiche: *0030 f./0229 f.*
  Az 1: 13J 265/33
  Az 2: 2H 21/35

Selbmann, Friedrich
- Fiche: *0018*
  Az 1: 15/17J 77/32
  Az 2: 1H 28/34
- Fiche: *0034*
  Az 1: 9J 613/33
  Az 2: 1H 27/35
- Fiche: *0039 f.*
  Az 1: 14J 16/35
  Az 2: 1H 43/35
- Fiche: *0092*
  Az 1: 8/14J 31-45/36g
  Az 2: 1H 13/37
- Fiche: *0227*
  Az 1: 14J 70/35
  Az 2: 2H 9/35
- Fiche: *0262 f.*
  Az 1: 8J 51/36g
  Az 2: 1H 16/37
- Fiche: *0316*
  Az 1: 16J 251/36
  Az 2: 1H 45/36
- Fiche: *0386 f./0572 f.*
  Az 1: 11J 423/33
  Az 2: 3L 15/35

Selbmann, Friedrich (A)
- Fiche: *0042 f.*
  Az 1: 14a/9J 1672/31
  Az 2: 1H 52/35

Seldte
- Fiche: *0123 ff./0275 f.*
  Az 1: 8J 5/37g
  Az 2: 2H 23/38

Seliger
- Fiche: *0086 f.*
  Az 1: 17J 73/36
  Az 2: 2H 5/37

Selinger, Manfred
- Fiche: *0244 f./0274*
  Az 1: 8J 431/35g
  Az 2: 1H 8/37

Selitzsch
- Fiche: *0676*
  Az 1: 8J 224/38
  Az 2: 2H 41/38

Selix, Marie
- Fiche: *0443*
  Az 1: 7J 360/42
  Az 2: 5H 134/42

Selke, Wilhelm (A)
- Fiche: *0190 f.*
  Az 1: 9J 232/44
  Az 2: 5H 126/44
- Fiche: *0205*
  Az 1: 8J 203/44
  Az 2: 1H 250/44

Sell, Hermann
- Fiche: *0479/0739*
  Az 1: 12(10)J 47/39
  Az 2: 1H 33/40

Selle, te
- Fiche: *0511 f.*
  Az 1: 9J 125/39g
  Az 2: 2H 45/39

Selle, Wilhelm
- Fiche: *0089 f.*
  Az 1: 8J 31/37g.Rs.
  Az 2: 2H 9/37

Selle, Wilhelm (A)
- Fiche: *0074*
  Az 1: 8J 135/36
  Az 2: 1H 55/36

Sellheim, Max (A)
- Fiche: *0109 f.*
  Az 1: 17J 264/36
  Az 2: 2H 45/37

Sellmann
- Fiche: *0256*
  Az 1: 15J 162/36
  Az 2: 1H 51/36

Sellner
- Fiche: *0647/0649*
  Az 1: 7(8)J 76/41g
  Az 2: 2H 170/43

Selutzky
- Fiche: *0356/0367*
  Az 1: 7J 544/41
  Az 2: 5H 187/42

Semerak
- Fiche: *0397f.*
  Az 1: 6J 198/39g
  Az 2: 3L 19/40

Semiller, Franz
- Fiche: *0097 f.*
  Az 1: 17J 28/36
  Az 2: 2H 24/37

Semkat
- Fiche: *0133 f.*
  Az 1: 6J 158/38
  Az 2: 2H 77/38
- Fiche: *0279 f.*
  Az 1: 6J 157/38
  Az 2: 2H 89/38

Semmler, Marie
- Fiche: *0573*
  Az 1: 10J 10/40
  Az 2: 2H 40/40

Semper
- Fiche: *0021 f.*
  Az 1: 17J 397/33
  Az 2: 1H 3/35

Sempf, Kurt
- Fiche: *0677*
  Az 1: 10J 320/41
  Az 2: 2H 36/42

Sender, Toni
- Fiche: *0598 ff.*
  Az 1: 9J 479/35
  Az 2: 2H 14/36

Sendhoff, Heinz
- Fiche: *0033 f.*
  Az 1: 17J 119/35
  Az 2: 2H 26/35
- Fiche: *0564 f.*
  Az 1: 9J 137/34
  Az 2: 1H 25/35

Sendhoff, Magdalene (A)
- Fiche: *0033 f.*
  Az 1: 17J 119/35
  Az 2: 2H 26/35

Senf, Hermann Wilhelm
- Fiche: *0098*
  Az 1: 16J 536/36
  Az 2: 2H 25/37

Senf, Maria
- Fiche: *0004 f.*
  Az 1: 13J 98/33
  Az 2: 1H 7/34

Senf, Rudolf (A)
- Fiche: *0067*
  Az 1: 8J 296/35g
  Az 2: 2H 38/36

Seubert, Johann
- Fiche: *0700*
  Az 1: 6J 1/43
  Az 2: 6H 81/43

Seubert, Ludwig
- Fiche: *0403/0485*
  Az 1: 9J 664/43
  Az 2: 6L 163/43

Seufert, Wilhelm
- Fiche: *0108*
  Az 1: 8J 358/37g
  Az 2: 1H 40/37
- Fiche: *0108 f.*
  Az 1: 8J 337/37g
  Az 2: 1H 41/37
- Fiche: *0269 f.*
  Az 1: 8J 100/37
  Az 2: 1H 43/37

Seuren, Wilhelm
- Fiche: *0598 ff.*
  Az 1: 9J 479/35
  Az 2: 2H 14/36

Seutter von Lötzen, Wilhelm (A)
- Fiche: *0735 f.*
  Az 1: 7J 32/44
  Az 2: 6H 92/44

Seutz, Erwin
- Fiche: *0159*
  Az 1: 9J 84/39g
  Az 2: 2H 5/40
- Fiche: *0475*
  Az 1: 9J 323/39g
  Az 2: 1H 67/39
- Fiche: *0703*
  Az 1: 9J 327/39g, 9J 390/39 g

Seutz, Erwin (A)
- Fiche: *0503 f.*
  Az 1: 9J 312/39g
  Az 2: 1H 47/39

Severa
- Fiche: *0074*
  Az 1: 8J 135/36
  Az 2: 1H 55/36
- Fiche: *0089 f.*
  Az 1: 8J 31/37g.Rs.
  Az 2: 2H 9/37
- Fiche: *0286 f.*
  Az 1: 8J 384/38g
  Az 2: 1H 32/39

Severit
- Fiche: *0387 f.*
  Az 1: 16J 489/33
  Az 2: 3L 19/35

Severit, Hans
- Fiche: *0014/0219 f.*
  Az 1: 17J 29/34
  Az 2: 2H 21/34

Severit, Hans (A)
- Fiche: *0664 f.*
  Az 1: 17J 541/33
  Az 2: XV H 25/34

Sevin, Theodor
- Fiche: *0555*
  Az 1: 9J 330/41
  Az 2: 5H 63/42

Sexaner, Emil
- Fiche: *0004 f.*
  Az 1: 13J 98/33
  Az 2: 1H 7/34

Seydel, Wolfgang
- Fiche: *0039 f.*
  Az 1: 14J 16/35
  Az 2: 1H 43/35
- Fiche: *0113/0469 f.*
  Az 1: 16J 37/35
  Az 2: 1H 19-20/37
- Fiche: *0140 f.*
  Az 1: 8J 357/38g
  Az 2: 2H 13/39

Seydewitz
- Fiche: *0460 f.*
  Az 1: 17J 109/37, 9J 142/37
  Az 2: 2H 44,47/37

Seydewitz, Max
- Fiche: *0001*
  Az 1: 8J 1865/33
  Az 2: 1H 1/34
- Fiche: *0039*
  Az 1: 8J 169/35
  Az 2: 1H 41/35
- Fiche: *0052 f.*
  Az 1: 17J 5/36
  Az 2: 1H 10/36
- Fiche: *0063 f.*
  Az 1: 8J 165/35
  Az 2: 2H 30/36
- Fiche: *0072 f.*
  Az 1: 15J 282/36
  Az 2: 2H 49/36
- Fiche: *0141/0475 f.*
  Az 1: 5J 449/38
  Az 2: 1H 15/39
- Fiche: *0145/0285 f.*
  Az 1: 5J 102/39
  Az 2: 1H 27/39
- Fiche: *0261*
  Az 1: 14J 570/37g
- Fiche: *0266/0745*
  Az 1: 17J 472/36
  Az 2: 2H 28/37
- Fiche: *0539 f.*
  Az 1: 10J 36/41
  Az 2: 2H 91/41
- Fiche: *0549*
  Az 1: 5J 642/38
  Az 2: 1H 13/39
- Fiche: *0552 f.*
  Az 1: 8J 10/35
  Az 2: 2H 34/35
- Fiche: *0559*
  Az 1: 10J 16/42g
  Az 2: 1H 247/42
- Fiche: *0611 f.*
  Az 1: 12J 145/33
  Az 2: XII H 13/34
- Fiche: *0630 f.*
  Az 1: 5J 174/39
  Az 2: 2H 51/39

Seydewitz, Ruth
- Fiche: *0552 f.*
  Az 1: 8J 10/35
  Az 2: 2H 34/35

Seydewitz, von
- Fiche: *0200*
  Az 1: 8J 177/44g
  Az 2: 1H 219/44

Seydlitz, Walther von
- Fiche: *0198 f./0208*
  Az 1: 8J 169/44
  Az 2: 1H 210/44
- Fiche: *0200*
  Az 1: 8J 172/44g
  Az 2: 1H 216/44
- Fiche: *0201*
  Az 1: 8J 171/44g
  Az 2: 1H 224/44
- Fiche: *0202*
  Az 1: 8J 179/44
  Az 2: 1H 237/44
- Fiche: *0202*
  Az 1: 11J 271/44
  Az 2: 2H 241/44
- Fiche: *0204*
  Az 1: 8J 201/44g
  Az 2: 1H 246/44
- Fiche: *0205*
  Az 1: 8J 262/44
  Az 2: 2H 259/44
- Fiche: *0208*
  Az 1: 8J 229/44g
  Az 2: 1H 299/44
- Fiche: *0209/0625*
  Az 1: 9J 234/44
  Az 2: 1H 372/44
- Fiche: *0210/0579*
  Az 1: 9J 272/44
  Az 2: 1H 7/45
- Fiche: *0518*
  Az 1: 8J 199/44, 8J 271/44g
  Az 2: 1H 3/45
- Fiche: *0639*
  Az 1: 8J 187/44
  Az 2: 1H 272/44

Seyer
- Fiche: *0578/0703*
  Az 1: 11J 143/35
  Az 2: 3L 29/36

Seyerle (Frau)
- Fiche: *0136 f./0272*
  Az 1: 11J 152/38
  Az 2: 1H 3/39

Seyfert
- Fiche: *0396/0704 f.*
  Az 1: 14J 522/37g
  Az 2: 1L 2/40
- Fiche: *0456*
  Az 1: 9J 235/44
  Az 2: 2H 220/44

Seyferth, Max
- Fiche: *0292/0678*
  Az 1: 6J 45/41g
  Az 2: 2H 15/42

Seyrich
- Fiche: *0122 f.*
  Az 1: 16J 765/37
  Az 2: 1H 23/38

Seywald
- Fiche: *0367*
  Az 1: 7J 649/42
  Az 2: 6H 24/43
- Fiche: *0370*
  Az 1: 7J 555/42
  Az 2: 6H 13/43
- Fiche: *0436*
  Az 1: 6J 173/44
  Az 2: 1H 349/44
- Fiche: *0519/0549 f.*
  Az 1: 6J 135/42g
  Az 2: 6H 79/43

Seywald, Franz (A)
- Fiche: *0317 f.*
  Az 1: 6J 58/44
  Az 2: 1H 156/44

Seywald, Gottfried (A)
- Fiche: *0317 f.*
  Az 1: 6J 58/44
  Az 2: 1H 156/44

Seywald, Karl
- Fiche: *0296*
  Az 1: 7J 53/43
  Az 2: 6H 56/43
- Fiche: *0352*
  Az 1: 7J 515/42
  Az 2: 6H 19/42
- Fiche: *0366*
  Az 1: 7J 75/43
  Az 2: 6H 38/43
- Fiche: *0366*
  Az 1: 7J 612/42
  Az 2: 6H 36/43
- Fiche: *0376*
  Az 1: 7J 106/43
  Az 2: 6H 72/43
- Fiche: *0648*
  Az 1: 7J 99/43
  Az 2: 6H 83/43

Seywald, Karl (A)
- Fiche: *0380/0529*
  Az 1: 7J 209/43
  Az 2: 6H 139/43

Seywald, Margarethe (A)
- Fiche: *0317 f.*
  Az 1: 6J 58/44
  Az 2: 1H 156/44

Sforza, Carlo
- Fiche: *0489 ff.*
  Az 1: 8J 402/38
  Az 2: 2H 41/39

Shapowker, Siefried
- Fiche: *0396/0704 f.*
  Az 1: 14J 522/37g
  Az 2: 1L 2/40

Shgulow, Sascha
- Fiche: *0736*
  Az 1: 8J 48/45g

Shirjakow
- Fiche: *0730*
  Az 1: 11J 312/44
  Az 2: 2H 209/44

Sibitz, Alfred
- Fiche: *0308*
  Az 1: 6J 103/40g
  Az 2: 2H 115/40

Siegrist, Hans
- Fiche: *0109 f.*
  Az 1: 17J 264/36
  Az 2: 2H 45/37

Siek, Hermann (A)
- Fiche: *0181/0682*
  Az 1: 8J 69/44
  Az 2: 2H 95/44

Siekmann
- Fiche: *0045*
  Az 1: 9J 411/35
  Az 2: 1H 56/35

Siemann
- Fiche: *0211 f.*
  Az 1: 9J 33/45g
  Az 2: 6Sg. 65/45

Siemering
- Fiche: *0120 f./0133*
  Az 1: 17J 400/37
  Az 2: 2H 71/38

Siemers, Elsa
- Fiche: *0127*
  Az 1: 7J 96/38
  Az 2: 2H 29/38

Siemesson, Hans
- Fiche: *0721*
  Az 1: 9J 25/45

Siemon
- Fiche: *0100 f./0711*
  Az 1: 15J 1/37
  Az 2: 1H 28/37

Siems
- Fiche: *0049*
  Az 1: 8J 440/35
  Az 2: 1H 1/36

Siemsen, Karl (A)
- Fiche: *0271*
  Az 1: 8J 4/37
  Az 2: 2H 58/37

Siemund, Walter
- Fiche: *0679 f./0713*
  Az 1: 10(9)J 777/43g
  Az 2: 5H 38/44, 5H 43/44

Siemund, Walter (A)
- Fiche: *0210/0630*
  Az 1: 10(9)J 777/43g
  Az 2: 5H 41/44

Siering (Frau)
- Fiche: *0121 f.*
  Az 1: 7J 206/38
  Az 2: 1H 19/38

Siering, Kurt
- Fiche: *0728*
  Az 1: 17J 461/34
  Az 2: 0Js 18/36

Siering, Walter
- Fiche: *0121 f.*
  Az 1: 7J 206/38
  Az 2: 1H 19/38

Sierks, Hans (A)
- Fiche: *0441*
  Az 1: 0J 43/44g
  Az 2: 1L 474/44

Sievers, Max
- Fiche: *0050 f.*
  Az 1: 8J 164/35
  Az 2: 1H 5/36
- Fiche: *0193/0443*
  Az 1: 9J 45/44
  Az 2: 1H 141/44, 1H 229/44
- Fiche: *0562 f.*
  Az 1: 10J 204/40
  Az 2: 2H 17/41
- Fiche: *0622 f.*
  Az 1: 10J 453/38
  Az 2: 1H 25/39
- Fiche: *0632 f.*
  Az 1: 6J 29/42g
  Az 2: 1H 139/43
- Fiche: *0718 f.*
  Az 1: 8J 444/35
  Az 2: 2H 54/36

Sievers, Max (A)
- Fiche: *0518/0558*
  Az 1: 10J 815/43
  Az 2: 1H 289/43

Sievers, Willi
- Fiche: *0448/0578*
  Az 1: 9J 210/40, 10J 238/40
  Az 2: 2H 128/40

Siewers, Lotte
- Fiche: *0470 f.*
  Az 1: 10J 232/42g
  Az 2: 2H 337/42

Siewert
- Fiche: *0535 f.*
  Az 1: 10J 267/41
  Az 2: 2H 157/41
- Fiche: *0589 f.*
  Az 1: 9J 399/39g
  Az 2: 2H 26/41

Siewert, Robert
- Fiche: *0448*
  Az 1: 17J 225/37
  Az 2: 2H 48/37

Siewert, Robert (A)
- Fiche: *0046*
  Az 1: 17J 364/35
  Az 2: 1H 59/35

Siewert, Robert jr.
- Fiche: *0046*
  Az 1: 17J 364/35
  Az 2: 1H 59/35

Siewert, Wilhelm (A)
- Fiche: *0003*
  Az 1: 15J 594/33
  Az 2: 2H 3/34

Sifferlien
- Fiche: *0684*
  Az 1: 10J 80/42
  Az 2: 2H 317/42

Sigl, Alfons
- Fiche: *0382*
  Az 1: 7J 278/43
  Az 2: 6H 110/43

Sigl, Ludwig
- Fiche: *0178/0485*
  Az 1: 6J 13/43
  Az 2: 6H 85/43

Sigmeier, Helmut
- Fiche: *0130 f.*
  Az 1: 10J 137/38
  Az 2: 2H 49/38
- Fiche: *0499*
  Az 1: 10J 141/38
  Az 2: 2H 53/38

Sigmeier, Helmut (A)
- Fiche: *0457 f.*
  Az 1: 10J 142/38
  Az 2: 2H 42/38

Sigmund, Gottlieb
- Fiche: *0086/0684*
  Az 1: 14J 392/35
  Az 2: 2H 4/37

Sigmund, Walter
- Fiche: *0184/0680*
  Az 1: 9J 777/43g
  Az 2: 5H 39/44

Sigray, Graf
- Fiche: *0418*
  Az 1: 7(8)J 103/41
  Az 2: 5H 47/44

Sigrist, Eugen (A)
- Fiche: *0173*
  Az 1: 5J 81/42
  Az 2: 2H 94/42

Sigriz, Heinrich von
- Fiche: *0735 f.*
  Az 1: 7J 32/44
  Az 2: 6H 92/44

Sigwart
- Fiche: *0518*
  Az 1: 9J 254/41g
  Az 2: 2H 128/41

Sikl, Milos (A)
- Fiche: *0368*
  Az 1: 6J 80/42g
  Az 2: 1H 153/42

Sikora, Johann
- Fiche: *0296*
  Az 1: 7J 638/42
  Az 2: 5H 26/43
- Fiche: *0375*
  Az 1: 7J 332/43
  Az 2: 5H 73/43

Sikorski
- Fiche: *0561 f.*
  Az 1: 8J 261/41g
  Az 2: 1H 237/42

Sikorski, Bernhard
- Fiche: *0453/0643*
  Az 1: 10J 227/42
  Az 2: 2H 102/43

Sikorski, Bernhard (A)
- Fiche: *0625/0643*
  Az 1: 10J 215/41
  Az 2: 2H 130/42

Sikuta, Franz
- Fiche: *0344*
  Az 1: 7J 432/42
  Az 2: 1H 305/42
- Fiche: *0350*
  Az 1: 7J 347/42
  Az 2: 5H 135/42
- Fiche: *0371*
  Az 1: 7J 301/43
  Az 2: 5H 97/43
- Fiche: *0381*
  Az 1: 7J 297/43
  Az 2: 5H 96/43, 5H 139/43
- Fiche: *0576*
  Az 1: 7J 352/43
  Az 2: 5H 90/43

Sikuta, Franz (A)
- Fiche: *0298/0367*
  Az 1: 7J 300/43
  Az 2: 5H 94/43

Silberbauer
- Fiche: *0374/0576*
  Az 1: 7J 303/43
  Az 2: 5H 80/43

Silbrén
- Fiche: *0480 f.*
  Az 1: 10J 58/41
  Az 2: 2H 72/41

Sild
- Fiche: *0481 f./0557 f.*
  Az 1: 8J 214/37
  Az 2: 1H 31/38
- Fiche: *0485 f.*
  Az 1: 8J 386/38, 8J 214/37
  Az 2: 1H 33/38, 1H 31/38

Sild (Frau)
- Fiche: *0481 f./0557 f.*
  Az 1: 8J 214/37
  Az 2: 1H 31/38

Sillaber, Eduard
- Fiche: *0414 f.*
  Az 1: 10(9)J 819/43g
  Az 2: 6H 28/44

Sillmann, Hermann (A)
- Fiche: *0004 f.*
  Az 1: 13J 98/33
  Az 2: 1H 7/34

Silly, Johann
- Fiche: *0295*
  Az 1: 7J 276/42
  Az 2: 2H 272/42
- Fiche: *0332*
  Az 1: 7J 497/41
  Az 2: 2H 116/42

Silz
- Fiche: *0692*
  Az 1: 14J 328/33
  Az 2: XV H 59/33

Silz, Karl (A)
- Fiche: *0023 f.*
  Az 1: 14J 328/33
  Az 2: 1H 5/35

Simaichl
- Fiche: *0320*
  Az 1: 6J 119/40g

Sinner
- Fiche: *0071 f.*
  Az 1: 14J 288/36
  Az 2: 1H 48/36

Sinnreich
- Fiche: *0382*
  Az 1: 7J 396/43, 7J 399/43
  Az 2: 1H 117/43, 5H 116/43

Sinzinger
- Fiche: *0693*
  Az 1: StPL (RKA) II 445/42
  Az 2: StPL (HLS) III 53/43

Siol, Karl (A)
- Fiche: *0505 f.*
  Az 1: 10J 28/41
  Az 2: 2H 73/41

Sip, Maria
- Fiche: *0364*
  Az 1: 7J 213/43
  Az 2: 5H 56/43
- Fiche: *0574/0649*
  Az 1: 7J 513/43
  Az 2: 5H 6/44
- Fiche: *0707*
  Az 1: StPL (RKA) II 46/43
  Az 2: StPL (HLS) II 54/43

Siret (Frau)
- Fiche: *0347 f.*
  Az 1: 7J 257/42
  Az 2: 5H 86/42

Sirok
- Fiche: *0699 f.*
  Az 1: StPL (RKA) I 118/41
  Az 2: StPL (HLS) III 57/41

Sirovatka
- Fiche: *0367/0437 f.*
  Az 1: 7J 205,206,207/44
  Az 2: 5H 39,40,41/45

Sisenop
- Fiche: *0019*
  Az 1: 17J 617/33
  Az 2: 1H 37/34

Sisko, Wilhelm
- Fiche: *0348*
  Az 1: 7J 253/42
  Az 2: 5H 89/42
- Fiche: *0348*
  Az 1: 7J 255/42
  Az 2: 5H 88/42

Sistemich
- Fiche: *0598 ff.*
  Az 1: 9J 479/35
  Az 2: 2H 14/36

Sitavanc, Anton
- Fiche: *0339/0349*
  Az 1: 7J 164/42
  Az 2: 5H 91/42

Sitek
- Fiche: *0704*
  Az 1: 6J 15/39g

Sitta, Anton (A)
- Fiche: *0203 f.*
  Az 1: 11J 246/44
  Az 2: 2H 245/44

Sittli
- Fiche: *0326*
  Az 1: 7J 199/42
  Az 2: 2H 169/42

Sixt (Frau)
- Fiche: *0348*
  Az 1: 7J 253/42
  Az 2: 5H 89/42

Sixta, Franz
- Fiche: *0167*
  Az 1: 6J 66/40g
  Az 2: 2H 120/41

Sjardijn
- Fiche: *0615 ff.*
  Az 1: 15J 86/33
  Az 2: XII H 42/33

Skamira, Frieda (A)
- Fiche: *0199 f.*
  Az 1: 9J 214/44
  Az 2: 2H 215/44

Skamira, Willi (A)
- Fiche: *0199 f.*
  Az 1: 9J 214/44
  Az 2: 2H 215/44

Skariot, Camillo
- Fiche: *0095/0541*
  Az 1: 9J 571/36
  Az 2: 2H 22/37

Skerka
- Fiche: *0632 f.*
  Az 1: 6J 29/42g
  Az 2: 1H 139/43

Sket
- Fiche: *0376*
  Az 1: 7J 306/42, 7J 239/43
  Az 2: 5H 140/42, 5H 72/43
- Fiche: *0376*
  Az 1: 7J 238/43
  Az 2: 5H 72/43

Skiba
- Fiche: *0058 f.*
  Az 1: 17J 129/35
  Az 2: 1H 21,22/36

Skiba, Erwin
- Fiche: *0531*
  Az 1: 10J 40/42
  Az 2: 2H 228/42

Skibar
- Fiche: *0575*
  Az 1: 6J 8/44
  Az 2: 5H 25/44
- Fiche: *0705*
  Az 1: StPL (RKA) III 3/44
  Az 2: StPL 2.Sen. 19/44

Skledar, Albert (A)
- Fiche: *0296 f.*
  Az 1: 7J 100/43
  Az 2: 6H 78/43

Skledar, Alois (A)
- Fiche: *0296 f.*
  Az 1: 7J 100/43
  Az 2: 6H 78/43

Skohontil, Rudolf (A)
- Fiche: *0183*
  Az 1: 5J 45/41
  Az 2: 2H 27/42

Skopal, Josef (A)
- Fiche: *0328/0340 f.*
  Az 1: 7J 137/42
  Az 2: 2H 191/42

Skorenko, Ignatz
- Fiche: *0736*
  Az 1: 8J 48/45g

Skorjanz, Hermine
- Fiche: *0333*
  Az 1: 7J 156/42
  Az 2: 2H 112/42

Skorjanz, Hermine (A)
- Fiche: *0331*
  Az 1: 7J 157/42
  Az 2: 2H 117/42

Skotorzik, Emil
- Fiche: *0138*
  Az 1: 5J 279/38
  Az 2: 1H 6/39
- Fiche: *0138 f.*
  Az 1: 5J 53/39
  Az 2: 1H 7/39

Skowasch, Hedwig (A)
- Fiche: *0749*
  Az 1: 6J 24/44
  Az 2: 2H 33/44

Skripczynsky, Leo
- Fiche: *0713 f.*
  Az 1: StPL (RKA) III 495,496,497/42
  Az 2: StPL (HLS) II 129/42

Skroch, Margarete (A)
- Fiche: *0647/0649*
  Az 1: 7(8)J 76/41g
  Az 2: 2H 170/43

Skupin, Felix
- Fiche: *0082/0260 f.*
  Az 1: 9J 907/35
  Az 2: 1H 67/36

Skuppin, Erich
- Fiche: *0152*
  Az 1: 11J 341/39
  Az 2: 2H 46/39

Skuta, Franz
- Fiche: *0372/0520*
  Az 1: 7J 308/43
  Az 2: 5H 92/43

Slaby, Leopold
- Fiche: *0343*
  Az 1: 7J 213/42
  Az 2: 2H 171/42

Slaby, Leopold (A)
- Fiche: *0329/0358*
  Az 1: 7J 354/42
  Az 2: 5H 142/42

Slach
- Fiche: *0517/0627*
  Az 1: 6J 104/42
  Az 2: 1H 238/42

Slach, Eleonore (A)
- Fiche: *0512*
  Az 1: 6J 103/42

Slama, Leopold
- Fiche: *0323*
  Az 1: 6J 28/41g
  Az 2: 2H 129/41
- Fiche: *0717*
  Az 1: 6J 144/41g

Slavik, Alfred
- Fiche: *0359*
  Az 1: 7J 386/42
  Az 2: 5H 144/42

Slavik, Felix (A)
- Fiche: *0409*
  Az 1: 8J 376/40g, 8J 393/40g
  Az 2: 5H 111/43, 5H 141/43
- Fiche: *0409 f.*
  Az 1: 8J 376/40
  Az 2: 5H 13/44

Slavik, Othmar
- Fiche: *0575/0644 f.*
  Az 1: 8J 324/39g
  Az 2: 5H 110/43

Slavik, Sophie
- Fiche: *0292/0678*
  Az 1: 6J 45/41g
  Az 2: 2H 15/42

Slawik
- Fiche: *0646*
  Az 1: 8J 393/40g

Slomski
- Fiche: *0084 f.*
  Az 1: 8J 430/35g
  Az 2: 1H 3/37

Slotara
- Fiche: *0131/0596 f.*
  Az 1: 14J 796/37g
  Az 2: 2H 51/38

Slozina
- Fiche: *0578*
  Az 1: 10J 314/44
  Az 2: 2H 225/44

Smatlak, Oswald (A)
- Fiche: *0576*
  Az 1: 7J 352/43
  Az 2: 5H 90/43

Smeets
- Fiche: *0231 f./0561*
  Az 1: 8J 14/34
  Az 2: 2H 33/35

Sohn
- Fiche: *0292*
  Az 1: 5J 228/41
  Az 2: 2H 16/42

Sohr, Karl
- Fiche: *0297 f.*
  Az 1: 7J 307/43
  Az 2: 5H 93/43

Soik, Hwinz
- Fiche: *0074 f.*
  Az 1: 17J 366/36
  Az 2: 1H 56/36

Soika
- Fiche: *0155 f.*
  Az 1: 6J 12/39g
  Az 2: 2H 61/39

Sokal
- Fiche: *0427*
  Az 1: 6J 158/44g, 6J 165/44g
  Az 2: 5H 96/44, 5H 100/44

Sokol (Frau)
- Fiche: *0296*
  Az 1: 7J 599/42
  Az 2: 6H 47/43

Sokolowa, Anna (A)
- Fiche: *0179/0453*
  Az 1: 9J 377/43
  Az 2: 2H 138/43

Sokopp, Johann
- Fiche: *0403*
  Az 1: 7J 516/43
  Az 2: 5H 157/43
- Fiche: *0413/0520*
  Az 1: 6(7)J 517/43
  Az 2: 5H 180/42

Sokopp, Johann (A)
- Fiche: *0318 f.*
  Az 1: 7J 515/43
  Az 2: 5H 7/44

Soldat, Leopold
- Fiche: *0646 f.*
  Az 1: 8J 2/41

Solf, Johanna (A)
- Fiche: *0680*
  Az 1: 2J 578/44g Rs
  Az 2: 1L 467/44

Solinski, Anton
- Fiche: *0202*
  Az 1: 8J 153/44
  Az 2: 1H 235/44

Sollereder
- Fiche: *0295*
  Az 1: 7J 644/42
  Az 2: 6H 23/43

Sollerer, Josef
- Fiche: *0444*
  Az 1: 12J 33/40

Sollerreder, Josef (A)
- Fiche: *0352*
  Az 1: 7J 495/42
  Az 2: 6H 23/42

Sollmann
- Fiche: *0100 f./0711*
  Az 1: 15J 1/37
  Az 2: 1H 28/37
- Fiche: *0552 f.*
  Az 1: 8J 10/35
  Az 2: 2H 34/35

Sollmann, Wilhelm
- Fiche: *0518/0558*
  Az 1: 10J 815/43
  Az 2: 1H 289/43
- Fiche: *0561 f.*
  Az 1: 8J 261/41g
  Az 2: 1H 237/42
- Fiche: *0562 f.*
  Az 1: 10J 204/40
  Az 2: 2H 17/41
- Fiche: *0598 ff.*
  Az 1: 9J 479/35
  Az 2: 2H 14/36

Sommer
- Fiche: *0099 f.*
  Az 1: 14J 301/37
  Az 2: 1H 27/37
- Fiche: *0381*
  Az 1: 7J 297/43
  Az 2: 5H 96/43, 5H 139/43
- Fiche: *0401/0520*
  Az 1: 7J 295/43
  Az 2: 5H 95/43
- Fiche: *0401 f.*
  Az 1: 8J 285/39g
  Az 2: 5H 108/43
- Fiche: *0496*
  Az 1: 15J 126/34
  Az 2: 2H 20/35
- Fiche: *0538 f.*
  Az 1: 8J 356/38g
  Az 2: 1H 29/38
- Fiche: *0607*
  Az 1: 13J 270/33
  Az 2: XV H 57/33
- Fiche: *0615 ff.*
  Az 1: 15J 86/33
  Az 2: XII H 42/33
- Fiche: *0644*
  Az 1: 8J 475/39
  Az 2: 5H 109/43
- Fiche: *0707*
  Az 1: StPL (RKA) II 46/43
  Az 2: StPL (HLS) II 54/43

Sommer (Frau)
- Fiche: *0632 f.*
  Az 1: 6J 29/42g
  Az 2: 1H 139/43

Sommer, Arthur
- Fiche: *0271 f.*
  Az 1: 16J 576/37
  Az 2: 2H 59/37

Sommer, Friedrich
- Fiche: *0249 f.*
  Az 1: 17J 318/35
  Az 2: 1H 15/36

Sommer, Fritz (A)
- Fiche: *0072 f.*
  Az 1: 15J 282/36
  Az 2: 2H 49/36

Sommer, Karl (A)
- Fiche: *0364*
  Az 1: 7J 213/43
  Az 2: 5H 56/43

Sommer, Martin
- Fiche: *0072 f.*
  Az 1: 15J 282/36
  Az 2: 2H 49/36

Sommer, Oswald
- Fiche: *0259/0676*
  Az 1: 16J 534/35
  Az 2: 2H 57/35

Sommer, Rudolf
- Fiche: *0343*
  Az 1: 7J 356/42
  Az 2: 1H 216/42

Sommerauer, Josef (A)
- Fiche: *0380*
  Az 1: 7J 366/43
  Az 2: 5H 121/43

Sommerauer, Rudolfine
- Fiche: *0335 f.*
  Az 1: 6J 165/41g
  Az 2: 2H 42/42

Sommerer, Johann
- Fiche: *0178/0485*
  Az 1: 6J 13/43
  Az 2: 6H 85/43

Sommerlad
- Fiche: *0441*
  Az 1: 0J 43/44g
  Az 2: 1L 432/44
- Fiche: *0441*
  Az 1: 0J 43/44g
  Az 2: 1L 474/44
- Fiche: *0441*
  Az 1: 0J 43/44g
  Az 2: 1L 473/44

Sommerlade
- Fiche: *0293/0509*
  Az 1: 6J 143/41g
  Az 2: 2H 73/42

Somvi, Kurt
- Fiche: *0444*
  Az 1: 12J 33/40

Sonderegger
- Fiche: *0325*
  Az 1: 6J 132/40g
  Az 2: 2H 147/41

Sondergeld, Arthur
- Fiche: *0433*
  Az 1: 10J 166/44
  Az 2: 2H 219/44

Sondergeld, Artur
- Fiche: *0210*
  Az 1: 10J 166/44
  Az 2: 2H 9/45

Sondermann
- Fiche: *0481 f./0557 f.*
  Az 1: 8J 214/37
  Az 2: 1H 31/38

Sonnack, Wilhelm (A)
- Fiche: *0598*
  Az 1: 15J 618/33
  Az 2: 2H 26/34

Sonnecker, Adolf
- Fiche: *0348*
  Az 1: 7J 253/42
  Az 2: 5H 89/42

Sonnecker, Adolf (A)
- Fiche: *0348*
  Az 1: 7J 254/42
  Az 2: 5H 87/42

Sonnenberg, Bernhardt (A)
- Fiche: *0432*
  Az 1: 7J 106/44
  Az 2: 2H 202/44

Sonneson
- Fiche: *0183*
  Az 1: 11(10)J 631/43
  Az 2: 1H 28/44

Sonntag
- Fiche: *0168*
  Az 1: 5J 232/41
  Az 2: 2H 5/42

Sonntag (Frau)
- Fiche: *0137/0711 f.*
  Az 1: 8J 367/38
  Az 2: 2H 4/39

Sonntag, Arthur
- Fiche: *0021/0462*
  Az 1: 15J 85/34
  Az 2: 1H 46/34

Sonntag, Kurt
- Fiche: *0142*
  Az 1: 5J 307/38g
  Az 2: 1H 16/39
- Fiche: *0167*
  Az 1: 6J 66/40g
  Az 2: 2H 120/41

Sonntag, Kurt (A)
- Fiche: *0141/0273*
  Az 1: 6J 277/38g
  Az 2: 1H 14/39

Sonntag, Paul (A)
- Fiche: *0195 f.*
  Az 1: 10(9)J 735/43
  Az 2: 2H 201/44

Sonntag, Willi
- Fiche: *0301*
  Az 1: 15J 818/36
  Az 2: 1H 22/37

Sontschek
- Fiche: *0346*
  Az 1: 7J 425/42
  Az 2: 1H 251/42

Sopora, Erich
- Fiche: *0024 f.*
  Az 1: 8J 943/32
  Az 2: 2H 8/35

Soppa
- Fiche: *0174 f.*
  Az 1: 10J 88/42
  Az 2: 2H 182/42

Sormann, Josef
- Fiche: *0185*
  Az 1: 5J 413/44
  Az 2: 6H 47/44

Spenn, Werner
- Fiche: *0698*
  Az 1: StPL (RKA) I 424/43
  Az 2: StPL 2. Sen. 6/44
- Fiche: *0700*
  Az 1: StPL (RKA) I 424/43
  Az 2: StPl 2. Sen. 98/43
- Fiche: *0700*
  Az 1: StPL (RKA) I 424/43
  Az 2: StPL 2. Sen. 5/44

Spenn, Werner (A)
- Fiche: *0693*
  Az 1: StPL (RKA) I 424/43
  Az 2: StPL 2. Sen. 4/44

Sperber, Hans (A)
- Fiche: *0432/0695*
  Az 1: 6J 66/44
  Az 2: 1H 199/44

Sperl, Heinrich von
- Fiche: *0178/0485*
  Az 1: 6J 13/43
  Az 2: 6H 85/43

Sperling
- Fiche: *0215 f.*
  Az 1: 14J 163/33
  Az 2: 1H 5/34
- Fiche: *0499*
  Az 1: 9J 511/35

Sperling, Fritz
- Fiche: *0728*
  Az 1: 17J 461/34
  Az 2: 0Js 18/36

Sperr, Franz (A)
- Fiche: *0481*
  Az 1: 0J 21/44g Rs, 0J 38/44/g Rs
  Az 2: 1L 439/44, 1L 397/44

Spessart, Otto
- Fiche: *0564 f.*
  Az 1: 9J 137/34
  Az 2: 1H 25/35

Spesser
- Fiche: *0621 f.*
  Az 1: 15J 241/33
  Az 2: XII H 57/33

Spichalski, Stefan (A)
- Fiche: *0203*
  Az 1: 8J 149/44
  Az 2: 2H 244/44

Spicker, Ernst
- Fiche: *0549*
  Az 1: 11J 122/35g
  Az 2: 2H 12/37
- Fiche: *0594 f./0695 f.*
  Az 1: 11J 122/35g
  Az 2: 2H 10,11,12/37

Spiecker, Carl
- Fiche: *0489 ff.*
  Az 1: 8J 402/38
  Az 2: 2H 41/39
- Fiche: *0561 f.*
  Az 1: 8J 261/41g
  Az 2: 1H 237/42
- Fiche: *0637 f.*
  Az 1: 8J 167/40
  Az 2: 2H 89/40

Spieckmann
- Fiche: *0556 f.*
  Az 1: 9J 51/44g
  Az 2: 1H 97/44

Spieker
- Fiche: *0479 f.*
  Az 1: 7(8)J 108/43g

Spieker, Artur
- Fiche: *0241 f.*
  Az 1: 8J 88/36g
  Az 2: 1H 70/35

Spiekmann
- Fiche: *0456 f.*
  Az 1: 9J 15/41
  Az 2: 2H 117/41

Spiel, Adolf (A)
- Fiche: *0459*
  Az 1: 7J 44/43
  Az 2: 6H 99/43

Spielberg
- Fiche: *0031 f./0230*
  Az 1: 17J 296/34
  Az 2: 2H 24/35

Spielbichler, Peter
- Fiche: *0323 ff.*
  Az 1: 7J 174/40
  Az 2: 2H 132/41

Spielmann
- Fiche: *0396/0704 f.*
  Az 1: 14J 522/37g
  Az 2: 1L 2/40

Spier
- Fiche: *0158 f./0288*
  Az 1: 7J 6/39
  Az 2: 1H 77/39
- Fiche: *0277 f.*
  Az 1: 14J 651/37g
  Az 2: 2H 55/38

Spier (Frau)
- Fiche: *0117*
  Az 1: 6J 116/38g
  Az 2: 1H 11/38
- Fiche: *0119 f.*
  Az 1: 6J 168/38g
  Az 2: 1H 14/38
- Fiche: *0569*
  Az 1: 8J 145/35
  Az 2: 1H 48/35

Spier, Fritz
- Fiche: *0116*
  Az 1: 16J 878/37
  Az 2: 1H 9/38
- Fiche: *0117*
  Az 1: 6J 116/38g
  Az 2: 1H 11/38
- Fiche: *0119 f.*
  Az 1: 6J 168/38g
  Az 2: 1H 14/38
- Fiche: *0273 f.*
  Az 1: 14J 657/37g
  Az 2: 1H 15/38
- Fiche: *0395 f.*
  Az 1: 6J 53/38g
  Az 2: 3L 28/39

Spier, Fritz (A)
- Fiche: *0261*
  Az 1: 14J 570/37g

Spiering
- Fiche: *0058 f.*
  Az 1: 17J 129/35
  Az 2: 1H 21,22/36

Spieß
- Fiche: *0495*
  Az 1: 9J 684/37
  Az 2: 2H 25/38

Spieß, Friedrich
- Fiche: *0010/0217 f.*
  Az 1: 17J 331/33
  Az 2: 2H 13/34

Spieß, Fritz
- Fiche: *0545*
  Az 1: 9J 878/33
  Az 2: 2H 16/34

Spieß, Rudolf (A)
- Fiche: *0060 f.*
  Az 1: 8J 438/35g
  Az 2: 1H 23/24/36

Spieß, Theresia
- Fiche: *0179/0381*
  Az 1: 7J 378/43, 7J 458/43
  Az 2: 5H 130/43, 5H 133/43

Spiesser
- Fiche: *0544*
  Az 1: 10J 170/42
  Az 2: 2H 22/43

Spießke
- Fiche: *0100 f./0711*
  Az 1: 15J 1/37
  Az 2: 1H 28/37

Spill, Hans
- Fiche: *0108*
  Az 1: 8J 358/37g
  Az 2: 1H 40/37
- Fiche: *0113/0469 f.*
  Az 1: 16J 37/35
  Az 2: 1H 19-20/37
- Fiche: *0269 f.*
  Az 1: 8J 100/37
  Az 2: 1H 43/37

Spiller
- Fiche: *0160*
  Az 1: 9J 425/39g
  Az 2: 2H 43/40
- Fiche: *0570*
  Az 1: 16J 287/35
  Az 2: 1H 30/35

Spiller (Frau)
- Fiche: *0073/0255 f.*
  Az 1: 8J 437/35g
  Az 2: 2H 50/36

Spillner, Johanna
- Fiche: *0037/0221*
  Az 1: 17J 94/34
  Az 2: 1H 33/35

Spindler
- Fiche: *0160 f.*
  Az 1: 5J 46/40
  Az 2: 2H 45/40
- Fiche: *0160 f./0163*
  Az 1: 5J 46/40, 5J 164/40
  Az 2: 2H 69/40

Spindler, Bruno
- Fiche: *0563 f.*
  Az 1: 10J 68/40
  Az 2: 2H 109/40

Spindler, Dorothea
- Fiche: *0564*
  Az 1: 8J 148/42g
  Az 2: 5H 67/43

Spindler, Werner (A)
- Fiche: *0657*
  Az 1: 15J 16/32
  Az 2: XV H 2/34

Spingat, Luis
- Fiche: *0569/0707*
  Az 1: 10J 458/43
  Az 2: 6H 159/43

Spiridonow
- Fiche: *0203 f.*
  Az 1: 11J 246/44
  Az 2: 2H 245/44

Spirk
- Fiche: *0424/0570*
  Az 1: 7J 101/44
  Az 2: 5H 78/44

Spiro
- Fiche: *0077 f./0239*
  Az 1: 8J 421/35g
  Az 2: 2H 60/36
- Fiche: *0303 f.*
  Az 1: 17J 43/37
  Az 2: 1H 7/38

Spiro (Frau)
- Fiche: *0303 f.*
  Az 1: 17J 43/37
  Az 2: 1H 7/38

Spiro, Felix
- Fiche: *0167*
  Az 1: 6J 66/40g
  Az 2: 2H 120/41

Spiß, Johann
- Fiche: *0459*
  Az 1: 7J 489/42
  Az 2: 6H 29/42

Spiß, Johann (A)
- Fiche: *0351 f.*
  Az 1: 7J 491/42
  Az 2: 6H 26/42

Spitaler, Ignaz (A)
- Fiche: *0378*
  Az 1: 7J 433/43
  Az 2: 6H 177/43

Spitaler, Leopold
- Fiche: *0320*
  Az 1: 6J 120/40g
- Fiche: *0323*
  Az 1: 6J 28/41g
  Az 2: 2H 129/41

Spitaler, Leopold (A)
- Fiche: *0320*
  Az 1: 6J 119/40g

Spitaler, Othmar
- Fiche: *0320*
  Az 1: 6J 119/40g
- Fiche: *0320 f./0388*
  Az 1: 6J 144/40g
  Az 2: 2H 14/41

Spitz-Sinnek, Edith
- Fiche: *0403 f.*
  Az 1: 8J 7/41g
  Az 2: 2H 166/43
- Fiche: *0693*
  Az 1: 8J 199/41
  Az 2: 2H 173/43

Spitz-Sinnek, Edith (A)
- Fiche: *0407 f.*
  Az 1: 7(8)J 199/41
  Az 2: 2H 3/44

Spitzer
- Fiche: *0563 f.*
  Az 1: 10J 68/40
  Az 2: 2H 109/40

Spitzer, Alfred
- Fiche: *0140/0683*
  Az 1: 16J 703/35, 6J 17/39g
  Az 2: 2H 12/39

Spitzer, Josef
- Fiche: *0323 ff.*
  Az 1: 7J 174/40
  Az 2: 2H 132/41

Spitzner
- Fiche: *0028*
  Az 1: 8J 20/35
  Az 2: 2H 14/35

Splanemann, Herbert (A)
- Fiche: *0430*
  Az 1: 9J 242/44
  Az 2: 5H 127/44

Spliedt, Heinrich (A)
- Fiche: *0002*
  Az 1: 8J 1856/33
  Az 2: 2H 2/34
- Fiche: *0214*
  Az 1: 8J 1856/33

Splitt
- Fiche: *0245 f.*
  Az 1: 8J 7/36g
  Az 2: 2H 4/36

Splitt, Gregor (A)
- Fiche: *0012*
  Az 1: 14J 327/33
  Az 2: 2H 15/34

Spöcker, Frida (A)
- Fiche: *0222 f.*
  Az 1: 17J 504/33
  Az 2: 1H 1/35

Spohler
- Fiche: *0604 f.*
  Az 1: 10J 317/38
  Az 2: 2H 23/39

Spohr, Karl (A)
- Fiche: *0669 f.*
  Az 1: 15/17J 61/33
  Az 2: XV H 36/33

Spohr, Rudolf
- Fiche: *0669 f.*
  Az 1: 15/17J 61/33
  Az 2: XV H 36/33

Spottog, Max
- Fiche: *0499*
  Az 1: 10J 141/38
  Az 2: 2H 53/38

Sprange, Hermann
- Fiche: *0129*
  Az 1: 6J 159/38
  Az 2: 2H 46/38

Sprengel, Kurt (A)
- Fiche: *0151*
  Az 1: 8J 13/39
  Az 2: 2H 44/39

Sprengemann, Christian
- Fiche: *0100 f./0711*
  Az 1: 15J 1/37
  Az 2: 1H 28/37

Sprengemann sen.
- Fiche: *0100 f./0711*
  Az 1: 15J 1/37
  Az 2: 1H 28/37

Spring
- Fiche: *0376*
  Az 1: 7J 306/42, 7J 239/43
  Az 2: 5H 140/42, 5H 72/43

Springe, Marianne auf der (A)
- Fiche: *0051*
  Az 1: 5J 41/35
  Az 2: 2H 6/36

Springer
- Fiche: *0105/0267*
  Az 1: 14J 307/37
  Az 2: 2H 34/37
- Fiche: *0523 f.*
  Az 1: 9J 351/38g
  Az 2: 2H 93/38

Springer, Adalbert von
- Fiche: *0364*
  Az 1: 7J 213/43
  Az 2: 5H 56/43
- Fiche: *0401/0520*
  Az 1: 7J 295/43
  Az 2: 5H 95/43
- Fiche: *0574/0649*
  Az 1: 7J 513/43
  Az 2: 5H 6/44

Springer, Adalbert von (A)
- Fiche: *0707*
  Az 1: StPL (RKA) II 46/43
  Az 2: StPL (HLS) II 54/43

Springer, Alfred
- Fiche: *0233 f.*
  Az 1: 8J 291/35
  Az 2: 2H 36/35

Springer, Fritz
- Fiche: *0066 f./0253 f.*
  Az 1: 8J 4/36
  Az 2: 1H 38/36

Springer, Karl
- Fiche: *0555*
  Az 1: 9J 330/41
  Az 2: 5H 63/42

Springer, Robert
- Fiche: *0269/0718*
  Az 1: 16J 736/36
  Az 2: 2H 43/37
- Fiche: *0605*
  Az 1: 10J 117/42
  Az 2: 5H 115/42
- Fiche: *0702 f.*
  Az 1: 17J 97/37
  Az 2: 2H 19/37

Springer, Robert (A)
- Fiche: *0112/0271*
  Az 1: 16J 675/37
  Az 2: 2H 52/37

Sproete, Helmut
- Fiche: *0086/0498 f.*
  Az 1: 8J 68/36
  Az 2: 1H 4/37

Spruch, Günther
- Fiche: *0052 f.*
  Az 1: 17J 5/36
  Az 2: 1H 10/36

Sprygnar, Franz
- Fiche: *0417*
  Az 1: 11J 28/44
  Az 2: 6L 34/44

Spulka, Rudolf
- Fiche: *0339/0649*
  Az 1: 6J 78/42g
  Az 2: 2H 156/42
- Fiche: *0339/0649 0721*
  Az 1: 6J 7/43g
  Az 2: 6H 5/43

Spulka, Rudolf (A)
- Fiche: *0326*
  Az 1: 7J 112/42
  Az 2: 2H 164/42

Srb, Leopold
- Fiche: *0320*
  Az 1: 6J 122/40g

Srch
- Fiche: *0357*
  Az 1: 7J 445/42, 7J 455/42
  Az 2: 5H 184/42, 5H 168/42

Srch, Gustav
- Fiche: *0297*
  Az 1: 7J 247/43
  Az 2: 5H 79/43
- Fiche: *0300/0339*
  Az 1: 7J 232/42
  Az 2: 2H 202/42
- Fiche: *0339/0649*
  Az 1: 6J 78/42g
  Az 2: 2H 156/42
- Fiche: *0339/0649 0721*
  Az 1: 6J 7/43g
  Az 2: 6H 5/43
- Fiche: *0361*
  Az 1: 7J 443/42
  Az 2: 5H 173/42
- Fiche: *0374*
  Az 1: 7J 331/43
  Az 2: 5H 77/43

Srch, Gustav (A)
- Fiche: *0326*
  Az 1: 7J 112/42
  Az 2: 2H 164/42

Srch, Therese (A)
- Fiche: *0326*
  Az 1: 7J 112/42
  Az 2: 2H 164/42

Sredzki
- Fiche: *0067*
  Az 1: 8J 296/35g
  Az 2: 2H 38/36
- Fiche: *0146 f./0301 f.*
  Az 1: 10J 7/39
  Az 2: 1H 30/39
- Fiche: *0184/0707 f.*
  Az 1: 9J 777/43g
  Az 2: 5H 40/44

Sredzki, Gerhard
- Fiche: *0058 f.*
  Az 1: 17J 129/35
  Az 2: 1H 21,22/36

Sredzki, Margarete
- Fiche: *0531*
  Az 1: 10J 40/42
  Az 2: 2H 228/42

Sredzki, Margarete (A)
- Fiche: *0058 f.*
  Az 1: 17J 129/35
  Az 2: 1H 21,22/36

Sredzki, Siegmund
- Fiche: *0531*
  Az 1: 10J 40/42
  Az 2: 2H 228/42

Sredzki, Siegmund (A)
- Fiche: *0058 f.*
  Az 1: 17J 129/35
  Az 2: 1H 21,22/36

Sritalla
- Fiche: *0095/0541*
Az 1: 9J 571/36
Az 2: 2H 22/37

Srnec, Karl
- Fiche: *0321 f.*
Az 1: 6J 22/41g
Az 2: 2H 41/41

Staack, Otto
- Fiche: *0589 f.*
Az 1: 9J 399/39g
Az 2: 2H 26/41
- Fiche: *0628*
Az 1: 10J 129/42
Az 2: 2H 205/42
- Fiche: *0634*
Az 1: 10J 102/42
Az 2: 2H 185/42

Staaf (Frau)
- Fiche: *0185*
Az 1: 10(9)J 467/43
Az 2: 2H 49/44

Staaf, Heinrich (A)
- Fiche: *0185*
Az 1: 10(9)J 467/43
Az 2: 2H 49/44

Staal
- Fiche: *0448/0578*
Az 1: 9J 210/40, 10J 238/40
Az 2: 2H 128/40

Staar, Lotte
- Fiche: *0501*
Az 1: 5J 77/38
Az 2: 2H 43/38

Staat, Alois
- Fiche: *0179/0453*
Az 1: 9J 377/43
Az 2: 2H 138/43

Stachelhaus, Paul
- Fiche: *0431*
Az 1: 3J 232/44
Az 2: 6L 136/44

Stade, Carl
- Fiche: *0434*
Az 1: 10J 226/44
Az 2: 2H 223/44

Stade, Karl
- Fiche: *0433*
Az 1: 10J 166/44
Az 2: 2H 219/44

Stade, Karl (A)
- Fiche: *0198*
Az 1: 10J 167/44
Az 2: 2H 208/44

Stadelmann
- Fiche: *0175 f.*
Az 1: 7(6)J 62/43
Az 2: 6H 82/44

Stadelmann, Josef
- Fiche: *0476 f.*
Az 1: 8J 131/36g, 8J 49,117,131/36g
Az 2: 2H 16,20,27/37
- Fiche: *0636*
Az 1: 10J 5/43g
Az 2: 2H 37/43

Stadelmann, Karl
- Fiche: *0175/0346*
Az 1: 6J 106/42g
Az 2: 2H 258/42
- Fiche: *0325*
Az 1: 6J 132/40g
Az 2: 2H 147/41
- Fiche: *0346*
Az 1: OJs 191/41

Stadl, Aloisia
- Fiche: *0696 f.*
Az 1: StPL (RKA) III 657/41
Az 2: StPL (HLS) III 16/42

Stadlbauer
- Fiche: *0356/0400*
Az 1: 7J 395/42, 7J 457/42
Az 2: 5H 158/42, 5H 193/42
- Fiche: *0526 f.*
Az 1: 7J 457/42

Stadler, Adolf (A)
- Fiche: *0400*
Az 1: 7J 186/42
Az 2: 5H 117/42

Stadler, Alois
- Fiche: *0449*
Az 1: 7(6)J 116/43
Az 2: 2H 8/44
- Fiche: *0460*
Az 1: 10J 138/44
Az 2: 2H 113/44

Stadler, Johann
- Fiche: *0352/0521*
Az 1: 7J 429/42
Az 2: 6H 14/42

Stadler, Rudolf (A)
- Fiche: *0593 f.*
Az 1: 15J 490/33
Az 2: 1H 89/34

Stadtler, Eduard
- Fiche: *0123 ff./0275 f.*
Az 1: 8J 5/37g
Az 2: 2H 23/38

Städele
- Fiche: *0105*
Az 1: 17J 444/36
Az 2: 2H 35/37

Stäger, Jakob
- Fiche: *0451*
Az 1: 15J 753/33
Az 2: 1H 23/35

Staeglich
- Fiche: *0615 ff.*
Az 1: 15J 86/33
Az 2: XII H 42/33
- Fiche: *0736*
Az 1: 8J 48/45g

Stähr, Hermann
- Fiche: *0011 f.*
Az 1: 17J 545/33
Az 2: 1H 15/34

Ständer, Erna
- Fiche: *0136*
Az 1: 7J 346/38
Az 2: 2H 95/38

Ständer, Erna (A)
- Fiche: *0134*
Az 1: 7J 344/38
Az 2: 2H 78/38

Ständt, Frieda
- Fiche: *0505*
Az 1: 1J 602/43

Stänker, Arthur
- Fiche: *0169 f.*
Az 1: 5J 229/41
Az 2: 2H 13/42

Stärz
- Fiche: *0569*
Az 1: 8J 145/35
Az 2: 1H 48/35

Stagl, Emmerich
- Fiche: *0327*
Az 1: 7J 271/42
Az 2: 2H 157/42

Stahl
- Fiche: *0061 f./0626 f.*
Az 1: 17J 336/35
Az 2: 2H 28/36
- Fiche: *0072*
Az 1: 14J 220/36
Az 2: 2H 48/36
- Fiche: *0077 f./0239*
Az 1: 8J 421/35g
Az 2: 2H 60/36
- Fiche: *0099 f.*
Az 1: 14J 301/37
Az 2: 1H 27/37
- Fiche: *0163*
Az 1: 5J 142/40
Az 2: 2H 68/40
- Fiche: *0346 f.*
Az 1: 7J 278/42
Az 2: 2H 246/42
- Fiche: *0611*
Az 1: 8J 1694/33
Az 2: XII H 14/34
- Fiche: *0707*
Az 1: StPL (RKA) III 345/41
Az 2: StPL (HLS) III 144/41

Stahl, Adolf
- Fiche: *0633*
Az 1: 9J 357/41g
Az 2: 2H 7/42

Stahl, Charlotte (A)
- Fiche: *0058 f.*
Az 1: 17J 129/35
Az 2: 1H 21,22/36

Stahl, Emil
- Fiche: *0055 f./0390*
Az 1: 8J 82/36g
Az 2: 2H 13/36
- Fiche: *0562 f.*
Az 1: 10J 204/40
Az 2: 2H 17/41
- Fiche: *0632 f.*
Az 1: 6J 29/42g
Az 2: 1H 139/43

Stahl, Erna (A)
- Fiche: *0720 f.*
Az 1: 9J 283/44

Stahl, Franz
- Fiche: *0163*
Az 1: 5J 142/40
Az 2: 2H 68/40

Stahl, Hans
- Fiche: *0056*
Az 1: 17J 441/35
Az 2: 1H 14/36
- Fiche: *0084 f.*
Az 1: 8J 430/35g
Az 2: 1H 3/37

Stahl, Hildegard
- Fiche: *0003 f.*
Az 1: 13J 286/33
Az 2: 2H 4/34

Stahl, Kurt (A)
- Fiche: *0030 f./0229 f.*
Az 1: 13J 265/33
Az 2: 2H 21/35

Stahl, Olga
- Fiche: *0030 f./0229 f.*
Az 1: 13J 265/33
Az 2: 2H 21/35

Stahl, Otto (A)
- Fiche: *0058 f.*
Az 1: 17J 129/35
Az 2: 1H 21,22/36

Stahlhofen, Jakob
- Fiche: *0545*
Az 1: 8J 222/43
Az 2: 3L 13/44

Stahlmann
- Fiche: *0179/0453*
Az 1: 9J 377/43
Az 2: 2H 138/43

Stahlschmid, Heinz (A)
- Fiche: *0661 f.*
Az 1: 9J 952/33
Az 2: XV H 20/34

Stahlschmidt, Bruno (A)
- Fiche: *0021 f.*
Az 1: 17J 397/33
Az 2: 1H 3/35

Stahnke, Walter
- Fiche: *0108*
Az 1: 8J 358/37g
Az 2: 1H 40/37

Stahr, Heinrich
- Fiche: *0594 f./0695 f.*
Az 1: 11J 122/35g
Az 2: 2H 10,11,12/37

Staiger (Frau)
- Fiche: *0558 f.*
Az 1: 9J 914/35
Az 2: 1H 9/36

Staischait, Franz (A)
- Fiche: *0692*
Az 1: StPL (RKA) II 242/38
Az 2: StPL (HLS) IV 21/41

Starhemberg, Ernst Rüdiger Fürst
- Fiche: *0485 f.*
  Az 1: 8J 386/38, 8J 214/37
  Az 2: 1H 33/38, 1H 31/38
- Fiche: *0547 f.*
  Az 1: 8J 318/39
  Az 2: 1H 60/39
- Fiche: *0587 f.*
  Az 1: 9J 126/42g
  Az 2: 1H 309/42
- Fiche: *0686 f.*
  Az 1: 8J 257/41
  Az 2: 2H 19/42

Stark
- Fiche: *0055/0248 f.*
  Az 1: 8J 418/35g
  Az 2: 1H 13/36

Stark, Adolf
- Fiche: *0620 f.*
  Az 1: 15J 70/33
  Az 2: XII H 59/33

Stark, Alois
- Fiche: *0368*
  Az 1: 6(7)J 483/43
  Az 2: 2H 55/44

Stark, Heinrich (A)
- Fiche: *0653 f.*
  Az 1: 13J 294/33
  Az 2: XV H 6/34

Stark, Johann
- Fiche: *0735 f.*
  Az 1: 7J 32/44
  Az 2: 6H 92/44

Stark, Ludwig
- Fiche: *0449*
  Az 1: 7(6)J 116/43
  Az 2: 2H 8/44

Stark, Ludwig (A)
- Fiche: *0460*
  Az 1: 10J 138/44
  Az 2: 2H 113/44

Stark, Martha
- Fiche: *0332/0367*
  Az 1: 7J 257/41
  Az 2: 2H 114/42

Stark, Richard (A)
- Fiche: *0572*
  Az 1: 9J 547/33
  Az 2: 2H 8/34

Stark, Werner
- Fiche: *0552 f.*
  Az 1: 8J 10/35
  Az 2: 2H 34/35

Starka
- Fiche: *0335 f.*
  Az 1: 6J 165/41g
  Az 2: 2H 42/42

Starka (Frau)
- Fiche: *0349*
  Az 1: 6J 45/42g
  Az 2: 5H 95/42

Starke
- Fiche: *0089*
  Az 1: 16J 781/36
  Az 2: 1H 9/37
- Fiche: *0169/0521*
  Az 1: 6J 109/41g
  Az 2: 2H 11/42
- Fiche: *0386*
  Az 1: 8J 404/34
  Az 2: 3L 14/35

Starke, Erich
- Fiche: *0034*
  Az 1: 9J 613/33
  Az 2: 1H 27/35

Starke, Martha
- Fiche: *0614 f.*
  Az 1: 14J 38/33
  Az 2: XII H 56/33

Starke, Walter
- Fiche: *0073*
  Az 1: 16J 287/36
  Az 2: 2H 51/36

Starke, Walther
- Fiche: *0039*
  Az 1: 8J 169/35
  Az 2: 1H 41/35

Starker
- Fiche: *0615 ff.*
  Az 1: 15J 86/33
  Az 2: XII H 42/33

Starker, Ferdinand
- Fiche: *0154*
  Az 1: 6J 19/39g
  Az 2: 2H 53/39

Starkl, Josef
- Fiche: *0351/0358*
  Az 1: 7J 285/42
  Az 2: 5H 138/42

Starost
- Fiche: *0485 f.*
  Az 1: 8J 386/38, 8J 214/37
  Az 2: 1H 33/38, 1H 31/38

Stary, Erich
- Fiche: *0001*
  Az 1: 8J 1865/33
  Az 2: 1H 1/34

Stary, Erich (A)
- Fiche: *0225*
  Az 1: 8J 1734/33
  Az 2: 1H 7/35

Starz, Auguste
- Fiche: *0403/0485*
  Az 1: 9J 664/43
  Az 2: 6L 163/43

Stasiak, Theodor
- Fiche: *0397f.*
  Az 1: 6J 198/39g
  Az 2: 3L 19/40

Staßer, Anna
- Fiche: *0396/0704 f.*
  Az 1: 14J 522/37g
  Az 2: 1L 2/40

Stathen
- Fiche: *0072*
  Az 1: 14J 220/36
  Az 2: 2H 48/36

Staub
- Fiche: *0222 f.*
  Az 1: 17J 504/33
  Az 2: 1H 1/35
- Fiche: *0545*
  Az 1: 10J 49/38
  Az 2: 2H 18/38

Staud
- Fiche: *0575/0644 f.*
  Az 1: 8J 324/39g
  Az 2: 5H 110/43

Staudacher, Friedrich (A)
- Fiche: *0653 f.*
  Az 1: 13J 294/33
  Az 2: XV H 6/34

Staudacher, Karl
- Fiche: *0188*
  Az 1: 11J 60/44
  Az 2: 2H 99/44

Staudacher, Karl (A)
- Fiche: *0419*
  Az 1: 7J 80/44
- Fiche: *0419 f./0650*
  Az 1: 7(8)J 208/43, 7J 258/43, 7J 80/44
  Az 2: 5H 58/44, 5H 53/44, 5H 60/44

Staude, Theodor
- Fiche: *0399/0568*
  Az 1: 2J 150/40g
  Az 2: 2L 78/41

Stauder, Karl
- Fiche: *0407 f.*
  Az 1: 7(8)J 199/41
  Az 2: 2H 3/44
- Fiche: *0647 f.*
  Az 1: 7(8)J 203/41
  Az 2: 2H 168/44

Staudinger, Anna
- Fiche: *0466*
  Az 1: 9J 228/44
  Az 2: 2H 285/44

Staudt, Maria
- Fiche: *0476 f.*
  Az 1: 8J 131/36g, 8J 49,117,131/36g
  Az 2: 2H 16,20,27/37

Staudt, Marie
- Fiche: *0476 f.*
  Az 1: 8J 131/36g, 8J 49,117,131/36g
  Az 2: 2H 16,20,27/37

Stauffenberg, Berthold Schenk Graf von
- Fiche: *0708*
  Az 1: 0J 4/44g Rs
  Az 2: 1L 229/44
- Fiche: *0708*
  Az 1: 0J 5/44gRs, 0J 9/44gRs
  Az 2: 1L 301/44, 1L 309/44

Stauffenberg, Claus Schenk Graf von
- Fiche: *0441*
  Az 1: 0J 3/44g Rs
  Az 2: 1L 292/44
- Fiche: *0441*
  Az 1: 0J 7/44g Rs
  Az 2: 1L 454/44
- Fiche: *0481*
  Az 1: 0J 21/44g Rs, 0J 38/44/g Rs
  Az 2: 1L 439/44, 1L 397/44
- Fiche: *0515*
  Az 1: 0J 12/44g Rs
  Az 2: 1L 321/44
- Fiche: *0625 f.*
  Az 1: 0J 17/44gRs
  Az 2: 1L 316/44
- Fiche: *0708*
  Az 1: 0J 4/44g Rs
  Az 2: 1L 229/44
- Fiche: *0708*
  Az 1: 0J 5/44gRs, 0J 9/44gRs
  Az 2: 1L 301/44, 1L 309/44
- Fiche: *0708*
  Az 1: 0J 14/45g Rs
  Az 2: 2L 76/45

Stauffenberg, von
- Fiche: *0442/0708*
  Az 1: 0J 18/44g Rs
  Az 2: 1L 336/44
- Fiche: *0455*
  Az 1: o.Az
- Fiche: *0697 f.*
  Az 1: StPL (RKA) III 317/44
  Az 2: StPL 3. Sen. 7/45
- Fiche: *0698*
  Az 1: StPL (RKA) III 318/44
  Az 2: StPL 3. Sen. 118/44

Stawicka, Felix
- Fiche: *0633 f.*
  Az 1: 9J 267/37
  Az 2: 2H 46/37

Stawicki
- Fiche: *0615 ff.*
  Az 1: 15J 86/33
  Az 2: XII H 42/33

Staziwa, Franz (A)
- Fiche: *0227 f.*
  Az 1: 13J 2/34
  Az 2: 1H 10/35

Steber, Franz (A)
- Fiche: *0247 f./0445*
  Az 1: 8J 72/36
  Az 2: 2H 7/37

Stecher, Walter
- Fiche: *0403 f.*
  Az 1: 8J 7/41g
  Az 2: 2H 166/43
- Fiche: *0580/0624 f.*
  Az 1: 8J 200/41
  Az 2: 2H 6/44

Stolze, Gerda
- Fiche: *0104*
  Az 1: 17J 321/37
  Az 2: 1H 33/37

Stommel, Helene
- Fiche: *0641 f.*
  Az 1: 9J 70/42g
  Az 2: 2H 157/43

Stopp
- Fiche: *0394 f.*
  Az 1: 14J 480/37g
  Az 2: 1L 18/38

Stopp, Helmut (A)
- Fiche: *0608 ff.*
  Az 1: 15J 179/33
  Az 2: XII H 17/34

Stoppacher, Franz (A)
- Fiche: *0419 f./0650*
  Az 1: 7(8)J 208/43, 7J 258/43, 7J 80/44
  Az 2: 5H 58/44, 5H 53/44, 5H 60/44

Storan
- Fiche: *0103 f.*
  Az 1: 17J 416/36
  Az 2: 2H 32/37

Storch
- Fiche: *0106*
  Az 1: 17J 414/36
  Az 2: 2H 36/37
- Fiche: *0183*
  Az 1: 5J 45/41
  Az 2: 2H 27/42
- Fiche: *0598 ff.*
  Az 1: 9J 479/35
  Az 2: 2H 14/36

Storch, Alfred
- Fiche: *0027 f.*
  Az 1: 16J 642/34
  Az 2: 1H 12/35

Storch, Rudolf
- Fiche: *0027 f.*
  Az 1: 16J 642/34
  Az 2: 1H 12/35

Stoss, Emil
- Fiche: *0029*
  Az 1: 17J 98/34
  Az 2: 1H 17/35

Stotter, Hermann (A)
- Fiche: *0496 f.*
  Az 1: 12J 97/40

Stotzingen, Fidelis von
- Fiche: *0697*
  Az 1: StPL (RKA) III 114/43

Stoye, Max
- Fiche: *0112*
  Az 1: 17J 391/36
  Az 2: 2H 56/37
- Fiche: *0685*
  Az 1: 9J 60/43
  Az 2: 2H 42/43

Stoye, Max (A)
- Fiche: *0544*
  Az 1: 10J 170/42
  Az 2: 2H 22/43

Straaten, Inge van der
- Fiche: *0065 f./0253*
  Az 1: 8J 22/36g
  Az 2: 2H 36/36

Strabel
- Fiche: *0038 f./0259 f.*
  Az 1: 16J 767/35
  Az 2: 2H 57/36

Strach, Josef
- Fiche: *0545*
  Az 1: 8J 222/43
  Az 2: 3L 13/44

Strache, Georg (A)
- Fiche: *0451*
  Az 1: 14J 290/33
  Az 2: 1H 34/34

Strachwitz-Strong
- Fiche: *0401 f.*
  Az 1: 8J 285/39g
  Az 2: 5H 108/43

Strack, Werner
- Fiche: *0693*
  Az 1: StPL (RKA) I 424/43
  Az 2: StPL 2. Sen. 4/44

Strack, Werner (A)
- Fiche: *0698*
  Az 1: StPL (RKA) I 424/43
  Az 2: StPL 2. Sen. 6/44

Strähnz, Otto
- Fiche: *0102 f.*
  Az 1: 17J 317/37
  Az 2: 1H 31/37

Strähnz, Otto (A)
- Fiche: *0103*
  Az 1: 17J 320/37
  Az 2: 1H 32/37

Sträter
- Fiche: *0598*
  Az 1: 15J 618/33
  Az 2: 2H 26/34

Sträußl
- Fiche: *0403 f.*
  Az 1: 8J 7/41g
  Az 2: 2H 166/43
- Fiche: *0407 f.*
  Az 1: 7(8)J 199/41
  Az 2: 2H 3/44

Straganz, Hermine
- Fiche: *0414 f.*
  Az 1: 10(9)J 819/43g
  Az 2: 6H 28/44

Strahl
- Fiche: *0079 f.*
  Az 1: 17J 267/35
  Az 2: 1H 63/36

Strahler
- Fiche: *0147*
  Az 1: 11J 196/38g
  Az 2: 1H 35/39

Straka
- Fiche: *0403 f.*
  Az 1: 8J 7/41g
  Az 2: 2H 166/43

Stramma, Gustav (A)
- Fiche: *0734 f.*
  Az 1: 9J 33/45 g
  Az 2: 6 Sg 66/45

Stramma, Luise (A)
- Fiche: *0734 f.*
  Az 1: 9J 33/45 g
  Az 2: 6 Sg 66/45

Strangfeld
- Fiche: *0698*
  Az 1: StPL (RKA) II 379/41
  Az 2: StPL (HLS) II 149/41

Stransky
- Fiche: *0417*
  Az 1: 11J 28/44
  Az 2: 6L 34/44

Stranzl
- Fiche: *0703 f.*
  Az 1: 11J 390/39

Strassanowa (Frau)
- Fiche: *0558*
  Az 1: 9J 278/41g
  Az 2: 2H 133/41

Straßburger
- Fiche: *0036/0230 f.*
  Az 1: 8J 306/35
  Az 2: 2H 30/35

Strassegger, Klement (A)
- Fiche: *0410*
  Az 1: 11J 52/44
  Az 2: 6H 13/44

Straßegger, Klement (A)
- Fiche: *0406*
  Az 1: 7J 462/43
  Az 2: 6H 218/43

Strasser
- Fiche: *0339/0649*
  Az 1: 6J 78/42g
  Az 2: 2H 156/42
- Fiche: *0339/0649 0721*
  Az 1: 6J 7/43g
  Az 2: 6H 5/43
- Fiche: *0403*
  Az 1: 7J 516/43
  Az 2: 5H 157/43
- Fiche: *0581 f./0647*
  Az 1: 8J 95/41g
  Az 2: 2H 167/43

Strasser (Frau)
- Fiche: *0585 f.*
  Az 1: 8J 160/38
  Az 2: 2H 73/38

Strasser, Edith
- Fiche: *0403 f.*
  Az 1: 8J 7/41g
  Az 2: 2H 166/43

Strasser, Ferdinand (A)
- Fiche: *0335*
  Az 1: 6J 165/41g
  Az 2: 2H 43/42

Straßer (Frau)
- Fiche: *0137/0711 f.*
  Az 1: 8J 367/38
  Az 2: 2H 4/39
- Fiche: *0149 f.*
  Az 1: 8J 23/39
  Az 2: 1H 39/39

Strasser, Georg
- Fiche: *0515 f.*
  Az 1: 8J 44/39
  Az 2: 1H 24/39
- Fiche: *0585 f.*
  Az 1: 8J 160/38
  Az 2: 2H 73/38

Strasser, Gregor
- Fiche: *0222*
  Az 1: 8J 381/34
  Az 2: 1H 45/34
- Fiche: *0642*
  Az 1: 8J 144/38
  Az 2: 1H 16/38

Straßer, Hannelore
- Fiche: *0149 f.*
  Az 1: 8J 23/39
  Az 2: 1H 39/39

Strasser, Johann
- Fiche: *0459*
  Az 1: 7J 44/43
  Az 2: 6H 99/43

Strasser, Johann (A)
- Fiche: *0383 f./0650*
  Az 1: 7J 205/43
  Az 2: 6H 100/43

Strasser, Leopold
- Fiche: *0335 f.*
  Az 1: 6J 165/41g
  Az 2: 2H 42/42
- Fiche: *0364/0736*
  Az 1: 7J 109/43, 6(7)J 108/43
  Az 2: 5H 28/44, *H 35/44

Straßer, Otto
- Fiche: *0025 ff./0253*
  Az 1: 8J 427/34, 8J 6/35
  Az 2: 1H 9/35
- Fiche: *0036/0230 f.*
  Az 1: 8J 306/35
  Az 2: 2H 30/35
- Fiche: *0037*
  Az 1: 8J 228/35
  Az 2: 1H 36/35
- Fiche: *0041 f./0238*
  Az 1: 8J 206/35
  Az 2: 2H 49/35
- Fiche: *0050 f.*
  Az 1: 8J 164/35
  Az 2: 1H 5/36
- Fiche: *0062 f.*
  Az 1: 8J 17/36
  Az 2: 1H 29/36
- Fiche: *0064*
  Az 1: 8J 360/34
  Az 2: 1H 31/36
- Fiche: *0074*
  Az 1: 8J 135/36
  Az 2: 1H 55/36
- Fiche: *0089 f.*
  Az 1: 8J 31/37g.Rs.
  Az 2: 2H 9/37

Taussig, Jarmila
- Fiche: *0346 f.*
Az 1: 7J 278/42
Az 2: 2H 246/42

Taxis, Vistallo
- Fiche: *0420 f.*
Az 1: 7(8)J 172/43g
Az 2: 5H 59/44

Tech
- Fiche: *0531*
Az 1: 10J 40/42
Az 2: 2H 228/42

Tech, Otto
- Fiche: *0058 f.*
Az 1: 17J 129/35
Az 2: 1H 21,22/36

Teege
- Fiche: *0502*
Az 1: 10J 54/41
Az 2: 2H 52/41
- Fiche: *0537 f.*
Az 1: 9J 236/41g
Az 2: 5H 75/42
- Fiche: *0628*
Az 1: 9J 50/42g
Az 2: 2H 60/42

Tefke, Johann
- Fiche: *0509*
Az 1: 9J 710/35
Az 2: 2H 42/35

Tegethoff, Paul (A)
- Fiche: *0442*
Az 1: 8J 23/38g Rs
Az 2: 1H 20/38

Teichert
- Fiche: *0028 f./0679*
Az 1: 15J 648/33
Az 2: 1H 14/35
- Fiche: *0248/0447*
Az 1: 14J 380/36
Az 2: 2H 8/37
- Fiche: *0691 f.*
Az 1: 8J 274/38, 8J 321/38
Az 2: 1H 27/38, 1H 28/38

Teichert, Gertrud
- Fiche: *0492*
Az 1: 10J 66/40
Az 2: 2H 114/40
- Fiche: *0563 f.*
Az 1: 10J 68/40
Az 2: 2H 109/40

Teichert, Willi
- Fiche: *0067*
Az 1: 8J 296/35g
Az 2: 2H 38/36

Teichgräber
- Fiche: *0141/0273*
Az 1: 6J 277/38g
Az 2: 1H 14/39
- Fiche: *0145/0285 f.*
Az 1: 5J 102/39
Az 2: 1H 27/39

Teichgräber (Frau)
- Fiche: *0145/0285 f.*
Az 1: 5J 102/39
Az 2: 1H 27/39

Teichgräber, Richard
- Fiche: *0552 f.*
Az 1: 8J 10/35
Az 2: 2H 34/35

Teichgräber, Richard (A)
- Fiche: *0099 f.*
Az 1: 14J 301/37
Az 2: 1H 27/37

Teichmann
- Fiche: *0649*
Az 1: 7J 11/43
Az 2: 5H 22/43

Teichmüller, Rudolf (A)
- Fiche: *0723*
Az 1: 6J 105/43
Az 2: BS 13/43

Teigeler, Wilhelm
- Fiche: *0507 f.*
Az 1: 14J 26/34
Az 2: 2H 29/35

Telfner, Ludwig
- Fiche: *0437*
Az 1: 6J 199/44
Az 2: 5H 20/45
- Fiche: *0437*
Az 1: 6J 198,199/44
Az 2: 5H 19,20/45
- Fiche: *0437*
Az 1: 6J 197/44, 6J 196/44
Az 2: 5H 17,18/45

Telfner, Ludwig (A)
- Fiche: *0437/0680*
Az 1: 7J 6/45
Az 2: 5H 25/45

Telge, Erich
- Fiche: *0010 f.*
Az 1: 17J 232/33
Az 2: 2H 14/34

Tellgmann, Eugen
- Fiche: *0151*
Az 1: 8J 13/39
Az 2: 2H 44/39

Tembergen, Dietrich (A)
- Fiche: *0442*
Az 1: 8J 385/42g
Az 2: 1H 328/42

Temel
- Fiche: *0437*
Az 1: 6J 198,199/44
Az 2: 5H 19,20/45
- Fiche: *0437/0680*
Az 1: 7J 6/45
Az 2: 5H 25/45

Temer, Rudolf (A)
- Fiche: *0571*
Az 1: 11(10)J 1241/43
Az 2: 1H 59/44

Temlitz, Gertrud
- Fiche: *0207*
Az 1: 8J 188/44g
Az 2: 1H 285/44
- Fiche: *0209*
Az 1: 9J 230/44
- Fiche: *0639*
Az 1: 8J 187/44
Az 2: 1H 272/44

Temlitz, Gertrud (A)
- Fiche: *0200*
Az 1: 8J 177/44g
Az 2: 1H 219/44

Tempel
- Fiche: *0108*
Az 1: 8J 358/37g
Az 2: 1H 40/37

Tempel, Martin
- Fiche: *0140/0683*
Az 1: 16J 703/35, 6J 17/39g
Az 2: 2H 12/39

Templin
- Fiche: *0021/0461 f.*
Az 1: 9aJ 44/34
Az 2: 2H 1/35

Templin, Walter
- Fiche: *0013*
Az 1: 13J 279/33
Az 2: 2H 19/34

Tendt
- Fiche: *0621 f.*
Az 1: 15J 241/33
Az 2: XII H 57/33

Tengler
- Fiche: *0693*
Az 1: StPL (RKA) II 66/44
Az 2: StPL 1. Sen. 15/44

Tenn
- Fiche: *0435*
Az 1: 10J 286/44
Az 2: 6H 251/44

Tennert, Walter (A)
- Fiche: *0028 f./0679*
Az 1: 15J 648/33
Az 2: 1H 14/35

Tennigkeit, Richard
- Fiche: *0604 f.*
Az 1: 10J 317/38
Az 2: 2H 23/39
- Fiche: *0692*
Az 1: StPL (RKA) II 242/38
Az 2: StPL (HLS) IV 21/41

Terboven
- Fiche: *0602 f.*
Az 1: 9J 414/39
Az 2: 2H 83/41

Terkola, Ernst
- Fiche: *0373/0520*
Az 1: 7J 192/43
Az 2: 5H 83/43

Terkola, Ernst (A)
- Fiche: *0374/0576*
Az 1: 7J 303/43
Az 2: 5H 80/43

Teroschenko
- Fiche: *0575*
Az 1: 7J 100/44
Az 2: 5H 69/44

Terring
- Fiche: *0601 f.*
Az 1: 8J 206/37g
Az 2: 2H 4/38

Tertocha
- Fiche: *0460 f.*
Az 1: 17J 109/37, 9J 142/37
Az 2: 2H 44,47/37

Terve, Jean
- Fiche: *0558*
Az 1: 9J 278/41g
Az 2: 2H 133/41

Terwiel, Mimi
- Fiche: *0692*
Az 1: StPL (RKA) III 525/42
Az 2: StPL (HLS) II 4/43

Tesar, Jarolin
- Fiche: *0297 f.*
Az 1: 7J 307/43
Az 2: 5H 93/43
- Fiche: *0366 f.*
Az 1: 7J 653/42
Az 2: 5H 34/43
- Fiche: *0372/0520*
Az 1: 7J 308/43
Az 2: 5H 92/43
- Fiche: *0373*
Az 1: 7J 306/43
Az 2: 5H 89/43
- Fiche: *0373*
Az 1: 7J 304/43, 7J 326/43
Az 2: 5H 91/43, 5H 88/43
- Fiche: *0374/0576*
Az 1: 7J 303/43
Az 2: 5H 80/43
- Fiche: *0576*
Az 1: 7J 352/43
Az 2: 5H 90/43

Tesar, Jarolin (A)
- Fiche: *0373/0520*
Az 1: 7J 192/43
Az 2: 5H 83/43

Tesarik, Franz (A)
- Fiche: *0349 f.*
Az 1: 7J 95/42
Az 2: 5H 96/42

Tesarik, Wilhelmine
- Fiche: *0328 f./0342*
Az 1: 7J 219/42
Az 2: 2H 167/42
- Fiche: *0342/0343*
Az 1: 7J 221/42
Az 2: 2H 172/42

Tesarik, Wilhelmine (A)
- Fiche: *0326/0649 f.*
Az 1: 7J 220/42
Az 2: 2H 170/42

Tesch
- Fiche: *0038 f./0259 f.*
Az 1: 16J 767/35
Az 2: 2H 57/36
- Fiche: *0513*
Az 1: 15J 302/34, 15J 107/35
Az 2: 1H 18/35, 1H 21/35

Thannhoffer, von
- Fiche: *0403 f.*
  Az 1: 8J 7/41g
  Az 2: 2H 166/43

Theel
- Fiche: *0615 ff.*
  Az 1: 15J 86/33
  Az 2: XII H 42/33

Thees, Johannes
- Fiche: *0014/0218 f.*
  Az 1: 17J 689/33
  Az 2: 1H 21/34

Theil, Johanna
- Fiche: *0479/0739*
  Az 1: 12(10)J 47/39
  Az 2: 1H 33/40

Theil, Robert (A)
- Fiche: *0076 f.*
  Az 1: 8J 427/35g
  Az 2: 1H 59/60/61/36

Theileis, Theileis
- Fiche: *0237*
  Az 1: 8J 292/35
  Az 2: 1H 49/35

Theinert, Josef
- Fiche: *0154*
  Az 1: 6J 19/39g
  Az 2: 2H 53/39

Theis, August
- Fiche: *0118*
  Az 1: 7J 82/38
  Az 2: 1H 12/38

Theis, Herbert
- Fiche: *0450/0623 f.*
  Az 1: 17J 451/37
  Az 2: 2H 59/38
- Fiche: *0540 f.*
  Az 1: 10J 223/38
  Az 2: 2H 64/38

Theis, Herbert (A)
- Fiche: *0560*
  Az 1: 10J 222/38
  Az 2: 2H 69/38

Theischinger (A)
- Fiche: *0717*
  Az 1: StPL (RKA) 3 281/43

Theischinger, Michael
- Fiche: *0717*
  Az 1: StPL (RKA) 3 281/43

Theischinger, Therese
- Fiche: *0717*
  Az 1: StPL (RKA) 3 281/43

Theisl, Johann
- Fiche: *0409*
  Az 1: 11J 51/44
  Az 2: 6H 12/44

Theisl, Johann (A)
- Fiche: *0406*
  Az 1: 7J 462/43
  Az 2: 6H 218/43
- Fiche: *0408*
  Az 1: 11J 50/44
  Az 2: 6H 11/44

Theiss
- Fiche: *0107 f.*
  Az 1: 8J 232/36g
  Az 2: 2H 39/37

Theiß, Max
- Fiche: *0030 f./0229 f.*
  Az 1: 13J 265/33
  Az 2: 2H 21/35

Theiss, Max (A)
- Fiche: *0003 f.*
  Az 1: 13J 286/33
  Az 2: 2H 4/34

Theißl, Johann
- Fiche: *0424*
  Az 1: 6(7)J 487/43
  Az 2: 3L 77/44

Thenergarten, Fritz
- Fiche: *0272*
  Az 1: 16J 225/37
  Az 2: 2H 60/37

Thennert, Moritz
- Fiche: *0134*
  Az 1: 7J 344/38
  Az 2: 2H 78/38
- Fiche: *0136*
  Az 1: 7J 346/38
  Az 2: 2H 95/38

Theopil, Emil
- Fiche: *0266*
  Az 1: 8J 403/35g

Ther, Johann
- Fiche: *0157 f.*
  Az 1: 11J 195/38
  Az 2: 1H 37/39

Thesen, Matthias
- Fiche: *0020*
  Az 1: 17J 170/34
  Az 2: 1H 42/34
- Fiche: *0021 f.*
  Az 1: 17J 397/33
  Az 2: 1H 3/35
- Fiche: *0311 f.*
  Az 1: 14a/8J 510/29
  Az 2: 1H 18/34
- Fiche: *0635 f.*
  Az 1: 10J 123/41
  Az 2: 2H 115/41

Thesen, Matthias (A)
- Fiche: *0021/0461 f.*
  Az 1: 9aJ 44/34
  Az 2: 2H 1/35

Theuer, Paul
- Fiche: *0671 f.*
  Az 1: 15J 385/34
  Az 2: 1H 11/36

Theuergarten, Gustav (A)
- Fiche: *0666*
  Az 1: 15J 147/33
  Az 2: XV H 40/33

Theuermann, Anna
- Fiche: *0416*
  Az 1: 6(7)J 518/43
  Az 2: 5H 31/44

Theugarten, Otto
- Fiche: *0666*
  Az 1: 15J 147/33
  Az 2: XV H 40/33

Theuner, Arthur (A)
- Fiche: *0194 f.*
  Az 1: 11(10)J 619/43
  Az 2: 2H 168/44

Theunert, Moritz
- Fiche: *0284 f.*
  Az 1: 7J 352/38
  Az 2: 2H 3/39

Thews, Wilhelm
- Fiche: *0105*
  Az 1: 17J 444/36
  Az 2: 2H 35/37

Thews, Wilhelm (A)
- Fiche: *0530 f.*
  Az 1: 10J 62/42
  Az 2: 1H 219/42

Thiede, Albert
- Fiche: *0471*
  Az 1: 8J 395/42g
  Az 2: 2H 336/42

Thiede, Frieda
- Fiche: *0075/0258*
  Az 1: 17J 70/36
  Az 2: 1H 57/36

Thiede, Meta
- Fiche: *0471*
  Az 1: 8J 395/42g
  Az 2: 2H 336/42

Thiede, Richard
- Fiche: *0114*
  Az 1: 16J 843/37
  Az 2: 2H 1/38
- Fiche: *0114*
  Az 1: 16J 840/37
  Az 2: 2H 2/38
- Fiche: *0115*
  Az 1: 16J 577/37
  Az 2: 2H 3/38
- Fiche: *0116*
  Az 1: 5J 32/38
  Az 2: 2H 7/38
- Fiche: *0271 f.*
  Az 1: 16J 576/37
  Az 2: 2H 59/37
- Fiche: *0543*
  Az 1: 5J 54/38
  Az 2: 1H 22/38
- Fiche: *0633 f.*
  Az 1: 9J 267/37
  Az 2: 2H 46/37

Thiede, Richard (A)
- Fiche: *0272*
  Az 1: 16J 225/37
  Az 2: 2H 60/37

Thiel
- Fiche: *0201/0434*
  Az 1: 8J 181/44g
  Az 2: 1H 227/44
- Fiche: *0693*
  Az 1: StPL (RKA) III 525/42
  Az 2: StPL 2. Sen. 100/43
- Fiche: *0714*
  Az 1: StPL (RKA) III 530/42
  Az 2: StPL (HLS) II 12/43

Thiel (Frau)
- Fiche: *0099 f.*
  Az 1: 14J 301/37
  Az 2: 1H 27/37
- Fiche: *0693*
  Az 1: StPL (RKA) III 525/42
  Az 2: StPL 2. Sen. 100/43

Thiel, Emma
- Fiche: *0398/0399*
  Az 1: 6J 127/40g
  Az 2: 3L 99/40

Thiel, Franz
- Fiche: *0161 f./0562*
  Az 1: 9J 370/39g
  Az 2: 2H 53/40

Thiel, Franz (A)
- Fiche: *0592*
  Az 1: 9J 423/39g
  Az 2: 2H 63/40

Thiel, Friedrich
- Fiche: *0057 f.*
  Az 1: 14J 106/36
  Az 2: 2H 19/36

Thiel, Friedrich (A)
- Fiche: *0044*
  Az 1: 9J 951/35
  Az 2: 2H 54/35

Thiel, Fritz
- Fiche: *0706*
  Az 1: StPL (RKA) III 191/43
  Az 2: StPL (HLS) II 50/43
- Fiche: *0706*
  Az 1: StPL (RKA) 188/43
  Az 2: StPL (HLS) II 48/43

Thiel, Fritz (A)
- Fiche: *0692*
  Az 1: StPL (RKA) III 525/42
  Az 2: StPL (HLS) II 4/43

Thiel, Hannelore
- Fiche: *0706*
  Az 1: StPL (RKA) 188/43
  Az 2: StPL (HLS) II 48/43

Thiel, Hannelore (A)
- Fiche: *0692*
  Az 1: StPL (RKA) III 525/42
  Az 2: StPL (HLS) II 4/43

Thiel, Hans
- Fiche: *0259/0676*
  Az 1: 16J 534/35
  Az 2: 2H 57/35
- Fiche: *0329/0339*
  Az 1: 7J 283/42, 7J 288/42
  Az 2: 5H 146/42

Tittel
- Fiche: *0126*
  Az 1: 17J 414/37
  Az 2: 2H 26/38

Tittel, Erich
- Fiche: *0046 f.*
  Az 1: 8J 61/35
  Az 2: 1H 64/35

Titze, Richard
- Fiche: *0097 f.*
  Az 1: 17J 28/36
  Az 2: 2H 24/37

Tobai
- Fiche: *0700*
  Az 1: 8J 99/44
  Az 2: 2H 165/44

Tobisch, Wilhelm
- Fiche: *0351 f.*
  Az 1: 7J 491/42
  Az 2: 6H 26/42
- Fiche: *0459*
  Az 1: 7J 489/42
  Az 2: 6H 29/42

Tobisch, Wilhelm (A)
- Fiche: *0351*
  Az 1: 7J 490/42
  Az 2: 6H 30/42

Tobisker
- Fiche: *0425*
  Az 1: 7J 137/44
  Az 2: 5H 81/44

Tobyasz, Jakob (A)
- Fiche: *0657*
  Az 1: 8J 564/33
  Az 2: XV H 1/34

Tockel, Hoe
- Fiche: *0702 f.*
  Az 1: 17J 97/37
  Az 2: 2H 19/37

Tod, Karl (A)
- Fiche: *0425 f.*
  Az 1: 6J 93/44
  Az 2: 5H 88/44

Tod, Leopold
- Fiche: *0425 f.*
  Az 1: 6J 93/44
  Az 2: 5H 88/44

Toder, Johann
- Fiche: *0512*
  Az 1: 6J 44/42g

Todt
- Fiche: *0126*
  Az 1: 7J 106/38
  Az 2: 2H 27/38
- Fiche: *0127*
  Az 1: 7J 96/38
  Az 2: 2H 29/38

Todt, Anton
- Fiche: *0522*
  Az 1: 6J 43/42
  Az 2: 2H 120/42

Todt, Leopold
- Fiche: *0331*
  Az 1: 6J 18/42g
  Az 2: 2H 121/42

Todt, Max
- Fiche: *0439*
  Az 1: 7J 104/38
  Az 2: 2H 13/38

Töckel, Ilse
- Fiche: *0081/0471*
  Az 1: 15J 544/36
  Az 2: 2H 64/36

Töglhofer, Johann
- Fiche: *0308*
  Az 1: 6J 103/40g
  Az 2: 2H 115/40

Töglhofer, Johann (A)
- Fiche: *0309 f.*
  Az 1: 6J 103/40g
  Az 2: 2H 116/40

Toelle
- Fiche: *0075 f.*
  Az 1: 17J 300/34
  Az 2: 2H 58/36

Töns, Bernhard
- Fiche: *0201/0434*
  Az 1: 9J 127/44
  Az 2: 2H 228/44

Toepert, Elsa
- Fiche: *0128 f.*
  Az 1: 5J 285/38
  Az 2: 1H 36/38
- Fiche: *0276 f.*
  Az 1: 5J 284/38
  Az 2: 1H 34/38

Toepert, Fritz
- Fiche: *0128*
  Az 1: 5J 317/38
  Az 2: 1H 35/38
- Fiche: *0128 f.*
  Az 1: 5J 285/38
  Az 2: 1H 36/38

Toepert, Fritz (A)
- Fiche: *0276 f.*
  Az 1: 5J 284/38
  Az 2: 1H 34/38

Töpfer
- Fiche: *0481 f./0557 f.*
  Az 1: 8J 214/37
  Az 2: 1H 31/38

Töpfer, Elly (A)
- Fiche: *0269/0718*
  Az 1: 16J 736/36
  Az 2: 2H 43/37

Töpfer, Kurt
- Fiche: *0077 f./0239*
  Az 1: 8J 421/35g
  Az 2: 2H 60/36

Töpfer, Max
- Fiche: *0613*
  Az 1: 8/16J 548/32
  Az 2: XII H 39/33

Töpfer, Max (A)
- Fiche: *0608 ff.*
  Az 1: 15J 179/33
  Az 2: XII H 17/34

Töpfer, Max jr. (A)
- Fiche: *0608 ff.*
  Az 1: 15J 179/33
  Az 2: XII H 17/34

Töpfer, Wilhelm (A)
- Fiche: *0025 ff./0253*
  Az 1: 8J 427/34, 8J 6/35
  Az 2: 1H 9/35

Töwe, Otto (A)
- Fiche: *0287*
  Az 1: 11J 311/39
  Az 2: 2H 56/39

Tokarz
- Fiche: *0303 f.*
  Az 1: 17J 43/37
  Az 2: 1H 7/38

Tolkewitz
- Fiche: *0506 f.*
  Az 1: 15J 183/34
  Az 2: 2H 15/35

Toller
- Fiche: *0303 f.*
  Az 1: 17J 43/37
  Az 2: 1H 7/38
- Fiche: *0630 f.*
  Az 1: 5J 174/39
  Az 2: 2H 51/39
- Fiche: *0639*
  Az 1: 10J 87/41
  Az 2: 2H 192/42

Toller, Paul
- Fiche: *0073/0256 f.*
  Az 1: 5J 592/35g
  Az 2: 1H 52/36

Toller, Wolfgang
- Fiche: *0094/0264 f.*
  Az 1: 17J 439/36
  Az 2: 2H 21/37
- Fiche: *0103 f.*
  Az 1: 17J 416/36
  Az 2: 2H 32/37
- Fiche: *0105*
  Az 1: 17J 444/36
  Az 2: 2H 35/37

Toller, Wolfgang (A)
- Fiche: *0106*
  Az 1: 17J 414/36
  Az 2: 2H 36/37

Tollkamp
- Fiche: *0511 f.*
  Az 1: 9J 125/39g
  Az 2: 2H 45/39

Tolnay, Anton (A)
- Fiche: *0413/0520*
  Az 1: 6(7)J 517/43
  Az 2: 5H 180/42

Tolnay, Emilie (A)
- Fiche: *0413/0520*
  Az 1: 6(7)J 517/43
  Az 2: 5H 180/42
- Fiche: *0520*
  Az 1: 6(7)J 517/43
  Az 2: 5H 20/44

Tolski, Karl
- Fiche: *0144*
  Az 1: 5J 199/39
  Az 2: 1H 26/39

Tolzmann
- Fiche: *0619*
  Az 1: 14J 33/33
  Az 2: XII H 36/33

Tom
- Fiche: *0004 f.*
  Az 1: 13J 98/33
  Az 2: 1H 7/34

Tom, Käthe
- Fiche: *0090*
  Az 1: 17J 187/36
  Az 2: 2H 31/37

Toman
- Fiche: *0414 f.*
  Az 1: 10(9)J 819/43g
  Az 2: 6H 28/44

Tomanek
- Fiche: *0353*
  Az 1: 7J 388/42
  Az 2: 6H 11/42

Tomann
- Fiche: *0326*
  Az 1: 7J 199/42
  Az 2: 2H 169/42

Tomaschek
- Fiche: *0327*
  Az 1: 7J 181/42
  Az 2: 2H 158/42
- Fiche: *0338*
  Az 1: 7J 193/42
  Az 2: 2H 207/42
- Fiche: *0338*
  Az 1: 7J 272/42
  Az 2: 2H 206/42
- Fiche: *0403 f.*
  Az 1: 8J 7/41g
  Az 2: 2H 166/43
- Fiche: *0582*
  Az 1: 7J 113/42
  Az 2: 2H 132/42

Tomaschek, Eduard von (A)
- Fiche: *0409*
  Az 1: 8J 376/40g, 8J 393/40g
  Az 2: 5H 111/43, 5H 141/43
- Fiche: *0646*
  Az 1: 8J 393/40g

Tomaschek, Franz
- Fiche: *0580/0624 f.*
  Az 1: 8J 200/41
  Az 2: 2H 6/44

Tomaschek, Johann
- Fiche: *0580/0624 f.*
  Az 1: 8J 200/41
  Az 2: 2H 6/44

Tomaschek, Leopold
- Fiche: *0346*
  Az 1: 7J 390/42
  Az 2: 2H 253/42

Träder, Frieda
- Fiche: *0058 f.*
  Az 1: 17J 129/35
  Az 2: 1H 21,22/36

Träger, Eva
- Fiche: *0084 f.*
  Az 1: 8J 430/35g
  Az 2: 1H 3/37

Träm, Emil
- Fiche: *0072*
  Az 1: 14J 220/36
  Az 2: 2H 48/36

Trändle
- Fiche: *0620 f.*
  Az 1: 15J 70/33
  Az 2: XII H 59/33

Träubl, Johann
- Fiche: *0446*
  Az 1: 7J 186/43
  Az 2: 1H 163/43

Traiser, Heinrich
- Fiche: *0568*
  Az 1: 9J 173/42
  Az 2: 2H 267/42

Trajkovic, Nikolaus (A)
- Fiche: *0403*
  Az 1: 7J 516/43
  Az 2: 5H 157/43

Tranden, Matthias
- Fiche: *0567*
  Az 1: 10J 245/40
  Az 2: 2H 100/41

Trans, Karl
- Fiche: *0016 f.*
  Az 1: 14a/8J 1547/31
  Az 2: 1H 27/34

Trapp
- Fiche: *0577*
  Az 1: 11J 118/44
  Az 2: 2H 160/44

Trapp, Josef (A)
- Fiche: *0323 ff.*
  Az 1: 7J 174/40
  Az 2: 2H 132/41

Trappl, Rupert
- Fiche: *0349*
  Az 1: 6J 46/42g
  Az 2: 5H 93/42

Trattler, Arthur
- Fiche: *0419 f./0650*
  Az 1: 7(8)J 208/43, 7J 258/43, 7J 80/44
  Az 2: 5H 58/44, 5H 53/44, 5H 60/44

Trattler, Arthur (A)
- Fiche: *0426*
  Az 1: 7J 118/44
  Az 2: 5H 93/44

Traubenberger, Johann
- Fiche: *0004 f.*
  Az 1: 13J 98/33
  Az 2: 1H 7/34

Traussnig, Alois
- Fiche: *0717*
  Az 1: 6J 144/41g

Traut, Ferdinand
- Fiche: *0010/0217 f.*
  Az 1: 17J 331/33
  Az 2: 2H 13/34

Traut, Richard
- Fiche: *0679 f./0713*
  Az 1: 10(9)J 777/43g
  Az 2: 5H 38/44, 5H 43/44

Trautmann (Frau)
- Fiche: *0127/0623*
  Az 1: 8J 419/37g
  Az 2: 2H 33/38

Trautmann, Franz
- Fiche: *0703 f.*
  Az 1: 11J 390/39

Trautmann, Henry
- Fiche: *0561 f.*
  Az 1: 8J 261/41g
  Az 2: 1H 237/42

Trautmannsdorf, Graf
- Fiche: *0240*
  Az 1: 8J 305/35
  Az 2: 1H 67/35
- Fiche: *0646*
  Az 1: 8J 393/40g
  Az 2:
- Fiche: *0686 f.*
  Az 1: 8J 257/41
  Az 2: 2H 19/42

Trautsch
- Fiche: *0316*
  Az 1: 16J 251/36
  Az 2: 1H 45/36

Trautzsch, Walter
- Fiche: *0088*
  Az 1: 8J 211/36
  Az 2: 2H 6/37

Treber, Adam
- Fiche: *0038 f./0259 f.*
  Az 1: 16J 767/35
  Az 2: 2H 57/36

Treck, Horst von
- Fiche: *0535*
  Az 1: 8J 127/42g
  Az 2: 2H 141/42

Treczoks, Ernst
- Fiche: *0133*
  Az 1: 6J 37/38
  Az 2: 2H 74/38

Treder, Max (A)
- Fiche: *0075*
  Az 1: 17J 357/36
  Az 2: 2H 56/36

Treffler, Rudolf
- Fiche: *0696 f.*
  Az 1: StPL (RKA) III 657/41
  Az 2: StPL (HLS) III 16/42

Treffler, Rudolf (A)
- Fiche: *0353*
  Az 1: 7J 388/42
  Az 2: 6H 11/42

Trefzer, Flora (A)
- Fiche: *0579*
  Az 1: 6J 16/43g
  Az 2: 1H 99/43

Treibenbach
- Fiche: *0330*
  Az 1: 7J 44/42
  Az 2: 2H 331/42

Treiber
- Fiche: *0448*
  Az 1: 17J 225/37
  Az 2: 2H 48/37

Treiber, Alois
- Fiche: *0319 f.*
  Az 1: 6J 124/40g
  Az 2: 2H 10/41
- Fiche: *0322/0521 f.*
  Az 1: 6J 145/40
  Az 2: 2H 32/41
- Fiche: *0323*
  Az 1: 6J 28/41g
  Az 2: 2H 129/41
- Fiche: *0338*
  Az 1: 7J 193/42
  Az 2: 2H 207/42
- Fiche: *0717*
  Az 1: 6J 144/41g

Treiber, Alois (A)
- Fiche: *0320 f./0388*
  Az 1: 6J 144/40g
  Az 2: 2H 14/41

Treis, Robert
- Fiche: *0019*
  Az 1: 17J 617/33
  Az 2: 1H 37/34

Treitel
- Fiche: *0254*
  Az 1: 9J 332/36
  Az 2: 2H 40/36

Treitz von Bühlheim
- Fiche: *0686 f.*
  Az 1: 8J 257/41
  Az 2: 2H 19/42

Tremblay, Edouard
- Fiche: *0211*
  Az 1: 9J 157/44
  Az 2: 5H 45/45
- Fiche: *0562*
  Az 1: 8J 92/44
  Az 2: 1H 148/44

Tremmetsberger, Anton
- Fiche: *0353*
  Az 1: 7J 388/42
  Az 2: 6H 11/42

Trenkelbach
- Fiche: *0286 f.*
  Az 1: 8J 384/38g
  Az 2: 1H 32/39

Trenkle
- Fiche: *0561 f.*
  Az 1: 8J 261/41g
  Az 2: 1H 237/42

Treppesch, Franz (A)
- Fiche: *0577*
  Az 1: 11J 118/44
  Az 2: 2H 160/44

Trepte, Otto
- Fiche: *0160/0288f.*
  Az 1: 6J 224/39g
  Az 2: 2H 44/40

Tresckow, Henning von
- Fiche: *0455*
  Az 1: o.Az
- Fiche: *0625 f.*
  Az 1: 0J 17/44gRs
  Az 2: 1L 316/44
- Fiche: *0650*
  Az 1: 0J 26/44g Rs
  Az 2: 1L 349/44
- Fiche: *0697 f.*
  Az 1: StPL (RKA) III 317/44
  Az 2: StPL 3. Sen. 7/45
- Fiche: *0708*
  Az 1: 0J 5/44gRs, 0J 9/44gRs
  Az 2: 1L 301/44, 1L 309/44

Treske, Georg
- Fiche: *0134*
  Az 1: 7J 344/38
  Az 2: 2H 78/38

Trester, Willi (A)
- Fiche: *0205*
  Az 1: 11(10)J 1275/43
  Az 2: 2H 251/44

Trettan, Otto
- Fiche: *0010 f.*
  Az 1: 17J 232/33
  Az 2: 2H 14/34

Tretter
- Fiche: *0305 f.*
  Az 1: 6J 334/38
  Az 2: 1H 12/39

Trettler
- Fiche: *0293 f.*
  Az 1: 8J 521/41g
  Az 2: 2H 98/42

Treuherz
- Fiche: *0479 f.*
  Az 1: 7(8)J 108/43g

Treurniet, Arie (A)
- Fiche: *0291/0719*
  Az 1: 9J 237/40
  Az 2: 2H 17/42

Treusch, Valerie
- Fiche: *0533*
  Az 1: 8J 332/38
  Az 2: 1H 32/38

Treviranus, Alexander
- Fiche: *0479 f.*
  Az 1: 7(8)J 108/43g

Trevisan, Artur
- Fiche: *0043 f.*
  Az 1: 9J 702/35
  Az 2: 2H 53/35

Trummer, Matthias (A)
- Fiche: *0372*
  Az 1: 7J 217/43
  Az 2: 6H 92/43

Trutzkel
- Fiche: *0032 f.*
  Az 1: 13J 11/34
  Az 2: 1H 26/35

Tschabitscher, Leopold
- Fiche: *0366 f.*
  Az 1: 7J 653/42
  Az 2: 5H 34/43
- Fiche: *0373/0520*
  Az 1: 7J 192/43
  Az 2: 5H 83/43
- Fiche: *0374/0576*
  Az 1: 7J 303/43
  Az 2: 5H 80/43

Tschabitscher, Leopold (A)
- Fiche: *0373*
  Az 1: 7J 304/43, 7J 326/43
  Az 2: 5H 91/43, 5H 88/43

Tschäpe, Herbert
- Fiche: *0197/0466*
  Az 1: 8J 157/44
  Az 2: 1H 208/44
- Fiche: *0207*
  Az 1: 8J 188/44g
  Az 2: 1H 285/44
- Fiche: *0208/0672*
  Az 1: 8J 199/44
  Az 2: 1H 298/44
- Fiche: *0210/0579*
  Az 1: 9J 272/44
  Az 2: 1H 7/45
- Fiche: *0505/0740*
  Az 1: 8J 180/44g
  Az 2: 1H 231/44

Tschäpe, Herbert (A)
- Fiche: *0207/0689*
  Az 1: 8J 200/44g
  Az 2: 1H 286/44

Tschapek, Franz
- Fiche: *0298 f.*
  Az 1: 7J 370/43, 7J 398/43
  Az 2: 5H 118/43, 5H 119/43
- Fiche: *0526*
  Az 1: 7J 461/43

Tschapek (Frau)
- Fiche: *0298 f.*
  Az 1: 7J 370/43, 7J 398/43
  Az 2: 5H 118/43, 5H 119/43

Tschapek, Franz (A)
- Fiche: *0380*
  Az 1: 7J 450/43
  Az 2: 5H 152/43

Tschappek, Hermine
- Fiche: *0396/0704 f.*
  Az 1: 14J 522/37g
  Az 2: 1L 2/40

Tscharke
- Fiche: *0615 ff.*
  Az 1: 15J 86/33
  Az 2: XII H 42/33

Tscharniel, Gustav
- Fiche: *0102*
  Az 1: 17J 185/36
  Az 2: 1H 30/37

Tscharniel, Gustav (A)
- Fiche: *0109 f.*
  Az 1: 17J 264/36
  Az 2: 2H 45/37

Tschech, Georg
- Fiche: *0237*
  Az 1: 8J 292/35
  Az 2: 1H 49/35

Tschech, Georg (A)
- Fiche: *0233 f.*
  Az 1: 8J 291/35
  Az 2: 2H 36/35
- Fiche: *0390*
  Az 1: 8J 291/35
  Az 2: 2H 5/36

Tschentke
- Fiche: *0076*
  Az 1: 17J 27/36
  Az 2: 2H 59/36

Tschermack, Alexander
- Fiche: *0615 ff.*
  Az 1: 15J 86/33
  Az 2: XII H 42/33

Tscherner, Paul
- Fiche: *0233 f.*
  Az 1: 8J 291/35
  Az 2: 2H 36/35

Tschickert, Ernst
- Fiche: *0055 f./0390*
  Az 1: 8J 82/36g
  Az 2: 2H 13/36

Tschickert, Ernst (A)
- Fiche: *0077 f./0239*
  Az 1: 8J 421/35g
  Az 2: 2H 60/36

Tschida, Ludwig (A)
- Fiche: *0372*
  Az 1: 7J 308/43
  Az 2: 5H 92/43
- Fiche: *0372/0520*
  Az 1: 7J 308/43
  Az 2: 5H 92/43

Tschiedel
- Fiche: *0632 f.*
  Az 1: 6J 29/42g
  Az 2: 1H 139/43

Tschirne, Erna
- Fiche: *0022 f.*
  Az 1: 17J 193/34
  Az 2: 1H 4/35

Tschokl, Friedrich
- Fiche: *0327*
  Az 1: 7J 181/42
  Az 2: 2H 158/42

Tscholl, Maria
- Fiche: *0444*
  Az 1: 12J 33/40

Tsen, Julia
- Fiche: *0163*
  Az 1: 5J 142/40
  Az 2: 2H 68/40
- Fiche: *0164*
  Az 1: 5J 148/40
  Az 2: 2H 71/40

Tubiassen, Rakel
- Fiche: *0256*
  Az 1: 15J 162/36
  Az 2: 1H 51/36

Tuchalka
- Fiche: *0194*
  Az 1: 11(10)J 1153/43g
  Az 2: 2H 159/44

Tuchartz
- Fiche: *0181/0682*
  Az 1: 8J 69/44
  Az 2: 2H 95/44

Tucholla, Felix (A)
- Fiche: *0630*
  Az 1: 10J 354/43g
  Az 2: 1H 202/43

Tucholla, Käthe (A)
- Fiche: *0630*
  Az 1: 10J 354/43g
  Az 2: 1H 202/43

Tucholla, Klara
- Fiche: *0630*
  Az 1: 10J 354/43g
  Az 2: 1H 202/43

Tuchy
- Fiche: *0374/0576*
  Az 1: 7J 303/43
  Az 2: 5H 80/43

Tuder, Anton
- Fiche: *0699 f.*
  Az 1: StPL (RKA) I 118/41
  Az 2: StPL (HLS) III 57/41

Tübbecke, Hans (A)
- Fiche: *0090*
  Az 1: 17J 187/36
  Az 2: 2H 31/37

Türksch, Otto
- Fiche: *0199*
  Az 1: 8J 176/44g
  Az 2: 1H 213/44

Tützke, Heinz
- Fiche: *0499 f.*
  Az 1: 8J 145/38
  Az 2: 2H 52/38

Tukay, Johannes
- Fiche: *0036*
  Az 1: 16J 304/35
  Az 2: 1H 31/35
- Fiche: *0042*
  Az 1: 16J 354/35
  Az 2: 1H 50/35
- Fiche: *0046/0239*
  Az 1: 16J 438/35
  Az 2: 1H 62/35

Tulatz, Herbert
- Fiche: *0072 f.*
  Az 1: 15J 282/36
  Az 2: 2H 49/36

Tuller
- Fiche: *0378*
  Az 1: 7J 433/43
  Az 2: 6H 177/43

Tuller, Johann
- Fiche: *0379*
  Az 1: 7J 431/43
  Az 2: 6H 175/43

Tuller, Josef
- Fiche: *0181*
  Az 1: 7J 434/43
  Az 2: 6H 10/44

Tuller, Josef (A)
- Fiche: *0378*
  Az 1: 7J 412/43
  Az 2: 6H 178/43

Tuma
- Fiche: *0338*
  Az 1: 7J 272/42
  Az 2: 2H 206/42
- Fiche: *0343 f./0400 f.*
  Az 1: 7J 274/42
  Az 2: 1H 214/42
- Fiche: *0359*
  Az 1: 7J 252/42
  Az 2: 5H 143/43
- Fiche: *0361*
  Az 1: 7J 416/42
  Az 2: 5H 162/42

Tuma, Anton
- Fiche: *0327*
  Az 1: 7J 271/42
  Az 2: 2H 157/42
- Fiche: *0337 f.*
  Az 1: 7J 273/42
  Az 2: 2H 211/42
- Fiche: *0361*
  Az 1: 7J 452/42
  Az 2: 5H 169/42

Tuma, Anton (A)
- Fiche: *0358*
  Az 1: 7J 275/42
  Az 2: 5H 139/42

Tuma, Josef
- Fiche: *0322 f./0723*
  Az 1: 6J 64/40g
  Az 2: 2H 89/41

Tumajer, Josef
- Fiche: *0289 f.*
  Az 1: 6J 52/40g
  Az 2: 2H 111/40

Tunkel, Rudolf
- Fiche: *0154*
  Az 1: 6J 19/39g
  Az 2: 2H 53/39

Turat, Erich
- Fiche: *0386 f./0572 f.*
  Az 1: 11J 423/33
  Az 2: 3L 15/35

Uhler, Alfred
- Fiche: *0073/0255 f.*
  Az 1: 8J 437/35g
  Az 2: 2H 50/36

Uhlhorn, Ludwig
- Fiche: *0476 f.*
  Az 1: 8J 131/36g, 8J 49,117,131/36g
  Az 2: 2H 16,20,27/37

Uhlich
- Fiche: *0036*
  Az 1: 16J 304/35
  Az 2: 1H 31/35

Uhlich, Kurt (A)
- Fiche: *0012*
  Az 1: 14J 327/33
  Az 2: 2H 15/34

Uhlig
- Fiche: *0058*
  Az 1: 16J 753/35
  Az 2: 1H 20/36
- Fiche: *0272*
  Az 1: 16J 225/37
  Az 2: 2H 60/37
- Fiche: *0554 f.*
  Az 1: 8J 244/34
  Az 2: 2H 22/35
- Fiche: *0589*
  Az 1: 16J 293/35
  Az 2: 2H 58/35

Uhlig, Emil
- Fiche: *0024/0385 f.*
  Az 1: 14J 75/33, 14J 77/33
  Az 2: 2H 7/35, 2H 6,7/35

Uhlig, Rosa
- Fiche: *0039*
  Az 1: 16J 454/35
  Az 2: 2H 40/35

Uhlik, Adalbert (A)
- Fiche: *0701*
  Az 1: 8J 269/41g

Uhlir, Erika
- Fiche: *0329/0376*
  Az 1: 7J 287/43
  Az 2: 5H 68/43
- Fiche: *0371*
  Az 1: 7J 301/43
  Az 2: 5H 97/43
- Fiche: *0384*
  Az 1: 7J 296/43
  Az 2: 5H 100/43

Uhlir, Erika (A)
- Fiche: *0328/0337*
  Az 1: 7J 361/42
  Az 2: 2H 252/42

Uhlir, Ernst
- Fiche: *0329/0370*
  Az 1: 7J 517/42
  Az 2: 5H 13/43

Uhlir, Ida
- Fiche: *0305/0643 f.*
  Az 1: 6J 518/38
  Az 2: 1H 18/39

Uhlir, Rudolf
- Fiche: *0329/0376*
  Az 1: 7J 287/43
  Az 2: 5H 68/43

Uhlir, Wilhelm
- Fiche: *0328/0337*
  Az 1: 7J 361/42
  Az 2: 2H 252/42

Uhlmann, Eva
- Fiche: *0199*
  Az 1: 8J 175/44g
  Az 2: 1H 212/44

Uhlmann, Margarethe
- Fiche: *0034*
  Az 1: 9J 613/33
  Az 2: 1H 27/35

Uhlmann, Walter
- Fiche: *0448*
  Az 1: 17J 225/37
  Az 2: 2H 48/37

Uhlmann, Walter (A)
- Fiche: *0111 f./0270 f.*
  Az 1: 17J 152/37
  Az 2: 2H 51/37

Uhrig
- Fiche: *0184/0707 f.*
  Az 1: 9J 777/43g
  Az 2: 5H 40/44
- Fiche: *0210/0630*
  Az 1: 10(9)J 777/43g
  Az 2: 5H 41/44
- Fiche: *0641 f.*
  Az 1: 9J 70/42g
  Az 2: 2H 157/43

Uhrig (Frau)
- Fiche: *0210/0630*
  Az 1: 10(9)J 777/43g
  Az 2: 5H 41/44

Uhrig, Charlotte (A)
- Fiche: *0186 f./0677*
  Az 1: 11J 32/44
  Az 2: 1H 51/44

Uhrig, Fritz
- Fiche: *0679 f./0713*
  Az 1: 10(9)J 777/43g
  Az 2: 5H 38/44, 5H 43/44

Uhrig, Robert
- Fiche: *0182 f.*
  Az 1: 10(9)J 71/42g
  Az 2: 2H 23/44
- Fiche: *0184/0680*
  Az 1: 9J 777/43g
  Az 2: 5H 39/44
- Fiche: *0187*
  Az 1: 11J 243/44
  Az 2: 1H 73/44
- Fiche: *0207*
  Az 1: 8J 188/44g
  Az 2: 1H 285/44
- Fiche: *0414 f.*
  Az 1: 10(9)J 819/43g
  Az 2: 6H 28/44
- Fiche: *0434*
  Az 1: 10(9)J 1230/43g
  Az 2: 6L 222/44
- Fiche: *0688 f.*
  Az 1: 10J 75/44
  Az 2: 1L 192/44

Uhrig, Robert (A)
- Fiche: *0679 f./0713*
  Az 1: 10(9)J 777/43g
  Az 2: 5H 38/44, 5H 43/44

Uhse, Bodo
- Fiche: *0228 f.*
  Az 1: 14J 34/34
  Az 2: 1H 13/35
- Fiche: *0664 f.*
  Az 1: 17J 541/33
  Az 2: XV H 25/34

Uitz, Eduard
- Fiche: *0346 f.*
  Az 1: 7J 278/42
  Az 2: 2H 246/42

Uknow, Gustav
- Fiche: *0010 f.*
  Az 1: 17J 232/33
  Az 2: 2H 14/34

Ulber, Erhard (A)
- Fiche: *0130/0277*
  Az 1: 6J 224/38g
  Az 2: 2H 48/38

Ulbert, Hans
- Fiche: *0562*
  Az 1: 8J 92/44
  Az 2: 1H 148/44

Ulbert, Hans (A)
- Fiche: *0431*
  Az 1: 8J 122/44
  Az 2: 1H 143/44

Ulbert, Willi
- Fiche: *0523 f.*
  Az 1: 9J 351/38g
  Az 2: 2H 93/38

Ulbrich
- Fiche: *0003*
  Az 1: 15J 594/33
  Az 2: 2H 3/34
- Fiche: *0008 f.*
  Az 1: 17J 242/33
  Az 2: 2H 11/34
- Fiche: *0277 f.*
  Az 1: 14J 651/37g
  Az 2: 2H 55/38
- Fiche: *0481 f./0557 f.*
  Az 1: 8J 214/37
  Az 2: 1H 31/38

Ulbrich, Eberhard (A)
- Fiche: *0485 f.*
  Az 1: 8J 386/38, 8J 214/37
  Az 2: 1H 33/38, 1H 31/38

Ulbrich, Ernst
- Fiche: *0269 f.*
  Az 1: 8J 100/37
  Az 2: 1H 43/37

Ulbrich, Gerhard
- Fiche: *0098*
  Az 1: 16J 536/36
  Az 2: 2H 25/37

Ulbrich, Walter
- Fiche: *0134*
  Az 1: 7J 344/38
  Az 2: 2H 78/38
- Fiche: *0134/0523*
  Az 1: 7J 348/38
  Az 2: 2H 82/38
- Fiche: *0284 f.*
  Az 1: 7J 352/38
  Az 2: 2H 3/39

Ulbrich, Walter (A)
- Fiche: *0136*
  Az 1: 7J 346/38
  Az 2: 2H 95/38

Ulbricht
- Fiche: *0034*
  Az 1: 9J 613/33
  Az 2: 1H 27/35
- Fiche: *0037/0221*
  Az 1: 17J 94/34
  Az 2: 1H 33/35
- Fiche: *0042 f.*
  Az 1: 14a/9J 1672/31
  Az 2: 1H 52/35
- Fiche: *0071 f.*
  Az 1: 14J 288/36
  Az 2: 1H 48/36
- Fiche: *0152*
  Az 1: 11J 341/39
  Az 2: 2H 46/39
- Fiche: *0176/0635*
  Az 1: 5J 151/42
  Az 2: 5H 10/43
- Fiche: *0263 f./0487 f.*
  Az 1: 17J 171/35
  Az 2: 2H 17/37
- Fiche: *0478*
  Az 1: 10J 290/40g
  Az 2: 5H 62/42
- Fiche: *0518/0562*
  Az 1: 8J 52/44
  Az 2: 1H 82/44
- Fiche: *0615 ff.*
  Az 1: 15J 86/33
  Az 2: XII H 42/33
- Fiche: *0628*
  Az 1: 9J 50/42g
  Az 2: 2H 60/42
- Fiche: *0630*
  Az 1: 9J 657/35
  Az 2: 1H 58/36
- Fiche: *0684*
  Az 1: 10J 80/42
  Az 2: 2H 317/42

Ulbricht, Herbert (A)
- Fiche: *0028 f./0679*
  Az 1: 15J 648/33
  Az 2: 1H 14/35

Ulbricht, Hildegard
- Fiche: *0102/0267*
  Az 1: 17J 91/36
  Az 2: 2H 30/37

Ulbricht, Walter
- Fiche: *0052*
  Az 1: 14J 104/36
  Az 2: 2H 8/36
- Fiche: *0113*
  Az 1: 8J 351/37g
  Az 2: 2H 57/37

Velden, van der
- Fiche: *0702*
  Az 1: 6J 80/40g
  Az 2: 5H 64/42

Vell, Hermann (A)
- Fiche: *0434/0528*
  Az 1: 11J 153/44
  Az 2: 1H 230/44

Venohr, Ernst
- Fiche: *0129*
  Az 1: 6J 159/38
  Az 2: 2H 46/38
- Fiche: *0133 f.*
  Az 1: 6J 158/38
  Az 2: 2H 77/38
- Fiche: *0242 f.*
  Az 1: 8J 3/36g
  Az 2: 2H 1/36
- Fiche: *0279 f.*
  Az 1: 6J 157/38
  Az 2: 2H 89/38

Venohr, Ernst (A)
- Fiche: *0132*
  Az 1: 6J 160/38
  Az 2: 2H 60/38

Vercammen
- Fiche: *0446*
  Az 1: 9J 9/43g
  Az 2: 1H 37/43

Verhagen, Antonia
- Fiche: *0564*
  Az 1: 8J 148/42g
  Az 2: 5H 67/43

Verhülsdonk, Theodor
- Fiche: *0049/0450*
  Az 1: 9J 151/35
  Az 2: 1H 3/36

Verlemans
- Fiche: *0489/0504*
  Az 1: 9J 12/41
  Az 2: 2H 99/41

Vermehren
- Fiche: *0256*
  Az 1: 15J 162/36
  Az 2: 1H 51/36

Vermeulen, Johann
- Fiche: *0555 f.*
  Az 1: 9J 202/36
  Az 2: 2H 14/37

Verner, Johannes
- Fiche: *0478*
  Az 1: 10J 290/40g
  Az 2: 5H 62/42
- Fiche: *0537 f.*
  Az 1: 9J 236/41g
  Az 2: 5H 75/42
- Fiche: *0554*
  Az 1: 10J 294/41
  Az 2: 1H 329/42
- Fiche: *0559*
  Az 1: 10J 16/42g
  Az 2: 1H 247/42
- Fiche: *0633*
  Az 1: 9J 357/41g
  Az 2: 2H 7/42

Vernon
- Fiche: *0070*
  Az 1: 14J 210/35
  Az 2: 2H 43/36

Verwiebe, Erich
- Fiche: *0211 f.*
  Az 1: 9J 33/45g
  Az 2: 6Sg. 65/45
- Fiche: *0734 f.*
  Az 1: 9J 33/45 g
  Az 2: 6 Sg 66/45

Vesely, Johanna (A)
- Fiche: *0318*
  Az 1: 8J 250/43

Vesely, Ludwig
- Fiche: *0310*
  Az 1: 7J 70/40
  Az 2: 2H 130/40

Veser, Lene
- Fiche: *0513 f.*
  Az 1: 8J 969/33
  Az 2: 2H 24/34

Vesper, Hans
- Fiche: *0560*
  Az 1: 9J 90/42g
  Az 2: 2H 281/42

Vesper, Walter
- Fiche: *0094 f./0551*
  Az 1: 9J 600/36
  Az 2: 1H 21/37

Vesper, Werner
- Fiche: *0140 f.*
  Az 1: 8J 357/38g
  Az 2: 2H 13/39

Veter, Friedrich
- Fiche: *0215 f.*
  Az 1: 14J 163/33
  Az 2: 1H 5/34

Vetter, Albert
- Fiche: *0619*
  Az 1: 14J 33/33
  Az 2: XII H 36/33

Vetter, Emilie
- Fiche: *0398/0399*
  Az 1: 6J 127/40g
  Az 2: 3L 99/40

Vetter, Ernst
- Fiche: *0061 f./0626 f.*
  Az 1: 17J 336/35
  Az 2: 2H 28/36

Vetter, Wilhelm
- Fiche: *0056*
  Az 1: 14J 286/35
  Az 2: 1H 16/36

Vetters, Karl
- Fiche: *0122 f.*
  Az 1: 16J 765/37
  Az 2: 1H 23/38

Vetters, Karl (A)
- Fiche: *0002/0571 f.*
  Az 1: 15J 265/33
  Az 2: 1H 3/34

Vicker
- Fiche: *0032 f.*
  Az 1: 13J 11/34
  Az 2: 1H 26/35

Vidlar, Franz
- Fiche: *0333 f.*
  Az 1: 7J 649/41
  Az 2: 2H 88/42

Viehbahn, August
- Fiche: *0082/0260 f.*
  Az 1: 9J 907/35
  Az 2: 1H 67/36

Viehlhauer, Anna
- Fiche: *0630 f.*
  Az 1: 5J 174/39
  Az 2: 2H 51/39

Viehlhauer, Hedwig
- Fiche: *0630 f.*
  Az 1: 5J 174/39
  Az 2: 2H 51/39

Viehlhauer, Walter
- Fiche: *0630 f.*
  Az 1: 5J 174/39
  Az 2: 2H 51/39

Viehweger, Otto
- Fiche: *0693*
  Az 1: StPL (RKA) I 424/43
  Az 2: StPL 2. Sen. 4/44

Viehweger, Otto (A)
- Fiche: *0698*
  Az 1: StPL (RKA) I 424/43
  Az 2: StPL 2. Sen. 6/44

Vierkorn, Richard
- Fiche: *0084*
  Az 1: 17J 318/36
  Az 2: 2H 2/37

Viersum
- Fiche: *0555 f.*
  Az 1: 9J 202/36
  Az 2: 2H 14/37

Vierthaler
- Fiche: *0037*
  Az 1: 8J 228/35
  Az 2: 1H 36/35

Vieth, Herbert (A)
- Fiche: *0104/0267*
  Az 1: 17J 6/37
  Az 2: 2H 33/37

Vieth von Golssenau, Arnold
- Fiche: *0127/0623*
  Az 1: 8J 419/37g
  Az 2: 2H 33/38
- Fiche: *0228 f.*
  Az 1: 14J 34/34
  Az 2: 1H 13/35
- Fiche: *0531 f.*
  Az 1: 10J 170/41
  Az 2: 2H 10/42
- Fiche: *0615 ff.*
  Az 1: 15J 86/33
  Az 2: XII H 42/33
- Fiche: *0700 f.*
  Az 1: 7J 108/40
  Az 2: 2H 98/40

Vieth von Golssenace s.a. Renn, Ludwig

Vieweg, Karl
- Fiche: *0502*
  Az 1: 10J 54/41
  Az 2: 2H 52/41

Vieweg, Kurt
- Fiche: *0537 f.*
  Az 1: 9J 236/41g
  Az 2: 5H 75/42
- Fiche: *0560*
  Az 1: 10J 382/43
  Az 2: 1H 189/43
- Fiche: *0628*
  Az 1: 9J 50/42g
  Az 2: 2H 60/42
- Fiche: *0628 f.*
  Az 1: 10J 2/43g
  Az 2: 1H 89/43

Vigne
- Fiche: *0177*
  Az 1: 7J 465/42g
  Az 2: 2H 31/43
- Fiche: *0556 f.*
  Az 1: 9J 51/44g
  Az 2: 1H 97/44

Vijeira
- Fiche: *0254*
  Az 1: 9J 332/36
  Az 2: 2H 40/36

Vikerl
- Fiche: *0320*
  Az 1: 6J 122/40g

Vilimek, Josef
- Fiche: *0705*
  Az 1: StPL (RKA) III 320/42
  Az 2: StPL (HLS) III 21/43

Villier
- Fiche: *0176/0295*
  Az 1: 6J 27/42g
  Az 2: 1H 18/43

Vinbruck (Frau)
- Fiche: *0231 f./0561*
  Az 1: 8J 14/34
  Az 2: 2H 33/35

Vinco
- Fiche: *0071 f.*
  Az 1: 14J 288/36
  Az 2: 1H 48/36

Vindl, Erich (A)
- Fiche: *0423*
  Az 1: 12J 99/40

Vink, Jakobus
- Fiche: *0615 ff.*
  Az 1: 15J 86/33
  Az 2: XII H 42/33

Vinke
- Fiche: *0661 f.*
  Az 1: 9J 952/33
  Az 2: XV H 20/34

Vogel, Helmut
- Fiche: *0167*
  Az 1: 6J 66/40g
  Az 2: 2H 120/41

Vogel, Johann
- Fiche: *0108*
  Az 1: 8J 358/37g
  Az 2: 1H 40/37

Vogel, Johannes
- Fiche: *0101 f.*
  Az 1: 8J 188/36
  Az 2: 2H 29/37
- Fiche: *0108 f.*
  Az 1: 8J 337/37g
  Az 2: 1H 41/37
- Fiche: *0110 f.*
  Az 1: 8J 348/37g
  Az 2: 1H 47/37
- Fiche: *0269 f.*
  Az 1: 8J 100/37
  Az 2: 1H 43/37
- Fiche: *0396/0704 f.*
  Az 1: 14J 522/37g
  Az 2: 1L 2/40

Vogel, Josef
- Fiche: *0735 f.*
  Az 1: 7J 32/44
  Az 2: 6H 92/44

Vogel, Kurt
- Fiche: *0131/0674 f.*
  Az 1: 10J 27/38
  Az 2: 2H 50/38
- Fiche: *0155/0493*
  Az 1: 9J 326/39g
  Az 2: 1H 55/39
- Fiche: *0213 f./0216*
  Az 1: 17J 89/33
  Az 2: 1H 6/34
- Fiche: *0518/0679*
  Az 1: 10J 30/38
  Az 2: 2H 8/38

Vogel, Kurt (A)
- Fiche: *0028 f./0679*
  Az 1: 15J 648/33
  Az 2: 1H 14/35

Vogel, Lorenz
- Fiche: *0735 f.*
  Az 1: 7J 32/44
  Az 2: 6H 92/44

Vogel, Margarete
- Fiche: *0460 f.*
  Az 1: 17J 109/37, 9J 142/37
  Az 2: 2H 44,47/37

Vogel, Paul
- Fiche: *0131/0674 f.*
  Az 1: 10J 27/38
  Az 2: 2H 50/38
- Fiche: *0177 f.*
  Az 1: 8J 382/42g
  Az 2: 2H 65/43
- Fiche: *0291/0719*
  Az 1: 9J 237/40
  Az 2: 2H 17/42

Vogel, Rudolf (A)
- Fiche: *0061 f./0626 f.*
  Az 1: 17J 336/35
  Az 2: 2H 28/36

Vogelbacher, Otto
- Fiche: *0141/0475 f.*
  Az 1: 5J 449/38
  Az 2: 1H 15/39
- Fiche: *0671*
  Az 1: 5J 546/38
  Az 2: 1H 1/39

Vogelmann, Bruno
- Fiche: *0630 f.*
  Az 1: 5J 174/39
  Az 2: 2H 51/39

Vogelsang
- Fiche: *0179/0675*
  Az 1: 4J 85/42g
  Az 2: 1H 97/43

Vogelsang (Frau)
- Fiche: *0494*
  Az 1: 9J 356/36
  Az 2: 1H 46/36

Vogelsang, Fritz
- Fiche: *0397f.*
  Az 1: 6J 198/39g
  Az 2: 3L 19/40

Vogelzang
- Fiche: *0446*
  Az 1: 9J 9/43g
  Az 2: 1H 37/43

Voggenauer, Karl
- Fiche: *0457 f.*
  Az 1: 10J 142/38
  Az 2: 2H 42/38

Voggenauer, Ludwig
- Fiche: *0130 f.*
  Az 1: 10J 137/38
  Az 2: 2H 49/38

Voggenauer, Ludwig (A)
- Fiche: *0506*
  Az 1: 10J 143/38, 10J 144/38
  Az 2: 2H 39/38, 2H 40/38

Vogl
- Fiche: *0716*
  Az 1: 10J 160/44
  Az 2: 6H 120/44

Vogl, Anton
- Fiche: *0434*
  Az 1: 10(9)J 1230/43g
  Az 2: 6L 222/44

Vogl, Johann (A)
- Fiche: *0414 f.*
  Az 1: 10(9)J 819/43g
  Az 2: 6H 28/44

Vogler
- Fiche: *0476 f.*
  Az 1: 8J 131/36g, 8J 49,117,131/36g
  Az 2: 2H 16,20,27/37
- Fiche: *0694*
  Az 1: 8J 208/40
  Az 2: 2H 96/40

Vogler, Günther
- Fiche: *0213 f./0216*
  Az 1: 17J 89/33
  Az 2: 1H 6/34

Vogler, Max
- Fiche: *0166 f.*
  Az 1: 6J 95/41g
  Az 2: 2H 119/41

Vogler, Max (A)
- Fiche: *0520 f.*
  Az 1: 6J 96/41g
  Az 2: 2H 124/41

Vogler, Willi
- Fiche: *0198*
  Az 1: 10J 167/44
  Az 2: 2H 208/44

Vogt
- Fiche: *0014/0737*
  Az 1: 14J 253/33
  Az 2: 2H 22/34
- Fiche: *0076*
  Az 1: 17J 27/36
  Az 2: 2H 59/36
- Fiche: *0169/0521*
  Az 1: 6J 109/41g
  Az 2: 2H 11/42
- Fiche: *0513*
  Az 1: 15J 302/34, 15J 107/35
  Az 2: 1H 18/35, 1H 21/35
- Fiche: *0556 f.*
  Az 1: 9J 51/44g
  Az 2: 1H 97/44
- Fiche: *0714 f.*
  Az 1: 8J 232/40
  Az 2: 2H 76/41

Vogt, Albrecht
- Fiche: *0476 f.*
  Az 1: 8J 131/36g, 8J 49,117,131/36g
  Az 2: 2H 16,20,27/37
- Fiche: *0636*
  Az 1: 10J 5/43g
  Az 2: 2H 37/43

Vogt, Arthur (A)
- Fiche: *0657 f.*
  Az 1: 17J 163/33
  Az 2: XV H 3/34

Vogt, Elli
- Fiche: *0200*
  Az 1: 8J 177/44g
  Az 2: 1H 219/44

Vogt, Franz
- Fiche: *0177*
  Az 1: 7J 465/42g
  Az 2: 2H 31/43
- Fiche: *0532*
  Az 1: 9J 229/44
  Az 2: 1H 313/44
- Fiche: *0556 f.*
  Az 1: 9J 51/44g
  Az 2: 1H 97/44

Vogt, Johann
- Fiche: *0476 f.*
  Az 1: 8J 131/36g, 8J 49,117,131/36g
  Az 2: 2H 16,20,27/37

Vogt, Josef
- Fiche: *0594 f./0695 f.*
  Az 1: 11J 122/35g
  Az 2: 2H 10,11,12/37

Vogt, Josef (A)
- Fiche: *0023 f.*
  Az 1: 14J 328/33
  Az 2: 1H 5/35

Vogt, Karl
- Fiche: *0578/0703*
  Az 1: 11J 143/35
  Az 2: 3L 29/36

Vogt, Karl (A)
- Fiche: *0544/0734*
  Az 1: 9J 869/35
  Az 2: 2H 51/35

Vohland (Frau)
- Fiche: *0685*
  Az 1: 10J 239/39
  Az 2: 2H 2/41

Voight, Felix Gerhard Ehrenfried
- Fiche: *0098*
  Az 1: 16J 536/36
  Az 2: 2H 25/37

Voigt
- Fiche: *0037 f.*
  Az 1: 13J 285/33
  Az 2: 2H 37/35
- Fiche: *0071/0244*
  Az 1: 8J 168/36g
  Az 2: 2H 46/36
- Fiche: *0078 f.*
  Az 1: 8J 439/35g
  Az 2: 2H 62/36
- Fiche: *0440*
  Az 1: 0J 50/44g Rs
  Az 2: 1L 496/44
- Fiche: *0516/0685*
  Az 1: 10J 175/41
  Az 2: 2H 135/41

Voigt (Frau)
- Fiche: *0586 f.*
  Az 1: 9J 67/39
  Az 2: 1H 62/39

Voigt, Alfred
- Fiche: *0028 f./0679*
  Az 1: 15J 648/33
  Az 2: 1H 14/35

Voigt, Arno
- Fiche: *0496*
  Az 1: 15J 126/34
  Az 2: 2H 20/35

Voigt, Elli
- Fiche: *0190*
  Az 1: 9J 231/44
  Az 2: 5H 119/44
- Fiche: *0209*
  Az 1: 9J 230/44

Voigt, Elli (A)
- Fiche: *0207*
  Az 1: 8J 188/44g
  Az 2: 1H 285/44

Volz
- Fiche: *0250 f.*
  Az 1: 8J 364/35
  Az 2: 2H 15/36

Volz, Albert
- Fiche: *0008*
  Az 1: 17J 58/34
  Az 2: 1H 11/34
- Fiche: *0651 f.*
  Az 1: 17J 793/33
  Az 2: XII H 10,12/24
- Fiche: *0656 f.*
  Az 1: 17J 582/33
  Az 2: XV H 28/34
- Fiche: *0660 f.*
  Az 1: 17J 792/33
  Az 2: XV H 15/34
- Fiche: *0662 f.*
  Az 1: 17J 627/33
  Az 2: XV H 21/34

Volz, Albert (A)
- Fiche: *0654*
  Az 1: 17J 684/33
  Az 2: XV H 11/34

Volz, Elisabeth (A)
- Fiche: *0405*
  Az 1: 6J 126/43
  Az 2: 2H 209/43

Volz, Heinrich
- Fiche: *0123 ff./0275 f.*
  Az 1: 8J 5/37g
  Az 2: 2H 23/38

Volz, Heinrich (A)
- Fiche: *0405*
  Az 1: 6J 126/43
  Az 2: 2H 209/43

Volz, Johannes (A)
- Fiche: *0405*
  Az 1: 6J 126/43
  Az 2: 2H 209/43

Vonberg
- Fiche: *0222*
  Az 1: 8J 381/34
  Az 2: 1H 45/34

Vondracek
- Fiche: *0425 f.*
  Az 1: 6J 93/44
  Az 2: 5H 88/44

Vonend
- Fiche: *0608 ff.*
  Az 1: 15J 179/33
  Az 2: XII H 17/34

Vonhoff, Karl
- Fiche: *0222 f.*
  Az 1: 17J 504/33
  Az 2: 1H 1/35

Vonken
- Fiche: *0453*
  Az 1: 9J 269/43
  Az 2: 2H 85/43

Vopatek, Elisabeth
- Fiche: *0090*
  Az 1: 17J 187/36
  Az 2: 2H 31/37

Vorberg, Fritz
- Fiche: *0630*
  Az 1: 9J 657/35
  Az 2: 1H 58/36

Vorberg, Karl (A)
- Fiche: *0530*
  Az 1: 10J 71/42
  Az 2: 2H 284/42

Vorberg, Ludwig
- Fiche: *0047 f./0641*
  Az 1: 9J 486/35
  Az 2: 1H 71/35
- Fiche: *0052*
  Az 1: 14J 104/36
  Az 2: 2H 8/36
- Fiche: *0082/0260 f.*
  Az 1: 9J 907/35
  Az 2: 1H 67/36

Voreiter, Emil
- Fiche: *0318 f.*
  Az 1: 7J 515/43
  Az 2: 5H 7/44
- Fiche: *0375*
  Az 1: 7J 236/43g
  Az 2: 5H 76/43
- Fiche: *0413/0520*
  Az 1: 6(7)J 517/43
  Az 2: 5H 180/42
- Fiche: *0574/0649*
  Az 1: 7J 513/43
  Az 2: 5H 6/44
- Fiche: *0576*
  Az 1: 7J 138/43
  Az 2: 5H 75/43

Vorlicek, Franz
- Fiche: *0322/0521 f.*
  Az 1: 6J 145/40
  Az 2: 2H 32/41

Vorlicek, Josef
- Fiche: *0320 f./0388*
  Az 1: 6J 144/40g
  Az 2: 2H 14/41
- Fiche: *0322/0521 f.*
  Az 1: 6J 145/40
  Az 2: 2H 32/41

Vorlicek, Karl
- Fiche: *0647 f.*
  Az 1: 7(8)J 203/41
  Az 2: 2H 168/44

Vornheder
- Fiche: *0051*
  Az 1: 5J 41/35
  Az 2: 2H 6/36

Vorpahl, Kurt (A)
- Fiche: *0416*
  Az 1: 11(10)J 1038/43g
  Az 2: 2H 32/44

Vorreiter, Emil
- Fiche: *0401/0520*
  Az 1: 7J 295/43
  Az 2: 5H 95/43

Vorsatz, Else
- Fiche: *0484*
  Az 1: 6J 149/43
  Az 2: 2H 9/44

Vortkamp
- Fiche: *0523 f.*
  Az 1: 9J 351/38g
  Az 2: 2H 93/38

Voruda, Ignaz
- Fiche: *0329/0339*
  Az 1: 7J 283/42,
  7J 288/42
  Az 2: 5H 146/42
- Fiche: *0576*
  Az 1: 7J 352/43
  Az 2: 5H 90/43

Vos, Maria
- Fiche: *0582*
  Az 1: 8J 402/42g
  Az 2: 2H 318/42

Vosol, Fritz
- Fiche: *0298/0367*
  Az 1: 7J 300/43
  Az 2: 5H 94/43
- Fiche: *0350*
  Az 1: 7J 347/42
  Az 2: 5H 135/42

Voss
- Fiche: *0099 f.*
  Az 1: 14J 301/37
  Az 2: 1H 27/37
- Fiche: *0209/0625*
  Az 1: 9J 234/44
  Az 2: 1H 372/44
- Fiche: *0518*
  Az 1: 8J 199/44,
  8J 271/44g
  Az 2: 1H 3/45

Voß
- Fiche: *0090*
  Az 1: 17J 187/36
  Az 2: 2H 31/37
- Fiche: *0186*
  Az 1: 11J 199/44
  Az 2: 1H 130/44
- Fiche: *0243/0471 f.*
  Az 1: 15J 578/36
  Az 2: 1H 2/37
- Fiche: *0276*
  Az 1: 6J 117/38g
  Az 2: 2H 30/38
- Fiche: *0550 f.*
  Az 1: 9J 315/37
  Az 2: 2H 50/37

Voss (Frau)
- Fiche: *0531 f.*
  Az 1: 10J 170/41
  Az 2: 2H 10/42

Voß, August (A)
- Fiche: *0432*
  Az 1: 11(10)J 1369/43
  Az 2: 2H 210/44

Voß, Auguste
- Fiche: *0480*
  Az 1: 10J 299/41
  Az 2: 2H 50/42

Voß, Braine
- Fiche: *0164 f.*
  Az 1: 10J 120/40
  Az 2: 2H 100/40

Voß, Erna
- Fiche: *0301*
  Az 1: 15J 818/36
  Az 2: 1H 22/37

Voß, Ernst
- Fiche: *0119/0440*
  Az 1: 7J 105/38
  Az 2: 2H 12/38

Voß, Karl
- Fiche: *0116*
  Az 1: 5J 32/38
  Az 2: 2H 7/38
- Fiche: *0126*
  Az 1: 7J 106/38
  Az 2: 2H 27/38

Voß, Karl (A)
- Fiche: *0116*
  Az 1: 16J 900/37
  Az 2: 2H 6/38

Voß, Martin (A)
- Fiche: *0273 f.*
  Az 1: 14J 657/37g
  Az 2: 1H 15/38

Voß, Milda
- Fiche: *0457 f.*
  Az 1: 10J 142/38
  Az 2: 2H 42/38
- Fiche: *0499*
  Az 1: 10J 141/38
  Az 2: 2H 53/38
- Fiche: *0544 f.*
  Az 1: 10J 138/38
  Az 2: 2H 37/38

Voß, Milda (A)
- Fiche: *0130 f.*
  Az 1: 10J 137/38
  Az 2: 2H 49/38

Voß, Oskar
- Fiche: *0182/0464 f.*
  Az 1: 11(10)J 423/43g
  Az 2: 2H 17/44

Voß, Oskar (A)
- Fiche: *0182/0461*
  Az 1: 11(10)J 1037/43g
  Az 2: 2H 22/44

Voß, Paul
- Fiche: *0499*
  Az 1: 10J 141/38
  Az 2: 2H 53/38

Voß, Paul (A)
- Fiche: *0130 f.*
  Az 1: 10J 137/38
  Az 2: 2H 49/38

Voß, Wilhelm
- Fiche: *0061 f./0626 f.*
  Az 1: 17J 336/35
  Az 2: 2H 28/36
- Fiche: *0278 f.*
  Az 1: 8J 252/38
  Az 2: 2H 68/38

Voß, Wilhelm (A)
- Fiche: *0687*
  Az 1: 15J 222/35
  Az 2: 2H 34/36

Wächtler, Hans (A)
- Fiche: *0002/0571 f.*
  Az 1: 15J 265/33
  Az 2: 1H 3/34

Währer (Frau)
- Fiche: *0256*
  Az 1: 15J 162/36
  Az 2: 1H 51/36

Wäke
- Fiche: *0466 f.*
  Az 1: 15J 513/37
  Az 2: 2H 55/37

Wagele, Maria
- Fiche: *0696 f.*
  Az 1: StPL (RKA) III 657/41
  Az 2: StPL (HLS) III 16/42

Wagenbach
- Fiche: *0189 f.*
  Az 1: 10(9)J 758/44
  Az 2: 2H 117/44

Wagenbichler (A)
- Fiche: *0717*
  Az 1: StPL (RKA) 3 281/43

Wagenbichler, Anna
- Fiche: *0717*
  Az 1: StPL (RKA) 3 281/43

Wagenbichler, Hermann
- Fiche: *0717*
  Az 1: StPL (RKA) 3 281/43

Wagener, Willi
- Fiche: *0245 f.*
  Az 1: 8J 7/36g
  Az 2: 2H 4/36

Wagenhans, Gerhard (A)
- Fiche: *0583*
  Az 1: 10J 225/38
  Az 2: 2H 70/38

Wagenhaus
- Fiche: *0560*
  Az 1: 10J 222/38
  Az 2: 2H 69/38

Wagenknecht, Frieda
- Fiche: *0675*
  Az 1: 10J 60/41
  Az 2: 2H 79/41

Wagenknecht, Frieda (A)
- Fiche: *0164 f.*
  Az 1: 10J 120/40
  Az 2: 2H 100/40

Wagenknecht, Helmut
- Fiche: *0566 f.*
  Az 1: 10J 70/40
  Az 2: 2H 127/40

Wagenknecht, Hermann
- Fiche: *0566 f.*
  Az 1: 10J 70/40
  Az 2: 2H 127/40

Wagenknecht, Paul
- Fiche: *0675*
  Az 1: 10J 60/41
  Az 2: 2H 79/41

Wagenknecht Paul (A)
- Fiche: *0164 f.*
  Az 1: 10J 120/40
  Az 2: 2H 100/40

Wager, Josef
- Fiche: *0292 f.*
  Az 1: 7J 501/42
- Fiche: *0352*
  Az 1: 7J 515/42
  Az 2: 6H 19/42
- Fiche: *0367*
  Az 1: 7J 649/42
  Az 2: 6H 24/43
- Fiche: *0380*
  Az 1: 7J 366/43
  Az 2: 5H 121/43
- Fiche: *0380/0529*
  Az 1: 7J 209/43
  Az 2: 6H 139/43
- Fiche: *0516 f./0548 f.*
  Az 1: 7J 421/42g
  Az 2: 6H 63/43

Wager, Josef (A)
- Fiche: *0519/0549 f.*
  Az 1: 6J 135/42g
  Az 2: 6H 79/43

Wagmann, Georg
- Fiche: *0192/0601*
  Az 1: 9J 100/44
  Az 2: 2H 231/44

Wagner
- Fiche: *0042*
  Az 1: 16J 354/35
  Az 2: 1H 50/35
- Fiche: *0050 f.*
  Az 1: 8J 164/35
  Az 2: 1H 5/36
- Fiche: *0065*
  Az 1: 16J 349/35
  Az 2: 2H 32/36
- Fiche: *0094/0262*
  Az 1: 8J 223/36
  Az 2: 2H 15/37
- Fiche: *0134/0523*
  Az 1: 7J 348/38
  Az 2: 2H 82/38
- Fiche: *0163*
  Az 1: 5J 142/40
  Az 2: 2H 68/40
- Fiche: *0197/0466*
  Az 1: 8J 157/44
  Az 2: 1H 208/44
- Fiche: *0202*
  Az 1: 8J 179/44
  Az 2: 1H 237/44
- Fiche: *0207/0689*
  Az 1: 8J 200/44g
  Az 2: 1H 286/44
- Fiche: *0231 f./0561*
  Az 1: 8J 14/34
  Az 2: 2H 33/35
- Fiche: *0296*
  Az 1: 7J 599/42
  Az 2: 6H 47/43
- Fiche: *0356/0400*
  Az 1: 7J 395/42, 7J 457/42
  Az 2: 5H 158/42, 5H 193/42
- Fiche: *0365*
  Az 1: 7J 599/42
  Az 2: 6H 48/43
- Fiche: *0383 f./0650*
  Az 1: 7J 205/43
  Az 2: 6H 100/43
- Fiche: *0441*
  Az 1: 0J 3/44g Rs
  Az 2: 1L 292/44
- Fiche: *0452*
  Az 1: 9J 73/36
  Az 2: 1H 19/36
- Fiche: *0472 f./0603 f.*
  Az 1: 14J 629/37g, 6J 44/38g
  Az 2: 2H 84,85,87/38
- Fiche: *0526 f.*
  Az 1: 7J 457/42
- Fiche: *0556 f.*
  Az 1: 9J 51/44g
  Az 2: 1H 97/44
- Fiche: *0570*
  Az 1: 16J 287/35
  Az 2: 1H 30/35
- Fiche: *0579*
  Az 1: 6J 16/43g
  Az 2: 1H 99/43
- Fiche: *0615 ff.*
  Az 1: 15J 86/33
  Az 2: XII H 42/33
- Fiche: *0696 f.*
  Az 1: StPL (RKA) III 657/41
  Az 2: StPL (HLS) III 16/42
- Fiche: *0708*
  Az 1: 0J 4/44g Rs
  Az 2: 1L 229/44
- Fiche: *0708*
  Az 1: 0J 5/44gRs, 0J 9/44gRs
  Az 2: 1L 301/44, 1L 309/44

Wagner (Frau)
- Fiche: *0112/0271*
  Az 1: 16J 675/37
  Az 2: 2H 52/37
- Fiche: *0128*
  Az 1: 5J 317/38
  Az 2: 1H 35/38
- Fiche: *0173*
  Az 1: 5J 81/42
  Az 2: 2H 94/42
- Fiche: *0296*
  Az 1: 7J 599/42
  Az 2: 6H 47/43
- Fiche: *0365*
  Az 1: 7J 599/42
  Az 2: 6H 48/43
- Fiche: *0365*
  Az 1: 7J 599/42
  Az 2: 6H 45/43
- Fiche: *0455*
  Az 1: 7J 599/42
  Az 2: 6H 44/43
- Fiche: *0457 f.*
  Az 1: 10J 142/38
  Az 2: 2H 42/38

Wagner, August
- Fiche: *0103 f.*
  Az 1: 17J 416/36
  Az 2: 2H 32/37
- Fiche: *0120 f./0133*
  Az 1: 17J 400/37
  Az 2: 2H 71/38

Wagner, August (A)
- Fiche: *0545*
  Az 1: 10J 49/38
  Az 2: 2H 18/38

Wagner, Bruno
- Fiche: *0126*
  Az 1: 7J 106/38
  Az 2: 2H 27/38
- Fiche: *0439*
  Az 1: 15J 931/37
  Az 2: 2H 35/38

Wagner, Edmund
- Fiche: *0326/0649 f.*
  Az 1: 7J 220/42
  Az 2: 2H 170/42
- Fiche: *0329/0338 f.*
  Az 1: 7J 110/42
  Az 2: 2H 203/42
- Fiche: *0342*
  Az 1: 7J 222/42
  Az 2: 2H 176/42
- Fiche: *0380*
  Az 1: 7J 450/43
  Az 2: 5H 152/43

Wagner, Edmund (A)
- Fiche: *0350*
  Az 1: 7J 179/42
  Az 2: 5H 118/42

Wagner, Emilie
- Fiche: *0004 f.*
  Az 1: 13J 98/33
  Az 2: 1H 7/34

Wagner, Erich
- Fiche: *0589*
  Az 1: 16J 293/35
  Az 2: 2H 58/35

Wagner, Erich (A)
- Fiche: *0036*
  Az 1: 16J 304/35
  Az 2: 1H 31/35

Wagner, Franz (A)
- Fiche: *0346*
  Az 1: 7J 390/42
  Az 2: 2H 253/42
- Fiche: *0376*
  Az 1: 7J 306/42, 7J 239/43
  Az 2: 5H 140/42, 5H 72/43
- Fiche: *0376*
  Az 1: 7J 238/43
  Az 2: 5H 72/43

Wagner, Friedel
- Fiche: *0376*
  Az 1: 7J 306/42, 7J 239/43
  Az 2: 5H 140/42, 5H 72/43

Wagner, Wilhelm
- Fiche: *0545*
  Az 1: 10J 49/38
  Az 2: 2H 18/38

Wagnier, Denise
- Fiche: *0050 f.*
  Az 1: 8J 164/35
  Az 2: 1H 5/36

Wahl
- Fiche: *0131/0596 f.*
  Az 1: 14J 796/37g
  Az 2: 2H 51/38
- Fiche: *0213 f./0216*
  Az 1: 17J 89/33
  Az 2: 1H 6/34

Wahl, Georg
- Fiche: *0569/0707*
  Az 1: 10J 458/43
  Az 2: 6H 159/43

Wahl, Heinrich
- Fiche: *0131/0596 f.*
  Az 1: 14J 796/37g
  Az 2: 2H 51/38

Wahle (Frau)
- Fiche: *0564 f.*
  Az 1: 9J 137/34
  Az 2: 1H 25/35

Wahle, Carl Ernst (A)
- Fiche: *0471*
  Az 1: 8J 395/42g
  Az 2: 2H 336/42

Wahle, Martha (A)
- Fiche: *0471*
  Az 1: 8J 395/42g
  Az 2: 2H 336/42

Wahlig, Karl
- Fiche: *0341/0354*
  Az 1: 7J 214/42
  Az 2: 2H 186/42

Wahls, Otto
- Fiche: *0021/0461 f.*
  Az 1: 9aJ 44/34
  Az 2: 2H 1/35
- Fiche: *0140 f.*
  Az 1: 8J 357/38g
  Az 2: 2H 13/39
- Fiche: *0263 f./0487 f.*
  Az 1: 17J 171/35
  Az 2: 2H 17/37
- Fiche: *0311 f.*
  Az 1: 14a/8J 510/29
  Az 2: 1H 18/34
- Fiche: *0523*
  Az 1: 15J 201/35
  Az 2: 1H 2/36
- Fiche: *0684*
  Az 1: 10J 80/42
  Az 2: 2H 317/42

Wahner, Hermann
- Fiche: *0073/0255 f.*
  Az 1: 8J 437/35g
  Az 2: 2H 50/36

Wahrendorf, Andreas
- Fiche: *0088 f.*
  Az 1: 17J 239/36
  Az 2: 1H 7/37

Wahrendorf, Wilhelm
- Fiche: *0090*
  Az 1: 17J 187/36
  Az 2: 2H 31/37
- Fiche: *0091*
  Az 1: 7a O Js 113.36

Waibel, Christian
- Fiche: *0135 f./0678 f.*
  Az 1: 5J 344/38
  Az 2: 2H 94/38

Waibel, Christian (A)
- Fiche: *0136 f./0272*
  Az 1: 11J 152/38
  Az 2: 1H 3/39

Waidbacher, Heinrich (A)
- Fiche: *0362*
  Az 1: 7J 169/43
  Az 2: 1H 92/43
- Fiche: *0707*
  Az 1: StPL (RKA) III 153/42
  Az 2: StPL (HLS) II 96/42

Waissar, Franz
- Fiche: *0397f.*
  Az 1: 6J 198/39g
  Az 2: 3L 19/40

Wala, Anna (A)
- Fiche: *0575 f.*
  Az 1: 7J 438/43
  Az 2: 5H 140/43

Walas, Paul (A)
- Fiche: *0681 f.*
  Az 1: 10J 202/41g
  Az 2: 2H 143/41

Walch
- Fiche: *0587*
  Az 1: 10J 303/38
  Az 2: 2H 90/38

Walch, Anna
- Fiche: *0587*
  Az 1: 10J 303/38
  Az 2: 2H 90/38

Walch, Anna (A)
- Fiche: *0565 f.*
  Az 1: 10J 291/38
  Az 2: 2H 88/38

Walch, Johann (A)
- Fiche: *0565 f.*
  Az 1: 10J 291/38
  Az 2: 2H 88/38

Walcher, Hermann
- Fiche: *0520 f.*
  Az 1: 6J 96/41g
  Az 2: 2H 124/41

Walcher, Jakob
- Fiche: *0001*
  Az 1: 8J 1865/33
  Az 2: 1H 1/34
- Fiche: *0013 f.*
  Az 1: 8J 1713/33
  Az 2: 2H 20/34
- Fiche: *0014*
  Az 1: 8J 1713/33
  Az 2: 2H 20/34
- Fiche: *0039*
  Az 1: 8J 169/35
  Az 2: 1H 41/35
- Fiche: *0052 f.*
  Az 1: 17J 5/36
  Az 2: 1H 10/36
- Fiche: *0060 f.*
  Az 1: 8J 438/35g
  Az 2: 1H 23/24/36
- Fiche: *0072 f.*
  Az 1: 15J 282/36
  Az 2: 2H 49/36
- Fiche: *0102/0267*
  Az 1: 17J 91/36
  Az 2: 2H 30/37
- Fiche: *0111 f./0270 f.*
  Az 1: 17J 152/37
  Az 2: 2H 51/37
- Fiche: *0134*
  Az 1: 7J 344/38
  Az 2: 2H 78/38
- Fiche: *0134/0523*
  Az 1: 7J 348/38
  Az 2: 2H 82/38
- Fiche: *0136*
  Az 1: 7J 346/38
  Az 2: 2H 95/38
- Fiche: *0141/0475 f.*
  Az 1: 5J 449/38
  Az 2: 1H 15/39
- Fiche: *0266/0745*
  Az 1: 17J 472/36
  Az 2: 2H 28/37
- Fiche: *0284 f.*
  Az 1: 7J 352/38
  Az 2: 2H 3/39
- Fiche: *0448*
  Az 1: 17J 225/37
  Az 2: 2H 48/37
- Fiche: *0489 ff.*
  Az 1: 8J 402/38
  Az 2: 2H 41/39
- Fiche: *0539 f.*
  Az 1: 10J 36/41
  Az 2: 2H 91/41
- Fiche: *0549*
  Az 1: 5J 642/38
  Az 2: 1H 13/39
- Fiche: *0552 f.*
  Az 1: 8J 10/35
  Az 2: 2H 34/35
- Fiche: *0611 f.*
  Az 1: 12J 145/33
  Az 2: XII H 13/34
- Fiche: *0619 f.*
  Az 1: 12J 191/33
  Az 2: XII H 53/33
- Fiche: *0630 f.*
  Az 1: 5J 174/39
  Az 2: 2H 51/39

Walcke, Ella
- Fiche: *0517/0678*
  Az 1: 10J 139/38
  Az 2: 2H 67/38

Wald
- Fiche: *0448*
  Az 1: 17J 225/37
  Az 2: 2H 48/37
- Fiche: *0615 ff.*
  Az 1: 15J 86/33
  Az 2: XII H 42/33
- Fiche: *0692*
  Az 1: 14J 328/33
  Az 2: XV H 59/33

Wald (Frau)
- Fiche: *0095 f.*
  Az 1: 17J 271/36
  Az 2: 2H 23/37
- Fiche: *0475*
  Az 1: 9J 323/39g
  Az 2: 1H 67/39

Wald, Eduard
- Fiche: *0094/0264 f.*
  Az 1: 17J 439/36
  Az 2: 2H 21/37
- Fiche: *0112*
  Az 1: 17J 391/36
  Az 2: 2H 56/37

Wald, Eduard (A)
- Fiche: *0095 f.*
  Az 1: 17J 271/36
  Az 2: 2H 23/37

Wald, Julius
- Fiche: *0184/0707 f.*
  Az 1: 9J 777/43g
  Az 2: 5H 40/44

Wald, Margarete (A)
- Fiche: *0206*
  Az 1: 8J 189/44g
  Az 2: 1H 265/44

Waldapfel
- Fiche: *0332/0367*
  Az 1: 7J 257/41
  Az 2: 2H 114/42

Waldeck, Georg
- Fiche: *0538*
  Az 1: 10J 227/38
  Az 2: 2H 80/38

Waldenberg, Ernst
- Fiche: *0361 f.*
  Az 1: 7J 476/42
  Az 2: 5H 177/42

Waldhäussl, Karl
- Fiche: *0420*
  Az 1: 6J 44/44
  Az 2: 5H 57/44

Waldhauser
- Fiche: *0419 f./0650*
  Az 1: 7(8)J 208/43, 7J 258/43, 7J 80/44
  Az 2: 5H 58/44, 5H 53/44, 5H 60/44

Waldheim
- Fiche: *0480*
  Az 1: 10J 299/41
  Az 2: 2H 50/42
- Fiche: *0531 f.*
  Az 1: 10J 170/41
  Az 2: 2H 10/42

Waldmann, Adolf
- Fiche: *0538*
  Az 1: 10J 227/38
  Az 2: 2H 80/38

Waldner
- Fiche: *0186/0318*
  Az 1: 11(10)J 818/43g
  Az 2: 1H 55/44

Waver
- Fiche: *0642*
  Az 1: 8J 144/38
  Az 2: 1H 16/38

Waver, Horst
- Fiche: *0137/0711 f.*
  Az 1: 8J 367/38
  Az 2: 2H 4/39

Wawerka
- Fiche: *0366*
  Az 1: 7J 171/42
  Az 2: 5H 147/42

Wawra, Oskar
- Fiche: *0381*
  Az 1: 7J 297/43
  Az 2: 5H 96/43, 5H 139/43

Wawrzyniak, Kurt (A)
- Fiche: *0593 f.*
  Az 1: 15J 490/33
  Az 2: 1H 89/34

Weber
- Fiche: *0117 f./0542*
  Az 1: 8J 20/36g
  Az 2: 2H 11/38
- Fiche: *0157 f.*
  Az 1: 11J 195/38
  Az 2: 1H 37/39
- Fiche: *0160*
  Az 1: 9J 425/39g
  Az 2: 2H 43/40
- Fiche: *0179/0641*
  Az 1: 6J 84/42, 6J 63/43
  Az 2: 6H 98/43
- Fiche: *0271 f.*
  Az 1: 16J 576/37
  Az 2: 2H 59/37
- Fiche: *0272*
  Az 1: 16J 225/37
  Az 2: 2H 60/37
- Fiche: *0352*
  Az 1: 7J 466/42
  Az 2: 6H 20/42
- Fiche: *0440*
  Az 1: 0J 48/44g Rs
  Az 2: 1L 486/44
- Fiche: *0502*
  Az 1: 8J 409/42g
  Az 2: 2H 66/43
- Fiche: *0556 f.*
  Az 1: 9J 51/44g
  Az 2: 1H 97/44
- Fiche: *0592*
  Az 1: 9J 423/39g
  Az 2: 2H 63/40
- Fiche: *0615 ff.*
  Az 1: 15J 86/33
  Az 2: XII H 42/33
- Fiche: *0642*
  Az 1: 8J 144/38
  Az 2: 1H 16/38
- Fiche: *0690*
  Az 1: 6(7)J 429/43
  Az 2: 5H 26/44
- Fiche: *0693*
  Az 1: StPL (RKA) I 424/43
  Az 2: StPL 2. Sen. 4/44
- Fiche: *0698*
  Az 1: StPL (RKA) I 424/43
  Az 2: StPL 2. Sen. 6/44
- Fiche: *0700*
  Az 1: StPL (RKA) I 424/43
  Az 2: StPL 2. Sen. 5/44

Weber, Adolf
- Fiche: *0735 f.*
  Az 1: 7J 32/44
  Az 2: 6H 92/44

Weber, Albert
- Fiche: *0250 f.*
  Az 1: 8J 364/35
  Az 2: 2H 15/36

Weber, Alfred
- Fiche: *0068*
  Az 1: 8J 434/35g
  Az 2: 2H 41/36

Weber, Alfred (A)
- Fiche: *0046/0239*
  Az 1: 16J 438/35
  Az 2: 1H 62/35

Weber, Anna
- Fiche: *0098*
  Az 1: 14J 305/37g
  Az 2: 1H 26/37
- Fiche: *0098 f.*
  Az 1: 14J 305/37g
  Az 2: 1H 35/37

Weber, Arno
- Fiche: *0122 f.*
  Az 1: 16J 765/37
  Az 2: 1H 23/38

Weber, Christian
- Fiche: *0535*
  Az 1: 8J 78/42g
  Az 2: 2H 214/42

Weber, Elfriede
- Fiche: *0098*
  Az 1: 14J 305/37g
  Az 2: 1H 26/37
- Fiche: *0098 f.*
  Az 1: 14J 305/37g
  Az 2: 1H 35/37

Weber, Else
- Fiche: *0010*
  Az 1: 8J 1783/33
  Az 2: 1H 14/34

Weber, Emil (A)
- Fiche: *0098*
  Az 1: 14J 305/37g
  Az 2: 1H 26/37
- Fiche: *0098 f.*
  Az 1: 14J 305/37g
  Az 2: 1H 35/37
- Fiche: *0267 f.*
  Az 1: 7J 201/36g
  Az 2: 2H 40/37

Weber, Erich
- Fiche: *0684 f.*
  Az 1: 10J 548/43
  Az 2: 2H 158/43

Weber, Erna
- Fiche: *0454*
  Az 1: 9J 22/43
  Az 2: 2H 62/43

Weber, Franz (A)
- Fiche: *0082 f.*
  Az 1: 8J 415/35g
  Az 2: 1H 1/37

Weber, Frieda (A)
- Fiche: *0267 f.*
  Az 1: 7J 201/36g
  Az 2: 2H 40/37

Weber, Friedrich
- Fiche: *0485 f.*
  Az 1: 8J 386/38, 8J 214/37
  Az 2: 1H 33/38, 1H 31/38

Weber, Fritz
- Fiche: *0560*
  Az 1: 9J 90/42g
  Az 2: 2H 281/42

Weber, Fritz (A)
- Fiche: *0666*
  Az 1: 15J 147/33
  Az 2: XV H 40/33

Weber, Gottfried
- Fiche: *0078*
  Az 1: 14J 73/36
  Az 2: 1H 62/36
- Fiche: *0523 f.*
  Az 1: 9J 351/38g
  Az 2: 2H 93/38

Weber, Heinrich
- Fiche: *0177 f.*
  Az 1: 8J 382/42g
  Az 2: 2H 65/43

Weber, Heinrich (A)
- Fiche: *0502*
  Az 1: 8J 409/42g
  Az 2: 2H 66/43

Weber, Johann
- Fiche: *0380*
  Az 1: 7J 450/43
  Az 2: 5H 152/43

Weber, Johann (A)
- Fiche: *0298 f.*
  Az 1: 7J 370/43, 7J 398/43
  Az 2: 5H 118/43, 5H 119/43

Weber, Johannes
- Fiche: *0087 f.*
  Az 1: 14J 396/36
  Az 2: 1H 6/37
- Fiche: *0094 f./0551*
  Az 1: 9J 600/36
  Az 2: 1H 21/37

Weber, Josef
- Fiche: *0068/0448*
  Az 1: 9J 12/36
  Az 2: 1H 41/36
- Fiche: *0365*
  Az 1: 7J 607/42
  Az 2: 6H 57/43

Weber, Josepha
- Fiche: *0061*
  Az 1: 17J 128/36
  Az 2: 2H 25/36

Weber, Karl
- Fiche: *0250 f.*
  Az 1: 8J 364/35
  Az 2: 2H 15/36
- Fiche: *0444*
  Az 1: 12J 33/40
- Fiche: *0540*
  Az 1: 9J 42/36
  Az 2: 1H 17/36

Weber, Karl (A)
- Fiche: *0725 f.*
  Az 1: 15J 157/34
  Az 2: 1H 11/35

Weber, Lotte
- Fiche: *0565 f.*
  Az 1: 10J 291/38
  Az 2: 2H 88/38

Weber, Louis
- Fiche: *0589 f.*
  Az 1: 9J 399/39g
  Az 2: 2H 26/41

Weber, Ludwig
- Fiche: *0560*
  Az 1: 9J 90/42g
  Az 2: 2H 281/42

Weber, Martin (A)
- Fiche: *0700*
  Az 1: StPL (RKA) I 424/43
  Az 2: StPl 2. Sen. 98/43

Weber, Max
- Fiche: *0176*
  Az 1: 6J 92/42
  Az 2: 2H 282/42

Weber, Otto
- Fiche: *0020 f.*
  Az 1: 17J 683/33
  Az 2: 1H 44/34
- Fiche: *0021 f.*
  Az 1: 17J 397/33
  Az 2: 1H 3/35
- Fiche: *0087 f.*
  Az 1: 14J 396/36
  Az 2: 1H 6/37
- Fiche: *0213 f./0216*
  Az 1: 17J 89/33
  Az 2: 1H 6/34

Weber, Paul A.
- Fiche: *0481 f./0557 f.*
  Az 1: 8J 214/37
  Az 2: 1H 31/38

Weber, Robert
- Fiche: *0345*
  Az 1: 7J 467/42
  Az 2: 1H 273/42

Weber, Robert (A)
- Fiche: *0319 f.*
  Az 1: 6J 124/40g
  Az 2: 2H 10/41

Wegscheider, Hildegard
- Fiche: *0185 f.*
  Az 1: 11J 29/44
  Az 2: 1H 52/44

Wegwitz, Karl
- Fiche: *0429/0741*
  Az 1: 9J 213/44
  Az 2: 5H 118/44

Wegwitz, Karl (A)
- Fiche: *0209*
  Az 1: 9J 233/44
  Az 2: 1H 318/44

Wehde
- Fiche: *0256*
  Az 1: 15J 162/36
  Az 2: 1H 51/36

Wehlis, Ernst
- Fiche: *0108 f.*
  Az 1: 8J 337/37g
  Az 2: 1H 41/37

Wehmeier, Hugo
- Fiche: *0544*
  Az 1: 9J 757/37
  Az 2: 1H 21/38

Wehner
- Fiche: *0018/0534*
  Az 1: 14a/8J 796/30
  Az 2: 1H 31/34
- Fiche: *0037/0221*
  Az 1: 17J 94/34
  Az 2: 1H 33/35
- Fiche: *0168 f.*
  Az 1: 5J 230/41
  Az 2: 2H 6/42
- Fiche: *0556 f.*
  Az 1: 9J 51/44g
  Az 2: 1H 97/44

Wehner, Bruno Willy (A)
- Fiche: *0006/0528*
  Az 1: 15J 250/33
  Az 2: 2H 9/34

Wehner, Franz
- Fiche: *0113*
  Az 1: 8J 351/37g
  Az 2: 2H 57/37

Wehner, Helene
- Fiche: *0562 f.*
  Az 1: 10J 204/40
  Az 2: 2H 17/41

Wehner, Herbert
- Fiche: *0001*
  Az 1: 17J 303/33
  Az 2: 1H 2/34
- Fiche: *0019 f./0311*
  Az 1: 17J 64/34
  Az 2: 1H 41/34
- Fiche: *0021 f.*
  Az 1: 17J 397/33
  Az 2: 1H 3/35
- Fiche: *0035*
  Az 1: 17J 454/34
  Az 2: 1H 28/35
- Fiche: *0044 f.*
  Az 1: 17J 387/34
  Az 2: 2H 55/35
- Fiche: *0140 f.*
  Az 1: 8J 357/38g
  Az 2: 2H 13/39
- Fiche: *0245 f.*
  Az 1: 8J 7/36g
  Az 2: 2H 4/36
- Fiche: *0263 f./0487 f.*
  Az 1: 17J 171/35
  Az 2: 2H 17/37
- Fiche: *0516/0685*
  Az 1: 10J 175/41
  Az 2: 2H 135/41
- Fiche: *0628 f.*
  Az 1: 10J 2/43g
  Az 2: 1H 89/43
- Fiche: *0681 f.*
  Az 1: 10J 202/41g
  Az 2: 2H 143/41

Wehner, Karl
- Fiche: *0176/0635*
  Az 1: 5J 151/42
  Az 2: 5H 10/43

Wehner, Lotte
- Fiche: *0034*
  Az 1: 9J 613/33
  Az 2: 1H 27/35

Wehner, Paul
- Fiche: *0657 f.*
  Az 1: 17J 163/33
  Az 2: XV H 3/34

Wehofer, Wilhelm
- Fiche: *0308*
  Az 1: 7J 242/40
  Az 2: 2H 113/40
- Fiche: *0308*
  Az 1: 6J 103/40g
  Az 2: 2H 115/40
- Fiche: *0309 f.*
  Az 1: 6J 103/40g
  Az 2: 2H 116/40
- Fiche: *0320 f./0388*
  Az 1: 6J 144/40g
  Az 2: 2H 14/41
- Fiche: *0323*
  Az 1: 6J 28/41g
  Az 2: 2H 129/41
- Fiche: *0360*
  Az 1: 7J 382/42
  Az 2: 5H 159/42

Wehofer, Wilhelm (A)
- Fiche: *0322/0521 f.*
  Az 1: 6J 145/40
  Az 2: 2H 32/41

Wehofschitz
- Fiche: *0373/0520*
  Az 1: 7J 192/43
  Az 2: 5H 83/43

Wehowski, Karl
- Fiche: *0154*
  Az 1: 6J 19/39g
  Az 2: 2H 53/39

Wehrbein
- Fiche: *0488 f./0519 f.*
  Az 1: 9J 30/40g
  Az 2: 2H 5/41

Wehren, Simon
- Fiche: *0633 f.*
  Az 1: 9J 267/37
  Az 2: 2H 46/37

Wehres, Hans (A)
- Fiche: *0671*
  Az 1: 9J 759/37
  Az 2: 2H 36/38

Wehrle, Hermann
- Fiche: *0708*
  Az 1: 0J 4/44g Rs
  Az 2: 1L 229/44

Wehrle, Hermann (A)
- Fiche: *0515*
  Az 1: 0J 12/44g Rs
  Az 2: 1L 321/44

Wehrmann, Willy
- Fiche: *0066 f./0253 f.*
  Az 1: 8J 4/36
  Az 2: 1H 38/36

Weich, Karl
- Fiche: *0397f.*
  Az 1: 6J 198/39g
  Az 2: 3L 19/40

Weichan, Arthur
- Fiche: *0043*
  Az 1: 17J 309/34
  Az 2: 1H 53/35

Weichan, Franz (A)
- Fiche: *0043*
  Az 1: 17J 309/34
  Az 2: 1H 53/35

Weichau
- Fiche: *0035*
  Az 1: 17J 282/34
  Az 2: 2H 27/35

Weichenberger, Ferdinand (A)
- Fiche: *0298*
  Az 1: 7J 274/43
  Az 2: 6H 106/43

Weichert
- Fiche: *0130/0277*
  Az 1: 6J 224/38g
  Az 2: 2H 48/38
- Fiche: *0158 f./0288*
  Az 1: 7J 6/39
  Az 2: 1H 77/39
- Fiche: *0273 f.*
  Az 1: 14J 657/37g
  Az 2: 1H 15/38
- Fiche: *0714 f.*
  Az 1: 8J 232/40
  Az 2: 2H 76/41
- Fiche: *0740*
  Az 1: 8J 199/44g
  Az 2: 1H 315/44

Weichert (Frau)
- Fiche: *0273 f.*
  Az 1: 14J 657/37g
  Az 2: 1H 15/38

Weichert, Albert
- Fiche: *0097 f.*
  Az 1: 17J 28/36
  Az 2: 2H 24/37

Weichert, Gerhardt
- Fiche: *0589*
  Az 1: 16J 293/35
  Az 2: 2H 58/35

Weichhardt, Martin (A)
- Fiche: *0040 f./0235 f.*
  Az 1: 16J 324/34
  Az 2: 2H 45/35

Weichhart, Leopold
- Fiche: *0327*
  Az 1: 7J 271/42
  Az 2: 2H 157/42

Weichmüller
- Fiche: *0040 f./0235 f.*
  Az 1: 16J 324/34
  Az 2: 2H 45/35

Weichselbaum, Otto
- Fiche: *0329/0376*
  Az 1: 7J 287/43
  Az 2: 5H 68/43
- Fiche: *0363/0563 f.*
  Az 1: 7J 64/43
  Az 2: 5H 52/43

Weichselbraun
- Fiche: *0575 f.*
  Az 1: 7J 438/43
  Az 2: 5H 140/43

Weick, Elsa
- Fiche: *0630 f.*
  Az 1: 5J 174/39
  Az 2: 2H 51/39

Weidauer, Walter
- Fiche: *0478*
  Az 1: 10J 290/40g
  Az 2: 5H 62/42
- Fiche: *0502*
  Az 1: 10J 54/41
  Az 2: 2H 52/41
- Fiche: *0537 f.*
  Az 1: 9J 236/41g
  Az 2: 5H 75/42
- Fiche: *0553 f.*
  Az 1: 10J 137/42
  Az 2: 2H 242/42
- Fiche: *0554*
  Az 1: 10J 294/41
  Az 2: 1H 329/42
- Fiche: *0559*
  Az 1: 10J 16/42g
  Az 2: 1H 247/42
- Fiche: *0560*
  Az 1: 10J 382/43
  Az 2: 1H 189/43
- Fiche: *0628 f.*
  Az 1: 10J 2/43g
  Az 2: 1H 89/43

Weidauer, Walter (A)
- Fiche: *0628*
  Az 1: 9J 50/42g
  Az 2: 2H 60/42

Weide, Gottlieb
- Fiche: *0021/0461 f.*
  Az 1: 9aJ 44/34
  Az 2: 2H 1/35
- Fiche: *0311 f.*
  Az 1: 14a/8J 510/29
  Az 2: 1H 18/34

Weinert, Wilhelm (A)
- Fiche: *0320*
  Az 1: 6J 119/40g

Weinfurter
- Fiche: *0326*
  Az 1: 7J 199/42
  Az 2: 2H 169/42
- Fiche: *0341 f.*
  Az 1: 7J 203/42
  Az 2: 2H 183/42

Weinfurter (Frau)
- Fiche: *0576*
  Az 1: 7J 138/43
  Az 2: 5H 75/43

Weinfurter, Anton (A)
- Fiche: *0339/0349*
  Az 1: 7J 164/42
  Az 2: 5H 91/42

Weinfurter, Leopold
- Fiche: *0300*
  Az 1: 7J 102/43
  Az 2: 5H 85/43
- Fiche: *0328*
  Az 1: 7J 208/42
  Az 2: 5H 145/42
- Fiche: *0328/0335*
  Az 1: 7J 606/41
  Az 2: 2H 54/42
- Fiche: *0328/0340 f.*
  Az 1: 7J 137/42
  Az 2: 2H 191/42
- Fiche: *0329/0339*
  Az 1: 7J 283/42, 7J 288/42
  Az 2: 5H 146/42
- Fiche: *0339/0349*
  Az 1: 7J 164/42
  Az 2: 5H 91/42
- Fiche: *0576*
  Az 1: 7J 138/43
  Az 2: 5H 75/43

Weinfurter, Leopold (A)
- Fiche: *0300/0339*
  Az 1: 7J 232/42
  Az 2: 2H 202/42

Weingärtner
- Fiche: *0166/0568*
  Az 1: 9J 24/41
  Az 2: 2H 86/41

Weingärtner, Hermann (A)
- Fiche: *0437*
  Az 1: 9J 78/44
  Az 2: 2H 18/45

Weingant, Josef (A)
- Fiche: *0378*
  Az 1: 7J 433/43
  Az 2: 6H 177/43

Weingart, Josef
- Fiche: *0186/0318*
  Az 1: 11(10)J 818/43g
  Az 2: 1H 55/44

Weingarten, Alma (A)
- Fiche: *0055/0248 f.*
  Az 1: 8J 418/35g
  Az 2: 1H 13/36

Weinhandl, Johann (A)
- Fiche: *0384*
  Az 1: 7J 279/43
  Az 2: 6H 104/43

Weinhofer, Franz
- Fiche: *0349*
  Az 1: 6J 45/42g
  Az 2: 5H 95/42
- Fiche: *0512*
  Az 1: 6J 44/42g
- Fiche: *0522*
  Az 1: 6J 43/42
  Az 2: 2H 120/42

Weinhofer, Franz (A)
- Fiche: *0331*
  Az 1: 6J 18/42g
  Az 2: 2H 121/42

Weinhold
- Fiche: *0593 f.*
  Az 1: 15J 490/33
  Az 2: 1H 89/34
- Fiche: *0615 ff.*
  Az 1: 15J 86/33
  Az 2: XII H 42/33

Weinhold, Arthur (A)
- Fiche: *0028 f./0679*
  Az 1: 15J 648/33
  Az 2: 1H 14/35

Weinhold, Josef
- Fiche: *0488 f./0519 f.*
  Az 1: 9J 30/40g
  Az 2: 2H 5/41

Weinhold, Josef (A)
- Fiche: *0488 f./0519 f.*
  Az 1: 9J 30/40g
  Az 2: 2H 5/41
- Fiche: *0719 f.*
  Az 1: 9J 34/40g

Weinmann
- Fiche: *0677/0747*
  Az 1: 4J 349/40g
  Az 2: 1L 18/42

Weinmann, Juliana
- Fiche: *0444*
  Az 1: 12J 33/40

Weinmann, Maria
- Fiche: *0403 f.*
  Az 1: 8J 7/41g
  Az 2: 2H 166/43

Weinmann, Maria (A)
- Fiche: *0693*
  Az 1: 8J 199/41
  Az 2: 2H 173/43

Weinmann, Maria Magdalena (A)
- Fiche: *0407 f.*
  Az 1: 7(8)J 199/41
  Az 2: 2H 3/44

Weinmayer, Karl
- Fiche: *0341/0354*
  Az 1: 7J 214/42
  Az 2: 2H 186/42

Weinrich (Frau)
- Fiche: *0110/0302*
  Az 1: 8J 341/37g
  Az 2: 1H 46/37

Weinsziehr
- Fiche: *0014 f.*
  Az 1: 15J 828/33
  Az 2: 1H 23/34

Weinsziehr, Heinrich (A)
- Fiche: *0621 f.*
  Az 1: 15J 241/33
  Az 2: XII H 57/33

Weintz, August
- Fiche: *0024 f.*
  Az 1: 8J 943/32
  Az 2: 2H 8/35
- Fiche: *0052*
  Az 1: 14J 104/36
  Az 2: 2H 8/36

Weipert
- Fiche: *0042*
  Az 1: 16J 354/35
  Az 2: 1H 50/35
- Fiche: *0053 f.*
  Az 1: 17J 310/35
  Az 2: 2H 10/36

Weirich
- Fiche: *0702*
  Az 1: 6J 80/40g
  Az 2: 5H 64/42

Weirowski
- Fiche: *0047 f./0641*
  Az 1: 9J 486/35
  Az 2: 1H 71/35

Weis
- Fiche: *0114/0473 f.*
  Az 1: 14J 527/37g, 14J 736/37
  Az 2: 1H 44/37, 1H 3/38
- Fiche: *0706*
  Az 1: StPL (RKA) III 407/43
  Az 2: StPL 2. Sen. 18/44

Weis (Frau)
- Fiche: *0114/0473 f.*
  Az 1: 14J 527/37g, 14J 736/37
  Az 2: 1H 44/37, 1H 3/38

Weis, Ludwig
- Fiche: *0106/0546 f.*
  Az 1: 17J 315/37
  Az 2: 1H 37/37
- Fiche: *0730 f./0732*
  Az 1: 17J 318/37
  Az 2: 1H 38/37

Weis, Ludwig (A)
- Fiche: *0104*
  Az 1: 17J 321/37
  Az 2: 1H 33/37

Weis, Michael (A)
- Fiche: *0189 f.*
  Az 1: 10(9)J 758/44
  Az 2: 2H 117/44

Weis, Wilhelm
- Fiche: *0086/0684*
  Az 1: 14J 392/35
  Az 2: 2H 4/37

Weis, Wolfdietrich (A)
- Fiche: *0505/0642 f.*
  Az 1: 8J 201/41
  Az 2: 2H 171/43

Weisbecher, Walter
- Fiche: *0166/0568*
  Az 1: 9J 24/41
  Az 2: 2H 86/41

Weisbrodt, Arthur
- Fiche: *0030*
  Az 1: 17J 210/34
  Az 2: 2H 19/35
- Fiche: *0204*
  Az 1: 8J 184/44g
  Az 2: 1H 249/44
- Fiche: *0741*
  Az 1: 8J 26/45

Weisbrodt, Arthur (A)
- Fiche: *0031 f./0230*
  Az 1: 17J 296/34
  Az 2: 2H 24/35
- Fiche: *0200*
  Az 1: 8J 177/44g
  Az 2: 1H 219/44

Weise
- Fiche: *0134*
  Az 1: 7J 344/38
  Az 2: 2H 78/38
- Fiche: *0134/0523*
  Az 1: 7J 348/38
  Az 2: 2H 82/38
- Fiche: *0136*
  Az 1: 7J 346/38
  Az 2: 2H 95/38
- Fiche: *0182/0464 f.*
  Az 1: 11(10)J 423/43g
  Az 2: 2H 17/44
- Fiche: *0254*
  Az 1: 9J 332/36
  Az 2: 2H 40/36

Weise, Ingeborg
- Fiche: *0683 f.*
  Az 1: 10J 44/41
  Az 2: 2H 45/42

Weise, Kurt
- Fiche: *0284 f.*
  Az 1: 7J 352/38
  Az 2: 2H 3/39
- Fiche: *0448*
  Az 1: 17J 225/37
  Az 2: 2H 48/37

Weise, Kurt (A)
- Fiche: *0111 f./0270 f.*
  Az 1: 17J 152/37
  Az 2: 2H 51/37

Weise, Martin
- Fiche: *0572*
  Az 1: 9J 39/45
  Az 2: 2H 65/45

Weise, Martin (A)
- Fiche: *0516/0627*
  Az 1: 10J 143/43
  Az 2: 2H 114/43

Welling, Bernhard
- Fiche: *0511 f.*
  Az 1: 9J 125/39g
  Az 2: 2H 45/39

Wellschmidt, Fritz
- Fiche: *0183*
  Az 1: 11(10)J 631/43
  Az 2: 1H 28/44

Wels
- Fiche: *0004 f.*
  Az 1: 13J 98/33
  Az 2: 1H 7/34
- Fiche: *0053 f.*
  Az 1: 17J 310/35
  Az 2: 2H 10/36
- Fiche: *0552 f.*
  Az 1: 8J 10/35
  Az 2: 2H 34/35

Wels, Otto
- Fiche: *0002*
  Az 1: 8J 1856/33
  Az 2: 2H 2/34
- Fiche: *0038 f./0259 f.*
  Az 1: 16J 767/35
  Az 2: 2H 57/36
- Fiche: *0066 f./0253 f.*
  Az 1: 8J 4/36
  Az 2: 1H 38/36
- Fiche: *0071*
  Az 1: 14J 338/36
  Az 2: 2H 47/36
- Fiche: *0077 f./0239*
  Az 1: 8J 421/35g
  Az 2: 2H 60/36
- Fiche: *0100 f./0711*
  Az 1: 15J 1/37
  Az 2: 1H 28/37
- Fiche: *0121 f.*
  Az 1: 7J 206/38
  Az 2: 1H 19/38
- Fiche: *0145/0638 f.*
  Az 1: 9J 138/39g
  Az 2: 2H 27/39
- Fiche: *0146 f./0301 f.*
  Az 1: 10J 7/39
  Az 2: 1H 30/39
- Fiche: *0268 f./0273*
  Az 1: 14J 323/37
  Az 2: 1H 10/38
- Fiche: *0278 f.*
  Az 1: 8J 252/38
  Az 2: 2H 68/38
- Fiche: *0396/0704 f.*
  Az 1: 14J 522/37g
  Az 2: 1L 2/40
- Fiche: *0519/0549 f.*
  Az 1: 6J 135/42g
  Az 2: 6H 79/43
- Fiche: *0554 f.*
  Az 1: 8J 244/34
  Az 2: 2H 22/35
- Fiche: *0562 f.*
  Az 1: 10J 204/40
  Az 2: 2H 17/41
- Fiche: *0598 ff.*
  Az 1: 9J 479/35
  Az 2: 2H 14/36
- Fiche: *0611*
  Az 1: 8J 1694/33
  Az 2: XII H 14/34
- Fiche: *0632 f.*
  Az 1: 6J 29/42g
  Az 2: 1H 139/43
- Fiche: *0642*
  Az 1: 9J 304/39g
  Az 2: 1H 65/39
- Fiche: *0672 f.*
  Az 1: 10J 90/41
  Az 2: 2H 111/41

Welser
- Fiche: *0328/0340 f.*
  Az 1: 7J 137/42
  Az 2: 2H 191/42
- Fiche: *0340*
  Az 1: 7J 89/43
  Az 2: 5H 46/43

Welser, Friedrich
- Fiche: *0310*
  Az 1: 7J 70/40
  Az 2: 2H 131/40
- Fiche: *0321*
  Az 1: 7J 94/41, 7J 70/40
  Az 2: 2H 22/41

Welsmann
- Fiche: *0577*
  Az 1: 11J 118/44
  Az 2: 2H 160/44

Welter
- Fiche: *0095/0541*
  Az 1: 9J 571/36
  Az 2: 2H 22/37

Welter, Christian
- Fiche: *0556 f.*
  Az 1: 9J 51/44g
  Az 2: 1H 97/44

Welzer, Moritz (A)
- Fiche: *0036/0231*
  Az 1: 17J 81/35
  Az 2: 2H 31/35

Wemhöner, Wilhelm
- Fiche: *0210*
  Az 1: 8J 127/44
  Az 2: 2H 127/44
- Fiche: *0562*
  Az 1: 10(9)J 836/43
  Az 2: 2H 101/44

Wenck, Fritz (A)
- Fiche: *0268 f./0273*
  Az 1: 14J 323/37
  Az 2: 1H 10/38
- Fiche: *0268 f./0701 f.*
  Az 1: 14J 323/37
  Az 2: 1H 24/37

Wenda, Franz
- Fiche: *0329/0358*
  Az 1: 7J 354/42
  Az 2: 5H 142/42

Wende, Hans
- Fiche: *0457 f.*
  Az 1: 10J 142/38
  Az 2: 2H 42/38

Wendel
- Fiche: *0031 f./0230*
  Az 1: 17J 296/34
  Az 2: 2H 24/35

Wendel (Frau)
- Fiche: *0030*
  Az 1: 17J 210/34
  Az 2: 2H 19/35

Wendel, Fritz
- Fiche: *0058 f.*
  Az 1: 17J 129/35
  Az 2: 1H 21,22/36

Wendel, Hertha
- Fiche: *0022 f.*
  Az 1: 17J 193/34
  Az 2: 1H 4/35
- Fiche: *0090*
  Az 1: 17J 187/36
  Az 2: 2H 31/37

Wendel, Ludwig
- Fiche: *0130 f.*
  Az 1: 10J 137/38
  Az 2: 2H 49/38
- Fiche: *0457 f.*
  Az 1: 10J 142/38
  Az 2: 2H 42/38

Wendel, Ludwig (A)
- Fiche: *0499*
  Az 1: 10J 141/38
  Az 2: 2H 53/38

Wendland
- Fiche: *0107 f.*
  Az 1: 8J 232/36g
  Az 2: 2H 39/37
- Fiche: *0251 ff.*
  Az 1: 14J 12/36
  Az 2: 2H 17/36

Wendland, Hermann
- Fiche: *0168*
  Az 1: 5J 232/41
  Az 2: 2H 5/42

Wendlandt, Helga
- Fiche: *0049*
  Az 1: 8J 440/35
  Az 2: 1H 1/36

Wendler
- Fiche: *0208/0446*
  Az 1: 8J 191/44
  Az 2: 1H 303/44

Wendler, Christian
- Fiche: *0620*
  Az 1: 12J 202/33
  Az 2: XII H 60/33

Wendler, Erich
- Fiche: *0126/0276*
  Az 1: 16J 912/37
  Az 2: 2H 28/38
- Fiche: *0636*
  Az 1: 5J 171/40
  Az 2: 2H 91/40

Wendlinger
- Fiche: *0735 f.*
  Az 1: 7J 32/44
  Az 2: 6H 92/44

Wendorf, Erna
- Fiche: *0680/0698*
  Az 1: 8J 137/44g
  Az 2: 1H 5/45

Wendrich
- Fiche: *0130/0277*
  Az 1: 6J 224/38g
  Az 2: 2H 48/38

Wendrock, Irmgard
- Fiche: *0088*
  Az 1: 8J 211/36
  Az 2: 2H 6/37

Wendrzin
- Fiche: *0301*
  Az 1: 15J 818/36
  Az 2: 1H 22/37

Wendt
- Fiche: *0090 f./0261*
  Az 1: 17J 260/36
  Az 2: 1H 10/37
- Fiche: *0095 f.*
  Az 1: 17J 271/36
  Az 2: 2H 23/37
- Fiche: *0256*
  Az 1: 15J 162/36
  Az 2: 1H 51/36
- Fiche: *0489 ff.*
  Az 1: 8J 402/38
  Az 2: 2H 41/39
- Fiche: *0573 f.*
  Az 1: 10J 140/38
  Az 2: 2H 44/38
- Fiche: *0615 ff.*
  Az 1: 15J 86/33
  Az 2: XII H 42/33

Wendt (Frau)
- Fiche: *0111 f./0270 f.*
  Az 1: 17J 152/37
  Az 2: 2H 51/37
- Fiche: *0661 f.*
  Az 1: 9J 952/33
  Az 2: XV H 20/34

Wendt, Adolf
- Fiche: *0661 f.*
  Az 1: 9J 952/33
  Az 2: XV H 20/34

Wendt, Adolf (A)
- Fiche: *0465*
  Az 1: 11(10)J 1036/43g

Wendt, Willi
- Fiche: *0100 f./0711*
  Az 1: 15J 1/37
  Az 2: 1H 28/37

Wendtland
- Fiche: *0222*
  Az 1: 16J 585/33
  Az 2: 1H 35/34

Wengels, Paul
- Fiche: *0094/0264 f.*
  Az 1: 17J 439/36
  Az 2: 2H 21/37

Wenger
- Fiche: *0525 f.*
  Az 1: 9J 502/38g
  Az 2: 3L 86/39

Wengler (Frau)
- Fiche: *0560*
  Az 1: 10J 222/38
  Az 2: 2H 69/38

Wengler, Marcelle
- Fiche: *0709 ff.*
  Az 1: 8J 162/40
  Az 2: 2H 77/41

Wengler, Martha
- Fiche: *0450/0623 f.*
  Az 1: 17J 451/37
  Az 2: 2H 59/38
- Fiche: *0500 f.*
  Az 1: 10J 224/38
  Az 2: 2H 62/38

Wenig
- Fiche: *0108 f.*
  Az 1: 8J 337/37g
  Az 2: 1H 41/37
- Fiche: *0615 ff.*
  Az 1: 15J 86/33
  Az 2: XII H 42/33

Weningmann
- Fiche: *0131/0596 f.*
  Az 1: 14J 796/37g
  Az 2: 2H 51/38

Wenk
- Fiche: *0187*
  Az 1: 9J 64/44
  Az 2: 2H 80/44

Wenke
- Fiche: *0496*
  Az 1: 15J 126/34
  Az 2: 2H 20/35

Wenkel
- Fiche: *0099 f.*
  Az 1: 14J 301/37
  Az 2: 1H 27/37

Wenky, Nikolaus (A)
- Fiche: *0304 f.*
  Az 1: 7J 268/39
  Az 2: 1H 66/39

Wenlich, Karl
- Fiche: *0050 f.*
  Az 1: 8J 164/35
  Az 2: 1H 5/36

Wenschauer
- Fiche: *0397f.*
  Az 1: 6J 198/39g
  Az 2: 3L 19/40

Wenserski, Hans (A)
- Fiche: *0451*
  Az 1: 14J 290/33
  Az 2: 1H 34/34

Went
- Fiche: *0653 f.*
  Az 1: 13J 294/33
  Az 2: XV H 6/34

Wentzel (Frau)
- Fiche: *0440*
  Az 1: 0J 28/44gm Rs
  Az 2: 1L 377/44

Wentzel, Carl (A)
- Fiche: *0440*
  Az 1: 0J 28/44gm Rs
  Az 2: 1L 377/44

Wenzel
- Fiche: *0048 f.*
  Az 1: 17J 88/35
  Az 2: 1H 73/35
- Fiche: *0088*
  Az 1: 8J 211/36
  Az 2: 2H 6/37
- Fiche: *0145/0285 f.*
  Az 1: 5J 102/39
  Az 2: 1H 27/39
- Fiche: *0441*
  Az 1: 0J 55/44g Rs
  Az 2: 1L 48/45

Wenzel, Charlotte (A)
- Fiche: *0020 f.*
  Az 1: 17J 683/33
  Az 2: 1H 44/34

Wenzel, Friedrich
- Fiche: *0589 f.*
  Az 1: 9J 399/39g
  Az 2: 2H 26/41

Wenzel, Gerhard
- Fiche: *0169 f.*
  Az 1: 5J 229/41
  Az 2: 2H 13/42

Wenzel, Gustav
- Fiche: *0397f.*
  Az 1: 6J 198/39g
  Az 2: 3L 19/40

Wenzel, Hermann (A)
- Fiche: *0395*
  Az 1: 6J 192/38g
  Az 2: 4L 16/39

Wenzel, Hugo
- Fiche: *0664 f.*
  Az 1: 17J 541/33
  Az 2: XV H 25/34

Wenzel, Johann
- Fiche: *0442*
  Az 1: 8J 23/38g Rs
  Az 2: 1H 20/38
- Fiche: *0470*
  Az 1: 9J 25/42g
  Az 2: 2H 153/42
- Fiche: *0580*
  Az 1: 9J 634/38
  Az 2: 2H 7/39

Wenzel, Josef
- Fiche: *0010*
  Az 1: 8J 1783/33
  Az 2: 1H 14/34

Wenzel, Richard
- Fiche: *0209/0574*
  Az 1: 9J 258/44
  Az 2: 1H 362/44
- Fiche: *0447*
  Az 1: 9J 292/44
  Az 2: 1H 23/45

Wenzel, Willi
- Fiche: *0387 f.*
  Az 1: 16J 489/33
  Az 2: 3L 19/35

Wenzl, Alois
- Fiche: *0519/0549 f.*
  Az 1: 6J 135/42g
  Az 2: 6H 79/43

Werding, Hans
- Fiche: *0047 f./0641*
  Az 1: 9J 486/35
  Az 2: 1H 71/35

Werf
- Fiche: *0023 f.*
  Az 1: 14J 328/33
  Az 2: 1H 5/35

Werker
- Fiche: *0043 f.*
  Az 1: 9J 702/35
  Az 2: 2H 53/35
- Fiche: *0196/0625*
  Az 1: 9J 187/44
  Az 2: 2H 204/44

Wermann, Fritz
- Fiche: *0569 f.*
  Az 1: 15J 273/35
  Az 2: 1H 47/35

Werndl, Josef
- Fiche: *0414 f.*
  Az 1: 10(9)J 819/43g
  Az 2: 6H 28/44

Wernecke, Paul
- Fiche: *0681 f.*
  Az 1: 10J 202/41g
  Az 2: 2H 143/41

Werner
- Fiche: *0002*
  Az 1: 8J 1856/33
  Az 2: 2H 2/34
- Fiche: *0061 f./0626 f.*
  Az 1: 17J 336/35
  Az 2: 2H 28/36
- Fiche: *0067 f./0514*
  Az 1: 17J 25/36
  Az 2: 1H 39/36
- Fiche: *0080/0260*
  Az 1: 17J 473/35
  Az 2: 2H 63/36
- Fiche: *0271*
  Az 1: 8J 4/37
  Az 2: 2H 58/37
- Fiche: *0391 f.*
  Az 1: 5J 6/36g
  Az 2: 3L 21/37
- Fiche: *0399/0568*
  Az 1: 2J 150/40g
  Az 2: 2L 78/41
- Fiche: *0402*
  Az 1: 7J 397/43
  Az 2: 5H 115/43
- Fiche: *0492 f.*
  Az 1: 15J 168/34
  Az 2: 2H 16/35
- Fiche: *0615 ff.*
  Az 1: 15J 86/33
  Az 2: XII H 42/33
- Fiche: *0697*
  Az 1: StPL (RKA) III 114/43
- Fiche: *0727*
  Az 1: 16J 293/35

Werner (Frau)
- Fiche: *0282*
  Az 1: 7J 677/38
  Az 2: 2H 1/39

Werner (Frau) (A)
- Fiche: *0282*
  Az 1: 7J 677/38
  Az 2: 2H 1/39

Werner, Alfred
- Fiche: *0034*
  Az 1: 9J 613/33
  Az 2: 1H 27/35
- Fiche: *0042 f.*
  Az 1: 14a/9J 1672/31
  Az 2: 1H 52/35

Werner, Alfred (A)
- Fiche: *0157*
  Az 1: 5J 474/39
  Az 2: 1H 71/39

Werner, August
- Fiche: *0677*
  Az 1: 10J 320/41
  Az 2: 2H 36/42

Werner, Ferdinand (A)
- Fiche: *0650 f.*
  Az 1: 15J 190/33
  Az 2: XII H 6/34

Werner, Franz
- Fiche: *0433*
  Az 1: 10J 166/44
  Az 2: 2H 219/44

Werner, Gerhard (A)
- Fiche: *0588 f./0643*
  Az 1: 16J 293/35, 8J 438/35
  Az 2: 2H 58/35
- Fiche: *0589*
  Az 1: 16J 293/35
  Az 2: 2H 58/35

Werner, Hans
- Fiche: *0323*
  Az 1: 6J 28/41g
  Az 2: 2H 129/41
- Fiche: *0717*
  Az 1: 6J 144/41g

Werner, Heinrich
- Fiche: *0197/0466*
  Az 1: 8J 157/44
  Az 2: 1H 208/44
- Fiche: *0204*
  Az 1: 8J 198/44g
  Az 2: 1H 247/44
- Fiche: *0208*
  Az 1: 8J 208/44g
  Az 2: 1H 301/44

Werner, Heinrich (A)
- Fiche: *0200*
  Az 1: 8J 172/44g
  Az 2: 1H 216/44

Werner, Herbert
- Fiche: *0563 f.*
  Az 1: 10J 68/40
  Az 2: 2H 109/40

Werner, Herbert (A)
- Fiche: *0566 f.*
  Az 1: 10J 70/40
  Az 2: 2H 127/40

Wienecke, Adolf (A)
- Fiche: *0540 f.*
  Az 1: 10J 223/38
  Az 2: 2H 64/38

Wiener
- Fiche: *0544 f.*
  Az 1: 10J 138/38
  Az 2: 2H 37/38
- Fiche: *0647/0649*
  Az 1: 7(8)J 76/41g
  Az 2: 2H 170/43

Wieninger, Konrad
- Fiche: *0420 f.*
  Az 1: 7(8)J 172/43g
  Az 2: 5H 59/44

Wieninger, Konrad (A)
- Fiche: *0420 f.*
  Az 1: 7(8)J 172/43g
  Az 2: 5H 59/44

Wienke, Hans (A)
- Fiche: *0621 f.*
  Az 1: 15J 241/33
  Az 2: XII H 57/33

Wierkowski, Eduard
- Fiche: *0641 f.*
  Az 1: 9J 70/42g
  Az 2: 2H 157/43

Wiers, Annette
- Fiche: *0221*
  Az 1: 14J 306/33
  Az 2: 1H 33/34

Wiers, Diedrich
- Fiche: *0221*
  Az 1: 14J 306/33
  Az 2: 1H 33/34

Wiers, Karl
- Fiche: *0221*
  Az 1: 14J 306/33
  Az 2: 1H 33/34

Wiers, Lina
- Fiche: *0221*
  Az 1: 14J 306/33
  Az 2: 1H 33/34

Wiersbitzki
- Fiche: *0709*
  Az 1: 9J 80/44
  Az 2: 2H 72/44

Wiertz, Franz
- Fiche: *0519/0560*
  Az 1: 9J 316/40
  Az 2: 2H 125/41

Wies, Franz
- Fiche: *0509*
  Az 1: 9J 710/35
  Az 2: 2H 42/35

Wies, Jakob
- Fiche: *0509*
  Az 1: 9J 710/35
  Az 2: 2H 42/35

Wiesbauer, Rudolf
- Fiche: *0364/0736*
  Az 1: 7J 109/43,
  6(7)J 108/43
  Az 2: 5H 28/44, *H 35/44

Wiese
- Fiche: *0127*
  Az 1: 7J 96/38
  Az 2: 2H 29/38
- Fiche: *0463*
  Az 1: 15J 307/35
  Az 2: 1H 4/36

Wiesel
- Fiche: *0140/0683*
  Az 1: 16J 703/35,
  6J 17/39g
  Az 2: 2H 12/39

Wiesen, Peter
- Fiche: *0130 f.*
  Az 1: 10J 137/38
  Az 2: 2H 49/38

Wiesen, Peter (A)
- Fiche: *0506*
  Az 1: 10J 143/38,
  10J 144/38
  Az 2: 2H 39/38, 2H 40/38

Wiesenfeld, Fanny
- Fiche: *0564 f.*
  Az 1: 9J 137/34
  Az 2: 1H 25/35

Wieser, Heinrich
- Fiche: *0414*
  Az 1: 6(7)J 547/43
  Az 2: 6H 27/44

Wieser, Jakob
- Fiche: *0323 ff.*
  Az 1: 7J 174/40
  Az 2: 2H 132/41

Wiesinger, Leopold
- Fiche: *0329/0376*
  Az 1: 7J 287/43
  Az 2: 5H 68/43

Wiesmann
- Fiche: *0013 f.*
  Az 1: 8J 1713/33
  Az 2: 2H 20/34

Wiesmann, Heinrich
- Fiche: *0519/0549 f.*
  Az 1: 6J 135/42g
  Az 2: 6H 79/43

Wiesmayer, Josef
- Fiche: *0330*
  Az 1: 6J 42/42g
  Az 2: 2H 127/42

Wiesner
- Fiche: *0095 f.*
  Az 1: 17J 271/36
  Az 2: 2H 23/37
- Fiche: *0159*
  Az 1: 17J 177/37
  Az 2: 2H 24/40
- Fiche: *0408*
  Az 1: 8J 475/39
  Az 2: 5H 8/44

Wiesner (Frau)
- Fiche: *0684 f.*
  Az 1: 10J 548/43
  Az 2: 2H 158/43

Wiesner, Friedrich Ritter von
- Fiche: *0401 f.*
  Az 1: 8J 285/39g
  Az 2: 5H 108/43
- Fiche: *0411 f.*
  Az 1: 8J 375/40
  Az 2: 5H 17/44
- Fiche: *0423*
  Az 1: 12J 99/40
- Fiche: *0444*
  Az 1: 12J 33/40
- Fiche: *0500*
  Az 1: 8J 230/40
  Az 2: 5H 9/44
- Fiche: *0575/0644 f.*
  Az 1: 8J 324/39g
  Az 2: 5H 110/43
- Fiche: *0582*
  Az 1: 8J 317/41
  Az 2: 5H 135/43

Wiesner, Otto (A)
- Fiche: *0728*
  Az 1: 17J 461/34
  Az 2: 0Js 18/36

Wiesner, Robert
- Fiche: *0102/0267*
  Az 1: 17J 91/36
  Az 2: 2H 30/37
- Fiche: *0539 f.*
  Az 1: 10J 36/41
  Az 2: 2H 91/41

Wiessing, Margarethe
- Fiche: *0564 f.*
  Az 1: 9J 137/34
  Az 2: 1H 25/35

Wießner (Frau)
- Fiche: *0211*
  Az 1: 9J 157/44
  Az 2: 5H 45/45

Wiest, Fritz
- Fiche: *0111 f./0270 f.*
  Az 1: 17J 152/37
  Az 2: 2H 51/37
- Fiche: *0134*
  Az 1: 7J 344/38
  Az 2: 2H 78/38
- Fiche: *0134/0523*
  Az 1: 7J 348/38
  Az 2: 2H 82/38
- Fiche: *0136*
  Az 1: 7J 346/38
  Az 2: 2H 95/38
- Fiche: *0284 f.*
  Az 1: 7J 352/38
  Az 2: 2H 3/39
- Fiche: *0448*
  Az 1: 17J 225/37
  Az 2: 2H 48/37

Wietscher, Gustav
- Fiche: *0494*
  Az 1: 8J 11/37g
  Az 2: 2H 9/38

Wigger
- Fiche: *0151*
  Az 1: 8J 13/39
  Az 2: 2H 44/39

Wihle
- Fiche: *0615 ff.*
  Az 1: 15J 86/33
  Az 2: XII H 42/33

Wihnalek
- Fiche: *0400*
  Az 1: 7J 186/42
  Az 2: 5H 117/42

Wiik, Ragnhild
- Fiche: *0446*
  Az 1: 9J 9/43g
  Az 2: 1H 37/43

Wilbrandt, Hannelore
- Fiche: *0720 f.*
  Az 1: 9J 283/44

Wilcke
- Fiche: *0065*
  Az 1: 16J 349/35
  Az 2: 2H 32/36
- Fiche: *0071*
  Az 1: 16J 754/35
  Az 2: 2H 45/36
- Fiche: *0071/0244*
  Az 1: 8J 168/36g
  Az 2: 2H 46/36
- Fiche: *0073 f.*
  Az 1: 8J 201/36g
  Az 2: 2H 53/36
- Fiche: *0080 f./0260*
  Az 1: 8J 163/36g
  Az 2: 1H 64/36
- Fiche: *0094*
  Az 1: 16J 23/37
  Az 2: 1H 18/37
- Fiche: *0094/0262*
  Az 1: 14J 306/37g
  Az 2: 1H 15/37
- Fiche: *0098*
  Az 1: 16J 536/36
  Az 2: 2H 25/37
- Fiche: *0112/0271*
  Az 1: 16J 675/37
  Az 2: 2H 52/37

Wild
- Fiche: *0356/0400*
  Az 1: 7J 395/42,
  7J 457/42
  Az 2: 5H 158/42,
  5H 193/42
- Fiche: *0363*
  Az 1: 7J 178/43
  Az 2: 5H 50/43
- Fiche: *0526 f.*
  Az 1: 7J 457/42

Wild, Johann
- Fiche: *0363*
  Az 1: 7J 180/43
  Az 2: 5H 51/43

Wild, Johann (A)
- Fiche: *0693*
  Az 1: StPL (RKA)
  III 248/43, 275/43,
  193/43
  Az 2: StPL 2. Sen. 21/44

Wild, Josef
- Fiche: *0424*
  Az 1: 7J 105/44
  Az 2: 5H 75/44

Wille, Werner
- Fiche: *0682*
Az 1: 9J 184/39
Az 2: 1H 22/39

Willeck, Erich (A)
- Fiche: *0245 f.*
Az 1: 8J 7/36g
Az 2: 2H 4/36

Willecken
- Fiche: *0100 f./0711*
Az 1: 15J 1/37
Az 2: 1H 28/37

Willeke, Elise
- Fiche: *0303 f.*
Az 1: 17J 43/37
Az 2: 1H 7/38

Willems (Frau)
- Fiche: *0452*
Az 1: 9J 73/36
Az 2: 1H 19/36

Willems, Heinrich
- Fiche: *0452*
Az 1: 9J 73/36
Az 2: 1H 19/36

Willendorf, Willi
- Fiche: *0021/0461 f.*
Az 1: 9aJ 44/34
Az 2: 2H 1/35

Willershausen, Erich (A)
- Fiche: *0017/0496*
Az 1: 15J 307/33
Az 2: 2H 27/34

Willert, Richard
- Fiche: *0021 f.*
Az 1: 17J 397/33
Az 2: 1H 3/35
- Fiche: *0635 f.*
Az 1: 10J 123/41
Az 2: 2H 115/41

Willeschek, Anton
- Fiche: *0582 f.*
Az 1: 10J 288/38
Az 2: 1H 37/38

Willkomm
- Fiche: *0160/0288f.*
Az 1: 6J 224/39g
Az 2: 2H 44/40
- Fiche: *0513 f.*
Az 1: 8J 969/33
Az 2: 2H 24/34

Willner
- Fiche: *0168 f.*
Az 1: 5J 230/41
Az 2: 2H 6/42

Willsch, Hugo (A)
- Fiche: *0008 f.*
Az 1: 17J 242/33
Az 2: 2H 11/34

Willuschat
- Fiche: *0207*
Az 1: 8J 188/44g
Az 2: 1H 285/44
- Fiche: *0429/0741*
Az 1: 9J 213/44
Az 2: 5H 118/44

Willuschat, Max (A)
- Fiche: *0608 ff.*
Az 1: 15J 179/33
Az 2: XII H 17/34

Willutzki, Oskar
- Fiche: *0621 f.*
Az 1: 15J 241/33
Az 2: XII H 57/33

Willutzki, Wolfgang
- Fiche: *0621 f.*
Az 1: 15J 241/33
Az 2: XII H 57/33

Willutzky, Ludwig
- Fiche: *0254*
Az 1: 9J 332/36
Az 2: 2H 40/36

Wilm
- Fiche: *0123 ff./0275 f.*
Az 1: 8J 5/37g
Az 2: 2H 23/38

Wilms
- Fiche: *0231 f./0561*
Az 1: 8J 14/34
Az 2: 2H 33/35

Wilms, Willi
- Fiche: *0522*
Az 1: 9J 90/41g
Az 2: 2H 95/41

Wilsch, Hugo
- Fiche: *0010 f.*
Az 1: 17J 232/33
Az 2: 2H 14/34

Wilschko
- Fiche: *0424*
Az 1: 7J 49/44
Az 2: 5H 70/44

Wilsdorf, Heinrich
- Fiche: *0501*
Az 1: 5J 77/38
Az 2: 2H 43/38

Wiltsch, Ernst
- Fiche: *0622*
Az 1: 12J 201/33
Az 2: XII H 15/34

Wilz, Friedrich
- Fiche: *0043 f.*
Az 1: 9J 702/35
Az 2: 2H 53/35
- Fiche: *0196/0625*
Az 1: 9J 187/44
Az 2: 2H 204/44

Wimmer
- Fiche: *0180/0446*
Az 1: 6J 12/43g
Az 2: 1H 147/43
- Fiche: *0354*
Az 1: 7J 350/42
Az 2: 2H 277/42
- Fiche: *0649*
Az 1: 7J 11/43
Az 2: 5H 22/43

Wimmer (Frau)
- Fiche: *0649*
Az 1: 7J 11/43
Az 2: 5H 22/43

Wimmer, Alfred
- Fiche: *0331*
Az 1: 6J 18/42g
Az 2: 2H 121/42

Wimmer, Alois
- Fiche: *0377*
Az 1: 7J 110/43
Az 2: 5H 64/43
- Fiche: *0706*
Az 1: StPL (RKA) III 382/43
Az 2: StPL 1. Sen. 36/44

Wimmer, Anton (A)
- Fiche: *0368/0414*
Az 1: 6(7)J 511/43, 6(7)J 429/43
Az 2: 5H 24/44, 5H 26/44

Wimmer, Franz
- Fiche: *0336*
Az 1: 7J 543/41
Az 2: 2H 4/42
- Fiche: *0343*
Az 1: 7J 370/42
Az 2: 1H 217/42
- Fiche: *0354*
Az 1: 7J 391/42
Az 2: 2H 279/42

Wimmer, Johann
- Fiche: *0294 f.*
Az 1: 7J 377/42
Az 2: 1H 218/42

Wimmer, Johann (A)
- Fiche: *0437/0680*
Az 1: 7J 6/45
Az 2: 5H 25/45

Wimmer, Karl
- Fiche: *0455/0497 f.*
Az 1: 8J 472/40
Az 2: 6H 205/43

Wimmer, Norbert
- Fiche: *0455/0497 f.*
Az 1: 8J 472/40
Az 2: 6H 205/43

Wind
- Fiche: *0556 f.*
Az 1: 9J 51/44g
Az 2: 1H 97/44

Wind, Heinrich
- Fiche: *0480*
Az 1: 10J 299/41
Az 2: 2H 50/42

Wind, Heinrich (A)
- Fiche: *0531 f.*
Az 1: 10J 170/41
Az 2: 2H 10/42

Windbichler, Konrad
- Fiche: *0333*
Az 1: 7J 156/42
Az 2: 2H 112/42

Windbichler, Konrad (A)
- Fiche: *0331*
Az 1: 7J 157/42
Az 2: 2H 117/42

Windhofer, Peter
- Fiche: *0330*
Az 1: 6J 41/42g
Az 2: 2H 126/42

Windhoff
- Fiche: *0633 f.*
Az 1: 9J 267/37
Az 2: 2H 46/37

Windhoff (Frau)
- Fiche: *0633 f.*
Az 1: 9J 267/37
Az 2: 2H 46/37

Windmüller, Heinz (A)
- Fiche: *0451*
Az 1: 14J 290/33
Az 2: 1H 34/34

Winds, Sigried
- Fiche: *0630 f.*
Az 1: 5J 174/39
Az 2: 2H 51/39

Winge, Johann
- Fiche: *0296*
Az 1: 7J 638/42
Az 2: 5H 26/43
- Fiche: *0345*
Az 1: 7J 467/42
Az 2: 1H 273/42

Winge, Johann (A)
- Fiche: *0351/0358*
Az 1: 7J 285/42
Az 2: 5H 138/42

Wingelbauer
- Fiche: *0647/0649*
Az 1: 7(8)J 76/41g
Az 2: 2H 170/43

Wingenfeld, Valentin
- Fiche: *0039 f.*
Az 1: 14J 16/35
Az 2: 1H 43/35
- Fiche: *0065*
Az 1: 16J 349/35
Az 2: 2H 32/36
- Fiche: *0180/0446*
Az 1: 6J 12/43g
Az 2: 1H 147/43

Wingenfeld, Valentin (A)
- Fiche: *0045 f./0675 f.*
Az 1: 16J 319/35
Az 2: 1H 57/35

Winitschenko
- Fiche: *0195/0460*
Az 1: 10J 112/44
Az 2: 2H 189/44

Winkel
- Fiche: *0615 ff.*
Az 1: 15J 86/33
Az 2: XII H 42/33

Winkelhofer, Franz
- Fiche: *0297 f.*
Az 1: 7J 307/43
Az 2: 5H 93/43

Winkelmann
- Fiche: *0470*
Az 1: 10J 561/43g
Az 2: 2H 154/43

Winther, Louis
- Fiche: *0692*
  Az 1: StPL (RKA) II 242/38
  Az 2: StPL (HLS) IV 21/41

Winzen, August
- Fiche: *0601*
  Az 1: 9J 92/41
  Az 2: 2H 163/41

Winzen, Erich
- Fiche: *0601*
  Az 1: 9J 92/41
  Az 2: 2H 163/41

Winzen, Helene
- Fiche: *0601*
  Az 1: 9J 92/41
  Az 2: 2H 163/41

Winzen, Paul
- Fiche: *0693*
  Az 1: StPL (RKA) II 248/42
  Az 2: StPL (HLS) I 86/42

Winzen, Paul (A)
- Fiche: *0601*
  Az 1: 9J 92/41
  Az 2: 2H 163/41

Winzer
- Fiche: *0023 f.*
  Az 1: 14J 328/33
  Az 2: 1H 5/35

Winzinger
- Fiche: *0178 0357/0512*
  Az 1: 6J 11/43
  Az 2: 6H 87/43

Wiontzek
- Fiche: *0698*
  Az 1: StPL (RKA) III 318/44
  Az 2: StPL 3. Sen. 118/44

Wiora, Josef
- Fiche: *0282*
  Az 1: 7J 677/38
  Az 2: 2H 1/39
- Fiche: *0523 f.*
  Az 1: 9J 351/38g
  Az 2: 2H 93/38

Wiora, Josef (A)
- Fiche: *0282*
  Az 1: 7J 677/38
  Az 2: 2H 1/39

Wipf, Paul
- Fiche: *0177 f.*
  Az 1: 8J 382/42g
  Az 2: 2H 65/43

Wipplinger
- Fiche: *0320*
  Az 1: 6J 122/40g

Wipplinger, Johann
- Fiche: *0354*
  Az 1: 7J 391/42
  Az 2: 2H 279/42
- Fiche: *0380/0529*
  Az 1: 7J 209/43
  Az 2: 6H 139/43

Wipplinger, Josef
- Fiche: *0319 f.*
  Az 1: 6J 124/40g
  Az 2: 2H 10/41
- Fiche: *0320 f./0388*
  Az 1: 6J 144/40g
  Az 2: 2H 14/41
- Fiche: *0323*
  Az 1: 6J 28/41g
  Az 2: 2H 129/41
- Fiche: *0361*
  Az 1: 7J 452/42
  Az 2: 5H 169/42

Wipplinger, Josef (A)
- Fiche: *0717*
  Az 1: 6J 144/41g

Wirkner
- Fiche: *0368*
  Az 1: 6(7)J 483/43
  Az 2: 2H 55/44

Wirmer, Josef
- Fiche: *0440*
  Az 1: 0J 48/44g Rs
  Az 2: 1L 486/44
- Fiche: *0442/0708*
  Az 1: 0J 18/44g Rs
  Az 2: 1L 336/44
- Fiche: *0455*
  Az 1: o.Az

Wirmer, Josef (A)
- Fiche: *0625 f.*
  Az 1: 0J 17/44gRs
  Az 2: 1L 316/44

Wirrwa
- Fiche: *0523 f.*
  Az 1: 9J 351/38g
  Az 2: 2H 93/38

Wirrwa, Walter
- Fiche: *0134*
  Az 1: 7J 344/38
  Az 2: 2H 78/38
- Fiche: *0136*
  Az 1: 7J 346/38
  Az 2: 2H 95/38
- Fiche: *0551 f.*
  Az 1: 6J 248/38g
  Az 2: 2H 2/39

Wirrwa, Walter (A)
- Fiche: *0284 f.*
  Az 1: 7J 352/38
  Az 2: 2H 3/39

Wirth
- Fiche: *0247 f./0445*
  Az 1: 8J 72/36
  Az 2: 2H 7/37
- Fiche: *0403 f.*
  Az 1: 8J 7/41g
  Az 2: 2H 166/43
- Fiche: *0407 f.*
  Az 1: 7(8)J 199/41
  Az 2: 2H 3/44
- Fiche: *0509*
  Az 1: 9J 34/42g
  Az 2: 2H 91/42
- Fiche: *0580/0624 f.*
  Az 1: 8J 200/41
  Az 2: 2H 6/44
- Fiche: *0581 f./0647*
  Az 1: 8J 95/41g
  Az 2: 2H 167/43
- Fiche: *0680*
  Az 1: 2J 578/44g Rs
  Az 2: 1L 467/44

Wirth, Georg
- Fiche: *0117 f./0542*
  Az 1: 8J 20/36g
  Az 2: 2H 11/38

Wirth, Gerhard
- Fiche: *0177 f.*
  Az 1: 8J 382/42g
  Az 2: 2H 65/43

Wirth, Josef
- Fiche: *0552 f.*
  Az 1: 8J 10/35
  Az 2: 2H 34/35

Wirth, Karl (A)
- Fiche: *0419*
  Az 1: 9J 48/44
  Az 2: 2H 51/44

Wirth, Wilhelm
- Fiche: *0177 f.*
  Az 1: 8J 382/42g
  Az 2: 2H 65/43
- Fiche: *0502*
  Az 1: 8J 409/42g
  Az 2: 2H 66/43

Wirtz, Franz
- Fiche: *0509*
  Az 1: 9J 710/35
  Az 2: 2H 42/35

Wirtz, Johann
- Fiche: *0564*
  Az 1: 8J 148/42g
  Az 2: 5H 67/43

Wischhusen (Frau)
- Fiche: *0554 f.*
  Az 1: 8J 244/34
  Az 2: 2H 22/35

Wischmann, Werner
- Fiche: *0470*
  Az 1: 9J 25/42g
  Az 2: 2H 153/42
- Fiche: *0641*
  Az 1: 10J 35/41
  Az 2: 2H 96/41

Wischnewski
- Fiche: *0492/0595*
  Az 1: 9J 938/35
  Az 2: 2H 7/36

Wischniak
- Fiche: *0538 f.*
  Az 1: 8J 356/38g
  Az 2: 1H 29/38

Wiskort
- Fiche: *0492/0595*
  Az 1: 9J 938/35
  Az 2: 2H 7/36

Wismeth, Josef
- Fiche: *0735 f.*
  Az 1: 7J 32/44
  Az 2: 6H 92/44

Wisniewski, Felix
- Fiche: *0299/0512*
  Az 1: 5J 109/43
  Az 2: 2H 113/43

Wisotzki
- Fiche: *0195*
  Az 1: 10J 27/44
  Az 2: 2H 171/44

Wissenbach, Karl
- Fiche: *0694*
  Az 1: 9J 341/36
  Az 2: 5 0Js 127/37

Wissenski
- Fiche: *0041*
  Az 1: 17J 248/35
  Az 2: 2H 47/35

Wisshofer, Marie
- Fiche: *0320 f./0388*
  Az 1: 6J 144/40g
  Az 2: 2H 14/41

Wissiak, Josef
- Fiche: *0375*
  Az 1: 7J 100/43
  Az 2: 6H 74/43

Wissiak, Josef (A)
- Fiche: *0296*
  Az 1: 7J 100/43
  Az 2: 6H 77/43

Wißmann (Frau)
- Fiche: *0558 f.*
  Az 1: 9J 914/35
  Az 2: 1H 9/36

Wistuba, Paul
- Fiche: *0523 f.*
  Az 1: 9J 351/38g
  Az 2: 2H 93/38

Witak
- Fiche: *0300/0339*
  Az 1: 7J 232/42
  Az 2: 2H 202/42

Witek, Johann
- Fiche: *0310*
  Az 1: 7J 70/40
  Az 2: 2H 131/40

Wities, Bernhard (A)
- Fiche: *0665*
  Az 1: 14J 71/33
  Az 2: XV H 30/33

Witkowski, Jan
- Fiche: *0454*
  Az 1: 8J 333/40
  Az 2: 2H 84/40

Witschass
- Fiche: *0037*
  Az 1: 8J 228/35
  Az 2: 1H 36/35

Witschnitz, Helmut
- Fiche: *0705*
  Az 1: StPL (RKA) I 359/42
  Az 2: StPL (HLS) II 34/43

Wizcarek
- Fiche: *0094/0262*
  Az 1: 8J 223/36
  Az 2: 2H 15/37

Wloch
- Fiche: *0205*
  Az 1: 8J 203/44
  Az 2: 1H 250/44

Wloka
- Fiche: *0669 f.*
  Az 1: 15/17J 61/33
  Az 2: XV H 36/33

Wobbe, Rudolf (A)
- Fiche: *0535*
  Az 1: 8J 127/42g
  Az 2: 2H 141/42

Wobitschka
- Fiche: *0343 f./0400 f.*
  Az 1: 7J 274/42
  Az 2: 1H 214/42

Wobschall, Heinz
- Fiche: *0086 f.*
  Az 1: 17J 73/36
  Az 2: 2H 5/37
- Fiche: *0687*
  Az 1: 15J 222/35
  Az 2: 2H 34/36

Wobschall, Heinz (A)
- Fiche: *0061 f./0626 f.*
  Az 1: 17J 336/35
  Az 2: 2H 28/36

Wockenfuß, Gerd
- Fiche: *0185*
  Az 1: 5J 413/44
  Az 2: 6H 47/44

Wocköck
- Fiche: *0615 ff.*
  Az 1: 15J 86/33
  Az 2: XII H 42/33

Wodal
- Fiche: *0402*
  Az 1: 7J 397/43
  Az 2: 5H 115/43

Wodli
- Fiche: *0176*
  Az 1: 5J 172/42
  Az 2: 1H 4/43
- Fiche: *0579*
  Az 1: 6J 92/43
  Az 2: 1H 122/43

Wodtke
- Fiche: *0022 f.*
  Az 1: 17J 193/34
  Az 2: 1H 4/35
- Fiche: *0607*
  Az 1: 12J 160/33
  Az 2: XV H 58/33

Wöber, Stefan
- Fiche: *0647 f.*
  Az 1: 7(8)J 203/41
  Az 2: 2H 168/44

Woebken, Marie
- Fiche: *0109 f.*
  Az 1: 17J 264/36
  Az 2: 2H 45/37

Wöhlke
- Fiche: *0463*
  Az 1: 15J 307/35
  Az 2: 1H 4/36

Wöhr
- Fiche: *0437*
  Az 1: 6J 198,199/44
  Az 2: 5H 19,20/45

Wöhrer, Alois (A)
- Fiche: *0341*
  Az 1: 7J 326/42
  Az 2: 2H 187/42

Wöhrer, Fritz
- Fiche: *0105*
  Az 1: 17J 444/36
  Az 2: 2H 35/37
- Fiche: *0106*
  Az 1: 17J 414/36
  Az 2: 2H 36/37
- Fiche: *0164 f.*
  Az 1: 10J 120/40
  Az 2: 2H 100/40

Wöhrer, Hermann
- Fiche: *0360*
  Az 1: 7J 384/42
  Az 2: 5H 155/42

Wöhrer, Hermann (A)
- Fiche: *0344*
  Az 1: 7J 472/42
  Az 2: 1H 304/42

Wöhrlin
- Fiche: *0113 f./0508*
  Az 1: 14J 725/37g
  Az 2: 1H 1/38
- Fiche: *0115*
  Az 1: 14J 727/37g
  Az 2: 1H 5/38
- Fiche: *0272 f.*
  Az 1: 14J 72/37g
  Az 2: 1H 2/38
- Fiche: *0549*
  Az 1: 10J 96/42
  Az 2: 2H 238/42

Wöhrlin, Herbert (A)
- Fiche: *0114/0473 f.*
  Az 1: 14J 527/37g, 14J 736/37
  Az 2: 1H 44/37, 1H 3/38

Wöhrlin, Martha (A)
- Fiche: *0114/0473 f.*
  Az 1: 14J 527/37g, 14J 736/37
  Az 2: 1H 44/37, 1H 3/38

Wölfel
- Fiche: *0384*
  Az 1: 7J 296/43
  Az 2: 5H 100/43
- Fiche: *0425 f.*
  Az 1: 6J 93/44
  Az 2: 5H 88/44

Wölfel (Frau)
- Fiche: *0425 f.*
  Az 1: 6J 93/44
  Az 2: 5H 88/44

Wölfel, Leopold
- Fiche: *0296*
  Az 1: 7J 638/42
  Az 2: 5H 26/43
- Fiche: *0347*
  Az 1: 7J 437/42
  Az 2: 1H 244/42
- Fiche: *0410/0520*
  Az 1: 6(7)J 514/43
  Az 2: 5H 15/44

Wölfel, Leopold (A)
- Fiche: *0375*
  Az 1: 7J 332/43
  Az 2: 5H 73/43

Wölfel, Robert (A)
- Fiche: *0006/0528*
  Az 1: 15J 250/33
  Az 2: 2H 9/34

Wölfert
- Fiche: *0051*
  Az 1: 5J 41/35
  Az 2: 2H 6/36

Wölfl
- Fiche: *0376*
  Az 1: 7J 628/42
  Az 2: 5H 66/43

Wölfling
- Fiche: *0058 f.*
  Az 1: 17J 129/35
  Az 2: 1H 21,22/36

Wölk
- Fiche: *0062 f.*
  Az 1: 8J 17/36
  Az 2: 1H 29/36
- Fiche: *0209/0625*
  Az 1: 9J 234/44
  Az 2: 1H 372/44

Wölk, Annemargret
- Fiche: *0201 f.*
  Az 1: 8J 182/44g
  Az 2: 1H 232/44

Wölk, Emil
- Fiche: *0207*
  Az 1: 8J 188/44g
  Az 2: 1H 285/44
- Fiche: *0442*
  Az 1: 8J 221/44g
  Az 2: 1H 345/44

Wölk, Emil (A)
- Fiche: *0201 f.*
  Az 1: 8J 182/44g
  Az 2: 1H 232/44

Wölk, Karl
- Fiche: *0081*
  Az 1: 8J 35/37g
  Az 2: 1H 66/36

Woelky
- Fiche: *0615 ff.*
  Az 1: 15J 86/33
  Az 2: XII H 42/33

Wölper
- Fiche: *0066 f./0253 f.*
  Az 1: 8J 4/36
  Az 2: 1H 38/36

Woensel, van
- Fiche: *0271*
  Az 1: 8J 4/37
  Az 2: 2H 58/37

Wörer, Alois
- Fiche: *0340*
  Az 1: 7J 286/42
  Az 2: 2H 201/42

Wörgötter, Georg
- Fiche: *0327*
  Az 1: 7J 344/42
  Az 2: 2H 162/42
- Fiche: *0370*
  Az 1: 7J 555/42
  Az 2: 6H 13/43

Wörmann, Ewald
- Fiche: *0192*
  Az 1: 9J 34/44
  Az 2: 2H 134/44

Wörmann, Hermann
- Fiche: *0192*
  Az 1: 9J 34/44
  Az 2: 2H 134/44
- Fiche: *0661 f.*
  Az 1: 9J 952/33
  Az 2: XV H 20/34

Wörmann, Hermann (A)
- Fiche: *0562*
  Az 1: 10(9)J 836/43
  Az 2: 2H 101/44

Wörmann, Hugo
- Fiche: *0562*
  Az 1: 10(9)J 836/43
  Az 2: 2H 101/44

Wörmann, Hugo (A)
- Fiche: *0192*
  Az 1: 9J 34/44
  Az 2: 2H 134/44

Wörndl, August (A)
- Fiche: *0443/0586*
  Az 1: 8J 168/43
  Az 2: 1L 79/44

Wörpel, Ernst
- Fiche: *0159*
  Az 1: 17J 177/37
  Az 2: 2H 24/40

Wörpel, Richard
- Fiche: *0091*
  Az 1: 7a O Js 113.36

Wörth, Johann
- Fiche: *0343*
  Az 1: 7J 213/42
  Az 2: 2H 171/42

Wörz
- Fiche: *0242 f.*
  Az 1: 8J 3/36g
  Az 2: 2H 1/36

Wörz, Hans
- Fiche: *0117 f./0542*
  Az 1: 8J 20/36g
  Az 2: 2H 11/38

Wöseler, Erich
- Fiche: *0494*
  Az 1: 9J 356/36
  Az 2: 1H 46/36

Wolf, Heinz
- Fiche: *0186 f./0677*
  Az 1: 11J 32/44
  Az 2: 1H 51/44
- Fiche: *0627 f.*
  Az 1: 10J 1095/43g
  Az 2: 1H 305/43

Wolf, Helmut
- Fiche: *0092*
  Az 1: 8/14J 31-45/36g
  Az 2: 1H 13/37

Wolf, Herbert
- Fiche: *0092*
  Az 1: 8/14J 31-45/36g
  Az 2: 1H 13/37
- Fiche: *0352*
  Az 1: 7J 529/42
  Az 2: 6H 25/42

Wolf, Hermann
- Fiche: *0019*
  Az 1: 17J 617/33
  Az 2: 1H 37/34
- Fiche: *0433*
  Az 1: 10J 166/44
  Az 2: 2H 219/44
- Fiche: *0590 f.*
  Az 1: 8J 420/35g
  Az 2: 1H 32/36
- Fiche: *0613*
  Az 1: 8/16J 1117/33
  Az 2: XII H 46/33

Wolf, Irma
- Fiche: *0379*
  Az 1: 7J 419/43
  Az 2: 6H 172/43

Wolf, Johann
- Fiche: *0447*
  Az 1: 9J 107/41
  Az 2: 5H 14/43
- Fiche: *0453/0739*
  Az 1: 7J 347/43, 7J 421/43, 7J 422/43
  Az 2: 5H 122/43, 5H 129/43, 5H 125/43
- Fiche: *0600*
  Az 1: 7J 422/43

Wolf, Käthe
- Fiche: *0250 f.*
  Az 1: 8J 364/35
  Az 2: 2H 15/36

Wolf, Karl
- Fiche: *0335 f.*
  Az 1: 6J 165/41g
  Az 2: 2H 42/42

Wolf, Karl (A)
- Fiche: *0411 f.*
  Az 1: 8J 375/40
  Az 2: 5H 17/44

Wolf, Lina (A)
- Fiche: *0730*
  Az 1: 11J 312/44
  Az 2: 2H 209/44

Wolf, Lore
- Fiche: *0051/0246 f.*
  Az 1: 8J 422/35g
  Az 2: 1H 6/36

Wolf, Otoo
- Fiche: *0157*
  Az 1: 5J 474/39
  Az 2: 1H 71/39

Wolf, Otto
- Fiche: *0198*
  Az 1: 10J 167/44
  Az 2: 2H 208/44

Wolf, Otto (A)
- Fiche: *0262 f.*
  Az 1: 8J 51/36g
  Az 2: 1H 16/37

Wolf, Paul (A)
- Fiche: *0443*
  Az 1: 10J 592/43
  Az 2: 6H 137/43

Wolf, Robert
- Fiche: *0233 f.*
  Az 1: 8J 291/35
  Az 2: 2H 36/35

Wolf, Robert (A)
- Fiche: *0205/0443*
  Az 1: 9J 163/44
  Az 2: 2H 254/44

Wolf, Theodor (A)
- Fiche: *0730*
  Az 1: 11J 312/44
  Az 2: 2H 209/44

Wolf, Valerie (A)
- Fiche: *0569*
  Az 1: 8J 195/42g
  Az 2: 2H 138/42

Wolf, Viktor
- Fiche: *0450/0623 f.*
  Az 1: 17J 451/37
  Az 2: 2H 59/38
- Fiche: *0467*
  Az 1: 10J 228/38
  Az 2: 2H 76/38
- Fiche: *0493*
  Az 1: 10J 229/38
  Az 2: 2H 66/38
- Fiche: *0540*
  Az 1: 10J 226/38
  Az 2: 2H 75/38
- Fiche: *0540 f.*
  Az 1: 10J 223/38
  Az 2: 2H 64/38
- Fiche: *0560*
  Az 1: 10J 222/38
  Az 2: 2H 69/38
- Fiche: *0583*
  Az 1: 10J 225/38
  Az 2: 2H 70/38
- Fiche: *0587*
  Az 1: 10J 303/38
  Az 2: 2H 90/38

Wolf, Walter
- Fiche: *0262 f.*
  Az 1: 8J 51/36g
  Az 2: 1H 16/37
- Fiche: *0647 f.*
  Az 1: 7(8)J 203/41
  Az 2: 2H 168/44

Wolf, Willi
- Fiche: *0315 f./0465 f.*
  Az 1: 15J 14/36
  Az 2: 1H 54/36
- Fiche: *0317*
  Az 1: 15J 166/36
  Az 2: 1H 33/36
- Fiche: *0672*
  Az 1: 10J 201/41
  Az 2: 2H 59/42

Wolf, Willi (A)
- Fiche: *0608 ff.*
  Az 1: 15J 179/33
  Az 2: XII H 17/34

Wolf, Willy (A)
- Fiche: *0268 f./0273*
  Az 1: 14J 323/37
  Az 2: 1H 10/38
- Fiche: *0268 f./0701 f.*
  Az 1: 14J 323/37
  Az 2: 1H 24/37
- Fiche: *0463/0465*
  Az 1: 15J 39/36
  Az 2: 2H 35/36

Wolff
- Fiche: *0108 f.*
  Az 1: 8J 337/37g
  Az 2: 1H 41/37
- Fiche: *0110/0302*
  Az 1: 8J 341/37g
  Az 2: 1H 46/37
- Fiche: *0117 f./0542*
  Az 1: 8J 20/36g
  Az 2: 2H 11/38
- Fiche: *0176/0295*
  Az 1: 6J 27/42g
  Az 2: 1H 18/43
- Fiche: *0207*
  Az 1: 8J 188/44g
  Az 2: 1H 285/44
- Fiche: *0247 f./0445*
  Az 1: 8J 72/36
  Az 2: 2H 7/37
- Fiche: *0266*
  Az 1: 8J 403/35g
- Fiche: *0269 f.*
  Az 1: 8J 100/37
  Az 2: 1H 43/37
- Fiche: *0444*
  Az 1: 12J 33/40
- Fiche: *0648*
  Az 1: 8J 70/43, 8J 75/43
  Az 2: 5H 128/43, 5H 134/43
- Fiche: *0650*
  Az 1: 0J 26/44g Rs
  Az 2: 1L 349/44
- Fiche: *0746*
  Az 1: 9J 63/45

Wolff, Alfred
- Fiche: *0588 f./0643*
  Az 1: 16J 293/35, 8J 438/35
  Az 2: 2H 58/35
- Fiche: *0589*
  Az 1: 16J 293/35
  Az 2: 2H 58/35

Wolff, Franz
- Fiche: *0582*
  Az 1: 8J 317/41
  Az 2: 5H 135/43

Wolff, Friedrich
- Fiche: *0095/0541*
  Az 1: 9J 571/36
  Az 2: 2H 22/37

Wolff, Georg
- Fiche: *0525 f.*
  Az 1: 9J 502/38g
  Az 2: 3L 86/39

Wolff, Günther
- Fiche: *0127/0623*
  Az 1: 8J 419/37g
  Az 2: 2H 33/38
- Fiche: *0499 f.*
  Az 1: 8J 145/38
  Az 2: 2H 52/38
- Fiche: *0709 ff.*
  Az 1: 8J 162/40
  Az 2: 2H 77/41

Wolff, Herbert
- Fiche: *0241*
  Az 1: 17J 249/35
  Az 2: 1H 72/35

Wolff, Hermann (A)
- Fiche: *0179*
  Az 1: 5J 87/43
  Az 2: 6H 128/43
- Fiche: *0429/0741*
  Az 1: 9J 213/44
  Az 2: 5H 118/44

Wolff, Jakob
- Fiche: *0447*
  Az 1: 9J 107/41
  Az 2: 5H 14/43

Wolff, Karl
- Fiche: *0558 f.*
  Az 1: 9J 914/35
  Az 2: 1H 9/36

Wolff, Otto
- Fiche: *0084 f.*
  Az 1: 8J 430/35g
  Az 2: 1H 3/37
- Fiche: *0091*
  Az 1: 7a O Js 113.36

Wolff, Paul
- Fiche: *0679 f./0713*
  Az 1: 10(9)J 777/43g
  Az 2: 5H 38/44, 5H 43/44

Wolff, Paul (A)
- Fiche: *0043*
  Az 1: 17J 309/34
  Az 2: 1H 53/35
- Fiche: *0184/0707 f.*
  Az 1: 9J 777/43g
  Az 2: 5H 40/44

Wolff, Willy (A)
- Fiche: *0528 f.*
  Az 1: 1J 105/42
  Az 2: 1L 8/42

Wolfganger
- Fiche: *0250 f.*
  Az 1: 8J 364/35
  Az 2: 2H 15/36

Wosihnoj, Anton (A)
- Fiche: *0322 f./0723*
Az 1: 6J 64/40g
Az 2: 2H 89/41

Wosikowski, Irene
- Fiche: *0190*
Az 1: 9J 231/44
Az 2: 5H 119/44

Wosikowski, Irene (A)
- Fiche: *0197*
Az 1: 9J 141/44
Az 2: 1H 206/44

Wota
- Fiche: *0590 f.*
Az 1: 8J 420/35g
Az 2: 1H 32/36

Wotraubek, Stefanie (A)
- Fiche: *0647/0649*
Az 1: 7(8)J 76/41g
Az 2: 2H 170/43

Wotypka, Josef (A)
- Fiche: *0575/0644 f.*
Az 1: 8J 324/39g
Az 2: 5H 110/43

Woudstra, Jahring
- Fiche: *0516*
Az 1: 9J 25/38
Az 2: 1H 24/38

Wouters, René
- Fiche: *0446*
Az 1: 9J 9/43g
Az 2: 1H 37/43

Wozelka, Ignaz
- Fiche: *0365*
Az 1: 7J 607/42
Az 2: 6H 57/43

Wozniakowski, Max
- Fiche: *0578/0703*
Az 1: 11J 143/35
Az 2: 3L 29/36

Wozniakowski, Max (A)
- Fiche: *0578/0703*
Az 1: 11J 143/35
Az 2: 3L 29/36

Wranbeck
- Fiche: *0379*
Az 1: 7J 358/43
Az 2: 6H 156/43

Wratschko, Franz
- Fiche: *0343 f./0400 f.*
Az 1: 7J 274/42
Az 2: 1H 214/42

Wrba, Franz (A)
- Fiche: *0650*
Az 1: 6J 23/44
Az 2: BS 6/44

Wrede
- Fiche: *0561 f.*
Az 1: 8J 261/41g
Az 2: 1H 237/42

Wrobbel
- Fiche: *0621 f.*
Az 1: 15J 241/33
Az 2: XII H 57/33

Wroblewski
- Fiche: *0561 f.*
Az 1: 8J 261/41g
Az 2: 1H 237/42

Wucherpfennig, Bernhard
- Fiche: *0101 f.*
Az 1: 8J 188/36
Az 2: 2H 29/37
- Fiche: *0108*
Az 1: 8J 358/37g
Az 2: 1H 40/37
- Fiche: *0269 f.*
Az 1: 8J 100/37
Az 2: 1H 43/37

Wuczkowski
- Fiche: *0533*
Az 1: 8J 332/38
Az 2: 1H 32/38

Wudecke, Johann
- Fiche: *0224*
Az 1: 17J 44/34
Az 2: 2H 2/34

Wudtke
- Fiche: *0615 ff.*
Az 1: 15J 86/33
Az 2: XII H 42/33

Wudtke, Heinrich
- Fiche: *0286 f.*
Az 1: 8J 384/38g
Az 2: 1H 32/39

Wudy
- Fiche: *0242 f.*
Az 1: 8J 3/36g
Az 2: 2H 1/36

Wudy, Heinrich (A)
- Fiche: *0117 f./0542*
Az 1: 8J 20/36g
Az 2: 2H 11/38

Wünnenberg
- Fiche: *0448*
Az 1: 17J 225/37
Az 2: 2H 48/37

Wünsch
- Fiche: *0526 f.*
Az 1: 7J 457/42

Wünsche
- Fiche: *0666*
Az 1: 15J 147/33
Az 2: XV H 40/33

Würtz, Walter
- Fiche: *0107 f.*
Az 1: 8J 232/36g
Az 2: 2H 39/37

Würz, Heinrich
- Fiche: *0489/0504*
Az 1: 9J 12/41
Az 2: 2H 99/41

Würziger, Franz
- Fiche: *0254*
Az 1: 9J 332/36
Az 2: 2H 40/36

Wüst
- Fiche: *0038 f./0259 f.*
Az 1: 16J 767/35
Az 2: 2H 57/36
- Fiche: *0086/0684*
Az 1: 14J 392/35
Az 2: 2H 4/37

Wüst, Hans
- Fiche: *0004 f.*
Az 1: 13J 98/33
Az 2: 1H 7/34

Wüste, Ernst
- Fiche: *0090*
Az 1: 17J 187/36
Az 2: 2H 31/37
- Fiche: *0091*
Az 1: 7a O Js 113.36
- Fiche: *0102*
Az 1: 17J 185/36
Az 2: 1H 30/37
- Fiche: *0109 f.*
Az 1: 17J 264/36
Az 2: 2H 45/37

Wüste, Ernst (A)
- Fiche: *0088 f.*
Az 1: 17J 239/36
Az 2: 1H 7/37

Wüste, Franz
- Fiche: *0091*
Az 1: 7a O Js 113.36

Wüste, Paul Ernst
- Fiche: *0094/0264 f.*
Az 1: 17J 439/36
Az 2: 2H 21/37

Wüste, Willy
- Fiche: *0259/0676*
Az 1: 16J 534/35
Az 2: 2H 57/35

Wüsten
- Fiche: *0390*
Az 1: 8J 291/35
Az 2: 2H 5/36

Wüsten, Agnes
- Fiche: *0233 f.*
Az 1: 8J 291/35
Az 2: 2H 36/35
- Fiche: *0237*
Az 1: 8J 292/35
Az 2: 1H 49/35

Wüsten, Dorothea
- Fiche: *0170*
Az 1: 7J 169/41
Az 2: 2H 18/42

Wüsten, Eberhard
- Fiche: *0233 f.*
Az 1: 8J 291/35
Az 2: 2H 36/35

Wüsten, Eberhard (A)
- Fiche: *0237*
Az 1: 8J 292/35
Az 2: 1H 49/35

Wüsten, Ernst
- Fiche: *0129 f.*
Az 1: 6J 223/38g
Az 2: 2H 47/38
- Fiche: *0130/0277*
Az 1: 6J 224/38g
Az 2: 2H 48/38
- Fiche: *0132 f.*
Az 1: 14J 457/37g
Az 2: 2H 63/38
- Fiche: *0158 f./0288*
Az 1: 7J 6/39
Az 2: 1H 77/39
- Fiche: *0277 f.*
Az 1: 14J 651/37g
Az 2: 2H 55/38

Wüsten, Johannes (A)
- Fiche: *0170*
Az 1: 7J 169/41
Az 2: 2H 18/42

Wütherich
- Fiche: *0135 f./0678 f.*
Az 1: 5J 344/38
Az 2: 2H 94/38

Wulf
- Fiche: *0113/0469 f.*
Az 1: 16J 37/35
Az 2: 1H 19-20/37
- Fiche: *0698*
Az 1: StPL (RKA) II 379/41
Az 2: StPL (HLS) II 149/41

Wulf (Frau)
- Fiche: *0110 f.*
Az 1: 8J 348/37g
Az 2: 1H 47/37
- Fiche: *0463*
Az 1: 15J 307/35
Az 2: 1H 4/36

Wulf, Fritz
- Fiche: *0110 f.*
Az 1: 8J 348/37g
Az 2: 1H 47/37
- Fiche: *0269 f.*
Az 1: 8J 100/37
Az 2: 1H 43/37

Wulf, Heinrich
- Fiche: *0119/0440*
Az 1: 7J 105/38
Az 2: 2H 12/38

Wulfert
- Fiche: *0100 f./0711*
Az 1: 15J 1/37
Az 2: 1H 28/37

Wulff, Heinrich
- Fiche: *0679 f./0713*
Az 1: 10(9)J 777/43g
Az 2: 5H 38/44, 5H 43/44

Wulff, Hermann
- Fiche: *0126*
Az 1: 7J 106/38
Az 2: 2H 27/38
- Fiche: *0272*
Az 1: 16J 225/37
Az 2: 2H 60/37
- Fiche: *0439*
Az 1: 7J 104/38
Az 2: 2H 13/38

Zehe, Walter (A)
- Fiche: *0391 f.*
  Az 1: 5J 6/36g
  Az 2: 3L 21/37

Zehmann
- Fiche: *0276 f.*
  Az 1: 5J 284/38
  Az 2: 1H 34/38
- Fiche: *0620*
  Az 1: 12J 202/33
  Az 2: XII H 60/33

Zehmann, Karoline (A)
- Fiche: *0438*
  Az 1: 7J 209/44
  Az 2: 5H 43/45
- Fiche: *0438*
  Az 1: 7J 208,209,210/44
  Az 2: 5H 42,43,44/45

Zehner
- Fiche: *0495*
  Az 1: 9J 684/37
  Az 2: 2H 25/38

Zehner, Emil
- Fiche: *0114*
  Az 1: 16J 840/37
  Az 2: 2H 2/38
- Fiche: *0114*
  Az 1: 16J 843/37
  Az 2: 2H 1/38
- Fiche: *0115*
  Az 1: 16J 577/37
  Az 2: 2H 3/38
- Fiche: *0116*
  Az 1: 5J 32/38
  Az 2: 2H 7/38
- Fiche: *0271 f.*
  Az 1: 16J 576/37
  Az 2: 2H 59/37
- Fiche: *0272*
  Az 1: 16J 225/37
  Az 2: 2H 60/37
- Fiche: *0543*
  Az 1: 5J 54/38
  Az 2: 1H 22/38
- Fiche: *0633 f.*
  Az 1: 9J 267/37
  Az 2: 2H 46/37

Zehntner, Johann
- Fiche: *0416*
  Az 1: 7J 526/43
  Az 2: 3L 30/44

Zehntner, Johann (A)
- Fiche: *0308*
  Az 1: 7J 49/40
  Az 2: 2H 65/40

Zei, Wilhelm
- Fiche: *0250 f.*
  Az 1: 8J 364/35
  Az 2: 2H 15/36

Zeibig, Oswald
- Fiche: *0099 f.*
  Az 1: 14J 301/37
  Az 2: 1H 27/37

Zeidler
- Fiche: *0209*
  Az 1: 9J 230/44
- Fiche: *0532*
  Az 1: 9J 229/44
  Az 2: 1H 313/44
- Fiche: *0672*
  Az 1: 9J 230/44
  Az 2: 1H 357/44

Zeidler, Emil
- Fiche: *0117*
  Az 1: 6J 116/38g
  Az 2: 1H 11/38
- Fiche: *0119 f.*
  Az 1: 6J 168/38g
  Az 2: 1H 14/38
- Fiche: *0261*
  Az 1: 14J 570/37g

Zeidler, Franz
- Fiche: *0374*
  Az 1: 7J 342/43
  Az 2: 5H 78/43
- Fiche: *0401/0458 f.*
  Az 1: 7J 590/42
  Az 2: 5H 47/43

Zeidler, Franz (A)
- Fiche: *0174*
  Az 1: 7J 419/42
  Az 2: 5H 157/42
- Fiche: *0374/0520*
  Az 1: 7J 341/43
  Az 2: 5H 81/43

Zeidler, Georg
- Fiche: *0207*
  Az 1: 8J 188/44g
  Az 2: 1H 285/44

Zeidler, Guido
- Fiche: *0122 f.*
  Az 1: 16J 765/37
  Az 2: 1H 23/38
- Fiche: *0139/0474 f.*
  Az 1: 6J 141/38g
  Az 2: 1H 10/39

Zeiger
- Fiche: *0697*
  Az 1: StPL (RKA) III 114/43

Zeim
- Fiche: *0234*
  Az 1: 17J 15/35
  Az 2: 2H 39/35

Zeiner, Josef
- Fiche: *0420/0574 f.*
  Az 1: 7J 500/43, 7J 501/43
  Az 2: 5H 3/44, 5H 4/44
- Fiche: *0574*
  Az 1: 7J 501/43
  Az 2: 5H 4/44
- Fiche: *0648 f.*
  Az 1: 7J 502/43
  Az 2: 5H 5/44

Zeiner, Josef (A)
- Fiche: *0408*
  Az 1: 7J 454/43, 7J 502/43
  Az 2: 5H 10/44, 5H 5/44

Zeinzinger, Johann
- Fiche: *0354 f.*
  Az 1: 7J 478/42
  Az 2: 5H 199/42
- Fiche: *0356/0512*
  Az 1: 7J 479/42
  Az 2: 5H 196/42
- Fiche: *0526 f.*
  Az 1: 7J 457/42

Zeinzinger, Johann (A)
- Fiche: *0356/0400*
  Az 1: 7J 395/42, 7J 457/42
  Az 2: 5H 158/42, 5H 193/42

Zeise, Alfred
- Fiche: *0532 f.*
  Az 1: 7(11)J 197/34g
  Az 2: 3L 21/36

Zeiseweiß, Alfred
- Fiche: *0532 f.*
  Az 1: 7(11)J 197/34g
  Az 2: 3L 21/36
- Fiche: *0640*
  Az 1: 16J 328/35
  Az 2: 1H 11/37

Zeiska, Robert
- Fiche: *0089*
  Az 1: 16J 781/36
  Az 2: 1H 9/37

Zeisler, Dietrich
- Fiche: *0509*
  Az 1: 9J 701/35
  Az 2: 2H 46/35

Zeisler, Dietrich (A)
- Fiche: *0043 f.*
  Az 1: 9J 702/35
  Az 2: 2H 53/35

Zeißl, Georg (A)
- Fiche: *0179/0641*
  Az 1: 6J 84/42, 6J 63/43
  Az 2: 6H 98/43

Zeissl, Johann (A)
- Fiche: *0433*
  Az 1: 10J 230/44
  Az 2: 6H 218/44

Zeitsch, Karl (A)
- Fiche: *0670*
  Az 1: 13J 56/33
  Az 2: XV H 45/33

Zeitzler
- Fiche: *0440*
  Az 1: 0J 58/44g Rs
  Az 2: 1L 46/45
- Fiche: *0708*
  Az 1: 0J 5/44gRs, 0J 9/44gRs
  Az 2: 1L 301/44, 1L 309/44

Zelasisch
- Fiche: *0700*
  Az 1: StPL (RKA) III 191/42
  Az 2: StPL (HLS) IV 108/42

Zelen, Danifo
- Fiche: *0699 f.*
  Az 1: StPL (RKA) I 118/41
  Az 2: StPL (HLS) III 57/41

Zelenka
- Fiche: *0582*
  Az 1: 7J 113/42
  Az 2: 2H 132/42

Zelenka, Karl
- Fiche: *0330*
  Az 1: 7J 44/42
  Az 2: 2H 331/42

Zelinka, Franz (A)
- Fiche: *0002/0571 f.*
  Az 1: 15J 265/33
  Az 2: 1H 3/34

Zell
- Fiche: *0721*
  Az 1: 9J 25/45

Zellbacher, Franz
- Fiche: *0343/0650*
  Az 1: 7J 572/42
  Az 2: 1H 336/42

Zeller
- Fiche: *0407 f.*
  Az 1: 7(8)J 199/41
  Az 2: 2H 3/44
- Fiche: *0408*
  Az 1: 8J 475/39
  Az 2: 5H 8/44
- Fiche: *0527 f.*
  Az 1: 8J 476/39
  Az 2: 5H 127/43
- Fiche: *0580/0624 f.*
  Az 1: 8J 200/41
  Az 2: 2H 6/44

Zeller, Alfred
- Fiche: *0240*
  Az 1: 8J 305/35
  Az 2: 1H 67/35

Zeller, Alois
- Fiche: *0335*
  Az 1: 6J 165/41g
  Az 2: 2H 43/42

Zeller, Franz
- Fiche: *0335 f.*
  Az 1: 6J 165/41g
  Az 2: 2H 42/42
- Fiche: *0401 f.*
  Az 1: 8J 285/39g
  Az 2: 5H 108/43
- Fiche: *0500*
  Az 1: 8J 230/40
  Az 2: 5H 9/44
- Fiche: *0527 f.*
  Az 1: 8J 476/39
  Az 2: 5H 127/43

Zeller, Franz (A)
- Fiche: *0335*
  Az 1: 6J 165/41g
  Az 2: 2H 43/42
- Fiche: *0644*
  Az 1: 8J 475/39
  Az 2: 5H 109/43

Zeller, Othmar
- Fiche: *0580/0624 f.*
  Az 1: 8J 200/41
  Az 2: 2H 6/44

Zeller, Wilhelm
- Fiche: *0038 f./0259 f.*
  Az 1: 16J 767/35
  Az 2: 2H 57/36

Zellhuber, Regina (A)
- Fiche: *0432*
  Az 1: 7J 106/44
  Az 2: 2H 202/44

Zellnig, Maria (A)
- Fiche: *0319*
  Az 1: 11J 301/44g
  Az 2: 1H 1/45

Zellnig, Markus (A)
- Fiche: *0319*
  Az 1: 11J 301/44g
  Az 2: 1H 1/45

Zelt, Paul (A)
- Fiche: *0681 f.*
  Az 1: 10J 202/41g
  Az 2: 2H 143/41

Zeman, Alfred (A)
- Fiche: *0368*
  Az 1: 12J 143/44
  Az 2: 1H 200/44

Zemljak, Wilhelm (A)
- Fiche: *0411 f.*
  Az 1: 8J 375/40
  Az 2: 5H 17/44

Zenner
- Fiche: *0532 f.*
  Az 1: 7(11)J 197/34g
  Az 2: 3L 21/36

Zenon, Bernhard
- Fiche: *0570 f.*
  Az 1: 2J 342/40g
  Az 2: 2H 150/41

Zentsch, Max
- Fiche: *0059 f.*
  Az 1: 16J 543/35
  Az 2: 2H 22/36

Zeper, Fritz
- Fiche: *0499*
  Az 1: 10J 141/38
  Az 2: 2H 53/38

Zeper, Heinz (A)
- Fiche: *0159*
  Az 1: 9J 84/39g
  Az 2: 2H 5/40

Zeppezauer, Alois
- Fiche: *0336*
  Az 1: 7J 543/41
  Az 2: 2H 4/42

Zerbel
- Fiche: *0501*
  Az 1: 5J 77/38
  Az 2: 2H 43/38

Zerche, Kurt
- Fiche: *0099 f.*
  Az 1: 14J 301/37
  Az 2: 1H 27/37

Zerka
- Fiche: *0194 f.*
  Az 1: 11(10)J 619/43
  Az 2: 2H 168/44

Zernatto
- Fiche: *0575/0644 f.*
  Az 1: 8J 324/39g
  Az 2: 5H 110/43

Zerr, Anni (A)
- Fiche: *0056 f./0461*
  Az 1: 8J 29/35
  Az 2: 2H 18/36

Zerrenner, Willy
- Fiche: *0555*
  Az 1: 9J 330/41
  Az 2: 5H 63/42

Zessel
- Fiche: *0615 ff.*
  Az 1: 15J 86/33
  Az 2: XII H 42/33

Zessner
- Fiche: *0444*
  Az 1: 12J 33/40

Zetkin, Clara
- Fiche: *0615 ff.*
  Az 1: 15J 86/33
  Az 2: XII H 42/33
- Fiche: *0639*
  Az 1: 10J 87/41
  Az 2: 2H 192/42

Zettl, Karl
- Fiche: *0396/0704 f.*
  Az 1: 14J 522/37g
  Az 2: 1L 2/40

Zettler
- Fiche: *0300/0339*
  Az 1: 7J 232/42
  Az 2: 2H 202/42

Zettler, Josef
- Fiche: *0347*
  Az 1: 7J 437/42
  Az 2: 1H 244/42

Zettler, Rudolf
- Fiche: *0296*
  Az 1: 7J 638/42
  Az 2: 5H 26/43
- Fiche: *0297*
  Az 1: 7J 247/43
  Az 2: 5H 79/43
- Fiche: *0347*
  Az 1: 7J 437/42
  Az 2: 1H 244/42
- Fiche: *0361*
  Az 1: 7J 443/42
  Az 2: 5H 173/42
- Fiche: *0452*
  Az 1: 7J 421/43
- Fiche: *0453/0739*
  Az 1: 7J 347/43, 7J 421/43, 7J 422/43
  Az 2: 5H 122/43, 5H 129/43, 5H 125/43
- Fiche: *0600*
  Az 1: 7J 422/43
- Fiche: *0706*
  Az 1: StPL (RKA) III 37/43
  Az 2: StPL (HLS) 38/43

Zettler, Rudolf (A)
- Fiche: *0699*
  Az 1: StPL (RKA) III 546/42
  Az 2: StPL (HLS) I 31/43

Zeuch, Georg
- Fiche: *0481 f./0557 f.*
  Az 1: 8J 214/37
  Az 2: 1H 31/38

Zeuch, Georg (A)
- Fiche: *0485 f.*
  Az 1: 8J 386/38, 8J 214/37
  Az 2: 1H 33/38, 1H 31/38

Zeuschner, Konrad
- Fiche: *0485 f.*
  Az 1: 8J 386/38, 8J 214/37
  Az 2: 1H 33/38, 1H 31/38

Zezula, Franz
- Fiche: *0334*
  Az 1: 7J 48/42
  Az 2: 2H 76/42

Ziaja, Georg
- Fiche: *0074 f.*
  Az 1: 17J 366/36
  Az 2: 1H 56/36

Zibell, Paul
- Fiche: *0102*
  Az 1: 17J 185/36
  Az 2: 1H 30/37

Zibell, Paul (A)
- Fiche: *0090 f./0261*
  Az 1: 17J 260/36
  Az 2: 1H 10/37

Zibulka, Albert
- Fiche: *0352/0369*
  Az 1: 7J 507/42
  Az 2: 6H 13/42

Zick, Paul (A)
- Fiche: *0199 f.*
  Az 1: 9J 214/44
  Az 2: 2H 215/44

Zidansek, Milos
- Fiche: *0416*
  Az 1: 6(7)J 518/43
  Az 2: 5H 31/44

Ziebarth, Franz (A)
- Fiche: *0117 f./0542*
  Az 1: 8J 20/36g
  Az 2: 2H 11/38

Ziebler, Heinz
- Fiche: *0510 f./0689 f.*
  Az 1: 8J 54/37
  Az 2: 2H 41/37

Ziebler, Heinz (A)
- Fiche: *0025 ff./0253*
  Az 1: 8J 427/34, 8J 6/35
  Az 2: 1H 9/35

Ziedorn, Hans
- Fiche: *0072 f.*
  Az 1: 15J 282/36
  Az 2: 2H 49/36

Ziegelebner
- Fiche: *0433*
  Az 1: 10J 166/44
  Az 2: 2H 219/44

Ziegeleder
- Fiche: *0352*
  Az 1: 7J 529/42
  Az 2: 6H 25/42

Ziegellaub
- Fiche: *0052 f.*
  Az 1: 17J 5/36
  Az 2: 1H 10/36

Ziegels, Franz
- Fiche: *0213*
  Az 1: 17J 292/33

Ziegenhagen, Rudolf
- Fiche: *0474*
  Az 1: 10J 170/38
  Az 2: 2H 38/38

Ziegenhagen, Rudolf (A)
- Fiche: *0607*
  Az 1: 12J 160/33
  Az 2: XV H 58/33

Ziegenhorn
- Fiche: *0245 f.*
  Az 1: 8J 7/36g
  Az 2: 2H 4/36

Zieger, Heinrich
- Fiche: *0532 f.*
  Az 1: 7(11)J 197/34g
  Az 2: 3L 21/36

Ziegert
- Fiche: *0055 f./0390*
  Az 1: 8J 82/36g
  Az 2: 2H 13/36
- Fiche: *0707*
  Az 1: StPL (RKA) III 345/41
  Az 2: StPL (HLS) III 144/41

Ziegert (Frau)
- Fiche: *0707*
  Az 1: StPL (RKA) III 345/41
  Az 2: StPL (HLS) III 144/41

Zieglarsch
- Fiche: *0059 f.*
  Az 1: 16J 543/35
  Az 2: 2H 22/36
- Fiche: *0143 f.*
  Az 1: 5J 160/39
  Az 2: 2H 24/39

Ziegler
- Fiche: *0131/0596 f.*
  Az 1: 14J 796/37g
  Az 2: 2H 51/38
- Fiche: *0185 f.*
  Az 1: 11J 29/44
  Az 2: 1H 52/44

– Fiche: *0467*
Az 1: 10J 228/38
Az 2: 2H 76/38
– Fiche: *0538*
Az 1: 10J 227/38
Az 2: 2H 80/38

Ziegler (Frau)
– Fiche: *0063 f.*
Az 1: 8J 165/35
Az 2: 2H 30/36
– Fiche: *0564 f.*
Az 1: 9J 137/34
Az 2: 1H 25/35

Ziegler, Alexander
– Fiche: *0581 f./0647*
Az 1: 8J 95/41g
Az 2: 2H 167/43

Ziegler, Alexander (A)
– Fiche: *0580/0624 f.*
Az 1: 8J 200/41
Az 2: 2H 6/44

Ziegler, Anna
– Fiche: *0535*
Az 1: 8J 78/42g
Az 2: 2H 214/42

Ziegler, Christian
– Fiche: *0269 f.*
Az 1: 8J 100/37
Az 2: 1H 43/37

Ziegler, Elli (A)
– Fiche: *0165/0534 f.*
Az 1: 10J 37/40g
Az 2: 2H 3/41

Ziegler, Erich
– Fiche: *0100 f./0711*
Az 1: 15J 1/37
Az 2: 1H 28/37

Ziegler, Erich (A)
– Fiche: *0165/0534 f.*
Az 1: 10J 37/40g
Az 2: 2H 3/41

Ziegler, Karl
– Fiche: *0248/0447*
Az 1: 14J 380/36
Az 2: 2H 8/37
– Fiche: *0659*
Az 1: 8/16J 1215/32
Az 2: XV H 7/34

Ziegler, Lorenz
– Fiche: *0403/0485*
Az 1: 9J 664/43
Az 2: 6L 163/43

Ziegler, Otto
– Fiche: *0203 f.*
Az 1: 11J 246/44
Az 2: 2H 245/44

Ziegler, Otto (A)
– Fiche: *0202*
Az 1: 11J 281/44
Az 2: 2H 243/44

Ziegler, Rudolf
– Fiche: *0513*
Az 1: 15J 302/34, 15J 107/35
Az 2: 1H 18/35, 1H 21/35

Ziegler, Wilhelm
– Fiche: *0578*
Az 1: 9J 451/43
Az 2: 2H 115/43

Ziegler, Willi
– Fiche: *0165/0534 f.*
Az 1: 10J 37/40g
Az 2: 2H 3/41

Ziehensack, Josefine
– Fiche: *0319 f.*
Az 1: 6J 124/40g
Az 2: 2H 10/41
– Fiche: *0320 f./0388*
Az 1: 6J 144/40g
Az 2: 2H 14/41
– Fiche: *0322/0521 f.*
Az 1: 6J 145/40
Az 2: 2H 32/41

Ziehm, Alfred
– Fiche: *0289 f.*
Az 1: 6J 52/40g
Az 2: 2H 111/40
– Fiche: *0396/0704 f.*
Az 1: 14J 522/37g
Az 2: 1L 2/40

Ziehmann, Karl (A)
– Fiche: *0176*
Az 1: 10J 216/42g
Az 2: 1H 300/42

Ziehnert, Paul
– Fiche: *0659*
Az 1: 8/16J 1215/32
Az 2: XV H 7/34

Zielasko, Franz
– Fiche: *0181/0682*
Az 1: 8J 69/44
Az 2: 2H 95/44
– Fiche: *0186*
Az 1: 11J 199/44
Az 2: 1H 130/44
– Fiche: *0187*
Az 1: 9J 64/44
Az 2: 2H 80/44
– Fiche: *0187/0443*
Az 1: 9J 65/44
Az 2: 2H 74/44
– Fiche: *0428*
Az 1: 8J 70/44
Az 2: 2H 107/44
– Fiche: *0450/0635*
Az 1: 8J 22/44
Az 2: 2H 73/44
– Fiche: *0539*
Az 1: 8J 71/44
Az 2: 2H 109/44
– Fiche: *0552*
Az 1: 9J 66/44
Az 2: 2H 119/44

Zielinski
– Fiche: *0048 f.*
Az 1: 17J 88/35
Az 2: 1H 73/35

Ziem, Karl (A)
– Fiche: *0605 f.*
Az 1: 14J 83/33
Az 2: XV H 55/33

Ziemann (Frau)
– Fiche: *0086 f.*
Az 1: 17J 73/36
Az 2: 2H 5/37

Ziemek, Alexander
– Fiche: *0120*
Az 1: 17J 401/37
Az 2: 2H 14/38

Ziemke
– Fiche: *0015 f.*
Az 1: 14a/8J 193/30, 17J 803/33
Az 2: 1H 24/34, 1H 38/34

Ziesche
– Fiche: *0160/0288f.*
Az 1: 6J 224/39g
Az 2: 2H 44/40

Ziese, Erich
– Fiche: *0030*
Az 1: 17J 210/34
Az 2: 2H 19/35

Ziesemer, Elsa
– Fiche: *0061 f./0626 f.*
Az 1: 17J 336/35
Az 2: 2H 28/36

Ziethen, Johann
– Fiche: *0209/0740*
Az 1: 9J 245/44
Az 2: 1H 358/44

Zietschmann, Renate
– Fiche: *0415 f.*
Az 1: 3J 260/44
Az 2: 1L 30/44
– Fiche: *0507*
Az 1: 2J 729/43

Zigelski
– Fiche: *0021/0462*
Az 1: 15J 85/34
Az 2: 1H 46/34

Ziggel
– Fiche: *0095 f.*
Az 1: 17J 271/36
Az 2: 2H 23/37

Ziggel (Frau)
– Fiche: *0095 f.*
Az 1: 17J 271/36
Az 2: 2H 23/37

Ziggel, Otto
– Fiche: *0629 f.*
Az 1: 9J 929/35
Az 2: 1H 37/36

Zika, Franz (A)
– Fiche: *0368*
Az 1: 12J 289/41g
Az 2: 1H 179/42

Zilian, August (A)
– Fiche: *0187 f.*
Az 1: 9J 83/44
Az 2: 2H 83/44

Zill, Dorothea (A)
– Fiche: *0721*
Az 1: 9J 26/45

Zill, Emma (A)
– Fiche: *0721*
Az 1: 9J 26/45

Ziller, Hans (A)
– Fiche: *0073*
Az 1: 16J 287/36
Az 2: 2H 51/36

Ziller, Peter
– Fiche: *0291*
Az 1: 9Z 246/40

Zilles, Hermann (A)
– Fiche: *0165/0291*
Az 1: 9J 246/40
Az 2: 2H 28/41

Zilles, Peter
– Fiche: *0071 f.*
Az 1: 14J 288/36
Az 2: 1H 48/36
– Fiche: *0165/0291*
Az 1: 9J 246/40
Az 2: 2H 28/41

Zillich, Karl
– Fiche: *0140 f.*
Az 1: 8J 357/38g
Az 2: 2H 13/39

Zillich, Paul
– Fiche: *0085*
Az 1: 17J 507/36
Az 2: 2H 3/37

Zillmann, Bruno (A)
– Fiche: *0593 f.*
Az 1: 15J 490/33
Az 2: 1H 89/34

Zillmer
– Fiche: *0046/0462*
Az 1: 17J 189/35
Az 2: 1H 61/35

Zilvar
– Fiche: *0706*
Az 1: StPL (RKA) III 37/43
Az 2: StPL (HLS) 38/43

Zimdar (Frau)
– Fiche: *0633*
Az 1: 8J 267/38
Az 2: 2H 61/38

Zimdars, Wilhelm
– Fiche: *0131/0674 f.*
Az 1: 10J 27/38
Az 2: 2H 50/38
– Fiche: *0510*
Az 1: 10J 31/38
Az 2: 2H 10/38
– Fiche: *0518/0679*
Az 1: 10J 30/38
Az 2: 2H 8/38
– Fiche: *0541*
Az 1: 10J 29/38
Az 2: 2H 31/38

Zimdars, Wilhelm (A)
– Fiche: *0601*
Az 1: 10J 26/38
Az 2: 2H 19/38

Zindel, Hedwig (A)
- Fiche: *0607*
  Az 1: 12J 160/33
  Az 2: XV H 58/33

Zingler
- Fiche: *0050 f.*
  Az 1: 8J 164/35
  Az 2: 1H 5/36

Zingler, Alfred
- Fiche: *0542 f.*
  Az 1: 9J 311/41
  Az 2: 2H 31/42
- Fiche: *0555 f.*
  Az 1: 9J 202/36
  Az 2: 2H 14/37

Zingler, Alfred (A)
- Fiche: *0193/0443*
  Az 1: 9J 45/44
  Az 2: 1H 141/44, 1H 229/44

Zingler, Margarete
- Fiche: *0542 f.*
  Az 1: 9J 311/41
  Az 2: 2H 31/42

Zingler, Margarete (A)
- Fiche: *0193/0443*
  Az 1: 9J 45/44
  Az 2: 1H 141/44, 1H 229/44

Zink
- Fiche: *0129 f.*
  Az 1: 6J 223/38g
  Az 2: 2H 47/38

Zink, Karl
- Fiche: *0160 f./0163*
  Az 1: 5J 46/40, 5J 164/40
  Az 2: 2H 69/40

Zink, Karl (A)
- Fiche: *0160 f.*
  Az 1: 5J 46/40
  Az 2: 2H 45/40

Zink, Walter
- Fiche: *0160 f./0163*
  Az 1: 5J 46/40, 5J 164/40
  Az 2: 2H 69/40

Zink, Walter (A)
- Fiche: *0160 f.*
  Az 1: 5J 46/40
  Az 2: 2H 45/40

Zinkgraf, Franz
- Fiche: *0005 f.*
  Az 1: 13J 154/33
  Az 2: 1H 9/34

Zinkhan
- Fiche: *0117 f./0542*
  Az 1: 8J 20/36g
  Az 2: 2H 11/38

Zinn, Georg (A)
- Fiche: *0187 f.*
  Az 1: 9J 83/44
  Az 2: 2H 83/44

Zinn, Karl (A)
- Fiche: *0002*
  Az 1: 8J 1856/33
  Az 2: 2H 2/34
- Fiche: *0214*
  Az 1: 8J 1856/33

Zinner
- Fiche: *0394 f.*
  Az 1: 14J 480/37g
  Az 2: 1L 18/38

Zinner, Alois
- Fiche: *0512*
  Az 1: 6J 44/42g

Zinner, Andreas
- Fiche: *0036 f.*
  Az 1: 14J 21/35
  Az 2: 1H 32/35
- Fiche: *0248/0447*
  Az 1: 14J 380/36
  Az 2: 2H 8/37

Zinner, Cäcilie (A)
- Fiche: *0437*
  Az 1: 6J 198,199/44
  Az 2: 5H 19,20/45

Zinnert, Albert
- Fiche: *0010 f.*
  Az 1: 17J 232/33
  Az 2: 2H 14/34

Zins
- Fiche: *0205*
  Az 1: 9J 151/44
  Az 2: 2H 253/44

Zinsberger, Johann
- Fiche: *0498*
  Az 1: 8J 371/38
  Az 2: 1H 38/38

Zinsler, Odo
- Fiche: *0333 f.*
  Az 1: 7J 649/41
  Az 2: 2H 88/42

Zintgraff, Erich
- Fiche: *0584*
  Az 1: 9J 448/39
  Az 2: 1H 79/39

Zipfel, Hans
- Fiche: *0452*
  Az 1: 9J 231/35
  Az 2: 2H 44/35

Zipp, Julius
- Fiche: *0517/0678*
  Az 1: 10J 139/38
  Az 2: 2H 67/38

Zippelius, Karl
- Fiche: *0735 f.*
  Az 1: 7J 32/44
  Az 2: 6H 92/44

Zipperer, William
- Fiche: *0196/0625*
  Az 1: 9J 187/44
  Az 2: 2H 204/44
- Fiche: *0203 f.*
  Az 1: 11J 246/44
  Az 2: 2H 245/44
- Fiche: *0433 f.*
  Az 1: 9J 212/44
  Az 2: 2H 222/44

Zipperer, William (A)
- Fiche: *0196*
  Az 1: 9J 210/44
  Az 2: 2H 205/44

Zirker, Johannes (A)
- Fiche: *0025 ff./0253*
  Az 1: 8J 427/34, 8J 6/35
  Az 2: 1H 9/35

Zirn, Richard (A)
- Fiche: *0700*
  Az 1: StPL (RKA) I 424/43
  Az 2: StPL 2. Sen. 5/44

Zirnstein, Walter (A)
- Fiche: *0145/0285 f.*
  Az 1: 5J 102/39
  Az 2: 1H 27/39

Zirpins
- Fiche: *0615 ff.*
  Az 1: 15J 86/33
  Az 2: XII H 42/33

Zirr, Richard (A)
- Fiche: *0211 f.*
  Az 1: 9J 33/45g
  Az 2: 6Sg. 65/45

Ziska, Edmund
- Fiche: *0254*
  Az 1: 9J 332/36
  Az 2: 2H 40/36

Zitka, Marie
- Fiche: *0395 f.*
  Az 1: 6J 53/38g
  Az 2: 3L 28/39

Zitter, Maximilian (A)
- Fiche: *0696 f.*
  Az 1: StPL (RKA) III 657/41
  Az 2: StPL (HLS) III 16/42

Zitz, Franz
- Fiche: *0351*
  Az 1: 7J 490/42
  Az 2: 6H 30/42

Zitz, Matthias
- Fiche: *0351*
  Az 1: 7J 490/42
  Az 2: 6H 30/42

Zitz, Rosa
- Fiche: *0331*
  Az 1: 7J 159/42
  Az 2: 2H 118/42
- Fiche: *0333*
  Az 1: 7J 156/42
  Az 2: 2H 112/42

Zitzen, Fritz
- Fiche: *0564*
  Az 1: 8J 148/42g
  Az 2: 5H 67/43

Zitzen, Josef (A)
- Fiche: *0029 f./0469*
  Az 1: 13J 256/33
  Az 2: 2H 17/35

Zizoldt, Eva
- Fiche: *0049*
  Az 1: 8J 440/35
  Az 2: 1H 1/36

Zizoldt, Jenny
- Fiche: *0049*
  Az 1: 8J 440/35
  Az 2: 1H 1/36

Zlesak, Josef
- Fiche: *0152/0305*
  Az 1: 7J 302/39
  Az 2: 1H 46/39

Zmarslik, Richard (A)
- Fiche: *0608 ff.*
  Az 1: 15J 179/33
  Az 2: XII H 17/34

Zmyschowski
- Fiche: *0111 f./0270 f.*
  Az 1: 17J 152/37
  Az 2: 2H 51/37

Zniebacher, Johann
- Fiche: *0330*
  Az 1: 7J 46/42
  Az 2: 2H 125/42

Zniebacher, Johann (A)
- Fiche: *0174*
  Az 1: 7J 160/42
  Az 2: 2H 119/42

Zobel
- Fiche: *0127*
  Az 1: 7J 96/38
  Az 2: 2H 29/38
- Fiche: *0184/0680*
  Az 1: 9J 777/43g
  Az 2: 5H 39/44
- Fiche: *0210/0579*
  Az 1: 9J 272/44
  Az 2: 1H 7/45
- Fiche: *0467*
  Az 1: 10J 228/38
  Az 2: 2H 76/38

Zobel, Ernst
- Fiche: *0087 f.*
  Az 1: 14J 396/36
  Az 2: 1H 6/37

Zobel, Herbert
- Fiche: *0210/0630*
  Az 1: 10(9)J 777/43g
  Az 2: 5H 41/44
- Fiche: *0679 f./0713*
  Az 1: 10(9)J 777/43g
  Az 2: 5H 38/44, 5H 43/44

Zobel, Lieschen
- Fiche: *0466 f.*
  Az 1: 15J 513/37
  Az 2: 2H 55/37

Zobel, Walter
- Fiche: *0538 f.*
  Az 1: 8J 356/38g
  Az 2: 1H 29/38

Zobell, Paul
- Fiche: *0109 f.*
  Az 1: 17J 264/36
  Az 2: 2H 45/37

Decknamenregister

Alex (Kippenberger, Hans)
- Fiche: *0140 f.*
  Az 1: 8J 357/38g
  Az 2: 2H 13/39

Alex (Kleefisch, Alexander) (A)
- Fiche: *0122 f.*
  Az 1: 16J 765/37
  Az 2: 1H 23/38

Alex (Richter, Georg)
- Fiche: *0640*
  Az 1: 16J 328/35
  Az 2: 1H 11/37

Alex (Schröder, Peter)
- Fiche: *0113/0469 f.*
  Az 1: 16J 37/35
  Az 2: 1H 19-20/37
- Fiche: *0640*
  Az 1: 16J 328/35
  Az 2: 1H 11/37

Alex (Schwab, Alexander) (A)
- Fiche: *0460 f.*
  Az 1: 17J 109/37, 9J 142/37
  Az 2: 2H 44,47/37

Alf (Kayser, Alfred) (A)
- Fiche: *0709 ff.*
  Az 1: 8J 162/40
  Az 2: 2H 77/41

Alfons (Dünow)
- Fiche: *0032 f.*
  Az 1: 13J 11/34
  Az 2: 1H 26/35

Alfons (Dünow, Hermann) (A)
- Fiche: *0037/0221*
  Az 1: 17J 94/34
  Az 2: 1H 33/35

Alfred (Ehlen, Walter) (A)
- Fiche: *0094/0264 f.*
  Az 1: 17J 439/36
  Az 2: 2H 21/37

Alfred (Kauf, Alfred) (A)
- Fiche: *0090*
  Az 1: 17J 187/36
  Az 2: 2H 31/37

Alfred (Knöchel, Wilhelm)
- Fiche: *0189/0428*
  Az 1: 9J 86/44
  Az 2: 2H 104/44
- Fiche: *0489*
  Az 1: 8J 87/44
  Az 2: 1H 127/44
- Fiche: *0518/0562*
  Az 1: 8J 52/44
  Az 2: 1H 82/44
- Fiche: *0541 f.*
  Az 1: 10J 573/43
  Az 2: 2H 160/43
- Fiche: *0684 f.*
  Az 1: 10J 548/43
  Az 2: 2H 158/43

Alfred (Knöchel, Wilhelm) (A)
- Fiche: *0556 f.*
  Az 1: 9J 51/44g
  Az 2: 1H 97/44

Alfred (Mohaupt, Richard)
- Fiche: *0105*
  Az 1: 17J 444/36
  Az 2: 2H 35/37

Alfred (Rattai, Karl)
- Fiche: *0228*
  Az 1: 13J 266/33
  Az 2: 2H 11,12/35

Alfred (Reimers, Wilhelm)
- Fiche: *0095/0541*
  Az 1: 9J 571/36
  Az 2: 2H 22/37

Alfred (Roth)
- Fiche: *0108 f.*
  Az 1: 8J 337/37g
  Az 2: 1H 41/37
- Fiche: *0110 f.*
  Az 1: 8J 348/37g
  Az 2: 1H 47/37
- Fiche: *0113/0469 f.*
  Az 1: 16J 37/35
  Az 2: 1H 19-20/37

Alfred (Roth, Leo)
- Fiche: *0140 f.*
  Az 1: 8J 357/38g
  Az 2: 2H 13/39

Alfred (Schmidt, Waldemar)
- Fiche: *0544/0734*
  Az 1: 9J 869/35
  Az 2: 2H 51/35

Alfred (Schmidt, Waldemar) (A)
- Fiche: *0629 f.*
  Az 1: 9J 929/35
  Az 2: 1H 37/36

Alfred (Wagner)
- Fiche: *0197/0466*
  Az 1: 8J 157/44
  Az 2: 1H 208/44
- Fiche: *0202*
  Az 1: 8J 179/44
  Az 2: 1H 237/44

Alfred (Wagner, Helmut)
- Fiche: *0207*
  Az 1: 8J 188/44g
  Az 2: 1H 285/44

Alfred (Wagner, Helmut) (A)
- Fiche: *0208/0672*
  Az 1: 8J 199/44
  Az 2: 1H 298/44

Alfred (Wagner, Helmuth)
- Fiche: *0198 f./0208*
  Az 1: 8J 169/44
  Az 2: 1H 210/44

Ali (Mölle, Margarete) (A)
- Fiche: *0643*
  Az 1: 10J 29/41
  Az 2: 2H 49/41

Ali (Neumann)
- Fiche: *0048 f.*
  Az 1: 17J 88/35
  Az 2: 1H 73/35

Alma (Fischer, Maria) (A)
- Fiche: *0367/0384*
  Az 1: 7J 327/43
  Az 2: 5H 102/43

Alois (Neskudla, Ferdinand)
- Fiche: *0357*
  Az 1: 7J 445/42, 7J 455/42
  Az 2: 5H 184/42, 5H 168/42

Alphons (Flieg, Leopold)
- Fiche: *0140 f.*
  Az 1: 8J 357/38g
  Az 2: 2H 13/39

Alte (Fränken, Fritz)
- Fiche: *0671 f.*
  Az 1: 15J 385/34
  Az 2: 1H 11/36

Alter (Antl, Paul)
- Fiche: *0351/0358*
  Az 1: 7J 285/42
  Az 2: 5H 138/42

Alter (Fraenken)
- Fiche: *0463/0465*
  Az 1: 15J 39/36
  Az 2: 2H 35/36

Alte, der (Benz, Theodor)
- Fiche: *0052*
  Az 1: 14J 104/36
  Az 2: 2H 8/36

Alte, der (Boulanger)
- Fiche: *0564 f.*
  Az 1: 9J 137/34
  Az 2: 1H 25/35

Alte, der (Brass, Otto)
- Fiche: *0146 f./0301 f.*
  Az 1: 10J 7/39
  Az 2: 1H 30/39

Alte, der (Fraenken)
- Fiche: *0114/0473 f.*
  Az 1: 14J 527/37g, 14J 736/37
  Az 2: 1H 44/37, 1H 3/38

Alte, der (Fraenken, Fritz)
- Fiche: *0094/0262*
  Az 1: 8J 223/36
  Az 2: 2H 15/37
- Fiche: *0523*
  Az 1: 10J 227/39
  Az 2: 2H 20/41
- Fiche: *0549*
  Az 1: 10J 96/42
  Az 2: 2H 238/42
- Fiche: *0629 f.*
  Az 1: 9J 929/35
  Az 2: 1H 37/36
- Fiche: *0672*
  Az 1: 10J 201/41
  Az 2: 2H 59/42

Alwin (Gentsch, Erich)
- Fiche: *0489*
  Az 1: 8J 87/44
  Az 2: 1H 127/44
- Fiche: *0556 f.*
  Az 1: 9J 51/44g
  Az 2: 1H 97/44
- Fiche: *0684 f.*
  Az 1: 10J 548/43
  Az 2: 2H 158/43

Alwin (Müller, Werner)
- Fiche: *0448*
  Az 1: 17J 225/37
  Az 2: 2H 48/37

Alwin (Müller, Werner) (A)
- Fiche: *0111 f./0270 f.*
  Az 1: 17J 152/37
  Az 2: 2H 51/37

Alze (Kratzsch, Herbert)
- Fiche: *0523*
  Az 1: 10J 227/39
  Az 2: 2H 20/41

Amberg, Matthias (Elgas, Karl) (A)
- Fiche: *0001*
  Az 1: 17J 303/33
  Az 2: 1H 2/34

Anders, Kurt (Heuck, Christian) (A)
- Fiche: *0619*
  Az 1: 8J 200/33
  Az 2: XII H 23/33

Andi (Coppi, Hans)
- Fiche: *0706*
  Az 1: StPL (RKA) III 188/43
  Az 2: StPL (HLS) II 48/43

André (Gorjanic, Albert)
- Fiche: *0056*
  Az 1: 17J 441/35
  Az 2: 1H 14/36

André (Rauch, Bruno)
- Fiche: *0701*
  Az 1: 10J 248/44
  Az 2: 6H 53/45

André, Ernest Francois (Auchter, Erwin) (A)
- Fiche: *0561*
  Az 1: 9J 35/39g
  Az 2: 2H 2/40

Andreas (Krasnigg)
- Fiche: *0329/0339*
  Az 1: 7J 283/42, 7J 288/42
  Az 2: 5H 146/42

Axel (Brüggemann, Otto)
- Fiche: *0129/0439*
  Az 1: 7J 102/38
  Az 2: 2H 45/38

Axel (Deter)
- Fiche: *0514*
  Az 1: 9aJ 164/34
  Az 2: 1H 47/34

Axel (Ladwig, Arthur) (A)
- Fiche: *0183*
  Az 1: 11(10)J 631/43
  Az 2: 1H 28/44

Axel (Lesch, Fritz)
- Fiche: *0670 f.*
  Az 1: 14J 78/34
  Az 2: 1H 45/35

Axel (Werther, Paul)
- Fiche: *0502*
  Az 1: 10J 54/41
  Az 2: 2H 52/41
- Fiche: *0537 f.*
  Az 1: 9J 236/41g
  Az 2: 5H 75/42
- Fiche: *0628*
  Az 1: 9J 50/42g
  Az 2: 2H 60/42

Azze (Kratzsch, Herbert)
- Fiche: *0315 f./0465 f.*
  Az 1: 15J 14/36
  Az 2: 1H 54/36
- Fiche: *0463/0465*
  Az 1: 15J 39/36
  Az 2: 2H 35/36
- Fiche: *0629 f.*
  Az 1: 9J 929/35
  Az 2: 1H 37/36

Azze (Kratzsch, Herbert) (A)
- Fiche: *0094/0262*
  Az 1: 8J 223/36
  Az 2: 2H 15/37

Bachmaier (Ernst (Frau))
- Fiche: *0147 ff.*
  Az 1: 6J 374/38g
  Az 2: 1H 37/39

Bader (Wahls, Otto)
- Fiche: *0263 f./0487 f.*
  Az 1: 17J 171/35
  Az 2: 2H 17/37

Badwaschl (Kolar)
- Fiche: *0337 f.*
  Az 1: 7J 273/42
  Az 2: 2H 211/42

Badwaschl (Kolar, Richard)
- Fiche: *0327*
  Az 1: 7J 271/42
  Az 2: 2H 157/42

Bär (Putz, Ernst)
- Fiche: *0664 f.*
  Az 1: 17J 541/33
  Az 2: XV H 25/34

Bahr, Heinz (Haußer, Alfred) (A)
- Fiche: *0588 f./0643*
  Az 1: 16J 293/35, 8J 438/35
  Az 2: 2H 58/35

Baier, Hans (Beimler, Hans)
- Fiche: *0140 f.*
  Az 1: 8J 357/38g
  Az 2: 2H 13/39

Baku (Tagmann)
- Fiche: *0474*
  Az 1: 10J 170/38
  Az 2: 2H 38/38

Barbara (Korecky, Karoline) (A)
- Fiche: *0374/0576*
  Az 1: 7J 303/43
  Az 2: 5H 80/43

Barknecht, Ernst (Schäfer, Friedrich) (A)
- Fiche: *0052*
  Az 1: 14J 104/36
  Az 2: 2H 8/36

Bart (Kaminski, Hermann) (A)
- Fiche: *0162*
  Az 1: 9J 424/39g
  Az 2: 2H 60/40

Bauer (Grützmacher, Fritz)
- Fiche: *0082/0260 f.*
  Az 1: 9J 907/35
  Az 2: 1H 67/36

Bauer (Pawlin, Theodor)
- Fiche: *0339/0649*
  Az 1: 6J 78/42g
  Az 2: 2H 156/42

Bauer (Pawlin, Theodor) (A)
- Fiche: *0326*
  Az 1: 7J 112/42
  Az 2: 2H 164/42

Bauer, Emil (Ackerknecht, Erwin)
- Fiche: *0702 f.*
  Az 1: 17J 97/37
  Az 2: 2H 19/37

Bauer, Erwin (Ackerknecht, Erwin)
- Fiche: *0269/0718*
  Az 1: 16J 736/36
  Az 2: 2H 43/37
- Fiche: *0276 f.*
  Az 1: 5J 284/38
  Az 2: 1H 34/38
- Fiche: *0605*
  Az 1: 10J 117/42
  Az 2: 5H 115/42

Bauer, Eugen (Ackerknecht, Erwin)
- Fiche: *0702 f.*
  Az 1: 17J 97/37
  Az 2: 2H 19/37

Bauer, Fritz (Hofäcker, Friedrich)
- Fiche: *0267 f.*
  Az 1: 7J 201/36g
  Az 2: 2H 40/37

Bauer I (Putz, Ernst)
- Fiche: *0664 f.*
  Az 1: 17J 541/33
  Az 2: XV H 25/34

Bauer, Paul (Bandisch, Paul)
- Fiche: *0159*
  Az 1: 17J 177/37
  Az 2: 2H 24/40

Bauer, Villem (Seifert, Herbert) (A)
- Fiche: *0181 f.*
  Az 1: 7(5)J 180/43g
  Az 2: 1H 14/44

Baumann (Spier, Fritz) (A)
- Fiche: *0261*
  Az 1: 14J 570/37g

Baumann (Trost, Karl)
- Fiche: *0396/0704 f.*
  Az 1: 14J 522/37g
  Az 2: 1L 2/40

Baumann, Dr. (Straßer, Otto)
- Fiche: *0137/0711 f.*
  Az 1: 8J 367/38
  Az 2: 2H 4/39

Baumann, Friedrich (Niekisch, Ernst) (A)
- Fiche: *0481 f./0557 f.*
  Az 1: 8J 214/37
  Az 2: 1H 31/38

Bebo (Wager, Josef) (A)
- Fiche: *0519/0549 f.*
  Az 1: 6J 135/42g
  Az 2: 6H 79/43

Becker (Heise, Paul) (A)
- Fiche: *0152*
  Az 1: 11J 341/39
  Az 2: 2H 46/39

Becker, Fritz (Wingenfeld, Valentin) (A)
- Fiche: *0045 f./0675 f.*
  Az 1: 16J 319/35
  Az 2: 1H 57/35

Becker, Heinrich (Beuttel, Wilhelm)
- Fiche: *0181*
  Az 1: 10(9)J 508/43
  Az 2: 2H 10/44

Becker, Heinrich (Beuttel, Wilhelm) (A)
- Fiche: *0186/0722*
  Az 1: 10(9)J 571/43
  Az 2: 2H 52/44

Beckers (Ligendza, Roman)
- Fiche: *0082/0260 f.*
  Az 1: 9J 907/35
  Az 2: 1H 67/36

Beckers (Meynen, Otto)
- Fiche: *0123 ff./0275 f.*
  Az 1: 8J 5/37g
  Az 2: 2H 23/38

Beckmann (Heise, Paul) (A)
- Fiche: *0152*
  Az 1: 11J 341/39
  Az 2: 2H 46/39

Behrend, Kurt (Seng, Willi)
- Fiche: *0709*
  Az 1: 9J 80/44
  Az 2: 2H 72/44

Behrendt, Gertrud Anna Hermine (Karg, Berta) (A)
- Fiche: *0564 f.*
  Az 1: 9J 137/34
  Az 2: 1H 25/35

Beideck, Walter (Buisson, Wilhelm) (A)
- Fiche: *0396/0704 f.*
  Az 1: 14J 522/37g
  Az 2: 1L 2/40

Benno (Senft, Benjamin)
- Fiche: *0130 f.*
  Az 1: 10J 137/38
  Az 2: 2H 49/38
- Fiche: *0544 f.*
  Az 1: 10J 138/38
  Az 2: 2H 37/38

Beppo (Römer, Josef)
- Fiche: *0184/0707 f.*
  Az 1: 9J 777/43g
  Az 2: 5H 40/44

Berater 18/21 (Pfeiffer, Hans) (A)
- Fiche: *0019*
  Az 1: 17J 617/33
  Az 2: 1H 37/34

Berchtold (Lenk, Johann)
- Fiche: *0519/0549 f.*
  Az 1: 6J 135/42g
  Az 2: 6H 79/43

Berg (Rembte, Adolf) (A)
- Fiche: *0263 f./0487 f.*
  Az 1: 17J 171/35
  Az 2: 2H 17/37

Berg, Heini (Zinner, Andreas)
- Fiche: *0036 f.*
  Az 1: 14J 21/35
  Az 2: 1H 32/35

Berg, von (Ebeling, Hans)
- Fiche: *0594 f./0695 f.*
  Az 1: 11J 122/35g
  Az 2: 2H 10,11,12/37

Berger (Eggenberger, Louis)
- Fiche: *0504 f.*
  Az 1: 8J 198/41g
  Az 2: 5H 60/42

Dicke, der (Goldberg, Willi)
- Fiche: *0629 f.*
  Az 1: 9J 929/35
  Az 2: 1H 37/36
- Fiche: *0672*
  Az 1: 10J 201/41
  Az 2: 2H 59/42

Dicke, der (Goldberg, Willy)
- Fiche: *0094/0262*
  Az 1: 8J 223/36
  Az 2: 2H 15/37

Dicke, der (Peters, Franz)
- Fiche: *0115 f.*
  Az 1: 17J 381/37
  Az 2: 2H 5/38

Dicke, der (Schwabe, Arnold)
- Fiche: *0396/0704 f.*
  Az 1: 14J 522/37g
  Az 2: 1L 2/40

Dickmann, Ernst (Bästlein, Bernhard)
- Fiche: *0209*
  Az 1: 9J 250/44
  Az 2: 1H 364/44

Dicks (Pfefferle, Rudolf)
- Fiche: *0098*
  Az 1: 14J 305/37g
  Az 2: 1H 26/37
- Fiche: *0098 f.*
  Az 1: 14J 305/37g
  Az 2: 1H 35/37

Diebert (Klann, Erich Paul Hermann)
- Fiche: *0008 f.*
  Az 1: 17J 242/33
  Az 2: 2H 11/34

Dierk (Arfmann, Dietrich)
- Fiche: *0114/0473 f.*
  Az 1: 14J 527/37g, 14J 736/37
  Az 2: 1H 44/37, 1H 3/38

Diesing, Emil (Fladung, Johannes) (A)
- Fiche: *0018/0534*
  Az 1: 14a/8J 796/30
  Az 2: 1H 31/34

Dietrich (Fichter, Oskar) (A)
- Fiche: *0470*
  Az 1: 9J 25/42g
  Az 2: 2H 153/42

Dirksen, Walter (Auerbach)
- Fiche: *0456 f.*
  Az 1: 9J 15/41
  Az 2: 2H 117/41

Dobrin, Max (Reichel, Heinrich) (A)
- Fiche: *0636*
  Az 1: 10J 5/43g
  Az 2: 2H 37/43

Dobrowski (Walter, Johann)
- Fiche: *0319*
  Az 1: 11J 301/44g
  Az 2: 1H 1/45

Döblinger (Gold, Leopold)
- Fiche: *0349 f.*
  Az 1: 7J 95/42
  Az 2: 5H 96/42

Dolly (Neustadtl, Adolf)
- Fiche: *0297*
  Az 1: 7J 247/43
  Az 2: 5H 79/43
- Fiche: *0330*
  Az 1: 7J 44/42
  Az 2: 2H 331/42
- Fiche: *0351/0358*
  Az 1: 7J 285/42
  Az 2: 5H 138/42
- Fiche: *0358*
  Az 1: 7J 275/42
  Az 2: 5H 139/42

Dora (Bolck, Else) (A)
- Fiche: *0573*
  Az 1: 10J 10/40
  Az 2: 2H 40/40

Dora (Hübsch, Lucie) (A)
- Fiche: *0463*
  Az 1: 15J 217/35
  Az 2: 1H 68/35

Dormann, Eugen (Lechtenfeld, Heinrich) (A)
- Fiche: *0231 f./0561*
  Az 1: 8J 14/34
  Az 2: 2H 33/35

Dsching (Straßer, Otto)
- Fiche: *0137/0711 f.*
  Az 1: 8J 367/38
  Az 2: 2H 4/39

Dücker, Marie (Krollmann, Maria) (A)
- Fiche: *0039 f.*
  Az 1: 14J 16/35
  Az 2: 1H 43/35

Dürr, Ernst (Zander, Ernst) (A)
- Fiche: *0013 f.*
  Az 1: 8J 1713/33
  Az 2: 2H 20/34

Durand, Marie-Louise (Wosikowski, Irene) (A)
- Fiche: *0197*
  Az 1: 9J 141/44
  Az 2: 1H 206/44

Dyck, Jan van (Groß, Emil)
- Fiche: *0694*
  Az 1: 9J 341/36
  Az 2: 5 OJs 127/37

E (Straßer, Otto)
- Fiche: *0137/0711 f.*
  Az 1: 8J 367/38
  Az 2: 2H 4/39

E. (Melcher, Erich) (A)
- Fiche: *0611 f.*
  Az 1: 12J 145/33
  Az 2: XII H 13/34

Eberhard (Knes, Hubert)
- Fiche: *0323 ff.*
  Az 1: 7J 174/40
  Az 2: 2H 132/41

Eberhard (Nickel, Egon)
- Fiche: *0311 f.*
  Az 1: 14a/8J 510/29
  Az 2: 1H 18/34

Eberhard (Nickel, Egon) (A)
- Fiche: *0021/0461 f.*
  Az 1: 9aJ 44/34
  Az 2: 2H 1/35

Eberhard, Fritz (Rauschenplat, Helmut von)
- Fiche: *0565 f.*
  Az 1: 10J 291/38
  Az 2: 2H 88/38

Eckerl (Powolny, Eduard)
- Fiche: *0453/0739*
  Az 1: 7J 347/43, 7J 421/43, 7J 422/43
  Az 2: 5H 122/43, 5H 129/43, 5H 125/43

Eckert, Karl (Blum, Hans)
- Fiche: *0012 f./0546*
  Az 1: 13J 258/33
  Az 2: 1H 16/34

Eckertz, Walter (Fetz, Jacob)
- Fiche: *0715 f.*
  Az 1: 15 J 195/32
  Az 2: XV H 24/34

Ed (Dietz, Egidius) (A)
- Fiche: *0598 ff.*
  Az 1: 9J 479/35
  Az 2: 2H 14/36

Ede (Fischer, Robert)
- Fiche: *0103 f.*
  Az 1: 17J 416/36
  Az 2: 2H 32/37

Ede (Grzeschik)
- Fiche: *0263 f./0487 f.*
  Az 1: 17J 171/35
  Az 2: 2H 17/37

Ede (Grzeschik, Paul)
- Fiche: *0066*
  Az 1: 17J 443/35
  Az 2: 2H 37/36

Ede (Karas, Eduard)
- Fiche: *0551 f.*
  Az 1: 6J 248/38g
  Az 2: 2H 2/39

Eden (Karas, Eduard)
- Fiche: *0136*
  Az 1: 7J 346/38
  Az 2: 2H 95/38
- Fiche: *0551 f.*
  Az 1: 6J 248/38g
  Az 2: 2H 2/39

Ederl (Peschke, Alfons)
- Fiche: *0351/0358*
  Az 1: 7J 285/42
  Az 2: 5H 138/42

Ederl (Powolny, Eduard)
- Fiche: *0364*
  Az 1: 7J 61/43
- Fiche: *0364*
  Az 1: 7J 535/42, 7J 61/43
  Az 2: 5H 53/43, 5H 54/43
- Fiche: *0369*
  Az 1: 7J 651/42
  Az 2: 5H 24/43
- Fiche: *0374*
  Az 1: 7J 331/43
  Az 2: 5H 77/43

Edi (Fritsch, Eduard)
- Fiche: *0361*
  Az 1: 7J 443/42
  Az 2: 5H 173/42

Edi (Lohner, Edgar) (A)
- Fiche: *0709 ff.*
  Az 1: 8J 162/40
  Az 2: 2H 77/41

Edi (Wagner, Edmund)
- Fiche: *0326/0649 f.*
  Az 1: 7J 220/42
  Az 2: 2H 170/42
- Fiche: *0329/0338 f.*
  Az 1: 7J 110/42
  Az 2: 2H 203/42
- Fiche: *0342*
  Az 1: 7J 222/42
  Az 2: 2H 176/42

Edmund (Reimers, Willi)
- Fiche: *0140 f.*
  Az 1: 8J 357/38g
  Az 2: 2H 13/39

Edo (Fimmen, Eduard)
- Fiche: *0448/0578*
  Az 1: 9J 210/40, 10J 238/40
  Az 2: 2H 128/40

Eduard (Arndt, Rudolf) (A)
- Fiche: *0014/0218 f.*
  Az 1: 17J 689/33
  Az 2: 1H 21/34

Eduard (Maschke, Arthur) (A)
- Fiche: *0021 f.*
  Az 1: 17J 397/33
  Az 2: 1H 3/35

Eduard (Stern, Gustav)
- Fiche: *0269/0718*
  Az 1: 16J 736/36
  Az 2: 2H 43/37
- Fiche: *0605*
  Az 1: 10J 117/42
  Az 2: 5H 115/42

Emil (Schmidt, Martin) (A)
- Fiche: *0066*
  Az 1: 17J 443/35
  Az 2: 2H 37/36

Emil (Schulze, Paul) (A)
- Fiche: *0184*
  Az 1: 11(10)J 725/43
  Az 2: 2H 31/44

Emil (Stahl, Emil)
- Fiche: *0055 f./0390*
  Az 1: 8J 82/36g
  Az 2: 2H 13/36

Emil (Thiele, Ernst)
- Fiche: *0103 f.*
  Az 1: 17J 416/36
  Az 2: 2H 32/37
- Fiche: *0303 f.*
  Az 1: 17J 43/37
  Az 2: 1H 7/38

Emili (Schneck, Karl)
- Fiche: *0094/0262*
  Az 1: 8J 223/36
  Az 2: 2H 15/37

Emimann (Heuer, Otto)
- Fiche: *0090*
  Az 1: 17J 187/36
  Az 2: 2H 31/37

Emma (Ott, Liesel)
- Fiche: *0113/0469 f.*
  Az 1: 16J 37/35
  Az 2: 1H 19-20/37

Emmerich, Emma (Kuhn, Emma) (A)
- Fiche: *0021 f.*
  Az 1: 17J 397/33
  Az 2: 1H 3/35

Emmi (Dietrich, Margarete)
- Fiche: *0630*
  Az 1: 9J 657/35
  Az 2: 1H 58/36

Emmy (Dietrich, Margarethe)
- Fiche: *0047 f./0641*
  Az 1: 9J 486/35
  Az 2: 1H 71/35

Emmy (Frey, Gottfried)
- Fiche: *0156 f./0314 f.*
  Az 1: 14J 140/34
  Az 2: 1H 42/35

Emmy (Straßer, Otto)
- Fiche: *0137/0711 f.*
  Az 1: 8J 367/38
  Az 2: 2H 4/39

Empling, Franz (Klinger, Willi) (A)
- Fiche: *0029*
  Az 1: 17J 98/34
  Az 2: 1H 17/35

Engbert, Petrus (Westenberger, Benno) (A)
- Fiche: *0628*
  Az 1: 9J 171/41g
  Az 2: 2H 103/42

Engel (Fritsch, Eduard)
- Fiche: *0341 f.*
  Az 1: 7J 203/42
  Az 2: 2H 183/42
- Fiche: *0367*
  Az 1: 7J 125/43
  Az 2: 5H 29/43

Engelmann (Knapp, Wilhelm) (A)
- Fiche: *0053 f.*
  Az 1: 17J 310/35
  Az 2: 2H 10/36

Engländer (Waschkowitz, Alfred)
- Fiche: *0269 f.*
  Az 1: 8J 100/37
  Az 2: 1H 43/37

Erasmus, Wilhelm (Knöchel, Wilhelm) (A)
- Fiche: *0556 f.*
  Az 1: 9J 51/44g
  Az 2: 1H 97/44

Erbse (Grimm, Walter)
- Fiche: *0564 f.*
  Az 1: 9J 137/34
  Az 2: 1H 25/35

Erdberg, Alexander (Korotkow, Alexander)
- Fiche: *0713 f.*
  Az 1: StPL (RKA) III 495,496,497/42
  Az 2: StPL (HLS) II 129/42

Erich (Adam)
- Fiche: *0628 f.*
  Az 1: 10J 2/43g
  Az 2: 1H 89/43

Erich (Adam, Kurt)
- Fiche: *0559*
  Az 1: 10J 16/42g
  Az 2: 1H 247/42

Erich (Adolphs, Karl) (A)
- Fiche: *0245 f.*
  Az 1: 8J 7/36g
  Az 2: 2H 4/36

Erich (Blume, Heinz)
- Fiche: *0031*
  Az 1: 17J 58/35
  Az 2: 1H 22/35

Erich (Dubber, Bruno)
- Fiche: *0310*
  Az 1: 7J 70/40
  Az 2: 2H 130/40

Erich (Fähling)
- Fiche: *0190*
  Az 1: 9J 231/44
  Az 2: 5H 119/44
- Fiche: *0201/0434*
  Az 1: 8J 181/44g
  Az 2: 1H 227/44

Erich (Gefroi, Franz) (A)
- Fiche: *0014/0218 f.*
  Az 1: 17J 689/33
  Az 2: 1H 21/34

Erich (Grünberg, Friedrich) (A)
- Fiche: *0030*
  Az 1: 17J 210/34
  Az 2: 2H 19/35

Erich (Junius, Paul)
- Fiche: *0207*
  Az 1: 8J 188/44g
  Az 2: 1H 285/44

Erich (Klose, Gerhard)
- Fiche: *0523 f.*
  Az 1: 9J 351/38g
  Az 2: 2H 93/38

Erich (Kohn, Erich)
- Fiche: *0112/0271*
  Az 1: 16J 675/37
  Az 2: 2H 52/37

Erich (Lorentz, Erich)
- Fiche: *0075/0258*
  Az 1: 17J 70/36
  Az 2: 1H 57/36

Erich (Möhrke, Erich) (A)
- Fiche: *0016*
  Az 1: 17J 470/33
  Az 2: 2H 25/34

Erich (Nesvadba, Friedrich)
- Fiche: *0381*
  Az 1: 7J 294/43
  Az 2: 5H 132/43

Erich (Osche, Ulrich) (A)
- Fiche: *0071 f.*
  Az 1: 14J 288/36
  Az 2: 1H 48/36

Erich (Pallapies, Otto)
- Fiche: *0036/0231*
  Az 1: 17J 81/35
  Az 2: 2H 31/35

Erich (Radatz, Heinrich)
- Fiche: *0535 f.*
  Az 1: 10J 267/41
  Az 2: 2H 157/41

Erich (Ranacher, Erich) (A)
- Fiche: *0437/0562*
  Az 1: 11J 418/44
  Az 2: 1H 380/44

Erich (Schirrmeister, Willi)
- Fiche: *0103*
  Az 1: 17J 320/37
  Az 2: 1H 32/37
- Fiche: *0106/0546 f.*
  Az 1: 17J 315/37
  Az 2: 1H 37/37
- Fiche: *0107/0302*
  Az 1: 17J 379/37
  Az 2: 1H 39/37
- Fiche: *0115 f.*
  Az 1: 17J 381/37
  Az 2: 2H 5/38

Erich (Schirrmeister, Willi) (A)
- Fiche: *0101*
  Az 1: 17J 316/37
  Az 2: 1H 29/37

Erich (Schwager, Friedrich)
- Fiche: *0359*
  Az 1: 7J 252/42
  Az 2: 5H 143/43

Erich (Schwager, Friedrich) (A)
- Fiche: *0356/0367*
  Az 1: 7J 544/41
  Az 2: 5H 187/42

Erich (Stoye, Max) (A)
- Fiche: *0544*
  Az 1: 10J 170/42
  Az 2: 2H 22/43

Erich (Wolf)
- Fiche: *0095 f.*
  Az 1: 17J 271/36
  Az 2: 2H 23/37

Erich (Wollenberg, Erich)
- Fiche: *0180/0446*
  Az 1: 6J 12/43g
  Az 2: 1H 147/43

Erich aus Löbau (Thomas, Karl) (A)
- Fiche: *0112*
  Az 1: 14J 375/37g
  Az 2: 2H 53/37

Erich I (Vogel, Hans)
- Fiche: *0113/0469 f.*
  Az 1: 16J 37/35
  Az 2: 1H 19-20/37

Erich I (Vogel, Johannes)
- Fiche: *0269 f.*
  Az 1: 8J 100/37
  Az 2: 1H 43/37

Erich II (Nadler)
- Fiche: *0113/0469 f.*
  Az 1: 16J 37/35
  Az 2: 1H 19-20/37

Erich II (Nadler, August)
- Fiche: *0269 f.*
  Az 1: 8J 100/37
  Az 2: 1H 43/37

Erich IV (Krug, Karl)
- Fiche: *0269 f.*
  Az 1: 8J 100/37
  Az 2: 1H 43/37

Erika (Brunner, Josefa)
- Fiche: *0292 f.*
  Az 1: 7J 501/42

Erika (Brunner, Josefine)
- Fiche: *0380/0529*
  Az 1: 7J 209/43
  Az 2: 6H 139/43
- Fiche: *0519/0549 f.*
  Az 1: 6J 135/42g
  Az 2: 6H 79/43
- Fiche: *0694*
  Az 1: 2. Sen. 51/44
  Az 2: StPL RKA III 14/44

Erwin (Kroner, Erwin)
- Fiche: *0722*
  Az 1: 17J 23/36
  Az 2: 2H 27/36

Erwin (Mewis)
- Fiche: *0243/0471 f.*
  Az 1: 15J 578/36
  Az 2: 1H 2/37

Erwin (Meyer, Willy) (A)
- Fiche: *0048 f.*
  Az 1: 17J 88/35
  Az 2: 1H 73/35

Erwin (Reimann, Max)
- Fiche: *0564 f.*
  Az 1: 9J 137/34
  Az 2: 1H 25/35

Erwin (Schubert, Franz)
- Fiche: *0030 f./0229 f.*
  Az 1: 13J 265/33
  Az 2: 2H 21/35
- Fiche: *0111*
  Az 1: 17J 298/37
  Az 2: 2H 49/37

Erwin (Wöhrer, Fritz)
- Fiche: *0105*
  Az 1: 17J 444/36
  Az 2: 2H 35/37
- Fiche: *0106*
  Az 1: 17J 414/36
  Az 2: 2H 36/37

Erwin (Ziller, Hans) (A)
- Fiche: *0073*
  Az 1: 16J 287/36
  Az 2: 2H 51/36

Eugen (Franz, Erich)
- Fiche: *0094/0264 f.*
  Az 1: 17J 439/36
  Az 2: 2H 21/37

Eugen (Rölz, Max)
- Fiche: *0386 f./0572 f.*
  Az 1: 11J 423/33
  Az 2: 3L 15/35

Eugen (Rölz, Max) (A)
- Fiche: *0024/0385 f.*
  Az 1: 14J 75/33, 14J 77/33
  Az 2: 2H 7/35, 2H 6,7/35

Eugen (Schönhaar, Ani)
- Fiche: *0040 f./0235 f.*
  Az 1: 16J 324/34
  Az 2: 2H 45/35

Eugen (Schönherr, Erich)
- Fiche: *0040-41*
  Az 1:

Eugen (Wiedmaier, Eugen) (A)
- Fiche: *0532 f.*
  Az 1: 7(11)J 197/34g
  Az 2: 3L 21/36

Eule (Bergow, Richard)
- Fiche: *0429/0741*
  Az 1: 9J 213/44
  Az 2: 5H 118/44

Eule (Bergow, Richard) (A)
- Fiche: *0746*
  Az 1: 9J 63/45

Eva (Hoernecke, Christa)
- Fiche: *0094/0264 f.*
  Az 1: 17J 439/36
  Az 2: 2H 21/37

Eva (Sindermann, Anni)
- Fiche: *0139/0474 f.*
  Az 1: 6J 141/38g
  Az 2: 1H 10/39

Ewald (Heise, Paul)
- Fiche: *0685*
  Az 1: 10J 239/39
  Az 2: 2H 2/41

Ewald (Pudlich, Ernst)
- Fiche: *0502*
  Az 1: 10J 54/41
  Az 2: 2H 52/41
- Fiche: *0628*
  Az 1: 9J 50/42g
  Az 2: 2H 60/42

Ewald (Schulz, Erich) (A)
- Fiche: *0463*
  Az 1: 15J 307/35
  Az 2: 1H 4/36

Ewert (Putz, Ernst)
- Fiche: *0664 f.*
  Az 1: 17J 541/33
  Az 2: XV H 25/34

Exner (Lindemann, Fritz)
- Fiche: *0441*
  Az 1: 0J 43/44g
  Az 2: 1L 473/44
- Fiche: *0441*
  Az 1: 0J 43/44g
  Az 2: 1L 474/44
- Fiche: *0441*
  Az 1: 0J 43/44g
  Az 2: 1L 432/44

Faber (Zwifelhofer, Karl)
- Fiche: *0304 f.*
  Az 1: 7J 268/39
  Az 2: 1H 66/39
- Fiche: *0310*
  Az 1: 7J 70/40
  Az 2: 2H 131/40
- Fiche: *0310*
  Az 1: 7J 70/40
  Az 2: 2H 130/40
- Fiche: *0311*
  Az 1: 7J 70/40
  Az 2: 2H 132/40

Färber (Fährmann, Paul)
- Fiche: *0660 f.*
  Az 1: 17J 792/33
  Az 2: XV H 15/34

Faga (Streit, Franz)
- Fiche: *0207*
  Az 1: 8J 188/44g
  Az 2: 1H 285/44

Faga (Streit, Franz) (A)
- Fiche: *0209*
  Az 1: 9J 230/44

Falsche, Paul (Schmidt, Waldemar) (A)
- Fiche: *0629 f.*
  Az 1: 9J 929/35
  Az 2: 1H 37/36

Falter, Frieda (Franz, Frieda) (A)
- Fiche: *0001*
  Az 1: 17J 303/33
  Az 2: 1H 2/34

Feidel, Robert (Friediger, Karl)
- Fiche: *0575/0644 f.*
  Az 1: 8J 324/39g
  Az 2: 5H 110/43

Feine, der (Neumann, Ewald) (A)
- Fiche: *0117*
  Az 1: 6J 116/38g
  Az 2: 1H 11/38

Felix (Ferlemann, Karl) (A)
- Fiche: *0034*
  Az 1: 9J 613/33
  Az 2: 1H 27/35

Felix (Granzow)
- Fiche: *0560*
  Az 1: 10J 382/43
  Az 2: 1H 189/43

Felix (Hödel, Franz) (A)
- Fiche: *0109 f.*
  Az 1: 17J 264/36
  Az 2: 2H 45/37

Felix (Jungmann, Erich)
- Fiche: *0518/0562*
  Az 1: 8J 52/44
  Az 2: 1H 82/44

Felix (Sehheim, Max) (A)
- Fiche: *0109 f.*
  Az 1: 17J 264/36
  Az 2: 2H 45/37

Felix (Sellheim, Max) (A)
- Fiche: *0109 f.*
  Az 1: 17J 264/36
  Az 2: 2H 45/37

Felix (Tübbecke, Hans) (A)
- Fiche: *0090*
  Az 1: 17J 187/36
  Az 2: 2H 31/37

Felix (Wald, Eduard) (A)
- Fiche: *0095 f.*
  Az 1: 17J 271/36
  Az 2: 2H 23/37

Felix (Weisbecher, Walter)
- Fiche: *0166/0568*
  Az 1: 9J 24/41
  Az 2: 2H 86/41

Felix (Weißbecker, Walter)
- Fiche: *0051/0246 f.*
  Az 1: 8J 422/35g
  Az 2: 1H 6/36

Ferch, Amalie (Becker)
- Fiche: *0015/0385*
  Az 1: 17J 717/33
  Az 2: 2H 23/34

Ferdi (Jahnen, Ewald)
- Fiche: *0084 f.*
  Az 1: 8J 430/35g
  Az 2: 1H 3/37

Ferdinand (Jahnen, Ewald)
- Fiche: *0080 f./0260*
  Az 1: 8J 163/36g
  Az 2: 1H 64/36
- Fiche: *0244 f./0274*
  Az 1: 8J 431/35g
  Az 2: 1H 8/37
- Fiche: *0274 f.*
  Az 1: 8J 226/38g
  Az 2: 1H 17/38

Ferdinand (Nitzschke, Fritz)
- Fiche: *0197/0466*
  Az 1: 8J 157/44
  Az 2: 1H 208/44

Ferdinand (Olschewski)
- Fiche: *0207*
  Az 1: 8J 188/44g
  Az 2: 1H 285/44

Ferdl (Monz, Alfred)
- Fiche: *0361*
  Az 1: 7J 452/42
  Az 2: 5H 169/42

Ferdl (Nasimbeni)
- Fiche: *0351/0358*
  Az 1: 7J 285/42
  Az 2: 5H 138/42

Fiebig, Josef (Bottländer, Theodor) (A)
- Fiche: *0228 f.*
  Az 1: 14J 34/34
  Az 2: 1H 13/35

Fiedler, Irene (Fischer, Helene) (A)
- Fiche: *0060 f.*
  Az 1: 8J 438/35g
  Az 2: 1H 23/24/36
- Fiche: *0703*
  Az 1: 16J 415/35

Fietje (Schulz, Erich) (A)
- Fiche: *0463*
  Az 1: 15J 307/35
  Az 2: 1H 4/36

Finder (Kohane, Jakob)
- Fiche: *0063 f.*
  Az 1: 8J 165/35
  Az 2: 2H 30/36

Fink (Nielsen)
- Fiche: *0090*
  Az 1: 17J 187/36
  Az 2: 2H 31/37

Fink (Nielsen, Andreas)
- Fiche: *0031 f./0230*
  Az 1: 17J 296/34
  Az 2: 2H 24/35

Franz (Wald, Eduard) (A)
- Fiche: *0095 f.*
Az 1: 17J 271/36
Az 2: 2H 23/37

Franz (Warmbrunn, Gustav) (A)
- Fiche: *0090 f./0261*
Az 1: 17J 260/36
Az 2: 1H 10/37

Franz (Weidauer, Walter) (A)
- Fiche: *0628*
Az 1: 9J 50/42g
Az 2: 2H 60/42

Franz (Woidrich)
- Fiche: *0337 f.*
Az 1: 7J 273/42
Az 2: 2H 211/42

Franz (Zielasko, Franz)
- Fiche: *0187*
Az 1: 9J 64/44
Az 2: 2H 80/44

Franz (Zinkgraf, Franz)
- Fiche: *0005 f.*
Az 1: 13J 154/33
Az 2: 1H 9/34

Franz, Heinrich (List, Alfred) (A)
- Fiche: *0640*
Az 1: 16J 328/35
Az 2: 1H 11/37

Franz Jäger (Jaindl-Haring, Franz) (A)
- Fiche: *0417/0522*
Az 1: 6(7)J 378/42
Az 2: 6H 38/44

Franz, Willy (Lai, Wilhelm) (A)
- Fiche: *0180/0446*
Az 1: 6J 12/43g
Az 2: 1H 147/43

Franzi (Haas, Franziska)
- Fiche: *0294*
Az 1: 7J 317/42
Az 2: 2H 174/42

Franzi (Starek, Leopoldine)
- Fiche: *0330*
Az 1: 7J 44/42
Az 2: 2H 331/42
- Fiche: *0358*
Az 1: 7J 275/42
Az 2: 5H 139/42
- Fiche: *0361*
Az 1: 7J 452/42
Az 2: 5H 169/42

Franzl (Broncek, Franz)
- Fiche: *0373/0520*
Az 1: 7J 192/43
Az 2: 5H 83/43

Franzl (Broucek, Franz) (A)
- Fiche: *0373*
Az 1: 7J 304/43, 7J 326/43
Az 2: 5H 91/43, 5H 88/43

Franzl (Heybey, Franz)
- Fiche: *0297*
Az 1: 7J 247/43
Az 2: 5H 79/43

Franzl (Malik)
- Fiche: *0420/0574 f.*
Az 1: 7J 500/43, 7J 501/43
Az 2: 5H 3/44, 5H 4/44

Franzl (Malik, Franz) (A)
- Fiche: *0648 f.*
Az 1: 7J 502/43
Az 2: 5H 5/44

Franzl (Schneider, Anton) (A)
- Fiche: *0345*
Az 1: 7J 373/42
Az 2: 2H 264/42

Fred (Adolphs, Karl) (A)
- Fiche: *0245 f.*
Az 1: 8J 7/36g
Az 2: 2H 4/36

Fred (Berger, Hans) (A)
- Fiche: *0702 f.*
Az 1: 17J 97/37
Az 2: 2H 19/37

Fred (Berger, Hans Isaak)
- Fiche: *0081/0471*
Az 1: 15J 544/36
Az 2: 2H 64/36

Fred (Broghammer, Alfred)
- Fiche: *0709 ff.*
Az 1: 8J 162/40
Az 2: 2H 77/41

Fred (Hedler)
- Fiche: *0168 f.*
Az 1: 5J 230/41
Az 2: 2H 6/42

Fred (Hedler, Walter)
- Fiche: *0065*
Az 1: 16J 349/35
Az 2: 2H 32/36
- Fiche: *0164*
Az 1: 5J 148/40
Az 2: 2H 71/40

Fred (Helder)
- Fiche: *0139/0474 f.*
Az 1: 6J 141/38g
Az 2: 1H 10/39

Fred (Heyler, Otto)
- Fiche: *0205*
Az 1: 9J 151/44
Az 2: 2H 253/44

Fred (Hoffmann, Ernst) (A)
- Fiche: *0014/0218 f.*
Az 1: 17J 689/33
Az 2: 1H 21/34

Fred (Kaps, Alfons)
- Fiche: *0431*
Az 1: 9J 137/44
Az 2: 2H 153/44
- Fiche: *0518/0562*
Az 1: 8J 52/44
Az 2: 1H 82/44

Fred (Kaps, Alfred)
- Fiche: *0684 f.*
Az 1: 10J 548/43
Az 2: 2H 158/43

Fred (Liebers, Johannes)
- Fiche: *0106*
Az 1: 8J 135/37g
Az 2: 1H 36/37

Fred (May, Hort)
- Fiche: *0104/0267*
Az 1: 17J 6/37
Az 2: 2H 33/37

Fred (Meerlein, Franz) (A)
- Fiche: *0536*
Az 1: 10J 233/39
Az 2: 2H 4/40

Fred (Müller, Jakob)
- Fiche: *0147 ff.*
Az 1: 6J 374/38g
Az 2: 1H 37/39

Fred (Schaap, Josef) (A)
- Fiche: *0446*
Az 1: 9J 9/43g
Az 2: 1H 37/43

Fred (Schmidt)
- Fiche: *0094/0262*
Az 1: 8J 223/36
Az 2: 2H 15/37

Fred (Schmidt, Waldemar) (A)
- Fiche: *0629 f.*
Az 1: 9J 929/35
Az 2: 1H 37/36

Fred (Schmitt, Heinrich)
- Fiche: *0047 f./0641*
Az 1: 9J 486/35
Az 2: 1H 71/35
- Fiche: *0052*
Az 1: 14J 104/36
Az 2: 2H 8/36
- Fiche: *0629 f.*
Az 1: 9J 929/35
Az 2: 1H 37/36

Fred (Schmitt, Walter)
- Fiche: *0045*
Az 1: 9J 411/35
Az 2: 1H 56/35

Fred (Seifert, Alfred)
- Fiche: *0632*
Az 1: 6J 3/40
Az 2: 2H 95/40

Fred (Stieler, Arno)
- Fiche: *0082/0260 f.*
Az 1: 9J 907/35
Az 2: 1H 67/36

Frederik (Lamber, Ernst)
- Fiche: *0446*
Az 1: 9J 9/43g
Az 2: 1H 37/43

Fredi (Heyler, Otto)
- Fiche: *0082/0260 f.*
Az 1: 9J 907/35
Az 2: 1H 67/36

Fredi (Müller)
- Fiche: *0113*
Az 1: 8J 351/37g
Az 2: 2H 57/37

Fredy (Berger, Hans) (A)
- Fiche: *0702 f.*
Az 1: 17J 97/37
Az 2: 2H 19/37

Fredy (Jahnen, Ewald)
- Fiche: *0080 f./0260*
Az 1: 8J 163/36g
Az 2: 1H 64/36

Freiberg, Heinz (Funke, Ewald) (A)
- Fiche: *0094 f./0551*
Az 1: 9J 600/36
Az 2: 1H 21/37

Fremde, der (Warmbrunn, Gustav) (A)
- Fiche: *0090 f./0261*
Az 1: 17J 260/36
Az 2: 1H 10/37

Fremdenlegionär (Warmbrunn, Gustav) (A)
- Fiche: *0090 f./0261*
Az 1: 17J 260/36
Az 2: 1H 10/37

Freund (Eggert, Paul) (A)
- Fiche: *0010 f.*
Az 1: 17J 232/33
Az 2: 2H 14/34

Freund (Mielenz, Willi)
- Fiche: *0010 f.*
Az 1: 17J 232/33
Az 2: 2H 14/34

Freund, der lange (Bentheim, von)
- Fiche: *0137/0711 f.*
Az 1: 8J 367/38
Az 2: 2H 4/39

Freund, Udo (Ponanta, Gustav) (A)
- Fiche: *0071*
Az 1: 16J 754/35
Az 2: 2H 45/36

Freundin Carola (Strewe, Carola)
- Fiche: *0137/0711 f.*
Az 1: 8J 367/38
Az 2: 2H 4/39

Freyschmidt, Josef (Schuster, Karl) (A)
- Fiche: *0037/0221*
Az 1: 17J 94/34
Az 2: 1H 33/35

Friebel (Schmitt, Emil)
- Fiche: *0113/0469 f.*
Az 1: 16J 37/35
Az 2: 1H 19-20/37
- Fiche: *0140 f.*
Az 1: 8J 357/38g
Az 2: 2H 13/39

Fritz (Hoske, Erich) (A)
- Fiche: *0070*
  Az 1: 14J 210/35
  Az 2: 2H 43/36

Fritz (Iltis, Blasius)
- Fiche: *0030 f./0229 f.*
  Az 1: 13J 265/33
  Az 2: 2H 21/35

Fritz (Jahr, Reinhold)
- Fiche: *0058 f.*
  Az 1: 17J 129/35
  Az 2: 1H 21,22/36

Fritz (Jakobi, Karl) (A)
- Fiche: *0166/0568*
  Az 1: 9J 24/41
  Az 2: 2H 86/41

Fritz (Kling, Wilhelm) (A)
- Fiche: *0069 f.*
  Az 1: 17J 315/35
  Az 2: 2H 42/36

Fritz (Knöchel, Wilhelm) (A)
- Fiche: *0556 f.*
  Az 1: 9J 51/44g
  Az 2: 1H 97/44

Fritz (Kostka, Georg) (A)
- Fiche: *0703*
  Az 1: 9J 327/39g, 9J 390/39 g

Fritz (Krammer, Vinzenz) (A)
- Fiche: *0043 f.*
  Az 1: 9J 702/35
  Az 2: 2H 53/35

Fritz (Laufer, Max)
- Fiche: *0128 f.*
  Az 1: 5J 285/38
  Az 2: 1H 36/38
- Fiche: *0702 f.*
  Az 1: 17J 97/37
  Az 2: 2H 19/37

Fritz (Mahlmann, Hans)
- Fiche: *0071 f.*
  Az 1: 14J 288/36
  Az 2: 1H 48/36

Fritz (Mewis, Karl)
- Fiche: *0628*
  Az 1: 9J 50/42g
  Az 2: 2H 60/42
- Fiche: *0628 f.*
  Az 1: 10J 2/43g
  Az 2: 1H 89/43

Fritz (Müller, Ernst)
- Fiche: *0564 f.*
  Az 1: 9J 137/34
  Az 2: 1H 25/35

Fritz (Müller, Walter)
- Fiche: *0075/0258*
  Az 1: 17J 70/36
  Az 2: 1H 57/36

Fritz (Muzyka, Friedrich)
- Fiche: *0363/0563 f.*
  Az 1: 7J 64/43
  Az 2: 5H 52/43

Fritz (Nieter, Karl) (A)
- Fiche: *0633*
  Az 1: 9J 357/41g
  Az 2: 2H 7/42

Fritz (Obermeier, August)
- Fiche: *0254*
  Az 1: 9J 332/36
  Az 2: 2H 40/36

Fritz (Perl, Alfred) (A)
- Fiche: *0067 f./0514*
  Az 1: 17J 25/36
  Az 2: 1H 39/36

Fritz (Pietzuch, Emil)
- Fiche: *0153*
  Az 1: 9J 327/39g
  Az 2: 1H 53/39

Fritz (Podabsky, Eugen)
- Fiche: *0134/0523*
  Az 1: 7J 348/38
  Az 2: 2H 82/38

Fritz (Rottmeier, Fritz) (A)
- Fiche: *0032 f.*
  Az 1: 13J 11/34
  Az 2: 1H 26/35

Fritz (Sauer, Alfred)
- Fiche: *0046/0239*
  Az 1: 16J 438/35
  Az 2: 1H 62/35

Fritz (Schmidt, Kurt)
- Fiche: *0622 f.*
  Az 1: 10J 453/38
  Az 2: 1H 25/39

Fritz (Schmidt, Kurt) (A)
- Fiche: *0145/0638 f.*
  Az 1: 9J 138/39g
  Az 2: 2H 27/39

Fritz (Senft, Benjamin)
- Fiche: *0130 f.*
  Az 1: 10J 137/38
  Az 2: 2H 49/38
- Fiche: *0544 f.*
  Az 1: 10J 138/38
  Az 2: 2H 37/38

Fritz (Tuma, Anton)
- Fiche: *0327*
  Az 1: 7J 271/42
  Az 2: 2H 157/42

Fritz (Turra, Friedrich)
- Fiche: *0137 f.*
  Az 1: 6J 275/38g
  Az 2: 2H 5/39

Fritz (Vorberg, Karl) (A)
- Fiche: *0530*
  Az 1: 10J 71/42
  Az 2: 2H 284/42

Fritz (Wabra, Ernst)
- Fiche: *0671 f.*
  Az 1: 15J 385/34
  Az 2: 1H 11/36
- Fiche: *0728*
  Az 1: 17J 461/34
  Az 2: 0Js 18/36

Fritz (Wehofer, Wilhelm)
- Fiche: *0308*
  Az 1: 6J 103/40g
  Az 2: 2H 115/40

Fritz (Wilk)
- Fiche: *0154*
  Az 1: 6J 19/39g
  Az 2: 2H 53/39

Fritz (Wilk, Johannes)
- Fiche: *0155 f.*
  Az 1: 6J 12/39g
  Az 2: 2H 61/39

Fritz (Wöseler, Erich) (A)
- Fiche: *0254*
  Az 1: 9J 332/36
  Az 2: 2H 40/36

Fritzi (Christoph, Friederike)
- Fiche: *0311*
  Az 1: 7J 70/40
  Az 2: 2H 132/40

Fritzi (Veigl, Friederike)
- Fiche: *0646*
  Az 1: 8J 393/40g

Fritzi (Veigl, Friederike) (A)
- Fiche: *0409 f.*
  Az 1: 8J 376/40
  Az 2: 5H 13/44

Fritzl (Höllisch, Friedrich)
- Fiche: *0453/0739*
  Az 1: 7J 347/43, 7J 421/43, 7J 422/43
  Az 2: 5H 122/43, 5H 129/43, 5H 125/43

Fritzl (Höllisch, Fritz)
- Fiche: *0699*
  Az 1: StPL (RKA) III 546/42
  Az 2: StPL (HLS) I 31/43

Fritzl (Tuma, Anton)
- Fiche: *0337 f.*
  Az 1: 7J 273/42
  Az 2: 2H 211/42
- Fiche: *0361*
  Az 1: 7J 452/42
  Az 2: 5H 169/42

Fuchs (Magrutsch, Engelbert)
- Fiche: *0326/0649 f.*
  Az 1: 7J 220/42
  Az 2: 2H 170/42
- Fiche: *0328*
  Az 1: 7J 208/42
  Az 2: 5H 145/42
- Fiche: *0328 f./0342*
  Az 1: 7J 219/42
  Az 2: 2H 167/42
- Fiche: *0342*
  Az 1: 7J 222/42
  Az 2: 2H 176/42
- Fiche: *0350*
  Az 1: 7J 179/42
  Az 2: 5H 118/42
- Fiche: *0360*
  Az 1: StPL (RKA) III 321/41, 7J 418/42
  Az 2: 5H 160/42

Fuchs (Magrutsch, Engelbert) (A)
- Fiche: *0329/0338 f.*
  Az 1: 7J 110/42
  Az 2: 2H 203/42

Fuchs (Merker, Paul)
- Fiche: *0089*
  Az 1: 16J 781/36
  Az 2: 1H 9/37
- Fiche: *0169/0521*
  Az 1: 6J 109/41g
  Az 2: 2H 11/42

Fürstenau (Zinn, Karl) (A)
- Fiche: *0002*
  Az 1: 8J 1856/33
  Az 2: 2H 2/34
- Fiche: *0214*
  Az 1: 8J 1856/33

Funk, Kurt (Wehner, Herbert)
- Fiche: *0176/0635*
  Az 1: 5J 151/42
  Az 2: 5H 10/43

Furrer, Paul (Schwarz, Wilhelm)
- Fiche: *0078*
  Az 1: 14J 73/36
  Az 2: 1H 62/36

Furtmüller (Schwager, Friedrich) (A)
- Fiche: *0356/0367*
  Az 1: 7J 544/41
  Az 2: 5H 187/42

Gabler, Wilhelm (Rattai, Karl) (A)
- Fiche: *0021/0461 f.*
  Az 1: 9aJ 44/34
  Az 2: 2H 1/35

Gabriel, Franz (Heindl, Michael) (A)
- Fiche: *0677/0747*
  Az 1: 4J 349/40g
  Az 2: 1L 18/42

Gaebel, Fritz (Gabbe, Fritz) (A)
- Fiche: *0213*
  Az 1: 17J 292/33

Gaedke, Helmuth (Berndt, Walter) (A)
- Fiche: *0029*
  Az 1: 17J 98/34
  Az 2: 1H 17/35

Gaserer (Ram, Leopold) (A)
- Fiche: *0526*
  Az 1: 7J 461/43

Gießen, Bill (Dörter, Wilhelm) (A)
- Fiche: *0001*
Az 1: 8J 1865/33
Az 2: 1H 1/34

Giesser (Sikuta, Franz)
- Fiche: *0576*
Az 1: 7J 352/43
Az 2: 5H 90/43

Gigerl (Hammerschmid, Josef)
- Fiche: *0342*
Az 1: 7J 222/42
Az 2: 2H 176/42

Gigerl (Hammerschmid, Josef) (A)
- Fiche: *0329/0338 f.*
Az 1: 7J 110/42
Az 2: 2H 203/42

Gigerl (Hammerschmidt, Josef)
- Fiche: *0326/0649 f.*
Az 1: 7J 220/42
Az 2: 2H 170/42

Gigerl (Kirchweger, Franz)
- Fiche: *0582*
Az 1: 8J 317/41
Az 2: 5H 135/43

Gilka (Wartenberg, Gerhard) (A)
- Fiche: *0115*
Az 1: 16J 577/37
Az 2: 2H 3/38

Gillieron, Lodewyk (Kumlehn, Heinrich) (A)
- Fiche: *0700 f.*
Az 1: 7J 108/40
Az 2: 2H 98/40

Girschik, Josef (Ziehm, Alfred)
- Fiche: *0396/0704 f.*
Az 1: 14J 522/37g
Az 2: 1L 2/40

Gisa (Polly, Agnes) (A)
- Fiche: *0582*
Az 1: 8J 317/41
Az 2: 5H 135/43

Gitta (Haida, Anna)
- Fiche: *0329/0339*
Az 1: 7J 283/42, 7J 288/42
Az 2: 5H 146/42

Glas (Eggert, Paul) (A)
- Fiche: *0010 f.*
Az 1: 17J 232/33
Az 2: 2H 14/34

Glaser (Baldrmann, Josef)
- Fiche: *0329/0358*
Az 1: 7J 354/42
Az 2: 5H 142/42

Glaser (Baldrmann, Josef) (A)
- Fiche: *0400*
Az 1: 7J 186/42
Az 2: 5H 117/42

Göbel, Walter (Thesen, Matthias)
- Fiche: *0021/0461 f.*
Az 1: 9aJ 44/34
Az 2: 2H 1/35
- Fiche: *0311 f.*
Az 1: 14a/8J 510/29
Az 2: 1H 18/34

Görlich, Ernst (Reichel, Heinrich) (A)
- Fiche: *0636*
Az 1: 10J 5/43g
Az 2: 2H 37/43

Götz (Kunze, Hermann) (A)
- Fiche: *0572*
Az 1: 9J 547/33
Az 2: 2H 8/34

Götze, Peter (Lieberwirth, Manfred) (A)
- Fiche: *0139/0474 f.*
Az 1: 6J 141/38g
Az 2: 1H 10/39

Goldberg, Dr. (Schumann, Georg) (A)
- Fiche: *0001*
Az 1: 17J 303/33
Az 2: 1H 2/34

Goldberger, Gustav Arno (Kox, Wilhelm) (A)
- Fiche: *0140 f.*
Az 1: 8J 357/38g
Az 2: 2H 13/39

Golden (Kopacka)
- Fiche: *0396/0704 f.*
Az 1: 14J 522/37g
Az 2: 1L 2/40

Golding, Alfred (Granzow, Kurt Erich) (A)
- Fiche: *0581*
Az 1: 10J 520/43
Az 2: 1H 213/43

Gomez (Caisser)
- Fiche: *0530 f.*
Az 1: 10J 62/42
Az 2: 1H 219/42

Gorreis, Karl (Polet, Otto) (A)
- Fiche: *0159 f.*
Az 1: 5J 677/39
Az 2: 2H 41/40

Gottfeld, Hertha (Lichter, Leja) (A)
- Fiche: *0044 f.*
Az 1: 17J 387/34
Az 2: 2H 55/35

Gottfried (Breuer, Tom)
- Fiche: *0095/0541*
Az 1: 9J 571/36
Az 2: 2H 22/37

Gottlieb (Toelle)
- Fiche: *0075 f.*
Az 1: 17J 300/34
Az 2: 2H 58/36

Grabow (Grobes, Paul)
- Fiche: *0016*
Az 1: 17J 470/33
Az 2: 2H 25/34

Grabow, Fritz (Grobis, Paul)
- Fiche: *0021 f.*
Az 1: 17J 397/33
Az 2: 1H 3/35

Grade (Bahls, Arthur)
- Fiche: *0606 f.*
Az 1: 13J 190/33
Az 2: XV H 53/33

Graf, Karl (Kleppel, Dagobert) (A)
- Fiche: *0722*
Az 1: 17J 23/36
Az 2: 2H 27/36

Greiser (Handke, Georg) (A)
- Fiche: *0035*
Az 1: 17J 454/34
Az 2: 1H 28/35

Gret (Engler, Stefanie)
- Fiche: *0326*
Az 1: 7J 112/42
Az 2: 2H 164/42

Grete (Baumgarten, Paula)
- Fiche: *0588 f./0643*
Az 1: 16J 293/35, 8J 438/35
Az 2: 2H 58/35

Grete (Dietrich, Margarete)
- Fiche: *0630*
Az 1: 9J 657/35
Az 2: 1H 58/36

Grete (Dietrich, Margarethe)
- Fiche: *0047 f./0641*
Az 1: 9J 486/35
Az 2: 1H 71/35

Grete (Engler, Stefanie)
- Fiche: *0335*
Az 1: 6J 165/41g
Az 2: 2H 43/42

Grete (Goldstein, Grete)
- Fiche: *0104*
Az 1: 17J 321/37
Az 2: 1H 33/37

Grete (Gründling, Anna)
- Fiche: *0408*
Az 1: 7J 454/43, 7J 502/43
Az 2: 5H 10/44, 5H 5/44

Grete (Hübsch, Lucie) (A)
- Fiche: *0463*
Az 1: 15J 217/35
Az 2: 1H 68/35

Grete (Rosentreter, Margarete)
- Fiche: *0682*
Az 1: 17J 377/37
Az 2: 1H 6/38

Grete (Rosentreter, Margarete) (A)
- Fiche: *0115 f.*
Az 1: 17J 381/37
Az 2: 2H 5/38

Gretel (Eifler, Erna)
- Fiche: *0206/0405*
Az 1: 10J 410/43g
Az 2: 1H 209/43

Gretel (Englert)
- Fiche: *0345*
Az 1: 7J 405/42
Az 2: 2H 266/42

Gretel (Müller, Charlotte)
- Fiche: *0495*
Az 1: 9J 684/37
Az 2: 2H 25/38

Gretl (Engler, Stefanie)
- Fiche: *0296*
Az 1: 7J 638/42
Az 2: 5H 26/43
- Fiche: *0326/0649 f.*
Az 1: 7J 220/42
Az 2: 2H 170/42

Gretl (Engler, Stefanie) (A)
- Fiche: *0339/0649 0721*
Az 1: 6J 7/43g
Az 2: 6H 5/43

Gretl (Gründing (Frau))
- Fiche: *0294*
Az 1: 7J 317/42
Az 2: 2H 174/42

Gretl (Günzburg, Frieda)
- Fiche: *0425*
Az 1: 7J 137/44
Az 2: 5H 81/44

Gretl (Jost, Margarete)
- Fiche: *0333 f.*
Az 1: 7J 649/41
Az 2: 2H 88/42

Gröbner (Fritzsche, Leopold)
- Fiche: *0329/0338 f.*
Az 1: 7J 110/42
Az 2: 2H 203/42

Große, der (Schmidt, Waldemar) (A)
- Fiche: *0629 f.*
Az 1: 9J 929/35
Az 2: 1H 37/36

Grothe (Müller, Werner)
- Fiche: *0702 f.*
Az 1: 17J 97/37
Az 2: 2H 19/37

Hagen, Hans (Dassau, Robert) (A)
- Fiche: *0537 f.*
  Az 1: 9J 236/41g
  Az 2: 5H 75/42

Hager (Mastny, Friedrich)
- Fiche: *0363/0563 f.*
  Az 1: 7J 64/43
  Az 2: 5H 52/43

Hahn (Flemming, Kurt) (A)
- Fiche: *0147*
  Az 1: 11J 196/38g
  Az 2: 1H 35/39

Hahn (Glaser, Hans)
- Fiche: *0104*
  Az 1: 17J 321/37
  Az 2: 1H 33/37

Hahn (Glaser, Hans Rudolf)
- Fiche: *0101*
  Az 1: 17J 316/37
  Az 2: 1H 29/37

Haller (Pawlin, Theodor)
- Fiche: *0327*
  Az 1: 7J 181/42
  Az 2: 2H 158/42

Hamacher, Werner (Fomferra, Friedrich) (A)
- Fiche: *0020*
  Az 1: 17J 170/34
  Az 2: 1H 42/34

Hamm, Leonard (Haas, Nikolaus)
- Fiche: *0598 ff.*
  Az 1: 9J 479/35
  Az 2: 2H 14/36

Hammer (Hodac)
- Fiche: *0327*
  Az 1: 7J 181/42
  Az 2: 2H 158/42
- Fiche: *0329/0358*
  Az 1: 7J 354/42
  Az 2: 5H 142/42
- Fiche: *0334*
  Az 1: 7J 659/41
  Az 2: 2H 55/42
- Fiche: *0418*
  Az 1: 7J 396/43
  Az 2: 5H 48/44
- Fiche: *0648 f.*
  Az 1: 7J 502/43
  Az 2: 5H 5/44

Hammer (Hodac, Karl)
- Fiche: *0297*
  Az 1: 7J 247/43
  Az 2: 5H 79/43
- Fiche: *0326/0649 f.*
  Az 1: 7J 220/42
  Az 2: 2H 170/42
- Fiche: *0329/0338 f.*
  Az 1: 7J 110/42
  Az 2: 2H 203/42
- Fiche: *0329/0339*
  Az 1: 7J 283/42, 7J 288/42
  Az 2: 5H 146/42
- Fiche: *0329/0376*
  Az 1: 7J 287/43
  Az 2: 5H 68/43
- Fiche: *0342*
  Az 1: 7J 301/42
  Az 2: 2H 178/42
- Fiche: *0342/0343*
  Az 1: 7J 221/42
  Az 2: 2H 172/42
- Fiche: *0349 f.*
  Az 1: 7J 95/42
  Az 2: 5H 96/42
- Fiche: *0400*
  Az 1: 7J 186/42
  Az 2: 5H 117/42
- Fiche: *0574/0649*
  Az 1: 7J 513/43
  Az 2: 5H 6/44

Hammer (Hoesterey, Walter)
- Fiche: *0564*
  Az 1: 8J 148/42g
  Az 2: 5H 67/43

Hammer, Fritz (Kleinert, Gustav) (A)
- Fiche: *0013 f.*
  Az 1: 8J 1713/33
  Az 2: 2H 20/34

Hammerl (Hodac, Karl)
- Fiche: *0342*
  Az 1: 7J 222/42
  Az 2: 2H 176/42

Hamprecht, Walter (Griesbach, Walter) (A)
- Fiche: *0263 f./0487 f.*
  Az 1: 17J 171/35
  Az 2: 2H 17/37

Hanke (Vorberg, Karl) (A)
- Fiche: *0530*
  Az 1: 10J 71/42
  Az 2: 2H 284/42

Hanna (Baumann, Edith) (A)
- Fiche: *0013 f.*
  Az 1: 8J 1713/33
  Az 2: 2H 20/34

Hanna (Hilbert, Herta)
- Fiche: *0732*
  Az 1: 5J 464/39
  Az 2: 1H 61/39

Hanna (Jones, Anna Luise)
- Fiche: *0145/0638 f.*
  Az 1: 9J 138/39g
  Az 2: 2H 27/39

Hanna (Schulz, Johanna)
- Fiche: *0682*
  Az 1: 17J 377/37
  Az 2: 1H 6/38

Hanna (Wendel, Hertha)
- Fiche: *0022 f.*
  Az 1: 17J 193/34
  Az 2: 1H 4/35

Hannchen (Manschwitat, Johanna)
- Fiche: *0103 f.*
  Az 1: 17J 416/36
  Az 2: 2H 32/37

Hanne (Ahnert, Irmgard)
- Fiche: *0588 f./0643*
  Az 1: 16J 293/35, 8J 438/35
  Az 2: 2H 58/35

Hannemann (Merker)
- Fiche: *0523*
  Az 1: 15J 201/35
  Az 2: 1H 2/36

Hannes (Locherer, Paul)
- Fiche: *0630 f.*
  Az 1: 5J 174/39
  Az 2: 2H 51/39

Hanni (Reetz, Käthe) (A)
- Fiche: *0463/0465*
  Az 1: 15J 39/36
  Az 2: 2H 35/36

Hanno (Günther, Hans) (A)
- Fiche: *0625/0643*
  Az 1: 10J 215/41
  Az 2: 2H 130/42

Hans (Beimler, Hans)
- Fiche: *0263 f./0487 f.*
  Az 1: 17J 171/35
  Az 2: 2H 17/37

Hans (Boll, Herbert)
- Fiche: *0102*
  Az 1: 17J 185/36
  Az 2: 1H 30/37

Hans (Braun, Hans)
- Fiche: *0145/0638 f.*
  Az 1: 9J 138/39g
  Az 2: 2H 27/39

Hans (Brüggemann, Otto)
- Fiche: *0129/0439*
  Az 1: 7J 102/38
  Az 2: 2H 45/38

Hans (Ferlemann, Karl) (A)
- Fiche: *0034*
  Az 1: 9J 613/33
  Az 2: 1H 27/35

Hans (Fräntzel, Max)
- Fiche: *0095 f.*
  Az 1: 17J 271/36
  Az 2: 2H 23/37

Hans (Frentzel, Max) (A)
- Fiche: *0159*
  Az 1: 17J 177/37
  Az 2: 2H 24/40

Hans (Fröhlich)
- Fiche: *0241 f.*
  Az 1: 8J 88/36g
  Az 2: 1H 70/35

Hans (Fröhlich, Horst)
- Fiche: *0094/0262*
  Az 1: 8J 223/36
  Az 2: 2H 15/37
- Fiche: *0317*
  Az 1: 15J 166/36
  Az 2: 1H 33/36
- Fiche: *0463/0465*
  Az 1: 15J 39/36
  Az 2: 2H 35/36
- Fiche: *0672*
  Az 1: 10J 201/41
  Az 2: 2H 59/42

Hans (Fröhlich, Horst) (A)
- Fiche: *0315 f./0464 f.*
  Az 1: 15J 14/36
  Az 2: 1H 54/36

Hans (Fuchs, Gerhard)
- Fiche: *0079 f.*
  Az 1: 17J 267/35
  Az 2: 1H 63/36

Hans (Hölzel, Camillo)
- Fiche: *0116*
  Az 1: 16J 878/37
  Az 2: 1H 9/38
- Fiche: *0145/0285 f.*
  Az 1: 5J 102/39
  Az 2: 1H 27/39
- Fiche: *0160/0288f.*
  Az 1: 6J 224/39g
  Az 2: 2H 44/40
- Fiche: *0261*
  Az 1: 14J 570/37g
- Fiche: *0288*
  Az 1: 5J 686/38
  Az 2: 1H 59/39
- Fiche: *0636*
  Az 1: 5J 171/40
  Az 2: 2H 91/40

Hans (Hörnle, Alfred)
- Fiche: *0105*
  Az 1: 17J 444/36
  Az 2: 2H 35/37

Hans (Hoffmann, Paul)
- Fiche: *0115 f.*
  Az 1: 17J 381/37
  Az 2: 2H 5/38

Hans (Horn, Lambert) (A)
- Fiche: *0015 f.*
  Az 1: 14a/8J 193/30, 17J 803/33
  Az 2: 1H 24/34, 1H 38/34

Hans (Kleist, Herbert)
- Fiche: *0097 f.*
  Az 1: 17J 28/36
  Az 2: 2H 24/37

Hans (Koll)
- Fiche: *0264/0491 f.*
  Az 1: 17J 171/35
  Az 2: 2H 18/37

Hans (Koll, Otto)
- Fiche: *0263 f./0487 f.*
  Az 1: 17J 171/35
  Az 2: 2H 17/37

Harry (Golz, Fritz)
- Fiche: *0204*
  Az 1: 8J 198/44g
  Az 2: 1H 247/44
- Fiche: *0208/0672*
  Az 1: 8J 199/44
  Az 2: 1H 298/44
- Fiche: *0210*
  Az 1: 9J 252/44g
  Az 2: 1H 385/44
- Fiche: *0518*
  Az 1: 8J 199/44, 8J 271/44g
  Az 2: 1H 3/45
- Fiche: *0740*
  Az 1: 8J 199/44g
  Az 2: 1H 315/44

Harry (Kratz, Wilhelm)
- Fiche: *0552*
  Az 1: 9J 162/42g
  Az 2: 2H 320/42
- Fiche: *0581*
  Az 1: 9J 198/42
  Az 2: 2H 302/42

Harry (Raddatz, Karl)
- Fiche: *0532 f.*
  Az 1: 7(11)J 197/34g
  Az 2: 3L 21/36

Harry (Schmeer, Heinrich)
- Fiche: *0480 f.*
  Az 1: 10J 58/41
  Az 2: 2H 72/41
- Fiche: *0677*
  Az 1: 10J 320/41
  Az 2: 2H 36/42

Harry (Schmeer, Heinrich) (A)
- Fiche: *0675*
  Az 1: 10J 60/41
  Az 2: 2H 79/41

Harry, Paul (Arlt, Eberhard)
- Fiche: *0492*
  Az 1: 10J 66/40
  Az 2: 2H 114/40

Hart (Mörth, Johann)
- Fiche: *0326/0649 f.*
  Az 1: 7J 220/42
  Az 2: 2H 170/42
- Fiche: *0329/0376*
  Az 1: 7J 287/43
  Az 2: 5H 68/43

Hart (Mörth, Johann) (A)
- Fiche: *0329/0338 f.*
  Az 1: 7J 110/42
  Az 2: 2H 203/42

Hart (Morth, Johann)
- Fiche: *0342*
  Az 1: 7J 222/42
  Az 2: 2H 176/42

Hartl (Reindl, Richard)
- Fiche: *0295*
  Az 1: 7J 644/42
  Az 2: 6H 23/43

Hartmann (Rembte, Adolf) (A)
- Fiche: *0263 f./0487 f.*
  Az 1: 17J 171/35
  Az 2: 2H 17/37

Hartmann, August (Schmidt, Kurt)
- Fiche: *0176/0635*
  Az 1: 5J 151/42
  Az 2: 5H 10/43

Hartmann I (Kascha, Leopold) (A)
- Fiche: *0367/0384*
  Az 1: 7J 327/43
  Az 2: 5H 102/43

Hartmann II (Kascha, Franz) (A)
- Fiche: *0367/0384*
  Az 1: 7J 327/43
  Az 2: 5H 102/43

Hartmann, Lotte (Lübeck, Käte) (A)
- Fiche: *0263 f./0487 f.*
  Az 1: 17J 171/35
  Az 2: 2H 17/37

Hartung, Erika (Hardenberg, Irmgard) (A)
- Fiche: *0020*
  Az 1: 17J 170/34
  Az 2: 1H 42/34

Hartwig (Schreiber, Otto) (A)
- Fiche: *0021 f.*
  Az 1: 17J 397/33
  Az 2: 1H 3/35

Hase, Karl (Eichholzer, Herbert) (A)
- Fiche: *0332/0367*
  Az 1: 7J 257/41
  Az 2: 2H 114/42

Hauptmann Stahl (Hackenberger, Fritz)
- Fiche: *0386*
  Az 1: 8J 404/34
  Az 2: 3L 14/35

Hausel (Pegrisch, Johann) (A)
- Fiche: *0408*
  Az 1: 7J 454/43, 7J 502/43
  Az 2: 5H 10/44, 5H 5/44

Hauser (Pawlin, Theodor)
- Fiche: *0327*
  Az 1: 7J 181/42
  Az 2: 2H 158/42
- Fiche: *0339/0649*
  Az 1: 6J 78/42g
  Az 2: 2H 156/42

Hauser (Pawlin, Theodor) (A)
- Fiche: *0326*
  Az 1: 7J 112/42
  Az 2: 2H 164/42

Hedi (Urach, Hedwig) (A)
- Fiche: *0349 f.*
  Az 1: 7J 95/42
  Az 2: 5H 96/42

Hediger, Rudolf (Dimitroff, Georg) (A)
- Fiche: *0615 ff.*
  Az 1: 15J 86/33
  Az 2: XII H 42/33

Hedwig (Müller, Margarete)
- Fiche: *0518/0562*
  Az 1: 8J 52/44
  Az 2: 1H 82/44

Heetsch, Paul (Hasche, Paul)
- Fiche: *0127 f.*
  Az 1: 15J 942/37
  Az 2: 2H 34/38

Heger, Paul (Ehlen, Walter) (A)
- Fiche: *0094/0264 f.*
  Az 1: 17J 439/36
  Az 2: 2H 21/37

Hegewandt, Heinz (Heerklotz, Herbert) (A)
- Fiche: *0102/0267*
  Az 1: 17J 91/36
  Az 2: 2H 30/37

Heiber, Moritz (Baum, Bruno) (A)
- Fiche: *0097 f.*
  Az 1: 17J 28/36
  Az 2: 2H 24/37

Heigl (Rottmeier, Fritz) (A)
- Fiche: *0032 f.*
  Az 1: 13J 11/34
  Az 2: 1H 26/35

Heigru (Gruber, Heinz)
- Fiche: *0676*
  Az 1: 8J 224/38
  Az 2: 2H 41/38

Heiliger Martin (Sievers, Max)
- Fiche: *0050 f.*
  Az 1: 8J 164/35
  Az 2: 1H 5/36

Hein (Bästlein, Bernhard)
- Fiche: *0206/0405*
  Az 1: 10J 410/43g
  Az 2: 1H 209/43

Hein (Bästlein, Bernhard) (A)
- Fiche: *0182/0464 f.*
  Az 1: 11(10)J 423/43g
  Az 2: 2H 17/44

Hein Mück (Möller, Heinrich)
- Fiche: *0606 f.*
  Az 1: 13J 190/33
  Az 2: XV H 53/33

Hein Nykamp (Lörcher, Ernst) (A)
- Fiche: *0248/0447*
  Az 1: 14J 380/36
  Az 2: 2H 8/37

Heindl (Hoschky, Heinrich)
- Fiche: *0328/0340 f.*
  Az 1: 7J 137/42
  Az 2: 2H 191/42

Heiner (Rau, Heinrich) (A)
- Fiche: *0010/0217 f.*
  Az 1: 17J 331/33
  Az 2: 2H 13/34

Heiner (Schäfer, Willi)
- Fiche: *0564 f.*
  Az 1: 9J 137/34
  Az 2: 1H 25/35

Heini (Bertram, Ernst) (A)
- Fiche: *0045*
  Az 1: 9J 411/35
  Az 2: 1H 56/35

Heini (Brunner, Heinrich) (A)
- Fiche: *0437/0562*
  Az 1: 11J 418/44
  Az 2: 1H 380/44

Heini (Franz, Heinrich)
- Fiche: *0054/0508*
  Az 1: 17J 496/35
  Az 2: 2H 11/36

Heini (Gabler, Leo)
- Fiche: *0381*
  Az 1: 7J 444/43
  Az 2: 5H 136/43

Heini (Lörcher, Ernst) (A)
- Fiche: *0248/0447*
  Az 1: 14J 380/36
  Az 2: 2H 8/37

Heini (Pietzuch, Emil)
- Fiche: *0153*
  Az 1: 9J 327/39g
  Az 2: 1H 53/39

Heinicke (Umrath, Oskar)
- Fiche: *0283 f.*
  Az 1: 10J 5/39
  Az 2: 1H 23/39

Heinicke (Umrath, Oskar) (A)
- Fiche: *0145/0638 f.*
  Az 1: 9J 138/39g
  Az 2: 2H 27/39

Heinicke, Helmuth (Umrath, Oskar) (A)
- Fiche: *0145/0638 f.*
  Az 1: 9J 138/39g
  Az 2: 2H 27/39

Heinrich (Bertel, Fritz)
- Fiche: *0147 ff.*
  Az 1: 6J 374/38g
  Az 2: 1H 37/39

Helmuth (Zimmerlich)
– Fiche: *0021/0462*
Az 1: 15J 85/34
Az 2: 1H 46/34

Henk (Reichel, Heinrich) (A)
– Fiche: *0636*
Az 1: 10J 5/43g
Az 2: 2H 37/43

Henkel (Hentschke, Heinz)
– Fiche: *0140 f.*
Az 1: 8J 357/38g
Az 2: 2H 13/39

Henne (Bringmann, Henry)
– Fiche: *0112*
Az 1: 17J 391/36
Az 2: 2H 56/37

Henne (Brinkmeier)
– Fiche: *0018 f.*
Az 1: 15J 369/34
Az 2: 1H 39/35

Henner, Hans (Bendgens, Hans)
– Fiche: *0628*
Az 1: 9J 171/41g
Az 2: 2H 103/42

Hennes (Hey, Johann)
– Fiche: *0677*
Az 1: 9J 330/40
Az 2: 2H 48/41

Henrichs (Havemann, Robert) (A)
– Fiche: *0627 f.*
Az 1: 10J 1095/43g
Az 2: 1H 305/43

Herb, Max (Brehm, Eugen)
– Fiche: *0052 f.*
Az 1: 17J 5/36
Az 2: 1H 10/36

Herbert (Dluhosch, Karl)
– Fiche: *0296*
Az 1: 7J 638/42
Az 2: 5H 26/43

Herbert (Eisenschneider, Paul) (A)
– Fiche: *0095/0541*
Az 1: 9J 571/36
Az 2: 2H 22/37

Herbert (Geyer, Kurt)
– Fiche: *0002*
Az 1: 8J 1856/33
Az 2: 2H 2/34
– Fiche: *0214*
Az 1: 8J 1856/33

Herbert (Hanel, Franz)
– Fiche: *0086/0684*
Az 1: 14J 392/35
Az 2: 2H 4/37

Herbert (Jochim, Willi) (A)
– Fiche: *0067 f./0514*
Az 1: 17J 25/36
Az 2: 1H 39/36

Herbert (Krug)
– Fiche: *0111 f./0270 f.*
Az 1: 17J 152/37
Az 2: 2H 51/37

Herbert (Polet, Otto) (A)
– Fiche: *0159 f.*
Az 1: 5J 677/39
Az 2: 2H 41/40

Herbert (Puschmann, Erwin)
– Fiche: *0332/0367*
Az 1: 7J 257/41
Az 2: 2H 114/42

Herbert (Schenk, Herbert) (A)
– Fiche: *0199*
Az 1: 8J 174/44g
Az 2: 1H 211/44

Herbert (Selbach)
– Fiche: *0095/0541*
Az 1: 9J 571/36
Az 2: 2H 22/37

Herbert (Stange, Franz)
– Fiche: *0537 f.*
Az 1: 9J 236/41g
Az 2: 5H 75/42

Herbert (Ücker, Maximilian)
– Fiche: *0109 f.*
Az 1: 17J 264/36
Az 2: 2H 45/37

Herder, Sepp (Weingart, Josef)
– Fiche: *0186/0318*
Az 1: 11(10)J 818/43g
Az 2: 1H 55/44

Hermann (Becker, Ludwig)
– Fiche: *0518/0562*
Az 1: 8J 52/44
Az 2: 1H 82/44

Hermann (Brill, Hermann)
– Fiche: *0145/0638 f.*
Az 1: 9J 138/39g
Az 2: 2H 27/39

Hermann (Ebeling, Karl)
– Fiche: *0094/0264 f.*
Az 1: 17J 439/36
Az 2: 2H 21/37

Hermann (Frank)
– Fiche: *0717*
Az 1: 6J 144/41g

Hermann (Frank, Wilhelm)
– Fiche: *0310*
Az 1: 7J 70/40
Az 2: 2H 130/40
– Fiche: *0310*
Az 1: 7J 70/40
Az 2: 2H 131/40

Hermann (Geisen, Hermann) (A)
– Fiche: *0552*
Az 1: 9J 162/42g
Az 2: 2H 320/42

Hermann (Girnus, Wilhelm) (A)
– Fiche: *0079 f.*
Az 1: 17J 267/35
Az 2: 1H 63/36

Hermann (Hämmerling)
– Fiche: *0200/0569*
Az 1: 8J 178/44
Az 2: 1H 218/44

Hermann (Heckthener, Alfred)
– Fiche: *0046/0239*
Az 1: 16J 438/35
Az 2: 1H 62/35

Hermann (Lück, Wilhelm)
– Fiche: *0088 f.*
Az 1: 17J 239/36
Az 2: 1H 7/37

Hermann (Mayer)
– Fiche: *0327*
Az 1: 7J 181/42
Az 2: 2H 158/42

Hermann (Pietzuch, Otto) (A)
– Fiche: *0475*
Az 1: 9J 323/39g
Az 2: 1H 67/39

Hermann (Prieß)
– Fiche: *0095 f.*
Az 1: 17J 271/36
Az 2: 2H 23/37

Hermann (Ruthenberg, Fritz)
– Fiche: *0115 f.*
Az 1: 17J 381/37
Az 2: 2H 5/38

Hermann (Sanne, Hermann)
– Fiche: *0049*
Az 1: 8J 440/35
Az 2: 1H 1/36

Hermann (Schenk)
– Fiche: *0545*
Az 1: 9J 878/33
Az 2: 2H 16/34

Hermann (Schlupp, Friedrich)
– Fiche: *0162*
Az 1: 9J 424/39g
Az 2: 2H 60/40
– Fiche: *0592*
Az 1: 9J 423/39g
Az 2: 2H 63/40

Hermann (Schmidt, Waldemar) (A)
– Fiche: *0629 f.*
Az 1: 9J 929/35
Az 2: 1H 37/36

Hermann (Siegmund, Robert)
– Fiche: *0152 f.*
Az 1: 6J 6/39g
Az 2: 2H 50/39
– Fiche: *0154 f.*
Az 1: 6J 76/39g
Az 2: 2H 54/39

Hermann (Sigmeier, Helmut) (A)
– Fiche: *0457 f.*
Az 1: 10J 142/38
Az 2: 2H 42/38

Hermann (Sredzki, Siegmund) (A)
– Fiche: *0058 f.*
Az 1: 17J 129/35
Az 2: 1H 21,22/36

Hermann (Wenzel, Johann)
– Fiche: *0470*
Az 1: 9J 25/42g
Az 2: 2H 153/42

Hermann (Wolf, Christian)
– Fiche: *0070 f./0255*
Az 1: 17J 492/35
Az 2: 2H 44/36

Hermann (Wulff, Hermann)
– Fiche: *0126*
Az 1: 7J 106/38
Az 2: 2H 27/38

Hermann, Hans (Faltner, Franz) (A)
– Fiche: *0082 f.*
Az 1: 8J 415/35g
Az 2: 1H 1/37

Hermine (Engler, Stefanie) (A)
– Fiche: *0339/0649 0721*
Az 1: 6J 7/43g
Az 2: 6H 5/43

Hernik, Rudolf (Kettig, Otto) (A)
– Fiche: *0243/0471 f.*
Az 1: 15J 578/36
Az 2: 1H 2/37

Herold, Erich (Fey, Fritz) (A)
– Fiche: *0084 f.*
Az 1: 8J 430/35g
Az 2: 1H 3/37

Herrin vom See (Arnim, Hedwig von) (A)
– Fiche: *0137/0711 f.*
Az 1: 8J 367/38
Az 2: 2H 4/39

Herrin von Ort (Arnim, Hedwig von) (A)
– Fiche: *0137/0711 f.*
Az 1: 8J 367/38
Az 2: 2H 4/39

Herry (Wolf, Herbert)
– Fiche: *0352*
Az 1: 7J 529/42
Az 2: 6H 25/42

Hofmann, Dr. (Straßer, Otto)
- Fiche: *0137/0711 f.*
Az 1: 8J 367/38
Az 2: 2H 4/39
- Fiche: *0222*
Az 1: 8J 381/34
Az 2: 1H 45/34

Hofmann, Hans (Heerklotz, Herbert) (A)
- Fiche: *0102/0267*
Az 1: 17J 91/36
Az 2: 2H 30/37

Hofmann, Max (Stahl, Emil)
- Fiche: *0055 f./0390*
Az 1: 8J 82/36g
Az 2: 2H 13/36

Holzer (Jakobovits, Josef) (A)
- Fiche: *0367/0384*
Az 1: 7J 327/43
Az 2: 5H 102/43

Homann (Vorberg, Karl) (A)
- Fiche: *0530*
Az 1: 10J 71/42
Az 2: 2H 284/42

Horst (Heerklotz, Herbert)
- Fiche: *0072 f.*
Az 1: 15J 282/36
Az 2: 2H 49/36

Horst (Höffken, Hans)
- Fiche: *0082/0260 f.*
Az 1: 9J 907/35
Az 2: 1H 67/36

Horst (Klotz, Helmut) (A)
- Fiche: *0561 f.*
Az 1: 8J 261/41g
Az 2: 1H 237/42

Horst (Plesse, Karl) (A)
- Fiche: *0076 f.*
Az 1: 8J 427/35g
Az 2: 1H 59/60/61/36

Horst (Schwarz, Rudolf)
- Fiche: *0027*
Az 1: 17J 145/35
Az 2: 2H 10/35
- Fiche: *0037/0221*
Az 1: 17J 94/34
Az 2: 1H 33/35

Horst (Wahls, Otto)
- Fiche: *0021/0461 f.*
Az 1: 9aJ 44/34
Az 2: 2 H 1/35
- Fiche: *0311 f.*
Az 1: 14a/8J 510/29
Az 2: 1H 18/34

Horst (Wirtz, Franz)
- Fiche: *0509*
Az 1: 9J 710/35
Az 2: 2H 42/35

Horstmann, Fritz (Kox, Wilhelm) (A)
- Fiche: *0140 f.*
Az 1: 8J 357/38g
Az 2: 2H 13/39

Huber, Jakob (Tobyasz, Jakob) (A)
- Fiche: *0657*
Az 1: 8J 564/33
Az 2: XV H 1/34

Huburg (Humbert, Wilhelm) (A)
- Fiche: *0151*
Az 1: 8J 13/39
Az 2: 2H 44/39

Huckchen (Uhlenhut)
- Fiche: *0702*
Az 1: 8J 246/43
Az 2: 1H 3/44

Hudeck, Richard (Lieberwirth, Manfred) (A)
- Fiche: *0139/0474 f.*
Az 1: 6J 141/38g
Az 2: 1H 10/39

Hudut (Dutschke, Hugo) (A)
- Fiche: *0569*
Az 1: 8J 145/35
Az 2: 1H 48/35

Hügel, Ernst (Duddins)
- Fiche: *0021/0461 f.*
Az 1: 9aJ 44/34
Az 2: 2H 1/35

Hügel, Ernst (Duddins, Walter) (A)
- Fiche: *0311 f.*
Az 1: 14a/8J 510/29
Az 2: 1H 18/34

Hütteldorfer (König)
- Fiche: *0297*
Az 1: 7J 247/43
Az 2: 5H 79/43

Hütteldorfer (König, Emil)
- Fiche: *0374*
Az 1: 7J 331/43
Az 2: 5H 77/43

Hugo (Kretschmer, Georg) (A)
- Fiche: *0035*
Az 1: 17J 454/34
Az 2: 1H 28/35

Hugo (Limmer)
- Fiche: *0032 f.*
Az 1: 13J 11/34
Az 2: 1H 26/35

Hugo (Richey, Walter)
- Fiche: *0552*
Az 1: 9J 162/42g
Az 2: 2H 320/42

Hugo (Warnke)
- Fiche: *0559*
Az 1: 10J 16/42g
Az 2: 1H 247/42

Hugo (Wenzel, Johann)
- Fiche: *0470*
Az 1: 9J 25/42g
Az 2: 2H 153/42

Hulczynski (Maier, Johannes C.)
- Fiche: *0637 f.*
Az 1: 8J 167/40
Az 2: 2H 89/40

Hundsschädl (Schmiedl, Hubert) (A)
- Fiche: *0151 f.*
Az 1: 7J 72/39
Az 2: 1H 45/39

Hupferl (Dluhosch, Karl)
- Fiche: *0296*
Az 1: 7J 638/42
Az 2: 5H 26/43
- Fiche: *0347*
Az 1: 7J 437/42
Az 2: 1H 244/42

Hupferl (Monz, Alfred)
- Fiche: *0361*
Az 1: 7J 452/42
Az 2: 5H 169/42

Hupferl (Peschke)
- Fiche: *0327*
Az 1: 7J 181/42
Az 2: 2H 158/42

Hupferl (Peschke, Alfons)
- Fiche: *0329/0339*
Az 1: 7J 283/42,
7J 288/42
Az 2: 5H 146/42

Ida (Sicka, Leopoldine)
- Fiche: *0384*
Az 1: 7J 296/43
Az 2: 5H 100/43

Ida (Sicka, Leopoldine) (A)
- Fiche: *0298/0367*
Az 1: 7J 300/43
Az 2: 5H 94/43

Iffland (Dünow, Hermann) (A)
- Fiche: *0037/0221*
Az 1: 17J 94/34
Az 2: 1H 33/35

Ilia (Arnim, Hedwig von) (A)
- Fiche: *0137/0711 f.*
Az 1: 8J 367/38
Az 2: 2H 4/39

Illing, Franz (Glaubauf, Hans) (A)
- Fiche: *0639*
Az 1: 10J 87/41
Az 2: 2H 192/42

Ilse (Franke, Erna)
- Fiche: *0709 ff.*
Az 1: 8J 162/40
Az 2: 2H 77/41
- Fiche: *0714 f.*
Az 1: 8J 232/40
Az 2: 2H 76/41

Ilse (Karg, Berta) (A)
- Fiche: *0564 f.*
Az 1: 9J 137/34
Az 2: 1H 25/35

Ilse (Schönbeck, Grete)
- Fiche: *0505/0740*
Az 1: 8J 180/44g
Az 2: 1H 231/44

Ilse (Schöneck, Grete)
- Fiche: *0197/0466*
Az 1: 8J 157/44
Az 2: 1H 208/44
- Fiche: *0198 f./0208*
Az 1: 8J 169/44
Az 2: 1H 210/44

Imm (Walcher, Jakob)
- Fiche: *0141/0475 f.*
Az 1: 5J 449/38
Az 2: 1H 15/39
- Fiche: *0549*
Az 1: 5J 642/38
Az 2: 1H 13/39

Inge (Filitz, Johanna)
- Fiche: *0523*
Az 1: 15J 201/35
Az 2: 1H 2/36

Inge (Franz, Frieda)
- Fiche: *0285*
Az 1: 6J 586/38g
Az 2: 2H 26/39

Inge (Franz, Frieda) (A)
- Fiche: *0001*
Az 1: 17J 303/33
Az 2: 1H 2/34

Inge (Gebert, Margarethe)
- Fiche: *0094/0264 f.*
Az 1: 17J 439/36
Az 2: 2H 21/37
- Fiche: *0095 f.*
Az 1: 17J 271/36
Az 2: 2H 23/37

Inka (Lietzmann, Irmgard)
- Fiche: *0137/0711 f.*
Az 1: 8J 367/38
Az 2: 2H 4/39

Invar (Zadkevicz, Konstantin)
- Fiche: *0627 f.*
Az 1: 10J 1095/43g
Az 2: 1H 305/43

Invar (Zadkevicz, Konstantin) (A)
- Fiche: *0571*
Az 1: 11(10)J 1241/43
Az 2: 1H 59/44

Irma (Blanke, Otto) (A)
- Fiche: *0070 f./0255*
Az 1: 17J 492/35
Az 2: 2H 44/36

Jesus (Uhlig, Rosa)
- Fiche: *0039*
  Az 1: 16J 454/35
  Az 2: 2H 40/35

Jetten (Weidkus)
- Fiche: *0112*
  Az 1: 14J 375/37g
  Az 2: 2H 53/37

Jim (Walcher, Jakob)
- Fiche: *0052 f.*
  Az 1: 17J 5/36
  Az 2: 1H 10/36

Jimmi (Popoff, Blagoi) (A)
- Fiche: *0615 ff.*
  Az 1: 15J 86/33
  Az 2: XII H 42/33

Jimmy (Baumgarte, Kurt) (A)
- Fiche: *0671 f.*
  Az 1: 15J 385/34
  Az 2: 1H 11/36

Joe (Richardson)
- Fiche: *0463*
  Az 1: 15J 307/35
  Az 2: 1H 4/36

Johann (Bertz)
- Fiche: *0095/0541*
  Az 1: 9J 571/36
  Az 2: 2H 22/37

Johann (Bertz, Paul)
- Fiche: *0556 f.*
  Az 1: 9J 51/44g
  Az 2: 1H 97/44

Johanna (Fuchs, Käthe) (A)
- Fiche: *0079 f.*
  Az 1: 17J 267/35
  Az 2: 1H 63/36

John (Baumgarte)
- Fiche: *0241 f.*
  Az 1: 8J 88/36g
  Az 2: 1H 70/35

John (Baumgarte, Kurt)
- Fiche: *0095 f.*
  Az 1: 17J 271/36
  Az 2: 2H 23/37

John (Baumgarte, Kurt) (A)
- Fiche: *0671 f.*
  Az 1: 15J 385/34
  Az 2: 1H 11/36

Johnny (Böhme, Konrad)
- Fiche: *0046/0239*
  Az 1: 16J 438/35
  Az 2: 1H 62/35

Johnny (Lübeck, Hans)
- Fiche: *0157*
  Az 1: 5J 474/39
  Az 2: 1H 71/39
- Fiche: *0163*
  Az 1: 5J 142/40
  Az 2: 2H 68/40

Jola (Lampersberger, Josef)
- Fiche: *0396/0704 f.*
  Az 1: 14J 522/37g
  Az 2: 1L 2/40

Jola (Lang, Josef)
- Fiche: *0013 f.*
  Az 1: 8J 1713/33
  Az 2: 2H 20/34

Jolly (Dietrich, Paul)
- Fiche: *0058 f.*
  Az 1: 17J 129/35
  Az 2: 1H 21,22/36
- Fiche: *0531*
  Az 1: 10J 40/42
  Az 2: 2H 228/42

Jolly (Süß, Egon) (A)
- Fiche: *0580/0624 f.*
  Az 1: 8J 200/41
  Az 2: 2H 6/44

Jonas (Jakobovits, Josef) (A)
- Fiche: *0367/0384*
  Az 1: 7J 327/43
  Az 2: 5H 102/43

Jonas, Walter (Jakob, Wilhelm) (A)
- Fiche: *0183*
  Az 1: 11(10)J 631/43
  Az 2: 1H 28/44

Jonat (Kochan, Friedrich) (A)
- Fiche: *0128 f.*
  Az 1: 5J 285/38
  Az 2: 1H 36/38

Jonni (Hartmann, Alfons)
- Fiche: *0018 f.*
  Az 1: 15J 369/34
  Az 2: 1H 39/35

Jonny (Baumgarte, Kurt) (A)
- Fiche: *0671 f.*
  Az 1: 15J 385/34
  Az 2: 1H 11/36

Jonny (Blaho, Johann)
- Fiche: *0328/0340 f.*
  Az 1: 7J 137/42
  Az 2: 2H 191/42
- Fiche: *0373*
  Az 1: 7J 304/43, 7J 326/43
  Az 2: 5H 91/43, 5H 88/43
- Fiche: *0373/0520*
  Az 1: 7J 192/43
  Az 2: 5H 83/43

Jonny (Händler, Johann)
- Fiche: *0416*
  Az 1: 6(7)J 518/43
  Az 2: 5H 31/44

Jonny (Kleinschmidt)
- Fiche: *0094/0262*
  Az 1: 8J 223/36
  Az 2: 2H 15/37

Jonny (Lübeck, Hans)
- Fiche: *0703*
  Az 1: 6J 239/39
- Fiche: *0732*
  Az 1: 5J 464/39
  Az 2: 1H 61/39

Jonny (Platte, Walter) (A)
- Fiche: *0131 f.*
  Az 1: 7J 252/38
  Az 2: 2H 54/38

Jonny (Stoye, Max) (A)
- Fiche: *0544*
  Az 1: 10J 170/42
  Az 2: 2H 22/43

Joschi (Übinger, Josef)
- Fiche: *0319 f.*
  Az 1: 6J 124/40g
  Az 2: 2H 10/41

Josef (Albrecht, Walter)
- Fiche: *0386 f./0572 f.*
  Az 1: 11J 423/33
  Az 2: 3L 15/35

Josef (Botta, Georg)
- Fiche: *0117 f./0542*
  Az 1: 8J 20/36g
  Az 2: 2H 11/38

Josef (Hallmeyer)
- Fiche: *0094/0262*
  Az 1: 14J 306/37g
  Az 2: 1H 15/37

Josef (Jankowski, Karl)
- Fiche: *0012 f./0546*
  Az 1: 13J 258/33
  Az 2: 1H 16/34

Josef (Langowski, Karl)
- Fiche: *0533*
  Az 1: 3J 1/34
  Az 2: *H 19/34

Josef (Langowski, Karl) (A)
- Fiche: *0030 f./0229 f.*
  Az 1: 13J 265/33
  Az 2: 2H 21/35

Josef (Muth, Walter) (A)
- Fiche: *0041*
  Az 1: 17J 248/35
  Az 2: 2H 47/35

Josef (Rosenbaum)
- Fiche: *0111 f./0270 f.*
  Az 1: 17J 152/37
  Az 2: 2H 51/37

Josef (Sapisch)
- Fiche: *0154 f.*
  Az 1: 6J 76/39g
  Az 2: 2H 54/39

Josef (Steinhoff)
- Fiche: *0509*
  Az 1: 9J 710/35
  Az 2: 2H 42/35

Jost (Kroll, Peter)
- Fiche: *0480*
  Az 1: 10J 299/41
  Az 2: 2H 50/42

Jost, Michael (Dettmann, Friedrich) (A)
- Fiche: *0523*
  Az 1: 15J 201/35
  Az 2: 1H 2/36

Jüles (Wodli)
- Fiche: *0579*
  Az 1: 6J 92/43
  Az 2: 1H 122/43

Jülisch (Kozlecki, Wenzel)
- Fiche: *0269/0718*
  Az 1: 16J 736/36
  Az 2: 2H 43/37

Jürgen (Flieg, Leopold)
- Fiche: *0010 f.*
  Az 1: 17J 232/33
  Az 2: 2H 14/34

Jürgen (Tschäpe, Herbert)
- Fiche: *0197/0466*
  Az 1: 8J 157/44
  Az 2: 1H 208/44
- Fiche: *0207*
  Az 1: 8J 188/44g
  Az 2: 1H 285/44
- Fiche: *0208/0672*
  Az 1: 8J 199/44
  Az 2: 1H 298/44
- Fiche: *0210/0579*
  Az 1: 9J 272/44
  Az 2: 1H 7/45

Jürgens (Schönhaar, Eugen)
- Fiche: *0010 f.*
  Az 1: 17J 232/33
  Az 2: 2H 14/34

Julik, Walter (Koczlecki, Wenzel)
- Fiche: *0112/0271*
  Az 1: 16J 675/37
  Az 2: 2H 52/37
- Fiche: *0128*
  Az 1: 5J 317/38
  Az 2: 1H 35/38
- Fiche: *0128 f.*
  Az 1: 5J 285/38
  Az 2: 1H 36/38
- Fiche: *0269/0718*
  Az 1: 16J 736/36
  Az 2: 2H 43/37
- Fiche: *0276 f.*
  Az 1: 5J 284/38
  Az 2: 1H 34/38

Julius (Haas, Michael)
- Fiche: *0297*
  Az 1: 7J 247/43
  Az 2: 5H 79/43
- Fiche: *0453/0739*
  Az 1: 7J 347/43, 7J 421/43, 7J 422/43
  Az 2: 5H 122/43, 5H 129/43, 5H 125/43

Julius (Höck, Balthasar)
- Fiche: *0292 f.*
  Az 1: 7J 501/42
- Fiche: *0519/0549 f.*
  Az 1: 6J 135/42g
  Az 2: 6H 79/43

Julius (Höck, Balthasar) (A)
- Fiche: *0516 f./0548 f.*
  Az 1: 7J 421/42g
  Az 2: 6H 63/43

Julius (Miller, Sepp)
- Fiche: *0021 f.*
  Az 1: 17J 397/33
  Az 2: 1H 3/35

Julius (Müller, Oskar) (A)
- Fiche: *0015 f.*
  Az 1: 14a/8J 193/30, 17J 803/33
  Az 2: 1H 24/34, 1H 38/34

Julius (Ofner, Franz)
- Fiche: *0352*
  Az 1: 7J 529/42
  Az 2: 6H 25/42

Julius (Putz, Johann) (A)
- Fiche: *0367/0384*
  Az 1: 7J 327/43
  Az 2: 5H 102/43

Jumbo (Czamler, Eduard)
- Fiche: *0363/0563 f.*
  Az 1: 7J 64/43
  Az 2: 5H 52/43
- Fiche: *0521*
  Az 1: 7J 339/42
  Az 2: 6H 3/42

Jung (Michaelis, Walter) (A)
- Fiche: *0480*
  Az 1: 10J 39/39
  Az 2: 1H 56/39

Jung, Herbert (Honecker, Erich) (A)
- Fiche: *0097 f.*
  Az 1: 17J 28/36
  Az 2: 2H 24/37

Jungchen (Malik)
- Fiche: *0420/0574 f.*
  Az 1: 7J 500/43, 7J 501/43
  Az 2: 5H 3/44, 5H 4/44

Jungchen (Malik, Franz) (A)
- Fiche: *0648 f.*
  Az 1: 7J 502/43
  Az 2: 5H 5/44

Jupp (Bauer, Robert) (A)
- Fiche: *0558*
  Az 1: 9J 278/41g
  Az 2: 2H 133/41

Jupp (Breuer, Hans) (A)
- Fiche: *0082/0260 f.*
  Az 1: 9J 907/35
  Az 2: 1H 67/36

Jupp (Schwarz, Herbert)
- Fiche: *0254*
  Az 1: 9J 332/36
  Az 2: 2H 40/36

Jupp (Wallbaum)
- Fiche: *0047 f./0641*
  Az 1: 9J 486/35
  Az 2: 1H 71/35

Kälber (Stühler, Karlheinz) (A)
- Fiche: *0663 f.*
  Az 1: 17J 685/33, 17J 627/33
  Az 2: XV H 22/34, XV H 21/34

Käte (Jost, Margarete) (A)
- Fiche: *0326*
  Az 1: 7J 112/42
  Az 2: 2H 164/42

Käthe (Blum, Hilda) (A)
- Fiche: *0030 f./0229 f.*
  Az 1: 13J 265/33
  Az 2: 2H 21/35

Käthe (Deutsch, Kurt)
- Fiche: *0722*
  Az 1: 17J 23/36
  Az 2: 2H 27/36

Käthe (Jakubowski, Erika)
- Fiche: *0088 f.*
  Az 1: 17J 239/36
  Az 2: 1H 7/37

Käthe (Jost, Margarethe)
- Fiche: *0339/0649*
  Az 1: 6J 78/42g
  Az 2: 2H 156/42

Käthe (Lippold, Eva) (A)
- Fiche: *0031 f./0230*
  Az 1: 17J 296/34
  Az 2: 2H 24/35

Käthe (Lippold (Frau))
- Fiche: *0030*
  Az 1: 17J 210/34
  Az 2: 2H 19/35

Käthe (Reetz, Käthe) (A)
- Fiche: *0463/0465*
  Az 1: 15J 39/36
  Az 2: 2H 35/36

Käthe (Rosenthal, Frieda)
- Fiche: *0094/0264 f.*
  Az 1: 17J 439/36
  Az 2: 2H 21/37
- Fiche: *0106*
  Az 1: 17J 414/36
  Az 2: 2H 36/37

Kai (Bringmann, Karl Heinz)
- Fiche: *0171/0567 f.*
  Az 1: 10J 145/41
  Az 2: 2H 33/42

Kainz (Nasimbeni)
- Fiche: *0351/0358*
  Az 1: 7J 285/42
  Az 2: 5H 138/42

Kaiser (Trillitzsch, Otto) (A)
- Fiche: *0033 f.*
  Az 1: 17J 119/35
  Az 2: 2H 26/35

Kaiser, Paul (Kampradt, Albert) (A)
- Fiche: *0186/0722*
  Az 1: 10(9)J 571/43
  Az 2: 2H 52/44

Kaiser Wilhelm (Wilhelm, Eduard)
- Fiche: *0108 f.*
  Az 1: 8J 337/37g
  Az 2: 1H 41/37

Kaiser, Wolfgang (Dahlhaus, Max)
- Fiche: *0269 f.*
  Az 1: 8J 100/37
  Az 2: 1H 43/37

Kajetana (Ordensname) (Schmid, Magdalena)
- Fiche: *0570*
  Az 1: 8J 214/42g
  Az 2: 5H 94/42

Kalin (Richter, Hans)
- Fiche: *0145/0285 f.*
  Az 1: 5J 102/39
  Az 2: 1H 27/39

Kalli (Köhler, Karl)
- Fiche: *0633*
  Az 1: 9J 357/41g
  Az 2: 2H 7/42

Kann (Möller, Lotte)
- Fiche: *0554*
  Az 1: 10J 294/41
  Az 2: 1H 329/42

Kant, Paul (Thesen, Mathias) (A)
- Fiche: *0021/0461 f.*
  Az 1: 9aJ 44/34
  Az 2: 2H 1/35

Kapitein, Dirk (Reuter, Fritz) (A)
- Fiche: *0254*
  Az 1: 9J 332/36
  Az 2: 2H 40/36

Kappe, Erich (Krause, Erich) (A)
- Fiche: *0183*
  Az 1: 11(10)J 631/43
  Az 2: 1H 28/44

Karaseck, Rudolf (Granzow, Kurt Erich) (A)
- Fiche: *0581*
  Az 1: 10J 520/43
  Az 2: 1H 213/43

Karin (Katholi (Frau))
- Fiche: *0560*
  Az 1: 10J 222/38
  Az 2: 2H 69/38

Karl (Adam)
- Fiche: *0103 f.*
  Az 1: 17J 416/36
  Az 2: 2H 32/37

Karl (Adolphs, Karl) (A)
- Fiche: *0245 f.*
  Az 1: 8J 7/36g
  Az 2: 2H 4/36

Karl (Bargstedt, Karl)
- Fiche: *0152*
  Az 1: 11J 341/39
  Az 2: 2H 46/39

Karl (Barthel)
- Fiche: *0113 f./0508*
  Az 1: 14J 725/37g
  Az 2: 1H 1/38

Karl (Barthel, Alfred)
- Fiche: *0114/0473 f.*
  Az 1: 14J 527/37g, 14J 736/37
  Az 2: 1H 44/37, 1H 3/38
- Fiche: *0115*
  Az 1: 14J 727/37g
  Az 2: 1H 5/38

Karl (Becker, Karl) (A)
- Fiche: *0531*
  Az 1: 10J 40/42
  Az 2: 2H 228/42

Karl (Bergtel, Rudolf) (A)
- Fiche: *0053 f.*
  Az 1: 17J 310/35
  Az 2: 2H 10/36

Karl (Bertram, Ernst) (A)
- Fiche: *0045*
  Az 1: 9J 411/35
  Az 2: 1H 56/35

Karl (Dankner, Hans)
- Fiche: *0694 f.*
  Az 1: 5J 466/38
  Az 2: 1H 38/39

Karl (Fähling)
- Fiche: *0197/0466*
  Az 1: 8J 157/44
  Az 2: 1H 208/44

Karl (Fähling, Erich)
- Fiche: *0207*
  Az 1: 8J 188/44g
  Az 2: 1H 285/44

Karl (Fraenken, Fritz)
- Fiche: *0094/0262*
  Az 1: 8J 223/36
  Az 2: 2H 15/37
- Fiche: *0523*
  Az 1: 10J 227/39
  Az 2: 2H 20/41
- Fiche: *0629 f.*
  Az 1: 9J 929/35
  Az 2: 1H 37/36
- Fiche: *0672*
  Az 1: 10J 201/41
  Az 2: 2H 59/42

Karl (Frank, Adolf)
- Fiche: *0544*
  Az 1: 10J 170/42
  Az 2: 2H 22/43

Karl (Franz, Erich)
- Fiche: *0088 f.*
  Az 1: 17J 239/36
  Az 2: 1H 7/37
- Fiche: *0090*
  Az 1: 17J 187/36
  Az 2: 2H 31/37
- Fiche: *0109 f.*
  Az 1: 17J 264/36
  Az 2: 2H 45/37

Karl (Grühn, Udo)
- Fiche: *0640*
  Az 1: 16J 328/35
  Az 2: 1H 11/37

Karl (Grühn, Udo) (A)
- Fiche: *0113/0469 f.*
  Az 1: 16J 37/35
  Az 2: 1H 19-20/37

Karl (Hase)
- Fiche: *0113*
  Az 1: 8J 351/37g
  Az 2: 2H 57/37

Karl (Iltis, Blasius)
- Fiche: *0030 f./0229 f.*
  Az 1: 13J 265/33
  Az 2: 2H 21/35

Karl (Kaiser, Ewald)
- Fiche: *0014/0218 f.*
  Az 1: 17J 689/33
  Az 2: 1H 21/34

Karl (Kaiser, Ewald) (A)
- Fiche: *0029*
  Az 1: 17J 98/34
  Az 2: 1H 17/35

Karl (Kaufmann, Hans)
- Fiche: *0112/0271*
  Az 1: 16J 675/37
  Az 2: 2H 52/37
- Fiche: *0702 f.*
  Az 1: 17J 97/37
  Az 2: 2H 19/37

Karl (Kaufmann, Karl)
- Fiche: *0552*
  Az 1: 9J 162/42g
  Az 2: 2H 320/42

Karl (Kellotat, Gerhard)
- Fiche: *0200*
  Az 1: 8J 177/44g
  Az 2: 1H 219/44

Karl (Knöchel, Wilhelm) (A)
- Fiche: *0556 f.*
  Az 1: 9J 51/44g
  Az 2: 1H 97/44

Karl (Knüfken, Hermann)
- Fiche: *0446*
  Az 1: 9J 9/43g
  Az 2: 1H 37/43
- Fiche: *0448/0578*
  Az 1: 9J 210/40, 10J 238/40
  Az 2: 2H 128/40
- Fiche: *0589 f.*
  Az 1: 9J 399/39g
  Az 2: 2H 26/41
- Fiche: *0628*
  Az 1: 9J 171/41g
  Az 2: 2H 103/42
- Fiche: *0628*
  Az 1: 10J 129/42
  Az 2: 2H 205/42
- Fiche: *0634*
  Az 1: 10J 102/42
  Az 2: 2H 185/42

Karl (Lehmann)
- Fiche: *0523 f.*
  Az 1: 9J 351/38g
  Az 2: 2H 93/38

Karl (Mannheim, Paul)
- Fiche: *0104*
  Az 1: 17J 321/37
  Az 2: 1H 33/37

Karl (Nieter, Karl)
- Fiche: *0129/0439*
  Az 1: 7J 102/38
  Az 2: 2H 45/38

Karl (Nieter, Karl) (A)
- Fiche: *0633*
  Az 1: 9J 357/41g
  Az 2: 2H 7/42

Karl (Pfaller, Alois) (A)
- Fiche: *0548*
  Az 1: 16J 42/35
  Az 2: 2H 9/36

Karl (Roßmann)
- Fiche: *0090 f./0261*
  Az 1: 17J 260/36
  Az 2: 1H 10/37

Karl (Roßmann, Werner)
- Fiche: *0109 f.*
  Az 1: 17J 264/36
  Az 2: 2H 45/37

Karl (Schönberger, Leopold)
- Fiche: *0308*
  Az 1: 7J 49/40
  Az 2: 2H 65/40

Karl (Schuldt, Hermann) (A)
- Fiche: *0635 f.*
  Az 1: 10J 123/41
  Az 2: 2H 115/41

Karl (Schuster, Karl)
- Fiche: *0364*
  Az 1: 7J 535/42, 7J 61/43
  Az 2: 5H 53/43, 5H 54/43

Karl (Stoye, Max) (A)
- Fiche: *0544*
  Az 1: 10J 170/42
  Az 2: 2H 22/43

Karl (Strähnz, Otto) (A)
- Fiche: *0103*
  Az 1: 17J 320/37
  Az 2: 1H 32/37

Karl (Tomasek, Karl)
- Fiche: *0359*
  Az 1: 7J 209/42
  Az 2: 5H 148/42

Karl (Tomasek, Karl) (A)
- Fiche: *0328/0340 f.*
  Az 1: 7J 137/42
  Az 2: 2H 191/42

Karl (Volk)
- Fiche: *0095 f.*
  Az 1: 17J 271/36
  Az 2: 2H 23/37

Karl (Wager)
- Fiche: *0380/0529*
  Az 1: 7J 209/43
  Az 2: 6H 139/43

Karl (Wager, Josef)
- Fiche: *0292 f.*
  Az 1: 7J 501/42

Karl (Wager, Josef)
- Fiche: *0516 f./0548 f.*
  Az 1: 7J 421/42g
  Az 2: 6H 63/43

Karl (Wager, Josef) (A)
- Fiche: *0519/0549 f.*
  Az 1: 6J 135/42g
  Az 2: 6H 79/43

Karl (Walther, Rudolf) (A)
- Fiche: *0588 f./0643*
  Az 1: 16J 293/35, 8J 438/35
  Az 2: 2H 58/35

Karl (Weidauer, Walter)
- Fiche: *0502*
  Az 1: 10J 54/41
  Az 2: 2H 52/41

Karl (Werner, Pius)
- Fiche: *0020*
  Az 1: 17J 170/34
  Az 2: 1H 42/34

Karl (Wiedmaier, Eugen) (A)
- Fiche: *0532 f.*
  Az 1: 7(11)J 197/34g
  Az 2: 3L 21/36

Karl (Zunft, Karl) (A)
- Fiche: *0463/0465*
  Az 1: 15J 39/36
  Az 2: 2H 35/36

Karla (Müller, Gertrud)
- Fiche: *0329/0376*
  Az 1: 7J 287/43
  Az 2: 5H 68/43
- Fiche: *0575 f.*
  Az 1: 7J 438/43
  Az 2: 5H 140/43

Karla (Stieler)
- Fiche: *0374/0576*
  Az 1: 7J 303/43
  Az 2: 5H 80/43

Karla (Taussig, Jarmila)
- Fiche: *0346 f.*
  Az 1: 7J 278/42
  Az 2: 2H 246/42

Karla (Wosikowski, Irene) (A)
- Fiche: *0197*
  Az 1: 9J 141/44
  Az 2: 1H 206/44

Karli (Gschmeidler, Ernst)
- Fiche: *0373/0520*
  Az 1: 7J 192/43
  Az 2: 5H 83/43

Karola (Siebenleichler (Frau))
- Fiche: *0047 f./0641*
  Az 1: 9J 486/35
  Az 2: 1H 71/35

Karoline (Heber, Karolus)
- Fiche: *0114*
  Az 1: 16J 840/37
  Az 2: 2H 2/38

Karoline (Schmidt (Frau))
- Fiche: *0671*
  Az 1: 9J 759/37
  Az 2: 2H 36/38

Karow, Emil (Schumann, Georg) (A)
- Fiche: *0001*
  Az 1: 17J 303/33
  Az 2: 1H 2/34

Karsten (Jacobs, Annemarie) (A)
- Fiche: *0572*
  Az 1: 9J 547/33
  Az 2: 2H 8/34

Kaschu (Schumann, Karl) (A)
- Fiche: *0569*
  Az 1: 8J 145/35
  Az 2: 1H 48/35

Kaspar, Ruth (Schuftan, Käthe) (A)
- Fiche: *0013 f.*
  Az 1: 8J 1713/33
  Az 2: 2H 20/34

Kassner (Fischer, Karl) (A)
- Fiche: *0016 f.*
  Az 1: 14a/8J 1547/31
  Az 2: 1H 27/34

Katzer (Tatzber)
- Fiche: *0327*
  Az 1: 7J 271/42
  Az 2: 2H 157/42

Kaufmann, Erich (Kühn, Ernst) (A)
- Fiche: *0183*
  Az 1: 11(10)J 631/43
  Az 2: 1H 28/44

Kolossa, Edwin (Klein, Arnold)
- Fiche: *0719 f.*
  Az 1: 9J 34/40g

Komisch (Bernarding, Johann)
- Fiche: *0170/0293*
  Az 1: 6J 100/41g
  Az 2: 2H 21/42

Konkurrenz, die rundliche (Lietzmann, Irmgard)
- Fiche: *0137/0711 f.*
  Az 1: 8J 367/38
  Az 2: 2H 4/39

Konni (Rakusin)
- Fiche: *0018 f.*
  Az 1: 15J 369/34
  Az 2: 1H 39/35

Konny (Racusin, Konstantin)
- Fiche: *0671 f.*
  Az 1: 15J 385/34
  Az 2: 1H 11/36

Konrad (Breuer, Hans)
- Fiche: *0165 f.*
  Az 1: 9J 297/40
  Az 2: 2H 70/41

Konrad (Dünow, Hermann) (A)
- Fiche: *0037/0221*
  Az 1: 17J 94/34
  Az 2: 1H 33/35

Konrad (Frank, Konrad)
- Fiche: *0269 f.*
  Az 1: 8J 100/37
  Az 2: 1H 43/37

Konrad (Kastelic, Jakob) (A)
- Fiche: *0647 f.*
  Az 1: 7(8)J 203/41
  Az 2: 2H 168/44

Konrad (Knöpfel)
- Fiche: *0523*
  Az 1: 15J 201/35
  Az 2: 1H 2/36

Konrad (Knöpfel, Walter)
- Fiche: *0046/0462*
  Az 1: 17J 189/35
  Az 2: 1H 61/35

Konrad (Osche, Ulrich) (A)
- Fiche: *0071 f.*
  Az 1: 14J 288/36
  Az 2: 1H 48/36

Konrad (Philip, Franz)
- Fiche: *0351/0358*
  Az 1: 7J 285/42
  Az 2: 5H 138/42

Konrad (Unreth, Werner)
- Fiche: *0109 f.*
  Az 1: 17J 264/36
  Az 2: 2H 45/37

Kovarik (Kovary, Franz)
- Fiche: *0326/0649 f.*
  Az 1: 7J 220/42
  Az 2: 2H 170/42

Kowalko, Anton (Wiehn, Karl) (A)
- Fiche: *0010 f.*
  Az 1: 17J 232/33
  Az 2: 2H 14/34

Kral (Plackholm)
- Fiche: *0410/0520*
  Az 1: 6(7)J 514/43
  Az 2: 5H 15/44

Krantz, Waldemar (Nickel, Egon)
- Fiche: *0311 f.*
  Az 1: 14a/8J 510/29
  Az 2: 1H 18/34

Krantz, Waldemar (Nickel, Egon) (A)
- Fiche: *0021/0461 f.*
  Az 1: 9aJ 44/34
  Az 2: 2H 1/35

Krause, Willi (Bänsch, Willi) (A)
- Fiche: *0209/0740*
  Az 1: 9J 245/44
  Az 2: 1H 358/44

Kreuzer (Fritzsche, Leopold) (A)
- Fiche: *0339/0649*
  Az 1: 6J 78/42g
  Az 2: 2H 156/42

Kroll, Charlie (Vogel, Franz)
- Fiche: *0021/0461 f.*
  Az 1: 9aJ 44/34
  Az 2: 2H 1/35

Kroll, Charly (Vogel, Franz)
- Fiche: *0311 f.*
  Az 1: 14a/8J 510/29
  Az 2: 1H 18/34

Krone (Kreutzburg, August)
- Fiche: *0140 f.*
  Az 1: 8J 357/38g
  Az 2: 2H 13/39

Krüger (Hämmerling, Bruno)
- Fiche: *0436*
  Az 1: 8J 202/44
  Az 2: 1H 273/44

Krüger (Lucas)
- Fiche: *0016*
  Az 1: 17J 470/33
  Az 2: 2H 25/34

Krüger (Priewe, Albert) (A)
- Fiche: *0507 f.*
  Az 1: 14J 26/34
  Az 2: 2H 29/35

Krüger, Erich (Pallapies, Otto) (A)
- Fiche: *0054*
  Az 1: 17J 83/35
  Az 2: 1H 12/36

Krüger, Ilse (Schönek, Grete)
- Fiche: *0436*
  Az 1: 8J 202/44
  Az 2: 1H 273/44

Krüger, Max (Lüdke, Alfons)
- Fiche: *0673*
  Az 1: 9J 36/39g
  Az 2: 2H 14/39

Krüger, Paul (Toller, Paul)
- Fiche: *0073/0256 f.*
  Az 1: 5J 592/35g
  Az 2: 1H 52/36

Krüßmann, Fritz (Hesse, Otto) (A)
- Fiche: *0012 f./0546*
  Az 1: 13J 258/33
  Az 2: 1H 16/34

Krumme, Alfred (Popall, Reinhold) (A)
- Fiche: *0053 f.*
  Az 1: 17J 310/35
  Az 2: 2H 10/36

Kruschel, Otto (Ferlemann, Karl) (A)
- Fiche: *0034*
  Az 1: 9J 613/33
  Az 2: 1H 27/35

Kuddel (Nieter, Karl)
- Fiche: *0129/0439*
  Az 1: 7J 102/38
  Az 2: 2H 45/38

Kuddel (Nieter, Karl) (A)
- Fiche: *0633*
  Az 1: 9J 357/41g
  Az 2: 2H 7/42

Kümmel (Elling)
- Fiche: *0564 f.*
  Az 1: 9J 137/34
  Az 2: 1H 25/35

Kümmel (Kalinowski, Kurt)
- Fiche: *0222*
  Az 1: 16J 585/33
  Az 2: 1H 35/34

Kuhnert (Rescher, Wilhelm) (A)
- Fiche: *0685*
  Az 1: 10J 239/39
  Az 2: 2H 2/41

Kuno (Beer, Fritz)
- Fiche: *0028*
  Az 1: 8J 20/35
  Az 2: 2H 14/35

Kuno (Heppenbauer, Karl)
- Fiche: *0094 f./0551*
  Az 1: 9J 600/36
  Az 2: 1H 21/37

Kuno (Wahls, Otto)
- Fiche: *0021/0461 f.*
  Az 1: 9aJ 44/34
  Az 2: 2H 1/35
- Fiche: *0311 f.*
  Az 1: 14a/8J 510/29
  Az 2: 1H 18/34

Kuno, Horst (Wahls, Otto)
- Fiche: *0021/0461 f.*
  Az 1: 9aJ 44/34
  Az 2: 2H 1/35

Kunze, Erwin (Runge, Erwin)
- Fiche: *0632 f.*
  Az 1: 6J 29/42g
  Az 2: 1H 139/43

Kunze, Franz (Klabunde, Fritz) (A)
- Fiche: *0183*
  Az 1: 11(10)J 631/43
  Az 2: 1H 28/44

Kunze, Peter (Brabec, Wenzel)
- Fiche: *0180/0446*
  Az 1: 6J 12/43g
  Az 2: 1H 147/43

Kupsa (Treitz von Bühlheim)
- Fiche: *0686 f.*
  Az 1: 8J 257/41
  Az 2: 2H 19/42

Kurt (Balke)
- Fiche: *0091*
  Az 1: 7a O Js 113.36

Kurt (Balke, Paul)
- Fiche: *0109 f.*
  Az 1: 17J 264/36
  Az 2: 2H 45/37

Kurt (Banse)
- Fiche: *0094 f./0551*
  Az 1: 9J 600/36
  Az 2: 1H 21/37

Kurt (Bottländer, Theodor)
- Fiche: *0094/0264 f.*
  Az 1: 17J 439/36
  Az 2: 2H 21/37

Kurt (Dietrich, Friedrich)
- Fiche: *0525*
  Az 1: 9J 539/38g
  Az 2: 2H 16/39

Kurt (Ehn, Stefan) (A)
- Fiche: *0682 f.*
  Az 1: 8J 393/38
  Az 2: 2H 92/38

Kurt (Faber)
- Fiche: *0322/0521 f.*
  Az 1: 6J 145/40
  Az 2: 2H 32/41

Kurt (Funke, Walter)
- Fiche: *0087 f.*
  Az 1: 14J 396/36
  Az 2: 1H 6/37

L.11 (Maeker)
- Fiche: *0030 f./0229 f.*
  Az 1: 13J 265/33
  Az 2: 2H 21/35

L 2 (Direlli, Bonzo)
- Fiche: *0411 f.*
  Az 1: 8J 375/40
  Az 2: 5H 17/44

L 3 (Dietrich, Franz) (A)
- Fiche: *0411 f.*
  Az 1: 8J 375/40
  Az 2: 5H 17/44

L. K. II (Rottmeier, Fritz)
- Fiche: *0030 f./0229 f.*
  Az 1: 13J 265/33
  Az 2: 2H 21/35

Laan, Bert van der (Granzow, Kurt Erich) (A)
- Fiche: *0581*
  Az 1: 10J 520/43
  Az 2: 1H 213/43

Längle (Fuchs, Erwin)
- Fiche: *0098*
  Az 1: 14J 305/37g
  Az 2: 1H 26/37

Längle (Fucks, Erwin)
- Fiche: *0098 f.*
  Az 1: 14J 305/37g
  Az 2: 1H 35/37

Lala (Caro, Walter)
- Fiche: *0274 f.*
  Az 1: 8J 226/38g
  Az 2: 1H 17/38

Lamberts, Alfred (Lechtenfeld, Heinrich) (A)
- Fiche: *0231 f./0561*
  Az 1: 8J 14/34
  Az 2: 2H 33/35

Lamm (Fabian, Otto) (A)
- Fiche: *0076 f.*
  Az 1: 8J 427/35g
  Az 2: 1H 59/60/61/36

Lamprecht (Kürschner, Erich)
- Fiche: *0283 f.*
  Az 1: 10J 5/39
  Az 2: 1H 23/39

Lamprecht (Kürschner, Erich) (A)
- Fiche: *0145/0638 f.*
  Az 1: 9J 138/39g
  Az 2: 2H 27/39

Lamprecht, Deffet (Wald, Eduard) (A)
- Fiche: *0095 f.*
  Az 1: 17J 271/36
  Az 2: 2H 23/37

Lamprecht, Karl (Wald, Eduard)
- Fiche: *0112*
  Az 1: 17J 391/36
  Az 2: 2H 56/37

Lamprecht, Karl (Wald, Eduard) (A)
- Fiche: *0095 f.*
  Az 1: 17J 271/36
  Az 2: 2H 23/37

Landmann (Thomas, Ferdinand) (A)
- Fiche: *0203*
  Az 1: 8J 170/44g
  Az 2: 1H 244/44

Lang (Fischer, Hermann)
- Fiche: *0051/0246 f.*
  Az 1: 8J 422/35g
  Az 2: 1H 6/36

Lang, Karl (Wittmann, Josef) (A)
- Fiche: *0292/0678*
  Az 1: 6J 45/41g
  Az 2: 2H 15/42

Lange, der (Faß, Friedrich)
- Fiche: *0375*
  Az 1: 7J 332/43
  Az 2: 5H 73/43
- Fiche: *0381*
  Az 1: 7J 294/43
  Az 2: 5H 132/43

Lange, der (Jahnen, Ewald)
- Fiche: *0115*
  Az 1: 14J 727/37g
  Az 2: 1H 5/38

Lange, der (Schachermayer, Johann)
- Fiche: *0326/0649 f.*
  Az 1: 7J 220/42
  Az 2: 2H 170/42

Lange, der (Sebek, Franz)
- Fiche: *0329/0338 f.*
  Az 1: 7J 110/42
  Az 2: 2H 203/42
- Fiche: *0339/0649*
  Az 1: 6J 78/42g
  Az 2: 2H 156/42

Lange, der (Wohlleben, Georg)
- Fiche: *0476 f.*
  Az 1: 8J 131/36g, 8J 49,117,131/36g
  Az 2: 2H 16,20,27/37

Lange, Greta (Eifler, Erna)
- Fiche: *0714*
  Az 1: StPL (RKA) III 528/42
  Az 2: StPL (HLS) II 10/43

Lange, Herbert (Heerklotz, Herbert) (A)
- Fiche: *0102/0267*
  Az 1: 17J 91/36
  Az 2: 2H 30/37

Lange, Willi (Fellendorf, Wilhelm)
- Fiche: *0714*
  Az 1: StPL (RKA) III 528/42
  Az 2: StPL (HLS) II 10/43

Langer (Schmid, Johann)
- Fiche: *0298 f.*
  Az 1: 7J 370/43, 7J 398/43
  Az 2: 5H 118/43, 5H 119/43

Langer (Schuster, Karl)
- Fiche: *0364*
  Az 1: 7J 61/43
- Fiche: *0364*
  Az 1: 7J 535/42, 7J 61/43
  Az 2: 5H 53/43, 5H 54/43

Langer (Sebek, Franz)
- Fiche: *0328*
  Az 1: 7J 208/42
  Az 2: 5H 145/42

Langer August (Hartmann, August)
- Fiche: *0168*
  Az 1: 6J 24/41
  Az 2: 2H 152/41

Langer Fritz (Teschner, Friedrich) (A)
- Fiche: *0442*
  Az 1: 10(9)J 818/43
  Az 2: 2H 21/44

Langer Hans (Grzegorek)
- Fiche: *0103 f.*
  Az 1: 17J 416/36
  Az 2: 2H 32/37

Langer Karl (Woinar, Karl)
- Fiche: *0361*
  Az 1: 7J 452/42
  Az 2: 5H 169/42

Langer Paul (Rüster, Paul)
- Fiche: *0105*
  Az 1: 17J 444/36
  Az 2: 2H 35/37

Lareis, Erich (Michaelis, Herbert) (A)
- Fiche: *0472 f./0603 f.*
  Az 1: 14J 629/37g, 6J 44/38g
  Az 2: 2H 84,85,87/38

Larsen, Niels (Granzow, Kurt Erich) (A)
- Fiche: *0581*
  Az 1: 10J 520/43
  Az 2: 1H 213/43

Lauken, Walter (Laukeningkat, Walter) (A)
- Fiche: *0590*
  Az 1: 5J 122/36g
  Az 2: 3L 7/37

Lederer (Lochay, Alfred)
- Fiche: *0328/0340 f.*
  Az 1: 7J 137/42
  Az 2: 2H 191/42

Lederer (Loritz)
- Fiche: *0735 f.*
  Az 1: 7J 32/44
  Az 2: 6H 92/44

Lederne, der (Nawracki, Josef)
- Fiche: *0303 f.*
  Az 1: 17J 43/37
  Az 2: 1H 7/38

Lederne, der (Nawrocki, Josef)
- Fiche: *0103 f.*
  Az 1: 17J 416/36
  Az 2: 2H 32/37

Lehmann (Barth, Karl)
- Fiche: *0109 f.*
  Az 1: 17J 264/36
  Az 2: 2H 45/37

Lehner, Erika (Lübeck, Käte) (A)
- Fiche: *0263 f./0487 f.*
  Az 1: 17J 171/35
  Az 2: 2H 17/37

Leipziger (Breithaupt, Friedrich)
- Fiche: *0153*
  Az 1: 9J 327/39g
  Az 2: 1H 53/39

Lemmert (Urbahns, Hugo)
- Fiche: *0722*
  Az 1: 17J 23/36
  Az 2: 2H 27/36

Lena (Fischer, Helene) (A)
- Fiche: *0703*
  Az 1: 16J 415/35

Lenders, Heinrich (Lechtenfeld, Heinrich) (A)
- Fiche: *0231 f./0561*
  Az 1: 8J 14/34
  Az 2: 2H 33/35

Lenders, Leutnant (Lechtenfeld, Heinrich) (A)
- Fiche: *0231 f./0561*
  Az 1: 8J 14/34
  Az 2: 2H 33/35

Leo (Blauensteiner)
- Fiche: *0408*
  Az 1: 7J 454/43, 7J 502/43
  Az 2: 5H 10/44, 5H 5/44
- Fiche: *0648 f.*
  Az 1: 7J 502/43
  Az 2: 5H 5/44

Lorenz (Neubauer, Theodor) (A)
- Fiche: *0209/0625*
  Az 1: 9J 234/44
  Az 2: 1H 372/44

Lorenz, Kurt (Giersiepen)
- Fiche: *0094 f./0551*
  Az 1: 9J 600/36
  Az 2: 1H 21/37

Lori (Sagmeister, Hermine) (A)
- Fiche: *0307*
  Az 1: 7J 548/39
  Az 2: 1H 36/40

Lose (Unger)
- Fiche: *0605*
  Az 1: 10J 117/42
  Az 2: 5H 115/42

Loth (Sievers, Max) (A)
- Fiche: *0518/0558*
  Az 1: 10J 815/43
  Az 2: 1H 289/43

Lothar (Bästlein, Bernhard)
- Fiche: *0190 f.*
  Az 1: 9J 232/44
  Az 2: 5H 126/44
- Fiche: *0198 f./0208*
  Az 1: 8J 169/44
  Az 2: 1H 210/44
- Fiche: *0200*
  Az 1: 8J 177/44g
  Az 2: 1H 219/44
- Fiche: *0205*
  Az 1: 8J 203/44
  Az 2: 1H 250/44
- Fiche: *0207*
  Az 1: 8J 188/44g
  Az 2: 1H 285/44
- Fiche: *0208*
  Az 1: 8J 229/44g
  Az 2: 1H 299/44
- Fiche: *0209*
  Az 1: 9J 250/44
  Az 2: 1H 364/44

Lothar (Bästlein, Bernhard) (A)
- Fiche: *0197/0466*
  Az 1: 8J 157/44
  Az 2: 1H 208/44

Lothar (Dirmhirn, Lothar)
- Fiche: *0358*
  Az 1: 7J 275/42
  Az 2: 5H 139/42
- Fiche: *0366*
  Az 1: 7J 171/42
  Az 2: 5H 147/42

Lotte (Bethge, Elisabeth)
- Fiche: *0102*
  Az 1: 17J 185/36
  Az 2: 1H 30/37

Lotte (Bischof (Frau))
- Fiche: *0684 f.*
  Az 1: 10J 548/43
  Az 2: 2H 158/43

Lotte (Bischoff)
- Fiche: *0556 f.*
  Az 1: 9J 51/44g
  Az 2: 1H 97/44

Lotte (Graßnickel, Gertrud) (A)
- Fiche: *0054*
  Az 1: 17J 83/35
  Az 2: 1H 12/36

Lotte (Jakubowski, Erika) (A)
- Fiche: *0090*
  Az 1: 17J 187/36
  Az 2: 2H 31/37

Lotte (Karg, Berta)
- Fiche: *0036 f.*
  Az 1: 14J 21/35
  Az 2: 1H 32/35
- Fiche: *0222*
  Az 1: 16J 585/33
  Az 2: 1H 35/34

Lotte (Karg, Berta) (A)
- Fiche: *0564 f.*
  Az 1: 9J 137/34
  Az 2: 1H 25/35

Lotte (Lichter, Leja) (A)
- Fiche: *0044 f.*
  Az 1: 17J 387/34
  Az 2: 2H 55/35

Lotte (Lübeck, Käthe) (A)
- Fiche: *0263 f./0487 f.*
  Az 1: 17J 171/35
  Az 2: 2H 17/37

Lotte (Lübeck, Käthe)
- Fiche: *0113/0469 f.*
  Az 1: 16J 37/35
  Az 2: 1H 19-20/37
- Fiche: *0640*
  Az 1: 16J 328/35
  Az 2: 1H 11/37

Lotte (Maus, Gerda)
- Fiche: *0671 f.*
  Az 1: 15J 385/34
  Az 2: 1H 11/36

Louis (Brunner, Alois)
- Fiche: *0292 f.*
  Az 1: 7J 501/42
- Fiche: *0519/0549 f.*
  Az 1: 6J 135/42g
  Az 2: 6H 79/43

Louis (Brunner, Alois) (A)
- Fiche: *0516 f./0548 f.*
  Az 1: 7J 421/42g
  Az 2: 6H 63/43

Louis (Schwab)
- Fiche: *0553 f.*
  Az 1: 10J 137/42
  Az 2: 2H 242/42

Louis (Schwab, Josef)
- Fiche: *0537 f.*
  Az 1: 9J 236/41g
  Az 2: 5H 75/42
- Fiche: *0628*
  Az 1: 9J 50/42g
  Az 2: 2H 60/42
- Fiche: *0628 f.*
  Az 1: 10J 2/43g
  Az 2: 1H 89/43
- Fiche: *0633*
  Az 1: 9J 357/41g
  Az 2: 2H 7/42

Ludwig (Brainer, Gerhard) (A)
- Fiche: *0277 f.*
  Az 1: 14J 651/37g
  Az 2: 2H 55/38

Ludwig (Fabian, Otto) (A)
- Fiche: *0076 f.*
  Az 1: 8J 427/35g
  Az 2: 1H 59/60/61/36

Ludwig (Fischer, Karl) (A)
- Fiche: *0016 f.*
  Az 1: 14a/8J 1547/31
  Az 2: 1H 27/34

Ludwig (Haas, Johann)
- Fiche: *0292 f.*
  Az 1: 7J 501/42
- Fiche: *0516 f./0548 f.*
  Az 1: 7J 421/42g
  Az 2: 6H 63/43
- Fiche: *0519/0549 f.*
  Az 1: 6J 135/42g
  Az 2: 6H 79/43

Ludwig (Haas, Otto)
- Fiche: *0380/0529*
  Az 1: 7J 209/43
  Az 2: 6H 139/43

Ludwig (Knoop, Wilhelm)
- Fiche: *0190 f.*
  Az 1: 9J 232/44
  Az 2: 5H 126/44

Ludwig (Mickin, Walter) (A)
- Fiche: *0048 f.*
  Az 1: 17J 88/35
  Az 2: 1H 73/35

Ludwig (Seng, Willi)
- Fiche: *0192*
  Az 1: 9J 101/44
  Az 2: 2H 132/44

Ludwig (Tuttas, Karl)
- Fiche: *0082/0260 f.*
  Az 1: 9J 907/35
  Az 2: 1H 67/36

Ludwig (Uhlmann, Walter)
- Fiche: *0448*
  Az 1: 17J 225/37
  Az 2: 2H 48/37

Ludwig, Alfred (Ladwig, Arthur) (A)
- Fiche: *0183*
  Az 1: 11(10)J 631/43
  Az 2: 1H 28/44

Ludwig, Dr. (Nathan)
- Fiche: *0170*
  Az 1: 7J 169/41
  Az 2: 2H 18/42

Lui (Vehlow, Franz)
- Fiche: *0677*
  Az 1: 9J 330/40
  Az 2: 2H 48/41

Lukker, Piet Marinus (Eisenschneider, Paul) (A)
- Fiche: *0095/0541*
  Az 1: 9J 571/36
  Az 2: 2H 22/37

Lux (Fritzsche)
- Fiche: *0548*
  Az 1: 16J 42/35
  Az 2: 2H 9/36

Lux (Horst, Otto) (A)
- Fiche: *0527/0581*
  Az 1: 8J 97/41g
  Az 2: 6H 171/43

M (Albrecht, Walter)
- Fiche: *0386 f./0572 f.*
  Az 1: 11J 423/33
  Az 2: 3L 15/35

M. (Melcher, Erich) (A)
- Fiche: *0611 f.*
  Az 1: 12J 145/33
  Az 2: XII H 13/34

M-Sch (Marquardt, Heinz) (A)
- Fiche: *0035*
  Az 1: 17J 87/35
  Az 2: 1H 29/35

Maaß, Frieda (Hübsch, Lucie) (A)
- Fiche: *0463*
  Az 1: 15J 217/35
  Az 2: 1H 68/35

Männe (Gomolla, Emanuel)
- Fiche: *0154 f.*
  Az 1: 6J 76/39g
  Az 2: 2H 54/39

Männe (Gomolla, Emanuel) (A)
- Fiche: *0155 f.*
  Az 1: 6J 12/39g
  Az 2: 2H 61/39

Magne, Raymond (Tschäpe, Herbert) (A)
- Fiche: *0207/0689*
  Az 1: 8J 200/44g
  Az 2: 1H 286/44

Mahler, Ernst Gustav (Kox, Wilhelm) (A)
- Fiche: *0140 f.*
  Az 1: 8J 357/38g
  Az 2: 2H 13/39

Martin (Sachse, Willi)
- Fiche: *0449*
  Az 1: 7(6)J 116/43
  Az 2: 2H 8/44

Martin (Schiefer)
- Fiche: *0071 f.*
  Az 1: 14J 288/36
  Az 2: 1H 48/36

Martin (Schirdewan, Karl)
- Fiche: *0171/0567 f.*
  Az 1: 10J 145/41
  Az 2: 2H 33/42

Martin (Sievers, Max)
- Fiche: *0050 f.*
  Az 1: 8J 164/35
  Az 2: 1H 5/36

Martin (Weichhardt, Martin) (A)
- Fiche: *0040 f./0235 f.*
  Az 1: 16J 324/34
  Az 2: 2H 45/35

Martin, Erich (Melcher, Erich) (A)
- Fiche: *0611 f.*
  Az 1: 12J 145/33
  Az 2: XII H 13/34

Maßmann (Rädel, Siegfried)
- Fiche: *0140 f.*
  Az 1: 8J 357/38g
  Az 2: 2H 13/39

Mathies, Klara (Karg, Berta) (A)
- Fiche: *0564 f.*
  Az 1: 9J 137/34
  Az 2: 1H 25/35

Mattensen, Jürgen (Hallmeyer, Rudolf) (A)
- Fiche: *0676*
  Az 1: 10J 17/41g
  Az 2: 1H 194/43

Matthies, Gertrud (Hardenberg, Irmgard) (A)
- Fiche: *0020*
  Az 1: 17J 170/34
  Az 2: 1H 42/34

Matz (Braun)
- Fiche: *0127/0623*
  Az 1: 8J 419/37g
  Az 2: 2H 33/38

Matz (Braun, Max)
- Fiche: *0489 ff.*
  Az 1: 8J 402/38
  Az 2: 2H 41/39

Maur, Dr. (Adam, Herbert)
- Fiche: *0025 ff./0253*
  Az 1: 8J 427/34, 8J 6/35
  Az 2: 1H 9/35

Maurer (Ascher, Emmerich)
- Fiche: *0328/0335*
  Az 1: 7J 606/41
  Az 2: 2H 54/42

Maurer (Valach, Alois)
- Fiche: *0329/0339*
  Az 1: 7J 283/42, 7J 288/42
  Az 2: 5H 146/42

Maurer, Karl (Kärcher, Paul) (A)
- Fiche: *0729*
  Az 1: 17J 95/34
  Az 2: 1H 34/36

Mauxl (Kren, Johann)
- Fiche: *0408*
  Az 1: 7J 454/43, 7J 502/43
  Az 2: 5H 10/44, 5H 5/44

Mauxl (Kren, Johann) (A)
- Fiche: *0648 f.*
  Az 1: 7J 502/43
  Az 2: 5H 5/44

Mauzel (Kren, Johann)
- Fiche: *0420/0574 f.*
  Az 1: 7J 500/43, 7J 501/43
  Az 2: 5H 3/44, 5H 4/44

Max (Arnold)
- Fiche: *0001/0214*
  Az 1: 14J 305/33
  Az 2: 2H 1/34

Max (Beham, Christian) (A)
- Fiche: *0694 f.*
  Az 1: 5J 466/38
  Az 2: 1H 38/39

Max (Berger, Otto)
- Fiche: *0495 f.*
  Az 1: 16J 708/35
  Az 2: 1H 75/35

Max (Claassen, Kurt)
- Fiche: *0014/0218 f.*
  Az 1: 17J 689/33
  Az 2: 1H 21/34

Max (Dassau, Robert) (A)
- Fiche: *0537 f.*
  Az 1: 9J 236/41g
  Az 2: 5H 75/42

Max (Franz, Karl)
- Fiche: *0056*
  Az 1: 17J 441/35
  Az 2: 1H 14/36

Max (Gall, Willi)
- Fiche: *0676*
  Az 1: 10J 17/41g
  Az 2: 1H 194/43
- Fiche: *0677*
  Az 1: 10J 320/41
  Az 2: 2H 36/42

Max (Gall, Willi) (A)
- Fiche: *0563 f.*
  Az 1: 10J 68/40
  Az 2: 2H 109/40

Max (Grünefeld, Paul) (A)
- Fiche: *0076*
  Az 1: 17J 27/36
  Az 2: 2H 59/36

Max (Haußer, Alfred)
- Fiche: *0039*
  Az 1: 16J 454/35
  Az 2: 2H 40/35
- Fiche: *0589*
  Az 1: 16J 293/35
  Az 2: 2H 58/35
- Fiche: *0703*
  Az 1: 16J 415/35

Max (Haußer, Alfred) (A)
- Fiche: *0060 f./0588 f.*
  Az 1: 16J 293/35, 8J 438/35g
  Az 2: 1H 24/36

Max (Heise, Paul)
- Fiche: *0685*
  Az 1: 10J 239/39
  Az 2: 2H 2/41

Max (Heise, Paul) (A)
- Fiche: *0152*
  Az 1: 11J 341/39
  Az 2: 2H 46/39

Max (Hinze, Paul)
- Fiche: *0192*
  Az 1: 9J 157/44
  Az 2: 5H 130/44

Max (Höffken, Hans) (A)
- Fiche: *0045*
  Az 1: 9J 411/35
  Az 2: 1H 56/35

Max (Horn, Otto Franz Max) (A)
- Fiche: *0421*
  Az 1: 7J 72/44
  Az 2: 5H 64/44

Max (Jacob, Walter)
- Fiche: *0636*
  Az 1: 5J 171/40
  Az 2: 2H 91/40

Max (Jamin, Erich)
- Fiche: *0104/0267*
  Az 1: 17J 6/37
  Az 2: 2H 33/37

Max (Knigger, Wilhelm)
- Fiche: *0168*
  Az 1: 6J 24/41
  Az 2: 2H 152/41

Max (Lüdke)
- Fiche: *0049/0450*
  Az 1: 9J 151/35
  Az 2: 1H 3/36

Max (Maliske, Karl)
- Fiche: *0098*
  Az 1: 16J 536/36
  Az 2: 2H 25/37

Max (Mannbar, Artur) (A)
- Fiche: *0478*
  Az 1: 10J 290/40g
  Az 2: 5H 62/42

Max (Oehring, Otto) (A)
- Fiche: *0111 f./0270 f.*
  Az 1: 17J 152/37
  Az 2: 2H 51/37

Max (Pasewald, Erich) (A)
- Fiche: *0069 f.*
  Az 1: 17J 315/35
  Az 2: 2H 42/36

Max (Perl, Alfred)
- Fiche: *0544 f.*
  Az 1: 10J 138/38
  Az 2: 2H 37/38
- Fiche: *0573 f.*
  Az 1: 10J 140/38
  Az 2: 2H 44/38

Max (Perl, Alfred) (A)
- Fiche: *0067 f./0514*
  Az 1: 17J 25/36
  Az 2: 1H 39/36

Max (Peschek)
- Fiche: *0328 f./0342*
  Az 1: 7J 219/42
  Az 2: 2H 167/42

Max (Pietzuch, Emil)
- Fiche: *0458*
  Az 1: 9J 355/39g
  Az 2: 2H 9/40

Max (Popper)
- Fiche: *0448*
  Az 1: 17J 225/37
  Az 2: 2H 48/37

Max (Popper, Fritz)
- Fiche: *0111 f./0270 f.*
  Az 1: 17J 152/37
  Az 2: 2H 51/37

Max (Schubert, Anton)
- Fiche: *0356/0367*
  Az 1: 7J 544/41
  Az 2: 5H 187/42

Max (Schubert, Hermann)
- Fiche: *0140 f.*
  Az 1: 8J 357/38g
  Az 2: 2H 13/39

Max (Schuldt, Hermann) (A)
- Fiche: *0635 f.*
  Az 1: 10J 123/41
  Az 2: 2H 115/41

Max (Trutzkel)
- Fiche: *0032 f.*
  Az 1: 13J 11/34
  Az 2: 1H 26/35

Max (Walter, Jacob)
- Fiche: *0140/0683*
  Az 1: 16J 703/35, 6J 17/39g
  Az 2: 2H 12/39

Max (Wiora, Josef)
- Fiche: *0523 f.*
  Az 1: 9J 351/38g
  Az 2: 2H 93/38

Müller, Alfred (Schumann, Georg) (A)
- Fiche: *0001*
  Az 1: 17J 303/33
  Az 2: 1H 2/34

Müller, Alphonse (Greif, Walter)
- Fiche: *0426*
  Az 1: 7J 139/44, 7J 130/44
  Az 2: 5H 89/44, 5H 82/44

Müller, Franz (Jacob, Franz)
- Fiche: *0199*
  Az 1: 8J 175/44g
  Az 2: 1H 212/44

Müller, Fritz (Major, Fritz) (A)
- Fiche: *0074*
  Az 1: 8J 135/36
  Az 2: 1H 55/36

Müller, Gertrud (Fischer, Helene) (A)
- Fiche: *0703*
  Az 1: 16J 415/35

Müller, Hans (Wohlgemuth, Willy) (A)
- Fiche: *0386 f./0572 f.*
  Az 1: 11J 423/33
  Az 2: 3L 15/35

Müller, Hans Kurt (Kox, Wilhelm) (A)
- Fiche: *0140 f.*
  Az 1: 8J 357/38g
  Az 2: 2H 13/39

Müller, Harald (Behrisch, Arno)
- Fiche: *0261*
  Az 1: 14J 570/37g

Müller, Karl (Rehm, Innozenz) (A)
- Fiche: *0037 f.*
  Az 1: 13J 285/33
  Az 2: 2H 37/35

Müller, Karl (Zillich, Karl)
- Fiche: *0140 f.*
  Az 1: 8J 357/38g
  Az 2: 2H 13/39

Müller, Lutz (Tuttas, Karl) (A)
- Fiche: *0590 f.*
  Az 1: 8J 420/35g
  Az 2: 1H 32/36

Müller, Walter (Weber, Alfred) (A)
- Fiche: *0046/0239*
  Az 1: 16J 438/35
  Az 2: 1H 62/35

Müller, Willi (Frank, Karl)
- Fiche: *0380*
  Az 1: 7J 366/43
  Az 2: 5H 121/43
- Fiche: *0622 f.*
  Az 1: 10J 453/38
  Az 2: 1H 25/39
- Fiche: *0672 f.*
  Az 1: 10J 90/41
  Az 2: 2H 111/41

Mundl (Dobesberger, Edmund)
- Fiche: *0342/0343*
  Az 1: 7J 221/42
  Az 2: 2H 172/42
- Fiche: *0400*
  Az 1: 7J 186/42
  Az 2: 5H 117/42
- Fiche: *0420/0574 f.*
  Az 1: 7J 500/43, 7J 501/43
  Az 2: 5H 3/44, 5H 4/44
- Fiche: *0648 f.*
  Az 1: 7J 502/43
  Az 2: 5H 5/44

Munk, Christian (Weisenborn, Günter) (A)
- Fiche: *0714*
  Az 1: StPL (RKA) III 530/42
  Az 2: StPL (HLS) II 12/43

Munki (Dassau)
- Fiche: *0115*
  Az 1: 14J 727/37g
  Az 2: 1H 5/38

Munki (Dassau, Robert) (A)
- Fiche: *0537 f.*
  Az 1: 9J 236/41g
  Az 2: 5H 75/42

Munsteiner, Ernst (Grühn, Udo) (A)
- Fiche: *0113/0469 f.*
  Az 1: 16J 37/35
  Az 2: 1H 19-20/37

Munz (Müller, Paul)
- Fiche: *0278 f.*
  Az 1: 8J 252/38
  Az 2: 2H 68/38

Muschi (Eifler, Erna)
- Fiche: *0244 f./0274*
  Az 1: 8J 431/35g
  Az 2: 1H 8/37

Nadja (Musatowa, Nadirsta)
- Fiche: *0698*
  Az 1: StPL (RKA) III 209/43
  Az 2: StPL 2. Sen. 84/43

Nagler, Maria (Lichter, Leja) (A)
- Fiche: *0044 f.*
  Az 1: 17J 387/34
  Az 2: 2H 55/35

Nansink, Jakobus (Westenberger, Benno) (A)
- Fiche: *0628*
  Az 1: 9J 171/41g
  Az 2: 2H 103/42

Naumann (Tischer, Alfons) (A)
- Fiche: *0040 f./0235 f.*
  Az 1: 16J 324/34
  Az 2: 2H 45/35

Naumann, Georg (Peterson, Bruno) (A)
- Fiche: *0019 f./0311*
  Az 1: 17J 64/34
  Az 2: 1H 41/34

Nazl (Pohl, Johann)
- Fiche: *0297*
  Az 1: 7J 247/43
  Az 2: 5H 79/43

Neckarländer Instrukteur (Duchrow, Alfred)
- Fiche: *0476 f.*
  Az 1: 8J 131/36g, 8J 49,117,131/36g
  Az 2: 2H 16,20,27/37

Neger (Januska, Josef) (A)
- Fiche: *0373*
  Az 1: 7J 304/43, 7J 326/43
  Az 2: 5H 91/43, 5H 88/43

Nelli (Sendhoff, Magdalene) (A)
- Fiche: *0033 f.*
  Az 1: 17J 119/35
  Az 2: 2H 26/35

Nettel, Theodor (Popall, Reinhold) (A)
- Fiche: *0053 f.*
  Az 1: 17J 310/35
  Az 2: 2H 10/36

Neuberg, Siegfried (Konrath, Heinrich) (A)
- Fiche: *0172/0579*
  Az 1: 6J 246/41
  Az 2: 2H 82/42

Neuenfeld, Robert (Kratzsch, Herbert) (A)
- Fiche: *0094/0262*
  Az 1: 8J 223/36
  Az 2: 2H 15/37

Neuenfeldt, Robert (Kratzsch, Herbert)
- Fiche: *0469/0504*
  Az 1: 15J 81/35
  Az 2: 2H 50/35

Neumann, Friedl (Jacobs, Annemarie) (A)
- Fiche: *0572*
  Az 1: 9J 547/33
  Az 2: 2H 8/34

Neumann, Oswald (Dewitz, Oskar von) (A)
- Fiche: *0062 f.*
  Az 1: 8J 17/36
  Az 2: 1H 29/36

Neumann, Paul (Westenberger, Benno) (A)
- Fiche: *0628*
  Az 1: 9J 171/41g
  Az 2: 2H 103/42

Neumann, Werner (Altenkirch, Ernst) (A)
- Fiche: *0036/0231*
  Az 1: 17J 81/35
  Az 2: 2H 31/35

Neumüller (Schiefer, Jakob) (A)
- Fiche: *0598 ff.*
  Az 1: 9J 479/35
  Az 2: 2H 14/36

Nickel (Seiler, Anton)
- Fiche: *0082/0260 f.*
  Az 1: 9J 907/35
  Az 2: 1H 67/36

Niekiel (Eggert, Johannes) (A)
- Fiche: *0065*
  Az 1: 16J 349/35
  Az 2: 2H 32/36

Niemann, Hedwig (Wiesenfeld, Fanny)
- Fiche: *0564 f.*
  Az 1: 9J 137/34
  Az 2: 1H 25/35

Niemöller (Schiefer, Jakob) (A)
- Fiche: *0598 ff.*
  Az 1: 9J 479/35
  Az 2: 2H 14/36

Nikla (Seiler, Nikolaus)
- Fiche: *0165 f.*
  Az 1: 9J 297/40
  Az 2: 2H 70/41

Noack, Reinhold (Ferlemann, Karl) (A)
- Fiche: *0034*
  Az 1: 9J 613/33
  Az 2: 1H 27/35

Nolte (Nebe, Artur)
- Fiche: *0708*
  Az 1: 0J 14/45g Rs
  Az 2: 2L 76/45

Norbert (Graber, Johann) (A)
- Fiche: *0527/0581*
  Az 1: 8J 97/41g
  Az 2: 6H 171/43

Norbert (Jirak, Frank)
- Fiche: *0297*
  Az 1: 7J 247/43
  Az 2: 5H 79/43

Otto (Endorf, Otto)
- Fiche: *0291/0719*
Az 1: 9J 237/40
Az 2: 2H 17/42

Otto (Gaubmann, Friedrich)
- Fiche: *0326*
Az 1: 7J 112/42
Az 2: 2H 164/42

Otto (Großmann, Oskar)
- Fiche: *0702 f.*
Az 1: 17J 97/37
Az 2: 2H 19/37

Otto (Haupt, Otto) (A)
- Fiche: *0012 f./0546*
Az 1: 13J 258/33
Az 2: 1H 16/34

Otto (Israel, Hans)
- Fiche: *0442*
Az 1: 8J 23/38g Rs
Az 2: 1H 20/38

Otto (Janckow)
- Fiche: *0241 f.*
Az 1: 8J 88/36g
Az 2: 1H 70/35

Otto (Kauf, Alfred) (A)
- Fiche: *0090*
Az 1: 17J 187/36
Az 2: 2H 31/37

Otto (Kostarek, Otto)
- Fiche: *0327*
Az 1: 7J 181/42
Az 2: 2H 158/42

Otto (Mikeschka)
- Fiche: *0294*
Az 1: 7J 317/42
Az 2: 2H 174/42

Otto (Mikeschka, Otto)
- Fiche: *0329/0358*
Az 1: 7J 354/42
Az 2: 5H 142/42

Otto (Petruschewitsch, Anton) (A)
- Fiche: *0094/0264 f.*
Az 1: 17J 439/36
Az 2: 2H 21/37

Otto (Polet, Otto)
- Fiche: *0632*
Az 1: 6J 3/40
Az 2: 2H 95/40

Otto (Scharfenberger, Friedrich) (A)
- Fiche: *0058 f.*
Az 1: 17J 129/35
Az 2: 1H 21,22/36

Otto (Schmidt, Richard)
- Fiche: *0703*
Az 1: 16J 415/35

Otto (Schröder, Peter)
- Fiche: *0640*
Az 1: 16J 328/35
Az 2: 1H 11/37

Otto (Schulz, Fritz)
- Fiche: *0090*
Az 1: 17J 187/36
Az 2: 2H 31/37

Otto (Schulze, Paul) (A)
- Fiche: *0184*
Az 1: 11(10)J 725/43
Az 2: 2H 31/44

Otto (Seng, Willi)
- Fiche: *0442*
Az 1: 9J 88/44

Otto (Siering, Kurt)
- Fiche: *0728*
Az 1: 17J 461/34
Az 2: 0Js 18/36

Otto (Steiger, Otto)
- Fiche: *0342*
Az 1: 7J 222/42
Az 2: 2H 176/42

Otto (Steiger, Otto) (A)
- Fiche: *0329/0338 f.*
Az 1: 7J 110/42
Az 2: 2H 203/42

Otto (Straßer, Otto)
- Fiche: *0137/0711 f.*
Az 1: 8J 367/38
Az 2: 2H 4/39

Otto (Taubenheim, Gerhard)
- Fiche: *0067 f./0514*
Az 1: 17J 25/36
Az 2: 1H 39/36

Otto (Thiele, Wilhelm) (A)
- Fiche: *0094/0264 f.*
Az 1: 17J 439/36
Az 2: 2H 21/37

Otto (Vicker)
- Fiche: *0032 f.*
Az 1: 13J 11/34
Az 2: 1H 26/35

Otto (Vostarek, Otto)
- Fiche: *0329/0339*
Az 1: 7J 283/42, 7J 288/42
Az 2: 5H 146/42

Otto (Wachtel, Max) (A)
- Fiche: *0105*
Az 1: 17J 444/36
Az 2: 2H 35/37

Otto (Wegener, Karl)
- Fiche: *0573 f.*
Az 1: 10J 140/38
Az 2: 2H 44/38

Otto (Werner, Heinrich) (A)
- Fiche: *0200*
Az 1: 8J 172/44g
Az 2: 1H 216/44

Otto, Karl (Reichel, Heinrich) (A)
- Fiche: *0636*
Az 1: 10J 5/43g
Az 2: 2H 37/43

P (Arnim, Oskar von) (A)
- Fiche: *0137/0711 f.*
Az 1: 8J 367/38
Az 2: 2H 4/39

Papiermann (Reichner, Karl)
- Fiche: *0410/0520*
Az 1: 6(7)J 514/43
Az 2: 5H 15/44

Parkes, William N. (Kaasch, Wienand) (A)
- Fiche: *0053 f.*
Az 1: 17J 310/35
Az 2: 2H 10/36

Parsi (Arnim, Oskar von) (A)
- Fiche: *0137/0711 f.*
Az 1: 8J 367/38
Az 2: 2H 4/39

Parsival (Arnim, Oskar von) (A)
- Fiche: *0137/0711 f.*
Az 1: 8J 367/38
Az 2: 2H 4/39

Parteimann (Fränken, Fritz)
- Fiche: *0671 f.*
Az 1: 15J 385/34
Az 2: 1H 11/36

Pau-C (Strelka)
- Fiche: *0180/0446*
Az 1: 6J 12/43g
Az 2: 1H 147/43

Paukermann (Göbert)
- Fiche: *0356/0400*
Az 1: 7J 395/42, 7J 457/42
Az 2: 5H 158/42, 5H 193/42

Paul (Boulanger, Jakob)
- Fiche: *0033 f.*
Az 1: 17J 119/35
Az 2: 2H 26/35

Paul (Fischer, Erwin)
- Fiche: *0556 f.*
Az 1: 9J 51/44g
Az 2: 1H 97/44

Paul (Frank, Adolf)
- Fiche: *0544*
Az 1: 10J 170/42
Az 2: 2H 22/43

Paul (Fritzsche, Fritz)
- Fiche: *0046/0239*
Az 1: 16J 438/35
Az 2: 1H 62/35

Paul (Fritzsche, Fritz) (A)
- Fiche: *0042*
Az 1: 16J 354/35
Az 2: 1H 50/35

Paul (Gertel, Gerhard)
- Fiche: *0046/0239*
Az 1: 16J 438/35
Az 2: 1H 62/35

Paul (Grobis, Paul)
- Fiche: *0021 f.*
Az 1: 17J 397/33
Az 2: 1H 3/35

Paul (Gruber, Kurt)
- Fiche: *0020*
Az 1: 17J 170/34
Az 2: 1H 42/34
- Fiche: *0263 f./0487 f.*
Az 1: 17J 171/35
Az 2: 2H 17/37
- Fiche: *0523 f.*
Az 1: 9J 351/38g
Az 2: 2H 93/38

Paul (Hämmerling)
- Fiche: *0197/0466*
Az 1: 8J 157/44
Az 2: 1H 208/44
- Fiche: *0200/0569*
Az 1: 8J 178/44
Az 2: 1H 218/44
- Fiche: *0208/0672*
Az 1: 8J 199/44
Az 2: 1H 298/44

Paul (Hämmerling, Bruno)
- Fiche: *0201/0434*
Az 1: 8J 181/44g
Az 2: 1H 227/44
- Fiche: *0505/0740*
Az 1: 8J 180/44g
Az 2: 1H 231/44

Paul (Hämmerling, Bruno) (A)
- Fiche: *0198 f./0208*
Az 1: 8J 169/44
Az 2: 1H 210/44

Paul (Kaun, Gehard) (A)
- Fiche: *0208/0672*
Az 1: 8J 199/44
Az 2: 1H 298/44

Paul (Knöchel, Wilhelm)
- Fiche: *0541 f.*
Az 1: 10J 573/43
Az 2: 2H 160/43

Paul (Knöchel, Wilhelm) (A)
- Fiche: *0556 f.*
Az 1: 9J 51/44g
Az 2: 1H 97/44

Paul (Kostka, Georg) (A)
- Fiche: *0703*
Az 1: 9J 327/39g, 9J 390/39 g

Paul (Krüger, Willi)
- Fiche: *0101*
Az 1: 17J 316/37
Az 2: 1H 29/37

Paul (Lenz, Willi)
- Fiche: *0530 f.*
Az 1: 10J 62/42
Az 2: 1H 219/42

Paul (Lörcher, Ernst)
- Fiche: *0082/0260 f.*
Az 1: 9J 907/35
Az 2: 1H 67/36

Peter (Kiesel, Gustav)
- Fiche: *0345*
  Az 1: 7J 467/42
  Az 2: 1H 273/42
- Fiche: *0349 f.*
  Az 1: 7J 95/42
  Az 2: 5H 96/42
- Fiche: *0359*
  Az 1: 7J 252/42
  Az 2: 5H 143/43

Peter (Mickinn, Hans) (A)
- Fiche: *0048 f.*
  Az 1: 17J 88/35
  Az 2: 1H 73/35

Peter (Mielenz, Willi)
- Fiche: *0010 f.*
  Az 1: 17J 232/33
  Az 2: 2H 14/34

Peter (Platzer)
- Fiche: *0408*
  Az 1: 7J 454/43, 7J 502/43
  Az 2: 5H 10/44, 5H 5/44

Peter (Platzer, Ferdinand) (A)
- Fiche: *0342*
  Az 1: 7J 222/42
  Az 2: 2H 176/42

Peter (Reska, Alfred) (A)
- Fiche: *0380/0529*
  Az 1: 7J 209/43
  Az 2: 6H 139/43

Peter (Szakal, Peter)
- Fiche: *0373*
  Az 1: 7J 304/43, 7J 326/43
  Az 2: 5H 91/43, 5H 88/43

Peter (Urschat, Gustav)
- Fiche: *0103 f.*
  Az 1: 17J 416/36
  Az 2: 2H 32/37

Peter (Vesper, Werner)
- Fiche: *0140 f.*
  Az 1: 8J 357/38g
  Az 2: 2H 13/39

Peter (Werpel, Helmut) (A)
- Fiche: *0582 f.*
  Az 1: 10J 288/38
  Az 2: 1H 37/38

Peter, Joseph (Dünow, Hermann) (A)
- Fiche: *0037/0221*
  Az 1: 17J 94/34
  Az 2: 1H 33/35

Petersen (Selinger, Manfred)
- Fiche: *0244 f./0274*
  Az 1: 8J 431/35g
  Az 2: 1H 8/37

Peterson (Granzow, Kurt Erich) (A)
- Fiche: *0581*
  Az 1: 10J 520/43
  Az 2: 1H 213/43

Pettkoff, Janko (Popoff, Blagoi) (A)
- Fiche: *0615 ff.*
  Az 1: 15J 86/33
  Az 2: XII H 42/33

Peuchel (Nosbüsch, Hermann)
- Fiche: *0510 f./0689 f.*
  Az 1: 8J 54/37
  Az 2: 2H 41/37

Pfälzer, Karl (Minster, Karl) (A)
- Fiche: *0559 f./0567*
  Az 1: 8J 165/42
  Az 2: 2H 137/42

Pfannkuchen (Bode, Wilhelm) (A)
- Fiche: *0291/0719*
  Az 1: 9J 237/40
  Az 2: 2H 17/42

Pfau (Kopp, Leopold)
- Fiche: *0311*
  Az 1: 7J 70/40
  Az 2: 2H 132/40

Pfeiffer (Otto, Werner)
- Fiche: *0074*
  Az 1: 8J 135/36
  Az 2: 1H 55/36

Pfeiffer (Werner, Otto)
- Fiche: *0025 ff./0253*
  Az 1: 8J 427/34, 8J 6/35
  Az 2: 1H 9/35

Pfeiffer, Werner (Otto, Werner) (A)
- Fiche: *0064*
  Az 1: 8J 360/34
  Az 2: 1H 31/36

Pick (Gajda, Anton)
- Fiche: *0296*
  Az 1: 7J 638/42
  Az 2: 5H 26/43
- Fiche: *0375*
  Az 1: 7J 332/43
  Az 2: 5H 73/43

Piele (Jansen)
- Fiche: *0247 f./0445*
  Az 1: 8J 72/36
  Az 2: 2H 7/37

Piere (Stoye, Max)
- Fiche: *0685*
  Az 1: 9J 60/43
  Az 2: 2H 42/43

Pierre (Lamber, Ernst)
- Fiche: *0446*
  Az 1: 9J 9/43g
  Az 2: 1H 37/43

Piet (Breuer, Hans) (A)
- Fiche: *0082/0260 f.*
  Az 1: 9J 907/35
  Az 2: 1H 67/36

Piet (Lamber, Ernst)
- Fiche: *0446*
  Az 1: 9J 9/43g
  Az 2: 1H 37/43

Piet (Sauter, Peter)
- Fiche: *0535 f.*
  Az 1: 10J 267/41
  Az 2: 2H 157/41

Pilger (Friemelt)
- Fiche: *0127/0623*
  Az 1: 8J 419/37g
  Az 2: 2H 33/38

Pimper (Friede, Erhard) (A)
- Fiche: *0691 f.*
  Az 1: 8J 274/38, 8J 321/38
  Az 2: 1H 27/38, 1H 28/38

Pista (Habsburg, Otto von)
- Fiche: *0582*
  Az 1: 8J 317/41
  Az 2: 5H 135/43

Pitt (Gruber, Michael)
- Fiche: *0345*
  Az 1: 7J 405/42
  Az 2: 2H 266/42

Pitt (Rosenbaum)
- Fiche: *0111 f./0270 f.*
  Az 1: 17J 152/37
  Az 2: 2H 51/37
- Fiche: *0448*
  Az 1: 17J 225/37
  Az 2: 2H 48/37

Pitt (Steiner, Rupert)
- Fiche: *0352*
  Az 1: 7J 529/42
  Az 2: 6H 25/42

Planner, Ed. (Stengl, Adolf) (A)
- Fiche: *0703 f.*
  Az 1: 11J 390/39

Pößneck, Jochen (Hene)
- Fiche: *0499 f.*
  Az 1: 8J 145/38
  Az 2: 2H 52/38

Pohl (Krautter, Kurt) (A)
- Fiche: *0165*
  Az 1: 9J 307/40g
  Az 2: 2H 7/41

Poidl (Wölfl, Leopold)
- Fiche: *0296*
  Az 1: 7J 638/42
  Az 2: 5H 26/43

Poillet, Marcel (Kaiser, Ewald) (A)
- Fiche: *0029*
  Az 1: 17J 98/34
  Az 2: 1H 17/35

Polderl (Steurer, Leopold)
- Fiche: *0576*
  Az 1: 7J 302/43
  Az 2: 5H 104/43

Poldi (Kovarik, Leopoldine)
- Fiche: *0381*
  Az 1: 7J 444/43
  Az 2: 5H 136/43
- Fiche: *0416*
  Az 1: 6(7)J 518/43
  Az 2: 5H 31/44

Poldi (Müller, Gertrude)
- Fiche: *0384*
  Az 1: 7J 296/43
  Az 2: 5H 100/43

Poldl (Hadacek, Leopold) (A)
- Fiche: *0372/0520*
  Az 1: 7J 308/43
  Az 2: 5H 92/43

Poldl (Horawetz, Leopold)
- Fiche: *0453/0739*
  Az 1: 7J 347/43, 7J 421/43, 7J 422/43
  Az 2: 5H 122/43, 5H 129/43, 5H 125/43

Poldl (Krug, Leopold) (A)
- Fiche: *0696 f.*
  Az 1: StPL (RKA) III 657/41
  Az 2: StPL (HLS) III 16/42

Poldl (Künzl, Ferdinand)
- Fiche: *0343 f./0400 f.*
  Az 1: 7J 274/42
  Az 2: 1H 214/42

Poldl (Morawetz, Leopold)
- Fiche: *0296*
  Az 1: 7J 638/42
  Az 2: 5H 26/43
- Fiche: *0297*
  Az 1: 7J 247/43
  Az 2: 5H 79/43
- Fiche: *0326*
  Az 1: 7J 112/42
  Az 2: 2H 164/42
- Fiche: *0339/0649*
  Az 1: 6J 78/42g
  Az 2: 2H 156/42
- Fiche: *0699*
  Az 1: StPL (RKA) III 546/42
  Az 2: StPL (HLS) I 31/43

Poldl (Morawetz, Leopold) (A)
- Fiche: *0361*
  Az 1: 7J 443/42
  Az 2: 5H 173/42

Poldl (Tschabitscher, Leopold)
- Fiche: *0374/0576*
  Az 1: 7J 303/43
  Az 2: 5H 80/43

Richard (Binder, Jakob)
- Fiche: *0129 f.*
  Az 1: 6J 223/38g
  Az 2: 2H 47/38
- Fiche: *0130/0277*
  Az 1: 6J 224/38g
  Az 2: 2H 48/38
- Fiche: *0132 f.*
  Az 1: 14J 457/37g
  Az 2: 2H 63/38
- Fiche: *0158 f./0288*
  Az 1: 7J 6/39
  Az 2: 1H 77/39
- Fiche: *0160/0288f.*
  Az 1: 6J 224/39g
  Az 2: 2H 44/40
- Fiche: *0273 f.*
  Az 1: 14J 657/37g
  Az 2: 1H 15/38
- Fiche: *0277 f.*
  Az 1: 14J 651/37g
  Az 2: 2H 55/38

Richard (Blenkle, Konrad)
- Fiche: *0553 f.*
  Az 1: 10J 137/42
  Az 2: 2H 242/42

Richard (Ecker, Leopold)
- Fiche: *0296*
  Az 1: 7J 638/42
  Az 2: 5H 26/43
- Fiche: *0374*
  Az 1: 7J 331/43
  Az 2: 5H 77/43
- Fiche: *0375*
  Az 1: 7J 332/43
  Az 2: 5H 73/43
- Fiche: *0453/0739*
  Az 1: 7J 347/43, 7J 421/43, 7J 422/43
  Az 2: 5H 122/43, 5H 129/43, 5H 125/43
- Fiche: *0699*
  Az 1: StPL (RKA) III 546/42
  Az 2: StPL (HLS) I 31/43

Richard (Fichter, Oskar) (A)
- Fiche: *0470*
  Az 1: 9J 25/42g
  Az 2: 2H 153/42

Richard (Fugger)
- Fiche: *0030*
  Az 1: 17J 210/34
  Az 2: 2H 19/35

Richard (Fugger, Karl)
- Fiche: *0090*
  Az 1: 17J 187/36
  Az 2: 2H 31/37

Richard (Hoffmann, Oskar)
- Fiche: *0102 f.*
  Az 1: 17J 317/37
  Az 2: 1H 31/37

Richard (Jahnen, Ewald)
- Fiche: *0119*
  Az 1: 8J 273/37
  Az 2: 1H 13/38

Richard (Kazmierczak, Andreas) (A)
- Fiche: *0086/0498 f.*
  Az 1: 8J 68/36
  Az 2: 1H 4/37

Richard (Mehlis, Otto)
- Fiche: *0672*
  Az 1: 10J 201/41
  Az 2: 2H 59/42

Richard (Mehlis, Otto) (A)
- Fiche: *0463/0465*
  Az 1: 15J 39/36
  Az 2: 2H 35/36

Richard (Stendebach, Georg) (A)
- Fiche: *0205*
  Az 1: 9J 151/44
  Az 2: 2H 253/44

Richard (Stude, Edmund)
- Fiche: *0109 f.*
  Az 1: 17J 264/36
  Az 2: 2H 45/37

Richard (Weiß)
- Fiche: *0076 f.*
  Az 1: 8J 427/35g
  Az 2: 1H 59/60/61/36

Richard (Wiatrek, Heinrich)
- Fiche: *0478*
  Az 1: 10J 290/40g
  Az 2: 5H 62/42
- Fiche: *0534*
  Az 1: 10J 144/41
  Az 2: 2H 156/41
- Fiche: *0537 f.*
  Az 1: 9J 236/41g
  Az 2: 5H 75/42
- Fiche: *0554*
  Az 1: 10J 294/41
  Az 2: 1H 329/42
- Fiche: *0559*
  Az 1: 10J 16/42g
  Az 2: 1H 247/42
- Fiche: *0628*
  Az 1: 9J 50/42g
  Az 2: 2H 60/42
- Fiche: *0633*
  Az 1: 9J 357/41g
  Az 2: 2H 7/42
- Fiche: *0635 f.*
  Az 1: 10J 123/41
  Az 2: 2H 115/41
- Fiche: *0676*
  Az 1: 10J 17/41g
  Az 2: 1H 194/43
- Fiche: *0681 f.*
  Az 1: 10J 202/41g
  Az 2: 2H 143/41

Richard (Wiatrek, Heinrich) (A)
- Fiche: *0628 f.*
  Az 1: 10J 2/43g
  Az 2: 1H 89/43

Richard (Wiatrek, Walter)
- Fiche: *0553 f.*
  Az 1: 10J 137/42
  Az 2: 2H 242/42

Richard, Walter (Claus, Rudolf) (A)
- Fiche: *0031 f./0230*
  Az 1: 17J 296/34
  Az 2: 2H 24/35

Richter (Dünow, Hermann) (A)
- Fiche: *0037/0221*
  Az 1: 17J 94/34
  Az 2: 1H 33/35

Richter (Schmidt, Erich)
- Fiche: *0022/0674*
  Az 1: 8J 125/34
  Az 2: 2H 3/35

Richter, Gerth (Neumann, Gerhard) (A)
- Fiche: *0632 f.*
  Az 1: 6J 29/42g
  Az 2: 1H 139/43

Richter, Karl (Dankner, Hans) (A)
- Fiche: *0163*
  Az 1: 5J 142/40
  Az 2: 2H 68/40

Richter, Kurt (Bottländer, Theodor) (A)
- Fiche: *0228 f.*
  Az 1: 14J 34/34
  Az 2: 1H 13/35

Riedel (Preuß)
- Fiche: *0686*
  Az 1: 8J 4/39g
  Az 2: 2H 32/39

Riedler (Schulte, Fritz)
- Fiche: *0140 f.*
  Az 1: 8J 357/38g
  Az 2: 2H 13/39

Riem, Dirk (Kropp, Otto) (A)
- Fiche: *0071 f.*
  Az 1: 14J 288/36
  Az 2: 1H 48/36

Rikki (Uhlir, Erika)
- Fiche: *0329/0376*
  Az 1: 7J 287/43
  Az 2: 5H 68/43

Risa (Muzik, Anna)
- Fiche: *0329/0339*
  Az 1: 7J 283/42, 7J 288/42
  Az 2: 5H 146/42

Risa (Odwody, Katharina)
- Fiche: *0328*
  Az 1: 7J 208/42
  Az 2: 5H 145/42

Risa (Odwody, Katharina) (A)
- Fiche: *0328/0340 f.*
  Az 1: 7J 137/42
  Az 2: 2H 191/42

Ritterbeck, Erich (Kox, Wilhelm) (A)
- Fiche: *0140 f.*
  Az 1: 8J 357/38g
  Az 2: 2H 13/39

Ro (Scholz, Karl Roman)
- Fiche: *0407 f.*
  Az 1: 7(8)J 199/41
  Az 2: 2H 3/44

Robbe (Reimers, Willi)
- Fiche: *0020*
  Az 1: 17J 170/34
  Az 2: 1H 42/34

Robby (Uhrig, Robert)
- Fiche: *0414 f.*
  Az 1: 10(9)J 819/43g
  Az 2: 6H 28/44
- Fiche: *0434*
  Az 1: 10(9)J 1230/43g
  Az 2: 6L 222/44
- Fiche: *0688 f.*
  Az 1: 10J 75/44
  Az 2: 1L 192/44

Robert (Beuttel, Wilhelm)
- Fiche: *0556 f.*
  Az 1: 9J 51/44g
  Az 2: 1H 97/44

Robert (Blöth, Michael)
- Fiche: *0113 f./0508*
  Az 1: 14J 725/37g
  Az 2: 1H 1/38

Robert (Braun, Artur)
- Fiche: *0641*
  Az 1: 10J 35/41
  Az 2: 2H 96/41

Robert (Brenzel, Otto)
- Fiche: *0051/0246 f.*
  Az 1: 8J 422/35g
  Az 2: 1H 6/36
- Fiche: *0677*
  Az 1: 9J 330/40
  Az 2: 2H 48/41

Robert (Hassdenteufel, Josef)
- Fiche: *0172/0579*
  Az 1: 6J 246/41
  Az 2: 2H 82/42

Robert (Hassdenteufel, Josef) (A)
- Fiche: *0172*
  Az 1: 6J 76/41
  Az 2: 2H 64/42

Robert (Heilmann)
- Fiche: *0222 f.*
  Az 1: 17J 504/33
  Az 2: 1H 1/35

Robert (Huber, Josef) (A)
- Fiche: *0032 f.*
  Az 1: 13J 11/34
  Az 2: 1H 26/35

Robert (Kayser, Albert)
- Fiche: *0495 f.*
  Az 1: 16J 708/35
  Az 2: 1H 75/35

- Fiche: *0453/0739*
  Az 1: 7J 347/43, 7J 421/43, 7J 422/43
  Az 2: 5H 122/43, 5H 129/43, 5H 125/43
- Fiche: *0600*
  Az 1: 7J 422/43

Rudolf (Brilla, Fritz) (A)
- Fiche: *0020*
  Az 1: 17J 170/34
  Az 2: 1H 42/34

Rudolf (Bures)
- Fiche: *0408*
  Az 1: 7J 454/43, 7J 502/43
  Az 2: 5H 10/44, 5H 5/44

Rudolf (Bures, Rudolf) (A)
- Fiche: *0420/0574 f.*
  Az 1: 7J 500/43, 7J 501/43
  Az 2: 5H 3/44, 5H 4/44

Rudolf (Ferlemann, Karl) (A)
- Fiche: *0034*
  Az 1: 9J 613/33
  Az 2: 1H 27/35

Rudolf (Fichte, Erwin)
- Fiche: *0076*
  Az 1: 17J 27/36
  Az 2: 2H 59/36

Rudolf (Funke, Ewald) (A)
- Fiche: *0094 f./0551*
  Az 1: 9J 600/36
  Az 2: 1H 21/37

Rudolf (Heerklotz, Herbert)
- Fiche: *0266/0745*
  Az 1: 17J 472/36
  Az 2: 2H 28/37
- Fiche: *0480*
  Az 1: 10J 39/39
  Az 2: 1H 56/39

Rudolf (Heerklotz, Herbert) (A)
- Fiche: *0102/0267*
  Az 1: 17J 91/36
  Az 2: 2H 30/37

Rudolf (Horn, Cäsar) (A)
- Fiche: *0208/0672*
  Az 1: 8J 199/44
  Az 2: 1H 298/44

Rudolf (Manns, Martin) (A)
- Fiche: *0110/0302*
  Az 1: 8J 341/37g
  Az 2: 1H 46/37

Rudolf (Müller, Otto)
- Fiche: *0205*
  Az 1: 9J 151/44
  Az 2: 2H 253/44

Rudolf (Rembte, Adolf) (A)
- Fiche: *0263 f./0487 f.*
  Az 1: 17J 171/35
  Az 2: 2H 17/37

Rüdiger, Ewald (Boulanger, Jakob) (A)
- Fiche: *0222 f.*
  Az 1: 17J 504/33
  Az 2: 1H 1/35

Ruhler, Helga (Wosikowski, Irene) (A)
- Fiche: *0197*
  Az 1: 9J 141/44
  Az 2: 1H 206/44

Runo (Seidl, Franz)
- Fiche: *0323*
  Az 1: 6J 28/41g
  Az 2: 2H 129/41

Rupprecht (Götz, Josef)
- Fiche: *0396/0704 f.*
  Az 1: 14J 522/37g
  Az 2: 1L 2/40

Ruth (Mosler, Anni)
- Fiche: *0102/0267*
  Az 1: 17J 91/36
  Az 2: 2H 30/37
- Fiche: *0480*
  Az 1: 10J 39/39
  Az 2: 1H 56/39

Sachs (Schuhmacher)
- Fiche: *0598 ff.*
  Az 1: 9J 479/35
  Az 2: 2H 14/36

Sauer, Fritz (Suter, Franz)
- Fiche: *0184*
  Az 1: 11(10)J 725/43
  Az 2: 2H 31/44

Schaafsma-Schmidt (Dimitroff, Georg) (A)
- Fiche: *0615 ff.*
  Az 1: 15J 86/33
  Az 2: XII H 42/33

Schacht II (Förder)
- Fiche: *0137/0711 f.*
  Az 1: 8J 367/38
  Az 2: 2H 4/39

Schäfer, Anna (Karg, Berta) (A)
- Fiche: *0564 f.*
  Az 1: 9J 137/34
  Az 2: 1H 25/35

Schäfer, Hermann (Bause, Kurt)
- Fiche: *0536 f.*
  Az 1: 9J 50/41
  Az 2: 2H 106/41

Schafhauser, Ludwig (Lai, Wilhelm) (A)
- Fiche: *0180/0446*
  Az 1: 6J 12/43g
  Az 2: 1H 147/43

Schalk, Franz (Pochatz, Max)
- Fiche: *0383*
  Az 1: 7J 275/43
  Az 2: 6H 107/43

Scheffel (Markscheffel, Günter)
- Fiche: *0127/0623*
  Az 1: 8J 419/37g
  Az 2: 2H 33/38

Scheffel, Rudolf Kurt (Panndorf, Erwin)
- Fiche: *0630*
  Az 1: 10J 354/43g
  Az 2: 1H 202/43

Scheffler, Martin (Goldberg, Willy) (A)
- Fiche: *0174 f.*
  Az 1: 10J 88/42
  Az 2: 2H 182/42

Scheibler, A. (Neumann, Gerhard) (A)
- Fiche: *0632 f.*
  Az 1: 6J 29/42g
  Az 2: 1H 139/43

Schenk (Kox, Wilhelm)
- Fiche: *0176/0635*
  Az 1: 5J 151/42
  Az 2: 5H 10/43

Schenker, Hans (Hauth)
- Fiche: *0533*
  Az 1: 8J 332/38
  Az 2: 1H 32/38

Schermuly, Alois (Reuter, Fritz) (A)
- Fiche: *0254*
  Az 1: 9J 332/36
  Az 2: 2H 40/36

Scheule (Kox, Wilhelm) (A)
- Fiche: *0140 f.*
  Az 1: 8J 357/38g
  Az 2: 2H 13/39

Schilling (Wiehn, Karl) (A)
- Fiche: *0010 f.*
  Az 1: 17J 232/33
  Az 2: 2H 14/34

Schilling (Zucker, Erwin)
- Fiche: *0332/0367*
  Az 1: 7J 257/41
  Az 2: 2H 114/42

Schilling, E. (Zucker, Erwin)
- Fiche: *0346 f.*
  Az 1: 7J 278/42
  Az 2: 2H 246/42

Schimmel (Wolf, Willy) (A)
- Fiche: *0268 f./0701 f.*
  Az 1: 14J 323/37
  Az 2: 1H 24/37

Schleicher (Conrad, Gerhard) (A)
- Fiche: *0228*
  Az 1: 13J 266/33
  Az 2: 2H 11,12/35

Schlosser (Kratochvil)
- Fiche: *0648 f.*
  Az 1: 7J 502/43
  Az 2: 5H 5/44

Schlosser (Kratochvil, Bernhard) (A)
- Fiche: *0408*
  Az 1: 7J 454/43, 7J 502/43
  Az 2: 5H 10/44, 5H 5/44

Schlosser (Vostarek, Otto)
- Fiche: *0334*
  Az 1: 7J 659/41
  Az 2: 2H 55/42
- Fiche: *0343*
  Az 1: 7J 213/42
  Az 2: 2H 171/42
- Fiche: *0357*
  Az 1: 7J 445/42, 7J 455/42
  Az 2: 5H 184/42, 5H 168/42

Schlosser (Wagner, Johann)
- Fiche: *0082/0260 f.*
  Az 1: 9J 907/35
  Az 2: 1H 67/36

Schluck, von (Gustedt, Elisabeth von) (A)
- Fiche: *0585 f.*
  Az 1: 8J 160/38
  Az 2: 2H 73/38

Schmid, Gustav (Kasper, Peter) (A)
- Fiche: *0131/0596 f.*
  Az 1: 14J 796/37g
  Az 2: 2H 51/38

Schmidt (Grosse, Fritz) (A)
- Fiche: *0044 f.*
  Az 1: 17J 387/34
  Az 2: 2H 55/35

Schmidt (Krollmann, Maria) (A)
- Fiche: *0039 f.*
  Az 1: 14J 16/35
  Az 2: 1H 43/35

Schmidt (Schmed, Friedrich)
- Fiche: *0504 f.*
  Az 1: 8J 198/41g
  Az 2: 5H 60/42

Schmidt, Charlie (Eberhardt, Karl) (A)
- Fiche: *0091 f.*
  Az 1: 14J 469/37, 14J 380/37
  Az 2: 1H 12/23/37

Schreiner, Dr. (Markwitz, Alfred) (A)
- Fiche: *0061 f./0626 f.*
  Az 1: 17J 336/35
  Az 2: 2H 28/36

Schreiter, Ernst (Röhr, Gerhard) (A)
- Fiche: *0025 ff./0253*
  Az 1: 8J 427/34, 8J 6/35
  Az 2: 1H 9/35

Schriever (Kox, Wilhelm) (A)
- Fiche: *0140 f.*
  Az 1: 8J 357/38g
  Az 2: 2H 13/39

Schröder, Alfred (Knöchel, Wilhelm)
- Fiche: *0518/0562*
  Az 1: 8J 52/44
  Az 2: 1H 82/44

Schröder, Alfred (Knöchel, Wilhelm) (A)
- Fiche: *0556 f.*
  Az 1: 9J 51/44g
  Az 2: 1H 97/44

Schröder, Konrad (Breuer, Hans) (A)
- Fiche: *0082/0260 f.*
  Az 1: 9J 907/35
  Az 2: 1H 67/36

Schrödter, Jürgen (Tschäpe, Herbert) (A)
- Fiche: *0207/0689*
  Az 1: 8J 200/44g
  Az 2: 1H 286/44

Schrott (Polly, Karl) (A)
- Fiche: *0582*
  Az 1: 8J 317/41
  Az 2: 5H 135/43

Schubert, Alfred (Plesse, Karl) (A)
- Fiche: *0076 f.*
  Az 1: 8J 427/35g
  Az 2: 1H 59/60/61/36

Schütze, Hans (Müller, Johannes) (A)
- Fiche: *0480 f.*
  Az 1: 10J 58/41
  Az 2: 2H 72/41

Schulz (Arnouts)
- Fiche: *0589 f.*
  Az 1: 9J 399/39g
  Az 2: 2H 26/41

Schulz (Küstermeier, Rudolf) (A)
- Fiche: *0002*
  Az 1: 8J 1856/33
  Az 2: 2H 2/34
- Fiche: *0214*
  Az 1: 8J 1856/33

Schulze (Groß, Arthur)
- Fiche: *0289 f.*
  Az 1: 6J 52/40g
  Az 2: 2H 111/40

Schulze (Pista, Matthias)
- Fiche: *0339/0649*
  Az 1: 6J 78/42g
  Az 2: 2H 156/42
- Fiche: *0360*
  Az 1: StPL (RKA) III 321/41, 7J 418/42
  Az 2: 5H 160/42

Schulze, Hugo (Mehlis, Otto) (A)
- Fiche: *0463/0465*
  Az 1: 15J 39/36
  Az 2: 2H 35/36

Schumann, Hans (Schellart, Herbert) (A)
- Fiche: *0183*
  Az 1: 11(10)J 631/43
  Az 2: 1H 28/44

Schumann, Willi (Hofmann, Lothar) (A)
- Fiche: *0684*
  Az 1: 10J 80/42
  Az 2: 2H 317/42

Schurl (Fenz, Alfred)
- Fiche: *0576*
  Az 1: 7J 352/43
  Az 2: 5H 90/43

Schusch (Köhl, Siegfried)
- Fiche: *0311*
  Az 1: 7J 70/40
  Az 2: 2H 132/40

Schusch (Köhl, Siegfried) (A)
- Fiche: *0311*
  Az 1: 7J 70/40, 7J 93/42
  Az 2: 2H 133/40

Schuschnigg (Köhl, Siegfried)
- Fiche: *0311*
  Az 1: 7J 70/40
  Az 2: 2H 132/40

Schuschnigg (Köhl, Siegfried) (A)
- Fiche: *0311*
  Az 1: 7J 70/40, 7J 93/42
  Az 2: 2H 133/40

Schuster (Schumacher, Ernst)
- Fiche: *0516*
  Az 1: 9J 25/38
  Az 2: 1H 24/38

Schuster (Sebek, Franz)
- Fiche: *0357*
  Az 1: 7J 445/42, 7J 455/42
  Az 2: 5H 184/42, 5H 168/42

Schwäbele (Binder, Jakob)
- Fiche: *0145/0285 f.*
  Az 1: 5J 102/39
  Az 2: 1H 27/39

Schwahbach, Alfred (Rattai, Karl) (A)
- Fiche: *0021/0461 f.*
  Az 1: 9aJ 44/34
  Az 2: 2H 1/35

Schwarz (Smolik)
- Fiche: *0082 f.*
  Az 1: 8J 415/35g
  Az 2: 1H 1/37

Schwarz, Dr. (Ernst, Alois)
- Fiche: *0286 f.*
  Az 1: 8J 384/38g
  Az 2: 1H 32/39

Schwarz, Georg (Hanel, Franz)
- Fiche: *0086/0684*
  Az 1: 14J 392/35
  Az 2: 2H 4/37

Schwarz, Josef (Hampl, Josef) (A)
- Fiche: *0373*
  Az 1: 7J 304/43, 7J 326/43
  Az 2: 5H 91/43, 5H 88/43

Schwarze, Walter (Baum, Bruno) (A)
- Fiche: *0097 f.*
  Az 1: 17J 28/36
  Az 2: 2H 24/37

Schwarzer (Hampl, Josef)
- Fiche: *0372/0520*
  Az 1: 7J 308/43
  Az 2: 5H 92/43

Schwarzer Erich (Krause, Erich)
- Fiche: *0105*
  Az 1: 17J 444/36
  Az 2: 2H 35/37

Schwarzer Ritter (Straßer, Otto)
- Fiche: *0137/0711 f.*
  Az 1: 8J 367/38
  Az 2: 2H 4/39

Schwarzgeäugte, der (Kübler, Günther)
- Fiche: *0137/0711 f.*
  Az 1: 8J 367/38
  Az 2: 2H 4/39

Schwarzgeäugte, der (Schapke, Richard)
- Fiche: *0137/0711 f.*
  Az 1: 8J 367/38
  Az 2: 2H 4/39

Schwarzring (Drube, Adolf)
- Fiche: *0269 f.*
  Az 1: 8J 100/37
  Az 2: 1H 43/37

Schwester Bliem (Bliem, Creszentia) (A)
- Fiche: *0496*
  Az 1: 8J 264/41g
  Az 2: 2H 14/42

Senf (Hoffmann, Martin) (A)
- Fiche: *0092 ff.*
  Az 1: 17J 67/36
  Az 2: 1H 14/37

Sepp (Anton, Rudolf)
- Fiche: *0349 f.*
  Az 1: 7J 95/42
  Az 2: 5H 96/42

Sepp (Faß, Friedrich)
- Fiche: *0342/0343*
  Az 1: 7J 221/42
  Az 2: 2H 172/42

Sepp (Gutsche, Josef)
- Fiche: *0160*
  Az 1: 9J 425/39g
  Az 2: 2H 43/40
- Fiche: *0161 f./0562*
  Az 1: 9J 370/39g
  Az 2: 2H 53/40
- Fiche: *0162*
  Az 1: 9J 424/39g
  Az 2: 2H 60/40
- Fiche: *0592*
  Az 1: 9J 423/39g
  Az 2: 2H 63/40

Sepp (Harder, Harry)
- Fiche: *0207*
  Az 1: 8J 188/44g
  Az 2: 1H 285/44

Sepp (Harder, Harry) (A)
- Fiche: *0433/0569*
  Az 1: 8J 183/44g
  Az 2: 1H 221/44

Seppeli (Wagner, Josef)
- Fiche: *0172/0579*
  Az 1: 6J 246/41
  Az 2: 2H 82/42

Seppl (Faß, Friedrich)
- Fiche: *0296*
  Az 1: 7J 638/42
  Az 2: 5H 26/43
- Fiche: *0381*
  Az 1: 7J 294/43
  Az 2: 5H 132/43
- Fiche: *0453/0739*
  Az 1: 7J 347/43, 7J 421/43, 7J 422/43
  Az 2: 5H 122/43, 5H 129/43, 5H 125/43
- Fiche: *0574/0649*
  Az 1: 7J 513/43
  Az 2: 5H 6/44
- Fiche: *0699*
  Az 1: StPL (RKA) III 546/42
  Az 2: StPL (HLS) I 31/43

Seppl (Funk, Josef) (A)
- Fiche: *0195 f.*
  Az 1: 10(9)J 735/43
  Az 2: 2H 201/44

Seppl (Gruda)
- Fiche: *0190 f.*
  Az 1: 9J 232/44
  Az 2: 5H 126/44

Seppl (Städele)
- Fiche: *0105*
  Az 1: 17J 444/36
  Az 2: 2H 35/37

Steffen (Rosenberg, Heinz)
- Fiche: *0198 f./0208*
  Az 1: 8J 169/44
  Az 2: 1H 210/44
- Fiche: *0200*
  Az 1: 8J 177/44g
  Az 2: 1H 219/44
- Fiche: *0200/0569*
  Az 1: 8J 178/44
  Az 2: 1H 218/44
- Fiche: *0207*
  Az 1: 8J 188/44g
  Az 2: 1H 285/44

Steffi (Sefcik, Anna)
- Fiche: *0330*
  Az 1: 7J 44/42
  Az 2: 2H 331/42

Stegemann (Kox, Wilhelm)
- Fiche: *0049/0450*
  Az 1: 9J 151/35
  Az 2: 1H 3/36
- Fiche: *0113/0469 f.*
  Az 1: 16J 37/35
  Az 2: 1H 19-20/37

Stegmann (Kox)
- Fiche: *0630*
  Az 1: 9J 657/35
  Az 2: 1H 58/36

Stegmann (Kox, Wilhelm)
- Fiche: *0039 f.*
  Az 1: 14J 16/35
  Az 2: 1H 43/35
- Fiche: *0263 f./0487 f.*
  Az 1: 17J 171/35
  Az 2: 2H 17/37
- Fiche: *0640*
  Az 1: 16J 328/35
  Az 2: 1H 11/37

Stegmann (Kox, Wilhelm) (A)
- Fiche: *0140 f.*
  Az 1: 8J 357/38g
  Az 2: 2H 13/39

Stein (Holler)
- Fiche: *0621*
  Az 1: 14J 61/33
  Az 2: XII H 58/33

Stein (Mlakar, Ernst)
- Fiche: *0307*
  Az 1: 7J 548/39
  Az 2: 1H 36/40

Stein, Ernst (Maschke, Arthur) (A)
- Fiche: *0021 f.*
  Az 1: 17J 397/33
  Az 2: 1H 3/35

Stein, Fritz (Haupt, Herbert) (A)
- Fiche: *0010/0217 f.*
  Az 1: 17J 331/33
  Az 2: 2H 13/34

Stein, Heinz (Girnus, Wilhelm) (A)
- Fiche: *0079 f.*
  Az 1: 17J 267/35
  Az 2: 1H 63/36

Stein, Herbert (Seifert, Herbert) (A)
- Fiche: *0181 f.*
  Az 1: 7(5)J 180/43g
  Az 2: 1H 14/44

Stein, Kurt (Maschke, Arthur) (A)
- Fiche: *0021 f.*
  Az 1: 17J 397/33
  Az 2: 1H 3/35

Stein, Max (Opel, Fritz) (A)
- Fiche: *0079 f.*
  Az 1: 17J 267/35
  Az 2: 1H 63/36

Steinberg, Alois (Grosse, Fritz) (A)
- Fiche: *0044 f.*
  Az 1: 17J 387/34
  Az 2: 2H 55/35

Steiner (Dimitroff, Georg) (A)
- Fiche: *0615 ff.*
  Az 1: 15J 86/33
  Az 2: XII H 42/33

Steiner (Schwarzloh)
- Fiche: *0506*
  Az 1: 8J 441/39
  Az 2: 2H 34/40

Steiner, Marta (Lübeck, Käte) (A)
- Fiche: *0263 f./0487 f.*
  Az 1: 17J 171/35
  Az 2: 2H 17/37

Steinera (Schwarzloh, Georg)
- Fiche: *0590*
  Az 1: 5J 122/36g
  Az 2: 3L 7/37

Steinert (Dünow, Hermann) (A)
- Fiche: *0037/0221*
  Az 1: 17J 94/34
  Az 2: 1H 33/35

Steinke (Großkopf, Richard) (A)
- Fiche: *0010 f.*
  Az 1: 17J 232/33
  Az 2: 2H 14/34

Steinschulzen (Rücker, Benjamin)
- Fiche: *0704*
  Az 1: 6J 15/39g

Steno (Reetz, Käthe) (A)
- Fiche: *0463/0465*
  Az 1: 15J 39/36
  Az 2: 2H 35/36

Stephan (Israel, Hans)
- Fiche: *0084 f.*
  Az 1: 8J 430/35g
  Az 2: 1H 3/37

Stephan (Pfitzenmaier)
- Fiche: *0084 f.*
  Az 1: 8J 430/35g
  Az 2: 1H 3/37

Stern (Kasper, Peter) (A)
- Fiche: *0131/0596 f.*
  Az 1: 14J 796/37g
  Az 2: 2H 51/38

Stern (Wehner, Herbert)
- Fiche: *0019 f./0311*
  Az 1: 17J 64/34
  Az 2: 1H 41/34

Steyrermühl-Mann (Hodac, Karl)
- Fiche: *0297*
  Az 1: 7J 247/43
  Az 2: 5H 79/43

Stich, Katharina (Spöcker, Frida) (A)
- Fiche: *0222 f.*
  Az 1: 17J 504/33
  Az 2: 1H 1/35

Stiefel (Schumann, Georg) (A)
- Fiche: *0001*
  Az 1: 17J 303/33
  Az 2: 1H 2/34

Stiege, Arnold (Kaasch, Wienand) (A)
- Fiche: *0053 f.*
  Az 1: 17J 310/35
  Az 2: 2H 10/36

Stocker (Mahlberger, Franz)
- Fiche: *0359*
  Az 1: 7J 209/42
  Az 2: 5H 148/42

Stocker (Mahlberger, Franz) (A)
- Fiche: *0328/0340 f.*
  Az 1: 7J 137/42
  Az 2: 2H 191/42

Stöbe (Müller, Kurt)
- Fiche: *0186/0579*
  Az 1: 11J 36/44
  Az 2: 1H 64/44

Stojan (Klantschnik, Johann) (A)
- Fiche: *0319*
  Az 1: 11J 301/44g
  Az 2: 1H 1/45

Straß (Hornschall, Johann)
- Fiche: *0327*
  Az 1: 7J 181/42
  Az 2: 2H 158/42

Ströbling, Hugo Edmund (Olbrysch, Karl) (A)
- Fiche: *0016/0213*
  Az 1: 17J 292/33
  Az 2: 1H 25/34

Stucke, Karl (Baumgarte, Kurt) (A)
- Fiche: *0671 f.*
  Az 1: 15J 385/34
  Az 2: 1H 11/36

Stumpf (Blenke, Erna)
- Fiche: *0500 f.*
  Az 1: 10J 224/38
  Az 2: 2H 62/38

Stuttner, Heinz (Dünow, Hermann) (A)
- Fiche: *0037/0221*
  Az 1: 17J 94/34
  Az 2: 1H 33/35

Sucherich (Suchan, Kurt) (A)
- Fiche: *0460 f.*
  Az 1: 17J 109/37, 9J 142/37
  Az 2: 2H 44,47/37

Susa (Auer, Judith) (A)
- Fiche: *0198 f./0208*
  Az 1: 8J 169/44
  Az 2: 1H 210/44

Suse (Auer, Judith)
- Fiche: *0203*
  Az 1: 8J 170/44g
  Az 2: 1H 244/44
- Fiche: *0207*
  Az 1: 8J 188/44g
  Az 2: 1H 285/44

Susi (Bürzl, Margarete)
- Fiche: *0351/0358*
  Az 1: 7J 285/42
  Az 2: 5H 138/42

Sven (Henke, Georg)
- Fiche: *0480 f.*
  Az 1: 10J 58/41
  Az 2: 2H 72/41
- Fiche: *0676*
  Az 1: 10J 17/41g
  Az 2: 1H 194/43

Sven (Scheffel, Karl)
- Fiche: *0554*
  Az 1: 10J 294/41
  Az 2: 1H 329/42

Svensen, Olaf Arvid (Schulz, Erich) (A)
- Fiche: *0463*
  Az 1: 15J 307/35
  Az 2: 1H 4/36

Swoboda (Hrdlicka)
- Fiche: *0403*
  Az 1: 7J 516/43
  Az 2: 5H 157/43

Swoboda (Hrdlicka, Matthias)
- Fiche: *0373*
  Az 1: 7J 306/43
  Az 2: 5H 89/43

T 3116 (als V-Mann) (Turra, Friedrich) (A)
- Fiche: *0167*
  Az 1: 6J 66/40g
  Az 2: 2H 120/41

Tai (Arnim, Hedwig von) (A)
- Fiche: *0137/0711 f.*
  Az 1: 8J 367/38
  Az 2: 2H 4/39

- Fiche: *0347*
Az 1: 7J 437/42
Az 2: 1H 244/42
- Fiche: *0361*
Az 1: 7J 443/42
Az 2: 5H 173/42
- Fiche: *0375*
Az 1: 7J 332/43
Az 2: 5H 73/43

Toni (Reindl, Anton)
- Fiche: *0345*
Az 1: 7J 405/42
Az 2: 2H 266/42

Toni (Treibenbach)
- Fiche: *0330*
Az 1: 7J 44/42
Az 2: 2H 331/42

Toni (Wagner, Peter)
- Fiche: *0082/0260 f.*
Az 1: 9J 907/35
Az 2: 1H 67/36

Tontschi (Mick, Antonie) (A)
- Fiche: *0333 f.*
Az 1: 7J 649/41
Az 2: 2H 88/42

Trautmann, Herbert (Agatz, Wilhelm) (A)
- Fiche: *0224*
Az 1: 17J 44/34
Az 2: 2H 2/34

Trautmann, Wilhelm (Heuck, Christian) (A)
- Fiche: *0619*
Az 1: 8J 200/33
Az 2: XII H 23/33

Trenkle (Trenkelbach)
- Fiche: *0286 f.*
Az 1: 8J 384/38g
Az 2: 1H 32/39

Treubert, Albert Max Otto (Vogt, Arthur) (A)
- Fiche: *0657 f.*
Az 1: 17J 163/33
Az 2: XV H 3/34

Trieboldt, Michael (Müller, Oskar) (A)
- Fiche: *0015 f.*
Az 1: 14a/8J 193/30, 17J 803/33
Az 2: 1H 24/34, 1H 38/34

Trimborn (Hoffmann, Fritz) (A)
- Fiche: *0106/0546 f.*
Az 1: 17J 315/37
Az 2: 1H 37/37

Trotzalldem (Pögel, Karl) (A)
- Fiche: *0177/0512*
Az 1: 5J 134/42
Az 2: 5H 36/43

Trude (Daube, Gertrud)
- Fiche: *0475*
Az 1: 9J 323/39g
Az 2: 1H 67/39

Trude (Domsch, Annaliese)
- Fiche: *0126*
Az 1: 17J 414/37
Az 2: 2H 26/38

Trude (Fischer, Helene)
- Fiche: *0039*
Az 1: 16J 454/35
Az 2: 2H 40/35
- Fiche: *0065*
Az 1: 16J 349/35
Az 2: 2H 32/36
- Fiche: *0523*
Az 1: 15J 201/35
Az 2: 1H 2/36
- Fiche: *0588 f./0643*
Az 1: 16J 293/35, 8J 438/35
Az 2: 2H 58/35

Trude (Fischer, Helene) (A)
- Fiche: *0060 f.*
Az 1: 8J 438/35g
Az 2: 1H 23/24/36
- Fiche: *0703*
Az 1: 16J 415/35

Trude (Herm, Minna) (A)
- Fiche: *0673 f.*
Az 1: 16J 141/35, 16J 126/35
Az 2: 1H 34/35, 1H 35/35

Trude (Jost, Margarethe)
- Fiche: *0339/0649*
Az 1: 6J 78/42g
Az 2: 2H 156/42

Trude (Mizera, Elfriede)
- Fiche: *0371*
Az 1: 7J 301/43
Az 2: 5H 97/43

Trude (Niederkirchner, Mia)
- Fiche: *0018 f.*
Az 1: 15J 369/34
Az 2: 1H 39/35

Trude (Stuckenbrock, Hilde)
- Fiche: *0727*
Az 1: 16J 293/35

Trude (Szepanski, Gertrud)
- Fiche: *0084 f.*
Az 1: 8J 430/35g
Az 2: 1H 3/37

Trude (Thoma, Emma) (A)
- Fiche: *0035*
Az 1: 17J 454/34
Az 2: 1H 28/35

Trübendorfer (Konrath, Heinrich) (A)
- Fiche: *0172/0579*
Az 1: 6J 246/41
Az 2: 2H 82/42

Trupler, Paul (Kumlehn, Heinrich) (A)
- Fiche: *0700 f.*
Az 1: 7J 108/40
Az 2: 2H 98/40

Tschin (Zimmerl)
- Fiche: *0580/0624 f.*
Az 1: 8J 200/41
Az 2: 2H 6/44

Tümler, Heinz Gerhard (Schoepe, Alex) (A)
- Fiche: *0094*
Az 1: 16J 23/37
Az 2: 1H 18/37

Turl (Maller, Theodor)
- Fiche: *0347*
Az 1: 7J 32/42
Az 2: 5H 67/42

tusk (Köbel, Eberhard)
- Fiche: *0089 f.*
Az 1: 8J 31/37g.Rs.
Az 2: 2H 9/37
- Fiche: *0127/0623*
Az 1: 8J 419/37g
Az 2: 2H 33/38
- Fiche: *0676*
Az 1: 8J 224/38
Az 2: 2H 41/38
- Fiche: *0709 ff.*
Az 1: 8J 162/40
Az 2: 2H 77/41

Tutu (Straßer (Frau))
- Fiche: *0137/0711 f.*
Az 1: 8J 367/38
Az 2: 2H 4/39

Uhzwut (Knochenhauer, Rudolf) (A)
- Fiche: *0025 ff./0253*
Az 1: 8J 427/34, 8J 6/35
Az 2: 1H 9/35

Ulla (Brurein, Ursula)
- Fiche: *0018 f.*
Az 1: 15J 369/34
Az 2: 1H 39/35

Ullrich (Stender, Ernst)
- Fiche: *0021/0461 f.*
Az 1: 9aJ 44/34
Az 2: 2H 1/35

Ulrich (Braun, Hans)
- Fiche: *0145/0638 f.*
Az 1: 9J 138/39g
Az 2: 2H 27/39

Ulrich (Brurein, Ulrich)
- Fiche: *0018 f.*
Az 1: 15J 369/34
Az 2: 1H 39/35

Ulrich (Tuttas, Karl)
- Fiche: *0470*
Az 1: 9J 25/42g
Az 2: 2H 153/42

Unger, Fritz (Spier, Fritz) (A)
- Fiche: *0261*
Az 1: 14J 570/37g

Ussel, van (Stoye, Max) (A)
- Fiche: *0544*
Az 1: 10J 170/42
Az 2: 2H 22/43

Vatter, H. (Hünnekens, Heinrich) (A)
- Fiche: *0170/0293*
Az 1: 6J 100/41g
Az 2: 2H 21/42

Vegesacker (Pfarr)
- Fiche: *0114/0473 f.*
Az 1: 14J 527/37g, 14J 736/37
Az 2: 1H 44/37, 1H 3/38

Venn (Tyroll)
- Fiche: *0193/0443*
Az 1: 9J 45/44
Az 2: 1H 141/44, 1H 229/44

Vera (Dorfner, Therese) (A)
- Fiche: *0058 f.*
Az 1: 17J 129/35
Az 2: 1H 21,22/36

Vera (Grünspan, Ruth)
- Fiche: *0090*
Az 1: 17J 187/36
Az 2: 2H 31/37

Vera (Maier, Ines)
- Fiche: *0347*
Az 1: 7J 32/42
Az 2: 5H 67/42

Vera (Mayer, Viktoria)
- Fiche: *0296*
Az 1: 7J 638/42
Az 2: 5H 26/43

Versen, Fritz (Ferse, Gerhard) (A)
- Fiche: *0533*
Az 1: 8J 332/38
Az 2: 1H 32/38

Versten (Michaelis, Herbert) (A)
- Fiche: *0472 f./0603 f.*
Az 1: 14J 629/37g, 6J 44/38g
Az 2: 2H 84,85,87/38

Verwandte, der Komische aus Wien (Conrad, Luise)
- Fiche: *0137/0711 f.*
Az 1: 8J 367/38
Az 2: 2H 4/39

Viator, Dr. (Schapper, Karl) (A)
- Fiche: *0637 f.*
Az 1: 8J 167/40
Az 2: 2H 89/40

Vicki (Köhl, Siegfried) (A)
- Fiche: *0311*
Az 1: 7J 70/40, 7J 93/42
Az 2: 2H 133/40

Walter (Lubber, Bruno)
- Fiche: *0329/0339*
  Az 1: 7J 283/42, 7J 288/42
  Az 2: 5H 146/42

Walter (Müller, Rudolf)
- Fiche: *0536*
  Az 1: 10J 233/39
  Az 2: 2H 4/40

Walter (Nawracki, Josef)
- Fiche: *0303 f.*
  Az 1: 17J 43/37
  Az 2: 1H 7/38

Walter (Nawrocki, Josef)
- Fiche: *0103 f.*
  Az 1: 17J 416/36
  Az 2: 2H 32/37

Walter (Nielsen, Andreas) (A)
- Fiche: *0030*
  Az 1: 17J 210/34
  Az 2: 2H 19/35

Walter (Raddatz, Karl)
- Fiche: *0532 f.*
  Az 1: 7(11)J 197/34g
  Az 2: 3L 21/36

Walter (Rottmeier, Fritz)
- Fiche: *0030 f./0229 f.*
  Az 1: 13J 265/33
  Az 2: 2H 21/35

Walter (Rottmeier, Fritz) (A)
- Fiche: *0032 f.*
  Az 1: 13J 11/34
  Az 2: 1H 26/35

Walter (Rudolf, Fritz)
- Fiche: *0113/0469 f.*
  Az 1: 16J 37/35
  Az 2: 1H 19-20/37
- Fiche: *0640*
  Az 1: 16J 328/35
  Az 2: 1H 11/37

Walter (Schipper, Paul) (A)
- Fiche: *0030 f./0229 f.*
  Az 1: 13J 265/33
  Az 2: 2H 21/35

Walter (Schmauch, Rudolf)
- Fiche: *0248/0447*
  Az 1: 14J 380/36
  Az 2: 2H 8/37

Walter (Schmidt, Franz)
- Fiche: *0207*
  Az 1: 8J 188/44g
  Az 2: 1H 285/44

Walter (Schmidt, Waldemar) (A)
- Fiche: *0629 f.*
  Az 1: 9J 929/35
  Az 2: 1H 37/36

Walter (Schmidt, Wilhelm)
- Fiche: *0020*
  Az 1: 17J 170/34
  Az 2: 1H 42/34

Walter (Schmidt, Willi)
- Fiche: *0051*
  Az 1: 5J 41/35
  Az 2: 2H 6/36

Walter (Schopf, Walter)
- Fiche: *0521*
  Az 1: 7J 339/42
  Az 2: 6H 3/42

Walter (Schreiber, Otto)
- Fiche: *0513*
  Az 1: 15J 302/34, 15J 107/35
  Az 2: 1H 18/35, 1H 21/35

Walter (Schreiber, Otto) (A)
- Fiche: *0021 f.*
  Az 1: 17J 397/33
  Az 2: 1H 3/35

Walter (Springer, Robert)
- Fiche: *0702 f.*
  Az 1: 17J 97/37
  Az 2: 2H 19/37

Walter (Städele)
- Fiche: *0105*
  Az 1: 17J 444/36
  Az 2: 2H 35/37

Walter (Umrath, Oskar) (A)
- Fiche: *0145/0638 f.*
  Az 1: 9J 138/39g
  Az 2: 2H 27/39

Walter aus Eisenach (Grimm, Walter)
- Fiche: *0564 f.*
  Az 1: 9J 137/34
  Az 2: 1H 25/35

Walter, der lederne (Nawrocki, Josef)
- Fiche: *0103 f.*
  Az 1: 17J 416/36
  Az 2: 2H 32/37

Walter, Gerald (Lai, Wilhelm) (A)
- Fiche: *0180/0446*
  Az 1: 6J 12/43g
  Az 2: 1H 147/43

Walther (Schmauch, Rudolf)
- Fiche: *0071 f.*
  Az 1: 14J 288/36
  Az 2: 1H 48/36

Walther (Zimmermann, Otto)
- Fiche: *0670 f.*
  Az 1: 14J 78/34
  Az 2: 1H 45/35

Wandel (Gruschwitz, Max)
- Fiche: *0479 f.*
  Az 1: 7(8)J 108/43g

Warndtke (Jurr, Gerhard) (A)
- Fiche: *0555*
  Az 1: 9J 388/36
  Az 2: 2H 55/36

Wasserglas (Mader, Wilhelm)
- Fiche: *0105*
  Az 1: 17J 444/36
  Az 2: 2H 35/37

Waßmann (Willsch, Hugo) (A)
- Fiche: *0008 f.*
  Az 1: 17J 242/33
  Az 2: 2H 11/34

Wastl (Maislinger, Adolf) (A)
- Fiche: *0032 f.*
  Az 1: 13J 11/34
  Az 2: 1H 26/35

Wattenscheid (Blazejczak, Johann) (A)
- Fiche: *0460 f.*
  Az 1: 17J 109/37, 9J 142/37
  Az 2: 2H 44,47/37

Watzmann, Adolf von (Rutra, Arthur) (A)
- Fiche: *0636 f.*
  Az 1: 8J 421/40
  Az 2: 2H 121/40

Weber (Firl, Wilhelm)
- Fiche: *0140 f.*
  Az 1: 8J 357/38g
  Az 2: 2H 13/39

Weber (Kiesel, Karl) (A)
- Fiche: *0022/0674*
  Az 1: 8J 125/34
  Az 2: 2H 3/35

Weber (Osche, Ulrich) (A)
- Fiche: *0071 f.*
  Az 1: 14J 288/36
  Az 2: 1H 48/36

Weber (Peterka, Anton)
- Fiche: *0297*
  Az 1: 7J 247/43
  Az 2: 5H 79/43

Weber (Pista, Matthias)
- Fiche: *0333 f.*
  Az 1: 7J 649/41
  Az 2: 2H 88/42
- Fiche: *0342*
  Az 1: 7J 222/42
  Az 2: 2H 176/42
- Fiche: *0360*
  Az 1: StPL (RKA) III 321/41, 7J 418/42
  Az 2: 5H 160/42

Weber (Pista, Matthias) (A)
- Fiche: *0329/0338 f.*
  Az 1: 7J 110/42
  Az 2: 2H 203/42

Weber, Bernhard (Karl, Johann) (A)
- Fiche: *0545*
  Az 1: 9J 878/33
  Az 2: 2H 16/34

Weber, Fritz (Wiatrek, Heinrich)
- Fiche: *0556 f.*
  Az 1: 9J 51/44g
  Az 2: 1H 97/44

Weber, Fritz (Wiatrek, Heinrich) (A)
- Fiche: *0628 f.*
  Az 1: 10J 2/43g
  Az 2: 1H 89/43

Weidmüller (Abicht, Fritz)
- Fiche: *0289 f.*
  Az 1: 6J 52/40g
  Az 2: 2H 111/40

Weigelt (Chwalek, Marta) (A)
- Fiche: *0224*
  Az 1: 17J 44/34
  Az 2: 2H 2/34

Weirich, Werner (Mannbar, Artur) (A)
- Fiche: *0478*
  Az 1: 10J 290/40g
  Az 2: 5H 62/42

Weiß (Seipold, Oskar)
- Fiche: *0269/0718*
  Az 1: 16J 736/36
  Az 2: 2H 43/37

Weiß, Hans (Bergdolt)
- Fiche: *0232*
  Az 1: 8J 459/34
  Az 2: 1H 16/35

Weiße, der (Pista, Mathias)
- Fiche: *0329/0376*
  Az 1: 7J 287/43
  Az 2: 5H 68/43
- Fiche: *0342*
  Az 1: 7J 222/42
  Az 2: 2H 176/42
- Fiche: *0342/0343*
  Az 1: 7J 221/42
  Az 2: 2H 172/42
- Fiche: *0360*
  Az 1: StPL (RKA) III 321/41, 7J 418/42
  Az 2: 5H 160/42

Weiße, der (Pista, Matthias) (A)
- Fiche: *0329/0338 f.*
  Az 1: 7J 110/42
  Az 2: 2H 203/42

Weisser (Masl, Rudolf)
- Fiche: *0329/0376*
  Az 1: 7J 287/43
  Az 2: 5H 68/43

Weißer (Pista, Matthias)
- Fiche: *0328*
  Az 1: 7J 208/42
  Az 2: 5H 145/42
- Fiche: *0350*
  Az 1: 7J 179/42
  Az 2: 5H 118/42

Wilhelm (Ruthenberg, Fritz)
- Fiche: *0115 f.*
  Az 1: 17J 381/37
  Az 2: 2H 5/38

Wilhelm (Ruthenberg, Fritz) (A)
- Fiche: *0107/0302*
  Az 1: 17J 379/37
  Az 2: 1H 39/37

Wilhelm, Dr. (Loch, Günther)
- Fiche: *0403 f.*
  Az 1: 8J 7/41g
  Az 2: 2H 166/43
- Fiche: *0418*
  Az 1: 7(8)J 103/41
  Az 2: 5H 47/44
- Fiche: *0581 f./0647*
  Az 1: 8J 95/41g
  Az 2: 2H 167/43
- Fiche: *0647 f.*
  Az 1: 7(8)J 203/41
  Az 2: 2H 168/44

Wilhelm, Dr. (Loch, Günther) (A)
- Fiche: *0407 f.*
  Az 1: 7(8)J 199/41
  Az 2: 2H 3/44

Wilking (Goldberg, Willi)
- Fiche: *0629 f.*
  Az 1: 9J 929/35
  Az 2: 1H 37/36

Willi (Bartonek, Rudolf)
- Fiche: *0321 f.*
  Az 1: 6J 22/41g
  Az 2: 2H 41/41

Willi (Bittner, Franz)
- Fiche: *0629 f.*
  Az 1: 9J 929/35
  Az 2: 1H 37/36

Willi (Bittner, Franz) (A)
- Fiche: *0047 f./0641*
  Az 1: 9J 486/35
  Az 2: 1H 71/35

Willi (Bohn, Wilhelm)
- Fiche: *0032 f.*
  Az 1: 13J 11/34
  Az 2: 1H 26/35

Willi (Bringmann, Henry) (A)
- Fiche: *0671 f.*
  Az 1: 15J 385/34
  Az 2: 1H 11/36

Willi (Fraenken)
- Fiche: *0463/0465*
  Az 1: 15J 39/36
  Az 2: 2H 35/36

Willi (Freimud, Johann)
- Fiche: *0101*
  Az 1: 17J 316/37
  Az 2: 1H 29/37

Willi (Gabler)
- Fiche: *0338*
  Az 1: 7J 272/42
  Az 2: 2H 206/42

Willi (Höhmann, Werner)
- Fiche: *0590 f.*
  Az 1: 8J 420/35g
  Az 2: 1H 32/36

Willi (Hohenstein)
- Fiche: *0495 f.*
  Az 1: 16J 708/35
  Az 2: 1H 75/35

Willi (Illner, Willi)
- Fiche: *0155/0493*
  Az 1: 9J 326/39g
  Az 2: 1H 55/39

Willi (Jahn)
- Fiche: *0495 f.*
  Az 1: 16J 708/35
  Az 2: 1H 75/35

Willi (Jahn, Willi) (A)
- Fiche: *0071/0244*
  Az 1: 8J 168/36g
  Az 2: 2H 46/36

Willi (Kalthoff, Willi)
- Fiche: *0012 f./0546*
  Az 1: 13J 258/33
  Az 2: 1H 16/34

Willi (Kellner, Anton)
- Fiche: *0329/0339*
  Az 1: 7J 283/42, 7J 288/42
  Az 2: 5H 146/42

Willi (Kraatz, Willi)
- Fiche: *0095/0541*
  Az 1: 9J 571/36
  Az 2: 2H 22/37
- Fiche: *0248/0447*
  Az 1: 14J 380/36
  Az 2: 2H 8/37

Willi (Krautter, Erich) (A)
- Fiche: *0657 f.*
  Az 1: 17J 163/33
  Az 2: XV H 3/34

Willi (Krivanek, Karl)
- Fiche: *0364*
  Az 1: 7J 61/43
- Fiche: *0364*
  Az 1: 7J 535/42, 7J 61/43
  Az 2: 5H 53/43, 5H 54/43
- Fiche: *0369*
  Az 1: 7J 651/42
  Az 2: 5H 24/43

Willi (Kriwanek, Karl)
- Fiche: *0297*
  Az 1: 7J 247/43
  Az 2: 5H 79/43

Willi (Krüger, Willi)
- Fiche: *0101*
  Az 1: 17J 316/37
  Az 2: 1H 29/37

Willi (Lange, Eugen) (A)
- Fiche: *0588 f./0643*
  Az 1: 16J 293/35, 8J 438/35
  Az 2: 2H 58/35

Willi (Müller, Wilhelm)
- Fiche: *0573 f.*
  Az 1: 10J 140/38
  Az 2: 2H 44/38

Willi (Muth, Wilhelm)
- Fiche: *0082/0260 f.*
  Az 1: 9J 907/35
  Az 2: 1H 67/36

Willi (Neubauer, Johann)
- Fiche: *0373/0520*
  Az 1: 7J 192/43
  Az 2: 5H 83/43

Willi (Nikolaschek, Reinhard)
- Fiche: *0154 f.*
  Az 1: 6J 76/39g
  Az 2: 2H 54/39

Willi (Schirrmeister, Willi)
- Fiche: *0106/0546 f.*
  Az 1: 17J 315/37
  Az 2: 1H 37/37

Willi (Seng, Rudi)
- Fiche: *0048 f.*
  Az 1: 17J 88/35
  Az 2: 1H 73/35

Willi (Taleikis)
- Fiche: *0079 f.*
  Az 1: 17J 267/35
  Az 2: 1H 63/36

Willi (Volak, Wilhelm) (A)
- Fiche: *0328/0340 f.*
  Az 1: 7J 137/42
  Az 2: 2H 191/42

Willi (Warmbrunn, Gustav) (A)
- Fiche: *0090 f./0261*
  Az 1: 17J 260/36
  Az 2: 1H 10/37

Willi (Zach, Wilhelm) (A)
- Fiche: *0582*
  Az 1: 8J 317/41
  Az 2: 5H 135/43

Willi I (Frank, Willi)
- Fiche: *0330*
  Az 1: 7J 44/42
  Az 2: 2H 331/42

Willi II (Schmidt, Ludwig)
- Fiche: *0330*
  Az 1: 7J 44/42
  Az 2: 2H 331/42

Willy (Fellendorf, Wilhelm)
- Fiche: *0206/0405*
  Az 1: 10J 410/43g
  Az 2: 1H 209/43

Willy (Klug, Willy)
- Fiche: *0632*
  Az 1: 6J 3/40
  Az 2: 2H 95/40

Willy (Krivanek, Karl)
- Fiche: *0453/0739*
  Az 1: 7J 347/43, 7J 421/43, 7J 422/43
  Az 2: 5H 122/43, 5H 129/43, 5H 125/43
- Fiche: *0699*
  Az 1: StPL (RKA) III 546/42
  Az 2: StPL (HLS) I 31/43

Willy (Liebitz)
- Fiche: *0073/0256 f.*
  Az 1: 5J 592/35g
  Az 2: 1H 52/36

Willy (Mielenz, Willi)
- Fiche: *0010 f.*
  Az 1: 17J 232/33
  Az 2: 2H 14/34

Willy (Schmidt, Ludwig)
- Fiche: *0338*
  Az 1: 7J 272/42
  Az 2: 2H 206/42

Willy (Stein)
- Fiche: *0263 f./0487 f.*
  Az 1: 17J 171/35
  Az 2: 2H 17/37

Willy (Vogelbacher, Otto)
- Fiche: *0671*
  Az 1: 5J 546/38
  Az 2: 1H 1/39

Willy (Wendler, Erich)
- Fiche: *0636*
  Az 1: 5J 171/40
  Az 2: 2H 91/40

Wilma (Tesarik, Wilhelmine)
- Fiche: *0328 f./0342*
  Az 1: 7J 219/42
  Az 2: 2H 167/42

Wilminge, Heinrich (Schmidt, Waldemar) (A)
- Fiche: *0629 f.*
  Az 1: 9J 929/35
  Az 2: 1H 37/36

Windhund (Wilk, Johannes)
- Fiche: *0155 f.*
  Az 1: 6J 12/39g
  Az 2: 2H 61/39

Winter (Paul)
- Fiche: *0031 f./0230*
  Az 1: 17J 296/34
  Az 2: 2H 24/35

Winter, A. (Neumann, Gerhard) (A)
- Fiche: *0632 f.*
  Az 1: 6J 29/42g
  Az 2: 1H 139/43

Winter, Rudolf (Kox, Wilhelm) (A)
- Fiche: *0140 f.*
  Az 1: 8J 357/38g
  Az 2: 2H 13/39

Decknamenkonkordanz

Abicht, Fritz (→ Weidmüller)
Ackerknecht, Erwin (→ Bauer, Emil)
(→ Bauer, Erwin)
(→ Bauer, Eugen)
Adam (→ Erich)
(→ Karl)
Adam, Herbert (→ Maur, Dr.)
Adam, Kurt (→ Erich)
Adam, Wilhelm (→ Kleiner Hans)
Adameit, Karl (→ Fritz)
Adlhoch (→ Adele)
Adolfon, Alfred (→ Berthold)
Adolphs, Karl (→ August)
(→ Erich)
(→ Fred)
(→ Fritz)
(→ Karl)
(→ Theo)
Aehling, Rudolf (→ Franz)
Agatz, Wilhelm (→ Bergmann, Ernst)
(→ Börner, Ludwig)
(→ Ernst)
(→ Trautmann, Herbert)
Ahnert, Irmgard (→ Hanne)
Albrecht, Walter (→ Josef)
(→ M)
Allina, Ernst (→ Ernstl)
Altenkirch, Ernst (→ Neumann, Werner)
(→ Werner)
Altwein, Fritz (→ Onkel Felix)
(→ Schmidt, Felix)
Ammelang, Erich (→ Meier)
Andreasch, Otto Ernst (→ Monty)
Angel, Karl (→ Walter)
Angermann, Josef (→ Fritz)
Antl, Paul (→ Alter)
(→ Pauli)
Anton, Rudolf (→ Sepp)
Apel, Paul (→ Paul)
Apelt, Alfred (→ Bernhard)
(→ Ober, Bernd)
Apelt, Fritz (→ Bernd)
(→ Bernhard)
Arens, Heinrich (→ Ernst)
Arfmann, Dietrich (→ Dierk)
Arlt, Eberhard (→ Harry, Paul)
Arndt, Rudolf (→ Eduard)
(→ Egon)
(→ Malchow, Bruno)
Arnhold, Paul (→ Simon)
Arnim, Hedwig von (→ Herrin vom See)
(→ Herrin von Ort)
(→ Ilia)
(→ Ortrud)
(→ Tai)
Arnim, Oskar von (→ Einsiedel, Graf)
(→ Oscha)
(→ P)
(→ Parsi)
(→ Parsival)
Arnold (→ Max)
Arnold, Elsa (→ Géanotti, Emilienne)
Arnouts (→ Schulz)
Asbach, Karl (→ Fritz)
(→ Siemer, Marinus Johannes)
Ascher, Emmerich (→ Emi, Emmy, Emmi)
(→ Franz)
(→ Maurer)
(→ Wagner)
Assmann, Karl (→ Bernhard)
Auchter, Anna (→ Ackermann, Anna)
(→ Rolves, Anna)
Auchter, Erwin (→ Ackermann, Erich)
(→ André, Ernest Francois)
(→ Augustin)
(→ Onkel Erwin)
Auer, Judith (→ Susa)
(→ Suse)
Auerbach (→ Dirksen, Walter)
Backs, Emil (→ August)
Bader, Reinhold (→ Wuski)
Badstöber, Rudolf (→ Rudl)
Bähre, Richard (→ Borchert, Peter)
Bänsch, Willi (→ Krause, Willi)
Bästlein, Bernhard (→ Dickmann, Ernst)
(→ Ernst)
(→ Hein)
(→ Lothar)
(→ Wichmann, Alfred)
(→ Wichmann, Ernst)
Bahde, Willi (→ Werner)
Bahls, Arthur (→ Grade)
Bahnik, Wilhelm (→ Dicke, der)
(→ Martin)
Bakalejnyk, Alfred (→ Bert)
Baldrmann, Josef (→ Glaser)
Balke (→ Kurt)
Balke, Paul (→ Kurt)
Bandisch, Paul (→ Bauer, Paul)
Banse (→ Kurt)
Bargstädt, Karl (→ Jacob)
Bargstedt, Karl (→ Karl)
Barth, Karl (→ Lehmann)
Barthel (→ Karl)
Barthel, Alfred (→ Emil)
(→ Karl)
Bartonek, Rudolf (→ Willi)
Bauer, Robert (→ Jupp)
(→ Roland)
Baum, Bruno (→ Heiber, Moritz)
(→ Schwarze, Walter)
(→ Walter)
Baumann, Edith (→ Hanna)
Baumgärtner, Georg (→ Richard)
Baumgarte (→ August)
(→ John)
Baumgarte, Kurt (→ August)
(→ Jimmy)
(→ John)
(→ Jonny)
(→ Schneider, Hans)
Baumgarte, Kurt (→ Stucke, Karl)
Baumgarten, Paula (→ Grete)
Baunik, Wilhelm (→ Dicke, der)
Baur, Valentin (→ Wäspi)
Bause, Kurt (→ Schäfer, Hermann)
Bayerthal, Fritz (→ Bernstein, Peter Dr.)
(→ Weyl, Dr.)
Beck (→ Erwin)
Beck, Friedrich (→ Fritz)
(→ Hietzinger)
Becker (→ Ferch, Amalie)
Becker, Karl (→ Karl)
Becker, Ludwig (→ Hermann)
Becker, Olaf (→ Oswald)
Beckermann, Hans (→ Fritz)
Beer, Friedrich (→ Grunow, Heinrich)
Beer, Fritz (→ Grunov)
(→ Kuno)
Begler, Karl (→ Ernst)
Beham, Christian (→ Max)
Behrisch, Arno (→ Müller, Harald)
Beimler, Hans (→ Baier, Hans)
(→ Germak)
(→ Hans)
(→ Manus)
Bekker, Friedel (→ Gentner, Ingeborg)
Beling, Walter (→ Wallbauen, Franz)
Bender, Josef (→ Theo 20)
Bendgens, Hans (→ Henner, Hans)
Benkert, Hermann (→ Schön, Cornelius)
Bentheim, von (→ Freund, der lange)
Benz, Theodor (→ Alte, der)
Bergau, Fritz (→ Gustav)
Bergdolt (→ Weiß, Hans)
Berger, Alphonso (→ Fritz)
Berger, Hans (→ Fred)
(→ Fredy)
(→ Röder)
Berger, Hans Isaak (→ Fred)
Berger, Josef (→ Peppi)
Berger, Otto (→ Max)
Bergmann, Karl-Hugo (→ Roth, Wolfgang)
Bergow, Richard (→ Eule)
Bergtel, Rudolf (→ Karl)
Bernarding, Johann (→ Komisch)
Berndt, Walter (→ Gaedke, Helmuth)
Bertel, Fritz (→ Heinrich)
Bertram, Ernst (→ Fritz)
(→ Heini)
(→ Karl)
Bertz (→ Johann)
Bertz, Paul (→ Albert)
(→ Georg)

Direlli, Bonzo (→ L 2)
Dirmhirn, Lothar (→ Lothar)
Dluhosch, Karl (→ Herbert)
(→ Hupferl)
(→ Marin)
Dobesberger, Edmund (→ Mundl)
Dodt, Johann (→ Friedrich)
(→ Fritz)
(→ Haas, de)
Dörter, Wilhelm (→ Gießen, Bill)
(→ Klein, Willi)
Dohrenberg (→ Heinz)
Domning, Fritz (→ Friedo)
Domsch, Annaliese (→ Trude)
Donat, Hans (→ Helge)
Donath (→ Helge)
Donath, Gerhard (→ Walter)
Dorfner, Therese (→ Vera)
Dose, Karl (→ Anton)
Drube, Adolf (→ Schwarzring)
Dubber, Bruno (→ Erich)
(→ Wa)
(→ Walter)
Duchrow, Alfred (→ Neckarländer Instrukteur)
Duddins (→ Ernst)
Duddins (→ Hügel, Ernst)
(→ Waldau, Viktor)
Duddins, Walter (→ Ernst)
(→ Hügel, Ernst)
(→ Thüringer Ernst)
(→ Wadus)
(→ Waldau, Viktor)
Dünow (→ Alfons)
Dünow, Hermann (→ Alfons)
(→ Iffland)
(→ Konrad)
(→ Peter, Joseph)
(→ Q)
(→ Reich)
(→ Reinhold)
(→ Richter)
(→ Steinert)
(→ Stuttner, Heinz)
Dumont, Paul (→ Oskar)
Dutschke, Hugo (→ Hudut)
Dworak, Karl (→ Gruber)
Dworak, Therese (→ Gruber)
Dymak, Robert (→ Meidlinger Mann)
Dziobaka, Gustav (→ David, Georg)
Ebbinghaus, Hugo (→ Franz)
Ebeling, Hans (→ Berg, von)
(→ Berger, von)
(→ Meyer, Hans)
Ebeling, Karl (→ Hermann)
Eberhardt, Anna (→ Änne)
Eberhardt, Karl (→ Schmidt, Charlie)
Ecker, Leopold (→ Richard)
(→ Schmied)
(→ Schneider)
Eggenberger, Louis (→ Berger)
Eggenhofer (→ Berger)
Eggerath, Werner (→ Emil)
(→ Knoche, Anton)
Eggert, Johannes (→ Niekiel)
(→ Simke, Hans)
Eggert, Paul (→ Bierbach, Alwin)
(→ Erwin)
(→ Freund)
(→ Glas)
(→ Grün)
Ehlen, Walter (→ Alfred)
(→ Heger, Paul)
(→ Peter)
Ehn, Stefan (→ Arion)
(→ Bredow)
(→ Kurt)
(→ Mars)
(→ Orlaw)
Eibensteiner, Barbara (→ Rosl)
Eichelsdörfer, Ernst (→ Radelheimer, Karl)
Eichholzer, Herbert (→ Hase, Karl)
Eichhorn, Herbert (→ Fritz)
Eifler, Erna (→ Gerda)
(→ Gretel)
(→ Lange, Greta)
(→ Muschi)
Eisenschneider, Paul (→ Herbert)
(→ Lukker, Piet Marinus)
(→ Paul)
(→ Peter)
(→ Tibbertsma, Heini Hendrik)
Eke, Wilma (→ Anni)
Elgas, Karl (→ Amberg, Matthias)
(→ Meyer, Karl)
Eller (→ Otto)
Elling (→ Kümmel)
Emmerlich, Arthur (→ Günther)
(→ Wolf, Herbert)
Ende, Adolf (→ Arthur)
Endlicher, Helene (→ Hansi)
(→ Heli)
(→ Mizzi)
Endorf, Otto (→ Otto)
Endrass, Friedolin (→ Alex)
Engert, Otto (→ Heinz)
Engerth (→ Prinz)
Engler, Stefanie (→ Gret)
(→ Grete)
(→ Gretl)
(→ Hermine)
(→ Liesl)
(→ Lisl)
Englert (→ Gretel)
Ephraim, Hildegard (→ Paula)
Erbach (→ Adam)
Erler, Fritz (→ Walter)
Ernst, (Frau) (→ Bachmaier)
Ernst, Alois (→ Schwarz, Dr.)
Ernst, Karl (→ Reiß, Erich)
Faber (→ Kurt)
Fabian, Otto (→ Lamm)
(→ Ludwig)
(→ Römer, Paul)
Fähling (→ Erich)
(→ Karl)
Fähling, Erich (→ Karl)
Fährmann, Paul (→ Färber)
Faltner, Franz (→ Hermann, Hans)
Faß, Friedrich (→ Der Lange)
(→ Fritz)
(→ Sepp)
(→ Seppl)
(→ Toni)
Faßbender (→ Heinz)
Fatrdla, Mathias (→ Bertele)
Fehling, Karl (→ Erwin)
Fellendorf, Wilhelm (→ Lange, Willi)
(→ Willy)
Fenske, Elisabeth (→ Margot)
Fenz, Alfred (→ Schurl)
Ferlemann, Karl (→ August)
(→ Felix)
(→ Hans)
(→ Kruschel, Otto)
(→ Noack, Reinhold)
(→ Peter)
(→ Rudolf)
Ferlemann, Karl (→ Schmidt, Emil)
Ferse, Gerhard (→ Camphausen, Klaus)
(→ Versen, Fritz)
Fetz, Jacob (→ Eckertz, Walter)
Feuerer, Josef (→ Pebo)
Fey, Fritz (→ Herold, Erich)
Fichte, Erwin (→ Bruno)
(→ Erwin)
(→ Rudolf)
Fichter, Oskar (→ Claas)
(→ Dietrich)
(→ Richard)
Filitz, Johanna (→ Inge)
Fimmen, Eduard (→ Edo)
Firl, Herbert (→ Schorsch)
Firl, Wilhelm (→ Friedrich)
(→ Walter)
(→ Weber)
Fisch, Walter (→ Anton)
Fischer (→ Siegel)
(→ Siegl)
Fischer, Erwin (→ Paul)
Fischer, Helene (→ Elli)
(→ Fiedler, Irene)
(→ Lena)
(→ Maria)
(→ Müller, Gertrud)
(→ Trude)
Fischer, Hermann (→ Lang)
Fischer, Johannes (→ Ernst)
Fischer, Karl (→ Gellert, Georg)
(→ Kassner)
(→ Ludwig)
(→ Schorsch)
Fischer, Maria (→ Alma)
(→ Mitzi)
Fischer, Marie (→ Mitzi)
(→ Mizzi)
Fischer, Robert (→ Ede)
(→ Siegl)
Fischer, Rudolf (→ Hilgert)
(→ Siegel)
(→ Siegl)
Fladung, Johannes (→ Diesing, Emil)
(→ Gercken, Wilhelm)
(→ Körting, Gustav)
(→ Leo)
Fleischer, Albert (→ Egon)
Fleischer, Helene (→ Hilde)
Fleiß (→ Mann, der mit den vielen Kindern)
(→ Otium)
Flemming, Kurt (→ Bobrik)
(→ Hahn)
Flieg, Leopold (→ Alphons)
(→ Elfi)
(→ Jürgen)
Fölster, Herbert (→ Emil)
Förder (→ Schacht II)
Förster (→ Cohn)
Fomferra, Friedrich (→ Hamacher, Werner)
Forstreuter, Siegfried (→ Sicki)
Fraenken (→ Alte, der)
(→ Alter)
(→ Willi)
Fraenken, Fritz (→ Alte, der)
(→ Emil)
(→ Ernst)
(→ Erster Mann)
(→ Karl)
(→ Walter)
Fränken, Fritz (→ Alte)
(→ Parteimann)
Fräntzel, Max (→ Hans)
Franczik, Elisabeth (→ Betty)
Frank (→ Hermann)
Frank, Adolf (→ Karl)
(→ Paul)
Frank, Karl (→ Müller, Willi)
Frank, Konrad (→ Konrad)
Frank, Lothar (→ Mahr)
Frank, Wilhelm (→ Hermann)
(→ J-Mann)
Frank, Willi (→ Willi I)

Franke, Erna (→ Ilse)
Franke-Gricksch (Frau) (→ Hildegard)
Franke-Gricksch, Alfred (→ Hildebrand)
Franke-Griksch (→ Hildebrandt)
Franke-Griksch, Alfred (→ Hildebrand)
Franz, Erich (→ Eugen)
(→ Karl)
Franz, Frieda (→ Falter, Frieda)
(→ Inge)
(→ Rosa)
Franz, Heinrich (→ Heini)
Franz, Karl (→ Max)
Franz, Lisbeth (→ Erika)
Franze, Anton (→ Toni)
Freimud, Johann (→ Teltlower)
(→ Willi)
Freimund, Johannes (→ Wilhelm)
Frentzel, Max (→ Christian)
(→ Hans)
Frey, Gottfried (→ Emmy)
Frey, Hans (→ RGO-Hans)
Freyer, Erwin (→ Michael)
Freyer, Fritz (→ Reuter)
Frick, Walter (→ Busse)
Frieb (→ Stefan)
Frieb, Hermann (→ Stefan)
Friede, Erhard (→ Pimper)
Friediger, Karl (→ Feidel, Robert)
Friedrich, Dietrich (→ David)
(→ Rolf)
Friedrichs, Albert (→ Gerd)
(→ Harry)
(→ Kersten, Fritz)
Friemelt (→ Pilger)
Frisch, Wilhelm (→ Gustav)
Fritsch, Eduard (→ Edi)
(→ Engel)
Fritsche, Leopold (→ Gruber)
(→ Leo)
Fritsche, Leopold (→ Toni)
Fritzsche (→ Bernhard)
(→ Lux)
Fritzsche, Fritz (→ Paul)
Fritzsche, Leopold (→ Gröbner)
(→ Gruber)
(→ Kreuzer)
(→ Leo)
(→ Toni)
Fritzschke, Leopold (→ Leo)
Fröhler, Simon (→ Maxie)
(→ Monny)
Fröhlich (→ Hans)
Fröhlich, Horst (→ Hans)
Fuchs, Erwin (→ Längle)
Fuchs, Gerhard (→ Hans)
Fuchs, Käthe (→ Johanna)
Fuchs, Ulrich (→ Meyer)
Fucks, Erwin (→ Längle)
Fugger (→ Richard)
Fugger, Karl (→ Richard)
Fuhrmann, Anton (→ Erwin)
Fuhrmann, Bruno (→ Albert)
Funk, Josef (→ Seppl)
Funke, Ewald (→ Freiberg, Heinz)
(→ Heinz)
(→ Rudolf)
Funke, Walter (→ Kurt)
Gabbe, Fritz (→ Gaebel, Fritz)
Gabel, Johannes (→ Bubi)
Gabler (→ Willi)
Gabler, Leo (→ Heini)
Gäbler, Fritz (→ Kurt)
Gajda, Anton (→ Pick)
(→ Raupenzüchter)
Gall, Willi (→ Max)
Gall, Willy (→ Max)
Garling, Bernhard (→ Erwin)
Gastol, Franz (→ Rudi)
Gaubmann, Friedrich (→ Otto)
Gebert, Margarethe (→ Inge)
Geest, Richard (→ Rolf)
Gefroi, Franz (→ Erich)
Geiger, Josef (→ Emil)
Geisen, Hermann (→ Hermann)
Gentsch, Erich (→ Alwin)
Gerstenberg, Bodo (→ Haffner)
Gertel, Gerhard (→ Charlie)
(→ Paul)
Geschrey, Anton (→ Anton)
Geyer, Kurt (→ Herbert)
Giersiepen (→ Fritz)
(→ Lorenz, Kurt)
Gindra, Theodor (→ Albert)
Girnus, Wilhelm (→ Hermann)
(→ Stein, Heinz)
(→ Ziegler, Wilhelm)
Glaser, Hans (→ Hahn)
Glaser, Hans Rudolf (→ Hahn)
Glaß, Rudolf (→ Breuer, Rolf)
Glaubauf, Hans (→ Berger, H. G.)
Glaubauf, Hans (→ Illing, Franz)
(→ Lobe, Hans Dr.)
Göbert (→ Paukermann)
Götz, Josef (→ Hilde)
(→ Rupprecht)
Gold, Leopold (→ Döblinger)
Goldberg (→ Dicke, der)
Goldberg, Willi (→ Dicke, der)
(→ Wilking)
Goldberg, Willy (→ Dicke, der)
(→ Scheffler, Martin)
(→ Siegmund, Albert)
Goldstein, Grete (→ Grete)
Goller, Hubert (→ Bibi)
(→ Colt)
Gollinger, Johann (→ Hansl)
Goltz, Fritz (→ Harry)
Golz, Fritz (→ Harry)
Gomolla, Emanuel (→ Männe)
Gorjanic, Albert (→ André)
Gottlieb, Peter (→ Vogelhändler)
Graber, Johann (→ Lorenz)
(→ Norbert)
Grabs, Gerhard (→ Reinhard)
Gräfe, Willi (→ Erwin)
Gräller, Mathilde (→ Tilde)
Graf, Hildegard (→ Mars, Erna)
Granzow (→ Felix)
Granzow, Kurt (→ Adolf)
Granzow, Kurt Erich (→ Golding, Alfred)
(→ Karaseck, Rudolf)
(→ Laan, Bert van der)
(→ Larsen, Niels)
(→ Moser, Adolf)
(→ Peterson)
Grap, Bruno (→ Walter)
Graßnickel, Gertrud (→ Lotte)
Greif, Walter (→ Müller, Alphonse)
Griesbach, Walter (→ Hamprecht, Walter)
Grigorjeff (→ Fritz)
Grimm, Walter (→ Erbse)
(→ Walter aus Eisenach)
Grobes, Paul (→ Grabow)
Grobis, Paul (→ Grabow, Fritz)
(→ Paul)
Gromulat (→ Günther)
Groscurth, Georg (→ Werner)
Groß, Arthur (→ Schulze)
Groß, Babette (→ Roberta)
Groß, Emil (→ Dyck, Jan van)
Grosse, Fritz (→ Blau, Julius)
(→ Kurt)
(→ Schmidt)
(→ Sommer, Fritz)
(→ Steinberg, Alois)
Großkopf, Richard (→ Steinke)
(→ Volta)
Großmann, Oskar (→ Otto)
Gruber, Heinz (→ Heigru)
Gruber, Kurt (→ Paul)
Gruber, Michael (→ Pitt)
Gruber, Michael (→ Tom)
Gruda (→ Seppl)
Grühn, Udo (→ Friedel)
(→ Friedrich)
(→ Karl)
(→ Munsteiner, Ernst)
Grüller, Mathilde (→ Thilde)
Grün, Fancia (→ Friedel)
(→ Grothe, Friedel)
Grünberg, Friedrich (→ David)
(→ Erich)
(→ Werner)
(→ Ziese, Erich)
Gründing (Frau) (→ Gretl)
Gründling, Anna (→ Grete)
Grünefeld, Paul (→ Max)
(→ Grünfeld, Hans)Bruno
Grünspan, Ruth (→ Vera)
Grützmacher, Fritz (→ Bauer)
Grupe, Friedrich (→ Waldemar, Franz)
Gruschwitz, Max (→ Wandel)
Grybowski (→ Stahl)
Grybowski, Franz (→ Teska, Eugen)
Grzegorek (→ Langer Hans)
Grzeschik (→ Anton)
(→ Ede)
Grzeschik, Max (→ Anton)
Grzeschik, Paul (→ Ede)
Gschmeidler, Ernst (→ Karli)
(→ Peter)
Gsur, Hubert (→ Fritz)
Günther, Hans (→ Hanno)
Günzburg, Frieda (→ Gretl)
Güther, Arthur (→ Franz)
Gugler, Josef (→ Loisl)
Gundermann, Marianne (→ Toni)
Gurewitsch, Anatolij (→ Kent)
Gustedt, Elisabeth von (→ Schluck, von)
(→ Werner, von)
Gutsche, Josef (→ Sepp)
Haas, Franziska (→ Franzi)
Haas, Johann (→ Ludwig)
Haas, Michael (→ Julius)
Haas, Nikolaus (→ Hamm, Leonard)
Haas, Otto (→ Ludwig)
Haas, Walter (→ Siegfried)
Haasmann, Cilli (→ Elli)
Haberer, Georg (→ Gebhardt, Otto)
(→ Jacques)
Haberlach, Paul (→ Franz)
Habsburg, Otto von (→ Pista)
Hackenberger, Fritz (→ Hauptmann Stahl)
Hadacek, Leopold (→ Poldl)
Hadaschik, Walter (→ Schorsch)
Hämmerling (→ Hermann)
(→ Paul)
Hämmerling, Bruno (→ Krüger)
(→ Paul)
Händler, Franz (→ Bucky)
Händler, Johann (→ Jonny)
Hahmeyer (→ Kurt)
Haida, Anna (→ Gitta)
Hallmeyer (→ Josef)
(→ Kurt)
Hallmeyer, Kurt (→ Kurt)
Hallmeyer, Rudolf (→ Gunnar)
(→ Kurt)
(→ Mattensen, Jürgen)
(→ Schrader, Walter)

(→ Richard)
Jahnke, Paul (→ Erwin)
Jahr, Reinhold (→ Fritz)
(→ Helmuth)
Jaindl-Haring, Franz (→ Franz Jäger)
Jakob, Franz (→ Martin)
(→ Puls, Martin)
Jakob, Karl (→ Emigrantenfritz)
Jakob, Wilhelm (→ Jonas, Walter)
Jakobi, Karl (→ Fritz)
Jakobovits, Josef (→ Holzer)
(→ Jonas)
Jakubowski, Erika (→ Käthe)
(→ Lotte)
Jalass, Georg (→ Werner)
Jamin, Erich (→ Max)
Janckow (→ Otto)
Jankowski, Karl (→ Josef)
Jansen (→ Piele)
Januska, Josef (→ Neger)
(→ Rudl)
Janz, Wilhelm (→ Misselwitz)
Jaroslavsky, Eduard (→ Schopf)
(→ Werner)
Jatzlau, Rudolf (→ Rudi)
Jazosch, Lucie (→ Else)
Jech (→ Loe)
Jennes, Johann (→ Franz)
Jepsen (→ Rudi)
Jessen, Ernst (→ Hansen, Erwin)
Jez, Elisabeth (→ Liesl)
Jirak, Frank (→ Norbert)
Jirak, Franz (→ Norbert)
Jochim, Willi (→ Herbert)
Jonas, Horst (→ Rolf)
Jones, Anna Luise (→ Hanna)
Jonschker, Karl (→ Emigrant)
(→ Martin)
(→ Schorsch, Bruno)
(→ Walter)
Jost, Margarete (→ Gretl)
(→ Käte)
Jost, Margarethe (→ Käthe)
(→ Trude)
Jung (→ Georg)
Jung, Maximillian (→ Maxl)
Jungclas, Georg (→ Georg)
Jungmann, Erich (→ Alex)
(→ Felix)
(→ Heinz)
Junius, Paul (→ Erich)
Jurr (→ Kurt)
Jurr, Gerhard (→ Warndtke)
Jurr, Werner (→ Martin)
Kaasch, Wienand (→ Parkes, William N.)
(→ Stiege, Arnold)
Kaczmierczak, Michael (→ Vox)
Kämpf (→ Georg)
Kämpf, Walter (→ Georg)
Kärcher, Paul (→ Maurer, Karl)
Kästenbauer, Regine (→ Lilly)
Kaiser (→ Emil)
Kaiser, Adolf (→ Addie)
Kaiser, Ewald (→ Gehrmann, Robert)
(→ Karl)
Kaiser, Ewald (→ Poillet, Marcel)
Kales, Otto (→ Schmied)
Kalinowski, Kurt (→ Kümmel)
Kalkmesser, Christine (→ Christl)
Kalles, Otto (→ Schmied)
Kalteis, Franz (→ Böhmer)
Kalthoff, Willi (→ Willi)
Kaminski, Hermann (→ Bart)
Kampel, Angela (→ Ella)
Kampers, Karl (→ Florl)
Kampradt, Albert (→ Kaiser, Paul)
Kapito, Ernst (→ Erwin)
Kaps, Alfons (→ Fred)
(→ Heinz)
(→ Reinders)
(→ Reinders, Hans)
Kaps, Alfred (→ Fred)
Kapusta, Theodor (→ Theo)
Karas, Eduard (→ Ede)
(→ Eden)
Karg, Berta (→ Behrendt, Gertrud Anna Hermine)
(→ Friedel)
(→ Ilse)
(→ Koch, Lisbeth)
(→ Lotte)
(→ Mathies, Klara)
(→ Rola)
(→ Schäfer, Anna)
(→ Schmidt, Hugo)
Karg, Bertha Karola (→ Lotte)
Karg, Karola (→ Friedel)
(→ Lotte)
(→ Rola)
Karl, Johann (→ Kellermann, Ernst)
(→ Weber, Bernhard)
Karp (→ Waldemar)
Karras, Josef (→ Pepi)
Kascha, Franz (→ Hartmann II)
Kascha, Leopold (→ Hartmann I)
Kasper, Peter (→ Berger, Fritz)
(→ Schmid, Gustav)
(→ Stern)
Kassner, Walter (→ Bruno)
Kaßner, Walter (→ Bruno)
(→ Körner, Rudolf)
Kastelic, Jakob (→ Bernhard)
(→ Konrad)
Kastner (→ Schorch)
Katholi (Frau) (→ Karin)
Kauf, Alfred (→ Alfred)
(→ Otto)
Kaufmann, Hans (→ Karl)
Kaufmann, Josef (→ Simmerl)
Kaufmann, Karl (→ Karl)
Kaun, Gehard (→ Paul)
Kayser, Albert (→ Robert)
Kayser, Alfred (→ Alf)
Kayser, Wilhelm (→ Arnim, Franz)
(→ Helm, Jochen)
(→ J.H.13.)
Kazmierczak, Andreas (→ Richard)
Keisel, Gustav (→ Gustl)
Kellner, Anton (→ Willi)
Kellotat, Gerhard (→ Karl)
Kesselbauer, Michael (→ Mischko)
Kettig, Otto (→ Hernik, Rudolf)
Kiesel, Gustav (→ Gustl)
(→ Peter)
Kiesel, Karl (→ Weber)
Kippenberger, Hans (→ Alex)
Kirchgatter, Heinz (→ Kurt)
Kirchpal, Otto (→ Cherry)
(→ Chery)
Kirchweger, Franz (→ Gigerl)
Klabunde, Fritz (→ Klein, Franz)
(→ Kunze, Franz)
Klann, Erich Paul Hermann
(→ Diebert)
Klantschnik, Johann (→ Stojan)
Klapper, Katherina (→ Lisbeth)
Klapproth, Isidor (→ Isi)
Klausmann (→ Wolf)
Klaws, Walter (→ Franz)
Kleefisch, Alexander (→ Alex)
Klein, Arnold (→ Heinrich)
(→ Kolossa, Edwin)
Kleinert, Gustav (→ Hammer, Fritz)
Kleinschmidt (→ Jonny)
Kleist, Herbert (→ Hans)
Kleppel, Dagobert (→ Graf, Karl)
(→ Spicker)
(→ Spicker, Karl)
Klika, Franz (→ Klein)
Kling, Wilhelm (→ Fritz)
Klinger, Willi (→ Empling, Franz)
Klöppel, Karla (→ Erika)
Klose, Gerhard (→ Erich)
(→ Wilhelm)
Klose, Willi (→ Höcker, Gustav)
Klostermann, Therese (→ Reserl)
Klotz, Helmut (→ Horst)
Klug, Willy (→ Willy)
Knaack, Ernst (→ Kleine, der)
Knapp, Wilhelm (→ Engelmann)
Knes, Hubert (→ Eberhard)
Knigger, Wilhelm (→ Max)
Knippschild (→ Franz)
(→ Heinrich)
Knochenhauer, Rudolf (→ Uhzwut)
Knöchel, Wilhelm (→ Alfred)
(→ Emil)
(→ Erasmus, Wilhelm)
(→ Forgbert, Erhard)
(→ Fritz)
(→ Jansen)
(→ Karl)
(→ Kurt)
(→ Paul)
(→ Schröder, Alfred)
(→ Walter)
Knöchel, Willi (→ Jansen, Alfred)
Knöpfel (→ Konrad)
Knöpfel, Walter (→ Konrad)
Knoeringen, Waldemar von (→ Kerber, Michael)
(→ Kerber, Walter)
(→ Michel)
(→ Michl)
Knoop, Wilhelm (→ Ludwig)
Knüfken, Hermann (→ Karl)
Kober, Anton (→ Toni)
Kochan, Friedrich (→ Jonat)
Köbel, Eberhard (→ tusk)
Köbke, Emma (→ Lissy)
Köchling, Franz (→ Franz)
Köchling, Heinrich (→ Franz)
Köck, Klara (→ Toni)
Köhl, Siegfried (→ Schusch)
(→ Schuschnigg)
(→ Vicki)
(→ Wicki)
Köhler, Fritz (→ Bruno)
Köhler, Georg (→ King)
Köhler, Karl (→ Kalli)
Köhne, Fritz (→ Der rote Professor)
(→ Günther)
Koenen (→ Wilhelm)
König (→ Hütteldorfer)
König, Emil (→ Hütteldorfer)
Köpke, Emma (→ Lissy)
Kohane, Jakob (→ Finder)
Kohel (→ Knopf)
Kohl, Helmuth (→ Leo)
Kohlitz (→ Schneckerl)
Kohlitz, Josef (→ Schneckerl)
Kohn, Erich (→ Erich)
Kolar (→ Badwaschl)
Kolar, Richard (→ Badwaschl)
Koll (→ Hans)
Koll, Otto (→ Hans)
Komez, (Frau) (→ Tinca)
(→ Tincela)
Konrad (→ Rudi)
Konrath, Heinrich (→ Hans)
(→ Neuberg, Siegfried)
(→ Schneidermann)
(→ Trübendorfer)

Schuhmacher (→ Sachs)
Schuldt, Hermann (→ Karl)
(→ Klotsche, Ernst)
(→ Max)
Schulte, Fritz (→ Fischer)
(→ Georg)
(→ Perlmann)
(→ Riedler)
Schulz, Erich (→ Bruno)
(→ Ewald)
(→ Fietje)
Schulz, Erich (→ Stefan)
(→ Svensen, Olaf Arvid)
Schulz, Fritz (→ Otto)
Schulz, Johanna (→ Hanna)
Schulze, Albert (→ Lo, Albert)
Schulze, Kurt (→ Bruno)
Schulze, Paul (→ Emil)
(→ Otto)
(→ Schnecke)
Schumacher, Ernst (→ Schuster)
Schumann, Ellie (→ Erna)
Schumann, Georg (→ Goldberg, Dr.)
(→ Karow, Emil)
(→ Müller, Alfred)
(→ Stiefel)
Schumann, Karl (→ Kaschu)
Schuster, Karl (→ Berger)
(→ Freyschmidt, Josef)
(→ Karl)
(→ Langer)
Schwab (→ Louis)
Schwab, Alexander (→ Alex)
Schwab, Josef (→ Louis)
(→ Lours)
Schwabe, Arnold (→ Dicke, der)
Schwager, Friedrich (→ Erich)
(→ Furtmüller)
(→ Reiter, Ernst)
Schwarz, Herbert (→ Jupp)
Schwarz, Rudolf (→ Horst)
(→ Otti)
Schwarz, Wilhelm (→ Furrer, Paul)
Schwarz, Willi (→ Klein)
(→ Kleiner)
Schwarzböck, Josef (→ Peperl)
Schwarzloh (→ Steiner)
Schwarzloh, Georg (→ Steinera)
Schwebinghaus, Eugen (→ Kurt)
Schwelien, Hans-Joachim (→ Tom)
Schwendenwein, Johann (→ Hans)
Schworting, Günter (→ Flimmerfritze)
(→ Paul)
Sebek, Franz (→ Lange, der)
(→ Langer)
(→ Schuster)
Sefcik, Anna (→ Steffi)
Sehheim, Max (→ Felix)
Seidel, Hugo (→ Gustav)
Seidl, Franz (→ Runo)
Seifert, Alfred (→ Fred)
Seifert, Herbert (→ Bauer, Villem)
(→ Stein, Herbert)
Seiler, Anton (→ Nickel)
Seiler, Ewald (→ Franz)
Seiler, Nikolaus (→ Nikla)
Seipold, Oskar (→ Weiß)
Selbach (→ Herbert)
Selbiger, Kurt (→ Kurt)
Selbmann, Friedrich (→ A.M.1)
(→ Anton)
Selinger, Manfred (→ Petersen)
Selke, Wilhelm (→ Viktor)
Sellheim, Max (→ Felix)
Sendhoff, Heinz (→ Heinz)
Sendhoff, Magdalene (→ Nelli)
Senft, Benjamin (→ Benno)
(→ Fritz)
Seng, Rudi (→ Willi)
Seng, Willi (→ Behrend, Kurt)
(→ Kurt)
(→ Ludwig)
(→ Otto)
(→ Rudi)
(→ Wiedemann, Herbert)
Senhofer, Anna (→ Mitzi)
Senk, Willi (→ Kurt)
Senp, Willy (→ August)
Sens, Max (→ Wenning, Richard)
Sicka, Leopoldine (→ Ida)
Siebenleichler (Frau) (→ Karola)
Siegmund, Robert (→ Hermann)
Siering, Kurt (→ Otto)
Sievers, Max (→ Heiliger Martin)
(→ Loth)
(→ Martin)
Sigmeier, Helmut (→ Hermann)
Sikora, Johann (→ Hansl)
Sikuta, Franz (→ Giesser)
Simon (→ Hansi)
Sindermann, Anni (→ Angelika)
(→ Eva)
(→ Frieda)
Skopal, Josef (→ Pepperl)
(→ Peppi)
Smolik (→ Schwarz)
Spangenberg, Max (→ Beule)
Spanier, Franz (→ Gumbert)
Spanner, Franz (→ Franz)
Spatz, Ernst (→ Marek)
Spier, Fritz (→ Baumann)
(→ Unger, Fritz)
Spöcker, Frida (→ Stich, Katharina)
Springer, Robert (→ Walter)
Srch (→ Kurt)
Srch, Gustav (→ Gustl)
(→ Kurt)
Sredzki, Siegmund (→ Hermann)
(→ Sike)
Städele (→ Seppl)
(→ Walter)
Stahl, Emil (→ Emil)
(→ Hofmann, Max)
Stamm, Robert (→ Jakobsen)
(→ Schonenberg)
Stange, Franz (→ Herbert)
(→ Stamm, Franz)
Stanislav, Anna (→ Anny)
Starek, Leopoldine (→ Franzi)
Starke, Erich (→ Rolf)
Steiger, Otto (→ Otto)
Stein (→ Willy)
Stein, Michael (→ Hietzinger)
Steineberg, Siegfried (→ Ernst)
Steiner, Rupert (→ Pitt)
Steiner, Ruppert (→ Tom)
Steinfatt (→ Robert)
Steinfurth, Else (→ Erna)
Steinhoff (→ Josef)
Stendebach, Georg (→ Fischer, Johannes)
(→ Richard)
Stender, Ernst (→ Gerd)
(→ Ullrich)
Stengl, Adolf (→ A. Kowatsch)
(→ Bruckner, Rob.)
(→ Planner, Ed.)
Stern, Gustav (→ Eduard)
(→ Edvard)
Steuer, Leopold (→ Polderl)
Steurer, Leopold (→ Bertl)
Stiehler, Arno (→ Dan)
Stieler (→ Karla)
Stieler, Arno (→ Fred)
Stingl, Max (→ Klein, Jaques)
(→ Theo)
Stoltschnik (→ Jakob)
Stoltschnik, Georg (→ Jakob)
Stoye, Max (→ Erich)
(→ Jonny)
(→ Karl)
(→ Leopold)
(→ Löwe, Maxim)
(→ Piere)
(→ Ussel, van)
Strähnz, Otto (→ Karl)
Straßer, (Frau) (→ Tutu)
Strasser, Otto (→ Hoffmann, Dr.)
Straßer, Otto (→ Baumann, Dr.)
(→ Berger, Dr.)
(→ Dsching)
(→ E)
(→ Emmy)
(→ Hofmann, Dr.)
(→ Kitty)
(→ O)
(→ Odysseus)
(→ Ottilie)
(→ Otto)
(→ Prag)
(→ Schwarzer Ritter)
(→ Tom)
(→ Zirka, Hans)
Strecker (→ Ernst)
Streit, Franz (→ Faga)
Strelka (→ Pau-C)
Strinz, Willi (→ Sommer)
Strohmayer, Josef (→ L 1)
Struwe, Carola (→ Freundin Carola)
Stuckenbrock, Hilde (→ Anni)
(→ Trude)
Stude, Edmund (→ Richard)
Stühler (→ Heinz)
Stühler, Karlheinz (→ Franke)
(→ Heinz)
Stühler, Karlheinz (→ Kälber)
Stumpacher, Johann (→ Tischler)
Sturm, Rudolf (→ Michl)
Suchan, Kurt (→ Sucherich)
Süß, Egon (→ Jolly)
Suter, Franz (→ Sauer, Fritz)
Svoboda (→ Sommer)
Swadlek, Oswald (→ Ossi)
Switalla, Stanislaus (→ Anton)
Szakal, Peter (→ Peter)
Szczygiel, Josef (→ Simon, Julius)
Szepanski, Gertrud (→ Trude)
Tag (→ Knuth)
Tagmann (→ Baku)
Taleikis (→ Willi)
Tanbennein, Gerhard (→ Otto)
Tatzber (→ Katzer)
Taussig, Jarmila (→ Karla)
Telfner, Ludwig (→ Klein)
(→ Klein, Ludwig)
Tesar, Jarolin (→ Jerry)
Tesarik, Wilhelmine (→ Wilma)
Tesch, Karl (→ Carlemann)
Teschner, Friedrich (→ Langer Fritz)
Thesen, Mathias (→ Kant, Paul)
(→ Sprengel, Max)
(→ Wittbrodt, Edmund)
Thesen, Matthias (→ Göbel, Walter)
(→ Kaut, Paul)
(→ Paul)
Thews, Wilhelm (→ Harald)
Thiele (→ Arno)
(→ Thiele, Ernst)Emil
Thiele, Wilhelm (→ Hans)
(→ Heinz)
(→ Kurt)
(→ Otto)
Thoma, Emma (→ Trude)
Thoma, Karl (→ Blau, Ewald)

Thomas (→ Heinrich)
Thomas, Ferdinand (→ Landmann)
Thomas, Karl (→ Erich aus Löbau)
Tilecek, Josef (→ Danubia-Mann)
Tischer, Alfons (→ Heinze, Willi)
(→ Naumann)
Tobyasz, Jakob (→ Huber, Jakob)
(→ Wuttke, Otto)
Toelle (→ Gottlieb)
Toller, Paul (→ Krüger, Paul)
Toller, Wolfgang (→ Oswald)
(→ Werner)
Tomasek, Karl (→ Karl)
Tomasek, Leopold (→ Leo)
Tonn, Michael (→ Rolf)
Tonski, Karl (→ Paul)
Treibenbach (→ Toni)
Treiber, Alois (→ Xandl)
Treitz von Bühlheim (→ Kupsa)
Trenkelbach (→ Trenkle)
Treurniet, Arie (→ Lisa)
Trieb, Hermann (→ Stefan)
Trillitzsch, Otto (→ Ahrens, Walter)
(→ Kaiser)
Troll, Max (→ Theo)
Trost, Karl (→ Baumann)
(→ Dejmek)
Trutzkel (→ Max)
Tschabitscher, Leopold (→ Poldl)
Tschäpe, Herbert (→ Jürgen)
(→ Magne, Raymond)
(→ Schrödter, Jürgen)
Tschappek, Hermine (→ Wenzel)
Tübbecke, Hans (→ Felix)
Tukay, Johannes (→ Theo)
Tuma, Anton (→ Fritz)
(→ Fritzl)
Turra, Friedrich (→ Fritz)
(→ T 3116 (als V-Mann))
Tuttas, Karl (→ Ludwig)
(→ Müller, Lutz)
(→ Ulrich)
Tyroll (→ Franz)
(→ Venn)
Übinger, Josef (→ Joschi)
Ücker, Maximilian (→ Herbert)
Uhlenhut (→ Huckchen)
Uhlig, Rosa (→ Jesus)
Uhlir, Erika (→ Rikki)
Uhlir, Rudolf (→ Schneider)
Uhlmann, Walter (→ Ludwig)
Uhrig, Robert (→ Robby)
Uitz, Eduard (→ Tauber)
Ulbrich, Gerhard (→ Gustav)
Ulfert, Gustav (→ Oskar)
Umrath, Oskar (→ Heinicke)
(→ Heinicke, Helmuth)
(→ Walter)
Unger (→ Lose, Körting)
Unger, Joachim (→ Körting)
(→ Lohse)
Unreth, Werner (→ Konrad)
Urach, Hedwig (→ Hedi)
(→ Hilde)
Urbahns, Hugo (→ Lemmert)
Urschat, Gustav (→ Peter)
Vacek (→ Wagner)
Valach, Alois (→ Maurer)
Valentinotti, Stefan (→ Adust Kdo.)
Vehlow, Franz (→ Lui)
Veigl, Friederike (→ Fritzi)
Venohr, Ernst (→ Möhrchen)
(→ Paul)
Verner, Johannes (→ Rudi)
Vesper, Werner (→ Peter)
Vicker (→ Otto)
Vieth von Golssenau, Arnold (→ Renn, Ludwig)
Vieweg, Karl (→ Kurt)
Vladar, Rudolf (→ Werner)
Vogel, Franz (→ Brand, Kurt)
(→ Brandt, Kurt)
(→ Kroll, Charlie)
(→ Kroll, Charly)
Vogel, Franz (→ Kurt)
Vogel, Hans (→ Erich I)
Vogel, Johannes (→ Erich I)
Vogel, Paul (→ Paul)
Vogelbacher, Otto (→ Willy)
Vogt, Arthur (→ Treubert, Albert Max Otto)
Voigt, Willi (→ Ernst)
Volack, Wilhelm (→ Kern)
Volak, Wilhelm (→ Kern)
(→ Willi)
Volk (→ Karl)
Vollbring, Franz (→ Franz)
von Rauschenplat, Helmut
(→ Werkmann)
Vorberg, Karl (→ Fritz)
(→ Hanke)
(→ Homann)
(→ Rudi)
Voß, Milda (→ Frieda)
Vostarek, Otto (→ Otto)
(→ Schlosser)
Wabra, Ernst (→ Fritz)
Wachtel, Max (→ Otto)
Wachter, Richard (→ Nord)
Wager (→ Karl)
Wager, Josef (→ Bebo)
(→ Karl)
Wagner (→ Alfred)
Wagner, Edmund (→ Edi)
Wagner, Helmut (→ Alfred)
Wagner, Helmuth (→ Alfred)
Wagner, Johann (→ Schlosser)
Wagner, Josef (→ Jakob)
(→ Seppeli)
Wagner, Kurt (→ Gerhard)
Wagner, Peter (→ Toni)
Wahls, Otto (→ Bader)
(→ Horst)
(→ Kuno)
(→ Kuno, Horst)
(→ Thal)
Walcher, Jakob (→ Imm)
(→ Jim)
Wald, Eduard (→ Bugecke, Arthur)
(→ Detlev)
(→ Felix)
(→ Franz)
(→ Hinrichs, Richard)
(→ Kurt)
(→ Lamprecht, Deffet)
(→ Lamprecht, Karl)
(→ Mertens, Dr.)
Wallbaum (→ Jupp)
Waller, Maria (→ Mitzl)
Walter, Friedrich (→ Albert)
Walter, Jacob (→ Max)
Walter, Johann (→ Dobrowski)
Walther, Rudolf (→ Karl)
Warmbrunn, Gustav (→ Franz)
(→ Fremde, der)
(→ Fremdenlegionär)
(→ Willi)
Warnke (→ Hugo)
Warnke, Herbert (→ Jens)
Wartenberg, Gerhard (→ Gilka)
Wascher, Rudolf (→ Klaus)
Waschkowitz, Alfred (→ Engländer)
Wauer, Horst (→ Setzei)
(→ W., der künstlerische)
Weber, Alfred (→ Müller, Walter)
Weber, Otto (→ Rosa)
Wecke, Ludwig (→ Werner, Ludwig)
Wegener (→ Hans)
Wegener, Gustav (→ Hans)
Wegener, Karl (→ Adolf)
(→ Otto)
Wehner, Herbert (→ Bertold)
(→ Funk, Kurt)
(→ Stern)
Wehofer, Wilhelm (→ Fritz)
Weichan, Franz (→ Bruno)
Weichhardt, Martin (→ Martin)
Weidauer, Walter (→ Förster, Karl)
(→ Franz)
(→ Karl)
Weide, Gottlieb (→ Wiedmeier)
Weidkus (→ Jetten)
Weikert, Eugen (→ Elbe)
Weinfurter, Leopold (→ Wolf)
(→ Wolfi)
Weinfurtner, Leopold (→ Wolf)
Weingart, Josef (→ Herder, Sepp)
Weintz, August (→ August)
Weisbecher, Walter (→ Felix)
Weisbrodt (→ Hans)
Weise, Kurt (→ Helfferich)
Weisenborn, Günter (→ Munk, Christian)
Weiß (→ Richard)
Weißbecker, Walter (→ Felix)
Weißer, Johann (→ Stanke)
Weitkowitz, Hans (→ Werner)
Welker, Helene (→ Hilde)
Wendel (Frau) (→ Marga)
Wendel, Hertha (→ Hanna)
Wendler, Erich (→ Willy)
Wenzel, Johann (→ Bergmann)
(→ Hermann)
(→ Hugo)
Werndl, Josef (→ Seppl)
Werner, Heinrich (→ Otto)
Werner, Otto (→ Pfeiffer)
Werner, Pius (→ Karl)
Werpel, Helmut (→ Peter)
Werther, Paul (→ Axel)
Westenberger, Benno (→ Engbert, Petrus)
(→ Nansink, Jakobus)
(→ Neumann, Paul)
Wiatrek, Heinrich (→ Kirsch, Heinrich)
(→ Richard)
(→ Robert)
(→ Schneider, Hans)
(→ Stefan)
(→ Weber, Fritz)
Wiatrek, Walter (→ Richard)
Wichtl, Wilhelm (→ Helene)
Wiedmaier, Eugen (→ Bruno)
(→ Eugen)
(→ Gustav)
(→ Karl)
(→ Oberreisender)
(→ Oskar)
Wiehn, Karl (→ Kölling)
(→ Kowalko, Anton)
(→ Schilling)
(→ Schmidt, Hugo)
Wiesenfeld, Fanny (→ Liesel)
(→ Niemann, Hedwig)
Wiesner, Otto (→ Anton)
Wiik, Ragnhild (→ Else)
Wilhelm, Eduard (→ Blauer Ede)
(→ Kaiser Wilhelm)
(→ Theo)
Wilk (→ Fritz)
(→ Heinz)
Wilk, Johannes (→ Fritz)
(→ Heinz)
(→ Windhund)

Gruppenregister

- Fiche: *0622 f.*
  Az 1: 10J 453/38
  Az 2: 1H 25/39

Deutscher Freidenkerverband
- Fiche: *0518/0558*
  Az 1: 10J 815/43
  Az 2: 1H 289/43
- Fiche: *0718 f.*
  Az 1: 8J 444/35
  Az 2: 2H 54/36

d.J. 1.11
- Fiche: *0127/0623*
  Az 1: 8J 419/37g
  Az 2: 2H 33/38

Ebeling-Gruppe
- Fiche: *0069*
  Az 1: 8J 12/36g
  Az 2: 1H 42/36
- Fiche: *0528*
  Az 1: 11J 122/35g
- Fiche: *0564*
  Az 1: 8J 148/42g
  Az 2: 5H 67/43
- Fiche: *0594 f./0695 f.*
  Az 1: 11J 122/35g
  Az 2: 2H 10,11,12/37
- Fiche: *0701*
  Az 1: 7(8)J 176/42g
- Fiche: *0707*
  Az 1: StPL (RKA) II 191/42
  Az 2: StPL (HLS) IV 87/42

Edelweißpiraten
- Fiche: *0601*
  Az 1: 9J 100/44
  Az 2: 2H 131/44

Eidgenossen
- Fiche: *0266*
  Az 1: 8J 403/35g

Einheitsverband der Bergarbeiter Deutschlands (EVBD)
- Fiche: *0224*
  Az 1: 17J 44/34
  Az 2: 2H 2/34

Einheitsverband der Eisenbahner Deutschlands (EdED)
- Fiche: *0147 ff*
  Az 1: 6J 374/38g
  Az 2: 1H 37/39
- Fiche: *0153*
  Az 1: 6J 243/39
  Az 2: 1H 51/39
- Fiche: *0153*
  Az 1: 6J 374/38g
  Az 2: 1H 52/39
- Fiche: *0291/0719*
  Az 1: 9J 237/40
  Az 2: 2H 17/42
- Fiche: *0380*
  Az 1: 7J 404/43
  Az 2: 5H 155/43
- Fiche: *0480*
  Az 1: 6J 374/38g
- Fiche: *0516*
  Az 1: 9J 315/37
  Az 2: 2H 61/37
- Fiche: *0550 f.*
  Az 1: 9J 315/37
  Az 2: 2H 50/37

Einheitsverband der Seeleute, Hafenarbeiter und Binnenschiffer (EVSH)
- Fiche: *0120*
  Az 1: 17J 401/37
  Az 2: 2H 14/38

Esperantobund
- Fiche: *0452*
  Az 1: 9J 231/35
  Az 2: 2H 44/35

Europäische Union
- Fiche: *0185 f.*
  Az 1: 11J 29/44
  Az 2: 1H 52/44
- Fiche: *0186/0579*
  Az 1: 11J 36/44
  Az 2: 1H 64/44
- Fiche: *0186 f./0677*
  Az 1: 11J 32/44
  Az 2: 1H 51/44
- Fiche: *0187*
  Az 1: 11J 243/44
  Az 2: 1H 73/44
- Fiche: *0201*
  Az 1: 9J 135/44
  Az 2: 1H 223/44
- Fiche: *0201/0729*
  Az 1: 8J 37/44g
  Az 2: 1H 222/44
- Fiche: *0571*
  Az 1: 11(10)J 1241/43
  Az 2: 1H 59/44
- Fiche: *0627 f.*
  Az 1: 10J 1095/43g
  Az 2: 1H 305/43

Ewig treu mein Österreich
- Fiche: *0701*
  Az 1: 6J 20/44
  Az 2: 5H 32/44

Fédération International - Main Rouge (FIMR)
- Fiche: *0584*
  Az 1: 9J 448/39
  Az 2: 1H 79/39

Federacion anarquista Iberica
- Fiche: *0157 f.*
  Az 1: 11J 195/38
  Az 2: 1H 37/39

Französischer Kanal- und Rheinschifferverband
- Fiche: *0398*
  Az 1: 6J 606/38g
  Az 2: 3L 24/40
- Fiche: *0525 f.*
  Az 1: 9J 502/38g
  Az 2: 3L 86/39

Freie Arbeiter-Union Deutschlands (Anarcho-Syndikalisten) (FAUD)
- Fiche: *0056 f./0461*
  Az 1: 8J 29/35
  Az 2: 2H 18/36
- Fiche: *0114*
  Az 1: 16J 840/37
  Az 2: 2H 2/38
- Fiche: *0114*
  Az 1: 16J 843/37
  Az 2: 2H 1/38
- Fiche: *0115*
  Az 1: 16J 577/37
  Az 2: 2H 3/38
- Fiche: *0116*
  Az 1: 16J 900/37
  Az 2: 2H 6/38
- Fiche: *0116*
  Az 1: 5J 32/38
  Az 2: 2H 7/38
- Fiche: *0157 f.*
  Az 1: 11J 195/38
  Az 2: 1H 37/39
- Fiche: *0175*
  Az 1: 5J 219/40
  Az 2: 2H 227/42
- Fiche: *0271 f.*
  Az 1: 16J 576/37
  Az 2: 2H 59/37
- Fiche: *0272*
  Az 1: 16J 225/37
  Az 2: 2H 60/37
- Fiche: *0543*
  Az 1: 5J 54/38
  Az 2: 1H 22/38
- Fiche: *0548*
  Az 1: 9J 251/41
  Az 2: 2H 68/42
- Fiche: *0633 f.*
  Az 1: 9J 267/37
  Az 2: 2H 46/37

Freie Deutsche Jugend
- Fiche: *0544*
  Az 1: 10J 170/42
  Az 2: 2H 22/43

Freie Turner (Arbeitersportverein)
- Fiche: *0483*
  Az 1: 14J 482/37
  Az 2: 1H 25/37

Freiheit Österreich
- Fiche: *0423*
  Az 1: 12J 99/40
- Fiche: *0444*
  Az 1: 12J 33/40

Freiheitsbewegung Österreich sieh ÖFB

Freischar Schill
- Fiche: *0266*
  Az 1: 8J 403/35g

Friedensbund deutscher Katholiken
- Fiche: *0479*
  Az 1: 8J 190/43g
  Az 2: 1H 253/43
- Fiche: *0637 f.*
  Az 1: 8J 167/40
  Az 2: 2H 89/40

Gabriel-Gruppe
- Fiche: *0424*
  Az 1: 7J 105/44
  Az 2: 5H 75/44

Gegen den Strom
- Fiche: *0367/0384*
  Az 1: 7J 327/43
  Az 2: 5H 102/43

Gegen-Angriff
- Fiche: *0170*
  Az 1: 7J 169/41
  Az 2: 2H 18/42

Geheimdienst der spanischen Republik
- Fiche: *0175*
  Az 1: 7J 75/42
  Az 2: 2H 189/42

Gemeinschaft für Frieden und Aufbau
- Fiche: *0691*
  Az 1: 9J 47/45
  Az 2: 2H 91/45
- Fiche: *0691*
  Az 1: 9J 9/45
  Az 2: 2H 30/45

Gewerkschaftliche Auslandsvertretung Deutschlands (GAD)
- Fiche: *0177*
  Az 1: 7J 465/42g
  Az 2: 2H 31/43

Großösterreichische Freiheitsbewegung (GÖFB)
- Fiche: *0407 f.*
  Az 1: 7(8)J 199/41
  Az 2: 2H 3/44
- Fiche: *0411*
  Az 1: 8J 206/41
  Az 2: 5H 16/44
- Fiche: *0418*
  Az 1: 7(8)J 103/41
  Az 2: 5H 47/44
- Fiche: *0647 f.*
  Az 1: 7(8)J 203/41
  Az 2: 2H 168/44
- Fiche: *0647 f.*
  Az 1: 8J 203/41
  Az 2: 2H 168/44
- Fiche: *0693*
  Az 1: 8J 199/41
  Az 2: 2H 173/43

Harnier-Kreis
- Fiche: *0196 f.*
  Az 1: 7J 128/44
  Az 2: 6H 205/44
- Fiche: *0636 f.*
  Az 1: 8J 421/40
  Az 2: 2H 121/40
- Fiche: *0735 f.*
  Az 1: 7J 32/44
  Az 2: 6H 92/44

Heimatfront
- Fiche: *0455/0497 f.*
  Az 1: 8J 472/40
  Az 2: 6H 205/43
- Fiche: *0527/0581*
  Az 1: 8J 97/41g
  Az 2: 6H 171/43

Kolonne Links
– Fiche: *0396*
Az 1: 11J 190/38
Az 2: 2H 29/39

Kommunistische Arbeiterpartei Deutschlands (KAPD)
– Fiche: *0474*
Az 1: 10J 170/38
Az 2: 2H 38/38
– Fiche: *0607*
Az 1: 12J 160/33
Az 2: XV H 58/33

Kommunistische Partei (KP)
– Fiche: *0579*
Az 1: 6J 16/43g
Az 2: 1H 99/43
– Fiche: *0579*
Az 1: 6J 92/43
Az 2: 1H 122/43

Kommunistische Partei der Tschechoslowakei (KPC)
– Fiche: *0152*
Az 1: 7J 239/39
Az 2: 1H 49/39
– Fiche: *0158*
Az 1: 7J 472/39
Az 2: 1H 75/39
– Fiche: *0179/0675*
Az 1: 4J 85/42g
Az 2: 1H 97/43
– Fiche: *0205*
Az 1: 11(10)J 1275/43
Az 2: 2H 251/44
– Fiche: *0288*
Az 1: 5J 686/38
Az 2: 1H 59/39
– Fiche: *0301*
Az 1: 15J 818/36
Az 2: 1H 22/37

Kommunistische Partei des Sudetenlandes (KPS)
– Fiche: *0512*
Az 1: 6J 103/42
– Fiche: *0517/0627*
Az 1: 6J 104/42
Az 2: 1H 238/42

Kommunistische Partei Deutschlands (KPD)
– Fiche:
Az 1: 15J 578/36
Az 2: 1H 2/37
– Fiche:
Az 1: 15J 85/34
Az 2: 1H 46/34
– Fiche: *0001*
Az 1: 17J 303/33
Az 2: 1H 2/34
– Fiche: *0001/0214*
Az 1: 14J 305/33
Az 2: 2H 1/34
– Fiche: *0002*
Az 1: 15J 153-205/33
– Fiche: *0002/0571 f.*
Az 1: 15J 265/33
Az 2: 1H 3/34
– Fiche: *0003*
Az 1: 15J 594/33
Az 2: 2H 3/34
– Fiche: *0003/0215*
Az 1: 15/17J 60/33
Az 2: 1H 4/34
– Fiche: *0003 f.*
Az 1: 13J 286/33
Az 2: 2H 4/34
– Fiche: *0004*
Az 1: 13J 252/33
Az 2: 2H 5/34
– Fiche: *0004 f.*
Az 1: 13J 98/33
Az 2: 1H 7/34
– Fiche: *0005 f.*
Az 1: 13J 154/33
Az 2: 1H 9/34
– Fiche: *0006/0528*
Az 1: 15J 250/33
Az 2: 2H 9/34
– Fiche: *0006 f.*
Az 1: 17J 574/33
Az 2: 1H 10/34
– Fiche: *0007 f.*
Az 1: 15J 734/33
Az 2: 2H 10/34
– Fiche: *0008*
Az 1: 17J 58/34
Az 2: 1H 11/34
– Fiche: *0008 f.*
Az 1: 17J 242/33
Az 2: 2H 11/34
– Fiche: *0009/0733 f.*
Az 1: 14J 311/33
Az 2: 1H 12/34
– Fiche: *0009 f.*
Az 1: 14J 8/34
Az 2: 2H 12/34
– Fiche: *0010/0217 f.*
Az 1: 17J 331/33
Az 2: 2H 13/34
– Fiche: *0010 f.*
Az 1: 17J 232/33
Az 2: 2H 14/34
– Fiche: *0011 f.*
Az 1: 17J 545/33
Az 2: 1H 15/34
– Fiche: *0012*
Az 1: 14J 327/33
Az 2: 2H 15/34
– Fiche: *0012 f./0546*
Az 1: 13J 258/33
Az 2: 1H 16/34
– Fiche: *0013*
Az 1: 13J 279/33
Az 2: 2H 19/34
– Fiche: *0014/0219 f.*
Az 1: 17J 29/34
Az 2: 2H 21/34
– Fiche: *0014/0737*
Az 1: 14J 253/33
Az 2: 2H 22/34
– Fiche: *0014 f.*
Az 1: 15J 828/33
Az 2: 1H 23/34
– Fiche: *0015/0385*
Az 1: 17J 717/33
Az 2: 2H 23/34
– Fiche: *0015 f.*
Az 1: 14a/8J 193/30, 17J 803/33
Az 2: 1H 24/34, 1H 38/34
– Fiche: *0016*
Az 1: 17J 470/33
Az 2: 2H 25/34
– Fiche: *0016/0213*
Az 1: 17J 292/33
Az 2: 1H 25/34
– Fiche: *0016 f.*
Az 1: 14a/8J 1547/31
Az 2: 1H 27/34
– Fiche: *0017/0496*
Az 1: 15J 307/33
Az 2: 2H 27/34
– Fiche: *0018*
Az 1: 15/17J 77/32
Az 2: 1H 28/34
– Fiche: *0018*
Az 1: 16J 387/34
Az 2: 1H 36/34
– Fiche: *0018/0220*
Az 1: 16J 646/33
Az 2: 1H 29/34
– Fiche: *0018/0534*
Az 1: 14a/8J 796/30
Az 2: 1H 31/34
– Fiche: *0018 f.*
Az 1: 15J 369/34
Az 2: 1H 39/35
– Fiche: *0019*
Az 1: 17J 617/33
Az 2: 1H 37/34
– Fiche: *0019 f./0311*
Az 1: 17J 64/34
Az 2: 1H 41/34
– Fiche: *0020*
Az 1: 17J 170/34
Az 2: 1H 42/34
– Fiche: *0020 f.*
Az 1: 17J 683/33
Az 2: 1H 44/34
– Fiche: *0021/0461 f.*
Az 1: 9aJ 44/34
Az 2: 2H 1/35
– Fiche: *0021/0462*
Az 1: 15J 85/34
Az 2: 1H 46/34
– Fiche: *0021 f.*
Az 1: 17J 397/33
Az 2: 1H 3/35
– Fiche: *0022 f.*
Az 1: 17J 193/34
Az 2: 1H 4/35
– Fiche: *0023 f.*
Az 1: 14J 328/33
Az 2: 1H 5/35
– Fiche: *0023-24*
Az 1: 14J 328/33
Az 2: 1H 5/35
– Fiche: *0024/0385 f.*
Az 1: 14J 75/33, 14J 77/33
Az 2: 2H 7/35, 2H 6,7/35
– Fiche: *0024 f.*
Az 1: 8J 943/32
Az 2: 2H 8/35
– Fiche: *0027*
Az 1: 17J 145/35
Az 2: 2H 10/35
– Fiche: *0027 f.*
Az 1: 16J 642/34
Az 2: 1H 12/35
– Fiche: *0028 f.*
Az 1: 15J 648/33
Az 2: 1H 14/35
– Fiche: *0028 f./0679*
Az 1: 15J 648/33
Az 2: 1H 14/35
– Fiche: *0029*
Az 1: 17J 98/34
Az 2: 1H 17/35
– Fiche: *0029 f./0469*
Az 1: 13J 256/33
Az 2: 2H 17/35
– Fiche: *0030*
Az 1: 17J 210/34
Az 2: 2H 19/35
– Fiche: *0030 f./0229 f.*
Az 1: 13J 265/33
Az 2: 2H 21/35
– Fiche: *0031*
Az 1: 13/14J 103/29
Az 2: 1H 24/35
– Fiche: *0031*
Az 1: 17J 58/35
Az 2: 1H 22/35
– Fiche: *0031 f./0230*
Az 1: 17J 296/34
Az 2: 2H 24/35
– Fiche: *0032 f.*
Az 1: 13J 11/34
Az 2: 1H 26/35
– Fiche: *0033 f.*
Az 1: 17J 119/35
Az 2: 2H 26/35
– Fiche: *0034*
Az 1: 9J 613/33
Az 2: 1H 27/35
– Fiche: *0035*
Az 1: 17J 282/34
Az 2: 2H 27/35
– Fiche: *0035*
Az 1: 17J 454/34
Az 2: 1H 28/35
– Fiche: *0035*
Az 1: 17J 87/35
Az 2: 1H 29/35
– Fiche: *0036*
Az 1: 16J 304/35
Az 2: 1H 31/35
– Fiche: *0036/0231*
Az 1: 17J 81/35
Az 2: 2H 31/35
– Fiche: *0036 f.*
Az 1: 14J 21/35
Az 2: 1H 32/35
– Fiche: *0037/0221*
Az 1: 17J 94/34
Az 2: 1H 33/35
– Fiche: *0037 f.*
Az 1: 13J 285/33
Az 2: 2H 37/35
– Fiche: *0038/0233*
Az 1: 17J 42/35
Az 2: 1H 38/35
– Fiche: *0038 f./0259 f.*
Az 1: 16J 767/35
Az 2: 2H 57/36
– Fiche: *0039*
Az 1: 16J 454/35
Az 2: 2H 40/35
– Fiche: *0039/0235*
Az 1: 15J 20/35
Az 2: 1H 40/35
– Fiche: *0039 f.*
Az 1: 14J 16/35
Az 2: 1H 43/35

– Fiche: *0102 f.*
Az 1: 17J 317/37
Az 2: 1H 31/37

– Fiche: *0103*
Az 1: 17J 320/37
Az 2: 1H 32/37

– Fiche: *0103 f.*
Az 1: 17J 416/36
Az 2: 2H 32/37

– Fiche: *0104*
Az 1: 17J 321/37
Az 2: 1H 33/37

– Fiche: *0104/0267*
Az 1: 17J 6/37
Az 2: 2H 33/37

– Fiche: *0104 f.*
Az 1: 17J 319/37
Az 2: 1H 34/37

– Fiche: *0105*
Az 1: 17J 444/36
Az 2: 2H 35/37

– Fiche: *0105/0267*
Az 1: 14J 307/37
Az 2: 2H 34/37

– Fiche: *0106*
Az 1: 17J 414/36
Az 2: 2H 36/37

– Fiche: *0106*
Az 1: 8J 135/37g
Az 2: 1H 36/37

– Fiche: *0106/0546 f.*
Az 1: 17J 315/37
Az 2: 1H 37/37

– Fiche: *0107/0302*
Az 1: 17J 379/37
Az 2: 1H 39/37

– Fiche: *0107 f.*
Az 1: 8J 232/36g
Az 2: 2H 39/37

– Fiche: *0108*
Az 1: 8J 358/37g
Az 2: 1H 40/37

– Fiche: *0108 f.*
Az 1: 8J 337/37g
Az 2: 1H 41/37

– Fiche: *0109 f.*
Az 1: 17J 264/36
Az 2: 2H 45/37

– Fiche: *0110/0302*
Az 1: 8J 341/37g
Az 2: 1H 46/37

– Fiche: *0110 f.*
Az 1: 8J 348/37g
Az 2: 1H 47/37

– Fiche: *0111*
Az 1: 17J 298/37
Az 2: 2H 49/37

– Fiche: *0113/0469 f.*
Az 1: 16J 37/35
Az 2: 1H 19-20/37

– Fiche: *0113 f./0508*
Az 1: 14J 725/37g
Az 2: 1H 1/38

– Fiche: *0114/0473 f.*
Az 1: 14J 527/37g,
14J 736/37
Az 2: 1H 44/37, 1H 3/38

– Fiche: *0114/0474*
Az 1: 14J 726/37g
Az 2: 1H 3/38

– Fiche: *0115*
Az 1: 14J 727/37g
Az 2: 1H 5/38

– Fiche: *0115*
Az 1: 8J 339/37
Az 2: 1H 4/38

– Fiche: *0115 f.*
Az 1: 17J 381/37
Az 2: 2H 5/38

– Fiche: *0117 f./0542*
Az 1: 8J 20/36g
Az 2: 2H 11/38

– Fiche: *0118*
Az 1: 7J 82/38
Az 2: 1H 12/38

– Fiche: *0119*
Az 1: 8J 273/37
Az 2: 1H 13/38

– Fiche: *0120*
Az 1: 17J 401/37
Az 2: 2H 14/38

– Fiche: *0120*
Az 1: 17J 407/37
Az 2: 2H 16/38

– Fiche: *0120 f./0133*
Az 1: 17J 400/37
Az 2: 2H 71/38

– Fiche: *0121*
Az 1: 10J 28/38
Az 2: 1H 18/38

– Fiche: *0122*
Az 1: 14J 742/37g
Az 2: 2H 20/38

– Fiche: *0122*
Az 1: 14J 742/37g
Az 2: 2H 30/38

– Fiche: *0125 f.*
Az 1: 7J 295/38
Az 2: 1H 26/38

– Fiche: *0126/0276*
Az 1: 16J 912/37
Az 2: 2H 28/38

– Fiche: *0127/0623*
Az 1: 8J 419/37g
Az 2: 2H 33/38

– Fiche: *0129*
Az 1: 6J 159/38
Az 2: 2H 46/38

– Fiche: *0129/0439*
Az 1: 7J 102/38
Az 2: 2H 45/38

– Fiche: *0130 f.*
Az 1: 10J 137/38
Az 2: 2H 49/38

– Fiche: *0131*
Az 1: 10J 27/38

– Fiche: *0131/0596 f.*
Az 1: 14J 796/37g
Az 2: 2H 51/38

– Fiche: *0131/0674 f.*
Az 1: 10J 27/38
Az 2: 2H 50/38

– Fiche: *0131 f.*
Az 1: 7J 252/38
Az 2: 2H 54/38

– Fiche: *0132*
Az 1: 5J 79/38
Az 2: 2H 57/38

– Fiche: *0132*
Az 1: 6J 160/38
Az 2: 2H 60/38

– Fiche: *0132 f.*
Az 1: 14J 457/37g
Az 2: 2H 63/38

– Fiche: *0133*
Az 1: 6J 37/38
Az 2: 2H 74/38

– Fiche: *0133 f.*
Az 1: 6J 158/38
Az 2: 2H 77/38

– Fiche: *0135 f./0678 f.*
Az 1: 5J 344/38
Az 2: 2H 94/38

– Fiche: *0136*
Az 1: 7J 354/38
Az 2: 2H 96/38

– Fiche: *0136 f./0272*
Az 1: 11J 152/38
Az 2: 1H 3/39

– Fiche: *0138*
Az 1: 5J 279/38
Az 2: 1H 6/39

– Fiche: *0138 f.*
Az 1: 5J 53/39
Az 2: 1H 7/39

– Fiche: *0139/0474 f.*
Az 1: 6J 141/38g
Az 2: 1H 10/39

– Fiche: *0139 f./0283*
Az 1: 5J 84/39
Az 2: 1H 11/39

– Fiche: *0140/0683*
Az 1: 16J 703/35,
6J 17/39g
Az 2: 2H 12/39

– Fiche: *0140 f.*
Az 1: 8J 357/38g
Az 2: 2H 13/39

– Fiche: *0142*
Az 1: 5J 181/39
Az 2: 1H 17/39

– Fiche: *0142 f./0283*
Az 1: 6J 14/39
Az 2: 1H 20/39

– Fiche: *0143*
Az 1: 11J 193/38
Az 2: 2H 22/39

– Fiche: *0145/0285 f.*
Az 1: 5J 102/39
Az 2: 1H 27/39

– Fiche: *0145 f.*
Az 1: 6J 119/39
Az 2: 1H 29/39

– Fiche: *0147*
Az 1: 7J 219/39
Az 2: 1H 31/39

– Fiche: *0150*
Az 1: 11J 403/39
Az 2: 1H 41/39

– Fiche: *0152*
Az 1: 11J 341/39
Az 2: 2H 46/39

– Fiche: *0152 f.*
Az 1: 6J 6/39g
Az 2: 2H 50/39

– Fiche: *0153*
Az 1: 9J 327/39g
Az 2: 1H 53/39

– Fiche: *0154*
Az 1: 6J 19/39g
Az 2: 2H 53/39

– Fiche: *0154 f.*
Az 1: 6J 76/39g
Az 2: 2H 54/39

– Fiche: *0155/0493*
Az 1: 9J 326/39g
Az 2: 1H 55/39

– Fiche: *0155 f.*
Az 1: 6J 12/39g
Az 2: 2H 61/39

– Fiche: *0156 f./0314 f.*
Az 1: 14J 140/34
Az 2: 1H 42/35

– Fiche: *0159*
Az 1: 17J 177/37
Az 2: 2H 24/40

– Fiche: *0159*
Az 1: 9J 84/39g
Az 2: 2H 5/40

– Fiche: *0159 f.*
Az 1: 5J 677/39
Az 2: 2H 41/40

– Fiche: *0160*
Az 1: 9J 425/39g
Az 2: 2H 43/40

– Fiche: *0160/0288f.*
Az 1: 6J 224/39g
Az 2: 2H 44/40

– Fiche: *0160 f.*
Az 1: 5J 46/40
Az 2: 2H 45/40

– Fiche: *0160 f./0163*
Az 1: 5J 46/40, 5J 164/40
Az 2: 2H 69/40

– Fiche: *0161*
Az 1: 5J 483/39
Az 2: 2H 46/40

– Fiche: *0161*
Az 1: 9J 415/39
Az 2: 2H 51/40

– Fiche: *0161 f./0562*
Az 1: 9J 370/39g
Az 2: 2H 53/40

– Fiche: *0162*
Az 1: 9J 424/39g
Az 2: 2H 60/40

– Fiche: *0163*
Az 1: 6J 231/39g
Az 2: 2H 67/40

– Fiche: *0163 f./0290*
Az 1: 6J 77/39g
Az 2: 2H 70/40

– Fiche: *0164*
Az 1: 5J 148/40
Az 2: 2H 71/40

– Fiche: *0164 f.*
Az 1: 10J 120/40
Az 2: 2H 100/40

– Fiche: *0165*
Az 1: 9J 307/40g
Az 2: 2H 7/41

– Fiche: *0165/0291*
Az 1: 9J 246/40
Az 2: 2H 28/41

– Fiche: *0165/0534 f.*
Az 1: 10J 37/40g
Az 2: 2H 3/41

– Fiche: *0165 f.*
Az 1: 9J 297/40
Az 2: 2H 70/41

– Fiche: *0166*
Az 1: 9J 275/40
Az 2: 2H 84/41

– Fiche: *0166/0568*
Az 1: 9J 24/41
Az 2: 2H 86/41

– Fiche: *0167*
Az 1: 5J 35/41
Az 2: 2H 123/41

- Fiche: *0222*
  Az 1: 16J 585/33
  Az 2: 1H 35/34
- Fiche: *0222 f.*
  Az 1: 17J 504/33
  Az 2: 1H 1/35
- Fiche: *0224*
  Az 1: 14J 16/34
  Az 2: 1H 8/35
- Fiche: *0224*
  Az 1: 17J 44/34
  Az 2: 2H 2/34
- Fiche: *0227*
  Az 1: 14J 70/35
  Az 2: 2H 9/35
- Fiche: *0227 f.*
  Az 1: 13J 2/34
  Az 2: 1H 10/35
- Fiche: *0228*
  Az 1: 13J 266/33
  Az 2: 2H 11,12/35
- Fiche: *0228 f.*
  Az 1: 14J 34/34
  Az 2: 1H 13/35
- Fiche: *0229*
  Az 1: 14J 134/34
  Az 2: 2H 23/35
- Fiche: *0230*
  Az 1: 17J 475/35
  Az 2: 2H 25/35
- Fiche: *0233/0373*
  Az 1: 16J 139/35
  Az 2: 1H 37/35
- Fiche: *0234*
  Az 1: 17J 15/35
  Az 2: 2H 39/35
- Fiche: *0235*
  Az 1: 17J 5/35
  Az 2: 1H 44/35
- Fiche: *0238 f.*
  Az 1: 17J 82/35
  Az 2: 1H 51/35
- Fiche: *0241*
  Az 1: 17J 249/35
  Az 2: 1H 72/35
- Fiche: *0242/0313*
  Az 1: 17J 59/35
  Az 2: 1H 74/35
- Fiche: *0242 f.*
  Az 1: 8J 3/36g
  Az 2: 2H 1/36
- Fiche: *0243/0471 f.*
  Az 1: 15J 578/36
  Az 2: 1H 2/37
- Fiche: *0244*
  Az 1: 8J 428/35
  Az 2: 3L 9/36
- Fiche: *0244 f./0274*
  Az 1: 8J 431/35g
  Az 2: 1H 8/37
- Fiche: *0245 f.*
  Az 1: 8J 7/36g
  Az 2: 2H 4/36
- Fiche: *0249 f.*
  Az 1: 17J 318/35
  Az 2: 1H 15/36
- Fiche: *0251 ff*
  Az 1: 14J 12/36
  Az 2: 2H 17/36
- Fiche: *0254*
  Az 1: 9J 332/36
  Az 2: 2H 40/36
- Fiche: *0256*
  Az 1: 15J 162/36
  Az 2: 1H 51/36
- Fiche: *0257 f.*
  Az 1: 15J 338/36
  Az 2: 2H 52/36
- Fiche: *0262 f.*
  Az 1: 8J 51/36g
  Az 2: 1H 16/37
- Fiche: *0263 f./0487 f.*
  Az 1: 17J 171/35
  Az 2: 2H 17/37
- Fiche: *0264/0491 f.*
  Az 1: 17J 171/35
  Az 2: 2H 18/37
- Fiche: *0266*
  Az 1: 8J 403/35g
- Fiche: *0269 f.*
  Az 1: 8J 100/37
  Az 2: 1H 43/37
- Fiche: *0272 f.*
  Az 1: 14J 72/37g
  Az 2: 1H 2/38
- Fiche: *0273 f.*
  Az 1: 14J 657/37g
  Az 2: 1H 15/38
- Fiche: *0274*
  Az 1: 17J 406/37
  Az 2: 2H 15/38
- Fiche: *0274 f.*
  Az 1: 8J 226/38g
  Az 2: 1H 17/38
- Fiche: *0276*
  Az 1: 6J 117/38g
  Az 2: 2H 30/38
- Fiche: *0277 f.*
  Az 1: 14J 651/37g
  Az 2: 2H 55/38
- Fiche: *0278*
  Az 1: 8J 361/37g
  Az 2: 2H 58/38
- Fiche: *0282*
  Az 1: 7J 677/38
  Az 2: 2H 1/39
- Fiche: *0284 f.*
  Az 1: 7J 352/38
  Az 2: 2H 3/39
- Fiche: *0285*
  Az 1: 6J 586/38g
  Az 2: 2H 26/39
- Fiche: *0287*
  Az 1: 11J 311/39
  Az 2: 2H 56/39
- Fiche: *0288*
  Az 1: 5J 686/38
  Az 2: 1H 59/39
- Fiche: *0292*
  Az 1: 5J 228/41
  Az 2: 2H 16/42
- Fiche: *0292/0491*
  Az 1: 9J 354/40
  Az 2: 2H 126/41
- Fiche: *0301*
  Az 1: 15J 818/36
  Az 2: 1H 22/37
- Fiche: *0303 f.*
  Az 1: 17J 43/37
  Az 2: 1H 7/38
- Fiche: *0311 f.*
  Az 1: 14a/8J 510/29
  Az 2: 1H 18/34
- Fiche: *0315*
  Az 1: 8J 419/35g
  Az 2: 1H 18/36
- Fiche: *0315 f./0465 f.*
  Az 1: 15J 14/36
  Az 2: 1H 54/36
- Fiche: *0316*
  Az 1: 16J 251/36
  Az 2: 1H 45/36
- Fiche: *0317*
  Az 1: 15J 166/36
  Az 2: 1H 33/36
- Fiche: *0367*
  Az 1: 6J 258/38
  Az 2: 1H 31/43
- Fiche: *0386 f./0572 f.*
  Az 1: 11J 423/33
  Az 2: 3L 15/35
- Fiche: *0387 f.*
  Az 1: 16J 489/33
  Az 2: 3L 19/35
- Fiche: *0388*
  Az 1: 17J 279/35
  Az 2: 2H 35/35
- Fiche: *0388*
  Az 1: 17J 331/33
  Az 2: 2H 28/35
- Fiche: *0389*
  Az 1: 9J 301/35
  Az 2: 3L 51/35
- Fiche: *0390 f.*
  Az 1: 8J 106/36g
  Az 2: 2H 24/36
- Fiche: *0395 f.*
  Az 1: 6J 53/38g
  Az 2: 3L 28/39
- Fiche: *0397f.*
  Az 1: 6J 198/39g
  Az 2: 3L 19/40
- Fiche: *0398 f./0578*
  Az 1: 9J 33/40g
  Az 2: 2H 6/41
- Fiche: *0399*
  Az 1: 2J 461/41g
  Az 2: 3L 31/42
- Fiche: *0414 f.*
  Az 1: 10(9)J 819/43g
  Az 2: 6H 28/44
- Fiche: *0416*
  Az 1: 11(10)J 1038/43g
  Az 2: 2H 32/44
- Fiche: *0417/0684*
  Az 1: 11(10)J 514/43
  Az 2: 2H 45/44
- Fiche: *0428*
  Az 1: 8J 70/44
  Az 2: 2H 107/44
- Fiche: *0429/0741*
  Az 1: 9J 213/44
  Az 2: 5H 118/44
- Fiche: *0431*
  Az 1: 8J 122/44
  Az 2: 1H 143/44
- Fiche: *0431*
  Az 1: 9J 133/44
  Az 2: 2H 142/44
- Fiche: *0431*
  Az 1: 9J 137/44
  Az 2: 2H 153/44
- Fiche: *0433*
  Az 1: 10J 166/44
  Az 2: 2H 219/44
- Fiche: *0433 f.*
  Az 1: 9J 212/44
  Az 2: 2H 222/44
- Fiche: *0434*
  Az 1: 10(9)J 1230/43g
  Az 2: 6L 222/44
- Fiche: *0435*
  Az 1: 11J 285/44
  Az 2: 2H 242/44
- Fiche: *0436*
  Az 1: 8J 202/44
  Az 2: 1H 273/44
- Fiche: *0442*
  Az 1: 10(9)J 818/43
  Az 2: 2H 21/44
- Fiche: *0442*
  Az 1: 8J 221/44g
  Az 2: 1H 345/44
- Fiche: *0442*
  Az 1: 8J 23/38g Rs
  Az 2: 1H 20/38
- Fiche: *0442*
  Az 1: 9J 88/44
- Fiche: *0443*
  Az 1: 10J 592/43
  Az 2: 6H 137/43
- Fiche: *0443*
  Az 1: 8J 230/44g
  Az 2: 1H 309/44
- Fiche: *0446/0457*
  Az 1: 8J 98/44
  Az 2: 2H 108/44
- Fiche: *0447*
  Az 1: 9J 292/44
  Az 2: 1H 23/45
- Fiche: *0449*
  Az 1: 7(6)J 116/43
  Az 2: 2H 8/44
- Fiche: *0450/0635*
  Az 1: 8J 22/44
  Az 2: 2H 73/44
- Fiche: *0451*
  Az 1: 15J 753/33
  Az 2: 1H 23/35
- Fiche: *0451*
  Az 1: 9J 658/35
  Az 2: 2H 41/35
- Fiche: *0452*
  Az 1: 9J 73/36
  Az 2: 1H 19/36
- Fiche: *0453*
  Az 1: 9J 269/43
  Az 2: 2H 85/43
- Fiche: *0453/0643*
  Az 1: 10J 227/42
  Az 2: 2H 102/43
- Fiche: *0455*
  Az 1: 9J 7/43g
  Az 2: 2H 12/43
- Fiche: *0457*
  Az 1: 9J 114/44
  Az 2: 2H 116/44
- Fiche: *0457 f.*
  Az 1: 10J 142/38
  Az 2: 2H 42/38
- Fiche: *0458*
  Az 1: 9J 355/39g
  Az 2: 2H 9/40
- Fiche: *0460*
  Az 1: 10J 138/44
  Az 2: 2H 113/44

- Fiche: *0544/0734*
  Az 1: 9J 869/35
  Az 2: 2H 51/35
- Fiche: *0544 f.*
  Az 1: 10J 138/38
  Az 2: 2H 37/38
- Fiche: *0545*
  Az 1: 10J 49/38
  Az 2: 2H 18/38
- Fiche: *0545*
  Az 1: 8J 222/43
  Az 2: 3L 13/44
- Fiche: *0545*
  Az 1: 9J 878/33
  Az 2: 2H 16/34
- Fiche: *0546*
  Az 1: 10J 256/42g
  Az 2: 2H 19/43
- Fiche: *0546/0681*
  Az 1: 8J 121/44
  Az 2: 1H 181/44
- Fiche: *0549*
  Az 1: 10J 96/42
  Az 2: 2H 238/42
- Fiche: *0549*
  Az 1: 11J 122/35g
  Az 2: 2H 12/37
- Fiche: *0552*
  Az 1: 9J 162/42g
  Az 2: 2H 320/42
- Fiche: *0553 f.*
  Az 1: 10J 137/42
  Az 2: 2H 242/42
- Fiche: *0554*
  Az 1: 10J 294/41
  Az 2: 1H 329/42
- Fiche: *0555*
  Az 1: 9J 330/41
  Az 2: 5H 63/42
- Fiche: *0555*
  Az 1: 9J 388/36
  Az 2: 2H 55/36
- Fiche: *0556*
  Az 1: 7J 178/40
  Az 2: 2H 99/40
- Fiche: *0556 f.*
  Az 1: 9J 51/44g
  Az 2: 1H 97/44
- Fiche: *0558*
  Az 1: 9J 278/41g
  Az 2: 2H 133/41
- Fiche: *0558 f.*
  Az 1: 9J 914/35
  Az 2: 1H 9/36
- Fiche: *0559*
  Az 1: 10J 16/42g
  Az 2: 1H 247/42
- Fiche: *0560*
  Az 1: 10J 382/43
  Az 2: 1H 189/43
- Fiche: *0560*
  Az 1: 9J 90/42g
  Az 2: 2H 281/42
- Fiche: *0561*
  Az 1: 9J 35/39g
  Az 2: 2H 2/40
- Fiche: *0562*
  Az 1: 8J 92/44
  Az 2: 1H 148/44
- Fiche: *0563 f.*
  Az 1: 10J 68/40
  Az 2: 2H 109/40
- Fiche: *0564*
  Az 1: 8J 148/42g
  Az 2: 5H 67/43
- Fiche: *0566 f.*
  Az 1: 10J 70/40
  Az 2: 2H 127/40
- Fiche: *0570*
  Az 1: 16J 287/35
  Az 2: 1H 30/35
- Fiche: *0572*
  Az 1: 9J 39/45
  Az 2: 2H 65/45
- Fiche: *0572*
  Az 1: 9J 547/33
  Az 2: 2H 8/34
- Fiche: *0573*
  Az 1: 10J 10/40
  Az 2: 2H 40/40
- Fiche: *0573 f.*
  Az 1: 10J 140/38
  Az 2: 2H 44/38
- Fiche: *0574*
  Az 1: 10J 956/43
  Az 2: 2H 201/43
- Fiche: *0574/0209*
  Az 1: 9J 258/44
  Az 2: 1H 362/44
- Fiche: *0577*
  Az 1: 9J 14/42g
  Az 2: 2H 35/42
- Fiche: *0577 f.*
  Az 1: 8J 160/36
  Az 2: 2H 61/36
- Fiche: *0578/0703*
  Az 1: 11J 143/35
  Az 2: 3L 29/36
- Fiche: *0578/0722*
  Az 1: 9J 96/44
  Az 2: 2H 118/44
- Fiche: *0579*
  Az 1: 8J 243/44g
  Az 2: 1H 308/44
- Fiche: *0579 f.*
  Az 1: 9J 422/39g
  Az 2: 2H 37/40
- Fiche: *0580*
  Az 1: 9J 634/38
  Az 2: 2H 7/39
- Fiche: *0580*
  Az 1: 9J 84/44
  Az 2: 2H 85/44
- Fiche: *0581*
  Az 1: 10J 520/43
  Az 2: 1H 213/43
- Fiche: *0581*
  Az 1: 9J 198/42
  Az 2: 2H 302/42
- Fiche: *0582 f.*
  Az 1: 10J 288/38
  Az 2: 1H 37/38
- Fiche: *0585*
  Az 1: 9J 79/36
  Az 2: 2H 33/36
- Fiche: *0588 f./0643*
  Az 1: 16J 293/35, 8J 438/35
  Az 2: 2H 58/35
- Fiche: *0589*
  Az 1: 16J 293/35
  Az 2: 2H 58/35
- Fiche: *0590 f.*
  Az 1: 8J 420/35g
  Az 2: 1H 32/36
- Fiche: *0592*
  Az 1: 9J 423/39g
  Az 2: 2H 63/40
- Fiche: *0592 f.*
  Az 1: 15J 454/35
  Az 2: 1H 40/36
- Fiche: *0593*
  Az 1: 15J 8/35
  Az 2: 2H 13/35
- Fiche: *0593 f.*
  Az 1: 15J 490/33
  Az 2: 1H 89/34
- Fiche: *0594 f./0695 f.*
  Az 1: 11J 122/35g
  Az 2: 2H 10,11,12/37
- Fiche: *0597 f.*
  Az 1: 15J 355/33
  Az 2: 1H 43/34
- Fiche: *0600 f.*
  Az 1: 10J 13/43g
  Az 2: 2H 100/43
- Fiche: *0601*
  Az 1: 10J 26/38
  Az 2: 2H 19/38
- Fiche: *0601*
  Az 1: 9J 100/44
  Az 2: 2H 131/44
- Fiche: *0601 f.*
  Az 1: 8J 206/37g
  Az 2: 2H 4/38
- Fiche: *0602 f.*
  Az 1: 9J 414/39
  Az 2: 2H 83/41
- Fiche: *0603 f.*
  Az 1: 14J 629/37g
  Az 2: 2H 85,87/38
- Fiche: *0604 f.*
  Az 1: 10J 317/38
  Az 2: 2H 23/39
- Fiche: *0605 f.*
  Az 1: 14J 83/33
  Az 2: XV H 55/33
- Fiche: *0606*
  Az 1: 12J 190/33
  Az 2: XV H 54/33
- Fiche: *0606 f.*
  Az 1: 13J 190/33
  Az 2: XV H 53/33
- Fiche: *0607 f.*
  Az 1: 17J 697/33
  Az 2: XV H 50/33
- Fiche: *0608 ff*
  Az 1: 15J 179/33
  Az 2: XII H 17/34
- Fiche: *0610 f.*
  Az 1: 13J 212/33
  Az 2: XII H 9/34
- Fiche: *0611*
  Az 1: 17J 125/34
  Az 2: XII H 33/34
- Fiche: *0612*
  Az 1: 13J 81/33
  Az 2: XII H 30/33
- Fiche: *0612 f.*
  Az 1: 13J 147/33
  Az 2: XII H 44/33
- Fiche: *0613*
  Az 1: 8/16J 1117/33
  Az 2: XII H 46/33
- Fiche: *0613*
  Az 1: 8/16J 548/32
  Az 2: XII H 39/33
- Fiche: *0613 f.*
  Az 1: 8/16J 431/33
  Az 2: XII H 48/33
- Fiche: *0614*
  Az 1: 8/16J 952/32
  Az 2: XII H 51/33
- Fiche: *0614 f.*
  Az 1: 14J 38/33
  Az 2: XII H 56/33
- Fiche: *0615 ff*
  Az 1: 15J 86/33
  Az 2: XII H 42/33
- Fiche: *0618*
  Az 1: 13J 166/33
  Az 2: XII H 50/33
- Fiche: *0618*
  Az 1: 8/16J 1170/32
  Az 2: XII H 20/33
- Fiche: *0618 f.*
  Az 1: 8/16J 612/33
  Az 2: XII H 21/33
- Fiche: *0619*
  Az 1: 13J 50/33
  Az 2: XII H 26/33
- Fiche: *0619*
  Az 1: 14J 33/33
  Az 2: XII H 36/33
- Fiche: *0619*
  Az 1: 8J 200/33
  Az 2: XII H 23/33
- Fiche: *0621*
  Az 1: 14J 244/33
  Az 2: XII H 7/34
- Fiche: *0621*
  Az 1: 14J 61/33
  Az 2: XII H 58/33
- Fiche: *0621*
  Az 1: 17J 566/33
  Az 2: XII H 8/34
- Fiche: *0625/0643*
  Az 1: 10J 215/41
  Az 2: 2H 130/42
- Fiche: *0628*
  Az 1: 10J 129/42
  Az 2: 2H 205/42
- Fiche: *0628*
  Az 1: 9J 50/42g
  Az 2: 2H 60/42
- Fiche: *0628 f.*
  Az 1: 10J 2/43g
  Az 2: 1H 89/43
- Fiche: *0629 f.*
  Az 1: 9J 929/35
  Az 2: 1H 37/36
- Fiche: *0630*
  Az 1: 10J 354/43g
  Az 2: 1H 202/43
- Fiche: *0630*
  Az 1: 9J 657/35
  Az 2: 1H 58/36
- Fiche: *0632*
  Az 1: 6J 3/40
  Az 2: 2H 95/40
- Fiche: *0633*
  Az 1: 9J 357/41g
  Az 2: 2H 7/42
- Fiche: *0634*
  Az 1: 10J 102/42
  Az 2: 2H 185/42
- Fiche: *0634*
  Az 1: 10J 166/42
  Az 2: 2H 271/42

Kommunistische Partei Deutschlands (Opposition) (KPDO)
- Fiche: *0010*
  Az 1: 8J 1783/33
  Az 2: 1H 14/34
- Fiche: *0046*
  Az 1: 17J 364/35
  Az 2: 1H 59/35
- Fiche: *0051 f.*
  Az 1: 8J 383/34
  Az 2: 1H 7/36
- Fiche: *0111 f./0270 f.*
  Az 1: 17J 152/37
  Az 2: 2H 51/37
- Fiche: *0115*
  Az 1: 14J 727/37g
  Az 2: 1H 5/38
- Fiche: *0134*
  Az 1: 7J 344/38
  Az 2: 2H 78/38
- Fiche: *0134/0523*
  Az 1: 7J 348/38
  Az 2: 2H 82/38
- Fiche: *0136*
  Az 1: 7J 346/38
  Az 2: 2H 95/38
- Fiche: *0183*
  Az 1: 5J 45/41
  Az 2: 2H 27/42
- Fiche: *0198*
  Az 1: 10J 167/44
  Az 2: 2H 208/44
- Fiche: *0284 f.*
  Az 1: 7J 352/38
  Az 2: 2H 3/39
- Fiche: *0448*
  Az 1: 17J 225/37
  Az 2: 2H 48/37
- Fiche: *0551 f.*
  Az 1: 6J 248/38g
  Az 2: 2H 2/39
- Fiche: *0552 f.*
  Az 1: 8J 10/35
  Az 2: 2H 34/35
- Fiche: *0569 f.*
  Az 1: 15J 273/35
  Az 2: 1H 47/35
- Fiche: *0606*
  Az 1: 8J 1583/33
  Az 2: XV H 52/33
- Fiche: *0611 f.*
  Az 1: 12J 145/33
  Az 2: XII H 13/34
- Fiche: *0630 f.*
  Az 1: 5J 174/39
  Az 2: 2H 51/39
- Fiche: *0673*
  Az 1: 9J 36/39g
  Az 2: 2H 14/39

Kommunistische Partei Frankreichs (KPF)
- Fiche: *0187/0443*
  Az 1: 9J 65/44
  Az 2: 2H 74/44
- Fiche: *0447*
  Az 1: 9J 107/41
  Az 2: 5H 14/43

Kommunistische Partei Luxemburgs
- Fiche: *0570 f.*
  Az 1: 2J 342/40g
  Az 2: 2H 150/41

Kommunistische Partei Österreichs (KPÖ)
- Fiche: *0152/0305*
  Az 1: 7J 302/39
  Az 2: 1H 46/39
- Fiche: *0175*
  Az 1: 7J 338/42
  Az 2: 2H 199/42
- Fiche: *0292 f.*
  Az 1: 7J 501/42
- Fiche: *0293*
  Az 1: 6J 62/42g
  Az 2: 5H 92/42
- Fiche: *0294*
  Az 1: 7J 231/42
  Az 2: 1H 213/42
- Fiche: *0294*
  Az 1: 7J 258/42
  Az 2: 1H 215/42
- Fiche: *0294*
  Az 1: 7J 317/42
  Az 2: 2H 174/42
- Fiche: *0294*
  Az 1: 7J 434/42
  Az 2: 1H 291/42
- Fiche: *0294/0459*
  Az 1: 7J 299/42
  Az 2: 2H 213/42
- Fiche: *0294/0459*
  Az 1: 7J 299/42
  Az 2: 2H 213/43
- Fiche: *0294 f.*
  Az 1: 7J 377/42
  Az 2: 1H 218/42
- Fiche: *0295*
  Az 1: 7J 276/42
  Az 2: 2H 272/42
- Fiche: *0295*
  Az 1: 7J 644/42
  Az 2: 6H 23/43
- Fiche: *0296*
  Az 1: 7J 100/43
  Az 2: 6H 77/43
- Fiche: *0296*
  Az 1: 7J 599/42
  Az 2: 6H 47/43
- Fiche: *0296*
  Az 1: 7J 638/42
  Az 2: 5H 26/43
- Fiche: *0297*
  Az 1: 7J 100/43
  Az 2: 6H 76/43
- Fiche: *0297*
  Az 1: 7J 247/43
  Az 2: 5H 79/43
- Fiche: *0297 f.*
  Az 1: 7J 307/43
  Az 2: 5H 93/43
- Fiche: *0298*
  Az 1: 7J 274/43
  Az 2: 6H 106/43
- Fiche: *0298 f.*
  Az 1: 7J 370/43, 7J 398/43
  Az 2: 5H 118/43, 5H 119/43
- Fiche: *0299 f.*
  Az 1: 7J 427/43
  Az 2: 6H 187/43
- Fiche: *0300*
  Az 1: 7J 102/43
  Az 2: 5H 85/43
- Fiche: *0300/0339*
  Az 1: 7J 232/42
  Az 2: 2H 202/42
- Fiche: *0304 f.*
  Az 1: 7J 268/39
  Az 2: 1H 66/39
- Fiche: *0305*
  Az 1: 6J 319/38
  Az 2: 1H 28/39
- Fiche: *0305 f.*
  Az 1: 6J 334/38
  Az 2: 1H 12/39
- Fiche: *0306*
  Az 1: 7J 547/39
  Az 2: 2H 13/40
- Fiche: *0307*
  Az 1: 7J 548/39
  Az 2: 1H 36/40
- Fiche: *0308*
  Az 1: 6J 103/40g
  Az 2: 2H 115/40
- Fiche: *0308*
  Az 1: 7J 242/40
  Az 2: 2H 113/40
- Fiche: *0308*
  Az 1: 7J 49/40
  Az 2: 2H 65/40
- Fiche: *0309 f.*
  Az 1: 6J 103/40g
  Az 2: 2H 116/40
- Fiche: *0310*
  Az 1: 7J 70/40
  Az 2: 2H 130/40
- Fiche: *0310*
  Az 1: 7J 70/40
  Az 2: 2H 131/40
- Fiche: *0311*
  Az 1: 7J 70/40
  Az 2: 2H 132/40
- Fiche: *0311*
  Az 1: 7J 70/40, 7J 93/42
  Az 2: 2H 133/40
- Fiche: *0318 f.*
  Az 1: 7J 515/43
  Az 2: 5H 7/44
- Fiche: *0319 f.*
  Az 1: 6J 124/40g
  Az 2: 2H 10/41
- Fiche: *0320*
  Az 1: 6J 119/40g
- Fiche: *0320*
  Az 1: 6J 120/40g
- Fiche: *0320*
  Az 1: 6J 122/40g
- Fiche: *0320 f./0388*
  Az 1: 6J 144/40g
  Az 2: 2H 14/41
- Fiche: *0321*
  Az 1: 7J 94/41, 7J 70/40
  Az 2: 2H 22/41
- Fiche: *0321 f.*
  Az 1: 6J 22/41g
  Az 2: 2H 41/41
- Fiche: *0322/0521 f.*
  Az 1: 6J 145/40
  Az 2: 2H 32/41
- Fiche: *0322 f./0723*
  Az 1: 6J 64/40g
  Az 2: 2H 89/41
- Fiche: *0323*
  Az 1: 6J 28/41g
  Az 2: 2H 129/41
- Fiche: *0323 ff*
  Az 1: 7J 174/40
  Az 2: 2H 132/41
- Fiche: *0326*
  Az 1: 7J 112/42
  Az 2: 2H 164/42
- Fiche: *0326*
  Az 1: 7J 199/42
  Az 2: 2H 169/42
- Fiche: *0326/0649 f.*
  Az 1: 7J 220/42
  Az 2: 2H 170/42
- Fiche: *0327*
  Az 1: 7J 181/42
  Az 2: 2H 158/42
- Fiche: *0327*
  Az 1: 7J 271/42
  Az 2: 2H 157/42
- Fiche: *0327*
  Az 1: 7J 344/42
  Az 2: 2H 162/42
- Fiche: *0328*
  Az 1: 7J 208/42
  Az 2: 5H 145/42
- Fiche: *0328/0335*
  Az 1: 7J 606/41
  Az 2: 2H 54/42
- Fiche: *0328/0337*
  Az 1: 7J 361/42
  Az 2: 2H 252/42
- Fiche: *0328/0340 f.*
  Az 1: 7J 137/42
  Az 2: 2H 191/42
- Fiche: *0328 f./0342*
  Az 1: 7J 219/42
  Az 2: 2H 167/42
- Fiche: *0329*
  Az 1: 7J 194/42
  Az 2: 2H 194/42
- Fiche: *0329/0338 f.*
  Az 1: 7J 110/42
  Az 2: 2H 203/42
- Fiche: *0329/0339*
  Az 1: 7J 283/42, 7J 288/42
  Az 2: 5H 146/42
- Fiche: *0329/0354*
  Az 1: 7J 223/42
  Az 2: 2H 236/42
- Fiche: *0329/0358*
  Az 1: 7J 354/42
  Az 2: 5H 142/42
- Fiche: *0329/0376*
  Az 1: 7J 287/43
  Az 2: 5H 68/43
- Fiche: *0330*
  Az 1: 6J 41/42g
  Az 2: 2H 126/42
- Fiche: *0330*
  Az 1: 6J 42/42g
  Az 2: 2H 127/42
- Fiche: *0330*
  Az 1: 7J 44/42
  Az 2: 2H 331/42
- Fiche: *0330*
  Az 1: 7J 46/42
  Az 2: 2H 125/42

- Fiche: *0360*
  Az 1: 7J 384/42
  Az 2: 5H 155/42
- Fiche: *0360*
  Az 1: 7J 409/42
  Az 2: 5H 156/42
- Fiche: *0360*
  Az 1: StPL (RKA) III 321/41, 7J 418/42
  Az 2: 5H 160/42
- Fiche: *0361*
  Az 1: 7J 309/42
- Fiche: *0361*
  Az 1: 7J 416/42
  Az 2: 5H 162/42
- Fiche: *0361*
  Az 1: 7J 443/42
  Az 2: 5H 173/42
- Fiche: *0361*
  Az 1: 7J 452/42
  Az 2: 5H 169/42
- Fiche: *0363*
  Az 1: 7J 178/43
  Az 2: 5H 50/43
- Fiche: *0363*
  Az 1: 7J 180/43
  Az 2: 5H 51/43
- Fiche: *0363*
  Az 1: 7J 599/42
  Az 2: 6H 49/43
- Fiche: *0363*
  Az 1: 7J 97/43
  Az 2: 6H 51/43
- Fiche: *0364*
  Az 1: 7J 213/43
  Az 2: 5H 56/43
- Fiche: *0364*
  Az 1: 7J 535/42, 7J 61/43
  Az 2: 5H 53/43, 5H 54/43
- Fiche: *0364*
  Az 1: 7J 61/43
- Fiche: *0364/0736*
  Az 1: 7J 109/43, 6(7)J 108/43
  Az 2: 5H 28/44, *H 35/44
- Fiche: *0365*
  Az 1: 7J 607/42
  Az 2: 6H 57/43
- Fiche: *0365*
  Az 1: 7J 68/43
  Az 2: 5H 49/43
- Fiche: *0366*
  Az 1: 7J 171/42
  Az 2: 5H 147/42
- Fiche: *0366*
  Az 1: 7J 599/42
  Az 2: 6H 46/43
- Fiche: *0366*
  Az 1: 7J 87/43
- Fiche: *0366 f.*
  Az 1: 7J 653/42
  Az 2: 5H 34/43
- Fiche: *0367*
  Az 1: 7J 125/43
  Az 2: 5H 29/43
- Fiche: *0368/0414*
  Az 1: 6(7)J 511/43, 6(7)J 429/43
  Az 2: 5H 24/44, 5H 26/44
- Fiche: *0368/0520*
  Az 1: 7J 305/43
  Az 2: 5H 1/44
- Fiche: *0369*
  Az 1: 7J 651/42
  Az 2: 5H 24/43
- Fiche: *0370*
  Az 1: 7J 511/42
  Az 2: 5H 15/43
- Fiche: *0370*
  Az 1: 7J 555/42
  Az 2: 6H 13/43
- Fiche: *0370*
  Az 1: 7J 76/43
  Az 2: 5H 17/43
- Fiche: *0371*
  Az 1: 7J 298/43
  Az 2: 5H 99/43
- Fiche: *0371*
  Az 1: 7J 524/42
  Az 2: 5H 9/43
- Fiche: *0372/0520*
  Az 1: 7J 308/43
  Az 2: 5H 92/43
- Fiche: *0373*
  Az 1: 7J 304/43, 7J 326/43
  Az 2: 5H 91/43, 5H 88/43
- Fiche: *0373*
  Az 1: 7J 306/43
  Az 2: 5H 89/43
- Fiche: *0373/0520*
  Az 1: 7J 192/43
  Az 2: 5H 83/43
- Fiche: *0373 f./0520*
  Az 1: 7J 343/43
  Az 2: 5H 82/43
- Fiche: *0374*
  Az 1: 7J 331/43
  Az 2: 5H 77/43
- Fiche: *0374*
  Az 1: 7J 342/43
  Az 2: 5H 78/43
- Fiche: *0374/0520*
  Az 1: 7J 341/43
  Az 2: 5H 81/43
- Fiche: *0374/0576*
  Az 1: 7J 303/43
  Az 2: 5H 80/43
- Fiche: *0375*
  Az 1: 7J 100/43
  Az 2: 6H 74/43
- Fiche: *0375*
  Az 1: 7J 100/43
  Az 2: 6H 75/43
- Fiche: *0375*
  Az 1: 7J 236/43g
  Az 2: 5H 76/43
- Fiche: *0375*
  Az 1: 7J 332/43
  Az 2: 5H 73/43
- Fiche: *0376*
  Az 1: 7J 238/43
  Az 2: 5H 72/43
- Fiche: *0376*
  Az 1: 7J 306/42, 7J 239/43
  Az 2: 5H 140/42, 5H 72/43
- Fiche: *0376*
  Az 1: 7J 628/42
  Az 2: 5H 66/43
- Fiche: *0377*
  Az 1: 7J 110/43
  Az 2: 5H 64/43
- Fiche: *0377*
  Az 1: 7J 220/43
  Az 2: 5H 59/43
- Fiche: *0377*
  Az 1: 7J 262/43
  Az 2: 5H 61/43
- Fiche: *0377*
  Az 1: 7J 599/42
  Az 2: 6H 58/43
- Fiche: *0377*
  Az 1: 7J 599/42
  Az 2: 6H 61/43
- Fiche: *0378*
  Az 1: 7J 141/43
  Az 2: 5H 58/43
- Fiche: *0378*
  Az 1: 7J 379/43
  Az 2: 6H 186/43
- Fiche: *0378*
  Az 1: 7J 412/43
  Az 2: 6H 178/43
- Fiche: *0378*
  Az 1: 7J 433/43
  Az 2: 6H 177/43
- Fiche: *0378 f.*
  Az 1: 7J 432/43
  Az 2: 6H 176/43
- Fiche: *0379*
  Az 1: 7J 358/43
  Az 2: 6H 156/43
- Fiche: *0379*
  Az 1: 7J 419/43
  Az 2: 6H 172/43
- Fiche: *0379*
  Az 1: 7J 431/43
  Az 2: 6H 175/43
- Fiche: *0380*
  Az 1: 7J 450/43
  Az 2: 5H 152/43
- Fiche: *0381*
  Az 1: 6J 51/44
  Az 2: BS 17/44
- Fiche: *0381*
  Az 1: 7J 294/43
  Az 2: 5H 132/43
- Fiche: *0381*
  Az 1: 7J 297/43
  Az 2: 5H 96/43, 5H 139/43
- Fiche: *0381*
  Az 1: 7J 444/43
  Az 2: 5H 136/43
- Fiche: *0382*
  Az 1: 7J 242/43
  Az 2: 6H 117/43
- Fiche: *0382*
  Az 1: 7J 243/43
  Az 2: 6H 120/43
- Fiche: *0382*
  Az 1: 7J 359/43
  Az 2: 5H 120/43
- Fiche: *0382*
  Az 1: 7J 396/43, 7J 399/43
  Az 2: 1H 117/43, 5H 116/43
- Fiche: *0383*
  Az 1: 7J 275/43
  Az 2: 6H 107/43
- Fiche: *0383*
  Az 1: 7J 277/43
  Az 2: 6H 134/43
- Fiche: *0400*
  Az 1: 7J 186/42
  Az 2: 5H 117/42
- Fiche: *0400*
  Az 1: 7J 313/42
  Az 2: 5H 136/42
- Fiche: *0401/0458 f.*
  Az 1: 7J 590/42
  Az 2: 5H 47/43
- Fiche: *0401/0520*
  Az 1: 7J 295/43
  Az 2: 5H 95/43
- Fiche: *0402*
  Az 1: 7J 397/43
  Az 2: 5H 115/43
- Fiche: *0403*
  Az 1: 7J 384/43
  Az 2: 5H 153/43
- Fiche: *0403*
  Az 1: 7J 516/43
  Az 2: 5H 157/43
- Fiche: *0408*
  Az 1: 11J 50/44
  Az 2: 6H 11/44
- Fiche: *0408*
  Az 1: 7J 454/43, 7J 502/43
  Az 2: 5H 10/44, 5H 5/44
- Fiche: *0409/0643*
  Az 1: 7(6)J 557/43
  Az 2: 5H 12/44
- Fiche: *0410*
  Az 1: 11J 53/44
  Az 2: 6H 14/44
- Fiche: *0410/0520*
  Az 1: 6(7)J 514/43
  Az 2: 5H 15/44
- Fiche: *0413/0520*
  Az 1: 6(7)J 517/43
  Az 2: 5H 180/42
- Fiche: *0414*
  Az 1: 6J 1/44
  Az 2: 5H 23/44
- Fiche: *0414 f.*
  Az 1: 10(9)J 819/43g
  Az 2: 6H 28/44
- Fiche: *0416*
  Az 1: 6(7)J 518/43
  Az 2: 5H 31/44
- Fiche: *0418*
  Az 1: 7J 396/43
  Az 2: 5H 48/44
- Fiche: *0420*
  Az 1: 6J 44/44
  Az 2: 5H 57/44
- Fiche: *0420*
  Az 1: 6J 53/44
  Az 2: 5H 56/44
- Fiche: *0420/0574 f.*
  Az 1: 7J 500/43, 7J 501/43
  Az 2: 5H 3/44, 5H 4/44
- Fiche: *0424*
  Az 1: 7J 49/44
  Az 2: 5H 70/44
- Fiche: *0424/0570*
  Az 1: 7J 101/44
  Az 2: 5H 78/44
- Fiche: *0425*
  Az 1: 7J 137/44
  Az 2: 5H 81/44

- Fiche: *0210/0466*
  Az 1: 11J 423/44g
  Az 2: 2H 4/45
- Fiche: *0241 f.*
  Az 1: 8J 88/36g
  Az 2: 1H 70/35
- Fiche: *0248/0447*
  Az 1: 14J 380/36
  Az 2: 2H 8/37
- Fiche: *0264/0491 f.*
  Az 1: 17J 171/35
  Az 2: 2H 18/37
- Fiche: *0279 f.*
  Az 1: 6J 157/38
  Az 2: 2H 89/38
- Fiche: *0296*
  Az 1: 7J 638/42
  Az 2: 5H 26/43
- Fiche: *0394 f.*
  Az 1: 14J 480/37g
  Az 2: 1L 18/38
- Fiche: *0457*
  Az 1: 9J 114/44
  Az 2: 2H 116/44
- Fiche: *0457 f.*
  Az 1: 10J 142/38
  Az 2: 2H 42/38
- Fiche: *0480 f.*
  Az 1: 10J 58/41
  Az 2: 2H 72/41
- Fiche: *0495 f.*
  Az 1: 16J 708/35
  Az 2: 1H 75/35
- Fiche: *0501*
  Az 1: 5J 77/38
  Az 2: 2H 43/38
- Fiche: *0509*
  Az 1: 9J 701/35
  Az 2: 2H 46/35
- Fiche: *0509*
  Az 1: 9J 710/35
  Az 2: 2H 42/35
- Fiche: *0519/0560*
  Az 1: 9J 316/40
  Az 2: 2H 125/41
- Fiche: *0535/0681*
  Az 1: 9J 80/42g
  Az 2: 2H 95/42
- Fiche: *0540*
  Az 1: 9J 42/36
  Az 2: 1H 17/36
- Fiche: *0544*
  Az 1: 10J 170/42
  Az 2: 2H 22/43
- Fiche: *0548*
  Az 1: 16J 42/35
  Az 2: 2H 9/36
- Fiche: *0564 f.*
  Az 1: 9J 137/34
  Az 2: 1H 25/35
- Fiche: *0588 f./0643*
  Az 1: 16J 293/35,
  8J 438/35
  Az 2: 2H 58/35
- Fiche: *0589*
  Az 1: 16J 293/35
  Az 2: 2H 58/35
- Fiche: *0670*
  Az 1: 13J 56/33
  Az 2: XV H 45/33
- Fiche: *0681 f.*
  Az 1: 10J 202/41g
  Az 2: 2H 143/41
- Fiche: *0683 f.*
  Az 1: 10J 44/41
  Az 2: 2H 45/42
- Fiche: *0703*
  Az 1: 16J 415/35
- Fiche: *0704*
  Az 1: 6J 15/39g
- Fiche: *0727*
  Az 1: 16J 293/35
- Fiche: *0728*
  Az 1: 17J 461/34
  Az 2: 0Js 18/36
- Fiche: *0732*
  Az 1: 5J 464/39
  Az 2: 1H 61/39

KPD – Nationalkomitee „Freies Deutschland“ (KPD-NKFD)

- Fiche: *0190*
  Az 1: 9J 231/44
  Az 2: 5H 119/44
- Fiche: *0190 f.*
  Az 1: 9J 232/44
  Az 2: 5H 126/44
- Fiche: *0196*
  Az 1: 9J 210/44
  Az 2: 2H 205/44
- Fiche: *0196/0625*
  Az 1: 9J 187/44
  Az 2: 2H 204/44
- Fiche: *0197/0466*
  Az 1: 8J 157/44
  Az 2: 1H 208/44
- Fiche: *0198 f./0208*
  Az 1: 8J 169/44
  Az 2: 1H 210/44
- Fiche: *0199*
  Az 1: 8J 175/44g
  Az 2: 1H 212/44
- Fiche: *0199*
  Az 1: 8J 176/44g
  Az 2: 1H 213/44
- Fiche: *0199 f.*
  Az 1: 9J 214/44
  Az 2: 2H 215/44
- Fiche: *0200*
  Az 1: 8J 172/44g
  Az 2: 1H 216/44
- Fiche: *0200*
  Az 1: 8J 177/44g
  Az 2: 1H 219/44
- Fiche: *0200/0569*
  Az 1: 8J 178/44
- Fiche: *0200/0569*
  Az 1: 8J 178/44
  Az 2: 1H 218/44
- Fiche: *0201*
  Az 1: 8J 171/44g
  Az 2: 1H 224/44
- Fiche: *0202*
  Az 1: 11J 271/44
  Az 2: 2H 241/44
- Fiche: *0202*
  Az 1: 11J 281/44
  Az 2: 2H 243/44
- Fiche: *0202*
  Az 1: 8J 179/44
  Az 2: 1H 237/44
- Fiche: *0203 f.*
  Az 1: 11J 246/44
  Az 2: 2H 245/44
- Fiche: *0204*
  Az 1: 8J 184/44g
  Az 2: 1H 249/44
- Fiche: *0204*
  Az 1: 8J 201/44g
  Az 2: 1H 246/44
- Fiche: *0205*
  Az 1: 8J 262/44
  Az 2: 2H 259/44
- Fiche: *0207*
  Az 1: 8J 188/44g
  Az 2: 1H 285/44
- Fiche: *0207/0532*
  Az 1: 8J 206/44g
  Az 2: 1H 274/44
- Fiche: *0207/0689*
  Az 1: 8J 200/44g
  Az 2: 1H 286/44
- Fiche: *0208*
  Az 1: 8J 208/44g
  Az 2: 1H 301/44
- Fiche: *0208*
  Az 1: 8J 229/44g
  Az 2: 1H 299/44
- Fiche: *0208/0672*
  Az 1: 8J 199/44
  Az 2: 1H 298/44
- Fiche: *0209*
  Az 1: 8J 241/44
- Fiche: *0209*
  Az 1: 9J 230/44
- Fiche: *0209*
  Az 1: 9J 233/44
  Az 2: 1H 318/44
- Fiche: *0209*
  Az 1: 9J 250/44
  Az 2: 1H 364/44
- Fiche: *0210*
  Az 1: 9J 251/44
  Az 2: 1H 382/44
- Fiche: *0210*
  Az 1: 9J 252/44g
  Az 2: 1H 385/44
- Fiche: *0210/0579*
  Az 1: 9J 272/44
  Az 2: 1H 7/45
- Fiche: *0210 f./0498*
  Az 1: 9J 236/44g
  Az 2: 5H 38/45
- Fiche: *0425*
  Az 1: 7J 123/44
  Az 2: 5H 80/44
- Fiche: *0429/0741*
  Az 1: 9J 213/44
  Az 2: 5H 118/44
- Fiche: *0430*
  Az 1: 9J 242/44
  Az 2: 5H 127/44
- Fiche: *0433/0569*
  Az 1: 8J 183/44g
  Az 2: 1H 221/44
- Fiche: *0435*
  Az 1: 8J 190/44g
  Az 2: 1H 245/44
- Fiche: *0456*
  Az 1: 8J 241/44
  Az 2: 1H 356/44
- Fiche: *0456*
  Az 1: 9J 235/44
  Az 2: 2H 220/44
- Fiche: *0505/0740*
  Az 1: 8J 180/44g
  Az 2: 1H 231/44
- Fiche: *0518*
  Az 1: 8J 199/44,
  8J 271/44g
  Az 2: 1H 3/45
- Fiche: *0574/0209*
  Az 1: 9J 258/44
  Az 2: 1H 362/44
- Fiche: *0639*
  Az 1: 8J 187/44
  Az 2: 1H 272/44
- Fiche: *0740*
  Az 1: 8J 199/44g
  Az 2: 1H 315/44
- Fiche: *0741*
  Az 1: 8J 26/45
- Fiche: *0746*
  Az 1: 9J 63/45

KPD – Revolutionäre Gewerkschaftsopposition (KPD-RGO)

- Fiche: *0006 f.*
  Az 1: 17J 574/33
  Az 2: 1H 10/34
- Fiche: *0014/0737*
  Az 1: 14J 253/33
  Az 2: 2H 22/34
- Fiche: *0018/0220*
  Az 1: 16J 646/33
  Az 2: 1H 29/34
- Fiche: *0108 f.*
  Az 1: 8J 337/37g
  Az 2: 1H 41/37
- Fiche: *0113*
  Az 1: 8J 351/37g
  Az 2: 2H 57/37
- Fiche: *0224*
  Az 1: 17J 44/34
  Az 2: 2H 2/34
- Fiche: *0241*
  Az 1: 17J 249/35
  Az 2: 1H 72/35
- Fiche: *0249 f.*
  Az 1: 17J 318/35
  Az 2: 1H 15/36
- Fiche: *0389*
  Az 1: 9J 301/35
  Az 2: 3L 51/35
- Fiche: *0398*
  Az 1: 6J 606/38g
  Az 2: 3L 24/40
- Fiche: *0457 f.*
  Az 1: 10J 142/38
  Az 2: 2H 42/38
- Fiche: *0525 f.*
  Az 1: 9J 502/38g
  Az 2: 3L 86/39
- Fiche: *0582 f.*
  Az 1: 10J 288/38
  Az 2: 1H 37/38
- Fiche: *0589*
  Az 1: 16J 293/35
  Az 2: 2H 58/35
- Fiche: *0601 f.*
  Az 1: 8J 206/37g
  Az 2: 2H 4/38
- Fiche: *0602 f.*
  Az 1: 9J 414/39
  Az 2: 2H 83/41
- Fiche: *0673 f.*
  Az 1: 16J 141/35,
  16J 126/35
  Az 2: 1H 34/35, 1H 35/35

KPD – Rote Hilfe (KPD-RH)
- Fiche: *0070*
  Az 1: 14J 210/35
  Az 2: 2H 43/36
- Fiche: *0108 f.*
  Az 1: 8J 337/37g
  Az 2: 1H 41/37
- Fiche: *0109 f.*
  Az 1: 17J 264/36
  Az 2: 2H 45/37
- Fiche: *0116*
  Az 1: 16J 878/37
  Az 2: 1H 9/38
- Fiche: *0129 f.*
  Az 1: 6J 223/38g
  Az 2: 2H 47/38
- Fiche: *0164*
  Az 1: 5J 148/40
  Az 2: 2H 71/40
- Fiche: *0176/0635*
  Az 1: 5J 151/42
  Az 2: 5H 10/43
- Fiche: *0178*
  Az 1: 6J 134/42g
  Az 2: 2H 77/43
- Fiche: *0205*
  Az 1: 11(10)J 1275/43
  Az 2: 2H 251/44
- Fiche: *0205*
  Az 1: 9J 151/44
  Az 2: 2H 253/44
- Fiche: *0213 f./0216*
  Az 1: 17J 89/33
  Az 2: 1H 6/34
- Fiche: *0242/0313*
  Az 1: 17J 59/35
  Az 2: 1H 74/35
- Fiche: *0267 f.*
  Az 1: 7J 201/36g
  Az 2: 2H 40/37
- Fiche: *0273 f.*
  Az 1: 14J 657/37g
  Az 2: 1H 15/38
- Fiche: *0277 f.*
  Az 1: 14J 651/37g
  Az 2: 2H 55/38
- Fiche: *0313 f.*
  Az 1: 17J 57/35
  Az 2: 1H 54/35
- Fiche: *0398*
  Az 1: 6J 606/38g
  Az 2: 3L 24/40
- Fiche: *0451*
  Az 1: 9J 658/35
  Az 2: 2H 41/35
- Fiche: *0463*
  Az 1: 15J 217/35
  Az 2: 1H 68/35
- Fiche: *0478*
  Az 1: 10J 290/40g
  Az 2: 5H 62/42
- Fiche: *0489*
  Az 1: 9J 301/40
  Az 2: 2H 2/42
- Fiche: *0517/0678*
  Az 1: 10J 139/38
  Az 2: 2H 67/38
- Fiche: *0519/0560*
  Az 1: 9J 316/40
  Az 2: 2H 125/41
- Fiche: *0541*
  Az 1: 10J 29/38
  Az 2: 2H 31/38
- Fiche: *0601 f.*
  Az 1: 8J 206/37g
  Az 2: 2H 4/38
- Fiche: *0633*
  Az 1: 9J 357/41g
  Az 2: 2H 7/42
- Fiche: *0641*
  Az 1: 10J 35/41
  Az 2: 2H 96/41
- Fiche: *0657*
  Az 1: 8J 564/33
  Az 2: XV H 1/34
- Fiche: *0657 f.*
  Az 1: 17J 163/33
  Az 2: XV H 3/34
- Fiche: *0677*
  Az 1: 9J 330/40
  Az 2: 2H 48/41
- Fiche: *0709/0717f.*
  Az 1: 15J 218/35
  Az 2: 2H 23/36

KPD – Rote Jugend
- Fiche: *0598*
  Az 1: 15J 618/33
  Az 2: 2H 26/34

KPD – Rote Studentenschaft
- Fiche: *0079 f.*
  Az 1: 17J 267/35
  Az 2: 1H 63/36

KPD – Roter Frontkämpferbund (KPD-RFB)
- Fiche: *0009/0733 f.*
  Az 1: 14J 311/33
  Az 2: 1H 12/34
- Fiche: *0028 f.*
  Az 1: 15J 648/33
  Az 2: 1H 14/35
- Fiche: *0028 f./0679*
  Az 1: 15J 648/33
  Az 2: 1H 14/35
- Fiche: *0122 f.*
  Az 1: 16J 765/37
  Az 2: 1H 23/38
- Fiche: *0158 f./0288*
  Az 1: 7J 6/39
  Az 2: 1H 77/39
- Fiche: *0166 f.*
  Az 1: 6J 95/41g
  Az 2: 2H 119/41
- Fiche: *0215 f.*
  Az 1: 14J 163/33
  Az 2: 1H 5/34
- Fiche: *0238 f.*
  Az 1: 17J 82/35
  Az 2: 1H 51/35
- Fiche: *0241*
  Az 1: 8J 433/35g, 17J 519/34
  Az 2: 1H 69/35
- Fiche: *0264/0491 f.*
  Az 1: 17J 171/35
  Az 2: 2H 18/37
- Fiche: *0291*
  Az 1: 7J 544/39
  Az 2: 2H 33/41
- Fiche: *0388*
  Az 1: 17J 331/33
  Az 2: 2H 28/35
- Fiche: *0518 f./0559*
  Az 1: 9J 315/41g
  Az 2: 2H 164/41
- Fiche: *0593 f.*
  Az 1: 15J 490/33
  Az 2: 1H 89/34
- Fiche: *0597 f.*
  Az 1: 15J 355/33
  Az 2: 1H 43/34
- Fiche: *0607 f.*
  Az 1: 17J 697/33
  Az 2: XV H 50/33
- Fiche: *0608 ff*
  Az 1: 15J 179/33
  Az 2: XII H 17/34
- Fiche: *0618*
  Az 1: 8/16J 409/33
  Az 2: XII H 18/33
- Fiche: *0621*
  Az 1: 13J 240/33
  Az 2: XII H 3/34
- Fiche: *0650 f.*
  Az 1: 15J 190/33
  Az 2: XII H 6/34
- Fiche: *0665*
  Az 1: 14J 71/33
  Az 2: XV H 30/33
- Fiche: *0665*
  Az 1: 8/16J 391/33
  Az 2: XV H 22/33
- Fiche: *0665*
  Az 1: 8/16J 501/33
  Az 2: XV H 28/33
- Fiche: *0665 f.*
  Az 1: 8/16J 525/33
  Az 2: XV H 39/33

KPD – Salda-Komitee
- Fiche: *0157*
  Az 1: 5J 474/39
  Az 2: 1H 71/39
- Fiche: *0163*
  Az 1: 5J 142/40
  Az 2: 2H 68/40
- Fiche: *0677/0747*
  Az 1: 4J 349/40g
  Az 2: 1L 18/42
- Fiche: *0703*
  Az 1: 6J 239/39
- Fiche: *0732*
  Az 1: 5J 464/39
  Az 2: 1H 61/39

KPD – Seefahrtgruppe
- Fiche: *0535 f.*
  Az 1: 10J 267/41
  Az 2: 2H 157/41

KPD – Union für Recht und Freiheit
- Fiche: *0117*
  Az 1: 6J 116/38g
  Az 2: 1H 11/38
- Fiche: *0130/0277*
  Az 1: 6J 224/38g
  Az 2: 2H 48/38

KPÖ – Kommunistischer Jugendverband Österreichs (KPÖ-KJVÖ)
- Fiche: *0295 f.*
  Az 1: 7J 2/43g
  Az 2: 5H 42/43
- Fiche: *0298/0367*
  Az 1: 7J 300/43
  Az 2: 5H 94/43
- Fiche: *0306*
  Az 1: 7J 547/39
  Az 2: 2H 13/40
- Fiche: *0306 f.*
  Az 1: 7J 549/39
  Az 2: 2H 32/40
- Fiche: *0307*
  Az 1: 7J 548/39
  Az 2: 1H 36/40
- Fiche: *0323*
  Az 1: 6J 28/41g
  Az 2: 2H 129/41
- Fiche: *0328/0357*
  Az 1: 7J 487/42
  Az 2: 5H 183/42
- Fiche: *0329/0370*
  Az 1: 7J 517/42
  Az 2: 5H 13/43
- Fiche: *0329/0376*
  Az 1: 7J 287/43
  Az 2: 5H 68/43
- Fiche: *0336*
  Az 1: 7J 543/41
  Az 2: 2H 4/42
- Fiche: *0344*
  Az 1: 7J 432/42
  Az 2: 1H 305/42
- Fiche: *0345*
  Az 1: 7J 373/42
  Az 2: 2H 264/42
- Fiche: *0345*
  Az 1: 7J 405/42
  Az 2: 2H 266/42
- Fiche: *0350*
  Az 1: 7J 347/42
  Az 2: 5H 135/42
- Fiche: *0352*
  Az 1: 7J 529/42
  Az 2: 6H 25/42
- Fiche: *0357*
  Az 1: 7J 469/42
  Az 2: 5H 179/42
- Fiche: *0361*
  Az 1: 7J 483/42
  Az 2: 5H 176/42
- Fiche: *0361 f.*
  Az 1: 7J 476/42
  Az 2: 5H 177/42
- Fiche: *0363/0563 f.*
  Az 1: 7J 64/43
  Az 2: 5H 52/43
- Fiche: *0370*
  Az 1: 7J 555/42
  Az 2: 6H 13/43
- Fiche: *0371*
  Az 1: 7J 298/43
  Az 2: 5H 99/43
- Fiche: *0371*
  Az 1: 7J 301/43
  Az 2: 5H 97/43
- Fiche: *0372*
  Az 1: 7J 308/43
  Az 2: 5H 92/43

– Fiche: *0372/0520*
Az 1: 7J 308/43
Az 2: 5H 92/43
– Fiche: *0373/0520*
Az 1: 7J 192/43
Az 2: 5H 83/43
– Fiche: *0384*
Az 1: 7J 296/43
Az 2: 5H 100/43
– Fiche: *0449*
Az 1: 7J 299/43
Az 2: 5H 105/43
– Fiche: *0521*
Az 1: 7J 339/42
Az 2: 6H 3/42
– Fiche: *0575 f.*
Az 1: 7J 438/43
Az 2: 5H 140/43
– Fiche: *0576*
Az 1: 7J 352/43
Az 2: 5H 90/43
– Fiche: *0697*
Az 1: StPL (RKA) II 540/42
Az 2: StPL (HLS) IV 18/43
– Fiche: *0706*
Az 1: StPL (RKA) Wien 1/39
Az 2: StPL (HLS) I 32/39
– Fiche: *0717*
Az 1: StPL (RKA) 3 281/43

KPÖ – Rote Gewerkschaft
– Fiche: *0298/0372*
Az 1: 7J 19/43
Az 2: 6H 94/43
– Fiche: *0298/0577*
Az 1: 7J 216/43
Az 2: 6H 93/43
– Fiche: *0371 f.*
Az 1: 7J 45/43
Az 2: 6H 95/43
– Fiche: *0372*
Az 1: 7J 217/43
Az 2: 6H 92/43
– Fiche: *0373*
Az 1: 7J 198/43
Az 2: 6H 89/43
– Fiche: *0379*
Az 1: 7J 358/43
Az 2: 6H 157/43
– Fiche: *0382*
Az 1: 7J 278/43
Az 2: 6H 110/43
– Fiche: *0383*
Az 1: 7J 275/43
Az 2: 6H 107/43
– Fiche: *0383*
Az 1: 7J 277/43
Az 2: 6H 109/43
– Fiche: *0383/0529*
Az 1: 7J 273/43
Az 2: 6H 105/43
– Fiche: *0383 f./0650*
Az 1: 7J 205/43
Az 2: 6H 100/43
– Fiche: *0384*
Az 1: 7J 279/43
Az 2: 6H 104/43

– Fiche: *0401/0459*
Az 1: 7J 415/43
Az 2: 6H 189/43
– Fiche: *0405/0521*
Az 1: 7J 475/43
Az 2: 6H 188/43
– Fiche: *0459*
Az 1: 7J 44/43
Az 2: 6H 99/43
– Fiche: *0577*
Az 1: 7J 276/43
Az 2: 6H 108/43

KPÖ – Rote Hilfe (KPÖ-RH)
– Fiche: *0174*
Az 1: 7J 160/42
Az 2: 2H 119/42
– Fiche: *0174*
Az 1: 7J 419/42
Az 2: 5H 157/42
– Fiche: *0175/0346*
Az 1: 7J 282/42
Az 2: 1H 249/42
– Fiche: *0179/0381*
Az 1: 7J 378/43, 7J 458/43
Az 2: 5H 130/43, 5H 133/43
– Fiche: *0181*
Az 1: 7J 434/43
Az 2: 6H 10/44
– Fiche: *0296 f.*
Az 1: 7J 100/43
Az 2: 6H 78/43
– Fiche: *0298*
Az 1: 7J 307/43
Az 2: 5H 93/43
– Fiche: *0318*
Az 1: 7J 144/44
Az 2: 5H 92/44
– Fiche: *0330*
Az 1: 6J 41/42g
Az 2: 2H 126/42
– Fiche: *0331*
Az 1: 7J 157/42
Az 2: 2H 117/42
– Fiche: *0341*
Az 1: 7J 326/42
Az 2: 2H 187/42
– Fiche: *0343*
Az 1: 7J 356/42
Az 2: 1H 216/42
– Fiche: *0347*
Az 1: 7J 32/42
Az 2: 5H 67/42
– Fiche: *0351*
Az 1: 7J 490/42
Az 2: 6H 30/42
– Fiche: *0351*
Az 1: 7J 492/42
Az 2: 6H 28/42
– Fiche: *0351 f.*
Az 1: 7J 491/42
Az 2: 6H 26/42
– Fiche: *0353*
Az 1: 7J 399/42
Az 2: 2H 294/42
– Fiche: *0356*
Az 1: 7J 233/42
Az 2: 5H 188/42

– Fiche: *0357*
Az 1: 7J 499/42
Az 2: 5H 186/42
– Fiche: *0360*
Az 1: 7J 384/42
Az 2: 5H 155/42
– Fiche: *0365*
Az 1: 7J 599/42
Az 2: 6H 45/43
– Fiche: *0365*
Az 1: 7J 599/42
Az 2: 6H 48/43
– Fiche: *0371*
Az 1: 7J 199/43
Az 2: 6H 96/43
– Fiche: *0373/0381*
Az 1: 7J 200/43, 7J 382/43
Az 2: 6H 90/43, 6H 136/43
– Fiche: *0374/0520*
Az 1: 7J 341/43
Az 2: 5H 81/43
– Fiche: *0376*
Az 1: 7J 238/43
Az 2: 5H 72/43
– Fiche: *0377*
Az 1: 7J 599/42
Az 2: 6H 59/43
– Fiche: *0378*
Az 1: 7J 412/43
Az 2: 6H 178/43
– Fiche: *0401/0458 f.*
Az 1: 7J 590/42
Az 2: 5H 47/43
– Fiche: *0403*
Az 1: 7J 384/43
Az 2: 5H 153/43
– Fiche: *0403*
Az 1: 7J 503/43
Az 2: 5H 154/43
– Fiche: *0404*
Az 1: 7J 391/43
Az 2: 6H 179/43
– Fiche: *0405*
Az 1: 7J 381/43
Az 2: 6H 180/43
– Fiche: *0405*
Az 1: 7J 390/43
Az 2: 6H 181/43
– Fiche: *0405/0521*
Az 1: 7J 475/43
Az 2: 6H 188/43
– Fiche: *0406*
Az 1: 11J 49/44
Az 2: 6H 218/43
– Fiche: *0408*
Az 1: 11J 50/44
Az 2: 6H 11/44
– Fiche: *0409*
Az 1: 11J 51/44
Az 2: 6H 12/44
– Fiche: *0414*
Az 1: 6(7)J 535/43
Az 2: 6H 25/44
– Fiche: *0424*
Az 1: 7J 131/44
Az 2: 5H 77/44
– Fiche: *0424/0570*
Az 1: 7J 101/44
Az 2: 5H 78/44

– Fiche: *0425 f.*
Az 1: 6J 93/44
Az 2: 5H 88/44
– Fiche: *0433*
Az 1: 10J 230/44
Az 2: 6H 218/44
– Fiche: *0443*
Az 1: 7J 360/42
Az 2: 5H 134/42
– Fiche: *0447*
Az 1: 7J 197/43
Az 2: 6H 97/43
– Fiche: *0452*
Az 1: 7J 421/43
– Fiche: *0453*
Az 1: 7J 116/43
Az 2: 1H 148/43
– Fiche: *0453/0739*
Az 1: 7J 347/43, 7J 421/43, 7J 422/43
Az 2: 5H 122/43, 5H 129/43, 5H 125/43
– Fiche: *0454*
Az 1: 7J 158/42
Az 2: 2H 113/42
– Fiche: *0459*
Az 1: 7J 489/42
Az 2: 6H 29/42
– Fiche: *0511*
Az 1: 7J 61/44
Az 2: 5H 50/44
– Fiche: *0512*
Az 1: 6J 44/42g
– Fiche: *0522*
Az 1: 6J 43/42
Az 2: 2H 120/42
– Fiche: *0582*
Az 1: 7J 113/42
Az 2: 2H 132/42
– Fiche: *0649*
Az 1: 7J 481/42
Az 2: 1H 314/42
– Fiche: *0696 f.*
Az 1: StPL (RKA) III 657/41
Az 2: StPL (HLS) III 16/42
– Fiche: *0707*
Az 1: StPl (RKA) II 238/42
Az 2: StPL (HLS) II 97/42

KPÖ-KJVÖ (Gruppe Soldatenrat)
– Fiche: *0369 f.*
Az 1: 7J 484/42
Az 2: 5H 20/43

KPOL s. Linke Opposition der KPD

KPS – Rote Hilfe (KPS-RH)
– Fiche: *0512*
Az 1: 6J 103/42

Krause-Gruppe
– Fiche: *0211 f.*
Az 1: 9J 33/45g
Az 2: 6Sg. 65/45
– Fiche: *0734 f.*
Az 1: 9J 33/45 g
Az 2: 6 Sg 66/45

- Fiche: *0201/0434*
  Az 1: 9J 127/44
  Az 2: 2H 228/44
- Fiche: *0202*
  Az 1: 9J 170/44
  Az 2: 2H 233/44
- Fiche: *0203*
  Az 1: 8J 149/44
  Az 2: 2H 244/44
- Fiche: *0205/0443*
  Az 1: 9J 163/44
  Az 2: 2H 254/44
- Fiche: *0206*
  Az 1: 8J 277/44
  Az 2: 2H 269/44
- Fiche: *0210*
  Az 1: 8J 127/44
  Az 2: 2H 127/44
- Fiche: *0255*
  Az 1: 14J 230/36
  Az 2: 1H 44/36
- Fiche: *0258*
  Az 1: 14J 464/36
  Az 2: 1H 53/36
- Fiche: *0293 f.*
  Az 1: 8J 521/41g
  Az 2: 2H 98/42
- Fiche: *0295/0484*
  Az 1: 6J 97/42
- Fiche: *0299*
  Az 1: 5J 120/43
  Az 2: 2H 141/43
- Fiche: *0299*
  Az 1: 5J 146/43
  Az 2: 2H 151/43
- Fiche: *0299/0512*
  Az 1: 5J 109/43
  Az 2: 2H 113/43
- Fiche: *0312 f.*
  Az 1: 14J 10/34
  Az 2: 1H 13/34
- Fiche: *0318*
  Az 1: 7J 63/44
  Az 2: 1H 147/44
- Fiche: *0318*
  Az 1: 8J 250/43
- Fiche: *0337*
  Az 1: 7J 343/42
  Az 2: 2H 217/42
- Fiche: *0345*
  Az 1: 7J 454/42
  Az 2: 1H 269/42
- Fiche: *0355/0399*
  Az 1: 6J 19/42 g
  Az 2: 2H 41/42
- Fiche: *0366*
  Az 1: 7J 91/43
  Az 2: 5H 48/43
- Fiche: *0368/0438*
  Az 1: 7(8)J 163/43
  Az 2: 6H 91/44
- Fiche: *0375*
  Az 1: 7J 67/43
  Az 2: 6H 73/43
- Fiche: *0379*
  Az 1: 7J 400/43
  Az 2: 6H 164/43
- Fiche: *0379*
  Az 1: 7J 413/43
  Az 2: 6H 173/43
- Fiche: *0379*
  Az 1: 7J 419/43
  Az 2: 6H 172/43
- Fiche: *0395*
  Az 1: 6J 192/38g
  Az 2: 4L 16/39
- Fiche: *0397f.*
  Az 1: 6J 198/39g
  Az 2: 3L 19/40
- Fiche: *0398/0399*
  Az 1: 6J 127/40g
  Az 2: 3L 99/40
- Fiche: *0401*
  Az 1: 7J 606/42
  Az 2: 6H 124/43
- Fiche: *0401/0459*
  Az 1: 7J 415/43
  Az 2: 6H 189/43
- Fiche: *0403*
  Az 1: 6J 77/43g
  Az 2: 2H 140/43
- Fiche: *0403/0485*
  Az 1: 9J 664/43
  Az 2: 6L 163/43
- Fiche: *0405*
  Az 1: 6J 126/43
  Az 2: 2H 209/43
- Fiche: *0406*
  Az 1: 7J 462/43
  Az 2: 6H 218/43
- Fiche: *0410*
  Az 1: 11J 52/44
  Az 2: 6H 13/44
- Fiche: *0414*
  Az 1: 6(7)J 547/43
  Az 2: 6H 27/44
- Fiche: *0414*
  Az 1: 9J 1116/43
  Az 2: 3L 26/44
- Fiche: *0414*
  Az 1: 9J 32/44
  Az 2: 2H 28/44
- Fiche: *0415 f.*
  Az 1: 3J 260/44
  Az 2: 1L 30/44
- Fiche: *0416*
  Az 1: 7J 526/43
  Az 2: 3L 30/44
- Fiche: *0417*
  Az 1: 11J 28/44
  Az 2: 6L 34/44
- Fiche: *0417*
  Az 1: 7J 41/44
  Az 2: 5H 33/44
- Fiche: *0417*
  Az 1: 7J 44/44
  Az 2: 6H 39/44
- Fiche: *0417*
  Az 1: 7J 50/44
  Az 2: 5H 37/44
- Fiche: *0417/0522*
  Az 1: 6(7)J 378/42
  Az 2: 6H 38/44
- Fiche: *0419*
  Az 1: 10(9)J 928/43
  Az 2: 6L 53/44
- Fiche: *0419*
  Az 1: 9J 48/44
  Az 2: 2H 51/44
- Fiche: *0419/0529*
  Az 1: 11J 72/44
  Az 2: 2H 53/44
- Fiche: *0424*
  Az 1: 6(7)J 487/43
  Az 2: 3L 77/44
- Fiche: *0425*
  Az 1: 11J 67/44
  Az 2: 2H 82/44
- Fiche: *0425*
  Az 1: 6J 113/44
  Az 2: 5H 85/44
- Fiche: *0425*
  Az 1: 8J 12/44
  Az 2: 3L 85/44
- Fiche: *0427*
  Az 1: 10J 46/44
  Az 2: 2H 102/44
- Fiche: *0427*
  Az 1: 6J 158/44g, 6J 165/44g
  Az 2: 5H 96/44, 5H 100/44
- Fiche: *0428*
  Az 1: 7J 104/44
  Az 2: 5H 107/44
- Fiche: *0428/0521*
  Az 1: 11J 4/44
  Az 2: 6H 108/44
- Fiche: *0429*
  Az 1: 10J 58/44
  Az 2: 6H 109/44
- Fiche: *0430*
  Az 1: 10J 183/44
  Az 2: 2H 121/44
- Fiche: *0431*
  Az 1: 10J 816/43, 5J 16/44
  Az 2: 3L 133/44
- Fiche: *0431*
  Az 1: 11J 174/44
  Az 2: 2H 150/44
- Fiche: *0431*
  Az 1: 3J 232/44
  Az 2: 6L 136/44
- Fiche: *0432*
  Az 1: 10J 228/44
  Az 2: 6L 202/44
- Fiche: *0432*
  Az 1: 11(10)J 1369/43
  Az 2: 2H 210/44
- Fiche: *0432*
  Az 1: 7J 106/44
  Az 2: 2H 202/44
- Fiche: *0432*
  Az 1: 8J 66/44
  Az 2: 2H 192/44
- Fiche: *0432/0695*
  Az 1: 6J 66/44
  Az 2: 1H 199/44
- Fiche: *0434*
  Az 1: 10J 226/44
  Az 2: 2H 223/44
- Fiche: *0434/0528*
  Az 1: 11J 153/44
  Az 2: 1H 230/44
- Fiche: *0436*
  Az 1: 6J 173/44
  Az 2: 1H 349/44
- Fiche: *0437*
  Az 1: 7J 206/44
- Fiche: *0437*
  Az 1: 9J 78/44
  Az 2: 2H 18/45
- Fiche: *0442*
  Az 1: 8J 385/42g
  Az 2: 1H 328/42
- Fiche: *0443/0180*
  Az 1: 5J 136/43
  Az 2: 6H 158/43
- Fiche: *0447*
  Az 1: 10J 247/42g
  Az 2: 2H 338/42
- Fiche: *0447*
  Az 1: 6J 125/43
  Az 2: 1H 304/43
- Fiche: *0451*
  Az 1: 11(10)J 1220/43
  Az 2: 2H 129/44
- Fiche: *0451*
  Az 1: 8J 197/43
  Az 2: 6H 184/43
- Fiche: *0453*
  Az 1: 8J 377/42
  Az 2: 1H 315/42
- Fiche: *0453*
  Az 1: 9J 269/43
  Az 2: 2H 85/43
- Fiche: *0454*
  Az 1: 10J 162/42
  Az 2: 2H 254/42
- Fiche: *0454*
  Az 1: 10J 94/44
  Az 2: 2H 81/44
- Fiche: *0454*
  Az 1: 9J 22/43
  Az 2: 2H 62/43
- Fiche: *0454/0497*
  Az 1: 8J 16/42
  Az 2: 2H 28/42
- Fiche: *0455*
  Az 1: 10J 107/42
  Az 2: 2H 256/42
- Fiche: *0457*
  Az 1: 9J 114/44
  Az 2: 2H 116/44
- Fiche: *0457*
  Az 1: 9J 244/44
  Az 2: 2H 252/44
- Fiche: *0458*
  Az 1: 8J 133/38
  Az 2: 2H 21/38
- Fiche: *0471*
  Az 1: 8J 395/42g
  Az 2: 2H 336/42
- Fiche: *0483*
  Az 1: 8J 480/39g
  Az 2: 2H 1/40
- Fiche: *0483/0730*
  Az 1: 6J 55/42
  Az 2: 2H 107/42
- Fiche: *0485*
  Az 1: 3J 270/44
- Fiche: *0485*
  Az 1: 7(6)J 151/43
  Az 2: 3H 68/44
- Fiche: *0485*
  Az 1: 8J 36/44
  Az 2: 3L 123/44
- Fiche: *0485*
  Az 1: 9J 626/43
- Fiche: *0498/0510*
  Az 1: 7J 97/40
  Az 2: 2H 21/41
- Fiche: *0500*
  Az 1: 10J 267/43
  Az 2: 4L 105/43
- Fiche: *0504 f.*
  Az 1: 8J 198/41g
  Az 2: 5H 60/42

Österreichisch-jugoslawische Partisanen
- Fiche: *0699 f.*
  Az 1: StPL (RKA) I 118/41
  Az 2: StPL (HLS) III 57/41

Partido Obrero de Unificación Marxista (POUM)
- Fiche: *0287*
  Az 1: 11J 311/39
  Az 2: 2H 56/39

Reichsbanner Schwarz Rot Gold
- Fiche: *0080/0260*
  Az 1: 17J 473/35
  Az 2: 2H 63/36
- Fiche: *0119/0440*
  Az 1: 7J 105/38
  Az 2: 2H 12/38
- Fiche: *0126*
  Az 1: 7J 106/38
  Az 2: 2H 27/38
- Fiche: *0127*
  Az 1: 7J 96/38
  Az 2: 2H 29/38
- Fiche: *0439*
  Az 1: 15J 931/37
  Az 2: 2H 35/38
- Fiche: *0439*
  Az 1: 7J 104/38
  Az 2: 2H 13/38
- Fiche: *0554 f.*
  Az 1: 8J 244/34
  Az 2: 2H 22/35
- Fiche: *0595*
  Az 1: 9J 272/39g
  Az 2: 1H 34/39

Revolutionäre Arbeiterjugend (RAJ)
- Fiche: *0256*
  Az 1: 15J 162/36
  Az 2: 1H 51/36

Revolutionäre Divisionen
- Fiche: *0177/0512*
  Az 1: 5J 134/42
  Az 2: 5H 36/43

Revolutionäre Sozialisten
- Fiche: *0380*
  Az 1: 7J 366/43
  Az 2: 5H 121/43
- Fiche: *0519/0549 f.*
  Az 1: 6J 135/42g
  Az 2: 6H 79/43
- Fiche: *0694*
  Az 1: 2. Sen. 51/44
  Az 2: StPL RKA III 14/44

Revolutionäre Sozialisten Deutschlands (RSD)
- Fiche: *0289 f.*
  Az 1: 6J 52/40g
  Az 2: 2H 111/40

Revolutionäre Sozialisten Österreichs (RSÖ)
- Fiche: *0292 f.*
  Az 1: 7J 501/42
- Fiche: *0296*
  Az 1: 7J 53/43
  Az 2: 6H 56/43
- Fiche: *0304 f.*
  Az 1: 7J 268/39
  Az 2: 1H 66/39
- Fiche: *0305/0643 f.*
  Az 1: 6J 518/38
  Az 2: 1H 18/39
- Fiche: *0308*
  Az 1: 6J 103/40g
  Az 2: 2H 115/40
- Fiche: *0322 f./0723*
  Az 1: 6J 64/40g
  Az 2: 2H 89/41
- Fiche: *0340*
  Az 1: 7J 89/43
  Az 2: 5H 46/43
- Fiche: *0352*
  Az 1: 7J 515/42
  Az 2: 6H 19/42
- Fiche: *0352/0369*
  Az 1: 7J 507/42
  Az 2: 6H 13/42
- Fiche: *0353*
  Az 1: 7J 417/42
  Az 2: 2H 292/42
- Fiche: *0353*
  Az 1: 7J 448/42
  Az 2: 6H 6/42
- Fiche: *0354*
  Az 1: 7J 391/42
  Az 2: 2H 279/42
- Fiche: *0366*
  Az 1: 7J 612/42
  Az 2: 6H 36/43
- Fiche: *0366*
  Az 1: 7J 75/43
  Az 2: 6H 38/43
- Fiche: *0367*
  Az 1: 7J 649/42
  Az 2: 6H 24/43
- Fiche: *0370*
  Az 1: 7J 555/42
  Az 2: 6H 13/43
- Fiche: *0376*
  Az 1: 7J 106/43
  Az 2: 6H 72/43
- Fiche: *0380*
  Az 1: 7J 404/43
  Az 2: 5H 155/43
- Fiche: *0380/0529*
  Az 1: 7J 209/43
  Az 2: 6H 139/43
- Fiche: *0455*
  Az 1: 7J 414/42
  Az 2: 6H 5/42
- Fiche: *0516 f./0548 f.*
  Az 1: 7J 421/42g
  Az 2: 6H 63/43
- Fiche: *0648*
  Az 1: 7J 99/43
  Az 2: 6H 83/43

Rote Kämpfer
- Fiche: *0460 f.*
  Az 1: 17J 109/37, 9J 142/37
  Az 2: 2H 44,47/37

Rote Kapelle
- Fiche: *0692*
  Az 1: StPL (RKA) III 525/42
  Az 2: StPL (HLS) II 4/43
- Fiche: *0693*
  Az 1: StPL (RKA) III 190/43
  Az 2: StPL (HLS) II 49/43
- Fiche: *0693*
  Az 1: StPL (RKA) III 525/42
  Az 2: StPL 2. Sen. 100/43
- Fiche: *0700*
  Az 1: StPL (RKA) III 532/42
  Az 2: StPL (HLS) II 43/43
- Fiche: *0705*
  Az 1: StPL (RKA) I 359/42
  Az 2: StPL (HLS) II 34/43
- Fiche: *0705*
  Az 1: StPL (RKA) 529/42
  Az 2: StPL (HLS) 72/43
- Fiche: *0706*
  Az 1: StPL (RKA) III 188/43
  Az 2: StPL (HLS) II 48/43
- Fiche: *0713 f.*
  Az 1: StPL (RKA) III 495,496,497/42
  Az 2: StPL (HLS) II 129/42

Rote Wehr s. KPD – Roter Frontkämpferbund

Roter Frontkämpferbund-Opposition
- Fiche: *0173 f.*
  Az 1: 5J 205/41
  Az 2: 5H 114/42

Roter Stoßtrupp
- Fiche: *0002*
  Az 1: 8J 1856/33
  Az 2: 2H 2/34

RSÖ s.a. Sozialdemokratische Partei Österreichs

Saarländische Sozialistische Partei (SSP)
- Fiche: *0559 f./0567*
  Az 1: 8J 165/42
  Az 2: 2H 137/42

SAP – Sozialistischer Jugendverband (SAP-SJV)
- Fiche: *0141/0475 f.*
  Az 1: 5J 449/38
  Az 2: 1H 15/39
- Fiche: *0480*
  Az 1: 10J 39/39
  Az 2: 1H 56/39

Schwarze Front
- Fiche: *0025 ff/0253*
  Az 1: 8J 427/34
  Az 2: 1H 28/36
- Fiche: *0025 ff/0253*
  Az 1: 8J 427/34, 8J 6/35
  Az 2: 1H 9/35
- Fiche: *0028*
  Az 1: 8J 20/35
  Az 2: 2H 14/35
- Fiche: *0036/0230 f.*
  Az 1: 8J 306/35
  Az 2: 2H 30/35
- Fiche: *0037*
  Az 1: 8J 228/35
  Az 2: 1H 36/35
- Fiche: *0062 f.*
  Az 1: 8J 17/36
  Az 2: 1H 29/36
- Fiche: *0064*
  Az 1: 8J 360/34
  Az 2: 1H 31/36
- Fiche: *0074*
  Az 1: 8J 135/36
  Az 2: 1H 55/36
- Fiche: *0089 f.*
  Az 1: 8J 31/37g.Rs.
  Az 2: 2H 9/37
- Fiche: *0137/0711 f.*
  Az 1: 8J 367/38
  Az 2: 2H 4/39
- Fiche: *0149 f.*
  Az 1: 8J 23/39
  Az 2: 1H 39/39
- Fiche: *0151*
  Az 1: 8J 13/39
  Az 2: 2H 44/39
- Fiche: *0222*
  Az 1: 8J 381/34
  Az 2: 1H 45/34
- Fiche: *0223 f.*
  Az 1: 8J 282/34
  Az 2: 2H 4/35
- Fiche: *0232*
  Az 1: 8J 459/34
  Az 2: 1H 16/35
- Fiche: *0233 f.*
  Az 1: 8J 291/35
  Az 2: 2H 36/35
- Fiche: *0237*
  Az 1: 8J 292/35
  Az 2: 1H 49/35
- Fiche: *0238/0041 f.*
  Az 1: 8J 206/35
  Az 2: 2H 49/35
- Fiche: *0239 f.*
  Az 1: 8J 359/35
  Az 2: 1H 63/35
- Fiche: *0240*
  Az 1: 8J 305/35
  Az 2: 1H 67/35
- Fiche: *0250 f.*
  Az 1: 8J 364/35
  Az 2: 2H 15/36
- Fiche: *0253*
  Az 1: 8J 427/34
  Az 2: 1H 28/36
- Fiche: *0253*
  Az 1: 8J 6/35
- Fiche: *0271*
  Az 1: 8J 4/37
  Az 2: 2H 58/37

- Fiche: *0283*
  Az 1: 9J 181/39
  Az 2: 1H 21/39
- Fiche: *0283 f.*
  Az 1: 10J 5/39
  Az 2: 1H 23/39
- Fiche: *0288*
  Az 1: 5J 686/38
  Az 2: 1H 59/39
- Fiche: *0289 f.*
  Az 1: 6J 52/40g
  Az 2: 2H 111/40
- Fiche: *0292/0678*
  Az 1: 6J 45/41g
  Az 2: 2H 15/42
- Fiche: *0386*
  Az 1: 8J 404/34
  Az 2: 3L 14/35
- Fiche: *0391 f.*
  Az 1: 5J 6/36g
  Az 2: 3L 21/37
- Fiche: *0395 f.*
  Az 1: 6J 53/38g
  Az 2: 3L 28/39
- Fiche: *0396/0704 f.*
  Az 1: 14J 522/37g
  Az 2: 1L 2/40
- Fiche: *0434*
  Az 1: 10(9)J 608/43g
  Az 2: 2H 229/44
- Fiche: *0439*
  Az 1: 15J 931/37
  Az 2: 2H 35/38
- Fiche: *0443*
  Az 1: 9J 45/44
  Az 2: 1H 229/44
- Fiche: *0456*
  Az 1: 1J 436/42g
  Az 2: 3L 93/42
- Fiche: *0456 f.*
  Az 1: 9J 15/41
  Az 2: 2H 117/41
- Fiche: *0477 f.*
  Az 1: 8J 251/38
  Az 2: 2H 65/38
- Fiche: *0489 ff*
  Az 1: 8J 402/38
  Az 2: 2H 41/39
- Fiche: *0504 f.*
  Az 1: 8J 198/41g
  Az 2: 5H 60/42
- Fiche: *0516*
  Az 1: 9J 25/38
  Az 2: 1H 24/38
- Fiche: *0518/0558*
  Az 1: 10J 815/43
  Az 2: 1H 289/43
- Fiche: *0542 f.*
  Az 1: 9J 311/41
  Az 2: 2H 31/42
- Fiche: *0550 f.*
  Az 1: 9J 315/37
  Az 2: 2H 50/37
- Fiche: *0555 f.*
  Az 1: 9J 202/36
  Az 2: 2H 14/37
- Fiche: *0561*
  Az 1: 9J 35/39g
  Az 2: 2H 2/40
- Fiche: *0561 f.*
  Az 1: 8J 261/41g
  Az 2: 1H 237/42
- Fiche: *0562 f.*
  Az 1: 10J 204/40
  Az 2: 2H 17/41
- Fiche: *0569*
  Az 1: 8J 145/35
  Az 2: 1H 48/35
- Fiche: *0577*
  Az 1: 10J 42/44
  Az 2: 1H 131/44
- Fiche: *0595*
  Az 1: 9J 272/39g
  Az 2: 1H 34/39
- Fiche: *0595 f.*
  Az 1: 8J 410/38g
  Az 2: 2H 20/39
- Fiche: *0598 ff*
  Az 1: 9J 479/35
  Az 2: 2H 14/36
- Fiche: *0611*
  Az 1: 8J 1694/33
  Az 2: XII H 14/34
- Fiche: *0620*
  Az 1: 12J 202/33
  Az 2: XII H 60/33
- Fiche: *0622*
  Az 1: 12J 201/33
  Az 2: XII H 15/34
- Fiche: *0629*
  Az 1: 10J 17/44
  Az 2: BS 4/44
- Fiche: *0632 f.*
  Az 1: 6J 29/42g
  Az 2: 1H 139/43
- Fiche: *0642*
  Az 1: 9J 304/39g
  Az 2: 1H 65/39
- Fiche: *0671*
  Az 1: 6J 114/41
- Fiche: *0672 f.*
  Az 1: 10J 90/41
  Az 2: 2H 111/41
- Fiche: *0673*
  Az 1: 9J 36/39g
  Az 2: 2H 14/39
- Fiche: *0682*
  Az 1: 9J 184/39
  Az 2: 1H 22/39
- Fiche: *0687*
  Az 1: 15J 222/35
  Az 2: 2H 34/36
- Fiche: *0694*
  Az 1: 9J 341/36
  Az 2: 5 OJs 127/37
- Fiche: *0706*
  Az 1:
  Az 2: StPL (HLS) 10/39
- Fiche: *0707*
  Az 1: StPL (RKA) III 345/41
  Az 2: StPL (HLS) III 144/41

Sozialdemokratische Partei Österreichs (SPÖ)
- Fiche: *0431*
  Az 1: 7J 171/44
  Az 2: 5H 129/44
- Fiche: *0648*
  Az 1: 7J 357/43
  Az 2: 5H 98/43
- Fiche: *0700*
  Az 1: StPL (RKA) III 21/43
  Az 2: StPL (HLS) III 37/43
- Fiche: *0703 f.*
  Az 1: 11J 390/39
- Fiche: *0706*
  Az 1: StPL (RKA) III 407/43
  Az 2: StPL 2. Sen. 18/44

Sozialistische Arbeiterhilfe (SAH)
- Fiche: *0305/0643 f.*
  Az 1: 6J 518/38
  Az 2: 1H 18/39

Sozialistische Arbeiterjugend (SAJ)
- Fiche: *0282*
  Az 1: 7J 677/38
  Az 2: 2H 1/39
- Fiche: *0479/0739*
  Az 1: 12(10)J 47/39
  Az 2: 1H 33/40
- Fiche: *0589*
  Az 1: 16J 293/35
  Az 2: 2H 58/35
- Fiche: *0683 f.*
  Az 1: 10J 44/41
  Az 2: 2H 45/42
- Fiche: *0696*
  Az 1: StPL (RKA) II 236/38

Sozialistische Arbeiterpartei Deutschlands (SAP)
- Fiche: *0001*
  Az 1: 8J 1865/33
  Az 2: 1H 1/34
- Fiche: *0005*
  Az 1: 8J 129/34
- Fiche: *0005/0385*
  Az 1: 8J 129/34
  Az 2: 2H 7/34
- Fiche: *0013 f.*
  Az 1: 8J 1713/33
  Az 2: 2H 20/34
- Fiche: *0014*
  Az 1: 8J 1713/33
  Az 2: 2H 20/34
- Fiche: *0039*
  Az 1: 8J 169/35
  Az 2: 1H 41/35
- Fiche: *0041/0236 f.*
  Az 1: 8J 250/35
  Az 2: 1H 46/35
- Fiche: *0046 f.*
  Az 1: 8J 61/35
  Az 2: 1H 64/35
- Fiche: *0052 f.*
  Az 1: 17J 5/36
  Az 2: 1H 10/36
- Fiche: *0063 f.*
  Az 1: 8J 165/35
  Az 2: 2H 30/36
- Fiche: *0072 f.*
  Az 1: 15J 282/36
  Az 2: 2H 49/36
- Fiche: *0102/0267*
  Az 1: 17J 91/36
  Az 2: 2H 30/37
- Fiche: *0106 f.*
  Az 1: 14J 303/37g
  Az 2: 2H 37/37
- Fiche: *0112*
  Az 1: 14J 375/37g
  Az 2: 2H 53/37
- Fiche: *0141/0475 f.*
  Az 1: 5J 449/38
  Az 2: 1H 15/39
- Fiche: *0169 f.*
  Az 1: 5J 229/41
  Az 2: 2H 13/42
- Fiche: *0214*
  Az 1: 8J 1856/33
- Fiche: *0266/0745*
  Az 1: 17J 472/36
  Az 2: 2H 28/37
- Fiche: *0276 f.*
  Az 1: 5J 284/38
  Az 2: 1H 34/38
- Fiche: *0284 f.*
  Az 1: 7J 352/38
  Az 2: 2H 3/39
- Fiche: *0480*
  Az 1: 10J 39/39
  Az 2: 1H 56/39
- Fiche: *0539 f.*
  Az 1: 10J 36/41
  Az 2: 2H 91/41
- Fiche: *0549*
  Az 1: 5J 642/38
  Az 2: 1H 13/39
- Fiche: *0552 f.*
  Az 1: 8J 10/35
  Az 2: 2H 34/35
- Fiche: *0611 f.*
  Az 1: 12J 145/33
  Az 2: XII H 13/34
- Fiche: *0619 f.*
  Az 1: 12J 191/33
  Az 2: XII H 53/33
- Fiche: *0630 f.*
  Az 1: 5J 174/39
  Az 2: 2H 51/39
- Fiche: *0671*
  Az 1: 5J 546/38
  Az 2: 1H 1/39

Sozialistische Front
- Fiche: *0100 f./0711*
  Az 1: 15J 1/37
  Az 2: 1H 28/37

SPÖ s.a. Revolutionäre Sozialisten Österreichs

Sturmscharen
- Fiche: *0247 f./0445*
  Az 1: 8J 72/36
  Az 2: 2H 7/37

Tito-Partisanen
- Fiche: *0319*
  Az 1: 11J 301/44g
  Az 2: 1H 1/45
- Fiche: *0693*
  Az 1: StPL (RKA) II 66/44
  Az 2: StPL 1. Sen. 15/44

Ortsregister

Amsterdam
- Fiche: *0082/0260 f.*
  Az 1: 9J 907/35
  Az 2: 1H 67/36
- Fiche: *0092 ff*
  Az 1: 17J 67/36
  Az 2: 1H 14/37
- Fiche: *0094 f./0551*
  Az 1: 9J 600/36
  Az 2: 1H 21/37
- Fiche: *0095/0541*
  Az 1: 9J 571/36
  Az 2: 2H 22/37
- Fiche: *0119 f.*
  Az 1: 6J 168/38g
  Az 2: 1H 14/38
- Fiche: *0153*
  Az 1: 6J 374/38g
  Az 2: 1H 52/39
- Fiche: *0165/0291*
  Az 1: 9J 246/40
  Az 2: 2H 28/41
- Fiche: *0165 f.*
  Az 1: 9J 297/40
  Az 2: 2H 70/41
- Fiche: *0166*
  Az 1: 9J 275/40
  Az 2: 2H 84/41
- Fiche: *0169/0521*
  Az 1: 6J 109/41g
  Az 2: 2H 11/42
- Fiche: *0180/0634*
  Az 1: 6J 83/43
  Az 2: 6H 155/43
- Fiche: *0189*
  Az 1: 9J 55/44
  Az 2: 2H 106/44
- Fiche: *0189/0428*
  Az 1: 9J 86/44
  Az 2: 2H 104/44
- Fiche: *0193/0444*
  Az 1: 9J 123/44
  Az 2: 2H 144/44
- Fiche: *0205*
  Az 1: 9J 151/44
  Az 2: 2H 253/44
- Fiche: *0228 f.*
  Az 1: 14J 34/34
  Az 2: 1H 13/35
- Fiche: *0238 f.*
  Az 1: 17J 82/35
  Az 2: 1H 51/35
- Fiche: *0243/0471 f.*
  Az 1: 15J 578/36
  Az 2: 1H 2/37
- Fiche: *0245 f.*
  Az 1: 8J 7/36g
  Az 2: 2H 4/36
- Fiche: *0248/0447*
  Az 1: 14J 380/36
  Az 2: 2H 8/37
- Fiche: *0254*
  Az 1: 9J 332/36
  Az 2: 2H 40/36
- Fiche: *0271*
  Az 1: 8J 4/37
  Az 2: 2H 58/37
- Fiche: *0291/0719*
  Az 1: 9J 237/40
  Az 2: 2H 17/42
- Fiche: *0292/0491*
  Az 1: 9J 354/40
  Az 2: 2H 126/41
- Fiche: *0341/0354*
  Az 1: 7J 214/42
  Az 2: 2H 186/42
- Fiche: *0349 f.*
  Az 1: 7J 95/42
  Az 2: 5H 96/42
- Fiche: *0367*
  Az 1: 6J 258/38
  Az 2: 1H 31/43
- Fiche: *0431*
  Az 1: 9J 137/44
  Az 2: 2H 153/44
- Fiche: *0446*
  Az 1: 9J 9/43g
  Az 2: 1H 37/43
- Fiche: *0456 f.*
  Az 1: 9J 15/41
  Az 2: 2H 117/41
- Fiche: *0470*
  Az 1: 9J 25/42g
  Az 2: 2H 153/42
- Fiche: *0476 f.*
  Az 1: 8J 131/36g,
  8J 49,117,131/36g
  Az 2: 2H 16,20,27/37
- Fiche: *0480*
  Az 1: 10J 299/41
  Az 2: 2H 50/42
- Fiche: *0489*
  Az 1: 8J 87/44
  Az 2: 1H 127/44
- Fiche: *0489/0504*
  Az 1: 9J 12/41
  Az 2: 2H 99/41
- Fiche: *0492/0595*
  Az 1: 9J 938/35
  Az 2: 2H 7/36
- Fiche: *0494*
  Az 1: 9J 356/36
  Az 2: 1H 46/36
- Fiche: *0509*
  Az 1: 9J 701/35
  Az 2: 2H 46/35
- Fiche: *0511*
  Az 1: 9J 328/39
  Az 2: 2H 57/39
- Fiche: *0511 f.*
  Az 1: 9J 125/39g
  Az 2: 2H 45/39
- Fiche: *0518/0562*
  Az 1: 8J 52/44
  Az 2: 1H 82/44
- Fiche: *0520*
  Az 1: 9J 120/42
  Az 2: 2H 263/42
- Fiche: *0531*
  Az 1: 10J 40/42
  Az 2: 2H 228/42
- Fiche: *0531 f.*
  Az 1: 10J 170/41
  Az 2: 2H 10/42
- Fiche: *0542 f.*
  Az 1: 9J 311/41
  Az 2: 2H 31/42
- Fiche: *0544*
  Az 1: 9J 757/37
  Az 2: 1H 21/38
- Fiche: *0544/0734*
  Az 1: 9J 869/35
  Az 2: 2H 51/35
- Fiche: *0548*
  Az 1: 16J 42/35
  Az 2: 2H 9/36
- Fiche: *0548*
  Az 1: 9J 251/41
  Az 2: 2H 68/42
- Fiche: *0549*
  Az 1: 10J 96/42
  Az 2: 2H 238/42
- Fiche: *0555*
  Az 1: 9J 330/41
  Az 2: 5H 63/42
- Fiche: *0555*
  Az 1: 9J 388/36
  Az 2: 2H 55/36
- Fiche: *0559*
  Az 1: 10J 16/42g
  Az 2: 1H 247/42
- Fiche: *0564 f.*
  Az 1: 9J 137/34
  Az 2: 1H 25/35
- Fiche: *0588 f./0643*
  Az 1: 16J 293/35,
  8J 438/35
  Az 2: 2H 58/35
- Fiche: *0590 f.*
  Az 1: 8J 420/35g
  Az 2: 1H 32/36
- Fiche: *0594 f./0695 f.*
  Az 1: 11J 122/35g
  Az 2: 2H 10,11,12/37
- Fiche: *0601 f.*
  Az 1: 8J 206/37g
  Az 2: 2H 4/38
- Fiche: *0628*
  Az 1: 10J 129/42
  Az 2: 2H 205/42
- Fiche: *0628 f.*
  Az 1: 10J 2/43g
  Az 2: 1H 89/43
- Fiche: *0639*
  Az 1: 10(9) 571/43
  Az 2: 2H 52/44
- Fiche: *0639*
  Az 1: 10J 87/41
  Az 2: 2H 192/42
- Fiche: *0643*
  Az 1: 10J 29/41
  Az 2: 2H 49/41
- Fiche: *0672 f.*
  Az 1: 10J 90/41
  Az 2: 2H 111/41
- Fiche: *0683 f.*
  Az 1: 10J 44/41
  Az 2: 2H 45/42
- Fiche: *0684 f.*
  Az 1: 10J 548/43
  Az 2: 2H 158/43
- Fiche: *0685*
  Az 1: 9J 60/43
  Az 2: 2H 42/43
- Fiche: *0687*
  Az 1: 15J 222/35
  Az 2: 2H 34/36
- Fiche: *0694*
  Az 1: 9J 341/36
  Az 2: 5 OJs 127/37
- Fiche: *0707*
  Az 1: StPL (RKA) II 191/42
  Az 2: StPL (HLS) IV 87/42

Amstetten
- Fiche: *0365*
  Az 1: 7J 68/43
  Az 2: 5H 49/43
- Fiche: *0377*
  Az 1: 7J 110/43
  Az 2: 5H 64/43
- Fiche: *0649*
  Az 1: 7J 11/43
  Az 2: 5H 22/43

Andernach
- Fiche: *0165 f.*
  Az 1: 9J 297/40
  Az 2: 2H 70/41

Andrä-Wördern
- Fiche: *0403 f.*
  Az 1: 8J 7/41g
  Az 2: 2H 166/43

Angermuende
- Fiche: *0182/0464 f.*
  Az 1: 11(10)J 423/43g
  Az 2: 2H 17/44

Angers
- Fiche: *0171 f.*
  Az 1: 5J 40/41
  Az 2: 2H 51/42

Ankara
- Fiche: *0332/0367*
  Az 1: 7J 257/41
  Az 2: 2H 114/42

Annaberg
- Fiche: *0074*
  Az 1: 8J 135/36
  Az 2: 1H 55/36
- Fiche: *0155 f.*
  Az 1: 6J 12/39g
  Az 2: 2H 61/39
- Fiche: *0301*
  Az 1: 15J 818/36
  Az 2: 1H 22/37
- Fiche: *0608 ff*
  Az 1: 15J 179/33
  Az 2: XII H 17/34

Annonay
- Fiche: *0705 f.*
  Az 1: StPL (RKA) III 68/44
  Az 2: StPL 2. Sen. 35/44

Annweiler
- Fiche: *0267 f.*
  Az 1: 7J 201/36g
  Az 2: 2H 40/37

Antwerpen
- Fiche: *0038 f./0259 f.*
  Az 1: 16J 767/35
  Az 2: 2H 57/36
- Fiche: *0082/0260 f.*
  Az 1: 9J 907/35
  Az 2: 1H 67/36
- Fiche: *0136 f./0272*
  Az 1: 11J 152/38
  Az 2: 1H 3/39
- Fiche: *0176/0362*
  Az 1: 6J 248/41g
  Az 2: 1H 14/43

- Fiche: *0074*
  Az 1: 8J 135/36
  Az 2: 1H 55/36
- Fiche: *0074 f.*
  Az 1: 17J 366/36
  Az 2: 1H 56/36
- Fiche: *0075*
  Az 1: 17J 357/36
  Az 2: 2H 56/36
- Fiche: *0075/0258*
  Az 1: 17J 70/36
  Az 2: 1H 57/36
- Fiche: *0075 f.*
  Az 1: 17J 300/34
  Az 2: 2H 58/36
- Fiche: *0076*
  Az 1: 17J 27/36
  Az 2: 2H 59/36
- Fiche: *0078 f.*
  Az 1: 8J 439/35g
  Az 2: 2H 62/36
- Fiche: *0079 f.*
  Az 1: 17J 267/35
  Az 2: 1H 63/36
- Fiche: *0080/0260*
  Az 1: 17J 473/35
  Az 2: 2H 63/36
- Fiche: *0084*
  Az 1: 17J 318/36
  Az 2: 2H 2/37
- Fiche: *0084 f.*
  Az 1: 8J 430/35g
  Az 2: 1H 3/37
- Fiche: *0085*
  Az 1: 17J 507/36
  Az 2: 2H 3/37
- Fiche: *0086 f.*
  Az 1: 17J 73/36
  Az 2: 2H 5/37
- Fiche: *0088 f.*
  Az 1: 17J 239/36
  Az 2: 1H 7/37
- Fiche: *0089*
  Az 1: 16J 781/36
  Az 2: 1H 9/37
- Fiche: *0090*
  Az 1: 17J 187/36
  Az 2: 2H 31/37
- Fiche: *0090 f./0261*
  Az 1: 17J 260/36
  Az 2: 1H 10/37
- Fiche: *0091*
  Az 1: 7a O Js 113.36
- Fiche: *0092 ff*
  Az 1: 17J 67/36
  Az 2: 1H 14/37
- Fiche: *0094/0262*
  Az 1: 14J 306/37g
  Az 2: 1H 15/37
- Fiche: *0094/0262*
  Az 1: 8J 223/36
  Az 2: 2H 15/37
- Fiche: *0094/0264 f.*
  Az 1: 17J 439/36
  Az 2: 2H 21/37
- Fiche: *0095 f.*
  Az 1: 17J 271/36
  Az 2: 2H 23/37
- Fiche: *0097 f.*
  Az 1: 17J 28/36
  Az 2: 2H 24/37
- Fiche: *0099 f.*
  Az 1: 14J 301/37
  Az 2: 1H 27/37
- Fiche: *0101*
  Az 1: 17J 316/37
  Az 2: 1H 29/37
- Fiche: *0102*
  Az 1: 17J 185/36
  Az 2: 1H 30/37
- Fiche: *0102/0267*
  Az 1: 17J 91/36
  Az 2: 2H 30/37
- Fiche: *0102 f.*
  Az 1: 17J 317/37
  Az 2: 1H 31/37
- Fiche: *0103*
  Az 1: 17J 320/37
  Az 2: 1H 32/37
- Fiche: *0103 f.*
  Az 1: 17J 416/36
  Az 2: 2H 32/37
- Fiche: *0104*
  Az 1: 17J 321/37
  Az 2: 1H 33/37
- Fiche: *0104/0267*
  Az 1: 17J 6/37
  Az 2: 2H 33/37
- Fiche: *0104 f.*
  Az 1: 17J 319/37
  Az 2: 1H 34/37
- Fiche: *0105*
  Az 1: 17J 444/36
  Az 2: 2H 35/37
- Fiche: *0106*
  Az 1: 17J 414/36
  Az 2: 2H 36/37
- Fiche: *0106*
  Az 1: 8J 135/37g
  Az 2: 1H 36/37
- Fiche: *0106/0546 f.*
  Az 1: 17J 315/37
  Az 2: 1H 37/37
- Fiche: *0107/0302*
  Az 1: 17J 379/37
  Az 2: 1H 39/37
- Fiche: *0109 f.*
  Az 1: 17J 264/36
  Az 2: 2H 45/37
- Fiche: *0111*
  Az 1: 17J 298/37
  Az 2: 2H 49/37
- Fiche: *0111 f./0270 f.*
  Az 1: 17J 152/37
  Az 2: 2H 51/37
- Fiche: *0112*
  Az 1: 17J 391/36
  Az 2: 2H 56/37
- Fiche: *0112/0271*
  Az 1: 16J 675/37
  Az 2: 2H 52/37
- Fiche: *0113*
  Az 1: 8J 351/37g
  Az 2: 2H 57/37
- Fiche: *0115*
  Az 1: 14J 727/37g
  Az 2: 1H 5/38
- Fiche: *0115*
  Az 1: 16J 577/37
  Az 2: 2H 3/38
- Fiche: *0115 f.*
  Az 1: 17J 381/37
  Az 2: 2H 5/38
- Fiche: *0119*
  Az 1: 8J 273/37
  Az 2: 1H 13/38
- Fiche: *0121*
  Az 1: 10J 28/38
  Az 2: 1H 18/38
- Fiche: *0122*
  Az 1: 14J 742/37g
  Az 2: 2H 20/38
- Fiche: *0123 ff/0275 f.*
  Az 1: 8J 5/37g
  Az 2: 2H 23/38
- Fiche: *0126*
  Az 1: 17J 414/37
  Az 2: 2H 26/38
- Fiche: *0128 f.*
  Az 1: 5J 285/38
  Az 2: 1H 36/38
- Fiche: *0130 f.*
  Az 1: 10J 137/38
  Az 2: 2H 49/38
- Fiche: *0131/0596 f.*
  Az 1: 14J 796/37g
  Az 2: 2H 51/38
- Fiche: *0134/0523*
  Az 1: 7J 348/38
  Az 2: 2H 82/38
- Fiche: *0145/0638 f.*
  Az 1: 9J 138/39g
  Az 2: 2H 27/39
- Fiche: *0146 f./0301 f.*
  Az 1: 10J 7/39
  Az 2: 1H 30/39
- Fiche: *0149 f.*
  Az 1: 8J 23/39
  Az 2: 1H 39/39
- Fiche: *0153*
  Az 1: 9J 327/39g
  Az 2: 1H 53/39
- Fiche: *0154*
  Az 1: 6J 19/39g
  Az 2: 2H 53/39
- Fiche: *0154 f.*
  Az 1: 6J 76/39g
  Az 2: 2H 54/39
- Fiche: *0155/0493*
  Az 1: 9J 326/39g
  Az 2: 1H 55/39
- Fiche: *0155 f.*
  Az 1: 6J 12/39g
  Az 2: 2H 61/39
- Fiche: *0159*
  Az 1: 17J 177/37
  Az 2: 2H 24/40
- Fiche: *0159*
  Az 1: 9J 84/39g
  Az 2: 2H 5/40
- Fiche: *0159 f.*
  Az 1: 5J 677/39
  Az 2: 2H 41/40
- Fiche: *0164 f.*
  Az 1: 10J 120/40
  Az 2: 2H 100/40
- Fiche: *0165*
  Az 1: 9J 307/40g
  Az 2: 2H 7/41
- Fiche: *0165/0534 f.*
  Az 1: 10J 37/40g
  Az 2: 2H 3/41
- Fiche: *0167 f.*
  Az 1: 6J 166/41g
  Az 2: 2H 137/41
- Fiche: *0170 f./0674*
  Az 1: 5J 231/41
  Az 2: 2H 23/42
- Fiche: *0173/0590*
  Az 1: 7J 72/42
  Az 2: 2H 87/42
- Fiche: *0174 f.*
  Az 1: 10J 88/42
  Az 2: 2H 182/42
- Fiche: *0176*
  Az 1: 10J 216/42g
  Az 2: 1H 300/42
- Fiche: *0176/0635*
  Az 1: 5J 151/42
  Az 2: 5H 10/43
- Fiche: *0179*
  Az 1: 5J 33/43
- Fiche: *0180*
  Az 1: 10J 405/43g
  Az 2: 1H 158/43
- Fiche: *0180*
  Az 1: 1J 56/43
  Az 2: 6H 194/43
- Fiche: *0180/0446*
  Az 1: 6J 12/43g
  Az 2: 1H 147/43
- Fiche: *0182 f.*
  Az 1: 10(9)J 71/42g
  Az 2: 2H 23/44
- Fiche: *0183*
  Az 1: 11(10)J 631/43
  Az 2: 1H 28/44
- Fiche: *0184/0680*
  Az 1: 9J 777/43g
  Az 2: 5H 39/44
- Fiche: *0184/0707 f.*
  Az 1: 9J 777/43g
  Az 2: 5H 40/44
- Fiche: *0185 f.*
  Az 1: 11J 29/44
  Az 2: 1H 52/44
- Fiche: *0186*
  Az 1: 11J 199/44
  Az 2: 1H 130/44
- Fiche: *0186/0318*
  Az 1: 11(10)J 818/43g
  Az 2: 1H 55/44
- Fiche: *0186/0579*
  Az 1: 11J 36/44
  Az 2: 1H 64/44
- Fiche: *0186 f./0677*
  Az 1: 11J 32/44
  Az 2: 1H 51/44
- Fiche: *0187*
  Az 1: 11J 243/44
  Az 2: 1H 73/44
- Fiche: *0188*
  Az 1: 11J 60/44
  Az 2: 2H 99/44
- Fiche: *0189*
  Az 1: 11J 240/44
  Az 2: 1H 106/44
- Fiche: *0190*
  Az 1: 9J 231/44
  Az 2: 5H 119/44
- Fiche: *0190 f.*
  Az 1: 9J 232/44
  Az 2: 5H 126/44
- Fiche: *0192*
  Az 1: 9J 157/44
  Az 2: 5H 130/44

– Fiche: *0197*
Az 1: 9J 141/44
Az 2: 1H 206/44

– Fiche: *0197/0466*
Az 1: 8J 157/44
Az 2: 1H 208/44

– Fiche: *0198*
Az 1: 8J 167/44g
Az 2: 1H 209/44

– Fiche: *0198 f./0208*
Az 1: 8J 169/44
Az 2: 1H 210/44

– Fiche: *0199*
Az 1: 8J 174/44g
Az 2: 1H 211/44

– Fiche: *0199*
Az 1: 8J 175/44g
Az 2: 1H 212/44

– Fiche: *0199*
Az 1: 8J 176/44g
Az 2: 1H 213/44

– Fiche: *0200*
Az 1: 8J 172/44g
Az 2: 1H 216/44

– Fiche: *0200*
Az 1: 8J 177/44g
Az 2: 1H 219/44

– Fiche: *0200/0569*
Az 1: 8J 178/44

– Fiche: *0200/0569*
Az 1: 8J 178/44
Az 2: 1H 218/44

– Fiche: *0201*
Az 1: 8J 171/44g
Az 2: 1H 224/44

– Fiche: *0201*
Az 1: 9J 135/44
Az 2: 1H 223/44

– Fiche: *0201/0434*
Az 1: 8J 181/44g
Az 2: 1H 227/44

– Fiche: *0201/0729*
Az 1: 8J 37/44g
Az 2: 1H 222/44

– Fiche: *0201 f.*
Az 1: 8J 182/44g
Az 2: 1H 232/44

– Fiche: *0203*
Az 1: 8J 170/44g
Az 2: 1H 244/44

– Fiche: *0204*
Az 1: 8J 184/44g
Az 2: 1H 249/44

– Fiche: *0204*
Az 1: 8J 198/44g
Az 2: 1H 247/44

– Fiche: *0204*
Az 1: 8J 201/44g
Az 2: 1H 246/44

– Fiche: *0205*
Az 1: 11(10)J 1275/43
Az 2: 2H 251/44

– Fiche: *0205*
Az 1: 8J 203/44
Az 2: 1H 250/44

– Fiche: *0205*
Az 1: 8J 262/44
Az 2: 2H 259/44

– Fiche: *0206*
Az 1: 8J 189/44g
Az 2: 1H 265/44

– Fiche: *0206/0405*
Az 1: 10J 410/43g
Az 2: 1H 209/43

– Fiche: *0207*
Az 1: 8J 188/44g
Az 2: 1H 285/44

– Fiche: *0207/0532*
Az 1: 8J 206/44g
Az 2: 1H 274/44

– Fiche: *0207/0689*
Az 1: 8J 200/44g
Az 2: 1H 286/44

– Fiche: *0208*
Az 1: 8J 208/44g
Az 2: 1H 301/44

– Fiche: *0208*
Az 1: 8J 229/44g
Az 2: 1H 299/44

– Fiche: *0208/0446*
Az 1: 8J 191/44
Az 2: 1H 303/44

– Fiche: *0208/0672*
Az 1: 8J 199/44
Az 2: 1H 298/44

– Fiche: *0209*
Az 1: 8J 241/44

– Fiche: *0209*
Az 1: 9J 230/44

– Fiche: *0209*
Az 1: 9J 233/44
Az 2: 1H 318/44

– Fiche: *0209*
Az 1: 9J 250/44
Az 2: 1H 364/44

– Fiche: *0209/0574*
Az 1: 8J 238/44g
Az 2: 1H 346/44

– Fiche: *0209/0740*
Az 1: 9J 245/44
Az 2: 1H 358/44

– Fiche: *0210*
Az 1: 9J 251/44
Az 2: 1H 382/44

– Fiche: *0210*
Az 1: 9J 252/44g
Az 2: 1H 385/44

– Fiche: *0210/0579*
Az 1: 9J 272/44
Az 2: 1H 7/45

– Fiche: *0210/0630*
Az 1: 10(9)J 777/43g
Az 2: 5H 41/44

– Fiche: *0210 f./0498*
Az 1: 9J 236/44g
Az 2: 5H 38/45

– Fiche: *0211*
Az 1: 9J 157/44
Az 2: 5H 45/45

– Fiche: *0213*
Az 1: 17J 292/33

– Fiche: *0213 f./0216*
Az 1: 17J 89/33
Az 2: 1H 6/34

– Fiche: *0214*
Az 1: 8J 1856/33

– Fiche: *0222*
Az 1: 16J 585/33
Az 2: 1H 35/34

– Fiche: *0222*
Az 1: 8J 381/34
Az 2: 1H 45/34

– Fiche: *0222 f.*
Az 1: 17J 504/33
Az 2: 1H 1/35

– Fiche: *0224*
Az 1: 17J 44/34
Az 2: 2H 2/34

– Fiche: *0225*
Az 1: 8J 1734/33
Az 2: 1H 7/35

– Fiche: *0228 f.*
Az 1: 14J 34/34
Az 2: 1H 13/35

– Fiche: *0230*
Az 1: 17J 475/35
Az 2: 2H 25/35

– Fiche: *0233 f.*
Az 1: 8J 291/35
Az 2: 2H 36/35

– Fiche: *0234*
Az 1: 17J 15/35
Az 2: 2H 39/35

– Fiche: *0235*
Az 1: 17J 5/35
Az 2: 1H 44/35

– Fiche: *0238 f.*
Az 1: 17J 82/35
Az 2: 1H 51/35

– Fiche: *0239 f.*
Az 1: 8J 359/35
Az 2: 1H 63/35

– Fiche: *0241*
Az 1: 17J 249/35
Az 2: 1H 72/35

– Fiche: *0241*
Az 1: 8J 433/35g,
17J 519/34
Az 2: 1H 69/35

– Fiche: *0242/0313*
Az 1: 17J 59/35
Az 2: 1H 74/35

– Fiche: *0244*
Az 1: 8J 428/35
Az 2: 3L 9/36

– Fiche: *0244 f./0274*
Az 1: 8J 431/35g
Az 2: 1H 8/37

– Fiche: *0245 f.*
Az 1: 8J 7/36g
Az 2: 2H 4/36

– Fiche: *0249 f.*
Az 1: 17J 318/35
Az 2: 1H 15/36

– Fiche: *0250 f.*
Az 1: 8J 364/35
Az 2: 2H 15/36

– Fiche: *0253*
Az 1: 8J 427/34
Az 2: 1H 28/36

– Fiche: *0253*
Az 1: 8J 6/35

– Fiche: *0254*
Az 1: 9J 332/36
Az 2: 2H 40/36

– Fiche: *0256*
Az 1: 15J 162/36
Az 2: 1H 51/36

– Fiche: *0259/0676*
Az 1: 16J 534/35
Az 2: 2H 57/35

– Fiche: *0263 f./0487 f.*
Az 1: 17J 171/35
Az 2: 2H 17/37

– Fiche: *0264/0491 f.*
Az 1: 17J 171/35
Az 2: 2H 18/37

– Fiche: *0266/0745*
Az 1: 17J 472/36
Az 2: 2H 28/37

– Fiche: *0268 f./0273*
Az 1: 14J 323/37
Az 2: 1H 10/38

– Fiche: *0269/0718*
Az 1: 16J 736/36
Az 2: 2H 43/37

– Fiche: *0269 f.*
Az 1: 8J 100/37
Az 2: 1H 43/37

– Fiche: *0271 f.*
Az 1: 16J 576/37
Az 2: 2H 59/37

– Fiche: *0274 f.*
Az 1: 8J 226/38g
Az 2: 1H 17/38

– Fiche: *0282*
Az 1: 7J 677/38
Az 2: 2H 1/39

– Fiche: *0283*
Az 1: 9J 181/39
Az 2: 1H 21/39

– Fiche: *0283 f.*
Az 1: 10J 5/39
Az 2: 1H 23/39

– Fiche: *0287*
Az 1: 11J 311/39
Az 2: 2H 56/39

– Fiche: *0289 f.*
Az 1: 6J 52/40g
Az 2: 2H 111/40

– Fiche: *0291/0719*
Az 1: 9J 237/40
Az 2: 2H 17/42

– Fiche: *0292*
Az 1: 5J 228/41
Az 2: 2H 16/42

– Fiche: *0303 f.*
Az 1: 17J 43/37
Az 2: 1H 7/38

– Fiche: *0312 f.*
Az 1: 14J 10/34
Az 2: 1H 13/34

– Fiche: *0313 f.*
Az 1: 17J 57/35
Az 2: 1H 54/35

– Fiche: *0386 f./0572 f.*
Az 1: 11J 423/33
Az 2: 3L 15/35

– Fiche: *0387 f.*
Az 1: 16J 489/33
Az 2: 3L 19/35

– Fiche: *0388*
Az 1: 17J 279/35
Az 2: 2H 35/35

– Fiche: *0390*
Az 1: 8J 291/35
Az 2: 2H 5/36

– Fiche: *0414 f.*
Az 1: 10(9)J 819/43g
Az 2: 6H 28/44

– Fiche: *0415 f.*
Az 1: 3J 260/44
Az 2: 1L 30/44

– Fiche: *0429/0741*
Az 1: 9J 213/44
Az 2: 5H 118/44

- Fiche: *0430*
  Az 1: 9J 242/44
  Az 2: 5H 127/44
- Fiche: *0431*
  Az 1: 8J 122/44
  Az 2: 1H 143/44
- Fiche: *0431*
  Az 1: 9J 137/44
  Az 2: 2H 153/44
- Fiche: *0433/0569*
  Az 1: 8J 183/44g
  Az 2: 1H 221/44
- Fiche: *0435*
  Az 1: 8J 190/44g
  Az 2: 1H 245/44
- Fiche: *0436*
  Az 1: 8J 202/44
  Az 2: 1H 273/44
- Fiche: *0440*
  Az 1: 0J 14/44g
  Az 2: 1L 491/44
- Fiche: *0440*
  Az 1: 0J 14/44g Rs
  Az 2: 1L 491/44
- Fiche: *0440*
  Az 1: 0J 40/44g Rs
  Az 2: 1L 468/44
- Fiche: *0440*
  Az 1: 0J 42/44g Rs
  Az 2: 1L 18/45
- Fiche: *0440*
  Az 1: 0J 42/44g Rs
  Az 2: 1L 465/44
- Fiche: *0440*
  Az 1: 0J 58/44g Rs
  Az 2: 1L 46/45
- Fiche: *0441*
  Az 1: 0J 3/44g Rs
  Az 2: 1L 292/44
- Fiche: *0441*
  Az 1: 0J 39/44g Rs
  Az 2: 1L 517/44
- Fiche: *0441*
  Az 1: 0J 43/44g
  Az 2: 1L 432/44
- Fiche: *0441*
  Az 1: 0J 43/44g
  Az 2: 1L 473/44
- Fiche: *0441*
  Az 1: 0J 43/44g
  Az 2: 1L 474/44
- Fiche: *0441*
  Az 1: 0J 55/44g Rs
  Az 2: 1L 48/45
- Fiche: *0441*
  Az 1: 0J 7/44g Rs
  Az 2: 1L 454/44
- Fiche: *0442*
  Az 1: 8J 221/44g
  Az 2: 1H 345/44
- Fiche: *0442/0708*
  Az 1: 0J 18/44g Rs
  Az 2: 1L 336/44
- Fiche: *0443*
  Az 1: 8J 230/44g
  Az 2: 1H 309/44
- Fiche: *0447*
  Az 1: 10J 247/42g
  Az 2: 2H 338/42
- Fiche: *0447*
  Az 1: 9J 292/44
  Az 2: 1H 23/45
- Fiche: *0448*
  Az 1: 17J 225/37
  Az 2: 2H 48/37
- Fiche: *0449*
  Az 1: 7(6)J 116/43
  Az 2: 2H 8/44
- Fiche: *0450/0623 f.*
  Az 1: 17J 451/37
  Az 2: 2H 59/38
- Fiche: *0453/0643*
  Az 1: 10J 227/42
  Az 2: 2H 102/43
- Fiche: *0455*
  Az 1: o.Az
- Fiche: *0456*
  Az 1: 8J 241/44
  Az 2: 1H 356/44
- Fiche: *0457 f.*
  Az 1: 10J 142/38
  Az 2: 2H 42/38
- Fiche: *0460 f.*
  Az 1: 17J 109/37, 9J 142/37
  Az 2: 2H 44,47/37
- Fiche: *0463*
  Az 1: 15J 307/35
  Az 2: 1H 4/36
- Fiche: *0465*
  Az 1: 11(10)J 1036/43g
- Fiche: *0470*
  Az 1: 10J 561/43g
  Az 2: 2H 154/43
- Fiche: *0470 f.*
  Az 1: 10J 232/42g
  Az 2: 2H 337/42
- Fiche: *0471*
  Az 1: 8J 395/42g
  Az 2: 2H 336/42
- Fiche: *0474*
  Az 1: 10J 170/38
  Az 2: 2H 38/38
- Fiche: *0475*
  Az 1: 9J 323/39g
  Az 2: 1H 67/39
- Fiche: *0479*
  Az 1: 8J 190/43g
  Az 2: 1H 253/43
- Fiche: *0479 f.*
  Az 1: 7(8)J 108/43g
- Fiche: *0480*
  Az 1: 10J 39/39
  Az 2: 1H 56/39
- Fiche: *0480 f.*
  Az 1: 10J 58/41
  Az 2: 2H 72/41
- Fiche: *0481*
  Az 1: 0J 21/44g Rs, 0J 38/44/g Rs
  Az 2: 1L 439/44, 1L 397/44
- Fiche: *0481 f./0557 f.*
  Az 1: 8J 214/37
  Az 2: 1H 31/38
- Fiche: *0485 f.*
  Az 1: 8J 386/38, 8J 214/37
  Az 2: 1H 33/38, 1H 31/38
- Fiche: *0489*
  Az 1: 8J 87/44
  Az 2: 1H 127/44
- Fiche: *0489 ff*
  Az 1: 8J 402/38
  Az 2: 2H 41/39
- Fiche: *0492*
  Az 1: 10J 66/40
  Az 2: 2H 114/40
- Fiche: *0493*
  Az 1: 10J 229/38
  Az 2: 2H 66/38
- Fiche: *0493 f.*
  Az 1: 10J 207/42g
  Az 2: 2H 314/42
- Fiche: *0495 f.*
  Az 1: 16J 708/35
  Az 2: 1H 75/35
- Fiche: *0496*
  Az 1: 15J 126/34
  Az 2: 2H 20/35
- Fiche: *0497/0730*
  Az 1: 8J 18/34
  Az 2: 1H 19/35
- Fiche: *0499*
  Az 1: 10J 141/38
  Az 2: 2H 53/38
- Fiche: *0501*
  Az 1: 5J 77/38
  Az 2: 2H 43/38
- Fiche: *0503 f.*
  Az 1: 9J 312/39g
  Az 2: 1H 47/39
- Fiche: *0505/0740*
  Az 1: 8J 180/44g
  Az 2: 1H 231/44
- Fiche: *0505 f.*
  Az 1: 10J 28/41
  Az 2: 2H 73/41
- Fiche: *0506*
  Az 1: 10J 143/38, 10J 144/38
  Az 2: 2H 39/38, 2H 40/38
- Fiche: *0507*
  Az 1: 2J 729/43
- Fiche: *0507 f.*
  Az 1: 14J 26/34
  Az 2: 2H 29/35
- Fiche: *0508*
  Az 1: 0J 10/45g Rs
  Az 2: 1L 54/45
- Fiche: *0508*
  Az 1: 10J 238/41g
  Az 2: 2H 12/42
- Fiche: *0508 f.*
  Az 1: 6J 3/43g
  Az 2: 1H 181/43
- Fiche: *0509*
  Az 1: 10J 914/43
  Az 2: 2H 175/43
- Fiche: *0510*
  Az 1: 10J 31/38
  Az 2: 2H 10/38
- Fiche: *0510 f./0689 f.*
  Az 1: 8J 54/37
  Az 2: 2H 41/37
- Fiche: *0515*
  Az 1: 0J 12/44g Rs
  Az 2: 1L 321/44
- Fiche: *0516/0627*
  Az 1: 10J 143/43
  Az 2: 2H 114/43
- Fiche: *0516/0685*
  Az 1: 10J 175/41
  Az 2: 2H 135/41
- Fiche: *0517/0678*
  Az 1: 10J 139/38
  Az 2: 2H 67/38
- Fiche: *0518*
  Az 1: 8J 199/44, 8J 271/44g
  Az 2: 1H 3/45
- Fiche: *0518/0681*
  Az 1: 8J 123/44
  Az 2: 1H 146/44
- Fiche: *0523*
  Az 1: 10J 227/39
  Az 2: 2H 20/41
- Fiche: *0523*
  Az 1: 15J 201/35
  Az 2: 1H 2/36
- Fiche: *0523 f.*
  Az 1: 9J 351/38g
  Az 2: 2H 93/38
- Fiche: *0525*
  Az 1: 9J 539/38g
  Az 2: 2H 16/39
- Fiche: *0528 f.*
  Az 1: 1J 105/42
  Az 2: 1L 8/42
- Fiche: *0530*
  Az 1: 10J 159/42
  Az 2: 2H 298/42
- Fiche: *0530 f.*
  Az 1: 10J 62/42
  Az 2: 1H 219/42
- Fiche: *0531*
  Az 1: 10J 40/42
  Az 2: 2H 228/42
- Fiche: *0531*
  Az 1: 10J 81/42
  Az 2: 2H 188/42
- Fiche: *0532*
  Az 1: 9J 229/44
  Az 2: 1H 313/44
- Fiche: *0532 f.*
  Az 1: 7(11)J 197/34g
  Az 2: 3L 21/36
- Fiche: *0533*
  Az 1: 3J 1/34
  Az 2: *H 19/34
- Fiche: *0534*
  Az 1: 10J 144/41
  Az 2: 2H 156/41
- Fiche: *0534*
  Az 1: 10J 284/42
  Az 2: 5H 27/43
- Fiche: *0536*
  Az 1: 10J 233/39
  Az 2: 2H 4/40
- Fiche: *0537*
  Az 1: 8J 183/39
  Az 2: 2H 47/39
- Fiche: *0538*
  Az 1: 10J 227/38
  Az 2: 2H 80/38
- Fiche: *0538 f.*
  Az 1: 8J 356/38g
  Az 2: 1H 29/38
- Fiche: *0540/0681*
  Az 1: 8J 120/44
  Az 2: 1H 149/44
- Fiche: *0540 f.*
  Az 1: 10J 223/38
  Az 2: 2H 64/38
- Fiche: *0541 f.*
  Az 1: 10J 573/43
  Az 2: 2H 160/43
- Fiche: *0542*
  Az 1: 9J 170/42g
  Az 2: 2H 265/42

- Fiche: *0543*
  Az 1: 15J 385/34
  Az 2: 1H 47/36
- Fiche: *0544*
  Az 1: 10J 170/42
  Az 2: 2H 22/43
- Fiche: *0544 f.*
  Az 1: 10J 138/38
  Az 2: 2H 37/38
- Fiche: *0546*
  Az 1: 10J 256/42g
  Az 2: 2H 19/43
- Fiche: *0546/0681*
  Az 1: 8J 121/44
  Az 2: 1H 181/44
- Fiche: *0547 f.*
  Az 1: 8J 318/39
  Az 2: 1H 60/39
- Fiche: *0548*
  Az 1: 16J 42/35
  Az 2: 2H 9/36
- Fiche: *0548*
  Az 1: 9J 251/41
  Az 2: 2H 68/42
- Fiche: *0549*
  Az 1: 10J 96/42
  Az 2: 2H 238/42
- Fiche: *0552 f.*
  Az 1: 8J 10/35
  Az 2: 2H 34/35
- Fiche: *0555*
  Az 1: 9J 388/36
  Az 2: 2H 55/36
- Fiche: *0556 f.*
  Az 1: 9J 51/44g
  Az 2: 1H 97/44
- Fiche: *0558*
  Az 1: 9J 278/41g
  Az 2: 2H 133/41
- Fiche: *0558/0586*
  Az 1: 8J 432/38g
  Az 2: 1H 9/39
- Fiche: *0559*
  Az 1: 10J 16/42g
  Az 2: 1H 247/42
- Fiche: *0560*
  Az 1: 10J 222/38
  Az 2: 2H 69/38
- Fiche: *0561*
  Az 1: 9J 35/39g
  Az 2: 2H 2/40
- Fiche: *0562*
  Az 1: 8J 92/44
  Az 2: 1H 148/44
- Fiche: *0563 f.*
  Az 1: 10J 68/40
  Az 2: 2H 109/40
- Fiche: *0564 f.*
  Az 1: 9J 137/34
  Az 2: 1H 25/35
- Fiche: *0566 f.*
  Az 1: 10J 70/40
  Az 2: 2H 127/40
- Fiche: *0569*
  Az 1: 8J 195/42g
  Az 2: 2H 138/42
- Fiche: *0571*
  Az 1: 11(10)J 1241/43
  Az 2: 1H 59/44
- Fiche: *0572*
  Az 1: 9J 39/45
  Az 2: 2H 65/45
- Fiche: *0573*
  Az 1: 10J 10/40
  Az 2: 2H 40/40
- Fiche: *0573 f.*
  Az 1: 10J 140/38
  Az 2: 2H 44/38
- Fiche: *0574/0209*
  Az 1: 9J 258/44
  Az 2: 1H 362/44
- Fiche: *0579*
  Az 1: 8J 243/44g
  Az 2: 1H 308/44
- Fiche: *0581*
  Az 1: 10J 520/43
  Az 2: 1H 213/43
- Fiche: *0582 f.*
  Az 1: 10J 288/38
  Az 2: 1H 37/38
- Fiche: *0585 f.*
  Az 1: 8J 160/38
  Az 2: 2H 73/38
- Fiche: *0588 f./0643*
  Az 1: 16J 293/35,
  8J 438/35
  Az 2: 2H 58/35
- Fiche: *0590 f.*
  Az 1: 8J 420/35g
  Az 2: 1H 32/36
- Fiche: *0595 f.*
  Az 1: 8J 410/38g
  Az 2: 2H 20/39
- Fiche: *0600 f.*
  Az 1: 10J 13/43g
  Az 2: 2H 100/43
- Fiche: *0601*
  Az 1: 10J 26/38
  Az 2: 2H 19/38
- Fiche: *0605*
  Az 1: 10J 117/42
  Az 2: 5H 115/42
- Fiche: *0605 f.*
  Az 1: 14J 83/33
  Az 2: XV H 55/33
- Fiche: *0606*
  Az 1: 12J 190/33
  Az 2: XV H 54/33
- Fiche: *0607*
  Az 1: 12J 160/33
  Az 2: XV H 58/33
- Fiche: *0607 f.*
  Az 1: 17J 697/33
  Az 2: XV H 50/33
- Fiche: *0611*
  Az 1: 17J 125/34
  Az 2: XII H 33/34
- Fiche: *0611*
  Az 1: 8J 1694/33
  Az 2: XII H 14/34
- Fiche: *0615 ff*
  Az 1: 15J 86/33
  Az 2: XII H 42/33
- Fiche: *0619*
  Az 1: 14J 33/33
  Az 2: XII H 36/33
- Fiche: *0621*
  Az 1: 14J 244/33
  Az 2: XII H 7/34
- Fiche: *0621*
  Az 1: 17J 566/33
  Az 2: XII H 8/34
- Fiche: *0622 f.*
  Az 1: 10J 453/38
  Az 2: 1H 25/39
- Fiche: *0625*
  Az 1: 0J 59/44g Rs
  Az 2: 1L 519/44
- Fiche: *0625/0643*
  Az 1: 10J 215/41
  Az 2: 2H 130/42
- Fiche: *0625 f.*
  Az 1: 0J 17/44gRs
  Az 2: 1L 316/44
- Fiche: *0627*
  Az 1: 0J 52/44g Rs
  Az 2: 1L 450/44
- Fiche: *0627*
  Az 1: 0J 53/44g
  Az 2: 1L 510/44
- Fiche: *0627*
  Az 1: 6J 158/42g
  Az 2: 1H 22/43
- Fiche: *0627 f.*
  Az 1: 10J 1095/43g
  Az 2: 1H 305/43
- Fiche: *0630*
  Az 1: 10J 354/43g
  Az 2: 1H 202/43
- Fiche: *0630*
  Az 1: 9J 657/35
  Az 2: 1H 58/36
- Fiche: *0632*
  Az 1: 10J 132/41
  Az 2: 2H 165/41
- Fiche: *0634*
  Az 1: 10J 166/42
  Az 2: 2H 271/42
- Fiche: *0635 f.*
  Az 1: 10J 123/41
  Az 2: 2H 115/41
- Fiche: *0636*
  Az 1: 10J 5/43g
  Az 2: 2H 37/43
- Fiche: *0639*
  Az 1: 10(9) 571/43
  Az 2: 2H 52/44
- Fiche: *0639*
  Az 1: 8J 187/44
  Az 2: 1H 272/44
- Fiche: *0640*
  Az 1: 16J 328/35
  Az 2: 1H 11/37
- Fiche: *0641 f.*
  Az 1: 9J 70/42g
  Az 2: 2H 157/43
- Fiche: *0642*
  Az 1: 8J 144/38
  Az 2: 1H 16/38
- Fiche: *0642*
  Az 1: 9J 304/39g
  Az 2: 1H 65/39
- Fiche: *0650*
  Az 1: 0J 26/44g Rs
  Az 2: 1L 349/44
- Fiche: *0651 f.*
  Az 1: 17J 793/33
  Az 2: XII H 10,12/24
- Fiche: *0654*
  Az 1: 17J 684/33
  Az 2: XV H 11/34
- Fiche: *0655*
  Az 1: 17J 27/34
  Az 2: XV H 14/34
- Fiche: *0655 f.*
  Az 1: 13J 230/33
  Az 2: XV H 26/34
- Fiche: *0656 f.*
  Az 1: 17J 582/33
  Az 2: XV H 28/34
- Fiche: *0657 f.*
  Az 1: 17J 163/33
  Az 2: XV H 3/34
- Fiche: *0659 f.*
  Az 1: 9J 127/33
  Az 2: XV H 18/34
- Fiche: *0660 f.*
  Az 1: 17J 792/33
  Az 2: XV H 15/34
- Fiche: *0662 f.*
  Az 1: 17J 627/33
  Az 2: XV H 21/34
- Fiche: *0663 f.*
  Az 1: 17J 685/33,
  17J 627/33
  Az 2: XV H 22/34,
  XV H 21/34
- Fiche: *0664 f.*
  Az 1: 17J 541/33
  Az 2: XV H 25/34
- Fiche: *0665*
  Az 1: 14J 71/33
  Az 2: XV H 30/33
- Fiche: *0665*
  Az 1: 14J 88/33
  Az 2: XV H 20/33
- Fiche: *0666 f.*
  Az 1: 8/16J 747/33
  Az 2: XV H 41/33
- Fiche: *0668 f.*
  Az 1: 14a/8J 136/29
  Az 2: XV H 44/33
- Fiche: *0671 f.*
  Az 1: 15J 385/34
  Az 2: 1H 11/36
- Fiche: *0672*
  Az 1: 8J 192/44
  Az 2: 1H 306/44
- Fiche: *0672*
  Az 1: 9J 230/44
  Az 2: 1H 357/44
- Fiche: *0672 f.*
  Az 1: 10J 90/41
  Az 2: 2H 111/41
- Fiche: *0673 f.*
  Az 1: 16J 141/35,
  16J 126/35
  Az 2: 1H 34/35, 1H 35/35
- Fiche: *0675*
  Az 1: 10J 60/41
  Az 2: 2H 79/41
- Fiche: *0676*
  Az 1: 10J 17/41g
  Az 2: 1H 194/43
- Fiche: *0677*
  Az 1: 10J 320/41
  Az 2: 2H 36/42
- Fiche: *0679 f./0713*
  Az 1: 10(9)J 777/43g
  Az 2: 5H 38/44, 5H 43/44
- Fiche: *0680*
  Az 1: 2J 578/44g Rs
  Az 2: 1L 467/44
- Fiche: *0680/0698*
  Az 1: 8J 137/44g
  Az 2: 1H 5/45
- Fiche: *0680 f.*
  Az 1: 9J 245/44
  Az 2: 1H 358/44

- Fiche: *0681 f.*
  Az 1: 10J 202/41g
  Az 2: 2H 143/41
- Fiche: *0682*
  Az 1: 17J 377/37
  Az 2: 1H 6/38
- Fiche: *0684 f.*
  Az 1: 10J 548/43
  Az 2: 2H 158/43
- Fiche: *0687*
  Az 1: 15J 222/35
  Az 2: 2H 34/36
- Fiche: *0688 f.*
  Az 1: 10J 75/44
  Az 2: 1L 192/44
- Fiche: *0689*
  Az 1: 10J 328/43g
  Az 2: 2H 99/43
- Fiche: *0691*
  Az 1: 9J 47/45
  Az 2: 2H 91/45
- Fiche: *0691*
  Az 1: 9J 9/45
  Az 2: 2H 30/45
- Fiche: *0692*
  Az 1: StPL (RKA) III 525/42
  Az 2: StPL (HLS) II 4/43
- Fiche: *0693*
  Az 1: StPL (RKA) III 190/43
  Az 2: StPL (HLS) II 49/43
- Fiche: *0693*
  Az 1: StPL (RKA) III 525/42
  Az 2: StPL 2. Sen. 100/43
- Fiche: *0696*
  Az 1: StPL (RKA) II 236/38
- Fiche: *0697*
  Az 1: StPL (RKA) III 114/43
- Fiche: *0698*
  Az 1: StPL (RKA) II 379/41
  Az 2: StPL (HLS) II 149/41
- Fiche: *0698*
  Az 1: StPL (RKA) III 114/43
- Fiche: *0700*
  Az 1: StPL (RKA) III 532/42
  Az 2: StPL (HLS) II 43/43
- Fiche: *0702 f.*
  Az 1: 17J 97/37
  Az 2: 2H 19/37
- Fiche: *0703*
  Az 1: 16J 415/35
- Fiche: *0703*
  Az 1: 9J 327/39g, 9J 390/39 g
- Fiche: *0705*
  Az 1: StPL (RKA) I 359/42
  Az 2: StPL (HLS) II 34/43
- Fiche: *0705*
  Az 1: StPL (RKA) 529/42
  Az 2: StPL (HLS) 72/43
- Fiche: *0706*
  Az 1: StPL (RKA) III 188/43
  Az 2: StPL (HLS) II 48/43
- Fiche: *0706*
  Az 1: StPL (RKA) III 191/43
  Az 2: StPL (HLS) II 50/43
- Fiche: *0708*
  Az 1: 0J 14/45g Rs
  Az 2: 2L 76/45
- Fiche: *0708*
  Az 1: 0J 4/44g Rs
  Az 2: 1L 229/44
- Fiche: *0708*
  Az 1: 0J 5/44gRs, 0J 9/44gRs
  Az 2: 1L 301/44, 1L 309/44
- Fiche: *0709*
  Az 1: 8J 501/39
  Az 2: 2H 60/39
- Fiche: *0713 f.*
  Az 1: StPL (RKA) III 495,496,497/42
  Az 2: StPL (HLS) II 129/42
- Fiche: *0714*
  Az 1: StPL (RKA) III 528/42
  Az 2: StPL (HLS) II 10/43
- Fiche: *0714*
  Az 1: StPL (RKA) III 530/42
  Az 2: StPL (HLS) II 12/43
- Fiche: *0714 f.*
  Az 1: 8J 232/40
  Az 2: 2H 76/41
- Fiche: *0720 f.*
  Az 1: 9J 283/44
- Fiche: *0722*
  Az 1: 17J 23/36
  Az 2: 2H 27/36
- Fiche: *0728*
  Az 1: 17J 461/34
  Az 2: 0Js 18/36
- Fiche: *0730 f./0732*
  Az 1: 17J 318/37
  Az 2: 1H 38/37
- Fiche: *0731*
  Az 1: 17J 499/35
- Fiche: *0732*
  Az 1: 1J 85/44g
- Fiche: *0740*
  Az 1: 8J 199/44g
  Az 2: 1H 315/44
- Fiche: *0741*
  Az 1: 8J 26/45
- Fiche: *0746*
  Az 1: 9J 63/45

Bern
- Fiche: *0111 f./0270 f.*
  Az 1: 17J 152/37
  Az 2: 2H 51/37
- Fiche: *0175 f.*
  Az 1: 7(6)J 62/43
  Az 2: 6H 82/44

Bernau
- Fiche: *0064*
  Az 1: 17J 160/36
  Az 2: 2H 31/36
- Fiche: *0209*
  Az 1: 8J 241/44
- Fiche: *0282*
  Az 1: 7J 677/38
  Az 2: 2H 1/39
- Fiche: *0675*
  Az 1: 10J 60/41
  Az 2: 2H 79/41

Bernburg
- Fiche: *0179*
  Az 1: 5J 33/43
- Fiche: *0245 f.*
  Az 1: 8J 7/36g
  Az 2: 2H 4/36

Berndorf
- Fiche: *0406*
  Az 1: 7J 462/43
  Az 2: 6H 218/43

Bernsdorf
- Fiche: *0126/0276*
  Az 1: 16J 912/37
  Az 2: 2H 28/38
- Fiche: *0194 f.*
  Az 1: 11(10)J 619/43
  Az 2: 2H 168/44

Bernstein
- Fiche: *0344*
  Az 1: 7J 420/42
  Az 2: 1H 310/42
- Fiche: *0347 f.*
  Az 1: 7J 257/42
  Az 2: 5H 86/42
- Fiche: *0348*
  Az 1: 7J 253/42
  Az 2: 5H 89/42
- Fiche: *0348*
  Az 1: 7J 255/42
  Az 2: 5H 88/42

Berthelsdorf
- Fiche: *0397f.*
  Az 1: 6J 198/39g
  Az 2: 3L 19/40

Bertsdorf
- Fiche: *0119 f.*
  Az 1: 6J 168/38g
  Az 2: 1H 14/38
- Fiche: *0126/0276*
  Az 1: 16J 912/37
  Az 2: 2H 28/38

Bettingen
- Fiche: *0176/0295*
  Az 1: 6J 27/42g
  Az 2: 1H 18/43

Beuthen
- Fiche: *0052 f.*
  Az 1: 17J 5/36
  Az 2: 1H 10/36
- Fiche: *0301*
  Az 1: 15J 818/36
  Az 2: 1H 22/37
- Fiche: *0637 f.*
  Az 1: 8J 167/40
  Az 2: 2H 89/40

Beverwyk
- Fiche: *0205*
  Az 1: 9J 151/44
  Az 2: 2H 253/44

Bialystok
- Fiche: *0698*
  Az 1: StPL (RKA) III 318/44
  Az 2: StPL 3. Sen. 118/44

Biederitz
- Fiche: *0391 f.*
  Az 1: 5J 6/36g
  Az 2: 3L 21/37

Biehla
- Fiche: *0027 f.*
  Az 1: 16J 642/34
  Az 2: 1H 12/35

Bielefeld
- Fiche: *0045*
  Az 1: 9J 411/35
  Az 2: 1H 56/35
- Fiche: *0192*
  Az 1: 9J 34/44
  Az 2: 2H 134/44
- Fiche: *0202*
  Az 1: 9J 170/44
  Az 2: 2H 233/44
- Fiche: *0210*
  Az 1: 8J 127/44
  Az 2: 2H 127/44
- Fiche: *0263 f./0487 f.*
  Az 1: 17J 171/35
  Az 2: 2H 17/37
- Fiche: *0415 f.*
  Az 1: 3J 260/44
  Az 2: 1L 30/44
- Fiche: *0463/0465*
  Az 1: 15J 39/36
  Az 2: 2H 35/36
- Fiche: *0507*
  Az 1: 2J 729/43
- Fiche: *0509 f.*
  Az 1: 9J 456/43
  Az 2: 2H 145/43
- Fiche: *0529 f.*
  Az 1: 9J 314/41g
  Az 2: 2H 146/41
- Fiche: *0562*
  Az 1: 10(9)J 836/43
  Az 2: 2H 101/44
- Fiche: *0661 f.*
  Az 1: 9J 952/33
  Az 2: XV H 20/34
- Fiche: *0694*
  Az 1: 9J 341/36
  Az 2: 5 0Js 127/37

Bienengründel
- Fiche: *0160/0288f.*
  Az 1: 6J 224/39g
  Az 2: 2H 44/40

Bingen
- Fiche: *0525 f.*
  Az 1: 9J 502/38g
  Az 2: 3L 86/39

Binzen
- Fiche: *0098 f.*
  Az 1: 14J 305/37g
  Az 2: 1H 35/37

Brandau
– Fiche: *0099 f.*
Az 1: 14J 301/37
Az 2: 1H 27/37
– Fiche: *0289 f.*
Az 1: 6J 52/40g
Az 2: 2H 111/40

Braunau
– Fiche: *0064*
Az 1: 8J 360/34
Az 2: 1H 31/36
– Fiche: *0179/0675*
Az 1: 4J 85/42g
Az 2: 1H 97/43
– Fiche: *0282*
Az 1: 7J 677/38
Az 2: 2H 1/39
– Fiche: *0284 f.*
Az 1: 7J 352/38
Az 2: 2H 3/39
– Fiche: *0337*
Az 1: 7J 321/42
Az 2: 2H 221/42
– Fiche: *0337*
Az 1: 7J 322/42
Az 2: 2H 241/42
– Fiche: *0397f.*
Az 1: 6J 198/39g
Az 2: 3L 19/40
– Fiche: *0697*
Az 1: StPL (RKA) II 283/43
Az 2: StPL (HLS) III 63/43

Braunschweig
– Fiche: *0050 f.*
Az 1: 8J 164/35
Az 2: 1H 5/36
– Fiche: *0070*
Az 1: 17J 348/36
Az 2: 1H 43/36
– Fiche: *0084/0261*
Az 1: 17J 513/36
Az 2: 2H 1/37
– Fiche: *0245 f.*
Az 1: 8J 7/36g
Az 2: 2H 4/36
– Fiche: *0391 f.*
Az 1: 5J 6/36g
Az 2: 3L 21/37
– Fiche: *0432*
Az 1: 8J 66/44
Az 2: 2H 192/44
– Fiche: *0693*
Az 1: 11(10)J 1188/43
– Fiche: *0702*
Az 1: 8J 246/43
Az 2: 1H 3/44

Brebach
– Fiche: *0251 ff*
Az 1: 14J 12/36
Az 2: 2H 17/36
– Fiche: *0577 f.*
Az 1: 8J 160/36
Az 2: 2H 61/36

Breclav
– Fiche: *0094*
Az 1: 16J 23/37
Az 2: 1H 18/37

Bregenz
– Fiche: *0175/0346*
Az 1: 6J 106/42g
Az 2: 2H 258/42
– Fiche: *0175/0346*
Az 1: OJs 191/41, 6J 106/42g,7(6)J 62/43g
Az 2: 2H 258/42, 6H 82/44
– Fiche: *0175 f.*
Az 1: 7(6)J 62/43
Az 2: 6H 82/44
– Fiche: *0305/0643 f.*
Az 1: 6J 518/38
Az 2: 1H 18/39
– Fiche: *0346*
Az 1: OJs 191/41

Breitenbach
– Fiche: *0108*
Az 1: 8J 358/37g
Az 2: 1H 40/37
– Fiche: *0394 f.*
Az 1: 14J 480/37g
Az 2: 1L 18/38

Bremen
– Fiche: *0020*
Az 1: 17J 170/34
Az 2: 1H 42/34
– Fiche: *0021/0461 f.*
Az 1: 9aJ 44/34
Az 2: 2H 1/35
– Fiche: *0118*
Az 1: 7J 82/38
Az 2: 1H 12/38
– Fiche: *0120*
Az 1: 17J 401/37
Az 2: 2H 14/38
– Fiche: *0120 f./0133*
Az 1: 17J 400/37
Az 2: 2H 71/38
– Fiche: *0131 f.*
Az 1: 7J 252/38
Az 2: 2H 54/38
– Fiche: *0188*
Az 1: 11(10)J 529/43
Az 2: 2H 100/44
– Fiche: *0263 f./0487 f.*
Az 1: 17J 171/35
Az 2: 2H 17/37
– Fiche: *0460 f.*
Az 1: 17J 109/37, 9J 142/37
Az 2: 2H 44,47/37
– Fiche: *0465*
Az 1: 11(10)J 1036/43g
– Fiche: *0472 f./0603 f.*
Az 1: 14J 629/37g, 6J 44/38g
Az 2: 2H 84,85,87/38
– Fiche: *0473 f.*
Az 1: 14J 527/37g
Az 2: 1H 44/37
– Fiche: *0479/0739*
Az 1: 12(10)J 47/39
Az 2: 1H 33/40
– Fiche: *0480*
Az 1: 10J 299/41
Az 2: 2H 50/42
– Fiche: *0531 f.*
Az 1: 10J 170/41
Az 2: 2H 10/42
– Fiche: *0538*
Az 1: 10J 227/38
Az 2: 2H 80/38
– Fiche: *0542*
Az 1: 8J 263/41
Az 2: 2H 30/42
– Fiche: *0554 f.*
Az 1: 8J 244/34
Az 2: 2H 22/35
– Fiche: *0559*
Az 1: 10J 16/42g
Az 2: 1H 247/42
– Fiche: *0582*
Az 1: 8J 402/42g
Az 2: 2H 318/42
– Fiche: *0612*
Az 1: 13J 81/33
Az 2: XII H 30/33
– Fiche: *0684 f.*
Az 1: 10J 548/43
Az 2: 2H 158/43

Bremerhaven
– Fiche: *0604 f.*
Az 1: 10J 317/38
Az 2: 2H 23/39
– Fiche: *0621*
Az 1: 13J 240/33
Az 2: XII H 3/34

Breslau
– Fiche: *0001*
Az 1: 17J 303/33
Az 2: 1H 2/34
– Fiche: *0011 f.*
Az 1: 17J 545/33
Az 2: 1H 15/34
– Fiche: *0039/0235*
Az 1: 15J 20/35
Az 2: 1H 40/35
– Fiche: *0055 f./0390*
Az 1: 8J 82/36g
Az 2: 2H 13/36
– Fiche: *0064*
Az 1: 8J 360/34
Az 2: 1H 31/36
– Fiche: *0072 f.*
Az 1: 15J 282/36
Az 2: 2H 49/36
– Fiche: *0098*
Az 1: 16J 536/36
Az 2: 2H 25/37
– Fiche: *0105/0267*
Az 1: 14J 307/37
Az 2: 2H 34/37
– Fiche: *0134*
Az 1: 7J 344/38
Az 2: 2H 78/38
– Fiche: *0134/0523*
Az 1: 7J 348/38
Az 2: 2H 82/38
– Fiche: *0136*
Az 1: 7J 346/38
Az 2: 2H 95/38
– Fiche: *0136*
Az 1: 7J 354/38
Az 2: 2H 96/38
– Fiche: *0233 f.*
Az 1: 8J 291/35
Az 2: 2H 36/35
– Fiche: *0240*
Az 1: 8J 305/35
Az 2: 1H 67/35
– Fiche: *0277 f.*
Az 1: 14J 651/37g
Az 2: 2H 55/38
– Fiche: *0284 f.*
Az 1: 7J 352/38
Az 2: 2H 3/39
– Fiche: *0390*
Az 1: 8J 291/35
Az 2: 2H 5/36
– Fiche: *0415 f.*
Az 1: 3J 260/44
Az 2: 1L 30/44
– Fiche: *0440*
Az 1: 0J 50/44g Rs
Az 2: 1L 496/44
– Fiche: *0451*
Az 1: 8J 197/43
Az 2: 6H 184/43
– Fiche: *0481 f./0557 f.*
Az 1: 8J 214/37
Az 2: 1H 31/38
– Fiche: *0507*
Az 1: 2J 729/43
– Fiche: *0515*
Az 1: 0J 12/44g Rs
Az 2: 1L 321/44
– Fiche: *0523 f.*
Az 1: 9J 351/38g
Az 2: 2H 93/38
– Fiche: *0551 f.*
Az 1: 6J 248/38g
Az 2: 2H 2/39
– Fiche: *0558/0586*
Az 1: 8J 432/38g
Az 2: 1H 9/39
– Fiche: *0573*
Az 1: 10J 10/40
Az 2: 2H 40/40
– Fiche: *0578*
Az 1: 10J 314/44
Az 2: 2H 225/44
– Fiche: *0592 f.*
Az 1: 15J 454/35
Az 2: 1H 40/36
– Fiche: *0657*
Az 1: 8J 564/33
Az 2: XV H 1/34
– Fiche: *0673*
Az 1: 9J 36/39g
Az 2: 2H 14/39
– Fiche: *0718 f.*
Az 1: 8J 444/35
Az 2: 2H 54/36

Brest Litowsk
– Fiche: *0420*
Az 1: 6J 53/44
Az 2: 5H 56/44

Bretterode
– Fiche: *0433*
Az 1: 10J 166/44
Az 2: 2H 219/44

Brey
– Fiche: *0192/0567*
Az 1: 1J 92/44
Az 2: 1H 133/44

Brjansk
– Fiche: *0420*
Az 1: 6J 53/44
Az 2: 5H 56/44

Bunzlau
- Fiche: *0001*
  Az 1: 17J 303/33
  Az 2: 1H 2/34

Burckhardtsdorf
- Fiche: *0574*
  Az 1: 8J 356/42g
  Az 2: 1H 290/42

Burg a. F.
- Fiche: *0256*
  Az 1: 15J 162/36
  Az 2: 1H 51/36

Burghausen
- Fiche: *0142 f./0283*
  Az 1: 6J 14/39
  Az 2: 1H 20/39

Burgstadt
- Fiche: *0570*
  Az 1: 16J 287/35
  Az 2: 1H 30/35

Calbe
- Fiche: *0138*
  Az 1: 5J 279/38
  Az 2: 1H 6/39
- Fiche: *0138 f.*
  Az 1: 5J 53/39
  Az 2: 1H 7/39
- Fiche: *0139 f./0283*
  Az 1: 5J 84/39
  Az 2: 1H 11/39
- Fiche: *0142*
  Az 1: 5J 181/39
  Az 2: 1H 17/39
- Fiche: *0144*
  Az 1: 5J 199/39
  Az 2: 1H 26/39

Calbitz
- Fiche: *0443*
  Az 1: 10J 592/43
  Az 2: 6H 137/43

Cannes
- Fiche: *0709 ff*
  Az 1: 8J 162/40
  Az 2: 2H 77/41

Caspe
- Fiche: *0287*
  Az 1: 11J 311/39
  Az 2: 2H 56/39

Castrop-Rauxel
- Fiche: *0555 f.*
  Az 1: 9J 202/36
  Az 2: 2H 14/37

Cepoy
- Fiche: *0180/0446*
  Az 1: 6J 12/43g
  Az 2: 1H 147/43

Ceské Velenice
- Fiche: *0322 f./0723*
  Az 1: 6J 64/40g
  Az 2: 2H 89/41

Chambarand
- Fiche: *0193*
  Az 1: 11J 127/44
  Az 2: 2H 135/44

Chambéry
- Fiche: *0169/0344*
  Az 1: 6J 84/41g
  Az 2: 2H 8/42

Champ de la Braconne
- Fiche: *0170/0293*
  Az 1: 6J 100/41g
  Az 2: 2H 21/42

Champygny
- Fiche: *0192/0567*
  Az 1: 1J 92/44
  Az 2: 1H 133/44

Charkow
- Fiche: *0147*
  Az 1: 11J 196/38g
  Az 2: 1H 35/39
- Fiche: *0481 f./0557 f.*
  Az 1: 8J 214/37
  Az 2: 1H 31/38

Charleroi
- Fiche: *0558*
  Az 1: 9J 278/41g
  Az 2: 2H 133/41

Chemnitz
- Fiche: *0001/0214*
  Az 1: 14J 305/33
  Az 2: 2H 1/34
- Fiche: *0014/0737*
  Az 1: 14J 253/33
  Az 2: 2H 22/34
- Fiche: *0018*
  Az 1: 15/17J 77/32
  Az 2: 1H 28/34
- Fiche: *0036*
  Az 1: 16J 304/35
  Az 2: 1H 31/35
- Fiche: *0037/0221*
  Az 1: 17J 94/34
  Az 2: 1H 33/35
- Fiche: *0039*
  Az 1: 16J 454/35
  Az 2: 2H 40/35
- Fiche: *0039*
  Az 1: 8J 169/35
  Az 2: 1H 41/35
- Fiche: *0041/0236 f.*
  Az 1: 8J 250/35
  Az 2: 1H 46/35
- Fiche: *0042*
  Az 1: 16J 354/35
  Az 2: 1H 50/35
- Fiche: *0046/0239*
  Az 1: 16J 438/35
  Az 2: 1H 62/35
- Fiche: *0060 f.*
  Az 1: 8J 438/35g
  Az 2: 1H 23/24/36
- Fiche: *0060 f./0588 f.*
  Az 1: 16J 293/35, 8J 438/35g
  Az 2: 1H 24/36
- Fiche: *0068*
  Az 1: 8J 434/35g
  Az 2: 2H 41/36
- Fiche: *0073/0255 f.*
  Az 1: 8J 437/35g
  Az 2: 2H 50/36
- Fiche: *0074*
  Az 1: 8J 135/36
  Az 2: 1H 55/36
- Fiche: *0180/0446*
  Az 1: 6J 12/43g
  Az 2: 1H 147/43
- Fiche: *0262 f.*
  Az 1: 8J 51/36g
  Az 2: 1H 16/37
- Fiche: *0272*
  Az 1: 16J 225/37
  Az 2: 2H 60/37
- Fiche: *0289 f.*
  Az 1: 6J 52/40g
  Az 2: 2H 111/40
- Fiche: *0316*
  Az 1: 16J 251/36
  Az 2: 1H 45/36
- Fiche: *0429*
  Az 1: 10J 58/44
  Az 2: 6H 109/44
- Fiche: *0499 f.*
  Az 1: 8J 145/38
  Az 2: 2H 52/38
- Fiche: *0525*
  Az 1: 8J 199/38
  Az 2: 2H 91/38
- Fiche: *0539/0627*
  Az 1: 6J 24/43
  Az 2: 1H 101/43
- Fiche: *0570*
  Az 1: 16J 287/35
  Az 2: 1H 30/35
- Fiche: *0588 f./0643*
  Az 1: 16J 293/35, 8J 438/35
  Az 2: 2H 58/35
- Fiche: *0589*
  Az 1: 16J 293/35
  Az 2: 2H 58/35
- Fiche: *0595 f.*
  Az 1: 8J 410/38g
  Az 2: 2H 20/39
- Fiche: *0654 f.*
  Az 1: 8/16J 79/33
  Az 2: XV H 12/34
- Fiche: *0668 f.*
  Az 1: 14a/8J 136/29
  Az 2: XV H 44/33
- Fiche: *0703*
  Az 1: 16J 415/35
- Fiche: *0727*
  Az 1: 16J 293/35

Chéreng
- Fiche: *0518/0558*
  Az 1: 10J 815/43
  Az 2: 1H 289/43

Chicago
- Fiche: *0639*
  Az 1: 10J 87/41
  Az 2: 2H 192/42

Cleve
- Fiche: *0014 f.*
  Az 1: 15J 828/33
  Az 2: 1H 23/34

Cleveland
- Fiche: *0639*
  Az 1: 10J 87/41
  Az 2: 2H 192/42

Cordes
- Fiche: *0192/0567*
  Az 1: 1J 92/44
  Az 2: 1H 133/44
- Fiche: *0193*
  Az 1: 11J 127/44
  Az 2: 2H 135/44

Cordoba
- Fiche: *0522*
  Az 1: 9J 90/41g
  Az 2: 2H 95/41

Cosel
- Fiche: *0155 f.*
  Az 1: 6J 12/39g
  Az 2: 2H 61/39

Cottbus
- Fiche: *0055 f./0390*
  Az 1: 8J 82/36g
  Az 2: 2H 13/36
- Fiche: *0077 f./0239*
  Az 1: 8J 421/35g
  Az 2: 2H 60/36
- Fiche: *0291/0719*
  Az 1: 9J 237/40
  Az 2: 2H 17/42

Courcelles
- Fiche: *0189*
  Az 1: 9J 55/44
  Az 2: 2H 106/44

Crimmitschau
- Fiche: *0391 f.*
  Az 1: 5J 6/36g
  Az 2: 3L 21/37

Daaden
- Fiche: *0709 ff*
  Az 1: 8J 162/40
  Az 2: 2H 77/41

Dachau
- Fiche: *0344*
  Az 1: 7J 420/42
  Az 2: 1H 310/42
- Fiche: *0384*
  Az 1: 7J 279/43
  Az 2: 6H 104/43

Damazan
- Fiche: *0577*
  Az 1: 10J 42/44
  Az 2: 1H 131/44

Danzig
- Fiche: *0160*
  Az 1: 9J 425/39g
  Az 2: 2H 43/40
- Fiche: *0161 f./0562*
  Az 1: 9J 370/39g
  Az 2: 2H 53/40
- Fiche: *0162*
  Az 1: 9J 424/39g
  Az 2: 2H 60/40
- Fiche: *0579 f.*
  Az 1: 9J 422/39g
  Az 2: 2H 37/40
- Fiche: *0592*
  Az 1: 9J 423/39g
  Az 2: 2H 63/40

– Fiche: *0052*
Az 1: 14J 104/36
Az 2: 2H 8/36

– Fiche: *0055/0248 f.*
Az 1: 8J 418/35g
Az 2: 1H 13/36

– Fiche: *0066*
Az 1: 17J 443/35
Az 2: 2H 37/36

– Fiche: *0082/0260 f.*
Az 1: 9J 907/35
Az 2: 1H 67/36

– Fiche: *0089*
Az 1: 16J 781/36
Az 2: 1H 9/37

– Fiche: *0113/0469 f.*
Az 1: 16J 37/35
Az 2: 1H 19-20/37

– Fiche: *0161*
Az 1: 9J 415/39
Az 2: 2H 51/40

– Fiche: *0180 f.*
Az 1: 9J 743/43
Az 2: 2H 2/44

– Fiche: *0186/0446*
Az 1: 11(10)J 566/43
Az 2: 2H 61/44

– Fiche: *0186/0722*
Az 1: 10(9)J 571/43
Az 2: 2H 52/44

– Fiche: *0189/0428*
Az 1: 9J 86/44
Az 2: 2H 104/44

– Fiche: *0192/0601*
Az 1: 9J 100/44
Az 2: 2H 231/44

– Fiche: *0193/0444*
Az 1: 9J 123/44
Az 2: 2H 144/44

– Fiche: *0205*
Az 1: 9J 88/44
Az 2: 2H 255/44

– Fiche: *0224*
Az 1: 17J 44/34
Az 2: 2H 2/34

– Fiche: *0231 f./0561*
Az 1: 8J 14/34
Az 2: 2H 33/35

– Fiche: *0247 f./0445*
Az 1: 8J 72/36
Az 2: 2H 7/37

– Fiche: *0254*
Az 1: 9J 332/36
Az 2: 2H 40/36

– Fiche: *0263 f./0487 f.*
Az 1: 17J 171/35
Az 2: 2H 17/37

– Fiche: *0264/0491 f.*
Az 1: 17J 171/35
Az 2: 2H 18/37

– Fiche: *0367*
Az 1: 6J 258/38
Az 2: 1H 31/43

– Fiche: *0398 f./0578*
Az 1: 9J 33/40g
Az 2: 2H 6/41

– Fiche: *0431*
Az 1: 9J 137/44
Az 2: 2H 153/44

– Fiche: *0442*
Az 1: 10(9)J 818/43
Az 2: 2H 21/44

– Fiche: *0442*
Az 1: 8J 23/38g Rs
Az 2: 1H 20/38

– Fiche: *0442*
Az 1: 9J 88/44

– Fiche: *0448*
Az 1: 17J 225/37
Az 2: 2H 48/37

– Fiche: *0457*
Az 1: 9J 114/44
Az 2: 2H 116/44

– Fiche: *0460 f.*
Az 1: 17J 109/37,
9J 142/37
Az 2: 2H 44,47/37

– Fiche: *0489*
Az 1: 8J 87/44
Az 2: 1H 127/44

– Fiche: *0489*
Az 1: 9J 301/40
Az 2: 2H 2/42

– Fiche: *0494*
Az 1: 8J 11/37g
Az 2: 2H 9/38

– Fiche: *0509*
Az 1: 9J 710/35
Az 2: 2H 42/35

– Fiche: *0518*
Az 1: 9J 254/41g
Az 2: 2H 128/41

– Fiche: *0519/0560*
Az 1: 9J 316/40
Az 2: 2H 125/41

– Fiche: *0520*
Az 1: 9J 120/42
Az 2: 2H 263/42

– Fiche: *0537*
Az 1: 8J 183/39
Az 2: 2H 47/39

– Fiche: *0544/0734*
Az 1: 9J 869/35
Az 2: 2H 51/35

– Fiche: *0550 f.*
Az 1: 9J 315/37
Az 2: 2H 50/37

– Fiche: *0555 f.*
Az 1: 9J 202/36
Az 2: 2H 14/37

– Fiche: *0564 f.*
Az 1: 9J 137/34
Az 2: 1H 25/35

– Fiche: *0580*
Az 1: 9J 3/44
Az 2: 2H 25/44

– Fiche: *0580*
Az 1: 9J 84/44
Az 2: 2H 85/44

– Fiche: *0585*
Az 1: 9J 79/36
Az 2: 2H 33/36

– Fiche: *0590 f.*
Az 1: 8J 420/35g
Az 2: 1H 32/36

– Fiche: *0594 f./0695 f.*
Az 1: 11J 122/35g
Az 2: 2H 10,11,12/37

– Fiche: *0601*
Az 1: 9J 100/44
Az 2: 2H 131/44

– Fiche: *0602 f.*
Az 1: 9J 414/39
Az 2: 2H 83/41

– Fiche: *0613*
Az 1: 8/16J 1117/33
Az 2: XII H 46/33

– Fiche: *0621 f.*
Az 1: 15J 241/33
Az 2: XII H 57/33

– Fiche: *0628 f.*
Az 1: 10J 2/43g
Az 2: 1H 89/43

– Fiche: *0629 f.*
Az 1: 9J 929/35
Az 2: 1H 37/36

– Fiche: *0630*
Az 1: 9J 657/35
Az 2: 1H 58/36

– Fiche: *0639*
Az 1: 10(9) 571/43
Az 2: 2H 52/44

– Fiche: *0652 f.*
Az 1: 9J 107/33
Az 2: XII H 45/33

– Fiche: *0665 f.*
Az 1: 8/16J 525/33
Az 2: XV H 39/33

– Fiche: *0671*
Az 1: 9J 759/37
Az 2: 2H 36/38

– Fiche: *0672 f.*
Az 1: 10J 90/41
Az 2: 2H 111/41

– Fiche: *0718 f.*
Az 1: 8J 444/35
Az 2: 2H 54/36

– Fiche: *0719*
Az 1: 10(9)J 943/43

– Fiche: *0720*
Az 1: 10(9)J 1382/43
Az 2: 2H 36/44

– Fiche: *0720*
Az 1: 14J 33/34

Duisburg

– Fiche: *0045*
Az 1: 14J 33/36,
9J 1145/35
Az 2: 2H 56/35

– Fiche: *0047 f./0641*
Az 1: 9J 486/35
Az 2: 1H 71/35

– Fiche: *0071 f.*
Az 1: 14J 288/36
Az 2: 1H 48/36

– Fiche: *0189*
Az 1: 9J 124/44
Az 2: 2H 115/44

– Fiche: *0192*
Az 1: 9J 126/44
Az 2: 2H 133/44

– Fiche: *0193*
Az 1: 9J 130/44
Az 2: 2H 140/44

– Fiche: *0193/0444*
Az 1: 9J 123/44
Az 2: 2H 144/44

– Fiche: *0231 f./0561*
Az 1: 8J 14/34
Az 2: 2H 33/35

– Fiche: *0245 f.*
Az 1: 8J 7/36g
Az 2: 2H 4/36

– Fiche: *0248/0447*
Az 1: 14J 380/36
Az 2: 2H 8/37

– Fiche: *0254*
Az 1: 9J 332/36
Az 2: 2H 40/36

– Fiche: *0291/0719*
Az 1: 9J 237/40
Az 2: 2H 17/42

– Fiche: *0389*
Az 1: 9J 301/35
Az 2: 3L 51/35

– Fiche: *0431*
Az 1: 9J 133/44
Az 2: 2H 142/44

– Fiche: *0448*
Az 1: 17J 225/37
Az 2: 2H 48/37

– Fiche: *0460 f.*
Az 1: 17J 109/37,
9J 142/37
Az 2: 2H 44,47/37

– Fiche: *0463/0465*
Az 1: 15J 39/36
Az 2: 2H 35/36

– Fiche: *0516*
Az 1: 9J 25/38
Az 2: 1H 24/38

– Fiche: *0518*
Az 1: 9J 254/41g
Az 2: 2H 128/41

– Fiche: *0523 f.*
Az 1: 9J 351/38g
Az 2: 2H 93/38

– Fiche: *0525 f.*
Az 1: 9J 502/38g
Az 2: 3L 86/39

– Fiche: *0544*
Az 1: 10J 170/42
Az 2: 2H 22/43

– Fiche: *0545*
Az 1: 8J 222/43
Az 2: 3L 13/44

– Fiche: *0558/0586*
Az 1: 8J 432/38g
Az 2: 1H 9/39

– Fiche: *0559 f./0567*
Az 1: 8J 165/42
Az 2: 2H 137/42

– Fiche: *0567*
Az 1: 10J 245/40
Az 2: 2H 100/41

– Fiche: *0578/0703*
Az 1: 11J 143/35
Az 2: 3L 29/36

– Fiche: *0594 f./0695 f.*
Az 1: 11J 122/35g
Az 2: 2H 10,11,12/37

– Fiche: *0633 f.*
Az 1: 9J 267/37
Az 2: 2H 46/37

– Fiche: *0639*
Az 1: 10(9) 571/43
Az 2: 2H 52/44

– Fiche: *0664*
Az 1: 14a/8J 910/31,
14a/9/16J 910/31
Az 2: XV H 5/32

– Fiche: *0719 f.*
Az 1: 9J 34/40g

– Fiche: *0720*
Az 1: 9J 543/43
Az 2: 2H 155/43

Durlach
- Fiche: *0036 f.*
  Az 1: 14J 21/35
  Az 2: 1H 32/35
- Fiche: *0098 f.*
  Az 1: 14J 305/37g
  Az 2: 1H 35/37
- Fiche: *0639*
  Az 1: 10(9) 571/43
  Az 2: 2H 52/44

Duttweiler
- Fiche: *0248/0447*
  Az 1: 14J 380/36
  Az 2: 2H 8/37

Dux
- Fiche: *0386*
  Az 1: 8J 404/34
  Az 2: 3L 14/35

Eberfingen
- Fiche: *0156 f./0314 f.*
  Az 1: 14J 140/34
  Az 2: 1H 42/35

Ebergassing
- Fiche: *0298/0367*
  Az 1: 7J 300/43
  Az 2: 5H 94/43
- Fiche: *0372*
  Az 1: 7J 308/43
  Az 2: 5H 92/43
- Fiche: *0372/0520*
  Az 1: 7J 308/43
  Az 2: 5H 92/43
- Fiche: *0373/0520*
  Az 1: 7J 192/43
  Az 2: 5H 83/43

Ebersbach
- Fiche: *0046 f.*
  Az 1: 8J 61/35
  Az 2: 1H 64/35
- Fiche: *0140/0683*
  Az 1: 16J 703/35, 6J 17/39g
  Az 2: 2H 12/39

Eck
- Fiche: *0735 f.*
  Az 1: 7J 32/44
  Az 2: 6H 92/44

Eckernförde
- Fiche: *0553 f.*
  Az 1: 10J 137/42
  Az 2: 2H 242/42
- Fiche: *0684*
  Az 1: 10J 80/42
  Az 2: 2H 317/42

Edwege
- Fiche: *0108*
  Az 1: 8J 358/37g
  Az 2: 1H 40/37

Eger
- Fiche: *0041 f./0238*
  Az 1: 8J 206/35
  Az 2: 2H 49/35
- Fiche: *0082 f.*
  Az 1: 8J 415/35g
  Az 2: 1H 1/37
- Fiche: *0396/0704 f.*
  Az 1: 14J 522/37g
  Az 2: 1L 2/40
- Fiche: *0475*
  Az 1: 9J 323/39g
  Az 2: 1H 67/39
- Fiche: *0585 f.*
  Az 1: 8J 160/38
  Az 2: 2H 73/38
- Fiche: *0620*
  Az 1: 12J 202/33
  Az 2: XII H 60/33
- Fiche: *0673*
  Az 1: 9J 324/39g
  Az 2: 1H 48/39

Eibau
- Fiche: *0046 f.*
  Az 1: 8J 61/35
  Az 2: 1H 64/35
- Fiche: *0059 f.*
  Az 1: 16J 543/35
  Az 2: 2H 22/36

Eibenberg
- Fiche: *0394 f.*
  Az 1: 14J 480/37g
  Az 2: 1L 18/38

Eichstätt
- Fiche: *0735 f.*
  Az 1: 7J 32/44
  Az 2: 6H 92/44

Eichwalde
- Fiche: *0008*
  Az 1: 17J 58/34
  Az 2: 1H 11/34

Eigershausen
- Fiche: *0108*
  Az 1: 8J 358/37g
  Az 2: 1H 40/37

Eiland
- Fiche: *0163*
  Az 1: 5J 142/40
  Az 2: 2H 68/40
- Fiche: *0694 f.*
  Az 1: 5J 466/38
  Az 2: 1H 38/39

Eilenberg
- Fiche: *0391 f.*
  Az 1: 5J 6/36g
  Az 2: 3L 21/37

Eindhoven
- Fiche: *0564*
  Az 1: 8J 148/42g
  Az 2: 5H 67/43

Einlage
- Fiche: *0693*
  Az 1: StPL (RKA) I 424/43
  Az 2: StPL 2. Sen. 4/44

Eisenach
- Fiche: *0532 f.*
  Az 1: 7(11)J 197/34g
  Az 2: 3L 21/36
- Fiche: *0540*
  Az 1: 10J 226/38
  Az 2: 2H 75/38
- Fiche: *0564 f.*
  Az 1: 9J 137/34
  Az 2: 1H 25/35
- Fiche: *0583*
  Az 1: 10J 225/38
  Az 2: 2H 70/38

Eisenstein
- Fiche: *0180/0446*
  Az 1: 6J 12/43g
  Az 2: 1H 147/43

Eisenzicken
- Fiche: *0348*
  Az 1: 7J 253/42
  Az 2: 5H 89/42
- Fiche: *0348*
  Az 1: 7J 255/42
  Az 2: 5H 88/42

Eisleben
- Fiche: *0268 f./0273*
  Az 1: 14J 323/37
  Az 2: 1H 10/38
- Fiche: *0268 f./0701 f.*
  Az 1: 14J 323/37
  Az 2: 1H 24/37

Eitershagen
- Fiche: *0108*
  Az 1: 8J 358/37g
  Az 2: 1H 40/37

Eiwanowitz
- Fiche: *0293*
  Az 1: 6J 62/42g
  Az 2: 5H 92/42

Elberfeld
- Fiche: *0010/0217 f.*
  Az 1: 17J 331/33
  Az 2: 2H 13/34

Elbing
- Fiche: *0160*
  Az 1: 9J 425/39g
  Az 2: 2H 43/40
- Fiche: *0592*
  Az 1: 9J 423/39g
  Az 2: 2H 63/40
- Fiche: *0700*
  Az 1: 8J 99/44
  Az 2: 2H 165/44

Eldena
- Fiche: *0635 f.*
  Az 1: 10J 123/41
  Az 2: 2H 115/41

Eller
- Fiche: *0523 f.*
  Az 1: 9J 351/38g
  Az 2: 2H 93/38

Elsaß
- Fiche: *0196/0625*
  Az 1: 9J 187/44
  Az 2: 2H 204/44
- Fiche: *0579*
  Az 1: 6J 92/43
  Az 2: 1H 122/43

Emden
- Fiche: *0120*
  Az 1: 17J 401/37
  Az 2: 2H 14/38
- Fiche: *0120*
  Az 1: 17J 407/37
  Az 2: 2H 16/38
- Fiche: *0120 f./0133*
  Az 1: 17J 400/37
  Az 2: 2H 71/38
- Fiche: *0221*
  Az 1: 14J 306/33
  Az 2: 1H 33/34
- Fiche: *0274*
  Az 1: 17J 406/37
  Az 2: 2H 15/38
- Fiche: *0349 f.*
  Az 1: 7J 95/42
  Az 2: 5H 96/42
- Fiche: *0545*
  Az 1: 10J 49/38
  Az 2: 2H 18/38

Emmerich
- Fiche: *0238 f.*
  Az 1: 17J 82/35
  Az 2: 1H 51/35
- Fiche: *0555 f.*
  Az 1: 9J 202/36
  Az 2: 2H 14/37

Engelsberg
- Fiche: *0285*
  Az 1: 6J 586/38g
  Az 2: 2H 26/39

Engerau
- Fiche: *0333*
  Az 1: 7J 118/42
  Az 2: 2H 105/42
- Fiche: *0705*
  Az 1: StPL (RKA) III 3/44
  Az 2: StPL 2.Sen. 19/44

Enschede
- Fiche: *0292/0491*
  Az 1: 9J 354/40
  Az 2: 2H 126/41
- Fiche: *0480*
  Az 1: 10J 299/41
  Az 2: 2H 50/42
- Fiche: *0492/0595*
  Az 1: 9J 938/35
  Az 2: 2H 7/36
- Fiche: *0509*
  Az 1: 9J 701/35
  Az 2: 2H 46/35
- Fiche: *0511 f.*
  Az 1: 9J 125/39g
  Az 2: 2H 45/39
- Fiche: *0555*
  Az 1: 9J 330/41
  Az 2: 5H 63/42

Ensdorf
- Fiche: *0171/0584*
  Az 1: 8J 395/41g
  Az 2: 2H 25/42

Enzesfeld
- Fiche: *0341*
  Az 1: 7J 326/42
  Az 2: 2H 187/42

Flensburg
- Fiche: *0276*
  Az 1: 6J 117/38g
  Az 2: 2H 30/38
- Fiche: *0440*
  Az 1: 0J 37/44g
  Az 2: 1L 410/44
- Fiche: *0563 f.*
  Az 1: 10J 68/40
  Az 2: 2H 109/40
- Fiche: *0618*
  Az 1: 13J 166/33
  Az 2: XII H 50/33
- Fiche: *0675*
  Az 1: 10J 60/41
  Az 2: 2H 79/41

Fleyh
- Fiche: *0276 f.*
  Az 1: 5J 284/38
  Az 2: 1H 34/38

Flöha
- Fiche: *0024/0385 f.*
  Az 1: 14J 75/33, 14J 77/33
  Az 2: 2H 7/35, 2H 6,7/35

Florenz
- Fiche: *0496*
  Az 1: 8J 264/41g
  Az 2: 2H 14/42

Fohnsdorf
- Fiche: *0174*
  Az 1: 7J 160/42
  Az 2: 2H 119/42
- Fiche: *0306 f.*
  Az 1: 7J 549/39
  Az 2: 2H 32/40
- Fiche: *0330*
  Az 1: 7J 46/42
  Az 2: 2H 125/42
- Fiche: *0331*
  Az 1: 7J 157/42
  Az 2: 2H 117/42
- Fiche: *0331*
  Az 1: 7J 159/42
  Az 2: 2H 118/42
- Fiche: *0332*
  Az 1: 7J 497/41
  Az 2: 2H 116/42
- Fiche: *0333*
  Az 1: 7J 156/42
  Az 2: 2H 112/42
- Fiche: *0351*
  Az 1: 7J 492/42
  Az 2: 6H 28/42
- Fiche: *0351 f.*
  Az 1: 7J 491/42
  Az 2: 6H 26/42
- Fiche: *0405*
  Az 1: 7J 381/43
  Az 2: 6H 180/43
- Fiche: *0405*
  Az 1: 7J 390/43
  Az 2: 6H 181/43
- Fiche: *0428/0521*
  Az 1: 11J 4/44
  Az 2: 6H 108/44

Foix
- Fiche: *0179*
  Az 1: 5J 87/43
  Az 2: 6H 128/43
- Fiche: *0456*
  Az 1: 1J 436/42g
  Az 2: 3L 93/42

Forbach
- Fiche: *0107 f.*
  Az 1: 8J 232/36g
  Az 2: 2H 39/37
- Fiche: *0170/0293*
  Az 1: 6J 100/41g
  Az 2: 2H 21/42
- Fiche: *0171 f.*
  Az 1: 5J 40/41
  Az 2: 2H 51/42
- Fiche: *0172*
  Az 1: 6J 76/41
  Az 2: 2H 64/42
- Fiche: *0172/0579*
  Az 1: 6J 246/41
  Az 2: 2H 82/42
- Fiche: *0176*
  Az 1: 6J 92/42
  Az 2: 2H 282/42
- Fiche: *0176/0295*
  Az 1: 6J 27/42g
  Az 2: 1H 18/43
- Fiche: *0177*
  Az 1: 7J 465/42g
  Az 2: 2H 31/43
- Fiche: *0178*
  Az 1: 6J 134/42g
  Az 2: 2H 77/43
- Fiche: *0179*
  Az 1: 5J 87/43
  Az 2: 6H 128/43
- Fiche: *0180/0634*
  Az 1: 6J 83/43
  Az 2: 6H 155/43
- Fiche: *0192/0567*
  Az 1: 1J 92/44
  Az 2: 1H 133/44
- Fiche: *0193*
  Az 1: 11J 127/44
  Az 2: 2H 135/44
- Fiche: *0250 f.*
  Az 1: 8J 364/35
  Az 2: 2H 15/36
- Fiche: *0251 ff.*
  Az 1: 14J 12/36
  Az 2: 2H 17/36
- Fiche: *0287*
  Az 1: 11J 311/39
  Az 2: 2H 56/39
- Fiche: *0478*
  Az 1: 10J 290/40g
  Az 2: 5H 62/42
- Fiche: *0522*
  Az 1: 9J 90/41g
  Az 2: 2H 95/41
- Fiche: *0577*
  Az 1: 10J 42/44
  Az 2: 1H 131/44
- Fiche: *0577 f.*
  Az 1: 8J 160/36
  Az 2: 2H 61/36
- Fiche: *0629*
  Az 1: 10J 17/44
  Az 2: BS 4/44
- Fiche: *0671*
  Az 1: 6J 114/41
- Fiche: *0677*
  Az 1: 9J 330/40
  Az 2: 2H 48/41
- Fiche: *0702*
  Az 1: 6J 80/40g
  Az 2: 5H 64/42

Forst
- Fiche: *0152*
  Az 1: 11J 341/39
  Az 2: 2H 46/39
- Fiche: *0474*
  Az 1: 10J 170/38
  Az 2: 2H 38/38
- Fiche: *0636*
  Az 1: 5J 171/40
  Az 2: 2H 91/40
- Fiche: *0685*
  Az 1: 10J 239/39
  Az 2: 2H 2/41

Frankenberg
- Fiche: *0386*
  Az 1: 8J 404/34
  Az 2: 3L 14/35
- Fiche: *0570*
  Az 1: 16J 287/35
  Az 2: 1H 30/35

Frankfurt a. M.
- Fiche: *0001*
  Az 1: 8J 1865/33
  Az 2: 1H 1/34
- Fiche: *0010/0217 f.*
  Az 1: 17J 331/33
  Az 2: 2H 13/34
- Fiche: *0014/0219 f.*
  Az 1: 17J 29/34
  Az 2: 2H 21/34
- Fiche: *0015 f.*
  Az 1: 14a/8J 193/30, 17J 803/33
  Az 2: 1H 24/34, 1H 38/34
- Fiche: *0029*
  Az 1: 17J 98/34
  Az 2: 1H 17/35
- Fiche: *0035*
  Az 1: 17J 454/34
  Az 2: 1H 28/35
- Fiche: *0038 f./0259 f.*
  Az 1: 16J 767/35
  Az 2: 2H 57/36
- Fiche: *0051/0246 f.*
  Az 1: 8J 422/35g
  Az 2: 1H 6/36
- Fiche: *0056 f./0461*
  Az 1: 8J 29/35
  Az 2: 2H 18/36
- Fiche: *0064*
  Az 1: 8J 360/34
  Az 2: 1H 31/36
- Fiche: *0074*
  Az 1: 8J 135/36
  Az 2: 1H 55/36
- Fiche: *0113/0469 f.*
  Az 1: 16J 37/35
  Az 2: 1H 19-20/37
- Fiche: *0117 f./0542*
  Az 1: 8J 20/36g
  Az 2: 2H 11/38
- Fiche: *0166/0568*
  Az 1: 9J 24/41
  Az 2: 2H 86/41
- Fiche: *0171 f.*
  Az 1: 5J 40/41
  Az 2: 2H 51/42
- Fiche: *0180/0446*
  Az 1: 6J 12/43g
  Az 2: 1H 147/43
- Fiche: *0181*
  Az 1: 10(9)J 508/43
  Az 2: 2H 10/44
- Fiche: *0185*
  Az 1: 10(9)J 467/43
- Fiche: *0185*
  Az 1: 10(9)J 467/43
  Az 2: 2H 49/44
- Fiche: *0195 f.*
  Az 1: 10(9)J 735/43
  Az 2: 2H 201/44
- Fiche: *0206*
  Az 1: 8J 277/44
  Az 2: 2H 269/44
- Fiche: *0225*
  Az 1: 8J 1734/33
  Az 2: 1H 7/35
- Fiche: *0263 f./0487 f.*
  Az 1: 17J 171/35
  Az 2: 2H 17/37
- Fiche: *0278 f.*
  Az 1: 8J 252/38
  Az 2: 2H 68/38
- Fiche: *0287*
  Az 1: 11J 311/39
  Az 2: 2H 56/39
- Fiche: *0430*
  Az 1: 10J 183/44
  Az 2: 2H 121/44
- Fiche: *0477 f.*
  Az 1: 8J 251/38
  Az 2: 2H 65/38
- Fiche: *0499 f.*
  Az 1: 8J 145/38
  Az 2: 2H 52/38
- Fiche: *0509*
  Az 1: 9J 34/42g
  Az 2: 2H 91/42
- Fiche: *0510*
  Az 1: 8J 11/44
  Az 2: 6H 100/44
- Fiche: *0522*
  Az 1: 9J 90/41g
  Az 2: 2H 95/41
- Fiche: *0525*
  Az 1: 8J 199/38
  Az 2: 2H 91/38
- Fiche: *0535/0681*
  Az 1: 9J 80/42g
  Az 2: 2H 95/42
- Fiche: *0542*
  Az 1: 9J 1119/33
  Az 2: 1H 22/34
- Fiche: *0543 f.*
  Az 1: 8J 5/41
  Az 2: 2H 9/41
- Fiche: *0545*
  Az 1: 9J 878/33
  Az 2: 2H 16/34
- Fiche: *0548*
  Az 1: 16J 42/35
  Az 2: 2H 9/36

Garmisch
- Fiche: *0240*
  Az 1: 8J 305/35
  Az 2: 1H 67/35

Garsten
- Fiche: *0682 f.*
  Az 1: 8J 393/38
  Az 2: 2H 92/38

Gatschina
- Fiche: *0415 f.*
  Az 1: 3J 260/44
  Az 2: 1L 30/44

Gdingen
- Fiche: *0345*
  Az 1: 7J 373/42
  Az 2: 2H 264/42
- Fiche: *0440*
  Az 1: 0J 37/44g
  Az 2: 1L 410/44

Geestemünde
- Fiche: *0692*
  Az 1: StPL (RKA) II 242/38
  Az 2: StPL (HLS) IV 21/41

Gehweiler
- Fiche: *0172*
  Az 1: 6J 242/41
  Az 2: 2H 75/42

Geldern
- Fiche: *0014 f.*
  Az 1: 15J 828/33
  Az 2: 1H 23/34

Gelsenkirchen
- Fiche: *0068/0448*
  Az 1: 9J 12/36
  Az 2: 1H 41/36
- Fiche: *0187*
  Az 1: 9J 64/44
  Az 2: 2H 80/44
- Fiche: *0187/0443*
  Az 1: 9J 65/44
  Az 2: 2H 74/44
- Fiche: *0193/0443*
  Az 1: 9J 45/44
  Az 2: 1H 141/44, 1H 229/44
- Fiche: *0245 f.*
  Az 1: 8J 7/36g
  Az 2: 2H 4/36
- Fiche: *0278*
  Az 1: 8J 361/37g
  Az 2: 2H 58/38
- Fiche: *0428*
  Az 1: 8J 70/44
  Az 2: 2H 107/44
- Fiche: *0434/0528*
  Az 1: 11J 153/44
  Az 2: 1H 230/44
- Fiche: *0437*
  Az 1: 9J 78/44
  Az 2: 2H 18/45
- Fiche: *0450/0635*
  Az 1: 8J 22/44
  Az 2: 2H 73/44
- Fiche: *0463/0465*
  Az 1: 15J 39/36
  Az 2: 2H 35/36
- Fiche: *0511*
  Az 1: 9J 328/39
  Az 2: 2H 57/39
- Fiche: *0528*
  Az 1: 8J 108/44
  Az 2: 2H 136/44
- Fiche: *0542 f.*
  Az 1: 9J 311/41
  Az 2: 2H 31/42
- Fiche: *0594 f./0695 f.*
  Az 1: 11J 122/35g
  Az 2: 2H 10,11,12/37

Geltendorf
- Fiche: *0565 f.*
  Az 1: 10J 291/38
  Az 2: 2H 88/38

Genf
- Fiche: *0448*
  Az 1: 17J 225/37
  Az 2: 2H 48/37
- Fiche: *0709 ff*
  Az 1: 8J 162/40
  Az 2: 2H 77/41

Gent
- Fiche: *0628*
  Az 1: 9J 171/41g
  Az 2: 2H 103/42

Georgenthal
- Fiche: *0041/0236 f.*
  Az 1: 8J 250/35
  Az 2: 1H 46/35

Georgswalde
- Fiche: *0398/0399*
  Az 1: 6J 127/40g
  Az 2: 3L 99/40

Gera
- Fiche: *0010*
  Az 1: 8J 1783/33
  Az 2: 1H 14/34
- Fiche: *0033 f.*
  Az 1: 17J 119/35
  Az 2: 2H 26/35
- Fiche: *0233/0373*
  Az 1: 16J 139/35
  Az 2: 1H 37/35
- Fiche: *0532 f.*
  Az 1: 7(11)J 197/34g
  Az 2: 3L 21/36
- Fiche: *0606*
  Az 1: 8J 1583/33
  Az 2: XV H 52/33
- Fiche: *0614*
  Az 1: 13J 215/33
  Az 2: XII H 55/33

Gerresheim
- Fiche: *0523 f.*
  Az 1: 9J 351/38g
  Az 2: 2H 93/38

Gersdorf
- Fiche: *0180/0446*
  Az 1: 6J 12/43g
  Az 2: 1H 147/43

Gersthofen
- Fiche: *0565 f.*
  Az 1: 10J 291/38
  Az 2: 2H 88/38

Giersdorf
- Fiche: *0154 f.*
  Az 1: 6J 76/39g
  Az 2: 2H 54/39

Gießen
- Fiche: *0712 f.*
  Az 1: 9J 393/39
  Az 2: 2H 62/40

Gitschin
- Fiche: *0163 f./0290*
  Az 1: 6J 77/39g
  Az 2: 2H 70/40

Gladbeck
- Fiche: *0187*
  Az 1: 9J 64/44
  Az 2: 2H 80/44
- Fiche: *0278*
  Az 1: 8J 361/37g
  Az 2: 2H 58/38
- Fiche: *0428*
  Az 1: 8J 70/44
  Az 2: 2H 107/44
- Fiche: *0450/0635*
  Az 1: 8J 22/44
  Az 2: 2H 73/44
- Fiche: *0539*
  Az 1: 8J 71/44
  Az 2: 2H 109/44
- Fiche: *0542 f.*
  Az 1: 9J 311/41
  Az 2: 2H 31/42
- Fiche: *0552*
  Az 1: 9J 66/44
  Az 2: 2H 119/44

Glasenbach
- Fiche: *0353*
  Az 1: 7J 448/42
  Az 2: 6H 6/42

Glatz
- Fiche: *0064*
  Az 1: 8J 360/34
  Az 2: 1H 31/36
- Fiche: *0704*
  Az 1: 6J 15/39g

Glauchau
- Fiche: *0262 f.*
  Az 1: 8J 51/36g
  Az 2: 1H 16/37
- Fiche: *0386 f./0572 f.*
  Az 1: 11J 423/33
  Az 2: 3L 15/35

Gleichenberg
- Fiche: *0365*
  Az 1: 7J 599/42
  Az 2: 6H 45/43
- Fiche: *0377*
  Az 1: 7J 599/42
  Az 2: 6H 59/43
- Fiche: *0455*
  Az 1: 7J 599/42
  Az 2: 6H 44/43

Gleinitz
- Fiche: *0024 f.*
  Az 1: 8J 943/32
  Az 2: 2H 8/35
- Fiche: *0033 f.*
  Az 1: 17J 119/35
  Az 2: 2H 26/35

Gleiwitz
- Fiche: *0001*
  Az 1: 17J 303/33
  Az 2: 1H 2/34
- Fiche: *0064*
  Az 1: 8J 360/34
  Az 2: 1H 31/36
- Fiche: *0154 f.*
  Az 1: 6J 76/39g
  Az 2: 2H 54/39
- Fiche: *0257 f.*
  Az 1: 15J 338/36
  Az 2: 2H 52/36
- Fiche: *0593*
  Az 1: 15J 8/35
  Az 2: 2H 13/35

Glogau
- Fiche: *0233 f.*
  Az 1: 8J 291/35
  Az 2: 2H 36/35
- Fiche: *0397f.*
  Az 1: 6J 198/39g
  Az 2: 3L 19/40
- Fiche: *0425*
  Az 1: 11J 67/44
  Az 2: 2H 82/44
- Fiche: *0578*
  Az 1: 10J 314/44
  Az 2: 2H 225/44

Gmünd
- Fiche: *0322 f./0723*
  Az 1: 6J 64/40g
  Az 2: 2H 89/41
- Fiche: *0431*
  Az 1: 7J 171/44
  Az 2: 5H 129/44

Gmunden
- Fiche: *0498*
  Az 1: 8J 371/38
  Az 2: 1H 38/38

Gnadental
- Fiche: *0653 f.*
  Az 1: 13J 294/33
  Az 2: XV H 6/34

Gnigl
- Fiche: *0295*
  Az 1: 7J 644/42
  Az 2: 6H 23/43
- Fiche: *0345*
  Az 1: 7J 405/42
  Az 2: 2H 266/42

Godesberg
- Fiche: *0718 f.*
  Az 1: 8J 444/35
  Az 2: 2H 54/36

Görbersdorf
- Fiche: *0179/0675*
  Az 1: 4J 85/42g
  Az 2: 1H 97/43

- Fiche: *0379*
Az 1: 7J 358/43
Az 2: 6H 157/43
- Fiche: *0379*
Az 1: 7J 419/43
Az 2: 6H 172/43
- Fiche: *0382*
Az 1: 7J 278/43
Az 2: 6H 110/43
- Fiche: *0383*
Az 1: 7J 275/43
Az 2: 6H 107/43
- Fiche: *0383*
Az 1: 7J 277/43
Az 2: 6H 109/43
- Fiche: *0383*
Az 1: 7J 277/43
Az 2: 6H 134/43
- Fiche: *0383/0529*
Az 1: 7J 273/43
Az 2: 6H 105/43
- Fiche: *0383 f./0650*
Az 1: 7J 205/43
Az 2: 6H 100/43
- Fiche: *0384*
Az 1: 7J 279/43
Az 2: 6H 104/43
- Fiche: *0401/0459*
Az 1: 7J 415/43
Az 2: 6H 189/43
- Fiche: *0405/0521*
Az 1: 7J 475/43
Az 2: 6H 188/43
- Fiche: *0409*
Az 1: 8J 376/40g, 8J 393/40g
Az 2: 5H 111/43, 5H 141/43
- Fiche: *0410/0645 f.*
Az 1: 8J 394/40g
Az 2: 5H 14/44
- Fiche: *0413*
Az 1: 7(8)J 209/43g
Az 2: 5H 22/44
- Fiche: *0414*
Az 1: 6(7)J 535/43
Az 2: 6H 25/44
- Fiche: *0419*
Az 1: 7J 27/44
Az 2: 5H 52/44
- Fiche: *0419 f./0650*
Az 1: 7(8)J 208/43, 7J 258/43, 7J 80/44
Az 2: 5H 58/44, 5H 53/44, 5H 60/44
- Fiche: *0427*
Az 1: 6J 158/44g, 6J 165/44g
Az 2: 5H 96/44, 5H 100/44
- Fiche: *0435*
Az 1: 10J 286/44
Az 2: 6H 251/44
- Fiche: *0436*
Az 1: 10J 287/44
Az 2: 6H 253/44
- Fiche: *0447*
Az 1: 7J 197/43
Az 2: 6H 97/43
- Fiche: *0455*
Az 1: 7J 599/42
Az 2: 6H 44/43
- Fiche: *0459*
Az 1: 7J 44/43
Az 2: 6H 99/43
- Fiche: *0533*
Az 1: 8J 332/38
Az 2: 1H 32/38
- Fiche: *0577*
Az 1: 7J 276/43
Az 2: 6H 108/43
- Fiche: *0648*
Az 1: 8J 70/43, 8J 75/43
Az 2: 5H 128/43, 5H 134/43
- Fiche: *0693*
Az 1: StPL (RKA) II 66/44
Az 2: StPL 1. Sen. 15/44
- Fiche: *0699 f.*
Az 1: StPL (RKA) I 118/41
Az 2: StPL (HLS) III 57/41
- Fiche: *0701*
Az 1: 10J 248/44
Az 2: 6H 53/45
- Fiche: *0703 f.*
Az 1: 11J 390/39

Greiffenberg
- Fiche: *0001*
Az 1: 17J 303/33
Az 2: 1H 2/34
- Fiche: *0055 f./0390*
Az 1: 8J 82/36g
Az 2: 2H 13/36

Greifswald
- Fiche: *0079 f.*
Az 1: 17J 267/35
Az 2: 1H 63/36

Greiz
- Fiche: *0010*
Az 1: 8J 1783/33
Az 2: 1H 14/34
- Fiche: *0532 f.*
Az 1: 7(11)J 197/34g
Az 2: 3L 21/36

Grenoble
- Fiche: *0193*
Az 1: 11J 127/44
Az 2: 2H 135/44

Grenzach
- Fiche: *0098 f.*
Az 1: 14J 305/37g
Az 2: 1H 35/37

Griesbach
- Fiche: *0143*
Az 1: 11J 193/38
Az 2: 2H 22/39

Grimma
- Fiche: *0014/0737*
Az 1: 14J 253/33
Az 2: 2H 22/34
- Fiche: *0055*
Az 1: 16J 23/36
Az 2: 2H 12/36

Grischino
- Fiche: *0150 f.*
Az 1: 11J 1/39
Az 2: 2H 43/39

Grödlitz
- Fiche: *0154*
Az 1: 6J 19/39g
Az 2: 2H 53/39
- Fiche: *0154 f.*
Az 1: 6J 76/39g
Az 2: 2H 54/39
- Fiche: *0155 f.*
Az 1: 6J 12/39g
Az 2: 2H 61/39

Gronau
- Fiche: *0542 f.*
Az 1: 9J 311/41
Az 2: 2H 31/42

Groningen
- Fiche: *0238 f.*
Az 1: 17J 82/35
Az 2: 1H 51/35
- Fiche: *0549*
Az 1: 10J 96/42
Az 2: 2H 238/42

Groß-Aupa
- Fiche: *0163 f./0290*
Az 1: 6J 77/39g
Az 2: 2H 70/40
- Fiche: *0166 f.*
Az 1: 6J 95/41g
Az 2: 2H 119/41

Groß-Gmain
- Fiche: *0365*
Az 1: 7J 607/42
Az 2: 6H 57/43

Groß-Maßdorf
- Fiche: *0152 f.*
Az 1: 6J 6/39g
Az 2: 2H 50/39

Groß-Olbersdorf
- Fiche: *0316*
Az 1: 16J 251/36
Az 2: 1H 45/36

Groß-Petersdorf
- Fiche: *0344*
Az 1: 7J 420/42
Az 2: 1H 310/42

Groß-Schönau
- Fiche: *0147*
Az 1: 7J 219/39
Az 2: 1H 31/39

Groß-Schönebeck
- Fiche: *0548*
Az 1: 9J 251/41
Az 2: 2H 68/42

Groß-Strehlitz
- Fiche: *0152 f.*
Az 1: 6J 6/39g
Az 2: 2H 50/39
- Fiche: *0155 f.*
Az 1: 6J 12/39g
Az 2: 2H 61/39

Groß-Zimmern
- Fiche: *0458*
Az 1: 8J 133/38
Az 2: 2H 21/38

Großalmerode
- Fiche: *0108*
Az 1: 8J 358/37g
Az 2: 1H 40/37

Grossau
- Fiche: *0575/0644 f.*
Az 1: 8J 324/39g
Az 2: 5H 110/43

Großblittersdorf
- Fiche: *0176/0295*
Az 1: 6J 27/42g
Az 2: 1H 18/43

Großenhain
- Fiche: *0276 f.*
Az 1: 5J 284/38
Az 2: 1H 34/38

Großhain
- Fiche: *0128 f.*
Az 1: 5J 285/38
Az 2: 1H 36/38

Großorheim
- Fiche: *0295/0484*
Az 1: 6J 97/42

Großschönau
- Fiche: *0059 f.*
Az 1: 16J 543/35
Az 2: 2H 22/36
- Fiche: *0117*
Az 1: 6J 116/38g
Az 2: 1H 11/38
- Fiche: *0140/0683*
Az 1: 16J 703/35, 6J 17/39g
Az 2: 2H 12/39
- Fiche: *0143 f.*
Az 1: 5J 160/39
Az 2: 2H 24/39
- Fiche: *0223 f.*
Az 1: 8J 282/34
Az 2: 2H 4/35
- Fiche: *0395 f.*
Az 1: 6J 53/38g
Az 2: 3L 28/39

Grottau
- Fiche: *0055 f./0390*
Az 1: 8J 82/36g
Az 2: 2H 13/36
- Fiche: *0059 f.*
Az 1: 16J 543/35
Az 2: 2H 22/36
- Fiche: *0171*
Az 1: 5J 222/41
Az 2: 2H 38/42
- Fiche: *0261*
Az 1: 14J 570/37g
- Fiche: *0277 f.*
Az 1: 14J 651/37g
Az 2: 2H 55/38
- Fiche: *0685*
Az 1: 10J 239/39
Az 2: 2H 2/41

- Fiche: *0352*
  Az 1: 7J 529/42
  Az 2: 6H 25/42
- Fiche: *0352/0369*
  Az 1: 7J 507/42
  Az 2: 6H 13/42
- Fiche: *0363*
  Az 1: 7J 97/43
  Az 2: 6H 51/43
- Fiche: *0363/0563 f.*
  Az 1: 7J 64/43
  Az 2: 5H 52/43
- Fiche: *0455*
  Az 1: 7J 414/42
  Az 2: 6H 5/42

Halterbachtal
- Fiche: *0403 f.*
  Az 1: 8J 7/41g
  Az 2: 2H 166/43

Hamborn
- Fiche: *0225*
  Az 1: 8J 1734/33
  Az 2: 1H 7/35
- Fiche: *0463/0465*
  Az 1: 15J 39/36
  Az 2: 2H 35/36
- Fiche: *0488 f./0519 f.*
  Az 1: 9J 30/40g
  Az 2: 2H 5/41
- Fiche: *0499*
  Az 1: 9J 511/35
- Fiche: *0518*
  Az 1: 9J 254/41g
  Az 2: 2H 128/41
- Fiche: *0544*
  Az 1: 10J 170/42
  Az 2: 2H 22/43
- Fiche: *0588 f./0643*
  Az 1: 16J 293/35, 8J 438/35
  Az 2: 2H 58/35

Hamburg
- Fiche:
  Az 1: J 423/43g
  Az 2: * *
- Fiche:
  Az 1: 17J 189/35
  Az 2: * *
- Fiche: *0002*
  Az 1: 8J 1856/33
  Az 2: 2H 2/34
- Fiche: *0004*
  Az 1: 13J 252/33
  Az 2: 2H 5/34
- Fiche: *0008 f.*
  Az 1: 17J 242/33
  Az 2: 2H 11/34
- Fiche: *0018-19*
  Az 1: 15J 369/34
  Az 2: 1H 39/35
- Fiche: *0021/0461 f.*
  Az 1: 9aJ 44/34
  Az 2: 2H 1/35
- Fiche: *0021/0462*
  Az 1: 15J 85/34
  Az 2: 1H 46/34
- Fiche: *0029*
  Az 1: 17J 98/34
  Az 2: 1H 17/35
- Fiche: *0045*
  Az 1: 14J 33/36, 9J 1145/35
  Az 2: 2H 56/35
- Fiche: *0046/0462*
  Az 1: 17J 189/35
  Az 2: 1H 61/35
- Fiche: *0049*
  Az 1: 8J 440/35
  Az 2: 1H 1/36
- Fiche: *0053 f.*
  Az 1: 17J 310/35
  Az 2: 2H 10/36
- Fiche: *0064*
  Az 1: 8J 360/34
  Az 2: 1H 31/36
- Fiche: *0081*
  Az 1: 8J 35/37g
  Az 2: 1H 66/36
- Fiche: *0081/0471*
  Az 1: 15J 544/36
  Az 2: 2H 64/36
- Fiche: *0089*
  Az 1: 16J 781/36
  Az 2: 1H 9/37
- Fiche: *0094/0262*
  Az 1: 8J 223/36
  Az 2: 2H 15/37
- Fiche: *0095 f.*
  Az 1: 17J 271/36
  Az 2: 2H 23/37
- Fiche: *0112*
  Az 1: 17J 391/36
  Az 2: 2H 56/37
- Fiche: *0113 f./0508*
  Az 1: 14J 725/37g
  Az 2: 1H 1/38
- Fiche: *0114/0473 f.*
  Az 1: 14J 527/37g, 14J 736/37
  Az 2: 1H 44/37, 1H 3/38
- Fiche: *0114/0474*
  Az 1: 14J 726/37g
  Az 2: 1H 3/38
- Fiche: *0115*
  Az 1: 14J 727/37g
  Az 2: 1H 5/38
- Fiche: *0119/0440*
  Az 1: 7J 105/38
  Az 2: 2H 12/38
- Fiche: *0121 f.*
  Az 1: 7J 206/38
  Az 2: 1H 19/38
- Fiche: *0123 ff/0275 f.*
  Az 1: 8J 5/37g
  Az 2: 2H 23/38
- Fiche: *0126*
  Az 1: 7J 106/38
  Az 2: 2H 27/38
- Fiche: *0127*
  Az 1: 7J 96/38
  Az 2: 2H 29/38
- Fiche: *0129/0439*
  Az 1: 7J 102/38
  Az 2: 2H 45/38
- Fiche: *0136 f./0272*
  Az 1: 11J 152/38
  Az 2: 1H 3/39
- Fiche: *0151*
  Az 1: 8J 13/39
  Az 2: 2H 44/39
- Fiche: *0152*
  Az 1: 11J 341/39
  Az 2: 2H 46/39
- Fiche: *0171/0567 f.*
  Az 1: 10J 145/41
  Az 2: 2H 33/42
- Fiche: *0182/0461*
  Az 1: 11(10)J 1037/43g
  Az 2: 2H 22/44
- Fiche: *0182/0464 f.*
  Az 1: 11(10)J 423/43g
  Az 2: 2H 17/44
- Fiche: *0182/0465 f.*
  Az 1: 10J 423/43g
- Fiche: *0185*
  Az 1: 5J 413/44
  Az 2: 6H 47/44
- Fiche: *0186/0466*
  Az 1: 11(10)J 1039/43
  Az 2: 2H 54/44
- Fiche: *0189*
  Az 1: 9J 55/44
  Az 2: 2H 106/44
- Fiche: *0197/0466*
  Az 1: 8J 157/44
  Az 2: 1H 208/44
- Fiche: *0202*
  Az 1: 8J 179/44
  Az 2: 1H 237/44
- Fiche: *0202/0466*
  Az 1: 8J 143/44
  Az 2: 2H 239/44
- Fiche: *0204*
  Az 1: 8J 184/44g
  Az 2: 1H 249/44
- Fiche: *0205*
  Az 1: 11(10)J 1275/43
  Az 2: 2H 251/44
- Fiche: *0206/0405*
  Az 1: 10J 410/43g
  Az 2: 1H 209/43
- Fiche: *0210/0466*
  Az 1: 11J 423/44g
  Az 2: 2H 4/45
- Fiche: *0224*
  Az 1: 14J 16/34
  Az 2: 1H 8/35
- Fiche: *0228*
  Az 1: 13J 266/33
  Az 2: 2H 11,12/35
- Fiche: *0233/0373*
  Az 1: 16J 139/35
  Az 2: 1H 37/35
- Fiche: *0241 f.*
  Az 1: 8J 88/36g
  Az 2: 1H 70/35
- Fiche: *0243/0471 f.*
  Az 1: 15J 578/36
  Az 2: 1H 2/37
- Fiche: *0256*
  Az 1: 15J 162/36
  Az 2: 1H 51/36
- Fiche: *0268 f./0273*
  Az 1: 14J 323/37
  Az 2: 1H 10/38
- Fiche: *0272 f.*
  Az 1: 14J 72/37g
  Az 2: 1H 2/38
- Fiche: *0276*
  Az 1: 6J 117/38g
  Az 2: 2H 30/38
- Fiche: *0301*
  Az 1: 15J 818/36
  Az 2: 1H 22/37
- Fiche: *0311 f.*
  Az 1: 14a/8J 510/29
  Az 2: 1H 18/34
- Fiche: *0315 f./0465 f.*
  Az 1: 15J 14/36
  Az 2: 1H 54/36
- Fiche: *0317*
  Az 1: 15J 166/36
  Az 2: 1H 33/36
- Fiche: *0390 f.*
  Az 1: 8J 106/36g
  Az 2: 2H 24/36
- Fiche: *0416*
  Az 1: 11(10)J 1038/43g
  Az 2: 2H 32/44
- Fiche: *0417/0684*
  Az 1: 11(10)J 514/43
  Az 2: 2H 45/44
- Fiche: *0439*
  Az 1: 15J 931/37
  Az 2: 2H 35/38
- Fiche: *0439*
  Az 1: 7J 104/38
  Az 2: 2H 13/38
- Fiche: *0440*
  Az 1: 0J 37/44g
  Az 2: 1L 410/44
- Fiche: *0446*
  Az 1: 9J 9/43g
  Az 2: 1H 37/43
- Fiche: *0446/0457*
  Az 1: 8J 98/44
  Az 2: 2H 108/44
- Fiche: *0451*
  Az 1: 11(10)J 1220/43
  Az 2: 2H 129/44
- Fiche: *0457*
  Az 1: 9J 244/44
  Az 2: 2H 252/44
- Fiche: *0461*
  Az 1: IV A 2 - B. Nr. 5156/38g
- Fiche: *0463*
  Az 1: 15J 217/35
  Az 2: 1H 68/35
- Fiche: *0463*
  Az 1: 15J 307/35
  Az 2: 1H 4/36
- Fiche: *0463/0465*
  Az 1: 15J 39/36
  Az 2: 2H 35/36
- Fiche: *0465*
  Az 1: 11(10)J 1036/43g
- Fiche: *0466*
  Az 1: 9J 156/44g Rs
  Az 2: 1H 264/44
- Fiche: *0466*
  Az 1: 9J 228/44
  Az 2: 2H 285/44
- Fiche: *0466 f.*
  Az 1: 15J 513/37
  Az 2: 2H 55/37
- Fiche: *0467*
  Az 1: 10J 228/38
  Az 2: 2H 76/38
- Fiche: *0467 ff*
  Az 1: 14J 629/37g
  Az 2: 2H 86/38

Harburg
- Fiche: *0021/0462*
  Az 1: 15J 85/34
  Az 2: 1H 46/34
- Fiche: *0125 f.*
  Az 1: 7J 295/38
  Az 2: 1H 26/38
- Fiche: *0439*
  Az 1: 15J 931/37
  Az 2: 2H 35/38

Harleshausen
- Fiche: *0108*
  Az 1: 8J 358/37g
  Az 2: 1H 40/37
- Fiche: *0108 f.*
  Az 1: 8J 337/37g
  Az 2: 1H 41/37

Hartheim
- Fiche: *0425*
  Az 1: 7J 123/44
  Az 2: 5H 80/44

Hartmannsdorf
- Fiche: *0237*
  Az 1: 8J 292/35
  Az 2: 1H 49/35

Haslau
- Fiche: *0414 f.*
  Az 1: 10(9)J 819/43g
  Az 2: 6H 28/44

Haßlau
- Fiche: *0041/0236 f.*
  Az 1: 8J 250/35
  Az 2: 1H 46/35

Hattersheim
- Fiche: *0038 f./0259 f.*
  Az 1: 16J 767/35
  Az 2: 2H 57/36

Hattingen
- Fiche: *0544*
  Az 1: 9J 757/37
  Az 2: 1H 21/38
- Fiche: *0708*
  Az 1: 8J 90/44
  Az 2: 2H 263/44

Hausdorf
- Fiche: *0179/0675*
  Az 1: 4J 85/42g
  Az 2: 1H 97/43

Hausham
- Fiche: *0735 f.*
  Az 1: 7J 32/44
  Az 2: 6H 92/44

Haynau
- Fiche: *0127/0623*
  Az 1: 8J 419/37g
  Az 2: 2H 33/38

Heerenberg
- Fiche: *0555 f.*
  Az 1: 9J 202/36
  Az 2: 2H 14/37

Heerlen
- Fiche: *0134/0457*
  Az 1: 9J 209/38
  Az 2: 2H 81/98
- Fiche: *0489*
  Az 1: 9J 301/40
  Az 2: 2H 2/42

Heeßen
- Fiche: *0215 f.*
  Az 1: 14J 163/33
  Az 2: 1H 5/34

Heidelberg
- Fiche: *0036 f.*
  Az 1: 14J 21/35
  Az 2: 1H 32/35
- Fiche: *0630 f.*
  Az 1: 5J 174/39
  Az 2: 2H 51/39
- Fiche: *0712 f.*
  Az 1: 9J 393/39
  Az 2: 2H 62/40

Heiden
- Fiche: *0175/0346*
  Az 1: 6J 106/42g
  Az 2: 2H 258/42
- Fiche: *0175 f.*
  Az 1: 7(6)J 62/43
  Az 2: 6H 82/44
- Fiche: *0325*
  Az 1: 6J 132/40g
  Az 2: 2H 147/41

Heidenau
- Fiche: *0160/0288f.*
  Az 1: 6J 224/39g
  Az 2: 2H 44/40

Heilbronn
- Fiche: *0476 f.*
  Az 1: 8J 131/36g, 8J 49,117,131/36g
  Az 2: 2H 16,20,27/37
- Fiche: *0653 f.*
  Az 1: 13J 294/33
  Az 2: XV H 6/34

Heiligenroda
- Fiche: *0108*
  Az 1: 8J 358/37g
  Az 2: 1H 40/37

Heiligenstadt
- Fiche: *0269 f.*
  Az 1: 8J 100/37
  Az 2: 1H 43/37
- Fiche: *0330*
  Az 1: 7J 44/42
  Az 2: 2H 331/42
- Fiche: *0359*
  Az 1: 7J 252/42
  Az 2: 5H 143/43

Heinrichs
- Fiche: *0210*
  Az 1: 10J 166/44
  Az 2: 2H 9/45

Heinzebank
- Fiche: *0316*
  Az 1: 16J 251/36
  Az 2: 1H 45/36

Helgoland
- Fiche: *0561 f.*
  Az 1: 8J 261/41g
  Az 2: 1H 237/42

Helsingfors
- Fiche: *0548*
  Az 1: 16J 42/35
  Az 2: 2H 9/36

Hengelo
- Fiche: *0193/0443*
  Az 1: 9J 45/44
  Az 2: 1H 141/44, 1H 229/44
- Fiche: *0359*
  Az 1: 7J 209/42
  Az 2: 5H 148/42
- Fiche: *0542 f.*
  Az 1: 9J 311/41
  Az 2: 2H 31/42
- Fiche: *0555 f.*
  Az 1: 9J 202/36
  Az 2: 2H 14/37

Hennersdorf
- Fiche: *0372/0520*
  Az 1: 7J 308/43
  Az 2: 5H 92/43
- Fiche: *0373*
  Az 1: 7J 306/43
  Az 2: 5H 89/43
- Fiche: *0373/0520*
  Az 1: 7J 192/43
  Az 2: 5H 83/43

Herbach
- Fiche: *0323 ff*
  Az 1: 7J 174/40
  Az 2: 2H 132/41

Herliberg
- Fiche: *0561 f.*
  Az 1: 8J 261/41g
  Az 2: 1H 237/42

Herne
- Fiche: *0031 f./0230*
  Az 1: 17J 296/34
  Az 2: 2H 24/35
- Fiche: *0245 f.*
  Az 1: 8J 7/36g
  Az 2: 2H 4/36
- Fiche: *0450/0635*
  Az 1: 8J 22/44
  Az 2: 2H 73/44
- Fiche: *0555 f.*
  Az 1: 9J 202/36
  Az 2: 2H 14/37
- Fiche: *0558 f.*
  Az 1: 9J 914/35
  Az 2: 1H 9/36
- Fiche: *0708*
  Az 1: 8J 90/44
  Az 2: 2H 263/44

Herringen
- Fiche: *0215 f.*
  Az 1: 14J 163/33
  Az 2: 1H 5/34

Herten
- Fiche: *0665*
  Az 1: 8/16J 391/33
  Az 2: XV H 22/33

Hetzendorf
- Fiche: *0205/0530*
  Az 1: 10J 289/44
  Az 2: 6H 256/44
- Fiche: *0330*
  Az 1: 7J 46/42
  Az 2: 2H 125/42
- Fiche: *0331*
  Az 1: 7J 157/42
  Az 2: 2H 117/42
- Fiche: *0333*
  Az 1: 7J 156/42
  Az 2: 2H 112/42
- Fiche: *0454*
  Az 1: 7J 158/42
  Az 2: 2H 113/42

Heuberg
- Fiche: *0010*
  Az 1: 8J 1783/33
  Az 2: 1H 14/34

Hilden
- Fiche: *0518 f./0559*
  Az 1: 9J 315/41g
  Az 2: 2H 164/41

Hildesheim
- Fiche: *0188*
  Az 1: 11J 60/44
  Az 2: 2H 99/44
- Fiche: *0245 f.*
  Az 1: 8J 7/36g
  Az 2: 2H 4/36
- Fiche: *0679 f./0713*
  Az 1: 10(9)J 777/43g
  Az 2: 5H 38/44, 5H 43/44
- Fiche: *0688 f.*
  Az 1: 10J 75/44
  Az 2: 1L 192/44

Hilversum
- Fiche: *0193/0444*
  Az 1: 9J 123/44
  Az 2: 2H 144/44

Himberg
- Fiche: *0366 f.*
  Az 1: 7J 653/42
  Az 2: 5H 34/43
- Fiche: *0372/0520*
  Az 1: 7J 308/43
  Az 2: 5H 92/43
- Fiche: *0373*
  Az 1: 7J 306/43
  Az 2: 5H 89/43
- Fiche: *0373/0520*
  Az 1: 7J 192/43
  Az 2: 5H 83/43
- Fiche: *0374/0576*
  Az 1: 7J 303/43
  Az 2: 5H 80/43

Hindenburg
- Fiche: *0064*
  Az 1: 8J 360/34
  Az 2: 1H 31/36
- Fiche: *0257 f.*
  Az 1: 15J 338/36
  Az 2: 2H 52/36

Hinterschwittersbach
- Fiche: *0112*
  Az 1: 14J 375/37g
  Az 2: 2H 53/37

Hinterzinnwald
- Fiche: *0137 f.*
  Az 1: 6J 275/38g
  Az 2: 2H 5/39
- Fiche: *0706*
  Az 1:
  Az 2: StPL (HLS) 10/39

Itzehoe
- Fiche: *0021/0462*
  Az 1: 15J 85/34
  Az 2: 1H 46/34
- Fiche: *0612 f.*
  Az 1: 13J 147/33
  Az 2: XII H 44/33

Jägerdörfel
- Fiche: *0059 f.*
  Az 1: 16J 543/35
  Az 2: 2H 22/36

Jägerndorf
- Fiche: *0155 f.*
  Az 1: 6J 12/39g
  Az 2: 2H 61/39
- Fiche: *0257 f.*
  Az 1: 15J 338/36
  Az 2: 2H 52/36
- Fiche: *0407 f.*
  Az 1: 7(8)J 199/41
  Az 2: 2H 3/44
- Fiche: *0622*
  Az 1: 12J 201/33
  Az 2: XII H 15/34

Jena
- Fiche: *0018/0220*
  Az 1: 16J 646/33
  Az 2: 1H 29/34
- Fiche: *0033 f.*
  Az 1: 17J 119/35
  Az 2: 2H 26/35
- Fiche: *0064*
  Az 1: 8J 360/34
  Az 2: 1H 31/36
- Fiche: *0238/0041 f.*
  Az 1: 8J 206/35
  Az 2: 2H 49/35
- Fiche: *0532 f.*
  Az 1: 7(11)J 197/34g
  Az 2: 3L 21/36
- Fiche: *0583*
  Az 1: 10J 225/38
  Az 2: 2H 70/38

Jenbach
- Fiche: *0299*
  Az 1: 7J 427/43
  Az 2: 6H 187/43
- Fiche: *0635*
  Az 1: 8J 422/38
  Az 2: 2H 9/39

Jever
- Fiche: *0459 f.*
  Az 1: 10J 569/43
  Az 2: 2H 128/43

Joachimsthal
- Fiche: *0181 f.*
  Az 1: 7(5)J 180/43g
  Az 2: 1H 14/44
- Fiche: *0367*
  Az 1: 6J 258/38
  Az 2: 1H 31/43

Joeuf
- Fiche: *0176*
  Az 1: 6J 92/42
  Az 2: 2H 282/42

Johanngeorgenstadt
- Fiche: *0394 f.*
  Az 1: 14J 480/37g
  Az 2: 1L 18/38

Johnsbach
- Fiche: *0112*
  Az 1: 14J 375/37g
  Az 2: 2H 53/37

Jordan
- Fiche: *0707*
  Az 1: StPL (RKA) III 522/41
  Az 2: StPL (HLS) IV 7/42

Josefpol
- Fiche: *0193*
  Az 1: 11(10)J 97/44
  Az 2: 1H 139/44

Judenburg
- Fiche: *0306 f.*
  Az 1: 7J 549/39
  Az 2: 2H 32/40
- Fiche: *0404*
  Az 1: 7J 391/43
  Az 2: 6H 179/43
- Fiche: *0405*
  Az 1: 7J 381/43
  Az 2: 6H 180/43
- Fiche: *0405*
  Az 1: 7J 390/43
  Az 2: 6H 181/43
- Fiche: *0435*
  Az 1: 10J 286/44
  Az 2: 6H 251/44
- Fiche: *0435/0709*
  Az 1: 10J 212/44
  Az 2: 6H 239/44
- Fiche: *0436*
  Az 1: 10J 287/44
  Az 2: 6H 253/44
- Fiche: *0436*
  Az 1: 10J 288/44
  Az 2: 6H 254/44
- Fiche: *0436*
  Az 1: 10J 290/44
  Az 2: 6H 252/44
- Fiche: *0699 f.*
  Az 1: StPL (RKA) I 118/41
  Az 2: StPL (HLS) III 57/41

Jungbunglau
- Fiche: *0161*
  Az 1: 5J 483/39
  Az 2: 2H 46/40

Kaajani
- Fiche: *0676*
  Az 1: 8J 224/38
  Az 2: 2H 41/38

Kahla
- Fiche: *0036/0230 f.*
  Az 1: 8J 306/35
  Az 2: 2H 30/35
- Fiche: *0041 f./0238*
  Az 1: 8J 206/35
  Az 2: 2H 49/35
- Fiche: *0238/0041 f.*
  Az 1: 8J 206/35
  Az 2: 2H 49/35

Kahlberg
- Fiche: *0160*
  Az 1: 9J 425/39g
  Az 2: 2H 43/40

Kaisersberg
- Fiche: *0414*
  Az 1: 6(7)J 547/43
  Az 2: 6H 27/44
- Fiche: *0581*
  Az 1: 7J 349/43
  Az 2: 6H 147/43

Kaiserslautern
- Fiche: *0588 f./0643*
  Az 1: 16J 293/35, 8J 438/35
  Az 2: 2H 58/35
- Fiche: *0618*
  Az 1: 8/16J 409/33
  Az 2: XII H 18/33
- Fiche: *0630 f.*
  Az 1: 5J 174/39
  Az 2: 2H 51/39

Kaiserswalde
- Fiche: *0395*
  Az 1: 6J 192/38g
  Az 2: 4L 16/39

Kalkum
- Fiche: *0194/0469*
  Az 1: 9J 47/44
  Az 2: 2H 154/44

Kalmasov
- Fiche: *0193*
  Az 1: 11(10)J 97/44
  Az 2: 1H 139/44

Kaltenbach
- Fiche: *0276 f.*
  Az 1: 5J 284/38
  Az 2: 1H 34/38

Kamenz
- Fiche: *0112*
  Az 1: 14J 375/37g
  Az 2: 2H 53/37
- Fiche: *0137 f.*
  Az 1: 6J 275/38g
  Az 2: 2H 5/39
- Fiche: *0705*
  Az 1: RKA II 209/43
  Az 2: 1. Sen. 28/44

Kameran
- Fiche: *0152 f.*
  Az 1: 6J 6/39g
  Az 2: 2H 50/39

Kampf-Lintfort
- Fiche: *0442*
  Az 1: 8J 385/42g
  Az 2: 1H 328/42

Kampstück
- Fiche: *0245 f.*
  Az 1: 8J 7/36g
  Az 2: 2H 4/36

Kapfenberg
- Fiche: *0181*
  Az 1: 7J 434/43
  Az 2: 6H 10/44
- Fiche: *0296*
  Az 1: 7J 599/42
  Az 2: 6H 47/43
- Fiche: *0297*
  Az 1: 7J 100/43
  Az 2: 6H 76/43
- Fiche: *0308*
  Az 1: 6J 103/40g
  Az 2: 2H 115/40
- Fiche: *0308*
  Az 1: 7J 242/40
  Az 2: 2H 113/40
- Fiche: *0309 f.*
  Az 1: 6J 103/40g
  Az 2: 2H 116/40
- Fiche: *0322/0521 f.*
  Az 1: 6J 145/40
  Az 2: 2H 32/41
- Fiche: *0348*
  Az 1: 7J 253/42
  Az 2: 5H 89/42
- Fiche: *0348*
  Az 1: 7J 255/42
  Az 2: 5H 88/42
- Fiche: *0365*
  Az 1: 7J 599/42
  Az 2: 6H 45/43
- Fiche: *0365*
  Az 1: 7J 599/42
  Az 2: 6H 48/43
- Fiche: *0366*
  Az 1: 7J 599/42
  Az 2: 6H 46/43
- Fiche: *0375*
  Az 1: 7J 100/43
  Az 2: 6H 74/43
- Fiche: *0375*
  Az 1: 7J 67/43
  Az 2: 6H 73/43
- Fiche: *0377*
  Az 1: 7J 599/42
  Az 2: 6H 58/43
- Fiche: *0378*
  Az 1: 7J 412/43
  Az 2: 6H 178/43
- Fiche: *0378*
  Az 1: 7J 433/43
  Az 2: 6H 177/43
- Fiche: *0378 f.*
  Az 1: 7J 432/43
  Az 2: 6H 176/43
- Fiche: *0379*
  Az 1: 7J 431/43
  Az 2: 6H 175/43
- Fiche: *0382*
  Az 1: 7J 242/43
  Az 2: 6H 117/43
- Fiche: *0406*
  Az 1: 7J 462/43
  Az 2: 6H 218/43
- Fiche: *0408*
  Az 1: 11J 50/44
  Az 2: 6H 11/44
- Fiche: *0424*
  Az 1: 6(7)J 487/43
  Az 2: 3L 77/44
- Fiche: *0455*
  Az 1: 7J 599/42
  Az 2: 6H 44/43
- Fiche: *0502*
  Az 1: 7J 66/43
  Az 2: 6H 146/43

Karlsbad
- Fiche: *0154*
  Az 1: 6J 19/39g
  Az 2: 2H 53/39

Kleinreuth
- Fiche: *0222 f.*
  Az 1: 17J 504/33
  Az 2: 1H 1/35

Kleve
- Fiche: *0492/0595*
  Az 1: 9J 938/35
  Az 2: 2H 7/36

Klietz
- Fiche: *0391 f.*
  Az 1: 5J 6/36g
  Az 2: 3L 21/37

Klingenthal
- Fiche: *0041/0236 f.*
  Az 1: 8J 250/35
  Az 2: 1H 46/35
- Fiche: *0391 f.*
  Az 1: 5J 6/36g
  Az 2: 3L 21/37
- Fiche: *0673*
  Az 1: 9J 324/39g
  Az 2: 1H 48/39

Klosterdorf
- Fiche: *0167*
  Az 1: 6J 66/40g
  Az 2: 2H 120/41

Klosters
- Fiche: *0407 f.*
  Az 1: 7(8)J 199/41
  Az 2: 2H 3/44

Kniegnitz
- Fiche: *0233 f.*
  Az 1: 8J 291/35
  Az 2: 2H 36/35
- Fiche: *0390*
  Az 1: 8J 291/35
  Az 2: 2H 5/36

Knittelfeld
- Fiche: *0306 f.*
  Az 1: 7J 549/39
  Az 2: 2H 32/40
- Fiche: *0307*
  Az 1: 7J 548/39
  Az 2: 1H 36/40
- Fiche: *0351*
  Az 1: 7J 490/42
  Az 2: 6H 30/42
- Fiche: *0351*
  Az 1: 7J 492/42
  Az 2: 6H 28/42
- Fiche: *0351 f.*
  Az 1: 7J 491/42
  Az 2: 6H 26/42
- Fiche: *0459*
  Az 1: 7J 489/42
  Az 2: 6H 29/42

Koblenz
- Fiche: *0007 f.*
  Az 1: 15J 734/33
  Az 2: 2H 10/34
- Fiche: *0082/0260 f.*
  Az 1: 9J 907/35
  Az 2: 1H 67/36
- Fiche: *0165 f.*
  Az 1: 9J 297/40
  Az 2: 2H 70/41
- Fiche: *0231 f./0561*
  Az 1: 8J 14/34
  Az 2: 2H 33/35
- Fiche: *0388*
  Az 1: 17J 331/33
  Az 2: 2H 28/35
- Fiche: *0415 f.*
  Az 1: 3J 260/44
  Az 2: 1L 30/44
- Fiche: *0479 f.*
  Az 1: 7(8)J 108/43g
- Fiche: *0495*
  Az 1: 9J 684/37
  Az 2: 2H 25/38
- Fiche: *0507*
  Az 1: 2J 729/43
- Fiche: *0525 f.*
  Az 1: 9J 502/38g
  Az 2: 3L 86/39
- Fiche: *0537*
  Az 1: 9J 182/38
  Az 2: 2H 79/38
- Fiche: *0570 f.*
  Az 1: 2J 342/40g
  Az 2: 2H 150/41

Köflach
- Fiche: *0333*
  Az 1: 7J 94/42
  Az 2: 2H 97/42

Köln
- Fiche: *0010/0217 f.*
  Az 1: 17J 331/33
  Az 2: 2H 13/34
- Fiche: *0013 f.*
  Az 1: 8J 1713/33
  Az 2: 2H 20/34
- Fiche: *0018/0220*
  Az 1: 16J 646/33
  Az 2: 1H 29/34
- Fiche: *0030*
  Az 1: 17J 210/34
  Az 2: 2H 19/35
- Fiche: *0033 f.*
  Az 1: 17J 119/35
  Az 2: 2H 26/35
- Fiche: *0040 f./0235 f.*
  Az 1: 16J 324/34
  Az 2: 2H 45/35
- Fiche: *0043 f.*
  Az 1: 9J 702/35
  Az 2: 2H 53/35
- Fiche: *0049/0450*
  Az 1: 9J 151/35
  Az 2: 1H 3/36
- Fiche: *0052*
  Az 1: 14J 104/36
  Az 2: 2H 8/36
- Fiche: *0071 f.*
  Az 1: 14J 288/36
  Az 2: 1H 48/36
- Fiche: *0074*
  Az 1: 8J 135/36
  Az 2: 1H 55/36
- Fiche: *0111 f./0270 f.*
  Az 1: 17J 152/37
  Az 2: 2H 51/37
- Fiche: *0165/0291*
  Az 1: 9J 246/40
  Az 2: 2H 28/41
- Fiche: *0218*
  Az 1: 14J 283/33
  Az 2: 1H 20/34
- Fiche: *0231 f./0561*
  Az 1: 8J 14/34
  Az 2: 2H 33/35
- Fiche: *0232*
  Az 1: 8J 459/34
  Az 2: 1H 16/35
- Fiche: *0245 f.*
  Az 1: 8J 7/36g
  Az 2: 2H 4/36
- Fiche: *0283 f.*
  Az 1: 10J 5/39
  Az 2: 1H 23/39
- Fiche: *0388*
  Az 1: 17J 331/33
  Az 2: 2H 28/35
- Fiche: *0448*
  Az 1: 17J 225/37
  Az 2: 2H 48/37
- Fiche: *0451*
  Az 1: 9J 658/35
  Az 2: 2H 41/35
- Fiche: *0460 f.*
  Az 1: 17J 109/37, 9J 142/37
  Az 2: 2H 44,47/37
- Fiche: *0509*
  Az 1: 9J 701/35
  Az 2: 2H 46/35
- Fiche: *0518*
  Az 1: 9J 254/41g
  Az 2: 2H 128/41
- Fiche: *0523 f.*
  Az 1: 9J 351/38g
  Az 2: 2H 93/38
- Fiche: *0525 f.*
  Az 1: 9J 502/38g
  Az 2: 3L 86/39
- Fiche: *0536*
  Az 1: 10J 231/38
  Az 2: 2H 72/38
- Fiche: *0544*
  Az 1: 9J 757/37
  Az 2: 1H 21/38
- Fiche: *0555 f.*
  Az 1: 9J 202/36
  Az 2: 2H 14/37
- Fiche: *0564 f.*
  Az 1: 9J 137/34
  Az 2: 1H 25/35
- Fiche: *0583*
  Az 1: 10J 225/38
  Az 2: 2H 70/38
- Fiche: *0598 ff*
  Az 1: 9J 479/35
  Az 2: 2H 14/36
- Fiche: *0621*
  Az 1: 14J 61/33
  Az 2: XII H 58/33
- Fiche: *0630*
  Az 1: 9J 657/35
  Az 2: 1H 58/36
- Fiche: *0652 f.*
  Az 1: 9J 107/33
  Az 2: XII H 45/33
- Fiche: *0709*
  Az 1: 9J 80/44
  Az 2: 2H 72/44
- Fiche: *0709 ff*
  Az 1: 8J 162/40
  Az 2: 2H 77/41
- Fiche: *0715 f.*
  Az 1: 15 J 195/32
  Az 2: XV H 24/34
- Fiche: *0718 f.*
  Az 1: 8J 444/35
  Az 2: 2H 54/36

Königgrätz
- Fiche: *0395*
  Az 1: 6J 192/38g
  Az 2: 4L 16/39

Königsberg
- Fiche: *0092 ff*
  Az 1: 17J 67/36
  Az 2: 1H 14/37
- Fiche: *0129*
  Az 1: 6J 159/38
  Az 2: 2H 46/38
- Fiche: *0132*
  Az 1: 6J 160/38
  Az 2: 2H 60/38
- Fiche: *0133*
  Az 1: 6J 37/38
  Az 2: 2H 74/38
- Fiche: *0133 f.*
  Az 1: 6J 158/38
  Az 2: 2H 77/38
- Fiche: *0155/0493*
  Az 1: 9J 326/39g
  Az 2: 1H 55/39
- Fiche: *0238 f.*
  Az 1: 17J 82/35
  Az 2: 1H 51/35
- Fiche: *0242 f.*
  Az 1: 8J 3/36g
  Az 2: 2H 1/36
- Fiche: *0279 f.*
  Az 1: 6J 157/38
  Az 2: 2H 89/38
- Fiche: *0440*
  Az 1: 0J 58/44g Rs
  Az 2: 1L 46/45
- Fiche: *0573*
  Az 1: 10J 10/40
  Az 2: 2H 40/40
- Fiche: *0627*
  Az 1: 0J 52/44g Rs
  Az 2: 1L 450/44
- Fiche: *0667*
  Az 1: 8/16J 152/33
  Az 2: XV H 42/33
- Fiche: *0698*
  Az 1: StPL (RKA) III 114/43

Königsbrück
- Fiche: *0002*
  Az 1: 15J 153-205/33
- Fiche: *0002/0571 f.*
  Az 1: 15J 265/33
  Az 2: 1H 3/34

Königsforst
- Fiche: *0018/0220*
  Az 1: 16J 646/33
  Az 2: 1H 29/34

Königshütte
- Fiche: *0052 f.*
  Az 1: 17J 5/36
  Az 2: 1H 10/36

- Fiche: *0523*
  Az 1: 15J 201/35
  Az 2: 1H 2/36
- Fiche: *0543*
  Az 1: 5J 54/38
  Az 2: 1H 22/38
- Fiche: *0548*
  Az 1: 16J 42/35
  Az 2: 2H 9/36
- Fiche: *0561*
  Az 1: 9J 35/39g
  Az 2: 2H 2/40
- Fiche: *0569 f.*
  Az 1: 15J 273/35
  Az 2: 1H 47/35
- Fiche: *0583*
  Az 1: 10J 225/38
  Az 2: 2H 70/38
- Fiche: *0588 f./0643*
  Az 1: 16J 293/35, 8J 438/35
  Az 2: 2H 58/35
- Fiche: *0589*
  Az 1: 16J 293/35
  Az 2: 2H 58/35
- Fiche: *0618*
  Az 1: 8/16J 1170/32
  Az 2: XII H 20/33
- Fiche: *0625 f.*
  Az 1: 0J 17/44gRs
  Az 2: 1L 316/44
- Fiche: *0627*
  Az 1: 0J 53/44g
  Az 2: 1L 510/44
- Fiche: *0629 f.*
  Az 1: 9J 929/35
  Az 2: 1H 37/36
- Fiche: *0652 f.*
  Az 1: 9J 107/33
  Az 2: XII H 45/33
- Fiche: *0668*
  Az 1: 8/16J 335/33
  Az 2: XV H 43/33
- Fiche: *0672 f.*
  Az 1: 10J 90/41
  Az 2: 2H 111/41
- Fiche: *0679 f./0713*
  Az 1: 10(9)J 777/43g
  Az 2: 5H 38/44, 5H 43/44
- Fiche: *0688 f.*
  Az 1: 10J 75/44
  Az 2: 1L 192/44
- Fiche: *0691 f.*
  Az 1: 8J 274/38, 8J 321/38
  Az 2: 1H 27/38, 1H 28/38
- Fiche: *0695*
  Az 1: 8J 330/38
  Az 2: 1H 10/38
- Fiche: *0703*
  Az 1: 16J 415/35
- Fiche: *0707*
  Az 1: StPL (RKA) III 387/43
  Az 2: StPL 2.Sen. 44/44

Lend
- Fiche: *0296*
  Az 1: 7J 53/43
  Az 2: 6H 56/43
- Fiche: *0327*
  Az 1: 7J 344/42
  Az 2: 2H 162/42
- Fiche: *0353*
  Az 1: 7J 417/42
  Az 2: 2H 292/42
- Fiche: *0366*
  Az 1: 7J 612/42
  Az 2: 6H 36/43
- Fiche: *0370*
  Az 1: 7J 555/42
  Az 2: 6H 13/43

Lengefeld
- Fiche: *0088*
  Az 1: 8J 211/36
  Az 2: 2H 6/37
- Fiche: *0316*
  Az 1: 16J 251/36
  Az 2: 1H 45/36

Lenggries
- Fiche: *0500 f.*
  Az 1: 10J 224/38
  Az 2: 2H 62/38
- Fiche: *0538*
  Az 1: 10J 227/38
  Az 2: 2H 80/38

Leningrad
- Fiche: *0068*
  Az 1: 17J 80/36
  Az 2: 2H 39/36
- Fiche: *0282*
  Az 1: 7J 677/38
  Az 2: 2H 1/39
- Fiche: *0481 f./0557 f.*
  Az 1: 8J 214/37
  Az 2: 1H 31/38
- Fiche: *0538 f.*
  Az 1: 8J 356/38g
  Az 2: 1H 29/38

Lenzing
- Fiche: *0296*
  Az 1: 7J 53/43
  Az 2: 6H 56/43

Leoben
- Fiche: *0306 f.*
  Az 1: 7J 549/39
  Az 2: 2H 32/40
- Fiche: *0307*
  Az 1: 7J 548/39
  Az 2: 1H 36/40
- Fiche: *0309 f.*
  Az 1: 6J 103/40g
  Az 2: 2H 116/40
- Fiche: *0353*
  Az 1: 7J 388/42
  Az 2: 6H 11/42
- Fiche: *0383 f./0650*
  Az 1: 7J 205/43
  Az 2: 6H 100/43
- Fiche: *0414*
  Az 1: 6(7)J 547/43
  Az 2: 6H 27/44
- Fiche: *0435*
  Az 1: 10J 286/44
  Az 2: 6H 251/44
- Fiche: *0436*
  Az 1: 10J 287/44
  Az 2: 6H 253/44
- Fiche: *0696 f.*
  Az 1: StPL (RKA) III 657/41
  Az 2: StPL (HLS) III 16/42
- Fiche: *0707*
  Az 1: StPL (RKA) III 153/42
  Az 2: StPL (HLS) II 96/42

Leobersdorf
- Fiche: *0321 f.*
  Az 1: 6J 22/41g
  Az 2: 2H 41/41
- Fiche: *0330*
  Az 1: 6J 41/42g
  Az 2: 2H 126/42
- Fiche: *0344*
  Az 1: 7J 472/42
  Az 2: 1H 304/42
- Fiche: *0360*
  Az 1: 7J 384/42
  Az 2: 5H 155/42

Leonfelden
- Fiche: *0411*
  Az 1: 8J 206/41
  Az 2: 5H 16/44

Leopoldsau
- Fiche: *0376*
  Az 1: 7J 238/43
  Az 2: 5H 72/43
- Fiche: *0403 f.*
  Az 1: 8J 7/41g
  Az 2: 2H 166/43

Letmathe
- Fiche: *0594 f./0695 f.*
  Az 1: 11J 122/35g
  Az 2: 2H 10,11,12/37

Leutmannsdorf
- Fiche: *0179/0675*
  Az 1: 4J 85/42g
  Az 2: 1H 97/43
- Fiche: *0397f.*
  Az 1: 6J 198/39g
  Az 2: 3L 19/40

Leyden
- Fiche: *0228 f.*
  Az 1: 14J 34/34
  Az 2: 1H 13/35

Lezinena
- Fiche: *0287*
  Az 1: 11J 311/39
  Az 2: 2H 56/39

Libenken
- Fiche: *0158 f./0288*
  Az 1: 7J 6/39
  Az 2: 1H 77/39

Lichtenau
- Fiche: *0398*
  Az 1: 6J 606/38g
  Az 2: 3L 24/40

Lichtenberg
- Fiche: *0084*
  Az 1: 17J 318/36
  Az 2: 2H 2/37
- Fiche: *0209/0574*
  Az 1: 8J 238/44g
  Az 2: 1H 346/44

Lichtenstein-Callenberg
- Fiche: *0041/0236 f.*
  Az 1: 8J 250/35
  Az 2: 1H 46/35

Liebau
- Fiche: *0284 f.*
  Az 1: 7J 352/38
  Az 2: 2H 3/39

Liebenthal
- Fiche: *0127/0623*
  Az 1: 8J 419/37g
  Az 2: 2H 33/38

Liebenwalde
- Fiche: *0207*
  Az 1: 8J 188/44g
  Az 2: 1H 285/44

Liegnitz
- Fiche: *0001*
  Az 1: 17J 303/33
  Az 2: 1H 2/34
- Fiche: *0064*
  Az 1: 8J 360/34
  Az 2: 1H 31/36
- Fiche: *0205*
  Az 1: 8J 262/44
  Az 2: 2H 259/44
- Fiche: *0233 f.*
  Az 1: 8J 291/35
  Az 2: 2H 36/35
- Fiche: *0442*
  Az 1: 8J 221/44g
  Az 2: 1H 345/44
- Fiche: *0607*
  Az 1: 13J 270/33
  Az 2: XV H 57/33
- Fiche: *0657*
  Az 1: 8J 564/33
  Az 2: XV H 1/34

Lienz
- Fiche: *0419 f./0650*
  Az 1: 7(8)J 208/43, 7J 258/43, 7J 80/44
  Az 2: 5H 58/44, 5H 53/44, 5H 60/44

Limbach a. d. Saar
- Fiche: *0577 f.*
  Az 1: 8J 160/36
  Az 2: 2H 61/36

Limback
- Fiche: *0588 f./0643*
  Az 1: 16J 293/35, 8J 438/35
  Az 2: 2H 58/35

Lindau
- Fiche: *0292/0678*
  Az 1: 6J 45/41g
  Az 2: 2H 15/42

Lüttich
- Fiche: *0558*
  Az 1: 9J 278/41g
  Az 2: 2H 133/41
- Fiche: *0598 ff*
  Az 1: 9J 479/35
  Az 2: 2H 14/36

Lüttringhausen
- Fiche: *0194/0469*
  Az 1: 9J 47/44
  Az 2: 2H 154/44

Lundenburg
- Fiche: *0345*
  Az 1: 7J 373/42
  Az 2: 2H 264/42
- Fiche: *0349 f.*
  Az 1: 7J 95/42
  Az 2: 5H 96/42

Luxemburg
- Fiche: *0291/0719*
  Az 1: 9J 237/40
  Az 2: 2H 17/42
- Fiche: *0470*
  Az 1: 9J 25/42g
  Az 2: 2H 153/42
- Fiche: *0495*
  Az 1: 9J 684/37
  Az 2: 2H 25/38
- Fiche: *0518/0558*
  Az 1: 10J 815/43
  Az 2: 1H 289/43
- Fiche: *0537*
  Az 1: 9J 182/38
  Az 2: 2H 79/38

Lyon
- Fiche: *0573*
  Az 1: 2J 377/43g
  Az 2: 2H 164/43

Maastricht
- Fiche: *0134/0457*
  Az 1: 9J 209/38
  Az 2: 2H 81/98
- Fiche: *0555 f.*
  Az 1: 9J 202/36
  Az 2: 2H 14/37
- Fiche: *0598 ff*
  Az 1: 9J 479/35
  Az 2: 2H 14/36
- Fiche: *0718 f.*
  Az 1: 8J 444/35
  Az 2: 2H 54/36

Madrid
- Fiche: *0136 f./0272*
  Az 1: 11J 152/38
  Az 2: 1H 3/39
- Fiche: *0175*
  Az 1: 7J 75/42
  Az 2: 2H 189/42
- Fiche: *0287*
  Az 1: 11J 311/39
  Az 2: 2H 56/39
- Fiche: *0455*
  Az 1: o.Az
- Fiche: *0531 f.*
  Az 1: 10J 170/41
  Az 2: 2H 10/42
- Fiche: *0700 f.*
  Az 1: 7J 108/40
  Az 2: 2H 98/40

Madrigueras
- Fiche: *0136 f./0272*
  Az 1: 11J 152/38
  Az 2: 1H 3/39

Mährisch-Ostrau
- Fiche: *0157*
  Az 1: 5J 474/39
  Az 2: 1H 71/39
- Fiche: *0181 f.*
  Az 1: 7(5)J 180/43g
  Az 2: 1H 14/44
- Fiche: *0205*
  Az 1: 11(10)J 1275/43
  Az 2: 2H 251/44
- Fiche: *0301*
  Az 1: 15J 818/36
  Az 2: 1H 22/37
- Fiche: *0345*
  Az 1: 7J 373/42
  Az 2: 2H 264/42

Magdeburg
- Fiche: *0031 f./0230*
  Az 1: 17J 296/34
  Az 2: 2H 24/35
- Fiche: *0071*
  Az 1: 16J 754/35
  Az 2: 2H 45/36
- Fiche: *0071/0244*
  Az 1: 8J 168/36g
  Az 2: 2H 46/36
- Fiche: *0080 f./0260*
  Az 1: 8J 163/36g
  Az 2: 1H 64/36
- Fiche: *0094/0262*
  Az 1: 14J 306/37g
  Az 2: 1H 15/37
- Fiche: *0099 f.*
  Az 1: 14J 301/37
  Az 2: 1H 27/37
- Fiche: *0144*
  Az 1: 5J 199/39
  Az 2: 1H 26/39
- Fiche: *0200*
  Az 1: 8J 177/44g
  Az 2: 1H 219/44
- Fiche: *0208/0446*
  Az 1: 8J 191/44
  Az 2: 1H 303/44
- Fiche: *0225*
  Az 1: 8J 1734/33
  Az 2: 1H 7/35
- Fiche: *0241*
  Az 1: 17J 249/35
  Az 2: 1H 72/35
- Fiche: *0241 f.*
  Az 1: 8J 88/36g
  Az 2: 1H 70/35
- Fiche: *0245 f.*
  Az 1: 8J 7/36g
  Az 2: 2H 4/36
- Fiche: *0269/0718*
  Az 1: 16J 736/36
  Az 2: 2H 43/37
- Fiche: *0276 f.*
  Az 1: 5J 284/38
  Az 2: 1H 34/38
- Fiche: *0299*
  Az 1: 5J 146/43
  Az 2: 2H 151/43
- Fiche: *0391 f.*
  Az 1: 5J 6/36g
  Az 2: 3L 21/37
- Fiche: *0495 f.*
  Az 1: 16J 708/35
  Az 2: 1H 75/35
- Fiche: *0500 f.*
  Az 1: 10J 224/38
  Az 2: 2H 62/38
- Fiche: *0532 f.*
  Az 1: 7(11)J 197/34g
  Az 2: 3L 21/36
- Fiche: *0560*
  Az 1: 10J 222/38
  Az 2: 2H 69/38
- Fiche: *0593*
  Az 1: 7(8)J 202/43
  Az 2: 2H 24/44
- Fiche: *0605*
  Az 1: 10J 117/42
  Az 2: 5H 115/42
- Fiche: *0613*
  Az 1: 8/16J 548/32
  Az 2: XII H 39/33
- Fiche: *0640*
  Az 1: 16J 328/35
  Az 2: 1H 11/37
- Fiche: *0652 f.*
  Az 1: 9J 107/33
  Az 2: XII H 45/33
- Fiche: *0673 f.*
  Az 1: 16J 141/35, 16J 126/35
  Az 2: 1H 34/35, 1H 35/35
- Fiche: *0676*
  Az 1: 10J 17/41g
  Az 2: 1H 194/43
- Fiche: *0681 f.*
  Az 1: 10J 202/41g
  Az 2: 2H 143/41
- Fiche: *0702 f.*
  Az 1: 17J 97/37
  Az 2: 2H 19/37

Maiach
- Fiche: *0222 f.*
  Az 1: 17J 504/33
  Az 2: 1H 1/35

Maikammer
- Fiche: *0267 f.*
  Az 1: 7J 201/36g
  Az 2: 2H 40/37

Mailand
- Fiche: *0346 f.*
  Az 1: 7J 278/42
  Az 2: 2H 246/42

Mainz
- Fiche: *0001*
  Az 1: 8J 1865/33
  Az 2: 1H 1/34
- Fiche: *0023 f.*
  Az 1: 14J 328/33
  Az 2: 1H 5/35
- Fiche: *0038 f./0259 f.*
  Az 1: 16J 767/35
  Az 2: 2H 57/36
- Fiche: *0113/0469 f.*
  Az 1: 16J 37/35
  Az 2: 1H 19-20/37
- Fiche: *0231 f./0561*
  Az 1: 8J 14/34
  Az 2: 2H 33/35
- Fiche: *0525 f.*
  Az 1: 9J 502/38g
  Az 2: 3L 86/39

Malapane
- Fiche: *0155 f.*
  Az 1: 6J 12/39g
  Az 2: 2H 61/39

Malchin
- Fiche: *0635 f.*
  Az 1: 10J 123/41
  Az 2: 2H 115/41

Malmedy
- Fiche: *0434*
  Az 1: 10(9)J 608/43g
  Az 2: 2H 229/44

Malmö
- Fiche: *0537 f.*
  Az 1: 9J 236/41g
  Az 2: 5H 75/42
- Fiche: *0548*
  Az 1: 16J 42/35
  Az 2: 2H 9/36
- Fiche: *0681 f.*
  Az 1: 10J 202/41g
  Az 2: 2H 143/41

Mancieulles
- Fiche: *0172*
  Az 1: 6J 242/41
  Az 2: 2H 75/42
- Fiche: *0176*
  Az 1: 6J 92/42
  Az 2: 2H 282/42
- Fiche: *0192/0567*
  Az 1: 1J 92/44
  Az 2: 1H 133/44

Mannheim
- Fiche: *0004 f.*
  Az 1: 13J 98/33
  Az 2: 1H 7/34
- Fiche: *0010/0217 f.*
  Az 1: 17J 331/33
  Az 2: 2H 13/34
- Fiche: *0016 f.*
  Az 1: 14a/8J 1547/31
  Az 2: 1H 27/34
- Fiche: *0022*
  Az 1: 8J 125/34
  Az 2: 2H 3/35
- Fiche: *0022/0674*
  Az 1: 8J 125/34
  Az 2: 2H 3/35
- Fiche: *0029*
  Az 1: 17J 98/34
  Az 2: 1H 17/35
- Fiche: *0036 f.*
  Az 1: 14J 21/35
  Az 2: 1H 32/35
- Fiche: *0038/0039*
  Az 1: 8J 227/35
  Az 2: 2H 38/35
- Fiche: *0038 f./0259 f.*
  Az 1: 16J 767/35
  Az 2: 2H 57/36
- Fiche: *0039 f.*
  Az 1: 14J 16/35
  Az 2: 1H 43/35
- Fiche: *0056 f./0461*
  Az 1: 8J 29/35
  Az 2: 2H 18/36
- Fiche: *0086/0684*
  Az 1: 14J 392/35
  Az 2: 2H 4/37

Meschede
- Fiche: *0586 f.*
  Az 1: 9J 67/39
  Az 2: 1H 62/39

Messendorf
- Fiche: *0705*
  Az 1: StPL (RKA) I 50/42
  Az 2: StPL (HLS) II 74/42

Metz
- Fiche: *0037/0221*
  Az 1: 17J 94/34
  Az 2: 1H 33/35
- Fiche: *0172/0579*
  Az 1: 6J 246/41
  Az 2: 2H 82/42
- Fiche: *0231 f./0561*
  Az 1: 8J 14/34
  Az 2: 2H 33/35
- Fiche: *0287*
  Az 1: 11J 311/39
  Az 2: 2H 56/39
- Fiche: *0559 f./0567*
  Az 1: 8J 165/42
  Az 2: 2H 137/42
- Fiche: *0560*
  Az 1: 9J 90/42g
  Az 2: 2H 281/42
- Fiche: *0702*
  Az 1: 6J 80/40g
  Az 2: 5H 64/42

Meuret
- Fiche: *0179*
  Az 1: 5J 87/43
  Az 2: 6H 128/43

Michelbäuern
- Fiche: *0330*
  Az 1: 7J 44/42
  Az 2: 2H 331/42

Michelbeuern
- Fiche: *0359*
  Az 1: 7J 252/42
  Az 2: 5H 143/43

Miestale
- Fiche: *0319*
  Az 1: 11J 301/44g
  Az 2: 1H 1/45

Mildenau
- Fiche: *0179/0382*
  Az 1: 7J 159/43
  Az 2: 6H 125/43

Millingen
- Fiche: *0492/0595*
  Az 1: 9J 938/35
  Az 2: 2H 7/36

Minden
- Fiche: *0245 f.*
  Az 1: 8J 7/36g
  Az 2: 2H 4/36
- Fiche: *0514 f.*
  Az 1: 9J 953/33
  Az 2: 1H 2/35

Minsk
- Fiche: *0420*
  Az 1: 6J 53/44
  Az 2: 5H 56/44

Miranda de Elro
- Fiche: *0180/0446*
  Az 1: 6J 12/43g
  Az 2: 1H 147/43

Mitterndorf a.d. Fischa
- Fiche: *0526*
  Az 1: 7J 461/43

Mittweida
- Fiche: *0509*
  Az 1: 10J 914/43
  Az 2: 2H 175/43

Modrian
- Fiche: *0333*
  Az 1: 7J 94/42
  Az 2: 2H 97/42

Möllersdorf
- Fiche: *0353*
  Az 1: 7J 399/42
  Az 2: 2H 294/42

Mönchenwerth
- Fiche: *0555 f.*
  Az 1: 9J 202/36
  Az 2: 2H 14/37

Moers
- Fiche: *0071 f.*
  Az 1: 14J 288/36
  Az 2: 1H 48/36
- Fiche: *0166*
  Az 1: 9J 275/40
  Az 2: 2H 84/41
- Fiche: *0186/0446*
  Az 1: 11(10)J 566/43
  Az 2: 2H 61/44
- Fiche: *0447*
  Az 1: 9J 107/41
  Az 2: 5H 14/43
- Fiche: *0480*
  Az 1: 10J 299/41
  Az 2: 2H 50/42
- Fiche: *0499*
  Az 1: 9J 511/35
- Fiche: *0653*
  Az 1: 14J 172/33
  Az 2: XV H 10/34

Moldau
- Fiche: *0167*
  Az 1: 6J 66/40g
  Az 2: 2H 120/41

Montreal
- Fiche: *0639*
  Az 1: 10J 87/41
  Az 2: 2H 192/42

Moosburg
- Fiche: *0419 f./0650*
  Az 1: 7(8)J 208/43, 7J 258/43, 7J 80/44
  Az 2: 5H 58/44, 5H 53/44, 5H 60/44

Moresnet
- Fiche: *0434*
  Az 1: 10(9)J 608/43g
  Az 2: 2H 229/44

Morsbach
- Fiche: *0671*
  Az 1: 6J 114/41

Moskau
- Fiche: *0068*
  Az 1: 17J 80/36
  Az 2: 2H 39/36
- Fiche: *0095/0541*
  Az 1: 9J 571/36
  Az 2: 2H 22/37
- Fiche: *0098*
  Az 1: 16J 536/36
  Az 2: 2H 25/37
- Fiche: *0131/0596 f.*
  Az 1: 14J 796/37g
  Az 2: 2H 51/38
- Fiche: *0140 f.*
  Az 1: 8J 357/38g
  Az 2: 2H 13/39
- Fiche: *0155/0493*
  Az 1: 9J 326/39g
  Az 2: 1H 55/39
- Fiche: *0161 f./0562*
  Az 1: 9J 370/39g
  Az 2: 2H 53/40
- Fiche: *0172/0579*
  Az 1: 6J 246/41
  Az 2: 2H 82/42
- Fiche: *0174 f.*
  Az 1: 10J 88/42
  Az 2: 2H 182/42
- Fiche: *0176*
  Az 1: 6J 92/42
  Az 2: 2H 282/42
- Fiche: *0186/0318*
  Az 1: 11(10)J 818/43g
  Az 2: 1H 55/44
- Fiche: *0197*
  Az 1: 9J 141/44
  Az 2: 1H 206/44
- Fiche: *0254*
  Az 1: 9J 332/36
  Az 2: 2H 40/36
- Fiche: *0263 f./0487 f.*
  Az 1: 17J 171/35
  Az 2: 2H 17/37
- Fiche: *0264/0491 f.*
  Az 1: 17J 171/35
  Az 2: 2H 18/37
- Fiche: *0282*
  Az 1: 7J 677/38
  Az 2: 2H 1/39
- Fiche: *0292/0491*
  Az 1: 9J 354/40
  Az 2: 2H 126/41
- Fiche: *0332/0367*
  Az 1: 7J 257/41
  Az 2: 2H 114/42
- Fiche: *0346 f.*
  Az 1: 7J 278/42
  Az 2: 2H 246/42
- Fiche: *0374/0520*
  Az 1: 7J 341/43
  Az 2: 5H 81/43
- Fiche: *0396*
  Az 1: 11J 190/38
  Az 2: 2H 29/39
- Fiche: *0416*
  Az 1: 6(7)J 518/43
  Az 2: 5H 31/44
- Fiche: *0446*
  Az 1: 7J 186/43
  Az 2: 1H 163/43
- Fiche: *0475*
  Az 1: 9J 323/39g
  Az 2: 1H 67/39
- Fiche: *0478*
  Az 1: 10J 290/40g
  Az 2: 5H 62/42
- Fiche: *0481 f./0557 f.*
  Az 1: 8J 214/37
  Az 2: 1H 31/38
- Fiche: *0489*
  Az 1: 8J 87/44
  Az 2: 1H 127/44
- Fiche: *0489*
  Az 1: 9J 301/40
  Az 2: 2H 2/42
- Fiche: *0509*
  Az 1: 9J 701/35
  Az 2: 2H 46/35
- Fiche: *0531*
  Az 1: 10J 40/42
  Az 2: 2H 228/42
- Fiche: *0537 f.*
  Az 1: 9J 236/41g
  Az 2: 5H 75/42
- Fiche: *0542*
  Az 1: 9J 170/42g
  Az 2: 2H 265/42
- Fiche: *0543*
  Az 1: 15J 385/34
  Az 2: 1H 47/36
- Fiche: *0544*
  Az 1: 10J 170/42
  Az 2: 2H 22/43
- Fiche: *0548*
  Az 1: 16J 42/35
  Az 2: 2H 9/36
- Fiche: *0549*
  Az 1: 10J 96/42
  Az 2: 2H 238/42
- Fiche: *0555*
  Az 1: 9J 388/36
  Az 2: 2H 55/36
- Fiche: *0556*
  Az 1: 7J 178/40
  Az 2: 2H 99/40
- Fiche: *0581*
  Az 1: 10J 520/43
  Az 2: 1H 213/43
- Fiche: *0588 f./0643*
  Az 1: 16J 293/35, 8J 438/35
  Az 2: 2H 58/35
- Fiche: *0589*
  Az 1: 16J 293/35
  Az 2: 2H 58/35
- Fiche: *0590 f.*
  Az 1: 8J 420/35g
  Az 2: 1H 32/36
- Fiche: *0671 f.*
  Az 1: 15J 385/34
  Az 2: 1H 11/36
- Fiche: *0676*
  Az 1: 10J 17/41g
  Az 2: 1H 194/43
- Fiche: *0681 f.*
  Az 1: 10J 202/41g
  Az 2: 2H 143/41
- Fiche: *0684 f.*
  Az 1: 10J 548/43
  Az 2: 2H 158/43
- Fiche: *0700 f.*
  Az 1: 7J 108/40
  Az 2: 2H 98/40
- Fiche: *0703*
  Az 1: 16J 415/35

Mutterstadt
- Fiche: *0405*
  Az 1: 6J 126/43
  Az 2: 2H 209/43

Nancy
- Fiche: *0287*
  Az 1: 11J 311/39
  Az 2: 2H 56/39

Narvik
- Fiche: *0446*
  Az 1: 9J 9/43g
  Az 2: 1H 37/43

Naserwald
- Fiche: *0377*
  Az 1: 7J 599/42
  Az 2: 6H 59/43

Nauen
- Fiche: *0595 f.*
  Az 1: 8J 410/38g
  Az 2: 2H 20/39

Naumburg
- Fiche: *0028*
  Az 1: 8J 20/35
  Az 2: 2H 14/35

Neisse
- Fiche: *0155 f.*
  Az 1: 6J 12/39g
  Az 2: 2H 61/39
- Fiche: *0195*
  Az 1: 11J 131/44
  Az 2: 2H 177/44

Neris les Bains
- Fiche: *0180/0634*
  Az 1: 6J 83/43
  Az 2: 6H 155/43

Neu-Bistritz
- Fiche: *0348*
  Az 1: 7J 253/42
  Az 2: 5H 89/42
- Fiche: *0348*
  Az 1: 7J 255/42
  Az 2: 5H 88/42

Neu-Ulm
- Fiche: *0431*
  Az 1: 11J 174/44
  Az 2: 2H 150/44

Neuberg
- Fiche: *0327*
  Az 1: 7J 271/42
  Az 2: 2H 157/42

Neudau
- Fiche: *0348*
  Az 1: 7J 253/42
  Az 2: 5H 89/42

Neuehrenberg
- Fiche: *0074*
  Az 1: 8J 135/36
  Az 2: 1H 55/36

Neuengamme
- Fiche: *0461*
  Az 1: IV A 2 - B. Nr. 5156/38g

Neuern
- Fiche: *0380*
  Az 1: 7J 366/43
  Az 2: 5H 121/43
- Fiche: *0396/0704 f.*
  Az 1: 14J 522/37g
  Az 2: 1L 2/40
- Fiche: *0519/0549 f.*
  Az 1: 6J 135/42g
  Az 2: 6H 79/43

Neugersdorf
- Fiche: *0073*
  Az 1: 16J 287/36
  Az 2: 2H 51/36
- Fiche: *0140/0683*
  Az 1: 16J 703/35, 6J 17/39g
  Az 2: 2H 12/39
- Fiche: *0685*
  Az 1: 10J 239/39
  Az 2: 2H 2/41

Neuhammer
- Fiche: *0041/0236 f.*
  Az 1: 8J 250/35
  Az 2: 1H 46/35

Neuhausen
- Fiche: *0289 f.*
  Az 1: 6J 52/40g
  Az 2: 2H 111/40

Neuhof
- Fiche: *0168*
  Az 1: 7J 62/42
  Az 2: 6H 1/42

Neumarkt i. d. Opf.
- Fiche: *0175/0514*
  Az 1: 6J 86/42
  Az 2: 2H 208/42
- Fiche: *0696 f.*
  Az 1: StPL (RKA) III 657/41
  Az 2: StPL (HLS) III 16/42

Neumünster
- Fiche: *0736*
  Az 1: 8J 48/45g

Neunkirchen
- Fiche: *0176*
  Az 1: 6J 92/42
  Az 2: 2H 282/42
- Fiche: *0251 ff*
  Az 1: 14J 12/36
  Az 2: 2H 17/36
- Fiche: *0255*
  Az 1: 14J 230/36
  Az 2: 1H 44/36

Neurode
- Fiche: *0064*
  Az 1: 8J 360/34
  Az 2: 1H 31/36

Neuruppin
- Fiche: *0507*
  Az 1: 15J 175/34
  Az 2: 2H 18/35

Neusalz a. d. Oder
- Fiche: *0011 f.*
  Az 1: 17J 545/33
  Az 2: 1H 15/34

Neusalza-Spremberg
- Fiche: *0112*
  Az 1: 14J 375/37g
  Az 2: 2H 53/37

Neusand
- Fiche: *0398*
  Az 1: 6J 606/38g
  Az 2: 3L 24/40

Neustadt
- Fiche: *0071*
  Az 1: 14J 338/36
  Az 2: 2H 47/36
- Fiche: *0158 f./0288*
  Az 1: 7J 6/39
  Az 2: 1H 77/39
- Fiche: *0277 f.*
  Az 1: 14J 651/37g
  Az 2: 2H 55/38

Neustädtel
- Fiche: *0597 f.*
  Az 1: 15J 355/33
  Az 2: 1H 43/34

Neutitschein
- Fiche: *0622*
  Az 1: 12J 201/33
  Az 2: XII H 15/34

Neuwied
- Fiche: *0165 f.*
  Az 1: 9J 297/40
  Az 2: 2H 70/41

New York
- Fiche: *0390 f.*
  Az 1: 8J 106/36g
  Az 2: 2H 24/36
- Fiche: *0518/0558*
  Az 1: 10J 815/43
  Az 2: 1H 289/43
- Fiche: *0639*
  Az 1: 10J 87/41
  Az 2: 2H 192/42

Nickelsdorf
- Fiche: *0364*
  Az 1: 7J 535/42, 7J 61/43
  Az 2: 5H 53/43, 5H 54/43
- Fiche: *0364*
  Az 1: 7J 61/43
- Fiche: *0369*
  Az 1: 7J 651/42
  Az 2: 5H 24/43
- Fiche: *0700*
  Az 1: StPL (RKA) III 21/43
  Az 2: StPL (HLS) III 37/43

Nied
- Fiche: *0038 f./0259 f.*
  Az 1: 16J 767/35
  Az 2: 2H 57/36

Niedamowo
- Fiche: *0315*
  Az 1: 8J 419/35g
  Az 2: 1H 18/36

Niederau
- Fiche: *0128 f.*
  Az 1: 5J 285/38
  Az 2: 1H 36/38
- Fiche: *0276 f.*
  Az 1: 5J 284/38
  Az 2: 1H 34/38

Niederbarnim
- Fiche: *0731*
  Az 1: 17J 499/35

Niederdorf
- Fiche: *0406*
  Az 1: 11J 49/44
  Az 2: 6H 218/43

Niedereinsiedel
- Fiche: *0160/0288f.*
  Az 1: 6J 224/39g
  Az 2: 2H 44/40
- Fiche: *0288*
  Az 1: 5J 686/38
  Az 2: 1H 59/39
- Fiche: *0632*
  Az 1: 6J 3/40
  Az 2: 2H 95/40

Niederhanichen
- Fiche: *0522*
  Az 1: 7J 482/43
  Az 2: 6H 214/43

Niederlehme
- Fiche: *0184*
  Az 1: 11(10)J 725/43
  Az 2: 2H 31/44

Niederlichtenwalde
- Fiche: *0059 f.*
  Az 1: 16J 543/35
  Az 2: 2H 22/36

Niederndodeleben
- Fiche: *0391 f.*
  Az 1: 5J 6/36g
  Az 2: 3L 21/37

Niedersteine
- Fiche: *0195*
  Az 1: 11J 131/44
  Az 2: 2H 177/44

Niederullersdorf
- Fiche: *0704*
  Az 1: 6J 15/39g

Niederwehren
- Fiche: *0108*
  Az 1: 8J 358/37g
  Az 2: 1H 40/37

Nienburg
- Fiche: *0245 f.*
  Az 1: 8J 7/36g
  Az 2: 2H 4/36

Nienhagen
- Fiche: *0672 f.*
  Az 1: 10J 90/41
  Az 2: 2H 111/41

Niesky
- Fiche: *0273 f.*
  Az 1: 14J 657/37g
  Az 2: 1H 15/38

Nieukerk
- Fiche: *0014 f.*
  Az 1: 15J 828/33
  Az 2: 1H 23/34

Nijmwegen s. Nymwegen

Odertal
- Fiche: *0154 f.*
  Az 1: 6J 76/39g
  Az 2: 2H 54/39
- Fiche: *0155 f.*
  Az 1: 6J 12/39g
  Az 2: 2H 61/39

Oderwitz
- Fiche: *0143 f.*
  Az 1: 5J 160/39
  Az 2: 2H 24/39
- Fiche: *0395 f.*
  Az 1: 6J 53/38g
  Az 2: 3L 28/39

Öbles-Schlechtewitz
- Fiche: *0657*
  Az 1: 15J 16/32
  Az 2: XV H 2/34

Oed
- Fiche: *0382*
  Az 1: 7J 359/43
  Az 2: 5H 120/43

Oederan
- Fiche: *0024/0385 f.*
  Az 1: 14J 75/33, 14J 77/33
  Az 2: 2H 7/35, 2H 6,7/35

Oels
- Fiche: *0233 f.*
  Az 1: 8J 291/35
  Az 2: 2H 36/35

Oelsnitz
- Fiche: *0028*
  Az 1: 8J 20/35
  Az 2: 2H 14/35
- Fiche: *0180/0446*
  Az 1: 6J 12/43g
  Az 2: 1H 147/43

Offenbach
- Fiche: *0038 f./0259 f.*
  Az 1: 16J 767/35
  Az 2: 2H 57/36
- Fiche: *0056 f./0461*
  Az 1: 8J 29/35
  Az 2: 2H 18/36
- Fiche: *0113/0469 f.*
  Az 1: 16J 37/35
  Az 2: 1H 19-20/37

Offenburg
- Fiche: *0004 f.*
  Az 1: 13J 98/33
  Az 2: 1H 7/34

Ohra
- Fiche: *0161 f./0562*
  Az 1: 9J 370/39g
  Az 2: 2H 53/40

Ohrdruf
- Fiche: *0091 f.*
  Az 1: 14J 469/37, 14J 380/37
  Az 2: 1H 12/23/37
- Fiche: *0268 f./0273*
  Az 1: 14J 323/37
  Az 2: 1H 10/38

Oker
- Fiche: *0227 f.*
  Az 1: 13J 2/34
  Az 2: 1H 10/35

Olbendorf
- Fiche: *0347 f.*
  Az 1: 7J 257/42
  Az 2: 5H 86/42
- Fiche: *0348*
  Az 1: 7J 253/42
  Az 2: 5H 89/42
- Fiche: *0348*
  Az 1: 7J 255/42
  Az 2: 5H 88/42

Olbernhau
- Fiche: *0289 f.*
  Az 1: 6J 52/40g
  Az 2: 2H 111/40
- Fiche: *0316*
  Az 1: 16J 251/36
  Az 2: 1H 45/36

Olbersdorf
- Fiche: *0059 f.*
  Az 1: 16J 543/35
  Az 2: 2H 22/36

Oldenburg
- Fiche: *0151*
  Az 1: 8J 13/39
  Az 2: 2H 44/39

Olmütz
- Fiche: *0205*
  Az 1: 11(10)J 1275/43
  Az 2: 2H 251/44

Oos
- Fiche: *0398*
  Az 1: 6J 606/38g
  Az 2: 3L 24/40

Opladen
- Fiche: *0454*
  Az 1: 9J 22/43
  Az 2: 2H 62/43

Oppeln
- Fiche: *0155 f.*
  Az 1: 6J 12/39g
  Az 2: 2H 61/39

Oranienburg
- Fiche: *0210*
  Az 1: 9J 252/44g
  Az 2: 1H 385/44
- Fiche: *0571*
  Az 1: 11(10)J 1241/43
  Az 2: 1H 59/44

Orel
- Fiche: *0693*
  Az 1: StPL (RKA) I 424/43
  Az 2: StPL 2. Sen. 4/44
- Fiche: *0700*
  Az 1: StPL (RKA) I 424/43
  Az 2: StPL 2. Sen. 5/44
- Fiche: *0700*
  Az 1: StPL (RKA) I 424/43
  Az 2: StPl 2. Sen. 98/43

Oslo
- Fiche: *0256*
  Az 1: 15J 162/36
  Az 2: 1H 51/36
- Fiche: *0345*
  Az 1: 7J 373/42
  Az 2: 2H 264/42
- Fiche: *0446*
  Az 1: 7J 186/43
  Az 2: 1H 163/43
- Fiche: *0446*
  Az 1: 9J 9/43g
  Az 2: 1H 37/43
- Fiche: *0480*
  Az 1: 10J 39/39
  Az 2: 1H 56/39
- Fiche: *0502*
  Az 1: 10J 54/41
  Az 2: 2H 52/41
- Fiche: *0534*
  Az 1: 10J 144/41
  Az 2: 2H 156/41
- Fiche: *0539 f.*
  Az 1: 10J 36/41
  Az 2: 2H 91/41
- Fiche: *0581*
  Az 1: 10J 520/43
  Az 2: 1H 213/43

Osnabrück
- Fiche: *0193/0444*
  Az 1: 9J 123/44
  Az 2: 2H 144/44

Ostfront
- Fiche: *0706*
  Az 1: StPL (RKA) III 382/43
  Az 2: StPL 1. Sen. 36/44

Ostfront (1. Panzerarmee)
- Fiche:
  Az 1: RKA I 44/43
  Az 2: 2. Sen. 4/44
- Fiche:
  Az 1: RKA I 44/43
  Az 2: 2. Sen. 98/43
- Fiche: *0693*
  Az 1: StPL (RKA) I 424/43
  Az 2: StPL 2. Sen. 4/44
- Fiche: *0700*
  Az 1: StPL (RKA) I 424/43
  Az 2: StPl 2. Sen. 98/43

Ostfront (Heeresgruppe Mitte)
- Fiche: *0697 f.*
  Az 1: StPL (RKA) III 317/44
  Az 2: StPL 3. Sen. 7/45

Ostritz
- Fiche: *0277 f.*
  Az 1: 14J 651/37g
  Az 2: 2H 55/38

Ottendorf
- Fiche: *0002/0571 f.*
  Az 1: 15J 265/33
  Az 2: 1H 3/34

Ottendorf-Okrilla
- Fiche: *0002*
  Az 1: 15J 153-205/33

Oybin
- Fiche: *0055 f./0390*
  Az 1: 8J 82/36g
  Az 2: 2H 13/36

Palenberg
- Fiche: *0544/0734*
  Az 1: 9J 869/35
  Az 2: 2H 51/35

Pappenberg
- Fiche: *0120 f./0133*
  Az 1: 17J 400/37
  Az 2: 2H 71/38

Paris
- Fiche: *0052 f.*
  Az 1: 17J 5/36
  Az 2: 1H 10/36
- Fiche: *0111 f./0270 f.*
  Az 1: 17J 152/37
  Az 2: 2H 51/37
- Fiche: *0127/0623*
  Az 1: 8J 419/37g
  Az 2: 2H 33/38
- Fiche: *0136 f./0272*
  Az 1: 11J 152/38
  Az 2: 1H 3/39
- Fiche: *0145/0638 f.*
  Az 1: 9J 138/39g
  Az 2: 2H 27/39
- Fiche: *0166/0568*
  Az 1: 9J 24/41
  Az 2: 2H 86/41
- Fiche: *0168*
  Az 1: 6J 24/41
  Az 2: 2H 152/41
- Fiche: *0170/0293*
  Az 1: 6J 100/41g
  Az 2: 2H 21/42
- Fiche: *0171*
  Az 1: 5J 222/41
  Az 2: 2H 38/42
- Fiche: *0171 f.*
  Az 1: 5J 40/41
  Az 2: 2H 51/42
- Fiche: *0172*
  Az 1: 6J 76/41
  Az 2: 2H 64/42
- Fiche: *0175*
  Az 1: 7J 75/42
  Az 2: 2H 189/42
- Fiche: *0176*
  Az 1: 6J 92/42
  Az 2: 2H 282/42
- Fiche: *0176/0295*
  Az 1: 6J 27/42g
  Az 2: 1H 18/43
- Fiche: *0176/0362*
  Az 1: 6J 248/41g
  Az 2: 1H 14/43
- Fiche: *0176/0635*
  Az 1: 5J 151/42
  Az 2: 5H 10/43
- Fiche: *0177*
  Az 1: 7J 465/42g
  Az 2: 2H 31/43
- Fiche: *0178*
  Az 1: 6J 134/42g
  Az 2: 2H 77/43
- Fiche: *0180/0634*
  Az 1: 6J 83/43
  Az 2: 6H 155/43

- Fiche: *0193*
  Az 1: 11J 127/44
  Az 2: 2H 135/44
- Fiche: *0197*
  Az 1: 9J 141/44
  Az 2: 1H 206/44
- Fiche: *0225*
  Az 1: 8J 1734/33
  Az 2: 1H 7/35
- Fiche: *0231 f./0561*
  Az 1: 8J 14/34
  Az 2: 2H 33/35
- Fiche: *0251 ff*
  Az 1: 14J 12/36
  Az 2: 2H 17/36
- Fiche: *0263 f./0487 f.*
  Az 1: 17J 171/35
  Az 2: 2H 17/37
- Fiche: *0266/0745*
  Az 1: 17J 472/36
  Az 2: 2H 28/37
- Fiche: *0283 f.*
  Az 1: 10J 5/39
  Az 2: 1H 23/39
- Fiche: *0287*
  Az 1: 11J 311/39
  Az 2: 2H 56/39
- Fiche: *0323*
  Az 1: 6J 28/41g
  Az 2: 2H 129/41
- Fiche: *0332/0367*
  Az 1: 7J 257/41
  Az 2: 2H 114/42
- Fiche: *0346 f.*
  Az 1: 7J 278/42
  Az 2: 2H 246/42
- Fiche: *0347*
  Az 1: 7J 32/42
  Az 2: 5H 67/42
- Fiche: *0359*
  Az 1: 7J 209/42
  Az 2: 5H 148/42
- Fiche: *0380*
  Az 1: 7J 366/43
  Az 2: 5H 121/43
- Fiche: *0401 f.*
  Az 1: 8J 285/39g
  Az 2: 5H 108/43
- Fiche: *0403 f.*
  Az 1: 8J 7/41g
  Az 2: 2H 166/43
- Fiche: *0409 f.*
  Az 1: 8J 376/40
  Az 2: 5H 13/44
- Fiche: *0426*
  Az 1: 7J 139/44, 7J 130/44
  Az 2: 5H 89/44, 5H 82/44
- Fiche: *0440*
  Az 1: 0J 42/44g Rs
  Az 2: 1L 465/44
- Fiche: *0446*
  Az 1: 9J 9/43g
  Az 2: 1H 37/43
- Fiche: *0448*
  Az 1: 17J 225/37
  Az 2: 2H 48/37
- Fiche: *0478*
  Az 1: 10J 290/40g
  Az 2: 5H 62/42
- Fiche: *0479 f.*
  Az 1: 7(8)J 108/43g
- Fiche: *0480*
  Az 1: 10J 39/39
  Az 2: 1H 56/39
- Fiche: *0481 f./0557 f.*
  Az 1: 8J 214/37
  Az 2: 1H 31/38
- Fiche: *0489*
  Az 1: 8J 87/44
  Az 2: 1H 127/44
- Fiche: *0496*
  Az 1: 6J 51/43
  Az 2: 1H 203/43
- Fiche: *0504 f.*
  Az 1: 8J 198/41g
  Az 2: 5H 60/42
- Fiche: *0505 f.*
  Az 1: 10J 28/41
  Az 2: 2H 73/41
- Fiche: *0518/0558*
  Az 1: 10J 815/43
  Az 2: 1H 289/43
- Fiche: *0522*
  Az 1: 9J 90/41g
  Az 2: 2H 95/41
- Fiche: *0529*
  Az 1: 9J 124/41
  Az 2: 2H 34/42
- Fiche: *0530*
  Az 1: 9J 124/42
  Az 2: 5H 18/43
- Fiche: *0531*
  Az 1: 10J 40/42
  Az 2: 2H 228/42
- Fiche: *0531*
  Az 1: 10J 81/42
  Az 2: 2H 188/42
- Fiche: *0534*
  Az 1: 10J 144/41
  Az 2: 2H 156/41
- Fiche: *0538*
  Az 1: 10J 227/38
  Az 2: 2H 80/38
- Fiche: *0542*
  Az 1: 9J 170/42g
  Az 2: 2H 265/42
- Fiche: *0552*
  Az 1: 9J 162/42g
  Az 2: 2H 320/42
- Fiche: *0558*
  Az 1: 9J 278/41g
  Az 2: 2H 133/41
- Fiche: *0561*
  Az 1: 9J 35/39g
  Az 2: 2H 2/40
- Fiche: *0561 f.*
  Az 1: 8J 261/41g
  Az 2: 1H 237/42
- Fiche: *0564 f.*
  Az 1: 9J 137/34
  Az 2: 1H 25/35
- Fiche: *0568*
  Az 1: 8J 2/42
  Az 2: 2H 66/42
- Fiche: *0573*
  Az 1: 2J 377/43g
  Az 2: 2H 164/43
- Fiche: *0581*
  Az 1: 10J 520/43
  Az 2: 1H 213/43
- Fiche: *0582*
  Az 1: 8J 317/41
  Az 2: 5H 135/43
- Fiche: *0587 f.*
  Az 1: 9J 126/42g
  Az 2: 1H 309/42
- Fiche: *0601 f.*
  Az 1: 8J 206/37g
  Az 2: 2H 4/38
- Fiche: *0605*
  Az 1: 10J 117/42
  Az 2: 5H 115/42
- Fiche: *0626*
  Az 1: 8J 393/41g
- Fiche: *0639*
  Az 1: 10(9) 571/43
  Az 2: 2H 52/44
- Fiche: *0639*
  Az 1: 10J 87/41
  Az 2: 2H 192/42
- Fiche: *0640*
  Az 1: 16J 328/35
  Az 2: 1H 11/37
- Fiche: *0646*
  Az 1: 8J 393/40g
- Fiche: *0646 f.*
  Az 1: 8J 2/41
- Fiche: *0671*
  Az 1: 6J 114/41
- Fiche: *0675*
  Az 1: 10J 60/41
  Az 2: 2H 79/41
- Fiche: *0677*
  Az 1: 9J 330/40
  Az 2: 2H 48/41
- Fiche: *0681 f.*
  Az 1: 10J 202/41g
  Az 2: 2H 143/41
- Fiche: *0684*
  Az 1: 10J 80/42
  Az 2: 2H 317/42
- Fiche: *0686 f.*
  Az 1: 8J 257/41
  Az 2: 2H 19/42
- Fiche: *0700 f.*
  Az 1: 7J 108/40
  Az 2: 2H 98/40
- Fiche: *0701*
  Az 1: 8J 269/41g
- Fiche: *0702*
  Az 1: 6J 80/40g
  Az 2: 5H 64/42
- Fiche: *0708*
  Az 1: 0J 5/44gRs, 0J 9/44gRs
  Az 2: 1L 301/44, 1L 309/44
- Fiche: *0709 ff*
  Az 1: 8J 162/40
  Az 2: 2H 77/41
- Fiche: *0712 f.*
  Az 1: 9J 393/39
  Az 2: 2H 62/40
- Fiche: *0714 f.*
  Az 1: 8J 232/40
  Az 2: 2H 76/41

Parlowitz
- Fiche: *0675*
  Az 1: 10J 60/41
  Az 2: 2H 79/41

Paskow
- Fiche: *0161*
  Az 1: 5J 483/39
  Az 2: 2H 46/40

Passau
- Fiche: *0178/0485*
  Az 1: 6J 13/43
  Az 2: 6H 85/43

Pathenay
- Fiche: *0456*
  Az 1: 1J 436/42g
  Az 2: 3L 93/42

Pattersdorf
- Fiche: *0417*
  Az 1: 7J 50/44
  Az 2: 5H 37/44

Pawlowsk
- Fiche: *0698*
  Az 1: StPL (RKA) III 209/43
  Az 2: StPL 2. Sen. 84/43

Pennewitz
- Fiche: *0160 f.*
  Az 1: 5J 46/40
  Az 2: 2H 45/40
- Fiche: *0160 f./0163*
  Az 1: 5J 46/40, 5J 164/40
  Az 2: 2H 69/40

Perleberg
- Fiche: *0003 f.*
  Az 1: 13J 286/33
  Az 2: 2H 4/34

Perpignan
- Fiche: *0531 f.*
  Az 1: 10J 170/41
  Az 2: 2H 10/42

Perthau
- Fiche: *0506*
  Az 1: 5J 53/41
  Az 2: 2H 53/41

Petersdorf
- Fiche: *0055 f./0390*
  Az 1: 8J 82/36g
  Az 2: 2H 13/36

Petershagen
- Fiche: *0194*
  Az 1: 11(10)J 1153/43g
  Az 2: 2H 159/44

Pethau
- Fiche: *0563 f.*
  Az 1: 10J 68/40
  Az 2: 2H 109/40

Petzer
- Fiche: *0284 f.*
  Az 1: 7J 352/38
  Az 2: 2H 3/39
- Fiche: *0673*
  Az 1: 9J 36/39g
  Az 2: 2H 14/39

Pförten
- Fiche: *0595*
  Az 1: 9J 272/39g
  Az 2: 1H 34/39

Pforzheim
- Fiche: *0036 f.*
  Az 1: 14J 21/35
  Az 2: 1H 32/35
- Fiche: *0549*
  Az 1: 5J 642/38
  Az 2: 1H 13/39
- Fiche: *0630 f.*
  Az 1: 5J 174/39
  Az 2: 2H 51/39
- Fiche: *0671*
  Az 1: 5J 546/38
  Az 2: 1H 1/39

Pfuhl
- Fiche: *0431*
  Az 1: 11J 174/44
  Az 2: 2H 150/44

Philadelphia
- Fiche: *0639*
  Az 1: 10J 87/41
  Az 2: 2H 192/42

Philippsdorf
- Fiche: *0398/0399*
  Az 1: 6J 127/40g
  Az 2: 3L 99/40

Piberstein
- Fiche: *0333*
  Az 1: 7J 93/42
  Az 2: 2H 96/42
- Fiche: *0333*
  Az 1: 7J 94/42
  Az 2: 2H 97/42

Pilsen
- Fiche: *0180/0446*
  Az 1: 6J 12/43g
  Az 2: 1H 147/43
- Fiche: *0396/0704 f.*
  Az 1: 14J 522/37g
  Az 2: 1L 2/40
- Fiche: *0676*
  Az 1: 10J 17/41g
  Az 2: 1H 194/43
- Fiche: *0677/0747*
  Az 1: 4J 349/40g
  Az 2: 1L 18/42

Pinkafeld
- Fiche: *0326*
  Az 1: 7J 112/42
  Az 2: 2H 164/42
- Fiche: *0344*
  Az 1: 7J 420/42
  Az 2: 1H 310/42
- Fiche: *0347 f.*
  Az 1: 7J 257/42
  Az 2: 5H 86/42
- Fiche: *0348*
  Az 1: 7J 253/42
  Az 2: 5H 89/42
- Fiche: *0348*
  Az 1: 7J 254/42
  Az 2: 5H 87/42
- Fiche: *0348*
  Az 1: 7J 255/42
  Az 2: 5H 88/42
- Fiche: *0349*
  Az 1: 7J 256/42
  Az 2: 5H 90/42
- Fiche: *0361*
  Az 1: 7J 443/42
  Az 2: 5H 173/42

Pirmasens
- Fiche: *0002*
  Az 1: 8J 1856/33
  Az 2: 2H 2/34
- Fiche: *0214*
  Az 1: 8J 1856/33
- Fiche: *0267 f.*
  Az 1: 7J 201/36g
  Az 2: 2H 40/37
- Fiche: *0398*
  Az 1: 6J 606/38g
  Az 2: 3L 24/40
- Fiche: *0405*
  Az 1: 6J 126/43
  Az 2: 2H 209/43
- Fiche: *0618 f.*
  Az 1: 8/16J 612/33
  Az 2: XII H 21/33

Pirna
- Fiche: *0027 f.*
  Az 1: 16J 642/34
  Az 2: 1H 12/35
- Fiche: *0074*
  Az 1: 8J 135/36
  Az 2: 1H 55/36
- Fiche: *0089*
  Az 1: 16J 781/36
  Az 2: 1H 9/37
- Fiche: *0160/0288f.*
  Az 1: 6J 224/39g
  Az 2: 2H 44/40
- Fiche: *0174/0673*
  Az 1: 6J 129/42g
  Az 2: 5H 172/42
- Fiche: *0283*
  Az 1: 9J 181/39
  Az 2: 1H 21/39

Pittsburg
- Fiche: *0639*
  Az 1: 10J 87/41
  Az 2: 2H 192/42

Plainwald
- Fiche: *0370*
  Az 1: 7J 555/42
  Az 2: 6H 13/43

Planitz
- Fiche: *0041/0236 f.*
  Az 1: 8J 250/35
  Az 2: 1H 46/35

Platten
- Fiche: *0394 f.*
  Az 1: 14J 480/37g
  Az 2: 1L 18/38

Plauen
- Fiche: *0014/0737*
  Az 1: 14J 253/33
  Az 2: 2H 22/34
- Fiche: *0028*
  Az 1: 8J 20/35
  Az 2: 2H 14/35
- Fiche: *0045 f./0675 f.*
  Az 1: 16J 319/35
  Az 2: 1H 57/35
- Fiche: *0180/0446*
  Az 1: 6J 12/43g
  Az 2: 1H 147/43
- Fiche: *0227*
  Az 1: 14J 70/35
  Az 2: 2H 9/35
- Fiche: *0262 f.*
  Az 1: 8J 51/36g
  Az 2: 1H 16/37
- Fiche: *0391 f.*
  Az 1: 5J 6/36g
  Az 2: 3L 21/37
- Fiche: *0703*
  Az 1: 16J 415/35

Plößberg
- Fiche: *0145 f.*
  Az 1: 6J 119/39
  Az 2: 1H 29/39

Plotz
- Fiche: *0152*
  Az 1: 7J 239/39
  Az 2: 1H 49/39

Pockau
- Fiche: *0316*
  Az 1: 16J 251/36
  Az 2: 1H 45/36

Pockau-Lengenfeld
- Fiche: *0570*
  Az 1: 16J 287/35
  Az 2: 1H 30/35

Pockwa
- Fiche: *0041/0236 f.*
  Az 1: 8J 250/35
  Az 2: 1H 46/35

Pöchlarn
- Fiche: *0330*
  Az 1: 6J 41/42g
  Az 2: 2H 126/42
- Fiche: *0330*
  Az 1: 6J 42/42g
  Az 2: 2H 127/42

Pölling
- Fiche: *0307*
  Az 1: 7J 548/39
  Az 2: 1H 36/40

Pölz
- Fiche: *0306 f.*
  Az 1: 7J 549/39
  Az 2: 2H 32/40

Pößneck
- Fiche: *0041 f./0238*
  Az 1: 8J 206/35
  Az 2: 2H 49/35

Politz
- Fiche: *0209*
  Az 1: 9J 250/44
  Az 2: 1H 364/44

Poltawa
- Fiche: *0352/0521*
  Az 1: 7J 429/42
  Az 2: 6H 14/42

Pommerndorf
- Fiche: *0168 f.*
  Az 1: 5J 230/41
  Az 2: 2H 6/42

Ponart
- Fiche: *0279 f.*
  Az 1: 6J 157/38
  Az 2: 2H 89/38

Potsdam
- Fiche: *0121*
  Az 1: 10J 28/38
  Az 2: 1H 18/38
- Fiche: *0131*
  Az 1: 10J 27/38
- Fiche: *0131/0674 f.*
  Az 1: 10J 27/38
  Az 2: 2H 50/38
- Fiche: *0216 f.*
  Az 1: 14J 293/33
  Az 2: 1H 8/34
- Fiche: *0510*
  Az 1: 10J 31/38
  Az 2: 2H 10/38
- Fiche: *0518/0679*
  Az 1: 10J 30/38
  Az 2: 2H 8/38
- Fiche: *0541*
  Az 1: 10J 29/38
  Az 2: 2H 31/38
- Fiche: *0571*
  Az 1: 11(10)J 1241/43
  Az 2: 1H 59/44
- Fiche: *0601*
  Az 1: 10J 26/38
  Az 2: 2H 19/38
- Fiche: *0606*
  Az 1: 12J 190/33
  Az 2: XV H 54/33
- Fiche: *0625 f.*
  Az 1: 0J 17/44gRs
  Az 2: 1L 316/44

Pottenstein
- Fiche: *0371*
  Az 1: 7J 301/43
  Az 2: 5H 97/43

Pottentstein
- Fiche: *0329/0370*
  Az 1: 7J 517/42
  Az 2: 5H 13/43

Prag
- Fiche: *0002*
  Az 1: 8J 1856/33
  Az 2: 2H 2/34
- Fiche: *0028*
  Az 1: 8J 20/35
  Az 2: 2H 14/35
- Fiche: *0037/0221*
  Az 1: 17J 94/34
  Az 2: 1H 33/35
- Fiche: *0041 f./0238*
  Az 1: 8J 206/35
  Az 2: 2H 49/35
- Fiche: *0052 f.*
  Az 1: 17J 5/36
  Az 2: 1H 10/36
- Fiche: *0055 f./0390*
  Az 1: 8J 82/36g
  Az 2: 2H 13/36
- Fiche: *0062 f.*
  Az 1: 8J 17/36
  Az 2: 1H 29/36
- Fiche: *0064*
  Az 1: 8J 360/34
  Az 2: 1H 31/36
- Fiche: *0068*
  Az 1: 17J 80/36
  Az 2: 2H 39/36

- Fiche: *0536*
  Az 1: 8J 436/38
  Az 2: 2H 15/39
- Fiche: *0537*
  Az 1: 8J 183/39
  Az 2: 2H 47/39
- Fiche: *0539 f.*
  Az 1: 10J 36/41
  Az 2: 2H 91/41
- Fiche: *0542*
  Az 1: 9J 170/42g
  Az 2: 2H 265/42
- Fiche: *0543*
  Az 1: 15J 385/34
  Az 2: 1H 47/36
- Fiche: *0547 f.*
  Az 1: 8J 318/39
  Az 2: 1H 60/39
- Fiche: *0552 f.*
  Az 1: 8J 10/35
  Az 2: 2H 34/35
- Fiche: *0558/0586*
  Az 1: 8J 432/38g
  Az 2: 1H 9/39
- Fiche: *0561*
  Az 1: 9J 35/39g
  Az 2: 2H 2/40
- Fiche: *0561 f.*
  Az 1: 8J 261/41g
  Az 2: 1H 237/42
- Fiche: *0563 f.*
  Az 1: 10J 68/40
  Az 2: 2H 109/40
- Fiche: *0575/0644 f.*
  Az 1: 8J 324/39g
  Az 2: 5H 110/43
- Fiche: *0581*
  Az 1: 10J 520/43
  Az 2: 1H 213/43
- Fiche: *0585 f.*
  Az 1: 8J 160/38
  Az 2: 2H 73/38
- Fiche: *0588 f./0643*
  Az 1: 16J 293/35, 8J 438/35
  Az 2: 2H 58/35
- Fiche: *0589*
  Az 1: 16J 293/35
  Az 2: 2H 58/35
- Fiche: *0590*
  Az 1: 5J 122/36g
  Az 2: 3L 7/37
- Fiche: *0595 f.*
  Az 1: 8J 410/38g
  Az 2: 2H 20/39
- Fiche: *0611*
  Az 1: 8J 1694/33
  Az 2: XII H 14/34
- Fiche: *0622 f.*
  Az 1: 10J 453/38
  Az 2: 1H 25/39
- Fiche: *0628*
  Az 1: 9J 50/42g
  Az 2: 2H 60/42
- Fiche: *0636 f.*
  Az 1: 8J 421/40
  Az 2: 2H 121/40
- Fiche: *0639*
  Az 1: 10J 87/41
  Az 2: 2H 192/42
- Fiche: *0640*
  Az 1: 16J 328/35
  Az 2: 1H 11/37
- Fiche: *0642*
  Az 1: 8J 144/38
  Az 2: 1H 16/38
- Fiche: *0671 f.*
  Az 1: 15J 385/34
  Az 2: 1H 11/36
- Fiche: *0672 f.*
  Az 1: 10J 90/41
  Az 2: 2H 111/41
- Fiche: *0673*
  Az 1: 9J 324/39g
  Az 2: 1H 48/39
- Fiche: *0675*
  Az 1: 10J 60/41
  Az 2: 2H 79/41
- Fiche: *0676*
  Az 1: 10J 17/41g
  Az 2: 1H 194/43
- Fiche: *0677/0747*
  Az 1: 4J 349/40g
  Az 2: 1L 18/42
- Fiche: *0681 f.*
  Az 1: 10J 202/41g
  Az 2: 2H 143/41
- Fiche: *0682 f.*
  Az 1: 8J 393/38
  Az 2: 2H 92/38
- Fiche: *0684 f.*
  Az 1: 10J 548/43
  Az 2: 2H 158/43
- Fiche: *0685*
  Az 1: 10J 239/39
  Az 2: 2H 2/41
- Fiche: *0686*
  Az 1: 8J 4/39g
  Az 2: 2H 32/39
- Fiche: *0700 f.*
  Az 1: 7J 108/40
  Az 2: 2H 98/40
- Fiche: *0703*
  Az 1: 16J 415/35
- Fiche: *0703*
  Az 1: 6J 239/39
- Fiche: *0714 f.*
  Az 1: 8J 232/40
  Az 2: 2H 76/41
- Fiche: *0732*
  Az 1: 5J 464/39
  Az 2: 1H 61/39
- Fiche: *0734*
  Az 1: 4J 86/43g
  Az 2: 1L 139/43

Pratau
- Fiche: *0153*
  Az 1: 9J 327/39g
  Az 2: 1H 53/39
- Fiche: *0475*
  Az 1: 9J 323/39g
  Az 2: 1H 67/39

Prebichl
- Fiche: *0362*
  Az 1: 7J 169/43
  Az 2: 1H 92/43
- Fiche: *0707*
  Az 1: StPL (RKA) III 153/42
  Az 2: StPL (HLS) II 96/42

Prerov
- Fiche: *0703*
  Az 1: 6J 239/39

Preßburg
- Fiche: *0293*
  Az 1: 6J 62/42g
  Az 2: 5H 92/42
- Fiche: *0321*
  Az 1: 7J 94/41, 7J 70/40
  Az 2: 2H 22/41
- Fiche: *0327*
  Az 1: 7J 181/42
  Az 2: 2H 158/42
- Fiche: *0347*
  Az 1: 7J 32/42
  Az 2: 5H 67/42
- Fiche: *0359*
  Az 1: 7J 209/42
  Az 2: 5H 148/42
- Fiche: *0386*
  Az 1: 8J 404/34
  Az 2: 3L 14/35
- Fiche: *0403 f.*
  Az 1: 8J 7/41g
  Az 2: 2H 166/43
- Fiche: *0479 f.*
  Az 1: 7(8)J 108/43g
- Fiche: *0515*
  Az 1: 8J 368/38
  Az 2: 1H 4/39
- Fiche: *0558/0586*
  Az 1: 8J 432/38g
  Az 2: 1H 9/39
- Fiche: *0575/0644 f.*
  Az 1: 8J 324/39g
  Az 2: 5H 110/43
- Fiche: *0595 f.*
  Az 1: 8J 410/38g
  Az 2: 2H 20/39

Prexhäuser
- Fiche: *0010*
  Az 1: 8J 1783/33
  Az 2: 1H 14/34

Primmersdorf
- Fiche: *0575*
  Az 1: 8J 224/43
  Az 2: 5H 151/43

Probstan
- Fiche: *0112*
  Az 1: 14J 375/37g
  Az 2: 2H 53/37

Proschwitz
- Fiche: *0157*
  Az 1: 5J 474/39
  Az 2: 1H 71/39

Puch
- Fiche: *0437/0562*
  Az 1: 11J 418/44
  Az 2: 1H 380/44

Puchberg
- Fiche: *0183*
  Az 1: 11(10)J 631/43
  Az 2: 1H 28/44

Pulau
- Fiche: *0701*
  Az 1: 6J 20/44
  Az 2: 5H 32/44

Puntigam
- Fiche: *0304 f.*
  Az 1: 7J 268/39
  Az 2: 1H 66/39

Quedlinburg
- Fiche: *0179*
  Az 1: 5J 33/43

Radbod
- Fiche: *0594 f./0695 f.*
  Az 1: 11J 122/35g
  Az 2: 2H 10,11,12/37

Radeberg
- Fiche: *0002*
  Az 1: 15J 153-205/33
- Fiche: *0002/0571 f.*
  Az 1: 15J 265/33
  Az 2: 1H 3/34
- Fiche: *0112*
  Az 1: 14J 375/37g
  Az 2: 2H 53/37
- Fiche: *0122 f.*
  Az 1: 16J 765/37
  Az 2: 1H 23/38

Radebeul
- Fiche: *0028 f.*
  Az 1: 15J 648/33
  Az 2: 1H 14/35
- Fiche: *0028 f./0679*
  Az 1: 15J 648/33
  Az 2: 1H 14/35

Radotin
- Fiche: *0563 f.*
  Az 1: 10J 68/40
  Az 2: 2H 109/40

Raeren
- Fiche: *0176/0362*
  Az 1: 6J 248/41g
  Az 2: 1H 14/43

Rasedorf
- Fiche: *0207/0532*
  Az 1: 8J 206/44g
  Az 2: 1H 274/44

Rastatt
- Fiche: *0398*
  Az 1: 6J 606/38g
  Az 2: 3L 24/40

Rastenburg
- Fiche: *0129*
  Az 1: 6J 159/38
  Az 2: 2H 46/38
- Fiche: *0242 f.*
  Az 1: 8J 3/36g
  Az 2: 2H 1/36
- Fiche: *0492 f.*
  Az 1: 15J 168/34
  Az 2: 2H 16/35

Rathenow
- Fiche: *0012 f./0546*
  Az 1: 13J 258/33
  Az 2: 1H 16/34
- Fiche: *0204*
  Az 1: 8J 184/44g
  Az 2: 1H 249/44

Rorschach
- Fiche: *0153*
  Az 1: 6J 374/38g
  Az 2: 1H 52/39
- Fiche: *0292/0678*
  Az 1: 6J 45/41g
  Az 2: 2H 15/42

Rosenach
- Fiche: *0323 ff*
  Az 1: 7J 174/40
  Az 2: 2H 132/41

Rosenheim
- Fiche: *0481 f./0557 f.*
  Az 1: 8J 214/37
  Az 2: 1H 31/38
- Fiche: *0735 f.*
  Az 1: 7J 32/44
  Az 2: 6H 92/44

Rosenthal
- Fiche: *0333*
  Az 1: 7J 93/42
  Az 2: 2H 96/42
- Fiche: *0333*
  Az 1: 7J 94/42
  Az 2: 2H 97/42

Roskilde
- Fiche: *0687*
  Az 1: 15J 222/35
  Az 2: 2H 34/36

Roßbach
- Fiche: *0028*
  Az 1: 8J 20/35
  Az 2: 2H 14/35

Rostock
- Fiche: *0021/0461 f.*
  Az 1: 9aJ 44/34
  Az 2: 2H 1/35
- Fiche: *0021 f.*
  Az 1: 17J 397/33
  Az 2: 1H 3/35
- Fiche: *0513*
  Az 1: 15J 302/34, 15J 107/35
  Az 2: 1H 18/35, 1H 21/35
- Fiche: *0606 f.*
  Az 1: 13J 190/33
  Az 2: XV H 53/33
- Fiche: *0635 f.*
  Az 1: 10J 123/41
  Az 2: 2H 115/41

Rothau
- Fiche: *0159 f.*
  Az 1: 5J 677/39
  Az 2: 2H 41/40

Rothenkirchen
- Fiche: *0028*
  Az 1: 8J 20/35
  Az 2: 2H 14/35

Rottenbauer
- Fiche: *0403/0485*
  Az 1: 9J 664/43
  Az 2: 6L 163/43

Rottenburg
- Fiche: *0136 f./0272*
  Az 1: 11J 152/38
  Az 2: 1H 3/39

Rotterdam
- Fiche: *0120*
  Az 1: 17J 401/37
  Az 2: 2H 14/38
- Fiche: *0165/0291*
  Az 1: 9J 246/40
  Az 2: 2H 28/41
- Fiche: *0166*
  Az 1: 9J 275/40
  Az 2: 2H 84/41
- Fiche: *0367*
  Az 1: 6J 258/38
  Az 2: 1H 31/43
- Fiche: *0446*
  Az 1: 9J 9/43g
  Az 2: 1H 37/43
- Fiche: *0448/0578*
  Az 1: 9J 210/40, 10J 238/40
  Az 2: 2H 128/40
- Fiche: *0549*
  Az 1: 10J 96/42
  Az 2: 2H 238/42
- Fiche: *0567*
  Az 1: 10J 245/40
  Az 2: 2H 100/41
- Fiche: *0568*
  Az 1: 10J 239/40
  Az 2: 2H 77/42
- Fiche: *0628*
  Az 1: 10J 129/42
  Az 2: 2H 205/42

Rotthalmünster
- Fiche: *0143*
  Az 1: 11J 193/38
  Az 2: 2H 22/39

Rübenau
- Fiche: *0316*
  Az 1: 16J 251/36
  Az 2: 1H 45/36

Rüsselsheim
- Fiche: *0568*
  Az 1: 9J 173/42
  Az 2: 2H 267/42

Rugiswalde
- Fiche: *0160/0288f.*
  Az 1: 6J 224/39g
  Az 2: 2H 44/40

Ruhland
- Fiche: *0137 f.*
  Az 1: 6J 275/38g
  Az 2: 2H 5/39

Ruhleben
- Fiche: *0619*
  Az 1: 13J 50/33
  Az 2: XII H 26/33

Ruhmor-Blumenthal
- Fiche: *0736*
  Az 1: 8J 48/45g

Rumburg
- Fiche: *0112*
  Az 1: 14J 375/37g
  Az 2: 2H 53/37
- Fiche: *0158 f./0288*
  Az 1: 7J 6/39
  Az 2: 1H 77/39
- Fiche: *0160/0288f.*
  Az 1: 6J 224/39g
  Az 2: 2H 44/40
- Fiche: *0223 f.*
  Az 1: 8J 282/34
  Az 2: 2H 4/35
- Fiche: *0277 f.*
  Az 1: 14J 651/37g
  Az 2: 2H 55/38
- Fiche: *0398/0399*
  Az 1: 6J 127/40g
  Az 2: 3L 99/40
- Fiche: *0543*
  Az 1: 8J 336/38
  Az 2: 1H 2/39
- Fiche: *0633*
  Az 1: 8J 267/38
  Az 2: 2H 61/38

Saalfelden
- Fiche: *0327*
  Az 1: 7J 344/42
  Az 2: 2H 162/42
- Fiche: *0370*
  Az 1: 7J 555/42
  Az 2: 6H 13/43

Saarbrücken
- Fiche: *0045*
  Az 1: 14J 33/36, 9J 1145/35
  Az 2: 2H 56/35
- Fiche: *0061*
  Az 1: 14J 189/36
  Az 2: 2H 26/36
- Fiche: *0063*
  Az 1: 14J 134/36
  Az 2: 2H 29/36
- Fiche: *0092 ff*
  Az 1: 17J 67/36
  Az 2: 1H 14/37
- Fiche: *0095/0541*
  Az 1: 9J 571/36
  Az 2: 2H 22/37
- Fiche: *0107 f.*
  Az 1: 8J 232/36g
  Az 2: 2H 39/37
- Fiche: *0110 f.*
  Az 1: 8J 348/37g
  Az 2: 1H 47/37
- Fiche: *0140 f.*
  Az 1: 8J 357/38g
  Az 2: 2H 13/39
- Fiche: *0172*
  Az 1: 6J 76/41
  Az 2: 2H 64/42
- Fiche: *0176/0295*
  Az 1: 6J 27/42g
  Az 2: 1H 18/43
- Fiche: *0179*
  Az 1: 5J 87/43
  Az 2: 6H 128/43
- Fiche: *0225*
  Az 1: 8J 1734/33
  Az 2: 1H 7/35
- Fiche: *0232*
  Az 1: 8J 459/34
  Az 2: 1H 16/35
- Fiche: *0248/0447*
  Az 1: 14J 380/36
  Az 2: 2H 8/37
- Fiche: *0250 f.*
  Az 1: 8J 364/35
  Az 2: 2H 15/36
- Fiche: *0251 ff*
  Az 1: 14J 12/36
  Az 2: 2H 17/36
- Fiche: *0258*
  Az 1: 14J 464/36
  Az 2: 1H 53/36
- Fiche: *0263 f./0487 f.*
  Az 1: 17J 171/35
  Az 2: 2H 17/37
- Fiche: *0269 f.*
  Az 1: 8J 100/37
  Az 2: 1H 43/37
- Fiche: *0287*
  Az 1: 11J 311/39
  Az 2: 2H 56/39
- Fiche: *0399*
  Az 1: 2J 461/41g
  Az 2: 3L 31/42
- Fiche: *0440*
  Az 1: 0J 40/44g Rs
  Az 2: 1L 468/44
- Fiche: *0447*
  Az 1: 6J 125/43
  Az 2: 1H 304/43
- Fiche: *0478*
  Az 1: 10J 290/40g
  Az 2: 5H 62/42
- Fiche: *0496*
  Az 1: 6J 51/43
  Az 2: 1H 203/43
- Fiche: *0497/0730*
  Az 1: 8J 18/34
  Az 2: 1H 19/35
- Fiche: *0516/0685*
  Az 1: 10J 175/41
  Az 2: 2H 135/41
- Fiche: *0518/0558*
  Az 1: 10J 815/43
  Az 2: 1H 289/43
- Fiche: *0518/0562*
  Az 1: 8J 52/44
  Az 2: 1H 82/44
- Fiche: *0522*
  Az 1: 9J 90/41g
  Az 2: 2H 95/41
- Fiche: *0539/0627*
  Az 1: 6J 24/43
  Az 2: 1H 101/43
- Fiche: *0548*
  Az 1: 16J 42/35
  Az 2: 2H 9/36
- Fiche: *0552*
  Az 1: 9J 162/42g
  Az 2: 2H 320/42
- Fiche: *0558*
  Az 1: 9J 278/41g
  Az 2: 2H 133/41
- Fiche: *0559*
  Az 1: 10J 16/42g
  Az 2: 1H 247/42
- Fiche: *0559 f./0567*
  Az 1: 8J 165/42
  Az 2: 2H 137/42
- Fiche: *0577 f.*
  Az 1: 8J 160/36
  Az 2: 2H 61/36
- Fiche: *0640*
  Az 1: 16J 328/35
  Az 2: 1H 11/37
- Fiche: *0671*
  Az 1: 6J 114/41

– Fiche: *0677*
Az 1: 9J 330/40
Az 2: 2H 48/41
– Fiche: *0684*
Az 1: 10J 80/42
Az 2: 2H 317/42
– Fiche: *0729*
Az 1: 17J 95/34
Az 2: 1H 34/36

Saargemünd
– Fiche: *0038 f./0259 f.*
Az 1: 16J 767/35
Az 2: 2H 57/36
– Fiche: *0176/0295*
Az 1: 6J 27/42g
Az 2: 1H 18/43

Saarlouis
– Fiche: *0178*
Az 1: 6J 134/42g
Az 2: 2H 77/43

Saaz
– Fiche: *0151 f./0584*
Az 1: 7J 72/39
Az 2: 1H 45/39
– Fiche: *0458*
Az 1: 9J 355/39g
Az 2: 2H 9/40

Sachheim
– Fiche: *0279 f.*
Az 1: 6J 157/38
Az 2: 2H 89/38

Sachsenberg
– Fiche: *0673*
Az 1: 9J 324/39g
Az 2: 1H 48/39

Sachsenhausen
– Fiche: *0207*
Az 1: 8J 188/44g
Az 2: 1H 285/44

Sagan
– Fiche: *0011 f.*
Az 1: 17J 545/33
Az 2: 1H 15/34

Sagar
– Fiche: *0158 f./0288*
Az 1: 7J 6/39
Az 2: 1H 77/39

Salis du Salat
– Fiche: *0577*
Az 1: 10J 42/44
Az 2: 1H 131/44

Salzburg
– Fiche: *0175*
Az 1: 7J 338/42
Az 2: 2H 199/42
– Fiche: *0292 f.*
Az 1: 7J 501/42
– Fiche: *0294*
Az 1: 7J 231/42
Az 2: 1H 213/42
– Fiche: *0294*
Az 1: 7J 258/42
Az 2: 1H 215/42
– Fiche: *0294*
Az 1: 7J 434/42
Az 2: 1H 291/42
– Fiche: *0295*
Az 1: 7J 644/42
Az 2: 6H 23/43
– Fiche: *0296*
Az 1: 7J 53/43
Az 2: 6H 56/43
– Fiche: *0305/0643 f.*
Az 1: 6J 518/38
Az 2: 1H 18/39
– Fiche: *0317 f.*
Az 1: 6J 58/44
Az 2: 1H 156/44
– Fiche: *0326*
Az 1: 7J 112/42
Az 2: 2H 164/42
– Fiche: *0327*
Az 1: 7J 344/42
Az 2: 2H 162/42
– Fiche: *0329/0354*
Az 1: 7J 223/42
Az 2: 2H 236/42
– Fiche: *0337*
Az 1: 7J 205/42
Az 2: 2H 212/42
– Fiche: *0337*
Az 1: 7J 321/42
Az 2: 2H 221/42
– Fiche: *0340*
Az 1: 7J 187/42
Az 2: 2H 198/42
– Fiche: *0340*
Az 1: 7J 340/42
Az 2: 2H 197/42
– Fiche: *0343*
Az 1: 7J 370/42
Az 2: 1H 217/42
– Fiche: *0345*
Az 1: 7J 402/42
Az 2: 2H 261/42
– Fiche: *0345*
Az 1: 7J 405/42
Az 2: 2H 266/42
– Fiche: *0352*
Az 1: 7J 495/42
Az 2: 6H 23/42
– Fiche: *0352*
Az 1: 7J 515/42
Az 2: 6H 19/42
– Fiche: *0352*
Az 1: 7J 529/42
Az 2: 6H 25/42
– Fiche: *0352/0369*
Az 1: 7J 507/42
Az 2: 6H 13/42
– Fiche: *0352/0521*
Az 1: 7J 429/42
Az 2: 6H 14/42
– Fiche: *0353*
Az 1: 7J 417/42
Az 2: 2H 292/42
– Fiche: *0354*
Az 1: 7J 350/42
Az 2: 2H 277/42
– Fiche: *0354*
Az 1: 7J 376/42
Az 2: 2H 273/42
– Fiche: *0354*
Az 1: 7J 391/42
Az 2: 2H 279/42
– Fiche: *0356/0367*
Az 1: 7J 544/41
Az 2: 5H 187/42
– Fiche: *0363*
Az 1: 7J 97/43
Az 2: 6H 51/43
– Fiche: *0363/0563 f.*
Az 1: 7J 64/43
Az 2: 5H 52/43
– Fiche: *0365*
Az 1: 7J 607/42
Az 2: 6H 57/43
– Fiche: *0366*
Az 1: 7J 171/42
Az 2: 5H 147/42
– Fiche: *0366*
Az 1: 7J 612/42
Az 2: 6H 36/43
– Fiche: *0366*
Az 1: 7J 75/43
Az 2: 6H 38/43
– Fiche: *0367*
Az 1: 7J 649/42
Az 2: 6H 24/43
– Fiche: *0368/0438*
Az 1: 7(8) 163/43
Az 2: 6H 91/44
– Fiche: *0370*
Az 1: 7J 555/42
Az 2: 6H 13/43
– Fiche: *0376*
Az 1: 7J 106/43
Az 2: 6H 72/43
– Fiche: *0380*
Az 1: 7J 366/43
Az 2: 5H 121/43
– Fiche: *0380*
Az 1: 7J 404/43
Az 2: 5H 155/43
– Fiche: *0380/0529*
Az 1: 7J 209/43
Az 2: 6H 139/43
– Fiche: *0409 f.*
Az 1: 8J 376/40
Az 2: 5H 13/44
– Fiche: *0419/0529*
Az 1: 11J 72/44
Az 2: 2H 53/44
– Fiche: *0436*
Az 1: 6J 173/44
Az 2: 1H 349/44
– Fiche: *0443*
Az 1: 7J 440/42
Az 2: 1H 250/42
– Fiche: *0455/0497 f.*
Az 1: 8J 472/40
Az 2: 6H 205/43
– Fiche: *0519/0549 f.*
Az 1: 6J 135/42g
Az 2: 6H 79/43
– Fiche: *0521*
Az 1: 7J 339/42
Az 2: 6H 3/42
– Fiche: *0527/0581*
Az 1: 8J 97/41g
Az 2: 6H 171/43
– Fiche: *0539/0627*
Az 1: 6J 24/43
Az 2: 1H 101/43
– Fiche: *0568 f.*
Az 1: 8J 132/43g
Az 2: 6H 185/43
– Fiche: *0648*
Az 1: 7J 99/43
Az 2: 6H 83/43
– Fiche: *0693*
Az 1: StPL (RKA) II 445/42
Az 2: StPL (HLS) III 53/43
– Fiche: *0706*
Az 1: StPL (RKA) II 224/43
Az 2: StPL 3. Sen. 66/43
– Fiche: *0716 f.*
Az 1: 6J 9/45
Az 2: 6H 42/45

Salzgitter
– Fiche: *0318*
Az 1: 7J 63/44
Az 2: 1H 147/44

Salzwedel
– Fiche: *0391 f.*
Az 1: 5J 6/36g
Az 2: 3L 21/37

Sand
– Fiche: *0108*
Az 1: 8J 358/37g
Az 2: 1H 40/37

Sangerhausen
– Fiche: *0268 f./0701 f.*
Az 1: 14J 323/37
Az 2: 1H 24/37

Santiago de Chile
– Fiche: *0498*
Az 1: 8J 371/38
Az 2: 1H 38/38

Saporoschje
– Fiche: *0068*
Az 1: 17J 80/36
Az 2: 2H 39/36
– Fiche: *0693*
Az 1: StPL (RKA) I 424/43
Az 2: StPL 2. Sen. 4/44
– Fiche: *0698*
Az 1: StPL (RKA) I 424/43
Az 2: StPL 2. Sen. 6/44
– Fiche: *0700*
Az 1: StPL (RKA) I 424/43
Az 2: StPl 2. Sen. 98/43

Saragossa
– Fiche: *0175*
Az 1: 5J 219/40
Az 2: 2H 227/42

Sarienana
– Fiche: *0287*
Az 1: 11J 311/39
Az 2: 2H 56/39

Sayda
– Fiche: *0289 f.*
Az 1: 6J 52/40g
Az 2: 2H 111/40

Schachendorf
- Fiche: *0348*
  Az 1: 7J 253/42
  Az 2: 5H 89/42
- Fiche: *0348*
  Az 1: 7J 255/42
  Az 2: 5H 88/42
- Fiche: *0349*
  Az 1: 7J 256/42
  Az 2: 5H 90/42

Schaffhausen
- Fiche: *0156 f./0314 f.*
  Az 1: 14J 140/34
  Az 2: 1H 42/35
- Fiche: *0399/0568*
  Az 1: 2J 150/40g
  Az 2: 2L 78/41

Schalchen
- Fiche: *0345*
  Az 1: 7J 405/42
  Az 2: 2H 266/42

Schandorf
- Fiche: *0348*
  Az 1: 7J 253/42
  Az 2: 5H 89/42
- Fiche: *0348*
  Az 1: 7J 255/42
  Az 2: 5H 88/42

Scharndorf
- Fiche: *0362*
  Az 1: 7J 169/43
  Az 2: 1H 92/43
- Fiche: *0707*
  Az 1: StPL (RKA) III 153/42
  Az 2: StPL (HLS) II 96/42

Scheidt
- Fiche: *0045*
  Az 1: 14J 33/36, 9J 1145/35
  Az 2: 2H 56/35

Scheifling
- Fiche: *0696 f.*
  Az 1: StPL (RKA) III 657/41
  Az 2: StPL (HLS) III 16/42

Scherlebeck
- Fiche: *0665*
  Az 1: 8/16J 501/33
  Az 2: XV H 28/33

Schiffweiler
- Fiche: *0072*
  Az 1: 14J 220/36
  Az 2: 2H 48/36

Schildow
- Fiche: *0740*
  Az 1: 8J 199/44g
  Az 2: 1H 315/44

Schlutup
- Fiche: *0256*
  Az 1: 15J 162/36
  Az 2: 1H 51/36

Schmalkalden
- Fiche: *0532 f.*
  Az 1: 7(11)J 197/34g
  Az 2: 3L 21/36

Schmiedeberg
- Fiche: *0001*
  Az 1: 17J 303/33
  Az 2: 1H 2/34

Schmölln
- Fiche: *0431*
  Az 1: 10J 816/43, 5J 16/44
  Az 2: 3L 133/44
- Fiche: *0547 f.*
  Az 1: 8J 318/39
  Az 2: 1H 60/39

Schneeberg
- Fiche: *0041/0236 f.*
  Az 1: 8J 250/35
  Az 2: 1H 46/35
- Fiche: *0597 f.*
  Az 1: 15J 355/33
  Az 2: 1H 43/34

Schneidemühl
- Fiche: *0088 f.*
  Az 1: 17J 239/36
  Az 2: 1H 7/37
- Fiche: *0610 f.*
  Az 1: 13J 212/33
  Az 2: XII H 9/34

Schöna
- Fiche: *0027 f.*
  Az 1: 16J 642/34
  Az 2: 1H 12/35

Schönau
- Fiche: *0589*
  Az 1: 16J 293/35
  Az 2: 2H 58/35

Schönbach
- Fiche: *0046 f.*
  Az 1: 8J 61/35
  Az 2: 1H 64/35

Schönborn
- Fiche: *0563 f.*
  Az 1: 10J 68/40
  Az 2: 2H 109/40

Schönecken
- Fiche: *0061*
  Az 1: 14J 189/36
  Az 2: 2H 26/36
- Fiche: *0176/0295*
  Az 1: 6J 27/42g
  Az 2: 1H 18/43

Schönerstadt
- Fiche: *0024/0385 f.*
  Az 1: 14J 75/33, 14J 77/33
  Az 2: 2H 7/35, 2H 6,7/35

Schönow
- Fiche: *0064*
  Az 1: 17J 160/36
  Az 2: 2H 31/36

Schönwald
- Fiche: *0010*
  Az 1: 8J 1783/33
  Az 2: 1H 14/34
- Fiche: *0056*
  Az 1: 14J 286/35
  Az 2: 1H 16/36

Schönwalde
- Fiche: *0395*
  Az 1: 6J 192/38g
  Az 2: 4L 16/39

Scholven
- Fiche: *0278*
  Az 1: 8J 361/37g
  Az 2: 2H 58/38

Schoorl
- Fiche: *0672 f.*
  Az 1: 10J 90/41
  Az 2: 2H 111/41

Schtscherino
- Fiche: *0181/0682*
  Az 1: 8J 69/44
  Az 2: 2H 95/44

Schulzendorf
- Fiche: *0201 f.*
  Az 1: 8J 182/44g
  Az 2: 1H 232/44

Schwandorf
- Fiche: *0180/0446*
  Az 1: 6J 12/43g
  Az 2: 1H 147/43

Schwartau
- Fiche: *0256*
  Az 1: 15J 162/36
  Az 2: 1H 51/36

Schwarz
- Fiche: *0299*
  Az 1: 7J 427/43
  Az 2: 6H 187/43

Schwarzenau
- Fiche: *0322 f./0723*
  Az 1: 6J 64/40g
  Az 2: 2H 89/41

Schwarzenbach
- Fiche: *0010*
  Az 1: 8J 1783/33
  Az 2: 1H 14/34

Schwarzenberg
- Fiche: *0660*
  Az 1: 13J 139/33
  Az 2: XV H 19/34

Schwaz
- Fiche: *0378*
  Az 1: 7J 379/43
  Az 2: 6H 186/43
- Fiche: *0423*
  Az 1: 12J 99/40
- Fiche: *0498*
  Az 1: 8J 371/38
  Az 2: 1H 38/38

Schweidnitz
- Fiche: *0064*
  Az 1: 8J 360/34
  Az 2: 1H 31/36
- Fiche: *0397f.*
  Az 1: 6J 198/39g
  Az 2: 3L 19/40
- Fiche: *0578*
  Az 1: 10J 314/44
  Az 2: 2H 225/44

Schweinfurt
- Fiche: *0041 f./0238*
  Az 1: 8J 206/35
  Az 2: 2H 49/35
- Fiche: *0405*
  Az 1: 6J 126/43
  Az 2: 2H 209/43

Schweinitzthal
- Fiche: *0289 f.*
  Az 1: 6J 52/40g
  Az 2: 2H 111/40

Schwelm
- Fiche: *0254*
  Az 1: 9J 332/36
  Az 2: 2H 40/36

Schwenningen
- Fiche: *0278 f.*
  Az 1: 8J 252/38
  Az 2: 2H 68/38
- Fiche: *0476 f.*
  Az 1: 8J 131/36g, 8J 49,117,131/36g
  Az 2: 2H 16,20,27/37

Schwerte
- Fiche: *0179/0453*
  Az 1: 9J 377/43
  Az 2: 2H 138/43

Schwetzingen
- Fiche: *0036 f.*
  Az 1: 14J 21/35
  Az 2: 1H 32/35

Schwiebus
- Fiche: *0707*
  Az 1: StPL (RKA) III 522/41
  Az 2: StPL (HLS) IV 7/42

Schwodorf
- Fiche: *0374/0576*
  Az 1: 7J 303/43
  Az 2: 5H 80/43

Schwoich
- Fiche: *0434*
  Az 1: 10(9)J 1230/43g
  Az 2: 6L 222/44

Sebnitz
- Fiche: *0145/0285 f.*
  Az 1: 5J 102/39
  Az 2: 1H 27/39

Seebach
- Fiche: *0348*
  Az 1: 7J 253/42
  Az 2: 5H 89/42
- Fiche: *0348*
  Az 1: 7J 255/42
  Az 2: 5H 88/42

Sprottau
- Fiche: *0011 f.*
  Az 1: 17J 545/33
  Az 2: 1H 15/34

St. Cyprien
- Fiche: *0522*
  Az 1: 9J 90/41g
  Az 2: 2H 95/41
- Fiche: *0552*
  Az 1: 9J 162/42g
  Az 2: 2H 320/42
- Fiche: *0685*
  Az 1: 9J 60/43
  Az 2: 2H 42/43

St. Egidien
- Fiche: *0714*
  Az 1: StPL (RKA) II 438/43
  Az 2: StPL 2. Senat 53/44

St. Gallen
- Fiche: *0409 f.*
  Az 1: 8J 376/40
  Az 2: 5H 13/44

St. Georgen
- Fiche: *0319*
  Az 1: 11J 301/44g
  Az 2: 1H 1/45
- Fiche: *0579*
  Az 1: 7J 441/43
  Az 2: 6H 169/43

St. Georgenberg
- Fiche: *0423*
  Az 1: 12J 99/40

St. Hubert
- Fiche: *0453*
  Az 1: 9J 269/43
  Az 2: 2H 85/43

St. Johann
- Fiche: *0479 f.*
  Az 1: 7(8)J 108/43g

St. Lorenzen
- Fiche: *0306 f.*
  Az 1: 7J 549/39
  Az 2: 2H 32/40
- Fiche: *0307*
  Az 1: 7J 548/39
  Az 2: 1H 36/40
- Fiche: *0323 ff*
  Az 1: 7J 174/40
  Az 2: 2H 132/41

St. Marein
- Fiche: *0308*
  Az 1: 6J 103/40g
  Az 2: 2H 115/40
- Fiche: *0309 f.*
  Az 1: 6J 103/40g
  Az 2: 2H 116/40

St. Michael
- Fiche: *0307*
  Az 1: 7J 548/39
  Az 2: 1H 36/40
- Fiche: *0353*
  Az 1: 7J 388/42
  Az 2: 6H 11/42
- Fiche: *0581*
  Az 1: 7J 349/43
  Az 2: 6H 147/43
- Fiche: *0706*
  Az 1: StPL (RKA) Wien 1/39
  Az 2: StPL (HLS) I 32/39

St. Oswald
- Fiche: *0296*
  Az 1: 7J 599/42
  Az 2: 6H 47/43
- Fiche: *0366*
  Az 1: 7J 599/42
  Az 2: 6H 46/43
- Fiche: *0383 f./0650*
  Az 1: 7J 205/43
  Az 2: 6H 100/43
- Fiche: *0384*
  Az 1: 7J 279/43
  Az 2: 6H 104/43
- Fiche: *0455*
  Az 1: 7J 599/42
  Az 2: 6H 44/43
- Fiche: *0456*
  Az 1: 7J 599/42
  Az 2: 6H 60/43

St. Pölten
- Fiche: *0293 f.*
  Az 1: 8J 521/41g
  Az 2: 2H 98/42
- Fiche: *0326*
  Az 1: 7J 112/42
  Az 2: 2H 164/42
- Fiche: *0330*
  Az 1: 6J 41/42g
  Az 2: 2H 126/42
- Fiche: *0331*
  Az 1: 6J 18/42g
  Az 2: 2H 121/42
- Fiche: *0335*
  Az 1: 6J 165/41g
  Az 2: 2H 43/42
- Fiche: *0335 f.*
  Az 1: 6J 165/41g
  Az 2: 2H 42/42
- Fiche: *0347 f.*
  Az 1: 7J 257/42
  Az 2: 5H 86/42
- Fiche: *0349*
  Az 1: 6J 45/42g
  Az 2: 5H 95/42
- Fiche: *0349*
  Az 1: 6J 46/42g
  Az 2: 5H 93/42
- Fiche: *0361*
  Az 1: 7J 483/42
  Az 2: 5H 176/42
- Fiche: *0380*
  Az 1: 7J 366/43
  Az 2: 5H 121/43
- Fiche: *0512*
  Az 1: 6J 44/42g
- Fiche: *0522*
  Az 1: 6J 43/42
  Az 2: 2H 120/42
- Fiche: *0707*
  Az 1: StPl (RKA) II 238/42
  Az 2: StPL (HLS) II 97/42

St. Ruprecht
- Fiche: *0323 ff*
  Az 1: 7J 174/40
  Az 2: 2H 132/41

St. Sulpice
- Fiche: *0169/0344*
  Az 1: 6J 84/41g
  Az 2: 2H 8/42
- Fiche: *0193*
  Az 1: 11J 127/44
  Az 2: 2H 135/44

St. Valentin
- Fiche: *0364/0736*
  Az 1: 7J 109/43, 6(7)J 108/43
  Az 2: 5H 28/44, *H 35/44
- Fiche: *0377*
  Az 1: 7J 110/43
  Az 2: 5H 64/43

St. Veit a. d. Glan
- Fiche: *0323 ff*
  Az 1: 7J 174/40
  Az 2: 2H 132/41
- Fiche: *0696 f.*
  Az 1: StPL (RKA) III 657/41
  Az 2: StPL (HLS) III 16/42

St. Veit i. Jauntal
- Fiche: *0319*
  Az 1: 11J 301/44g
  Az 2: 1H 1/45

St. Wendel
- Fiche: *0172*
  Az 1: 6J 242/41
  Az 2: 2H 75/42
- Fiche: *0176/0295*
  Az 1: 6J 27/42g
  Az 2: 1H 18/43
- Fiche: *0497/0730*
  Az 1: 8J 18/34
  Az 2: 1H 19/35

Stadthagen
- Fiche: *0123 ff/0275 f.*
  Az 1: 8J 5/37g
  Az 2: 2H 23/38
- Fiche: *0514 f.*
  Az 1: 9J 953/33
  Az 2: 1H 2/35
- Fiche: *0579 f.*
  Az 1: 9J 422/39g
  Az 2: 2H 37/40

Stalino
- Fiche: *0150 f.*
  Az 1: 11J 1/39
  Az 2: 2H 43/39

Stanz
- Fiche: *0378*
  Az 1: 7J 433/43
  Az 2: 6H 177/43
- Fiche: *0379*
  Az 1: 7J 431/43
  Az 2: 6H 175/43

Stara Plesna
- Fiche: *0157*
  Az 1: 5J 474/39
  Az 2: 1H 71/39

Stargard
- Fiche: *0687*
  Az 1: 15J 222/35
  Az 2: 2H 34/36

Staßfurt
- Fiche: *0179*
  Az 1: 5J 33/43

Steenockerzeel
- Fiche: *0636 f.*
  Az 1: 8J 421/40
  Az 2: 2H 121/40

Stegersbach
- Fiche: *0347 f.*
  Az 1: 7J 257/42
  Az 2: 5H 86/42
- Fiche: *0348*
  Az 1: 7J 253/42
  Az 2: 5H 89/42
- Fiche: *0348*
  Az 1: 7J 255/42
  Az 2: 5H 88/42

Stein
- Fiche: *0376*
  Az 1: 7J 628/42
  Az 2: 5H 66/43

Steinheid
- Fiche: *0583*
  Az 1: 10J 225/38
  Az 2: 2H 70/38

Steinkirchen
- Fiche: *0055 f./0390*
  Az 1: 8J 82/36g
  Az 2: 2H 13/36

Stendal
- Fiche: *0592*
  Az 1: 9J 423/39g
  Az 2: 2H 63/40

Sterkrade
- Fiche: *0555 f.*
  Az 1: 9J 202/36
  Az 2: 2H 14/37
- Fiche: *0639*
  Az 1: 10(9) 571/43
  Az 2: 2H 52/44

Stettin
- Fiche: *0064*
  Az 1: 8J 360/34
  Az 2: 1H 31/36
- Fiche: *0106*
  Az 1: 17J 414/36
  Az 2: 2H 36/37
- Fiche: *0193*
  Az 1: 11(10)J 97/44
  Az 2: 1H 139/44
- Fiche: *0211 f.*
  Az 1: 9J 33/45g
  Az 2: 6Sg. 65/45
- Fiche: *0259/0676*
  Az 1: 16J 534/35
  Az 2: 2H 57/35
- Fiche: *0539 f.*
  Az 1: 10J 36/41
  Az 2: 2H 91/41
- Fiche: *0549*
  Az 1: 10J 96/42
  Az 2: 2H 238/42
- Fiche: *0619 f.*
  Az 1: 12J 191/33
  Az 2: XII H 53/33
- Fiche: *0676*
  Az 1: 10J 17/41g
  Az 2: 1H 194/43

Susak
- Fiche: *0676*
  Az 1: 8J 224/38
  Az 2: 2H 41/38

Svepravice
- Fiche: *0703*
  Az 1: 6J 239/39

Swinemünde
- Fiche: *0440*
  Az 1: 0J 37/44g
  Az 2: 1L 410/44
- Fiche: *0475*
  Az 1: 9J 323/39g
  Az 2: 1H 67/39

Tabarz
- Fiche: *0209/0625*
  Az 1: 9J 234/44
  Az 2: 1H 372/44

Tafelfichte
- Fiche: *0158 f./0288*
  Az 1: 7J 6/39
  Az 2: 1H 77/39

Tannendorf-Neuhütte
- Fiche: *0223 f.*
  Az 1: 8J 282/34
  Az 2: 2H 4/35

Tannenwalde
- Fiche: *0205*
  Az 1: 11(10)J 1275/43
  Az 2: 2H 251/44

Tannwald
- Fiche: *0174 f.*
  Az 1: 10J 88/42
  Az 2: 2H 182/42

Tarvisio
- Fiche: *0699 f.*
  Az 1: StPL (RKA) I 118/41
  Az 2: StPL (HLS) III 57/41

Tauchen
- Fiche: *0344*
  Az 1: 7J 420/42
  Az 2: 1H 310/42
- Fiche: *0347 f.*
  Az 1: 7J 257/42
  Az 2: 5H 86/42
- Fiche: *0348*
  Az 1: 7J 253/42
  Az 2: 5H 89/42
- Fiche: *0348*
  Az 1: 7J 255/42
  Az 2: 5H 88/42

Taxenbach
- Fiche: *0327*
  Az 1: 7J 344/42
  Az 2: 2H 162/42

Tegelen
- Fiche: *0601 f.*
  Az 1: 8J 206/37g
  Az 2: 2H 4/38

Temesvar
- Fiche: *0323*
  Az 1: 6J 28/41g
  Az 2: 2H 129/41

Tenneck
- Fiche: *0345*
  Az 1: 7J 405/42
  Az 2: 2H 266/42

Teplitz-Schönau
- Fiche: *0163*
  Az 1: 5J 142/40
  Az 2: 2H 68/40
- Fiche: *0164*
  Az 1: 5J 148/40
  Az 2: 2H 71/40
- Fiche: *0167*
  Az 1: 6J 66/40g
  Az 2: 2H 120/41
- Fiche: *0168 f.*
  Az 1: 5J 230/41
  Az 2: 2H 6/42
- Fiche: *0174/0673*
  Az 1: 6J 129/42g
  Az 2: 5H 172/42
- Fiche: *0327*
  Az 1: 7J 181/42
  Az 2: 2H 158/42
- Fiche: *0512*
  Az 1: 6J 103/42
- Fiche: *0552 f.*
  Az 1: 8J 10/35
  Az 2: 2H 34/35
- Fiche: *0590*
  Az 1: 5J 122/36g
  Az 2: 3L 7/37
- Fiche: *0694 f.*
  Az 1: 5J 466/38
  Az 2: 1H 38/39

Ternitz
- Fiche: *0346 f.*
  Az 1: 7J 278/42
  Az 2: 2H 246/42
- Fiche: *0372/0520*
  Az 1: 7J 308/43
  Az 2: 5H 92/43

Teruel
- Fiche: *0287*
  Az 1: 11J 311/39
  Az 2: 2H 56/39
- Fiche: *0531 f.*
  Az 1: 10J 170/41
  Az 2: 2H 10/42

Teterow
- Fiche: *0635 f.*
  Az 1: 10J 123/41
  Az 2: 2H 115/41

Tetschen
- Fiche: *0106 f.*
  Az 1: 14J 303/37g
  Az 2: 2H 37/37
- Fiche: *0166 f.*
  Az 1: 6J 95/41g
  Az 2: 2H 119/41
- Fiche: *0367*
  Az 1: 6J 258/38
  Az 2: 1H 31/43

Teutschenthal
- Fiche: *0440*
  Az 1: 0J 28/44g Rs
  Az 2: 1L 377/44

Thalheim
- Fiche: *0696 f.*
  Az 1: StPL (RKA) III 657/41
  Az 2: StPL (HLS) III 16/42

Thannhausen
- Fiche: *0587*
  Az 1: 10J 303/38
  Az 2: 2H 90/38

Thiengen
- Fiche: *0036 f.*
  Az 1: 14J 21/35
  Az 2: 1H 32/35

Thionville
- Fiche: *0522*
  Az 1: 9J 90/41g
  Az 2: 2H 95/41

Thöre
- Fiche: *0650*
  Az 1: 7J 66/43
  Az 2: 6H 145/43

Thörl
- Fiche: *0365*
  Az 1: 7J 599/42
  Az 2: 6H 48/43

Tilsit
- Fiche: *0569/0707*
  Az 1: 10J 458/43
  Az 2: 6H 159/43

Timelkam
- Fiche: *0356/0367*
  Az 1: 7J 544/41
  Az 2: 5H 187/42

Tingleff
- Fiche: *0537 f.*
  Az 1: 9J 236/41g
  Az 2: 5H 75/42

Tolksdorf
- Fiche: *0515*
  Az 1: 0J 12/44g Rs
  Az 2: 1L 321/44

Tondern
- Fiche: *0537 f.*
  Az 1: 9J 236/41g
  Az 2: 5H 75/42

Topolcany
- Fiche: *0558/0586*
  Az 1: 8J 432/38g
  Az 2: 1H 9/39

Torgau
- Fiche: *0707*
  Az 1: StPL (RKA) III 387/43
  Az 2: StPL 2.Sen. 44/44

Toronto
- Fiche: *0639*
  Az 1: 10J 87/41
  Az 2: 2H 192/42

Torralba Aragon
- Fiche: *0287*
  Az 1: 11J 311/39
  Az 2: 2H 56/39

Torzschok
- Fiche: *0548*
  Az 1: 16J 42/35
  Az 2: 2H 9/36

Toulouse
- Fiche: *0573*
  Az 1: 2J 377/43g
  Az 2: 2H 164/43

Tragöß
- Fiche: *0406*
  Az 1: 7J 462/43
  Az 2: 6H 218/43
- Fiche: *0408*
  Az 1: 11J 50/44
  Az 2: 6H 11/44
- Fiche: *0409*
  Az 1: 11J 51/44
  Az 2: 6H 12/44
- Fiche: *0410*
  Az 1: 11J 52/44
  Az 2: 6H 13/44
- Fiche: *0410*
  Az 1: 11J 53/44
  Az 2: 6H 14/44

Trautenau
- Fiche: *0127 f.*
  Az 1: 15J 942/37
  Az 2: 2H 34/38
- Fiche: *0163 f./0290*
  Az 1: 6J 77/39g
  Az 2: 2H 70/40
- Fiche: *0166 f.*
  Az 1: 6J 95/41g
  Az 2: 2H 119/41

Travemünde
- Fiche: *0256*
  Az 1: 15J 162/36
  Az 2: 1H 51/36

Treibach-Althofen
- Fiche: *0696 f.*
  Az 1: StPL (RKA) III 657/41
  Az 2: StPL (HLS) III 16/42

Trier
- Fiche: *0332/0367*
  Az 1: 7J 257/41
  Az 2: 2H 114/42
- Fiche: *0497/0730*
  Az 1: 8J 18/34
  Az 2: 1H 19/35
- Fiche: *0570 f.*
  Az 1: 2J 342/40g
  Az 2: 2H 150/41
- Fiche: *0712 f.*
  Az 1: 9J 393/39
  Az 2: 2H 62/40

Trippstadt
- Fiche: *0588 f./0643*
  Az 1: 16J 293/35, 8J 438/35
  Az 2: 2H 58/35

Vinaceita
- Fiche: *0287*
  Az 1: 11J 311/39
  Az 2: 2H 56/39

Völklingen
- Fiche: *0131/0596 f.*
  Az 1: 14J 796/37g
  Az 2: 2H 51/38
- Fiche: *0251 ff*
  Az 1: 14J 12/36
  Az 2: 2H 17/36
- Fiche: *0706*
  Az 1: StPL (RKA) III 28/43
  Az 2: StPL (HLS) IV 41/43

Vösendorf
- Fiche: *0338*
  Az 1: 7J 193/42
  Az 2: 2H 207/42
- Fiche: *0366 f.*
  Az 1: 7J 653/42
  Az 2: 5H 34/43
- Fiche: *0373*
  Az 1: 7J 306/43
  Az 2: 5H 89/43

Vogelsang
- Fiche: *0160*
  Az 1: 9J 425/39g
  Az 2: 2H 43/40

Vogtland
- Fiche: *0561*
  Az 1: 9J 35/39g
  Az 2: 2H 2/40

Vohwinkel
- Fiche: *0594 f./0695 f.*
  Az 1: 11J 122/35g
  Az 2: 2H 10,11,12/37

Voitersreuth
- Fiche: *0595 f.*
  Az 1: 8J 410/38g
  Az 2: 2H 20/39

Voitsberg
- Fiche: *0304 f.*
  Az 1: 7J 268/39
  Az 2: 1H 66/39
- Fiche: *0333*
  Az 1: 7J 93/42
  Az 2: 2H 96/42
- Fiche: *0333*
  Az 1: 7J 94/42
  Az 2: 2H 97/42
- Fiche: *0379*
  Az 1: 7J 413/43
  Az 2: 6H 173/43

Vordernberg
- Fiche: *0362*
  Az 1: 7J 169/43
  Az 2: 1H 92/43
- Fiche: *0707*
  Az 1: StPL (RKA) III 153/42
  Az 2: StPL (HLS) II 96/42

Vorderzinnwald
- Fiche: *0137 f.*
  Az 1: 6J 275/38g
  Az 2: 2H 5/39
- Fiche: *0706*
  Az 1:
  Az 2: StPL (HLS) 10/39

Vratimov
- Fiche: *0157*
  Az 1: 5J 474/39
  Az 2: 1H 71/39

Wagstadt
- Fiche: *0157*
  Az 1: 5J 474/39
  Az 2: 1H 71/39

Wahn
- Fiche: *0434*
  Az 1: 10(9)J 608/43g
  Az 2: 2H 229/44

Waiblingen
- Fiche: *0653 f.*
  Az 1: 13J 294/33
  Az 2: XV H 6/34

Waidhofen
- Fiche: *0326*
  Az 1: 7J 112/42
  Az 2: 2H 164/42
- Fiche: *0335*
  Az 1: 6J 165/41g
  Az 2: 2H 43/42

Waitz
- Fiche: *0419 f./0650*
  Az 1: 7(8)J 208/43, 7J 258/43, 7J 80/44
  Az 2: 5H 58/44, 5H 53/44, 5H 60/44

Waldenburg
- Fiche: *0064*
  Az 1: 8J 360/34
  Az 2: 1H 31/36

Waldsassen
- Fiche: *0686*
  Az 1: 8J 4/39g
  Az 2: 2H 32/39

Waldshut
- Fiche: *0036 f.*
  Az 1: 14J 21/35
  Az 2: 1H 32/35

Warmbrunn
- Fiche: *0286 f.*
  Az 1: 8J 384/38g
  Az 2: 1H 32/39

Warnsdorf
- Fiche: *0059 f.*
  Az 1: 16J 543/35
  Az 2: 2H 22/36
- Fiche: *0117*
  Az 1: 6J 116/38g
  Az 2: 1H 11/38
- Fiche: *0119 f.*
  Az 1: 6J 168/38g
  Az 2: 1H 14/38
- Fiche: *0126/0276*
  Az 1: 16J 912/37
  Az 2: 2H 28/38
- Fiche: *0143 f.*
  Az 1: 5J 160/39
  Az 2: 2H 24/39
- Fiche: *0147*
  Az 1: 7J 219/39
  Az 2: 1H 31/39
- Fiche: *0259/0676*
  Az 1: 16J 534/35
  Az 2: 2H 57/35
- Fiche: *0261*
  Az 1: 14J 570/37g
- Fiche: *0273 f.*
  Az 1: 14J 657/37g
  Az 2: 1H 15/38
- Fiche: *0563 f.*
  Az 1: 10J 68/40
  Az 2: 2H 109/40

Warschau
- Fiche: *0068*
  Az 1: 17J 80/36
  Az 2: 2H 39/36
- Fiche: *0181/0682*
  Az 1: 8J 69/44
  Az 2: 2H 95/44
- Fiche: *0345*
  Az 1: 7J 373/42
  Az 2: 2H 264/42
- Fiche: *0628*
  Az 1: 9J 171/41g
  Az 2: 2H 103/42

Warzen
- Fiche: *0014/0737*
  Az 1: 14J 253/33
  Az 2: 2H 22/34

Wasseralfingen
- Fiche: *0131/0596 f.*
  Az 1: 14J 796/37g
  Az 2: 2H 51/38

Wattenbach
- Fiche: *0108*
  Az 1: 8J 358/37g
  Az 2: 1H 40/37

Wattenscheid
- Fiche: *0163*
  Az 1: 9J 9/40
  Az 2: 2H 66/40

Weblingen
- Fiche: *0332/0367*
  Az 1: 7J 257/41
  Az 2: 2H 114/42

Weckersdorf
- Fiche: *0179/0675*
  Az 1: 4J 85/42g
  Az 2: 1H 97/43
- Fiche: *0284 f.*
  Az 1: 7J 352/38
  Az 2: 2H 3/39

Wehrden
- Fiche: *0107 f.*
  Az 1: 8J 232/36g
  Az 2: 2H 39/37

Wehrsdorf
- Fiche: *0112*
  Az 1: 14J 375/37g
  Az 2: 2H 53/37
- Fiche: *0636*
  Az 1: 5J 171/40
  Az 2: 2H 91/40

Weiden
- Fiche: *0180/0446*
  Az 1: 6J 12/43g
  Az 2: 1H 147/43

Weil
- Fiche: *0098 f.*
  Az 1: 14J 305/37g
  Az 2: 1H 35/37

Weimar
- Fiche: *0532 f.*
  Az 1: 7(11)J 197/34g
  Az 2: 3L 21/36
- Fiche: *0540*
  Az 1: 10J 226/38
  Az 2: 2H 75/38
- Fiche: *0560*
  Az 1: 10J 222/38
  Az 2: 2H 69/38
- Fiche: *0583*
  Az 1: 10J 225/38
  Az 2: 2H 70/38

Weinheim
- Fiche: *0036 f.*
  Az 1: 14J 21/35
  Az 2: 1H 32/35

Weipert
- Fiche: *0074*
  Az 1: 8J 135/36
  Az 2: 1H 55/36
- Fiche: *0101*
  Az 1: 17J 316/37
  Az 2: 1H 29/37
- Fiche: *0112*
  Az 1: 17J 391/36
  Az 2: 2H 56/37
- Fiche: *0238 f.*
  Az 1: 17J 82/35
  Az 2: 1H 51/35
- Fiche: *0734*
  Az 1: 4J 86/43g
  Az 2: 1L 139/43

Weißenburg
- Fiche: *0267 f.*
  Az 1: 7J 201/36g
  Az 2: 2H 40/37

Weißenfels
- Fiche: *0495 f.*
  Az 1: 16J 708/35
  Az 2: 1H 75/35
- Fiche: *0657*
  Az 1: 15J 16/32
  Az 2: XV H 2/34

Weißwasser
- Fiche: *0158 f./0288*
  Az 1: 7J 6/39
  Az 2: 1H 77/39
- Fiche: *0291*
  Az 1: 7J 544/39
  Az 2: 2H 33/41
- Fiche: *0650 f.*
  Az 1: 15J 190/33
  Az 2: XII H 6/34

– Fiche: *0333*
Az 1: 7J 118/42
Az 2: 2H 105/42

– Fiche: *0333 f.*
Az 1: 7J 649/41
Az 2: 2H 88/42

– Fiche: *0334*
Az 1: 6J 23/42g
Az 2: 2H 64/42

– Fiche: *0334*
Az 1: 7J 48/42
Az 2: 2H 76/42

– Fiche: *0334*
Az 1: 7J 659/41
Az 2: 2H 55/42

– Fiche: *0335*
Az 1: 6J 165/41g
Az 2: 2H 43/42

– Fiche: *0335 f.*
Az 1: 6J 165/41g
Az 2: 2H 42/42

– Fiche: *0337*
Az 1: 7J 205/42
Az 2: 2H 212/42

– Fiche: *0337 f.*
Az 1: 7J 273/42
Az 2: 2H 211/42

– Fiche: *0338*
Az 1: 7J 193/42
Az 2: 2H 207/42

– Fiche: *0338*
Az 1: 7J 272/42
Az 2: 2H 206/42

– Fiche: *0339/0349*
Az 1: 7J 164/42
Az 2: 5H 91/42

– Fiche: *0339/0649*
Az 1: 6J 78/42g
Az 2: 2H 156/42

– Fiche: *0339/0649 0721*
Az 1: 6J 7/43g
Az 2: 6H 5/43

– Fiche: *0340*
Az 1: 7J 89/43
Az 2: 5H 46/43

– Fiche: *0341/0354*
Az 1: 7J 214/42
Az 2: 2H 186/42

– Fiche: *0341 f.*
Az 1: 7J 203/42
Az 2: 2H 183/42

– Fiche: *0342*
Az 1: 6J 65/42
Az 2: 2H 180/42

– Fiche: *0342*
Az 1: 7J 222/42
Az 2: 2H 176/42

– Fiche: *0342*
Az 1: 7J 301/42
Az 2: 2H 178/42

– Fiche: *0342*
Az 1: 7J 302/42
Az 2: 2H 179/42

– Fiche: *0342*
Az 1: 7J 316/42
Az 2: 2H 173/42

– Fiche: *0342/0343*
Az 1: 7J 221/42
Az 2: 2H 172/42

– Fiche: *0343*
Az 1: 7J 213/42
Az 2: 2H 171/42

– Fiche: *0343*
Az 1: 7J 356/42
Az 2: 1H 216/42

– Fiche: *0343/0650*
Az 1: 7J 572/42
Az 2: 1H 336/42

– Fiche: *0343 f./0400 f.*
Az 1: 7J 274/42
Az 2: 1H 214/42

– Fiche: *0344*
Az 1: 7J 420/42
Az 2: 1H 310/42

– Fiche: *0344*
Az 1: 7J 432/42
Az 2: 1H 305/42

– Fiche: *0345*
Az 1: 7J 363/42
Az 2: 2H 259/42

– Fiche: *0345*
Az 1: 7J 373/42
Az 2: 2H 264/42

– Fiche: *0345*
Az 1: 7J 405/42
Az 2: 2H 266/42

– Fiche: *0345*
Az 1: 7J 467/42
Az 2: 1H 273/42

– Fiche: *0346*
Az 1: 7J 390/42
Az 2: 2H 253/42

– Fiche: *0346*
Az 1: 7J 425/42
Az 2: 1H 251/42

– Fiche: *0346 f.*
Az 1: 7J 278/42
Az 2: 2H 246/42

– Fiche: *0347*
Az 1: 7J 32/42
Az 2: 5H 67/42

– Fiche: *0347*
Az 1: 7J 437/42
Az 2: 1H 244/42

– Fiche: *0347 f.*
Az 1: 7J 257/42
Az 2: 5H 86/42

– Fiche: *0348*
Az 1: 7J 253/42
Az 2: 5H 89/42

– Fiche: *0348*
Az 1: 7J 255/42
Az 2: 5H 88/42

– Fiche: *0349 f.*
Az 1: 7J 95/42
Az 2: 5H 96/42

– Fiche: *0350*
Az 1: 7J 179/42
Az 2: 5H 118/42

– Fiche: *0350*
Az 1: 7J 347/42
Az 2: 5H 135/42

– Fiche: *0350*
Az 1: 7J 355/42
Az 2: 5H 133/42

– Fiche: *0350*
Az 1: 7J 359/42
Az 2: 5H 137/42

– Fiche: *0351/0358*
Az 1: 7J 285/42
Az 2: 5H 138/42

– Fiche: *0352*
Az 1: 7J 515/42
Az 2: 6H 19/42

– Fiche: *0353*
Az 1: 7J 403/42
Az 2: 2H 286/42

– Fiche: *0354 f.*
Az 1: 7J 478/42
Az 2: 5H 199/42

– Fiche: *0355*
Az 1: 7J 464/42
Az 2: 5H 198/42

– Fiche: *0355/0399*
Az 1: 6J 19/42 g
Az 2: 2H 41/42

– Fiche: *0356*
Az 1: 7J 233/42
Az 2: 5H 188/42

– Fiche: *0356/0367*
Az 1: 7J 544/41
Az 2: 5H 187/42

– Fiche: *0356/0400*
Az 1: 7J 395/42,
7J 457/42
Az 2: 5H 158/42,
5H 193/42

– Fiche: *0356/0512*
Az 1: 7J 479/42
Az 2: 5H 196/42

– Fiche: *0357*
Az 1: 7J 445/42,
7J 455/42
Az 2: 5H 184/42,
5H 168/42

– Fiche: *0357*
Az 1: 7J 447/42
Az 2: 5H 178/42

– Fiche: *0357*
Az 1: 7J 469/42
Az 2: 5H 179/42

– Fiche: *0358*
Az 1: 7J 275/42
Az 2: 5H 139/42

– Fiche: *0359*
Az 1: 7J 209/42
Az 2: 5H 148/42

– Fiche: *0359*
Az 1: 7J 252/42
Az 2: 5H 143/43

– Fiche: *0359*
Az 1: 7J 386/42
Az 2: 5H 144/42

– Fiche: *0360*
Az 1: 7J 382/42
Az 2: 5H 159/42

– Fiche: *0360*
Az 1: 7J 409/42
Az 2: 5H 156/42

– Fiche: *0360*
Az 1: StPL (RKA) III
321/41, 7J 418/42
Az 2: 5H 160/42

– Fiche: *0361*
Az 1: 7J 309/42

– Fiche: *0361*
Az 1: 7J 416/42
Az 2: 5H 162/42

– Fiche: *0361*
Az 1: 7J 443/42
Az 2: 5H 173/42

– Fiche: *0361*
Az 1: 7J 452/42
Az 2: 5H 169/42

– Fiche: *0361*
Az 1: 7J 483/42
Az 2: 5H 176/42

– Fiche: *0361 f.*
Az 1: 7J 476/42
Az 2: 5H 177/42

– Fiche: *0363/0563 f.*
Az 1: 7J 64/43
Az 2: 5H 52/43

– Fiche: *0364*
Az 1: 7J 213/43
Az 2: 5H 56/43

– Fiche: *0364*
Az 1: 7J 535/42, 7J 61/43
Az 2: 5H 53/43, 5H 54/43

– Fiche: *0364*
Az 1: 7J 61/43

– Fiche: *0364/0736*
Az 1: 7J 109/43,
6(7)J 108/43
Az 2: 5H 28/44, *H 35/44

– Fiche: *0366*
Az 1: 7J 171/42
Az 2: 5H 147/42

– Fiche: *0366*
Az 1: 7J 87/43

– Fiche: *0366*
Az 1: 7J 91/43
Az 2: 5H 48/43

– Fiche: *0366 f.*
Az 1: 7J 653/42
Az 2: 5H 34/43

– Fiche: *0367*
Az 1: 7J 125/43
Az 2: 5H 29/43

– Fiche: *0367/0384*
Az 1: 7J 327/43
Az 2: 5H 102/43

– Fiche: *0368/0414*
Az 1: 6(7)J 511/43,
6(7)J 429/43
Az 2: 5H 24/44, 5H 26/44

– Fiche: *0368/0520*
Az 1: 7J 305/43
Az 2: 5H 1/44

– Fiche: *0369*
Az 1: 7J 651/42
Az 2: 5H 24/43

– Fiche: *0369 f.*
Az 1: 7J 484/42
Az 2: 5H 20/43

– Fiche: *0370*
Az 1: 7J 511/42
Az 2: 5H 15/43

– Fiche: *0370*
Az 1: 7J 555/42
Az 2: 6H 13/43

– Fiche: *0370*
Az 1: 7J 76/43
Az 2: 5H 17/43

– Fiche: *0371*
Az 1: 7J 298/43
Az 2: 5H 99/43

– Fiche: *0371*
Az 1: 7J 301/43
Az 2: 5H 97/43

– Fiche: *0372*
Az 1: 7J 308/43
Az 2: 5H 92/43

– Fiche: *0372/0520*
Az 1: 7J 308/43
Az 2: 5H 92/43

– Fiche: *0373*
Az 1: 7J 304/43,
7J 326/43
Az 2: 5H 91/43, 5H 88/43

Fundorte für Widerstandsschrifttum

Aktivistische Kampforganisation (AKO)
- Fiche: *0325*
  Az 1: 6J 132/40g
  Az 2: 2H 147/41

Alemannische Autonomistische Bewegung
- Fiche: *0543 f.*
  Az 1: 8J 5/41
  Az 2: 2H 9/41

Allgemeine Arbeiter-Union Deutschlands (AAUD)
- Fiche: *0474*
  Az 1: 10J 170/38
  Az 2: 2H 38/38

Antifaschistische Freiheitsbewegung Österreichs (AFÖ)
- Fiche: *0413*
  Az 1: 7(8)J 209/43g
  Az 2: 5H 22/44
- Fiche: *0419 f./0650*
  Az 1: 7(8)J 208/43, 7J 258/43, 7J 80/44
  Az 2: 5H 58/44, 5H 53/44, 5H 60/44
- Fiche: *0426*
  Az 1: 7J 118/44
  Az 2: 5H 93/44

Auslandsbüro Österreichischer Sozialdemokraten (ALÖS)
- Fiche: *0345*
  Az 1: 7J 373/42
  Az 2: 2H 264/42

Baum-Gruppe
- Fiche: *0470 f.*
  Az 1: 10J 232/42g
  Az 2: 2H 337/42
- Fiche: *0493 f.*
  Az 1: 10J 207/42g
  Az 2: 2H 314/42

Bund Neues Deutschland
- Fiche: *0479 f.*
  Az 1: 7(8)J 108/43g

Bündische Jugend
- Fiche: *0127/0623*
  Az 1: 8J 419/37g
  Az 2: 2H 33/38
- Fiche: *0499 f.*
  Az 1: 8J 145/38
  Az 2: 2H 52/38
- Fiche: *0564*
  Az 1: 8J 148/42g
  Az 2: 5H 67/43
- Fiche: *0594 f./0695 f.*
  Az 1: 11J 122/35g
  Az 2: 2H 10,11,12/37
- Fiche: *0646 f.*
  Az 1: 8J 2/41
- Fiche: *0701*
  Az 1: 7(8)J 176/42g
- Fiche: *0709 ff*
  Az 1: 8J 162/40
  Az 2: 2H 77/41
- Fiche: *0714 f.*
  Az 1: 8J 232/40
  Az 2: 2H 76/41

Comité Barbusse
- Fiche: *0712 f.*
  Az 1: 9J 393/39
  Az 2: 2H 62/40

Der Deutsche in Polen (Ztg.)
- Fiche: *0637 f.*
  Az 1: 8J 167/40
  Az 2: 2H 89/40

Deutsche Freiheitspartei (DFP)
- Fiche: *0456 f.*
  Az 1: 9J 15/41
  Az 2: 2H 117/41
- Fiche: *0489 ff*
  Az 1: 8J 402/38
  Az 2: 2H 41/39
- Fiche: *0637 f.*
  Az 1: 8J 167/40
  Az 2: 2H 89/40

Deutsche Front gegen das Hitlersystem
- Fiche: *0479 f.*
  Az 1: 7(8)J 108/43g

Deutsche Sozialdemokratische Arbeiterpartei (DSAP)
- Fiche: *0151 f./0584*
  Az 1: 7J 72/39
  Az 2: 1H 45/39
- Fiche: *0396/0704 f.*
  Az 1: 14J 522/37g
  Az 2: 1L 2/40

Deutsche Volksfront
- Fiche: *0283 f.*
  Az 1: 10J 5/39
  Az 2: 1H 23/39
- Fiche: *0622 f.*
  Az 1: 10J 453/38
  Az 2: 1H 25/39

Deutscher Freidenkerverband
- Fiche: *0518/0558*
  Az 1: 10J 815/43
  Az 2: 1H 289/43
- Fiche: *0718 f.*
  Az 1: 8J 444/35
  Az 2: 2H 54/36

d.J. 1.11
- Fiche: *0127/0623*
  Az 1: 8J 419/37g
  Az 2: 2H 33/38

Ebeling-Gruppe
- Fiche: *0564*
  Az 1: 8J 148/42g
  Az 2: 5H 67/43
- Fiche: *0594 f./0695 f.*
  Az 1: 11J 122/35g
  Az 2: 2H 10,11,12/37
- Fiche: *0701*
  Az 1: 7(8)J 176/42g

Einheitsverband der Bergarbeiter Deutschlands (EVBD)
- Fiche: *0224*
  Az 1: 17J 44/34
  Az 2: 2H 2/34

Einheitsverband der Eisenbahner Deutschlands (EdED)
- Fiche: *0147 ff*
  Az 1: 6J 374/38g
  Az 2: 1H 37/39
- Fiche: *0153*
  Az 1: 6J 243/39
  Az 2: 1H 51/39
- Fiche: *0291/0719*
  Az 1: 9J 237/40
  Az 2: 2H 17/42
- Fiche: *0480*
  Az 1: 6J 374/38g
- Fiche: *0516*
  Az 1: 9J 315/37
  Az 2: 2H 61/37
- Fiche: *0550 f.*
  Az 1: 9J 315/37
  Az 2: 2H 50/37

Esperantobund
- Fiche: *0452*
  Az 1: 9J 231/35
  Az 2: 2H 44/35

Europäische Union
- Fiche: *0185 f.*
  Az 1: 11J 29/44
  Az 2: 1H 52/44
- Fiche: *0627 f.*
  Az 1: 10J 1095/43g
  Az 2: 1H 305/43

Fédération Internationale Main Rouge (FIMR)
- Fiche: *0584*
  Az 1: 9J 448/39
  Az 2: 1H 79/39

Freie Arbeiter-Union Deutschlands (Anarcho-Syndikalisten) (FAUD)
- Fiche: *0056 f./0461*
  Az 1: 8J 29/35
  Az 2: 2H 18/36
- Fiche: *0114*
  Az 1: 16J 843/37
  Az 2: 2H 1/38
- Fiche: *0115*
  Az 1: 16J 577/37
  Az 2: 2H 3/38
- Fiche: *0116*
  Az 1: 16J 900/37
  Az 2: 2H 6/38
- Fiche: *0116*
  Az 1: 5J 32/38
  Az 2: 2H 7/38
- Fiche: *0271 f.*
  Az 1: 16J 576/37
  Az 2: 2H 59/37
- Fiche: *0272*
  Az 1: 16J 225/37
  Az 2: 2H 60/37
- Fiche: *0543*
  Az 1: 5J 54/38
  Az 2: 1H 22/38
- Fiche: *0633 f.*
  Az 1: 9J 267/37
  Az 2: 2H 46/37

Freie Turner (Arbeitersportverein)
- Fiche: *0483*
  Az 1: 14J 482/37
  Az 2: 1H 25/37

Friedensbund deutscher Katholiken
- Fiche: *0479*
  Az 1: 8J 190/43g
  Az 2: 1H 253/43
- Fiche: *0637 f.*
  Az 1: 8J 167/40
  Az 2: 2H 89/40

Gegen den Strom
- Fiche: *0367/0384*
  Az 1: 7J 327/43
  Az 2: 5H 102/43

Gegen-Angriff
- Fiche: *0170*
  Az 1: 7J 169/41
  Az 2: 2H 18/42

Geheimdienst der spanischen Republik
- Fiche: *0175*
  Az 1: 7J 75/42
  Az 2: 2H 189/42

Gewerkschaftliche Auslandsvertretung Deutschlands (GAD)
- Fiche: *0177*
  Az 1: 7J 465/42g
  Az 2: 2H 31/43

Großösterreichische Freiheitsbewegung (GÖFB)
- Fiche: *0647 f.*
  Az 1: 7(8)J 203/41
  Az 2: 2H 168/44

Harnier-Kreis
- Fiche: *0196 f.*
  Az 1: 7J 128/44
  Az 2: 6H 205/44
- Fiche: *0636 f.*
  Az 1: 8J 421/40
  Az 2: 2H 121/40
- Fiche: *0735 f.*
  Az 1: 7J 32/44
  Az 2: 6H 92/44

Heimatfront
- Fiche: *0527/0581*
  Az 1: 8J 97/41g
  Az 2: 6H 171/43

Hübener-Gruppe
- Fiche: *0535*
  Az 1: 8J 127/42g
  Az 2: 2H 141/42

Illegale österreichische kaisertreue Front (IÖKF)
- Fiche: *0648*
  Az 1: 8J 70/43, 8J 75/43
  Az 2: 5H 128/43, 5H 134/43

International Seaman and Harbour Workers (ISH)
- Fiche: *0634*
  Az 1: 10J 102/42
  Az 2: 2H 185/42

Internationale Kommunisten Deutschlands (IKD)
- Fiche: *0081/0471*
  Az 1: 15J 544/36
  Az 2: 2H 64/36
- Fiche: *0109*
  Az 1: 16J 443/37
  Az 2: 2H 42/37
- Fiche: *0112/0271*
  Az 1: 16J 675/37
  Az 2: 2H 52/37
- Fiche: *0128*
  Az 1: 5J 317/38
  Az 2: 1H 35/38
- Fiche: *0128 f.*
  Az 1: 5J 285/38
  Az 2: 1H 36/38
- Fiche: *0276 f.*
  Az 1: 5J 284/38
  Az 2: 1H 34/38

Internationale Transportarbeiter-föderation (ITF)
- Fiche: *0291/0719*
  Az 1: 9J 237/40
  Az 2: 2H 17/42
- Fiche: *0480*
  Az 1: 6J 374/38g
- Fiche: *0516*
  Az 1: 9J 25/38
  Az 2: 1H 24/38
- Fiche: *0516*
  Az 1: 9J 315/37
  Az 2: 2H 61/37
- Fiche: *0550 f.*
  Az 1: 9J 315/37
  Az 2: 2H 50/37
- Fiche: *0687*
  Az 1: 15J 222/35
  Az 2: 2H 34/36

Internationaler Bund der Privatangestellten (IBP)
- Fiche: *0456 f.*
  Az 1: 9J 15/41
  Az 2: 2H 117/41

Internationaler Gewerkschaftsbund (IGB)
- Fiche: *0177*
  Az 1: 7J 465/42g
  Az 2: 2H 31/43
- Fiche: *0261*
  Az 1: 14J 570/37g

Internationaler Sozialistischer Kampfbund (ISK)
- Fiche: *0450/0623 f.*
  Az 1: 17J 451/37
  Az 2: 2H 59/38
- Fiche: *0467*
  Az 1: 10J 228/38
  Az 2: 2H 76/38
- Fiche: *0493*
  Az 1: 10J 229/38
  Az 2: 2H 66/38
- Fiche: *0500 f.*
  Az 1: 10J 224/38
  Az 2: 2H 62/38
- Fiche: *0536*
  Az 1: 10J 231/38
  Az 2: 2H 72/38
- Fiche: *0538*
  Az 1: 10J 227/38
  Az 2: 2H 80/38
- Fiche: *0540*
  Az 1: 10J 226/38
  Az 2: 2H 75/38
- Fiche: *0540 f.*
  Az 1: 10J 223/38
  Az 2: 2H 64/38
- Fiche: *0560*
  Az 1: 10J 222/38
  Az 2: 2H 69/38
- Fiche: *0565 f.*
  Az 1: 10J 291/38
  Az 2: 2H 88/38
- Fiche: *0583*
  Az 1: 10J 225/38
  Az 2: 2H 70/38
- Fiche: *0587*
  Az 1: 10J 303/38
  Az 2: 2H 90/38
- Fiche: *0630 f.*
  Az 1: 5J 174/39
  Az 2: 2H 51/39

Internationales Antifaschistisches Komitee (IAK)
- Fiche: *0203 f.*
  Az 1: 11J 246/44
  Az 2: 2H 245/44

ISK – Unabhängige Sozialistische Gewerkschaften (ISK-USG)
- Fiche: *0493*
  Az 1: 10J 229/38
  Az 2: 2H 66/38
- Fiche: *0500 f.*
  Az 1: 10J 224/38
  Az 2: 2H 62/38
- Fiche: *0536*
  Az 1: 10J 231/38
  Az 2: 2H 72/38
- Fiche: *0538*
  Az 1: 10J 227/38
  Az 2: 2H 80/38
- Fiche: *0540*
  Az 1: 10J 226/38
  Az 2: 2H 75/38
- Fiche: *0540 f.*
  Az 1: 10J 223/38
  Az 2: 2H 64/38
- Fiche: *0583*
  Az 1: 10J 225/38
  Az 2: 2H 70/38
- Fiche: *0587*
  Az 1: 10J 303/38
  Az 2: 2H 90/38

Jungdeutscher Orden
- Fiche: *0123 ff/0275 f.*
  Az 1: 8J 5/37g
  Az 2: 2H 23/38
- Fiche: *0479 f.*
  Az 1: 7(8)J 108/43g

Katholische Gruppe Prassek, Lange, Müller
- Fiche: *0502*
  Az 1: 8J 409/42g
  Az 2: 2H 66/43

Katholischer Jungmännerverband Deutschlands (KJMVD)
- Fiche: *0247 f./0445*
  Az 1: 8J 72/36
  Az 2: 2H 7/37

Kirche der deutschen Emigration
- Fiche: *0504 f.*
  Az 1: 8J 198/41g
  Az 2: 5H 60/42

Knüfken-Gruppe
- Fiche: *0634*
  Az 1: 10J 102/42
  Az 2: 2H 185/42

Kolonne Links
- Fiche: *0396*
  Az 1: 11J 190/38
  Az 2: 2H 29/39

Kommunistische Arbeiterpartei Deutschlands (KAPD)
- Fiche: *0474*
  Az 1: 10J 170/38
  Az 2: 2H 38/38
- Fiche: *0607*
  Az 1: 12J 160/33
  Az 2: XV H 58/33

Kommunistische Partei Deutschlands (KPD)
- Fiche: *0001*
  Az 1: 17J 303/33
  Az 2: 1H 2/34
- Fiche: *0003/0215*
  Az 1: 15/17J 60/33
  Az 2: 1H 4/34
- Fiche: *0003 f.*
  Az 1: 13J 286/33
  Az 2: 2H 4/34
- Fiche: *0004 f.*
  Az 1: 13J 98/33
  Az 2: 1H 7/34
- Fiche: *0005 f.*
  Az 1: 13J 154/33
  Az 2: 1H 9/34
- Fiche: *0006/0528*
  Az 1: 15J 250/33
  Az 2: 2H 9/34
- Fiche: *0006 f.*
  Az 1: 17J 574/33
  Az 2: 1H 10/34
- Fiche: *0007 f.*
  Az 1: 15J 734/33
  Az 2: 2H 10/34
- Fiche: *0008*
  Az 1: 17J 58/34
  Az 2: 1H 11/34
- Fiche: *0009/0733 f.*
  Az 1: 14J 311/33
  Az 2: 1H 12/34
- Fiche: *0009 f.*
  Az 1: 14J 8/34
  Az 2: 2H 12/34

– Fiche: *0010/0217 f.*
Az 1: 17J 331/33
Az 2: 2H 13/34

– Fiche: *0010 f.*
Az 1: 17J 232/33
Az 2: 2H 14/34

– Fiche: *0011 f.*
Az 1: 17J 545/33
Az 2: 1H 15/34

– Fiche: *0012*
Az 1: 14J 327/33
Az 2: 2H 15/34

– Fiche: *0013*
Az 1: 13J 279/33
Az 2: 2H 19/34

– Fiche: *0014/0219 f.*
Az 1: 17J 29/34
Az 2: 2H 21/34

– Fiche: *0015/0385*
Az 1: 17J 717/33
Az 2: 2H 23/34

– Fiche: *0015 f.*
Az 1: 14a/8J 193/30, 17J 803/33
Az 2: 1H 24/34, 1H 38/34

– Fiche: *0016*
Az 1: 17J 470/33
Az 2: 2H 25/34

– Fiche: *0016/0213*
Az 1: 17J 292/33
Az 2: 1H 25/34

– Fiche: *0016 f.*
Az 1: 14a/8J 1547/31
Az 2: 1H 27/34

– Fiche: *0017/0496*
Az 1: 15J 307/33
Az 2: 2H 27/34

– Fiche: *0018*
Az 1: 15/17J 77/32
Az 2: 1H 28/34

– Fiche: *0018*
Az 1: 16J 387/34
Az 2: 1H 36/34

– Fiche: *0018/0220*
Az 1: 16J 646/33
Az 2: 1H 29/34

– Fiche: *0018/0534*
Az 1: 14a/8J 796/30
Az 2: 1H 31/34

– Fiche: *0018 f.*
Az 1: 15J 369/34
Az 2: 1H 39/35

– Fiche: *0019*
Az 1: 17J 617/33
Az 2: 1H 37/34

– Fiche: *0019 f./0311*
Az 1: 17J 64/34
Az 2: 1H 41/34

– Fiche: *0020*
Az 1: 17J 170/34
Az 2: 1H 42/34

– Fiche: *0021/0462*
Az 1: 15J 85/34
Az 2: 1H 46/34

– Fiche: *0021 f.*
Az 1: 17J 397/33
Az 2: 1H 3/35

– Fiche: *0022 f.*
Az 1: 17J 193/34
Az 2: 1H 4/35

– Fiche: *0024/0385 f.*
Az 1: 14J 75/33, 14J 77/33
Az 2: 2H 7/35, 2H 6,7/35

– Fiche: *0024 f.*
Az 1: 8J 943/32
Az 2: 2H 8/35

– Fiche: *0028 f./0679*
Az 1: 15J 648/33
Az 2: 1H 14/35

– Fiche: *0029*
Az 1: 17J 98/34
Az 2: 1H 17/35

– Fiche: *0029 f./0469*
Az 1: 13J 256/33
Az 2: 2H 17/35

– Fiche: *0030*
Az 1: 17J 210/34
Az 2: 2H 19/35

– Fiche: *0030 f./0229 f.*
Az 1: 13J 265/33
Az 2: 2H 21/35

– Fiche: *0031*
Az 1: 13/14J 103/29
Az 2: 1H 24/35

– Fiche: *0031*
Az 1: 17J 58/35
Az 2: 1H 22/35

– Fiche: *0031 f./0230*
Az 1: 17J 296/34
Az 2: 2H 24/35

– Fiche: *0032 f.*
Az 1: 13J 11/34
Az 2: 1H 26/35

– Fiche: *0033 f.*
Az 1: 17J 119/35
Az 2: 2H 26/35

– Fiche: *0034*
Az 1: 9J 613/33
Az 2: 1H 27/35

– Fiche: *0035*
Az 1: 17J 282/34
Az 2: 2H 27/35

– Fiche: *0036/0231*
Az 1: 17J 81/35
Az 2: 2H 31/35

– Fiche: *0037/0221*
Az 1: 17J 94/34
Az 2: 1H 33/35

– Fiche: *0038/0233*
Az 1: 17J 42/35
Az 2: 1H 38/35

– Fiche: *0038 f./0259 f.*
Az 1: 16J 767/35
Az 2: 2H 57/36

– Fiche: *0039*
Az 1: 16J 454/35
Az 2: 2H 40/35

– Fiche: *0039/0235*
Az 1: 15J 20/35
Az 2: 1H 40/35

– Fiche: *0039 f.*
Az 1: 14J 16/35
Az 2: 1H 43/35

– Fiche: *0040 f./0235 f.*
Az 1: 16J 324/34
Az 2: 2H 45/35

– Fiche: *0041*
Az 1: 17J 289/35
Az 2: 2H 48/35

– Fiche: *0042 f.*
Az 1: 14a/9J 1672/31
Az 2: 1H 52/35

– Fiche: *0043 f.*
Az 1: 9J 702/35
Az 2: 2H 53/35

– Fiche: *0044 f.*
Az 1: 17J 387/34
Az 2: 2H 55/35

– Fiche: *0045 f./0675 f.*
Az 1: 16J 319/35
Az 2: 1H 57/35

– Fiche: *0046/0462*
Az 1: 17J 189/35
Az 2: 1H 61/35

– Fiche: *0048 f.*
Az 1: 17J 88/35
Az 2: 1H 73/35

– Fiche: *0049/0450*
Az 1: 9J 151/35
Az 2: 1H 3/36

– Fiche: *0051/0246 f.*
Az 1: 8J 422/35g
Az 2: 1H 6/36

– Fiche: *0052*
Az 1: 14J 104/36
Az 2: 2H 8/36

– Fiche: *0053 f.*
Az 1: 17J 310/35
Az 2: 2H 10/36

– Fiche: *0054*
Az 1: 17J 83/35
Az 2: 1H 12/36

– Fiche: *0054/0508*
Az 1: 17J 496/35
Az 2: 2H 11/36

– Fiche: *0055/0248 f.*
Az 1: 8J 418/35g
Az 2: 1H 13/36

– Fiche: *0056*
Az 1: 17J 441/35
Az 2: 1H 14/36

– Fiche: *0058 f.*
Az 1: 17J 129/35
Az 2: 1H 21,22/36

– Fiche: *0060 f.*
Az 1: 8J 438/35g
Az 2: 1H 23/24/36

– Fiche: *0063*
Az 1: 14J 134/36
Az 2: 2H 29/36

– Fiche: *0064*
Az 1: 17J 160/36
Az 2: 2H 31/36

– Fiche: *0065*
Az 1: 14J 26/36
Az 2: 1H 36/36

– Fiche: *0065*
Az 1: 16J 349/35
Az 2: 2H 32/36

– Fiche: *0065 f./0253*
Az 1: 8J 22/36g
Az 2: 2H 36/36

– Fiche: *0066*
Az 1: 17J 443/35
Az 2: 2H 37/36

– Fiche: *0067*
Az 1: 8J 296/35g
Az 2: 2H 38/36

– Fiche: *0067 f./0514*
Az 1: 17J 25/36
Az 2: 1H 39/36

– Fiche: *0068*
Az 1: 17J 80/36
Az 2: 2H 39/36

– Fiche: *0071 f.*
Az 1: 14J 288/36
Az 2: 1H 48/36

– Fiche: *0073/0256 f.*
Az 1: 5J 592/35g
Az 2: 1H 52/36

– Fiche: *0074 f.*
Az 1: 17J 366/36
Az 2: 1H 56/36

– Fiche: *0075*
Az 1: 17J 357/36
Az 2: 2H 56/36

– Fiche: *0075/0258*
Az 1: 17J 70/36
Az 2: 1H 57/36

– Fiche: *0076*
Az 1: 17J 27/36
Az 2: 2H 59/36

– Fiche: *0076 f.*
Az 1: 8J 427/35g
Az 2: 1H 59/60/61/36

– Fiche: *0080 f./0260*
Az 1: 8J 163/36g
Az 2: 1H 64/36

– Fiche: *0081*
Az 1: 8J 35/37g
Az 2: 1H 66/36

– Fiche: *0082/0260 f.*
Az 1: 9J 907/35
Az 2: 1H 67/36

– Fiche: *0084*
Az 1: 17J 318/36
Az 2: 2H 2/37

– Fiche: *0084 f.*
Az 1: 8J 430/35g
Az 2: 1H 3/37

– Fiche: *0085*
Az 1: 17J 507/36
Az 2: 2H 3/37

– Fiche: *0087 f.*
Az 1: 14J 396/36
Az 2: 1H 6/37

– Fiche: *0088*
Az 1: 8J 211/36
Az 2: 2H 6/37

– Fiche: *0088 f.*
Az 1: 17J 239/36
Az 2: 1H 7/37

– Fiche: *0090*
Az 1: 17J 187/36
Az 2: 2H 31/37

– Fiche: *0092 ff*
Az 1: 17J 67/36
Az 2: 1H 14/37

– Fiche: *0094*
Az 1: 16J 23/37
Az 2: 1H 18/37

– Fiche: *0094/0262*
Az 1: 8J 223/36
Az 2: 2H 15/37

– Fiche: *0094/0264 f.*
Az 1: 17J 439/36
Az 2: 2H 21/37

– Fiche: *0094 f./0551*
Az 1: 9J 600/36
Az 2: 1H 21/37

– Fiche: *0095/0541*
Az 1: 9J 571/36
Az 2: 2H 22/37

– Fiche: *0095 f.*
Az 1: 17J 271/36
Az 2: 2H 23/37

– Fiche: *0101*
Az 1: 17J 316/37
Az 2: 1H 29/37

– Fiche: *0102 f.*
Az 1: 17J 317/37
Az 2: 1H 31/37

– Fiche: *0103 f.*
Az 1: 17J 416/36
Az 2: 2H 32/37

– Fiche: *0104*
Az 1: 17J 321/37
Az 2: 1H 33/37

– Fiche: *0104 f.*
Az 1: 17J 319/37
Az 2: 1H 34/37

– Fiche: *0106*
Az 1: 8J 135/37g
Az 2: 1H 36/37

– Fiche: *0106/0546 f.*
Az 1: 17J 315/37
Az 2: 1H 37/37

– Fiche: *0108 f.*
Az 1: 8J 337/37g
Az 2: 1H 41/37

– Fiche: *0110 f.*
Az 1: 8J 348/37g
Az 2: 1H 47/37

– Fiche: *0113 f./0508*
Az 1: 14J 725/37g
Az 2: 1H 1/38

– Fiche: *0114/0473 f.*
Az 1: 14J 527/37g,
14J 736/37
Az 2: 1H 44/37, 1H 3/38

– Fiche: *0115*
Az 1: 14J 727/37g
Az 2: 1H 5/38

– Fiche: *0119*
Az 1: 8J 273/37
Az 2: 1H 13/38

– Fiche: *0125 f.*
Az 1: 7J 295/38
Az 2: 1H 26/38

– Fiche: *0127/0623*
Az 1: 8J 419/37g
Az 2: 2H 33/38

– Fiche: *0131/0596 f.*
Az 1: 14J 796/37g
Az 2: 2H 51/38

– Fiche: *0133*
Az 1: 6J 37/38
Az 2: 2H 74/38

– Fiche: *0135 f./0678 f.*
Az 1: 5J 344/38
Az 2: 2H 94/38

– Fiche: *0136 f./0272*
Az 1: 11J 152/38
Az 2: 1H 3/39

– Fiche: *0139/0474 f.*
Az 1: 6J 141/38g
Az 2: 1H 10/39

– Fiche: *0140/0683*
Az 1: 16J 703/35,
6J 17/39g
Az 2: 2H 12/39

– Fiche: *0142 f./0283*
Az 1: 6J 14/39
Az 2: 1H 20/39

– Fiche: *0143*
Az 1: 11J 193/38
Az 2: 2H 22/39

– Fiche: *0145/0285 f.*
Az 1: 5J 102/39
Az 2: 1H 27/39

– Fiche: *0152 f.*
Az 1: 6J 6/39g
Az 2: 2H 50/39

– Fiche: *0154*
Az 1: 6J 19/39g
Az 2: 2H 53/39

– Fiche: *0156 f./0314 f.*
Az 1: 14J 140/34
Az 2: 1H 42/35

– Fiche: *0160 f.*
Az 1: 5J 46/40
Az 2: 2H 45/40

– Fiche: *0161*
Az 1: 9J 415/39
Az 2: 2H 51/40

– Fiche: *0161 f./0562*
Az 1: 9J 370/39g
Az 2: 2H 53/40

– Fiche: *0163*
Az 1: 6J 231/39g
Az 2: 2H 67/40

– Fiche: *0165/0291*
Az 1: 9J 246/40
Az 2: 2H 28/41

– Fiche: *0165/0534 f.*
Az 1: 10J 37/40g
Az 2: 2H 3/41

– Fiche: *0168 f.*
Az 1: 5J 230/41
Az 2: 2H 6/42

– Fiche: *0172*
Az 1: 6J 76/41
Az 2: 2H 64/42

– Fiche: *0173*
Az 1: 5J 81/42
Az 2: 2H 94/42

– Fiche: *0182 f.*
Az 1: 10(9)J 71/42g
Az 2: 2H 23/44

– Fiche: *0186/0722*
Az 1: 10(9)J 571/43
Az 2: 2H 52/44

– Fiche: *0194/0469*
Az 1: 9J 47/44
Az 2: 2H 154/44

– Fiche: *0196 f.*
Az 1: 7J 128/44
Az 2: 6H 205/44

– Fiche: *0197/0466*
Az 1: 8J 157/44
Az 2: 1H 208/44

– Fiche: *0203 f.*
Az 1: 11J 246/44
Az 2: 2H 245/44

– Fiche: *0211*
Az 1: 9J 157/44
Az 2: 5H 45/45

– Fiche: *0213*
Az 1: 17J 292/33

– Fiche: *0213*
Az 1: 8/16J 774/33
Az 2: VIII. H 3/33

– Fiche: *0213 f./0216*
Az 1: 17J 89/33
Az 2: 1H 6/34

– Fiche: *0215 f.*
Az 1: 14J 163/33
Az 2: 1H 5/34

– Fiche: *0216 f.*
Az 1: 14J 293/33
Az 2: 1H 8/34

– Fiche: *0222*
Az 1: 16J 585/33
Az 2: 1H 35/34

– Fiche: *0224*
Az 1: 17J 44/34
Az 2: 2H 2/34

– Fiche: *0228*
Az 1: 13J 266/33
Az 2: 2H 11,12/35

– Fiche: *0228 f.*
Az 1: 14J 34/34
Az 2: 1H 13/35

– Fiche: *0230*
Az 1: 17J 475/35
Az 2: 2H 25/35

– Fiche: *0241*
Az 1: 17J 249/35
Az 2: 1H 72/35

– Fiche: *0242/0313*
Az 1: 17J 59/35
Az 2: 1H 74/35

– Fiche: *0244 f./0274*
Az 1: 8J 431/35g
Az 2: 1H 8/37

– Fiche: *0245 f.*
Az 1: 8J 7/36g
Az 2: 2H 4/36

– Fiche: *0251 ff*
Az 1: 14J 12/36
Az 2: 2H 17/36

– Fiche: *0256*
Az 1: 15J 162/36
Az 2: 1H 51/36

– Fiche: *0257 f.*
Az 1: 15J 338/36
Az 2: 2H 52/36

– Fiche: *0263 f./0487 f.*
Az 1: 17J 171/35
Az 2: 2H 17/37

– Fiche: *0269 f.*
Az 1: 8J 100/37
Az 2: 1H 43/37

– Fiche: *0272 f.*
Az 1: 14J 72/37g
Az 2: 1H 2/38

– Fiche: *0273 f.*
Az 1: 14J 657/37g
Az 2: 1H 15/38

– Fiche: *0274*
Az 1: 17J 406/37
Az 2: 2H 15/38

– Fiche: *0282*
Az 1: 7J 677/38
Az 2: 2H 1/39

– Fiche: *0284 f.*
Az 1: 7J 352/38
Az 2: 2H 3/39

– Fiche: *0285*
Az 1: 6J 586/38g
Az 2: 2H 26/39

– Fiche: *0301*
Az 1: 15J 818/36
Az 2: 1H 22/37

– Fiche: *0303 f.*
Az 1: 17J 43/37
Az 2: 1H 7/38

– Fiche: *0311 f.*
Az 1: 14a/8J 510/29
Az 2: 1H 18/34

– Fiche: *0315*
Az 1: 8J 419/35g
Az 2: 1H 18/36

– Fiche: *0315 f./0465 f.*
Az 1: 15J 14/36
Az 2: 1H 54/36

– Fiche: *0316*
Az 1: 16J 251/36
Az 2: 1H 45/36

– Fiche: *0386 f./0572 f.*
Az 1: 11J 423/33
Az 2: 3L 15/35

– Fiche: *0387 f.*
Az 1: 16J 489/33
Az 2: 3L 19/35

– Fiche: *0388*
Az 1: 17J 331/33
Az 2: 2H 28/35

– Fiche: *0389*
Az 1: 9J 301/35
Az 2: 3L 51/35

– Fiche: *0390 f.*
Az 1: 8J 106/36g
Az 2: 2H 24/36

– Fiche: *0397f.*
Az 1: 6J 198/39g
Az 2: 3L 19/40

– Fiche: *0455*
Az 1: 9J 7/43g
Az 2: 2H 12/43

– Fiche: *0458*
Az 1: 9J 355/39g
Az 2: 2H 9/40

– Fiche: *0463*
Az 1: 15J 217/35
Az 2: 1H 68/35

– Fiche: *0463*
Az 1: 15J 307/35
Az 2: 1H 4/36

– Fiche: *0463/0465*
Az 1: 15J 39/36
Az 2: 2H 35/36

– Fiche: *0467 ff*
Az 1: 14J 629/37g
Az 2: 2H 86/38

– Fiche: *0472 f./0603 f.*
Az 1: 14J 629/37g,
6J 44/38g
Az 2: 2H 84,85,87/38

– Fiche: *0476 f.*
Az 1: 8J 131/36g,
8J 49,117,131/36g
Az 2: 2H 16,20,27/37

– Fiche: *0478*
Az 1: 10J 290/40g
Az 2: 5H 62/42

– Fiche: *0481/0688*
Az 1: 7(6)J 117/43
Az 2: 2H 12/44

– Fiche: *0488 f./0519 f.*
Az 1: 9J 30/40g
Az 2: 2H 5/41

– Fiche: *0492*
Az 1: 10J 66/40
Az 2: 2H 114/40

– Fiche: *0492/0595*
Az 1: 9J 938/35
Az 2: 2H 7/36

– Fiche: *0494*
Az 1: 9J 356/36
Az 2: 1H 46/36

– Fiche: *0497/0730*
Az 1: 8J 18/34
Az 2: 1H 19/35

– Fiche: *0506 f.*
Az 1: 15J 183/34
Az 2: 2H 15/35

– Fiche: *0507 f.*
Az 1: 14J 26/34
Az 2: 2H 29/35

– Fiche: *0513 f.*
Az 1: 8J 969/33
Az 2: 2H 24/34

– Fiche: *0514*
Az 1: 9aJ 164/34
Az 2: 1H 47/34

– Fiche: *0518*
Az 1: 9J 254/41g
Az 2: 2H 128/41

– Fiche: *0523*
Az 1: 15J 201/35
Az 2: 1H 2/36

– Fiche: *0523 f.*
Az 1: 9J 351/38g
Az 2: 2H 93/38

– Fiche: *0530*
Az 1: 10J 71/42
Az 2: 2H 284/42

– Fiche: *0531*
Az 1: 10J 40/42
Az 2: 2H 228/42

– Fiche: *0531*
Az 1: 10J 81/42
Az 2: 2H 188/42

– Fiche: *0532 f.*
Az 1: 7(11)J 197/34g
Az 2: 3L 21/36

– Fiche: *0544/0734*
Az 1: 9J 869/35
Az 2: 2H 51/35

– Fiche: *0545*
Az 1: 9J 878/33
Az 2: 2H 16/34

– Fiche: *0549*
Az 1: 10J 96/42
Az 2: 2H 238/42

– Fiche: *0552*
Az 1: 9J 162/42g
Az 2: 2H 320/42

– Fiche: *0555*
Az 1: 9J 330/41
Az 2: 5H 63/42

– Fiche: *0555*
Az 1: 9J 388/36
Az 2: 2H 55/36

– Fiche: *0558 f.*
Az 1: 9J 914/35
Az 2: 1H 9/36

– Fiche: *0559*
Az 1: 10J 16/42g
Az 2: 1H 247/42

– Fiche: *0563 f.*
Az 1: 10J 68/40
Az 2: 2H 109/40

– Fiche: *0564*
Az 1: 8J 148/42g
Az 2: 5H 67/43

– Fiche: *0566 f.*
Az 1: 10J 70/40
Az 2: 2H 127/40

– Fiche: *0570*
Az 1: 16J 287/35
Az 2: 1H 30/35

– Fiche: *0572*
Az 1: 9J 39/45
Az 2: 2H 65/45

– Fiche: *0572*
Az 1: 9J 547/33
Az 2: 2H 8/34

– Fiche: *0573*
Az 1: 10J 10/40
Az 2: 2H 40/40

– Fiche: *0577 f.*
Az 1: 8J 160/36
Az 2: 2H 61/36

– Fiche: *0588 f./0643*
Az 1: 16J 293/35, 8J 438/35
Az 2: 2H 58/35

– Fiche: *0589*
Az 1: 16J 293/35
Az 2: 2H 58/35

– Fiche: *0590 f.*
Az 1: 8J 420/35g
Az 2: 1H 32/36

– Fiche: *0592 f.*
Az 1: 15J 454/35
Az 2: 1H 40/36

– Fiche: *0593 f.*
Az 1: 15J 490/33
Az 2: 1H 89/34

– Fiche: *0594 f./0695 f.*
Az 1: 11J 122/35g
Az 2: 2H 10,11,12/37

– Fiche: *0597 f.*
Az 1: 15J 355/33
Az 2: 1H 43/34

– Fiche: *0600 f.*
Az 1: 10J 13/43g
Az 2: 2H 100/43

– Fiche: *0601 f.*
Az 1: 8J 206/37g
Az 2: 2H 4/38

– Fiche: *0602 f.*
Az 1: 9J 414/39
Az 2: 2H 83/41

– Fiche: *0604 f.*
Az 1: 10J 317/38
Az 2: 2H 23/39

– Fiche: *0605 f.*
Az 1: 14J 83/33
Az 2: XV H 55/33

– Fiche: *0606 f.*
Az 1: 13J 190/33
Az 2: XV H 53/33

– Fiche: *0607 f.*
Az 1: 17J 697/33
Az 2: XV H 50/33

– Fiche: *0608 ff*
Az 1: 15J 179/33
Az 2: XII H 17/34

– Fiche: *0610 f.*
Az 1: 13J 212/33
Az 2: XII H 9/34

– Fiche: *0611*
Az 1: 17J 125/34
Az 2: XII H 33/34

– Fiche: *0612*
Az 1: 13J 81/33
Az 2: XII H 30/33

– Fiche: *0612 f.*
Az 1: 13J 147/33
Az 2: XII H 44/33

– Fiche: *0613*
Az 1: 8/16J 1117/33
Az 2: XII H 46/33

– Fiche: *0613*
Az 1: 8/16J 548/32
Az 2: XII H 39/33

– Fiche: *0613 f.*
Az 1: 8/16J 431/33
Az 2: XII H 48/33

– Fiche: *0614*
Az 1: 8/16J 952/32
Az 2: XII H 51/33

– Fiche: *0614 f.*
Az 1: 14J 38/33
Az 2: XII H 56/33

– Fiche: *0615 ff*
Az 1: 15J 86/33
Az 2: XII H 42/33

– Fiche: *0618*
Az 1: 8/16J 1170/32
Az 2: XII H 20/33

– Fiche: *0618 f.*
Az 1: 8/16J 612/33
Az 2: XII H 21/33

– Fiche: *0619*
Az 1: 13J 50/33
Az 2: XII H 26/33

– Fiche: *0619*
Az 1: 14J 33/33
Az 2: XII H 36/33

– Fiche: *0619*
Az 1: 8J 200/33
Az 2: XII H 23/33

– Fiche: *0621*
Az 1: 17J 566/33
Az 2: XII H 8/34

– Fiche: *0625/0643*
Az 1: 10J 215/41
Az 2: 2H 130/42

– Fiche: *0628*
Az 1: 9J 50/42g
Az 2: 2H 60/42

– Fiche: *0630*
Az 1: 9J 657/35
Az 2: 1H 58/36

– Fiche: *0634*
Az 1: 10J 102/42
Az 2: 2H 185/42

– Fiche: *0635 f.*
Az 1: 10J 123/41
Az 2: 2H 115/41

– Fiche: *0640*
Az 1: 16J 328/35
Az 2: 1H 11/37

– Fiche: *0641 f.*
Az 1: 9J 70/42g
Az 2: 2H 157/43

– Fiche: *0650 f.*
Az 1: 15J 190/33
Az 2: XII H 6/34

– Fiche: *0651 f.*
Az 1: 17J 793/33
Az 2: XII H 10,12/24

– Fiche: *0652 f.*
Az 1: 9J 107/33
Az 2: XII H 45/33

– Fiche: *0653*
Az 1: 14J 172/33
Az 2: XV H 10/34

– Fiche: *0654*
Az 1: 17J 684/33
Az 2: XV H 11/34

– Fiche: *0654 f.*
Az 1: 8/16J 79/33
Az 2: XV H 12/34

– Fiche: *0655*
Az 1: 17J 27/34
Az 2: XV H 14/34

– Fiche: *0656 f.*
Az 1: 17J 582/33
Az 2: XV H 28/34

– Fiche: *0657 f.*
Az 1: 17J 163/33
Az 2: XV H 3/34

– Fiche: *0659*
Az 1: 14J 86/33
Az 2: XV H 8/34

– Fiche: *0659 f.*
Az 1: 9J 127/33
Az 2: XV H 18/34

– Fiche: *0660*
Az 1: 13J 139/33
Az 2: XV H 19/34

– Fiche: *0660 f.*
Az 1: 17J 792/33
Az 2: XV H 15/34

– Fiche: *0661 f.*
Az 1: 9J 952/33
Az 2: XV H 20/34

– Fiche: *0662 f.*
Az 1: 17J 627/33
Az 2: XV H 21/34

– Fiche: *0663 f.*
Az 1: 17J 685/33, 17J 627/33
Az 2: XV H 22/34, XV H 21/34

– Fiche: *0664*
Az 1: 14a/8J 910/31, 14a/9/16J 910/31
Az 2: XV H 5/32

– Fiche: *0664 f.*
Az 1: 17J 541/33
Az 2: XV H 25/34

– Fiche: *0665*
Az 1: 14J 71/33
Az 2: XV H 30/33

– Fiche: *0665*
Az 1: 14J 88/33
Az 2: XV H 20/33

– Fiche: *0666*
Az 1: 15J 147/33
Az 2: XV H 40/33

– Fiche: *0666*
Az 1: 8/16J 301/33
Az 2: XV H 33/33

– Fiche: *0666 f.*
Az 1: 8/16J 747/33
Az 2: XV H 41/33

– Fiche: *0667*
Az 1: 8/16J 152/33
Az 2: XV H 42/33

– Fiche: *0667 f.*
Az 1: 15/17J 44/33
Az 2: XV H 34/33

– Fiche: *0668*
Az 1: 8/16J 335/33
Az 2: XV H 43/33

– Fiche: *0668 f.*
Az 1: 14a/8J 136/29
Az 2: XV H 44/33

– Fiche: *0669 f.*
Az 1: 15/17J 61/33
Az 2: XV H 36/33

– Fiche: *0670*
Az 1: 13J 56/33
Az 2: XV H 45/33

- Fiche: *0670*
  Az 1: 15/17J 58/33
  Az 2: XV H 24/33
- Fiche: *0670 f.*
  Az 1: 14J 78/34
  Az 2: 1H 45/35
- Fiche: *0671*
  Az 1: 9J 759/37
  Az 2: 2H 36/38
- Fiche: *0671 f.*
  Az 1: 15J 385/34
  Az 2: 1H 11/36
- Fiche: *0679 f./0713*
  Az 1: 10(9)J 777/43g
  Az 2: 5H 38/44, 5H 43/44
- Fiche: *0684*
  Az 1: 10J 80/42
  Az 2: 2H 317/42
- Fiche: *0685*
  Az 1: 10J 239/39
  Az 2: 2H 2/41
- Fiche: *0705*
  Az 1: StPL (RKA) 529/42
  Az 2: StPL (HLS) 72/43
- Fiche: *0709/0717f.*
  Az 1: 15J 218/35
  Az 2: 2H 23/36
- Fiche: *0712 f.*
  Az 1: 9J 393/39
  Az 2: 2H 62/40
- Fiche: *0715 f.*
  Az 1: 15 J 195/32
  Az 2: XV H 24/34
- Fiche: *0719*
  Az 1: 10(9)J 943/43
- Fiche: *0719 f.*
  Az 1: 9J 34/40g
- Fiche: *0720*
  Az 1: 14J 33/34
- Fiche: *0730 f./0732*
  Az 1: 17J 318/37
  Az 2: 1H 38/37

Kommunistische Partei Deutschlands (Opposition) (KPDO)
- Fiche: *0010*
  Az 1: 8J 1783/33
  Az 2: 1H 14/34
- Fiche: *0051 f.*
  Az 1: 8J 383/34
  Az 2: 1H 7/36
- Fiche: *0115*
  Az 1: 14J 727/37g
  Az 2: 1H 5/38
- Fiche: *0134*
  Az 1: 7J 344/38
  Az 2: 2H 78/38
- Fiche: *0134/0523*
  Az 1: 7J 348/38
  Az 2: 2H 82/38
- Fiche: *0136*
  Az 1: 7J 346/38
  Az 2: 2H 95/38
- Fiche: *0198*
  Az 1: 10J 167/44
  Az 2: 2H 208/44
- Fiche: *0284 f.*
  Az 1: 7J 352/38
  Az 2: 2H 3/39
- Fiche: *0551 f.*
  Az 1: 6J 248/38g
  Az 2: 2H 2/39
- Fiche: *0552 f.*
  Az 1: 8J 10/35
  Az 2: 2H 34/35
- Fiche: *0569 f.*
  Az 1: 15J 273/35
  Az 2: 1H 47/35
- Fiche: *0606*
  Az 1: 8J 1583/33
  Az 2: XV H 52/33
- Fiche: *0611 f.*
  Az 1: 12J 145/33
  Az 2: XII H 13/34
- Fiche: *0630 f.*
  Az 1: 5J 174/39
  Az 2: 2H 51/39

Kommunistische Partei Luxemburgs
- Fiche: *0570 f.*
  Az 1: 2J 342/40g
  Az 2: 2H 150/41

Kommunistische Partei Österreichs (KPÖ)
- Fiche: *0294/0459*
  Az 1: 7J 299/42
  Az 2: 2H 213/42
- Fiche: *0295*
  Az 1: 7J 276/42
  Az 2: 2H 272/42
- Fiche: *0296*
  Az 1: 7J 638/42
  Az 2: 5H 26/43
- Fiche: *0297*
  Az 1: 7J 247/43
  Az 2: 5H 79/43
- Fiche: *0305*
  Az 1: 6J 319/38
  Az 2: 1H 28/39
- Fiche: *0305 f.*
  Az 1: 6J 334/38
  Az 2: 1H 12/39
- Fiche: *0306*
  Az 1: 7J 547/39
  Az 2: 2H 13/40
- Fiche: *0308*
  Az 1: 6J 103/40g
  Az 2: 2H 115/40
- Fiche: *0309 f.*
  Az 1: 6J 103/40g
  Az 2: 2H 116/40
- Fiche: *0311*
  Az 1: 7J 70/40, 7J 93/42
  Az 2: 2H 133/40
- Fiche: *0319 f.*
  Az 1: 6J 124/40g
  Az 2: 2H 10/41
- Fiche: *0320*
  Az 1: 6J 119/40g
- Fiche: *0320*
  Az 1: 6J 122/40g
- Fiche: *0321*
  Az 1: 7J 94/41, 7J 70/40
  Az 2: 2H 22/41
- Fiche: *0321 f.*
  Az 1: 6J 22/41g
  Az 2: 2H 41/41
- Fiche: *0323*
  Az 1: 6J 28/41g
  Az 2: 2H 129/41
- Fiche: *0323 ff*
  Az 1: 7J 174/40
  Az 2: 2H 132/41
- Fiche: *0326*
  Az 1: 7J 112/42
  Az 2: 2H 164/42
- Fiche: *0327*
  Az 1: 7J 181/42
  Az 2: 2H 158/42
- Fiche: *0332*
  Az 1: 7J 497/41
  Az 2: 2H 116/42
- Fiche: *0332/0367*
  Az 1: 7J 257/41
  Az 2: 2H 114/42
- Fiche: *0334*
  Az 1: 6J 23/42g
  Az 2: 2H 64/42
- Fiche: *0335 f.*
  Az 1: 6J 165/41g
  Az 2: 2H 42/42
- Fiche: *0336*
  Az 1: 7J 543/41
  Az 2: 2H 4/42
- Fiche: *0338*
  Az 1: 7J 272/42
  Az 2: 2H 206/42
- Fiche: *0339/0649*
  Az 1: 6J 78/42g
  Az 2: 2H 156/42
- Fiche: *0339/0649 0721*
  Az 1: 6J 7/43g
  Az 2: 6H 5/43
- Fiche: *0341/0354*
  Az 1: 7J 214/42
  Az 2: 2H 186/42
- Fiche: *0343*
  Az 1: 7J 213/42
  Az 2: 2H 171/42
- Fiche: *0343*
  Az 1: 7J 370/42
  Az 2: 1H 217/42
- Fiche: *0345*
  Az 1: 7J 402/42
  Az 2: 2H 261/42
- Fiche: *0348*
  Az 1: 7J 253/42
  Az 2: 5H 89/42
- Fiche: *0348*
  Az 1: 7J 254/42
  Az 2: 5H 87/42
- Fiche: *0350*
  Az 1: 7J 359/42
  Az 2: 5H 137/42
- Fiche: *0351/0358*
  Az 1: 7J 285/42
  Az 2: 5H 138/42
- Fiche: *0353*
  Az 1: 7J 295/42
  Az 2: 6H 8/42
- Fiche: *0355*
  Az 1: 7J 464/42
  Az 2: 5H 198/42
- Fiche: *0359*
  Az 1: 7J 209/42
  Az 2: 5H 148/42
- Fiche: *0359*
  Az 1: 7J 252/42
  Az 2: 5H 143/43
- Fiche: *0360*
  Az 1: 7J 382/42
  Az 2: 5H 159/42
- Fiche: *0364*
  Az 1: 7J 213/43
  Az 2: 5H 56/43
- Fiche: *0364*
  Az 1: 7J 61/43
- Fiche: *0366*
  Az 1: 7J 171/42
  Az 2: 5H 147/42
- Fiche: *0370*
  Az 1: 7J 511/42
  Az 2: 5H 15/43
- Fiche: *0370*
  Az 1: 7J 555/42
  Az 2: 6H 13/43
- Fiche: *0371*
  Az 1: 7J 298/43
  Az 2: 5H 99/43
- Fiche: *0374*
  Az 1: 7J 331/43
  Az 2: 5H 77/43
- Fiche: *0375*
  Az 1: 7J 100/43
  Az 2: 6H 74/43
- Fiche: *0375*
  Az 1: 7J 332/43
  Az 2: 5H 73/43
- Fiche: *0376*
  Az 1: 7J 628/42
  Az 2: 5H 66/43
- Fiche: *0381*
  Az 1: 7J 294/43
  Az 2: 5H 132/43
- Fiche: *0382*
  Az 1: 7J 359/43
  Az 2: 5H 120/43
- Fiche: *0400*
  Az 1: 7J 313/42
  Az 2: 5H 136/42
- Fiche: *0410/0520*
  Az 1: 6(7)J 514/43
  Az 2: 5H 15/44
- Fiche: *0413/0520*
  Az 1: 6(7)J 517/43
  Az 2: 5H 180/42
- Fiche: *0416*
  Az 1: 6(7)J 518/43
  Az 2: 5H 31/44
- Fiche: *0428*
  Az 1: 6J 155/44
  Az 2: 5H 108/44
- Fiche: *0455*
  Az 1: 7J 599/42
  Az 2: 6H 44/43
- Fiche: *0459*
  Az 1: 7J 44/43
  Az 2: 6H 99/43
- Fiche: *0526 f.*
  Az 1: 7J 457/42
- Fiche: *0574/0649*
  Az 1: 7J 513/43
  Az 2: 5H 6/44
- Fiche: *0579*
  Az 1: 7J 441/43
  Az 2: 6H 169/43
- Fiche: *0600*
  Az 1: 7J 422/43
- Fiche: *0707*
  Az 1: StPL (RKA) II 46/43
  Az 2: StPL (HLS) II 54/43
- Fiche: *0717*
  Az 1: 6J 144/41g

Kommunistische Partei der Tschechoslowakei (KPC)
- Fiche: *0301*
  Az 1: 15J 818/36
  Az 2: 1H 22/37

KPD – Bund der Sowjetfreunde
- Fiche: *0639*
  Az 1: 10J 87/41
  Az 2: 2H 192/42

KPD – Internationale Arbeiterhilfe (KPD-IAH)
- Fiche: *0126*
  Az 1: 17J 414/37
  Az 2: 2H 26/38
- Fiche: *0597 f.*
  Az 1: 15J 355/33
  Az 2: 1H 43/34
- Fiche: *0640*
  Az 1: 16J 328/35
  Az 2: 1H 11/37
- Fiche: *0657 f.*
  Az 1: 17J 163/33
  Az 2: XV H 3/34

KPD – Kampfbund gegen den Faschismus (KPD-KGF)
- Fiche: *0597 f.*
  Az 1: 15J 355/33
  Az 2: 1H 43/34
- Fiche: *0614*
  Az 1: 13J 215/33
  Az 2: XII H 55/33
- Fiche: *0664*
  Az 1: 14a/8J 910/31, 14a/9/16J 910/31
  Az 2: XV H 5/32

KPD – Kommunistischer Jugendverband Deutschlands (KPD-KJVD)
- Fiche: *0014/0218 f.*
  Az 1: 17J 689/33
  Az 2: 1H 21/34
- Fiche: *0044 f.*
  Az 1: 17J 387/34
  Az 2: 2H 55/35
- Fiche: *0097 f.*
  Az 1: 17J 28/36
  Az 2: 2H 24/37
- Fiche: *0112*
  Az 1: 17J 391/36
  Az 2: 2H 56/37
- Fiche: *0165/0534 f.*
  Az 1: 10J 37/40g
  Az 2: 2H 3/41
- Fiche: *0171/0567 f.*
  Az 1: 10J 145/41
  Az 2: 2H 33/42
- Fiche: *0241 f.*
  Az 1: 8J 88/36g
  Az 2: 1H 70/35
- Fiche: *0248/0447*
  Az 1: 14J 380/36
  Az 2: 2H 8/37
- Fiche: *0279 f.*
  Az 1: 6J 157/38
  Az 2: 2H 89/38
- Fiche: *0296*
  Az 1: 7J 638/42
  Az 2: 5H 26/43
- Fiche: *0495 f.*
  Az 1: 16J 708/35
  Az 2: 1H 75/35
- Fiche: *0501*
  Az 1: 5J 77/38
  Az 2: 2H 43/38
- Fiche: *0509*
  Az 1: 9J 710/35
  Az 2: 2H 42/35
- Fiche: *0540*
  Az 1: 9J 42/36
  Az 2: 1H 17/36
- Fiche: *0548*
  Az 1: 16J 42/35
  Az 2: 2H 9/36
- Fiche: *0564 f.*
  Az 1: 9J 137/34
  Az 2: 1H 25/35
- Fiche: *0588 f./0643*
  Az 1: 16J 293/35, 8J 438/35
  Az 2: 2H 58/35
- Fiche: *0589*
  Az 1: 16J 293/35
  Az 2: 2H 58/35
- Fiche: *0670*
  Az 1: 13J 56/33
  Az 2: XV H 45/33
- Fiche: *0681 f.*
  Az 1: 10J 202/41g
  Az 2: 2H 143/41
- Fiche: *0703*
  Az 1: 16J 415/35
- Fiche: *0704*
  Az 1: 6J 15/39g
- Fiche: *0727*
  Az 1: 16J 293/35
- Fiche: *0728*
  Az 1: 17J 461/34
  Az 2: 0Js 18/36

KPD – Nationalkomitee „Freies Deutschland" (KPD-NKFD)
- Fiche: *0197/0466*
  Az 1: 8J 157/44
  Az 2: 1H 208/44
- Fiche: *0199 f.*
  Az 1: 9J 214/44
  Az 2: 2H 215/44
- Fiche: *0202*
  Az 1: 11J 271/44
  Az 2: 2H 241/44
- Fiche: *0203 f.*
  Az 1: 11J 246/44
  Az 2: 2H 245/44
- Fiche: *0209*
  Az 1: 9J 233/44
  Az 2: 1H 318/44
- Fiche: *0425*
  Az 1: 7J 123/44
  Az 2: 5H 80/44

KPD – Revolutionäre Gewerkschaftsopposition (KPD-RGO)
- Fiche: *0006 f.*
  Az 1: 17J 574/33
  Az 2: 1H 10/34
- Fiche: *0018/0220*
  Az 1: 16J 646/33
  Az 2: 1H 29/34
- Fiche: *0108 f.*
  Az 1: 8J 337/37g
  Az 2: 1H 41/37
- Fiche: *0224*
  Az 1: 17J 44/34
  Az 2: 2H 2/34
- Fiche: *0241*
  Az 1: 17J 249/35
  Az 2: 1H 72/35
- Fiche: *0389*
  Az 1: 9J 301/35
  Az 2: 3L 51/35
- Fiche: *0589*
  Az 1: 16J 293/35
  Az 2: 2H 58/35
- Fiche: *0601 f.*
  Az 1: 8J 206/37g
  Az 2: 2H 4/38
- Fiche: *0602 f.*
  Az 1: 9J 414/39
  Az 2: 2H 83/41

KPD – Rote Hilfe (KPD-RH)
- Fiche: *0108 f.*
  Az 1: 8J 337/37g
  Az 2: 1H 41/37
- Fiche: *0213 f./0216*
  Az 1: 17J 89/33
  Az 2: 1H 6/34
- Fiche: *0242/0313*
  Az 1: 17J 59/35
  Az 2: 1H 74/35
- Fiche: *0273 f.*
  Az 1: 14J 657/37g
  Az 2: 1H 15/38
- Fiche: *0463*
  Az 1: 15J 217/35
  Az 2: 1H 68/35
- Fiche: *0478*
  Az 1: 10J 290/40g
  Az 2: 5H 62/42
- Fiche: *0601 f.*
  Az 1: 8J 206/37g
  Az 2: 2H 4/38
- Fiche: *0657*
  Az 1: 8J 564/33
  Az 2: XV H 1/34
- Fiche: *0657 f.*
  Az 1: 17J 163/33
  Az 2: XV H 3/34
- Fiche: *0677*
  Az 1: 9J 330/40
  Az 2: 2H 48/41
- Fiche: *0709/0717f.*
  Az 1: 15J 218/35
  Az 2: 2H 23/36

KPD – Rote Jugend
- Fiche: *0598*
  Az 1: 15J 618/33
  Az 2: 2H 26/34

KPD – Rote Studentenschaft
- Fiche: *0079 f.*
  Az 1: 17J 267/35
  Az 2: 1H 63/36

KPD – Roter Frontkämpferbund (KPD-RFB)
- Fiche: *0009/0733 f.*
  Az 1: 14J 311/33
  Az 2: 1H 12/34
- Fiche: *0028 f./0679*
  Az 1: 15J 648/33
  Az 2: 1H 14/35
- Fiche: *0215 f.*
  Az 1: 14J 163/33
  Az 2: 1H 5/34
- Fiche: *0241*
  Az 1: 8J 433/35g, 17J 519/34
  Az 2: 1H 69/35
- Fiche: *0388*
  Az 1: 17J 331/33
  Az 2: 2H 28/35
- Fiche: *0593 f.*
  Az 1: 15J 490/33
  Az 2: 1H 89/34
- Fiche: *0597 f.*
  Az 1: 15J 355/33
  Az 2: 1H 43/34
- Fiche: *0607 f.*
  Az 1: 17J 697/33
  Az 2: XV H 50/33
- Fiche: *0608 ff*
  Az 1: 15J 179/33
  Az 2: XII H 17/34
- Fiche: *0618*
  Az 1: 8/16J 409/33
  Az 2: XII H 18/33
- Fiche: *0621*
  Az 1: 13J 240/33
  Az 2: XII H 3/34
- Fiche: *0650 f.*
  Az 1: 15J 190/33
  Az 2: XII H 6/34
- Fiche: *0665*
  Az 1: 14J 71/33
  Az 2: XV H 30/33
- Fiche: *0665*
  Az 1: 8/16J 391/33
  Az 2: XV H 22/33
- Fiche: *0665*
  Az 1: 8/16J 501/33
  Az 2: XV H 28/33
- Fiche: *0665 f.*
  Az 1: 8/16J 525/33
  Az 2: XV H 39/33

KPD – Salda-Komitee
- Fiche: *0677/0747*
  Az 1: 4J 349/40g
  Az 2: 1L 18/42

KPD – Union für Recht und Freiheit
- Fiche: *0130/0277*
  Az 1: 6J 224/38g
  Az 2: 2H 48/38

KPÖ – Kommunistischer Jugendverband Österreichs (KPÖ-KJVÖ)
- Fiche: *0295 f.*
Az 1: 7J 2/43g
Az 2: 5H 42/43
- Fiche: *0306*
Az 1: 7J 547/39
Az 2: 2H 13/40
- Fiche: *0306 f.*
Az 1: 7J 549/39
Az 2: 2H 32/40
- Fiche: *0323*
Az 1: 6J 28/41g
Az 2: 2H 129/41
- Fiche: *0328/0357*
Az 1: 7J 487/42
Az 2: 5H 183/42
- Fiche: *0336*
Az 1: 7J 543/41
Az 2: 2H 4/42
- Fiche: *0344*
Az 1: 7J 432/42
Az 2: 1H 305/42
- Fiche: *0345*
Az 1: 7J 373/42
Az 2: 2H 264/42
- Fiche: *0370*
Az 1: 7J 555/42
Az 2: 6H 13/43
- Fiche: *0371*
Az 1: 7J 298/43
Az 2: 5H 99/43
- Fiche: *0371*
Az 1: 7J 301/43
Az 2: 5H 97/43
- Fiche: *0384*
Az 1: 7J 296/43
Az 2: 5H 100/43
- Fiche: *0521*
Az 1: 7J 339/42
Az 2: 6H 3/42

KPÖ – Rote Gewerkschaft
- Fiche: *0459*
Az 1: 7J 44/43
Az 2: 6H 99/43

KPÖ – Rote Hilfe (KPÖ-RH)
- Fiche: *0582*
Az 1: 7J 113/42
Az 2: 2H 132/42

Krause-Gruppe
- Fiche: *0211 f.*
Az 1: 9J 33/45g
Az 2: 6Sg. 65/45

Legitimisten
- Fiche: *0401 f.*
Az 1: 8J 285/39g
Az 2: 5H 108/43
- Fiche: *0409 f.*
Az 1: 8J 376/40
Az 2: 5H 13/44
- Fiche: *0412/0570*
Az 1: 8J 203/43
Az 2: 5H 18/44
- Fiche: *0500*
Az 1: 8J 230/40
Az 2: 5H 9/44
- Fiche: *0527 f.*
Az 1: 8J 476/39
Az 2: 5H 127/43
- Fiche: *0570*
Az 1: 8J 214/42g
Az 2: 5H 94/42
- Fiche: *0575/0644 f.*
Az 1: 8J 324/39g
Az 2: 5H 110/43
- Fiche: *0582*
Az 1: 8J 317/41
Az 2: 5H 135/43
- Fiche: *0636 f.*
Az 1: 8J 421/40
Az 2: 2H 121/40
- Fiche: *0644*
Az 1: 8J 475/39
Az 2: 5H 109/43

Leninbund
- Fiche: *0722*
Az 1: 17J 23/36
Az 2: 2H 27/36

Liga für Menschenrechte
- Fiche: *0345*
Az 1: 7J 373/42
Az 2: 2H 264/42

Linke Opposition der KPD (Bolschewiki-Leninisten) (LO)
- Fiche: *0068/0448*
Az 1: 9J 12/36
Az 2: 1H 41/36
- Fiche: *0225*
Az 1: 8J 1734/33
Az 2: 1H 7/35

Mateotti-Komitee
- Fiche: *0562 f.*
Az 1: 10J 204/40
Az 2: 2H 17/41

Meerwald-Gruppe
- Fiche: *0368*
Az 1: 6(7)J 483/43
Az 2: 2H 55/44

Narodnyi Komissariat Wnutrennych del (NKWD) (Volkskommissariat des Innern)
- Fiche: *0147*
Az 1: 11J 196/38g
Az 2: 1H 35/39

Nationalkomitee „Freies Deutschland" (NKFD)
- Fiche: *0526*
Az 1: *J 17/44
Az 2: 3L 130/44

Neu Beginnen
- Fiche: *0145/0638 f.*
Az 1: 9J 138/39g
Az 2: 2H 27/39
- Fiche: *0176/0362*
Az 1: 6J 248/41g
Az 2: 1H 14/43
- Fiche: *0380*
Az 1: 7J 366/43
Az 2: 5H 121/43
- Fiche: *0672 f.*
Az 1: 10J 90/41
Az 2: 2H 111/41

Neues freies Österreich
- Fiche: *0367/0437 f.*
Az 1: 7J 205,206,207/44
Az 2: 5H 39,40,41/45

Nicht organisierter Widerstand
- Fiche: *0055*
Az 1: 16J 23/36
Az 2: 2H 12/36
- Fiche: *0163*
Az 1: 9J 9/40
Az 2: 2H 66/40
- Fiche: *0171/0584*
Az 1: 8J 395/41g
Az 2: 2H 25/42
- Fiche: *0174*
Az 1: 6J 76/42g
Az 2: 2H 160/42
- Fiche: *0176/0362*
Az 1: 6J 248/41g
Az 2: 1H 14/43
- Fiche: *0177 f.*
Az 1: 8J 382/42g
Az 2: 2H 65/43
- Fiche: *0179*
Az 1: 5J 33/43
- Fiche: *0179/0382*
Az 1: 7J 159/43
Az 2: 6H 125/43
- Fiche: *0179/0453*
Az 1: 9J 377/43
Az 2: 2H 138/43
- Fiche: *0201/0434*
Az 1: 9J 127/44
Az 2: 2H 228/44
- Fiche: *0255*
Az 1: 14J 230/36
Az 2: 1H 44/36
- Fiche: *0293 f.*
Az 1: 8J 521/41g
Az 2: 2H 98/42
- Fiche: *0299*
Az 1: 5J 146/43
Az 2: 2H 151/43
- Fiche: *0312 f.*
Az 1: 14J 10/34
Az 2: 1H 13/34
- Fiche: *0355/0399*
Az 1: 6J 19/42 g
Az 2: 2H 41/42
- Fiche: *0368/0438*
Az 1: 7(8)J 163/43
Az 2: 6H 91/44
- Fiche: *0397f.*
Az 1: 6J 198/39g
Az 2: 3L 19/40
- Fiche: *0414*
Az 1: 9J 1116/43
Az 2: 3L 26/44
- Fiche: *0415 f.*
Az 1: 3J 260/44
Az 2: 1L 30/44
- Fiche: *0427*
Az 1: 6J 158/44g, 6J 165/44g
Az 2: 5H 96/44, 5H 100/44
- Fiche: *0431*
Az 1: 10J 816/43, 5J 16/44
Az 2: 3L 133/44
- Fiche: *0432*
Az 1: 10J 228/44
Az 2: 6L 202/44
- Fiche: *0432*
Az 1: 7J 106/44
Az 2: 2H 202/44
- Fiche: *0432/0695*
Az 1: 6J 66/44
Az 2: 1H 199/44
- Fiche: *0434/0528*
Az 1: 11J 153/44
Az 2: 1H 230/44
- Fiche: *0447*
Az 1: 10J 247/42g
Az 2: 2H 338/42
- Fiche: *0451*
Az 1: 8J 197/43
Az 2: 6H 184/43
- Fiche: *0453*
Az 1: 8J 377/42
Az 2: 1H 315/42
- Fiche: *0454/0497*
Az 1: 8J 16/42
Az 2: 2H 28/42
- Fiche: *0458*
Az 1: 8J 133/38
Az 2: 2H 21/38
- Fiche: *0483*
Az 1: 8J 480/39g
Az 2: 2H 1/40
- Fiche: *0483/0730*
Az 1: 6J 55/42
Az 2: 2H 107/42
- Fiche: *0498/0510*
Az 1: 7J 97/40
Az 2: 2H 21/41
- Fiche: *0504 f.*
Az 1: 8J 198/41g
Az 2: 5H 60/42
- Fiche: *0521*
Az 1: 8J 226/41g
Az 2: 2H 94/41
- Fiche: *0529 f.*
Az 1: 9J 314/41g
Az 2: 2H 146/41
- Fiche: *0534*
Az 1: 10J 284/42
Az 2: 5H 27/43
- Fiche: *0542*
Az 1: 8J 263/41
Az 2: 2H 30/42
- Fiche: *0569*
Az 1: 8J 195/42g
Az 2: 2H 138/42
- Fiche: *0571*
Az 1: 10J 244/42g
Az 2: 2H 319/42
- Fiche: *0574*
Az 1: 8J 356/42g
Az 2: 1H 290/42
- Fiche: *0580*
Az 1: 9J 3/44
Az 2: 2H 25/44
- Fiche: *0582*
Az 1: 8J 402/42g
Az 2: 2H 318/42
- Fiche: *0584 f.*
Az 1: 8J 97/37
Az 2: 2H 38/37
- Fiche: *0586 f.*
Az 1: 9J 67/39
Az 2: 1H 62/39

- Fiche: *0587*
  Az 1: 10J 116/44
  Az 2: 2H 114/44
- Fiche: *0587 f.*
  Az 1: 9J 126/42g
  Az 2: 1H 309/42
- Fiche: *0601*
  Az 1: 9J 92/41
  Az 2: 2H 163/41
- Fiche: *0604 f.*
  Az 1: 10J 317/38
  Az 2: 2H 23/39
- Fiche: *0698*
  Az 1: StPL (RKA) II 379/41
  Az 2: StPL (HLS) II 149/41
- Fiche: *0707*
  Az 1: StPL (RKA) III 522/41
  Az 2: StPL (HLS) IV 7/42
- Fiche: *0709*
  Az 1: 8J 501/39
  Az 2: 2H 60/39
- Fiche: *0720*
  Az 1: 9J 543/43
  Az 2: 2H 155/43
- Fiche: *0730*
  Az 1: 11J 312/44
  Az 2: 2H 209/44
- Fiche: *0749*
  Az 1: 6J 24/44
  Az 2: 2H 33/44

Österreichische Freiheitsbewegung (ÖFB)
- Fiche: *0403 f.*
  Az 1: 8J 7/41g
  Az 2: 2H 166/43
- Fiche: *0581 f./0647*
  Az 1: 8J 95/41g
  Az 2: 2H 167/43
- Fiche: *0647/0649*
  Az 1: 7(8)J 76/41g
  Az 2: 2H 170/43

Österreichische Liga
- Fiche: *0686 f.*
  Az 1: 8J 257/41
  Az 2: 2H 19/42

Österreichische Volksfront
- Fiche: *0411 f.*
  Az 1: 8J 375/40
  Az 2: 5H 17/44

Reichsbanner Schwarz Rot Gold
- Fiche: *0080/0260*
  Az 1: 17J 473/35
  Az 2: 2H 63/36
- Fiche: *0119/0440*
  Az 1: 7J 105/38
  Az 2: 2H 12/38
- Fiche: *0126*
  Az 1: 7J 106/38
  Az 2: 2H 27/38
- Fiche: *0127*
  Az 1: 7J 96/38
  Az 2: 2H 29/38
- Fiche: *0439*
  Az 1: 7J 104/38
  Az 2: 2H 13/38
- Fiche: *0554 f.*
  Az 1: 8J 244/34
  Az 2: 2H 22/35
- Fiche: *0595*
  Az 1: 9J 272/39g
  Az 2: 1H 34/39

Revolutionäre Arbeiterjugend (RAJ)
- Fiche: *0256*
  Az 1: 15J 162/36
  Az 2: 1H 51/36

Revolutionäre Sozialisten
- Fiche: *0380*
  Az 1: 7J 366/43
  Az 2: 5H 121/43
- Fiche: *0519/0549 f.*
  Az 1: 6J 135/42g
  Az 2: 6H 79/43

Revolutionäre Sozialisten Österreichs (RSÖ)
- Fiche: *0305/0643 f.*
  Az 1: 6J 518/38
  Az 2: 1H 18/39
- Fiche: *0308*
  Az 1: 6J 103/40g
  Az 2: 2H 115/40
- Fiche: *0370*
  Az 1: 7J 555/42
  Az 2: 6H 13/43

Rote Kämpfer
- Fiche: *0460 f.*
  Az 1: 17J 109/37, 9J 142/37
  Az 2: 2H 44,47/37

Rote Kapelle
- Fiche: *0705*
  Az 1: StPL (RKA) 529/42
  Az 2: StPL (HLS) 72/43

Roter Stoßtrupp
- Fiche: *0002*
  Az 1: 8J 1856/33
  Az 2: 2H 2/34

SAP – Sozialistischer Jugendverband (SAP-SJV)
- Fiche: *0141/0475 f.*
  Az 1: 5J 449/38
  Az 2: 1H 15/39

Schwarze Front
- Fiche: *0025 ff/0253*
  Az 1: 8J 427/34, 8J 6/35
  Az 2: 1H 9/35
- Fiche: *0036/0230 f.*
  Az 1: 8J 306/35
  Az 2: 2H 30/35
- Fiche: *0037*
  Az 1: 8J 228/35
  Az 2: 1H 36/35
- Fiche: *0062 f.*
  Az 1: 8J 17/36
  Az 2: 1H 29/36
- Fiche: *0064*
  Az 1: 8J 360/34
  Az 2: 1H 31/36
- Fiche: *0074*
  Az 1: 8J 135/36
  Az 2: 1H 55/36
- Fiche: *0089 f.*
  Az 1: 8J 31/37g.Rs.
  Az 2: 2H 9/37
- Fiche: *0137/0711 f.*
  Az 1: 8J 367/38
  Az 2: 2H 4/39
- Fiche: *0151*
  Az 1: 8J 13/39
  Az 2: 2H 44/39
- Fiche: *0222*
  Az 1: 8J 381/34
  Az 2: 1H 45/34
- Fiche: *0223 f.*
  Az 1: 8J 282/34
  Az 2: 2H 4/35
- Fiche: *0232*
  Az 1: 8J 459/34
  Az 2: 1H 16/35
- Fiche: *0233 f.*
  Az 1: 8J 291/35
  Az 2: 2H 36/35
- Fiche: *0237*
  Az 1: 8J 292/35
  Az 2: 1H 49/35
- Fiche: *0239 f.*
  Az 1: 8J 359/35
  Az 2: 1H 63/35
- Fiche: *0240*
  Az 1: 8J 305/35
  Az 2: 1H 67/35
- Fiche: *0250 f.*
  Az 1: 8J 364/35
  Az 2: 2H 15/36
- Fiche: *0253*
  Az 1: 8J 427/34
  Az 2: 1H 28/36
- Fiche: *0253*
  Az 1: 8J 6/35
- Fiche: *0271*
  Az 1: 8J 4/37
  Az 2: 2H 58/37
- Fiche: *0286 f.*
  Az 1: 8J 384/38g
  Az 2: 1H 32/39
- Fiche: *0457*
  Az 1: 8J 17/39
  Az 2: 2H 18/39
- Fiche: *0478 f.*
  Az 1: 8J 421/38
  Az 2: 1H 19/39
- Fiche: *0479 f.*
  Az 1: 7(8)J 108/43g
- Fiche: *0498*
  Az 1: 8J 371/38
  Az 2: 1H 38/38
- Fiche: *0504 f.*
  Az 1: 8J 198/41g
  Az 2: 5H 60/42
- Fiche: *0510 f./0689 f.*
  Az 1: 8J 54/37
  Az 2: 2H 41/37
- Fiche: *0515*
  Az 1: 8J 368/38
  Az 2: 1H 4/39
- Fiche: *0515 f.*
  Az 1: 8J 44/39
  Az 2: 1H 24/39
- Fiche: *0537*
  Az 1: 8J 183/39
  Az 2: 2H 47/39
- Fiche: *0547 f.*
  Az 1: 8J 318/39
  Az 2: 1H 60/39
- Fiche: *0558/0586*
  Az 1: 8J 432/38g
  Az 2: 1H 9/39
- Fiche: *0561 f.*
  Az 1: 8J 261/41g
  Az 2: 1H 237/42
- Fiche: *0585 f.*
  Az 1: 8J 160/38
  Az 2: 2H 73/38
- Fiche: *0604 f.*
  Az 1: 10J 317/38
  Az 2: 2H 23/39
- Fiche: *0633*
  Az 1: 8J 267/38
  Az 2: 2H 61/38
- Fiche: *0635*
  Az 1: 8J 422/38
  Az 2: 2H 9/39
- Fiche: *0636 f.*
  Az 1: 8J 421/40
  Az 2: 2H 121/40
- Fiche: *0676*
  Az 1: 8J 224/38
  Az 2: 2H 41/38
- Fiche: *0682 f.*
  Az 1: 8J 393/38
  Az 2: 2H 92/38
- Fiche: *0686*
  Az 1: 8J 4/39g
  Az 2: 2H 32/39
- Fiche: *0718 f.*
  Az 1: 8J 444/35
  Az 2: 2H 54/36

Social-Democratische Arbeiderspartij
- Fiche: *0533*
  Az 1: 7J 20/33
  Az 2: 3L 5/34

Sozialdemokratische Partei Deutschlands (SPD)
- Fiche: *0022/0674*
  Az 1: 8J 125/34
  Az 2: 2H 3/35
- Fiche: *0038/0039*
  Az 1: 8J 227/35
  Az 2: 2H 38/35
- Fiche: *0038 f./0259 f.*
  Az 1: 16J 767/35
  Az 2: 2H 57/36
- Fiche: *0047*
  Az 1: 16J 424/35
  Az 2: 1H 65/35
- Fiche: *0050 f.*
  Az 1: 8J 164/35
  Az 2: 1H 5/36
- Fiche: *0055 f./0390*
  Az 1: 8J 82/36g
  Az 2: 2H 13/36

- Fiche: *0056*
  Az 1: 14J 286/35
  Az 2: 1H 16/36
- Fiche: *0059 f.*
  Az 1: 16J 543/35
  Az 2: 2H 22/36
- Fiche: *0061 f./0626 f.*
  Az 1: 17J 336/35
  Az 2: 2H 28/36
- Fiche: *0066 f./0253 f.*
  Az 1: 8J 4/36
  Az 2: 1H 38/36
- Fiche: *0068*
  Az 1: 17J 80/36
  Az 2: 2H 39/36
- Fiche: *0077 f./0239*
  Az 1: 8J 421/35g
  Az 2: 2H 60/36
- Fiche: *0082 f.*
  Az 1: 8J 415/35g
  Az 2: 1H 1/37
- Fiche: *0086/0684*
  Az 1: 14J 392/35
  Az 2: 2H 4/37
- Fiche: *0086 f.*
  Az 1: 17J 73/36
  Az 2: 2H 5/37
- Fiche: *0089*
  Az 1: 16J 781/36
  Az 2: 1H 9/37
- Fiche: *0099 f.*
  Az 1: 14J 301/37
  Az 2: 1H 27/37
- Fiche: *0119/0440*
  Az 1: 7J 105/38
  Az 2: 2H 12/38
- Fiche: *0119 f.*
  Az 1: 6J 168/38g
  Az 2: 1H 14/38
- Fiche: *0121 f.*
  Az 1: 7J 206/38
  Az 2: 1H 19/38
- Fiche: *0127 f.*
  Az 1: 15J 942/37
  Az 2: 2H 34/38
- Fiche: *0142*
  Az 1: 5J 307/38g
  Az 2: 1H 16/39
- Fiche: *0143 f.*
  Az 1: 5J 160/39
  Az 2: 2H 24/39
- Fiche: *0144*
  Az 1: 5J 199/39
  Az 2: 1H 26/39
- Fiche: *0147 ff*
  Az 1: 6J 374/38g
  Az 2: 1H 37/39
- Fiche: *0153*
  Az 1: 6J 243/39
  Az 2: 1H 51/39
- Fiche: *0177*
  Az 1: 7J 465/42g
  Az 2: 2H 31/43
- Fiche: *0192/0567*
  Az 1: 1J 92/44
  Az 2: 1H 133/44
- Fiche: *0259/0676*
  Az 1: 16J 534/35
  Az 2: 2H 57/35
- Fiche: *0261*
  Az 1: 14J 570/37g
- Fiche: *0268 f./0273*
  Az 1: 14J 323/37
  Az 2: 1H 10/38
- Fiche: *0268 f./0701 f.*
  Az 1: 14J 323/37
  Az 2: 1H 24/37
- Fiche: *0278 f.*
  Az 1: 8J 252/38
  Az 2: 2H 68/38
- Fiche: *0283 f.*
  Az 1: 10J 5/39
  Az 2: 1H 23/39
- Fiche: *0292/0678*
  Az 1: 6J 45/41g
  Az 2: 2H 15/42
- Fiche: *0391 f.*
  Az 1: 5J 6/36g
  Az 2: 3L 21/37
- Fiche: *0396/0704 f.*
  Az 1: 14J 522/37g
  Az 2: 1L 2/40
- Fiche: *0456 f.*
  Az 1: 9J 15/41
  Az 2: 2H 117/41
- Fiche: *0477 f.*
  Az 1: 8J 251/38
  Az 2: 2H 65/38
- Fiche: *0489 ff*
  Az 1: 8J 402/38
  Az 2: 2H 41/39
- Fiche: *0504 f.*
  Az 1: 8J 198/41g
  Az 2: 5H 60/42
- Fiche: *0516*
  Az 1: 9J 25/38
  Az 2: 1H 24/38
- Fiche: *0518/0558*
  Az 1: 10J 815/43
  Az 2: 1H 289/43
- Fiche: *0550 f.*
  Az 1: 9J 315/37
  Az 2: 2H 50/37
- Fiche: *0555 f.*
  Az 1: 9J 202/36
  Az 2: 2H 14/37
- Fiche: *0561 f.*
  Az 1: 8J 261/41g
  Az 2: 1H 237/42
- Fiche: *0562 f.*
  Az 1: 10J 204/40
  Az 2: 2H 17/41
- Fiche: *0569*
  Az 1: 8J 145/35
  Az 2: 1H 48/35
- Fiche: *0595*
  Az 1: 9J 272/39g
  Az 2: 1H 34/39
- Fiche: *0598 ff*
  Az 1: 9J 479/35
  Az 2: 2H 14/36
- Fiche: *0611*
  Az 1: 8J 1694/33
  Az 2: XII H 14/34
- Fiche: *0620*
  Az 1: 12J 202/33
  Az 2: XII H 60/33
- Fiche: *0622*
  Az 1: 12J 201/33
  Az 2: XII H 15/34
- Fiche: *0632 f.*
  Az 1: 6J 29/42g
  Az 2: 1H 139/43
- Fiche: *0672 f.*
  Az 1: 10J 90/41
  Az 2: 2H 111/41
- Fiche: *0687*
  Az 1: 15J 222/35
  Az 2: 2H 34/36
- Fiche: *0694*
  Az 1: 9J 341/36
  Az 2: 5 OJs 127/37
- Fiche: *0706*
  Az 1:
  Az 2: StPL (HLS) 10/39

Sozialdemokratische Partei Österreichs (SPÖ)
- Fiche: *0431*
  Az 1: 7J 171/44
  Az 2: 5H 129/44
- Fiche: *0703 f.*
  Az 1: 11J 390/39

Sozialistische Arbeiterhilfe (SAH)
- Fiche: *0305/0643 f.*
  Az 1: 6J 518/38
  Az 2: 1H 18/39

Sozialistische Arbeiterjugend (SAJ)
- Fiche: *0282*
  Az 1: 7J 677/38
  Az 2: 2H 1/39
- Fiche: *0479/0739*
  Az 1: 12(10)J 47/39
  Az 2: 1H 33/40
- Fiche: *0589*
  Az 1: 16J 293/35
  Az 2: 2H 58/35

Sozialistische Arbeiterpartei Deutschlands (SAP)
- Fiche: *0001*
  Az 1: 8J 1865/33
  Az 2: 1H 1/34
- Fiche: *0005*
  Az 1: 8J 129/34
- Fiche: *0005/0385*
  Az 1: 8J 129/34
  Az 2: 2H 7/34
- Fiche: *0013 f.*
  Az 1: 8J 1713/33
  Az 2: 2H 20/34
- Fiche: *0014*
  Az 1: 8J 1713/33
  Az 2: 2H 20/34
- Fiche: *0041/0236 f.*
  Az 1: 8J 250/35
  Az 2: 1H 46/35
- Fiche: *0046 f.*
  Az 1: 8J 61/35
  Az 2: 1H 64/35
- Fiche: *0052 f.*
  Az 1: 17J 5/36
  Az 2: 1H 10/36
- Fiche: *0063 f.*
  Az 1: 8J 165/35
  Az 2: 2H 30/36
- Fiche: *0072 f.*
  Az 1: 15J 282/36
  Az 2: 2H 49/36
- Fiche: *0102/0267*
  Az 1: 17J 91/36
  Az 2: 2H 30/37
- Fiche: *0141/0475 f.*
  Az 1: 5J 449/38
  Az 2: 1H 15/39
- Fiche: *0214*
  Az 1: 8J 1856/33
- Fiche: *0266/0745*
  Az 1: 17J 472/36
  Az 2: 2H 28/37
- Fiche: *0276 f.*
  Az 1: 5J 284/38
  Az 2: 1H 34/38
- Fiche: *0284 f.*
  Az 1: 7J 352/38
  Az 2: 2H 3/39
- Fiche: *0539 f.*
  Az 1: 10J 36/41
  Az 2: 2H 91/41
- Fiche: *0549*
  Az 1: 5J 642/38
  Az 2: 1H 13/39
- Fiche: *0552 f.*
  Az 1: 8J 10/35
  Az 2: 2H 34/35
- Fiche: *0611 f.*
  Az 1: 12J 145/33
  Az 2: XII H 13/34
- Fiche: *0619 f.*
  Az 1: 12J 191/33
  Az 2: XII H 53/33
- Fiche: *0630 f.*
  Az 1: 5J 174/39
  Az 2: 2H 51/39
- Fiche: *0671*
  Az 1: 5J 546/38
  Az 2: 1H 1/39

Sozialistische Front
- Fiche: *0100 f./0711*
  Az 1: 15J 1/37
  Az 2: 1H 28/37

SSP
- Fiche: *0559 f./0567*
  Az 1: 8J 165/42
  Az 2: 2H 137/42

Sturmscharen
- Fiche: *0247 f./0445*
  Az 1: 8J 72/36
  Az 2: 2H 7/37

Tito-Partisanen
- Fiche: *0319*
  Az 1: 11J 301/44g
  Az 2: 1H 1/45

Union für Recht und Freiheit
- Fiche: *0261*
  Az 1: 14J 570/37g
- Fiche: *0273 f.*
  Az 1: 14J 657/37g
  Az 2: 1H 15/38
- Fiche: *0284 f.*
  Az 1: 7J 352/38
  Az 2: 2H 3/39

Volkssozialistische Partei
- Fiche: *0479 f.*
  Az 1: 7(8)J 108/43g

Widerstandsbewegung (Niekisch)
- Fiche: *0481 f./0557 f.*
  Az 1: 8J 214/37
  Az 2: 1H 31/38
- Fiche: *0485 f.*
  Az 1: 8J 386/38, 8J 214/37
  Az 2: 1H 33/38, 1H 31/38

Wiener Mischlingsliga
- Fiche: *0421*
  Az 1: 7J 72/44
  Az 2: 5H 64/44

Winzen-Gruppe
- Fiche: *0601*
  Az 1: 9J 92/41
  Az 2: 2H 163/41

ZVHRC
- Fiche: *0169/0521*
  Az 1: 6J 109/41g
  Az 2: 2H 11/42
- Fiche: *0525*
  Az 1: 8J 199/38
  Az 2: 2H 91/38

20. Juli
- Fiche: *0697*
  Az 1: StPL (RKA) III 114/43

Konkordanz: Staatsanwaltschaftliche Aktenzeichen

13/14J 103/29
– Az 2: 1H 24/35
Fiche: 0031

14a/8J 136/29
– Az 2: XV H 44/33
Fiche: 0668 f.

14a/8J 510/29
– Az 2: 1H 18/34
Fiche: 0311 f.

14a/8J 193/30, 17J 803/33
– Az 2: 1H 24/34, 1H 38/34
Fiche: 0015 f.

14a/8J 796/30
– Az 2: 1H 31/34
Fiche: 0018/0534

14a/8J 910/31, 14a/9/16J 910/31
– Az 2: XV H 5/32
Fiche: 0664

14a/8J 1547/31
– Az 2: 1H 27/34
Fiche: 0016 f.

14a/9J 1672/31
– Az 2: 1H 52/35
Fiche: 0042 f.

15J 16/32
– Az 2: XV H 2/34
Fiche: 0657

15/17J 77/32
– Az 2: 1H 28/34
Fiche: 0018

15 J 195/32
– Az 2: XV H 24/34
Fiche: 0715 f.

8/16J 548/32
– Az 2: XII H 39/33
Fiche: 0613

8J 943/32
– Az 2: 2H 8/35
Fiche: 0024 f.

8/16J 952/32
– Az 2: XII H 51/33
Fiche: 0614

8/16J 1170/32
– Az 2: XII H 20/33
Fiche: 0618

8/16J 1215/32
– Az 2: XV H 7/34
Fiche: 0659

7J 20/33
– Az 2: 3L 5/34
Fiche: 0533

14J 33/33
– Az 2: XII H 36/33
Fiche: 0619

14J 38/33
– Az 2: XII H 56/33
Fiche: 0614 f.

15/17J 44/33
– Az 2: XV H 34/33
Fiche: 0667 f.

13J 50/33
– Az 2: XII H 26/33
Fiche: 0619

13J 56/33
– Az 2: XV H 45/33
Fiche: 0670

15/17J 58/33
– Az 2: XV H 24/33
Fiche: 0670

15/17J 60/33
– Az 2: 1H 4/34
Fiche: 0003/0215

14J 61/33
– Az 2: XII H 58/33
Fiche: 0621

15/17J 61/33
– Az 2: XV H 36/33
Fiche: 0669 f.

15J 70/33
– Az 2: XII H 59/33
Fiche: 0620 f.

14J 71/33
– Az 2: XV H 30/33
Fiche: 0665

14J 75/33, 14J 77/33
– Az 2: 2H 7/35, 2H 6,7/35
Fiche: 0024/0385 f.

8/16J 79/33
– Az 2: XV H 12/34
Fiche: 0654 f.

13J 81/33
– Az 2: XII H 30/33
Fiche: 0612

14J 83/33
– Az 2: XV H 55/33
Fiche: 0605 f.

14J 86/33
– Az 2: XV H 8/34
Fiche: 0659

15J 86/33
– Az 2: XII H 42/33
Fiche: 0615 ff.

14J 88/33
– Az 2: XV H 20/33
Fiche: 0665

17J 89/33
– Az 2: 1H 6/34
Fiche: 0213 f./0216

13J 98/33
– Az 2: 1H 7/34
Fiche: 0004 f.

9J 107/33
– Az 2: XII H 45/33
Fiche: 0652 f.

15J 117/33
– Az 2: XV H 46/33
Fiche: 0670

9J 127/33
– Az 2: XV H 18/34
Fiche: 0659 f.

13J 139/33
– Az 2: XV H 19/34
Fiche: 0660

12J 145/33
– Az 2: XII H 13/34
Fiche: 0611 f.

13J 147/33
– Az 2: XII H 44/33
Fiche: 0612 f.

15J 147/33
– Az 2: XV H 40/33
Fiche: 0666

8/16J 152/33
– Az 2: XV H 42/33
Fiche: 0667

13J 154/33
– Az 2: 1H 9/34
Fiche: 0005 f.

12J 160/33
– Az 2: XV H 58/33
Fiche: 0607

14J 163/33
– Az 2: 1H 5/34
Fiche: 0215 f.

17J 163/33
– Az 2: XV H 3/34
Fiche: 0657 f.

13J 166/33
– Az 2: XII H 50/33
Fiche: 0618

14J 172/33
– Az 2: XV H 10/34
Fiche: 0653

15J 179/33
– Az 2: XII H 17/34
Fiche: 0608 ff.

12J 190/33
– Az 2: XV H 54/33
Fiche: 0606

13J 190/33
– Az 2: XV H 53/33
Fiche: 0606 f.

15J 190/33
– Az 2: XII H 6/34
Fiche: 0650 f.

12J 191/33
– Az 2: XII H 53/33
Fiche: 0619 f.

8J 200/33
– Az 2: XII H 23/33
Fiche: 0619

12J 201/33
– Az 2: XII H 15/34
Fiche: 0622

12J 202/33
– Az 2: XII H 60/33
Fiche: 0620

13J 212/33
- Az 2: XII H 9/34
  Fiche: 0610 f.

13J 215/33
- Az 2: XII H 55/33
  Fiche: 0614

13J 230/33
- Az 2: XV H 26/34
  Fiche: 0655 f.

17J 232/33
- Az 2: 2H 14/34
  Fiche: 0010 f.

13J 240/33
- Az 2: XII H 3/34
  Fiche: 0621

15J 241/33
- Az 2: XII H 57/33
  Fiche: 0621 f.

17J 242/33
- Az 2: 2H 11/34
  Fiche: 0008 f.

14J 244/33
- Az 2: XII H 7/34
  Fiche: 0621

15J 250/33
- Az 2: 2H 9/34
  Fiche: 0006/0528

13J 252/33
- Az 2: 2H 5/34
  Fiche: 0004

14J 253/33
- Az 2: 2H 22/34
  Fiche: 0014/0737

13J 256/33
- Az 2: 2H 17/35
  Fiche: 0029 f./0469

13J 258/33
- Az 2: 1H 16/34
  Fiche: 0012 f./0546

13J 265/33
- Az 2: 2H 21/35
  Fiche: 0030 f./0229 f.

15J 265/33
- Az 2: 1H 3/34
  Fiche: 0002/0571 f.

13J 266/33
- Az 2: 2H 11,12/35
  Fiche: 0228

13J 270/33
- Az 2: XV H 57/33
  Fiche: 0607

13J 279/33
- Az 2: 2H 19/34
  Fiche: 0013

14J 283/33
- Az 2: 1H 20/34
  Fiche: 0218

13J 285/33
- Az 2: 2H 37/35
  Fiche: 0037 f.

13J 286/33
- Az 2: 2H 4/34
  Fiche: 0003 f.

14J 290/33
- Az 2: 1H 34/34
  Fiche: 0451

17J 292/33
- Az 2: 1H 25/34
  Fiche: 0016/0213
- Az 2:
  Fiche: 0213

14J 293/33
- Az 2: 1H 8/34
  Fiche: 0216 f.

13J 294/33
- Az 2: XV H 6/34
  Fiche: 0653 f.

8/16J 301/33
- Az 2: XV H 33/33
  Fiche: 0666

17J 303/33
- Az 2: 1H 2/34
  Fiche: 0001

14J 305/33
- Az 2: 2H 1/34
  Fiche: 0001/0214

14J 306/33
- Az 2: 1H 33/34
  Fiche: 0221

15J 307/33
- Az 2: 2H 27/34
  Fiche: 0017/0496

13J 308/33
- Az 2: XV H 13/34
  Fiche: 0654

14J 311/33
- Az 2: 1H 12/34
  Fiche: 0009/0733 f.

14J 327/33
- Az 2: 2H 15/34
  Fiche: 0012

14J 328/33
- Az 2: XV H 59/33
  Fiche: 0692
- Az 2: 1H 5/35
  Fiche: 0023 f.

17J 331/33
- Az 2: 2H 28/35
  Fiche: 0388
- Az 2: 2H 13/34
  Fiche: 0010/0217 f.

8/16J 335/33
- Az 2: XV H 43/33
  Fiche: 0668

15J 355/33
- Az 2: 1H 43/34
  Fiche: 0597 f.

8/16J 391/33
- Az 2: XV H 22/33
  Fiche: 0665

17J 397/33
- Az 2: 1H 3/35
  Fiche: 0021 f.

8/16J 409/33
- Az 2: XII H 18/33
  Fiche: 0618

11J 423/33
- Az 2: 3L 15/35
  Fiche: 0386 f./0572 f.

8/16J 431/33
- Az 2: XII H 48/33
  Fiche: 0613 f.

17J 470/33
- Az 2: 2H 25/34
  Fiche: 0016

16J 489/33
- Az 2: 3L 19/35
  Fiche: 0387 f.

15J 490/33
- Az 2: 1H 89/34
  Fiche: 0593 f.

8/16J 501/33
- Az 2: XV H 28/33
  Fiche: 0665

17J 504/33
- Az 2: 1H 1/35
  Fiche: 0222 f.

8/16J 525/33
- Az 2: XV H 39/33
  Fiche: 0665 f.

17J 541/33
- Az 2: XV H 25/34
  Fiche: 0664 f.

17J 545/33
- Az 2: 1H 15/34
  Fiche: 0011 f.

9J 547/33
- Az 2: 2H 8/34
  Fiche: 0572

8J 564/33
- Az 2: XV H 1/34
  Fiche: 0657

17J 566/33
- Az 2: XII H 8/34
  Fiche: 0621

17J 574/33
- Az 2: 1H 10/34
  Fiche: 0006 f.

17J 582/33
- Az 2: XV H 28/34
  Fiche: 0656 f.

16J 585/33
- Az 2: 1H 35/34
  Fiche: 0222

15J 594/33
- Az 2: 2H 3/34
  Fiche: 0003

8/16J 612/33
- Az 2: XII H 21/33
  Fiche: 0618 f.

9J 613/33
- Az 2: 1H 27/35
  Fiche: 0034

17J 617/33
- Az 2: 1H 37/34
  Fiche: 0019

15J 618/33
- Az 2: 2H 26/34
  Fiche: 0598

17J 627/33
- Az 2: XV H 21/34
  Fiche: 0662 f.

16J 646/33
- Az 2: 1H 29/34
  Fiche: 0018/0220

15J 648/33
- Az 2: 1H 14/35
  Fiche: 0028 f./0679

17J 683/33
- Az 2: 1H 44/34
  Fiche: 0020 f.

17J 684/33
- Az 2: XV H 11/34
  Fiche: 0654

17J 685/33, 17J 627/33
- Az 2: XV H 22/34,
  XV H 21/34
  Fiche: 0663 f.

17J 689/33
- Az 2: 1H 21/34
  Fiche: 0014/0218 f.

17J 697/33
- Az 2: XV H 50/33
  Fiche: 0607 f.

17J 717/33
- Az 2: 2H 23/34
  Fiche: 0015/0385

15J 734/33
- Az 2: 2H 10/34
  Fiche: 0007 f.

8/16J 747/33
- Az 2: XV H 41/33
  Fiche: 0666 f.

15J 753/33
- Az 2: 1H 23/35
  Fiche: 0451

8/16J 774/33
- Az 2: VIII. H 3/33
  Fiche: 0213

17J 792/33
- Az 2: XV H 15/34
  Fiche: 0660 f.

17J 793/33
- Az 2: XII H 10,12/24
  Fiche: 0651 f.

15J 828/33
- Az 2: 1H 23/34
  Fiche: 0014 f.

9J 878/33
- Az 2: 2H 16/34
  Fiche: 0545

9J 952/33
- Az 2: XV H 20/34
  Fiche: 0661 f.

9J 953/33
- Az 2: 1H 2/35
  Fiche: 0514 f.

8J 969/33
- Az 2: 2H 24/34
  Fiche: 0513 f.

8/16J 1117/33
- Az 2: XII H 46/33
  Fiche: 0613

9J 1119/33
- Az 2: 1H 22/34
  Fiche: 0542

8J 1583/33
- Az 2: XV H 52/33
  Fiche: 0606

8J 1694/33
- Az 2: XII H 14/34
  Fiche: 0611

8J 1713/33
- Az 2: 2H 20/34
  Fiche: 0013 f.
- Az 2: 2H 20/34
  Fiche: 0014

8J 1734/33
- Az 2: 1H 7/35
  Fiche: 0225

8J 1783/33
- Az 2: 1H 14/34
  Fiche: 0010

8J 1856/33
- Az 2:
  Fiche: 0214
- Az 2: 2H 2/34
  Fiche: 0002

8J 1865/33
- Az 2: 1H 1/34
  Fiche: 0001

3J 1/34
- Az 2: *H 19/34
  Fiche: 0533

13J 2/34
- Az 2: 1H 10/35
  Fiche: 0227 f.

14J 8/34
- Az 2: 2H 12/34
  Fiche: 0009 f.

14J 10/34
- Az 2: 1H 13/34
  Fiche: 0312 f.

13J 11/34
- Az 2: 1H 26/35
  Fiche: 0032 f.

8J 14/34
- Az 2: 2H 33/35
  Fiche: 0231 f./0561

14J 16/34
- Az 2: 1H 8/35
  Fiche: 0224

8J 18/34
- Az 2: 1H 19/35
  Fiche: 0497/0730

14J 26/34
- Az 2: 2H 29/35
  Fiche: 0507 f.

17J 27/34
- Az 2: XV H 14/34
  Fiche: 0655

17J 29/34
- Az 2: 2H 21/34
  Fiche: 0014/0219 f.

14J 33/34
- Az 2:
  Fiche: 0720

14J 34/34
- Az 2: 1H 13/35
  Fiche: 0228 f.

17J 44/34
- Az 2: 2H 2/34
  Fiche: 0224

9aJ 44/34
- Az 2: 2H 1/35
  Fiche: 0021/0461 f.

17J 58/34
- Az 2: 1H 11/34
  Fiche: 0008

17J 64/34
- Az 2: 1H 41/34
  Fiche: 0019 f./0311

14J 78/34
- Az 2: 1H 45/35
  Fiche: 0670 f.

15J 85/34
- Az 2: 1H 46/34
  Fiche: 0021/0462

17J 94/34
- Az 2: 1H 33/35
  Fiche: 0037/0221

17J 95/34
- Az 2: 1H 34/36
  Fiche: 0729

17J 98/34
- Az 2: 1H 17/35
  Fiche: 0029

17J 125/34
- Az 2: XII H 33/34
  Fiche: 0611

8J 125/34
- Az 2: 2H 3/35
  Fiche: 0022/0674

15J 126/34
- Az 2: 2H 20/35
  Fiche: 0496

8J 129/34
- Az 2:
  Fiche: 0005
- Az 2: 2H 7/34
  Fiche: 0005/0385

14J 134/34
- Az 2: 2H 23/35
  Fiche: 0229

9J 137/34
- Az 2: 1H 25/35
  Fiche: 0564 f.

14J 140/34
- Az 2: 1H 42/35
  Fiche: 0156 f./0314 f.

15J 157/34
- Az 2: 1H 11/35
  Fiche: 0725 f.

9aJ 164/34
- Az 2: 1H 47/34
  Fiche: 0514

15J 168/34
- Az 2: 2H 16/35
  Fiche: 0492 f.

17J 170/34
- Az 2: 1H 42/34
  Fiche: 0020

15J 175/34
- Az 2: 2H 18/35
  Fiche: 0507

15J 183/34
- Az 2: 2H 15/35
  Fiche: 0506 f.

17J 193/34
- Az 2: 1H 4/35
  Fiche: 0022 f.

17J 210/34
- Az 2: 2H 19/35
  Fiche: 0030

8J 244/34
- Az 2: 2H 22/35
  Fiche: 0554 f.

17J 282/34
- Az 2: 2H 27/35
  Fiche: 0035

8J 282/34
- Az 2: 2H 4/35
  Fiche: 0223 f.

17J 296/34
- Az 2: 2H 24/35
  Fiche: 0031 f./0230

17J 300/34
- Az 2: 2H 58/36
  Fiche: 0075 f.

15J 302/34, 15J 107/35
- Az 2: 1H 18/35, 1H 21/35
  Fiche: 0513

17J 309/34
- Az 2: 1H 53/35
  Fiche: 0043

16J 324/34
- Az 2: 2H 45/35
  Fiche: 0040 f./0235 f.

8J 360/34
- Az 2: 1H 31/36
  Fiche: 0064

15J 369/34
- Az 2: 1H 39/35
  Fiche: 0018 f.

8J 381/34
- Az 2: 1H 45/34
  Fiche: 0222

8J 383/34
- Az 2: 1H 7/36
  Fiche: 0051 f.

15J 385/34
- Az 2: 1H 47/36
  Fiche: 0543
- Az 2: 1H 11/36
  Fiche: 0671 f.

16J 387/34
- Az 2: 1H 36/34
  Fiche: 0018

17J 387/34
- Az 2: 2H 55/35
  Fiche: 0044 f.

8J 404/34
- Az 2: 3L 14/35
  Fiche: 0386

8J 427/34
- Az 2: 1H 28/36
  Fiche: 0253

8J 427/34, 8J 6/35
- Az 2: 1H 9/35
  Fiche: 0025 ff./0253

17J 454/34
- Az 2: 1H 28/35
  Fiche: 0035

8J 459/34
- Az 2: 1H 16/35
  Fiche: 0232

17J 461/34
- Az 2: 0Js 18/36
  Fiche: 0728

16J 642/34
- Az 2: 1H 12/35
  Fiche: 0027 f.

7(11)J 197/34g
- Az 2: 3L 21/36
  Fiche: 0532 f.

17J 5/35
- Az 2: 1H 44/35
  Fiche: 0235

8J 6/35
- Az 2:
  Fiche: 0253

15J 8/35
- Az 2: 2H 13/35
  Fiche: 0593

8J 10/35
- Az 2: 2H 34/35
  Fiche: 0552 f.

17J 15/35
- Az 2: 2H 39/35
  Fiche: 0234

14J 16/35
- Az 2: 1H 43/35
  Fiche: 0039 f.

15J 20/35
- Az 2: 1H 40/35
  Fiche: 0039/0235

8J 20/35
- Az 2: 2H 14/35
  Fiche: 0028

14J 21/35
- Az 2: 1H 32/35
  Fiche: 0036 f.

8J 29/35
- Az 2: 2H 18/36
  Fiche: 0056 f./0461

16J 37/35
- Az 2: 1H 19-20/37
  Fiche: 0113/0469 f.

5J 41/35
- Az 2: 2H 6/36
  Fiche: 0051

16J 42/35
- Az 2: 2H 9/36
  Fiche: 0548

17J 42/35
- Az 2: 1H 38/35
  Fiche: 0038/0233

17J 57/35
- Az 2: 1H 54/35
  Fiche: 0313 f.

17J 58/35
- Az 2: 1H 22/35
  Fiche: 0031

17J 59/35
- Az 2: 1H 74/35
  Fiche: 0242/0313

8J 61/35
- Az 2: 1H 64/35
  Fiche: 0046 f.

14J 70/35
- Az 2: 2H 9/35
  Fiche: 0227

15J 81/35
- Az 2: 2H 50/35
  Fiche: 0469/0504

17J 81/35
- Az 2: 2H 31/35
  Fiche: 0036/0231

17J 82/35
- Az 2: 1H 51/35
  Fiche: 0238 f.

17J 83/35
- Az 2: 1H 12/36
  Fiche: 0054

17J 87/35
- Az 2: 1H 29/35
  Fiche: 0035

17J 88/35
- Az 2: 1H 73/35
  Fiche: 0048 f.

17J 119/35
- Az 2: 2H 26/35
  Fiche: 0033 f.

11J 122/35g
- Az 2: 2H 12/37
  Fiche: 0549
- Az 2: 2H 10,11,12/37
  Fiche: 0594 f./0695 f.
- Az 2:
  Fiche: 0528

17J 124/35
- Az 2: 1H 27/36
  Fiche: 0049 f.

17J 129/35
- Az 2: 1H 21,22/36
  Fiche: 0058 f.

16J 139/35
- Az 2: 1H 37/35
  Fiche: 0233/0373

16J 141/35, 16J 126/35
- Az 2: 1H 34/35, 1H 35/35
  Fiche: 0673 f.

11J 143/35
- Az 2: 3L 29/36
  Fiche: 0578/0703 ,

17J 145/35
- Az 2: 2H 10/35
  Fiche: 0027

8J 145/35
- Az 2: 1H 48/35
  Fiche: 0569

16J 150/35
- Az 2: 2H 21/36
  Fiche: 0502 f.

9J 151/35
- Az 2: 1H 3/36
  Fiche: 0049/0450

8J 164/35
- Az 2: 1H 5/36
  Fiche: 0050 f.

8J 165/35
- Az 2: 2H 30/36
  Fiche: 0063 f.

8J 169/35
- Az 2: 1H 41/35
  Fiche: 0039

17J 171/35
- Az 2: 2H 18/37
  Fiche: 0264/0491 f.
- Az 2: 2H 17/37
  Fiche: 0263 f./0487 f.

17J 180/35
- Az 2: 1H 60/35, 1H 42/37
  Fiche: 0046

17J 189/35
- Az 2: 1H 61/35
  Fiche: 0046/0462

15J 201/35
- Az 2: 1H 2/36
  Fiche: 0523

8J 206/35
- Az 2: 2H 49/35
  Fiche: 0041 f./0238

14J 210/35
- Az 2: 2H 43/36
  Fiche: 0070

15J 217/35
- Az 2: 1H 68/35
  Fiche: 0463

15J 218/35
- Az 2: 2H 23/36
  Fiche: 0709/0717f.

15J 222/35
- Az 2: 2H 34/36
  Fiche: 0687

8J 227/35
- Az 2: 2H 38/35
  Fiche: 0038/0039

8J 228/35
- Az 2: 1H 36/35
  Fiche: 0037

9J 231/35
- Az 2: 2H 44/35
  Fiche: 0452

17J 248/35
- Az 2: 2H 47/35
  Fiche: 0041

17J 249/35
- Az 2: 1H 72/35
  Fiche: 0241

8J 250/35
- Az 2: 1H 46/35
  Fiche: 0041/0236 f.

17J 267/35
- Az 2: 1H 63/36
  Fiche: 0079 f.

17J 268/35
- Az 2: 2H 43/35
  Fiche: 0040
- Az 2:
  Fiche: 0580 f.

15J 273/35
- Az 2: 1H 47/35
  Fiche: 0569 f.

17J 279/35
- Az 2: 2H 35/35
  Fiche: 0388

14J 286/35
- Az 2: 1H 16/36
  Fiche: 0056

16J 287/35
- Az 2: 1H 30/35
  Fiche: 0570

17J 289/35
- Az 2: 2H 48/35
  Fiche: 0041

8J 291/35
- Az 2: 2H 36/35
  Fiche: 0233 f.
- Az 2: 2H 5/36
  Fiche: 0390

8J 292/35
- Az 2: 1H 49/35
  Fiche: 0237

16J 293/35
- Az 2:
  Fiche: 0727

16J 293/35, 8J 438/35
- Az 2: 2H 58/35
  Fiche: 0588 f./0643

16J 293/35
- Az 2: 2H 58/35
  Fiche: 0589

8J 296/35g
- Az 2: 2H 38/36
  Fiche: 0067

9J 301/35
- Az 2: 3L 51/35
  Fiche: 0389

16J 304/35
- Az 2: 1H 31/35
  Fiche: 0036

8J 305/35
- Az 2: 1H 67/35
  Fiche: 0240

8J 306/35
- Az 2: 2H 30/35
  Fiche: 0036/0230 f.

15J 307/35
- Az 2: 1H 4/36
  Fiche: 0463

17J 310/35
- Az 2: 2H 10/36
  Fiche: 0053 f.

17J 315/35
- Az 2: 2H 42/36
  Fiche: 0069 f.

17J 318/35
- Az 2: 1H 15/36
  Fiche: 0249 f.

16J 319/35
- Az 2: 1H 57/35
  Fiche: 0045 f./0675 f.

16J 328/35
- Az 2: 1H 11/37
  Fiche: 0640

17J 336/35
- Az 2: 2H 28/36
  Fiche: 0061 f./0626 f.

8J 348/35
- Az 2: 1H 30/36
  Fiche: 0692

16J 349/35
- Az 2: 2H 32/36
  Fiche: 0065

16J 354/35
- Az 2: 1H 50/35
  Fiche: 0042

8J 359/35
- Az 2: 1H 63/35
  Fiche: 0239 f.

17J 364/35
– Az 2: 1H 59/35
Fiche: 0046

8J 364/35
– Az 2: 2H 15/36
Fiche: 0250 f.

14J 392/35
– Az 2: 2H 4/37
Fiche: 0086/0684

8J 403/35g
– Az 2:
Fiche: 0266

9J 411/35
– Az 2: 1H 56/35
Fiche: 0045

16J 415/35
– Az 2:
Fiche: 0703

8J 415/35g
– Az 2: 1H 1/37
Fiche: 0082 f.

8J 418/35g
– Az 2: 1H 13/36
Fiche: 0055/0248 f.

8J 419/35g
– Az 2: 1H 18/36
Fiche: 0315

8J 420/35g
– Az 2: 1H 32/36
Fiche: 0590 f.

8J 421/35g
– Az 2: 2H 60/36
Fiche: 0077 f./0239

8J 422/35g
– Az 2: 1H 6/36
Fiche: 0051/0246 f.

16J 424/35
– Az 2: 1H 65/35
Fiche: 0047

8J 427/35g
– Az 2: 1H 59/60/61/36
Fiche: 0076 f.

8J 428/35
– Az 2: 3L 9/36
Fiche: 0244

8J 430/35g
– Az 2: 1H 3/37
Fiche: 0084 f.

8J 431/35g
– Az 2: 1H 8/37
Fiche: 0244 f./0274

8J 433/35g, 17J 519/34
– Az 2: 1H 69/35
Fiche: 0241

8J 434/35g
– Az 2: 2H 41/36
Fiche: 0068

8J 437/35g
– Az 2: 2H 50/36
Fiche: 0073/0255 f.

16J 438/35
– Az 2: 1H 62/35
Fiche: 0046/0239

8J 438/35g
– Az 2: 1H 23/24/36
Fiche: 0060 f.

8J 439/35g
– Az 2: 2H 62/36
Fiche: 0078 f.

8J 440/35
– Az 2: 1H 1/36
Fiche: 0049

17J 441/35
– Az 2: 1H 14/36
Fiche: 0056

17J 443/35
– Az 2: 2H 37/36
Fiche: 0066

8J 444/35
– Az 2: 2H 54/36
Fiche: 0718 f.

15J 454/35
– Az 2: 1H 40/36
Fiche: 0592 f.

16J 454/35
– Az 2: 2H 40/35
Fiche: 0039

17J 473/35
– Az 2: 2H 63/36
Fiche: 0080/0260

17J 475/35
– Az 2: 2H 25/35
Fiche: 0230

9J 479/35
– Az 2: 2H 14/36
Fiche: 0598 ff.

9J 486/35
– Az 2: 1H 71/35
Fiche: 0047 f./0641

17J 492/35
– Az 2: 2H 44/36
Fiche: 0070 f./0255

17J 496/35
– Az 2: 2H 11/36
Fiche: 0054/0508

17J 499/35
– Az 2:
Fiche: 0731

9J 511/35
– Az 2:
Fiche: 0499

16J 534/35
– Az 2: 2H 57/35
Fiche: 0259/0676

16J 543/35
– Az 2: 2H 22/36
Fiche: 0059 f.

5J 592/35g
– Az 2: 1H 52/36
Fiche: 0073/0256 f.

9J 657/35
– Az 2: 1H 58/36
Fiche: 0630

9J 658/35
– Az 2: 2H 41/35
Fiche: 0451

9J 701/35
– Az 2: 2H 46/35
Fiche: 0509

9J 702/35
– Az 2: 2H 53/35
Fiche: 0043 f.

16J 703/35, 6J 17/39g
– Az 2: 2H 12/39
Fiche: 0140/0683

16J 708/35
– Az 2: 1H 75/35
Fiche: 0495 f.

9J 710/35
– Az 2: 2H 42/35
Fiche: 0509

16J 753/35
– Az 2: 1H 20/36
Fiche: 0058

16J 754/35
– Az 2: 2H 45/36
Fiche: 0071

16J 767/35
– Az 2: 2H 57/36
Fiche: 0038 f./0259 f.

9J 869/35
– Az 2: 2H 51/35
Fiche: 0544/0734

9J 907/35
– Az 2: 1H 67/36
Fiche: 0082/0260 f.

9J 914/35
– Az 2: 1H 9/36
Fiche: 0558 f.

9J 929/35
– Az 2: 1H 37/36
Fiche: 0629 f.

9J 938/35
– Az 2: 2H 7/36
Fiche: 0492/0595

9J 951/35
– Az 2: 2H 54/35
Fiche: 0044

8J 3/36g
– Az 2: 2H 1/36
Fiche: 0242 f.

8J 4/36
– Az 2: 1H 38/36
Fiche: 0066 f./0253 f.

17J 5/36
– Az 2: 1H 10/36
Fiche: 0052 f.

5J 6/36g
– Az 2: 3L 21/37
Fiche: 0391 f.

8J 7/36g
– Az 2: 2H 4/36
Fiche: 0245 f.

14J 12/36
– Az 2: 2H 17/36
Fiche: 0251 ff.

8J 12/36g
– Az 2: 1H 42/36
Fiche: 0069

9J 12/36
– Az 2: 1H 41/36
Fiche: 0068/0448

15J 14/36
– Az 2: 1H 54/36
Fiche: 0315 f./0465 f.

8J 17/36
– Az 2: 1H 29/36
Fiche: 0062 f.

8J 20/36g
– Az 2: 2H 11/38
Fiche: 0117 f./0542

8J 22/36g
– Az 2: 2H 36/36
Fiche: 0065 f./0253

16J 23/36
– Az 2: 2H 12/36
Fiche: 0055

17J 23/36
– Az 2: 2H 27/36
Fiche: 0722

17J 25/36
– Az 2: 1H 39/36
Fiche: 0067 f./0514

14J 26/36
– Az 2: 1H 36/36
Fiche: 0065

17J 27/36
– Az 2: 2H 59/36
Fiche: 0076

17J 28/36
– Az 2: 2H 24/37
Fiche: 0097 f.

14J 32/36
– Az 2: 1H 25/36
Fiche: 0061

14J 33/36, 9J 1145/35
– Az 2: 2H 56/35
Fiche: 0045

15J 39/36
– Az 2: 2H 35/36
Fiche: 0463/0465

9J 42/36
– Az 2: 1H 17/36
Fiche: 0540

8/14J 31-45/36g
– Az 2: 1H 13/37
Fiche: 0092

8J 51/36g
– Az 2: 1H 16/37
Fiche: 0262 f.

17J 67/36
– Az 2: 1H 14/37
Fiche: 0092 ff.

8J 68/36
– Az 2: 1H 4/37
Fiche: 0086/0498 f.

17J 70/36
– Az 2: 1H 57/36
Fiche: 0075/0258

8J 72/36
– Az 2: 2H 7/37
Fiche: 0247 f./0445

14J 73/36
– Az 2: 1H 62/36
Fiche: 0078

17J 73/36
– Az 2: 2H 5/37
Fiche: 0086 f.

9J 73/36
– Az 2: 1H 19/36
Fiche: 0452

9J 79/36
– Az 2: 2H 33/36
Fiche: 0585

17J 80/36
– Az 2: 2H 39/36
Fiche: 0068

8J 82/36g
– Az 2: 2H 13/36
Fiche: 0055 f./0390

9J 83/36
– Az 2: 1H 26/36
Fiche: 0061

8J 88/36g
– Az 2: 1H 70/35
Fiche: 0241 f.

17J 91/36
– Az 2: 2H 30/37
Fiche: 0102/0267

14J 104/36
– Az 2: 2H 8/36
Fiche: 0052

14J 106/36
– Az 2: 2H 19/36
Fiche: 0057 f.

8J 106/36g
– Az 2: 2H 24/36
Fiche: 0390 f.

7a O Js 113.36
– Az 2:
Fiche: 0091

5J 122/36g
– Az 2: 3L 7/37
Fiche: 0590

17J 128/36
– Az 2: 2H 25/36
Fiche: 0061

8J 131/36g,
8J 49,117,131/36g
– Az 2: 2H 16,20,27/37
Fiche: 0476 f.

14J 134/36
– Az 2: 2H 29/36
Fiche: 0063

8J 135/36
– Az 2: 1H 55/36
Fiche: 0074

17J 160/36
– Az 2: 2H 31/36
Fiche: 0064

8J 160/36
– Az 2: 2H 61/36
Fiche: 0577 f.

15J 162/36
– Az 2: 1H 51/36
Fiche: 0256

8J 163/36g
– Az 2: 1H 64/36
Fiche: 0080 f./0260

15J 166/36
– Az 2: 1H 33/36
Fiche: 0317

8J 168/36g
– Az 2: 2H 46/36
Fiche: 0071/0244

17J 185/36
– Az 2: 1H 30/37
Fiche: 0102

17J 187/36
– Az 2: 2H 31/37
Fiche: 0090

8J 188/36
– Az 2: 2H 29/37
Fiche: 0101 f.

14J 189/36
– Az 2: 2H 26/36
Fiche: 0061

7J 201/36g
– Az 2: 2H 40/37
Fiche: 0267 f.

8J 201/36g
– Az 2: 2H 53/36
Fiche: 0073 f.

9J 202/36
– Az 2: 2H 14/37
Fiche: 0555 f.

8J 211/36
– Az 2: 2H 6/37
Fiche: 0088

14J 220/36
– Az 2: 2H 48/36
Fiche: 0072

8J 223/36
– Az 2: 2H 15/37
Fiche: 0094/0262

14J 230/36
– Az 2: 1H 44/36
Fiche: 0255

8J 232/36g
– Az 2: 2H 39/37
Fiche: 0107 f.

17J 239/36
– Az 2: 1H 7/37
Fiche: 0088 f.

16J 251/36
– Az 2: 1H 45/36
Fiche: 0316

17J 260/36
– Az 2: 1H 10/37
Fiche: 0090 f./0261

17J 264/36
– Az 2: 2H 45/37
Fiche: 0109 f.

17J 271/36
– Az 2: 2H 23/37
Fiche: 0095 f.

15J 282/36
– Az 2: 2H 49/36
Fiche: 0072 f.

16J 287/36
– Az 2: 2H 51/36
Fiche: 0073

14J 288/36
– Az 2: 1H 48/36
Fiche: 0071 f.

17J 318/36
– Az 2: 2H 2/37
Fiche: 0084

9J 332/36
– Az 2: 2H 40/36
Fiche: 0254

14J 338/36
– Az 2: 2H 47/36
Fiche: 0071

15J 338/36
– Az 2: 2H 52/36
Fiche: 0257 f.

9J 341/36
– Az 2: 5 0Js 127/37
Fiche: 0694

17J 348/36
– Az 2: 1H 43/36
Fiche: 0070

9J 356/36
– Az 2: 1H 46/36
Fiche: 0494

17J 357/36
– Az 2: 2H 56/36
Fiche: 0075

17J 366/36
– Az 2: 1H 56/36
Fiche: 0074 f.

14J 380/36
– Az 2: 2H 8/37
Fiche: 0248/0447

9J 388/36
– Az 2: 2H 55/36
Fiche: 0555

17J 391/36
– Az 2: 2H 56/37
Fiche: 0112

14J 396/36
– Az 2: 1H 6/37
Fiche: 0087 f.

17J 414/36
– Az 2: 2H 36/37
Fiche: 0106

17J 416/36
– Az 2: 2H 32/37
Fiche: 0103 f.

17J 439/36
– Az 2: 2H 21/37
Fiche: 0094/0264 f.

17J 444/36
– Az 2: 2H 35/37
Fiche: 0105

14J 464/36
– Az 2: 1H 53/36
Fiche: 0258

17J 472/36
– Az 2: 2H 28/37
Fiche: 0266/0745

17J 507/36
– Az 2: 2H 3/37
Fiche: 0085

17J 513/36
– Az 2: 2H 1/37
Fiche: 0084/0261

16J 536/36
– Az 2: 2H 25/37
Fiche: 0098

14J 537/36
– Az 2: 1H 65/36
Fiche: 0081/0260

15J 544/36
– Az 2: 2H 64/36
Fiche: 0081/0471

9J 571/36
– Az 2: 2H 22/37
Fiche: 0095/0541

15J 578/36
– Az 2: 1H 2/37
Fiche: 0243/0471 f.

9J 600/36
– Az 2: 1H 21/37
Fiche: 0094 f./0551

16J 736/36
– Az 2: 2H 43/37
Fiche: 0269/0718

16J 781/36
– Az 2: 1H 9/37
Fiche: 0089

15J 818/36
– Az 2: 1H 22/37
Fiche: 0301

15J 1/37
– Az 2: 1H 28/37
Fiche: 0100 f./0711

8J 4/37
– Az 2: 2H 58/37
Fiche: 0271

8J 5/37g
- Az 2: 2H 23/38
  Fiche: 0123 ff./0275 f.

17J 6/37
- Az 2: 2H 33/37
  Fiche: 0104/0267

8J 11/37g
- Az 2: 2H 9/38
  Fiche: 0494

16J 23/37
- Az 2: 1H 18/37
  Fiche: 0094

8J 31/37g.Rs.
- Az 2: 2H 9/37
  Fiche: 0089 f.

8J 35/37g
- Az 2: 1H 66/36
  Fiche: 0081

17J 43/37
- Az 2: 1H 7/38
  Fiche: 0303 f.

8J 54/37
- Az 2: 2H 41/37
  Fiche: 0510 f./0689 f.

14J 72/37g
- Az 2: 1H 2/38
  Fiche: 0272 f.

17J 97/37
- Az 2: 2H 19/37
  Fiche: 0702 f.

8J 97/37
- Az 2: 2H 38/37
  Fiche: 0584 f.

8J 100/37
- Az 2: 1H 43/37
  Fiche: 0269 f.

17J 109/37, 9J 142/37
- Az 2: 2H 44,47/37
  Fiche: 0460 f.

8J 135/37g
- Az 2: 1H 36/37
  Fiche: 0106

17J 152/37
- Az 2: 2H 51/37
  Fiche: 0111 f./0270 f.

17J 177/37
- Az 2: 2H 24/40
  Fiche: 0159

8J 206/37g
- Az 2: 2H 4/38
  Fiche: 0601 f.

8J 214/37
- Az 2: 1H 31/38
  Fiche: 0481 f./0557 f.

16J 225/37
- Az 2: 2H 60/37
  Fiche: 0272

17J 225/37
- Az 2: 2H 48/37
  Fiche: 0448

9J 267/37
- Az 2: 2H 46/37
  Fiche: 0633 f.

8J 273/37
- Az 2: 1H 13/38
  Fiche: 0119

17J 298/37
- Az 2: 2H 49/37
  Fiche: 0111

14J 301/37
- Az 2: 1H 27/37
  Fiche: 0099 f.

14J 303/37g
- Az 2: 2H 37/37
  Fiche: 0106 f.

14J 305/37g
- Az 2: 1H 26/37
  Fiche: 0098
- Az 2: 1H 35/37
  Fiche: 0098 f.

14J 306/37g
- Az 2: 1H 15/37
  Fiche: 0094/0262

14J 307/37
- Az 2: 2H 34/37
  Fiche: 0105/0267

17J 315/37
- Az 2: 1H 37/37
  Fiche: 0106/0546 f.

9J 315/37
- Az 2: 2H 50/37
  Fiche: 0550 f.
- Az 2: 2H 61/37
  Fiche: 0516

17J 316/37
- Az 2: 1H 29/37
  Fiche: 0101

17J 317/37
- Az 2: 1H 31/37
  Fiche: 0102 f.

17J 318/37
- Az 2: 1H 38/37
  Fiche: 0730 f./0732

17J 319/37
- Az 2: 1H 34/37
  Fiche: 0104 f.

17J 320/37
- Az 2: 1H 32/37
  Fiche: 0103

17J 321/37
- Az 2: 1H 33/37
  Fiche: 0104

14J 323/37
- Az 2: 1H 24/37
  Fiche: 0268 f./0701 f.
- Az 2: 1H 10/38
  Fiche: 0268 f./0273

8J 337/37g
- Az 2: 1H 41/37
  Fiche: 0108 f.

8J 339/37
- Az 2: 1H 4/38
  Fiche: 0115

8J 341/37g
- Az 2: 1H 46/37
  Fiche: 0110/0302

8J 348/37g
- Az 2: 1H 47/37
  Fiche: 0110 f.

8J 351/37g
- Az 2: 2H 57/37
  Fiche: 0113

8J 358/37g
- Az 2: 1H 40/37
  Fiche: 0108

8J 361/37g
- Az 2: 2H 58/38
  Fiche: 0278

14J 375/37g
- Az 2: 2H 53/37
  Fiche: 0112

17J 377/37
- Az 2: 1H 6/38
  Fiche: 0682

17J 379/37
- Az 2: 1H 39/37
  Fiche: 0107/0302

17J 381/37
- Az 2: 2H 5/38
  Fiche: 0115 f.

17J 400/37
- Az 2: 2H 71/38
  Fiche: 0120 f./0133
- Az 2: 2H 17/38
  Fiche: 0120 f./0133

17J 401/37
- Az 2: 2H 14/38
  Fiche: 0120

17J 406/37
- Az 2: 2H 15/38
  Fiche: 0274

17J 407/37
- Az 2: 2H 16/38
  Fiche: 0120

17J 414/37
- Az 2: 2H 26/38
  Fiche: 0126

8J 419/37g
- Az 2: 2H 33/38
  Fiche: 0127/0623

16J 443/37
- Az 2: 2H 42/37
  Fiche: 0109

17J 451/37
- Az 2: 2H 59/38
  Fiche: 0450/0623 f.

14J 457/37g
- Az 2: 2H 63/38
  Fiche: 0132 f.

14J 469/37, 14J 380/37
- Az 2: 1H 12/23/37
  Fiche: 0091 f.

14J 480/37g
- Az 2: 1L 18/38
  Fiche: 0394 f.

14J 482/37
- Az 2: 1H 25/37
  Fiche: 0483

15J 513/37
- Az 2: 2H 55/37
  Fiche: 0466 f.

14J 522/37g
- Az 2: 1L 2/40
  Fiche: 0396/0704 f.

14J 527/37g, 14J 736/37
- Az 2: 1H 44/37, 1H 3
  Fiche: 0114/0473 f.

14J 570/37g
- Az 2:
  Fiche: 0261

16J 576/37
- Az 2: 2H 59/37
  Fiche: 0271 f.

16J 577/37
- Az 2: 2H 3/38
  Fiche: 0115

14J 629/37g
- Az 2: 2H 86/38
  Fiche: 0467 ff.

14J 629/37g, 6J 44/38g
- Az 2: 2H 84,85,87/38
  Fiche: 0472 f./0603 f.

14J 651/37g
- Az 2: 2H 55/38
  Fiche: 0277 f.

14J 657/37g
- Az 2: 1H 15/38
  Fiche: 0273 f.

16J 675/37
- Az 2: 2H 52/37
  Fiche: 0112/0271

9J 684/37
- Az 2: 2H 25/38
  Fiche: 0495

14J 725/37g
- Az 2: 1H 1/38
  Fiche: 0113 f./0508

14J 727/37g
- Az 2: 1H 5/38
  Fiche: 0115

14J 742/37g
- Az 2: 2H 20/38
  Fiche: 0122

9J 757/37
- Az 2: 1H 21/38
  Fiche: 0544

9J 759/37
- Az 2: 2H 36/38
  Fiche: 0671

16J 765/37
- Az 2: 1H 23/38
Fiche: 0122 f.

14J 796/37g
- Az 2: 2H 51/38
Fiche: 0131/0596 f.

16J 840/37
- Az 2: 2H 2/38
Fiche: 0114

16J 843/37
- Az 2: 2H 1/38
Fiche: 0114

16J 878/37
- Az 2: 1H 9/38
Fiche: 0116

16J 900/37
- Az 2: 2H 6/38
Fiche: 0116

16J 912/37
- Az 2: 2H 28/38
Fiche: 0126/0276

15J 931/37
- Az 2: 2H 35/38
Fiche: 0439

15J 942/37
- Az 2: 2H 34/38
Fiche: 0127 f.

8J 23/38g Rs
- Az 2: 1H 20/38
Fiche: 0442

9J 25/38
- Az 2: 1H 24/38
Fiche: 0516

10J 26/38
- Az 2: 2H 19/38
Fiche: 0601

10J 27/38
- Az 2: 2H 50/38
Fiche: 0131/0674 f.

10J 28/38
- Az 2: 1H 18/38
Fiche: 0121

10J 29/38
- Az 2: 2H 31/38
Fiche: 0541

10J 30/38
- Az 2: 2H 8/38
Fiche: 0518/0679

10J 31/38
- Az 2: 2H 10/38
Fiche: 0510

5J 32/38
- Az 2: 2H 7/38
Fiche: 0116

6J 37/38
- Az 2: 2H 74/38
Fiche: 0133

10J 49/38
- Az 2: 2H 18/38
Fiche: 0545

6J 53/38g
- Az 2: 3L 28/39
Fiche: 0395 f.

5J 54/38
- Az 2: 1H 22/38
Fiche: 0543

5J 77/38
- Az 2: 2H 43/38
Fiche: 0501

5J 79/38
- Az 2: 2H 57/38
Fiche: 0132

7J 82/38
- Az 2: 1H 12/38
Fiche: 0118

7J 96/38
- Az 2: 2H 29/38
Fiche: 0127

7J 102/38
- Az 2: 2H 45/38
Fiche: 0129/0439

7J 104/38
- Az 2: 2H 13/38
Fiche: 0439

7J 105/38
- Az 2: 2H 12/38
Fiche: 0119/0440

7J 106/38
- Az 2: 2H 27/38
Fiche: 0126

6J 116/38g
- Az 2: 1H 11/38
Fiche: 0117

6J 117/38g
- Az 2: 2H 30/38
Fiche: 0276

8J 133/38
- Az 2: 2H 21/38
Fiche: 0458

10J 137/38
- Az 2: 2H 49/38
Fiche: 0130 f.

10J 138/38
- Az 2: 2H 37/38
Fiche: 0544 f.

11J 138/38
- Az 2: 2H 17/39
Fiche: 0142

10J 139/38
- Az 2: 2H 67/38
Fiche: 0517/0678

10J 140/38
- Az 2: 2H 44/38
Fiche: 0573 f.

10J 141/38
- Az 2: 2H 53/38
Fiche: 0499

6J 141/38g
- Az 2: 1H 10/39
Fiche: 0139/0474 f.

10J 142/38
- Az 2: 2H 42/38
Fiche: 0457 f.

10J 143/38, 10J 144/38
- Az 2: 2H 39/38, 2H 40/38
Fiche: 0506

8J 144/38
- Az 2: 1H 16/38
Fiche: 0642

8J 145/38
- Az 2: 2H 52/38
Fiche: 0499 f.

11J 152/38
- Az 2: 1H 3/39
Fiche: 0136 f./0272

6J 157/38
- Az 2: 2H 89/38
Fiche: 0279 f.

6J 158/38
- Az 2: 2H 77/38
Fiche: 0133 f.

6J 159/38
- Az 2: 2H 46/38
Fiche: 0129

6J 160/38
- Az 2: 2H 60/38
Fiche: 0132

8J 160/38
- Az 2: 2H 73/38
Fiche: 0585 f.

6J 168/38g
- Az 2: 1H 14/38
Fiche: 0119 f.

10J 170/38
- Az 2: 2H 38/38
Fiche: 0474

9J 182/38
- Az 2: 2H 79/38
Fiche: 0537

11J 190/38
- Az 2: 2H 29/39
Fiche: 0396

6J 192/38g
- Az 2: 4L 16/39
Fiche: 0395

11J 193/38
- Az 2: 2H 22/39
Fiche: 0143

11J 195/38
- Az 2: 1H 37/39
Fiche: 0157 f.

11J 196/38g
- Az 2: 1H 35/39
Fiche: 0147

8J 199/38
- Az 2: 2H 91/38
Fiche: 0525

7J 206/38
- Az 2: 1H 19/38
Fiche: 0121 f.

9J 209/38
- Az 2: 2H 81/38
Fiche: 0134/0457

10J 222/38
- Az 2: 2H 69/38
Fiche: 0560

10J 223/38
- Az 2: 2H 64/38
Fiche: 0540 f.

6J 223/38g
- Az 2: 2H 47/38
Fiche: 0129 f.

10J 224/38
- Az 2: 2H 62/38
Fiche: 0500 f.

6J 224/38g
- Az 2: 2H 48/38
Fiche: 0130/0277

8J 224/38
- Az 2: 2H 41/38
Fiche: 0676

10J 225/38
- Az 2: 2H 70/38
Fiche: 0583

10J 226/38
- Az 2: 2H 75/38
Fiche: 0540

8J 226/38g
- Az 2: 1H 17/38
Fiche: 0274 f.

10J 227/38
- Az 2: 2H 80/38
Fiche: 0538

10J 228/38
- Az 2: 2H 76/38
Fiche: 0467

10J 229/38
- Az 2: 2H 66/38
Fiche: 0493

10J 231/38
- Az 2: 2H 72/38
Fiche: 0536

StPL (RKA) II 236/38
- Az 2:
Fiche: 0696

StPL (RKA) II 242/38
- Az 2: StPL (HLS) IV 21/41
Fiche: 0692

6J 248/38g
- Az 2: 2H 2/39
Fiche: 0551 f.

8J 251/38
- Az 2: 2H 65/38
Fiche: 0477 f.

7J 252/38
- Az 2: 2H 54/38
Fiche: 0131 f.

8J 252/38
- Az 2: 2H 68/38
Fiche: 0278 f.

5J 84/39
– Az 2: 1H 11/39
Fiche: 0139 f./0283

9J 84/39g
– Az 2: 2H 5/40
Fiche: 0159

5J 102/39
– Az 2: 1H 27/39
Fiche: 0145/0285 f.

6J 119/39
– Az 2: 1H 29/39
Fiche: 0145 f.

9J 125/39g
– Az 2: 2H 45/39
Fiche: 0511 f.

9J 138/39g
– Az 2: 2H 27/39
Fiche: 0145/0638 f.

5J 160/39
– Az 2: 2H 24/39
Fiche: 0143 f.

5J 174/39
– Az 2: 2H 51/39
Fiche: 0630 f.

5J 181/39
– Az 2: 1H 17/39
Fiche: 0142

9J 181/39
– Az 2: 1H 21/39
Fiche: 0283

8J 183/39
– Az 2: 2H 47/39
Fiche: 0537

9J 184/39
– Az 2: 1H 22/39
Fiche: 0682

6J 198/39g
– Az 2: 3L 19/40
Fiche: 0397f.

5J 199/39
– Az 2: 1H 26/39
Fiche: 0144

7J 219/39
– Az 2: 1H 31/39
Fiche: 0147

6J 224/39g
– Az 2: 2H 44/40
Fiche: 0160/0288f.

10J 227/39
– Az 2: 2H 20/41
Fiche: 0523

6J 231/39g
– Az 2: 2H 67/40
Fiche: 0163

10J 233/39
– Az 2: 2H 4/40
Fiche: 0536

10J 239/39
– Az 2: 2H 2/41
Fiche: 0685

6J 239/39
– Az 2:
Fiche: 0703

7J 239/39
– Az 2: 1H 49/39
Fiche: 0152

6J 243/39
– Az 2: 1H 51/39
Fiche: 0153

7J 268/39
– Az 2: 1H 66/39
Fiche: 0304 f.

9J 272/39g
– Az 2: 1H 34/39
Fiche: 0595

8J 285/39g
– Az 2: 5H 108/43
Fiche: 0401 f.

7J 302/39
– Az 2: 1H 46/39
Fiche: 0152/0305

9J 304/39g
– Az 2: 1H 65/39
Fiche: 0642

11J 311/39
– Az 2: 2H 56/39
Fiche: 0287

9J 312/39g
– Az 2: 1H 47/39
Fiche: 0503 f.

8J 318/39
– Az 2: 1H 60/39
Fiche: 0547 f.

9J 323/39g
– Az 2: 1H 67/39
Fiche: 0475

8J 324/39g
– Az 2: 5H 110/43
Fiche: 0575/0644 f.

9J 324/39g
– Az 2: 1H 48/39
Fiche: 0673

9J 326/39g
– Az 2: 1H 55/39
Fiche: 0155/0493

9J 327/39g, 9J 390/39g
– Az 2:
Fiche: 0703

9J 327/39g
– Az 2: 1H 53/39
Fiche: 0153

9J 328/39
– Az 2: 2H 57/39
Fiche: 0511

11J 341/39
– Az 2: 2H 46/39
Fiche: 0152

9J 355/39g
– Az 2: 2H 9/40
Fiche: 0458

9J 370/39g
– Az 2: 2H 53/40
Fiche: 0161 f./0562

11J 390/39
– Az 2:
Fiche: 0703 f.

9J 393/39
– Az 2: 2H 62/40
Fiche: 0712 f.

9J 399/39g
– Az 2: 2H 26/41
Fiche: 0589 f.

11J 403/39
– Az 2: 1H 41/39
Fiche: 0150

9J 414/39
– Az 2: 2H 83/41
Fiche: 0602 f.

9J 415/39
– Az 2: 2H 51/40
Fiche: 0161

9J 422/39g
– Az 2: 2H 37/40
Fiche: 0579 f.

9J 423/39g
– Az 2: 2H 63/40
Fiche: 0592

9J 424/39g
– Az 2: 2H 60/40
Fiche: 0162

9J 425/39g
– Az 2: 2H 43/40
Fiche: 0160

8J 441/39
– Az 2: 2H 34/40
Fiche: 0506

9J 448/39
– Az 2: 1H 79/39
Fiche: 0584

5J 464/39
– Az 2: 1H 61/39
Fiche: 0732

7J 472/39
– Az 2: 1H 75/39
Fiche: 0158

5J 474/39
– Az 2: 1H 71/39
Fiche: 0157

8J 475/39
– Az 2: 5H 109/43
Fiche: 0644
– Az 2: 5H 8/44
Fiche: 0408

8J 476/39
– Az 2: 5H 127/43
Fiche: 0527 f.

8J 480/39g
– Az 2: 2H 1/40
Fiche: 0483

5J 483/39
– Az 2: 2H 46/40
Fiche: 0161

8J 501/39
– Az 2: 2H 60/39
Fiche: 0709

7J 544/39
– Az 2: 2H 33/41
Fiche: 0291

7J 547/39
– Az 2: 2H 13/40
Fiche: 0306

7J 548/39
– Az 2: 1H 36/40
Fiche: 0307

7J 549/39
– Az 2: 2H 32/40
Fiche: 0306 f.

5J 677/39
– Az 2: 2H 41/40
Fiche: 0159 f.

6J 3/40
– Az 2: 2H 95/40
Fiche: 0632

9J 9/40
– Az 2: 2H 66/40
Fiche: 0163

10J 10/40
– Az 2: 2H 40/40
Fiche: 0573

9J 30/40g
– Az 2: 2H 5/41
Fiche: 0488 f./0519 f.

12J 33/40
– Az 2:
Fiche: 0444

9J 33/40g
– Az 2: 2H 6/41
Fiche: 0398 f./0578

9J 34/40g
– Az 2:
Fiche: 0719 f.

10J 37/40g
– Az 2: 2H 3/41
Fiche: 0165/0534 f.

5J 46/40, 5J 164/40
– Az 2: 2H 69/40
Fiche: 0160 f./0163

5J 46/40
– Az 2: 2H 45/40
Fiche: 0160 f.

7J 49/40
– Az 2: 2H 65/40
Fiche: 0308

6J 52/40g
– Az 2: 2H 111/40
Fiche: 0289 f.

6J 64/40g
– Az 2: 2H 89/41
Fiche: 0322 f./0723

10J 66/40
– Az 2: 2H 114/40
Fiche: 0492

6J 66/40g
– Az 2: 2H 120/41
Fiche: 0167

10J 68/40
– Az 2: 2H 109/40
Fiche: 0563 f.

10J 70/40
– Az 2: 2H 127/40
Fiche: 0566 f.

7J 70/40
– Az 2: 2H 12/41
Fiche: 0649
– Az 2: 2H 131/40
Fiche: 0310
– Az 2: 2H 132/40
Fiche: 0311

7J 70/40, 7J 93/42
– Az 2: 2H 133/40
Fiche: 0311

7J 70/40
– Az 2: 2H 130/40
Fiche: 0310

6J 80/40g
– Az 2: 5H 64/42
Fiche: 0702

12J 97/40
– Az 2:
Fiche: 0496 f.

7J 97/40
– Az 2: 2H 21/41
Fiche: 0498/0510

12J 99/40
– Az 2:
Fiche: 0423

6J 103/40g
– Az 2: 2H 115/40
Fiche: 0308
– Az 2: 2H 116/40
Fiche: 0309 f.

7J 108/40
– Az 2: 2H 98/40
Fiche: 0700 f.

6J 119/40g
– Az 2:
Fiche: 0320

10J 120/40
– Az 2: 2H 100/40
Fiche: 0164 f.

6J 120/40g
– Az 2:
Fiche: 0320

6J 122/40g
– Az 2:
Fiche: 0320

6J 124/40g
– Az 2: 2H 10/41
Fiche: 0319 f.

6J 127/40g
– Az 2: 3L 99/40
Fiche: 0398/0399

6J 132/40g
– Az 2: 2H 147/41
Fiche: 0325

5J 142/40
– Az 2: 2H 68/40
Fiche: 0163

6J 144/40g
– Az 2: 2H 14/41
Fiche: 0320 f./0388

6J 145/40
– Az 2: 2H 32/41
Fiche: 0322/0521 f.

5J 148/40
– Az 2: 2H 71/40
Fiche: 0164

2J 150/40g
– Az 2: 2L 78/41
Fiche: 0399/0568

8J 162/40
– Az 2: 2H 77/41
Fiche: 0709 ff.

8J 167/40
– Az 2: 2H 89/40
Fiche: 0637 f.

5J 171/40
– Az 2: 2H 91/40
Fiche: 0636

7J 174/40
– Az 2: 2H 132/41
Fiche: 0323 ff.

7J 178/40
– Az 2: 2H 99/40
Fiche: 0556

10J 204/40
– Az 2: 2H 17/41
Fiche: 0562 f.

8J 208/40
– Az 2: 2H 96/40
Fiche: 0694

9J 210/40, 10J 238/40
– Az 2: 2H 128/40
Fiche: 0448/0578

5J 219/40
– Az 2: 2H 227/42
Fiche: 0175

8J 230/40
– Az 2: 5H 9/44
Fiche: 0500

8J 232/40
– Az 2: 2H 76/41
Fiche: 0714 f.

9J 237/40
– Az 2: 2H 17/42
Fiche: 0291/0719

10J 239/40
– Az 2: 2H 77/42
Fiche: 0568

7J 242/40
– Az 2: 2H 113/40
Fiche: 0308

10J 245/40
– Az 2: 2H 100/41
Fiche: 0567

9J 246/40
– Az 2: 2H 28/41
Fiche: 0165/0291

9J 275/40
– Az 2: 2H 84/41
Fiche: 0166

10J 290/40g
– Az 2: 5H 62/42
Fiche: 0478

9J 297/40
– Az 2: 2H 70/41
Fiche: 0165 f.

9J 301/40
– Az 2: 2H 2/42
Fiche: 0489

9J 307/40g
– Az 2: 2H 7/41
Fiche: 0165

9J 316/40
– Az 2: 2H 125/41
Fiche: 0519/0560

9J 330/40
– Az 2: 2H 48/41
Fiche: 0677

8J 333/40
– Az 2: 2H 84/40
Fiche: 0454

2J 342/40g
– Az 2: 2H 150/41
Fiche: 0570 f.

4J 349/40g
– Az 2: 1L 18/42
Fiche: 0677/0747

9J 354/40
– Az 2: 2H 126/41
Fiche: 0292/0491

8J 375/40
– Az 2: 5H 17/44
Fiche: 0411 f.

8J 376/40
– Az 2: 5H 13/44
Fiche: 0409 f.

8J 376/40g, 8J 393/40g
– Az 2: 5H 111/43,
5H 141/43
Fiche: 0409

8J 393/40g
– Az 2:
Fiche: 0646

8J 394/40g
– Az 2: 5H 14/44
Fiche: 0410/0645 f.

8J 421/40
– Az 2: 2H 121/40
Fiche: 0636 f.

8J 472/40
– Az 2: 6H 205/43
Fiche: 0455/0497 f.

***J 517/40g**
– Az 2: *H 74/41
Fiche: 0166

8J 2/41
– Az 2:
Fiche: 0646 f.

8J 5/41
– Az 2: 2H 9/41
Fiche: 0543 f.

8J 7/41g
– Az 2: 2H 166/43
Fiche: 0403 f.

9J 12/41
– Az 2: 2H 99/41
Fiche: 0489/0504

9J 15/41
– Az 2: 2H 117/41
Fiche: 0456 f.

10J 17/41g
– Az 2: 1H 194/43
Fiche: 0676

6J 22/41g
– Az 2: 2H 41/41
Fiche: 0321 f.

6J 24/41
– Az 2: 2H 152/41
Fiche: 0168

9J 24/41
– Az 2: 2H 86/41
Fiche: 0166/0568

10J 28/41
– Az 2: 2H 73/41
Fiche: 0505 f.

6J 28/41g
– Az 2: 2H 129/41
Fiche: 0323

10J 29/41
– Az 2: 2H 49/41
Fiche: 0643

10J 35/41
– Az 2: 2H 96/41
Fiche: 0641

5J 35/41
– Az 2: 2H 123/41
Fiche: 0167

10J 36/41
– Az 2: 2H 91/41
Fiche: 0539 f.

5J 40/41
– Az 2: 2H 51/42
Fiche: 0171 f.

10J 44/41
– Az 2: 2H 45/42
Fiche: 0683 f.

5J 45/41
– Az 2: 2H 27/42
Fiche: 0183

6J 45/41g
– Az 2: 2H 15/42
Fiche: 0292/0678

9J 50/41
– Az 2: 2H 106/41
Fiche: 0536 f.

5J 53/41
– Az 2: 2H 53/41
Fiche: 0506

10J 54/41
– Az 2: 2H 52/41
Fiche: 0502

10J 58/41
– Az 2: 2H 72/41
Fiche: 0480 f.

10J 60/41
– Az 2: 2H 79/41
Fiche: 0675

6J 76/41
– Az 2: 2H 64/42
Fiche: 0172

7(8)J 76/41g
– Az 2: 2H 170/43
Fiche: 0647/0649

6J 84/41g
– Az 2: 2H 8/42
Fiche: 0169/0344

10J 87/41
– Az 2: 2H 192/42
Fiche: 0639

10J 90/41
– Az 2: 2H 111/41
Fiche: 0672 f.

9J 90/41g
– Az 2: 2H 95/41
Fiche: 0522

9J 92/41
– Az 2: 2H 163/41
Fiche: 0601

7J 94/41, 7J 70/40
– Az 2: 2H 22/41
Fiche: 0321

6J 95/41g
– Az 2: 2H 119/41
Fiche: 0166 f.

8J 95/41g
– Az 2: 2H 167/43
Fiche: 0581 f./0647

6J 96/41g
– Az 2: 2H 124/41
Fiche: 0520 f.

8J 97/41g
– Az 2: 6H 171/43
Fiche: 0527/0581

6J 100/41g
– Az 2: 2H 21/42
Fiche: 0170/0293

7(8)J 103/41
– Az 2: 5H 47/44
Fiche: 0418

9J 107/41
– Az 2: 5H 14/43
Fiche: 0447

6J 109/41g
– Az 2: 2H 11/42
Fiche: 0169/0521

StPL (RKA) I 118/41
– Az 2: StPL (HLS) III 57/41
Fiche: 0699 f.

6J 122/41
– Az 2:
Fiche: 0671

10J 123/41
– Az 2: 2H 115/41
Fiche: 0635 f.

9J 124/41
– Az 2: 2H 34/42
Fiche: 0529

10J 132/41
– Az 2: 2H 165/41
Fiche: 0632

6J 143/41g
– Az 2: 2H 73/42
Fiche: 0293/0509

10J 144/41
– Az 2: 2H 156/41
Fiche: 0534

6J 144/41g
– Az 2:
Fiche: 0717

10J 145/41
– Az 2: 2H 33/42
Fiche: 0171/0567 f.

6J 165/41g
– Az 2: 2H 43/42
Fiche: 0335
– Az 2: 2H 42/42
Fiche: 0335 f.

6J 166/41g
– Az 2: 2H 137/41
Fiche: 0167 f.

7J 169/41
– Az 2: 2H 18/42
Fiche: 0170

10J 170/41
– Az 2: 2H 10/42
Fiche: 0531 f.

9J 171/41g
– Az 2: 2H 103/42
Fiche: 0628

10J 175/41
– Az 2: 2H 135/41
Fiche: 0516/0685

OJs 191/41
– Az 2:
Fiche: 0346

8J 198/41g
– Az 2: 5H 60/42
Fiche: 0504 f.

7(8)J 199/41
– Az 2: 2H 3/44
Fiche: 0407 f.

8J 199/41
– Az 2: 2H 173/43
Fiche: 0693

8J 200/41
– Az 2: 2H 6/44
Fiche: 0580/0624 f.

10J 201/41
– Az 2: 2H 59/42
Fiche: 0672

8J 201/41
– Az 2: 2H 171/43
Fiche: 0505/0642 f.

10J 202/41g
– Az 2: 2H 143/41
Fiche: 0681 f.

7(8)J 203/41
– Az 2: 2H 168/44
Fiche: 0647 f.

5J 205/41
– Az 2: 5H 114/42
Fiche: 0173 f.

8J 206/41
– Az 2: 5H 16/44
Fiche: 0411

10J 209/41
– Az 2: 2H 48/42
Fiche: 0544

10J 215/41
– Az 2: 2H 130/42
Fiche: 0625/0643

9J 216/41g
– Az 2: 2L 89/42
Fiche: 0530

5J 222/41
– Az 2: 2H 38/42
Fiche: 0171

5J 226/41
– Az 2: 2H 24/42
Fiche: 0171/0293

8J 226/41g
– Az 2: 2H 94/41
Fiche: 0521

5J 228/41
– Az 2: 2H 16/42
Fiche: 0292

5J 229/41
– Az 2: 2H 13/42
Fiche: 0169 f.

5J 230/41
– Az 2: 2H 6/42
Fiche: 0168 f.

5J 231/41
– Az 2: 2H 23/42
Fiche: 0170 f./0674

5J 232/41
– Az 2: 2H 5/42
Fiche: 0168

9J 236/41g
– Az 2: 5H 75/42
Fiche: 0537 f.

10J 238/41g
– Az 2: 2H 12/42
Fiche: 0508

6J 242/41
– Az 2: 2H 75/42
Fiche: 0172

6J 246/41
– Az 2: 2H 82/42
Fiche: 0172/0579

6J 248/41g
– Az 2: 1H 14/43
Fiche: 0176/0362

9J 251/41
– Az 2: 2H 68/42
Fiche: 0548

9J 254/41g
– Az 2: 2H 128/41
Fiche: 0518

7J 257/41
– Az 2: 2H 114/42
Fiche: 0332/0367

8J 257/41
– Az 2: 2H 19/42
Fiche: 0686 f.

8J 261/41g
– Az 2: 1H 237/42
Fiche: 0561 f.

8J 263/41
– Az 2: 2H 30/42
Fiche: 0542

8J 264/41g
– Az 2: 2H 14/42
Fiche: 0496

10J 267/41
– Az 2: 2H 157/41
Fiche: 0535 f.

8J 269/41g
– Az 2:
Fiche: 0701

9J 278/41g
– Az 2: 2H 133/41
Fiche: 0558

12J 289/41g
– Az 2: 1H 179/42
Fiche: 0368

10J 294/41
– Az 2: 1H 329/42
Fiche: 0554

10J 299/41
– Az 2: 2H 50/42
Fiche: 0480

9J 311/41
– Az 2: 2H 31/42
Fiche: 0542 f.

9J 314/41g
– Az 2: 2H 146/41
Fiche: 0529 f.

9J 315/41g
– Az 2: 2H 164/41
Fiche: 0518 f./0559

8J 317/41
– Az 2: 5H 135/43
Fiche: 0582

10J 320/41
– Az 2: 2H 36/42
Fiche: 0677

StPL (RKA) III 321/41, 7J 418/42
– Az 2: 5H 160/42
Fiche: 0360

9J 330/41
– Az 2: 5H 63/42
Fiche: 0555

StPL (RKA) III 345/41
– Az 2: StPL (HLS) III 144/41
Fiche: 0707

9J 357/41g
– Az 2: 2H 7/42
Fiche: 0633

StPL (RKA) II 379/41
– Az 2: StPL (HLS) II 149/41
Fiche: 0698

8J 391/41g
– Az 2:
Fiche: 0703

8J 393/41g
– Az 2:
Fiche: 0626

8J 395/41g
– Az 2: 2H 25/42
Fiche: 0171/0584

2J 461/41g
– Az 2: 3L 31/42
Fiche: 0399

7J 497/41
– Az 2: 2H 116/42
Fiche: 0332

8J 521/41g
– Az 2: 2H 98/42
Fiche: 0293 f.

StPL (RKA) III 522/41
– Az 2: StPL (HLS) IV 7/42
Fiche: 0707

7J 543/41
– Az 2: 2H 4/42
Fiche: 0336

7J 544/41
– Az 2: 5H 187/42
Fiche: 0356/0367

7J 606/41
– Az 2: 2H 54/42
Fiche: 0328/0335

7J 649/41
– Az 2: 2H 88/42
Fiche: 0333 f.

StPL (RKA) III 657/41
– Az 2: StPL (HLS) III 16/42
Fiche: 0696 f.

7J 659/41
– Az 2: 2H 55/42
Fiche: 0334

8J 2/42
– Az 2: 2H 66/42
Fiche: 0568

9J 14/42g
– Az 2: 2H 35/42
Fiche: 0577

10J 16/42g
– Az 2: 1H 247/42
Fiche: 0559

8J 16/42
– Az 2: 2H 28/42
Fiche: 0454/0497

6J 18/42g
– Az 2: 2H 121/42
Fiche: 0331

6J 19/42 g
– Az 2: 2H 41/42
Fiche: 0355/0399

6J 23/42g
– Az 2: 2H 64/42
Fiche: 0334

9J 25/42g
– Az 2: 2H 153/42
Fiche: 0470

6J 27/42g
– Az 2: 1H 18/43
Fiche: 0176/0295

6J 29/42g
– Az 2: 1H 139/43
Fiche: 0632 f.

7J 32/42
– Az 2: 5H 67/42
Fiche: 0347

9J 34/42g
– Az 2: 2H 91/42
Fiche: 0509

6J 55/42
– Az 2: 2H 107/42
Fiche: 0483/0730

12J 38/42
– Az 2: 1H 98/42
Fiche: 0368

10J 40/42
– Az 2: 2H 228/42
Fiche: 0531

6J 41/42g
– Az 2: 2H 126/42
Fiche: 0330

6J 42/42g
– Az 2: 2H 127/42
Fiche: 0330

6J 43/42
– Az 2: 2H 120/42
Fiche: 0522

6J 44/42g
– Az 2:
Fiche: 0512

7J 44/42
– Az 2: 2H 331/42
Fiche: 0330

6J 45/42g
– Az 2: 5H 95/42
Fiche: 0349

6J 46/42g
– Az 2: 5H 93/42
Fiche: 0349

7J 46/42
– Az 2: 2H 125/42
Fiche: 0330

7J 48/42
– Az 2: 2H 76/42
Fiche: 0334

9J 50/42g
– Az 2: 2H 60/42
Fiche: 0628

StPL (RKA) I 50/42
– Az 2: StPL (HLS) II 74/42
Fiche: 0705

6J 54/42
– Az 2: 2H 108/42
Fiche: 0173

10J 62/42
– Az 2: 1H 219/42
Fiche: 0530 f.

6J 62/42g
– Az 2: 5H 92/42
Fiche: 0293

7J 62/42
– Az 2: 6H 1/42
Fiche: 0168

6J 65/42
– Az 2: 2H 180/42
Fiche: 0342

9J 70/42g
– Az 2: 2H 157/43
Fiche: 0641 f.

10(9)J 71/42g
– Az 2: 2H 23/44
Fiche: 0182 f.

10J 71/42
– Az 2: 2H 284/42
Fiche: 0530

7J 72/42
– Az 2: 2H 87/42
Fiche: 0173/0590

7J 75/42
– Az 2: 2H 189/42
Fiche: 0175

6J 76/42g
– Az 2: 2H 160/42
Fiche: 0174

6J 78/42g
– Az 2: 2H 156/42
Fiche: 0339/0649

8J 78/42g
– Az 2: 2H 214/42
Fiche: 0535

10J 80/42
– Az 2: 2H 317/42
Fiche: 0684

9J 80/42g
– Az 2: 2H 95/42
Fiche: 0535/0681

10J 81/42
– Az 2: 2H 188/42
Fiche: 0531

5J 81/42
– Az 2: 2H 94/42
Fiche: 0173

6J 83/42
– Az 2: 2H 154/42
Fiche: 0174/0483

6J 84/42, 6J 63/43
– Az 2: 6H 98/43
Fiche: 0179/0641

4J 85/42g
– Az 2: 1H 97/43
Fiche: 0179/0675

6J 86/42
– Az 2: 2H 208/42
Fiche: 0175/0514

10J 88/42
– Az 2: 2H 182/42
Fiche: 0174 f.

9J 90/42g
– Az 2: 2H 281/42
Fiche: 0560

6J 92/42
– Az 2: 2H 282/42
Fiche: 0176

7J 93/42
– Az 2: 2H 96/42
Fiche: 0333

7J 94/42
– Az 2: 2H 97/42
Fiche: 0333

7J 95/42
– Az 2: 5H 96/42
Fiche: 0349 f.

10J 96/42
– Az 2: 2H 238/42
Fiche: 0549

6J 97/42
– Az 2:
Fiche: 0295/0484

10J 102/42
– Az 2: 2H 185/42
Fiche: 0634

6J 103/42
– Az 2:
Fiche: 0512

6J 104/42
– Az 2: 1H 238/42
Fiche: 0517/0627

1J 105/42
– Az 2: 1L 8/42
Fiche: 0528 f.

6J 106/42g
– Az 2: 2H 258/42
Fiche: 0175/0346

10J 107/42
– Az 2: 2H 256/42
Fiche: 0455

7J 110/42
– Az 2: 2H 203/42
Fiche: 0329/0338 f.

7J 112/42
– Az 2: 2H 164/42
Fiche: 0326

7J 113/42
– Az 2: 2H 132/42
Fiche: 0582

10J 117/42
– Az 2: 5H 115/42
Fiche: 0605

7J 118/42
– Az 2: 2H 105/42
Fiche: 0333

9J 120/42
– Az 2: 2H 263/42
Fiche: 0520

9J 124/42
– Az 2: 5H 18/43
Fiche: 0530

9J 126/42g
– Az 2: 1H 309/42
Fiche: 0587 f.

8J 127/42g
– Az 2: 2H 141/42
Fiche: 0535

10J 129/42
– Az 2: 2H 205/42
Fiche: 0628

6J 129/42g
– Az 2: 5H 172/42
Fiche: 0174/0673

5J 134/42
– Az 2: 5H 36/43
Fiche: 0177/0512

6J 134/42g
– Az 2: 2H 77/43
Fiche: 0178

6J 135/42g
– Az 2: 6H 79/43
Fiche: 0519/0549 f.

10J 137/42
– Az 2: 2H 242/42
Fiche: 0553 f.

7J 137/42
– Az 2: 2H 191/42
Fiche: 0328/0340 f.

8J 148/42g
– Az 2: 5H 67/43
Fiche: 0564

5J 151/42
– Az 2: 5H 10/43
Fiche: 0176/0635

StPL (RKA) III 153/42
– Az 2: StPL (HLS) II 96/42
Fiche: 0707

7J 156/42
– Az 2: 2H 112/42
Fiche: 0333

7J 157/42
– Az 2: 2H 117/42
Fiche: 0331

6J 158/42g
– Az 2: 1H 22/43
Fiche: 0627

7J 158/42
– Az 2: 2H 113/42
Fiche: 0454

10J 159/42
– Az 2: 2H 298/42
Fiche: 0530

7J 159/42
– Az 2: 2H 118/42
Fiche: 0331

7J 160/42
– Az 2: 2H 119/42
Fiche: 0174

10J 162/42
– Az 2: 2H 254/42
Fiche: 0454

9J 162/42g
– Az 2: 2H 320/42
Fiche: 0552

7J 164/42
– Az 2: 5H 91/42
Fiche: 0339/0349

8J 165/42
– Az 2: 2H 137/42
Fiche: 0559 f./0567

10J 166/42
– Az 2: 2H 271/42
Fiche: 0634

10J 170/42
– Az 2: 2H 22/43
Fiche: 0544

9J 170/42g
– Az 2: 2H 265/42
Fiche: 0542

7J 171/42
– Az 2: 5H 147/42
Fiche: 0366

5J 172/42
– Az 2: 1H 4/43
Fiche: 0176

9J 173/42
– Az 2: 2H 267/42
Fiche: 0568

7(8)J 176/42g
– Az 2:
Fiche: 0701

7J 179/42
– Az 2: 5H 118/42
Fiche: 0350

9J 179/42g
– Az 2: 2H 276/42
Fiche: 0568

7J 181/42
– Az 2: 2H 158/42
Fiche: 0327

7J 186/42
– Az 2: 5H 117/42
Fiche: 0400

7J 187/42
– Az 2: 2H 198/42
Fiche: 0340

StPL (RKA) III 191/42
– Az 2: StPL (HLS) IV 108/42
Fiche: 0700

StPL (RKA) II 191/42
– Az 2: StPL (HLS) IV 87/42
Fiche: 0707

7J 193/42
– Az 2: 2H 207/42
Fiche: 0338

7J 194/42
– Az 2: 2H 194/42
Fiche: 0329

8J 195/42g
– Az 2: 2H 138/42
Fiche: 0569

9J 198/42
– Az 2: 2H 302/42
Fiche: 0581

7J 199/42
– Az 2: 2H 169/42
Fiche: 0326

7J 203/42
– Az 2: 2H 183/42
Fiche: 0341 f.

7J 205/42
– Az 2: 2H 212/42
Fiche: 0337

9J 206/42g
– Az 2: 1H 302/42
Fiche: 0634 f.

10J 207/42g
– Az 2: 2H 314/42
Fiche: 0493 f.

10J 208/42g
– Az 2: 6H 7/42
Fiche: 0512 f.

7J 208/42
– Az 2: 5H 145/42
Fiche: 0328

7J 209/42
– Az 2: 5H 148/42
Fiche: 0359

7J 213/42
– Az 2: 2H 171/42
Fiche: 0343

7J 214/42
– Az 2: 2H 186/42
Fiche: 0341/0354

8J 214/42g
– Az 2: 5H 94/42
Fiche: 0570

10J 216/42g
– Az 2: 1H 300/42
Fiche: 0176

7J 218/42
– Az 2: 5H 206/42
Fiche: 0355

7J 219/42
– Az 2: 2H 167/42
Fiche: 0328 f./0342

7J 220/42
– Az 2: 2H 170/42
Fiche: 0326/0649 f.

7J 221/42
– Az 2: 2H 172/42
Fiche: 0342/0343

7J 222/42
– Az 2: 2H 176/42
Fiche: 0342

7J 223/42
– Az 2: 2H 236/42
Fiche: 0329/0354

10J 227/42
– Az 2: 2H 102/43
Fiche: 0453/0643

8J 228/42
– Az 2: 5H 19/44
Fiche: 0412

7J 231/42
– Az 2: 1H 213/42
Fiche: 0294

10J 232/42g
– Az 2: 2H 337/42
Fiche: 0470 f.

7J 232/42
– Az 2: 2H 202/42
Fiche: 0300/0339

7J 233/42
– Az 2: 5H 188/42
Fiche: 0356

StPl (RKA) II 238/42
– Az 2: StPL (HLS) II 97/42
Fiche: 0707

StPL (RKA) II 240/42
– Az 2: StPL (HLS) III 78/42
Fiche: 0706

10J 244/42g
– Az 2: 2H 319/42
Fiche: 0571

10J 247/42g
– Az 2: 2H 338/42
Fiche: 0447

StPL (RKA) II 248/42
– Az 2: StPL (HLS) I 86/42
Fiche: 0693

7J 252/42
– Az 2: 5H 143/43
Fiche: 0359

7J 253/42
– Az 2: 5H 89/42
Fiche: 0348

7J 254/42
– Az 2: 5H 87/42
Fiche: 0348

7J 255/42
– Az 2: 5H 88/42
Fiche: 0348

10J 256/42g
– Az 2: 2H 19/43
Fiche: 0546

7J 256/42
– Az 2: 5H 90/42
Fiche: 0349

7J 257/42
– Az 2: 5H 86/42
Fiche: 0347 f.

7J 258/42
– Az 2: 1H 215/42
Fiche: 0294

7J 271/42
– Az 2: 2H 157/42
Fiche: 0327

7J 272/42
– Az 2: 2H 206/42
Fiche: 0338

7J 273/42
– Az 2: 2H 211/42
Fiche: 0337 f.

7J 274/42
– Az 2: 1H 214/42
Fiche: 0343 f./0400 f.

7J 275/42
– Az 2: 5H 139/42
Fiche: 0358

7J 276/42
– Az 2: 2H 272/42
Fiche: 0295

7J 278/42
– Az 2: 2H 246/42
Fiche: 0346 f.

7J 282/42
– Az 2: 1H 249/42
Fiche: 0175/0346

7J 283/42, 7J 288/42
– Az 2: 5H 146/42
Fiche: 0329/0339

10J 284/42
– Az 2: 5H 27/43
Fiche: 0534

7J 285/42
– Az 2: 5H 138/42
Fiche: 0351/0358

7J 286/42
– Az 2: 2H 201/42
Fiche: 0340

7J 295/42
– Az 2: 6H 8/42
Fiche: 0353

7J 299/42
– Az 2: 2H 213/42
Fiche: 0294/0459

7J 301/42
– Az 2: 2H 178/42
Fiche: 0342

7J 302/42
– Az 2: 2H 179/42
Fiche: 0342

7J 306/42, 7J 239/43
– Az 2: 5H 140/42,
5H 72/43
Fiche: 0376

12J 307/42
– Az 2: 1H 64/43
Fiche: 0368

7J 309/42
– Az 2:
Fiche: 0361

7J 313/42
– Az 2: 5H 136/42
Fiche: 0400

7J 316/42
– Az 2: 2H 173/42
Fiche: 0342

7J 317/42
– Az 2: 2H 174/42
Fiche: 0294

8J 319/42g
– Az 2:
Fiche: 0177/0574

StPL (RKA) III 320/42
– Az 2: StPL (HLS) III 21/43
Fiche: 0705

7J 321/42
– Az 2: 2H 221/42
Fiche: 0337

7J 322/42
– Az 2: 2H 241/42
Fiche: 0337

7J 326/42
– Az 2: 2H 187/42
Fiche: 0341

7J 338/42
– Az 2: 2H 199/42
Fiche: 0175

7J 339/42
– Az 2: 6H 3/42
Fiche: 0521

7J 340/42
– Az 2: 2H 197/42
Fiche: 0340

7J 343/42
– Az 2: 2H 217/42
Fiche: 0337

7J 344/42
– Az 2: 2H 162/42
Fiche: 0327

8J 344/42
– Az 2: 5H 146/43
Fiche: 0497

7J 347/42
– Az 2: 5H 135/42
Fiche: 0350

7J 350/42
– Az 2: 2H 277/42
Fiche: 0354

7J 354/42
– Az 2: 5H 142/42
Fiche: 0329/0358

7J 355/42
– Az 2: 5H 133/42
Fiche: 0350

7J 356/42
– Az 2: 1H 216/42
Fiche: 0343

8J 356/42g
– Az 2: 1H 290/42
Fiche: 0574

7J 359/42
– Az 2: 5H 137/42
Fiche: 0350

StPL (RKA) I 359/42
– Az 2: StPL (HLS) II 34/43
Fiche: 0705

7J 360/42
– Az 2: 5H 134/42
Fiche: 0443

7J 361/42
– Az 2: 2H 252/42
Fiche: 0328/0337

7J 363/42
– Az 2: 2H 259/42
Fiche: 0345

7J 370/42
– Az 2: 1H 217/42
Fiche: 0343

7J 373/42
– Az 2: 2H 264/42
Fiche: 0345

7J 376/42
– Az 2: 2H 273/42
Fiche: 0354

7J 377/42
– Az 2: 1H 218/42
Fiche: 0294 f.

8J 377/42
– Az 2: 1H 315/42
Fiche: 0453

6(7)J 378/42
– Az 2: 6H 38/44
Fiche: 0417/0522

7J 382/42
– Az 2: 5H 159/42
Fiche: 0360

8J 382/42g
– Az 2: 2H 65/43
Fiche: 0177 f.

7J 384/42
– Az 2: 5H 155/42
Fiche: 0360

8J 385/42g
– Az 2: 1H 328/42
Fiche: 0442

7J 386/42
– Az 2: 5H 144/42
Fiche: 0359

7J 388/42
– Az 2: 6H 11/42
Fiche: 0353

7J 390/42
– Az 2: 2H 253/42
Fiche: 0346

7J 391/42
– Az 2: 2H 279/42
Fiche: 0354

7J 392/42
– Az 2: 6H 10/42
Fiche: 0353

7J 395/42, 7J 457/42
– Az 2: 5H 158/42,
5H 193/42
Fiche: 0356/0400

8J 395/42g
– Az 2: 2H 336/42
Fiche: 0471

7J 399/42
– Az 2: 2H 294/42
Fiche: 0353

7J 402/42
– Az 2: 2H 261/42
Fiche: 0345

8J 402/42g
– Az 2: 2H 318/42
Fiche: 0582

7J 403/42
– Az 2: 2H 286/42
Fiche: 0353

7J 405/42
– Az 2: 2H 266/42
Fiche: 0345

7J 409/42
– Az 2: 5H 156/42
Fiche: 0360

8J 409/42g
– Az 2: 2H 66/43
Fiche: 0502

7J 414/42
– Az 2: 6H 5/42
Fiche: 0455

7J 653/42
– Az 2: 5H 34/43
Fiche: 0366 f.

6J 1/43
– Az 2: 6H 81/43
Fiche: 0700

10J 2/43g
– Az 2: 1H 89/43
Fiche: 0628 f.

7J 2/43g
– Az 2: 5H 42/43
Fiche: 0295 f.

6J 3/43g
– Az 2: 1H 181/43
Fiche: 0508 f.

10J 5/43g
– Az 2: 2H 37/43
Fiche: 0636

6J 7/43g
– Az 2: 6H 5/43
Fiche: 0339/0649 0721

9J 7/43g
– Az 2: 2H 12/43
Fiche: 0455

StPL (RKA) I 8/43
– Az 2: StPL (HLS) 61/43
Fiche: 0705

9J 9/43g
– Az 2: 1H 37/43
Fiche: 0446

6J 11/43
– Az 2: 6H 87/43
Fiche: 0178 0357/0512

7J 11/43
– Az 2: 5H 22/43
Fiche: 0649

6J 12/43g
– Az 2: 1H 147/43
Fiche: 0180/0446

10J 13/43g
– Az 2: 2H 100/43
Fiche: 0600 f.

6J 13/43
– Az 2: 6H 85/43
Fiche: 0178/0485

6J 16/43g
– Az 2: 1H 99/43
Fiche: 0579

7J 19/43
– Az 2: 6H 94/43
Fiche: 0298/0372

StPL (RKA) III 21/43
– Az 2: StPL (HLS) III 37/43
Fiche: 0700

9J 22/43
– Az 2: 2H 62/43
Fiche: 0454

6J 24/43
– Az 2: 1H 101/43
Fiche: 0539/0627

StPL (RKA) III 28/43
– Az 2: StPL (HLS) IV 41/43
Fiche: 0706

5J 33/43
– Az 2:
Fiche: 0179

8J 35/43
– Az 2: 1H 47/43
Fiche: 0177/0481

StPL (RKA) III 37/43
– Az 2: StPL (HLS) 38/43
Fiche: 0706

7J 44/43
– Az 2: 6H 99/43
Fiche: 0459

7J 45/43
– Az 2: 6H 95/43
Fiche: 0371 f.

StPL (RKA) II 46/43
– Az 2: StPL (HLS) II 54/43
Fiche: 0707

6J 51/43
– Az 2: 1H 203/43
Fiche: 0496

7J 53/43
– Az 2: 6H 56/43
Fiche: 0296

1J 56/43
– Az 2: 6H 194/43
Fiche: 0180

9J 60/43
– Az 2: 2H 42/43
Fiche: 0685

7J 61/43
– Az 2:
Fiche: 0364

7(6)J 62/43
– Az 2: 6H 82/44
Fiche: 0175 f.

7J 64/43
– Az 2: 5H 52/43
Fiche: 0363/0563 f.

7J 66/43
– Az 2: 6H 145/43
Fiche: 0650
– Az 2: 6H 146/43
Fiche: 0502
– Az 2: 6H 144/43
Fiche: 0497

7J 67/43
– Az 2: 6H 73/43
Fiche: 0375

7J 68/43
– Az 2: 5H 49/43
Fiche: 0365

8J 70/43, 8J 75/43
– Az 2: 5H 128/43, 5H 134/43
Fiche: 0648

7J 75/43
– Az 2: 6H 38/43
Fiche: 0366

8J 75/43
– Az 2:
Fiche: 0417

7J 76/43
– Az 2: 5H 17/43
Fiche: 0370

6J 77/43g
– Az 2: 2H 140/43
Fiche: 0403

7(6)J 81/43
– Az 2: 6H 204/43
Fiche: 0180

6J 83/43
– Az 2: 6H 155/43
Fiche: 0180/0634

4J 86/43g
– Az 2: 1L 139/43
Fiche: 0734

5J 87/43
– Az 2: 6H 128/43
Fiche: 0179

7J 87/43
– Az 2:
Fiche: 0366

7J 89/43
– Az 2: 5H 46/43
Fiche: 0340

7J 91/43
– Az 2: 5H 48/43
Fiche: 0366

6J 92/43
– Az 2: 1H 122/43
Fiche: 0579

7J 97/43
– Az 2: 6H 51/43
Fiche: 0363

7J 99/43
– Az 2: 6H 83/43
Fiche: 0648

7J 100/43
– Az 2: 6H 75/43
Fiche: 0375
– Az 2: 6H 76/43
Fiche: 0297
– Az 2: 6H 77/43
Fiche: 0296
– Az 2: 6H 74/43
Fiche: 0375
– Az 2: 6H 78/43
Fiche: 0296 f.

7J 102/43
– Az 2: 5H 85/43
Fiche: 0300

6J 105/43
– Az 2: BS 13/43
Fiche: 0723

7J 106/43
– Az 2: 6H 72/43
Fiche: 0376

7(8)J 108/43g
– Az 2:
Fiche: 0479 f.

5J 109/43
– Az 2: 2H 113/43
Fiche: 0299/0512

7J 109/43, 6(7)J 108/43
– Az 2: 5H 28/44, *H 35/44
Fiche: 0364/0736

7J 110/43
– Az 2: 5H 64/43
Fiche: 0377

StPL (RKA) III 114/43
– Az 2:
Fiche: 0697
– Az 2:
Fiche: 0698

6J 115/43
– Az 2: 2H 16/44
Fiche: 0483 f.

7(6)J 116/43
– Az 2: 2H 8/44
Fiche: 0449

7J 116/43
– Az 2: 1H 148/43
Fiche: 0453

7(6)J 117/43
– Az 2: 2H 12/44
Fiche: 0481/0688

5J 120/43
– Az 2: 2H 141/43
Fiche: 0299

6J 125/43
– Az 2: 1H 304/43
Fiche: 0447

7J 125/43
– Az 2: 5H 29/43
Fiche: 0367

6J 126/43
– Az 2: 2H 209/43
Fiche: 0405

8J 132/43g
– Az 2: 6H 185/43
Fiche: 0568 f.

5J 136/43
– Az 2: 6H 158/43
Fiche: 0180/0443

7J 138/43
– Az 2: 5H 75/43
Fiche: 0576

7J 141/43
– Az 2: 5H 58/43
Fiche: 0378

10J 143/43
– Az 2: 2H 114/43
Fiche: 0516/0627

5J 146/43
– Az 2: 2H 151/43
Fiche: 0299

6J 149/43
- Az 2: 2H 9/44
  Fiche: 0484

7(6)J 151/43
- Az 2: 3H 68/44
  Fiche: 0485

7J 159/43
- Az 2: 6H 125/43
  Fiche: 0179/0382

7(8)J 163/43
- Az 2: 6H 91/44
  Fiche: 0368/0438
- Az 2: 6H 91/44
  Fiche: 0368

8J 168/43
- Az 2: 1L 79/44
  Fiche: 0443/0586

7J 169/43
- Az 2: 1H 92/43
  Fiche: 0362

7(8)J 172/43g
- Az 2: 5H 59/44
  Fiche: 0420 f.

7J 178/43
- Az 2: 5H 50/43
  Fiche: 0363

7(5)J 180/43g
- Az 2: 1H 14/44
  Fiche: 0181 f.

7J 180/43
- Az 2: 5H 51/43
  Fiche: 0363

7J 186/43
- Az 2: 1H 163/43
  Fiche: 0446

StPL (RKA) III 188/43
- Az 2: StPL (HLS) II 48/43
  Fiche: 0706

10J 189/43, 5J 3/44
- Az 2: 6H 29/44
  Fiche: 0184/0522

8J 190/43g
- Az 2: 1H 253/43
  Fiche: 0479

StPL (RKA) III 190/43
- Az 2: StPL (HLS) II 49/43
  Fiche: 0693

StPL (RKA) III 191/43
- Az 2: StPL (HLS) II 50/43
  Fiche: 0706

7J 192/43
- Az 2: 5H 83/43
  Fiche: 0373/0520

7J 197/43
- Az 2: 6H 97/43
  Fiche: 0447

8J 197/43
- Az 2: 6H 184/43
  Fiche: 0451

7J 198/43
- Az 2: 6H 89/43
  Fiche: 0373

7J 199/43
- Az 2: 6H 96/43
  Fiche: 0371

7J 200/43, 7J 382/43
- Az 2: 6H 90/43, 6H 136/43
  Fiche: 0373/0381

7(8)J 202/43
- Az 2: 2H 24/44
  Fiche: 0593

8J 203/43
- Az 2: 5H 18/44
  Fiche: 0412/0570

7J 205/43
- Az 2: 6H 100/43
  Fiche: 0383 f./0650

7(8)J 208/43, 7J 258/43, 7J 80/4
- Az 2: 5H 58/44, 5H 53/44
  Fiche: 0419 f./0650

7(8)J 209/43g
- Az 2: 5H 22/44
  Fiche: 0413

7J 209/43
- Az 2: 6H 139/43
  Fiche: 0380/0529

RKA II 209/43
- Az 2: 1. Sen. 28/44
  Fiche: 0705

StPL (RKA) III 209/43
- Az 2: StPL 2. Sen. 84/43
  Fiche: 0698

7J 213/43
- Az 2: 5H 56/43
  Fiche: 0364

7J 216/43
- Az 2: 6H 93/43
  Fiche: 0298/0577

7J 217/43
- Az 2: 6H 92/43
  Fiche: 0372

7J 220/43
- Az 2: 5H 59/43
  Fiche: 0377

8J 222/43
- Az 2: 3L 13/44
  Fiche: 0545

8J 224/43
- Az 2: 5H 151/43
  Fiche: 0575

StPL (RKA) II 224/43
- Az 2: StPL 3. Sen. 66/43
  Fiche: 0706

7J 236/43g
- Az 2: 5H 76/43
  Fiche: 0375

7J 238/43
- Az 2: 5H 72/43
  Fiche: 0376

7J 242/43
- Az 2: 6H 117/43
  Fiche: 0382

7J 243/43
- Az 2: 6H 120/43
  Fiche: 0382

8J 246/43
- Az 2: 1H 3/44
  Fiche: 0702

7J 247/43
- Az 2: 5H 79/43
  Fiche: 0297

StPL(RKA)III 248/43,275/43,193/4
- Az 2: StPL 2. Sen. 21/44
  Fiche: 0693

8J 250/43
- Az 2:
  Fiche: 0318

7J 262/43
- Az 2: 5H 61/43
  Fiche: 0377

10J 267/43
- Az 2: 4L 105/43
  Fiche: 0500

9J 269/43
- Az 2: 2H 85/43
  Fiche: 0453

7J 273/43
- Az 2: 6H 105/43
  Fiche: 0383/0529

StPL (RKA) I 273/43
- Az 2: StPL 1. Sen. 84/43
  Fiche: 0705

7J 274/43
- Az 2: 6H 106/43
  Fiche: 0298

7J 275/43
- Az 2: 6H 107/43
  Fiche: 0383

7J 276/43
- Az 2: 6H 108/43
  Fiche: 0577

7J 277/43
- Az 2: 6H 109/43
  Fiche: 0383
- Az 2: 6H 134/43
  Fiche: 0383

7J 278/43
- Az 2: 6H 110/43
  Fiche: 0382

7J 279/43
- Az 2: 6H 104/43
  Fiche: 0384

StPL (RKA) 3 281/43
- Az 2:
  Fiche: 0717

StPL (RKA) II 283/43
- Az 2: StPL (HLS) III 63/43
  Fiche: 0697

7J 287/43
- Az 2: 5H 68/43
  Fiche: 0329/0376

7J 294/43
- Az 2: 5H 132/43
  Fiche: 0381

7J 295/43
- Az 2: 5H 95/43
  Fiche: 0401/0520

7J 296/43
- Az 2: 5H 100/43
  Fiche: 0384

7J 297/43
- Az 2: 5H 96/43, 5H 139/43
  Fiche: 0381

7J 298/43
- Az 2: 5H 99/43
  Fiche: 0371

7J 299/43
- Az 2: 5H 105/43
  Fiche: 0449

6(7)J 300/43
- Az 2: 5H 94/43
  Fiche: 0520

7J 300/43
- Az 2: 5H 94/43
  Fiche: 0298/0367

7J 301/43
- Az 2: 5H 97/43
  Fiche: 0371

7J 302/43
- Az 2: 5H 104/43
  Fiche: 0576

7J 303/43
- Az 2: 5H 80/43
  Fiche: 0374/0576

7J 304/43, 7J 326/43
- Az 2: 5H 91/43, 5H 88/43
  Fiche: 0373

7J 305/43
- Az 2: 5H 1/44
  Fiche: 0368/0520

7J 306/43
- Az 2: 5H 89/43
  Fiche: 0373

7J 307/43
- Az 2: 5H 93/43
  Fiche: 0298
- Az 2: 5H 93/43
  Fiche: 0297 f.

7J 308/43
- Az 2: 5H 92/43
  Fiche: 0372
- Az 2: 5H 92/43
  Fiche: 0372/0520
- Az 2:
  Fiche: 0520

6(7)J 310/43
- Az 2: 5H 51/44
  Fiche: 0575

StPL (RKA) I 318/43
- Az 2: StPL 1. Sen. 82/43
  Fiche: 0706

7J 327/43
- Az 2: 5H 102/43
  Fiche: 0367/0384

10J 328/43g
- Az 2: 2H 99/43
  Fiche: 0689

7J 331/43
- Az 2: 5H 77/43
  Fiche: 0374

7J 332/43
- Az 2: 5H 73/43
  Fiche: 0375

7J 341/43
- Az 2: 5H 81/43
  Fiche: 0374/0520

7J 342/43
- Az 2: 5H 78/43
  Fiche: 0374

7J 343/43
- Az 2: 5H 82/43
  Fiche: 0373 f./0520

7J 347/43, 7J 421/43, 7J 422/43
- Az 2: 5H 122/43, 5H 129/43, 5H 125/43
  Fiche: 0453/0739

7J 349/43
- Az 2: 6H 147/43
  Fiche: 0581

7J 352/43
- Az 2: 5H 90/43
  Fiche: 0576

10J 354/43g
- Az 2: 1H 202/43
  Fiche: 0630

7J 357/43
- Az 2: 5H 98/43
  Fiche: 0648

7J 358/43
- Az 2: 6H 157/43
  Fiche: 0379
- Az 2: 6H 156/43
  Fiche: 0379

7J 359/43
- Az 2: 5H 120/43
  Fiche: 0382

7J 366/43
- Az 2: 5H 121/43
  Fiche: 0380

7J 370/43, 7J 398/43
- Az 2: 5H 118/43, 5H 119/43
  Fiche: 0298 f.

2J 377/43g
- Az 2: 2H 164/43
  Fiche: 0573

9J 377/43
- Az 2: 2H 138/43
  Fiche: 0179/0453

7J 378/43, 7J 458/43
- Az 2: 5H 130/43, 5H 133/43
  Fiche: 0179/0381

7J 379/43
- Az 2: 6H 186/43
  Fiche: 0378

7J 381/43
- Az 2: 6H 180/43
  Fiche: 0405

10J 382/43
- Az 2: 1H 189/43
  Fiche: 0560

StPL (RKA) III 382/43
- Az 2: StPL 1. Sen. 36/44
  Fiche: 0706

7J 384/43
- Az 2: 5H 153/43
  Fiche: 0403

StPL (RKA) III 387/43
- Az 2: StPL 2.Sen. 44/44
  Fiche: 0707

7J 390/43
- Az 2: 6H 181/43
  Fiche: 0405

7J 391/43
- Az 2: 6H 179/43
  Fiche: 0404

7J 396/43
- Az 2: 5H 48/44
  Fiche: 0418

7J 396/43, 7J 399/43
- Az 2: 1H 117/43, 5H 116/43
  Fiche: 0382

7J 397/43
- Az 2: 5H 115/43
  Fiche: 0402

7J 400/43
- Az 2: 6H 164/43
  Fiche: 0379

7J 404/43
- Az 2: 5H 155/43
  Fiche: 0380

10J 405/43g
- Az 2: 1H 158/43
  Fiche: 0180

StPL (RKA) III 407/43
- Az 2: StPL 2. Sen. 18/44
  Fiche: 0706

10J 410/43g
- Az 2: 1H 209/43
  Fiche: 0206/0405

7J 412/43
- Az 2: 6H 178/43
  Fiche: 0378

7J 413/43
- Az 2: 6H 173/43
  Fiche: 0379

7J 415/43
- Az 2: 6H 189/43
  Fiche: 0401/0459

7J 419/43
- Az 2: 6H 172/43
  Fiche: 0379

7J 421/43
- Az 2:
  Fiche: 0452

7J 422/43
- Az 2:
  Fiche: 0600

11(10)J 423/43g
- Az 2: 2H 17/44
  Fiche: 0182/0464 f.

StPL (RKA) I 424/43
- Az 2: StPL 2. Sen. 5/44
  Fiche: 0700
- Az 2: StPl 2. Sen. 98/43
  Fiche: 0700
- Az 2: StPL 2. Sen. 6/44
  Fiche: 0698
- Az 2: StPL 2. Sen. 4/44
  Fiche: 0693

7J 427/43
- Az 2: 6H 187/43
  Fiche: 0299

6(7)J 429/43
- Az 2: 5H 26/44
  Fiche: 0690

7J 431/43
- Az 2: 6H 175/43
  Fiche: 0379

7J 432/43
- Az 2: 6H 176/43
  Fiche: 0378 f.

7J 433/43
- Az 2: 6H 177/43
  Fiche: 0378

7J 434/43
- Az 2: 6H 10/44
  Fiche: 0181

7J 438/43
- Az 2: 5H 140/43
  Fiche: 0575 f.

StPL (RKA) 438/43
- Az 2: StPL 2. Senat 53/44
  Fiche: 0714

7J 441/43
- Az 2: 6H 169/43
  Fiche: 0579

7J 444/43
- Az 2: 5H 136/43
  Fiche: 0381

7J 450/43
- Az 2: 5H 152/43
  Fiche: 0380

9J 451/43
- Az 2: 2H 115/43
  Fiche: 0578

7J 454/43, 7J 502/43
- Az 2: 5H 10/44, 5H 5/44
  Fiche: 0408

1J 456/43g
- Az 2: 1L 69/43
  Fiche: 0627

9J 456/43
- Az 2: 2H 145/43
  Fiche: 0509 f.

10J 458/43
- Az 2: 6H 159/43
  Fiche: 0569/0707

7J 461/43
- Az 2:
  Fiche: 0526

7J 462/43
- Az 2: 6H 218/43
  Fiche: 0406

11(10)J 465/43
- Az 2: 6H 151/44
  Fiche: 0194

10(9)J 467/43
- Az 2: 2H 49/44
  Fiche: 0185

7J 475/43
- Az 2: 6H 188/43
  Fiche: 0405/0521

7J 482/43
- Az 2: 6H 214/43
  Fiche: 0522

6(7)J 483/43
- Az 2: 2H 55/44
  Fiche: 0368

6(7)J 487/43
- Az 2: 3L 77/44
  Fiche: 0424

7J 500/43, 7J 501/43
- Az 2: 5H 3/44, 5H 4/44
  Fiche: 0420/0574 f.

7J 501/43
- Az 2: 5H 4/44
  Fiche: 0574

7J 502/43
- Az 2: 5H 5/44
  Fiche: 0648 f.

7J 503/43
- Az 2: 5H 154/43
  Fiche: 0403

10(9)J 508/43
- Az 2: 2H 10/44
  Fiche: 0181

6(7)J 511/43, 6(7)J 429/43
- Az 2: 5H 24/44, 5H 26/44
  Fiche: 0368/0414

7J 513/43
- Az 2:
  Fiche: 0721
- Az 2: 5H 6/44
  Fiche: 0574/0649

11(10)J 514/43
- Az 2: 2H 45/44
  Fiche: 0417/0684

6(7)J 514/43
- Az 2: 5H 15/44
  Fiche: 0410/0520

7J 515/43
- Az 2: 5H 7/44
  Fiche: 0318 f.

7J 516/43
- Az 2: 5H 157/43
  Fiche: 0403

6(7)J 517/43
- Az 2: 5H 20/44
  Fiche: 0520
- Az 2: 5H 180/42
  Fiche: 0413/0520

6J 517/43
- Az 2: 5H 20/44
  Fiche: 0520

6(7)J 518/43
- Az 2: 5H 31/44
  Fiche: 0416

10J 520/43
- Az 2: 1H 213/43
  Fiche: 0581

7J 526/43
- Az 2: 3L 30/44
  Fiche: 0416

11(10)J 529/43
- Az 2: 2H 100/44
  Fiche: 0188

6(7)J 535/43
- Az 2: 6H 25/44
  Fiche: 0414

9J 543/43
- Az 2: 2H 155/43
  Fiche: 0720

6(7)J 547/43
- Az 2: 6H 27/44
  Fiche: 0414

10J 548/43
- Az 2: 2H 158/43
  Fiche: 0684 f.

7(6)J 557/43
- Az 2: 5H 12/44
  Fiche: 0409/0643

10J 561/43g
- Az 2: 2H 154/43
  Fiche: 0470

11(10)J 566/43
- Az 2: 2H 61/44
  Fiche: 0186/0446

10J 569/43
- Az 2: 2H 128/43
  Fiche: 0459 f.

10(9)J 571/43
- Az 2: 2H 52/44
  Fiche: 0186/0722

10J 573/43
- Az 2: 2H 160/43
  Fiche: 0541 f.

1J 579/43
- Az 2: 1L 178/43
  Fiche: 0495

10J 592/43
- Az 2: 6H 137/43
  Fiche: 0443

1J 602/43
- Az 2:
  Fiche: 0505

10(9)J 608/43g
- Az 2: 2H 229/44
  Fiche: 0434

11(10)J 619/43
- Az 2: 2H 168/44
  Fiche: 0194 f.

9J 626/43
- Az 2:
  Fiche: 0485

11(10)J 631/43
- Az 2: 1H 28/44
  Fiche: 0183

9J 664/43
- Az 2: 6L 163/43
  Fiche: 0403/0485

11(10)J 725/43
- Az 2: 2H 31/44
  Fiche: 0184

2J 729/43
- Az 2:
  Fiche: 0507

10(9)J 735/43
- Az 2: 2H 201/44
  Fiche: 0195 f.

9J 743/43
- Az 2: 2H 2/44
  Fiche: 0180 f.

10(9)J 777/43g
- Az 2: 5H 38/44, 5H 43/44
  Fiche: 0679 f./0713
- Az 2: 5H 41/44
  Fiche: 0210/0630

9J 777/43g
- Az 2: 5H 39/44
  Fiche: 0184/0680
- Az 2: 5H 40/44
  Fiche: 0184/0707 f.

7J 806/43
- Az 2: 5H 100/43
  Fiche: 0520

10J 815/43
- Az 2: 1H 289/43
  Fiche: 0518/0558

10J 816/43, 5J 16/44
- Az 2: 3L 133/44
  Fiche: 0431

10(9)J 818/43
- Az 2: 2H 21/44
  Fiche: 0442

11(10)J 818/43g
- Az 2: 1H 55/44
  Fiche: 0186/0318

10(9)J 819/43g
- Az 2: 6H 28/44
  Fiche: 0414 f.

10(9)J 836/43
- Az 2: 2H 101/44
  Fiche: 0562

10J 914/43
- Az 2: 2H 175/43
  Fiche: 0509

10(9)J 928/43
- Az 2: 6L 53/44
  Fiche: 0419

10J 935/43
- Az 2: 2H 176/43
  Fiche: 0707

10(9)J 943/43
- Az 2:
  Fiche: 0719

10J 956/43
- Az 2: 2H 201/43
  Fiche: 0574

11(10)J 1036/43g
- Az 2:
  Fiche: 0465

11(10)J 1037/43g
- Az 2: 2H 22/44
  Fiche: 0182/0461

11(10)J 1038/43g
- Az 2: 2H 32/44
  Fiche: 0416

11(10)J 1039/43
- Az 2: 2H 54/44
  Fiche: 0186/0466

10J 1095/43g
- Az 2: 1H 305/43
  Fiche: 0627 f.

9J 1116/43
- Az 2: 3L 26/44
  Fiche: 0414

11(10)J 1153/43g
- Az 2: 2H 159/44
  Fiche: 0194

11(10)J 1188/43
- Az 2:
  Fiche: 0693

11(10)J 1220/43
- Az 2: 2H 129/44
  Fiche: 0451

10(9)J 1230/43g
- Az 2: 6L 222/44
  Fiche: 0434

11(10)J 1241/43
- Az 2: 1H 59/44
  Fiche: 0571

11(10)J 1275/43
- Az 2: 2H 251/44
  Fiche: 0205

11(10)J 1369/43
- Az 2: 2H 210/44
  Fiche: 0432

10(9)J 1382/43
- Az 2: 2H 36/44
  Fiche: 0720

6J 1/44
- Az 2: 5H 23/44
  Fiche: 0414

0J 3/44g Rs
- Az 2: 1L 292/44
  Fiche: 0441

9J 3/44
- Az 2: 2H 25/44
  Fiche: 0580

StPL (RKA) III 3/44
- Az 2: StPL 2.Sen. 19/44
  Fiche: 0705

0J 4/44g Rs
- Az 2: 1L 229/44
  Fiche: 0708

11J 4/44
- Az 2: 6H 108/44
  Fiche: 0428/0521

0J 5/44gRs, 0J 9/44gRs
- Az 2: 1L 301/44,
  1L 309/44
  Fiche: 0708

0J 7/44g Rs
- Az 2: 1L 454/44
  Fiche: 0441

9J 7/44
- Az 2: 1H 44/44
  Fiche: 0300/0417

6J 8/44
- Az 2: 5H 25/44
  Fiche: 0575

8J 11/44
- Az 2: 6H 100/44
  Fiche: 0510

0J 11/44 gRs
- Az 2:
  Fiche: 0716

0J 12/44g Rs
- Az 2: 1L 321/44
  Fiche: 0515

8J 12/44
- Az 2: 3L 85/44
  Fiche: 0425

0J 14/44g Rs
- Az 2: 1L 491/44
  Fiche: 0440

***J 17/44**
- Az 2: 3L 130/44
  Fiche: 0526

0J 17/44gRs
- Az 2: 1L 316/44
  Fiche: 0625 f.

10J 17/44
– Az 2: BS 4/44
Fiche: 0629

0J 18/44g Rs
– Az 2: 1L 336/44
Fiche: 0442/0708

6J 20/44
– Az 2: 5H 32/44
Fiche: 0701

0J 21/44g Rs,
0J 38/44/g Rs
– Az 2: 1L 439/44,
1L 397/44
Fiche: 0481

6J 22/44
– Az 2: 5H 41/44
Fiche: 0418

8J 22/44
– Az 2: 2H 73/44
Fiche: 0450/0635

6J 23/44
– Az 2: BS 6/44
Fiche: 0650

6J 24/44
– Az 2: 2H 33/44
Fiche: 0749

0J 26/44g Rs
– Az 2: 1L 349/44
Fiche: 0650

10J 27/44
– Az 2: 2H 171/44
Fiche: 0195

7J 27/44
– Az 2: 5H 52/44
Fiche: 0419

0J 28/44gm Rs
– Az 2: 1L 377/44
Fiche: 0440

11J 28/44
– Az 2: 6L 34/44
Fiche: 0417

11J 29/44
– Az 2: 1H 52/44
Fiche: 0185 f.

11J 32/44
– Az 2: 1H 51/44
Fiche: 0186 f./0677

7J 32/44
– Az 2: 6H 92/44
Fiche: 0735 f.

9J 32/44
– Az 2: 2H 28/44
Fiche: 0414

9J 34/44
– Az 2: 2H 134/44
Fiche: 0192

11J 36/44
– Az 2: 1H 64/44
Fiche: 0186/0579

8J 36/44
– Az 2: 3L 123/44
Fiche: 0485

0J 37/44g
– Az 2: 1L 410/44
Fiche: 0440

8J 37/44g
– Az 2: 1H 222/44
Fiche: 0201/0729

0J 39/44g Rs
– Az 2: 1L 517/44
Fiche: 0441

0J 40/44g Rs
– Az 2: 1L 468/44
Fiche: 0440

7J 41/44
– Az 2: 5H 33/44
Fiche: 0417

0J 42/44g Rs
– Az 2: 1L 465/44
Fiche: 0440
– Az 2: 1L 18/45
Fiche: 0440

10J 42/44
– Az 2: 1H 131/44
Fiche: 0577

0J 43/44g
– Az 2: 1L 473/44
Fiche: 0441
– Az 2: 1L 432/44
Fiche: 0441
– Az 2: 1L 474/44
Fiche: 0441

7J 43/44
– Az 2: 4H 68/44
Fiche: 0186

6J 44/44
– Az 2: 5H 57/44
Fiche: 0420

7J 44/44
– Az 2: 6H 39/44
Fiche: 0417

9J 45/44
– Az 2: 1H 229/44
Fiche: 0443
– Az 2: 1H 141/44,
1H 229/44
Fiche: 0193/0443

10J 46/44
– Az 2: 2H 102/44
Fiche: 0427

9J 47/44
– Az 2: 2H 154/44
Fiche: 0194/0469

0J 48/44g Rs
– Az 2: 1L 486/44
Fiche: 0440

9J 48/44
– Az 2: 2H 51/44
Fiche: 0419

11J 49/44
– Az 2: 6H 218/43
Fiche: 0406

7J 49/44
– Az 2: 5H 70/44
Fiche: 0424

0J 50/44g Rs
– Az 2: 1L 496/44
Fiche: 0440

11J 50/44
– Az 2: 6H 11/44
Fiche: 0408

7J 50/44
– Az 2: 5H 37/44
Fiche: 0417

11J 51/44
– Az 2: 6H 12/44
Fiche: 0409

2. Sen. 51/44
– Az 2: StPL RKA III 14/44
Fiche: 0694

6J 51/44
– Az 2: BS 17/44
Fiche: 0381

9J 51/44g
– Az 2: 1H 97/44
Fiche: 0556 f.

0J 52/44g Rs
– Az 2: 1L 450/44
Fiche: 0627

11J 52/44
– Az 2: 6H 13/44
Fiche: 0410

8J 52/44
– Az 2: 1H 82/44
Fiche: 0518/0562

0J 53/44g
– Az 2: 1L 510/44
Fiche: 0627

11J 53/44
– Az 2: 6H 14/44
Fiche: 0410

6J 53/44
– Az 2: 5H 56/44
Fiche: 0420

0J 55/44g Rs
– Az 2: 1L 48/45
Fiche: 0441

9J 55/44
– Az 2: 2H 106/44
Fiche: 0189

0J 58/44g Rs
– Az 2: 1L 46/45
Fiche: 0440

10J 58/44
– Az 2: 6H 109/44
Fiche: 0429

6J 58/44
– Az 2: 1H 156/44
Fiche: 0317 f.

0J 59/44g Rs
– Az 2: 1L 519/44
Fiche: 0625

StPL (RKA) III 59/44
– Az 2: StPL 1. Sen. 51/44
Fiche: 0706

11J 60/44
– Az 2: 2H 99/44
Fiche: 0188

7J 61/44
– Az 2: 5H 50/44
Fiche: 0511

7J 63/44
– Az 2: 1H 147/44
Fiche: 0318

7J 64/44
– Az 2: 5H 42/44
Fiche: 0417

9J 64/44
– Az 2: 2H 80/44
Fiche: 0187

9J 65/44
– Az 2: 2H 74/44
Fiche: 0187/0443

6J 66/44
– Az 2: 1H 199/44
Fiche: 0432/0695

8J 66/44
– Az 2: 2H 192/44
Fiche: 0432

9J 66/44
– Az 2: 2H 119/44
Fiche: 0552

StPL (RKA) II 66/44
– Az 2: StPL 1. Sen. 15/44
Fiche: 0693

11J 67/44
– Az 2: 2H 82/44
Fiche: 0425

StPL (RKA) III 68/44
– Az 2: StPL 2. Sen. 35/44
Fiche: 0705 f.

8J 69/44
– Az 2: 2H 95/44
Fiche: 0181/0682

8J 70/44
– Az 2: 2H 107/44
Fiche: 0428

8J 71/44
– Az 2: 2H 109/44
Fiche: 0539

11J 72/44
– Az 2: 2H 53/44
Fiche: 0419/0529

7J 72/44
– Az 2: 5H 64/44
Fiche: 0421

10J 75/44
– Az 2: 1L 192/44
Fiche: 0688 f.

9J 78/44
- Az 2: 2H 18/45
Fiche: 0437

7J 80/44
- Az 2:
Fiche: 0419

9J 80/44
- Az 2: 2H 72/44
Fiche: 0709

9J 83/44
- Az 2: 2H 83/44
Fiche: 0187 f.

9J 84/44
- Az 2: 2H 85/44
Fiche: 0580

1J 85/44g
- Az 2:
Fiche: 0732

9J 86/44
- Az 2: 2H 104/44
Fiche: 0189/0428

8J 87/44
- Az 2: 1H 127/44
Fiche: 0489

9J 87/44
- Az 2: 2H 105/44
Fiche: 0189

9J 88/44
- Az 2: 2H 255/44
Fiche: 0205
- Az 2:
Fiche: 0442

8J 90/44
- Az 2: 2H 263/44
Fiche: 0708

1J 92/44
- Az 2: 1H 133/44
Fiche: 0192/0567

8J 92/44
- Az 2: 1H 148/44
Fiche: 0562

6J 93/44
- Az 2: 5H 88/44
Fiche: 0425 f.

9J 93/44
- Az 2: 2H 103/44
Fiche: 0189/0446

10J 94/44
- Az 2: 2H 81/44
Fiche: 0454

9J 96/44
- Az 2: 2H 118/44
Fiche: 0578/0722

11(10)J 97/44
- Az 2: 1H 139/44
Fiche: 0193

8J 98/44
- Az 2: 2H 108/44
Fiche: 0446/0457

8J 99/44
- Az 2: 2H 165/44
Fiche: 0700

7J 100/44
- Az 2: 5H 69/44
Fiche: 0575

9J 100/44
- Az 2: 2H 131/44
Fiche: 0601
- Az 2: 2H 231/44
Fiche: 0192/0601

7J 101/44
- Az 2: 5H 78/44
Fiche: 0424/0570

9J 101/44
- Az 2: 2H 132/44
Fiche: 0192

7J 104/44
- Az 2: 5H 107/44
Fiche: 0428

7J 105/44
- Az 2: 5H 75/44
Fiche: 0424

7J 106/44
- Az 2: 2H 202/44
Fiche: 0432

RKA III 107/44
- Az 2: StPL 4. Sen. 23/44
Fiche: 0705

8J 108/44
- Az 2: 2H 136/44
Fiche: 0528

10J 112/44
- Az 2: 2H 189/44
Fiche: 0195/0460

6J 113/44
- Az 2: 5H 85/44
Fiche: 0425

9J 113/44
- Az 2: 2H 148/44
Fiche: 0193

9J 114/44
- Az 2: 2H 116/44
Fiche: 0457

10J 116/44
- Az 2: 2H 114/44
Fiche: 0587

11J 118/44
- Az 2: 2H 160/44
Fiche: 0577
- Az 2: 2H 230/44
Fiche: 0577

7J 118/44
- Az 2: 5H 93/44
Fiche: 0426

7J 119/44
- Az 2: 5H 87/44
Fiche: 0649

8J 120/44
- Az 2: 1H 149/44
Fiche: 0540/0681

8J 121/44
- Az 2: 1H 181/44
Fiche: 0546/0681

8J 122/44
- Az 2: 1H 143/44
Fiche: 0431

StPL (RKA) III 122/44
- Az 2: StPL 4. Sen. 77/44
Fiche: 0706

7J 123/44
- Az 2: 5H 80/44
Fiche: 0425

8J 123/44
- Az 2: 1H 146/44
Fiche: 0518/0681

9J 123/44
- Az 2: 2H 144/44
Fiche: 0193/0444

9J 124/44
- Az 2: 2H 115/44
Fiche: 0189

9J 126/44
- Az 2: 2H 133/44
Fiche: 0192

11J 127/44
- Az 2: 2H 135/44
Fiche: 0193

8J 127/44
- Az 2: 2H 127/44
Fiche: 0210

9J 127/44
- Az 2: 2H 228/44
Fiche: 0201/0434

7J 128/44
- Az 2: 6H 205/44
Fiche: 0196 f.

9J 129/44
- Az 2: 2H 139/44
Fiche: 0193

7J 130/44, 7J 139/44
- Az 2: 5H 82/44, 5H 89/44
Fiche: 0426

9J 130/44
- Az 2: 2H 140/44
Fiche: 0193

11J 131/44
- Az 2: 2H 177/44
Fiche: 0195

7J 131/44
- Az 2: 5H 77/44
Fiche: 0424

7J 133/44
- Az 2: 5H 14/45
Fiche: 0437

9J 133/44
- Az 2: 2H 142/44
Fiche: 0431

9J 135/44
- Az 2: 1H 223/44
Fiche: 0201

9J 136/44
- Az 2: 2H 149/44
Fiche: 0194

7J 137/44
- Az 2: 5H 81/44
Fiche: 0425

8J 137/44g
- Az 2: 1H 5/45
Fiche: 0680/0698

9J 137/44
- Az 2: 2H 153/44
Fiche: 0431

10J 138/44
- Az 2: 2H 113/44
Fiche: 0460

7J 138/44
- Az 2: 5H 86/44
Fiche: 0649

3J 139/44
- Az 2: 3L 29/44
Fiche: 0692 f.

7J 139/44, 7J 130/44
- Az 2: 5H 89/44, 5H 82/44
Fiche: 0426

9J 141/44
- Az 2: 1H 206/44
Fiche: 0197

12J 143/44
- Az 2: 1H 200/44
Fiche: 0368

8J 143/44
- Az 2: 2H 239/44
Fiche: 0202/0466

7J 144/44
- Az 2: 5H 92/44
Fiche: 0318

7J 145/44
- Az 2: 5H 98/44
Fiche: 0427

8J 149/44
- Az 2: 2H 244/44
Fiche: 0203

9J 151/44
- Az 2: 2H 253/44
Fiche: 0205

11J 153/44
- Az 2: 1H 230/44
Fiche: 0434/0528

6J 155/44
- Az 2: 5H 108/44
Fiche: 0428

9J 156/44g Rs
- Az 2: 1H 264/44
Fiche: 0466

8J 157/44
- Az 2: 1H 208/44
Fiche: 0197/0466

9J 157/44
- Az 2: 5H 130/44
Fiche: 0192
- Az 2: 5H 45/45
Fiche: 0211

6J 158/44g, 6J 165/44g
- Az 2: 5H 96/44, 5H 100/44
  Fiche: 0427

10J 160/44
- Az 2: 6H 120/44
  Fiche: 0716

9J 163/44
- Az 2: 2H 254/44
  Fiche: 0205/0443

10J 166/44
- Az 2: 2H 219/44
  Fiche: 0433
- Az 2: 2H 9/45
  Fiche: 0210

10J 167/44
- Az 2: 2H 208/44
  Fiche: 0198

8J 167/44g
- Az 2: 1H 209/44
  Fiche: 0198

10J 168/44
- Az 2: 2H 207/44
  Fiche: 0197

8J 169/44
- Az 2: 1H 210/44
  Fiche: 0198 f./0208

8J 170/44g
- Az 2: 1H 244/44
  Fiche: 0203

9J 170/44
- Az 2: 2H 233/44
  Fiche: 0202

7J 171/44
- Az 2: 5H 129/44
  Fiche: 0431

8J 171/44g
- Az 2: 1H 224/44
  Fiche: 0201

8J 172/44g
- Az 2: 1H 216/44
  Fiche: 0200

6J 173/44
- Az 2: 1H 349/44
  Fiche: 0436

11J 174/44
- Az 2: 2H 150/44
  Fiche: 0431

8J 174/44g
- Az 2: 1H 211/44
  Fiche: 0199

8J 175/44g
- Az 2: 1H 212/44
  Fiche: 0199

8J 176/44g
- Az 2: 1H 213/44
  Fiche: 0199

8J 177/44g
- Az 2: 1H 219/44
  Fiche: 0200

8J 178/44
- Az 2: 1H 218/44
  Fiche: 0200/0569

8J 179/44
- Az 2: 1H 237/44
  Fiche: 0202

8J 180/44g
- Az 2: 1H 231/44
  Fiche: 0505/0740

8J 181/44g
- Az 2: 1H 227/44
  Fiche: 0201/0434

8J 182/44g
- Az 2: 1H 232/44
  Fiche: 0201 f.

10J 183/44
- Az 2: 2H 121/44
  Fiche: 0430

8J 183/44g
- Az 2: 1H 221/44
  Fiche: 0433/0569

8J 184/44g
- Az 2: 1H 249/44
  Fiche: 0204

8J 187/44
- Az 2: 1H 272/44
  Fiche: 0639

9J 187/44
- Az 2: 2H 204/44
  Fiche: 0196/0625

8J 188/44g
- Az 2: 1H 285/44
  Fiche: 0207

8J 189/44g
- Az 2: 1H 265/44
  Fiche: 0206

8J 190/44g
- Az 2: 1H 245/44
  Fiche: 0435

8J 191/44
- Az 2: 1H 303/44
  Fiche: 0208/0446

8J 192/44
- Az 2: 1H 306/44
  Fiche: 0672

6J 197/44, 6J 196/44
- Az 2: 5H 17,18/45
  Fiche: 0437

8J 198/44g
- Az 2: 1H 247/44
  Fiche: 0204

6J 198,199/44
- Az 2: 5H 19,20/45
  Fiche: 0437

11J 199/44
- Az 2: 1H 130/44
  Fiche: 0186

6J 199/44
- Az 2: 5H 20/45
  Fiche: 0437

8J 199/44g
- Az 2: 1H 315/44
  Fiche: 0740

8J 199/44, 8J 271/44g
- Az 2: 1H 3/45
  Fiche: 0518

8J 199/44
- Az 2: 1H 298/44
  Fiche: 0208/0672

8J 200/44g
- Az 2: 1H 286/44
  Fiche: 0207/0689

6J 201/44
- Az 2: 2H 13/45
  Fiche: 0581

8J 201/44g
- Az 2: 1H 246/44
  Fiche: 0204

8J 202/44
- Az 2: 1H 273/44
  Fiche: 0436

8J 203/44
- Az 2: 1H 250/44
  Fiche: 0205

7J 206/44
- Az 2:
  Fiche: 0437

8J 206/44g
- Az 2: 1H 274/44
  Fiche: 0207/0532

7J 205,206,207/44
- Az 2: 5H 39,40,41/45
  Fiche: 0367/0437 f.

8J 208/44g
- Az 2: 1H 301/44
  Fiche: 0208

7J 209/44
- Az 2: 5H 43/45
  Fiche: 0438

7J 208,209,210/44
- Az 2: 5H 42,43,44/45
  Fiche: 0438

9J 210/44
- Az 2: 2H 205/44
  Fiche: 0196

10J 212/44
- Az 2: 6H 239/44
  Fiche: 0435/0709

9J 212/44
- Az 2: 2H 222/44
  Fiche: 0433 f.

9J 213/44
- Az 2: 5H 118/44
  Fiche: 0429
- Az 2: 5H 118/44
  Fiche: 0741

9J 214/44
- Az 2: 2H 215/44
  Fiche: 0199 f.

9J 218/44
- Az 2: 2H 190/44
  Fiche: 0195

8J 221/44g
- Az 2: 1H 345/44
  Fiche: 0442

10J 226/44
- Az 2: 2H 223/44
  Fiche: 0434

10J 228/44
- Az 2: 6L 202/44
  Fiche: 0432

9J 228/44
- Az 2: 2H 285/44
  Fiche: 0466

8J 229/44g
- Az 2: 1H 299/44
  Fiche: 0208

9J 229/44
- Az 2: 1H 313/44
  Fiche: 0532

10J 230/44
- Az 2: 6H 218/44
  Fiche: 0433

8J 230/44g
- Az 2: 1H 309/44
  Fiche: 0443

9J 230/44
- Az 2:
  Fiche: 0209
- Az 2: 1H 357/44
  Fiche: 0672

9J 231/44
- Az 2: 5H 119/44
  Fiche: 0190

3J 232/44
- Az 2: 6L 136/44
  Fiche: 0431

9J 232/44
- Az 2: 5H 126/44
  Fiche: 0190 f.

9J 233/44
- Az 2: 1H 318/44
  Fiche: 0209

9J 234/44
- Az 2: 1H 372/44
  Fiche: 0209/0625

9J 235/44
- Az 2: 2H 220/44
  Fiche: 0456

9J 236/44g
- Az 2: 5H 38/45
  Fiche: 0210 f./0498

8J 238/44g
- Az 2: 1H 346/44
  Fiche: 0209/0574

11J 240/44
- Az 2: 1H 106/44
  Fiche: 0189

8J 241/44
- Az 2:
  Fiche: 0209
- Az 2: 1H 356/44
  Fiche: 0456

9J 242/44
- Az 2: 5H 127/44
  Fiche: 0430

11J 243/44
- Az 2: 1H 73/44
  Fiche: 0187

8J 243/44g
- Az 2: 1H 308/44
  Fiche: 0579

9J 244/44
- Az 2: 2H 252/44
  Fiche: 0457

9J 245/44
- Az 2: 1H 358/44
  Fiche: 0680 f.
- Az 2: 1H 358/44
  Fiche: 0209/0740

11J 246/44
- Az 2: 2H 245/44
  Fiche: 0203 f.

10J 248/44
- Az 2: 6H 53/45
  Fiche: 0701

9J 250/44
- Az 2: 1H 364/44
  Fiche: 0209

9J 251/44
- Az 2: 1H 382/44
  Fiche: 0210

9J 252/44g
- Az 2: 1H 385/44
  Fiche: 0210

9J 258/44
- Az 2: 1H 362/44
  Fiche: 0574/0209

3J 260/44
- Az 2: 1L 30/44
  Fiche: 0415 f.

8J 262/44
- Az 2: 2H 259/44
  Fiche: 0205

3J 270/44
- Az 2:
  Fiche: 0485

11J 271/44
- Az 2: 2H 241/44
  Fiche: 0202

9J 272/44
- Az 2: 1H 7/45
  Fiche: 0210/0579

8J 277/44
- Az 2: 2H 269/44
  Fiche: 0206

11J 281/44
- Az 2: 2H 243/44
  Fiche: 0202

9J 283/44
- Az 2:
  Fiche: 0720 f.

11J 285/44
- Az 2: 2H 242/44
  Fiche: 0435

10J 286/44
- Az 2: 6H 251/44
  Fiche: 0435

10J 287/44
- Az 2: 6H 253/44
  Fiche: 0436

10J 288/44
- Az 2: 6H 254/44
  Fiche: 0436

10J 289/44
- Az 2: 6H 256/44
  Fiche: 0205/0530

10J 290/44
- Az 2: 6H 252/44
  Fiche: 0436

9J 292/44
- Az 2: 1H 23/45
  Fiche: 0447

10J 300/44
- Az 2: 2H 224/44
  Fiche: 0201

11J 301/44g
- Az 2: 1H 1/45
  Fiche: 0319

11J 312/44
- Az 2: 2H 209/44
  Fiche: 0730

10J 314/44
- Az 2: 2H 225/44
  Fiche: 0578

StPL (RKA) III 317/44
- Az 2: StPL 3. Sen. 7/45
  Fiche: 0697 f.

StPL (RKA) III 318/44
- Az 2: StPL 3. Sen. 118/44
  Fiche: 0698

5J 413/44
- Az 2: 6H 47/44
  Fiche: 0185

11J 418/44
- Az 2: 1H 380/44
  Fiche: 0437/0562

11J 423/44g
- Az 2: 2H 4/45
  Fiche: 0210/0466

2J 578/44g Rs
- Az 2: 1L 467/44
  Fiche: 0680

10(9)J 758/44
- Az 2: 2H 117/44
  Fiche: 0189 f.

7J 6/45
- Az 2: 5H 25/45
  Fiche: 0437/0680

6J 9/45
- Az 2: 6H 42/45
  Fiche: 0716 f.

9J 9/45
- Az 2: 2H 30/45
  Fiche: 0691

0J 10/45g Rs
- Az 2: 1L 54/45
  Fiche: 0508

0J 14/45g Rs
- Az 2: 2L 76/45
  Fiche: 0708

9J 25/45
- Az 2:
  Fiche: 0721

8J 26/45
- Az 2:
  Fiche: 0741

9J 26/45
- Az 2:
  Fiche: 0721

9J 33/45g
- Az 2: 6Sg. 65/45
  Fiche: 0211 f.
- Az 2: 6Sg 64/45
  Fiche: 0735/0749

9J 33/45 g
- Az 2: 6 Sg 66/45
  Fiche: 0734 f.

9J 39/45
- Az 2: 2H 65/45
  Fiche: 0572

9J 47/45
- Az 2: 2H 91/45
  Fiche: 0691

8J 48/45g
- Az 2:
  Fiche: 0736

9J 63/45
- Az 2:
  Fiche: 0746

Konkordanz: Gerichtliche Aktenzeichen

XII H 10,12/24
– Az 1: 17J 793/33
Fiche: 0651 f.

XV H 5/32
– Az 1: 14a/8J 910/31, 14a/9/16J 910/31
Fiche: 0664

VIII. H 3/33
– Az 1: 8/16J 774/33
Fiche: 0213

XII H 18/33
– Az 1: 8/16J 409/33
Fiche: 0618

XII H 20/33
– Az 1: 8/16J 1170/32
Fiche: 0618

XV H 20/33
– Az 1: 14J 88/33
Fiche: 0665

XII H 21/33
– Az 1: 8/16J 612/33
Fiche: 0618 f.

XV H 22/33
– Az 1: 8/16J 391/33
Fiche: 0665

XII H 23/33
– Az 1: 8J 200/33
Fiche: 0619

XV H 24/33
– Az 1: 15/17J 58/33
Fiche: 0670

XII H 26/33
– Az 1: 13J 50/33
Fiche: 0619

XV H 28/33
– Az 1: 8/16J 501/33
Fiche: 0665

XII H 30/33
– Az 1: 13J 81/33
Fiche: 0612

XV H 30/33
– Az 1: 14J 71/33
Fiche: 0665

XV H 33/33
– Az 1: 8/16J 301/33
Fiche: 0666

XV H 34/33
– Az 1: 15/17J 44/33
Fiche: 0667 f.

XII H 36/33
– Az 1: 14J 33/33
Fiche: 0619

XV H 36/33
– Az 1: 15/17J 61/33
Fiche: 0669 f.

XII H 39/33
– Az 1: 8/16J 548/32
Fiche: 0613

XV H 39/33
– Az 1: 8/16J 525/33
Fiche: 0665 f.

XV H 40/33
– Az 1: 15J 147/33
Fiche: 0666

XV H 41/33
– Az 1: 8/16J 747/33
Fiche: 0666 f.

XII H 42/33
– Az 1: 15J 86/33
Fiche: 0615 ff.

XV H 42/33
– Az 1: 8/16J 152/33
Fiche: 0667

XV H 43/33
– Az 1: 8/16J 335/33
Fiche: 0668

XII H 44/33
– Az 1: 13J 147/33
Fiche: 0612 f.

XV H 44/33
– Az 1: 14a/8J 136/29
Fiche: 0668 f.

XII H 45/33
– Az 1: 9J 107/33
Fiche: 0652 f.

XV H 45/33
– Az 1: 13J 56/33
Fiche: 0670

XII H 46/33
– Az 1: 8/16J 1117/33
Fiche: 0613

XV H 46/33
– Az 1: 15J 117/33
Fiche: 0670

XII H 48/33
– Az 1: 8/16J 431/33
Fiche: 0613 f.

XII H 50/33
– Az 1: 13J 166/33
Fiche: 0618

XV H 50/33
– Az 1: 17J 697/33
Fiche: 0607 f.

XII H 51/33
– Az 1: 8/16J 952/32
Fiche: 0614

XV H 52/33
– Az 1: 8J 1583/33
Fiche: 0606

XII H 53/33
– Az 1: 12J 191/33
Fiche: 0619 f.

XV H 53/33
– Az 1: 13J 190/33
Fiche: 0606 f.

XV H 54/33
– Az 1: 12J 190/33
Fiche: 0606

XII H 55/33
– Az 1: 13J 215/33
Fiche: 0614

XV H 55/33
– Az 1: 14J 83/33
Fiche: 0605 f.

XII H 56/33
– Az 1: 14J 38/33
Fiche: 0614 f.

XII H 57/33
– Az 1: 15J 241/33
Fiche: 0621 f.

XV H 57/33
– Az 1: 13J 270/33
Fiche: 0607

XII H 58/33
– Az 1: 14J 61/33
Fiche: 0621

XV H 58/33
– Az 1: 12J 160/33
Fiche: 0607

XII H 59/33
– Az 1: 15J 70/33
Fiche: 0620 f.

XV H 59/33
– Az 1: 14J 328/33
Fiche: 0692

XII H 60/33
– Az 1: 12J 202/33
Fiche: 0620

1H 1/34
– Az 1: 8J 1865/33
Fiche: 0001

2H 1/34
– Az 1: 14J 305/33
Fiche: 0001/0214

XV H 1/34
– Az 1: 8J 564/33
Fiche: 0657

1H 2/34
– Az 1: 17J 303/33
Fiche: 0001

2H 2/34
– Az 1: 8J 1856/33
Fiche: 0002
– Az 1: 17J 44/34
Fiche: 0224

XV H 2/34
– Az 1: 15J 16/32
Fiche: 0657

1H 3/34
– Az 1: 15J 265/33
Fiche: 0002/0571 f.

2H 3/34
- Az 1: 15J 594/33
  Fiche: 0003

XII H 3/34
- Az 1: 13J 240/33
  Fiche: 0621

XV H 3/34
- Az 1: 17J 163/33
  Fiche: 0657 f.

1H 4/34
- Az 1: 15/17J 60/33
  Fiche: 0003/0215

2H 4/34
- Az 1: 13J 286/33
  Fiche: 0003 f.

1H 5/34
- Az 1: 14J 163/33
  Fiche: 0215 f.

2H 5/34
- Az 1: 13J 252/33
  Fiche: 0004

3L 5/34
- Az 1: 7J 20/33
  Fiche: 0533

1H 6/34
- Az 1: 17J 89/33
  Fiche: 0213 f./0216

XII H 6/34
- Az 1: 15J 190/33
  Fiche: 0650 f.

XV H 6/34
- Az 1: 13J 294/33
  Fiche: 0653 f.

1H 7/34
- Az 1: 13J 98/33
  Fiche: 0004 f.

2H 7/34
- Az 1: 8J 129/34
  Fiche: 0005/0385

XII H 7/34
- Az 1: 14J 244/33
  Fiche: 0621

XV H 7/34
- Az 1: 8/16J 1215/32
  Fiche: 0659

1H 8/34
- Az 1: 14J 293/33
  Fiche: 0216 f.

2H 8/34
- Az 1: 9J 547/33
  Fiche: 0572

XII H 8/34
- Az 1: 17J 566/33
  Fiche: 0621

XV H 8/34
- Az 1: 14J 86/33
  Fiche: 0659

1H 9/34
- Az 1: 13J 154/33
  Fiche: 0005 f.

2H 9/34
- Az 1: 15J 250/33
  Fiche: 0006/0528

XII H 9/34
- Az 1: 13J 212/33
  Fiche: 0610 f.

1H 10/34
- Az 1: 17J 574/33
  Fiche: 0006 f.

2H 10/34
- Az 1: 15J 734/33
  Fiche: 0007 f.

XV H 10/34
- Az 1: 14J 172/33
  Fiche: 0653

1H 11/34
- Az 1: 17J 58/34
  Fiche: 0008

2H 11/34
- Az 1: 17J 242/33
  Fiche: 0008 f.

XV H 11/34
- Az 1: 17J 684/33
  Fiche: 0654

1H 12/34
- Az 1: 14J 311/33
  Fiche: 0009/0733 f.

2H 12/34
- Az 1: 14J 8/34
  Fiche: 0009 f.

XV H 12/34
- Az 1: 8/16J 79/33
  Fiche: 0654 f.

1H 13/34
- Az 1: 14J 10/34
  Fiche: 0312 f.

2H 13/34
- Az 1: 17J 331/33
  Fiche: 0010/0217 f.

XII H 13/34
- Az 1: 12J 145/33
  Fiche: 0611 f.

XV H 13/34
- Az 1: 13J 308/33
  Fiche: 0654

1H 14/34
- Az 1: 8J 1783/33
  Fiche: 0010

2H 14/34
- Az 1: 17J 232/33
  Fiche: 0010 f.

XII H 14/34
- Az 1: 8J 1694/33
  Fiche: 0611

XV H 14/34
- Az 1: 17J 27/34
  Fiche: 0655

1H 15/34
- Az 1: 17J 545/33
  Fiche: 0011 f.

2H 15/34
- Az 1: 14J 327/33
  Fiche: 0012

XII H 15/34
- Az 1: 12J 201/33
  Fiche: 0622

XV H 15/34
- Az 1: 17J 792/33
  Fiche: 0660 f.

1H 16/34
- Az 1: 13J 258/33
  Fiche: 0012 f./0546

2H 16/34
- Az 1: 9J 878/33
  Fiche: 0545

XII H 17/34
- Az 1: 15J 179/33
  Fiche: 0608 ff.

1H 18/34
- Az 1: 14a/8J 510/29
  Fiche: 0311 f.

XV H 18/34
- Az 1: 9J 127/33
  Fiche: 0659 f.

***H 19/34**
- Az 1: 3J 1/34
  Fiche: 0533

2H 19/34
- Az 1: 13J 279/33
  Fiche: 0013

XV H 19/34
- Az 1: 13J 139/33
  Fiche: 0660

1H 20/34
- Az 1: 14J 283/33
  Fiche: 0218

2H 20/34
- Az 1: 8J 1713/33
  Fiche: 0013 f.
- Az 1: 8J 1713/33
  Fiche: 0014

XV H 20/34
- Az 1: 9J 952/33
  Fiche: 0661 f.

1H 21/34
- Az 1: 17J 689/33
  Fiche: 0014/0218 f.

2H 21/34
- Az 1: 17J 29/34
  Fiche: 0014/0219 f.

XV H 21/34
- Az 1: 17J 627/33
  Fiche: 0662 f.

1H 22/34
- Az 1: 9J 1119/33
  Fiche: 0542

2H 22/34
- Az 1: 14J 253/33
  Fiche: 0014/0737

XV H 22/34, XV H 21/34
- Az 1: 17J 685/33,
  17J 627/33
  Fiche: 0663 f.

1H 23/34
- Az 1: 15J 828/33
  Fiche: 0014 f.

2H 23/34
- Az 1: 17J 717/33
  Fiche: 0015/0385

1H 24/34, 1H 38/34
- Az 1: 14a/8J 193/30,
  17J 803/33
  Fiche: 0015 f.

2H 24/34
- Az 1: 8J 969/33
  Fiche: 0513 f.

XV H 24/34
- Az 1: 15 J 195/32
  Fiche: 0715 f.

1H 25/34
- Az 1: 17J 292/33
  Fiche: 0016/0213

2H 25/34
- Az 1: 17J 470/33
  Fiche: 0016

XV H 25/34
- Az 1: 17J 541/33
  Fiche: 0664 f.

2H 26/34
- Az 1: 15J 618/33
  Fiche: 0598

XV H 26/34
- Az 1: 13J 230/33
  Fiche: 0655 f.

1H 27/34
- Az 1: 14a/8J 1547/31
  Fiche: 0016 f.

2H 27/34
- Az 1: 15J 307/33
  Fiche: 0017/0496

1H 28/34
- Az 1: 15/17J 77/32
  Fiche: 0018

XV H 28/34
- Az 1: 17J 582/33
  Fiche: 0656 f.

1H 29/34
- Az 1: 16J 646/33
  Fiche: 0018/0220

1H 31/34
- Az 1: 14a/8J 796/30
  Fiche: 0018/0534

1H 33/34
- Az 1: 14J 306/33
  Fiche: 0221

XII H 33/34
- Az 1: 17J 125/34
  Fiche: 0611

1H 34/34
– Az 1: 14J 290/33
Fiche: 0451

1H 35/34
– Az 1: 16J 585/33
Fiche: 0222

1H 36/34
– Az 1: 16J 387/34
Fiche: 0018

1H 37/34
– Az 1: 17J 617/33
Fiche: 0019

1H 41/34
– Az 1: 17J 64/34
Fiche: 0019 f./0311

1H 42/34
– Az 1: 17J 170/34
Fiche: 0020

1H 43/34
– Az 1: 15J 355/33
Fiche: 0597 f.

1H 44/34
– Az 1: 17J 683/33
Fiche: 0020 f.

1H 45/34
– Az 1: 8J 381/34
Fiche: 0222

1H 46/34
– Az 1: 15J 85/34
Fiche: 0021/0462

1H 47/34
– Az 1: 9aJ 164/34
Fiche: 0514

1H 89/34
– Az 1: 15J 490/33
Fiche: 0593 f.

1H 1/35
– Az 1: 17J 504/33
Fiche: 0222 f.

2H 1/35
– Az 1: 9aJ 44/34
Fiche: 0021/0461 f.

1H 2/35
– Az 1: 9J 953/33
Fiche: 0514 f.

1H 3/35
– Az 1: 17J 397/33
Fiche: 0021 f.

2H 3/35
– Az 1: 8J 125/34
Fiche: 0022/0674

1H 4/35
– Az 1: 17J 193/34
Fiche: 0022 f.

2H 4/35
– Az 1: 8J 282/34
Fiche: 0223 f.

1H 5/35
– Az 1: 14J 328/33
Fiche: 0023 f.

1H 7/35
– Az 1: 8J 1734/33
Fiche: 0225

2H 7/35, 2H 6,7/35
– Az 1: 14J 75/33,
14J 77/33
Fiche: 0024/0385 f.

1H 8/35
– Az 1: 14J 16/34
Fiche: 0224

2H 8/35
– Az 1: 8J 943/32
Fiche: 0024 f.

1H 9/35
– Az 1: 8J 427/34, 8J 6/35
Fiche: 0025 ff./0253

2H 9/35
– Az 1: 14J 70/35
Fiche: 0227

1H 10/35
– Az 1: 13J 2/34
Fiche: 0227 f.

2H 10/35
– Az 1: 17J 145/35
Fiche: 0027

1H 11/35
– Az 1: 15J 157/34
Fiche: 0725 f.

2H 11,12/35
– Az 1: 13J 266/33
Fiche: 0228

1H 12/35
– Az 1: 16J 642/34
Fiche: 0027 f.

1H 13/35
– Az 1: 14J 34/34
Fiche: 0228 f.

2H 13/35
– Az 1: 15J 8/35
Fiche: 0593

1H 14/35
– Az 1: 15J 648/33
Fiche: 0028 f./0679

2H 14/35
– Az 1: 8J 20/35
Fiche: 0028

3L 14/35
– Az 1: 8J 404/34
Fiche: 0386

2H 15/35
– Az 1: 15J 183/34
Fiche: 0506 f.

3L 15/35
– Az 1: 11J 423/33
Fiche: 0386 f./0572 f.

1H 16/35
– Az 1: 8J 459/34
Fiche: 0232

2H 16/35
– Az 1: 15J 168/34
Fiche: 0492 f.

1H 17/35
– Az 1: 17J 98/34
Fiche: 0029

2H 17/35
– Az 1: 13J 256/33
Fiche: 0029 f./0469

1H 18/35, 1H 21/35
– Az 1: 15J 302/34,
15J 107/35
Fiche: 0513

2H 18/35
– Az 1: 15J 175/34
Fiche: 0507

1H 19/35
– Az 1: 8J 18/34
Fiche: 0497/0730

2H 19/35
– Az 1: 17J 210/34
Fiche: 0030

3L 19/35
– Az 1: 16J 489/33
Fiche: 0387 f.

2H 20/35
– Az 1: 15J 126/34
Fiche: 0496

2H 21/35
– Az 1: 13J 265/33
Fiche: 0030 f./0229 f.

1H 22/35
– Az 1: 17J 58/35
Fiche: 0031

2H 22/35
– Az 1: 8J 244/34
Fiche: 0554 f.

1H 23/35
– Az 1: 15J 753/33
Fiche: 0451

2H 23/35
– Az 1: 14J 134/34
Fiche: 0229

1H 24/35
– Az 1: 13/14J 103/29
Fiche: 0031

2H 24/35
– Az 1: 17J 296/34
Fiche: 0031 f./0230

1H 25/35
– Az 1: 9J 137/34
Fiche: 0564 f.

2H 25/35
– Az 1: 17J 475/35
Fiche: 0230

1H 26/35
– Az 1: 13J 11/34
Fiche: 0032 f.

2H 26/35
– Az 1: 17J 119/35
Fiche: 0033 f.

1H 27/35
– Az 1: 9J 613/33
Fiche: 0034

2H 27/35
– Az 1: 17J 282/34
Fiche: 0035

1H 28/35
– Az 1: 17J 454/34
Fiche: 0035

2H 28/35
– Az 1: 17J 331/33
Fiche: 0388

1H 29/35
– Az 1: 17J 87/35
Fiche: 0035

2H 29/35
– Az 1: 14J 26/34
Fiche: 0507 f.

1H 30/35
– Az 1: 16J 287/35
Fiche: 0570

2H 30/35
– Az 1: 8J 306/35
Fiche: 0036/0230 f.

1H 31/35
– Az 1: 16J 304/35
Fiche: 0036

2H 31/35
– Az 1: 17J 81/35
Fiche: 0036/0231

1H 32/35
– Az 1: 14J 21/35
Fiche: 0036 f.

1H 33/35
– Az 1: 17J 94/34
Fiche: 0037/0221

2H 33/35
– Az 1: 8J 14/34
Fiche: 0231 f./0561

1H 34/35, 1H 35/35
– Az 1: 16J 141/35,
16J 126/35
Fiche: 0673 f.

2H 34/35
– Az 1: 8J 10/35
Fiche: 0552 f.

2H 35/35
– Az 1: 17J 279/35
Fiche: 0388

1H 36/35
– Az 1: 8J 228/35
Fiche: 0037

2H 36/35
– Az 1: 8J 291/35
Fiche: 0233 f.

1H 37/35
- Az 1: 16J 139/35
 Fiche: 0233/0373

2H 37/35
- Az 1: 13J 285/33
 Fiche: 0037 f.

1H 38/35
- Az 1: 17J 42/35
 Fiche: 0038/0233

2H 38/35
- Az 1: 8J 227/35
 Fiche: 0038/0039

1H 39/35
- Az 1: 15J 369/34
 Fiche: 0018 f.

2H 39/35
- Az 1: 17J 15/35
 Fiche: 0234

1H 40/35
- Az 1: 15J 20/35
 Fiche: 0039/0235

2H 40/35
- Az 1: 16J 454/35
 Fiche: 0039

1H 41/35
- Az 1: 8J 169/35
 Fiche: 0039

2H 41/35
- Az 1: 9J 658/35
 Fiche: 0451

1H 42/35
- Az 1: 14J 140/34
 Fiche: 0156 f./0314 f.

2H 42/35
- Az 1: 9J 710/35
 Fiche: 0509

1H 43/35
- Az 1: 14J 16/35
 Fiche: 0039 f.

2H 43/35
- Az 1: 17J 268/35
 Fiche: 0040

1H 44/35
- Az 1: 17J 5/35
 Fiche: 0235

2H 44/35
- Az 1: 9J 231/35
 Fiche: 0452

1H 45/35
- Az 1: 14J 78/34
 Fiche: 0670 f.

2H 45/35
- Az 1: 16J 324/34
 Fiche: 0040 f./0235 f.

1H 46/35
- Az 1: 8J 250/35
 Fiche: 0041/0236 f.

2H 46/35
- Az 1: 9J 701/35
 Fiche: 0509

1H 47/35
- Az 1: 15J 273/35
 Fiche: 0569 f.

2H 47/35
- Az 1: 17J 248/35
 Fiche: 0041

1H 48/35
- Az 1: 8J 145/35
 Fiche: 0569

2H 48/35
- Az 1: 17J 289/35
 Fiche: 0041

1H 49/35
- Az 1: 8J 292/35
 Fiche: 0237

2H 49/35
- Az 1: 8J 206/35
 Fiche: 0041 f./0238

1H 50/35
- Az 1: 16J 354/35
 Fiche: 0042

2H 50/35
- Az 1: 15J 81/35
 Fiche: 0469/0504

1H 51/35
- Az 1: 17J 82/35
 Fiche: 0238 f.

2H 51/35
- Az 1: 9J 869/35
 Fiche: 0544/0734

3L 51/35
- Az 1: 9J 301/35
 Fiche: 0389

1H 52/35
- Az 1: 14a/9J 1672/31
 Fiche: 0042 f.

1H 53/35
- Az 1: 17J 309/34
 Fiche: 0043

2H 53/35
- Az 1: 9J 702/35
 Fiche: 0043 f.

1H 54/35
- Az 1: 17J 57/35
 Fiche: 0313 f.

2H 54/35
- Az 1: 9J 951/35
 Fiche: 0044

2H 55/35
- Az 1: 17J 387/34
 Fiche: 0044 f.

1H 56/35
- Az 1: 9J 411/35
 Fiche: 0045

2H 56/35
- Az 1: 14J 33/36,
 9J 1145/35
 Fiche: 0045

1H 57/35
- Az 1: 16J 319/35
 Fiche: 0045 f./0675 f.

2H 57/35
- Az 1: 16J 534/35
 Fiche: 0259/0676

2H 58/35
- Az 1: 16J 293/35,
 8J 438/35
 Fiche: 0588 f./0643
- Az 1: 16J 293/35
 Fiche: 0589

1H 59/35
- Az 1: 17J 364/35
 Fiche: 0046

1H 60/35, 1H 42/37
- Az 1: 17J 180/35
 Fiche: 0046

1H 61/35
- Az 1: 17J 189/35
 Fiche: 0046/0462

1H 62/35
- Az 1: 16J 438/35
 Fiche: 0046/0239

1H 63/35
- Az 1: 8J 359/35
 Fiche: 0239 f.

1H 64/35
- Az 1: 8J 61/35
 Fiche: 0046 f.

1H 65/35
- Az 1: 16J 424/35
 Fiche: 0047

1H 67/35
- Az 1: 8J 305/35
 Fiche: 0240

1H 68/35
- Az 1: 15J 217/35
 Fiche: 0463

1H 69/35
- Az 1: 8J 433/35g,
 17J 519/34
 Fiche: 0241

1H 70/35
- Az 1: 8J 88/36g
 Fiche: 0241 f.

1H 71/35
- Az 1: 9J 486/35
 Fiche: 0047 f./0641

1H 72/35
- Az 1: 17J 249/35
 Fiche: 0241

1H 73/35
- Az 1: 17J 88/35
 Fiche: 0048 f.

1H 74/35
- Az 1: 17J 59/35
 Fiche: 0242/0313

1H 75/35
- Az 1: 16J 708/35
 Fiche: 0495 f.

1H 1/36
- Az 1: 8J 440/35
 Fiche: 0049

2H 1/36
- Az 1: 8J 3/36g
 Fiche: 0242 f.

1H 2/36
- Az 1: 15J 201/35
 Fiche: 0523

1H 3/36
- Az 1: 9J 151/35
 Fiche: 0049/0450

1H 4/36
- Az 1: 15J 307/35
 Fiche: 0463

2H 4/36
- Az 1: 8J 7/36g
 Fiche: 0245 f.

1H 5/36
- Az 1: 8J 164/35
 Fiche: 0050 f.

2H 5/36
- Az 1: 8J 291/35
 Fiche: 0390

1H 6/36
- Az 1: 8J 422/35g
 Fiche: 0051/0246 f.

2H 6/36
- Az 1: 5J 41/35
 Fiche: 0051

1H 7/36
- Az 1: 8J 383/34
 Fiche: 0051 f.

2H 7/36
- Az 1: 9J 938/35
 Fiche: 0492/0595

2H 8/36
- Az 1: 14J 104/36
 Fiche: 0052

1H 9/36
- Az 1: 9J 914/35
 Fiche: 0558 f.

2H 9/36
- Az 1: 16J 42/35
 Fiche: 0548

3L 9/36
- Az 1: 8J 428/35
 Fiche: 0244

1H 10/36
- Az 1: 17J 5/36
 Fiche: 0052 f.

2H 10/36
- Az 1: 17J 310/35
 Fiche: 0053 f.

1H 11/36
- Az 1: 15J 385/34
 Fiche: 0671 f.

2H 11/36
- Az 1: 17J 496/35
 Fiche: 0054/0508

1H 54/36
– Az 1: 15J 14/36
Fiche: 0315 f./0465 f.

2H 54/36
– Az 1: 8J 444/35
Fiche: 0718 f.

1H 55/36
– Az 1: 8J 135/36
Fiche: 0074

2H 55/36
– Az 1: 9J 388/36
Fiche: 0555

1H 56/36
– Az 1: 17J 366/36
Fiche: 0074 f.

2H 56/36
– Az 1: 17J 357/36
Fiche: 0075

1H 57/36
– Az 1: 17J 70/36
Fiche: 0075/0258

2H 57/36
– Az 1: 16J 767/35
Fiche: 0038 f./0259 f.

1H 58/36
– Az 1: 9J 657/35
Fiche: 0630

2H 58/36
– Az 1: 17J 300/34
Fiche: 0075 f.

2H 59/36
– Az 1: 17J 27/36
Fiche: 0076

1H 59/60/61/36
– Az 1: 8J 427/35g
Fiche: 0076 f.

2H 60/36
– Az 1: 8J 421/35g
Fiche: 0077 f./0239

2H 61/36
– Az 1: 8J 160/36
Fiche: 0577 f.

1H 62/36
– Az 1: 14J 73/36
Fiche: 0078

2H 62/36
– Az 1: 8J 439/35g
Fiche: 0078 f.

1H 63/36
– Az 1: 17J 267/35
Fiche: 0079 f.

2H 63/36
– Az 1: 17J 473/35
Fiche: 0080/0260

1H 64/36
– Az 1: 8J 163/36g
Fiche: 0080 f./0260

2H 64/36
– Az 1: 15J 544/36
Fiche: 0081/0471

1H 65/36
– Az 1: 14J 537/36
Fiche: 0081/0260

1H 66/36
– Az 1: 8J 35/37g
Fiche: 0081

1H 67/36
– Az 1: 9J 907/35
Fiche: 0082/0260 f.

1H 1/37
– Az 1: 8J 415/35g
Fiche: 0082 f.

2H 1/37
– Az 1: 17J 513/36
Fiche: 0084/0261

1H 2/37
– Az 1: 15J 578/36
Fiche: 0243/0471 f.

2H 2/37
– Az 1: 17J 318/36
Fiche: 0084

1H 3/37
– Az 1: 8J 430/35g
Fiche: 0084 f.

2H 3/37
– Az 1: 17J 507/36
Fiche: 0085

1H 4/37
– Az 1: 8J 68/36
Fiche: 0086/0498 f.

2H 4/37
– Az 1: 14J 392/35
Fiche: 0086/0684

2H 5/37
– Az 1: 17J 73/36
Fiche: 0086 f.

1H 6/37
– Az 1: 14J 396/36
Fiche: 0087 f.

2H 6/37
– Az 1: 8J 211/36
Fiche: 0088

1H 7/37
– Az 1: 17J 239/36
Fiche: 0088 f.

2H 7/37
– Az 1: 8J 72/36
Fiche: 0247 f./0445

3L 7/37
– Az 1: 5J 122/36g
Fiche: 0590

1H 8/37
– Az 1: 8J 431/35g
Fiche: 0244 f./0274

2H 8/37
– Az 1: 14J 380/36
Fiche: 0248/0447

1H 9/37
– Az 1: 16J 781/36
Fiche: 0089

2H 9/37
– Az 1: 8J 31/37g.Rs.
Fiche: 0089 f.

1H 10/37
– Az 1: 17J 260/36
Fiche: 0090 f./0261

2H 10,11,12/37
– Az 1: 11J 122/35g
Fiche: 0594 f./0695 f.

1H 11/37
– Az 1: 16J 328/35
Fiche: 0640

2H 12/37
– Az 1: 11J 122/35g
Fiche: 0549

1H 12/23/37
– Az 1: 14J 469/37,
14J 380/37
Fiche: 0091 f.

1H 13/37
– Az 1: 8/14J 31-45/36g
Fiche: 0092

1H 14/37
– Az 1: 17J 67/36
Fiche: 0092 ff.

2H 14/37
– Az 1: 9J 202/36
Fiche: 0555 f.

1H 15/37
– Az 1: 14J 306/37g
Fiche: 0094/0262

2H 15/37
– Az 1: 8J 223/36
Fiche: 0094/0262

1H 16/37
– Az 1: 8J 51/36g
Fiche: 0262 f.

2H 16,20,27/37
– Az 1: 8J 131/36g,
8J 49,117,131/36g
Fiche: 0476 f.

2H 17/37
– Az 1: 17J 171/35
Fiche: 0263 f./0487 f.

1H 18/37
– Az 1: 16J 23/37
Fiche: 0094

2H 18/37
– Az 1: 17J 171/35
Fiche: 0264/0491 f.

2H 19/37
– Az 1: 17J 97/37
Fiche: 0702 f.

1H 19-20/37
– Az 1: 16J 37/35
Fiche: 0113/0469 f.

1H 21/37
– Az 1: 9J 600/36
Fiche: 0094 f./0551

2H 21/37
– Az 1: 17J 439/36
Fiche: 0094/0264 f.

3L 21/37
– Az 1: 5J 6/36g
Fiche: 0391 f.

1H 22/37
– Az 1: 15J 818/36
Fiche: 0301

2H 22/37
– Az 1: 9J 571/36
Fiche: 0095/0541

2H 23/37
– Az 1: 17J 271/36
Fiche: 0095 f.

1H 24/37
– Az 1: 14J 323/37
Fiche: 0268 f./0701 f.

2H 24/37
– Az 1: 17J 28/36
Fiche: 0097 f.

1H 25/37
– Az 1: 14J 482/37
Fiche: 0483

2H 25/37
– Az 1: 16J 536/36
Fiche: 0098

1H 26/37
– Az 1: 14J 305/37g
Fiche: 0098

1H 27/37
– Az 1: 14J 301/37
Fiche: 0099 f.

1H 28/37
– Az 1: 15J 1/37
Fiche: 0100 f./0711

2H 28/37
– Az 1: 17J 472/36
Fiche: 0266/0745

1H 29/37
– Az 1: 17J 316/37
Fiche: 0101

2H 29/37
– Az 1: 8J 188/36
Fiche: 0101 f.

1H 30/37
– Az 1: 17J 185/36
Fiche: 0102

2H 30/37
– Az 1: 17J 91/36
Fiche: 0102/0267

1H 31/37
– Az 1: 17J 317/37
Fiche: 0102 f.

2H 31/37
– Az 1: 17J 187/36
Fiche: 0090

1H 32/37
– Az 1: 17J 320/37
Fiche: 0103

2H 32/37
- Az 1: 17J 416/36
  Fiche: 0103 f.

1H 33/37
- Az 1: 17J 321/37
  Fiche: 0104

2H 33/37
- Az 1: 17J 6/37
  Fiche: 0104/0267

1H 34/37
- Az 1: 17J 319/37
  Fiche: 0104 f.

2H 34/37
- Az 1: 14J 307/37
  Fiche: 0105/0267

1H 35/37
- Az 1: 14J 305/37g
  Fiche: 0098 f.

2H 35/37
- Az 1: 17J 444/36
  Fiche: 0105

1H 36/37
- Az 1: 8J 135/37g
  Fiche: 0106

2H 36/37
- Az 1: 17J 414/36
  Fiche: 0106

1H 37/37
- Az 1: 17J 315/37
  Fiche: 0106/0546 f.

2H 37/37
- Az 1: 14J 303/37g
  Fiche: 0106 f.

1H 38/37
- Az 1: 17J 318/37
  Fiche: 0730 f./0732

2H 38/37
- Az 1: 8J 97/37
  Fiche: 0584 f.

1H 39/37
- Az 1: 17J 379/37
  Fiche: 0107/0302

2H 39/37
- Az 1: 8J 232/36g
  Fiche: 0107 f.

1H 40/37
- Az 1: 8J 358/37g
  Fiche: 0108

2H 40/37
- Az 1: 7J 201/36g
  Fiche: 0267 f.

1H 41/37
- Az 1: 8J 337/37g
  Fiche: 0108 f.

2H 41/37
- Az 1: 8J 54/37
  Fiche: 0510 f./0689 f.

2H 42/37
- Az 1: 16J 443/37
  Fiche: 0109

1H 43/37
- Az 1: 8J 100/37
  Fiche: 0269 f.

2H 43/37
- Az 1: 16J 736/36
  Fiche: 0269/0718

1H 44/37, 1H 3
- Az 1: 14J 527/37g,
  14J 736/37
  Fiche: 0114/0473 f.

2H 44,47/37
- Az 1: 17J 109/37,
  9J 142/37
  Fiche: 0460 f.

2H 45/37
- Az 1: 17J 264/36
  Fiche: 0109 f.

1H 46/37
- Az 1: 8J 341/37g
  Fiche: 0110/0302

2H 46/37
- Az 1: 9J 267/37
  Fiche: 0633 f.

1H 47/37
- Az 1: 8J 348/37g
  Fiche: 0110 f.

2H 48/37
- Az 1: 17J 225/37
  Fiche: 0448

2H 49/37
- Az 1: 17J 298/37
  Fiche: 0111

2H 50/37
- Az 1: 9J 315/37
  Fiche: 0550 f.

2H 51/37
- Az 1: 17J 152/37
  Fiche: 0111 f./0270 f.

2H 52/37
- Az 1: 16J 675/37
  Fiche: 0112/0271

2H 53/37
- Az 1: 14J 375/37g
  Fiche: 0112

2H 55/37
- Az 1: 15J 513/37
  Fiche: 0466 f.

2H 56/37
- Az 1: 17J 391/36
  Fiche: 0112

2H 57/37
- Az 1: 8J 351/37g
  Fiche: 0113

2H 58/37
- Az 1: 8J 4/37
  Fiche: 0271

2H 59/37
- Az 1: 16J 576/37
  Fiche: 0271 f.

2H 60/37
- Az 1: 16J 225/37
  Fiche: 0272

2H 61/37
- Az 1: 9J 315/37
  Fiche: 0516

5 OJs 127/37
- Az 1: 9J 341/36
  Fiche: 0694

1H 1/38
- Az 1: 14J 725/37g
  Fiche: 0113 f./0508

2H 1/38
- Az 1: 16J 843/37
  Fiche: 0114

1H 2/38
- Az 1: 14J 72/37g
  Fiche: 0272 f.

2H 2/38
- Az 1: 16J 840/37
  Fiche: 0114

2H 3/38
- Az 1: 16J 577/37
  Fiche: 0115

1H 4/38
- Az 1: 8J 339/37
  Fiche: 0115

2H 4/38
- Az 1: 8J 206/37g
  Fiche: 0601 f.

1H 5/38
- Az 1: 14J 727/37g
  Fiche: 0115

2H 5/38
- Az 1: 17J 381/37
  Fiche: 0115 f.

1H 6/38
- Az 1: 17J 377/37
  Fiche: 0682

2H 6/38
- Az 1: 16J 900/37
  Fiche: 0116

1H 7/38
- Az 1: 17J 43/37
  Fiche: 0303 f.

2H 7/38
- Az 1: 5J 32/38
  Fiche: 0116

2H 8/38
- Az 1: 10J 30/38
  Fiche: 0518/0679

1H 9/38
- Az 1: 16J 878/37
  Fiche: 0116

2H 9/38
- Az 1: 8J 11/37g
  Fiche: 0494

1H 10/38
- Az 1: 8J 330/38
  Fiche: 0695
- Az 1: 14J 323/37
  Fiche: 0268 f./0273

2H 10/38
- Az 1: 10J 31/38
  Fiche: 0510

1H 11/38
- Az 1: 6J 116/38g
  Fiche: 0117

2H 11/38
- Az 1: 8J 20/36g
  Fiche: 0117 f./0542

1H 12/38
- Az 1: 7J 82/38
  Fiche: 0118

2H 12/38
- Az 1: 7J 105/38
  Fiche: 0119/0440

1H 13/38
- Az 1: 8J 273/37
  Fiche: 0119

2H 13/38
- Az 1: 7J 104/38
  Fiche: 0439

1H 14/38
- Az 1: 6J 168/38g
  Fiche: 0119 f.

2H 14/38
- Az 1: 17J 401/37
  Fiche: 0120

1H 15/38
- Az 1: 14J 657/37g
  Fiche: 0273 f.

2H 15/38
- Az 1: 17J 406/37
  Fiche: 0274

1H 16/38
- Az 1: 8J 144/38
  Fiche: 0642

2H 16/38
- Az 1: 17J 407/37
  Fiche: 0120

1H 17/38
- Az 1: 8J 226/38g
  Fiche: 0274 f.

2H 17/38
- Az 1: 17J 400/37
  Fiche: 0120 f./0133

1H 18/38
- Az 1: 10J 28/38
  Fiche: 0121

1L 18/38
- Az 1: 14J 480/37g
  Fiche: 0394 f.

2H 18/38
- Az 1: 10J 49/38
  Fiche: 0545

1H 19/38
– Az 1: 7J 206/38
Fiche: 0121 f.

2H 19/38
– Az 1: 10J 26/38
Fiche: 0601

1H 20/38
– Az 1: 8J 23/38g Rs
Fiche: 0442

2H 20/38
– Az 1: 14J 742/37g
Fiche: 0122

1H 21/38
– Az 1: 9J 757/37
Fiche: 0544

2H 21/38
– Az 1: 8J 133/38
Fiche: 0458

1H 22/38
– Az 1: 5J 54/38
Fiche: 0543

1H 23/38
– Az 1: 16J 765/37
Fiche: 0122 f.

2H 23/38
– Az 1: 8J 5/37g
Fiche: 0123 ff./0275 f.

1H 24/38
– Az 1: 9J 25/38
Fiche: 0516

2H 25/38
– Az 1: 9J 684/37
Fiche: 0495

1H 26/38
– Az 1: 7J 295/38
Fiche: 0125 f.

2H 26/38
– Az 1: 17J 414/37
Fiche: 0126

1H 27/38, 1H 28/38
– Az 1: 8J 274/38, 8J 321/38
Fiche: 0691 f.

2H 27/38
– Az 1: 7J 106/38
Fiche: 0126

2H 28/38
– Az 1: 16J 912/37
Fiche: 0126/0276

1H 29/38
– Az 1: 8J 356/38g
Fiche: 0538 f.

2H 29/38
– Az 1: 7J 96/38
Fiche: 0127

2H 30/38
– Az 1: 6J 117/38g
Fiche: 0276

1H 31/38
– Az 1: 8J 214/37
Fiche: 0481 f./0557 f.

2H 31/38
– Az 1: 10J 29/38
Fiche: 0541

1H 32/38
– Az 1: 8J 332/38
Fiche: 0533

1H 33/38, 1H 31/38
– Az 1: 8J 386/38, 8J 214/37
Fiche: 0485 f.

2H 33/38
– Az 1: 8J 419/37g
Fiche: 0127/0623

1H 34/38
– Az 1: 5J 284/38
Fiche: 0276 f.

2H 34/38
– Az 1: 15J 942/37
Fiche: 0127 f.

1H 35/38
– Az 1: 5J 317/38
Fiche: 0128

2H 35/38
– Az 1: 15J 931/37
Fiche: 0439

1H 36/38
– Az 1: 5J 285/38
Fiche: 0128 f.

2H 36/38
– Az 1: 9J 759/37
Fiche: 0671

1H 37/38
– Az 1: 10J 288/38
Fiche: 0582 f.

2H 37/38
– Az 1: 10J 138/38
Fiche: 0544 f.

1H 38/38
– Az 1: 8J 371/38
Fiche: 0498

2H 38/38
– Az 1: 10J 170/38
Fiche: 0474

2H 39/38, 2H 40/38
– Az 1: 10J 143/38, 10J 144/38
Fiche: 0506

2H 41/38
– Az 1: 8J 224/38
Fiche: 0676

2H 42/38
– Az 1: 10J 142/38
Fiche: 0457 f.

2H 43/38
– Az 1: 5J 77/38
Fiche: 0501

2H 44/38
– Az 1: 10J 140/38
Fiche: 0573 f.

2H 45/38
– Az 1: 7J 102/38
Fiche: 0129/0439

2H 46/38
– Az 1: 6J 159/38
Fiche: 0129

2H 47/38
– Az 1: 6J 223/38g
Fiche: 0129 f.

2H 48/38
– Az 1: 6J 224/38g
Fiche: 0130/0277

2H 49/38
– Az 1: 10J 137/38
Fiche: 0130 f.

2H 50/38
– Az 1: 10J 27/38
Fiche: 0131/0674 f.

2H 51/38
– Az 1: 14J 796/37g
Fiche: 0131/0596 f.

2H 52/38
– Az 1: 8J 145/38
Fiche: 0499 f.

2H 53/38
– Az 1: 10J 141/38
Fiche: 0499

2H 54/38
– Az 1: 7J 252/38
Fiche: 0131 f.

2H 55/38
– Az 1: 14J 651/37g
Fiche: 0277 f.

2H 57/38
– Az 1: 5J 79/38
Fiche: 0132

2H 58/38
– Az 1: 8J 361/37g
Fiche: 0278

2H 59/38
– Az 1: 17J 451/37
Fiche: 0450/0623 f.

2H 60/38
– Az 1: 6J 160/38
Fiche: 0132

2H 61/38
– Az 1: 8J 267/38
Fiche: 0633

2H 62/38
– Az 1: 10J 224/38
Fiche: 0500 f.

2H 63/38
– Az 1: 14J 457/37g
Fiche: 0132 f.

2H 64/38
– Az 1: 10J 223/38
Fiche: 0540 f.

2H 65/38
– Az 1: 8J 251/38
Fiche: 0477 f.

2H 66/38
– Az 1: 10J 229/38
Fiche: 0493

2H 67/38
– Az 1: 10J 139/38
Fiche: 0517/0678

2H 68/38
– Az 1: 8J 252/38
Fiche: 0278 f.

2H 69/38
– Az 1: 10J 222/38
Fiche: 0560

2H 70/38
– Az 1: 10J 225/38
Fiche: 0583

2H 71/38
– Az 1: 17J 400/37
Fiche: 0120 f./0133

2H 72/38
– Az 1: 10J 231/38
Fiche: 0536

2H 73/38
– Az 1: 8J 160/38
Fiche: 0585 f.

2H 74/38
– Az 1: 6J 37/38
Fiche: 0133

2H 75/38
– Az 1: 10J 226/38
Fiche: 0540

2H 76/38
– Az 1: 10J 228/38
Fiche: 0467

2H 77/38
– Az 1: 6J 158/38
Fiche: 0133 f.

2H 78/38
– Az 1: 7J 344/38
Fiche: 0134

2H 79/38
– Az 1: 9J 182/38
Fiche: 0537

2H 80/38
– Az 1: 10J 227/38
Fiche: 0538

2H 81/38
– Az 1: 9J 209/38
Fiche: 0134/0457

2H 82/38
– Az 1: 7J 348/38
Fiche: 0134/0523

2H 84,85,87/38
– Az 1: 14J 629/37g, 6J 44/38g
Fiche: 0472 f./0603 f.

2H 86/38
– Az 1: 14J 629/37g
Fiche: 0467 ff.

2H 88/38
– Az 1: 10J 291/38
Fiche: 0565 f.

2H 89/38
– Az 1: 6J 157/38
Fiche: 0279 f.

2H 90/38
– Az 1: 10J 303/38
Fiche: 0587

2H 91/38
– Az 1: 8J 199/38
Fiche: 0525

2H 92/38
– Az 1: 8J 393/38
Fiche: 0682 f.

2H 93/38
– Az 1: 9J 351/38g
Fiche: 0523 f.

2H 94/38
– Az 1: 5J 344/38
Fiche: 0135 f./0678 f.

2H 95/38
– Az 1: 7J 346/38
Fiche: 0136

2H 96/38
– Az 1: 7J 354/38
Fiche: 0136

1H 1/39
– Az 1: 5J 546/38
Fiche: 0671

2H 1/39
– Az 1: 7J 677/38
Fiche: 0282

1H 2/39
– Az 1: 8J 336/38
Fiche: 0543

2H 2/39
– Az 1: 6J 248/38g
Fiche: 0551 f.

1H 3/39
– Az 1: 11J 152/38
Fiche: 0136 f./0272

2H 3/39
– Az 1: 7J 352/38
Fiche: 0284 f.

1H 4/39
– Az 1: 8J 368/38
Fiche: 0515

2H 4/39
– Az 1: 8J 367/38
Fiche: 0137/0711 f.

2H 5/39
– Az 1: 6J 275/38g
Fiche: 0137 f.

1H 6/39
– Az 1: 5J 279/38
Fiche: 0138

1H 7/39
– Az 1: 5J 53/39
Fiche: 0138 f.

2H 7/39
– Az 1: 9J 634/38
Fiche: 0580

1H 9/39
– Az 1: 8J 432/38g
Fiche: 0558/0586

2H 9/39
– Az 1: 8J 422/38
Fiche: 0635

1H 10/39
– Az 1: 6J 141/38g
Fiche: 0139/0474 f.

StPL (HLS) 10/39
– Az 1:
Fiche: 0706

1H 11/39
– Az 1: 5J 84/39
Fiche: 0139 f./0283

1H 12/39
– Az 1: 6J 334/38
Fiche: 0305 f.

2H 12/39
– Az 1: 16J 703/35, 6J 17/39g
Fiche: 0140/0683

1H 13/39
– Az 1: 5J 642/38
Fiche: 0549

2H 13/39
– Az 1: 8J 357/38g
Fiche: 0140 f.

1H 14/39
– Az 1: 6J 277/38g
Fiche: 0141/0273

2H 14/39
– Az 1: 9J 36/39g
Fiche: 0673

1H 15/39
– Az 1: 5J 449/38
Fiche: 0141/0475 f.

2H 15/39
– Az 1: 8J 436/38
Fiche: 0536

1H 16/39
– Az 1: 5J 307/38g
Fiche: 0142

2H 16/39
– Az 1: 9J 539/38g
Fiche: 0525

4L 16/39
– Az 1: 6J 192/38g
Fiche: 0395

1H 17/39
– Az 1: 5J 181/39
Fiche: 0142

2H 17/39
– Az 1: 11J 138/38
Fiche: 0142

1H 18/39
– Az 1: 6J 518/38
Fiche: 0305/0643 f.

2H 18/39
– Az 1: 8J 17/39
Fiche: 0457

1H 19/39
– Az 1: 8J 421/38
Fiche: 0478 f.

1H 20/39
– Az 1: 6J 14/39
Fiche: 0142 f./0283

2H 20/39
– Az 1: 8J 410/38g
Fiche: 0595 f.

1H 21/39
– Az 1: 9J 181/39
Fiche: 0283

1H 22/39
– Az 1: 9J 184/39
Fiche: 0682

2H 22/39
– Az 1: 11J 193/38
Fiche: 0143

1H 23/39
– Az 1: 10J 5/39
Fiche: 0283 f.

2H 23/39
– Az 1: 10J 317/38
Fiche: 0604 f.

1H 24/39
– Az 1: 8J 44/39
Fiche: 0515 f.

2H 24/39
– Az 1: 5J 160/39
Fiche: 0143 f.

1H 25/39
– Az 1: 10J 453/38
Fiche: 0622 f.

1H 26/39
– Az 1: 5J 199/39
Fiche: 0144

2H 26/39
– Az 1: 6J 586/38g
Fiche: 0285

1H 27/39
– Az 1: 5J 102/39
Fiche: 0145/0285 f.

2H 27/39
– Az 1: 9J 138/39g
Fiche: 0145/0638 f.

1H 28/39
– Az 1: 6J 319/38
Fiche: 0305

3L 28/39
– Az 1: 6J 53/38g
Fiche: 0395 f.

1H 29/39
– Az 1: 6J 119/39
Fiche: 0145 f.

2H 29/39
– Az 1: 11J 190/38
Fiche: 0396

1H 30/39
– Az 1: 10J 7/39
Fiche: 0146 f./0301 f.

1H 31/39
– Az 1: 7J 219/39
Fiche: 0147

1H 32/39
– Az 1: 8J 384/38g
Fiche: 0286 f.

2H 32/39
– Az 1: 8J 4/39g
Fiche: 0686

StPL (HLS) I 32/39
– Az 1: StPL (RKA) Wien 1/39
Fiche: 0706

1H 34/39
– Az 1: 9J 272/39g
Fiche: 0595

1H 35/39
– Az 1: 11J 196/38g
Fiche: 0147

1H 37/39
– Az 1: 11J 195/38
Fiche: 0157 f.
– Az 1: 6J 374/38g
Fiche: 0147 ff.

1H 38/39
– Az 1: 5J 466/38
Fiche: 0694 f.

1H 39/39
– Az 1: 8J 23/39
Fiche: 0149 f.

1H 41/39
– Az 1: 11J 403/39
Fiche: 0150

2H 41/39
– Az 1: 8J 402/38
Fiche: 0489 ff.

2H 43/39
– Az 1: 11J 1/39
Fiche: 0150 f.

2H 44/39
– Az 1: 8J 13/39
Fiche: 0151

1H 45/39
– Az 1: 7J 72/39
Fiche: 0151 f./0584

2H 45/39
– Az 1: 9J 125/39g
Fiche: 0511 f.

1H 46/39
– Az 1: 7J 302/39
Fiche: 0152/0305

2H 46/39
– Az 1: 11J 341/39
Fiche: 0152

1H 47/39
– Az 1: 9J 312/39g
Fiche: 0503 f.

2H 47/39
– Az 1: 8J 183/39
Fiche: 0537

1H 48/39
– Az 1: 9J 324/39g
Fiche: 0673

1H 49/39
– Az 1: 7J 239/39
Fiche: 0152

2H 50/39
– Az 1: 6J 6/39g
Fiche: 0152 f.

1H 51/39
– Az 1: 6J 243/39
Fiche: 0153

2H 51/39
– Az 1: 5J 174/39
Fiche: 0630 f.

1H 52/39
– Az 1: 6J 374/38g
Fiche: 0153

1H 53/39
– Az 1: 9J 327/39g
Fiche: 0153

2H 53/39
– Az 1: 6J 19/39g
Fiche: 0154

2H 54/39
– Az 1: 6J 76/39g
Fiche: 0154 f.

1H 55/39
– Az 1: 9J 326/39g
Fiche: 0155/0493

1H 56/39
– Az 1: 10J 39/39
Fiche: 0480

2H 56/39
– Az 1: 11J 311/39
Fiche: 0287

2H 57/39
– Az 1: 9J 328/39
Fiche: 0511

1H 59/39
– Az 1: 5J 686/38
Fiche: 0288

1H 60/39
– Az 1: 8J 318/39
Fiche: 0547 f.

2H 60/39
– Az 1: 8J 501/39
Fiche: 0709

1H 61/39
– Az 1: 5J 464/39
Fiche: 0732

2H 61/39
– Az 1: 6J 12/39g
Fiche: 0155 f.

1H 62/39
– Az 1: 9J 67/39
Fiche: 0586 f.

1H 65/39
– Az 1: 9J 304/39g
Fiche: 0642

1H 66/39
– Az 1: 7J 268/39
Fiche: 0304 f.

1H 67/39
– Az 1: 9J 323/39g
Fiche: 0475

1H 71/39
– Az 1: 5J 474/39
Fiche: 0157

1H 75/39
– Az 1: 7J 472/39
Fiche: 0158

1H 77/39
– Az 1: 7J 6/39
Fiche: 0158 f./0288

1H 79/39
– Az 1: 9J 448/39
Fiche: 0584

3L 86/39
– Az 1: 9J 502/38g
Fiche: 0525 f.

2H 1/40
– Az 1: 8J 480/39g
Fiche: 0483

1L 2/40
– Az 1: 14J 522/37g
Fiche: 0396/0704 f.

2H 2/40
– Az 1: 9J 35/39g
Fiche: 0561

2H 4/40
– Az 1: 10J 233/39
Fiche: 0536

2H 5/40
– Az 1: 9J 84/39g
Fiche: 0159

2H 9/40
– Az 1: 9J 355/39g
Fiche: 0458

2H 13/40
– Az 1: 7J 547/39
Fiche: 0306

3L 19/40
– Az 1: 6J 198/39g
Fiche: 0397f.

2H 24/40
– Az 1: 17J 177/37
Fiche: 0159

3L 24/40
– Az 1: 6J 606/38g
Fiche: 0398

2H 32/40
– Az 1: 7J 549/39
Fiche: 0306 f.

1H 33/40
– Az 1: 12(10)J 47/39
Fiche: 0479/0739

2H 34/40
– Az 1: 8J 441/39
Fiche: 0506

1H 36/40
– Az 1: 7J 548/39
Fiche: 0307

2H 37/40
– Az 1: 9J 422/39g
Fiche: 0579 f.

2H 40/40
– Az 1: 10J 10/40
Fiche: 0573

2H 41/40
– Az 1: 5J 677/39
Fiche: 0159 f.

2H 43/40
– Az 1: 9J 425/39g
Fiche: 0160

2H 44/40
– Az 1: 6J 224/39g
Fiche: 0160/0288f.

2H 45/40
– Az 1: 5J 46/40
Fiche: 0160 f.

2H 46/40
– Az 1: 5J 483/39
Fiche: 0161

2H 51/40
– Az 1: 9J 415/39
Fiche: 0161

2H 53/40
– Az 1: 9J 370/39g
Fiche: 0161 f./0562

2H 60/40
– Az 1: 9J 424/39g
Fiche: 0162

2H 62/40
– Az 1: 9J 393/39
Fiche: 0712 f.

2H 63/40
– Az 1: 9J 423/39g
Fiche: 0592

2H 65/40
– Az 1: 7J 49/40
Fiche: 0308

2H 66/40
– Az 1: 9J 9/40
Fiche: 0163

2H 67/40
– Az 1: 6J 231/39g
Fiche: 0163

2H 68/40
– Az 1: 5J 142/40
Fiche: 0163

2H 69/40
– Az 1: 5J 46/40, 5J 164/40
Fiche: 0160 f./0163

2H 70/40
– Az 1: 6J 77/39g
Fiche: 0163 f./0290

2H 71/40
– Az 1: 5J 148/40
Fiche: 0164

2H 84/40
– Az 1: 8J 333/40
Fiche: 0454

2H 89/40
– Az 1: 8J 167/40
Fiche: 0637 f.

2H 91/40
– Az 1: 5J 171/40
Fiche: 0636

2H 95/40
– Az 1: 6J 3/40
Fiche: 0632

2H 96/40
– Az 1: 8J 208/40
Fiche: 0694

2H 98/40
– Az 1: 7J 108/40
Fiche: 0700 f.

2H 99/40
– Az 1: 7J 178/40
Fiche: 0556

3L 99/40
– Az 1: 6J 127/40g
Fiche: 0398/0399

2H 100/40
– Az 1: 10J 120/40
Fiche: 0164 f.

2H 109/40
– Az 1: 10J 68/40
Fiche: 0563 f.

2H 111/40
– Az 1: 6J 52/40g
Fiche: 0289 f.

2H 113/40
– Az 1: 7J 242/40
Fiche: 0308

2H 114/40
– Az 1: 10J 66/40
Fiche: 0492

2H 115/40
– Az 1: 6J 103/40g
Fiche: 0308

2H 116/40
– Az 1: 6J 103/40g
Fiche: 0309 f.

2H 121/40
– Az 1: 8J 421/40
Fiche: 0636 f.

2H 127/40
– Az 1: 10J 70/40
Fiche: 0566 f.

2H 128/40
– Az 1: 9J 210/40, 10J 238/40
Fiche: 0448/0578

2H 130/40
– Az 1: 7J 70/40
Fiche: 0310

2H 131/40
– Az 1: 7J 70/40
Fiche: 0310

2H 132/40
– Az 1: 7J 70/40
Fiche: 0311

2H 133/40
– Az 1: 7J 70/40, 7J 93/42
Fiche: 0311

2H 2/41
– Az 1: 10J 239/39
Fiche: 0685

2H 3/41
– Az 1: 10J 37/40g
Fiche: 0165/0534 f.

2H 5/41
– Az 1: 9J 30/40g
Fiche: 0488 f./0519 f.

2H 6/41
– Az 1: 9J 33/40g
Fiche: 0398 f./0578

2H 7/41
– Az 1: 9J 307/40g
Fiche: 0165

2H 9/41
– Az 1: 8J 5/41
Fiche: 0543 f.

2H 10/41
– Az 1: 6J 124/40g
Fiche: 0319 f.

2H 12/41
– Az 1: 7J 70/40
Fiche: 0649

2H 14/41
– Az 1: 6J 144/40g
Fiche: 0320 f./0388

2H 17/41
– Az 1: 10J 204/40
Fiche: 0562 f.

2H 20/41
– Az 1: 10J 227/39
Fiche: 0523

2H 21/41
– Az 1: 7J 97/40
Fiche: 0498/0510

StPL (HLS) IV 21/41
– Az 1: StPL (RKA) II 242/38
Fiche: 0692

2H 22/41
– Az 1: 7J 94/41, 7J 70/40
Fiche: 0321

2H 26/41
– Az 1: 9J 399/39g
Fiche: 0589 f.

2H 28/41
– Az 1: 9J 246/40
Fiche: 0165/0291

2H 32/41
– Az 1: 6J 145/40
Fiche: 0322/0521 f.

2H 33/41
– Az 1: 7J 544/39
Fiche: 0291

2H 41/41
– Az 1: 6J 22/41g
Fiche: 0321 f.

2H 48/41
– Az 1: 9J 330/40
Fiche: 0677

2H 49/41
– Az 1: 10J 29/41
Fiche: 0643

2H 52/41
– Az 1: 10J 54/41
Fiche: 0502

2H 53/41
– Az 1: 5J 53/41
Fiche: 0506

StPL (HLS) III 57/41
– Az 1: StPL (RKA) I 118/41
Fiche: 0699 f.

2H 70/41
– Az 1: 9J 297/40
Fiche: 0165 f.

2H 72/41
– Az 1: 10J 58/41
Fiche: 0480 f.

2H 73/41
– Az 1: 10J 28/41
Fiche: 0505 f.

***H 74/41**
– Az 1: *J 517/40g
Fiche: 0166

2H 76/41
– Az 1: 8J 232/40
Fiche: 0714 f.

2H 77/41
– Az 1: 8J 162/40
Fiche: 0709 ff.

2L 78/41
– Az 1: 2J 150/40g
Fiche: 0399/0568

2H 79/41
– Az 1: 10J 60/41
Fiche: 0675

2H 83/41
– Az 1: 9J 414/39
Fiche: 0602 f.

2H 84/41
– Az 1: 9J 275/40
Fiche: 0166

2H 86/41
– Az 1: 9J 24/41
Fiche: 0166/0568

2H 89/41
– Az 1: 6J 64/40g
Fiche: 0322 f./0723

2H 91/41
– Az 1: 10J 36/41
Fiche: 0539 f.

2H 94/41
– Az 1: 8J 226/41g
Fiche: 0521

2H 95/41
– Az 1: 9J 90/41g
Fiche: 0522

2H 96/41
– Az 1: 10J 35/41
Fiche: 0641

2H 99/41
– Az 1: 9J 12/41
Fiche: 0489/0504

2H 100/41
– Az 1: 10J 245/40
Fiche: 0567

2H 106/41
– Az 1: 9J 50/41
Fiche: 0536 f.

2H 111/41
– Az 1: 10J 90/41
Fiche: 0672 f.

2H 115/41
– Az 1: 10J 123/41
Fiche: 0635 f.

2H 117/41
– Az 1: 9J 15/41
Fiche: 0456 f.

2H 119/41
– Az 1: 6J 95/41g
Fiche: 0166 f.

2H 120/41
– Az 1: 6J 66/40g
Fiche: 0167

2H 123/41
– Az 1: 5J 35/41
Fiche: 0167

2H 124/41
– Az 1: 6J 96/41g
Fiche: 0520 f.

2H 125/41
– Az 1: 9J 316/40
Fiche: 0519/0560

2H 126/41
– Az 1: 9J 354/40
Fiche: 0292/0491

2H 128/41
– Az 1: 9J 254/41g
Fiche: 0518

2H 129/41
– Az 1: 6J 28/41g
Fiche: 0323

2H 132/41
– Az 1: 7J 174/40
Fiche: 0323 ff.

2H 133/41
– Az 1: 9J 278/41g
Fiche: 0558

2H 135/41
– Az 1: 10J 175/41
Fiche: 0516/0685

2H 137/41
– Az 1: 6J 166/41g
Fiche: 0167 f.

2H 143/41
– Az 1: 10J 202/41g
Fiche: 0681 f.

StPL (HLS) III 144/41
– Az 1: StPL (RKA) III 345/41
Fiche: 0707

2H 146/41
– Az 1: 9J 314/41g
Fiche: 0529 f.

2H 147/41
– Az 1: 6J 132/40g
Fiche: 0325

StPL (HLS) II 149/41
– Az 1: StPL (RKA) II 379/41
Fiche: 0698

2H 150/41
– Az 1: 2J 342/40g
Fiche: 0570 f.

2H 152/41
– Az 1: 6J 24/41
Fiche: 0168

2H 156/41
– Az 1: 10J 144/41
Fiche: 0534

2H 157/41
– Az 1: 10J 267/41
Fiche: 0535 f.

2H 163/41
– Az 1: 9J 92/41
Fiche: 0601

2H 164/41
– Az 1: 9J 315/41g
Fiche: 0518 f./0559

2H 165/41
– Az 1: 10J 132/41
Fiche: 0632

6H 1/42
– Az 1: 7J 62/42
Fiche: 0168

2H 2/42
– Az 1: 9J 301/40
Fiche: 0489

6H 3/42
- Az 1: 7J 339/42
  Fiche: 0521

2H 4/42
- Az 1: 7J 543/41
  Fiche: 0336

2H 5/42
- Az 1: 5J 232/41
  Fiche: 0168

6H 5/42
- Az 1: 7J 414/42
  Fiche: 0455

2H 6/42
- Az 1: 5J 230/41
  Fiche: 0168 f.

6H 6/42
- Az 1: 7J 448/42
  Fiche: 0353

2H 7/42
- Az 1: 9J 357/41g
  Fiche: 0633

6H 7/42
- Az 1: 10J 208/42g
  Fiche: 0512 f.

StPL (HLS) IV 7/42
- Az 1: StPL (RKA) III 522/41
  Fiche: 0707

1L 8/42
- Az 1: 1J 105/42
  Fiche: 0528 f.

2H 8/42
- Az 1: 6J 84/41g
  Fiche: 0169/0344

6H 8/42
- Az 1: 7J 295/42
  Fiche: 0353

2H 10/42
- Az 1: 10J 170/41
  Fiche: 0531 f.

6H 10/42
- Az 1: 7J 392/42
  Fiche: 0353

2H 11/42
- Az 1: 6J 109/41g
  Fiche: 0169/0521

6H 11/42
- Az 1: 7J 388/42
  Fiche: 0353

2H 12/42
- Az 1: 10J 238/41g
  Fiche: 0508

2H 13/42
- Az 1: 5J 229/41
  Fiche: 0169 f.

6H 13/42
- Az 1: 7J 507/42
  Fiche: 0352/0369

2H 14/42
- Az 1: 8J 264/41g
  Fiche: 0496

6H 14/42
- Az 1: 7J 429/42
  Fiche: 0352/0521

2H 15/42
- Az 1: 6J 45/41g
  Fiche: 0292/0678

2H 16/42
- Az 1: 5J 228/41
  Fiche: 0292

StPL (HLS) III 16/42
- Az 1: StPL (RKA) III 657/41
  Fiche: 0696 f.

2H 17/42
- Az 1: 9J 237/40
  Fiche: 0291/0719

1L 18/42
- Az 1: 4J 349/40g
  Fiche: 0677/0747

2H 18/42
- Az 1: 7J 169/41
  Fiche: 0170

2H 19/42
- Az 1: 8J 257/41
  Fiche: 0686 f.

6H 19/42
- Az 1: 7J 515/42
  Fiche: 0352

6H 20/42
- Az 1: 7J 466/42
  Fiche: 0352

2H 21/42
- Az 1: 6J 100/41g
  Fiche: 0170/0293

2H 23/42
- Az 1: 5J 231/41
  Fiche: 0170 f./0674

6H 23/42
- Az 1: 7J 495/42
  Fiche: 0352

2H 24/42
- Az 1: 5J 226/41
  Fiche: 0171/0293

2H 25/42
- Az 1: 8J 395/41g
  Fiche: 0171/0584

6H 25/42
- Az 1: 7J 529/42
  Fiche: 0352

6H 26/42
- Az 1: 7J 491/42
  Fiche: 0351 f.

2H 27/42
- Az 1: 5J 45/41
  Fiche: 0183

2H 28/42
- Az 1: 8J 16/42
  Fiche: 0454/0497

6H 28/42
- Az 1: 7J 492/42
  Fiche: 0351

6H 29/42
- Az 1: 7J 489/42
  Fiche: 0459

2H 30/42
- Az 1: 8J 263/41
  Fiche: 0542

6H 30/42
- Az 1: 7J 490/42
  Fiche: 0351

2H 31/42
- Az 1: 9J 311/41
  Fiche: 0542 f.

3L 31/42
- Az 1: 2J 461/41g
  Fiche: 0399

2H 33/42
- Az 1: 10J 145/41
  Fiche: 0171/0567 f.

2H 34/42
- Az 1: 9J 124/41
  Fiche: 0529

2H 35/42
- Az 1: 9J 14/42g
  Fiche: 0577

2H 36/42
- Az 1: 10J 320/41
  Fiche: 0677

2H 38/42
- Az 1: 5J 222/41
  Fiche: 0171

2H 41/42
- Az 1: 6J 19/42 g
  Fiche: 0355/0399

2H 42/42
- Az 1: 6J 165/41g
  Fiche: 0335 f.

2H 43/42
- Az 1: 6J 165/41g
  Fiche: 0335

2H 45/42
- Az 1: 10J 44/41
  Fiche: 0683 f.

2H 48/42
- Az 1: 10J 209/41
  Fiche: 0544

2H 50/42
- Az 1: 10J 299/41
  Fiche: 0480

2H 51/42
- Az 1: 5J 40/41
  Fiche: 0171 f.

2H 54/42
- Az 1: 7J 606/41
  Fiche: 0328/0335

2H 55/42
- Az 1: 7J 659/41
  Fiche: 0334

2H 59/42
- Az 1: 10J 201/41
  Fiche: 0672

2H 60/42
- Az 1: 9J 50/42g
  Fiche: 0628

5H 60/42
- Az 1: 8J 198/41g
  Fiche: 0504 f.

5H 62/42
- Az 1: 10J 290/40g
  Fiche: 0478

5H 63/42
- Az 1: 9J 330/41
  Fiche: 0555

2H 64/42
- Az 1: 6J 23/42g
  Fiche: 0334
- Az 1: 6J 76/41
  Fiche: 0172

5H 64/42
- Az 1: 6J 80/40g
  Fiche: 0702

2H 66/42
- Az 1: 8J 2/42
  Fiche: 0568

5H 67/42
- Az 1: 7J 32/42
  Fiche: 0347

2H 68/42
- Az 1: 9J 251/41
  Fiche: 0548

2H 73/42
- Az 1: 6J 143/41g
  Fiche: 0293/0509

StPL (HLS) II 74/42
- Az 1: StPL (RKA) I 50/42
  Fiche: 0705

2H 75/42
- Az 1: 6J 242/41
  Fiche: 0172

5H 75/42
- Az 1: 9J 236/41g
  Fiche: 0537 f.

2H 76/42
- Az 1: 7J 48/42
  Fiche: 0334

2H 77/42
- Az 1: 10J 239/40
  Fiche: 0568

StPL (HLS) III 78/42
- Az 1: StPL (RKA) II 240/42
  Fiche: 0706

2H 82/42
- Az 1: 6J 246/41
  Fiche: 0172/0579

5H 86/42
– Az 1: 7J 257/42
Fiche: 0347 f.

StPL (HLS) I 86/42
– Az 1: StPL (RKA) II 248/42
Fiche: 0693

2H 87/42
– Az 1: 7J 72/42
Fiche: 0173/0590

5H 87/42
– Az 1: 7J 254/42
Fiche: 0348

StPL (HLS) IV 87/42
– Az 1: StPL (RKA) II 191/42
Fiche: 0707

2H 88/42
– Az 1: 7J 649/41
Fiche: 0333 f.

5H 88/42
– Az 1: 7J 255/42
Fiche: 0348

2L 89/42
– Az 1: 9J 216/41g
Fiche: 0530

5H 89/42
– Az 1: 7J 253/42
Fiche: 0348

5H 90/42
– Az 1: 7J 256/42
Fiche: 0349

2H 91/42
– Az 1: 9J 34/42g
Fiche: 0509

5H 91/42
– Az 1: 7J 164/42
Fiche: 0339/0349

5H 92/42
– Az 1: 6J 62/42g
Fiche: 0293

3L 93/42
– Az 1: 1J 436/42g
Fiche: 0456

5H 93/42
– Az 1: 6J 46/42g
Fiche: 0349

2H 94/42
– Az 1: 5J 81/42
Fiche: 0173

5H 94/42
– Az 1: 8J 214/42g
Fiche: 0570

2H 95/42
– Az 1: 9J 80/42g
Fiche: 0535/0681

5H 95/42
– Az 1: 6J 45/42g
Fiche: 0349

2H 96/42
– Az 1: 7J 93/42
Fiche: 0333

5H 96/42
– Az 1: 7J 95/42
Fiche: 0349 f.

StPL (HLS) II 96/42
– Az 1: StPL (RKA) III 153/42
Fiche: 0707

2H 97/42
– Az 1: 7J 94/42
Fiche: 0333

StPL (HLS) II 97/42
– Az 1: StPl (RKA) II 238/42
Fiche: 0707

1H 98/42
– Az 1: 12J 38/42
Fiche: 0368

2H 98/42
– Az 1: 8J 521/41g
Fiche: 0293 f.

2H 103/42
– Az 1: 9J 171/41g
Fiche: 0628

2H 105/42
– Az 1: 7J 118/42
Fiche: 0333

2H 107/42
– Az 1: 6J 55/42
Fiche: 0483/0730

2H 108/42
– Az 1: 6J 54/42
Fiche: 0173

StPL (HLS) IV 108/42
– Az 1: StPL (RKA) III 191/42
Fiche: 0700

2H 112/42
– Az 1: 7J 156/42
Fiche: 0333

2H 113/42
– Az 1: 7J 158/42
Fiche: 0454

2H 114/42
– Az 1: 7J 257/41
Fiche: 0332/0367

5H 114/42
– Az 1: 5J 205/41
Fiche: 0173 f.

5H 115/42
– Az 1: 10J 117/42
Fiche: 0605

2H 116/42
– Az 1: 7J 497/41
Fiche: 0332

2H 117/42
– Az 1: 7J 157/42
Fiche: 0331

5H 117/42
– Az 1: 7J 186/42
Fiche: 0400

2H 118/42
– Az 1: 7J 159/42
Fiche: 0331

5H 118/42
– Az 1: 7J 179/42
Fiche: 0350

2H 119/42
– Az 1: 7J 160/42
Fiche: 0174

2H 120/42
– Az 1: 6J 43/42
Fiche: 0522

2H 121/42
– Az 1: 6J 18/42g
Fiche: 0331

2H 125/42
– Az 1: 7J 46/42
Fiche: 0330

2H 126/42
– Az 1: 6J 41/42g
Fiche: 0330

2H 127/42
– Az 1: 6J 42/42g
Fiche: 0330

StPL (HLS) II 129/42
– Az 1: StPL (RKA) III 495,496,497/42
Fiche: 0713 f.

2H 130/42
– Az 1: 10J 215/41
Fiche: 0625/0643

2H 132/42
– Az 1: 7J 113/42
Fiche: 0582

5H 133/42
– Az 1: 7J 355/42
Fiche: 0350

5H 134/42
– Az 1: 7J 360/42
Fiche: 0443

5H 135/42
– Az 1: 7J 347/42
Fiche: 0350

5H 136/42
– Az 1: 7J 313/42
Fiche: 0400

2H 137/42
– Az 1: 8J 165/42
Fiche: 0559 f./0567

5H 137/42
– Az 1: 7J 359/42
Fiche: 0350

2H 138/42
– Az 1: 8J 195/42g
Fiche: 0569

5H 138/42
– Az 1: 7J 285/42
Fiche: 0351/0358

5H 139/42
– Az 1: 7J 275/42
Fiche: 0358

5H 140/42, 5H 72/43
– Az 1: 7J 306/42, 7J 239/43
Fiche: 0376

2H 141/42
– Az 1: 8J 127/42g
Fiche: 0535

5H 142/42
– Az 1: 7J 354/42
Fiche: 0329/0358

5H 144/42
– Az 1: 7J 386/42
Fiche: 0359

5H 145/42
– Az 1: 7J 208/42
Fiche: 0328

5H 146/42
– Az 1: 7J 283/42, 7J 288/42
Fiche: 0329/0339

5H 147/42
– Az 1: 7J 171/42
Fiche: 0366

5H 148/42
– Az 1: 7J 209/42
Fiche: 0359

2H 153/42
– Az 1: 9J 25/42g
Fiche: 0470

2H 154/42
– Az 1: 6J 83/42
Fiche: 0174/0483

5H 155/42
– Az 1: 7J 384/42
Fiche: 0360

2H 156/42
– Az 1: 6J 78/42g
Fiche: 0339/0649

5H 156/42
– Az 1: 7J 409/42
Fiche: 0360

2H 157/42
– Az 1: 7J 271/42
Fiche: 0327

5H 157/42
– Az 1: 7J 419/42
Fiche: 0174

2H 158/42
– Az 1: 7J 181/42
Fiche: 0327

5H 158/42, 5H 193/42
– Az 1: 7J 395/42, 7J 457/42
Fiche: 0356/0400

5H 159/42
– Az 1: 7J 382/42
Fiche: 0360

2H 160/42
– Az 1: 6J 76/42g
Fiche: 0174

5H 160/42
– Az 1: StPL (RKA) III 321/41, 7J 418/42
Fiche: 0360

2H 162/42
– Az 1: 7J 344/42
Fiche: 0327

5H 162/42
– Az 1: 7J 416/42
Fiche: 0361

2H 164/42
– Az 1: 7J 112/42
Fiche: 0326

2H 167/42
– Az 1: 7J 219/42
Fiche: 0328 f./0342

2H 169/42
– Az 1: 7J 199/42
Fiche: 0326

5H 169/42
– Az 1: 7J 452/42
Fiche: 0361

2H 170/42
– Az 1: 7J 220/42
Fiche: 0326/0649 f.

2H 171/42
– Az 1: 7J 213/42
Fiche: 0343

2H 172/42
– Az 1: 7J 221/42
Fiche: 0342/0343

5H 172/42
– Az 1: 6J 129/42g
Fiche: 0174/0673

2H 173/42
– Az 1: 7J 316/42
Fiche: 0342

5H 173/42
– Az 1: 7J 443/42
Fiche: 0361

2H 174/42
– Az 1: 7J 317/42
Fiche: 0294

2H 176/42
– Az 1: 7J 222/42
Fiche: 0342

5H 176/42
– Az 1: 7J 483/42
Fiche: 0361

5H 177/42
– Az 1: 7J 476/42
Fiche: 0361 f.

2H 178/42
– Az 1: 7J 301/42
Fiche: 0342

5H 178/42
– Az 1: 7J 447/42
Fiche: 0357

1H 179/42
– Az 1: 12J 289/41g
Fiche: 0368

2H 179/42
– Az 1: 7J 302/42
Fiche: 0342

5H 179/42
– Az 1: 7J 469/42
Fiche: 0357

2H 180/42
– Az 1: 6J 65/42
Fiche: 0342

5H 180/42
– Az 1: 6(7)J 517/43
Fiche: 0413/0520

2H 182/42
– Az 1: 10J 88/42
Fiche: 0174 f.

2H 183/42
– Az 1: 7J 203/42
Fiche: 0341 f.

5H 183/42
– Az 1: 7J 487/42
Fiche: 0328/0357

5H 184/42, 5H 168/42
– Az 1: 7J 445/42, 7J 455/42
Fiche: 0357

2H 185/42
– Az 1: 10J 102/42
Fiche: 0634

2H 186/42
– Az 1: 7J 214/42
Fiche: 0341/0354

5H 186/42
– Az 1: 7J 499/42
Fiche: 0357

2H 187/42
– Az 1: 7J 326/42
Fiche: 0341

5H 187/42
– Az 1: 7J 544/41
Fiche: 0356/0367

2H 188/42
– Az 1: 10J 81/42
Fiche: 0531

5H 188/42
– Az 1: 7J 233/42
Fiche: 0356

2H 189/42
– Az 1: 7J 75/42
Fiche: 0175

2H 191/42
– Az 1: 7J 137/42
Fiche: 0328/0340 f.

2H 192/42
– Az 1: 10J 87/41
Fiche: 0639

5H 192/42
– Az 1: 7J 525/42
Fiche: 0356

2H 194/42
– Az 1: 7J 194/42
Fiche: 0329

5H 194/42
– Az 1: 7J 526/42
Fiche: 0355 f.

5H 196/42
– Az 1: 7J 479/42
Fiche: 0356/0512

2H 197/42
– Az 1: 7J 340/42
Fiche: 0340

5H 197/42
– Az 1: 7J 527/42
Fiche: 0355

2H 198/42
– Az 1: 7J 187/42
Fiche: 0340

5H 198/42
– Az 1: 7J 464/42
Fiche: 0355

2H 199/42
– Az 1: 7J 338/42
Fiche: 0175

5H 199/42
– Az 1: 7J 478/42
Fiche: 0354 f.

2H 201/42
– Az 1: 7J 286/42
Fiche: 0340

2H 202/42
– Az 1: 7J 232/42
Fiche: 0300/0339

2H 203/42
– Az 1: 7J 110/42
Fiche: 0329/0338 f.

2H 205/42
– Az 1: 10J 129/42
Fiche: 0628

2H 206/42
– Az 1: 7J 272/42
Fiche: 0338

5H 206/42
– Az 1: 7J 218/42
Fiche: 0355

2H 207/42
– Az 1: 7J 193/42
Fiche: 0338

2H 208/42
– Az 1: 6J 86/42
Fiche: 0175/0514

2H 211/42
– Az 1: 7J 273/42
Fiche: 0337 f.

2H 212/42
– Az 1: 7J 205/42
Fiche: 0337

1H 213/42
– Az 1: 7J 231/42
Fiche: 0294

2H 213/42
– Az 1: 7J 299/42
Fiche: 0294/0459

1H 214/42
– Az 1: 7J 274/42
Fiche: 0343 f./0400 f.

2H 214/42
– Az 1: 8J 78/42g
Fiche: 0535

1H 215/42
– Az 1: 7J 258/42
Fiche: 0294

1H 216/42
– Az 1: 7J 356/42
Fiche: 0343

1H 217/42
– Az 1: 7J 370/42
Fiche: 0343

2H 217/42
– Az 1: 7J 343/42
Fiche: 0337

1H 218/42
– Az 1: 7J 377/42
Fiche: 0294 f.

1H 219/42
– Az 1: 10J 62/42
Fiche: 0530 f.

2H 221/42
– Az 1: 7J 321/42
Fiche: 0337

2H 227/42
– Az 1: 5J 219/40
Fiche: 0175

2H 228/42
– Az 1: 10J 40/42
Fiche: 0531

2H 236/42
– Az 1: 7J 223/42
Fiche: 0329/0354

1H 237/42
– Az 1: 8J 261/41g
Fiche: 0561 f.

1H 238/42
– Az 1: 6J 104/42
Fiche: 0517/0627

2H 238/42
– Az 1: 10J 96/42
Fiche: 0549

2H 241/42
– Az 1: 7J 322/42
Fiche: 0337

2H 242/42
– Az 1: 10J 137/42
Fiche: 0553 f.

1H 244/42
– Az 1: 7J 437/42
Fiche: 0347

2H 246/42
– Az 1: 7J 278/42
Fiche: 0346 f.

1H 247/42
– Az 1: 10J 16/42g
Fiche: 0559

1H 249/42
– Az 1: 7J 282/42
Fiche: 0175/0346

1H 250/42
– Az 1: 7J 440/42
Fiche: 0443

1H 251/42
– Az 1: 7J 425/42
Fiche: 0346

2H 252/42
– Az 1: 7J 361/42
Fiche: 0328/0337

2H 253/42
– Az 1: 7J 390/42
Fiche: 0346

2H 254/42
– Az 1: 10J 162/42
Fiche: 0454

2H 256/42
– Az 1: 10J 107/42
Fiche: 0455

2H 258/42
– Az 1: 6J 106/42g
Fiche: 0175/0346

2H 259/42
– Az 1: 7J 363/42
Fiche: 0345

2H 261/42
– Az 1: 7J 402/42
Fiche: 0345

2H 263/42
– Az 1: 9J 120/42
Fiche: 0520

2H 264/42
– Az 1: 7J 373/42
Fiche: 0345

2H 265/42
– Az 1: 9J 170/42g
Fiche: 0542

2H 266/42
– Az 1: 7J 405/42
Fiche: 0345

2H 267/42
– Az 1: 9J 173/42
Fiche: 0568

1H 269/42
– Az 1: 7J 454/42
Fiche: 0345

2H 271/42
– Az 1: 10J 166/42
Fiche: 0634

2H 272/42
– Az 1: 7J 276/42
Fiche: 0295

1H 273/42
– Az 1: 7J 467/42
Fiche: 0345

2H 273/42
– Az 1: 7J 376/42
Fiche: 0354

2H 276/42
– Az 1: 9J 179/42g
Fiche: 0568

2H 277/42
– Az 1: 7J 350/42
Fiche: 0354

2H 279/42
– Az 1: 7J 391/42
Fiche: 0354

2H 281/42
– Az 1: 9J 90/42g
Fiche: 0560

2H 282/42
– Az 1: 6J 92/42
Fiche: 0176

2H 284/42
– Az 1: 10J 71/42
Fiche: 0530

2H 286/42
– Az 1: 7J 403/42
Fiche: 0353

1H 290/42
– Az 1: 8J 356/42g
Fiche: 0574

1H 291/42
– Az 1: 7J 434/42
Fiche: 0294

2H 292/42
– Az 1: 7J 417/42
Fiche: 0353

2H 294/42
– Az 1: 7J 399/42
Fiche: 0353

2H 298/42
– Az 1: 10J 159/42
Fiche: 0530

1H 300/42
– Az 1: 10J 216/42g
Fiche: 0176

1H 302/42
– Az 1: 9J 206/42g
Fiche: 0634 f.

2H 302/42
– Az 1: 9J 198/42
Fiche: 0581

1H 304/42
– Az 1: 7J 472/42
Fiche: 0344

1H 305/42
– Az 1: 7J 432/42
Fiche: 0344

1H 308/42
– Az 1: 7J 475/42
Fiche: 0344

1H 309/42
– Az 1: 9J 126/42g
Fiche: 0587 f.

1H 310/42
– Az 1: 7J 420/42
Fiche: 0344

1H 314/42
– Az 1: 7J 481/42
Fiche: 0649

2H 314/42
– Az 1: 10J 207/42g
Fiche: 0493 f.

1H 315/42
– Az 1: 8J 377/42
Fiche: 0453

2H 317/42
– Az 1: 10J 80/42
Fiche: 0684

2H 318/42
– Az 1: 8J 402/42g
Fiche: 0582

2H 319/42
– Az 1: 10J 244/42g
Fiche: 0571

2H 320/42
– Az 1: 9J 162/42g
Fiche: 0552

1H 328/42
– Az 1: 8J 385/42g
Fiche: 0442

1H 329/42
– Az 1: 10J 294/41
Fiche: 0554

2H 331/42
– Az 1: 7J 44/42
Fiche: 0330

1H 336/42
– Az 1: 7J 572/42
Fiche: 0343/0650

2H 336/42
– Az 1: 8J 395/42g
Fiche: 0471

1H 337/42
– Az 1: 7J 480/42
Fiche: 0442

2H 337/42
– Az 1: 10J 232/42g
Fiche: 0470 f.

2H 338/42
– Az 1: 10J 247/42g
Fiche: 0447

1H 4/43
– Az 1: 5J 172/42
Fiche: 0176

StPL (HLS) II 4/43
– Az 1: StPL (RKA) III 525/42
Fiche: 0692

6H 5/43
– Az 1: 6J 7/43g
Fiche: 0339/0649 0721

5H 9/43
– Az 1: 7J 524/42
Fiche: 0371

5H 10/43
– Az 1: 5J 151/42
Fiche: 0176/0635

StPL (HLS) II 10/43
– Az 1: StPL (RKA) III 528/42
Fiche: 0714

2H 12/43
– Az 1: 9J 7/43g
Fiche: 0455

StPL (HLS) II 12/43
– Az 1: StPL (RKA) III 530/42
Fiche: 0714

5H 13/43
– Az 1: 7J 517/42
Fiche: 0329/0370

6H 13/43
– Az 1: 7J 555/42
Fiche: 0370

BS 13/43
– Az 1: 6J 105/43
Fiche: 0723

1H 14/43
– Az 1: 6J 248/41g
Fiche: 0176/0362

5H 14/43
– Az 1: 9J 107/41
Fiche: 0447

5H 15/43
– Az 1: 7J 511/42
Fiche: 0370

5H 17/43
– Az 1: 7J 76/43
Fiche: 0370

1H 18/43
– Az 1: 6J 27/42g
Fiche: 0176/0295

5H 18/43
– Az 1: 9J 124/42
Fiche: 0530

StPL (HLS) IV 18/43
– Az 1: StPL (RKA) II 540/42
Fiche: 0697

2H 19/43
– Az 1: 10J 256/42g
Fiche: 0546

5H 20/43
– Az 1: 7J 484/42
Fiche: 0369 f.

StPL (HLS) III 21/43
– Az 1: StPL (RKA) III 320/42
Fiche: 0705

1H 22/43
– Az 1: 6J 158/42g
Fiche: 0627

2H 22/43
– Az 1: 10J 170/42
Fiche: 0544

5H 22/43
– Az 1: 7J 11/43
Fiche: 0649

6H 23/43
– Az 1: 7J 644/42
Fiche: 0295

5H 24/43
– Az 1: 7J 651/42
Fiche: 0369

6H 24/43
– Az 1: 7J 649/42
Fiche: 0367

5H 26/43
– Az 1: 7J 638/42
Fiche: 0296

5H 27/43
– Az 1: 10J 284/42
Fiche: 0534

5H 29/43
– Az 1: 7J 125/43
Fiche: 0367

1H 31/43
– Az 1: 6J 258/38
Fiche: 0367

2H 31/43
– Az 1: 7J 465/42g
Fiche: 0177

StPL (HLS) I 31/43
– Az 1: StPL (RKA) III 546/42
Fiche: 0699

5H 34/43
– Az 1: 7J 653/42
Fiche: 0366 f.

StPL (HLS) II 34/43
– Az 1: StPL (RKA) I 359/42
Fiche: 0705

5H 36/43
– Az 1: 5J 134/42
Fiche: 0177/0512

6H 36/43
– Az 1: 7J 612/42
Fiche: 0366

1H 37/43
– Az 1: 9J 9/43g
Fiche: 0446

2H 37/43
– Az 1: 10J 5/43g
Fiche: 0636

StPL (HLS) III 37/43
– Az 1: StPL (RKA) III 21/43
Fiche: 0700

6H 38/43
– Az 1: 7J 75/43
Fiche: 0366

StPL (HLS) 38/43
– Az 1: StPL (RKA) III 37/43
Fiche: 0706

StPL (HLS) IV 41/43
– Az 1: StPL (RKA) III 28/43
Fiche: 0706

2H 42/43
– Az 1: 9J 60/43
Fiche: 0685

5H 42/43
– Az 1: 7J 2/43g
Fiche: 0295 f.

StPL (HLS) II 43/43
– Az 1: StPL (RKA) III 532/42
Fiche: 0700

6H 44/43
– Az 1: 7J 599/42
Fiche: 0455

6H 45/43
– Az 1: 7J 599/42
Fiche: 0365

5H 46/43
– Az 1: 7J 89/43
Fiche: 0340

6H 46/43
– Az 1: 7J 599/42
Fiche: 0366

1H 47/43
– Az 1: 8J 35/43
Fiche: 0177/0481

5H 47/43
– Az 1: 7J 590/42
Fiche: 0401/0458 f.

6H 47/43
– Az 1: 7J 599/42
Fiche: 0296

5H 48/43
– Az 1: 7J 91/43
Fiche: 0366

6H 48/43
– Az 1: 7J 599/42
Fiche: 0365

StPL (HLS) II 48/43
– Az 1: StPL (RKA) III 188/43
Fiche: 0706

5H 49/43
– Az 1: 7J 68/43
Fiche: 0365

6H 49/43
– Az 1: 7J 599/42
Fiche: 0363

StPL (HLS) II 49/43
– Az 1: StPL (RKA) III 190/43
Fiche: 0693

5H 50/43
– Az 1: 7J 178/43
Fiche: 0363

StPL (HLS) II 50/43
– Az 1: StPL (RKA) III 191/43
Fiche: 0706

5H 51/43
– Az 1: 7J 180/43
Fiche: 0363

6H 51/43
– Az 1: 7J 97/43
Fiche: 0363

5H 52/43
– Az 1: 7J 64/43
Fiche: 0363/0563 f.

5H 53/43, 5H 54/43
– Az 1: 7J 535/42, 7J 61/43
Fiche: 0364

StPL (HLS) III 53/43
– Az 1: StPL (RKA) II 445/42
Fiche: 0693

StPL (HLS) II 54/43
– Az 1: StPL (RKA) II 46/43
Fiche: 0707

5H 56/43
– Az 1: 7J 213/43
Fiche: 0364

6H 56/43
– Az 1: 7J 53/43
Fiche: 0296

6H 57/43
– Az 1: 7J 607/42
Fiche: 0365

5H 58/43
– Az 1: 7J 141/43
Fiche: 0378

6H 58/43
– Az 1: 7J 599/42
Fiche: 0377

5H 59/43
– Az 1: 7J 220/43
Fiche: 0377

6H 59/43
– Az 1: 7J 599/42
Fiche: 0377

6H 60/43
– Az 1: 7J 599/42
Fiche: 0456

5H 61/43
– Az 1: 7J 262/43
Fiche: 0377

6H 61/43
– Az 1: 7J 599/42
Fiche: 0377

StPL (HLS) 61/43
– Az 1: StPL (RKA) I 8/43
Fiche: 0705

2H 62/43
– Az 1: 9J 22/43
Fiche: 0454

6H 63/43
– Az 1: 7J 421/42g
Fiche: 0516 f./0548 f.

StPL (HLS) III 63/43
– Az 1: StPL (RKA) II 283/43
Fiche: 0697

1H 64/43
– Az 1: 12J 307/42
Fiche: 0368

5H 64/43
– Az 1: 7J 110/43
Fiche: 0377

2H 65/43
– Az 1: 8J 382/42g
Fiche: 0177 f.

2H 66/43
– Az 1: 8J 409/42g
Fiche: 0502

5H 66/43
– Az 1: 7J 628/42
Fiche: 0376

StPL 3. Sen. 66/43
– Az 1: StPL (RKA) II 224/43
Fiche: 0706

5H 67/43
– Az 1: 8J 148/42g
Fiche: 0564

5H 68/43
– Az 1: 7J 287/43
Fiche: 0329/0376

1L 69/43
– Az 1: 1J 456/43g
Fiche: 0627

5H 72/43
– Az 1: 7J 238/43
Fiche: 0376

6H 72/43
– Az 1: 7J 106/43
Fiche: 0376

StPL (HLS) 72/43
– Az 1: StPL (RKA) 529/42
Fiche: 0705

5H 73/43
– Az 1: 7J 332/43
Fiche: 0375

6H 73/43
– Az 1: 7J 67/43
Fiche: 0375

2H 113/43
– Az 1: 5J 109/43
Fiche: 0299/0512

2H 114/43
– Az 1: 10J 143/43
Fiche: 0516/0627

2H 115/43
– Az 1: 9J 451/43
Fiche: 0578

5H 115/43
– Az 1: 7J 397/43
Fiche: 0402

1H 117/43, 5H 116/43
– Az 1: 7J 396/43, 7J 399/43
Fiche: 0382

6H 117/43
– Az 1: 7J 242/43
Fiche: 0382

5H 118/43, 5H 119/43
– Az 1: 7J 370/43, 7J 398/43
Fiche: 0298 f.

5H 120/43
– Az 1: 7J 359/43
Fiche: 0382

6H 120/43
– Az 1: 7J 243/43
Fiche: 0382

5H 121/43
– Az 1: 7J 366/43
Fiche: 0380

1H 122/43
– Az 1: 6J 92/43
Fiche: 0579

5H 122/43, 5H 129/43, 5H 125/43
– Az 1: 7J 347/43, 7J 421/43, 7J 422/43
Fiche: 0453/0739

6H 124/43
– Az 1: 7J 606/42
Fiche: 0401

6H 125/43
– Az 1: 7J 159/43
Fiche: 0179/0382

5H 127/43
– Az 1: 8J 476/39
Fiche: 0527 f.

2H 128/43
– Az 1: 10J 569/43
Fiche: 0459 f.

5H 128/43, 5H 134/43
– Az 1: 8J 70/43, 8J 75/43
Fiche: 0648

6H 128/43
– Az 1: 5J 87/43
Fiche: 0179

5H 130/43, 5H 133/43
– Az 1: 7J 378/43, 7J 458/43
Fiche: 0179/0381

5H 132/43
– Az 1: 7J 294/43
Fiche: 0381

6H 134/43
– Az 1: 7J 277/43
Fiche: 0383

5H 135/43
– Az 1: 8J 317/41
Fiche: 0582

5H 136/43
– Az 1: 7J 444/43
Fiche: 0381

6H 137/43
– Az 1: 10J 592/43
Fiche: 0443

2H 138/43
– Az 1: 9J 377/43
Fiche: 0179/0453

1H 139/43
– Az 1: 6J 29/42g
Fiche: 0632 f.

1L 139/43
– Az 1: 4J 86/43g
Fiche: 0734

6H 139/43
– Az 1: 7J 209/43
Fiche: 0380/0529

2H 140/43
– Az 1: 6J 77/43g
Fiche: 0403

5H 140/43
– Az 1: 7J 438/43
Fiche: 0575 f.

2H 141/43
– Az 1: 5J 120/43
Fiche: 0299

5H 143/43
– Az 1: 7J 252/42
Fiche: 0359

6H 144/43
– Az 1: 7J 66/43
Fiche: 0497

2H 145/43
– Az 1: 9J 456/43
Fiche: 0509 f.

6H 145/43
– Az 1: 7J 66/43
Fiche: 0650

5H 146/43
– Az 1: 8J 344/42
Fiche: 0497

6H 146/43
– Az 1: 7J 66/43
Fiche: 0502

1H 147/43
– Az 1: 6J 12/43g
Fiche: 0180/0446

6H 147/43
– Az 1: 7J 349/43
Fiche: 0581

1H 148/43
– Az 1: 7J 116/43
Fiche: 0453

2H 151/43
– Az 1: 5J 146/43
Fiche: 0299

5H 151/43
– Az 1: 8J 224/43
Fiche: 0575

5H 152/43
– Az 1: 7J 450/43
Fiche: 0380

5H 153/43
– Az 1: 7J 384/43
Fiche: 0403

2H 154/43
– Az 1: 10J 561/43g
Fiche: 0470

5H 154/43
– Az 1: 7J 503/43
Fiche: 0403

2H 155/43
– Az 1: 9J 543/43
Fiche: 0720

5H 155/43
– Az 1: 7J 404/43
Fiche: 0380

6H 155/43
– Az 1: 6J 83/43
Fiche: 0180/0634

6H 156/43
– Az 1: 7J 358/43
Fiche: 0379

2H 157/43
– Az 1: 9J 70/42g
Fiche: 0641 f.

5H 157/43
– Az 1: 7J 516/43
Fiche: 0403

6H 157/43
– Az 1: 7J 358/43
Fiche: 0379

1H 158/43
– Az 1: 10J 405/43g
Fiche: 0180

2H 158/43
– Az 1: 10J 548/43
Fiche: 0684 f.

6H 158/43
– Az 1: 5J 136/43
Fiche: 0180/0443

6H 159/43
– Az 1: 10J 458/43
Fiche: 0569/0707

2H 160/43
– Az 1: 10J 573/43
Fiche: 0541 f.

1H 163/43
– Az 1: 7J 186/43
Fiche: 0446

6L 163/43
– Az 1: 9J 664/43
Fiche: 0403/0485

2H 164/43
– Az 1: 2J 377/43g
Fiche: 0573

6H 164/43
– Az 1: 7J 400/43
Fiche: 0379

2H 166/43
– Az 1: 8J 7/41g
Fiche: 0403 f.

2H 167/43
– Az 1: 8J 95/41g
Fiche: 0581 f./0647

6H 169/43
– Az 1: 7J 441/43
Fiche: 0579

2H 170/43
– Az 1: 7(8)J 76/41g
Fiche: 0647/0649

2H 171/43
– Az 1: 8J 201/41
Fiche: 0505/0642 f.

6H 171/43
– Az 1: 8J 97/41g
Fiche: 0527/0581

6H 172/43
– Az 1: 7J 419/43
Fiche: 0379

2H 173/43
– Az 1: 8J 199/41
Fiche: 0693

6H 173/43
– Az 1: 7J 413/43
Fiche: 0379

2H 175/43
– Az 1: 10J 914/43
Fiche: 0509

6H 175/43
– Az 1: 7J 431/43
Fiche: 0379

2H 176/43
– Az 1: 10J 935/43
Fiche: 0707

6H 176/43
– Az 1: 7J 432/43
Fiche: 0378 f.

6H 177/43
– Az 1: 7J 433/43
Fiche: 0378

1L 178/43
– Az 1: 1J 579/43
Fiche: 0495

6H 178/43
- Az 1: 7J 412/43
  Fiche: 0378

6H 179/43
- Az 1: 7J 391/43
  Fiche: 0404

6H 180/43
- Az 1: 7J 381/43
  Fiche: 0405

1H 181/43
- Az 1: 6J 3/43g
  Fiche: 0508 f.

6H 181/43
- Az 1: 7J 390/43
  Fiche: 0405

6H 184/43
- Az 1: 8J 197/43
  Fiche: 0451

6H 185/43
- Az 1: 8J 132/43g
  Fiche: 0568 f.

6H 186/43
- Az 1: 7J 379/43
  Fiche: 0378

6H 187/43
- Az 1: 7J 427/43
  Fiche: 0299

6H 188/43
- Az 1: 7J 475/43
  Fiche: 0405/0521

1H 189/43
- Az 1: 10J 382/43
  Fiche: 0560

6H 189/43
- Az 1: 7J 415/43
  Fiche: 0401/0459

1H 194/43
- Az 1: 10J 17/41g
  Fiche: 0676

6H 194/43
- Az 1: 1J 56/43
  Fiche: 0180

2H 201/43
- Az 1: 10J 956/43
  Fiche: 0574

1H 202/43
- Az 1: 10J 354/43g
  Fiche: 0630

1H 203/43
- Az 1: 6J 51/43
  Fiche: 0496

6H 204/43
- Az 1: 7(6)J 81/43
  Fiche: 0180

6H 205/43
- Az 1: 8J 472/40
  Fiche: 0455/0497 f.

1H 209/43
- Az 1: 10J 410/43g
  Fiche: 0206/0405

2H 209/43
- Az 1: 6J 126/43
  Fiche: 0405

1H 213/43
- Az 1: 10J 520/43
  Fiche: 0581

6H 214/43
- Az 1: 7J 482/43
  Fiche: 0522

6H 218/43
- Az 1: 11J 49/44
  Fiche: 0406
- Az 1: 7J 462/43
  Fiche: 0406

1H 253/43
- Az 1: 8J 190/43g
  Fiche: 0479

1H 289/43
- Az 1: 10J 815/43
  Fiche: 0518/0558

1H 304/43
- Az 1: 6J 125/43
  Fiche: 0447

1H 305/43
- Az 1: 10J 1095/43g
  Fiche: 0627 f.

5H 1/44
- Az 1: 7J 305/43
  Fiche: 0368/0520

2H 2/44
- Az 1: 9J 743/43
  Fiche: 0180 f.

1H 3/44
- Az 1: 8J 246/43
  Fiche: 0702

2H 3/44
- Az 1: 7(8)J 199/41
  Fiche: 0407 f.

5H 3/44, 5H 4/44
- Az 1: 7J 500/43,
  7J 501/43
  Fiche: 0420/0574 f.

5H 4/44
- Az 1: 7J 501/43
  Fiche: 0574

BS 4/44
- Az 1: 10J 17/44
  Fiche: 0629

StPL 2. Sen. 4/44
- Az 1: StPL (RKA) I
  424/43
  Fiche: 0693

5H 5/44
- Az 1: 7J 502/43
  Fiche: 0648 f.

StPL 2. Sen. 5/44
- Az 1: StPL (RKA) I
  424/43
  Fiche: 0700

2H 6/44
- Az 1: 8J 200/41
  Fiche: 0580/0624 f.

5H 6/44
- Az 1: 7J 513/43
  Fiche: 0574/0649

BS 6/44
- Az 1: 6J 23/44
  Fiche: 0650

StPL 2. Sen. 6/44
- Az 1: StPL (RKA) I
  424/43
  Fiche: 0698

5H 7/44
- Az 1: 7J 515/43
  Fiche: 0318 f.

2H 8/44
- Az 1: 7(6)J 116/43
  Fiche: 0449

5H 8/44
- Az 1: 8J 475/39
  Fiche: 0408

2H 9/44
- Az 1: 6J 149/43
  Fiche: 0484

5H 9/44
- Az 1: 8J 230/40
  Fiche: 0500

2H 10/44
- Az 1: 10(9)J 508/43
  Fiche: 0181

5H 10/44, 5H 5/44
- Az 1: 7J 454/43,
  7J 502/43
  Fiche: 0408

6H 10/44
- Az 1: 7J 434/43
  Fiche: 0181

6H 11/44
- Az 1: 11J 50/44
  Fiche: 0408

2H 12/44
- Az 1: 7(6)J 117/43
  Fiche: 0481/0688

5H 12/44
- Az 1: 7(6)J 557/43
  Fiche: 0409/0643

6H 12/44
- Az 1: 11J 51/44
  Fiche: 0409

3L 13/44
- Az 1: 8J 222/43
  Fiche: 0545

5H 13/44
- Az 1: 8J 376/40
  Fiche: 0409 f.

6H 13/44
- Az 1: 11J 52/44
  Fiche: 0410

1H 14/44
- Az 1: 7(5)J 180/43g
  Fiche: 0181 f.

5H 14/44
- Az 1: 8J 394/40g
  Fiche: 0410/0645 f.

6H 14/44
- Az 1: 11J 53/44
  Fiche: 0410

StPL RKA III 14/44
- Az 1: 2. Sen. 51/44
  Fiche: 0694

5H 15/44
- Az 1: 6(7)J 514/43
  Fiche: 0410/0520

StPL 1. Sen. 15/44
- Az 1: StPL (RKA) II
  66/44
  Fiche: 0693

2H 16/44
- Az 1: 6J 115/43
  Fiche: 0483 f.

5H 16/44
- Az 1: 8J 206/41
  Fiche: 0411

2H 17/44
- Az 1: 11(10)J 423/43g
  Fiche: 0182/0464 f.

5H 17/44
- Az 1: 8J 375/40
  Fiche: 0411 f.

BS 17/44
- Az 1: 6J 51/44
  Fiche: 0381

5H 18/44
- Az 1: 8J 203/43
  Fiche: 0412/0570

StPL 2. Sen. 18/44
- Az 1: StPL (RKA) III
  407/43
  Fiche: 0706

5H 19/44
- Az 1: 8J 228/42
  Fiche: 0412

StPL 2.Sen. 19/44
- Az 1: StPL (RKA) III
  3/44
  Fiche: 0705

5H 20/44
- Az 1: 6(7)J 517/43
  Fiche: 0520
- Az 1: 6J 517/43
  Fiche: 0520

2H 21/44
- Az 1: 10(9)J 818/43
  Fiche: 0442

StPL 2. Sen. 21/44
- Az 1: StPL(RKA)III
  248/43,275/43,193/43
  Fiche: 0693

2H 22/44
- Az 1: 11(10)J 1037/43g
  Fiche: 0182/0461

5H 22/44
- Az 1: 7(8)J 209/43g
  Fiche: 0413

2H 23/44
- Az 1: 10(9)J 71/42g
  Fiche: 0182 f.

5H 23/44
- Az 1: 6J 1/44
  Fiche: 0414

StPL 4. Sen. 23/44
- Az 1: RKA III 107/44
  Fiche: 0705

2H 24/44
- Az 1: 7(8)J 202/43
  Fiche: 0593

5H 24/44, 5H 26/44
- Az 1: 6(7)J 511/43, 6(7)J 429/43
  Fiche: 0368/0414

2H 25/44
- Az 1: 9J 3/44
  Fiche: 0580

5H 25/44
- Az 1: 6J 8/44
  Fiche: 0575

6H 25/44
- Az 1: 6(7)J 535/43
  Fiche: 0414

3L 26/44
- Az 1: 9J 1116/43
  Fiche: 0414

5H 26/44
- Az 1: 6(7)J 429/43
  Fiche: 0690

6H 27/44
- Az 1: 6(7)J 547/43
  Fiche: 0414

1. Sen. 28/44
- Az 1: RKA II 209/43
  Fiche: 0705

1H 28/44
- Az 1: 11(10)J 631/43
  Fiche: 0183

2H 28/44
- Az 1: 9J 32/44
  Fiche: 0414

5H 28/44, *H 35/44
- Az 1: 7J 109/43, 6(7)J 108/43
  Fiche: 0364/0736

6H 28/44
- Az 1: 10(9)J 819/43g
  Fiche: 0414 f.

3L 29/44
- Az 1: 3J 139/44
  Fiche: 0692 f.

6H 29/44
- Az 1: 10J 189/43, 5J 3/44
  Fiche: 0184/0522

1L 30/44
- Az 1: 3J 260/44
  Fiche: 0415 f.

3L 30/44
- Az 1: 7J 526/43
  Fiche: 0416

2H 31/44
- Az 1: 11(10)J 725/43
  Fiche: 0184

5H 31/44
- Az 1: 6(7)J 518/43
  Fiche: 0416

2H 32/44
- Az 1: 11(10)J 1038/43g
  Fiche: 0416

5H 32/44
- Az 1: 6J 20/44
  Fiche: 0701

2H 33/44
- Az 1: 6J 24/44
  Fiche: 0749

5H 33/44
- Az 1: 7J 41/44
  Fiche: 0417

6L 34/44
- Az 1: 11J 28/44
  Fiche: 0417

StPL 2. Sen. 35/44
- Az 1: StPL (RKA) III 68/44
  Fiche: 0705 f.

2H 36/44
- Az 1: 10(9)J 1382/43
  Fiche: 0720

StPL 1. Sen. 36/44
- Az 1: StPL (RKA) III 382/43
  Fiche: 0706

5H 37/44
- Az 1: 7J 50/44
  Fiche: 0417

5H 38/44, 5H 43/44
- Az 1: 10(9)J 777/43g
  Fiche: 0679 f./0713

6H 38/44
- Az 1: 6(7)J 378/42
  Fiche: 0417/0522

5H 39/44
- Az 1: 9J 777/43g
  Fiche: 0184/0680

6H 39/44
- Az 1: 7J 44/44
  Fiche: 0417

5H 40/44
- Az 1: 9J 777/43g
  Fiche: 0184/0707 f.

5H 41/44
- Az 1: 10(9)J 777/43g
  Fiche: 0210/0630
- Az 1: 6J 22/44
  Fiche: 0418

5H 42/44
- Az 1: 7J 64/44
  Fiche: 0417

1H 44/44
- Az 1: 9J 7/44
  Fiche: 0300/0417

StPL 2.Sen. 44/44
- Az 1: StPL (RKA) III 387/43
  Fiche: 0707

2H 45/44
- Az 1: 11(10)J 514/43
  Fiche: 0417/0684

5H 47/44
- Az 1: 7(8)J 103/41
  Fiche: 0418

6H 47/44
- Az 1: 5J 413/44
  Fiche: 0185

5H 48/44
- Az 1: 7J 396/43
  Fiche: 0418

2H 49/44
- Az 1: 10(9)J 467/43
  Fiche: 0185

5H 50/44
- Az 1: 7J 61/44
  Fiche: 0511

1H 51/44
- Az 1: 11J 32/44
  Fiche: 0186 f./0677

2H 51/44
- Az 1: 9J 48/44
  Fiche: 0419

5H 51/44
- Az 1: 6(7)J 310/43
  Fiche: 0575

StPL 1. Sen. 51/44
- Az 1: StPL (RKA) III 59/44
  Fiche: 0706

1H 52/44
- Az 1: 11J 29/44
  Fiche: 0185 f.

2H 52/44
- Az 1: 10(9)J 571/43
  Fiche: 0186/0722

5H 52/44
- Az 1: 7J 27/44
  Fiche: 0419

2H 53/44
- Az 1: 11J 72/44
  Fiche: 0419/0529

StPL 2. Senat 53/44
- Az 1: StPL (RKA) 438/43
  Fiche: 0714

6L 53/44
- Az 1: 10(9)J 928/43
  Fiche: 0419

2H 54/44
- Az 1: 11(10)J 1039/43
  Fiche: 0186/0466

1H 55/44
- Az 1: 11(10)J 818/43g
  Fiche: 0186/0318

2H 55/44
- Az 1: 6(7)J 483/43
  Fiche: 0368

5H 56/44
- Az 1: 6J 53/44
  Fiche: 0420

5H 57/44
- Az 1: 6J 44/44
  Fiche: 0420

5H 58/44, 5H 53/44
- Az 1: 7(8)J 208/43, 7J 258/43, 7J 80/43
  Fiche: 0419 f./0650

1H 59/44
- Az 1: 11(10)J 1241/43
  Fiche: 0571

5H 59/44
- Az 1: 7(8)J 172/43g
  Fiche: 0420 f.

2H 61/44
- Az 1: 11(10)J 566/43
  Fiche: 0186/0446

1H 64/44
- Az 1: 11J 36/44
  Fiche: 0186/0579

5H 64/44
- Az 1: 7J 72/44
  Fiche: 0421

3H 68/44
- Az 1: 7(6)J 151/43
  Fiche: 0485

4H 68/44
- Az 1: 7J 43/44
  Fiche: 0186

5H 69/44
- Az 1: 7J 100/44
  Fiche: 0575

5H 70/44
- Az 1: 7J 49/44
  Fiche: 0424

2H 72/44
- Az 1: 9J 80/44
  Fiche: 0709

1H 73/44
- Az 1: 11J 243/44
  Fiche: 0187

2H 73/44
- Az 1: 8J 22/44
  Fiche: 0450/0635

2H 74/44
- Az 1: 9J 65/44
  Fiche: 0187/0443

5H 75/44
- Az 1: 7J 105/44
  Fiche: 0424

3L 77/44
- Az 1: 6(7)J 487/43
  Fiche: 0424

5H 77/44
- Az 1: 7J 131/44
  Fiche: 0424

StPL 4. Sen. 77/44
- Az 1: StPL (RKA) III 122/44
  Fiche: 0706

5H 78/44
- Az 1: 7J 101/44
  Fiche: 0424/0570

1L 79/44
- Az 1: 8J 168/43
  Fiche: 0443/0586

2H 80/44
- Az 1: 9J 64/44
  Fiche: 0187

5H 80/44
- Az 1: 7J 123/44
  Fiche: 0425

2H 81/44
- Az 1: 10J 94/44
  Fiche: 0454

5H 81/44
- Az 1: 7J 137/44
  Fiche: 0425

1H 82/44
- Az 1: 8J 52/44
  Fiche: 0518/0562

2H 82/44
- Az 1: 11J 67/44
  Fiche: 0425

5H 82/44, 5H 89/44
- Az 1: 7J 130/44, 7J 139/44
  Fiche: 0426

6H 82/44
- Az 1: 7(6)J 62/43
  Fiche: 0175 f.

2H 83/44
- Az 1: 9J 83/44
  Fiche: 0187 f.

2H 85/44
- Az 1: 9J 84/44
  Fiche: 0580

3L 85/44
- Az 1: 8J 12/44
  Fiche: 0425

5H 85/44
- Az 1: 6J 113/44
  Fiche: 0425

5H 86/44
- Az 1: 7J 138/44
  Fiche: 0649

5H 87/44
- Az 1: 7J 119/44
  Fiche: 0649

5H 88/44
- Az 1: 6J 93/44
  Fiche: 0425 f.

5H 89/44, 5H 82/44
- Az 1: 7J 139/44, 7J 130/44
  Fiche: 0426

6H 91/44
- Az 1: 7(8)J 163/43
  Fiche: 0368
- Az 1: 7(8)J 163/43
  Fiche: 0368/0438

5H 92/44
- Az 1: 7J 144/44
  Fiche: 0318

6H 92/44
- Az 1: 7J 32/44
  Fiche: 0735 f.

5H 93/44
- Az 1: 7J 118/44
  Fiche: 0426

2H 95/44
- Az 1: 8J 69/44
  Fiche: 0181/0682

5H 96/44, 5H 100/44
- Az 1: 6J 158/44g, 6J 165/44g
  Fiche: 0427

1H 97/44
- Az 1: 9J 51/44g
  Fiche: 0556 f.

5H 98/44
- Az 1: 7J 145/44
  Fiche: 0427

2H 99/44
- Az 1: 11J 60/44
  Fiche: 0188

2H 100/44
- Az 1: 11(10)J 529/43
  Fiche: 0188

6H 100/44
- Az 1: 8J 11/44
  Fiche: 0510

2H 101/44
- Az 1: 10(9)J 836/43
  Fiche: 0562

2H 102/44
- Az 1: 10J 46/44
  Fiche: 0427

2H 103/44
- Az 1: 9J 93/44
  Fiche: 0189/0446

2H 104/44
- Az 1: 9J 86/44
  Fiche: 0189/0428

2H 105/44
- Az 1: 9J 87/44
  Fiche: 0189

1H 106/44
- Az 1: 11J 240/44
  Fiche: 0189

2H 106/44
- Az 1: 9J 55/44
  Fiche: 0189

2H 107/44
- Az 1: 8J 70/44
  Fiche: 0428

5H 107/44
- Az 1: 7J 104/44
  Fiche: 0428

2H 108/44
- Az 1: 8J 98/44
  Fiche: 0446/0457

5H 108/44
- Az 1: 6J 155/44
  Fiche: 0428

6H 108/44
- Az 1: 11J 4/44
  Fiche: 0428/0521

2H 109/44
- Az 1: 8J 71/44
  Fiche: 0539

6H 109/44
- Az 1: 10J 58/44
  Fiche: 0429

2H 113/44
- Az 1: 10J 138/44
  Fiche: 0460

2H 114/44
- Az 1: 10J 116/44
  Fiche: 0587

2H 115/44
- Az 1: 9J 124/44
  Fiche: 0189

2H 116/44
- Az 1: 9J 114/44
  Fiche: 0457

2H 117/44
- Az 1: 10(9)J 758/44
  Fiche: 0189 f.

2H 118/44
- Az 1: 9J 96/44
  Fiche: 0578/0722

5H 118/44
- Az 1: 9J 213/44
  Fiche: 0429
- Az 1: 9J 213/44
  Fiche: 0741

StPL 3. Sen. 118/44
- Az 1: StPL (RKA) III 318/44
  Fiche: 0698

2H 119/44
- Az 1: 9J 66/44
  Fiche: 0552

5H 119/44
- Az 1: 9J 231/44
  Fiche: 0190

6H 120/44
- Az 1: 10J 160/44
  Fiche: 0716

2H 121/44
- Az 1: 10J 183/44
  Fiche: 0430

3L 123/44
- Az 1: 8J 36/44
  Fiche: 0485

5H 126/44
- Az 1: 9J 232/44
  Fiche: 0190 f.

1H 127/44
- Az 1: 8J 87/44
  Fiche: 0489

2H 127/44
- Az 1: 8J 127/44
  Fiche: 0210

5H 127/44
- Az 1: 9J 242/44
  Fiche: 0430

2H 129/44
- Az 1: 11(10)J 1220/43
  Fiche: 0451

5H 129/44
- Az 1: 7J 171/44
  Fiche: 0431

1H 130/44
- Az 1: 11J 199/44
  Fiche: 0186

3L 130/44
- Az 1: *J 17/44
  Fiche: 0526

5H 130/44
- Az 1: 9J 157/44
  Fiche: 0192

1H 131/44
- Az 1: 10J 42/44
  Fiche: 0577

2H 131/44
- Az 1: 9J 100/44
  Fiche: 0601

2H 132/44
- Az 1: 9J 101/44
  Fiche: 0192

1H 133/44
- Az 1: 1J 92/44
  Fiche: 0192/0567

2H 133/44
- Az 1: 9J 126/44
  Fiche: 0192

3L 133/44
- Az 1: 10J 816/43, 5J 16/44
  Fiche: 0431

2H 134/44
– Az 1: 9J 34/44
Fiche: 0192

2H 135/44
– Az 1: 11J 127/44
Fiche: 0193

2H 136/44
– Az 1: 8J 108/44
Fiche: 0528

6L 136/44
– Az 1: 3J 232/44
Fiche: 0431

1H 139/44
– Az 1: 11(10)J 97/44
Fiche: 0193

2H 139/44
– Az 1: 9J 129/44
Fiche: 0193

2H 140/44
– Az 1: 9J 130/44
Fiche: 0193

1H 141/44, 1H 229/44
– Az 1: 9J 45/44
Fiche: 0193/0443

2H 142/44
– Az 1: 9J 133/44
Fiche: 0431

1H 143/44
– Az 1: 8J 122/44
Fiche: 0431

2H 144/44
– Az 1: 9J 123/44
Fiche: 0193/0444

1H 146/44
– Az 1: 8J 123/44
Fiche: 0518/0681

1H 147/44
– Az 1: 7J 63/44
Fiche: 0318

1H 148/44
– Az 1: 8J 92/44
Fiche: 0562

2H 148/44
– Az 1: 9J 113/44
Fiche: 0193

1H 149/44
– Az 1: 8J 120/44
Fiche: 0540/0681

2H 149/44
– Az 1: 9J 136/44
Fiche: 0194

2H 150/44
– Az 1: 11J 174/44
Fiche: 0431

6H 151/44
– Az 1: 11(10)J 465/43
Fiche: 0194

2H 153/44
– Az 1: 9J 137/44
Fiche: 0431

2H 154/44
– Az 1: 9J 47/44
Fiche: 0194/0469

1H 156/44
– Az 1: 6J 58/44
Fiche: 0317 f.

2H 159/44
– Az 1: 11(10)J 1153/43g
Fiche: 0194

2H 160/44
– Az 1: 11J 118/44
Fiche: 0577

2H 165/44
– Az 1: 8J 99/44
Fiche: 0700

2H 168/44
– Az 1: 7(8)J 203/41
Fiche: 0647 f.
– Az 1: 11(10)J 619/43
Fiche: 0194 f.

2H 171/44
– Az 1: 10J 27/44
Fiche: 0195

2H 177/44
– Az 1: 11J 131/44
Fiche: 0195

1H 181/44
– Az 1: 8J 121/44
Fiche: 0546/0681

2H 189/44
– Az 1: 10J 112/44
Fiche: 0195/0460

2H 190/44
– Az 1: 9J 218/44
Fiche: 0195

1L 192/44
– Az 1: 10J 75/44
Fiche: 0688 f.

2H 192/44
– Az 1: 8J 66/44
Fiche: 0432

1H 199/44
– Az 1: 6J 66/44
Fiche: 0432/0695

1H 200/44
– Az 1: 12J 143/44
Fiche: 0368

2H 201/44
– Az 1: 10(9)J 735/43
Fiche: 0195 f.

2H 202/44
– Az 1: 7J 106/44
Fiche: 0432

6L 202/44
– Az 1: 10J 228/44
Fiche: 0432

2H 204/44
– Az 1: 9J 187/44
Fiche: 0196/0625

2H 205/44
– Az 1: 9J 210/44
Fiche: 0196

6H 205/44
– Az 1: 7J 128/44
Fiche: 0196 f.

1H 206/44
– Az 1: 9J 141/44
Fiche: 0197

2H 207/44
– Az 1: 10J 168/44
Fiche: 0197

1H 208/44
– Az 1: 8J 157/44
Fiche: 0197/0466

2H 208/44
– Az 1: 10J 167/44
Fiche: 0198

1H 209/44
– Az 1: 8J 167/44g
Fiche: 0198

2H 209/44
– Az 1: 11J 312/44
Fiche: 0730

1H 210/44
– Az 1: 8J 169/44
Fiche: 0198 f./0208

2H 210/44
– Az 1: 11(10)J 1369/43
Fiche: 0432

1H 211/44
– Az 1: 8J 174/44g
Fiche: 0199

1H 212/44
– Az 1: 8J 175/44g
Fiche: 0199

1H 213/44
– Az 1: 8J 176/44g
Fiche: 0199

2H 215/44
– Az 1: 9J 214/44
Fiche: 0199 f.

1H 216/44
– Az 1: 8J 172/44g
Fiche: 0200

1H 218/44
– Az 1: 8J 178/44
Fiche: 0200/0569

6H 218/44
– Az 1: 10J 230/44
Fiche: 0433

1H 219/44
– Az 1: 8J 177/44g
Fiche: 0200

2H 219/44
– Az 1: 10J 166/44
Fiche: 0433

2H 220/44
– Az 1: 9J 235/44
Fiche: 0456

1H 221/44
– Az 1: 8J 183/44g
Fiche: 0433/0569

1H 222/44
– Az 1: 8J 37/44g
Fiche: 0201/0729

2H 222/44
– Az 1: 9J 212/44
Fiche: 0433 f.

6L 222/44
– Az 1: 10(9)J 1230/43g
Fiche: 0434

1H 223/44
– Az 1: 9J 135/44
Fiche: 0201

2H 223/44
– Az 1: 10J 226/44
Fiche: 0434

1H 224/44
– Az 1: 8J 171/44g
Fiche: 0201

2H 224/44
– Az 1: 10J 300/44
Fiche: 0201

2H 225/44
– Az 1: 10J 314/44
Fiche: 0578

1H 227/44
– Az 1: 8J 181/44g
Fiche: 0201/0434

2H 228/44
– Az 1: 9J 127/44
Fiche: 0201/0434

1H 229/44
– Az 1: 9J 45/44
Fiche: 0443

1L 229/44
– Az 1: 0J 4/44g Rs
Fiche: 0708

2H 229/44
– Az 1: 10(9)J 608/43g
Fiche: 0434

1H 230/44
– Az 1: 11J 153/44
Fiche: 0434/0528

2H 230/44
– Az 1: 11J 118/44
Fiche: 0577

1H 231/44
– Az 1: 8J 180/44g
Fiche: 0505/0740

2H 231/44
– Az 1: 9J 100/44
Fiche: 0192/0601

1H 232/44
– Az 1: 8J 182/44g
Fiche: 0201 f.

2H 233/44
– Az 1: 9J 170/44
Fiche: 0202

1L 510/44
- Az 1: 0J 53/44g
  Fiche: 0627

1L 517/44
- Az 1: 0J 39/44g Rs
  Fiche: 0441

1L 519/44
- Az 1: 0J 59/44g Rs
  Fiche: 0625

1H 1/45
- Az 1: 11J 301/44g
  Fiche: 0319

1H 3/45
- Az 1: 8J 199/44, 8J 271/44g
  Fiche: 0518

2H 4/45
- Az 1: 11J 423/44g
  Fiche: 0210/0466

1H 5/45
- Az 1: 8J 137/44g
  Fiche: 0680/0698

1H 7/45
- Az 1: 9J 272/44
  Fiche: 0210/0579

StPL 3. Sen. 7/45
- Az 1: StPL (RKA) III 317/44
  Fiche: 0697 f.

2H 9/45
- Az 1: 10J 166/44
  Fiche: 0210

2H 13/45
- Az 1: 6J 201/44
  Fiche: 0581

5H 14/45
- Az 1: 7J 133/44
  Fiche: 0437

5H 17,18/45
- Az 1: 6J 197/44, 6J 196/44
  Fiche: 0437

1L 18/45
- Az 1: 0J 42/44g Rs
  Fiche: 0440

2H 18/45
- Az 1: 9J 78/44
  Fiche: 0437

5H 19,20/45
- Az 1: 6J 198,199/44
  Fiche: 0437

5H 20/45
- Az 1: 6J 199/44
  Fiche: 0437

1H 23/45
- Az 1: 9J 292/44
  Fiche: 0447

5H 25/45
- Az 1: 7J 6/45
  Fiche: 0437/0680

2H 30/45
- Az 1: 9J 9/45
  Fiche: 0691

5H 38/45
- Az 1: 9J 236/44g
  Fiche: 0210 f./0498

5H 39,40,41/45
- Az 1: 7J 205,206,207/44
  Fiche: 0367/0437 f.

6H 42/45
- Az 1: 6J 9/45
  Fiche: 0716 f.

5H 42,43,44/45
- Az 1: 7J 208,209,210/44
  Fiche: 0438

5H 43/45
- Az 1: 7J 209/44
  Fiche: 0438

5H 45/45
- Az 1: 9J 157/44
  Fiche: 0211

1L 46/45
- Az 1: 0J 58/44g Rs
  Fiche: 0440

1L 48/45
- Az 1: 0J 55/44g Rs
  Fiche: 0441

6H 53/45
- Az 1: 10J 248/44
  Fiche: 0701

1L 54/45
- Az 1: 0J 10/45g Rs
  Fiche: 0508

6Sg 64/45
- Az 1: 9J 33/45g
  Fiche: 0735/0749

2H 65/45
- Az 1: 9J 39/45
  Fiche: 0572

6Sg. 65/45
- Az 1: 9J 33/45g
  Fiche: 0211 f.

6 Sg 66/45
- Az 1: 9J 33/45 g
  Fiche: 0734 f.

2L 76/45
- Az 1: 0J 14/45g Rs
  Fiche: 0708

2H 91/45
- Az 2: 9J 47/45
  Fiche: 0691

Verfahren vor dem Reichsgericht

XII H 10,12/24
– Az 1: 17J 793/33
Fiche: 0651 f.

XV H 5/32
– Az 1: 14a/8J 910/31, 14a/9/16J 910/31
Fiche: 0664

XII H 18/33
– Az 1: 8/16J 409/33
Fiche: 0618

XII H 20/33
– Az 1: 8/16J 1170/32
Fiche: 0618

XV H 20/33
– Az 1: 14J 88/33
Fiche: 0665

XII H 21/33
– Az 1: 8/16J 612/33
Fiche: 0618 f.

XV H 22/33
– Az 1: 8/16J 391/33
Fiche: 0665

XII H 23/33
– Az 1: 8J 200/33
Fiche: 0619

XV H 24/33
– Az 1: 15/17J 58/33
Fiche: 0670

XII H 26/33
– Az 1: 13J 50/33
Fiche: 0619

XV H 28/33
– Az 1: 8/16J 501/33
Fiche: 0665

XII H 30/33
– Az 1: 13J 81/33
Fiche: 0612

XV H 30/33
– Az 1: 14J 71/33
Fiche: 0665

XV H 33/33
– Az 1: 8/16J 301/33
Fiche: 0666

XV H 34/33
– Az 1: 15/17J 44/33
Fiche: 0667 f.

XII H 36/33
– Az 1: 14J 33/33
Fiche: 0619

XV H 36/33
– Az 1: 15/17J 61/33
Fiche: 0669 f.

XII H 39/33
– Az 1: 8/16J 548/32
Fiche: 0613

XV H 39/33
– Az 1: 8/16J 525/33
Fiche: 0665 f.

XV H 40/33
– Az 1: 15J 147/33
Fiche: 0666

XV H 41/33
– Az 1: 8/16J 747/33
Fiche: 0666 f.

XII H 42/33
– Az 1: 15J 86/33
Fiche: 0615 ff.

XV H 42/33
– Az 1: 8/16J 152/33
Fiche: 0667

XV H 43/33
– Az 1: 8/16J 335/33
Fiche: 0668

XII H 44/33
– Az 1: 13J 147/33
Fiche: 0612 f.

XV H 44/33
– Az 1: 14a/8J 136/29
Fiche: 0668 f.

XII H 45/33
– Az 1: 9J 107/33
Fiche: 0652 f.

XV H 45/33
– Az 1: 13J 56/33
Fiche: 0670

XII H 46/33
– Az 1: 8/16J 1117/33
Fiche: 0613

XV H 46/33
– Az 1: 15J 117/33
Fiche: 0670

XII H 48/33
– Az 1: 8/16J 431/33
Fiche: 0613 f.

XII H 50/33
– Az 1: 13J 166/33
Fiche: 0618

XV H 50/33
– Az 1: 17J 697/33
Fiche: 0607 f.

XII H 51/33
– Az 1: 8/16J 952/32
Fiche: 0614

XV H 52/33
– Az 1: 8J 1583/33
Fiche: 0606

XII H 53/33
– Az 1: 12J 191/33
Fiche: 0619 f.

XV H 53/33
– Az 1: 13J 190/33
Fiche: 0606 f.

XV H 54/33
– Az 1: 12J 190/33
Fiche: 0606

XII H 55/33
– Az 1: 13J 215/33
Fiche: 0614

XV H 55/33
– Az 1: 14J 83/33
Fiche: 0605 f.

XII H 56/33
– Az 1: 14J 38/33
Fiche: 0614 f.

XII H 57/33
– Az 1: 15J 241/33
Fiche: 0621 f.

XV H 57/33
– Az 1: 13J 270/33
Fiche: 0607

XII H 58/33
– Az 1: 14J 61/33
Fiche: 0621

XV H 58/33
– Az 1: 12J 160/33
Fiche: 0607

XII H 59/33
– Az 1: 15J 70/33
Fiche: 0620 f.

XV H 59/33
– Az 1: 14J 328/33
Fiche: 0692

XII H 60/33
– Az 1: 12J 202/33
Fiche: 0620

XV H 1/34
– Az 1: 8J 564/33
Fiche: 0657

XV H 2/34
– Az 1: 15J 16/32
Fiche: 0657

XII H 3/34
– Az 1: 13J 240/33
Fiche: 0621

XV H 3/34
– Az 1: 17J 163/33
Fiche: 0657 f.

XII H 6/34
– Az 1: 15J 190/33
Fiche: 0650 f.

XV H 6/34
– Az 1: 13J 294/33
Fiche: 0653 f.

XII H 7/34
– Az 1: 14J 244/33
Fiche: 0621

XV H 7/34
– Az 1: 8/16J 1215/32
Fiche: 0659

XII H 8/34
– Az 1: 17J 566/33
Fiche: 0621

XV H 8/34
– Az 1: 14J 86/33
Fiche: 0659

XII H 9/34
– Az 1: 13J 212/33
Fiche: 0610 f.

XV H 10/34
– Az 1: 14J 172/33
Fiche: 0653

XV H 11/34
- Az 1: 17J 684/33
  Fiche: 0654

XV H 12/34
- Az 1: 8/16J 79/33
  Fiche: 0654 f.

XII H 13/34
- Az 1: 12J 145/33
  Fiche: 0611 f.

XV H 13/34
- Az 1: 13J 308/33
  Fiche: 0654

XII H 14/34
- Az 1: 8J 1694/33
  Fiche: 0611

XV H 14/34
- Az 1: 17J 27/34
  Fiche: 0655

XII H 15/34
- Az 1: 12J 201/33
  Fiche: 0622

XV H 15/34
- Az 1: 17J 792/33
  Fiche: 0660 f.

XII H 17/34
- Az 1: 15J 179/33
  Fiche: 0608 ff.

XV H 18/34
- Az 1: 9J 127/33
  Fiche: 0659 f.

XV H 19/34
- Az 1: 13J 139/33
  Fiche: 0660

XV H 20/34
- Az 1: 9J 952/33
  Fiche: 0661 f.

XV H 21/34
- Az 1: 17J 627/33
  Fiche: 0662 f.

XV H 22/34, XV H 21/34
- Az 1: 17J 685/33,
  17J 627/33
  Fiche: 0663 f.

XV H 24/34
- Az 1: 15 J 195/32
  Fiche: 0715 f.

XV H 25/34
- Az 1: 17J 541/33
  Fiche: 0664 f.

XV H 26/34
- Az 1: 13J 230/33
  Fiche: 0655 f.

XV H 28/34
- Az 1: 17J 582/33
  Fiche: 0656 f.

XII H 33/34
- Az 2: 17J 125/34
  Fiche: 0611

Verfahren vor dem Reichskriegsgericht

StPL (HLS) 10/39
– Az 1:
Fiche: 0706

StPL (HLS) I 32/39
– Az 1: StPL (RKA) Wien 1/39
Fiche: 0706

StPL (HLS) IV 21/41
– Az 1: StPL (RKA) II 242/38
Fiche: 0692

StPL (HLS) III 144/41
– Az 1: StPL (RKA) III 345/41
Fiche: 0707

StPL (HLS) II 149/41
– Az 1: StPL (RKA) II 379/41
Fiche: 0698

StPL (HLS) III 57/41
– Az 1: StPL (RKA) I 118/41
Fiche: 0699 f.

StPL (HLS) IV 7/42
– Az 1: StPL (RKA) III 522/41
Fiche: 0707

StPL (HLS) III 16/42
– Az 1: StPL (RKA) III 657/41
Fiche: 0696 f.

StPL (HLS) II 74/42
– Az 1: StPL (RKA) I 50/42
Fiche: 0705

StPL (HLS) III 78/42
– Az 1: StPL (RKA) II 240/42
Fiche: 0706

StPL (HLS) I 86/42
– Az 1: StPL (RKA) II 248/42
Fiche: 0693

StPL (HLS) IV 87/42
– Az 1: StPL (RKA) II 191/42
Fiche: 0707

StPL (HLS) II 96/42
– Az 1: StPL (RKA) III 153/42
Fiche: 0707

StPL (HLS) II 97/42
– Az 1: StPl (RKA) II 238/42
Fiche: 0707

StPL (HLS) IV 108/42
– Az 1: StPL (RKA) III 191/42
Fiche: 0700

StPL (HLS) II 129/42
– Az 1: StPL (RKA) III 495,496,497/42
Fiche: 0713 f.

StPL (HLS) II 4/43
– Az 1: StPL (RKA) III 525/42
Fiche: 0692

StPL (HLS) II 10/43
– Az 1: StPL (RKA) III 528/42
Fiche: 0714

StPL (HLS) II 12/43
– Az 1: StPL (RKA) III 530/42
Fiche: 0714

StPL (HLS) IV 18/43
– Az 1: StPL (RKA) II 540/42
Fiche: 0697

StPL (HLS) III 21/43
– Az 1: StPL (RKA) III 320/42
Fiche: 0705

StPL (HLS) I 31/43
– Az 1: StPL (RKA) III 546/42
Fiche: 0699

StPL (HLS) II 34/43
– Az 1: StPL (RKA) I 359/42
Fiche: 0705

StPL (HLS) III 37/43
– Az 1: StPL (RKA) III 21/43
Fiche: 0700

StPL (HLS) 38/43
– Az 1: StPL (RKA) III 37/43
Fiche: 0706

StPL (HLS) IV 41/43
– Az 1: StPL (RKA) III 28/43
Fiche: 0706

StPL (HLS) II 43/43
– Az 1: StPL (RKA) III 532/42
Fiche: 0700

StPL (HLS) II 48/43
– Az 1: StPL (RKA) III 188/43
Fiche: 0706

StPL (HLS) II 49/43
– Az 1: StPL (RKA) III 190/43
Fiche: 0693

StPL (HLS) II 50/43
– Az 1: StPL (RKA) III 191/43
Fiche: 0706

StPL (HLS) III 53/43
– Az 1: StPL (RKA) II 445/42
Fiche: 0693

StPL (HLS) II 54/43
– Az 1: StPL (RKA) II 46/43
Fiche: 0707

StPL (HLS) 61/43
– Az 1: StPL (RKA) I 8/43
Fiche: 0705

StPL (HLS) III 63/43
– Az 1: StPL (RKA) II 283/43
Fiche: 0697

StPL 3. Sen. 66/43
– Az 1: StPL (RKA) II 224/43
Fiche: 0706

StPL (HLS) 72/43
– Az 1: StPL (RKA) 529/42
Fiche: 0705

StPL 1. Sen. 82/43
– Az 1: StPL (RKA) I 318/43
Fiche: 0706

StPL 1. Sen. 84/43
– Az 1: StPL (RKA) I 273/43
Fiche: 0705

StPL 2. Sen. 84/43
– Az 1: StPL (RKA) III 209/43
Fiche: 0698

StPl 2. Sen. 98/43
– Az 1: StPL (RKA) I 424/43
Fiche: 0700

StPL 2. Sen. 100/43
– Az 1: StPL (RKA) III 525/42
Fiche: 0693

StPL 2. Sen. 4/44
– Az 1: StPL (RKA) I 424/43
Fiche: 0693

StPL 2. Sen. 5/44
– Az 1: StPL (RKA) I 424/43
Fiche: 0700

StPL 2. Sen. 6/44
– Az 1: StPL (RKA) I 424/43
Fiche: 0698

StPL RKA III 14/44
– Az 1: 2. Sen. 51/44
Fiche: 0694

StPL 1. Sen. 15/44
– Az 1: StPL (RKA) II 66/44
Fiche: 0693

StPL 2. Sen. 18/44
– Az 1: StPL (RKA) III 407/43
Fiche: 0706

StPL 2.Sen. 19/44
– Az 1: StPL (RKA) III 3/44
Fiche: 0705

StPL 2. Sen. 21/44
- Az 1: StPL(RKA)III 248/43,275/43,193/43
  Fiche: 0693

StPL 4. Sen. 23/44
- Az 1: RKA III 107/44
  Fiche: 0705
- Az 1: RKA III 107/44
  Fiche: 0705

1. Sen. 28/44
- Az 1: RKA II 209/43
  Fiche: 0705

StPL 2. Sen. 35/44
- Az 1: StPL (RKA) III 68/44
  Fiche: 0705 f.

StPL 1. Sen. 36/44
- Az 1: StPL (RKA) III 382/43
  Fiche: 0706

StPL 2.Sen. 44/44
- Az 1: StPL (RKA) III 387/43
  Fiche: 0707

StPL 1. Sen. 51/44
- Az 1: StPL (RKA) III 59/44
  Fiche: 0706

StPL 2. Senat 53/44
- Az 1: StPL (RKA) 438/43
  Fiche: 0714

StPL 4. Sen. 77/44
- Az 1: StPL (RKA) III 122/44
  Fiche: 0706

StPL 3. Sen. 118/44
- Az 1: StPL (RKA) III 318/44
  Fiche: 0698

StPL 3. Sen. 7/45
- Az 2: StPL (RKA) III 317/44
  Fiche: 0697 f.

Kolibri 360 GmbH
Ferdinand-Jühlke-Straße 7
99095 Erfurt, Deutschland
produktsicherheit@kolibri360.de